서울대학교 규장각한국학연구원 한국학 자료총서 6

한글본 '이언'(易言) 연구

민 현 식

서울대학교출판부

A Study of the Korean version of '*Ieon*' (易言)

Hyun-sik Min

Seoul National University Press

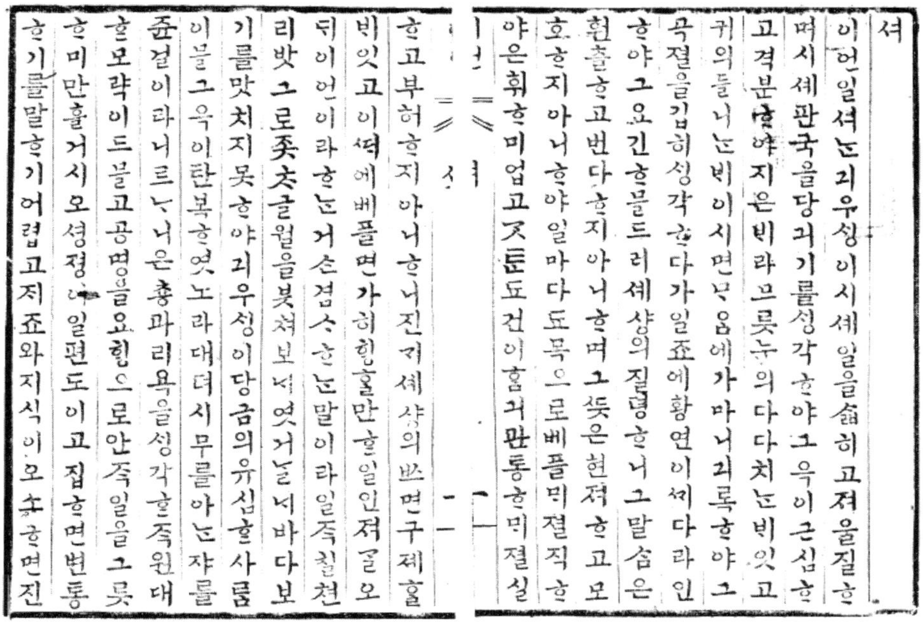

셔

이언일셔ᄂᆞᆫ긔우싱이시셰일을쳠히고져울질ᄒᆞ
며시셰판국을당긔기를싱각ᄒᆞ야그우이근심ᄒᆞ
고격분ᄒᆞ야지은비라므릇눈의다다치ᄂᆞᆫ비잇고
귀의들니ᄂᆞᆫ비이시면ᄆᆞᄋᆞᆷ에가마니긔록ᄒᆞ야그
곡절을깁히싱각ᄒᆞ다가일죠에황연이셰다라인
ᄒᆞ야그요긴ᄒᆞᆫ믈트러셰샹의질뎡ᄒᆞ니그말ᄉᆞᆷ은
현츌ᄒᆞ고번다ᄒᆞ지아니ᄒᆞ며그ᄯᅳᆺ은현져ᄒᆞ고모
호ᄒᆞ지아니ᄒᆞ야일마다됴목으로베플미절직ᄒᆞ
야은휘ᄒᆞ미업고ᄀᆞᆺ툰됴건이홈긔관통ᄒᆞ미절실

이언 셔 一

ᄒᆞ고부허ᄒᆞ지아니ᄒᆞ니진거셰샹의ᄡᅳ면구제ᄒᆞᆯ
비잇고이셰에베플면가히ᄒᆡᆼᄒᆞᆯ만ᄒᆞᆫ일인져ᄀᆞ로오
되이언이라ᄒᆞᄂᆞᆫ거ᄉᆞᆫ겸ᄉᆞᄒᆞᄂᆞᆫ말이라일즉칠쳔
리밧그로좃ᄎᆞ글월을붓쳐보내엿거ᄂᆞᆯ내바다보
기를맛치지못ᄒᆞ야긔우싱이당금의유심ᄒᆞᆫ사ᄅᆞᆷ
이믈그ᄋᆞ이탄복ᄒᆞ엿노라대뎌시무를아ᄂᆞᆫ자를
쥰걸이라니르ᄂᆞ니은총과리욕을싱각ᄒᆞᆫ즉원대
ᄒᆞᆫ모략이드믈고공명을요힝으로안즉일을그릇
ᄒᆞ미만ᄒᆞᆯ거시오셩졍이일편도이고집ᄒᆞ면변통
ᄒᆞ기를말ᄒᆞ기어렵고저죠와지식이오ᄉᆞᄒᆞ면진

한글본 '이언'의 서 1

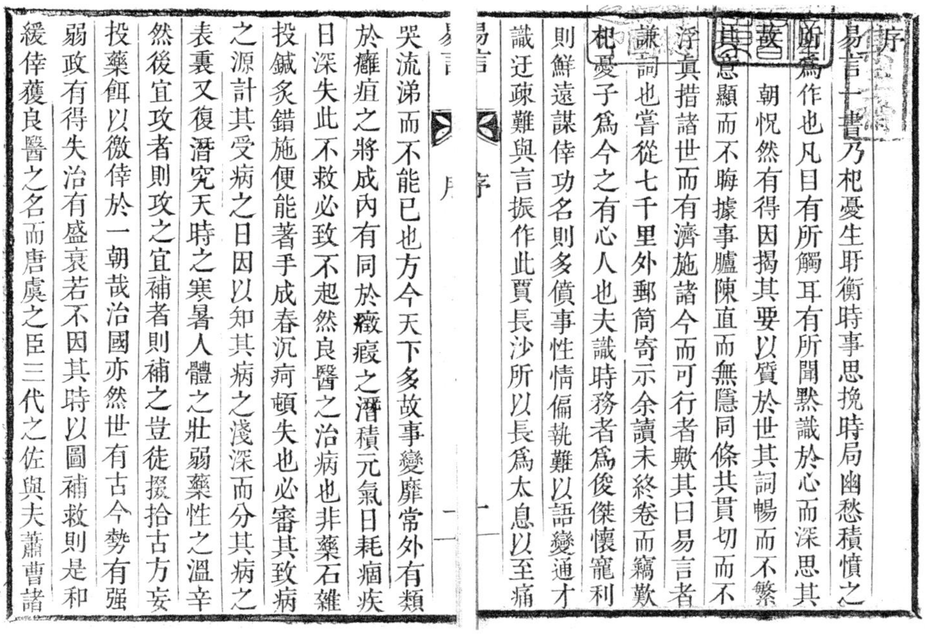

序

易言一書乃杞憂生盱衡時事思挽時局幽愁積憤之
所爲作也凡目有所觸耳有所聞黙識於心而深思其
故一朝恍然有得因揭其要以質於世其詞暢而不繁
其意顯而不晦據事臚陳直而無隱同條共貫切而不
浮真措諸世而有濟施諸今而可行者歟其曰易言者
謙詞也嘗從七千里外郵筒寄示余讀未終卷而竊歎
杞憂子爲今之有心人也夫識時務者爲俊傑懷寵利
則鮮遠謀倖功名則多僨事性情偏執難以語變通才
識迂疎難與言振作此賈長沙所以長爲太息以至痛

易言 序 一

哭流涕而不能已也方今天下多故事變靡常外有類
於癰疽之將成內有同於癥瘕之潛積元氣日耗痼疾
日深失此不救必致不起然良醫之治病也非藥石雜
投鍼灸錯施便能著手成春沉疴頓失也必審其致病
之源計其受病之日因以知其病之淺深而分其病之
表裏又復潛究天時之寒暑人體之壯弱藥性之溫辛
然後宜攻者則攻之宜補者則補之豈徒掇拾古方妄
投藥餌以徼倖於一朝哉治國亦然世有古今勢有強
弱政有得失治有盛衰若不因其時以圖補救則是和
緩倖獲良醫之名而唐虞之臣三代之佐與夫蕭曹諸

한문본 '易言'의 序 1

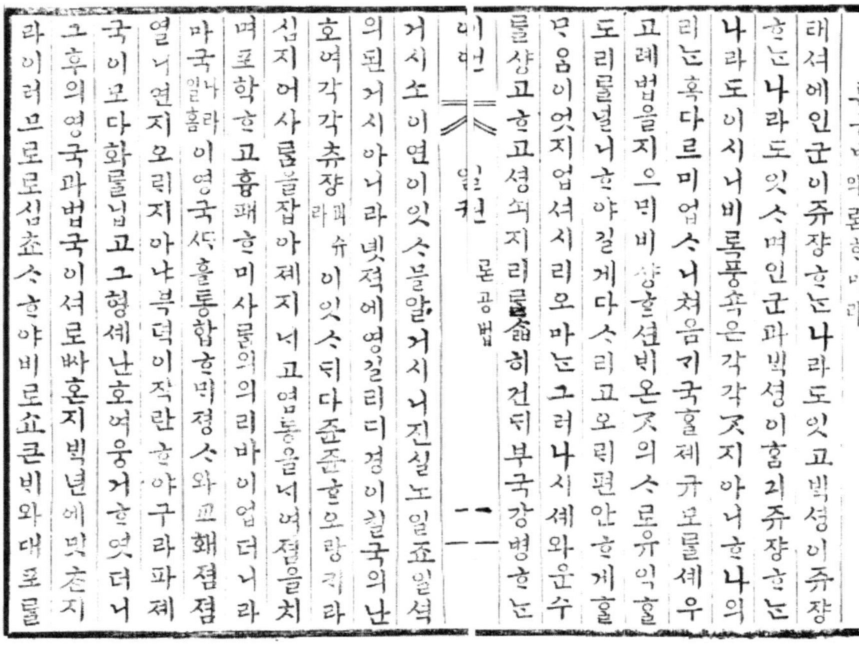

이언권지일

론공법 (만국공법을 의론ᄒᆞᆫ 비라)

태서에인군이쥬장ᄒᆞᄂᆞᆫ나라도잇고ᄇᆡᆨ셩이쥬장
ᄒᆞᄂᆞᆫ나라도잇스며인군과ᄇᆡᆨ셩이ᄒᆞᆷ긔쥬장ᄒᆞᄂᆞᆫ
나라도이시니비록풍쇽은각각ᄀᆞᆺ지아니ᄒᆞ나의
리ᄂᆞᆫ혹다르미업ᄉᆞ니쳐음ᄀᆡ국ᄒᆞᆯ졔규모를셰우
고례법을지으ᄆᆡ비샹ᄒᆞᆫ션비온ᄀᆞᆺ의ᄉᆞ로유익ᄒᆞᆯ
도리를널니ᄒᆞ야길게다ᄉᆞ리고오ᄅᆡ편안ᄒᆞ게ᄒᆞᆯ
ᄆᆞ옴이엇지업서시리오마ᄂᆞᆫ그러나시셰와운수
를샹고ᄒᆞ고셩쇠지리를ᄉᆞᆲ히건ᄃᆡ부국강병ᄒᆞᄂᆞᆫ

이언 일권 론공법 一

거시소이연이잇ᄉᆞᆷ을알거시니진실노일조일셕
의된거시아니라녯적에영길리디경이칠국의난
호여각각츄장(패슈라)이잇ᄉᆞ되다죤죤ᄒᆞᆫ오랑캐라
십지어사ᄅᆞᆷ을잡아졔지ᄂᆡ고염통을ᄂᆡ여졈을치
며포학ᄒᆞ고흉패ᄒᆞ미사ᄅᆞᆷ의의리바이업더니라
마국(나라일홈)이영국ᄯᅡ흘통합ᄒᆞ며졍ᄉᆞ와교홰졈졈
열니연지오ᄅᆡ지아냐북뎍이작란ᄒᆞ야구라파졔
국이모다화를닙고그형셰난호여웅거ᄒᆞ엿더니
그후의영국과법국이서로ᄡᅡ혼지ᄇᆡᆨ년에맛ᄎᆞ지
라이러므로로심쵸ᄉᆞᄒᆞ야비로쇼큰ᄇᆡ와대포를

한글본 '이언'의 권지일(卷之一)의 '론공법'(1:1)

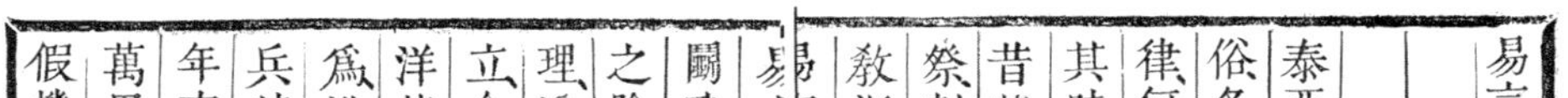

易言上卷

論公法　　鐵城杞憂生著

泰西有君主之國、有民主之國、有君民共主之國、雖風
俗各有不同、而義理未能或異、其初開國立規模、制禮
律、何嘗無非常之士、集思廣益、以期長治而久安、然攷
其時數、審其盛衰、知强富有由、洵非一朝一夕之故也、
昔英境分爲七國、各有酋長、皆蠢爾野蠻、甚至殺人以
祭、剖心以卜、暴戾恣睢、無復人理、迨羅馬統轄英地、政
教漸開、未幾北狄作亂、禍被全歐、勢成割據、其後英法

易言 上卷 論公法 一

鬬戰、延及百年、用是苦心焦思、始製巨艦大礮、押風濤
之險、備戰守之方、西班牙檢出西半球、悟地體圜轉之
理、遂開海道、以連於亞洲之東南洋、及華盛頓崛起自
立合衆部、以挫强英、於是英人乃東併五印度、直逼東
洋諸國、每經一戰、局勢詭變、人材挺生、各國皆發奮有
爲、講武通商、力籌强富、旣而拿破侖第一興於法國、用
兵精銳、窮全歐之智力以相競、卒莫敢攖其鋒焉、近百
年來、輪船駛於重洋、火車馳於陸路、而電綫遥接於數
萬里外、頃刻通音、以至耕織開礦、及製造槍礮等事、悉
假機器爲用、疑有鬼神之助、以洩造化之奇、此彼所恃

한문본 '易言' 상권(上卷)의 '論公法'(上1)

머리말

이 책은 개화기 초기인 1880년대 초에 나온 한글본(언해본) '이언'(1883년경)을 한문본 '易言'(1880)과 대조하여 주해하고 해제를 달아 그 내용을 국어학적으로 분석한 연구서이다. 원래 '한글본'이라는 용어는 '국한문본', '한문본'에 대응하는 뜻으로 쓰이고, '한문본'의 번역본을 가리키는 용어로는 '언해본'이라고 구별하여 쓰는데, 본서에서는 '한글본'이란 용어를 '이언'과 같은 '언해본'도 포함하는 뜻으로 넓게 쓰도록 한다. '이언'은 19세기 말 중국에서 근대 산업 민주국가 실현을 꿈꾼 경세가로 기업 경영에도 나선 실천가인 정관응(鄭觀應, 1842-1921)이 관자(管子)의 부국강병 사상을 이어받아 제시한 개화 방책서로 한글본은 4권 4책, 한문본은 2권 2책이다. '易言'이라는 제목은 '시경'(詩經)의 '소아편'(小雅篇)에 나오는 표현으로 "쉽게 따라서 말하지 말라"라는 뜻의 "無易由言"이라는 구절에서 온 것인데 '시경'에서는 쉽게 말하지 말라고 하였지만 자신은 어리석어 쉽게 이야기한다는 겸손의 뜻이 담겨 있다.

개화기는 한문체, 한글체, 국한혼용체, 이두문체가 쓰이던 시대라 개화의 도구로 어떤 문체가 효율적인지 문체 경쟁이 이루어지던 때인데 '이언'을 한문체에 익은 관(官)에서 언해하여 보급하려 한 점은 흥미롭다. 그동안 유길준(兪吉濬)의 '서유견문'(西遊見聞)과 같은 일본계 개화서나 헐버트(Homer Bezaleel Hulbert) 선교사의 'ᄉᆞ민필지'(士民必知)와 같은 영미계 개화서만 논의되어 왔는데 이들보다 앞서 중국계 개화서가 도입되어 언해까지 되었다는 것은 주목할 만하다.

이러한 관점에서 '이언'의 국어학적 가치는 대단히 크다. 19세기 후반에 언해본이 귀한데 관(官)에서 적지 않은 분량의 언해본을 낸 것도 의미 있거니와 음운, 표기, 어휘,

형태, 문장, 문체의 관점에서 19세기 후기 국어를 온전히 보존해 주고 있기 때문에 19세기 후반의 대표적 한글본 자료로 보아도 손색이 없다. 특히 개화 방책서이므로 개화기 신문물어가 대거 등장하여 어휘사 연구에 독보적 가치가 있으며 당시 신문물어들을 어떻게 번역 수용하였는지 번역사 연구에서도 주목된다.

이에 따라 본서는 한글본의 주요 어휘항을 표제로 제시하고 풀이를 하였으며 주요 어휘에 대해서는 원문 한자어가 어떻게 번역되었는지 [원문] 대조 표시를 달아 대조하였다. 또한, 개화기 자료인 '이언'의 고유어와 한자어가 중세어, 근대어에서 어떤 변천을 거쳐 왔는지를 살피고, 상당수 어휘는 개화기를 거쳐 현대 전기 문학 작품의 어휘에 많이 남아 있어서 '표준국어대사전'의 뜻풀이와 작가들의 작품 용례를 인용하여 어휘사의 지속성을 확인할 수 있게 하였다.

'이언'은 정치 사회사적 가치도 크다. 19세기 말 열강의 침략 속에서 동아시아는 정치 사회 개혁과 부국강병 근대화의 시대적 요구에 직면하였다. 정관응의 고뇌가 조선 사대부들의 고뇌와 다를 바 없었다. '이언'은 그러한 우국충정으로 부국강병의 산업 민주국가를 이상으로 하는 현실 정책을 제안한 것이다. 그러나 '이언'의 취지에도 불구하고 1세기 전 한국과 중국의 권부(權府)와 사대부(士大夫)가 각성하지 못하여 근대화가 늦어지고 20세기에 들어서서는 두 나라가 일본 제국주의와 국제 공산주의 침략으로 인한 시련을 거치게 된다.

한국은 '이언'의 수용 노력에도 불구하고 조선 왕조의 권부와 사대부가 망국으로 스러지고 일제하 수난을 거쳤으나, 대한민국을 자유민주주의 국가로 건국하고 근대화를 어느 정도 이루어 세계 10위권의 경제대국이 되었다. 그러나 북한 지역의 민주화는 여전히 이루어지지 않고 있다.

중국은 청(淸)의 멸망과 식민지화, 중일 전쟁, 국공(國共) 내전, 공산화의 암흑기를 거치고 비로소 최근에야 공산주의의 미망(迷妄)에서 벗어나 개혁 개방으로 국운이 오르고 있다. 그러나 정관응이 '이언'에서 꿈꾸며 제안한 의회 민주주의는 일당 체제 밑에 아직 요원하다.

그런 점에서 '이언'이 추구한 부국강병의 근대 산업 민주주의 이상국가는 아직도 이 지역에서 제대로 꽃피우고 있지 못하다. 동아시아뿐이랴. 온 세계 곳곳에 독재, 폭력, 전쟁, 기아, 질병의 공포 속에 도탄에 빠진 인류의 모습을 볼 때 '이언'의 국가적 이상주의는 여전히 유효하며 정관응은 우국충정의 실천적 지식인상을 보여 준다.

필자가 '이언'을 처음 만난 것은 1991년 1월이었다. 그해 6월의 국어국문학회 전국 대회 주제가 '개화기 국어와 문체'로 정해져 어학 부문 2인의 발표자 중 한 사람으로 지명되었으니 준비하라는 김완진(金完鎭) 선생님의 말씀을 듣고 개화기 자료를 전면적으로 다시 검토하면서였다. 이때 개화 문체 관련 인사인 유길준, 서재필 등에 대한 이광린(李光麟) 선생님의 국사 관련 논저들을 읽다가 중국의 정관응이 개화 방책서로 '易言'을 지었으며 이 책이 수입되어 한문본이 복간되고 언해본까지 나왔음을 알게 되었다. 나중에 보니 최현배(崔鉉培) 선생님의 '한글갈'에도 서지 사항은 소개되어 있었다.

이 책은 귀중본이라 열람하기 어려웠는데 마침 개화 기독교사의 권위자이신 한성대(漢城大) 사학과 윤경로(尹慶老) 선생님(현, 한성대 총장)의 서가에서 영인본을 보고 흥분하던 기억이 새롭다. 국사학계에서는 영인까지 되었는데 국어학계에는 이름도 잘 안 알려졌고 연구도 안 되어 있어 기이하게 느껴졌다. 윤 선생님과는 동서(同壻)의 인연이 있었기에 '이언'과의 만남은 뜻 깊게 이루어져 더욱 감사드린다. 이런 과정을 거쳐 '이언'을 포함한 개화기 주요 자료들을 검토하고 '개화기 국어 문체의 다양성과 그 기술의 균형을 위한 재검토'라는 제목의 주제 발표를 할 수 있었다.

그 후 1991년 후반부터 '이언'에 대해 본격적인 주해 작업을 시작하였다. 그런데 한두 쪽을 읽고 어휘나 문법 형태들을 추적하며 한문본과 대조하고 국어사전, 자전(字典)을 뒤적이며 주해 작업을 하는 데는 몇 시간이 금세 지나갔다. 주말이나 틈날 때마다 하였고, 숙명여대에서는 학부와 대학원에서도 강독하였으며, 시립대·상명대·이화여대 대학원 수업에서도 강독하면서 계속 주해를 추진하였으나 속도는 느리기 짝이 없었고 5분의 3 정도 진척 속에 새롭게 열리는 어휘사의 세계는 끝없이 희열을 느끼게 하였다.

이런저런 일로 주해 작업이 뒤로 처지면서 2000년을 넘기기 전에 마치리라는 꿈도 무너지고 서울대로 와서 국어학 연구는 문법교육 연구에 밀려 여유가 없었다. 그러던 중 2002년 서울대 한국학 장기기초연구과제로 선정되어 주해 작업에 힘을 쏟게 되었다. 학생 참여를 권장하는 연구라 학생들을 참여시켜 그동안의 방법으로 1년 만에 마무리하려고 속도를 내었으나, 글자 한 자, 점 하나, 띄어쓰기 하나라도 내 눈을 거치지 않고는 안심할 수 없는 일이라, 다시 나만의 시간을 확보하여 본격적으로 2년여를 전면적으로 고치고 또 고쳐 2005년 9월 최종 주해 및 연구 보고서를 제출하였다. 그 후 심사위원들의 도움말과 송철의(宋喆儀), 이현희(李賢熙) 선생님의 유용한 조언으로 더 다듬어질 수 있었다.

원문과 주해와 해제 그리고 색인까지 달아 600여 쪽의 주해본을 내면서 당연히 고민하는 것은 방대한 분량의 한문본과 한글본의 영인본을 덧붙여 출간하는 문제였다. 한꺼번에 묶어 내고자 함이 필자의 소망이었지만 분량의 과다 문제가 따르고 원본 영인본은 이미 이문사(以文社), 일본 조선학회, 홍문각(弘文閣)에서 나와 있으며 이제는 서울대 규장각의 마이크로필름본과 연세대, 국립중앙도서관, 한국학중앙연구원의 인터넷상으로 공개된 한문본이나 한글본의 전자 영인본을 열람할 수 있는 시대가 되어 영인본을 따로 덧붙이지는 않았다. 따라서 원본을 보고 싶은 독자는 공개된 인터넷 전자 영인본을 쉽게 열람하면 될 것이다. 다음은 공개된 전자 영인본들이다.

서울대 규장각 마이크로필름본: 한글본 권1-3(권4 결본). 한문본 전2권
연세대 중앙도서관 전자 영인본: 한글본 전1-4권
한국학중앙연구원 전자 영인본: 한글본 권1-3(권4 결본)
국립중앙도서관 전자 영인본: 한문본 전2권, 한글본 권1-3(권4 결본)
한글디지털 박물관 전자 영인본: 한글본 권1-3(=국립중앙도서관본 스캔본)

마무리를 하면서 여전히 미진한 느낌을 숨길 수 없다. 개별 문장의 주해에 치중하다 보니 신문물어(新文物語)의 한중일(韓中日) 차용사(借用史)를 체계적으로 규명하는 일은 여전히 미흡하여 다음 연구를 준비하고자 한다. 그래서 '이언'에 대한 국어학적 연구와 학계의 평가는 지금부터 시작이라고 말하고 싶다. 이로써 조선 후기 국어와 현대국어의 교량적 위치에서 개화기 국어의 모습이 '이언'을 통해 새로 재조명되고 재평가될 것으로 기대한다.

17년 만의 대사를 마무리하며 감사할 일이 많다. 국어교육의 현재를 혁신하고 미래를 창조하기 위해 늘 고심하는 국어교육과 동료 교수님들의 격려가 없었다면 이런 주해 작업이 불가능했을 것이다. 그리고 이 책은 2002년 한국학 장기기초 연구비 지원에 의해 연구되었다. 연구를 지원해 주신 서울대 연구처와 규장각 한국학연구원 관계자 여러분과 심사위원들께도 충심으로 감사드린다. 연세대 홍윤표(洪允杓), 서강대 곽충구(郭忠求), 한국학중앙연구원의 황문환(黃文煥), 한남대 장윤희(張允熙) 선생님은 서지 문제와 난해어 문제를 상의할 때 도움을 주셨고, 고전에 밝은 동료 김종철(金鍾澈), 건국대 정운채(鄭雲采) 선생님과 제자 이명희(李明姬), 김영란(金英蘭), 왕단(王丹), 엄녀(嚴女), 최영란(崔英蘭) 선생으로부터 고전과 중국 관련 자료의 해석에 도움을 받았으며, 황문환(黃文煥), 장윤희(張允熙) 선생님은 어휘 색인의 1차 통계의 도움을 주셨다. 다시 방대한 양의 어휘 색인 2차 통합 작업에 수고한 대학원생들은 막바지 수고를 하

였다. 이 색인 파일을 안고 다시 미국 시애틀의 워싱턴 주립대학교에 연구년으로 나와 전체 주해를 최종 재검토하면서 3차 통합 색인 작업을 하였으며 교정지가 태평양을 넘고 9차에 걸친 파일 교열 작업을 하였다. 연구년 1년은 그렇게 지나갔지만 색인 및 교열 작업 과정은 오타, 띄어쓰기 오류, 당시의 혼기(混記) 사례를 일목요연하게 찾아볼 수 있게 하여 당시의 표기 의식을 발견해 가는 유익한 과정이었다.

주해, 색인, 교열 작업에서는 많은 제자들이 작업을 도와 고맙기 그지없으며 편집 과정에서는 강남욱, 오현아, 이관희 군의 노고도 컸다. 이러한 작업 과정에서 제자들은 교학상장(教學相長)의 기쁨을 주었다. 아울러 저자의 소홀함을 어김없이 발견해 내는 서울대학교출판부 편집 및 교열자께도 감사드린다. 이 모든 분들의 노고에도 불구하고 주해 부분의 오류는 전적으로 연구자의 책임임을 밝혀 둔다. 독자 제위께서 언제라도 눈에 띄는 오류는 주저 마시고 전자우편(minhs@snu.ac.kr)으로 연락해 주시기를 부탁드린다.

개화기 국어를 살펴보면서 언어 변화의 신비와 그 복잡다단함 속에 다시금 하나님은 언어의 창조자이시고 주관자이시며 섭리자라는 사실을 깨닫는다. 모든 언어 구조 및 언어 변화의 원리와 비밀의 만분지일이나 우리가 알고 정확히 기술을 할 수 있는지. 이를 탐구하며 한국어를 갈고닦기 위한 앎과 삶의 여정에 영원한 동반자가 되어 준 아내와 주영, 병학이 있으매 감사하고, 건국 60돌을 맞는 조국 대한민국에 태어난 것과 영원한 모어(母語) 한국어를 주신 하나님께 감사드리며, '이언'(易言)이 실현하고자 했던 이상국가의 꿈을 대한민국이 앞장서 실현할 수 있기를 기원한다.

2008. 2. 저 자

차 례

제Ⅱ부 해제(解題)

일러두기

1. 본서는 한글본 '이언'(易言)과 한문본을 대조하여 가며 주석을 하여 Ⅰ. 주해와 Ⅱ.해제로 구성하였다.

2. 주해와 해제 연구의 대상 문헌은 한글본 '이언', 한문본 '易言'이다. 한글본은 연세대 도서관본(전자도서관 원문본), 서강대 도서관본을 저본으로 영인한 '이문사(以文社) 한글 영인본'(1979)을 대상으로 주해하였고, 필요 시 '조선학보 영인본'(1985·1986), '홍문각 영인본'(1992)과 인터넷 공개 영인본인 연세대 도서관본, 한국학중앙연구원 장서각본, 국립중앙도서관본을 참고하였다. 한문본은 이문사(以文社) 한문 영인본(1979년)을 원문 대조하였으며 주해에 원문을 밝힐 필요가 있을 때 [원문]이라 표시하고 밝혔다.

3. 여기에 제시한 주해본의 본문은 원래 한글본에서 한글체 붙여쓰기로 된 것을 독자의 이해를 돕기 위해 주해자가 주요 한자어에 한자를 병기하고 현대 어절 띄어쓰기에 따라 '국한 혼용체 띄어쓰기체'로 바꾸었다. 따라서 본 주해본은 '국한 혼용체 주해'의 성격을 띤다.

4. 한글본 본문에서 쌍행(雙行)으로 나온 협주(夾註)는 주석본 본문에서 [ ] 안에 넣어 처리하였다.

5. 각주는 표제어와 주해로 구성한다. 표제어는 본문의 해당 어구를 표제어로 달았다. 단, 용언 활용형 표제어의 경우 다음 (ㄱ) 방식처럼 활용형 표제어의 뜻풀이를 제시한 후에 다시 '-다' 기본형의 뜻풀이를 반복한 경우도 있지만 지면 절약을 위해 (ㄴ)처럼 '-ᄒᆞ다'를 생략한 어근만을 표제어로 보이고 풀이를 달기도 하였다.

   (ㄱ) 부허ᄒᆞ지: 부허하지. [원문] 浮. 부허(浮虛)ᄒᆞ다: 마음이 들뜨고 미덥지 못하다. ¶이건 도무지 사내들끼리 왁작거리는 것이 부허하여 못 보겠구나(황석영, 張吉山).
   (ㄴ) 부허(浮虛): 마음이 들뜨고 미덥지 못함. [원문] 浮. ¶이건 도무지 사내들끼리 왁작거리는 것이 부허하여 못 보겠구나(황석영, 張吉山).

6. 본문 표제어 어근이 한자어인 경우 현대 한자어 표기와 같으면 본문이나 주석 표제어에 ( )로 한자를 병기하였고, 현대 표기와 다르면 주해 부분에 현대어 표기를 보인 후 한자를 병기하는 방향으로 하였다.

어거(馭車)ᄒᆞ야: 배를 바르게 가도록 하여.
령통ᄒᆞ고: 영통(靈通)하고. 신령스럽게 잘 통하고.

소이연(所以然): 그리 된 까닭. 소연(所然).
긔긔: 기기(器機). 배의 풍향에 따른 배 방향 조정 장치류와 증기기관 장치류.

7. 주해에서는 본문에 나타나는 어형을 대상으로 음운, 표기, 형태, 통사, 어휘 부문에서 필요한 분석과 설명을 달았다. '이언'은 어휘사적 의의가 크므로 근대 문물어의 차용 관점에서 원문어의 번역 차용 과정을 보이고자 주요 주석 구절마다 한문본의 원문자를 [원문]이라 표시하고 제시하였다. 같은 장(章) 안에서는 동일 어구의 반복 주석을 원칙적으로 피하였으나 이해 편의상 반복한 경우도 있다.

시셰 일: 시세(時勢)의 일. 시세(時勢): 세상의 형세나 형편. [원문] 時事.
훤츨ᄒᆞ고: 훤칠하고. 마음이 훤하고 밝아지고. [원문] 暢.

8. 주해에서 뜻풀이 과정에 나온 한자나 [원문] 부분의 한자에 대해 독자 편의를 위해 한자의 훈과 음을 달 경우, 쉼표로 연결된 것은 여러 훈을 나열한 것이며 마지막에 나온 자(다음 예의 경우 '서, 위')가 음을 뜻한다.

[원문] 犀. 犀: 무소, 코뿔소, 굳을 서.　　闈: 과거 시험장, 대궐 작은 문 위

9. 단어 풀이는 고어, 난해어 중심으로 하되, 뜻풀이나 용례를 정확히 제시할 필요가 있을 경우에는 '표준국어대사전'(국립국어연구원), '이조어사전'(유창돈), '고어사전'(남광우), '우리말큰사전'(한글학회)의 뜻풀이나 예문을 인용 또는 요약해 제시하였고 필요 시 기타 자료에서 찾아 제시하였다. 품사명은 생략하고 변별이 필요한 경우만 제시하였다. 품사 이름이나 반의어 표시를 위해 별도의 약호를 썼다. 대: 대명사. 부: 부사. 반: 반의어.

10. 주해 대상 표제어 중에 특이하거나 난해한 고유어나 한자어가 '표준국어대사전'의 표제어로 나오고 뜻풀이 속에 20세기 전기 현대 국어 시기 작가의 작품들 용례가 나오는 경우는 이를 인용, 제시하여 '이언' 시기의 근대 국어 어휘가 현대 작가들과 사전 편찬자들을 통해 현대 국어 어휘로 포착, 존속된 실상을 밝히고자 하였다.

거우지: 거역하지. 거우다: ① 대적하다, 거역하다. ¶ᄂᆞᄎᆞᆯ 거우ᅀᆞᄫᆞᆫ 둘(월인천강지곡 62). ② 집적거려 성나게 하다. ¶막걸리라는 소리가 어멈의 성미를 거웠다(나도향, 행랑 자식). 거리로 나온 재철이는 누이도 못마땅하고 부친이 거워 놓은 비위가 가라앉지 않아서……(염상섭, 택일하던 날). [원문] 攖. 攖: 다가설 영.

11. 주해에서 동의어, 동음이의어, 기타 관련 참고어는 cf.로 부기하여 참고하도록 하였다.

12. 각 권의 장차(張次) 표시는 【 】 표로 경계를 구분하였다. 가령, 25쪽은 【25ㄱ】과 【25ㄴ】으로 구별하였다.

13. 장차를 표시할 때 같은 권의 쪽수가 이어질 때는 두 번째 쪽수부터는 권차 표시를 생략하였다. 가령, 다음 3:4ㄴ, 18ㄴ의 경우 18ㄴ은 앞의 3:4ㄴ에 이어 같은 권에 나오는 3:18ㄴ을 뜻한다. 이런 표시법은 부록의 색인에서 쪽수를 표시할 때도 같은 원리로 하였다.

'발뵈다'는 1:9ㄴ, 3:4ㄴ, 18ㄴ, 4:41ㄴ 참고.

제 I 부

주해(註解)

셔(序)

이언(易言) 일셔(一書)ᄂᆞᆫ 긔우ᄉᆡᆼ(杞憂生)[1]이 시셰(時勢) 일[2]을 ᄉᆞᆲ히고 져울질ᄒᆞ며 시셰 판국[3]을 당긔기를 ᄉᆡᆼ각ᄒᆞ야 그윽이 근심ᄒᆞ고 격분(激憤)ᄒᆞ야 지은 ᄇᆡ라 므릇 눈의 다다치ᄂᆞᆫ[4] ᄇᆡ 잇고 귀의 들리ᄂᆞᆫ ᄇᆡ 이시면 ᄆᆞ음에 가마니 긔록ᄒᆞ야 그 곡졀을 깁히 ᄉᆡᆼ각ᄒᆞ다가 일죠(一朝)에 황연(晃然)이[5] ᄭᆡ다라 인ᄒᆞ야 그 요긴ᄒᆞ믈 드러 셰샹의 질뎡(質正)ᄒᆞ니[6] 그 말ᄉᆞᆷ은 훤츨ᄒᆞ고[7] 번다ᄒᆞ지 아니ᄒᆞ며 그 ᄯᅳᆺ은 현져ᄒᆞ고 모호ᄒᆞ지 아니ᄒᆞ야 일마다 됴목으로 베플ᄆᆡ 졀직(切直)ᄒᆞ야[8] 은휘(隱諱)ᄒᆞ미[9] 업고 ᄀᆞᆺ튼 됴건이 흠긔 관통ᄒᆞ

---

1. 긔우ᄉᆡᆼ: 기우생(杞憂生). 정관응(鄭觀應, Cheng Kuanying, 1842-1921)의 별호. 정관응은 중국 근대 초기의 개량주의자(改良主義者). 광동(廣東) 향산(香山, 현재의 中山) 사람. 원래의 이름은 관응(官應). 자(字)는 정상(正翔). 호(號)는 도재(陶齋). 별호(別號)는 기우생(杞憂生), 모옹산인(慕雍山人), 나부치학산인(羅浮待鶴山人), 대학노인(待鶴老人) 등. 저작은 '구시게요'(救時揭要, 1862), '이언'(易言, 1880), '성세위언'(盛世危言, 1894), '성세위언 후편'(盛世危言 後編, 1909) 등이 있다.
   cf. 기우(杞憂): 앞일에 대해 쓸데없는 걱정을 함. 또는 그 걱정. 군걱정. 옛날 중국 기(杞)나라에 살던 한 사람이 '만일 하늘이 무너지면 어디로 피해야 좋을 것인가?' 하고 침식을 잊고 걱정하였다는 데서 유래한다.
2. 시셰 일: 시세(時勢)의 일. 시세(時勢): 세상의 형세나 형편. [원문] 時事.
3. 시셰 판국: 세상이 돌아가는 사태의 국면. 시국. [원문] 時局. 판국(-局): 일이 벌어진 사태의 형편이나 국면.
4. 다다치ᄂᆞᆫ: 다닥치는. 다다치다: '다닥치다'의 옛말. 다닥치다: ① 서로 마주쳐 닿거나 부딪치다. ¶세상 일이란 생각할 때는 어려워도 다닥쳐 보면 쉬우니라(현진건, 지새는 안개). ② (일이나 사건 따위가) 바싹 가까이 닥치다. ¶풍신수길이 벼르고 벼르던 임진 새해가 다닥쳤다(박종화, 임진왜란). [원문] 觸. '눈의 다다치ᄂᆞᆫ ᄇᆡ': [원문] 目有所觸.
5. 황연이: 황연(晃然)히. 황연(晃然): ① 환하게 밝은 모양. ② 환히 깨닫는 모양.
6. 질뎡ᄒᆞ니: 질정(質正/質定)하니. 질정(質正): 묻거나 따져서 바로잡음. [원문] 質於世. '질정(質定: 갈피를 잡아서 분명하게 정함)'의 뜻으로도 가능.
7. 훤츨ᄒᆞ고: 훤칠하고. 마음이 훤하고 밝아지고. [원문] 暢. 훤츨ᄒᆞ다: '훤칠하다'의 옛말. ¶글 짓ᄂᆞᆫ 例 우리 짓그레 미츠니 ᄆᆞᅀᆞ미 훤츨ᄒᆞ야 ᄀᆞ린 거슬 ᄡᅳ러 ᄇᆞ리도다(두시언해 24:30). 안콰 밧기 서르 應ᄒᆞ야 일을 만남애 훤츨ᄒᆞ야 샹해 남아 넉넉홈이 잇더라(소학언해 6:124). 목ᄉᆞ 김여믈은 셔울 사ᄅᆞᆷ이니 훤츨ᄒᆞ고 ᄌᆡ죄며 용이 잇더라(동국신속삼강행실도 충1:42). '훤칠하다'가 현대에서는 '키가 훤칠하다'처럼 신체 외모 표현에 쓰이지만 중세어 '훤츨ᄒᆞ다'는 심리적 의미로도 사용하였다.
8. 졀직ᄒᆞ야: 절직(切直)하여. 절직(切直): 아주 간절(懇切)하고 솔직(率直)함. [원문] 直.

ᄆᆡ 졀실 【1ㄴ】 ᄒᆞ고 부허(浮虛)ᄒᆞ지10 아니ᄒᆞ니 진ᄀᆡ(眞個)11 셰샹의 쓰면 구졔ᄒᆞᆯ ᄇᆡ 잇고 이ᄯᅢ에 베플면 가히 ᄒᆡᆼᄒᆞᆯ 만ᄒᆞᆫ 일인져 ᄀᆞᆯ오ᄃᆡ 이언(易言)이라 ᄒᆞᄂᆞᆫ 거ᄉᆞᆫ 겸ᄉᆞ(謙辭)ᄒᆞᄂᆞᆫ12 말이라 일즉 칠쳔 리 밧그로좃ᄎᆞ 글월을 븟쳐 보ᄂᆡ엿거ᄂᆞᆯ ᄂᆡ 바다 보기를 맛치지 못ᄒᆞ야 긔우ᄉᆡᆼ이 당금(當今)의 유심(有心)ᄒᆞᆫ 사ᄅᆞᆷ이믈 그윽이 탄복ᄒᆞ엿노라 대뎌 시무(時務)를 아ᄂᆞᆫ 쟈를 쥰걸(俊傑)13이라 니르ᄂᆞ니 은춍(恩寵)과 리욕(利慾)을 ᄉᆡᆼ각ᄒᆞᆫ즉 원대ᄒᆞᆫ 모략이 드믈고14 공명을 요ᄒᆡᆼ으로 안즉 일을 그릇ᄒᆞ미 만흘 거시오15 셩졍(性情)이 일편도이16 고집ᄒᆞ면17 변통ᄒᆞ기를 말ᄒᆞ기 어렵고 ᄌᆡ죠와 지식이 오소(迂疎)ᄒᆞ면18 진 【2ㄱ】 긔(振氣)ᄒᆞᆯ19 도리를 말ᄒᆞ기 어려오니 이ᄂᆞᆫ 가쟝사(賈長沙)20[가의(賈誼) 쟝사의 구양 가므로21 일ᄏᆞᄅᆞ미라]의 기리22 탄식ᄒᆞ고 통곡ᄒᆞ며 눈물 흘니기에 니ᄅᆞᄃᆡ 능히 마지 못ᄒᆞᆫ

---

9. 은휘ᄒᆞ미: 은휘(隱諱)함이. 은휘(隱諱): 꺼리어 감추거나 숨김. [원문] 隱.

10. 부허ᄒᆞ지: 부허(浮虛)하지. [원문] 浮. 부허(浮虛)하다: 마음이 들뜨고 미덥지 못하다. ¶이건 도무지 사내들끼리 왁작거리는 것이 부허하여 못 보겠구나(황석영, 張吉山).
 cf. 부허(腐虛)ᄒᆞ다: 사상적으로나 도덕적으로 썩고 병들어 허황하다.

11. 진ᄀᆡ: 진개(眞個). 명 참인 것. 부 과연 참으로. 여기서는 부사로 쓰임. [원문] 眞.

12. 겸ᄉᆞᄒᆞᄂᆞᆫ: 겸사(謙辭)하는. 겸손히 사양하는. [원문] 謙詞.

13. 쥰걸: 준걸(俊傑). 재주와 슬기가 매우 뛰어난 것 또는 그 사람.

14. 은춍과 리욕을 ᄉᆡᆼ각ᄒᆞᆫ즉 원대ᄒᆞᆫ 모략이 드믈고: (개인의) 은총과 이욕을 생각하면 (나라를 위한) 원대한 방략이 나오기 어렵고. [원문] 寵利則鮮遠謀.

15. 공명을 요ᄒᆡᆼ으로 안즉 일을 그릇ᄒᆞ미 만흘 거시오: 공명을 요행히 알게 되면 일을 그릇함이 많을 것이오. [원문] 倖功名則多僨事. 僨: 넘어질, 실패할 분.

16. 일편도이: 일편(一偏)되이. 편벽되게. '-도이'는 '일편ᄃᆞᆸ+이(ᄃᆞᄫᅵ) > 일편ᄃᆞ이 > 일편도이'처럼 'ᄃᆞᄫᅵ > ᄃᆞ이 > 도이'가 된 것이다. ¶정성도이 ᄒᆞ며(내훈 1:77). 병도이 너기노라(두시언해 16:9). cf. 'ᄃᆞᄫᅵ다 > ᄃᆞ외다 > 도외다 > 되다'의 변천을 참고하라. '되다'는 이미 중세에 출현한다. 일편되다. ¶ᄉᆞ랑홈에 일편되며(偏愛, 소학언해 5:73).

17. 일편도이 고집ᄒᆞ면: 한쪽으로 고집하면. [원문] 偏執.

18. 오소ᄒᆞ면: 우소하면. 오소ᄒᆞ다 > 우소ᄒᆞ다. 우소(迂疏)하다: 세상 물정에 어둡고 민첩하지 못하다. '迂'의 음의 변천: 웅(동국정운 6:31ㄴ). ᅙᅮᆼ(능엄경언해 8:44). 오(논어언해 3:35). 엔길 오(유합 하62ㄱ). 오활 우 諺오 曲也遠也(자류주석 상54ㄴ). 우(新字典 4:18ㄱ). 동국정운과 능엄경언해의 동국정운식 표기는 '웅/ᅙᅮᆼ'를 보여 주지만 다른 표기는 '오'를 보여 주고 있고 '자류주석'의 '諺오'라는 주석도 보여 주듯 '迂'는 '오'로 통용된 듯하다. 따라서 '迂疏'의 조선 한자음은 '오소'이고 '이언'에도 '오소'로 나타나는 것인데, 현대 국어 사전들에는 다시 '우소'로 등재되어 있고 한자 자전들도 대표음을 '우'로, 속음을 '오'로 싣고 있다.

19. 진긔: 진기(振氣). 기운을 떨쳐 냄. [원문] 振作.

20. 가쟝사: 가장사(賈長沙). 가의(賈誼)가 장사(長沙)에 귀양 간 고사. 가의(賈誼): 기원전 200-168. 중국 전한(前漢)의 학자, 정치가. 낙양(洛陽) 출신. 재간이 있어서 한(漢) 문제(文帝)에게 박사로서 초빙을 받고 후에 태중대부(太中大夫)가 되었다. 여러 개혁안을 진언하였으나 일부 조신(朝臣)인 주발(周勃), 관영(灌嬰) 등의 유언(流言) 때문에 한(漢) 문제(文帝)는 그를 장안(長安)을 떠나 장사(長沙)에 가서 장사왕(長沙王)의 선생이 되게 하였다. 후인들은 그를 가장사(賈長沙), 가태부(賈太傅)라고 부른다.

21. 구양 가므로: 귀양 가므로.

ᄇᆡ라 방금 텬하의 ᄉᆞ단(事端)[23]이 만하 변괴(變故ㅣ) 비샹ᄒᆞ니 밧긔ᄂᆞᆫ 옹졔(癰疽ㅣ)[24][죵긔[25] 일홈] 쟝ᄎᆞᆺ 되ᄂᆞᆫ 모양 ᄀᆞᆺ고 안에ᄂᆞᆫ 징개(癥瘕ㅣ)[26][젹긔(積氣) 병] 졈졈 ᄌᆞ라ᄂᆞᆫ 것 ᄀᆞᆺᄐᆞ여 원긔(元氣)ᄂᆞᆫ ᄂᆞᆯ노 모손(耗損)ᄒᆞ고[27] 고질(痼疾)은 ᄂᆞᆯ노 깃터 가니 이ᄯᅢ를 일코 다ᄉᆞ리지 아니ᄒᆞ면 반ᄃᆞ시 소셩(蘇醒)ᄒᆞ지[28] 못ᄒᆞ리라 그러나 어진 의원이 병을 다ᄉᆞ리ᄆᆡ 약을 분잡(紛雜)히[29] ᄡᅳ고 침 놋코 ᄠᅳᆷ질ᄒᆞ믈 셕위여[30] ᄡᅳ지 아니ᄒᆞ야도 능히 ᄉᆞᆫ을 ᄃᆡ면 회츈ᄒᆞ게 ᄒᆞ야 오ᄅᆡᆫ 병을 돈연(頓然)이[31] 업【2ㄴ】게 ᄒᆞ니 반ᄃᆞ시 병든 근원을 ᄉᆞᆲ히고 병든 ᄂᆞᆯ을 혜여 보와 인ᄒᆞ야 병의 쳔심(淺深)을 알며 병의 표리(表裏)를 분간ᄒᆞ고 ᄯᅩ 시령(時令)[32]의 덥고 찬 것과 사ᄅᆞᆷ의 형톄의 웅장ᄒᆞ고 잔약ᄒᆞᆫ[33] 것과 약 셩미의

---

22. 기리: 길이. 오래도록.
23. ᄉᆞ단: 사단(事端). ①사건의 단서. 또는 일의 실마리. ②'사달'의 잘못. cf. 사달: 사고나 탈. ¶일이 꺼림칙하게 되어 가더니만 결국 사달이 났다.
24. 옹졔: 옹저(癰疽) + ㅣ(보격). 뒤에 '쟝ᄎᆞᆺ 되ᄂᆞᆫ'처럼 '되다'가 와서 'ㅣ'는 보격으로 쓰였다. 옹저(癰疽): 〖한의학〗 큰 종기를 통틀어 이르는 말. 癰: 악창 옹. 疽: 등창 저.
25. 죵긔: 종기(腫氣). 피부가 곪으면서 생기는 큰 부스럼.
26. 징개: 징가(癥瘕) + ㅣ(주격). 뒤에 'ᄌᆞ라다'가 와서 'ㅣ'는 주격이다. 징가(癥瘕): 〖한의학〗 뱃속에 덩어리가 생기는 병. 여자에게 많이 생기는데 '징'은 뭉쳐서 일정한 자리에 생기는 것이고, '가'는 이곳저곳으로 옮겨 다니며 모양도 일정하지 않은 덩어리이다. 비괴증(痞塊症).
   癥: 적취(積聚) 징. 적취(積聚): ① 쌓여 모이거나 쌓아 모음. ② 〖한의학〗 몸 안에 쌓인 기로 인하여 덩어리가 생겨서 아픈 병. '적'(積)은 오장 부위에 생기는 덩어리이고, '취'(聚)는 육부에 일정한 형태 없이 이리저리 옮겨 다니는 덩어리임. 적(積)·적기(積氣)·적병(積病).
   瘕: 기생충병 하. 괴(塊)밸 하. 현대 자전음은 '하'로만 나오는데 '癥瘕'를 한의학과 국어사전은 '징가'로 등재 통용하고 있다. 괴(塊): 〖한의학〗 뱃속에 덩어리가 생기는 병. 또는 그 덩어리. 여자에게 많이 생긴다.
27. 모손ᄒᆞ고: 약해지고. 닳아 없어지고. 모손(耗損): 닳아 없어짐. 모감(耗減).
28. 소셩ᄒᆞ지: 소성(蘇醒)하지. 소생(蘇生/甦生)하지. 소성(蘇醒): ① 까무러쳤다가 다시 깨어남. ② 중병을 치르고 난 뒤에 다시 회복함. 소생(甦生).
29. 분잡(紛雜): 많은 사람이 북적거려 시끄럽고 어수선함. ¶분잡을 떨다 / 분잡을 피우다.
30. 셕위여: 섞이어. [원문] 錯. 셕위다: 섞이다. '이언' 3:6ㄱ, 39ㄱ에는 '셔귀여'로 혼기도 보인다.
   섞다1: '섞다'의 옛말. ¶구슬 서믄 帳이며 보ᄇᆡ옛 바오리 溫和히 울며(석보상절 13:24).
   섞다2: '섞이다'의 옛말. ¶그 ᄠᅳ디 깁고 멀며 그 말ᄊᆞ미 工巧코 微妙ᄒᆞ야 오ᄋᆞ로 섯근 거시 업서 淸白ᄒᆞ고 梵行앳 相이 ᄀᆞᆺ더시니(석보상절 3:28). ᄇᆞᄅᆞᆷ과 비왜 섯그니(두시언해 22:3).
31. 돈연이: 돈연(頓然)히. 갑자기. 홀연히. 돈연히: ① 오래 끊기어. ¶그 후 며칠 동안이나 영식이도 아니 들여다보고, 이편에서 가기도 싫고 하여 그 뒤 소식은 돈연히 모르고 지냈다(염상섭, 취우). ② 어찌할 겨를도 없이 급하게. ¶조용히 듣고만 있던 형이 돈연히 큰 소리로 외치기 시작하였다. 여기서는 ②의 뜻. 돈연(頓然)하다: ① 조금도 돌아봄이 없다. ② 소식 따위가 끊어져 감감하다.
32. 시령(時令): ① 절기 ② 시환(時患). 여기서는 ①의 뜻.
33. 잔약ᄒᆞᆫ: 잔약(孱弱)한. 잔약(孱弱)하다: 가냘프고 약하다. ¶듣자 하니 우리 두 사람을 흡사 고려장 지내게 된 잔약한 늙은이쯤으로 치부하는 모양인데, 거 듣기에 매우 거북하오(현기영, 변방에 우짖는 새). 사 개월간의 옥중 생활은 잔약한 그의 신경을 바늘 끝같이 예민하게 하였다(염상섭, 표본실의 청개구리).

온ᄒᆞ고 링ᄒᆞᆫ[34] 거ᄉᆞᆯ 가마니 궁구(窮究)ᄒᆞᆫ 연후의 ᄆᆞᆺ당히 ᄶᅡᆨ글 거ᄉᆞᆫ ᄶᅡᆨ고 ᄆᆞᆺ당히 보ᄒᆞᆯ 거ᄉᆞᆫ 보ᄒᆞᄂᆞ니 엇지 녯 방셔(方書)[35]만 거두어 모화 약 ᄡᅳ기를 망녕도이 ᄒᆞ야 요ᄒᆡᆼ(僥倖) 낫기를 바라랴 나라 다ᄉᆞ리미 ᄯᅩᄒᆞᆫ 이 ᄀᆞᆺᄐᆞ니 셰상은 고금이 다르고 시셰(時勢)ᄂᆞᆫ 강약이 이시며 졍ᄉᆞᄂᆞᆫ 득실이 잇고 다ᄉᆞ리믄 셩쇠 이시니 만일 시셰를 인ᄒᆞ야 구폐(救弊)ᄒᆞ기[36]를 도모ᄒᆞ지 아니 【3ㄱ】 ᄒᆞᆫ즉 이ᄂᆞᆫ 화완(和緩)[37][녯적 용렬(勇烈)ᄒᆞᆫ 의원 일홈]이 요ᄒᆡᆼ(僥倖) 명의(名醫)로 득명(得名)ᄒᆞ고[38] 당우삼ᄃᆡ(唐虞三代)에 신하[39]와 쇼하(蕭何)[40] 조참(曹參)[41] 제갈량(諸葛亮)[42]과 방현령(房玄齡)[43] 두여회(杜如晦)[44]와 한긔(韓琦)[45] 범즁엄(范仲淹)[46]의 무리ᄂᆞᆫ 족히 더브러 공렬(功烈)[47]을 닷톨 사ᄅᆞᆷ이 업ᄉᆞ리라 녯

---

34. 링ᄒᆞᆫ: 냉(冷)한. 찬.
35. 방셔: 방서(方書). ① 신선의 술법인 방술(方術)을 적은 글이나 책. ② 약방문을 적은 책.
36. 구폐ᄒᆞ기: 폐단을 바로잡기. 구폐(捄弊/救弊): 폐해(弊害)를 바로잡음. ¶현재 있는 자는 자신의 군역 외에 또한 절호된 자의 군역까지 대신하느라 그 고생을 견디지 못하여 따라서 도망쳐 흩어지니 마땅히 구폐를 급히 해야 할 일이므로…(번역 중종실록)
37. 화완(和緩): 춘추 시대 진나라의 명의로 '和'는 '의화'(醫和)를 말하고 '緩'은 '의완'(醫緩)을 말하며, 후대에는 뛰어난 의사를 칭하는 말이 되었다. 緩: 느릴 완.
용렬(勇烈)ᄒᆞᆫ: 용맹스럽고 장렬한. cf. 용렬(庸劣): 사람이 변변치 못하고 졸렬함.
38. 득명(得名)ᄒᆞ고: 이름을 얻고. '만일 시셰를 인ᄒᆞ야……요ᄒᆡᆼ 명의로 득명ᄒᆞ고'의 뜻은 '만일 시국의 폐단 구하기를 도모하지 않았더라면 이는 화완(和緩)이 운 좋게 명의(名醫)의 이름을 얻은 것이 되고'의 뜻이라 실제는 구폐를 도모하였으니 명의의 이름을 얻음이 우연한 요행이 아니라는 뜻이다.
39. 당우삼대에 신하: 당우삼대(唐虞三代)의 신하. '에'는 속격. [원문] 唐虞之臣三代之佐. '당우'(唐虞)는 중국 고대의 임금인 도당씨(陶唐氏) 요(堯)와 유우씨(有虞氏) 순(舜)을 아울러 이르는 말. '삼대'는 고대 중국의 세 왕조인 하(夏), 은(殷), 주(周)를 이른다.
40. 쇼하: 소하(蕭何, ? – 기원전 193). 한대(漢代)의 한신(韓信), 장량(張良)과 함께 삼걸(三傑)의 하나. 고조(高祖) 유방(劉邦)의 공신으로 한(漢)의 율령(律令) 제정 정비에 힘쓰고 한(漢)의 왕조 기틀을 세움.
41. 조참(曹參): ? – 기원전 190. 한(漢)의 공신. 고조(高祖)를 도와 천하를 평정하고 소하를 이어 재상이 되어 소하의 정책을 시행하여서 세상에서는 '소규조수'(蕭規曹隨)라고 일컫기도 하였으며 '소조'(蕭曹)라 병칭하기도 하였음.
42. 제갈량(諸葛亮): 181–234. 자(字)는 공명(孔明). 유비(劉備)가 삼고초려하여 등용한 촉한(蜀漢)의 명상(名相). 유비는 임종 시 아들에게 제갈량의 충고를 따를 것을 당부하였고 아들이 무능할 경우 제갈량이 제위(帝位)에 오르도록 유언하였다.
43. 방현령(房玄齡): 578–648. 중국 당나라의 정치가, 건국 공신. 이름은 교(喬). 자는 현령. 즉위 후 15년간 재상의 자리에서 두여회(杜如晦)와 함께 조정을 잘 다스림.
44. 두여회(杜如晦): 585–630. 중국 당나라의 정치가. 자는 극명(克明). 방현령과 함께 이세민(李世民)을 보좌하여 태종으로 옹립했으며 당의 법률과 인사제도를 정비하여 '정관(貞觀)의 치(治)'를 구축했다.
45. 한긔: 한기(韓琦). 1008–1075. 중국 북송의 정치가. 자는 치규(稚圭). 범중엄(范仲淹)과 함께 서하의 침략을 방어함에 공을 세워 '한범'(韓范)으로 불림.
46. 범즁엄: 범중엄(范仲淹). 989–1052. 자는 희문(希文). 시호 문정공(文正公). 북송(北宋) 인종(仁宗) 때의 간관(諫官), 명상(名相), 학자, 개혁가.
47. 공렬(功烈): 높고 큰 공적. '당우삼ᄃᆡ에 신하와 쇼하, 조참, 제갈량과 방현령, 두여회와 한긔, 범즁엄의 무리ᄂᆞᆫ 족히 더브러 공렬을 닷톨 사ᄅᆞᆷ이 업ᄉᆞ리라'는 앞에 나온 '만일 시셰를 인ᄒᆞ야 구폐ᄒᆞ기

젹의 편쟉(扁鵲)[48]이 진(秦) 무왕(武王)[49]ᄭᅴ 뵌ᄃᆡ 왕이 병을 뵈거ᄂᆞᆯ 편쟉이 다ᄉᆞ리기를 쳥ᄒᆞᆫᄃᆡ 좌우 근시(近侍)[50] ᄀᆞᆯ오ᄃᆡ 왕의 병은 다ᄉᆞ려도 하릴 증셰[51] 아니로쇼이다 무왕이 편쟉의게 이 말을 고ᄒᆞᆫᄃᆡ 편쟉이 노ᄒᆞ야 폄셕(砭石)[52][병쳐(病處)의 ᄲᅵᆷ질ᄒᆞᄂᆞᆫ 돌이라]을 더져 ᄀᆞᆯ오ᄃᆡ 왕이 아ᄂᆞᆫ 사ᄅᆞᆷ으로 더브러 의론ᄒᆞ고 아지 못ᄒᆞᄂᆞᆫ 사ᄅᆞᆷ으로 더브러 의론을 져희(沮戲)ᄒᆞ니[53] 일노ᄡᅥ[54] 진국(秦國)의 정ᄉᆞ(政事)ᄅᆞᆯ 【3ㄴ】 가히 알지니 왕이 이ᄒᆞᆫ 거조(擧措)의[55] 나라히 망ᄒᆞ리라 ᄒᆞ야시니 금셰(今世)에 의슐 아ᄂᆞᆫ 사ᄅᆞᆷ이 업ᄂᆞᆫ ᄇᆡ 아니로ᄃᆡ 대뎌 병을 은휘ᄒᆞ고 의원을 ᄭᅳ리며[56] 더브러 의론ᄒᆞᄂᆞᆫ 쟈ᄂᆞᆫ 그 요긴ᄒᆞᆫ 묘리

를 도모ᄒᆞ지 아니ᄒᆞᆫ즉'이 문맥상 다시 접속되어 "(만일 시국 형셰를 인ᄒᆞ야 폐단을 구하기를 도모하지 아니하였다면), 당우삼대 즉 요순 및 하은주 시대의 신하들과 후대의 소하, 조참, 제갈량과 방현령, 두여회와 한기, 범중엄과 같은 소위 충신들 중에 족히 공렬(功烈)을 다툴 만한 사람들이 없으리라"는 뜻으로 실제는 이들 신하들이 모두 시국을 구했기에 요순 하은주 시대의 신하들과 후대 충신들인 소하, 조참, 제갈량, 방현령, 두여회, 한기, 범중엄과 같은 충신들은 서로 누가 뛰어난 충신인지 공렬을 다툴 만큼 충렬한 신하들이었다는 뜻이다.

48. 편쟉: 편작(扁鵲). '사기'(史記)에 전기가 실려 있는 중국 전국 시대의 명의. 성은 진(秦). 이름은 월인(越人). 종래의 주술적 의술을 바꾸어 경험을 토대로 한 치료를 행함. 장상군(長桑君)에게서 금방(禁方)의 구전(口傳)과 의서(醫書)를 물려받아 명의가 되었고 환자의 오장을 투시하는 경지에 이르렀다고 함. 주요 치료 방법은 망(望), 문(聞), 문(問), 절(切)이다.

49. 무왕(武王): ?－기원전 306. 중국 전국 시대 진나라의 왕. 기원전 310－306 재위(在位). 진도무열왕(秦悼武烈王)이라고도 함. 성은 영(嬴), 이름은 탕(蕩).

50. 근시(近侍): ① 웃어른을 가까이 모심. ② 근신(近臣). 여기서는 ②의 뜻.

51. 하릴 증셰: 나을 증세. ᄒᆞ리다>하리다. ᄒᆞ리다: '낫다'의 옛말. ¶덕분의 먹습고 글로브터 알튼 가ᄉᆞᆷ과 ᄇᆡ 져기 그쳐 졈졈 ᄒᆞ리ᄂᆞᆫ 둣ᄒᆞᄋᆞᆸ건마ᄂᆞᆫ(첩해신어 초3:3, 4). 나히 열ᄒᆞ나히 아비 듕풍ᄒᆞ거ᄂᆞᆯ ᄯᅩᆼ을 맏보고 한ᄃᆡ 나 비니 병이 이윽고 ᄒᆞ리니라(동국신속삼강행실도 열5:17). cf. 하릴없다: ① 달리 어떻게 할 도리가 없다. ¶하릴없는 처지가 되다 / 중요한 물건을 잃어버렸으니 꾸중을 들어도 하릴없는 일이다. ② 조금도 틀림이 없다. ¶비를 맞으며 대문에 기대선 그의 모습은 하릴없는 거지였다.

52. 폄셕: 폄석(砭石). 돌로 만든 침, 즉 돌침. 砭: 돌침 폄.

53. 져희ᄒᆞ니: 저희(沮戲)하니. 방해하니. 꺼리니. [원문] 敗. 이 부분은 왕이 아는 사람과만 의론하고 모르는 사람은 물리쳐 의론을 꺼린다는 뜻. 저희(沮戲): 귀찮게 굴어서 방해함.
'져희ᄒᆞ다'는 "두려워하다"의 뜻인 중세어 '저허ᄒᆞ다'와 뜻은 비슷하나 구분된다. cf. 젛다: '두려워하다'의 옛말. ¶龍王이 金剛杵 저허 모딘 ᄆᆞᅀᆞᆷ 고티니 羅刹도 ᄯᅩ 고티니이다(월인천강지곡 상71).
저허ᄒᆞ다: 젛+어+ᄒᆞ다. '저어하다'의 옛말. ¶控怖ᄂᆞᆫ 저허ᄒᆞᆯᄊᆡ라(월인석보 21:94). 모시예 ᄀᆞᆯ오ᄃᆡ 저허ᄒᆞ며 조심ᄒᆞ야 깁흔 모ᄉᆞᆯ 디늘어심ᄀᆞᆮ티 ᄒᆞ며(소학언해 4:24).

54. 일노ᄡᅥ: 이로써.

55. ᄒᆞᆫ 거조의: 한 거조에. 한 가지 행동으로. 거조(擧措): ① 말이나 행동 따위를 하는 태도. ¶이 일 이후로 이 댁 사람들의 그를 대하는 거조가 백팔십 도로 달라졌다(이호철, 소시민). ② 어떤 일을 꾸미거나 처리하기 위한 조치. ¶유생들이 이렇게 최제보를 끌어다 앙갚음할 거조를 차리자 채 군수가 창황히 말리고 나섰다(현기영, 변방에 우짖는 새). ③ 큰일을 저지름. ¶만일 금지의 말을 더 듣고 있다가는 한길 가에서 무슨 거조가 날지 자기도 알 수 없었던 것이다(현진건, 무영탑). 고 씨는 당장 무슨 거조를 낼 듯이, 연하여 높은 소리로 "네, 이놈!" 하고……(채만식, 태평천하).

56. ᄭᅳ리며: 꺼리며. [원문] 忌. 중세에는 'ᄭᅥ리다'가 쓰였다. ¶楊子江 南ᄋᆞᆯ ᄭᅥ리샤 使者ᄅᆞᆯ 보내신ᄃᆞᆯ 七代之王ᄋᆞᆯ 뉘 마ᄀᆞ리잇가(용비어천가 15장). 저품 업스신 行이시니 잇븐 어려우믈 ᄭᅥ리디 아니ᄒᆞ실

(妙理)를 모로ᄂᆞᆫ 사ᄅᆞᆷ인즉 안다 ᄒᆞᄂᆞᆫ 거시 모로ᄂᆞᆫ 거ᄉᆞ로 ᄀᆞᆺ고 병을 치료ᄒᆞᆫ다 ᄒᆞᄂᆞᆫ 거시 치료ᄒᆞ지 아니ᄒᆞᄂᆞᆫ 거ᄉᆞ로 ᄀᆞᆺᄐᆞᆫ지라 긔우싱이 편쟉의 폄셕 더지ᄂᆞᆫ 거ᄉᆞᆯ 아니ᄒᆞ고 가의(賈誼)[57]의 소장(訴狀) 베프ᄂᆞᆫ 일을 ᄒᆞ니 그 츙직ᄒᆞ고 격절(激切)ᄒᆞᆫ[58] 심장과 간담이 강ᄀᆡ(慷慨)ᄒᆞ고[59] 격렬ᄒᆞ미 엇더ᄒᆞ냐 오회(嗚呼ㅣ)라 그 말ᄉᆞᆷ이 쉬온 거시 졍(正)히 그 ᄆᆞᄋᆞᆷ을 괴롭게 ᄒᆞᆫ ᄇᆡ라 만일 ᄏᆡ여 뻐 【4ㄱ】 셔 몬져 혈ᄆᆡᆨ(血脈)을 고로게 ᄒᆞ야 그 졍신을 싁싁ᄒᆞ게[60] ᄒᆞ고 버거 젹긔의 ᄆᆡ친 거ᄉᆞᆯ 프러 그 심지ᄅᆞᆯ 펴이게 ᄒᆞ면 마ᄎᆞᆷᄂᆡ 큰 병이 반ᄃᆞ시 하리고 젹은 병도 반ᄃᆞ시 업셔져 일노 말ᄆᆡ암아 이목(耳目)이 춍명ᄒᆞ고 슈족이 편리ᄒᆞ리니 엇지 ᄑᆡᆼ조(彭祖)[61]와 슈(壽)ᄅᆞᆯ ᄀᆞᆺ치ᄒᆞ고 교숑(喬松)[62][쟝싱불ᄉᆞᄒᆞᆫ 신션의 일홈]의 ᄌᆞ최ᄅᆞᆯ ᄯᆞ로지 못ᄒᆞ미 이시랴 방금의 죠뎡(朝廷)의셔 졍신을 가다듬어 다ᄉᆞ리기ᄅᆞᆯ 도모ᄒᆞ시고 당도제공(當道諸公)[63]이 다 그록히[64] 큰 지죠[65]ᄅᆞᆯ 가져 텬하 일노 몸의

씨니(법화경언해 6:123).

57. 가의(賈誼): 중국 전한(前漢)의 학자, 정치가. 문제(文帝)에게 초빙되어 여러 가지 개혁안을 진언하였으나 좌천되었음. 앞의 주석 20 참고.

58. 격졀ᄒᆞᆫ: 격절(激切)한. (말이나 글이) 격렬하고 절실한.

59. 강ᄀᆡᄒᆞ고: 비분강개하고. 강개(慷慨): 의롭지 못한 것을 보고 의기가 북받쳐 원통하고 슬픔.

60. 싁싁ᄒᆞ게: (정신을) 씩씩하게. 마음가짐을 강하고 엄하게. [원문] 壯.

61. ᄑᆡᆼ조: 팽조(彭祖). [원문] 彭籛. 팽전(彭籛): 팽조(彭祖)라 불린 '전갱'(籛鏗)을 말함. "彭祖姓籛名鏗"(神仙傳). 요 임금의 신하로 요(堯)부터 하(夏), 상(商) 양조(兩朝)를 거쳐서 800여 세를 살았다고 하는 인물. 전(轉)하여 '장수'(長壽)를 이름. 황제(黃帝)의 제8대손(孫). 육종(陸終)의 셋째 아들. 대팽국(大彭國)의 왕. 처(妻)가 49명, 아이는 54명이었다고 한다. '팽성'(彭城)은 현재의 서주시(徐州市)임.

62. 교숑: 교송(喬松). ① 키 큰 소나무. ② '교'(喬)는 왕자교(王子喬), '송'(松)은 적송자(赤松子)를 가리키며 이 둘은 늙지도 죽지도 않는 신선이라 함.

63. 당도제공: 당도제공(當道諸公). 학문과 도를 구하는 사람 또는 나라 일을 맡아보는 관리. 당도지인(當道之人/當途之人). [원문] 當道諸公.
당도(當道): ① 이 길. ② 자기가 학문을 닦는 길.
당도(當途/當塗): 정권을 잡음, 중요한 위치에 있음. 때를 만남.
당도지인(當塗之人): 當은 막다, 차지하다의 뜻을 가져 길을 막고 있는 사람 즉 군주의 권한을 막고 있거나 권력을 차지하고 있는 사람. 塗는 途, 路와 통함. 정치 요로에 자리 잡은 중신(重臣).
'當塗之人'은 '한비자'(韓非子)에 다음 원문이 나온다. "智術之士 必遠見而明察 不明察 不能燭私 能法之士 必强毅而勁直 不勁直 不能矯姦……是智法之士與當塗之人 不可兩存之仇也 當塗之人擅事要 則外內爲之用矣"(韓非子, 孤憤 篇)(지술지사는 반드시 멀리 내다보고 일을 명확히 살펴본다. 명확히 살피지 않으면 사적인 획책을 들추어 낼 수 없다. 능법지사는 반드시 의지가 견고하여 일을 엄격히 처리한다. 엄격히 처리하지 않으면 간악한 것을 바로잡을 수 없다……이래서 지술지사와 능법지사는 권세 잡은 당국자와 양존할 수 없는 원수 관계라 할 수 있다. 무릇 당국자가 그 요직 일을 장악하여 멋대로 조종하면 나라 안팎에서 모두가 그를 위해 움직일 것이다). 한비(韓非) 저·이운구 역(2002), 한비자(韓非子) 참고.

64. 그록히: 거룩히. 대단히. 크게. [원문] 槃槃. 槃: 쟁반, 즐길 반. '그록히'는 '그록ᄒᆞ다'의 부사. 중세어 '거르기'와 동일한 단어족으로 보임. 거르기: 크게. 거륵ᄒᆞ다: 거룩하다. 위대하다. ¶거륵ᄒᆞ다(穆穆, 동문유해 상18). 거륵ᄒᆞᆫ 지조에(삼역총해 3:3). '이언'(2:55ㄴ, 3:30ㄴ)에는 '거록히'로도 나옴.

담당ᄒᆞᆫ 소임을 숨으니 이 글의 말ᄒᆞᆫ 바를 일마다 가히 드러 시힝ᄒᆞ야 그 공효를 거둘 만ᄒᆞᆫ지라 만일 긔 【4ㄴ】 우싱으로 ᄒᆞ야곰 일죠(一朝)의 쓰이믈 만나 쳔거(薦擧)ᄒᆞ고 승탁(昇擢)ᄒᆞ야[66] 이 일노ᄡᅥ 발신(發身)ᄒᆞ야[67] 시폐[68]를 바로잡으며 일편된[69] 일을 고치며 폐단을 구원ᄒᆞ면 나는 쟝ᄎᆞᆺ 눈을 씻고 그 귀흘 보와 나라 졍ᄉᆡ 태평ᄒᆞ믈 일위여[70] 희희호호(熙熙皞皞)ᄒᆞ야[71] 국개(國家ㅣ) 평안ᄒᆞ고 ᄂᆡ외 복을 누리는 양[72]을 쟝ᄎᆞᆺ 볼 거시니 이는 텬하에 근심을 몬져ᄒᆞᄂᆞᆫ 재 ᄆᆞᆺᄎᆞᆷᄂᆡ 텬하의 질거오믈[73] 나죵홀지라 긔우싱은 그 힘ᄡᅥ 셰샹의 ᄒᆞᆫ 번 나와 텬하의 긔약ᄒᆞ고 바라는 바를 맛쵸게[74] 홀진져

광셔(光緖)[75] 원년(元年) 화죠일(花朝日)[76]에 텬남돈굴(天南遯窟)[77] 늙은 ᄇᆡᆨ셩 왕도(王

---

65. 직죠: 재주.
66. 승탁ᄒᆞ야: 발탁 등용하여. 승탁(昇擢): 등용(登用). 擢: 뽑을, 발탁할 탁.
67. 발신ᄒᆞ야: 입신출세(立身出世)하여. 발신(發身): 천하거나 가난한 처지를 벗어나 앞길이 훤히 트임.
68. 시페: 시폐(時弊). 그 시대의 잘못된 폐단. 시병(時病). 그런데 바로 뒤에 '폐단'이 나오고 1:32ㄴ에는 '시폐'로 된 예도 있어 '시폐'의 탈각(脫刻)으로 보임. cf. 진실노 시폐를 구원ᄒᆞᄂᆞᆫ 큰 일이오(1:32ㄴ).
69. 일편(一偏)된: 편벽된.
70. 일위여: 이루어. 중세에는 현대어 '이루다'에 해당하는 단어로 '일우-, 이ᄅᆞ-, 닐위-'가 쓰여 '이언'의 '일위-'를 '일우-'나 '닐위-'에서 온 것으로 볼 수 있는데 '닐위-'일 가능성이 크지만 '밀위-'(4:27ㄴ), '미뤄-'(2:52ㄴ)와 '미루-'(1:30ㄱ)의 혼기도 보여 '일우-(이루-)'에서 올 가능성도 배제할 수 없다. II. 해제. 4.1 (25)항 논의 참고.
   일우다: 虐政이 날로 더을ᄊᆡ 倒戈之日에 先考ㆆ 뜯 몯 일우시니(용비어천가 12장).
   이ᄅᆞ다: ᄀᆞᆺ 업슨 功德 이ᄅᆞ샤 衆生 救ᄒᆞ시ᄂᆞᆫ 들(월인석보 18:64).
   닐위다: 道애 나ᅀᅡ가ᄃᆡ 게을이 아니ᄒᆞᄂᆞ니 아니면 수ᄫᅵ 닐위디 몯ᄒᆞ리니(월인석보 17:56).
71. 희희호호(熙熙皞皞): 백성의 생활이 매우 즐겁고 평화로움. [원문] 喁喁然熙熙然. 喁: 화답할 우. 熙: 빛날 희. 皞: 밝을 호.
72. 양(樣): 모양. '양'은 ① 완전명사('모양'의 뜻), ② 의존명사의 두 경우로 쓰이는데 여기서는 ①의 뜻.
73. 질거오믈: 즐거움을.
74. 맛쵸게: 맞추게.
75. 광셔: 광서(光緖). 청나라 제11대 광서제(光緖帝, 1871-1908, 재위 1875-1908)의 연호. 광서 원년은 1875년임. 광서제: 성(姓)은 애신각라(愛新覺羅). 휘(諱, 죽은 사람의 생전의 이름)는 재첨(載湉). 묘호(廟號)는 덕종(德宗). 시호(諡號)는 경황제(景皇帝). 제8대 황제인 도광제(道光帝, 宣宗)의 제7자 순현친왕(醇賢親王) 혁현(奕譞)의 아들로 청나라 말기 혼란기 비운의 황제이다. 네 살에 황제가 되었으나 권력은 제9대 함풍제(咸豐帝, 文宗)의 후궁인 서태후(西太后, 1835-1908)[별칭은 효흠현황후(孝欽顯皇后), 자희황태후(慈禧皇太后)]가 전횡(專橫)하였다. 강유위(康有爲), 양계초(梁啓超) 등의 주장대로 일본의 명치유신(明治維新)을 본받은 변법자강책(變法自强策)을 받아들여 1898년 무술(戊戌) 변법을 시작하였으나 서태후의 수구파(守舊派) 쿠데타로 실패하여 궁중에 유폐되었다. 1900년 의화단(義和團) 운동 이후 1901년 화약(和約)이 성립되었으나 유폐 생활을 하다 1908년에 죽었고, 다음 날 서태후도 갑자기 죽었다. '이언'의 서문은 왕도(王韜)가 광서 원년(1875년)에 쓰고 뒤에 나오는 발문은 광서 6년(1880)에 쓴 것으로 나온다.
   '이언'의 원본에서는 '광셔'가 존귀자의 연호이므로 존귀자 관련어에 대해 줄을 바꾸어 맨 앞으로 올려놓는 줄바꿈법[대두법(擡頭法)]에 따라 줄을 바꾸어 맨 앞으로 올려놓았다. '이언'에는 이렇게 존귀자에 대한 줄바꿈법이 '셔4ㄴ(광셔), 2:57ㄱ(셩텬ᄌᆞ), 3:45ㄱ(황샹), 3:65ㄱ(황샹)'에 각각 나타난다.

韜)[78]ᄂᆞᆫ 졀【5ㄱ】직(切直)ᄒᆞ고[79] 셔(序)ᄒᆞ노라

---

76. 화죠일: 화조일(花朝日). 중국의 옛 명절. 음력 2월 보름. 화조절(花朝節), 화조(花朝), 화신절(花神節), 백화생일(百花生日)이라고도 한다. 중원(中原) 지역과 서남(西南)지역은 하력(夏歷) 이월(二月) 초이틀이고 강남(江南)지역과 동북(東北)지역은 음력 2월 보름인데 8월 15일 추석날과 대응한다. 즉 '花朝' 대 '月夕'이 대응함.

77. 텬남돈굴: 천남돈굴(天南遯窟). '이언'의 서문을 쓴 왕도(王韜)가 자기 거처를 부른 이름. 遯(둔: 원음은 '돈' = 遁): 달아날 둔. '텬남돈굴 늙은 ᄇᆡᆨ셩': [원문] 天南遯窟老民. '텬남돈굴 늙은 ᄇᆡᆨ셩'은 그의 호 '天南遯叟'를 풀어 쓴 것이다.

78. 왕도(王韜): 1828-1897. 원 이름은 이빈(利賓). 자(字)는 자전(紫詮). 호는 중도(仲弢), 천남돈수(天南遯叟). 강소성(江蘇省) 장주[長洲, 현재의 오현(吳縣)] 사람. 청나라 말기(末期)의 개량주의자. 변법자강론(變法自强論)의 주창자로 중국 언론계 선구자이며 중국 고전을 영역(英譯)한 학자로 유명함. 叟: 늙은이 수. 弢: 활집 도 cf. 忻平(1990), 王韜評傳 참고.

79. 졀직ᄒᆞ고: 절직(切直)하고. 아주 간절(懇切)하고 솔직(率直)한 마음을 가지고. '졀직ᄒᆞ고 셔ᄒᆞ노라': [원문] 拜書.

ᄌᆞ셔(自序)

ᄂᆡ 픔셩이 로둔(魯鈍/老鈍)ᄒᆞ야[1] 능히 긔록ᄒᆞ고 외오ᄂᆞᆫ 글이 드무더니 쟝셩ᄒᆞᄆᆡ ᄉᆞ방의 유람ᄒᆞ야 ᄂᆞᆯ마다 이국(異國) 사ᄅᆞᆷ으로 더브러 샹죵ᄒᆞᄆᆡ 호상(滬上)[2][디명]은 강남에 대도회(大都會) 되여 남븍의 관지인(冠帶人)[3]이 왕ᄅᆡᄒᆞ야 모혀 들기로 지식이 통달ᄒᆞᆫ 호걸의 션ᄇᆡ[4]ᄅᆞᆯ 죵죵(種種) 츄축(追逐)ᄒᆞ야[5] 더브러 샹죵ᄒᆞ며 쥬션(周旋)ᄒᆞᆯᄉᆡ 그윽이 시무(時務) 론난(論難)ᄒᆞ믈 듯고 텬하 대지(大志)[6]ᄅᆞᆯ 만히 드르니 ᄡᅧᄒᆞᄃᆡ[7] 금셰에 도ᄅᆞᆯ 말ᄆᆡ

---

1. 로둔ᄒᆞ야: 노둔(老鈍/駑鈍/魯鈍)하여. 늙고 둔하여.
노둔(老鈍)하다1: 늙어서 재빠르지 못하고 둔하다.
노둔(駑鈍/魯鈍)하다2: 둔하고 어리석어 미련하다. 우둔하다. 우로하다. ¶부디 선생께서는 천하의 창생을 생각하시어 이 정 모의 어리석고 노둔한 점을 깨우쳐 주시기 바랍니다(이문열, 황제를 위하여). 원래 타고난 천품이 노둔한 탓이겠지만 글을 쓴다는 것은 나에게 있어서는 애초부터 여간 고통이 아니다(이양하, 이양하 수필선).
2. 호샹: 호상(滬上). 상해. 호(滬): 상해 동북을 흐르는 강. 상해의 별칭.
3. 관지인(←관디인: 冠帶人). 벼슬아치. 관면(冠冕)을 쓰고 신대(紳帶)를 두른 신분의 관리. [원문] 冠蓋.
관개(冠蓋): ① 높은 벼슬아치가 타고 다니던 수레. 말 네 필에 멍에를 매어 끌게 했다. ② 높은 벼슬아치가 머리에 쓰던 관(冠)과 해를 가리던 일산(日傘)을 통틀어 이르던 말.
관디(←冠帶): 옛날 벼슬아치의 공복(公服). 관복(官服). 지금은 구식 혼례에 따라 신랑이 입음. 관ᄃᆡ > 관디. ¶오시며 관ᄃᆡᄅᆞᆯ 모로매 싁싁고 경제히 ᄒᆞ며(번역소학 8:16). 쥬신이 관ᄃᆡ ᄒᆞ고 기들우거든 손이 와 문의 드러 ᄆᆞᆯ 브리거든 ᄃᆞᆫ주우려 나가 마자 읍ᄒᆞ고(여씨향약언해 화21). 袍 관ᄃᆡ옷 포(훈몽자회 중11).
4. 통달ᄒᆞᆫ 호걸의 션ᄇᆡ: 통달한 호걸의 선비. [원문] 達人傑士. 중세부터 '션ᄇᆡ/션븨'가 같이 나타난다. ¶武功ᄲᅮᆫ 아니 爲ᄒᆞ샤 션비ᄅᆞᆯ 아ᄅᆞ실ᄊᆡ(용비어천가 80장). 菩薩이 諸天ᄃᆞ려 무르샤ᄃᆡ 엇던 양ᄌᆞ로 ᄂᆞ려가료 ᄒᆞ샤ᄂᆞᆯ 션ᄇᆡ 양ᄌᆞ도 니ᄅᆞ며(월인석보 2:19). 한 션븨 일홈을 쓰고(노걸대언해 상3).
5. 죵죵 츄축ᄒᆞ야: 종종(種種) 추축(追逐)하여. 가끔 오가며 사귀어. 종종(種種): ① 모양이나 성질이 다른 여러 가지. ② =가끔. 추축(追逐): ① 쫓아 버림. ② 친구끼리 서로 오가며 사귐. ¶학교 동료와 추축이 잦아 갈수록 자기 부친의 청년 시대를 생각하게 되었다(염상섭, 표본실의 청개구리). 그는 같은 일을 하는 직공들과는 추축을 하지 않았다(심훈, 영원의 미소). ③ 남의 뒤를 좇아 따름. 추수(追隨). ④ 각축.
6. 대지(大志): 마음에 품은 큰 뜻. 홍지(鴻志). ¶대공께서 돈오하여 지선교를 펴신 것도 백성을 도탄에서 구하고 어지러운 나라를 바로 세워 보겠다는 대지를 가지셨기 때문이다(유현종, 들불). [원문] 大計.
7. ᄡᅧᄒᆞᄃᆡ: 생각하건대. [원문] 以爲.

암아 금셰의 풍쇽을 변통(變通)ᄒᆞ려 ᄒᆞ면 ᄆᆞᆺ당히 녯 법을 볼 거시니 ᄌᆞ연이 먼 데 물졍(物情)을 무러 그 쟝기(長技)[8]ᄅᆞᆯ 스승ᄒᆞ야[9] 【1ㄴ】 그 단쳐(短處)[10]ᄅᆞᆯ 치며 그 ᄆᆡᆺᄂᆞᆫ 바ᄅᆞᆯ 아ᄉᆞᆯ지라 태셔 사ᄅᆞᆷ이 즁국의 오ᄅᆡ 거쳐ᄒᆞ야 ᄯᅩᄒᆞᆫ 죵죵 그 의론을 펴거ᄂᆞᆯ 판 밧긔셔 슈슈방관(袖手傍觀)ᄒᆞ다가 인ᄒᆞ야 일을 ᄯᆞ라 획칙(劃策)ᄒᆞ니[11] 대개 니ᄅᆞᆫ바 일은 분잡(紛雜)ᄒᆞ고 말ᄉᆞᆷ은 크미[12] 이에셔 심ᄒᆞ미 업ᄂᆞᆫ지라 대뎌 ᄉᆞ히 회동ᄒᆞᄆᆡ 각국 사ᄅᆞᆷ이 ᄉᆞ면으로 답지(遝至)ᄒᆞ야 셔로 체결ᄒᆞ고 ᄉᆞ괴ᄂᆞᆫ 일이 ᄂᆞᆯ노 크고 달노 기니 일이 분잡ᄒᆞ고ᄌᆞ 아니ᄒᆞ나 가히 엇지 못ᄒᆞᆯ 거시오 이국(異國) 사ᄅᆞᆷ이 친압(親押)히[13] 거쳐ᄒᆞ야 듯ᄂᆞᆫ 바ᄅᆞᆯ 놉히고 ᄒᆞᆼ습(恒習)ᄒᆞᆫ[14] 바의 익으ᄆᆡ 져 사ᄅᆞᆷ은 나의 고루ᄒᆞ믈 칙망ᄒᆞ고 나ᄂᆞᆫ 져 사ᄅᆞᆷ의 고집ᄒᆞ믈 비 【2ㄱ】 우ᄉᆞ니[15] 말ᄉᆞᆷ이 크지 말고ᄌᆞ ᄒᆞ나 가히 엇지 못ᄒᆞᆯ지라 비록 그러ᄒᆞ나 반ᄃᆞ시 ᄒᆞᆫ 가지 올흐믄 이시니 강과 바다ᄂᆞᆫ 형톄 크므로 젹은 물을 막지 아니ᄒᆞ고 태산(泰山)과 화산(華山)[16]은 ᄆᆡ이 놉흐므로 흙덩이ᄅᆞᆯ ᄉᆞ양(辭讓)치 아니ᄒᆞᄂᆞ니 이졔 텬하에 크므로 므릇 ᄆᆞ음과 입 잇ᄂᆞᆫ 쟈ᄂᆞᆫ 져마다 아ᄂᆞᆫ 바ᄅᆞᆯ 다ᄒᆞ고 그 말ᄉᆞᆷ을 ᄂᆡ여 셰샹의셔 ᄏᆡ여 ᄡᅳ기ᄅᆞᆯ 기다리니 말ᄉᆞᆷ이 뉘게셔 낫시믈 굿ᄐᆡ여 니ᄅᆞ지 말고 다만 시무(時務)에 합당ᄒᆞᆫ 여부만 무ᄅᆞᆯ 거시니 ᄯᅩᄒᆞᆫ 셩셰(盛世)[17]에 금ᄒᆞ지 아니ᄒᆞᆯ ᄇᆡ오 큰 션ᄇᆡ의 믈니치지 아니ᄒᆞᆯ ᄇᆡ라 져즘ᄭᅴ[18] ᄂᆡ 동치(同治)[19] 경오(庚午) 신미(辛未) 년 【2ㄴ】 간에

---

8. 쟝기: 장기(長技). 가장 잘하는 점. 장점. 특기.
9. 스승ᄒᆞ야: 본받아. 스승ᄒᆞ다: 가르침으로 삼다. 본받다.
10. 단쳐: 단처(短處). 단점.
11. 획칙ᄒᆞ니: 획책(劃策)하니. 계획하니. 일을 꾸미거나 꾀하니.
12. 일은 분잡ᄒᆞ고 말ᄉᆞᆷ은 크미: 일은 분잡(紛雜)하고 말만 많음이. [원문] 事雜言龐. 龐: 클, 높을, 어지러울 방.
13. 친압히: 지나치게 친하게. 친압(親狎)하다: 버릇없이 너무 지나치게 친하다. ¶여자는 항상 예절이 제일 목적인 고로 유부녀로 다른 남자와 친압하면 예절이 괴손되는 까닭이니라(김교제, 모란화).
14. ᄒᆞᆼ습ᄒᆞᆫ: 항습(恒習)한. 관습 따위가 항상 몸에 밴. 항습(恒習): 늘 하는 버릇.
15. 비우ᄉᆞ니: 비웃으니.
16. 화산: 중국 5악 중에 가장 험산. 중국의 5악과 주봉(主峰)은 다음과 같다.
동악(東嶽): 태산(泰山, 산동성 중부). 천주봉(天柱峰) 또는 옥황봉(玉皇頂) 해발 1,545m.
서악(西嶽): 화산(華山, 섬서성 동부). 남봉(南峰) 또는 낙안봉(落雁峯) 해발 2160.5m.
남악(南嶽): 형산(衡山, 호남성 중부). 축융봉(祝融峰) 해발 1,290m.
북악(北嶽): 항산(恒山, 산서성 동북부). 천봉령(天峰嶺) 해발 2,017m.
중악(中嶽): 숭산(嵩山. 하남성 중부). 준극봉(峻極峰) 해발 1,440m.
17. 셩셰: 태평성세. 한창 융성한 세대, 국운이 번창하고 있는 태평한 시대.
18. 져즘ᄭᅴ: 저번에. 접때.
19. 동치(同治): 청나라 제10대 동치제(同治帝, 1856-1875, 재위 1861-1875)의 연호. 동치제의 성은 애신각라(愛新覺羅). 휘(諱)는 재순(載淳). 시호는 의황제(毅皇帝). 묘호는 목종(穆宗). 제9대 함풍제(咸豊帝, 文宗)의 독자로서 어머니는 함풍제 후궁인 서태후(西太后, 1835-1908)[별칭은 효흠현황후(孝欽顯

한가히 거ᄒᆞ야 결을이 만키로셔 ᄎᆡᆨ을 섭렵(涉獵)ᄒᆞ다가 우연이 본 ᄇᆡ 이시면 부술 ᄡᅵᆨ혀[20] 긔록ᄒᆞ니 안흐로 심즁(心中)에 감동ᄒᆞ고 밧그로 큰 판국[21]을 료량(料量)ᄒᆞ야 시무에 어려온 일을 목도(目睹)ᄒᆞᄃᆡ 하슈ᄒᆞᆯ[22] 곳이 업ᄉᆞ니 일언이폐지(一言以蔽之)ᄒᆞ고[23] 뎨일은 스ᄉᆞ로 강ᄒᆞ게 ᄒᆞᄂᆞᆫ 것만 ᄀᆞᆺ지 못ᄒᆞ니 스ᄉᆞ로 강ᄒᆞ게 ᄒᆞᄂᆞᆫ 도[24]는 이 두어 가지에 버셔나지 아니ᄒᆞᆯ ᄯᆞ름이라 이러므로 여러 가지 됴목을 ᄎᆞ례로 베픈 ᄇᆡ니 다만 그 대강을 드러 말ᄉᆞᆷ이 쇼샹치 못ᄒᆞ믈 스ᄉᆞ로 알ᄃᆡ 약간 편ᄎᆞ(編次)ᄒᆞ야[25] 샹ᄌᆞ(箱子)에 두고 스ᄉᆞ로 샹고ᄒᆞᆯ ᄲᅮᆫ이오 감히 시무ᄅᆞᆯ 의론ᄒᆞ므【3ㄱ】로 ᄌᆞ쳐(自處)ᄒᆞ지 못ᄒᆞ더니 친ᄒᆞᆫ 벗이 보면 믄득 가져다가 신문관(新聞館)[26]에 보ᄂᆡ고 ᄯᅩ 근ᄅᆡ 사ᄅᆞᆷ의 판ᄀᆡᆨᄒᆞᆫ[27] 바 문견록(聞見錄) 가온ᄃᆡ 너흐니 비루(鄙陋)ᄒᆞᆫ 소견을 스ᄉᆞ로 ᄉᆞᆷ기지 못ᄒᆞ야 ᄒᆡᆼ샹 란연(赧然)ᄒᆞ여[28] ᄒᆞ노라 셔(書)[29]에 ᄀᆞᆯ오ᄃᆡ 말ᄒᆞ기 어려온 쥴이 아니라 ᄒᆡᆼᄒᆞ기 오직 어렵다 ᄒᆞ니[30] 말ᄉᆞᆷ이 임의 죡히 관즁(款重)ᄒᆞᆯ[31] 거시 업거든 ᄒᆞ믈며 말ᄉᆞᆷ이 ᄯᅩᄒᆞᆫ 쉽지 아니ᄒᆞ미

皇后), 자희황태후(慈禧皇太后)]이고 부인은 동태후(東太后, 1837-1881)[별칭 자안황태후(慈安皇太后), 서태후에게 독살당했다는 설이 있음]인데 5세에 즉위하여 동태후와 서태후의 섭정 속에 지내다 18세 때 천연두에 걸려 사망함. 동치(同治) 경오년(庚午年)은 1870년, 신미년(辛未年)은 1871년임.

20. 부술 ᄡᅵᆨ혀: 붓을 빼어(뽑아). [원문] 隨筆. 중세어 '붇'(筆)은 근대에 '붓'으로 표기되어 '부술'로 연철한 표기이다. 뒤의 발10ㄱ에는 중철 표기인 '붓술'이 나온다. 또한 뒤의 3:19ㄴ에서는 ㅜ를 ㅡ로 과잉교정한 '븟술'도 나온다. '이언'에는 '붓치고(1:7ㄱ) – 븟치고(3:4ㄱ)·븟치ᄂᆞᆫ(1:47ㄱ)'의 혼기도 보인다.

21. 판국(-局): 일이 벌어진 사태의 형편이나 국면.

22. 하슈ᄒᆞᆯ: 하소연할. 하슈ᄒᆞ다: 하소연하다. 착수하다. ¶ᄯᅩ로ᄂᆞᆫ 쟝싊 군쥬ᄅᆞᆯ 보면 ᄎᆞᆷ아 하슈치 못ᄒᆞ리라(삼역총해 10 : 23). 하슈(下手: 猶着手也, 行用吏文). cf. 하솟그리다, 하쇼ᄶᅧ리다: 참소하다. 하소연하다.

23. 일언이폐지(一言以蔽之)ᄒᆞ고: 다른 말은 다 빼고 단 한 마디로 말하고.

24. 스ᄉᆞ로 강ᄒᆞ게 ᄒᆞᄂᆞᆫ 도: [원문] 自强之道.

25. 편ᄎᆞᄒᆞ야: 편차(編次)하여. 순서를 따라 편집하여.

26. 신문관(新聞館): 신문사. [원문] 報館.

27. 판ᄀᆡᆨ: 판각(板刻). 나뭇조각에 그림이나 글씨를 새김. 등재(登梓). 각판(刻板). 기궐(剞劂).
cf. 기궐(剞劂): 〖출판〗 인쇄할 목적으로 나무 판에 글자를 새김. 침재(鋟材). 각판. 판각.

28. 란연ᄒᆞ여: 난연(赧然)하여. 난연(赧然)하다: 수줍어서 낯빛이 붉다. [원문] 蹴然. 축연(蹴然): 삼가는 듯한 모양. 또는 불안한 모양. 蹴: 찰, 밟을, 삼갈, 얼굴빛 변할 축.

29. 셔: 서경(書經). '서경'은 '서'(書), '상서'(尙書)라고도 하는데 '사서오경'(四書五經)의 하나이다. 요(堯), 순(舜) 시대부터 춘추(春秋) 시기의 진(秦) 목공(穆公)까지 하(夏), 상(商), 주(周) 3대를 포함한다. '서경'은 6권으로 나누어지는데 권1은 우서(虞書), 권2는 하서(夏書), 권3은 상서(商書), 권4-6은 주서(周書)이다. 내용은 정치, 군사, 경제, 지리, 인사(人事), 재상(災祥) 등의 분야를 언급하였다.

30. 말ᄒᆞ기 어려온 쥴이 아니라 ᄒᆡᆼᄒᆞ기 오직 어렵다 ᄒᆞ니: 말하기 어려운 것이 아니라 행하기 오직 어렵다고 하니. [원문] 言之非艱 行之惟艱. 서경의 '상서'(商書)에 나옴. cf. 王曰 "旨哉! 說. 乃言惟服. 乃不良于言, 予罔聞于行" 說拜稽首曰 "非知之艱 行之惟艱 王忱不艱 允協于先王成德 惟說不言有厥咎".

31. 관즁ᄒᆞᆯ: 관중(款重)할. 요긴하고 중요할. 관중(款重)하다: 요긴하고 중요하다. [원문] 重. cf. 관중(關重)하다: 중요한 관계가 있다.

랴 시(詩)[32]의 ᄀᆞᆯ오ᄃᆡ 군ᄌᆞᄂᆞᆫ 말ᄉᆞᆷ을 쉽게 ᄒᆞ지 말나[33] ᄒᆞ고 동방삭(東方朔)[34]이 ᄀᆞᆯ오ᄃᆡ 말ᄉᆞᆷ을 엇지 용이ᄒᆞ게 ᄒᆞ리오 ᄒᆞ니 이 글의 잇ᄂᆞᆫ 바ᄂᆞᆫ 대개 말ᄉᆞᆷ을 쉽게 ᄒᆞᆫ 경계(警戒)[35]ᄅᆞᆯ 면치 못ᄒᆞ엿시ᄃᆡ 셰샹의 젼파ᄒᆞᄂᆞᆫ 거 【3ㄴ】 ᄉᆞᆫ 나의 본심(本心)이 아니라 말ᄉᆞᆷ이 아ᄅᆞᆷ다와 셰샹에 ᄡᅳ이기ᄅᆞᆯ 원ᄒᆞᄂᆞᆫ ᄇᆡ 아니오 우미(愚迷)ᄒᆞᆫ[36] 졍셩을 다ᄒᆞᆯ ᄯᆞᄅᆞᆷ이니 달인걸ᄉᆞ(達人傑士)[37]ᄂᆞᆫ 이 말을 더러이 너기지 말고 가ᄅᆞ치기ᄅᆞᆯ 앗기지 말면 이ᄂᆞᆫ 나의 만ᄒᆡᆼ(萬幸)[38]일가 ᄒᆞ노라 광셔(光緖) 원년[39] 모츈지초(暮春之初)의 텰셩(鐵城)[40] 긔우ᄉᆡᆼ(杞憂生)은 ᄒᆡ상(海上)[41] ᄃᆡ학ᄌᆡ(待鶴齋)[42]의셔 스ᄉᆞ로 셔(序)ᄒᆞ노라

---

32. 시: 시경(詩經). 중국 최초의 시가집(詩歌集). 원래 이름은 '시'(詩)이다. 시 300수를 수집해서 '시삼백'(詩三百)이라고도 한다. 춘추(春秋) 시대에 편집되었는데 서주(西周) 초(初) 기원전 11세기부터 춘추 중기(中期) 기원전 7세기까지 약 500년간의 시가집이다. '풍(風, 160편), 아(雅, 105편), 송(頌, 40편)'의 3부로 구성되었다.

33. 군ᄌᆞᄂᆞᆫ 말ᄉᆞᆷ을 쉽게 ᄒᆞ지 말나: 군자는 말씀을 쉽게 하지 말라. [원문] 君子無易由言. 시경의 '소아편(小雅篇) 절남산지습(節南山之什) 소변(小弁)'에 나옴: "莫高匪山 莫浚匪泉 君子無易由言 耳屬于垣 無逝我梁 无發我笱 我躬不閱 遑恤我後(높지 않다면 산이 아니며 깊지 않다면 샘이 아니라오. 군자는 말을 가벼이 하지 않나니 귀는 담에도 붙어 있다오. 내 어살에 가서 내 통발을 꺼내지 마오. 내 몸도 용납되지 않으니 내 뒷일 걱정할 틈이 있겠는가). 梁: 고기 잡을 통발을 대기 위해 냇물을 막고 가운데만 틔어 놓은 '어살'. 笱: 통발 구.

34. 동방삭(東方朔): 중국 전한(前漢) 한(漢) 무제(武帝) 때의 문인(기원전 ?154-?92). 자는 만천(曼倩). 해학, 변설(辯舌), 직간(直諫)으로 이름이 났다. 속설에 서왕모(西王母)의 복숭아를 훔쳐 먹어 장수하였으므로 삼천갑자(三千甲子) 동방삭이라고 이른다.

35. 경계: 잘못되는 일이 없도록 미리 조심하는 것.

36. 우미(愚迷)ᄒᆞᆫ: 어리석은. 우미(愚迷)ᄒᆞ다: 우매(愚昧)ᄒᆞ다. 어리석고 몽매하다. 우몽하다.

37. 달인걸ᄉᆞ: 달인걸사(達人傑士). 널리 사물의 도리에 정통하여 뛰어난 사람. [원문] 達人傑士.

38. 만ᄒᆡᆼ: 만행(萬幸). 아주 다행한 일.

39. 광셔 원년: 광서(光緖)는 청나라 제11대 광서제(光緖帝, 1871-1908, 재위 1875-1908)의 연호. 광서 원년은 1875년임.

40. 텰셩: 철성(鐵城). 정관응이 거하던 곳을 가리키는 자호(自號). 중국 형양(滎陽).

41. ᄒᆡ상: 해상(海上). 정관응은 상해 전보국(電報局) 총판(總辦), 윤선초상국(輪船招商局) 방판(幇辦), 총판(總辦)을 역임하여 광서 원년(1875)에 상해(上海)에 있었으므로 '해상'은 상해(上海)의 거처로 보임.

42. ᄃᆡ학ᄌᆡ: 대학재. [원문] 待鶴齋. 그의 호 중에 '나부치학산인'(羅浮偫鶴山人)과 '대학노인'(待鶴老人)이 있는데 '待'(기다릴 대)와 '偫'(기다릴 치)가 뜻이 같아 'ᄃᆡ학ᄌᆡ'(待鶴齋)는 호에서 유래한 것이다.

권지일

卷之一

이언권지일

론공법 만국공법을 의론ᄒᆞᆫ 대라

태셔에인군이쥬장ᄒᆞ는나라도잇고ᄇᆡᆨ셩이쥬장
ᄒᆞ는나라도잇ᄉᆞ며인군과ᄇᆡᆨ셩이ᄒᆞᆷᄭᅴ쥬장ᄒᆞ는
나라도이시니비록풍쇽은각각ᄀᆞᆺ지아니ᄒᆞ나의
리는혹다르미업ᄉᆞ니처음에국ᄒᆞᆯ제규모를세우
고례법을지으며비상ᄒᆞᆫ션ᄇᆡ온ᄀᆞᆺ의ᄉᆞ로유익ᄒᆞᆯ
도리를널니ᄒᆞ야길게다ᄉᆞ리고오릭편안ᄒᆞ게ᄒᆞᆯ
ᄆᆞ음이엇지업셔시리오마는그러나시셰와운수
를샹고ᄒᆞ고셩쇠지리를솖히건ᄃᆡ부국강병ᄒᆞ는

이언 일권 론공법 一

거시소이연이잇ᄉᆞᆷ을알거시니진실노일죠일셕
의된거시아니라녯적에영길리디경이칠국의난
호여각각쥬장 패슈라 이잇ᄉᆞ되다죤죤ᄒᆞᆫ오랑ᄏᆡ라
심지어사ᄅᆞᆷ을잡아졔지ᄂᆡ고엽롱을너여졉을치
며로학ᄒᆞᆫ고흠패ᄒᆞᆫ미사름의의리바이업더니라
마국 나라일홈 이영국ᄯᅡᄒᆞᆯ통합ᄒᆞᆫ비경ᄉᆞ와교화졈졈
열니연지오리지아니ᄒᆞ나북덕이작란ᄒᆞ야구라파졔
국이모다화를닙고그형셰난호여웅거ᄒᆞ엿더니
그후의영국과법국이셔로싸혼지ᄇᆡᆨ년에밋ᄎᆞᆫ지
라이러므로로십ᄎᆞᆺᄉᆞᄒᆞ야비로쇼큰비와대포를

론 공법(論公法)
[만국공법1을 의론ᄒᆞ미라]

태셔(泰西)에 인군(人君)[2]이 쥬쟝(主掌)ᄒᆞᄂᆞᆫ 나라[3]도 잇고 ᄇᆡᆨ셩이 쥬쟝ᄒᆞᄂᆞᆫ 나라[4]도 잇ᄉᆞ며 인군과 ᄇᆡᆨ셩이 ᄒᆞᆷ긔 쥬쟝ᄒᆞᄂᆞᆫ 나라[5]도 이시니 비록 풍쇽(風俗)은 각각 ᄀᆞᆺ지 아니ᄒᆞ나 의리(義理)ᄂᆞᆫ 혹 다르미 업ᄉᆞ니 쳐음 ᄀᆡ국(開國)ᄒᆞᆯ 제 규모를 셰우고 례법을 지으ᄆᆡ 비상(非常)ᄒᆞᆫ 션ᄇᆡ 온ᄀᆞᆺ 의ᄉᆞ로 유익(有益)ᄒᆞᆯ 도리를 널니ᄒᆞ야 길게 다ᄉᆞ리고 오ᄅᆡ 편안ᄒᆞ게 ᄒᆞᆯ ᄆᆞᄋᆞᆷ이 엇지 업셔시리오마ᄂᆞᆫ 그러나 시셰(時勢)[6]와 운수(運數)ᄅᆞᆯ 샹고(詳考)ᄒᆞ고 셩쇠지리(盛衰之理)[7]ᄅᆞᆷ[8] ᄉᆞᆲ히건ᄃᆡ 부국강병ᄒᆞᄂᆞᆫ 【1ㄴ】 거시 소이연(所以然)[9]이 잇ᄉᆞ믈 알 거시니 진실노 일죠일셕(一朝一夕)의 된 거시 아니라 녯젹에 영길리(英吉利)[10] 디경(地境)이 칠국(七國)의 난호여[11] 각각 츄쟝(酋長)[괴슈(魁首)[12]라]이 잇ᄉᆞᄃᆡ 다

---

1. 만국공법(萬國公法): 『법률』 '국제법'을 뜻하는 옛 용어. '만국공법'은 헨리 휘튼(Henry Wheaton)의 'Elements of International Law'(1836)라는 국제법 서적을 재중 미국인 선교사 마틴(William A. P. Martin, 중국명 丁韙良, 1827-1916)이 '萬國公法'(1864)으로 번역한 데서 당시 이 용어의 시대적 의의를 찾을 수 있다. 이 책은 일본으로도 번각, 수입되었는데, 일본에서는 마틴의 번역을 거치지 않은 직역본이 시게노 야스츠구(重野安繹)의 '萬國公法'(1870)으로 나오기도 하였다. 김세민(2002) 참고.
2. 인군(人君): 임금.
3. 인군이 쥬쟝ᄒᆞᄂᆞᆫ 나라: 임금이 주장(主掌/主張)하는 나라. 군주제 국가. [원문] 君主之國. 국어사전에는 '主掌'(어떤 일을 책임지고 맡음)과 '主張'[① 자기의 의견이나 주의를 굳게 내세움. 또는 그런 의견이나 주의. ② =주재(主宰)]을 구분한다. 그러나 사전에서도 '主張'②는 '主宰'(어떤 일을 중심이 되어 맡아 처리함)와 같다고 하는데 이 뜻은 '主掌'과도 통하므로 결과적으로 '主張≒主掌'의 관계가 성립한다. 실제로 '이언'의 '쥬쟝ᄒᆞ-'는 '主張'과 '主掌'을 구분하기가 쉽지 않다. 한글 표기의 '쥬쟝ᄒᆞ-'를 굳이 구분한다면 '主張①'로는 3:22ㄱ(쥬쟝ᄒᆞ야), 발2ㄱ(쥬쟝ᄒᆞ고) 정도로 보이고 나머지는 대부분 "책임지고 맡음"의 '主掌'으로 볼 수 있다.
4. ᄇᆡᆨ셩이 쥬쟝ᄒᆞᄂᆞᆫ 나라: 백성이 주장(主掌/主張)하는 나라. 민주제 국가. [원문] 民主之國.
5. 인군과 ᄇᆡᆨ셩이 ᄒᆞᆷ긔 쥬쟝ᄒᆞᄂᆞᆫ 나라: 입헌군주제 국가. [원문] 君民共主之國.
6. 시셰: 시세(時勢). 세상의 형세와 형편.
7. 셩쇠지리: 성쇠지리(盛衰之理). 성쇠(盛衰)의 이치(理致).
8. ᄅᆞᆷ: '-ᄅᆞᆯ'의 오기.
9. 소이연(所以然): 그리된 까닭. 소연(所然).
10. 영길리(英吉利): 영국(英國). 이 책에서는 '영국'(英國)과 '영길리'(英吉利)가 동시에 쓰이고 있음. 아래 주석 18 참고.

쥰쥰(蠢蠢)ᄒᆞᆫ[13] 오랑ᄏᆡ라 심지어 사ᄅᆞᆷ을 잡아 졔(祭) 지ᄂᆡ고 염통을 ᄂᆡ여 뎜(占)을 치며 포학(暴虐)ᄒᆞ고 흉패(凶悖)ᄒᆞ미 사ᄅᆞᆷ의 의리 바이업더니[14] 라마국(羅馬國)[15][나라 일홈]이 영국 ᄯᅡ흘 통합ᄒᆞᄆᆡ 졍ᄉᆞ(政事)와 교홰(敎化ㅣ)[16] 졈졈 열니연 지 오ᄅᆡ지 아냐 북뎍(北狄)이 작란(作亂)ᄒᆞ야[17] 구라파 졔국이 모다 화를 닙고 그 형셰 난호여 웅거(雄據)ᄒᆞ엿더니 그 후의 영국(英國)[18]과 법국(法國)[19]이 셔로 ᄡᅡ혼 지 ᄇᆡᆨ 년에 밋ᄎᆞᆫ지라 이러므로 로심쵸ᄉᆞ(勞心焦思)ᄒᆞ야[20] 비로쇼 큰 ᄇᆡ와 대포(大砲)[21]를 【2ㄱ】 지어 풍랑의 험ᄒᆞ믈 가바야이[22] 너겨 직히고 ᄡᅡ홈 ᄒᆞᄂᆞᆫ 방략(方略)을 쥰비ᄒᆞ더니 셔반아국(西班牙國)[23]이 셔반구(西半球)[디구 졀반]를 ᄉᆞᆲ혀 디형(地形)이 둥굴게 돌아가ᄂᆞᆫ 리치(理致)를 ᄭᆡᄃᆞᆺ고 드ᄃᆡ여 바다길을 여러 아셰아(亞細亞) 동남양(東南洋)을 련ᄒᆞ고 화셩돈(華盛頓)[24][사ᄅᆞᆷ의 일홈]이 굴긔(崛起)ᄒᆞ야[25] 모단 부락을 합ᄒᆞ야 강ᄒᆞᆫ 영국을 썩그니 이에 영국 사ᄅᆞᆷ이 동으로 오인도(五印度)[26]를 아올나 바로 동양 졔국(諸國)의 압핍(狎逼)ᄒᆞ니[27] ᄆᆡ양 ᄒᆞᆫ 번 ᄡᅡ홈을 지ᄂᆡᄆᆡ 판국 형셰도 변ᄒᆞ며 인ᄌᆡ(人材)도 ᄲᅢ혀 나ᄂᆞᆫ지라 각국이 다 발분(發奮)ᄒᆞ

---

11. 난호여: 나누어. 기본형은 '난호다'(分).
12. 괴슈: 괴수(魁首). 수괴(首魁). 거수(渠帥). 원흉. ¶청석골 화적 괴수 임꺽정이가 양주 백정의 아들이랍디다(홍명희, 임꺽정). cf. 괴수(魁帥): 못된 짓을 하는 무리의 장수.
13. 쥰쥰ᄒᆞᆫ: 준준한. 어리석고 미련한. 준준(蠢蠢)하다: ① 벌레가 꾸물꾸물하다. ② 어리석고 미련하다.
14. 바이업더니: 전혀 없더니. 바이없다: ① 어찌할 도리나 방법이 전혀 없다. ¶나로서는 방법이 바이없다. ② (주로 형용사의 '-기' 활용형 다음에 쓰여) 비할 데 없이 매우 심하다. ¶기쁘기 바이없다 / 슬프기 바이없다.
   바이: (주로 '아니다, 못하다' 따위의 부정하는 말과 함께 쓰여) 아주 전혀. ¶부모님의 크나큰 사랑은 바이 견줄 데 없다 / 이런 데 음식은 조선호텔만 바이 못하지요?(염상섭, 무화과)
15. 라마국(羅馬國): 로마 제국.
16. 졍ᄉᆞ와 교홰: 정사(政事)와 교화(敎化) + ㅣ(주격). [원문] 政敎.
17. 작란ᄒᆞ야: 난을 일으켜. 작란(作亂): 난리를 일으킴.
18. 같은 책 안에서 '영국'과 '영길리'가 동시에 쓰이고 있음. 앞의 주석 10 참고.
19. 법국(法國): 프랑스.
20. 로심쵸ᄉᆞ: 노심초사(勞心焦思). [원문] 苦心焦思.
21. 큰 ᄇᆡ와 대포: 큰 배와 대포. [원문] 巨艦巨礮. 礮: 돌쇠뇌 포. '砲'와 동자(同字).
22. 가바야이: 가벼이. 기본형은 '가바얍다(輕)'. 중세어는 '가ᄫᅡ얍다'. ¶有情ᄃᆞᆯ히 病을 어더 비록 그 病이 가ᄫᅡ얍고도 醫와 藥과 病 간슈ᄒᆞ리 업거나(석보상절 9:35, 36). '이언'에는 '가ᄫᅡ야이'도 쓰였다(2:30ㄴ, 3:33ㄴ, 4:41ㄱ).
23. 셔반아국: 서반아국. 스페인.
24. 화셩돈: 화성돈. 미국의 초대 워싱턴(Washington) 대통령.
25. 굴긔ᄒᆞ야: 굴기하여. 세력을 모아 일어나. 굴기(崛起): ① 산 따위가 불쑥 솟음. ② 벌떡 일어섬. ③ 기울어 가는 집안에 훌륭한 인물이 남을 비유적으로 이르는 말. 굴출(崛出).
26. 오인도: 『역사』 고대 인도에 있던 다섯 개의 정치적 구획. 오천축(五天竺) 즉 동천축, 서천축, 남천축, 북천축, 중천축을 이른다.
27. 압핍ᄒᆞ니: 압박하니. 압핍(狎逼): 버릇없이 어른에게 바싹 다가붙음. 압근(狎近).

야 무예를 강습(講習)ᄒᆞ며 쟝ᄉᆞ길을 통ᄒᆞ야 부국강병지슐(富國强兵之術)을 힘ᄡᅥ ᄶᅬᄒᆞ더니 나파륜(拿破崙) 뎨일(第一)[28][사ᄅᆞᆷ 【2ㄴ】 의 일ᄒᆞᆷ]이 법국의셔 니러나 군ᄉᆞ 쓰기를 정통히 ᄒᆞ니 구라파 졔국의 지혜와 힘을 다ᄒᆞ야 셔로 닷토와도 맛ᄎᆞᄂᆡ 감히 그 예긔(銳氣)를 거우지[29] 못ᄒᆞ더니 ᄇᆡᆨ 년 이ᄅᆡ로 화륜션(火輪船)[30]은 대양으로 횡ᄒᆡᆼ(橫行)ᄒᆞ고 화륜거(火輪車)[31]는 륙로(陸路)의 횡치(橫馳)ᄒᆞ며[32] 뎐긔션(電氣線)은[텰ᄉᆞ를 느려 쇼식을 통ᄒᆞ는 거시라] 수만 리 밧긔 련졉(連接)ᄒᆞ여 경ᄀᆡᆨ(頃刻)간의 쇼식을 통ᄒᆞ며 밧 갈고 깁[33] 짜며 금은뎜(金銀店)을 열고 양창(洋槍)과 대포(大砲)를 짓는 일을 다 고동을 트러[34] 쓰게 ᄒᆞᄃᆡ 귀신의 도으미 잇는 ᄃᆞᆺᄒᆞ야 죠화(造化)에 신긔ᄒᆞ믈 루셜(漏泄)ᄒᆞ니 이ᄂᆞᆫ 져의 빙쟈(憑藉)ᄒᆞ야[35] ᄒᆡ외제국(海外諸國)의 웃듬되여 텬하를 멸시(蔑視)ᄒᆞ는 ᄇᆡ라 그러나 ᄇᆡᆨ 년을 두고 【3ㄱ】 궁구ᄒᆞ는 공력(功力)을 드렷다가 일죠의 그 ᄌᆡ죠를 관통(貫通)ᄒᆞ니 신통이 ᄒᆞ는 법은 그 사ᄅᆞᆷ의게 잇고 우연ᄒᆞᆫ 일이 아니러라 오직 구라파 각국이 즁국 한(漢)나라 시졀(時節)에 비로쇼 ᄀᆡ벽ᄒᆞ야 지금(至今) 이쳔 년(二千年)이 오히려 되지 못ᄒᆞᆫ 고로 그 풍쇽(風俗)이 돈후(敦厚)ᄒᆞ고 츙실(忠實)ᄒᆞ며[36] 인심이 견고ᄒᆞ고 일뎡(一定)ᄒᆞ야 즁국의 비교ᄒᆞ면 오히려 츈츄(春秋) 젹 셰상이라 대뎌 텬도(天道)는 수ᄇᆡᆨ 년의 죠곰 변ᄒᆞ고 수쳔 년의 크게 변ᄒᆞᄂᆞ니 샹고(上古) 젹[37]으로 ᄉᆞᆲ혀보건ᄃᆡ 수쳔 년 이ᄅᆡ

---

28. 나파륜 뎨일: 나파륜(拿破崙) 제일(第一). 프랑스의 나폴레옹 1세. 뒤의 '3:25ㄱ, 36ㄱ'에는 '라파륜'으로 나옴.

29. 거우지: 거역하지. 거우다: ① 대적하다, 거역하다. ¶ᄂᆞᄎᆞᆯ 거우ᅀᆞᄫᆞᆫ ᄃᆞᆯ(월인천강지곡 62). ② 집적거려 성나게 하다. ¶막걸리라는 소리가 어멈의 성미를 거웠다(나도향, 행랑 자식). 거리로 나온 재철이는 누이도 못마땅하고 부친이 거워 놓은 비위가 가라앉지 않아서……(염상섭, 택일하던 날). [원문] 攖. 攖: 다가설, 묶을 영.

30. 화륜션: 화륜선(火輪船). [원문] 輪船.

31. 화륜거: 기차(汽車). [원문] 火車.

32. 횡치: 달려감. 함부로 여기저기 다님. 횡주(橫走). [원문] 馳.

33. 깁: 비단. ¶깁 繒(훈민정음 해례 22). 기베 안ᅀᆞᄫᅡ 어마ᄂᆞᆳ긔 오ᅀᆞᆸ더니(월인천강지곡 23).

34. 고동을 트러: 엔진을 틀어. 고동: ① 작동을 시작하게 하는 기계 장치. ② 신호를 위하여 비교적 길게 내는 기적 따위의 소리. ③ 일을 하는 데 가장 중요한 사항이나 계기. ¶그를 만난 것이 고동이 되어, 그 뒤로 사업은 착착 진행되었다.
고동(을) 틀다: 기계를 움직이게 하는 장치를 돌리다. ¶철컥철컥 총의 고동 트는 소리가 어둠을 뚫고 오매……(최남선, 백두산 근참기). [원문] 機器.

35. 이ᄂᆞᆫ 져의 빙쟈ᄒᆞ야: 이는 저에 빙자(憑藉)하여. 이는 저것에 의지하여. [원문] 此彼所恃. 국어의 '핑계'는 '빙자'(憑藉)의 중국어 원음 [pingjie/핑제]가 직접 차용되면서 근대에 흔했던 ㅈ > ㄱ으로 역구개음화한 결과로 추정된다.

36. 츙실: 충실(忠實). 충직하고 성실함. cf. 충실(充實): ① 내용이 알차고 단단함. ② 아이들의 몸이 건강하여 튼튼함.

37. 샹고 젹: 상고 적. 상고 시절.

로 여러 셩인이 경영ᄒᆞ시고 일을 지으샤 문명지치(文明之治)[38]를 여르시고 졔후를 봉ᄒᆞ야 법을 일우게 【3ㄴ】 ᄒᆞ시니 당우(唐虞)[39]로븟허 하은쥬(夏殷周)의 니ᄅᆞ러 이쳔년에 죠곰도 밧고지 못ᄒᆞ더니 진(秦)나라의 니ᄅᆞ러 비로쇼 륙국(六國)을 아올나[40] 졔후를 폐ᄒᆞ고 졍뎐법(井田法)을 곳쳐 션왕(先王)의 법도를 쓰지 아니ᄒᆞ니 드듸여 ᄒᆞᆫ 번 변ᄒᆞ야 고ᄋᆞᆯ을 난호ᄂᆞᆫ 텬해 된지라 진나라 이후에 비록 셩ᄒᆞ고 쇠ᄒᆞ며 난호이고 합ᄒᆞ미 여러 번 변ᄒᆞ나 그러나 밧그로 근심ᄒᆞᄂᆞᆫ 밧쟈ᄂᆞᆫ[41] 흉노(匈奴)와 걸안(契丹)[42]과 셔븍 변방ᄲᆞᆫ이러니 지금인즉 구라파(歐羅巴)[43] 각국이 군ᄉᆞᄂᆞᆫ ᄂᆞᆯ노 강셩ᄒᆞ고 기예(技藝)ᄂᆞᆫ ᄂᆞᆯ노 공교ᄒᆞ야 타국 디경을 침범ᄒᆞ고 힘을 미더 욕심을 방ᄌᆞ히 ᄒᆞ니 디구[ᄯᅡ 젼톄라] 구만 리의[44] 두 【4ㄱ】 로 단니며 흥판(興販)[45] 아니ᄒᆞᄂᆞᆫ 곳이 업ᄂᆞᆫ지라 즁국의셔 ᄯᅩᄒᆞᆫ 바다길을 금치 아니ᄒᆞ야 더브러 약됴(約條)를 셰우고 샹로(商路)를 통ᄒᆞ니 다시 ᄒᆞᆫ 번 변ᄒᆞ야 즁화(中華)와 이뎍(夷狄)이 련쇽(連續)ᄒᆞᄂᆞᆫ 텬해 된지라 이러므로 물이 극ᄒᆞᆫ즉 변ᄒᆞ고 변ᄒᆞᆫ 지 오ᄅᆡᆫ즉 통ᄒᆞᄂᆞᆫ 쥴 알 거시니 비록 셩인으로ᄡᅥ 셩인을 이어 흥왕(興旺)ᄒᆞᆯ지라도 ᄯᅩᄒᆞᆫ 능히 변치 아니치 못ᄒᆞᆯ 일도 잇고 부득불 변ᄒᆞᆯ 일도 잇ᄉᆞ니 실노 텬도(天道)와 시운(時運)과 인ᄉᆞ(人事)에 한뎡(限定)ᄒᆞᆫ ᄇᆡ 잇ᄉᆞ미라 ᄒᆞ믈며 구라파 각국이 걸픗ᄒᆞ면[46] 지혜와 용력으로 셔로 누르며 부국강병ᄒᆞ기로셔 슝상(崇尙)ᄒᆞ니 우리 즁국이 【4ㄴ】 더브러 ᄀᆞᆲ셔ᄆᆡ[47] 부득불 조속(操束)ᄒᆞ야[48] 졔어ᄒᆞ기를 급히 ᄉᆡᆼ각ᄒᆞ야 변ᄒᆞ믈 인ᄒᆞ야 권도(權道)를 ᄡᅳᆯ지라 그런고로 공법약쟝[만국 공법의 약됴 뎡ᄒᆞᆫ 글이라]을 맛당히 닥글 거시니 아니 닥근즉 져의ᄂᆞᆫ 합ᄒᆞ고 우리ᄂᆞᆫ 고단ᄒᆞᆫ 즉시오[49] 병법과 진법을 맛당히 련습ᄒᆞᆯ

---

38. 문명지치(文明之治): 문명으로 다스림.
39. 당우(唐虞): '당우지화'(唐虞之化)의 준말. 중국 고대의 임금인 도당씨(陶唐氏) 요(堯)와 유우씨(有虞氏) 순(舜)을 아울러 이르는 말. 중국 역사에서 이상적인 태평 시대로 꼽힌다.
40. 아올나: 아울러. [원문] 倂. 아올다: 아우르다. 합치다. ¶兼은 아올씨라(월인석보 서18). 幷 아올 병(천자문-칠장사판 20). 믈읫 뵈 ᄡᅳ믈 아오라 열 자 네 치라(가례언해 6:9).
41. 근심ᄒᆞᄂᆞᆫ 밧쟈ᄂᆞᆫ: 근심하는 바의 것은.
42. 흉노(匈奴)와 걸안(契丹): 흉노족과 거란족. [원문] 匈奴契丹.
43. 구라파: 유럽. [원문] 歐洲.
44. 구만 리의: 구만 리에. '의'는 처격. 현대어라면 '에'나 '를'도 쓰일 수 있는 자리이다.
45. 흥판(興販): 한꺼번에 많은 물건을 흥정하여 사고파는 일.
46. 걸픗ᄒᆞ면: 걸핏하면. 움직였다 하면. [원문] 動.
47. ᄀᆞᆲ셔ᄆᆡ: 나란히 맞서매. [원문] 竝. 'ᄀᆞᆲ셔다'는 중세어 'ᄀᆞᆲ다'와 '셔다'의 합성어 'ᄀᆞᆲ셔다'의 변천형. ᄀᆞᆲ다: 가루다. 나란히 하다. 모음 어미 앞에서는 'ᄀᆞᆯᄫ-'으로 나타난다. ¶並書는 ᄀᆞᆯᄫᅡ ᄡᅳᆯ씨라(훈민정음언해 3).
48. 조속ᄒᆞ야: 단속하여. 조속(操束): 단단히 잡아서 단속함. 조절(操切). [원문] 控. 控: 당길, 아뢸, 두드릴 공.
49. 져의ᄂᆞᆫ 합ᄒᆞ고 우리ᄂᆞᆫ 고단ᄒᆞᆫ 즉시오: 저희는 합하고 우리는 외로운 것이오. [원문] 彼合而我孤. '고단ᄒᆞ다'의 원문이 '孤'이며 현대처럼 "피곤하다"의 뜻이 아닌 "외롭다"의 뜻으로 쓰였다. 뒤의 '론허비'에서도 '고단ᄒᆞᆫ 과부를 무휼(撫恤)ᄒᆞ야'(4:24ㄴ)의 원문은 '撫卹孤嫠'로 '고단ᄒᆞᆫ'의 원문은 '孤'

거시니 련습ᄒᆞ지 아니ᄒᆞᆫ즉 져의ᄂᆞᆫ 강ᄒᆞ고 우리ᄂᆞᆫ 약ᄒᆞᆯ 형셰오 양창(洋槍)과 대포(大砲)의 긔계ᄅᆞᆯ 맛당히 정예(精銳)ᄒᆞ게 ᄒᆞᆯ 거시니 정예ᄒᆞ지 아니ᄒᆞᆫ즉 져의ᄂᆞᆫ 리(利)ᄒᆞ고 우리ᄂᆞᆫ 둔(鈍)ᄒᆞᆯ 거시오 화륜션과 화륜거와 뎐긔션50을 맛당히 쁠 거시니 쓰지 아니ᄒᆞᆫ즉 져의ᄂᆞᆫ 속(速)ᄒᆞ고 우리ᄂᆞᆫ 더딜 거시오 텬문(天文) 디【5ㄱ】리(地理)와 격치지학(格致之學)51[격물치지(格物致知)ᄒᆞ야 궁리ᄒᆞᄂᆞᆫ 학이라]과 산학(算學)을 맛당히 통ᄒᆞᆯ 거시니 통ᄒᆞ지 아니ᄒᆞᆫ즉 져의ᄂᆞᆫ 공교(工巧)ᄒᆞ고 우리ᄂᆞᆫ 졸(拙)ᄒᆞᆯ 거시오 금은뎜(金銀店)52을 열고 샹로(商路)ᄅᆞᆯ 통ᄒᆞ고 밧 갈고 깁 ᄧᆞᄂᆞᆫ 일을 맛당히 힘쁠 거시니 힘쓰지 아니ᄒᆞᆫ즉 져의ᄂᆞᆫ 가음열고53 우리ᄂᆞᆫ 빈핍(貧乏)ᄒᆞᆯ지라 슬프다 셰변(世變)은 뎡ᄒᆞ미 업고 부강은 방되(方道ㅣ) 잇ᄉᆞ니 오직 고금을 침작(斟酌)ᄒᆞ야54 녯말을 고집(固執)ᄒᆞ지 말며 시셰(時勢)ᄅᆞᆯ 인ᄒᆞ야 맛당ᄒᆞᆫ 법을 지어 젼례(前例)의 구ᄋᆡ(拘碍)ᄒᆞ지 말고 힘써 힝ᄒᆞ기ᄅᆞᆯ 오ᄅᆡᄒᆞ면 ᄌᆞ연이 효험을 징험(徵驗)ᄒᆞᆯ 거시니 이제 아라ᄉᆞ(俄羅斯)55와 다못56 영국(英國) 미국(美國)과 보국(普國)57 법국(法國)과 오국(澳國)58 일국(日國)59【5ㄴ】모든 나라히 ᄒᆡ상(海

가 되어 "외롭다"의 뜻이다.

ᄌᆞᆺ: 'ᄌᆞᆺ'은 '것'과 동의적인 의존명사. 고어사전들에는 'ᄌᆞᆺ'이 등재되어 있지 않으나 '이언'에는 다수 쓰여(1:4ㄴ, 7ㄱ, 13ㄴ, 27ㄱ, 2:36ㄱ, 3:48ㄱ 등) 사전들에 등재할 만하다.

50. 뎐긔션: 전기선(電氣線). 전보. [원문] 電報.

51. 격치지학(格致之學): 자연 세계의 구조를 탐구하는 자연과학. 청말(淸末)에 물리, 화학 등 자연 과학을 총칭한 말. 격치(格致): '격물치지'(格物致知)의 준말. '대학'(大學)에 나오는 '격물치지'(格物致知)에서 유래하여 실제 사물의 이치를 연구하는 학문으로 자연과학 특히 물리학을 가리킴.

52. 금은뎜: 금은점. 금광(金鑛), 은광(銀鑛) 등의 광산업. [원문] 礦務. 礦 쇳돌 광. = 鑛.

53. 가음열고: 가멸고. 부유하고. '가음열다'는 '가으멸다'의 분철 표기형. 가멸다: 부유하다. 가ᄉᆞ멸다 > 가ᄋᆞ멸다 · 가으멸다 > 가멸다.

54. 침작(斟酌): '짐작'의 원말.

55. 아라ᄉᆞ: 아라사(俄羅斯). 러시아.

56. 다못: 더불어.

57. 보국(普國): 프러시아. 프러시아(Prussia)의 음역어(音譯語)인 '普魯士'의 약칭. 프러시아: 프로이센(Preussen). 독일 북동부, 발트 해 기슭에 있던 지방. 1701년에 프로이센 왕국이 세워졌으나 제2차 세계 대전 후 소련 및 폴란드에 점령되었으며 이름도 없어졌다.

58. 오국(澳國): 오스트리아. [원문] 澳. 여기서 쓰인 '오국'의 원문은 '澳'인데 이와 달리 뒤 권3에 한 번 더 나오는 '오국'은 '오국 정승 안득랍'(3:25ㄴ)[원문: 墺相安得拉]에 나오며 이때의 '오국'의 원문은 '墺'로 이것은 현대의 '오스트리아'에 해당한다. 그런데 전자의 '澳'는 현대 중국어에서 '오스트레일리아'를 '澳州'라고 하므로 전자의 '오국'을 '호주'(濠洲)의 딴 이름으로 보기 쉽다. 그러나 위 문맥은 유럽에서 러시아에 대항하는 구미 국가들의 합종연횡 외교를 설명한 것이라 오늘의 호주가 될 수는 없고 '오스트리아'로 보아야 한다. 특히 19세기 중엽 중국의 세계 지리서인 '해국도지(海國圖志, 1844)나 '영환지략'(瀛環志略, 1848) 등에 보면 '오스트리아'는 '奧地利亞, 奧斯的里亞' 등으로 나와 '奧'를 쓰기도 했고, 그 밖에도 중국에서는 '오스트리아'를 '墺地利, 墺太利, 墺斯多利亞; 澳斯太利亞, 澳地利; 奧地利, 奧大利亞, 奧史突利亞'로 다양하게 표기하여 '오스트리아'에 대해서는 '墺 – 澳 – 奧'의 혼기가 있어 왔다. 따라서 전자의 '오국'은 역사적 문맥으로나 표기 관습상 '오스트리아'로 보는 데 문제가 없다. 결국 '이언'에서는 전자의 '오국'[원문: 澳]이나 후자의 '오국'[원문:

上)으로 닷토와 단니니 젼국(戰國) ᄯᆡ 칠국(七國)60으로 무어시 다르리오 의론ᄒᆞᄂᆞᆫ 재 니ᄅᆞᄃᆡ 아라ᄉᆞᄂᆞᆫ 형승(形勝)ᄒᆞᆫ ᄯᅡ희61 웅거ᄒᆞ야 부강ᄒᆞᆫ 형세ᄅᆞᆯ ᄌᆞ랑ᄒᆞ고 토디ᄅᆞᆯ ᄀᆡ쳑ᄒᆞ며 졍신을 가다듬어 다ᄉᆞ리기ᄅᆞᆯ 도모ᄒᆞᆫ즉 진(秦)나라의 련횡(連橫)[홀노 잇셔 타국을 졔어ᄒᆞ미라] ᄒᆞᄂᆞᆫ 형셰와 ᄀᆞᆺ고 영국(英國) 미국(美國)과 보국(普國) 법국(法國)과 오국(澳國) 일국(日國) 모ᄃᆞᆫ 나라 졍ᄉᆞᄅᆞᆯ 닥가 일심으로 아라ᄉᆞ(俄羅斯)ᄅᆞᆯ 방비ᄒᆞᆫ즉 륙국의 합죵(合縱)[여러 나라히 합ᄒᆞ야 셔로 구원ᄒᆞ미라] ᄒᆞᄂᆞᆫ 형셰와 ᄀᆞᆺᄐᆞᄃᆡ 졔국(諸國)이 빙자(憑藉)ᄒᆞ야 셔로 얽ᄆᆡ여 화친ᄒᆞ기ᄅᆞᆯ 편안히 너기【6ㄱ】ᄂᆞᆫ 자(者)ᄂᆞᆫ 오직 만국공법을 봉ᄒᆡᆼ(奉行)ᄒᆞ미라 니ᄅᆞᆫ바 공(公)이란 거ᄉᆞᆫ 일국(一國)만 ᄉᆞᄉᆞ로이 ᄒᆞᆯ ᄇᆡ 아니오 법(法)이란 거ᄉᆞᆫ 여러 나라히 ᄀᆞᆺ치 그 법을 ᄒᆡᆼᄒᆞᄂᆞᆫ 거시나 그러나 명명(明明)이62 허락ᄒᆞᄂᆞᆫ 것과 가마니 허락ᄒᆞᄂᆞᆫ 것과 심셩으로 쇼ᄉᆞ나ᄂᆞᆫ 법과 예ᄉᆞ로이 ᄒᆞᄂᆞᆫ 법이 의리로 법을 ᄉᆞᆷ고 ᄡᅡ호ᄂᆞᆫ 리해(利害)로 강령을 ᄉᆞᆷ으니 다 텬리인졍(天理人情) 밧긔 버셔나지 안ᄂᆞᆫ 고로 공법이 ᄒᆞᆫ 번 나ᄆᆡ 여러 나라히 감(敢)이 방ᄌᆞ(放恣)히 ᄒᆡᆼ치 못ᄒᆞ니 실노 셰도(世道)와 민ᄉᆡᆼ(民生)의 크게 유익ᄒᆞ나 그러나 반ᄃᆞ시 스ᄉᆞ로 졔 나라ᄅᆞᆯ 보건ᄃᆡ 능히 만국 가온ᄃᆡ ᄒᆞᆫ 기시63 되염즉ᄒᆞᆫ 연후의 공법【6ㄴ】이 가히 ᄒᆡᆼᄒᆞ리라 만일 우리 즁국이 스ᄉᆞ로 니ᄅᆞᄃᆡ 디구(地球) ᄒᆞᆫ가온ᄃᆡ 잇다 ᄒᆞ야 다른 나라ᄅᆞᆯ 다 이뎍(夷狄)이라 지목ᄒᆞ고 향ᄅᆡ(向來)의64 디경(地境)을 그어 스ᄉᆞ로 직히고 먼 데 도모ᄒᆞ기ᄅᆞᆯ 일ᄉᆞᆷ지 아니ᄒᆞ다가 통샹ᄒᆞᆫ 후로 여

墺]이나 모두 '오스트리아'로 보아야 한다. 참고로 '오스트레일리아'는 '濠洲, 濠太利亞, 濠太剌利, 澳州, 澳大利亞'로 표기해 왔다.

59. 일국(日國): 에스파냐. 스페인. [원문: 日]. '日國'은 '일본'이 아니라 '에스파냐'의 표기인 '日斯巴尼亞'의 약칭이다. 祖金玉(1999)의 논문 '早期駐外使節對晩清經濟變革的貢獻述論'(史學集刊, 1999년 1월호)에 보면 "西班牙當時稱日斯巴尼亞, 故晩清文獻中稱其爲日國"('西班牙'를 당시 '日斯巴尼亞'로 칭했으며 만청 시기 문헌에서는 '일국'이라고 했다)라고 '일국'이 '에스파냐' 곧 '스페인'임을 밝히고 있다. 언해본 '이언'에는 '일국'[원문: 日]이 이곳에 한 번 나오지만 '일본'[원문: 日本]은 5회 나오며(2:13ㄴ, 20ㄴ, 3:2ㄱ, 5ㄴ, 6ㄱ) '일본'의 원문도 '日本'으로 나와 '에스파냐'를 뜻하는 '일국'과 철저히 구분하고 있다.
참고로 당시에는 프로이센, 오스트리아 등 39개 영방(領邦, confederation)으로 나뉘어 있던 독일 지역의 게르만 민족 지역을 '일이만'(日耳曼: German)이라고도 하였지만 '일국'은 이와 무관하다.

60. 젼국(戰國) ᄯᆡ 칠국: 전국(戰國) 시대 때 7국. 전국 칠웅(戰國七雄): 〖역사〗 중국 전국 시대의 일곱 제후. 진(秦)나라, 초(楚)나라, 연(燕)나라, 제(齊)나라, 조(趙)나라, 한(漢)나라, 위(魏)나라를 이른다.

61. 형승ᄒᆞᆫ ᄯᅡ희: 형승한 땅에. 요충지에. [원문] 形勝之地. 형승(形勝): ① 지세나 풍경이 뛰어남. 또는 뛰어난 지세나 풍경. ② 요충지. ¶당초에 전봉준은 산에 막히고 강을 끼고 있는 공주는 그 지리가 형승이라, 이곳에 웅거하여 굳게 지키려고 하였으나 일본군이 동학군보다 먼저 와 있었다(문순태, 피아골). cf. 형승지국(形勝之國). 지세가 좋아 승리하기 좋은 위치에 있는 나라.

62. 명명이: 명명히. 명백히. 밝히. 명명(明明)하다: 명백하다. 아주 환하게 밝다.

63. 기시: 깃이. 깃: 무엇을 나눌 때, 각자에게 돌아오는 한몫. 깇 > 깃. 깇: '깃'의 옛말. ¶즉자히 세 기제 논호아 ᄒᆞᆫ 기ᄌᆞ란 諸天씌 ᄒᆞ고 ᄒᆞᆫ 기ᄌᆞ란 龍王씌 ᄒᆞ고 ᄒᆞᆫ 기ᄌᆞ란 여듧 王씌 골오 논혼대(석보상절 23:55, 56).

64. 향ᄅᆡ의: 향래의. 저번의. 향래(向來): 저번, 접때.

러 나라히 그 부강ᄒᆞ믈 미더 셩셰(聲勢)[65]로 셔로 니어 밧그로는 화친(和親)ᄒᆞ믈 가탁(假託)ᄒᆞ고[66] 안흐로는 엿볼 ᄆᆞ음을 두는 고로 즁국을 공법 가온ᄃᆡ 버리지[67] 아니ᄒᆞ야 외ᄃᆡ(外待)ᄒᆞ는[68] 뜻을 보이거늘 즁국이 ᄯᅩᄒᆞᆫ 만국 즁에 하나히 되믈 ᄌᆞ쳐ᄒᆞ야 공법의 참예(參預)ᄒᆞ믈 불긴(不緊)히[69] 너기고 뎨일(第一)노 존즁ᄒᆞᆷ만 보이니 졍(正)히 니ᄅᆞᆫ바 외로이 잇셔 구원 【7ㄱ】 ᄒᆞ 리 업고[70] 그 해(害)를 홀노 밧는 즉시니 불가불(不可不) 번연(幡然)이[71] 계교(計巧)를 변ᄒᆞᆯ 거시오 ᄯᅩ 즁국 디되(地圖ㅣ) 크지 못ᄒᆞ니 녯젹에 량광(兩廣)[72]과 량호(兩湖)[73]와 오월(吳越)은 다 이뎍(夷狄)의게 붓치고 흉노(匈奴)와 오환(烏桓)[74]과 셔강(西羌)[75]은 반이나 융뎍(戎狄)[76]이 되엿더니 한나라의 니ᄅᆞ러 남으로 교지(交趾)[77][국명]를 통(通)ᄒᆞ고 동으로 락랑(樂浪)[디명]을 지나 난화 고올을 ᄆᆡᆫ들고 원나라

---

65. 셩셰: 성세(聲勢). 명성(名聲)과 위세(威勢)를 아울러 이르는 말.
66. 가탁ᄒᆞ고: 거짓되게 핑계를 삼고. 가탁(假託): ① 거짓 핑계를 댐. ② 어떤 사물을 빌려 감정이나 사상 따위를 표현하는 일. 여기서는 ①의 뜻.
67. 버리지: 벌이지. [원문] 列.
68. 외ᄃᆡ: 외대(外待). 푸대접. ¶이춘동이는 자기를 외대한다고 골을 펄쩍 내었다(홍명희, 임꺽정).
69. 불긴히: 소홀히. 불긴(不緊)하다: 꼭 필요하지 아니하다. ¶술밥을 대접하나 딸이 불긴하게 여기는 손이라 대접이 자연 소홀하였다(홍명희, 임꺽정). 행여나 서방님이 시키지 않은 짓 한다고 속으로라도 불긴히 생각하고 나무랄까 싶어서 연해 변명을 해 가며 온 뜻을 말하는 것이다(염상섭, 삼대). 그들도 유 선달이 금점을 착수한다 할 때 불긴히 알고 만류하였던 것이다(이기영, 봄).
70. 외로이 잇셔 구원ᄒᆞ 리 업고: 외로이 있어 구원할 이 없고. [원문] 孤立無援.
71. 번연이: 번연히. 갑자기. 불현듯. 번연(幡然/翻然)하다: 깨달음이 갑작스럽다. ¶나는 비로소 나의 잘못된 생각을 번연히 깨달았다. [원문] 幡然. 국어사전에 '번연하다'는 한자어 '幡然(翻然)하다' 외에 다음과 같이 고유어 '번연하다'의 두 가지 뜻이 구분되어 동음이의어로 나오나 이 둘은 다의어나 동의어로 볼 수 있어 문맥상 이의 구분은 쉽지 않다. '번연이'는 '이언'에서 두 곳에 나온다(1:7ㄱ과 뒤의 2:56ㄴ).
    cf. 번연하다: '번하다'의 본말. 거센말은 '뻔하다'. ¶번연한 것을 물어보다 / 그믐산이는 아무 말도 하지 않았다. 초여가 그런 태도를 취한 이유는 너무도 번연하기 때문이었다(이문구, 오자룡). 뛰어내리다 천행으로 목숨을 잃지는 않았다고 하더라도 몸을 단단히 상하였을 것은 번연하였다(채만식, 소년은 자란다).
    번연히: ¶번연히 잘못된 일인 줄을 알면서 그것을 그대로 보고 있는 것은 자기의 양심을 속이는 것과 다름없다(이기영, 신개지). 신문을 주워다가 다시 보고 또 보고 하는 동안에, 번연히 거짓말인 줄 알면서도, 어쩐지 그 신문이 믿어지는구려(현진건, 적도).
72. 량광: 양광(兩廣). 중국 남부 광동성과 광서성을 통틀어 이르는 말.
73. 량호: 양호(兩湖). 호남과 호서 지방을 통틀어 이르는 말.
74. 오환(烏桓/烏丸): 『역사』 중국 한(漢)나라 때에 동호족(東胡族) 가운데 내몽골 동쪽에 있던 부족. 한나라 초기에 흉노(匈奴)에게 내쫓겨 오환산(烏桓山)으로 물러났다가 후한 말 조조에게 패하여 쇠퇴하였고, 점차 한족을 비롯한 다른 여러 민족과 융합되었다.
75. 셔강: 서강(西羌). 중국 서부의 종족. 현재의 티베트족. 羌: 종족 이름 강.
76. 융뎍: 융적(戎狄). 중국에서 일컫던 서쪽과 북쪽에서 활약하던 오랑캐.
77. 교지(交趾): 『역사』 중국 한(漢)나라 때에, 지금의 베트남 북부 통킹, 하노이 지방에 둔 행정 구역. 전한(前漢)의 무제가 남월(南越)을 멸망시키고 설치하였다.

와 명나라ᄅᆞᆯ 지나 본죠(本朝)에 니ᄅᆞᄆᆡ 흉노와 셔강의 ᄯᆞ히 다 디도 가온ᄃᆡ 드러오며 죠션(朝鮮)과 안남(安南)이 ᄯᅩ 번방(藩方)[78]이 되니 폭원(幅員)[79]의 너ᄅᆞ미 녜보다 만흔 ᄇᆡ 분명ᄒᆞᄃᆡ 디구 구만 리가 졀반(折半)은 외국 이뎍(夷狄)의게 븟쳐시니[80] 일방에 졍통ᄒᆞᆫ 즁국 【7ㄴ】 이 드ᄃᆡ여 그 졍ᄉᆞ에 득실과 강약의 형셰 엇더ᄒᆞ믈 샹고ᄒᆞ지 아니ᄒᆞ고 스ᄉᆞ로 족히 변방을 어거(馭車)ᄒᆞ야[81] ᄉᆞ이(四夷)[82]로 빈복(賓服)ᄒᆞ게[83] ᄒᆞᆫ다 ᄒᆞᆯ 거시 아니라 셜ᄉᆞ(設使) 원방 나라ᄅᆞᆯ 항복 밧을 계칙이 잇다 ᄒᆞᆯ지라도 믓당히 츈츄필법(春秋筆法)[84]ᄀᆞᆺ치 ᄒᆞ야 나라히 젹다 ᄒᆞ고 그 말ᄉᆞᆷ을 다르게 아니ᄒᆞᆯ 거시니 대뎌 디구의 둥군 형톄[85] 임의 동셰(東西ㅣ) 업ᄉᆞ니 엇지 가온ᄃᆡ와 가히 잇ᄉᆞ며 텬디간에 ᄒᆞᆫ가지로 잇ᄉᆞ니 엇지 굿ᄐᆞ여 이뎍과 즁화ᄅᆞᆯ 분간ᄒᆞ리오 만일 즁국이 만국 즁에 하나흐로 ᄌᆞ쳐ᄒᆞ면 져의 공법 즁에 홀노 즁국을 ᄲᆡ혀 ᄲᆞᆯ 길이 업고 우리 즁국에 【8ㄱ】 법[86]이 ᄯᅩᄒᆞᆫ 가히 만국에 힝ᄒᆞᆯ 만ᄒᆞ니 니ᄅᆞᆫ바 져의 가ᄅᆞ치ᄂᆞᆫ 법이 오ᄂᆞᆫ 거시 곳 나의 가ᄅᆞ치ᄂᆞᆫ 법을 잇그러 가미라 풍긔(風氣)[87] ᄒᆞᆫ 번 녈니면 패연(沛然)ᄒᆞ믈[88] 막을 길이 업셔 셩인의 되(道ㅣ) 거의 만ᄆᆡᆨ(蠻貊)[89] 지방의 밋쳐 혈긔 잇ᄂᆞᆫ 재 놉히고 친(親)치 아니 리[90] 업ᄉᆞᆯ 거시니

---

78. 번방(藩方): 번국(藩國). 제후의 나라. cf. 번방(蕃邦): 번국(蕃國). 오랑캐 나라.

79. 폭원(幅員/幅圓): 땅이나 지역의 넓이. ¶제주도 남쪽 땅 구십여 리 폭원에 대정(大靜)이 서쪽에 있고 정의(旌義)가 동쪽에 있으니……(홍명희, 임꺽정). [원문] 幅員.

80. 븟쳐시니: 붙였으니. 같은 쪽 1:7ㄱ의 '오월(吳越)은 다 이뎍(夷狄)의게 붓치고'에서는 '붓치고'로 명백히 'ᅮ'를 보여 주는데 여기는 '븟쳐시니'로 고형을 보여 혼기를 보인다. 중세어 '븥다'는 근대에 원순모음화하는데 개화기 문헌에서 아직 이런 혼기를 보이는 것이다. '이언'에서는 '브-부'의 혼기가 '부술(ᄌᆞ셔2ㄴ)-븟술'(筆)에서도 보이고 '근원만 붓게(1:13ㄴ)-그ᄋᆞᆨ이 븟게(1:53ㄴ)'에도 나온다.

81. 어거ᄒᆞ야: 어거(馭車)하여. 통제하여. 어거(馭車): ① 수레를 메운 소나 말을 부리어 모는 일. ② 거느리어 바른길로 나가게 함.

82. ᄉᆞ이: 사이(四夷). 예전에 중국의 사방에 있던 동이(東夷), 서융(西戎), 남만(南蠻), 북적(北狄)을 통틀어 이르던 말.

83. 빈복ᄒᆞ게: 복속하게. 빈복(賓服): 작은 나라가 큰 나라에 공물을 바치고 복종함.

84. 츈츄필법: 춘추필법(春秋筆法). '春秋'와 같이 비판적이고 엄정한 필법을 이르는 말. 대의명분을 밝히어 세우는 역사 서술 방법이다. [원문] 春秋書法. ¶사관이란 춘추필법을 본받으라 하옵는바, 소신이 어찌 추호인들 다른 뜻이 있사오리까(박종화, 금삼의 피).

85. 디구의 둥군 형톄: 지구의 둥근 형체. '둥군'의 '군'은 '둥'의 영향으로 원순모음화 표기를 보여 준다. 뒤의 3:52ㄴ 'ᄲᅧ족ᄒᆞ고 둥군 거술'에도 '둥군'이 나온다. [원문] 地球圓體.

86. 중국에 법: 중국의 법. '에'는 속격. [원문] 中國之法.

87. 풍긔: 풍기(風氣). ① 풍속(風俗). ② 풍도(風度)와 기상을 아울러 이르는 말. ¶영특한 소년이옵니다. 제왕의 풍기를 가진 소년이옵니다. 아무 데를 내놓을지라도 결코 부끄럽지 않은 소년이옵니다(김동인, 운현궁의 봄). ③ 『한의학』 풍병. ¶눈동자가 초점을 잃고 멍하게 풀어지더니 벌어진 입술이 풍기 들린 듯 떨려 말을 잇지 못했다(김원일, 불의 제전).

88. 패연ᄒᆞ믈: 패연함을. 패연(沛然)하다: ① 비나 폭포 따위가 쏟아지는 모양이 매우 세차다. ¶갑자기 소나기가 앞이 안 보이도록 패연하게 쏟아졌다. ② 느낌이나 혜택 따위가 매우 크다.

89. 만ᄆᆡᆨ: 만맥(蠻貊). 예전에, 중국인이 중국의 남쪽과 북쪽에 살던 민족을 낮잡아 이르던 말.

문명ᄒᆞᆫ 교화의 퍼지미 이에 먼니[91] 가리라 이졔를 위ᄒᆞ야 계교컨ᄃᆡ 즁국법을 만국공법의 합ᄒᆞ야 류(類)ᄃᆡ로 구별ᄒᆞ고 문호(門戶)를 난호와 ᄀᆞᆺ튼 거ᄉᆞᆫ 진실노 피ᄎᆞ간에 통ᄒᆡᆼᄒᆞᆯ 거시니 구ᄐᆞ여 과히 념려ᄒᆞᆯ ᄇᆡ 아니오 다른 거ᄉᆞᆫ 각각 그 【8ㄴ】 올흔 일만 ᄒᆡᆼᄒᆞ야 각박(刻薄)히 셔로 얽ᄆᆡ지 말며 혹 ᄀᆞᆺ고 다른 틈의 ᄭᆡ인 거ᄉᆞᆫ 셔로 침쟉ᄒᆞ여 ᄒᆞᆫ갈ᄀᆞᆺ치 올흔 도리로 귀뎡(歸正)ᄒᆞᆫ 후 삭여 글을 ᄆᆡᆫᄃᆞ러 ᄉᆞ신을 보ᄂᆡ여 왕ᄅᆡᄒᆞ야 셔로 빙문(聘問)[92]을 통ᄒᆞ며 졔국(諸國)을 크게 모화 약됴를 셰우고 ᄆᆡᆼ셰를 뎡ᄒᆞ야 간사(奸詐)ᄒᆞᆷ도 업고 소우(疏虞)ᄒᆞᆷ도[93] 업시 영영 셔로 각근(恪謹)히[94] 직희ᄃᆡ 감히 공법을 ᄇᆡ반ᄒᆞ고 강ᄒᆞ므로ᄡᅥ 약ᄒᆞᆫ 이를 업슈히 너기거나 일을 빙쟈ᄒᆞ고 흔단(釁端)[95]을 여ᄂᆞᆫ ᄌᆡ 잇거든 각국이 회동(會同)ᄒᆞ야 그 죄목(罪目)을 쇼ᄅᆡᄒᆞ고[96] ᄒᆞᆷᄭᅴ 칠 거시니 두어 나라 군ᄉᆞ를 모화 ᄒᆞᆫ 나라를 치면 졔 반ᄃᆞ시 ᄃᆡ뎍(對敵)지 못ᄒᆞᆯ지라 【9ㄱ】 만일 능히 회과(悔過)ᄒᆞ야[97] ᄉᆞ신을 보ᄂᆡ여 화친ᄒᆞ기를 쳥ᄒᆞ거든 ᄒᆡᆼ군ᄒᆞᆯ ᄲᅢ ᄡᅳᆫ 부비(浮費)를 ᄇᆡ상(賠償)[물너 밧ᄂᆞᆫ 거시라]ᄒᆞᄂᆞᆫ 젼례를 의거ᄒᆞ야 그 경즁을 ᄉᆞᆲ혀보아 벌젼(罰錢)을 의론ᄒᆞ야 밧은 후의 각국이 고로 난화 공용(公用)ᄒᆞ게 ᄒᆞ고 만일 흉악ᄒᆞ믈 밋고 허믈을 곳치지 아니ᄒᆞ야 여러 번 쳐도 항복지 아니ᄒᆞᄂᆞᆫ 쟈여든 비로쇼 군ᄉᆞ를 합ᄒᆞ야 그 나라를 ᄒᆞᆷᄭᅴ 멸ᄒᆞ고 그 죄를 ᄡᅥ 츈츄(春秋)에 대의(大義)를 표ᄒᆞ며[98] 그 ᄯᆞ흘 두어 가(可)히 이어 인군(人君) 될 만ᄒᆞᆫ

---

90. 친치 아니 리: 친하지 아닐 이. 친하지 않을 사람. cf. 적지 아니리라(3:27ㄴ): 적지 않으리라.

91. 먼니: 멀리. 중세어형은 '머리(머리곰, 머리셔), 멀리'. 근대어형으로 '먼니'가 나타남. ¶恩愛를 머리 여희여 어즐코 아ᄃᆞᆨᄒᆞ야(석보상절 6:3). 멀리 구햫 가니(동국신속삼강행실도 속삼강 충2). 당신 아오님을 먼니 ᄉᆞ랑ᄒᆞ오시ᄂᆞᆫ ᄯᅳᆺ이오(한중록 6). '이언'에서는 뒤의 2:57ㄱ에서만 '먼리'로 나오고 나머지(20회)는 모두 '먼니'로 나옴.

92. 빙문: 예를 갖추어 방문(訪問)함.

93. 소우(疏虞): 어설프게 조심을 아니하므로 잘못을 저지름.

94. 각근(恪勤)히: 성실히. 각근(恪勤): 정성껏 부지런히 힘씀.

95. 흔단(釁端): ① 서로 사이가 벌어져서 틈이 생기게 되는 실마리. ¶흔단이 생기다 / 흔단을 열다 / 일부러 흔단을 내려고 하는 사람들이 곱게 오지 않는 말을 곱게 받을 리가 만무하다(홍명희, 임꺽정). 왜인이 흔단을 일으켜 군사를 거느리고 바다를 건너온 뒤로부터 우리들 죄 없는 창생을 살육시키고……(박종화, 임진왜란). ② 서로 다르게 되는 시초. 서로 사이가 벌어지는 시초나 단서. 釁: 피 바를, 틈, 결점 흔.

96. 쇼ᄅᆡᄒᆞ고: 소리하고. 선언하고. 성토하고. '죄목(罪目)을 쇼ᄅᆡᄒᆞ고': [원문] 聲其罪.

97. 회과(悔過): 잘못을 뉘우침.

98. 그 죄를 ᄡᅥ 츈츄(春秋)에 대의(大義)를 표ᄒᆞ며: 그 죄를 써 역사의 대의를 밝히며. [원문] 書其罪以表春秋之義. 죄를 ᄡᅥ: 죄를 써. 죄를 기록하여. 'ᄡᅥ'는 중세어 'ᄡᅳ다'(書)가 근대어 표기에서 ㅂ계 어두자음군 표기로 혼기된 결과이다. 이와 달리 'ᄡᅥ'가 중세어 'ᄡᅳ다'(用)의 활용형으로 쓰인 것이 여러 곳 나온다. '긔긔를 ᄡᅥ'(用機器, 1:23ㄱ), '셔국 긔긔를 ᄡᅥ 밧 갈고'(用西國機器以之耕種, 2:2ㄴ), '양국법을 젼쥬히 ᄡᅥ'(專用洋法, 3:18ㄱ), '명령을 ᄡᅥ'(用命, 4:6ㄴ), '하란국 풍거를 ᄡᅥ'(用荷蘭風車, 4:13ㄴ), '즁국법을 ᄡᅥ'(用夏, 발3ㄱ)는 원문도 '用'이며 'ᄡᅳ다'의 활용형이므로 당연히 띄어야 한다.
 한편, '이언'에는 '以'의 번역 직역어로 나타나는 'ᄡᅥ'가 조사나 어미 뒤에 오는데, 조사로는 '(으)로 이를 별노[99] 갈ᄒᆡ여 셩의(盛儀)[100]를 열고 공심(公心)[101]을 펴며 시셰를 ᄉᆞᆲ히고 법을 령(令)ᄒᆞᆯ 거시니 대뎌 이러ᄒᆞᆫ즉 화친ᄒᆞᄂᆞᆫ 판국이 가 【9ㄴ】 히 오ᄅᆡ 가기를 ᄀᆡ약ᄒᆞᆯ 거시오 병화(兵火/兵禍)[102]도 혹 젹이[103] 펴일진뎌 그런 연고로 오직 도 잇ᄂᆞᆫ 나라ᄂᆞᆫ 젹기 비록 탄ᄌᆞ(彈子)[104]만 ᄒᆞᆯ지라도 족히 ᄉᆞᄉᆞ로 보젼ᄒᆞᆯ 거시오 무도(無道)ᄒᆞᆫ 나라ᄂᆞᆫ 비록 부강ᄒᆞ나 감히 ᄉᆞᄉᆞ로 굿셰믈 발뵈지[105] 못ᄒᆞ며 구만 리를 통ᄒᆞᄃᆡ 갓갑기 호뎡(戶庭)[106] 츌입ᄒᆞ듯 ᄒᆞᆯ 거시오 수십국을 련ᄒᆞᄃᆡ ᄉᆞᆫ가락이 팔의 부리듯 ᄒᆞᆯ 거시니[107] 병혁(兵革)[108]의 ᄉᆞ오나온 ᄀᆡ운은 변ᄒᆞ야 일월지광(日月之光)이 되고 만ᄆᆡᆨ(蠻貊) 지방이 우로지ᄐᆡᆨ(雨露之澤)[109]을 고로 닙으믈 보암즉ᄒᆞ리니 ᄯᅩᄒᆞᆫ 아름답지 아니ᄒᆞ랴

ᄡᅥ'가 '셩인으로ᄡᅥ'(1:4ㄱ), '물화로ᄡᅥ'(1:10ㄱ), '힘으로ᄡᅥ'(2:8ㄱ), '일노ᄡᅥ'(셔3ㄱ, 4ㄴ, 1:38ㄱ)처럼 다수 나오며, 어미 뒤에는 '엇지ᄒᆞ야ᄡᅥ'(1:24ㄴ), '샹고ᄒᆞ야ᄡᅥ'(2:41ㄴ), '당긔여ᄡᅥ'(2:49ㄱ)처럼 나오는데 이러한 어미 뒤의 경우는 이미 문법화하여 "-아서/어서/여서"의 뜻을 보이므로 본 주해본에서는 모두 붙였다. 'ᄡᅥ'가 명사 뒤에 합성한 '힘ᄡᅥ'(勉, 셔4ㄴ / 力, 1:2ㄱ)나 부사 뒤에 '엇지ᄡᅥ 난ᄒᆞᆯ고'(何以, 1:24ㄴ)'처럼 쓰이는 경우도 붙였다. 춘추대의(春秋大義): 대의명분을 밝혀 세우는 큰 의리.

99. 별노: 별(別)로. 따로. [원문] 另. 另: 가를, 나눌, 딴, 다른 령.

100. 셩의: 성의(盛儀). 국가의 위엄 있는 의식. 성전(盛典). [원문] 盛. ¶국본(國本)인 농업을 장려하려고 군왕이 친히 쟁기를 잡고 농사를 짓는 국가적 성의를 거행하는 날짜를……(염상섭, 김 의관 숙질).

101. 공심(公心): 공평하여 사사로움이 없는 마음. 공지(公志). 반 사심(私心).

102. 병화(兵火/兵禍): '병화'(兵火: 전쟁으로 인한 화재) 또는 '병화'(兵禍: 전쟁의 참화). [원문] 兵禍.

103. 젹이: 적이. 꽤 어지간한 정도로. [원문] 少. '젹이'는 '이언'에서 '져기'(1:31ㄱ, 1:34ㄴ 등)와 '뎌기'(2:49ㄴ)로도 쓰였다.

104. 탄ᄌᆞ: 탄자(彈子). 탄알. 총알.

105. 발뵈지: 드러내 자랑하지. '감히 ᄉᆞᄉᆞ로 굿셰믈 발뵈지 못ᄒᆞ며': [원문] 不敢自雄.
발뵈다1: '발보이다'의 준말. 발보이다: ① 남에게 자랑하기 위하여 자기가 가진 재주를 일부러 드러내 보이다. ¶때가 되매 부쩍 일어나서 뚝딱하여 새 면목을 발보일 적에는……(최남선, 심춘순례). ② 무슨 일을 극히 적은 부분만 잠깐 드러내 보이다. 준 발뵈다. ¶또 상난ᄋᆞᆯ 맛니러 샤옹 어루믈 발뵈디 몯ᄒᆞ니(更遭喪亂嫁不售, 두시언해 25:45). 감히 ᄉᆞᄉᆞ로 발뵈고져 호미 아니라(非敢自獻, 太平廣記諺解 1:36). '발뵈다'의 성조는 '·발 : 뵈·다'로 '·발'은 '·발'(足)과 성조가 거성으로 같다. 아마도 '발(足) + 보이다'의 구성이 "은밀한 발 부분을 드러내 보인다"는 의미로 관용화하여 굳어진 것으로 추정되나 단정할 수는 없다. '발뵈다'는 뒤의 3:4ㄴ, 18ㄴ, 4:33ㄴ, 41ㄴ 참고.
cf. 발뵈다2: '팔다'의 옛말. ¶售 발뵐 슈(훈몽자회 하9).

106. 호뎡: 호정(戶庭). 집 안에 있는 뜰이나 마당.

107. ᄉᆞᆫ가락이 팔의 부리듯 ᄒᆞᆯ 거시니: 손가락을 팔이 부림 같을 것이니. [원문] 指臂. '팔의'에서 '의'는 주어적 속격. 중세 이래 'V듯ᄒᆞ-' 구성은 ① 'V-옴 ᄀᆞᆮᄒᆞ-'와 동일 유형(이때의 'ᄒᆞ-'는 형식 동사), ② 'V-듯(ᄃᆞ시) ᄒᆞ-'와 동일 유형(이때의 'ᄒᆞ-'는 대동사)의 두 가지가 있는데 여기서는 ①로 쓰인 것임. 이현희(1994ㄱ) 참고.

108. 병혁(兵革): ① 무기를 통틀어 이르는 말. ② 전쟁. ¶우리나라는 중국의 교화를 입어 태평을 누린 지 오래여서 병혁의 일을 모르기 때문에……(번역 선조실록).

109. 우로지ᄐᆡᆨ: 우로지택(雨露之澤). 넓고 큰 임금의 은혜.

【일권 10ㄱ】

론 셰무(論稅務)

[부셰 밧ᄂᆞᆫ ᄉᆞ무를 의론ᄒᆞ미라]

녯적에 하우시(夏禹氏)[1] 회계(會計)[2]를 긔록한 글이 잇고 쥬관(周官)에 ᄌᆡ용(財用) 다ᄉᆞ리ᄂᆞᆫ 됴목(條目)을 지엇시니 쳔하를 둔 재(者ㅣ) 열의 하나 부셰(負稅)[3] 밧ᄂᆞᆫ 법[4]을 쥰젹(準的)ᄒᆞ야[5] ᄇᆡᆨ셩의게 취ᄒᆞ야 국용(國用)을 이밧고[6] ᄇᆡᆨᄉᆞ(百事)를 다ᄉᆞ리게 ᄒᆞ미라 즁국이 ᄒᆡ금(海禁)[7][바다의 외국 사ᄅᆞᆷ을 금ᄒᆞᄂᆞᆫ 법이라]을 졔ᄒᆞ므로븟허 각국으로 더브러 통샹ᄒᆞ더니 도광(道光)[8] 이십이 년에 즁국과 양국(洋國)이 약됴[9]를 셰워 양인(洋人)의 온ᄀᆞᆺ 물화(物貨)로써 포구의 드러오면 셰를 밧치게 ᄒᆞᆫ 후로븟허 즁국 샹고[10]가 각쳐의가 흥판(興販)ᄒᆞᆯ[11] 졔 관문을 지나면 다만 물화 갑슬 샹고ᄒᆞ야 ᄆᆡ(每) 량(兩) 【10ㄴ】 에 셰를 더ᄒᆞᄃᆡ 죠곰이라도 과람(過濫)ᄒᆞ게[12] 못ᄒᆞ니 이ᄯᆡ 당도지인(當道之人)[13]이 즁국에

---

1. 하우시: 하우씨(夏禹氏). 중국 하(夏) 나라의 우(禹) 임금.
2. 회계: 나가고 들어오는 돈을 따져서 셈을 함. [원문] 會計.
3. 부셰: 부세(負稅). ①아직 납부하지 아니한 세금. ②담세(擔稅).
   cf. 부세(賦稅): 세금을 매겨서 부과하는 일. 양세(量稅). ¶부세 정책 / 부세 제도
4. 열의 하나 부셰 받는 법: 10분의 1을 세금으로 받는 법. [원문] 什一之法.
5. 쥰젹ᄒᆞ야: 준적(準的)하여. 표준이나 목표로 삼아. 준적(準的)하다: 활쏘기에서 표적을 겨냥하다. (…에/에게) 표준이나 목표가 될 만하다.
6. 이밧고: 이바지하고. 바라지하고. ¶아바님 이받ᄌᆞᄫᆞᆯ 제(용비어천가 91장).
7. ᄒᆡ금: 해금(海禁). ①다른 나라 선박이 자기 나라 해안에 들어오거나 고기잡이하는 것을 금함. ②중국에서 해상 교통이나 무역·어업 따위에 두던 제한. 명나라·청나라 때에 강화되었으나 1842년에 난징 조약으로 중국이 개항하면서 본래의 뜻을 잃게 됨.
8. 도광(道光): 중국 청나라 제8대 선종(宣宗, 1782-1850) 때의 연호(1821-1850). 도광 22년: 1842년.
9. 약됴: 약조(約條). 조약. 난징[南京] 조약을 말함. 난징 조약: 1842년에 아편 전쟁을 종결하고자 난징에서 영국과 청나라가 맺은 조약. 청나라가 영국에 대하여 홍콩의 할양, 광주(廣州)·상해 등 다섯 항구의 개항, 배상금 지급 따위를 수락한다는 불평등 조약으로 중국 반식민지화의 발단이 되었다.
10. 즁국 샹고: 중국 상고(商賈). 중국 상인. 화상(華商). [원문] 華商.
11. 흥판ᄒᆞᆯ: 흥정하여 매매할. 흥판(興販): 한꺼번에 많은 물건을 흥정하여 사고파는 일.
12. 과람ᄒᆞ게: 지나치게. 분수에 넘치게.
13. 당도지인(當道之人/當塗之人): 학문과 도를 닦는 사람. 나라 일을 맡아보는 사람, 관리. 당국자, 당

부셰 밧ᄂᆞᆫ ᄋᆡᆨ수가 각국에 비교ᄒᆞ건ᄃᆡ 혈ᄒᆞ미 ᄉᆞ오 ᄇᆡᆨ 칠팔 ᄇᆡᆨ에 니ᄅᆞᄂᆞᆫ 거시 잇ᄉᆞ믈 아지 못ᄒᆞᄂᆞᆫ 고로 약됴 셰우기를 이ᄀᆞᆺ치 ᄒᆞ미러니 후에 쳔해(天下ㅣ) 다ᄉᆞ(多事)ᄒᆞ야 군ᄉᆞ를 부르며 용ᄆᆡᆼ 잇ᄂᆞᆫ 이를 쇼모(召募)ᄒᆞᆯᄉᆡ[14] 비로쇼 물화를 외목ᄒᆞ야[15] 츄리법(抽釐法)[16][원 셰젼 외에 이(二) 리(釐/厘) 오(五) 호(毫)를 더 밧ᄂᆞᆫ 법이라]을 창ᄀᆡ(創開)ᄒᆞ야 군량에 ᄌᆞ뢰(資賴)ᄒᆞ게[17] ᄒᆞ니 대뎌 샹고ᄂᆞᆫ 흥판ᄒᆞ기로 ᄉᆡᆼ애ᄒᆞᄂᆞᆫ지라[18] 만일 도적을 평뎡치 못ᄒᆞ야 길이 통치 못ᄒᆞ면 물화를 ᄆᆡ매하기 반ᄃᆞ시 더딜지라 그런고로 져마다 셰젼(稅錢)[19] 밧치기 【11ㄱ】 를 ᄌᆞ원ᄒᆞ며 또 츄리법은 물화에 갑슬 더 언져 밧ᄂᆞᆫ 거시니 여러 사ᄅᆞᆷ의게 바ᄃᆞᄆᆡ 젹은 거시 ᄎᆞᄎᆞ 만하지니 이러므로 ᄇᆡᆨ셩도 칭원(稱寃)[20]이 업고 샹고의게도 해로운 ᄇᆡ 업셔[21] 가쟝 만히 바들 ᄡᅥ의ᄂᆞᆫ 일 년 ᄂᆡ에 ᄒᆡ내(海內)의 밧ᄂᆞᆫ 도수효(都數爻)[22]가 이쳔만에 나리지 아니ᄒᆞ더니[23] 이졔 비록 젹이[24] 감ᄒᆞ엿시나 또ᄒᆞᆫ 일쳔오ᄇᆡᆨ만은 되ᄂᆞᆫ 고로 시러곰[25] 도적을 평뎡ᄒᆞ고 태평을 누리ᄂᆞᆫ 거시 이 일을 힘닙으

사자. [원문] 當事. 당도(當塗/當途): 정권을 잡음, 중요한 위치에 있음. 때를 만남.

14. 쇼모: 소모(召募). 의병 따위를 불러 모음. 모집(募集). 초모(招募). '군ᄉᆞ를 부르며 용ᄆᆡᆼ 잇ᄂᆞᆫ 이를 쇼모(召募)ᄒᆞᆯᄉᆡ': [원문] 徵兵募勇.

15. 외목ᄒᆞ야: 전매(專賣)하여. '외목'은 '외목장사'의 준말. '외길목'에서 유래.
외목: ① 외길목. ② 외목장사. [원문] 榷. 榷: ① 외나무다리 교(독목교). ② 도거리 할, 정부가 독점 전매할 각. 도거리: ① 따로따로 나누지 않고 한데 합쳐서 몰아치는 일. ¶일을 도거리로 맡다 / 왕한은 그들을 향하여 도거리로 간략한 인사를 한 뒤에 그들이 빈민굴에 오게 된 사정을 차례로 물어 보았다(한용운, 흑풍). ② 되사거나 되팔지 않기로 약속하고 물건을 사고파는 일. ¶도거리로 흥정하다.

16. 츄리법: 추리법(抽釐法). 세금 거두는 법의 일종. [원문] 抽釐.
리(釐/厘): ① 비율을 나타내는 단위. 1리는 전체 수량의 1,000분의 1로 1푼의 10분의 1이다. ¶4할 3푼 5리. ② 길이의 단위. 1리는 1푼의 10분의 1로 0.3mm에 해당한다. ③ 무게의 단위. 주로 귀금속 따위의 무게를 잴 때 쓴다. 1리는 1푼의 10분의 1로 0.0375그램에 해당한다.
호(毫): ① 모(毛). ② 길이의 단위. 1호는 1리(釐)의 10분의 1로 약 0.333mm에 해당한다. ③ 무게의 단위. 1호는 1리의 10분의 1로 3.75mg에 해당한다.
cf. 모(毛): ① 비율을 나타내는 단위. 1모는 전체 수량의 10,000분의 1로, 1리(釐)의 10분의 1이다. 호(毫).

17. ᄌᆞ뢰ᄒᆞ게: 자뢰(資賴)하게. 밑천을 삼게. 자뢰(資賴): 밑천으로 삼음. [원문] 資.

18. ᄉᆡᆼ애ᄒᆞᄂᆞᆫ지라: 생계를 삼는지라. 생애(生涯): 생활. 생계. [원문] 生. ¶貧而無怨을 어렵다 ᄒᆞ건마ᄂᆞᆫ 내 生涯 이러호ᄃᆡ 설온 뜻은 업노왜라(누항사). 생애하다: 생계로 삼다.

19. 셰젼: 세전(稅錢). 세금.

20. 칭원(稱寃): 원통함을 들어서 말함. 칭굴(稱屈). `호원(呼寃). ¶토호들은 흉년에 좁쌀로 장리 놀이를 하고 굶는 집 아이를 구휼한다고 데려가서는 평생 종으로 박아 버리기 예사이니, 백성의 칭원 소리가 높은 것은 당연한 일이었다(현기영, 변방에 우짖는 새). 한숙이도 나의 소작인일세. 자네만 허락하면 한숙에게는 내가 조처하여서 자네에게는 칭원이 돌아가지 않도록 하겠네(한용운, 흑풍).
'ᄇᆡᆨ셩도 칭원(稱寃)이 업고': [원문] 民泯怨咨. 泯: 망할, 멸할 민. 咨: 물을, 탄식할 자.

21. 샹고의게도 해로운 ᄇᆡ 업셔: [원문] 商無虧損. 휴손(虧損): ① 기준에 미치지 못함. ② 손실.

22. 도수효(都數爻): 총계. 총수효. [원문] 通計.

23. 이쳔만에 나리지 아니ᄒᆞ더니: 이천만 이하로 내려가지 아니하고. 즉, 이천만을 넘고. [원문] 不下二千萬.

24. 젹이: 적이. 꽤 어지간한 정도로.

미라 츄리 밧ᄂᆞᆫ 잡(卡)[26][길목셰 히ᄌᆞ(垓字)[27]ᄅᆞᆯ 파고 군ᄉᆞᄅᆞᆯ 두어 도적을 방비ᄒᆞ며 샹고의게 수셰(收稅)ᄒᆞᄂᆞᆫ 곳이라]에 일을 쥬쟝(主掌)ᄒᆞᄂᆞᆫ 관원이 혹 구별ᄒᆞ기ᄅᆞᆯ 잘못ᄒᆞ고 혹 병화(兵火/兵禍)에 잡(卡)을 만히 베플ᄆᆡ 【11ㄴ】 양인이 져의 물화ᄂᆞᆫ 츄리 모면ᄒᆞ려 ᄒᆞᄂᆞᆫ 말을 고집ᄒᆞ야 요긴ᄒᆞᆫ 뎨목(題目)을 ᄉᆞᆷ고 현연(顯然)이 약됴를 어긔여 즁국의셔 쥬쟝ᄒᆞᄂᆞᆫ 권(權)을 아ᄉᆞ려 ᄒᆞ니 셜ᄉᆞ 츄리 ᄂᆡᄂᆞᆫ 거시 과연 샹고의게 해로올지라도 국용(國用)이 젹이 펴일 ᄊᆡ를 기다려 스ᄉᆞ로 침작(斟酌)ᄒᆞ야 ᄎᆞᄎᆞ 면셰ᄒᆞᆯ 거시오 결단코 외국 사ᄅᆞᆷ이 아ᄅᆞᆫ톄ᄒᆞᆯ[28] ᄇᆡ 아니여ᄂᆞᆯ 이졔 도적은 비록 평뎡ᄒᆞ엿시나 방어ᄒᆞᄂᆞᆫ 영문(營門)[29]을 아직 쳘파(撤罷)ᄒᆞ지[30] 아니ᄒᆞ엿고 뎐셰(田稅)도 오히려 복고(復古)[31]가 못 되엿시며 여러 가지로 후ᄉᆞᄅᆞᆯ 회칙ᄒᆞᄂᆞᆫ 거ᄉᆞᆯ 다 ᄇᆡ치(配置)ᄒᆞᆯ 거시니 화륜션(火輪船)을 지으나 양창 대포를 ᄆᆡᆫᄃᆞᄂᆞᆫ 거 【12ㄱ】 ᄉᆞᆯ 다 츄리 밧ᄂᆞᆫ 돈으로 미봉(彌縫)ᄒᆞᆯ지라[32] 이졔 이를 바린즉 아모 계교 업고 ᄇᆡᆨᄉᆡ(百事ㅣ) 다 ᄒᆡ이(解弛)ᄒᆞᆯ 거시오 ᄯᅩ 즁국 샹고드리 츄리를 모피(謀避)ᄒᆞ기로[33] 셰젼 밧친 톄문(帖文)[34]을 닷토와 ᄉᆞᄂᆞᆫ 고로 양국(洋國) 셰젼(稅錢)은 일노 인ᄒᆞ야 더옥 셩ᄒᆞ니 만일 츄리법을 뎡지ᄒᆞᆫ즉 양국 셰젼은 반ᄃᆞ시 만ᄒᆞᆯ 거시오 셰젼의 루락되ᄂᆞᆫ 거시 감ᄒᆞ믄 잇ᄉᆞ나 더ᄒᆞ믄 업ᄉᆞᆯ 거시니 이ᄂᆞᆫ ᄌᆞ연ᄒᆞᆫ ᄉᆞ셰라 당초에

---

25. 시러곰: 능히. ¶엇뎨 시러곰 뜬 이름을 崇尙ᄒᆞ리오(두시언해 7:7). 시러곰 득(得)(왜어유해 상27).
26. 잡(卡): 국경이나 요충지에 자리 잡고 검문, 검색 경비와 통행자에게 징세를 하던 곳. 卡: 관(關), 꼭 끼일, 기침할 잡.
27. 히ᄌᆞ: 해자(垓子). ① 능(陵), 원(園), 묘(墓) 따위의 경계. ¶정자각도 없고 재실(齋室)도 없다. 해자 밖으로 조그마한 묘지기 집이 외롭게 있을 뿐이다(박종화, 금삼의 피). ② 성 주위에 둘러 판 못. 굴강(堀江). 도랑못. 못도랑. 성호(城壕). 외호(外壕). 주지(周池). 호(濠).
28. 아ᄅᆞᆫ톄ᄒᆞᆯ: 참견하거나 관여할. '외국 사ᄅᆞᆷ이 아ᄅᆞᆫ톄ᄒᆞᆯ ᄇᆡ 아니여ᄂᆞᆯ': [원문] 非局外人所得而干預也. 아ᄅᆞᆫ톄: 알은체. ① 참견. 관여. ¶남의 일에 알은체를 하다 / 민족이야 죽든지 살든지 알은체 않고 승지 명구를 찾아다니면서 글이나 짓고 술이나 마시는 것을 높은 지조로 삼는 것이 미상불 폐해가 되지 않는 것이 아니었다(한용운, 흑풍). ② 알아봄. 인사. ¶서로 알은체도 안 하다 / 장독대 앞에서 작약 꽃을 만지고 있던 영숙이 먼저 나를 발견하고 알은체를 하더니 곧 일어나 아랫방으로 들어가 버렸다(김동리, 까치 소리). 뒤의 3:24ㄱ에는 '아ᄅᆞᆫ쳬'로 나와 '톄-쳬'의 혼기를 보여 준다.
29. 영문(營門): 병영(兵營)의 문.
30. 쳘파: 철파(撤罷). 철거하여 없애는 것.
31. 복고(復古): ① 과거의 모양, 정치, 사상, 제도, 풍습 따위로 돌아감. ② 복구(復舊). [원문] 復原.
32. 미봉(彌縫): 일의 빈 구석이나 잘못된 것을 임시변통으로 이리저리 주선하여 꾸며 댐. 彌: 두루, 널리 미.
33. 모피(謀避)ᄒᆞ기로: 피하고자 꾀하기로.
34. 톄문: 체문(帖文). 납세증. [원문] 稅單. '표준국어대사전'에서는 '첩문'과 '체문'의 뜻풀이를 따로 하고 있다.
첩문(帖文): 예전에 나라에서 발급하던 증명서를 이르는 말. ¶내가 이미 첩문을 보냈으니 5, 6일이 지난 뒤에 그 회보를 기다려 처리할 것이고 아직은 미정이다(번역 선조실록).
체문(帖文): ① 수령이 그 고을의 면임(面任)이나 동임(洞任), 향교, 서원 따위에 지시하던 문서. ② 공물방, 계방에 속한 공인(貢人)임을 인정하던 문서.

츄리법 셜시ᄒᆞᆯ ᄯᆡ에 양인의 물화도 각 포구의셔 셰젼을 바드ᄃᆡ 오히려 이론(異論)이 업더니 함풍(咸豐)35 팔 년 십일월에 즁국과 셔양이 약됴를 다시 뎡ᄒᆞᆯ식 양국 물화와 즁국 【12ㄴ】 토산 물화를 ᄒᆞᆫ 번만 셰젼을 밧치고 다른 포구의ᄂᆞᆫ 면셰ᄒᆞ기를 원ᄒᆞᄂᆞᆫ 쟈ᄂᆞᆫ ᄆᆡ(每) ᄇᆡᆨ(百)에 은ᄌᆞ(銀子) 이 량 오 젼식 밧치고 반(半) 셰젼 밧친 톄문을 ᄂᆡ여 쥬어 빙고(憑考)ᄒᆞ게36 ᄒᆞ고 아모 ᄃᆡ로37 슈운(輸運/水運)ᄒᆞ야38 가든지 다른 포구의ᄂᆞᆫ 셰젼을 다시 밧지 아니ᄒᆞ며 반 셰젼 밧친 톄문이 업ᄂᆞᆫ 쟈ᄂᆞᆫ 관문을 지나거나 잡을 지나든지 의례(依例)이 셰젼과 츄리를 밧치게 ᄒᆞ니 이ᄂᆞᆫ 양국(洋國) 샹고를 두돈(斗頓)ᄒᆞ야39 별노이40 은젼(恩典)을 베플미니 즁원 샹고41의게 비교ᄒᆞ면 대리소관(大利所關)42인 고로 즁원 사ᄅᆞᆷ의 간사ᄒᆞᆫ 재 ᄆᆡ양 양인으로 부동(符同)ᄒᆞ야43 셔로 은닉ᄒᆞᄃᆡ 즁원 샹고를 ᄃᆡ신ᄒᆞ야 【13ㄱ】 반 셰젼 밧친 톄문을 맛타 쥬고 은을 밧ᄂᆞᆫ 쟈도 이시며 양국 샹고를 ᄃᆡ신ᄒᆞ야 양국 ᄇᆡ의 양국 약ᄌᆡ(藥材)와 온ᄀᆞᆺ 물화를 슈운ᄒᆞᄂᆞᆫ 쟈도 이시며 혹 물금톄(勿禁帖)44 업ᄂᆞᆫ 즁국 물화를 호송(護送)ᄒᆞᄂᆞᆫ 쟈도 잇셔 여러 가지로 환롱(幻弄)ᄒᆞᄆᆡ45 폐단이 ᄌᆞ심(滋甚)ᄒᆞ야46 양국 셰젼과 츄리 밧ᄂᆞᆫ 법이 다 폐단이 되니 즁원 샹고의 고지식ᄒᆞᆫ

---

35. 함풍(咸豐): 중국 청나라 제9대 함풍제(문종)의 연호. 함풍 8년은 1858년. 함풍제(1831-1861, 재위 1850-1861)는 청(淸) 8대 선종(宣宗) 도광(道光)의 넷째 아들로 묘호는 문종(文宗), 시호는 현황제(顯皇帝). 즉위 후에 홍수전(洪秀全)의 태평천국(太平天國)의 난, 반청(反淸) 무장 폭동인 염당(捻黨)의 난이 일어났고 1853년 태평천국군이 난징[南京]을 점령하는 등 혼란스러웠고 증국번(曾國藩) 등의 젊은 한인 관료를 기용하는 등 내치에 힘썼으나 태평천국의 난 중인 1856년 애로 호(號) 사건을 계기로 영국·프랑스 연합군이 무력 개입하여 천진조약(天津條約)이 체결되었는데, 다시 1860년에는 동 조약의 비준 문제로 분쟁이 일어 영국·프랑스 연합군이 북경에 침입하자 열하(熱河, 러허)의 이궁으로 피난, 다음 해 그곳에서 병사하였다.
36. 빙고(憑考)ᄒᆞ게: 사실에 근거하여 자세히 따지고 검토하게.
37. 아모 ᄃᆡ로: 아무 데로. 아무 곳으로.
38. 슈운: 수운(輸運) 또는 수운(水運). [원문] 運. 수운(輸運): 운수(運輸). 운송.
    수운(水運): 강이나 바다를 이용하여 사람이나 물건을 배로 실어 나름.
39. 두돈ᄒᆞ야: 두둔하여. 두돈(斗頓) > 두둔.
40. 별노이: 별(別)로+이. 따로. 부사 접미사 '-로'와 '-이'가 중복된 형태로 현대 입말 '따로이' 참고.
41. 즁원 샹고: 중원 상고(中原商賈). 중원 지방의 상인. 즉, 중국 상인. [원문] 華商.
42. 대리소관(大利所關): 큰 이익에 관계되는 바.
43. 부동ᄒᆞ야: 부동(符同)하여. 한통속이 되어 빌붙어서. [원문] 串通. 부동(符同): 그른 일에 어울려 한통속이 됨. ¶동학 적도뿐 아니라 불평이 있던 난민까지 부동이 되어 그 세력이 날로 불어 간다 합니다(유주현, 대한제국). cf. 부동(附同): 부화뇌동(줏대 없이 남의 의견에 따라 움직임). 뇌동(雷同). '표준국어대사전'에는 '附同'(남의 의견에 따라 움직임)과 '符同'(한통속이 됨)을 구별하고 있음.
44. 물금톄: 물금첩·물금체(勿禁帖). 관아에서 금한 일을 특별히 허가하여 준 사실을 적은 문서. 여기서는 일종의 무역 허가증. 물금(勿禁): 관아에서 금한 일을 특별히 허가하여 주던 일.
45. 환롱ᄒᆞᄆᆡ: 못된 꾀로 속이매. 환롱(幻弄): 교묘하고 못된 꾀로 남을 속여 마음대로 놀리거나 이용함.
46. ᄌᆞ심ᄒᆞ야: 자심(滋甚)하여. 점점 더 심하여. 滋: 물 불어날, 번식할 자.

쟈는 능히 츄리홀 길이 업스미 만히 양인의게 븟치여 롱간ᄒᆞ야 쟝ᄉᆞᄒᆞ니 도로혀 츄리 법을 쳘파ᄒᆞ고 관문의 슈셰[47]를 비를 더홈만 ᄀᆞᆺ지 못ᄒᆞ고 다른 포구에 슈운ᄒᆞ는 쟈는 인ᄒᆞ야 반 셰젼을 밧은즉 양인도 빙쟈홀 말이 업 【13ㄴ】 고 즁국 샹고들도 억울홀 빅 업슬 거시며 ᄒᆞ믈며 양인의 쥬관ᄒᆞ는 향항(香港)[48]과 오문(澳門)[49][다 포구 일홈] 일을 샹고ᄒᆞ야 보니 츄리 밧는 젼례 업는지라 샹고들이 그곳으로 가는 쟤 만흐니 물홰 평평 ᄒᆞ야 팔기 쉽고 츄리를 면ᄒᆞ는 고로 향항과 오문의 물화는 늘노 만코 즁국 각쳐의 싱애는 늘노 박ᄒᆞ니 니웃 나라의 업슈히 너기믈 밧고 양국의 직물 근원만 붓게 ᄒᆞ는 즉시며 또 월동(粤東)[50] 위셩(闈姓)[51][사름의 셩이라]이 슈셰(收稅)ᄒᆞ는 법을 닉미 그 됴건이 심히 크니 빅셩을 해롭게 ᄒᆞ고 교화를 샹ᄒᆞ게 ᄒᆞ디 능히 그 폐단을 막지 못ᄒᆞ니 간사ᄒᆞᆫ 빅셩드리 오문으 【14ㄱ】 로 올마가 인ᄒᆞ야 져ᄌᆞᄒᆞ는[52] 집을 짓고 물화를 팔며 셰젼을 닉니 분수(分收)[53]를 교계(較計)ᄒᆞ건디[54] 삼 년의 닉는 은(銀)이 오십만 량이오 리(利)는

---

47. 관문의 슈셰: 관문의 수세(收稅). 관세. [원문] 關稅.

48. 향항(香港): 홍콩.

49. 오문(澳門): 아오먼(Aomen). 마카오. 중국 광동성(廣東省) 남부 향산현(香山縣)에 속해 있었다. 주강(珠江) 강어귀에 위치하며 포르투갈이 물에 젖은 화물을 말린다는 구실로 발을 들여놓아 1557년부터 중국 관리들에게 뇌물을 주고 마카오 반도 거주권을 획득하였고, 1887년에 포르투갈령이 되었으며, 1999년 12월 20일 중국에 반환되었다. 1575년 로마 교황이 포르투갈 정부의 후원으로 마카오 관구(管區)를 설립하였으며 그 후 마카오는 포르투갈의 대(對) 아시아 진출을 위한 거점이 되는 동시에 1841년 영국이 홍콩에 식민지를 개설하기까지 중국과 서양의 유일한 교류 기지가 되었다.

50. 월동(粤東): 광동성(廣東省)의 별칭.

51. 위셩: 위성(闈姓). 1886년 북경에서 과거 시험을 치를 당시, 항주인(杭州人) 유학순(劉學詢)에 의해 발행된 중국 최초의 복권이다. 과거 응시자의 성씨를 종이에 인쇄하고 가격을 정해 놓고 판매한다. 구매자는 급제할 사람의 성씨를 선택해서 구입한다. 과거 시험 결과가 나온 후 구매자가 선택한 급제자의 성씨를 맞춘 수(數)에 따라서 1등, 2등, 3등의 상을 받았다. '闈姓'이라는 도박 풍습은 과거 제도가 폐지되기 전까지 광동성에서 유행하였다. 성씨 맞추기를 통한 복권 이름을 위 언해본 협주에서는 '사름의 셩이라'로 단순 풀이하였다. 뒤의 4:24ㄱ(주석 25)에 '신도를 위셩ᄒᆞ는'이란 난해어가 쓰였는데 이 '위셩ᄒᆞ-'를 '위셩'의 동사로 본다면 "도박하다, 내기하다"의 뜻으로도 쓰인 것으로 추정된다. 闈: 과거 시험장, 대궐 작은 문 위.

52. 져ᄌᆞᄒᆞ는: 저자하는. 저자에서 장사하는. [원문] 開廠. '져ᄌᆞ'가 여기서는 '져ᄌᆞᄒᆞ다'처럼 동사로 쓰인 예를 보여준다. '져ᄌᆞ'는 중세에 '져재'나 '져제'로 쓰였고 드물게 '져자, 져잦'도 보여 준다. 져재/져제/져자/져잦 > 져ᄌᆞ > 저자.
져재: 陌은 져잿 가온딧 거리라(석보상절 19:1). 東海ㅅᄀᆞᅀᅵ 져재 ᄀᆞᆮᄒᆞ니(용비어천가 6장). 全 져재 녀러신고요 어긔야 즌 디를 드디욜셰라 어긔야 어강됴리(악학궤범 정읍사).
져제: 져제 가 지블 ᄒᆞ야시늘(내훈 3:13). 行 져제 항. 廛 져제 뎐. (훈몽자회 범례4, 중5)
져자: 보수 화상이 져잣 가온디 안ᄌᆞ샤(선가귀감언해 상5).
져잦: 셔미며 슐위에 실여 져자해 아ᄎᆞ미 드러가 잇다가(칠대만법 13).

53. 분수(分收): 수입이나 수익을 나눔.

54. 교계(較計): 계산하여 서로 견주어 봄. ¶산 갑슬 얼마나 달나ᄒᆞ던지 교계홀 것 업소(구마검 55).

양인의게 도라가니 이ᄂᆞᆫ 니ᄅᆞᆫ바 모ᄉᆞᆯ ᄆᆡᆫᄃᆞ러 고기ᄅᆞᆯ 모라 드리며 슈플을 ᄆᆡᆫᄃᆞ러 ᄉᆡᄅᆞᆯ 모라 드리미라[55] 태셔 각국에 셰젼 밧ᄂᆞᆫ 대톄(大體)ᄅᆞᆯ 일즉[56] 샹고ᄒᆞ니 ᄆᆡ(每) ᄇᆡᆨ에 이십 량도 취ᄒᆞ며 혹 ᄉᆞ십 량도 취ᄒᆞ고 그즁 만ᄒᆞᆫ 거신즉 ᄆᆡ ᄇᆡᆨ에 ᄇᆡᆨ 량을 취ᄒᆞᄂᆞᆫ 쟈도 이시며 ᄯᅩ 젼수(全數)히[57] 셰젼을 밧지 아니ᄒᆞᄂᆞᆫ 쟈도 이시니 대뎌 경즁지간의 ᄉᆞᄉᆞ로 잉편(仍便)ᄒᆞᆯ[58] 계교를 위ᄒᆞ미라 ᄉᆞᆯ과 담베ᄂᆞᆫ 외양(外洋)의셔 슈셰ᄒᆞ기ᄅᆞᆯ 즁히 ᄒᆞ【14ㄴ】고 즁국의셔 양국 ᄉᆞᆯ을 밧아 쥬뎜(酒店)을 열고 파ᄂᆞᆫ 쟈도 오히려 셰젼을 밧치거ᄂᆞᆯ ᄆᆡ년의 포구로 드러오ᄂᆞᆫ 려송연(呂宋煙)[59][려송국 담베라]과 양국 ᄉᆞᆯ이 그 수회 심히 만흐ᄃᆡ 한만(閑漫/汗漫)히[60] 먹을 거시라 ᄒᆞ야 셰젼을 밧지 아니ᄒᆞ니 태셔의ᄂᆞᆫ 이런 젼례 일졀 업ᄉᆞᆫ즉 더옥 공번되지[61] 못ᄒᆞᆫ지라 이졔 ᄆᆞᆺ당히 ᄉᆡ 법을 다시 뎡ᄒᆞᄃᆡ 각국의 슈세ᄒᆞᄂᆞᆫ 법을 의방(依倣)ᄒᆞ야 포구로 드러오ᄂᆞᆫ 물화ᄅᆞᆯ 더 밧게 ᄒᆞ고 담베와 ᄉᆞᆯ과 아편연 ᄀᆞᆺ튼 허비ᄒᆞᄂᆞᆫ 등물은 셰젼을 즁히 밧게 ᄒᆞ야 평균ᄒᆞ고 밋부믈 ᄇᆞᆰ히며 쥬옥금슈(珠玉錦繡)의 온ᄀᆞᆺ 완호지물(玩好之物)은 ᄇᆡᆨ셩의 일용 음식의 당치 【15ㄱ】 아니ᄒᆞᆫ ᄇᆡ니 비록 셰젼을 갑졀노 밧고 츄리ᄅᆞᆯ 더 바다도 간난ᄒᆞᆫ ᄇᆡᆨ셩과 부요ᄒᆞᆫ ᄇᆡᆨ셩의게 손상(損傷)ᄒᆞᆯ ᄇᆡ 업ᄉᆞᆯ 거시오 ᄯᅩ 일통(一統)을 교계ᄒᆞ야 아국의 업ᄂᆞᆫ 거시어든 셰젼을 경히 ᄒᆞ야 오ᄂᆞᆫ 근원을 널리 ᄒᆞ고 잇ᄂᆞᆫ 거시어든 셰젼을 즁히 ᄒᆞ야 가ᄂᆞᆫ 길을 막게 ᄒᆞᄃᆡ 경즁(輕重)을 져울노 다드시

---

55. 모ᄉᆞᆯ ᄆᆡᆫᄃᆞ러 고기ᄅᆞᆯ 모라 드리며 슈플을 ᄆᆡᆫᄃᆞ러 ᄉᆡᄅᆞᆯ 모라 드리미라: [원문] 爲淵毆魚 爲叢敺爵. 爵: 참새, 술잔, 벼슬 작. 雀(참새 작)과 통함. 毆: 때릴 구. 敺: 몰, 달릴 구. '驅'와 동자(同字).

56. 일즉: 일찍. 일찍이.

57. 젼수히: 전수(全數)히. 전부.

58. 잉편ᄒᆞᆯ: 편안할. 잉편(仍便)하다: 늘 편안하다. ¶경원의 외삼촌 내외는 전일에 괴롭던 몸이 별안간 잉편하게 될뿐더러……(최찬식, 금강문).

59. 려송연: 여송연(呂宋煙). ① 필리핀의 루손 섬에서 나는 엽궐련. 향기가 좋으며 독하다. ② 엽궐련.

60. 한만(閑漫/汗漫)히: 느긋하게 되는 대로. '한만하다'는 다음과 같이 '閑漫 – 汗漫'을 다소 구별할 수 있으나 여기서는 문맥상 별 차이가 없는 것으로 보인다. 뒤의 3:7ㄱ, 63ㄴ에는 '한만이'로 나온다.
한만(閑漫)하다1: 한가하고 느긋하다. ¶지금 시일이 급한데 그렇게 한만하여서 될 수가 있소(한용운, 흑풍). 여기가 어디라구 그 녀석이 그렇게 한만히 들어오드람?(李無影, 農民)
한만(汗漫)하다2: 되는 대로 내버려두고 등한하다. ¶창졸간 빚을 얻을 수도 없는 사정이요, 그렇다고 한만하게 품값을 천연할 처지도 못 된다(이기영, 신개지). 얼굴빛 하나 말 한마디라도 한만히 할 수는 없었다(염상섭, 삼대).

61. 공번되지: 공변되지. 공평하지. 공변되다: 행동이나 일 처리가 사사롭거나 한쪽으로 치우치지 않고 공평하다. 공공하다. ¶공변되고 밝고 청렴하고 부지런하면 이는 선치수령이요……(홍명희, 임꺽정). 公反(공번)ᄃᆞ외다 > 공번되다 > 공변되다.
공번되다: ① '공변되다'의 옛말. ¶后ㅣ ᄉᆞᆯ오ᄃᆡ 妾은 드ᄅᆞ니 賞罰이 공번되여ᅀᅣ 足히 ᄡᅥ 사ᄅᆞᆷ을 항복게 ᄒᆞᆫ다 호니(어제내훈 2:91). 靑春 小年들아 白髮 老人 웃지 마라 공번된 하ᄂᆞᆯ 아래 넨들 ᄆᆡ양 져머시랴 우리도 少年 行樂이 어제론듯 ᄒᆞ여라(교시조 2904-2). ② '공변되다'의 북한어. 북한어에는 '공번되다'로 올라 있고 한국의 사전들에는 '공변되다'로 올라 있다.
공번ᄒᆞ다: ¶공번ᄒᆞ샤 당 아니실ᄊᆡ(公而不黨, 법화경언해 4:38). 賞罰이 公反(공번)ᄒᆞ야ᅀᅡ(내훈 2하53).

ᄒᆞ야 우리 쟝ᄉᆞᄒᆞᄂᆞᆫ ᄇᆡᆨ셩을 호위ᄒᆞ며 만일 경솔히 변ᄀᆡᄒᆞ랴 ᄒᆞ면 셔어(齟齬)ᄒᆞᆫ[62] 폐단이 만ᄒᆞᆯ가 념려되니 오직 긔약이 찬 후 약됴를 밧골 ᄯᆡ의 슈셰ᄒᆞᄂᆞᆫ 법을 곳쳐 뎡ᄒᆞ고 ᄉᆞ리(事理)ᄃᆡ로 힘써 닷토와 그여히[63] 나의 법도에 나아오게 ᄒᆞᆫ 후에 말 거시니라

---

62. 셔어ᄒᆞᆫ: 서어한. 서로 어긋나는. 서어(齟齬/鉏鋙)하다: ①틀어져서 어긋나다. ②익숙하지 아니하여 서름서름하다. ③뜻이 맞지 아니하여 조금 서먹하다. ¶그 후로부터 네가 나를 보면 부끄러운 마음으로 있는 모양이요, 체면 차리는 기색도 있어서 종적이 점점 서어하여졌으니 도리어 어색한 일이라(이인직, 모란봉). '서어하다'는 '저어하다'로도 표기되어 쓰임.

63. 그여히: 기어(期於)히.

【일권 16ㄱ】

론 아편(論阿片)

[아편연[1]을 의론ᄒᆞ미라]

대뎌 졍ᄉᆞ(政事)ᄒᆞᄂᆞᆫ 도ᄂᆞᆫ 능히 형셰(形勢)ᄅᆞᆯ 인ᄒᆞ야 리(利)ᄒᆞ므로 인도ᄒᆞ고 폐단을 구(救)ᄒᆞ고 일편된 거ᄉᆞᆯ 기우면[2] ᄇᆡᆨ셩이 이에 덕ᄐᆡᆨ(德澤)을 닙고 나라히 인ᄒᆞ야 유익ᄒᆞ믈 엇ᄂᆞᆫ지라 그런고로 법 셰우기ᄅᆞᆯ 부득불 엄히 ᄒᆞᆯ 거시오 인졍(人情)을 쓰ᄆᆡ[3] 불가불 용셔ᄒᆞᆯ지라 대개 아편연(阿片煙)이 즁국의 드러오므로븟허[4] 독ᄒᆞᆫ 긔운(氣運)이 텬하ᄅᆞᆯ 병들게 ᄒᆞᆫ 지 우금(于今)[5] 수십 년의 포구(浦口)로 나가ᄂᆞᆫ 은(銀)이 불가승쉬라[6] 만일 면ᄉᆞ(綿絲)[7]와 향다(香茶)[8] 두 가지로 셔로 환ᄆᆡ(換買)ᄒᆞ미[9] 업ᄉᆞ면 즁국 ᄌᆡ물(財物)이 거의 다ᄒᆞ지 아니ᄒᆞ엿시랴 그러나 【16ㄴ】 씌ᄂᆞᆫ 가히 ᄒᆞᆯ 슈 업셔도 형셰ᄂᆞᆫ 오히려 가히 당긜만 ᄒᆞᆫ즉 잉속각(罌粟殼)[10] 심으ᄂᆞᆫ 거ᄉᆞᆯ 금ᄒᆞ지 마나니만[11] ᄀᆞᆺ지 못ᄒᆞ니 녯적에 림문츙

---

1. 아편연(阿片煙): ① 아편을 넣어 만든 담배. 아연(鴉煙). ② 아편을 피울 때 나는 연기. 아편(阿片): opium(약). 양귀비의 덜 익은 열매에서 추출하는 마약성 약물. [원문] 鴉片.
   아연(阿煙/鴉煙): 아편연(阿片煙). 鴉: 갈가마귀, 검을 아.
2. 일편된 거술 기우면: 편벽된 것을 고치면. [원문] 補偏. 일편(一偏): ① 한쪽으로 치우침. 또는 한쪽으로 치우쳐서 바르지 못함. ② 한결같은 모양. 깁다: 고치다. 꿰매다. 보충하다.
3. 인졍을 쓰ᄆᆡ: 인정을 쓰매. 남에게 돈이나 물건 따위를 주어 따뜻한 정을 보이매. [원문] 用情.
   인정(人情): ① 남을 동정하는 마음. ② 정표로 주던 선물 또는 뇌물. 여기서는 ②의 뜻.
4. 즁국의 드러오므로븟허: 중국에 들어오면서부터. [원문] 自鴉片流入中國.
5. 우금(于今): 지금에 이르기까지. 지금까지. ¶신이 듣자오니 폐비하신 지 우금 벌써 사 년이옵는데…… (박종화, 금삼의 피).
6. 불가승쉬라: 불가승수이라. 불가승수(不可勝數): 너무 많아서 이루 셀 수가 없음. [원문] 難以會計. '이언'에는 다른 곳(3:30ㄴ, 4:42ㄱ)에서도 '불가승수'로 쓰였는데 뒤의 3:8ㄴ에는 '불가승슈'로 혼기를 보이기도 한다.
7. 면ᄉᆞ: 면사(綿絲). 솜에서 자아낸 실.
8. 향다(香茶): 향기로운 차.
9. 환ᄆᆡ: 환매(換買). 돈을 주고받지 아니하고 물건과 물건을 직접 서로 바꿈. 물물교환.
10. 잉속각(罌粟殼): 앵속각. 앵속(罌粟/鶯粟). 양귀비 열매의 껍질. 이질·설사·배앓이 등에 약으로 쓰임. [원문] 鶯粟. 罌: 항아리, 양병(洋缾) 앵. 鶯: 꾀꼬리 앵. 粟: 조 속.
11. 금ᄒᆞ지 마나니만: 금하지 마는 이만. 금하지 마는 것만. 금하지 않느니만. 근대어의 '말다'는 현대어의 '않다'의 기능으로도 쓰임.

(林文忠)[12][사ᄅᆞᆷ의 일홈]이 아편연을 금ᄒᆞ랴 ᄒᆞ다가 변방(邊方)의 ᄂᆡ치기의 니ᄅᆞ고[13] 셰샹의 다시 나오기의[14] 밋쳐셔ᄂᆞᆫ 잉속각 심으ᄂᆞᆫ 거ᄉᆞᆯ 금치 아니ᄒᆞ며 일ᄌᆞᆨ[15] 말ᄉᆞᆷᄒᆞᄃᆡ 임의[16] 능히 금치 못ᄒᆞᆯ진ᄃᆡ ᄇᆡᆨ셩ᄃᆞ려 임의로 심으게 ᄒᆞᆯ 만 ᄀᆞᆺ지 못ᄒᆞ니[17] 그리ᄒᆞ면 ᄇᆡᆨ셩의 리로온 일이 루락ᄒᆞᄂᆞᆫ 폐를 막으리라 ᄒᆞ니 먼니 념려ᄒᆞ고 깁히 ᄭᅬᄒᆞᄂᆞᆫ 거시[18] 실노 심샹(尋常)ᄒᆞᆫ[19] 사ᄅᆞᆷ의 능히 밋출 ᄇᆡ 아니로다 이제 셤셔(陝西)와 감슉(甘肅)과 운남(雲南)과 귀쥬(貴州)와 【17ㄱ】 진(晉) ᄯᅡ 쵹(蜀) ᄯᅡ와 강남(江南)의 졔쥬(除州)와 졀강(浙江)의 태쥬(台州) 등쳐(等處)의 다 잉속각을 심으니 퍼지기를 임의 만히 ᄒᆞ엿시나 그러나 그 심으ᄂᆞᆫ바 토픔(土品)[20]이 양국 토픔보다 박(薄)ᄒᆞᆫ 고로 먹ᄂᆞᆫ 재 독긔(毒氣)가 경(輕)ᄒᆞ미 병(病)되미 엿트니 경계ᄒᆞ기 ᄯᅩᄒᆞᆫ 쉬오리라 혹이 ᄀᆞᆯ오ᄃᆡ 인심이 간사ᄒᆞ미 만흐니 오ᄅᆡᆫ즉 반ᄃᆞ시 그짓[21] 거ᄉᆞ로 참 거ᄉᆞᆯ 어ᄌᆞ러이 ᄒᆞ야[22] 부동(符同)ᄒᆞ야[23] 리ᄅᆞᆯ 구ᄒᆞᄂᆞᆫ 재 잇ᄉᆞ리라 ᄒᆞᄃᆡ 나ᄂᆞᆫ 니ᄅᆞᄃᆡ 셰샹 만물이 다 진픔(眞品)이 아릴가[24] 념려ᄒᆞᄃᆡ 홀노

---

12. 림문츙: 임문충(林文忠). 임칙서(林則徐, 1785-1850). 청나라 말기 유명한 정치가, 사상가, 시인. 시호(諡號)는 문충공(文忠公). 자(字)는 원무(元撫), 소목(少穆). 만호(晩號)는 사촌노인(俟村老人). 아편 금지를 주장하고 큰 성과를 올려 1839년 흠차대신(欽差大臣)으로 발탁되어 광동(廣東)에서 아편 무역의 단속을 명령받고, 영국 상인들이 소유한 아편을 몰수하여 2만여 상자를 불태우고, 아편 상인들을 국외로 추방하는 등 강경 수단을 써서 아편 밀수의 근절을 꾀하였다. 이때 중국의 개항(開港)과 자유무역 실현을 노리던 영국은 자국 상인의 생명과 재산을 보호한다는 구실로 아편전쟁을 일으켰다. 이에 임칙서는 군비(軍備)를 강화하고 관민(官民)의 협력을 얻어 영국군에 저항하였으나, 오히려 타협파(妥協派) 관료들에 의하여 전쟁 도발자로 몰리게 되었고, 1840년 청나라 조정이 강화(講和)로 기울자 그는 모든 관직을 박탈당하고 유배되었다. 후에 복직되었고 1850년 태평천국(太平天國)의 난을 진압하라는 명을 받고 흠차대신 광서순무(廣西巡撫)에 임명되어 부임 도중 병사하였다.
13. 변방의 ᄂᆡ치기의 니ᄅᆞ고: 변방 근무, 즉 수자리로 추방되고. 여기서는 임칙서가 '이리'(伊犁)로 유배된 것을 가리킴. [원문] 遣戍. 수(戍)자리: 국경 근무.
14. 셰샹의 다시 나오기: 재등용. 여기서는 임칙서가 다시 등용된 것을 가리킴. [원문] 再起用.
15. 일ᄌᆞᆨ: 일찍. 일찍이.
16. 임의: 이미.
17. ᄒᆞᆯ 만 ᄀᆞᆺ지 못ᄒᆞ니: 함만 같지 못하니. 명사형 대신 관형형 'ᄒᆞᆯ'이 쓰인 것이 특이함. [원문] 不如.
18. 먼니 념려ᄒᆞ고 깁히 ᄭᅬᄒᆞᄂᆞᆫ 거시: 멀리 생각하고 깊이 도모함이. [원문] 遠慮深謀. '먼니'는 앞의 1:8ㄱ '먼니'의 주석 91 참고.
19. 심샹ᄒᆞᆫ: 심상(尋常)한. 심상(尋常)하다: 대수롭지 않고 예사롭다. ¶병세가 심상치 않다. / 희준이는 표면으로는 아무렇지 않게 심상히 대답했으나 마음속으로는 궁금한 생각과 아울러 야릇한 감정이 종시 사라지지 않았다(이기영, 고향).
20. 토픔: 토품(土品). 논밭의 품질. ¶토품 좋은 용길네 밭을 내 땅으로 다루어 본다는 욕망에서……(이태준, 농토).
21. 그짓: 거짓. 몇 줄 뒤에 '그 그짓 거시……픔이 거짓 거신즉'에도 '그짓–거짓' 혼기가 보임.
22. 그짓 거ᄉᆞ로 참 거ᄉᆞᆯ 어ᄌᆞ러이 ᄒᆞ야: [원문] 假亂眞.
23. 부동(符同): 그른 일에 어울려 한통속이 되는 것.
24. 아릴가: 아닐까. ㄴ의 ㄹ 대체 표기 예이며, 반대로 ㄹ을 ㄴ으로 대체 표기한 '멀리 → 먼니'도 있다. 앞의 주석 18 참고.

이거ᄉᆞᆫ 그 그짓 거시 방해롭지 아니ᄒᆞ니 픔[25]이 거짓 거신즉 독긔가 더옥 경(輕)ᄒᆞ야 경계ᄒᆞ지 아니ᄒᆞ야도 경 【17ㄴ】 계ᄒᆞ고[26] 금ᄒᆞ지 아니ᄒᆞ야도 졀노 금ᄒᆞ야[27] 일후(日後)의[28] 쟝ᄎᆞᆺ 슈한연(水旱煙)[29][담베 일홈]과 ᄀᆞᆺ치 보리라 만일 양국의셔 능히 외국 젼례(典例)[30]를 의방(依倣)ᄒᆞ야[31] 셰젼을 본갑에셔 갑졀이나 더 밧고 본국(本國)[32]의셔ᄂᆞᆫ 젼례ᄃᆡ로 셰젼을 바드ᄃᆡ 잉속각 심으ᄂᆞᆫ 밧친즉 대동(大同)[33]을 돈으로 밧치ᄂᆞᆫ 젼례보다 갑졀을 밧아 양국 토산은 갑시 만코[34] 본쳐 토산은 갑시 헐ᄒᆞ게 ᄒᆞ면 사ᄅᆞᆷ이 쟝ᄎᆞᆺ 본쳐 토산을 만히 먹고 양국 토산을 젹게 ᄉᆞ면 엇지 나라와 ᄇᆡᆨ셩의게 크게 유익지 아니ᄒᆞ랴 혹이 니ᄅᆞᄃᆡ 즁국의셔 거두ᄂᆞᆫ바 아편연 셰젼을 셔양국 사ᄅᆞᆷ이 임의 법을 뎡ᄒᆞ야 약 【18ㄱ】 됴 가온ᄃᆡ 시러시니 더ᄒᆞ기를 의론ᄒᆞ기 쉽지 못ᄒᆞ리라 ᄒᆞᄃᆡ 그러치 아니ᄒᆞᆫ 일이 아편연은 사ᄅᆞᆷ을 해ᄒᆞᄂᆞᆫ 물건이라 원근(遠近)이 다 아ᄂᆞᆫ ᄇᆡ니 외국의셔 능히 그 오ᄂᆞᆫ 근원(根源)을 ᄭᅳᆫ치 못ᄒᆞ면 셰젼을 더홀지라도 힘써 막기 어렵고 ᄒᆞ믈며 셔국 젼례에 토디 소산에 물화ᄂᆞᆫ 포구에 나갈 제 슈셰도 업고 츄리도 만치 아니ᄒᆞᄃᆡ 오직 포구로 드러오ᄂᆞᆫ 쟈ᄂᆞᆫ 반ᄃᆞ시 슈셰를 즁히 밧아 토디 소산이 플녀 나가기를 쉽게 ᄒᆞ고ᄌᆞ ᄒᆞ미오 담베와 슐인즉 반ᄃᆞ시 그 슈셰를 즁히 ᄒᆞ기ᄂᆞᆫ 그 ᄯᅳᆺ이 당초에 빡슬 업시 ᄒᆞ고ᄌᆞ ᄒᆞ

25. 픔: 품(品). '품질'의 준말. 품격.

26. 경계ᄒᆞ지 아니ᄒᆞ야도 경계ᄒᆞ고: [원문] 不戒之戒.

27. 금ᄒᆞ지 아니ᄒᆞ야도 졀노 금ᄒᆞ야: [원문] 不禁之禁.

28. 일후(日後)의: 일후에. 뒷날. ¶일후에 서로 만나면 인사합시다 / 자네도 일후 평생을 살면서 어디에 훌륭한 뜻을 가진 이 있다는 말 듣거든……(최명희, 혼불). 반 일전(日前).

29. 슈한연: 수한연(水旱煙). 담배의 종류. 수연(水煙)과 한연(旱烟)을 함께 이르는 말. 전자는 동(銅)으로 만든 용기를 이용하여 담배로 하여금 물을 통하여 피우는 것(water spray)이고, 후자는 대나무 등으로 만든 대를 이용하여 피우는 것이다.
수연(水煙): ① 작은 물방울이 퍼져서 생긴 자욱한 물안개. ② 수연통(水煙筒). ③ 『불교』 불탑에서, 구륜(九輪)의 윗부분에 불꽃 모양으로 된 장식.
수연통(水煙筒): 중국 사람이 쓰는 담뱃대 대통의 하나. 담배 연기가 물을 거쳐 나오도록 되어 있다. 수연(水煙). 수연대. 물파이프.
cf. 수한(水旱): 장마와 가뭄을 아울러 이르는 말.

30. 젼례: 전례(典例). 전거가 되는 선례. cf. 전례(前例): ① 이전부터 있었던 사례. ② 예로부터 전하여 내려오는 일 처리의 관습.

31. 의방ᄒᆞ야: 모방하여. 의방(依倣): 남의 것을 모방하고 본받음.

32. 본국: 제 나라. [원문] 本土.

33. 대동: 대동법(大同法). 조선 중기·후기에, 여러 가지 공물(貢物)을 쌀로 통일하여 바치게 한 납세 제도. 방납(防納)의 폐해를 시정하기 위하여 일찍이 조광조, 이이, 유성룡 등이 제기하였으나 광해군 즉위년(1608)에 이르러서야 이원익 등의 주장에 따라 경기 지역부터 처음 실시하였다. 지역에 따라 쌀 대신에 베를 거두기도 하였는데, 고종 31년(1894)에는 쌀 대신 돈으로 바치게 하였다.

34. 갑시 만코: 값이 비싸고. [원문] 價昂. 昂: 오를, 높을 앙.

미오 ᄇᆡᆨ셩의게 【18ㄴ】 해롭게 ᄒᆞ미 아니라 져의 나라에셔 임의 힝ᄒᆞ엿거니 즁국에션들 엇지 홀노 힝치 못ᄒᆞ리오 ᄯᅩ 아편연의 빌미되미 그 올 젹에도 ᄎᆞᄎᆞ(次次) 왓시니 그 업시 ᄒᆞᆯ 젹에도 ᄯᅩᄒᆞᆫ 맛당히 ᄎᆞᄎᆞ ᄒᆞᆯ 거시라 시험ᄒᆞ야 보건ᄃᆡ 기젼(其前)에[35] 아편연 갑시 귀ᄒᆞᄆᆡ 먹ᄂᆞᆫ 재 젹더니 그 후에 갑시 쳔ᄒᆞᄆᆡ 먹ᄂᆞᆫ 재 더옥 만핫시니 만일 셰젼을 더ᄒᆞ면 갑시 급히 올으고 먹ᄂᆞᆫ 재 졈졈 젹을 거시니 쳐음에 ᄉᆡ로 나올 ᄯᅢ와 ᄀᆞᆺ틀 리치(理致)오 ᄯᅩ 아편을 먹으면 그 졍신(精神)을 쇼삭(消索/銷鑠)ᄒᆞ고[36] 심긔(心氣)를 모손(耗損)ᄒᆞ야[37] 업(業)[38]을 폐ᄒᆞ며 가산(家產)을 파ᄒᆞ기에 니ᄅᆞᄂᆞ니 그 고질이 심히 깁고 【19ㄱ】 그 해로오미 심히 즁ᄒᆞᆫ지라 셰도에 ᄆᆞᄋᆞᆷ을 두ᄂᆞᆫ 재 급히 됴뎡(朝廷)에 주청(奏請)ᄒᆞ야 일ᄌᆞ(日字)를 한뎡ᄒᆞ고 각쳐 디방관(地方官)의게 신칙(申飭)ᄒᆞ야[39] 위션(爲先)[40] 아편연 빠아 둔 집을 업시ᄒᆞ야 퍼져가ᄂᆞᆫ 폐단을 면ᄒᆞ게 ᄒᆞ고 진신(搢紳/縉紳)[41]과 ᄉᆞ족(士族)[42]의게 신칙ᄒᆞ야 챡실이 권ᄒᆞ고 일너 졈졈 엄금ᄒᆞᄃᆡ 만일 긔한(期限)이 지나도록 오히려 먹ᄂᆞᆫ 재 잇거든 ᄉᆞ족은 폄(貶)ᄒᆞ야[43] 하쳔(下賤)[44]을 ᄆᆡᆫ들고 즁ᄒᆞᆫ 률(律)노 다ᄉᆞ리며 벼슬ᄒᆞᄂᆞᆫ 쟈ᄂᆞᆫ 됴뎡에 샹소(上疏)ᄒᆞ야 론ᄒᆡᆨ(論劾)[45]ᄒᆞ게 ᄒᆞ며 글 닑ᄂᆞᆫ 쟈ᄂᆞᆫ 과거 보지 못ᄒᆞ게 ᄒᆞ며[46] 군ᄉᆞ(軍士)에 당ᄒᆞᆫ 쟈ᄂᆞᆫ 졔 명하(名下)의[47] 료(料)[48]를 쥬지 말아 의관지렬(衣冠之

---

35. 기젼에: 기전(其前)에. 그 전에. [원문] 從前.
36. 쇼삭ᄒᆞ고: 소삭(消索/銷鑠)하고. 정신을 녹여 쇠약하게 만들고. 소삭(銷鑠): 쇠를 녹임. 銷: 녹일 소 鑠: 녹일 삭. [원문] 銷鑠. cf. 소삭(消索): 소진(消盡).
37. 모손(耗損)ᄒᆞ야: 닳아 없어져. [원문] 頹唐. 퇴당(頹唐): 퇴폐(頹廢). 퇴락(頹落).
38. 업: 직업, 생업. '업을 폐ᄒᆞ며': [원문] 失業.
39. 신칙ᄒᆞ야: 경계하여. 신칙(申飭): 단단히 타일러 경계함.
40. 위션: 위선(爲先). 우선(于先). ¶자세한 이야기는 뵙고 드리기로 하고 위선 축하의 말씀을 드리고, 이만 붓을 놓습니다(박목월, 구름의 서정). 동혁은 앞으로 해 나갈 일을 궁리하기보다도 위선 저의 신변이 몹시 외로운 것을 느꼈다(심훈, 상록수).
41. 진신(搢紳/縉紳): ① 벼슬아치 ② 지위가 높고 행동이 점잖은 사람. [원문] 紳. 搢: 꽂을 진. 紳: (예복의) 큰띠 신.
42. ᄉᆞ족: 사족(士族). ① 문벌이 높은 집안. 또는 그 자손. ② 선비나 무인(武人)의 집안. 또는 그 자손. '진신과 사족': [원문] 紳士族.
43. 폄(貶)ᄒᆞ야: 떨어뜨려. 폄(貶): 남을 나쁘게 말함. ¶이순신은 다행히 곧은 사람 조중봉이 도사로 있기 때문에 폄을 당하지 아니했다(박종화, 임진왜란). 수양숙께는 그런 일이 있지도 않겠지만 설사 있다 해도 내게는 수양숙께 대한 좋지 못한 폄은 아예 마세요(김동인, 대수양). [원문] 貶. 貶: 떨어뜨릴 폄.
44. 하쳔: 하천(下賤). 천한 신분. [원문] 下人.
45. 론ᄒᆡᆨ: 논핵(論劾). 허물을 논하여 탄핵하는 것.
46. 글 닑ᄂᆞᆫ 쟈ᄂᆞᆫ 과거 보지 못ᄒᆞ게 ᄒᆞ며: [원문] 讀書者絶望科甲.
47. 졔 명하의: 제 명하(名下)의. 제 이름의. 명하(名下): 이름 또는 명의(名義). '졔 명하의 료를 쥬지 말아': [원문] 革退名量. 혁퇴(革退): 직책을 빼앗음.
48. 료: 요(料). 잡직이나 군문·아문의 장교, 역원 및 기타 구실아치들에게 맹월(孟月: 계절의 첫 달인 1·4·7·10월)마다 급료로 주던 곡식·무명·돈 따위의 총칭.

列)[49]에 붓치지 말며 ᄉᆞ류(士類)의[50] 셧 【19ㄴ】 기지 못ᄒᆞ게 ᄒᆞᆯ 거시니 이ᄀᆞᆺ치 ᄒᆞ면 사ᄅᆞᆷ마다 법을 두려워ᄒᆞ야 먹기를 경계ᄒᆞ면 즁국 ᄌᆡ물이 외양(外洋)의 흘너 나가지 아니ᄒᆞ고 텬하 ᄇᆡᆨ셩이 각각 그 ᄆᆡᆺ친 ᄒᆡᆼ습(行習)[51]을 더러 바린즉 태평ᄒᆞ게 다ᄉᆞ리믈[52] 가히 눈을 ᄡᅵᆺ고 기다리지 못ᄒᆞ랴

49. 의관지렬: 의관지열(衣冠之列). 의관의 반열. 의관(衣冠): ① 남자의 웃옷과 갓이라는 뜻으로, 남자가 정식으로 갖추어 입는 옷차림을 이르는 말. ¶윤용규, 그는 삼십이 넘도록 탈망 바람으로 삿갓 하나를 의관 삼아……(채만식, 태평천하). ② 문물이 열리고 예의가 바른 풍속. [원문] 衣裳.
cf. 의관지회(衣冠之會): 평화로운 문명의 사회. 의상지회(衣裳之會).

50. ᄉᆞ류의: 사류(士類)에. 사류(士類): 학문 하는 선비의 부류.

51. ᄒᆡᆼ습: 행습(行習). ① 버릇이 되도록 행동함. 또는 몸에 밴 버릇. ¶항용 문필하는 사람의 마음 한가로움이라고 할까 누그러진 행습이라고 할까(채만식, 민족의 죄인). ② 기습(氣習). ¶다방으로 요릿집으로 몰려다니는 것이 청년 남녀의 불안한 전시 기분을 자위하는 행습이 되고 그러한 자력(資力)이 없으면 행세를 못하게끔 되었다(염상섭, 지평선).

52. 태평ᄒᆞ게 다ᄉᆞ리믈: [원문] 昇平之治. 승평(昇平/承平): 나라가 태평함. ¶일이 있을 때는 나아가서 적을 막아 싸우고, 일이 없는 승평 세월엔 만백성을 다스리는 정승이 된다 하지 않았는가(박종화, 임진왜란).

【일권 20ㄱ】

론 샹무(論商務)

[쟝ᄉᆞᄒᆞᄂᆞᆫ ᄉᆞ무(事務)를 의론ᄒᆞ미라]

대뎌 구라파쥬(歐羅巴洲)[1] 각국(各國)이 통상(通商)ᄒᆞ므로써 큰 법을 숨고 긔계(機械) ᄆᆡᆫᄃᆞᄂᆞᆫ 거ᄉᆞ로써 근본의 ᄉᆞ무(事務)를 숨으니 대개 셰젼(稅錢)을 물화(物貨)의 밧고[2] 군ᄉᆞ를 샹고(商賈)의 붓치미라 통상(通商)ᄒᆞ기 젼(前)의ᄂᆞᆫ 디경(地境)을 그어 스ᄉᆞ로 직히고 셔로 왕ᄅᆡᄒᆞ지 아니ᄒᆞ더니 이졔ᄂᆞᆫ 온ᄀᆞᆺ 물화(物貨)가 흘너 통ᄒᆞ고[3] 각국(各國) 샹고(商賈)가 구름 못ᄃᆞᆺᄒᆞ니[4] 셜ᄉᆞ 이 나라 ᄌᆡ물이 져의 임의로 흘너 나가기를 바려 두면 져 나라 리로온 거시 능히 련쇽(連續)히 오지 못ᄒᆞᆯ 거시니 흘너 나가ᄂᆞᆫ 거ᄉᆞᆯ 막지 못ᄒᆞ면 오ᄅᆡ미 쟝ᄎᆞᆺ 안져 곤(困)ᄒᆞᆯ지라[5] 그런고 【20ㄴ】 로 태셔(泰西) 각국(各國)의셔 져마다 리(利)ᄭᅳᆺ[6] 잇ᄂᆞᆫ 바의ᄂᆞᆫ ᄯᅡ라가기를 밋출 ᄃᆞ시 ᄒᆞᄂᆞ니 교법(教法)[7]을 젼ᄒᆞ라 단니ᄂᆞᆫ ᄌᆡᆫ즉[8] 즁국의 인심(人心)을 항복 밧고ᄌᆞ ᄒᆞᆯ ᄲᅮᆫ 아니라 겸ᄒᆞ야 양국(洋國) 샹고(商賈)의 리해(利害)를 탐지ᄒᆞ려 ᄒᆞ미라 샹고(詳考)ᄒᆞ건ᄃᆡ 영국의셔 포구(浦口)에 드러오ᄂᆞᆫ 물화(物貨) 셰젼(稅錢)을 포구(浦口)의 나가ᄂᆞᆫ 물화(物貨)보다 갑졀이나 즁(重)히 밧고 본국에 션가(船價)[9] 밧기ᄂᆞᆫ 타국(他國)에 비ᄒᆞ면 젹이 렴(廉)ᄒᆞ게 바드니 샹고(商賈)의게 편ᄒᆞ고 물건 나가ᄂᆞᆫ 길을 훤츨ᄒᆞ게[10] ᄒᆞ미오 오직 ᄒᆡ마다 여러 샹고(商賈)의 모흔 바 리(利)를

---

1. 구라파쥬: 구라파주(歐羅巴洲). 구라파. 유럽. [원문] 歐洲.
2. 셰젼(稅錢)을 물화(物貨)의 밧고: 세금을 화물마다 받고. [원문] 納稅於貨.
3. 흘너 통ᄒᆞ고: 유통하고. [원문] 流通. 원어 '유통'을 직역차용하지 않고 의역한 예이다.
4. 구름 못ᄃᆞᆺᄒᆞ니: 구름 모이듯하니. [원문] 雲集. 원어 '운집'을 직역차용하지 않고 의역한 예이다. '못다'는 중세어 '몯다'. ¶ᄀᆞᆺ 보ᄂᆞᆫ 사ᄅᆞᆷ이 구롬 못ᄃᆞᆺ ᄒᆞ엿더라(太平廣記諺解 1:13).
5. 오ᄅᆡ미 쟝ᄎᆞᆺ 안져 곤ᄒᆞᆯ지라: 오래되면 장차 앉아 곤고해질지라. [원문] 久將坐困.
6. 리ᄭᅳᆺ: 이끗. 조금이라도 발생되는 이익. 재물의 이익이 되는 실마리. ¶이끗을 따지다 / 다른 나라 사람들이 저마다 자기들 이끗을 생각하고 우격다짐으로다가 한 개항이 아닌가(문순태, 타오르는 강).
7. 교법: 종교의 가르침. 교의(教義).
8. 교법(教法)을 젼ᄒᆞ라 단니ᄂᆞᆫ ᄌᆡᆫ즉: 종교를 전하러 다니는 자인즉. [원문] 傳教者. 원문 '傳教者'를 풀어 번역한 사례임.
9. 션가: 선가(船價). 뱃삯. [원문] 船鈔. 鈔: 노략질할, 베낄, 지폐 초.

획실(覈實)ᄒᆞ야[11] 팔십 분의 일 분을 취ᄒᆞ니[12] 즁국의 호구(戶口) 부셰(負稅)[13]와 대강 ᄀᆞᆺ고 나라의 【21ㄱ】 셔 쥰 바 보셩(寶星)[14][공뢰(功勞ㅣ) 잇ᄉᆞᆫ 즉 보패(寶貝) 등물(等物)노 ᄆᆡᆫᄃᆞ러 몸의 지니게 ᄒᆞᄂᆞᆫ 거시라]과 표긔(表記)[공뢰(功勞ㅣ)를 표ᄒᆞ야 긔록ᄒᆞᆫ 거시라]를 긔명(器皿)[15]의 삭여[16] 영광(榮光)으로 너기며 ᄆᆡ년의 드러오ᄂᆞᆫ 거시 한뎡(限定)이 잇셔 삼ᄇᆡᆨ(三百) 방(磅)[17][방은 은ᄌᆞ(銀子) 셕 량 셔 돈 셔 푼 즁(重)이라] 이하ᄂᆞᆫ 셰젼(稅錢)을 밧지 아니ᄒᆞ고 만일 샹고(商賈)의 ᄉᆞ무(事務)에 계관(係關)ᄒᆞᆫ[18] 재(者ㅣ) 이시면 반ᄃᆞ시 의졍원(議政院)으로 ᄒᆞ야곰 관원(官員)과 샹괴(商賈ㅣ) 셔로 의론(議論)ᄒᆞ고 회계(會計)ᄒᆞ야 일이 온당ᄒᆞᆫ 연후에 시ᄒᆡᆼ(施行)ᄒᆞ며 샹무대신(商務大臣)을 셜시(設施)ᄒᆞ야[19] 그 일을 젼쥬(專主)ᄒᆞ야[20] 다ᄉᆞ리게 ᄒᆞ니 이러므로 리(利)로온 권셰를 홀노 쳔단(擅斷)ᄒᆞ야[21] ᄂᆞᆯ노 부강ᄒᆞᆫ ᄃᆡ 니ᄅᆞ고 잇ᄂᆞᆫ바 샹고(商賈) 모히ᄂᆞᆫ 포구(浦口)와 요긴ᄒᆞᆫ ᄃᆡ경(地境)의 다 공ᄉᆞ(公使)와 령ᄉᆞ(領事)란 벼 【21ㄴ】 ᄉᆞᆯ을 두고 슈군(水軍)과 젼션(戰船)을 둔(屯)쳐[22] 호위ᄒᆞ믈 ᄌᆞ뢰(資賴)ᄒᆞ고[23] 위풍(威風)을 웅장히 ᄒᆞ엿다가 만일 흔단(釁端)[24]이 이시면 이거ᄉᆞᆯ 미더 졔어(制御)ᄒᆞ며 혹 ᄀᆡ항(開港)ᄒᆞ기를 쳥ᄒᆞ거나 혹 억지로 츄리(抽釐)[25]를 모면(謀免)ᄒᆞ랴 ᄒᆞ고 구ᄒᆞᄂᆞᆫ ᄇᆡ 스리미[26] 업셔 반ᄃᆞ시 큰 욕심을 ᄎᆡ온 연후의

---

10. 훤출ᄒᆞ게: 넓고 시원하게. [원문] 暢. ¶훤츨히 바ᄅᆞ래 ᄇᆡ타가려뇨(杜詩諺解 9:22).
11. 획실ᄒᆞ야: 핵실(覈實)하여. 일의 실상을 조사하여. 覈: 핵실할, 조사할, 씨 핵. [원문] 核.
12. 팔십 분의 일 분을 취ᄒᆞ니: 팔십 분의 일을 취하니. [원문] 八十分取一.
13. 부셰: 부세(負稅). ① 아직 납부하지 아니한 세금. ② 담세(擔稅).
14. 보셩: 보성(寶星). 훈장.
15. 긔명: 기명(器皿). 살림살이에 쓰는 온갖 그릇. 기물(器物).
16. 삭여: 새기어.
17. 방(磅): '파운드'(pound)의 음역어. [원문] 磅.
18. 계관ᄒᆞᆫ: 관계한. 계관(係關): ① 관계(關係). ¶우리야 이 석수장이를 뜯어먹든지 삶아 먹든지 너희 놈에게 무슨 계관이 있단 말이냐?(현진건, 무영탑) ② 사람들 사이에 서로 꺼리거나 어려워함.
19. 셜시ᄒᆞ야: 설시(設施)하여. 자리를 설치하여.
20. 젼쥬ᄒᆞ야: 전주(專主)하여. 주관하게 하여.
21. 쳔단ᄒᆞ야: 천단하여. 제 의견대로 처리하여. 천단(擅斷): 제 마음대로 처단함. 천편(擅便). [원문] 擅.
22. 둔쳐: 둔치어. 주둔하여. 둔(屯)치다: ① 여러 사람이 한 곳에 떼 지어 머무르다. ② 많은 군대가 한데 모여 진을 치다. ¶몇 천 명 몇 백 명의 대군이 지금 안성 죽산에 둔치고 있다던가?(홍명희, 임꺽정)
23. ᄌᆞ뢰ᄒᆞ고: 자뢰(資賴)하고. 밑천을 삼고. [원문] 資. 資: ᄌᆞ뢰 ᄌᆞ(석봉 천자문 11). 資助 ᄌᆞ뢰ᄒᆞ다(한청문감 6:46). 자뢰1(資賴): 밑천으로 삼음. 자뢰2(藉賴): 무엇을 빙자하여 의지함. 여기의 'ᄌᆞ뢰'는 '資賴'로 볼 수도 있고 '藉賴'로 볼 수도 있어 별 차이가 없다.
24. 흔단(釁端): 분쟁. 서로 사이가 벌어지거나 다르게 되는 시초나 단서.
25. 츄리: 추리(抽釐). 추리법((抽釐法): 세금 거두는 법의 일종. 리(釐/厘): 비율을 나타내는 단위. 1리는 전체 수량의 1,000분의 1로 1푼의 10분의 1이다.
26. 스리미: 스림+이. 스림: 싫음(厭). '슳다'의 명사형 '슬홈'의 변이형. [원문] 厭. '구ᄒᆞᄂᆞᆫ 바의 스림이

마더라[27] 쳐음의 영국(英國)이 인도(印度) 등쳐(等處)의 ᄯᆞᇂ 세(稅) ᄂᆡ고 ᄀᆡ항(開港)ᄒᆞ야 ᄯᅳᆺ이 통상(通商)ᄒᆞ기의 잇더니 그 후의 틈을 보아 인도(印度) 등쳐(等處)를 다 침탈ᄒᆞ야 외부(外府)를 ᄆᆡᆫᄃᆞ니 부강ᄒᆞ미 드ᄃᆡ여 구라파쥬(歐洲)의 읏듬ᄒᆞ니라 즁국(中國)의 쟝ᄉᆞᄒᆞᄂᆞᆫ ᄇᆡᆨ셩들은 고향을 직히고 먼니 갈 ᄯᅳᆺ이 업ᄉᆞ니 양인(洋人) ᄀᆞᆺ치 공ᄉᆞ(公司)[28]를 베플고 ᄌᆡ 【22ㄱ】 물을 만히 가져 대양(大洋)을 건너 무역ᄒᆞᆯ 쟈를 구ᄒᆞᄃᆡ 지금에 오히려 그런 사ᄅᆞᆷ이 드믄지라 물홰(物貨ㅣ) 가ᄂᆞᆫ 길은 ᄂᆞᆯ노 만코 오ᄂᆞᆫ 근원(根源)은 ᄂᆞᆯ노 감(減)ᄒᆞ니 그윽이 념려(念慮)ᄒᆞ건ᄃᆡ 타일(他日)의[29] ᄇᆡᆨ셩이 궁곤(窮困)ᄒᆞ고 ᄌᆡ물이 다ᄒᆞ면 구원(救援)ᄒᆞ기 ᄌᆞ못 어려올지라 그러나 임의 통상(通商)ᄒᆞ믈 능히 금치 못ᄒᆞ엿시니 오직 스ᄉᆞ로 샹고(商賈)의 ᄉᆞ무(事務)를 다ᄉᆞ려 그 츌입ᄒᆞᄂᆞᆫ 슈효(數爻)를 ᄒᆡᆨ실(覈實)ᄒᆞ야 더브러 결워 보와 셔로 뎌당(抵當)ᄒᆞᆯ[30] ᄯᆞᄅᆞᆷ이라 즁국(中國)의셔 외양(外洋)으로 나가ᄂᆞᆫ 물화(物貨)ᄂᆞᆫ 면ᄉᆞ(綿絲)와 향다(香茶)로 가쟝 큰 됴건(條件)을 삼더니 이제 인도(印度) 등쳐(等處)의셔 다 ᄲᅩᆼ나무와 차를 심어 소츌(所出)이 즁국(中國) 【22ㄴ】 으로 방블(彷佛)ᄒᆞᄆᆡ[31] 양인(洋人)이 다 그곳의 가 ᄆᆡ매(賣買)ᄒᆞᄂᆞᆫ 고로 근ᄅᆡ(近來)의 즁국 물홰(物貨ㅣ) 능히 쉽게 플니지 못ᄒᆞ니 후일에 혹 이것 좃ᄎᆞ 일흐면 즁국의 취리(取利)ᄒᆞᄂᆞᆫ 근원이 ᄭᅳᆫ허지지 아니ᄒᆞ랴 ᄆᆞᆺ당히 디방관(地方官)으로 ᄒᆞ야금 농민(農民)을 널니 권ᄒᆞ여 산곡간(山谷間) 공한(空閒)ᄒᆞᆫ ᄯᆞ희[32] ᄲᅩᆼ나무와 차를 만히 심어 부지러니 다ᄉᆞ리게 ᄒᆞ고 실을 혀고[33] 차를 ᄆᆡᆫ드ᄂᆞᆫ 법을 더옥 ᄯᅳᆺ을 각골(刻骨)히 ᄒᆞ야 광구(廣求)ᄒᆞᄃᆡ 만일 심샹(尋常)ᄒᆞᆫ ᄃᆡ 지나ᄂᆞᆫ 재(者ㅣ) 잇거든 포쟝(褒奬)ᄒᆞ고[34] 샹ᄉᆞ(賞賜)ᄒᆞ기를[35] 널니 ᄒᆞ여 힘ᄡᅥ 들의 공한(空閒)ᄒᆞᆫ ᄯᆞ히 업고 농ᄉᆞ를 실시(失時)ᄒᆞ지[36] 아니ᄒᆞ게 ᄒᆞᆫ즉 소츌(所出)은 더옥 만코 갑슨 가히 감(減)ᄒᆞᆯ 【23ㄱ】 거시니 침작(斟酌)ᄒᆞ야 갑슬 뎡ᄒᆞ야 파ᄃᆡ[37] 물화(物

업서'(求無厭)는 '구하는 데 싫증을 느끼지 않고' 즉 '끝없이 요구하고'의 뜻.

27. 마더라: 말더라.
28. 공ᄉᆞ: 공사(公司). 공공 회사.
29. 타일의: 타일에. 언젠가, 어느 날, 다른 날.
30. 뎌당ᄒᆞᆯ: 저당할. 서로 맞서서 겨룰. 저당(抵當): ① 맞서서 겨룸. 저적(抵敵). ② 볼모로 삼음. ③ 『법률』 부동산이나 동산을 채무의 담보로 잡거나 담보로 잡힘.
31. 방블ᄒᆞᄆᆡ: 방불(彷佛)하매. 거의 비슷하므로.
32. 공한ᄒᆞᆫ ᄯᆞ희: 공한한 땅에. 빈터에. [원문] 閑地.
33. 실을 혀고: 실을 켜고. 실을 뽑고. 혀다: 실을 뽑다. [원문] 繅絲. 繅: 고치 켤 소.
34. 포쟝ᄒᆞ고: 포장(褒奬)하고. 칭찬하고 장려하여. [원문] 奬.
35. 샹ᄉᆞᄒᆞ기를: 칭찬으로 물건을 주기를. 상사(賞賜): 칭찬하여 상으로 물품을 내려 줌. [원문] 賞.
36. 실시ᄒᆞ지: 농사지을 때를 놓치지. [원문] 失時.
37. 침작ᄒᆞ야 갑슬 뎡ᄒᆞ야 파ᄃᆡ: 짐작하여 값을 정하여 팔되. '침작'(斟酌)은 '짐작'의 원말. [원문] 酌.

貨) 구ᄒᆞ라 오ᄂᆞᆫ 길을 널니 ᄒᆞ면 나라의 밧치ᄂᆞᆫ 셰젼(稅錢)만 더ᄒᆞᆯ ᄲᅮᆫ이 아니라 ᄇᆡᆨ셩의 ᄌᆡ물이 ᄯᅩᄒᆞᆫ 넉넉ᄒᆞᆯ 거시오 ᄒᆞ믈며 즁국(中國) 동남(東南) 각(各) ᄉᆡᆼ(省)의 면화(棉花/綿花)를 만히 심으고 셔븍(西北)의셔ᄂᆞᆫ 륙츅(六畜)[38]을 만히 기르ᄂᆞ니 만일 긔긔(機器)[고동[39]을 트러 ᄡᅳᄂᆞᆫ 긔구라]를 ᄡᅧ 양포(洋布)와 우단(羽緞)[40] 모단(毛緞)[41]과 젼(氈)[42]과 융ᄉᆞ(絨絲)[43] 등물(等物)을 ᄧᆞ면 일인(一人)이 가히 ᄇᆡᆨ인(百人)의 힘을 당ᄒᆞᆯ 거시오 ᄯᅩ 왕ᄅᆡᄒᆞᄂᆞᆫ 부비(浮費)[44]를 덜 만ᄒᆞ니 그 갑시 외양(外洋)의 비ᄒᆞ면 갑절이 쳔(賤)ᄒᆞ고[45] 리(利)ᄂᆞᆫ 갑절이나 후(厚)ᄒᆞ리라 혹이 의심ᄒᆞᄃᆡ 긔긔(機器)로ᄡᅥ ᄉᆞᄅᆞᆷ의 공력[46]을 ᄃᆡ신ᄒᆞ면 젹은 ᄇᆡᆨ셩이 리(利)를 아일가[47] 두 【23ㄴ】 려ᄒᆞᆫ다 ᄒᆞᄃᆡ[48] 모로ᄂᆞᆫ 말이 우단(羽緞) 모단(毛緞) 등물(等物)은 본ᄅᆡ 외양(外洋)의셔 나ᄂᆞᆫ 거시오 ᄇᆡᆨ셩의 업(業)의 구ᄋᆡᄒᆞ미 업ᄉᆞ니 의방ᄒᆞ야 ᄒᆡᆼᄒᆞ면 져의 취리(取利)ᄒᆞᄂᆞᆫ 권(權)이 난호일지라 이제 민월(閩粵) ᄯᅡ ᄉᆞᄅᆞᆷ이[49] 셩가파(星加波)[50]와 구금산(舊金山)[51][모다 디명(地名)] 각쳐(各處)의 쟝ᄉᆞᄒᆞᄂᆞᆫ 재(者ㅣ)

---

38. 륙츅: 육축. 집에서 기르는 대표적인 여섯 가지 가축으로 소, 말, 양, 돼지, 개, 닭을 일컫는 말. [원문] 牧牲畜.
39. 고동: ① 작동을 시작하게 하는 기계 장치. ② 신호를 위하여 비교적 길게 내는 기적 따위의 소리. ¶배의 고동소리. ③ 일을 하는 데 가장 중요한 사항이나 계기. ¶그를 만난 것이 고동이 되어, 그 뒤로 사업은 착착 진행되었다.
   고동(을) 틀다: ① 기계를 움직이게 하는 장치를 돌리다. 엔진이 돌다. ¶철컥철컥 총의 고동 트는 소리가 어둠을 뚫고 오매……(최남선, 백두산 근참기).
40. 우단(羽緞): 벨벳(velvet). 비로드. 첨모직의 하나로 천의 한 면 또는 양면에 고를 내거나 그것을 절단해서 보풀이 일도록 한 직물을 뜻한다. 첨모직(添毛織): 천의 한 면 또는 양면에 부드러운 고나 보풀을 만들어 놓은 직물. 코르덴, 타월, 양탄자, 벨벳 따위가 있다. [원문] 羽.
41. 모단(毛緞): 중국산 우단(=벨벳)의 한 종류. [원문] 毛.
42. 젼: 전(氈). 짐승의 털로 아무 무늬 없이 짠 피륙. [원문] 呢.
43. 융ᄉᆞ: 융사(絨絲). 표면이 부드럽고 부풋부풋한 옷감의 하나. [원문] 絨.
44. 부비: 경비. 비용.
45. 쳔ᄒᆞ고: 천(賤)하고. 값이 싸고.
46. ᄉᆞᄅᆞᆷ의 공력(功力/工力): 사람의 힘. 사람의 노동력. 공력(功力)이나 공력(工力). [원문] 人工.
   공력(功力): ① 애써서 들이는 정성과 힘. ② 불교의 공덕력. 공력(工力): ① 공부의 힘. ② 기술력.
   cf. 공력(公力): 예전에, 백성들에게 강제로 노역(勞役), 과역(課役), 공역(公役) 따위를 부과하던 국가나 사회의 권력.
47. 아일가: 빼앗길까. '아이다(아ᇫ이다·앗이다 > 아ᅀᅵ다)'는 옛말로서 '앗기다, 빼앗기다'는 뜻. ¶호조 긔물을 삼각산의 두덧다가 도적의게 다 아이고(山城日記 35).
48. 두려ᄒᆞᆫ다 ᄒᆞᄃᆡ: 두려워한다고 하되. '두려ᄒᆞ다'는 '두려워하다'의 옛말. ¶ᄌᆡ샹ᄃᆞᆯ히 다 黯을 위ᄒᆞ여 두려ᄒᆞ더니 샹위 믈러와 사ᄅᆞᆷ다려 니르샤ᄃᆡ 심ᄒᆞᆯ셔 汲黯의 어림이여(飜譯小學 9:39).
49. 민월 ᄯᅡ ᄉᆞᄅᆞᆷ이: 민월(閩粵) 땅 사람이. '민'(閩)은 복건성(福建省)의 별칭이고 '월'(粵)은 광동성(廣東省)의 별칭. 또한 '민월'은 문맥상 중국 남부로부터 세계 각지로 흩어져 정착한 화교(華僑)를 지칭하기도 한다. '민월'은 중국 민강(閩江) 유역 일대에 복건성 지방에 거주한 월족(越族)을 중심으로 진(秦)·한(漢)나라 때에 세운 왕조(기원전 202-135)이다. 閩: 오랑캐 이름 민. 粵: 나라 이름 월. '粵'은 '越'과 통한다.

팔십만 인(八十萬人)의 나리지 아니ᄒᆞ고[52] 그즁의 혹 우거(寓居)ᄒᆞ야 이ᄇᆡᆨ여 년을 지ᄂᆡ며 혹 영국 미국 호젹(戶籍)의 븟쳐시나[53] 다 대쳥(大淸) 년호(年號)를 밧들며 대쳥(大淸) 의복(衣服)을 닙으니 족히 교홰(敎化ㅣ) 먼니 밋ᄎᆞ믈 징험(徵驗)ᄒᆞᆯ지라 만일 즁국(中國)이 령ᄉᆞ(領事) 등 관원(官員)을 갈히여[54] 보ᄂᆡ여 현져히 무휼(撫恤)ᄒᆞ고[55] 은연(隱然)이 졔어ᄒᆞᆫ즉 즁국 사ᄅᆞᆷ(華人)이 밋부미[56] 잇고 두려올 【24ㄱ】 ᄇᆡ 업셔 쟝ᄉᆞᄒᆞᄂᆞᆫ 획ᄎᆡᆨ(劃策)이 더옥 공교(工巧)ᄒᆞ야 므릇 외양(外洋) 물화(物貨)를 우리 화인(華人)이 스ᄉᆞ로 운젼(運轉)ᄒᆞ야 오고 즁국 물화를 우리 화인(華人)이 스ᄉᆞ로 판단ᄒᆞ야 길게 도모ᄒᆞ기를 힘ᄡᅳ고 그리로 온 권셰(權勢)를 쥬장ᄒᆞᆫ즉 양인(洋人)이 포구(浦口)의 나아오미 ᄂᆞᆯ노 쇠(衰)ᄒᆞ고 화인(華人)이 외양(外洋)의 나아가기를 ᄂᆞᆯ노 셩(盛)ᄒᆞ면 쟝ᄎᆞᆺ 나라히 부요(富饒)ᄒᆞ고 ᄇᆡᆨ셩이 유여(裕餘)ᄒᆞᆯ 효험(效驗)을 가히 다짐 두고 어들 거시로ᄃᆡ 념려(念慮)되ᄂᆞᆫ 바ᄂᆞᆫ 화인(華人)의 ᄆᆞ음이 양인(洋人)ᄀᆞᆺ치 견고(堅固)치 못ᄒᆞ고 즁원(中原) ᄌᆡ물이 양화(洋貨)ᄀᆞᆺ치 풍셩(豊盛)치 못ᄒᆞ야 혹 영축(盈縮)이 이시면[57] ᄆᆞᆫ득 곳쳐 도모(圖謀)ᄒᆞ기를 ᄉᆡᆼ각ᄒᆞ리니 오직 ᄌᆡ샹지인(在上之人)[58] 【24ㄴ】 이 그 리권(利權)을 잡아 롱낙(籠絡)ᄒᆞ기를 신통이 ᄒᆞ야 므릇 즁국(中國)과 셔국(西國)이 가히 홈긔 ᄒᆞᆯ 일을 엇지ᄒᆞ야 판단ᄒᆞᆯ고 ᄒᆞ며 즁국(中國)의 스ᄉᆞ로 오로지 ᄒᆞᄂᆞᆫ 리(利)를 엇지ᄒᆞ야ᄡᅥ 널닐고 ᄒᆞ며[59] 셔인(西

---

50. 셩가파(星加波): 싱가포르(Singapore). [원문] 星加波. '이언' 2:20ㄱ '셩가파'의 원문은 '星架波'로 나와 '加－架'가 다르고, 2:13ㄴ에는 '신가파'(원문: 新加波)로도 나온다.

51. 구금산(舊金山): 캘리포니아. 특히 캘리포니아 중앙에 있고 미국 서해안 최대 무역항이며 대륙 철도의 기점인 샌프란시스코(San Francisco)를 말함. 신금산(新金山)은 호주의 멜버른(Melbourne)을 말함. 샌프란시스코는 유길준의 '서유견문'에 '桑港 산프란세스코'로 나온다.

52. 팔십만 인(八十萬人)의 나리지 아니ᄒᆞ고: 80만 이하로 내려가지 않고. 즉, 80만을 넘고. [원문] 不下八十萬人.

53. 영국 미국 호젹(戶籍)의 븟쳐시나: 영국과 미국의 호적 즉 영주권이나 국적을 취득했으나.

54. 갈히여: 가리어. 뽑아. 선발하여. 중세어 기본형은 'ᄀᆞᆯ히다'.

55. 무휼(撫恤)ᄒᆞ고: 어려운 처지에 있는 사람을 불쌍히 여겨 위로하고 물질로 돕고.

56. 밋부미: 미더움이. 중세어 기본형은 '믿브다'. [원문] 恃. ¶밋분 힝실 업다: 沒信行(譯語類解 補37).

57. 영축이 이시면: 약간의 이익이나 손해가 나면. [원문] 偶有盈絀. 영축(盈縮/贏縮): 남음과 모자람. ¶빚 오백만 원을 일 푼 영축 없이 갚아라.

58. ᄌᆡ샹지인: 재상지인(在上之人). 윗사람. 지위나 권력이 위에 있는 사람.

59. 즁국의 스ᄉᆞ로 오로지 ᄒᆞᄂᆞᆫ 리를 엇지ᄒᆞ야ᄡᅥ 널닐고 ᄒᆞ며: 중국이 자기의 이익을 어떻게 더 늘릴꼬 생각하며. [원문] 中國自有之利 思何以擴之.
널닐고(擴): 널릴꼬. 넓힐꼬. '널리-('널리다'의 어간)＋-ㄹ고'. '널닐고'는 '널리다'의 활용으로 의미상 '넓히다, 늘리다'의 뜻이다. '널리다'는 같은 형태가 사동형과 피동형으로 쓰였다. 현대에는 '사방에 널려 있다'처럼 주로 피동으로 쓰이고 사동은 '넓히다' 형태로 쓰인다. '이언'에서 '널니-' 형태가 쓰인 예는 다음 예가 나온다: '반ᄃᆞ시 즁국과 셔국의 학교 마련ᄒᆞᆫ 법을 미루여 널니고 인ᄌᆡ를 ᄡᅳ고 벼ᄉᆞᆯ 시기ᄂᆞᆫ 길을 널니 여러 셰샹 사ᄅᆞᆷ으로 ᄒᆞ야곰 귀쇽ᄒᆞᆯ 바를 아라'(이언 2:40ㄱ). '널니고'

人)이 홀노 당긔ᄂᆞᆫ 리(利)를 엇지ᄲᅧ 난홀고 ᄒᆞ야[60] 이 셰 가지[61]를 노치 아니ᄒᆞᆫ즉 리권(利權)을 가히 회복홀지라 오직 셔인(西人)이 ᄌᆡ물(財物)이 만흐므로 쟝ᄉᆞ를 잘 ᄒᆞ야 리로오미 잇ᄂᆞᆫ 바의ᄂᆞᆫ 닷토와 나아가ᄂᆞ니 만일 화인(華人)이 ᄯᅩᄒᆞᆫ 공ᄉᆞ(公司)를 베플고 쟝ᄉᆞ의 ᄇᆡ를 지어 힘ᄡᅥ 더브러 ᄌᆞ웅(雌雄)을 닷토와 샹고(商賈)를 ᄲᅬ여 물가를 감(減)ᄒᆞ고 본젼이 ᄶᅥᆨ기면[62] 형셰 반ᄃᆞ시 피ᄎᆞ(彼此)의 휴손(虧損)ᄒᆞ야[63] 국 【25ㄱ】 가의 유익홀 ᄇᆡ 업ᄉᆞ니 그 폐단을 구(救)코ᄌᆞ 홀진ᄃᆡ 모로미 그 근원을 열지니[64] 공법(公法)을 샹고홀진ᄃᆡ 므릇 쟝강(長江) ᄂᆡ하(內河)가 구라파(歐羅巴)의 ᄂᆡ인하(來因河)[65]와 다라강(多拿江)[66]은 모ᄃᆞᆫ 사ᄅᆞᆷ이 다 ᄒᆡᆼ션(行船)ᄒᆞᄂᆞᆫ 길을 여러 쥬니 각국의 난호여 븟치엿고[67] 미국(美國)의 미셔셕비강(米西昔比江)[68]은 ᄇᆡ의 나ᄂᆞᆫ 리(利)를 본토(本土)의셔 독단(獨斷)ᄒᆞ니 일국(一國)의 젼쥬ᄒᆞ야 븟치엿고 파셔국(巴西國)[69] 아마심강(阿麻沈江)[70]은 비로(秘魯)[71] ᄯᆞ히셔 발원(發源)ᄒᆞ여 파셔국(巴西國)으로 드러가나 물골시 난호여[72] 의과타

는 위 '널니-'와 같은 사동형이고 '널니'는 부사 '널리'이다.

널리다1(←너르 + 이 + 다]: '너르다'의 사동사. 넓히다. ¶교홰 ᄯᅩᄒᆞᆫ ᄒᆞᆫ 어질 인 ᄣᅳ를 미뤄여 널니기에 지나지 아닐 ᄯᆞ름이라(字恤典則 3). 방을 널리다 / 산을 깎아 밭을 널리다.

cf. 널리다2: '널다'의 피동사. ¶빨래가 널리다 / 사방에 널리다.

60. 셔인(西人)이 홀노 당긔ᄂᆞᆫ 리(利)를 엇지ᄲᅧ 난홀고 ᄒᆞ야: 서양인들은 자신의 독점 이익이 나면 그것을 어떻게 나눌까 생각하여. [원문] 西人獨攬之利 思何以分之.

61. 셰 가지: 이 부분은 앞에서 서술한 세 가지 부국화(富國化) 방안으로, ① 국내 1차 산업(농업 및 축산업)의 소출을 늘리는 것, ② 국내 2차 산업(기계를 통한 방적(紡績)물 생산 등)을 활성화시키는 것, ③ 해외동포[華僑]들을 적극 활용하여 해외 무역의 체질을 강화하는 것을 뜻한다.

62. ᄶᅥᆨ기면: 꺾이면. 자본금을 해쳐 감소하게 되면. [원문] 折資本.

63. 형셰 반ᄃᆞ시 피ᄎᆞ의 휴손ᄒᆞ야: 형세가 반드시 서로 손실을 보게 되어. [원문] 勢必彼此虧絀. 휴손(虧損): ① 기준에 미치지 못함. ② 손실.

64. 모로미 그 근원을 열지니: 모름지기 그 근원을 살펴보아야 하니.

65. ᄂᆡ인하(來因河): 오스트리아, 독일, 프랑스, 네덜란드를 통하는 유럽 최대의 강인 라인(Rhein)강. 개화기 신식 관립학교인 '육영공원'(育英公院, 1886)의 교재인 국문본 'ᄉᆞ민필지'(士民必知, 1889)에서는 '라인'으로 표기. ¶라인이란 강도 북하슈로 통ᄒᆞ엿시며(ᄉᆞ민필지 24).

66. 다라강(多拿江): 독일, 오스트리아, 헝가리 등을 거쳐 흑해로 들어가는 유럽 제2의 강인 다뉴브(Danube)강. 국문본 'ᄉᆞ민필지'에서는 '단읍'으로 표기. ¶ᄯᅩ 셔북에셔 동남에로 단읍이란 큰 강이 나라 ᄒᆞᆫ가온대로 지나(ᄉᆞ민필지 54).

67. 각국의 난호여 븟치엿고: 나누어서 각국에 귀속시켰고. [원문] 以其分屬於各國也.

68. 미셔셕비강(米西昔比江): 캐나다 록키 산맥에서 발원하여 미국을 가로지르는 총연장 세계 3위의 강인 미시시피(Mississippi)강. 국문본 'ᄉᆞ민필지'에서는 '미시시비'로 표기. ¶ᄒᆞᆫ가온대 미시시비란 강이 멕스고 하슈로 드러가고(ᄉᆞ민필지 105).

69. 파셔국(巴西國): 브라질(Brazil).

70. 아마심강(阿麻沈江): 안데스 산맥에서 발원하여 브라질, 페루, 볼리비아, 콜롬비아, 베네수엘라 등을 거쳐 대서양으로 들어가는 총연장 세계 2위의 아마존(Amazon)강. 국문본 'ᄉᆞ민필지'에서는 '아마손'으로 표기. ¶북편에 아마손이란 강이 대셔양에로 드러가고(ᄉᆞ민필지 122).

71. 비로(秘魯): 페루(Peru).

이국(依瓜朶耳國)73 위ᄂᆡ셔랍국(委內瑞拉國)74으로 ᄒᆞᆫᄃᆡ 모혀 드러가 파셔국(巴西國) 수쳔 리를 쎄쳐 드러가니75 녯적의 ᄒᆡᆼ션(行船)ᄒᆞᄂᆞᆫ 법 셰우기를 쳥ᄒᆞᄂᆞᆫ 사ᄅᆞᆷ이 이 【25ㄴ】 시ᄃᆡ 졍부의셔 막앗더니 그 후의 샹괴(商賈ㅣ) 소됴(蕭條)ᄒᆞ기로76 이젼 금령(禁令)을 업시 ᄒᆞ야 샹고(商賈) 단니ᄂᆞᆫ 길을 널니 ᄒᆞ니 조죵(操縱)ᄒᆞᄂᆞᆫ 권세를 스ᄉᆞ로 쥬장ᄒᆞ야 타인의게 빌니지 아니ᄒᆞ엿시니 만일 즁국의 쟝강(長江)77 ᄀᆞᆺ튼 거ᄉᆞᆫ 셔(西)흐로 민산(岷山)과 아산(峨山)78으로 인도ᄒᆞ야 동(東)으로 창ᄒᆡ(滄海)로 드러가니 근원이 멀고 길게 흘너 미국의 미셔셕비강(米西昔比江) ᄀᆞᆺ고 파셔(巴西)의 비ᄒᆞᆯ ᄇᆡ 아니라 이졔 쟝강(長江)이 이쳔 수ᄇᆡᆨ여 리(里)의 양션(洋船)이 왕ᄅᆡᄒᆞ야 실노 큰 리(利)를 엇고 호빈작쥬(回賓作主)ᄒᆞ니79 ᄌᆞ못 분(忿/憤)ᄒᆞᆫ지라 ᄆᆞᆺ당히 즁국(中國)과 셔국(西國)의 약됴(約條)ᄒᆞᆫ 한뎡(限定)이 ᄎᆞ기를 기ᄃᆞ려 녯 약됴(約條)를 곳치고 별노80 ᄉᆡ 법 【26ㄱ】 을 의론ᄒᆞ야 므릇 셔인(西人)의 쟝강(長江)으로 단니ᄂᆞᆫ 화륜션(火輪船)81을 모다 갑ᄉᆞᆯ 쥬고 ᄉᆞ오며 각쳐(各處)의

---

72. 물골시 난호여: 물곬이 나뉘어. 물의 흐름이 나뉘어.
물곬: 물이 흘러 빠져나가는 작은 도랑. ¶물곬을 잡다 / 김 씨는 농사를 짓기 위하여 논에 물곬을 잘 빼 놓았다. 현대어 '물꼬'는 '믌곬 > 믈ᄭᅩᆳ(믈ᄭᅩᆯ) > 물ᄭᅩᆳ(물ᄭᅩᆯ/물곬/물골) > 물꼬'로 변한 것으로 본다(홍윤표 2007). 즉 '믌곬'은 '믌'의 'ㅅ' 때문에 어중에서 된소리가 나면서 '믈ᄭᅩᆳ'로 바뀌고, 원순모음화로 '믈'이 '물'이 되고, 어간말자음군 단순화로 '곬'의 'ㅅ'이 탈락하여 '골'이 되면서 '물ᄭᅩᆯ'로 변화하였다. 이 '물ᄭᅩᆯ'이 '보다, 트다, 막다'와 같은 타동사와 주로 결합하면서 '물ᄭᅩᆯ'은 주로 목적격 조사와 결합하여 '물ᄭᅩᆯ + 을'이 음절 경계의 오인으로 '물ᄭᅩ + 를'로 인식되어 어간을 'ᄆᆞᆯᄭᅩ'로 재인식하면서, 표기도 '물꼬'로 바뀌었다. 원래 '믌곬'은 '강물이 한편으로만 흘러 나가며 트인 곳'이란 뜻이었는데, 의미가 좁아지면서 '논에 물이 들어오고 논에서 물이 나가는 곳'을 뜻하게 되어 어형도 변하고 뜻도 좁아지게 되었다. ¶믈ᄭᅩᆯ(河身, 한청문감 1:44). 물ᄭᅩᆯ(河身, 광재물보 지도5). 가졍이 믈골ᄉᆞ로 드러갈 ᄉᆡ(홍루몽 17:63). 물골(水心, 한불자전 257). 물골(水道, 국한회어 124). 시골집에서 논에 물꼬를 보러 다닐 때나(심훈, 영원의 미소). 얼마 안 파면 물곬은 서게 되었다(이태준, 농군). 홍윤표(2007) 참고.
73. 의과타이국(依瓜朶耳國): 에콰도르(Ecuador).
74. 위ᄂᆡ셔랍국(委內瑞拉國): 베네수엘라(Venezuela).
75. 쎄쳐 드러가니: 꿰뚫고 지나가니. 쎄다: 꿰다. 중세형은 'ᄢᅦ다'.
76. 샹괴(商賈ㅣ) 소됴(蕭條)ᄒᆞ기로: 상인들이 소조하기로. 상인들의 왕래도 없어 쓸쓸해져. [원문] 嗣因商旅蕭條. 소조(蕭條)하다: 고요하고 쓸쓸하다. 소삭하다. 소슬하다. 소연(蕭然)하다. ¶소조한 가을 풍경 / 띄엄띄엄 선 초가집 앞의 고욤나무는 단풍이 지고, 미루나무는 벌써 낙엽이 져 가지만 앙상한 것이 매우 소조해 보인다(심훈, 상록수). 아무도 내다보는 이 없는 소조한 집으로 들어서니 오래간만에 보는 암캐가 콩 하고 외마디 소리를 내며……(한설야, 탑).
77. 쟝강: 장강(長江). 양자강(揚子江)의 별칭. 대강(大江)이라고도 함.
78. 민산과 아산: 민산(岷山)은 중국 서부 사천성(四川省)에, 아산(峨山)은 서남부 운남성(雲南省)에 위치하고 있다.
79. 호빈작쥬: '회빈작주'의 속음 표기로 보임. 회빈작주(回賓作主): 손님으로 온 사람이 도리어 주인 행세를 한다는 뜻으로, 어떤 일에 대하여 주장하는 사람을 제쳐 놓고 자기 마음대로 처리함을 이르는 말. 서양인을 오랑캐(胡)로 보는 시각이 담겨 있다. [원문] 喧賓奪主.
80. 별노: 별(別)로. 따로. 현대어의 '별로……아니다'의 부정 표현과 달리 '따로'의 뜻으로 쓰였다.

물화(物貨) 싯고 단니ᄂᆞᆫ 슈로(水路)의 인ᄒᆞ야 닷토와 싯고 갈마드려[82] 감ᄒᆞᄂᆞᆫ 쟈를 침쟉ᄒᆞ야 녯 규례(規例)를 회복ᄒᆞᆫᄌᆞᆨ 셔인(西人)이 감히 이론(異論)[83]을 못ᄒᆞᆯ 거시오 ᄯᅩ 쟝강(長江) 샹하(上下)에 톄탐(體探)[84]을 널니 두어 ᄂᆞᆯ마다 화륜션(火輪船)을 타고 단니며 물가[85]를 알아 보(報)ᄒᆞ게 ᄒᆞᆯ 거시니 이ᄀᆞᆺ치 ᄒᆞᆫᄌᆞᆨ 쟝강(長江)에 샹고션(商賈船)의 리(利)가 다 즁국의 도라올 거시오 취리(取利)ᄒᆞᄂᆞᆫ 권셰[86]를 독단ᄒᆞ리니 당도(當道)ᄒᆞᆫ 재[87] 나라를 위ᄒᆞ고 ᄇᆡᆨ셩을 위ᄒᆞᄂᆞᆫ ᄃᆡ 유의(有意)ᄒᆞ면[88] 거의 여긔 이시리라

---

81. 화륜션(火輪船): 기선(汽船). [원문] 輪船.
82. 갈마드려: 갈마들이어. 번갈아들이어. (짐을 다투어 부리고 더 값을 낮추어 오는 사람들을) 번갈아 들여가면서. [원문] 遞. 갈마들이다: 서로 번갈아들이다. ¶이 효유ᄒᆞᄂᆞᆫ 글을 보고 곳 맛당히 갈마드려 서로 고게 ᄒᆞ야(敬信錄諺解 26).
83. 이론: 다른 주장. [원문] 異詞.
84. 톄탐: 체탐(體探). 몸소 알아봄. 또는 그렇게 알아보며 다니는 이. 정탐꾼. [원문] 間.
85. 물가: 물건값. [원문] 市價.
86. 취리ᄒᆞᄂᆞᆫ 권셰: 취리(取利)하는 권세. 이권. [원문] 利權.
87. 당도ᄒᆞᆫ 재: 당도ᄒᆞᆫ 쟈+ㅣ. 학문과 도를 구하는 사람 또는 나라 일을 맡아보는 관리. [원문] 當道. 당도(當道): ① 이 길. ② 자기가 학문을 닦는 길. 당도(當塗/當途): 정권을 잡음, 중요한 위치에 있음. 때를 만남.
88. 유의(有意)ᄒᆞ면: 뜻을 두면. [원문] 有意. 원문이 '有意'라 '有意'로 풀었는데 국어에서는 '有意'나 '留意'가 중복적인 문맥도 많아 '有意/留意'의 동의 관계로 풀어도 무방하다.
    cf. 유의(有意): ① 어떤 일을 할 의향이나 뜻하는 바가 있음. ② 의미나 뜻이 있음.
    유의(留意): 마음에 새겨 두어 조심하며 관심을 가짐. 유심(留心). ¶유의 사항 / 건강 유의.

【일권 27ㄱ】

론 ᄀᆡ광(論開礦)

[금은동텰 ᄀᆡ뎜(開店)ᄒᆞᄂᆞᆫ 일을 의론ᄒᆞ미라]

대뎌 금은동텰(金銀銅鐵)[1]의 나ᄂᆞᆫ 거ᄉᆞᆫ 근본 셰상에 쓰이기를 위ᄒᆞ미니 만일 바리고 취치 아니ᄒᆞᆫᄌᆞᆨ 하ᄂᆞᆯ의셔도 헛도이 이 ᄌᆡ물을 ᄂᆡ시미오 사ᄅᆞᆷ의게도 보화(寶華)ᄅᆞᆯ ᄯᆞ히 바려 두ᄂᆞᆫ ᄌᆞᆨ시라[2] 이졔 국가에 부강ᄒᆞ기ᄅᆞᆯ ᄭᅬᄒᆞ고 ᄇᆡᆨ셩의 리(利)ᄒᆞᆫ 료뢰(聊賴)[3]ᄅᆞᆯ ᄌᆞ뢰(資賴)ᄒᆞᆯ진ᄃᆡ[4] ᄯᆞ히셔 나는 리(利)를 취ᄒᆞ야도 다ᄒᆞ미 업고 ᄡᅥ도 마르지 안ᄂᆞᆫ 거ᄉᆞᆫ 오ᄌᆞᆨ ᄀᆡ뎜[5]ᄒᆞᄂᆞᆫ 일인ᄃᆡ 영국 디도(地圖)를 샹고(詳考)ᄒᆞ건ᄃᆡ 즁국 두어 ᄉᆡᆼ(省)에 ᄆᆡ인 ᄯᆞ만 못ᄒᆞᄃᆡ 능히 텬하에 갑부 되고 ᄉᆞ히의 ᄃᆡ뎍(對敵)ᄒᆞ 리 업ᄂᆞᆫ 쟈[6]ᄂᆞᆫ 대개 격치지ᄉᆡ(格致之士ㅣ)[7] 잇셔 능 **【27ㄴ】** 히 금은동텰(金銀銅鐵) ᄀᆡ뎜ᄒᆞᆯ 쥴을 아라 쳐쳐(處處)의 다 이시ᄆᆡ ᄯᆞ흘 인ᄒᆞ야 맛당ᄒᆞᆫ 법을 지어 법ᄃᆡ로 ᄀᆡ뎜ᄒᆞ야 ᄏᆡ여 ᄂᆡᄃᆡ 소비(所費)[8]를 앗기지 아니ᄒᆞ고 어려온 거ᄉᆞᆯ ᄀᆡ탄치 아니ᄒᆞ야[9] 일인ᄌᆞᆨ 반ᄃᆞ시 되게 ᄒᆞ고 물건인ᄌᆞᆨ 각각 쓰ᄂᆞᆫ ᄃᆡ 맛갓게[10] ᄒᆞ며 긔긔(機器)를 ᄆᆡᆫᄃᆞ러 인력(人力)을 ᄃᆡ신ᄒᆞ야 공력(功力)을 덜게 ᄒᆞ고

---

1. 금은동텰: 금은동철(金銀銅鐵). [원문] 五金. 오금(五金): 금, 은, 구리, 철, 주석의 다섯 가지 금속.
2. ᄌᆞᆨ시라: 것이라. 'ᄌᆞᆨ'(ᄌᆞᆺ)은 '것'과 동의적인 의존명사. 앞의 '론 공법' 주석 49 참고.
3. 료뢰: 요뢰(聊賴). 의뢰함. 남에게 의지하여 살아 감. 聊: 귀 울, 의지할, 힘입을 료.
4. ᄇᆡᆨ셩의 리(利)ᄒᆞᆫ 료뢰(聊賴)ᄅᆞᆯ ᄌᆞ뢰(資賴)ᄒᆞᆯ진ᄃᆡ: 백성들에게 이로운 것을 공급할진대. [원문] 資民生之利賴.
5. ᄀᆡ뎜: 개점(開店). ① 가게를 새로 엶. ② 광산을 개업함. 여기서는 ②의 뜻. [원문] 開礦.
6. 텬하에 갑부 되고 ᄉᆞ히의 ᄃᆡ뎍(對敵)ᄒᆞ 리 업ᄂᆞᆫ 쟈: 천하에 갑부 되고 사해에 대적할 이 없는 자. [원문] 顧能富甲天下 雄視六合者. 'ᄉᆞ히'의 원문은 '六合'. 육합(六合): ① 천지와 사방을 통틀어 이르는 말. 곧, 하늘과 땅, 동·서·남·북. 육허(六虛). ② 맹춘(孟春)과 맹추(孟秋), 중춘(仲春)과 중추(仲秋), 계춘(季春)과 계추(季秋), 맹하(孟夏)와 맹동(孟冬), 중하(仲夏)와 중동(仲冬), 계하(季夏)와 계동(季冬)을 서로 짝하여 이르는 말.
7. 격치지ᄉᆡ: 격치지ᄉᆞ(格致之士)+ㅣ. '格致'란 '格物致知'로서 사물의 이치를 완벽하게 안다는 뜻인데 개화기에는 '서양 과학'(science)의 번역어로 쓰여 '격치지사'(格致之士)는 지질학자, 광물학자를 포괄하는 과학자를 뜻함.
8. 소비(所費): 일에 든 비용. 경비. [원문] 經費.
9. 소비를 앗기지 아니ᄒᆞ고 어려온 거ᄉᆞᆯ ᄀᆡ탄치 아니ᄒᆞ야: 비용을 아끼지 않고 개발의 곤란함과 어려움을 개의치 아니하니. [원문] 不惜經費 不畏艱難.

텰로(鐵路)[길의 쇠를 ᄭᅡ라 두고 화륜거(火輪車)를 단니게 ᄒᆞᆫ 거시라]를 ᄆᆡᆫᄃᆞ러 슈운(輪運)ᄒᆞ게 ᄒᆞ야 부비(浮費)를 덜게 ᄒᆞᄂᆞᆫ 고로 능히 아름다온 리(利)를 무궁ᄒᆞ게 취ᄒᆞ미라 즁국에 금은동텰(金銀銅鐵) 나는 곳을 샹고ᄒᆞ건ᄃᆡ 운남(雲南)의셔ᄂᆞᆫ 동(銅)이 나고 산셔(山西)의셔ᄂᆞᆫ 텰(鐵)이 나고 호남(湖南)과 강셔(江西)의셔ᄂᆞᆫ ᄆᆡ(煤)[11][셕탄]가 【28ㄱ】 나고 졔로(齊魯)[12]와 형양(荊襄)[13]의셔ᄂᆞᆫ 연(鉛)이 나고 ᄃᆡ만(臺灣)[14]의셔ᄂᆞᆫ 망쵸(芒硝)[15]가 나니 이 두어 곳은 사ᄅᆞᆷ마다 알ᄃᆡ 실샹은 금은동텰(金銀銅鐵)과 셕탄 나는 ᄡᆞ히 각 ᄉᆡᆼ(省) 각쳐(各處)의 다 잇시ᄃᆡ 디즁(地中)에 쳔심(淺深)[16]과 픔지호부(品之好否)[17]와 칭졀고하(層節高下)[18]와 구덩이 좁고 넓은 거ᄉᆞᆫ[19] 사ᄅᆞᆷ마다 아지 못ᄒᆞᄂᆞᆫ 바오 이졔 알고 ᄀᆡ뎜ᄒᆞᄂᆞᆫ 거시 불과 만분지일이며 ᄀᆡ뎜ᄒᆞᆯ 터이 임의 드러나 아ᄂᆞᆫ 곳이라도 무ᄉᆞᆫ 빗치[20] 되는 ᄌᆞᆯ 아지 못ᄒᆞ며 ᄯᅩ 금(禁)ᄒᆞ고 ᄀᆡ뎜 아니ᄒᆞᄂᆞᆫ 곳이 만흐니 바회 틈의 깁히 감쵸여 드러나지 아니ᄒᆞᆫ 거시 ᄯᅩ 언ᄆᆡᆫ ᄌᆞᆯ 아지 못ᄒᆞᄂᆞ니 ᄆᆞᆺ당히 셔국(西國)의 일등(一等) 광ᄉᆞ

---

10. ᄆᆞᆺ갓게: 적합하게. 적합하다. [원문] 適. '이언'의 다른 곳에서는 '맛갓-'으로 나타나는데 여기만 'ᄆᆞᆺ갓-'으로 첫 음절 모음이 아래아로 적혔다. 맛ᄀᆞᆺ다 > 맛갓다 > 맞갖다.
맛ᄀᆞᆺ다: '맞갖다'의 옛말. ¶지아비를 슌죵ᄒᆞ야 비록 맛ᄀᆞᆺ디 몯호미 이실ᄯᅵ라도 지아비ᄂᆞᆫ 더옥 怒를 춤으며 계집은 더옥 順호믈 닐위예야 家道ㅣ 敗티 아니ᄒᆞ리니(경민편언해 3). 소남기 염쵸 굽기의 맛ᄀᆞᆺ디 아니홈이 이믜 이러틋 ᄒᆞ고(煮硝方諺解 15).
맞갖다: (주로 '맞갖지 않다' 구성으로 쓰여) 마음이나 입맛에 꼭 맞다. ¶마음에 맞갖지 않은 일자리 / 입에 맞갖지 않은 음식 / 한시라도 공주의 손길이 닿지 아니하면 모든 것이 불편하고 마음에 맞갖지 않은 때문이다(박종화, 다정불심). II. 해제. 4.1 (28)의 '맛갓-' 논의 참고.
11. ᄆᆡ: '매탄'(煤炭)의 옛말. ¶ᄆᆞ른 ᄆᆡᆺ 덩이 잇ᄂᆞ냐(朴通事諺解 하44). 煤: 그을음, 먹, 석탄 매.
12. 졔로: 제로(齊魯). 제(齊)나라와 노(魯)나라.
13. 형양(荊襄): 형주(荊州)와 양양(襄陽) 지방.
형(荊): 우공(禹貢) 구주(九州)의 하나. 지금의 호남(湖南), 호북(湖北), 광서(廣西), 귀주(貴州)의 땅. 전(轉)하여 초(楚) 나라 땅을 가리킴.
양주(襄州): 서위(西魏) 대에 설치되어 송나라 때 양양부(襄陽府)로 승격됨.
14. ᄃᆡ만: 대만(臺灣). 타이완.
15. 망쵸: 망초(芒硝). ① 박초(朴硝)를 두 번 달여서 만든 약재. 맛은 짜고 쓰며 성질은 찬데 실열(實熱)로 인한 변비·적취(積聚) 따위에 쓴다. 마아초. ② 황산나트륨(Na_2SO_4). 천연 상태에서 황산나트륨은 망초석(thenardite)으로 산출된다고 한다.
16. 쳔심: 천심(淺深). 얕고 깊음. [원문] 深淺.
17. 픔지호부: 품지호부(品之好否). 품질의 좋고 나쁨, 즉 품질의 순도(純度) 여부. [원문] 體質之純雜.
18. 칭졀고하: 층절고하(層節高下). 층절(層節)의 높낮이. 여기서는 광산 갱도의 굴곡 정도. [원문] 層次之厚薄. cf. 층절(層節): 일의 많은 가닥이나 곡절 또는 변화. ¶층절이 많다 / 아무리 너와 내가 부녀지간이라도 지금은 큰 층절이 있으니 이번에는 요행히 만났으나 이후에 또다시 만나기는 어려울 듯하다(이상협, 재봉춘). cf. 층절(層折): 층지고 꺾임. 또는 그런 곳.
19. 구덩이 좁고 넓은 거ᄉᆞᆫ: 광산 구멍이 좁고 넓은 것은. [원문] 礦穴之狹寬.
20. 빗치: 빛이. (광물의) 종류가. 빛: 사물의 종류. 이 부분의 문맥은 '무슨 광물의 종류인지 알지 못하고'의 뜻. [원문] 色目. 색목(色目): 사물의 종류와 이름. 고어사전들에는 '물건의 종류'를 뜻하는 단어로서의 '빛'은 등재하고 있지 않아 등재할 필요가 있다.

(礦師)[21][금은뎜 ᄒᆞᄂᆞᆫ 법을 아ᄂᆞᆫ 스승이라]【28ㄴ】 ᄅᆞᆯ 청ᄒᆞ야 법ᄃᆡ로 탐지ᄒᆞ야 보와 뎍실(的實)이[22] 잇ᄂᆞᆫ 줄 알거든[23] 혹 의론(議論)ᄒᆞ야 ᄇᆡᆨ셩ᄃᆞ려 ᄏᆡ라 ᄒᆞ고 관가의셔 슈셰(收稅)ᄅᆞᆯ ᄒᆞ던지 혹 ᄒᆡ부(該部)의셔[24] 의론(議論)ᄒᆞ고 톄문(帖文)[25]을 삭여 쥬어 민간의셔 ᄏᆡ기ᄅᆞᆯ 허ᄒᆞ야 쟝ᄉᆞᄒᆞᄂᆞᆫ ᄇᆡᆨ셩이 톄문(帖文)을 맛타 가지고 물화(物貨)ᄅᆞᆯ ᄂᆡ여 가ᄂᆞᆫ 뎐례(典例)ᄅᆞᆯ 의방(依倣)ᄒᆞ야 ᄯᆞᆨ히 잇ᄂᆞᆫ 바ᄅᆞᆯ 취ᄒᆞ야 셰샹의 업ᄂᆞᆫ 거ᄉᆞᆯ 이바지ᄒᆞᄂᆞᆫ 거시 계ᄎᆡᆨ(計策)이 이의셔 편ᄒᆞᆫ 거시 업고 ᄀᆡ뎜ᄒᆞᄂᆞᆫ 묘리(妙理)ᄂᆞᆫ 진실노 광ᄉᆞ(礦師)를 미드려니와 춍판(總辦)[일을 쥬쟝ᄒᆞᄂᆞᆫ 관원이라]이 친히 탐지(探知)ᄒᆞ야 뎍실(的實)이 안 연후의 디셰(地稅)를 인ᄒᆞ야 맛당ᄒᆞᆯ 도리를 지으ᄃᆡ 혹 젼수(全數)히 셔국(西國) 법을 쓰거나 【29ㄱ】 혹 젼수히 즁국 법을 쓰거나 혹 즁국과 셔국 법을 셕거 쓰거나 슈구(水口)의 원근(遠近)을 보며 구덩이 파ᄂᆞᆫ 길을 ᄉᆞᆲ혀보며 되ᄂᆞᆫ 소이연(所以然)[26]을 ᄒᆡᆨ실(覈實)ᄒᆞ며[27] 팔녀 나갈 길을 료량ᄒᆞᄃᆡ 공심(公心) 업ᄂᆞᆫ 쟈를 맛져[28] 쓰지 말며 뎜일을 각박히 시기지 말며 판셰를 포장(舖張)ᄒᆞ지 말며 뎜일ᄒᆞᄂᆞᆫ 역군의 곡가(穀價)[29]를 후히 쥬지 말거시니 셜뎜지초(設店之初)에[30] 용되(用途ㅣ) 나가ᄂᆞᆫ 거ᄉᆞᆫ 이시ᄃᆡ 드러오ᄂᆞᆫ 거ᄉᆞᆫ 업ᄉᆞ니 역군(役軍)[31]들의 곡가(穀價) 쥬ᄂᆞᆫ 외에 일 보ᄂᆞᆫ 사ᄅᆞᆷ들은[32] 고로게 월름(月廩)[33]을 박(薄)히 쥬다가 뎜(店) 터를 어든 후에 즉시 긋치ᄃᆡ 오죽 몬져 영구준ᄒᆡᆼ(永久遵行)ᄒᆞᆯ[34]

---

21. 일등 광ᄉᆞ: 일등 광사(礦師). 1급의 광산 기술자. [원문] 頭等礦師.
22. 뎍실이: 적실히. 확실히. [원문] 確. 적실(的實)하다: 틀림이 없이 확실하다. ¶제 귀로 듣고 제 눈으로 보고 왔다니까 소식이야 적실하지요만…(현진건, 무영탑). 유복이가 밤에 자면서 생각하여 보니 노첨지 집안에 살인난 것이 적실하다면 고 서방이 아내를 죽였기가 쉬울 것이고……(홍명희, 임꺽정). 적실히: 참으로. 확실히. ¶그 선생이 적실히 친일파요, 그런 나쁜 짓을 했다는 건 어떻게 알았어?(채만식, 민족의 죄인).
23. 뎍실(的實)이 잇ᄂᆞᆫ 줄 알거든: 적실히(확실히) 있는 줄 알거든. [원문] 確有把握.
24. ᄒᆡ부의셔: 해부(該部)에서. 해당되는 부서에서.
25. 톄문: 체문(帖文). 수령이 그 고을의 면임(面任)이나 동임(洞任), 향교, 서원 따위에 지시하던 문서 또는 공물방, 계방에 속한 공인(貢人)임을 인정하던 문서로서, 여기에서는 '채광(採鑛)을 허락하는 문서'의 뜻으로 쓰임. 앞의 '론 셰무' 주석 34 참고.
26. 소이연(所以然): 그리된 까닭. 소연(所然).
27. ᄒᆡᆨ실(覈實)ᄒᆞ며: 그 근본이 이루어진 일의 실상을 조사하며.
28. 맛져: 맡겨. 맛디다 > 맛지다 > 맡기다
29. 곡가(穀價): 곡식값. [원문] 毋厚給薪資. 薪: 섶, 땔나무 신. 원문에서는 급료를 '땔감값'에 비유하였고 언해에서는 '곡식값'에 비교하였다.
30. 셜뎜지초에: 설점지초(設店之初)에. 광산을 개점할 초기에. [원문] 開礦之初. '이언' 언해에서는 '開鑛'을 모두 '開店'으로 번역하였음.
31. 역군: 광산 일꾼. 광부. [원문] 礦夫.
32. 일 보ᄂᆞᆫ 사ᄅᆞᆷ: 사무 보는 사람. 집사. [원문] 執事.
33. 월름(月廩): 월급. 월급으로 주는 곡식. [원문] 薄給辛資.

법을 의론ᄒᆞ야 셜뎜(設店)ᄒᆞᆫ 곳의셔 일년 【29ㄴ】 을 두고 치부(致富)ᄒᆞ야 뎜의셔 나ᄂᆞᆫ 것과 팔녀 나간 수효를 회계(會計)ᄒᆞ야 본젼(本錢)과 리젼(利錢)과 셰젼(稅錢)을 졔ᄒᆞᆫ 외에 남ᄂᆞᆫ 거ᄉᆞᆯ 가지고 십 분에 이 분은 챵[일을 쥬쟝ᄒᆞᄂᆞᆫ 집]쥬(廠主)[35]를 쥬고 십 분에 오 분은 일 보ᄂᆞᆫ 여러 사ᄅᆞᆷ이 고로게 난호와 료뢰(聊賴)ᄒᆞ게 ᄒᆞ고 십 분에 삼 분은 여러 역군을 샹 쥬고 ᄆᆡ년에 나ᄂᆞᆫ 수효를 긔록ᄒᆞ야 뎜집 벽샹(壁上)에 븟쳐 ᄂᆡ외로 ᄒᆞ야곰 ᄒᆞᆷ긔 보고 ᄒᆞᆷ긔 아라 의심되미 죠금도[36] 업게 ᄒᆞ면 거의 뎜의 잇ᄂᆞᆫ 모든 사ᄅᆞᆷ이 후일 소망이 고로로 잇셔[37] 샹해(上下ㅣ) 일심이 되여 게얼니 ᄒᆞ미 업ᄉᆞᆯ 거시오 역군의 공젼(工錢) 닷토ᄂᆞᆫ 폐(弊) 아죠 업고 리로온 근원 【30ㄱ】 은 졈졈 만흐리라 각 ᄉᆡᆼ(省) 각쳐(各處)에 셜시(設始)ᄒᆞᆫ 각 뎜을 사실(査實)ᄒᆞ야 보건ᄃᆡ 혹 셜시ᄒᆞᆯ ᄯᅢ에 잘못ᄒᆞ미 이시며 혹 즁도에 폐(廢)ᄒᆞ기도 ᄒᆞ며 혹 리(利)를 보미 젹기도 ᄒᆞ며 혹 본젼이 턱이 븨ᄂᆞᆫ 쟈[38]도 잇ᄉᆞ믄 다 엇지미뇨 그 곡졀을 미루여[39] 보건ᄃᆡ 하나흔 광ᄉᆞ(礦師ㅣ) 뎜 터 잡기를 진뎍(眞的)히[40] 못ᄒᆞ고 ᄀᆡ뎜ᄒᆞ기를 잘못ᄒᆞᆫ ᄃᆡ 말ᄆᆡ암아시며 하나흔 총판(總辦)이 지위ᄂᆞᆫ 놉고 남의 말 곳지듯기[41]를 경이(輕易)히 ᄒᆞ야 낫낫치 친히 ᄉᆞᆲ혀보며 실샹으로 힘을 드려 쥬쟝ᄒᆞ지 아니ᄒᆞ미오 그러치 아니ᄒᆞᆫ즉 친압(親狎)ᄒᆞᆫ[42] 사ᄅᆞᆷ을 젼슈히 맛지며[43] 일 보ᄂᆞᆫ

---

34. 영구준힝: 영구준행(永久遵行). [원문] 永遠遵行.
35. 챵쥬: 창주(廠主). 광산에 마련된 창고의 운영주(運營主).
36. 죠금도: '이언'에서는 대부분 '죠곰도'로 나오는데 이곳과 뒤의 2:27ㄴ에서만 '죠금도'가 쓰였다.
37. 후일 소망이 고로로 잇셔: 뒷날 바라는 바가 고르게 있어. [원문] 均有後望.
고로로: ①'골고루'의 방언(황해). ②'골고루'의 옛말. ¶마젼ᄒᆞ야 ᄲᆞ라 ᄀᆡ로 다ᄉᆞ려 ᄒᆡ여곰 고로로 닉게 ᄒᆞ고(가례언해 1:43). ᄒᆞᆰ 너 말과 ᄌᆡ 너 말을 고로로 뒤져겨 섯거 잡흔 돌덩이를 주어 내되(자초방언해 3). 均勻 고로로 ᄒᆞ다(한청문감 6:47).
38. 본젼이 턱이 븨ᄂᆞᆫ 쟈: 본전(자본)을 다 비워 써 버린 자. [원문] 或成本虛耗者.
븨다: 비다. 중세형은 '뷔다'. 뷔다 > 븨다 > 비다. 이 당시 '턱이 븨다'라는 관용어가 쓰였음을 보여준다. '턱'은 현대어 '턱없다'(턱없이 부족하다, 턱도 없다)의 '턱'과 관련될 것으로 보이는데 이것이 신체어 '턱'(頤, 중세형은 '튝')이나 '문턱'(문짝의 밑이 닿는 문지방의 윗부분)의 '턱'과 관련되는지 분명하지 않다. 아마도 얼굴의 아랫부분이 '턱'이듯이 문짝 하단의 문지방 부분이 '문턱'이므로 '턱'이 '바닥, 하단'이란 뜻을 가지므로 '본전이 턱이 빈다'는 '본전이 바닥이 비었다' 즉 '본전이 바닥났다'는 뜻으로 추정된다. 따라서 '턱없다'도 '최소 기준'(바닥)에도 못 미친다는 뜻에서 관용화한 것으로 보인다.
39. 미루여: 미루어. '이언' 3:16ㄴ에는 '미뤄여', 4:27ㄴ에는 '밀위여'로 나온다. 이처럼 '이언'에는 '미루-, 미뤄, 밀위-'가 혼기되어 나온다(색인 참고). '미뤄-'나 '밀위-'는 '미루-, 밀우-'에 사동 접사 '-이-'가 결합한 이중 사동 구조이나 '미루-'와 별 차이 없이 쓰인 것으로 보인다.
40. 진뎍히: 진적히. 진적(眞的)하다: 참되고 틀림없다. ¶토포사가 난단 소문이 비록 진적한 소문이 아니라도 토포사가 나면 우리가 어떻게 할 것을 미리 생각해 두는 것이 좋지 아니할까요(홍명희, 임꺽정).
41. 곳지듯기: 곧이듣기.
42. 친압ᄒᆞᆫ: 친근한. 사사로이 친한. 친압(親狎)하다: 버릇없을 정도로 너무 친하다.

사ᄅᆞᆷ의 곡가ᄂᆞᆫ 후히 쥬며 역 【30ㄴ】 군을 박ᄃᆡ(薄待)ᄒᆞᄆᆡ 즁인(衆人)이 깃거 아니ᄒᆞᄂᆞᆫ 고로 혹 뎜 구덩이가 쟝ᄎᆞᆺ 문허진다[44] ᄒᆞ고 허무ᄒᆞᆫ 말ᄉᆞᆷ으로 얽어 보(報)ᄒᆞ야 메우고 봉ᄒᆞ기ᄅᆞᆯ 쳥ᄒᆞ며 혹 뎜의셔 나ᄂᆞᆫ 거시 업ᄉᆞᄆᆡ 뎜을 ᄒᆞᆯ 길이 업다 ᄒᆞ고 망녕도이 일ᄏᆞ라 리(利)와 폐(弊)ᄅᆞᆯ 아지 못ᄒᆞ고 샹해(上下ㅣ) 셔로 긔여[45] 본젼만 업시 ᄒᆞ고 뎜역(店役)을 뎡지(停止)ᄒᆞ니 이런 폐단이 만ᄒᆞᆫ지라 이ᄂᆞᆫ 운남(雲南)에셔 뎜이 늙어 산이 븨다 ᄒᆞᄂᆞᆫ 말ᄉᆞᆷ이 ᄒᆞᆼ샹 이시민뎌 즁국 ᄇᆡᆨ셩의 ᄒᆞᆫ이 ᄡᆞᄂᆞᆫ 거ᄉᆞᆯ 가량(假量)ᄒᆞ야 보건ᄃᆡ 읏듬이 동(銅)과 연(鉛)이니 대개 각 ᄉᆡᆼ(省) 쵸국(鈔局)[주젼(鑄錢)ᄒᆞᄂᆞᆫ 곳]에셔 주젼(鑄錢)ᄒᆞ기ᄅᆞᆯ[46] 뎡지(停止)ᄒᆞ고 간사ᄒᆞᆫ ᄇᆡᆨ셩들이 잇다감[47] 돈 【31ㄱ】 을 록여 긔명(器皿)을 짓기로 돈이 졈졈 업셔져 일용이 넉넉지 못ᄒᆞ고 그 버거ᄂᆞᆫ[48] 금은(金銀)의 잇고 그 버거ᄂᆞᆫ 셕탄과 텰의 이시니 대뎌 셕탄과 텰뎜(鐵店)은 비록 리ᄅᆞᆯ 어드미 다른 뎜에 비교ᄒᆞ면 져기[49] ᄎᆞ등(差等)이 이시나 부득불 ᄀᆡ뎜ᄒᆞ기ᄂᆞᆫ 실샹 셕탄[50]이 아니면 능히 긔긔(機器)[51][ᄀᆡ뎜ᄒᆞᄂᆞᆫ ᄃᆡ 고동 트러 ᄡᆞᄂᆞᆫ 거시라[52]]ᄅᆞᆯ 운동(運動)ᄒᆞ지 못ᄒᆞ고[53] 졍텰(精鐵)이 아

---

43. 맛지며: 맡기며. 맛디다(맜+이+다) > 맛지다 > 맡기다.
맜다: '맡다'의 옛말. ¶商德이 衰ᄒᆞ거든 天下ᄅᆞᆯ 맛ᄃᆞ시릴ᄊᆡ(용비어천가 6장).
맛디다: '맡기다'의 옛말. ¶자ᄒᆞ로 制度ㅣ 날ᄊᆡ 仁政을 맛됴리라 하ᄂᆞᆯ 우흿 金尺이 ᄂᆞ리시니(용비어천가 83장). 내 쳔량 庫藏ᄋᆞᆯ 이제 맛듏 ᄃᆡ 잇거다(월인석보 13:15).
44. 문허진다: 무너진다. 중세어 '믈허-'는 주로 '믈허디-, 믈허ᄇᆞ리-'로만 쓰였고 근대에 '믄허지-, 믄허바리-'로 나타난다. '이언'에도 '믄허-'(3:12ㄴ, 3:37ㄱ, 4:16ㄴ)가 쓰였는데 여기는 '문허-'로 쓰였다. Ⅱ. 해제. 4.1 (53)의 논의 참고.
45. 샹해(上下ㅣ) 셔로 긔여: 아랫사람과 윗사람이 서로를 속여. [원문] 上下相蒙.
'긔여'는 "속이다, 숨기다"의 뜻을 지닌 중세어 'ᄀᆞᅀᅵ다'가 때로는 '긔ᅀᅵ다'로도 쓰여 '그이다/긔이다'의 활용형 '그이어/긔이어'가 '그이어/긔어(긔여)'로 활용된 것으로 볼 수 있다.
그ᅀᅵ다: '기이다'의 옛말. 숨기다. ¶해 이 妖邪ㅣ 世間애 熾盛ᄒᆞ야 거즛일로 소교ᄅᆞᆯ 그ᅀᅧ 善知識이로라 닐어(능엄경언해 6:101). 鵩鳥ᄅᆞᆯ 長沙애셔 그ᅀᅵᄂᆞ니 犀牛ᄅᆞᆯ 蜀ㅅ ᄀᆞ올히셔 愛憐ᄒᆞᄂᆞᆺ다(두시언해 24:52). 샹녯 말ᄉᆞ매 닐오ᄃᆡ 사오나온 일란 그ᅀᅵ고 됴ᄒᆞᆫ 일란 펴낼 거시라 ᄒᆞᄂᆞ니라(번역노걸대 하44).
긔ᅀᅵ다: 宗臣의 아쳐러 긔ᅀᅲ미 災害니라(宗臣忌諱災, 두시언해 3:10).
현대어에는 '그이다'에서 변한 '기이다'가 다음 예처럼 확인되나 오늘날 거의 쓰이지 않는다.
기이다: (…을) 어떤 일을 숨기고 바른대로 말하지 않다. ¶네 이놈, 이실직고하렷다 만일 추호라도 기이는 일이 있다면 목을 베고도 남음이 있으리라(박종화, 임진왜란). 장쇠는 부인은 하나 그래도 치수의 귀에는 곧이들리지가 않는다. 암만 해도 자기를 기이는 것만 같아서……(이무영, 농민). [준] 기다. 결국 'ᄀᆞᅀᅵ다/긔ᅀᅵ다 > 그이다/긔이다 > 기이다'로 변하였음을 알 수 있다.
46. 주젼: 주전(鑄錢). 돈을 주조하는 것.
47. 잇다감: 이따금.
48. 버거ᄂᆞᆫ: 그 다음으로는. ¶버거 舍利弗 目揵連의 물 五百ᄋᆞᆯ 濟渡ᄒᆞ시니(釋譜詳節 6:18).
49. 져기: 적이. 꽤 어지간한 정도로. '져기'는 '이언'에서 '젹이'(1:9ㄴ, 1:44ㄴ), '뎌기'(2:49ㄴ)로도 쓰였다.
50. 셕탄: 석탄(石炭). 매탄(煤炭). [원문] 煤火.
51. 긔긔: 기기(機器). 기계(機械). [원문] 機. '이언'에서는 "기기 및 기계"를 뜻하는 '긔긔'와 "병기 및

니면 능히 긔계[54]를 짓지 못ᄒᆞᄂᆞᆫ 고로 태셔(泰西)의셔 셕탄과 텰뎜을 셜시ᄒᆞᆫ 후로븟허 인ᄒᆞ야 양창(洋槍) 대포를 지은즉 늘노 더옥 신긔ᄒᆞ고 ᄇᆡ와 슐위[55]를 지은즉 늘노 더옥 편리ᄒᆞ며 밧 갈고 깁 ᄧᆞᄂᆞᆫ 긔계[56]를 지은즉 늘노 더옥 공교(工巧) 【31ㄴ】 ᄒᆞ니 각국이 드ᄃᆡ여 부강(富强)ᄒᆞ기에 니ᄅᆞᆫ지라 셔인(西人)들이 니ᄅᆞᄃᆡ 일국 셩쇠(盛衰)를 각 뎜 소산으로 뎡(定)ᄒᆞᆫ다 ᄒᆞᄂᆞᆫ 말이 진실노 허언(虛言)이 아니로다 드ᄅᆞ니[57] 태셔(泰西) 각쳐의 온갓 뎜이 ᄏᆡ여 쓰기를 거의 다ᄒᆞ여시ᄆᆡ 즁국의 소산이 부요(富饒)ᄒᆞᆷ을 보고 져마다 부러워ᄒᆞᆫ다 ᄒᆞ니 거리ᄭᅵ고 힝ᄒᆞ지 아니ᄒᆞ야 타국 사ᄅᆞᆷ들이 부러워ᄒᆞ게 ᄒᆞᄂᆞᆫ 거시 변통(變通)ᄒᆞ야 ᄏᆡ여 ᄡᅧ 국용(國用)을 넉넉ᄒᆞ게 ᄒᆞᄂᆞᆫ 것과 엇더ᄒᆞᆯ고 방금(方今)의 ᄒᆡᄂᆡ(海內)[58] 승평(昇平)ᄒᆞ니 졍신을 가다듬어 다ᄉᆞ리기를 도모ᄒᆞᆯ ᄯᅢ의 므릇 국가와 ᄇᆡᆨ셩의게 유익ᄒᆞᆯ 일이면 ᄎᆞ뎨(次第)로 거힝ᄒᆞ야 셔국법(西國法)을 의방(依倣) 【32ㄱ】 ᄒᆞ야 쓰지 아니미 업ᄉᆞᄃᆡ 그러나 다만 셔인(西人)의 긔계 짓ᄂᆞᆫ 법만 ᄇᆡ호고 셔국(西國)의 ᄌᆡ물 다ᄉᆞ리ᄂᆞᆫ 법을 ᄇᆡ호지 아니ᄒᆞ니 부(富)ᄒᆞ미 아니면 나라를 보젼ᄒᆞᆯ 길이 업고 강(强)ᄒᆞ미 아니면 부(富)ᄒᆞᆷ을 보젼ᄒᆞᆯ 길이 업ᄉᆞ니 부강(富强)을 ᄒᆞᆷᄭᅴ ᄡᅧ야 능히 셔로 건져 셩공ᄒᆞ미 잇슬 거시니 ᄆᆞᆺ당히 각쳐(各處) 디방관(地方官)의게 신칙(申飭)ᄒᆞ야 셜뎜ᄒᆞᆯ 곳을 뎍실(的實)이 징험ᄒᆞᆫ 후 법을 베프러 샹고(商賈)를 부르ᄃᆡ 셔국법(西國法)에 익달ᄒᆞ고[59] 뎜일 알기를 잘 ᄒᆞᄂᆞᆫ 쟈를 아오로 쳥ᄒᆞ야[60] 쟝인(匠人)[61]을 동독(董督)ᄒᆞ게[62] ᄒᆞ고 각영(各營) 군ᄉᆞ를 분발ᄒᆞ야 일톄(一體)로[63] ᄏᆡ게 ᄒᆞ면 가히 큰 일을 미봉(彌封)ᄒᆞ야 무궁ᄒᆞᆫ

기계"를 포괄하는 '긔계'를 구별하고 있다. 아래 주석 52, 54, 56 참고.

52. 고동 트러 ᄡᅳᄂᆞᆫ 것: 동력 엔진을 사용하는 것. 여기서는 광산용 굴착기나 착암기 같은 것. cf. 기기(汽機): 증기(蒸氣)가 생기는 압력으로 에너지를 생산해 내는 동력기(動力機) 같은 기계. 증기 기관.
53. 셕탄이 아니면 능히 긔긔(機器)를 운동ᄒᆞ지 못ᄒᆞ고: 석탄이 아니면 기계를 가동하지 못하고. [원문] 煤火不能化汽而動機.
54. 긔계: 기계. 병기(兵器). [원문] 器. '긔계'는 원 뜻이 "기계"(器械/機械)인데 고어에서는 특히 "병기"(兵器)의 뜻으로도 쓰였다. ¶ᄆᆞᆯ 톤 군ᄉᆡ 물게 오ᄅᆞ며 거른 군ᄉᆡ 긔계를 자브라(연병지남 5).
55. 슐위: 수레[車]. ¶軒은 술위 우흿 欄干 너리니 軒飾은 軒엣 ᄭᅮ뮤미라(석보상절 13:19).
56. 밧 갈고 깁 ᄧᆞᄂᆞᆫ 긔계: 밭가는 기계와 깁(비단) 짜는 직조기. [원문] 耕織等器.
57. 드ᄅᆞ니: 들으니.
58. ᄒᆡᄂᆡ: 해내(海內). 나라 안. 국내. [원문] 海宇.
59. 익달ᄒᆞ고: 익숙하고. 익달하다: 여러 번 겪거나 손에 익어서 매우 능숙하게 되다.
60. 아오로 쳥ᄒᆞ야: 아울러 청하여. '아오로'는 '아울러'의 옛말. ¶홍공과 아오로 삼혹ᄉᆞ뎐을 지으니라(山城日記 122).
61. 쟝인: 장인(匠人). 기술자. [원문] 工人.
62. 동독(董督)ᄒᆞ게: 감시하며 독촉하고 격려하게. ¶그는 꼭 윗사람의 동독이 있어야 일한다.
63. 일톄로: 일체(一體)로. 모두 함께. [원문] 一體.

ᄌᆡ물 【32ㄴ】 근원을 열 거시오 ᄯᅩ 가히 간사ᄒᆞᆫ ᄭᅬᄅᆞᆯ 업시ᄒᆞ야 쟝ᄅᆡ의 슙은 근심을 덜니라 ᄀᆡ뎜지초의 모로미 긔긔(機器)ᄅᆞᆯ ᄉᆞ셔 쥰비ᄒᆞ고 광ᄉᆞ(礦師)ᄅᆞᆯ 쳥ᄒᆞᆫᄃᆡ 경리(經理)ᄒᆞᆯ 사ᄅᆞᆷ을 어드면 스ᄉᆞ로 온당ᄒᆞ게 되리라 공역(工役)이 호번(浩繁)ᄒᆞ믈[64] 념려ᄒᆞᄂᆞᆫ 재(者ㅣ) 잇거든 그 ᄆᆞ음을 굿거니 ᄒᆞᆯ 도리ᄅᆞᆯ ᄉᆡᆼ각ᄒᆞ며 디가셔(地家書)[65]의 혹ᄒᆞᆫ 재 잇거든 몬져 그 의심을 업게 ᄒᆞ고 실샹 일을 이에 구ᄒᆞ야[66] 오ᄅᆡ도록 변치 아니ᄒᆞᆫ즉 큰 효험을 가히 일울 거시니 우흐로 국가ᄅᆞᆯ 위ᄒᆞ야 부강ᄒᆞ믈 일우게 ᄒᆞ고 아ᄅᆡ로 ᄇᆡᆨ셩을 위ᄒᆞ야 대리(大利)ᄅᆞᆯ ᄌᆞ뢰ᄒᆞ게 ᄒᆞᆯ 거시니 진실노 시폐(時弊)를 구원ᄒᆞᄂᆞᆫ[67] 【33ㄱ】 큰 일이오 셰샹을 다ᄉᆞ리ᄂᆞᆫ 죠흔 계칙(計策)이니 가히 강론(講論)치 아니ᄒᆞ랴

---

64. 호번(浩繁)ᄒᆞᆷ: 넓고 크며 번거롭게 많음을.

65. 디가셔: 지가서(地家書). 풍수지리에 근거를 두고 묏자리나 집터 따위의 좋고 나쁨을 알아보는 지술(地術)에 관한 책. ¶이래서 상서는 덮어 버리고 지가서를 좀 보았으나 거기도 취미를 얻지 못하고 이번에는 병서를 읽기를 시작하였다(김구, 백범일지). [원문] 堪輿之說. 감여(堪輿): ① 만물을 포용하여 싣고 있는 물건이라는 뜻으로 하늘과 땅을 이르는 말. 천지. ② 풍수지리. 부재(覆載).

66. 실샹 일을 이에 구ᄒᆞ야: 실용적 일을 구하여. [원문] 實事求是.

67. 시폐를 구원ᄒᆞᄂᆞᆫ: 시절의 문제를 해결하는. 구폐하는. [원문] 誠救時之先務. 구폐(捄弊/救弊): 폐해(弊害)를 바로잡음. ¶현재 있는 자는 자신의 군역 외에 또한 절호된 자의 군역까지 대신하느라 그 고생을 견디지 못하여 따라서 도망쳐 흩어지니 마땅히 구폐를 급히 해야 할 일이므로……(번역 중종실록).

【일권 34ㄱ】

론 화거(論火車)[1]

[화륜거를 의론ᄒᆞ미라]

대뎌 물에는 ᄇᆡ를 ᄌᆞ뢰(資賴)ᄒᆞ고[2] 륙디에는 슈위를 ᄌᆞ뢰ᄒᆞᄂᆞ니 이는 인싱에 ᄌᆞ연지리(自然之利)라 셔인이 이 ᄯᅳᆺ을 근본ᄒᆞ야 정긴히[3] 구ᄒᆞ야 물의는 화륜션을 짓고 륙디의는 화륜거[4]를 지어 왕릭ᄒᆞ기를 편ᄒᆞ게 ᄒᆞ고 슈운(輸運)ᄒᆞ기를 리롭게 ᄒᆞ니 진실노 ᄌᆞ고이릭(自古以來)로 업는바 긔이ᄒᆞᆫ 졔되라[5] 즁국 디방이 광대ᄒᆞ니 진실노 그 법을 의방(依倣)ᄒᆞ야 화륜거를 짓고 텰로(鐵路)[6]를 셜지 아니ᄒᆞᆫ즉 샹게(相距ㅣ) 만 리나 되는 먼 길의 엇지 능히 쇼식을 속히 통ᄒᆞ야 지쳑을 어긔지 안케 ᄒᆞ리오 크게 쓰면 군량을 슈 【34ㄴ】 운ᄒᆞ고 군ᄉᆞ를 됴발ᄒᆞ야[7] 나라히 유익ᄒᆞ고 젹게 쓰면 샹고(商賈)가 물화를 무역ᄒᆞ야 ᄇᆡᆨ셩의게 리편ᄒᆞ게[8] ᄒᆞ며 ᄯᅩ 신식(信息)[9]을 젼ᄒᆞᄆᆡ 지톄될가 념려ᄒᆞᆯ ᄇᆡ 업고 급ᄒᆞᆫ 일의 군ᄉᆞ를 됴발ᄒᆞᄆᆡ 그릇ᄒᆞᆯ가 근심ᄒᆞᆯ ᄇᆡ 업고 ᄒᆞ믈며 즁국은 토옥(土沃)ᄒᆞ미[10] 구라파쥬에 갑졀이나 ᄒᆞ되 다만 산이 험ᄒᆞ고 길이 머러 슈운ᄒᆞ기 극난ᄒᆞ나 농민들이 ᄯᅩᄒᆞᆫ 이런 긔계를 지을 쥴 아지 못ᄒᆞ며 토디 소츌을 인ᄒᆞ야 져기 넉넉ᄒᆞ기를 ᄭᅬᄒᆞᄆᆡ 겨유 오곡을 심어 일용을 이바지ᄒᆞᆯ ᄯᆞᄅᆞᆷ이라 물화를 ᄌᆡ운(載運)ᄒᆞᄂᆞᆫ[11] 긔계 슌편ᄒᆞ고[12] 물화 슈운ᄒᆞᄂᆞᆫ 갑

---

1. 화거: 기차. 화륜거. [원문] 火車. 같은 원문 '火車'를 아래 주석 4에서는 '화륜거'로 번역함.
2. ᄌᆞ뢰ᄒᆞ고: 의지하고. 자뢰(資賴): 밑천으로 삼음. ¶궁ᄒᆞᆫ 사ᄅᆞᆷ을 자뢰ᄒᆞ믈 됴하ᄒᆞ니(落泉登雲 4:10). cf. 자뢰(藉賴): 무엇을 빙자하여 의지함.
3. 정긴히: 정긴히. 정긴(精緊): 정묘하고 긴요함. 정요(精要).
4. 화륜거: 기차. [원문] 火車.
5. 졔되라: 제도(制度)이라.
6. 텰로: 철로(鐵路). '이언'에는 '철로'가 쓰이나 갑오경장(1894) 이후 자료들에는 일본식 한자어인 '철도'가 보편화한다. 이승녕(1967)의 '어휘사' 참고.
7. 됴발ᄒᆞ야: 조발(調發)하여. 징발(徵發)하여. [원문] 調軍. 조발(調發): ① 징발(徵發). ② 군사로 쓸 사람을 강제로 뽑아 모음.
8. 리편ᄒᆞ게: 이편하게. 편리하게. 이편(利便): 편리(便利).
9. 신식(信息): 소식이나 편지.
10. 토옥(土沃)ᄒᆞ미: 토지가 비옥함이. 땅이 기름짐이.

ᄉᆞᆯ 렴ᄒᆞ게 ᄒᆞ면 【35ㄱ】 온ᄀᆞᆺ 심은 거ᄉᆞᆯ 가지고 즉ᄀᆡᆨ[13] ᄂᆡ의 이곳에 유여(有餘)ᄒᆞᆫ[14] 거ᄉᆞ로 져곳의 부족ᄒᆞᆫ 거ᄉᆞᆯ 구졔ᄒᆞ면 리를 어드미 ᄒᆞᆼ샹 몃 갑절이 될 거시니 수 년 후에 민간의 져축ᄒᆞᆫ 거시 ᄌᆞ연 요족ᄒᆞ야[15] 그 공효[16]를 심샹ᄒᆞᆫ[17] ᄃᆡ 비기지 못ᄒᆞᆯ ᄇᆡ라 혹 슈ᄌᆡ(水災)와 한ᄌᆡ(旱災)에 우연이 편벽된 ᄌᆡ앙이 잇셔도 ᄯᅩᄒᆞᆫ 능히 량식을 슈운ᄒᆞ야 ᄇᆡᆨ셩의 곤ᄒᆞ믈 구졔ᄒᆞᆯ 만ᄒᆞ니 녯적의 미국 셔븍(西北) 려산(余山)[18] 고ᄋᆞᆯ에 ᄒᆡ변(海邊)이 만

---

11. ᄌᆡ운ᄒᆞᄂᆞᆫ: 재운(載運)하는. 운반하는. 재운(載運): 실어 나름. 운반. [원문] 載物.
12. 슌편ᄒᆞ고: 순편(順便)하고. 순편(順便): 일이 거침새 없이 편함. [원문] 良便.
13. 즉ᄀᆡᆨ: 즉각(卽刻). 즉시. 바로. [원문] 立.
14. 유여ᄒᆞᆫ: 여유 있는. 유여(有餘): 여유가 있음. [원문] 有餘. cf. 여유(餘裕): 모자라지 않고 넉넉함. '유여'는 한자가 '裕餘 – 有餘'를 구별하기도 하나 여기서는 문맥상 차이가 없다.
15. 요족: 요족(饒足). 살림이 넉넉함. 요부(饒富). 부요(富饒).
16. 공효(功效): 공을 들인 보람.
17. 심샹ᄒᆞᆫ: 심상(尋常)한. 보통의. 심상하다: 대수롭지 않고 예사롭다. [원문] 餘三餘一.
18. 려산: 여산(余山). [원문] 余山. '녯적의 미국 셔븍(西北) 려산(余山) 고ᄋᆞᆯ에……십팔만 호에 니ᄅᆞ니 이ᄂᆞᆫ 부강ᄒᆞᆫ 큰 효험이라': [원문] 昔美國西北之**余山郡**地多瀕海曠邈無垠 當道於數年前開設火車鐵路近通東郡遙接**金山** 有是百貨流通商賈輻輳 戶口增至十有八萬有冊可稽此富庶之明效大驗也.
중국의 '해국도지'(海國圖志, 1844), '영환지략'(瀛環志略, 1848)을 비롯한 중국, 미국에서 발행된 19세기 지도 자료에는 '余山'이란 지명을 보여 주는 지도가 아직 확인되지 않고 있다. 위 내용이 '이언'의 수정확대판인 '성세위언'(盛世危言, 1894)의 '鐵路'(上)에도 그대로 나오는데 그곳에는 '이언'의 '戶口增至十有八萬……大驗也' 부분이 '戶口陡增百萬有奇此鐵路之便於通商也'라고 나와 인구가 100만으로 늘어났다고 적었다. 그러나 미국 인구에서 이 1890년대에 100만 이상의 도시는 뉴욕(250만), 시카고(110만), 필라델피아(105만)이고 서부 대표 도시인 로스앤젤레스(5만), 샌프란시스코(30만), 포틀랜드(4만6천), 시애틀(4만3천) 수준이라(www.demographia.com/db-uscity1850.htm 참고) 서북 지역에서 18만에서 100만으로 20년 사이에 폭증한 '려산'에 해당하는 도시를 찾기가 어렵다. 정관응의 정보가 지역 범위를 넓게 잡고 본 것으로 전제한다면 두 곳을 후보로 볼 수 있다. 먼저 '려산군'은 오리건(Oregon) 주의 초기 카운티 중에 1843년에 설립된 얌힐 카운티(Yamhill County)로 추정된다. '余山'의 발음은 [yushan]이라 Yamhill의 Yam은 [yu]와 통하고 hill은 '山' [shan]과 통한다. 얌힐 카운티는 오리건 주도(州都)인 세일럼(Salem) 북부와 포틀랜드(Portland) 남부 지역에 위치한 카운티로 초기에는 '오리건의 어머니'(Mother of Oregon)로 불린 대표적 카운티로 캘리포니아 접경지까지 닿았다고 할 만큼 광활한 해안, 평원, 산악 지역이었으며 오리건의 초기 개척사에서 번창했던 곳이다(Corning 1956:276). 이 지역은 '오리건 트레일'(Oregon Trail)이라 하여 미국 동부 지역 개척자들의 서북미 개척 통로로 알려진 미국 북부 횡단 통로가 있고 이 통로를 중심으로 철도가 1860년대부터 구상되어 오리건의 제1 무역항인 포틀랜드에서 동부 세인트 폴(St. Paul), 시카고(Chicago)로 잇는 북태평양선(Nothern Pacific Railroad)이 1883년 개통되어 동군과 통한다. 오리건 남북을 잇는 포틀랜드(Portland) – 로즈버그(Roseberg) 간 철도도 1872년 개통되고 캘리포니아를 넘어 샌프란시스코까지는 1883년에 개통되었다(Riegel 1926:206, Clark 1939, www.co.yamhill.or.us/ 참고). 오리건 주 인구는 1880년경 17만 5천명으로 번성하였으며(http://bluebook.state.or.us/cultural/history/chron01.htm) '遙接金山'(금산과 멀리 접했다)이라 함은 오리건의 얌힐이 현재보다는 넓어 초기에는 캘리포니아 접경 지역까지 관할하였다고 하므로 샌프란시스코와 멀리 접했다고 인식한 것으로 보인다. 또한 오리건 주와 중국과의 무역도 당시 이루어져(Winther 1949:14 – 23) 정관응이 이 지역에서 1870년대에 활발히 이루어진 철로 개설과 관련하여 신흥 개발지인 서북미 지역을 주목한 결과 오리건 주 얌힐 카운티를 '余山'으로 적은 것이 아닌가 한다.
만약 얌힐이 아니라면 미국 캘리포니아(California) 주의 첫 도시이자 1854년 영구 주도(州都)가 된 새

코 너르기 한량이 업더니 당도지인(當道之人)[19]이 수년 젼의 화륜거와 텰로를 셜시ᄒᆞ야 갓가이 동군(東郡)[20] ᄯᆞ흘 통ᄒᆞ고 먼니 금산(金山)[21]을 졉ᄒᆞ니 일노 말ᄆᆡ암아 온ᄀᆞᆺ 물화를 통 【35ㄴ】 ᄒᆞ고[22] 샹괴[23] 모혀들며[24] 민개[25] 느러 십팔만 호에 니ᄅᆞ니 이ᄂᆞᆫ 부강ᄒᆞᆫ 큰 효험이라 일ᄌᆞᆨ 드르니 덕국(德國)[26]과 법국(法國)[27]이 셔로 빠호다가 덕국이 법국을 니긘 밧쟈ᄂᆞᆫ 덕국 군ᄉᆡ 법국 군ᄉᆞ보다 나은 쥴이 아니라 ᄯᅩᄒᆞᆫ 뎐긔션과 화륜거로 힝군ᄒᆞ기를 신속히 ᄒᆞ미라 량국이 빠호기 젼에 덕국 졔독(提督)이 법국 ᄉᆞ신ᄃᆞ려 말ᄒᆞ야 ᄀᆞᆯ오ᄃᆡ 만일 빠호고져 ᄒᆞ거든 아국이 십ᄉᆞ일 ᄂᆡ에 변방 디경으로 군ᄉᆞ 십만을 모흐고 군량과 긔계[28]를 다 쥰비ᄒᆞ리라 ᄒᆞ더니 그 후에 과연 그 말ᄃᆡ로 ᄒᆞ야 크게 승쳡(勝捷)ᄒᆞ엿고[29] 젼의 영국과 아라ᄉᆞ국이 셔로 빠호다 【36ㄱ】 가 아라ᄉᆞ국이 믄득 패ᄒᆞ엿시니 기

크라멘토(Sacramento)가 아닌가 한다. 새크라멘토는 1839년 스위스계 독일인 서터(John Sutter)가 개척한 도시로 그의 Sutte's Mill 공장의 기술자가 1848년 1월 새크라멘토 동부 지역에서 금광을 발견하면서 골드러시(Gold Rush, 1848–1855)의 중심지가 된다. 1849년에 이 지역을 중심으로 캘리포니아에 몰려든 인구가 9만이었으며 1855년에는 30만으로 늘어난다(http://en.wikipedia.org/wiki/California_Gold_Rush). 인접한 샌프란시스코(San Francisco) 항은 금을 찾아 유럽, 호주, 중국 등 전 세계에서 몰려든 사람들로 인구가 급증하여 중국인들은 샌프란시스코를 금산(金山)으로 불렀다. 위 원문에 '해변이 만코 너르기 한량업다'라고 하여 캘리포니아 평원 및 해안과 통하는 점, 1863년에 첫 대륙 철도가 새크라멘토에서 시작하여 중부 네브래스카(Nebraska) 주의 오마하(Omaha)까지 처음 개통한 점, 골드러시로 캘리포니아 인구가 수십만으로 늘어난 점, 특히 '遙接金山'이라 하여 샌프란시스코와 인접한 점이 이런 추정을 가능하게 한다. 이 경우의 '余山'이란 지명의 명명 근거는 미상이나 인근에 요세미티(Yosemite)의 이름에서 유래하였을 가능성을 추정케 한다. 그런데 새크라멘토 지역만의 인구는 1890년대에는 100만이 아닌 2만 6천인 점(www.demographia.com/db-uscity1850.htm), 새크라멘토는 미국에서 '서부' 지역이고 '서북' 지역으로 보지 않는다는 점이 이 추정의 약점이다. 따라서 우리는 오리건 주의 대표적 카운티인 얌힐 카운티를 예시하여 포틀랜드–시카고 철도(1883년 완공), 포틀랜드–로즈메리(1872년 완공)–샌프란시스코 철도(1883년 완공) 개발이 한창이던 오리건 지역 얌힐 카운티를 정관응이 '余山郡'으로 표현한 것이 아닌가 한다. 제2부 해제(解題) 4.3 차용어 사례 (2)항 참고.

19. 당도지인(當道之人/當塗之人): 학문과 도를 구하는 사람. 나라 일을 맡아보는 관리. [원문] 當道.
20. 동군(東郡): (미국의) 동부 지역.
21. 금산(金山): 미국 서부의 캘리포니아 특히 샌프란시스코. '구금산'(舊金山)이라고도 함. 샌프란시스코는 유길준의 '서유견문'(1895)에 '桑港 산프란세스코'로 나온다. '신금산'(新金山)은 호주의 멜버른(Melbourne). cf. 금산(金山): 금광(金鑛).
22. 온ᄀᆞᆺ 물화를 통ᄒᆞ고: 온갖 화물을 유통하고. [원문] 百貨流通.
23. 샹괴: 샹고(商賈) + ㅣ.
24. 모혀들며: 모여들며. [원문] 輻輳.
25. 민개: 민가(民家) + ㅣ. [원문] 戶口.
26. 덕국(德國): 독일.
27. 법국(法國): 프랑스.
28. 긔계: '병기'(兵器)의 옛말. ¶ᄆᆞᆯ ᄐᆞᆫ 군ᄉᆡ ᄆᆞᆯ게 오ᄅᆞ며 거른 군ᄉᆡ 긔계ᄅᆞᆯ 자브라(연병지남 5). 거른 군ᄉᆞᄂᆞᆫ 긔계ᄅᆞᆯ 자바 수ᄅᆡ예 븟ᄃᆞᆺ고(연병지남 20, 21).
29. 승쳡ᄒᆞ엿고: 승첩(勝捷)하였고. 승리하였고. 승첩(勝捷): 승전(勝戰). [원문] 全勝.

시(其時)[30]에 아라ᄉᆞ국이 만일 텰로를 먼져 ᄆᆡᆫᄃᆞ려시면 승패를 혜아리기 어려올지라 량국이 셔로 빠호ᄆᆡ 어ᄂᆡ 나라히 군ᄉᆞ를 모호ᄃᆡ 능히 속히 ᄒᆞ고 ᄯᅩ 만히 ᄒᆞᄂᆞᆫ 쟈를 싊혀 보면 승부를 가히 침쟉ᄒᆞᆯ지라[31] 만일 군량(軍糧)을 쉽게 슈운ᄒᆞ지 못ᄒᆞᆯ 섄 아니라 거죄[32] 창황(倉皇)ᄒᆞ야[33] 군졍(軍情)이 위급ᄒᆞ믈 면치 못ᄒᆞ리라 이졔 아라ᄉᆞ국이 긔계 짓기를 졍긴히 ᄒᆞ니 만일 져의 나라로붓허 즁국 디경ᄭᆞ지 텰로를 ᄭᆞ랏다가 일죠에 군ᄉᆞ를 ᄡᅳ면 불 【36ㄴ】 과 반월(半月)의 가히 즁국의 득달ᄒᆞ려니와[34] 이 길이 업ᄉᆞᆫ즉 군ᄉᆞ를 됴발ᄒᆞ고 군량을 슈운ᄒᆞᄆᆡ 셰월만 허비ᄒᆞ고 밋쳐 다 모히지 못ᄒᆞ야 뎍병이 임의 디경에 지날 거시오 영국이 만일 인도의 텰로를 ᄭᆞ라 운남 변방 디경ᄭᆞ지 온즉 힝군ᄒᆞᆫ지 불과 오일에 가히 득달ᄒᆞᆯ 거시니 말ᄉᆞᆷ이 이에 밋ᄎᆞᄆᆡ 엇지 송구ᄒᆞ믈 니긔리오 대뎌 텰로를 셜시ᄒᆞᄂᆞᆫ 거시 방비ᄒᆞᄂᆞᆫ ᄃᆡ 유익ᄒᆞ믄 잇고 해로올 근심은 업ᄉᆞ니 즁국의셔 이졔 완완ᄒᆞᆫ[35] 일노 바려두기ᄂᆞᆫ 결단코 못ᄒᆞ리라 그러나 텰로를 ᄆᆞᆺ당히 황셩(皇城)[36]으로 도회쳐[37]를 ᄉᆞᆷ고 여러 길을 난 【37ㄱ】 호와 각 ᄉᆡᆼ(省)으로 통ᄒᆞ야 가게 ᄒᆞᄃᆡ 원근이 셔로 통ᄒᆞ고 슈미(首尾)를 셔로 응ᄒᆞ게 ᄒᆞ며[38] 혹 인가(人家)와 분묘(墳墓)의 다다칠[39] ᄃᆡ 잇거든 ᄆᆞᆺ당히 길을 돌녀 피ᄒᆞ게 ᄒᆞ면 거의 국가 대ᄉᆞ를 져희(沮戲)ᄒᆞᄂᆞᆫ[40] ᄉᆞ단(事端)[41]

---

30. 기시(其時): 그때에. [원문] 彼時.
31. 침쟉: '짐작'(斟酌)의 원말.
32. 거죄: 거조(擧措) + ㅣ. 거조: ① 말이나 행동 따위를 하는 태도. ② 어떤 일을 꾸미거나 처리하기 위한 조치. ③ 큰일을 저지름. ¶만일 금지의 말을 더 듣고 있다가는 한길 가에서 무슨 거조가 날지 자기도 알 수 없었던 것이다(현진건, 무영탑). 고 씨는 당장 무슨 거조를 낼 듯이, 연하여 높은 소리로 "네, 이놈!" 하고……(채만식, 태평천하).
33. 창황ᄒᆞ야: 어찌할 사이 없이 급작스러워. [원문] 倉皇.
창황(倉皇/蒼黃)하다1: 미처 어찌할 사이 없이 매우 급작스럽다. 창황(倉皇/蒼黃): 창졸(倉卒). ¶너무도 창황 중의 일이라, 나도 미리 생각한 바가 없고……(김동인, 운현궁의 봄).
창황(敞怳/惝怳)하다2: 놀라거나 다급하여 어찌할 바를 모르다. ¶허둥지둥 짐을 수습하여 가방을 창밖으로 내주고 내려왔다. 뒤미쳐서 양복쟁이 하나도 창황히 따라 내리었다(염상섭, 만세전).
'표준국어대사전'에서는 '창황하다 1, 2'를 구분하는데 이 둘이 의미상 동의어 관계를 보이므로 '이언'에서 두 번(1:36ㄴ과 발8ㄴ) 나오는 '창황ᄒᆞ-'는 '倉皇/蒼黃'이나 '敞怳/惝怳'으로 보아도 된다.
34. 득달ᄒᆞ려니와: 도달하려니와. 득달(得達): 목적한 곳에 도달함. 또는 목적을 이룸.
35. 완완ᄒᆞᆫ: 느릿느릿한. 완완(緩緩)ᄒᆞ다: 동작이 느릿느릿하다.
36. 황셩: 황성(皇城). 황제가 있는 수도. [원문] 京都.
37. 도회쳐: 도회처(都匯處). 물길이 모이는 곳. 여기서는 '여러 곳을 연결하는 중심처, 곧 수도'의 뜻. [원문] 總匯. 匯: 물 합할 회. cf. 도회처(都會處): 도회지.
38. 슈미(首尾)를 셔로 응ᄒᆞ게 ᄒᆞ며: 수미상응하며. [원문] 首尾相應.
39. 다다칠: 다닥칠. 마주칠. 다다치다: '다닥치다'의 옛말. 다닥치다: ① 서로 마주쳐 닿거나 부딪치다. ¶세상일이란 생각할 때는 어려워도 다닥쳐 보면 쉬우니라(현진건, 지새는 안개). ② (일이나 사건 따위가) 바싹 가까이 닥치다. ¶풍신수길이 벼르고 벼르던 임진 새해가 다닥쳤다(박종화, 임진왜란). [원문] 礙.

을 면ᄒᆞᆯ 거시오 각 ᄉᆡᆼ에 치우쳐 잇ᄂᆞᆫ 고ᄋᆞᆯ의도 ᄯᅩᄒᆞᆫ 슐위 단닐 길을[42] 닥고 말게 메ᄂᆞᆫ 슐위[43]ᄅᆞᆯ 만히 작만ᄒᆞ야[44] 왕ᄅᆡᄒᆞ며 슈운ᄒᆞ게 ᄒᆞ되[45] 화륜션의 죵션[46] 두ᄃᆞ시 ᄒᆞ면 허비ᄂᆞᆫ 비록 만흐나 리로오미 심히 너ᄅᆞ니 진실노 능히 이ᄅᆞᆯ 판비ᄒᆞᆫᄌᆞᆨ[47] 슈로의ᄂᆞᆫ 화륜션이 잇고 륙디의ᄂᆞᆫ 텰뢰 잇셔 일이 잇ᄉᆞᆫᄌᆞᆨ ᄎᆡᆨ응ᄒᆞ기[48] 극히 편ᄒᆞ고 일이 업ᄉᆞᆫᄌᆞᆨ 샹고의 【37ㄴ】 게 심히 유익ᄒᆞ리니 그 리로오미 엇더ᄒᆞᆯ고 대뎌 텬하 일은 덧덧ᄒᆞ믈 직희고 변통ᄒᆞ지 아니ᄒᆞᆫᄌᆞᆨ 공효ᄅᆞᆯ 도모ᄒᆞ기 어렵고 시셰ᄅᆞᆯ 인ᄒᆞ야 ᄆᆞᆺ당ᄒᆞᆫ 법을 지은ᄌᆞᆨ 리롭지 아니ᄒᆞᆯ ᄇᆡ 업ᄂᆞ니 셔국(西國) 텰로ᄅᆞᆯ 샹고ᄒᆞ건ᄃᆡ 쳐음의ᄂᆞᆫ 혹 수십 리 혹 수ᄇᆡᆨ 리ᄅᆞᆯ 시작ᄒᆞ엿다가 그 후에 련쇽ᄒᆞ야 ᄆᆡᆫᄃᆞᆫ 거시니 만일 경비 부족ᄒᆞᆯ가 념려ᄒᆞᆯ진ᄃᆡ 몬져 요긴ᄒᆞᆫ 길에 죠고마치 시험ᄒᆞ야 ᄇᆡᆨ셩으로 ᄒᆞ야곰 문견(聞見)[49]에 익어 유익ᄒᆞ믈[50] 알게 ᄒᆞᆫ 연후에 샹고ᄅᆞᆯ 블너 이어 ᄆᆡᆫᄃᆞ러 ᄎᆞ례로 미루여 널게 ᄒᆞᆯ 거시니 이졔 셰곡(稅穀) 조운(漕運)ᄒᆞ기ᄅᆞᆯ[51] 바다길노 ᄒᆡᆼᄒᆞ 【38ㄱ】 게 ᄒᆞᄆᆡ 젼보다 심히 ᄲᆞ르되 당ᄉᆞ지인[52]이 바다길이 고요ᄒᆞ지 못ᄒᆞ믈 념려ᄒᆞ야 하슈로 슈운ᄒᆞᄂᆞᆫ 녯 졔도ᄅᆞᆯ 회복고져 ᄒᆞᄂᆞ니 인력을 크게 허비ᄒᆞ야 슈운ᄒᆞᄂᆞᆫ 법을 회복ᄒᆞᄂᆞᆫ 거시 이 인력을 옴겨 텰로ᄅᆞᆯ 셜시ᄒᆞᄂᆞᆫ 것과 엇더ᄒᆞᆯ고 셔국에셔 근ᄅᆡ ᄉᆡ 규식으로[53] ᄆᆡᆫᄃᆞᆫ 텰뢰 이시니 너븨ᄂᆞᆫ 한 ᄌᆞ히 남즛ᄒᆞ고 ᄯᅩ

---

40. 져희ᄒᆞᄂᆞᆫ: 저희(沮戲)하는. 방해하는. 저희(沮戲): 귀찮게 굴어서 방해함. [원문] 阻撓. 阻: 험할, 멀 조. 撓: 어지러울 요.
41. ᄉᆞ단: 사단(事端). 사건의 단서. 또는 일의 실마리.
42. 슐위 단닐 길: 수레 다닐 길. [원문] 車路.
43. 말게 메ᄂᆞᆫ 슐위: 말에게 메는 수레. [원문] 馬車. 중세에는 여격 조사 'ᄋᆡ게/의게', 'ᄋᆡ그에/의그에'가 쓰였고 '게'만 쓰이기도 하였다. ¶ᄆᆞᆯ게 ᄇᆞᆯ이며 ᄉᆈ게 뻴여(馬踏牛觸, 구급간이방 1:79). 내믈왕의 아ᄃᆞᆯ 말ᄉᆞ흔이 예게 볼모되엿더니(동국신속삼강행실도 삼강 충1).
44. 작만ᄒᆞ야: 장만하여. '작만ᄒᆞ-'는 중세에 '장망ᄒᆞ-'가 쓰였다가 '쟝만ᄒᆞ-'로 변한 뒤 오늘날 '장만하-'로 남아 있는데 '이언'에는 '작만ᄒᆞ-'로 표기한 것을 보여 준다. ¶사ᄅᆞ미 病을 여희오져 ᄒᆞ거든 그 사ᄅᆞᆷ 위ᄒᆞ야 닐웨 밤나잘 八分齋戒 디녀 제 쟝망ᄒᆞᆫ 야ᄋᆞ로 쥬을 供養ᄒᆞ고(석보상절 9:32). 各各 兵 잠개 쟝망ᄒᆞ라(월인석보 11:29). 時節 차바ᄂᆞᆯ ᄀᆞ초 쟝망ᄒᆞ고(속삼강행실도 열21).
45. ᄒᆞ되: 하되. '-되'는 '이언'에서 거의 대부분 '-ᄃᆡ'로 나타난다. 바로 같은 쪽인 1:37ㄱ에서 'ᄒᆞ되'의 3행 앞에 '각 ᄉᆡᆼ(省)으로 통ᄒᆞ야 가게 ᄒᆞᄃᆡ'는 '-ᄃᆡ'를 보여 혼기를 보인다.
46. 죵션: 종선(從船). 큰 배에 딸린 작은 배. ¶부두에서 종선을 타고 기선으로 들어가면서도 우길이는 기선에 고장이 생겨서 떠나지 못했으면 하고 바랐다(한설야, 탑). [원문] 駁船. 駁: 얼룩말 박.
47. 판비ᄒᆞᆫᄌᆞᆨ: 마련하여 준비한즉. 판비(辦備): 마련하여 준비하는 것. [원문] 舉辦.
48. ᄎᆡᆨ응ᄒᆞ기: 서로 응해 돕기. 책응(策應): 쌍방이 계략을 통하여 서로 돕는 것. [원문] 策應.
49. 문견(聞見): 듣고 보아 얻은 지식. 견문(見聞). [원문] 見聞.
50. 유익ᄒᆞ믈: [원문] 利益.
51. 조운(漕運): ① 배로 물건을 실어 나름. 운조(運漕). 조전(漕轉). ② 현물로 받아들인 각 지방의 조세를 서울까지 배로 운반하던 제도. 내륙의 수로를 이용하는 수운 또는 참운(站運)과 바다를 이용하는 해운이 있다.
52. 당ᄉᆞ지인: 당사지인(當事之人). 어떤 일에 직접 관계가 있거나 관계한 사람. [원문] 當事者.

ᄒᆞᆫ 굿타여 평평ᄒᆞ게 ᄒᆞᆯ 거시 업고 아ᄅᆡ 나무를 셰워 시렁[54] ᄆᆡ듯 ᄒᆞ고 그 우희 다리를 노하 텰로 ᄡᅳᆯ ᄯᅢ의ᄂᆞᆫ 다리를 베풀고 아니 ᄡᅳᆯ ᄯᅢ의ᄂᆞᆫ 다리를 거두게 ᄒᆞ니 셔국에셔 므ᄅᆞᆺ 군ᄉᆞ를 ᄡᅳᆯ ᄯᅢ면 일노ᄡᅥ 급ᄒᆞᆷ믈 구 【38ㄴ】 졔ᄒᆞᄃᆡ 오ᄌᆞᆨ 텰로를 다ᄉᆞ리ᄂᆞᆫ 거시 창졸간에 가히 판비치 못ᄒᆞᆯ 거시오 ᄯᅩ 부비가 젹지 아니ᄒᆞ니 즁국이 만일 능히 이를 의방ᄒᆞ야 ᄒᆡᆼᄒᆞ면 가히 불우지변(不虞之變)[55]을 방비ᄒᆞ리라 혹이 나를 힐란ᄒᆞ야 ᄀᆞᆯ오ᄃᆡ 텰로를 ᄆᆡᆫᄃᆞ럿다가 셜ᄉᆞ 타국에셔 침범ᄒᆞᆯ ᄆᆞ음을 두어 삽시간(霎時間)[56]에 드러오면 졸디에 ᄆᆡᆺ쳐 방비ᄒᆞ지 못ᄒᆞᆯ 거시니 그 해를 가히 익의여[57] 말ᄒᆞ랴 ᄒᆞᄃᆡ 모로ᄂᆞᆫ 말이 텰뢰 아국 ᄃᆡ경에 잇셔 ᄂᆡ 임의로 조죵ᄒᆞᆯ 거시니 엇지 뎍병의 웅거ᄒᆞᆫ[58] ᄇᆡ 될가 념려ᄒᆞ리오 시험ᄒᆞ야 ᄉᆡᆼ각ᄒᆞ라 구라파 각국이 ᄂᆡ디(內地)에 드러오려 ᄒᆞ면 반ᄃᆞ시 【39ㄱ】 바다로 올 거시니 진실노 념례 잇거든 바다길을 엄금ᄒᆞᆯ 거시오 텰로에도 대병을 됴발ᄒᆞ야 직히미 무어시 어려오리오 만일 아라ᄉᆞ국 사ᄅᆞᆷ을 념려ᄒᆞᆯ진ᄃᆡ 셜시ᄒᆞᆫ바 텰로ᄂᆞᆫ 오직 산우ᄉᆡᆼ(山右省)[59]과 셤셔(陝西) 감슉ᄉᆡᆼ(甘肅省) ᄂᆡ디(內地)에 잇고 변방ᄭᆞ지 아니ᄒᆞ야시니 져의 ᄆᆞᆺ춤ᄂᆡ 바로 모라 드러오지 못ᄒᆞ리라 ᄂᆡ 셔인의게 드ᄅᆞ니 니ᄅᆞᄃᆡ 텰로ᄅᆞᆯ 셜시ᄒᆞ미 다섯 가지 리(利)ᄒᆞ미 이시니 어든 바 슈운ᄒᆞᄂᆞᆫ 부비에 각 항(項) 용도ᄅᆞᆯ 졔ᄒᆞᆫ 외에 나마는[60] 가히 국용(國用)[61]을 도을 거시니 리ᄒᆞᆫ 일이 하나히오 우연이 변방에 급ᄒᆞᆫ 일이 잇셔 군ᄉᆞᄅᆞᆯ 됴발ᄒᆞ고 군량 【39ㄴ】 을 슈운ᄒᆞ면 아ᄎᆞᆷ에 발ᄒᆞ야 져녁에 니ᄅᆞᆯ 거시오 평시의ᄂᆞᆫ 각 ᄉᆡᆼ의셔 오직 군ᄉᆞᄅᆞᆯ 조련ᄒᆞᆯ ᄲᅮᆫ이오 됴발ᄒᆞᄂᆞᆫ ᄋᆡᆨ수ᄅᆞᆯ 가히 침쟉ᄒᆞ야 감ᄒᆞᆯ 거시니 그 리ᄒᆞᆫ 일이 둘히오 임의 텰뢰 이시ᄆᆡ 각쳐 금은동텰 나ᄂᆞᆫ ᄃᆡ 다 ᄀᆡ뎜ᄒᆞ고[62] ᄏᆡ여 ᄂᆡᄆᆡ 슈운ᄒᆞ

---

53. ᄉᆡ 규식으로: 새 규식(방식)으로. [원문] 新式.

54. 시렁: 물건을 얹어 놓기 위하여 방이나 마루 벽에 두 개의 긴 나무를 가로질러 선반처럼 만든 것. ¶문으로 들어서서 바로 보이는 벽에는 노끈으로 얽어 달아매 놓은 시렁이 있다(최서해, 박돌의 죽음). [원문] 架.

55. 불우지변(不虞之變): 불우의 변고. 불우(不虞): 미처 생각하지 못함. 또는 뜻밖에 생기는 일. ¶불우의 재난 / 그와의 불우의 만남이 있고 난 뒤 내 마음속에는 잔잔한 파도가 일기 시작했다.

56. 삽시간(霎時間): 주로 '삽시간에' 꼴로 쓰여, 매우 짧은 시간. 삽시. 순시(瞬時). 편각(片刻).

57. 익의여: 이기어. '그 해를 익의여 말ᄒᆞ랴': 그 해가 말할 수 없이 심하다. [원문] 害可勝言哉.

58. 웅거(雄據)ᄒᆞᆫ: 어떤 곳에 굳세게 자리 잡고 버틴.

59. 산우ᄉᆡᆼ: 산우성(山右省). '산서성'(山西省)의 별칭. 반대로 '산동성'(山東省)은 '산좌성'이라고 함. 고대 사람들은 위치에 대하여 말할 때 '西'를 '右'로 보는 습관이 있다. 따라서 '농서'(隴西)를 '농우'(隴右)로 하고, '산서'(山西)를 '산우'(山右)로 한다.

60. 나마는: 나머지는. 나마: 나머지. '나마'에 대해서는 Ⅱ. 해제 4.1 (2) 참고. [원문] 餘.
'나마'는 고어사전들에서 보조사 용례의 '나마', 의존명사의 '나마'의 용례만 게재되어 있다. 그러나 위 용례는 자립명사 '나머지'에 해당하는 단어 기능을 보여 주어 추가로 올릴 만하다.

61. 국용(國用): ① 나라의 소용(所用). ② 나라의 비용(費用).

62. ᄀᆡ뎜ᄒᆞ고: 개점하고. 개점(開店): ① 가게를 새로 냄. ② 광산을 개업함. [원문] 開.

ᄂᆞᆫ 부비ᄂᆞᆫ 덜니고 팔나 가ᄂᆞᆫ 길은 속ᄒᆞ니 그 리ᄒᆞᆫ 일이 세히오 샹고들이 흥판(興販)ᄒᆞ야63 슈운ᄒᆞ기 경편(輕便)ᄒᆞᄆᆡ64 무역은 ᄂᆞᆯ노 왕셩ᄒᆞ고 셰젼(稅錢)65은 ᄂᆞᆯ노 더ᄒᆞ리니 그 리ᄒᆞᆫ 일이 네히오 문셔ᄅᆞᆯ 젼ᄒᆞ기 ᄲᆞᆯ나 텰로 잇ᄂᆞᆫ 곳의ᄂᆞᆫ 역참(驛站)66을 가히 혜아려 덜 거시니 그 리ᄒᆞᆫ 일이 다ᄉᆞᆺ시로ᄃᆡ 당ᄉᆞ지인이 【40ㄱ】 의혹ᄒᆞ고 념려ᄒᆞ야 감히 거ᄒᆡᆼ치 못ᄒᆞᄂᆞᆫ 밧쟈ᄂᆞᆫ 쳣재ᄂᆞᆫ 경비ᄅᆞᆯ 구획ᄒᆞ기67 어렵고 둘재ᄂᆞᆫ 쇼민(小民)의 리ᄭᅳᆺᄎᆞᆯ68 아ᄉᆞᆯ가 두려ᄒᆞ니 ᄇᆡᄅᆞᆯ 타고 술위ᄅᆞᆯ 몰며 문셔ᄅᆞᆯ 젼ᄒᆞ고 쇼식을 통ᄒᆞᄂᆞᆫ 등ᄉᆞ(等事)에 길이69 임의 편쳡(便捷)ᄒᆞᆫ즉70 져의 무리 업을 일우미 반ᄃᆞ시 만흐리라 ᄒᆞᄃᆡ 이ᄂᆞᆫ 그러치 아니ᄒᆞᆫ 거시 텰로ᄅᆞᆯ 비록 셜시ᄒᆞ엿시나 ᄇᆡᄂᆞᆫ 감ᄒᆞᆫ ᄇᆡ 업고 ᄯᅩ 텰로 겻히 말게 메ᄂᆞᆫ 술위 단니ᄂᆞᆫ 길이 이시니 술위 모ᄂᆞᆫ 재 ᄯᅩᄒᆞᆫ 가히 ᄉᆡᆼ애ᄒᆞᆯ71 만ᄒᆞ고 문셔ᄅᆞᆯ 젼ᄒᆞ고 쇼식을 통ᄒᆞᄂᆞᆫ 일이 젼에 비교ᄒᆞ면 속ᄒᆞ기ᄂᆞᆫ ᄒᆞ거니와 인ᄒᆞ야 이 무리ᄅᆞᆯ ᄡᅳ게 되면 무 【40ㄴ】 어시 ᄇᆡᆨ셩의게 해로오리오 관원 지어72 ᄇᆡᆨ셩에 셩긔(聲氣)73 통치74 못ᄒᆞ야 관원의 무신ᄒᆞ믈 ᄆᆡ양 두려ᄒᆞᄂᆞ니 만일 민간의셔 텰로ᄅᆞᆯ 맛타 짓ᄂᆞᆫ 재 이시면 그 슈운ᄒᆞᄂᆞᆫ 셰젼을 특별이 면ᄒᆞ야 쥬고 오 리(厘)식75 ᄂᆡᄂᆞᆫ 리젼을 아오로 쥬고 만일 관가에 리(利)가 부족ᄒᆞ거든 ᄆᆡ년에 본부 뎐결(田結)76의셔 바다 츙수ᄒᆞ야77 신(信)78을 ᄇᆞᆰ히고 쟝ᄉᆞ길을 너르게 ᄒᆞᆯ지라 쳐음의 즁국의셔 화륜션 짓기ᄅᆞᆯ 의론ᄒᆞᆯ ᄯᅢ에 모도혀79 시비ᄒᆞ기ᄅᆞᆯ 분분히

---

63. 흥판ᄒᆞ야: 무역하여. 거래하여. 흥판(興販): 한꺼번에 많은 물건을 흥정하여 사고파는 일.
64. 경편ᄒᆞᄆᆡ: 쉬우매. 경편(輕便): 가볍고 편하거나 손쉽고 편리함.
65. 셰젼: 세전(稅錢). 조세(租稅). ¶세전까지 내면서 네 활개 펴고 장사하는 왜놈을 무슨 수로 잡나, 잡길(박완서, 미망). [원문] 稅餉. 餉: 건량(乾糧), 군자금, 세금 향.
66. 역참(驛站): 조선 시대에 관원이 공무로 다닐 때에 숙식을 제공하고 빈객(賓客)을 접대하기 위하여 각 주(州)와 현(縣)에 둔 객사(客舍). 관(館). 참(站).
67. 구획(區劃)ᄒᆞ기: 준비하여 계획하기. [원문] 籌.
68. 리ᄭᅳᆺᄎᆞᆯ: 이(利)끝을. 리ᄭᅳᆺ: 이익을 얻는 실마리. 재물의 이익이 되는 점. [원문] 利.
69. 길이: 도로가. [원문] 路.
70. 편쳡ᄒᆞᆫ즉: 편하고 빠른즉. 편첩(便捷): 몸이 날램. 편리하게 다님.
71. ᄉᆡᆼ애ᄒᆞᆯ: 생애(生涯)할. 생계(生計)로 삼을. 이때의 '생애'는 '생계'의 뜻임.
72. 지어(至於): ~에 이르기까지. '심지어'의 준말. '관원 지어 ᄇᆡᆨ셩에'는 '관원에서 백성에 이르기까지'라는 뜻. [원문] 官之與民.
73. 셩긔: 성기(聲氣). ① 음성과 기운. ② 음성과 기색. ③ 힘을 줌.
74. 통치: 통하지. [원문] 通.
75. 오 리식: 오 리씩. 리(厘/釐): ① 비율을 나타내는 단위. 1리는 전체 수량의 1,000분의 1로 1푼의 10분의 1이다. ¶4할 3푼 5리. ② 길이의 단위. 1리는 1푼의 10분의 1로 0.3mm에 해당한다. ③ 무게의 단위. 주로 귀금속 따위의 무게를 잴 때 쓴다. 1리는 1푼의 10분의 1로 0.0375그램에 해당한다.
76. 뎐결: 전결(田結). 논밭에 물리는 세금. cf. 결세(結稅). [원문] 省地丁項.
77. 츙수ᄒᆞ야: 수효를 채워. 충수(充數): 수효를 채움. [원문] 扣足. 扣: 두드릴, 뺄, 덜, 당길 구.
78. 신(信): 신용. '신을 ᄇᆞᆰ히고'는 '신용을 밝히고'. [원문] 大信.

ᄒᆞ야 거의 즁지ᄒᆞ게 될너니 다ᄒᆡᆼ이 당ᄉᆞ지인[80]이 굿세게[81] 드러 ᄒᆡᆼᄒᆞᆫ 고로 이졔 샹고션(商賈船)[82]과 대포 실은 ᄇᆡ 달노 셩ᄒᆞ고 【41ㄱ】 ᄂᆞᆯ노 ᄉᆡ로와 므릇 셰곡 슈운ᄒᆞᄂᆞᆫ 것과 군량[83] 프러 드리ᄂᆞᆫ 것과 샹고의 왕ᄅᆡ와 물화의 류통ᄒᆞᄂᆞᆫ 거시 화륜션을 힘닙지 아니ᄒᆞ미 업고 ᄯᅩ ᄒᆡ랑적(海浪賊)[84]이 업셔지ᄆᆡ ᄒᆡ즁이 힘닙어 안연(晏然)ᄒᆞ엿거든[85] ᄒᆞ믈며 텰로의 리로오미 화륜션의셔[86] 갑절이나 되ᄂᆞᆫ 재랴 만일 이 의론을 힘ᄡᅥ 쥬쟝ᄒᆞ야 훼방을 도라보지 말며 슈고ᄅᆞᆯ 교계치[87] 말면 일이 되기 어렵지 아니ᄒᆞ나 그러나 소비 심히 만흐니 모로미[88] 셔국법을 의방ᄒᆞ야 스ᄉᆞ로 짓ᄂᆞᆫ 거시 이 죠흔 계교 될 거시오 만일 셔국 거ᄉᆞᆯ ᄉᆞ려 ᄒᆞ면 리ᄅᆞᆯ 몬져 일ᄒᆞᆯ 거시니 오직 스ᄉᆞ로 지어 스 【41ㄴ】 ᄉᆞ로 ᄡᅳᆫ 연후에야 ᄒᆡᆼᄒᆞ고 ᄭᅳᆺ치ᄂᆞᆫ 권셰를 ᄂᆡ 임의로 조죵ᄒᆞ며 공비(工費)[89]로 ᄡᅳᄂᆞᆫ 거시 외국에 나가지 아니ᄒᆞ게 ᄒᆞᆯ지니 감지우감(減之又減)ᄒᆞ야[90] 정(精)ᄒᆞᆯᄉᆞ록 더옥 정ᄒᆞ게 ᄒᆞ면 거의 즁국 부강ᄒᆞᆯ 긔틀[91]이 이 ᄒᆞᆫ 번 드ᄂᆞᆫ ᄃᆡ[92] 이시리라[93]

---

79. 모도혀: 모여. [원문] 聚. 모도혀다: '포괄하다'의 옛말. ¶括 모도혈 괄(신증유합 하57).
80. 당ᄉᆞ지인: 당사지인(當事之人). 당국자. [원문] 當軸者.
81. 굿셰게: 굳세게. [원문] 毅然.
82. 샹고션: 상고선(商賈船). 상선(商船). [원문] 商船.
83. 군량: 군량미. [원문] 兵糈. 糈: 양식, 젯메쌀 서. 젯메쌀: 제사에 쓰는 정(淨)한 쌀.
84. ᄒᆡ랑적: 해랑적(海浪賊). 해적(海賊). [원문] 海盜.
85. 안연ᄒᆞ엿거든: 평온해졌거든. 안연(晏然)하다: 불안해하거나 초조해하지 아니하고 차분하고 침착하다. 태평하다.
86. 화륜션의셔: 화륜선보다. '의셔'는 비교격.
87. 교계치: 교계(較計)하지. 교계(較計): 서로 견주어 살핌.
88. 모로미: 모름지기. [원문] 須. 중세어 '모로매'가 '모로미'로 변하여 쓰였음. '번역소학'에는 '모로매/모로미'가 같이 나타난다. 모로매: '모름지기'의 옛말. ¶믈읫 字ㅣ 모로매 어우러ᅀᅡ 소리 이ᄂᆞ니(훈민정음언해 13). 모로매 안히 이실 거시니(번역소학 8:5). 모로미 몬져 이러틋 ᄒᆞᆫ 이ᄅᆞᆯ 업시 ᄒᆞ야(번역소학 8:18).
89. 공비(工費): 공사에 드는 비용. [원문] 工費. 뒤의 1:42ㄴ '공비'(工費)와는 원문이 같으나 4:27ㄱ,ㄴ, 4:28ㄴ의 '공비'는 원문이 '公費'라 구별됨.
90. 감지우감ᄒᆞ야: 줄이고 줄여. 감지우감(減之又減): 덜어 낸 데에서 또 덞. 줄이고 줄여 아껴 씀. [원문] 省之又省. 省: 덜 생.
91. 긔틀: 기틀. 어떤 일의 가장 중요한 계기나 조건. [원문] 轉機.
92. ᄒᆞᆫ 번 드ᄂᆞᆫ ᄃᆡ: 일거에. [원문] 一擧.
93. 즁국 부강ᄒᆞᆯ 긔틀이 이 ᄒᆞᆫ 번 드ᄂᆞᆫ ᄃᆡ 이시리라: [원문] 中國富强之轉機在此一擧矣.

【일권 42ㄱ】

론 뎐보(論電報)

대뎌 셰샹에 지극히 신통ᄒᆞ고 지극히 속(速)ᄒᆞ야[1] 홀연이[2] 갓다가 홀연이 오ᄂᆞᆫ재 대개 번ᄀᆡ ᄀᆞᆺ튼 거시 업ᄉᆞ니 번ᄀᆡ를 빙쟈(憑藉)ᄒᆞ야 신식(信息)[3]을 젼ᄒᆞᆫ즉 그 ᄲᆞ르믈 가히 알지라 녯적에 미국 션ᄇᆡ 학업을 죠하ᄒᆞ며 ᄉᆡᆼ각을 깁히 ᄒᆞ야 격치지학(格致之學)[4]을 잘 ᄒᆞᆯᄉᆡ 번ᄀᆡ 잇ᄭᅳᄂᆞᆫ 법을 어더 셰샹에 ᄡᅳ기를 리롭게 ᄒᆞ니 이ᄂᆞᆫ 뎐긔션(電氣線)[5]에 말ᄆᆡ암아 시작ᄒᆞᆫ ᄇᆡ라 이졔 태셔(泰西) 각국에셔 다 뎐긔션을 베프러 산이 가렷던지 바다히 막혓던지 물론ᄒᆞ고 경ᄀᆡᆨ간[6]에 쇼식을 통ᄒᆞ니 진실노 고금에 업ᄂᆞᆫ 긔이【42ㄴ】ᄒᆞ믈 열고 죠화로 측량치 못ᄒᆞᆯ 비밀ᄒᆞ믈 루셜ᄒᆞ미라 량국이 흔단(釁端)[7]을 얽어 샹지(相持)ᄒᆞᆯ[8] 졔 뎐긔션을 힘닙어 군정(軍情)을 젼ᄒᆞᆫ즉 뎐긔션 잇ᄂᆞᆫ 쟈ᄂᆞᆫ 만히 니긔고 업ᄂᆞᆫ 쟈ᄂᆞᆫ 만히 패ᄒᆞ며 샹고(商賈)들이 물화(物貨)를 무역ᄒᆞᆯ 졔 뎐긔션을 빙쟈ᄒᆞ야 시셰를 셔로 통ᄒᆞᆫ즉 뎐긔션 업ᄂᆞᆫ 쟈ᄂᆞᆫ ᄒᆞᆼ샹 굽죄고[9] 잇ᄂᆞᆫ 쟈ᄂᆞᆫ ᄒᆞᆼ샹 넉넉ᄒᆞ니 부강ᄒᆞ게 ᄒᆞᄂᆞᆫ 공이 여긔 말ᄆᆡ암은지라 영국으로 의론ᄒᆞᆯ지라도 뎐긔션을 나라의셔 셜시ᄒᆞ엿더니 샹고ᄒᆞᄂᆞᆫ ᄇᆡᆨ셩

---

1. 속ᄒᆞ야: 빨라. 속(速)ᄒᆞ다: 빠르다.
2. 홀연이: 홀연(欻然)히. 어떤 일이 생각할 겨를도 없이 급히 일어나는 모양. 홀연(忽然)히. [원문] 倏. 倏: 잠깐, 갑자기 숙. '倐'의 속자.
3. 신식(信息): 소식. [원문] 信.
4. 격치지학(格致之學): 자연 세계의 구조를 탐구하는 자연과학. 청말(淸末)에 물리, 화학 등 자연 과학을 총칭한 말. 격치(格致): '격물치지'(格物致知)의 준말. '대학'(大學)에 나오는 '격물치지'(格物致知)에서 유래하여 실제 사물의 이치를 연구하는 학문으로 자연과학 특히 물리학을 가리킴.
5. 뎐긔션: 전기선(電氣線). 전선(電線).
6. 경ᄀᆡᆨ간: 경각간(頃刻間). 잠깐 사이.
7. 흔단(釁端): 서로 사이가 벌어지거나 다르게 되는 시초나 단서.
8. 샹지ᄒᆞᆯ: 상지(相持)할. 서로 고집 부릴. 상지(相持): 양보하지 않고 서로 자기 의견을 고집함. ¶남편은 이 산상에다가 축성하려 하고 아내는 시방 성 있는 곳에 쌓는 것이 옳다 하여 상지가 되다가……(최남선, 심춘순례).
9. 굽죄고: 떳떳하지 못하여 기를 펴지 못하고. ¶영식이는 자기에게 변명을 하며 조금도 마음에 굽죌 것은 없다고 생각하였다(염상섭, 취우). [원문] 絀. 絀: 물리칠, 굽힐 출.

이 뎐긔션을 ᄡᅳ고져 ᄒᆞᄂᆞᆫ 재 공비(工費)를 거두어 도로 밧치고 ᄆᆡ년 소입[10]에 뎐션국(電線局)[뎐긔션을 쥬장ᄒᆞᄂᆞᆫ 데라]에 드ᄂᆞᆫ【43ㄱ】잡비를 졔ᄒᆞ고 그 나마ᄂᆞᆫ 국용에 ᄎᆡ오며 본국에 군졍 비밀ᄒᆞᆫ 일이 이시면 분젼[11]을 허비치 아니ᄒᆞ고 능히 쇼식을 통ᄒᆞ니 그 리(利)로오미 엇지 널지[12] 아니ᄒᆞ랴 그러나 이ᄂᆞᆫ 오히려 태평시졀을 말ᄒᆞ미여니와 만일 량국이 셔로 ᄡᅡ화 긔이ᄒᆞᆫ 계교를 ᄂᆡ여 니긔기를 결단ᄒᆞᆯ 졔 뎐긔션이 더옥 요긴ᄒᆞᆫ 거시 되니 녯적에 보국[13]과 법국[14]이 셔로 ᄡᅡ홀 졔 보국 사ᄅᆞᆷ이 ᄒᆡᆼ군ᄒᆞᄂᆞᆫ 곳에 뎐긔션을 다 베플고 법국 사ᄅᆞᆷ의 베픈 바 뎐긔션은 다 보국 사ᄅᆞᆷ의 문허 바린[15] ᄇᆡ 된지라 이러므로 법국이 패ᄒᆞ고 보국이 니겻ᄂᆞ니 대뎌 즁국은 븍방【43ㄴ】에 도읍ᄒᆞ엿시ᄆᆡ 극남(極南)으로 가려 ᄒᆞ면 샹게(相距ㅣ) 만리(萬里)오 다른 ᄃᆡ도 수쳔 리 샹게되ᄂᆞᆫ ᄃᆡ 만흔지라 봉화(烽火)를 혀며[16] 슈ᄌᆞ리ᄒᆞᄂᆞᆫ[17] 군ᄉᆞ를 두나 급ᄒᆞᆫ 일이나 겨유 보ᄒᆞᆯ ᄲᅮᆫ이오 말ᄉᆞᆷ을 능히 통ᄒᆞᆯ 길이 업ᄉᆞ며 군ᄉᆞ를 베프려 호령을 젼ᄒᆞ나 여러 ᄂᆞᆯ 지톄ᄒᆞ야 그릇되ᄂᆞᆫ 일이 만흐니 ᄒᆡ변 요긴ᄒᆞᆫ 곳의 포ᄃᆡ[돈ᄃᆡ[18]를 모흐고 대포를 버려[19] 둔 곳이라]를 두고 ᄯᅩ 젼션(戰船)이 업ᄉᆞᆫ즉 포ᄃᆡ도 ᄯᅩᄒᆞᆫ 외로와 구원이 업ᄉᆞᆯ 거시오 젼션만 잇고 뎐긔션이 업ᄉᆞᆫ즉 젼션도 ᄯᅩᄒᆞᆫ 구원ᄒᆞ기를 밋쳐 못ᄒᆞᆯ 거시니 만일 뎍병이 나의 젼션 둔 곳을 알고 군ᄉᆞ를 합ᄒᆞ야 에워ᄡᅡ고 칠【44ㄱ】졔 뎐긔션으로 통긔(通寄)ᄒᆞ미[20] 업ᄉᆞ면 각쳐의셔 엇지 능히 ᄲᆞᆯ니 와 구원ᄒᆞ리오 젼션 하나히 실패ᄒᆞ면 소비도 불쇼(不少)ᄒᆞ거니와[21] 일노 인ᄒᆞ야 각쳐의셔 다 탈긔(奪氣)ᄒᆞᆯ지라[22] 슈로(水路)[23]로 황셩ᄭᆞ지 드러오ᄂᆞᆫ 졍도를

---

10. 소입(所入): 어떤 일에 쓰인 돈이나 재물. 경비(經費). ¶한 번 파산하였던 살림이라 신접과 다름이 없고, 또 의약의 소입이 적지 않아서 이사 밑천을 다 잘라먹었다(홍명희, 임꺽정).
11. 분젼: 분전(分錢). 푼돈. [원문] 分文.
12. 널지: 넓지.
13. 보국(普國): '프러시아'(프로이센)의 음역어인 '보로사'(普魯士)의 약칭.
14. 법국(法國): '프랑스'의 음역어인 '법란서'(法蘭西)의 약칭.
15. 문허 바린: 무너뜨려 버린. 앞의 1:30ㄴ의 '문허진다'처럼 '문허-'가 쓰였는데 '이언'에는 '믄허-'(3:12ㄴ, 3:37ㄱ, 4:16ㄴ)도 쓰였다.
16. 혀며: 켜며. ᅘᅧ다 > 혀다 > 켜다(點火, 彈, 鋸, 伸). 단, '引'의 뜻으로는 '혀다'가 '끌다'로 대치됨. ¶蘇油燈을 ᅘᅧ디 ᄯᅩ 幡數에 맛게 ᄒᆞ고(월인석보 10:119).
17. 슈ᄌᆞ리: 수(戍)자리. 국경을 지키던 임무. 위수(衛戍).
18. 돈ᄃᆡ: 돈대(墩臺). ① 조금 높직한 평지나 포 설치대. ② 봉화대. 여기서는 ①의 뜻. 포대(礮臺)는 조금 높직하게 만든 평지에 대포를 설치하여 놓은 곳.
19. 버려: 벌이어. (대포를) 배열하게 하여. '버려'는 '벌 + 이 + 어'로 사동 접사 '-이-'가 결합한 것이다. '이언' 3:1ㄱ, 37ㄴ에는 '버러'가 나오는데 이는 '벌+어'의 구조이므로 '버려'와 구별된다.
20. 통긔: 통기(通寄/通奇). 통지(通知).
21. 불쇼(不少)ᄒᆞ거니와: 적지 않거니와. [원문] 不貲. 貲: 재물 자. 不貲: 셀 수 없이 많음.
22. 탈긔: 탈기(奪氣). 기세(또는 기운)를 빼앗김.

혜아리건ᄃᆡ ᄆᆞᆺ당히 몬져 바다 밋ᄒᆡ 뎐긔션 하나흘 셰워 량강(兩江)[24]과 오숑(吳淞)[25] 등쳐(等處)를 통ᄒᆞ게 ᄒᆞ고 일노 말ᄆᆡ암아 민즁(閩中)[26]과 졀강(浙江)과 월동(粵東)에 바다를 통ᄒᆞᆫ 고을이어든 방ᄇᆡᆨ의게 신칙(申飭)ᄒᆞ야[27] ᄃᆡ형을 혜아려 ᄎᆞ례로 거힝ᄒᆞ게 ᄒᆞᆫ즉 경셩이 비록 머나 엄연이 지쳑(咫尺) ᄀᆞᆺᄐᆞ리라 혹이 니ᄅᆞᄃᆡ 뎐긔션을 셜시ᄒᆞ면 진실노 유익ᄒᆞ거니와 경비 과【44ㄴ】히 만흐니 판츌(辦出)ᄒᆞ기[28] 쉽지 아닌지라 엇지ᄒᆞᆯ고 나ᄂᆞᆫ ᄀᆞᆯ오ᄃᆡ 뎐긔션을 셜시ᄒᆞᄂᆞᆫ 곳이 바다 밋ᄒᆡ 잇ᄉᆞᆫ즉 어렵고 그 갑시 ᄌᆞ못 만히 들녀니와 평디에 이시면 젹이 쉽고 갑시 ᄯᅩᄒᆞᆫ 경ᄒᆞᆯ 거시니 창ᄀᆡ(創開)ᄒᆞ기가[29] 어려올 쥴 명명(明明)이[30] 아나 대ᄉᆞ관두(大事關頭)[31]에 실노 대리(大利)ᄅᆞᆯ 바들 거시오 젼(前)에 뎐긔션으로 쇼식을 젼ᄒᆞᆯ 졔 오히려 외국 글ᄌᆞ로 ᄡᅥ시니 반ᄃᆞ시 번역ᄒᆞᆫ 후의야 알너니 이졔ᄂᆞᆫ 뎐긔션[32]에 ᄉᆡ로 ᄂᆞᆫ 글[33]이 잇셔 즁원 글노 곳쳐 ᄡᅥ시니 젼의 비ᄒᆞ면 더옥 편ᄒᆞᆫ지라 만일 비밀ᄒᆞᆫ 일을 젼ᄒᆞᆯ진ᄃᆡ 뎐긔션 쥬장ᄒᆞ야 다ᄉᆞ리ᄂᆞᆫ 쟈도 오히려 아【45ㄱ】지 못ᄒᆞ거든 ᄒᆞ믈며 타인이 엇지 알니오 임의 루셜ᄒᆞᆯ 념려도 업고 ᄯᅩ 지쳬ᄒᆞᆯ 폐도 업ᄉᆞ리라 이졔 셔인(西人)이 ᄯᅩ 다리풍(爹釐風)[34][뎐긔션 ᄀᆞᆺᄐᆞᆫ 거시라]을 창ᄀᆡᄒᆞ야 쇼식을 젼ᄒᆞ게 ᄒᆞ니 더옥 심상치 아니ᄒᆞᆫ지라 만일 즁국이 의론을 굿셰게 ᄒᆞ야 거힝ᄒᆞ게 ᄒᆞ야 그 ᄡᅳ기ᄅᆞᆯ 널게[35] ᄒᆞ며 ᄯᅩ 샹고의게 븟쳐 쇼식을 젼ᄒᆞ게 ᄒᆞ고 소입을 침쟉ᄒᆞ야 슈셰(收稅)ᄒᆞᆫ즉 일이(一二) 년간(年間)에 반ᄃᆞ시 쳐음에 셜시ᄒᆞ던 소입을 츄수ᄒᆞᆯ 거시오 그 후에 슈셰

---

23. 슈로: 수로(水路). 물길. [원문] 水道.
24. 량강: 양강(兩江). 상해 근처에 있는 절강성과 강소성을 가리킴. 예전에 '양강총독'(兩江總督)이라 하면 절강(浙江)과 강소(江蘇)를 관리하는 총독을 가리켰다.
25. 오숑(吳淞): 오(吳)는 강소성(江蘇省) 일대. 송(淞)은 강소성 태호(太湖)에서 발원하여 상해로 흐르는 강.
26. 민즁: 민중(閩中). 진(秦)나라 때의 군 이름. 지금의 복건성(福建省). 뒤에 월인(越人)이 살아 '동월'(東粵/東越)이라고도 함. '월'(粵)은 '월'(越)로도 부름.
27. 신칙(申飭): 단단히 타일러 경계함.
28. 판츌(辦出): 돈이나 물건 따위를 변통하여 마련하여 냄.
29. 창ᄀᆡ: 창개(創開). 창시. [원문] 創始.
30. 명명(明明)이: 명백히.
31. 대ᄉᆞ관두(大事關頭): 큰일의 가장 중요한 고비. 관두(關頭): 가장 중요한 지경. ¶성패(成敗)의 관두 / 흥망(興亡)의 관두에 서다 / 이 갈망하던 소원의 성취가 바로 혁명 세력을 성패의 관두에 올려놓았다는 것을 그들은 자각해야 할 것이다(조지훈, 돌의 미학). [원문] 大局攸關. 攸: 바(곳), 위태할, 아득할 유.
32. 뎐긔션: 전기선. 여기서는 '전보'를 가리킴. [원문] 電報.
33. ᄉᆡ로 ᄂᆞᆫ 글: 새로 난 글. [원문] 新書. 여기서는 전보용 모르스 부호와 같은 특수 부호를 가리킴.
34. 다리풍(爹釐風, diēlífēng 디에리펑): 전화(電話). 'telephone'의 음역어.
35. 널게: 넓게.

련면부졀(連綿不絶)ᄒᆞ야[36] 리로오미 무궁ᄒᆞ리니 진실노 나라의 유익ᄒᆞ고 ᄇᆡᆨ셩의게 편ᄒᆞᆯ 요긴ᄒᆞᆫ ᄉᆞ뮈라[37] 대뎌 화륜션과 양창대 【45ㄴ】 포(洋槍大礮) 등물(等物)을 즁국이 ᄒᆡ포[38] ᄡᆞᄆᆡ 리해샹반ᄒᆞᄃᆡ[39] 지어[40] 뎐긔션은 유리무해ᄒᆞ니[41] 엇지 드러 시험ᄒᆞ지 아니ᄒᆞ랴

---

36. 련면부졀: 연면부절(連綿不絶). 끊어지지 않고 계속 이어짐. [원문] 源源不絶. 源源: 물이 끊임없이 흐르는 모양. 연달아. 끊임없이.
    연면(連綿): 혈통, 역사, 산맥 따위가 끊어지지 않고 계속 잇닿아 있음. 면연(綿延).
    부절(不絶): 끊이지 아니하고 계속됨.
37. ᄉᆞ뮈라: 사무(事務)이라.
38. ᄒᆡ포: 해포. 한 해가 조금 넘는 동안. [원문] 有年
39. 리해샹반: 이해상반(利害相半). 이로움과 해로움이 서로 반반임. [원문] 損益猶爲參半. cf. 이해상반(利害相反): 이해관계가 서로 어긋나는 일.
40. 지어(至於): 심지어(甚至於). 현재 북한에서는 '지어'가 아직도 많이 쓰이고 있다. [원문] 至.
41. 유리무해(有利無害): 이롭고 해가 없음. [원문] 有益無損.

론 ᄀᆡᄀᆞᆫ(論開墾)

[밧출 ᄀᆡ쳑ᄒᆞ야 니ᄅᆞ혀믈 의론ᄒᆞ미라]

대뎌 나라의 부셰(負稅)[1]ᄂᆞᆫ ᄇᆡᆨ셩의게셔 나고 ᄇᆡᆨ셩의 먹ᄂᆞᆫ 거ᄉᆞᆫ 토디의셔 나ᄂᆞ니 이ᄂᆞᆫ 고금에 밧고지 못ᄒᆞᆯ 리치오[2] 셩인이 니ᄅᆞ신 바 덕이 이시면 이의 사ᄅᆞᆷ이 잇고 사ᄅᆞᆷ이 이시면 이의 토디 잇고 토디 이시면 이의 ᄌᆡ물(財物)이 잇고 ᄌᆡ물이 이시면 이의 ᄡᅳ이미 잇다 ᄒᆞ시니[3] 이졔 ᄒᆡᄂᆡ(海內)[4] 쳥평(淸平)ᄒᆞᄃᆡ[5] 각쳐의 묵은 밧치 일망무졔(一望無際)ᄒᆞ야[6] 플[7]만 ᄌᆞ욱ᄒᆞ니 그 연고ᄂᆞᆫ ᄌᆡ력이 업셔 그럴 ᄲᅮᆫ 아니라 실노 사ᄅᆞᆷ이 업ᄉᆞᆫ 연괴니 대개 병화(兵火/兵禍)[8]를 지닌 ᄉᆞᆺ희 도망ᄒᆞᆫ 재(者) 반히 남으니[9] 만일 플밧출 다 여러 녯 【46ㄴ】 법을 회복ᄒᆞ고져 ᄒᆞᆯ진ᄃᆡ 타쳐 ᄇᆡᆨ셩을 널니 블너 ᄀᆡ쳑ᄒᆞ게 ᄒᆞᆯ지라 이졔 민광(閩廣)[10] 등(等) ᄉᆡᆼ(省)에 혹 빈 ᄯᅡᄒᆡ 업고 오히려 노ᄂᆞᆫ ᄇᆡᆨ셩이 잇셔 도모(圖謀)ᄒᆞᆯ

---

1. 부셰: 부세(賦稅). 세금을 매겨서 부가함. '양세'(量稅)와 동의어.
2. 대뎌 나라의……밧고지 못ᄒᆞᆯ 리치오: [원문] 夫國之賦稅出於人民 民之供億出於土地.
3. 셩인이 니ᄅᆞ신 바……이의 ᄡᅳ이미 잇다 ᄒᆞ시니: [원문] 聖人所謂有德此有人 有人此有土 有土此有財 有財此有用也. 이 부분은 '대학'(大學) 십장(十章)에 나오는 구절이다. "是故 君子先愼乎德 有德此有人 有人此有土 有土此有財 有財此有用"(군자는 먼저 근신하여 덕을 이루어야 한다. 덕이 있으면 백성이 있고, 백성이 있으면 국토가 있고, 국토가 있으면 재화가 있고, 재화가 있게 되면 여러 곳에 풍부하게 쓰이게 된다).
4. ᄒᆡᄂᆡ: 해내(海內). 바다로 둘러싸인 육지라는 뜻으로, 나라 안을 이르는 말. ¶추위에 손발이 얼어 터지고 한 것은 오히려 해내에서 유치장으로 감방으로 끌려 다니며 싸워 온 분들이 몇 배 더했으리라고 생각합니다(이태준, 해방 전후). 구극(區極). 반 해외(海外).
5. 쳥평ᄒᆞᄃᆡ: 청평(淸平)하되. 청평하다: ① 세상이 잘 다스려져 태평하다. ② 성품 따위가 청렴하고 공평하다. [원문] 肅淸.
6. 일망무졔ᄒᆞ야: 끝없어. 일망무제(一望無際): 아득하게 멀고 넓어 끝이 없음. 일망무애(一望無涯). [원문] 連阡累陌. 阡: 두렁 천. 陌: 두렁 맥.
7. 플: '풀'의 옛말. ¶天地의 온가짓 됴ᄒᆞᆫ 것 내샴과 비와 이슬왜 ᄒᆞᆫ 플 저쥬미 ᄀᆞᆮᄒᆞ니(월인석보 13:54). 님긊 德은 ᄇᆞᄅᆞᆷ ᄀᆞᆮ고 효ᄀᆞᆫ 百姓은 플 ᄀᆞᆮᄒᆞ니 ᄇᆞᄅᆞ미 플 우희 불면(월인석보 2:72).
8. 병화(兵火/兵禍): '병화'(兵火: 전쟁으로 인한 화재) 또는 '병화'(兵禍: 전쟁의 참화). 전화(戰火/戰禍). [원문] 兵燹. 병선(兵燹): 병화(兵火). 난리 때문에 일어나는 불. 燹: 야화(野火) 선.
9. 남으니: 넘으니. [원문] 過半.
10. 민광(閩廣): 복건, 광동, 광서성을 총괄한 명칭. 민(閩)은 지금의 민족(閩族)이 살던 복건성 지방. 광

일이 업ᄉᆞ므로 ᄒᆡ외에 나가 고공(顧工)ᄉᆞ리ᄒᆞ니[11] 가히 ᄀᆡ쳑ᄒᆞᆯ 밧치 이시면 타향에 류리(遊離)ᄒᆞᆯ 리 업ᄉᆞᆯ지라 외양에 나가 타국 사ᄅᆞᆷ의게 업슈히믈 밧ᄂᆞ니 엇지 묵은 밧출 ᄇᆞᆰ히 사획(査覈)ᄒᆞ야[12] 법을 엄히 뎡ᄒᆞ고 타쳐 ᄇᆡᆨ셩을 만히 블너 ᄀᆡᄀᆞᆫᄒᆞ지 아니ᄒᆞ리오 ᄯᅩ ᄒᆞᆺ허 보ᄂᆡᆫ 군ᄉᆞ들이 혹 가히 도라갈 길이 업고 혹 도라가기ᄅᆞᆯ 원치 아니ᄒᆞᄂᆞᆫ 재 왕왕이 모혀 작란(作亂)ᄒᆞ니 능히 법을 베퍼 안무(按撫)ᄒᆞ고[13] ᄆᆡ(每) 명하(名下)에[14] 【47ㄱ】 밧출 쥬어 ᄂᆡᆺ젹의 군ᄉᆞᄅᆞᆯ 농ᄉᆞ의 븟치ᄂᆞᆫ 법을 의방(依倣)ᄒᆞ야[15] 일이 이시면 블너 ᄡᅳ고 일이 업ᄉᆞ면 힘ᄡᅥ 밧 갈게 ᄒᆞᆯ지니 임의 업(業) 업시 노ᄂᆞᆫ ᄇᆡᆨ셩을 안돈(安頓)ᄒᆞ며[16] ᄯᅩ ᄒᆞᆺ허진 군ᄉᆞᄅᆞᆯ 약속ᄒᆞ면 나라의 셰납이 이ᄅᆞᆯ 인ᄒᆞ야 츙실ᄒᆞᆯ 거시오 샹하에 져츅ᄒᆞᆫ 거시 이ᄅᆞᆯ 힘닙어 요부(饒富)ᄒᆞᆯ[17] 거시니 이ᄂᆞᆫ ᄒᆞᆫ 번 드러[18] 두어 가지 죠ᄒᆞᆫ 일이 ᄀᆞᆺ출지라 삼가 샹고ᄒᆞ건ᄃᆡ 복건ᄉᆡᆼ(福建省)에 ᄃᆡ만(臺灣)은 ᄒᆡ외에 외로이 잇셔 ᄯᆞᄒᆞᆫ 너르ᄃᆡ 사ᄅᆞᆷ은 희소ᄒᆞ고 극히 토옥(土沃)ᄒᆞ야 곡식이 만히 나니 임의 밧 갈아 먹고 부셰 밧ᄂᆞᆫ 외에 그 근쳐[19] ᄂᆡ산(內山) 좌우 각쳐에 임쟈 업ᄂᆞᆫ 묵은 밧 【47ㄴ】 치 가히 ᄀᆡ쳑ᄒᆞᆯ 만ᄒᆞᆫ 재 쳔수ᄇᆡᆨ 경(頃)[20]의 나리지 아니ᄒᆞ니[21] 만일 능히 ᄇᆡᆨ셩을 모화 밧 갈게 ᄒᆞ고 실샹(實狀)[22] 다ᄉᆞ린즉 들에 빈 ᄯᆞ히 업고 져ᄌᆞ에 노ᄂᆞᆫ ᄇᆡᆨ셩이 업게 ᄒᆞ면 나라와 ᄇᆡᆨ셩의게 유익ᄒᆞ미 불쇼(不少)ᄒᆞᆯ 거시오 그리 아닌즉 뎐토(田土)ᄂᆞᆫ[23] 한이 잇고 ᄉᆡᆼ령(生靈)[24]은 ᄂᆞᆯ노 셩ᄒᆞ니 일 년에 거두ᄂᆞᆫ 것도 오히려 넉넉지 못ᄒᆞ거든 편벽된 ᄌᆡ앙을 당ᄒᆞ면 엇지 견ᄃᆡ리오 근

(廣)은 광동, 광서성 지방.

11. 고공(顧工)ᄉᆞ리: 머슴살이. [원문] 傭工. 傭: 품팔이 용.
12. 사획ᄒᆞ야: 자세히 조사하여. 사획(査覈): 실정을 자세히 조사하여 밝힘. ¶군식 도라가는 날의 청컨대 사획ᄒᆞ야 그 사ᄅᆞᆷ을 어더 ᄲᅧ 쳐분을 기ᄃᆞ리마 ᄒᆞ엿더라(山城日記 102).
13. 안무(按撫)ᄒᆞ고: 백성의 사정을 살펴서 어루만져 위로하고.
14. ᄆᆡ 명하에: 매(每) 명하(名下)에. 사람의 매 이름마다.
15. 의방(依倣)ᄒᆞ야: 흉내 내어.
16. 안돈(安頓)ᄒᆞ며: 마음을 안정되게 하며. ¶흥선은 자기의 몸을 바로잡지를 못하고 마음이 들떠서 일어났다 앉았다 안돈되지 못한 행동을 계속하고 있었다(김동인, 운현궁의 봄).
17. 요부(饒富)ᄒᆞᆯ: 부요할. 살림이 넉넉할.
18. 드러: 들어(擧). 'ᄒᆞᆫ 번 드러': [원문] 一擧.
19. 근쳐: 근처(近處). [원문] 附近.
20. 경(頃): 중국에서 쓰던 논밭 넓이의 단위. 1경은 100묘(苗). 정보(町步).
21. '……의 나리지 아니ᄒᆞ니'는 '……보다 적지 않으니'의 뜻. [원문] 不下. 불하(不下): ① 못하지 아니하거나 적지 아니함. ② 항복하지 아니함.
22. 실샹: 실상(實狀). 실제의 상태나 정황으로.
23. 뎐토: 전토(田土). 밭과 토지. [원문] 土田.
24. ᄉᆡᆼ령: 생령(生靈). 생명(生命) 혹은 생민(生民). [원문] 生齒. 생치(生齒): ① 그해에 난 아이. ② 백성. 반 사령(死靈).

ᄅᆡ의 황셩의 잇ᄂᆞᆫ 모ᄃᆞᆫ 관원이 죠뎡의 루ᄎᆞ(屢次) 주쳥(奏請)ᄒᆞ야 각쳐 방ᄇᆡᆨ의게 신칙(申飭)ᄒᆞ야[25] 디방관을 동독(董督)ᄒᆞ야[26] 묵은 밧출 ᄀᆡ간ᄒᆞ고 슈도(水道)ᄅᆞᆯ 슈츅ᄒᆞᄂᆞᆫ 거시 ᄇᆡᆨ셩의게 가쟝 급ᄒᆞᆫ ᄇᆡ라 ᄒᆞ【48ㄱ】ᄃᆡ 각 쥬부현(州府縣) 관원들이 톄등(遞等)이 ᄌᆞ죠 되여[27] 다불과[28] 삼 년이오 혹 반년도 되니 안즌 ᄌᆞ리도 밋쳐 덥지 못ᄒᆞᄂᆞᆫ지라 그즁에 비록 하나 둘히 ᄇᆡᆨ셩의 일에 유의(留意)ᄒᆞᄂᆞᆫ[29] 쟤 이실지라도 결을치[30] 못ᄒᆞᄂᆞ니 치민(治民)ᄒᆞ기의 셩의(誠意) 잇ᄂᆞᆫ 사ᄅᆞᆷ으로 ᄒᆞ야곰 구지[31] 주쳥ᄒᆞ야[32] 일변 ᄇᆡᆨ셩을 블너 ᄀᆡ간ᄒᆞ며 일변 밧 갈니다가[33] 만일 밋쳐 료뎡(了定)치[34] 못ᄒᆞ야셔 졸연(猝然)이 이직ᄒᆞ면[35] 후에 오ᄂᆞᆫ 사ᄅᆞᆷ이 임의로 곳치다가[36] 일을 해롭게 ᄒᆞ미 족히 념려ᄒᆞᆯ 바오 일슷출 ᄂᆡ가 셜시ᄒᆞ고 셩공ᄒᆞ게 바려 두지 아니ᄒᆞ야 벼슬을 올마가고 필경 죄칙을 당ᄒᆞ

25. 신칙(申飭)ᄒᆞ야: 단단히 타일러 경계하여.

26. 동독(董督)ᄒᆞ야: 바로잡아 독려하여.

27. 톄등이 ᄌᆞ죠 되여: 체등(遞等)이 자주 되어. 신구 관리들이 자주 바뀌어. 톄등: 체등(遞等). 신임 관리와 전임 관리가 갈마듦. 또는 서로 교대함.

28. 다불과(多不過): 많다고 해야 고작. [원문] 不過. ¶낮이라서 그런지 다방에는 손님이 다불과 서넛 밖에 없었다. cf. 소불하(少不下): 적게 잡아도. 하불하. ¶특별 할인을 한다더라도 하루에 소불하 십 원쯤은 쳐주어야 할 테니……(채만식, 태평천하).

29. 유의(留意)ᄒᆞᄂᆞᆫ: 관심을 가지는. [원문] 留心. 여기서는 원문에 따라 '留意'로 보았는데 '有意'나 '留意'가 중복적인 문맥도 많아 '有意/留意'의 동의 관계로 풀어도 무방하다. 1:26ㄱ의 '유의ᄒᆞ면'(주석 88) 참고.

30. 결을치: 틈타지. 겨를을 갖지. 여유롭지. '결을치'는 '결을ᄒᆞ지'의 준말. 중세에는 '겨르ᄅᆞᇦ-, 겨르ᄅᆞᄫᅵ-, 겨르ᄅᆞ외-'가 쓰였으며 근대에는 '겨를ᄒᆞ-, 겨ᄅᆞᆯᄒᆞ-'가 나타난다. '결을ᄒᆞ-'는 '겨를ᄒᆞ-'의 과잉분철 표기이다.
겨르ᄅᆞᄫᅵ다: '한가롭다'의 옛말. ¶쥬의 坊이어나 뷘 겨르ᄅᆞᄫᅵᆫ ᄯᅡ히어나 자시어나 ᄀᆞ올히어나(석보상절 19:1).
겨르ᄅᆞᆸ다: '한가롭다'의 옛말. ¶阿蘭若ᄂᆞᆫ 겨르ᄅᆞᆸ고 寂靜ᄒᆞᆫ 處所ㅣ라 ᄒᆞᆫ ᄠᅳ디라(월인석보 7:4, 5).
겨를ᄒᆞ다: '틈타다'의 옛말. ¶迭當 겨를ᄒᆞ다(한청문감 1:20).
겨ᄅᆞᆯᄒᆞ다: ¶힝혀 날 졍ᄒᆞᆫ ᄃᆡ 군박히 되야 겨ᄅᆞᆯ치 못ᄒᆞ면(삼역총해 6: 15, 16).

31. 구지: 굳이.

32. 주쳥: 주청(奏請). 임금에게 아뢰어 청하던 일. 계청(啓請). [원문] 稟請. 품청(稟請): 윗사람이나 관청 따위에 여쭈어 청함.

33. 갈니다가: (밭을) 갈리다가. 갈게 하다가. '갈니다': '갈다'의 사동사. 갈+리+다. '표준국어대사전'에는 '갈리다'가 다음과 같이 피동사와 사동사 표제어로 올라 있으나 '갈리다'의 동음이의어가 많아 '(논밭이/논밭을) 갈리다'는 잘 쓰이지 않는다.
갈리다5: '갈다'의 피동사. ¶논이 깊이 갈리다 / 날이 가물어서 밭이 잘 갈리지 않는다.
갈리다8: (~에게 ~을) '갈다'의 사동사. ¶아직도 소에게 땅을 갈리다니 원 이럴 수가 있나……(정연희, 꽃을 먹는 하얀 소).

34. 료뎡치: 요정(了定)치. 결판을 내어 끝을 마치지.

35. 이직(移職/離職)ᄒᆞ면: 자리를 떠나 옮기면.

36. 곳치다가: 고치다가. [원문] 更張.

ᄂᆞ니 원컨ᄃᆡ 【48ㄴ】 몸의 즁임을 담당ᄒᆞᆫ 재 ᄆᆞᄋᆞᆷ을 졍(精)히 ᄒᆞ고 힘을 ᄆᆡᆼ렬이 ᄒᆞ야[37]식 법을 속히 뎡ᄒᆞ면 거의 국가의 창름(倉廩)[38]이 풍만ᄒᆞ고 ᄇᆡᆨ셩의 ᄌᆡ물이 ᄯᅩᄒᆞᆫ 부요ᄒᆞ리니 엇지 아름답지 아니ᄒᆞ랴

37. ᄆᆞᄋᆞᆷ을 졍히 ᄒᆞ고 힘을 ᄆᆡᆼ렬이 ᄒᆞ야: 마음을 정히 하고 힘을 맹렬(猛烈)히 하여. [원문] 心精力果.

38. 창름(倉廩): 국가의 창고(倉庫). [원문] 國帑. 帑: 금고 탕. 국탕(國帑): ① 나라의 창고. ② 나라의 재산. ¶국탕을 남용하다 / 임진왜란을 겪은 후, 나라의 국탕은 고갈되고 민심은 어지러웠다.

론 치한(論治旱)

[한ᄌᆡ 다ᄉᆞ림을 의론ᄒᆞ미라]

하ᄂᆞᆯ1에 ᄌᆡ앙(災殃)이 류ᄒᆡᆼ(流行)ᄒᆞᄆᆡ 어ᄂᆡ 나라의 업ᄉᆞ리오마ᄂᆞᆫ 일이 지ᄂᆞᆫ 후에 비로쇼 구원ᄒᆞ기ᄅᆞᆯ 도모ᄒᆞᄂᆞᆫ 거시 당ᄒᆞ기 젼에 미리 경륜(經綸)ᄒᆞᄂᆞᆫ2 것과 엇더ᄒᆞᆯ고 ᄒᆞ믈며 일이 국가와 ᄇᆡᆨ셩의게 계관(係關)ᄒᆞᆫ3 거시니 당도지인(當道之人)4이 더옥 몬져 힘ᄡᅳ기ᄅᆞᆯ ᄇᆞᆺ비 ᄒᆞᆯ ᄇᆡ라 이졔 셔븍(西北) 각 ᄉᆡᆼ(省)이 련쳡(連疊)히5 한ᄌᆡ(旱災)6ᄅᆞᆯ 만나고 동남의ᄂᆞᆫ ᄯᅩ 슈환(水患)이 만흐니 만일 농무(農務)7의 ᄆᆞᄋᆞᆷ을 젼쥬이8 ᄒᆞ지 아니ᄒᆞ다가 셜혹 일편(一偏)된 ᄌᆡ앙이 우연이 니ᄅᆞ면 엇지 ᄡᅥ 막을고 이졔 어린 의론(議論)9 세 됴목을 베프ᄂᆞ니 쳥컨ᄃᆡ ᄌᆞ세히 ᄀᆞᆯ【49ㄴ】ᄒᆡ라10 하나흔 ᄀᆞᆯ온11 구혁(溝洫)12[밧 ᄉᆞ이의 물길이라]을 치미오13 버거ᄂᆞᆫ14 ᄀᆞᆯ온 슈분(水糞)15[거름물이라]을 ᄡᅳ미오 버거ᄂᆞᆫ ᄀᆞᆯ온 나무

---

1. 하ᄂᆞᆯ: '하늘'의 옛말. ¶ᄉᆞᆯ보ᄃᆡ 하ᄂᆞᆯ도 마오 이 地獄애 아니 들아지이다(월인석보 7:14). 먼 ᄆᆞ른 하ᄂᆞᆯ와 兼ᄒᆞ야 조코 외ᄅᆞ왼 城은 雲霧에 그ᅀᅳᆨᄒᆞ야 기펫도다(두시언해 14:30).
2. 경륜(經綸)ᄒᆞᄂᆞᆫ: 어떤 포부를 가지고 일을 조직하고 계획하는. [원문] 綢繆. 주무(綢繆): 미리 빈틈없이 꼼꼼하게 준비함.
3. 계관(係關)ᄒᆞᆫ: 관계있는. ¶우리야 이 석수장이를 뜯어먹든지 삶아 먹든지 너희 놈에게 무슨 계관이 있단 말이냐?(현진건, 무영탑)
4. 당도지인(當道之人): 중요한 지위에 있는 사람. 당국자. [원문] 當軸者.
5. 련쳡히: 연첩(連疊)히. 첩첩(疊疊)히. 겹치게. 중첩(重疊)하여.
6. 한ᄌᆡ: 한재(旱災). 가뭄으로 인하여 생기는 재앙. 재한(災旱).
7. 농무(農務): 농사일. 농정. [원문] 農政.
8. 젼쥬이: 전주(專主)히. 전주(專主): 혼자서 일을 주관함. 'ᄆᆞᄋᆞᆷ을 젼쥬이': [원문] 專心.
9. 어린 의론: 어리석은 의견. 졸견. [원문] 末議. 말의(末議): 보잘것없는 의견. cf. 말의(末意): 본래의 뜻이 아닌 그 주변의 뜻.
10. ᄀᆞᆯᄒᆡ라: 가려라. 구별하라. ¶각각 德을 ᄀᆞᆯᄒᆡ고(소학언해 5:63).
11. ᄀᆞᆯ온: 가로대. 말하자면. ¶王制예 ᄀᆞᆯ오ᄃᆡ(소학언해 1:12).
12. 구혁(溝洫): 길가나 논밭 사이의 작은 도랑. 구회(溝澮). [원문] 溝洫. 溝: 봇도랑, 해자(垓字) 구. 洫: 봇도랑, 해자 혁.
13. 치미오: (물길, 도랑을) 침이오. [원문] 開.
14. 버거ᄂᆞᆫ: 다음은.

를 심으미니 난호와 말ᄒᆞᆫ즉 각각 ᄆᆞᆺ당ᄒᆞᆫ ᄇᆡ 잇고 아오로 힘ᄡᅳᆫ즉 유익ᄒᆞ믈 ᄀᆞᆺ쵸 바들 거시니 그 구혁을 치ᄂᆞᆫ 거ᄉᆞᆫ 엇더ᄒᆞ미뇨 녯젹에 하우시[16] 슈도[17]를 평(平)ᄒᆞ시고 구혁의 힘을 다ᄒᆞ시니 후직(后稷)[18]이 인ᄒᆞ야 농ᄉᆞᄒᆞᄂᆞᆫ 공(功)을 베프럿고 하은쥬(夏殷周) 삼ᄃᆡ(三代)의셔 다 인(因)ᄒᆞ야 ᄡᅳ니 곳 하ᄂᆞᆯ ᄌᆡ앙을 맛나도 젹디(赤地)[19] 쳔리 되엿단 말을 듯지 못ᄒᆞᆫ 쟈ᄂᆞᆫ 다 구혁의 공력이 만흐미러니 진(秦)나라에 밋쳐ᄂᆞᆫ 졍뎐법(井田法)을 폐ᄒᆞ고 밧 두던[20]을 놉히 ᄡᅡ하 갈픠[21]를 뎡 【50ㄱ】 ᄒᆞᄆᆡ 구혁 졔되 탕연(蕩然)이[22] 남으미 업ᄉᆞ니 그 후에 슈ᄌᆡ와 한ᄌᆡ 비로쇼 잇셔 ᄌᆡ앙이 두어 고ᄋᆞᆯ의 밋츤지라 한나라로 붓허 ᄡᅧ 오므로 션치(善治)ᄒᆞᄂᆞᆫ[23] 아젼(衙前)이 무리 지어 낫시ᄆᆡ 사ᄅᆞᆷ이 업ᄂᆞᆫ ᄇᆡ 아니로ᄃᆡ 졍뎐법을 결단코 회복지 못ᄒᆞᆯ 쥴 깁히 알고 오직 슈도(水道)를 ᄉᆞᆲ혀 근원을 치며 물골슬 인도ᄒᆞ고 시ᄂᆡ물을 소통ᄒᆞ며 슈문을 노하 져슈ᄒᆞ엿다가 터 노하 밧히 다히니[24] 한ᄌᆡ와 슈ᄌᆡᄅᆞᆯ 만나도 흉년 들가 근심 아니ᄒᆞᄂᆞ니 이ᄂᆞᆫ 졍ᄇᆡᆨ(鄭白)[25][방츅(防築)을 ᄆᆡᆫ들기로 유명ᄒᆞᆫ 사ᄅᆞᆷ이라]의 무리 방츅이 무궁ᄒᆞᆫ 리ᄅᆞᆯ 힘닙은 ᄇᆡ라 옹졍(雍正) 시졀(時節)에[26] 이현친왕(怡賢親王)[27]이 즁대신(衆大臣)으로 더 【50ㄴ】 브러 긔ᄂᆡ(畿內)[28]에 직례

---

15. 슈분(水糞): 거름물. '표준국어대사전'에는 등재되지 않은 단어임. [원문] 水糞.
16. 하우시: 하우씨(夏禹氏). 우(禹) 임금.
17. 슈도: 수도(水道). 물길. [원문] 水土. 수토(水土): 물과 흙. 또는 물과 풍토.
18. 후직(后稷): 중국 주(周) 나라의 시조로 여겨지고 있는 전설상의 인물. 순(舜) 임금을 섬겨 사람들에게 농사를 가르쳐 그 공으로 후직(后稷)의 지위에 올랐다고 전해진다.
19. 젹디: 적지(赤地). 흉년이 들어 거둘 농작물이 없는 땅. [원문] 赤地.
20. 두던: 언덕. 두둑. 둔덕. 두덩. ¶뎌 두던ㅅ가온ᄃᆡ 잇도다(내훈 2:122).
21. 갈픠: 천맥(阡陌). 천맥(阡陌)은 밭 사이의 길을 뜻하는 말로, 천(阡)은 남북으로, 맥(陌)은 동서로 난 길을 의미한다.
22. 탕연(蕩然)이: 탕연히. 탕연(蕩然): ① 텅 비어 있는 모양. ② 방자한 모양.
23. 션치ᄒᆞᄂᆞᆫ: 선치(善治)하는. 백성을 잘 다스리는.
24. 다히니: (물을) 대니. [원문] 灌漑.
25. 졍ᄇᆡᆨ: 정백(鄭白). 중국 전국 시대 한(韓)나라의 수공(水工)인 정국(鄭國)이 만든 수로 '정거'(鄭渠)와 한(漢)나라의 대부(大夫)인 백공(白公)이 만든 수로 '백거'(白渠)를 뜻함. 둘 다 섬서성 경계에 있음.
26. 옹졍 시졀: 옹정 시절(雍正 時節). 옹정(雍正, 1678-1735, 재위 1722-1735)은 청조(清朝) 제5대 옹정제의 연호. 성명은 애신각라 윤진(愛新覺羅 胤禛). 묘호 세종(世宗). 시호 헌제(憲帝). 강희제(康熙帝)의 넷째 아들이다. 별도로 황제 측근의 군기처대신(軍機處大臣)을 두고, 군기처가 내각을 대신하여 6부를 지배하게 하였다. 지방대관에게 주접(奏摺)이라는 친전장(親展狀)에 정치의 실정을 보고하도록 하였고, 그것을 황제 스스로 뜯어보고 주필(朱筆)로 주비(硃批: 비평)를 써서, 발신인에게 반송하여 지시를 내렸는데 나중에 이것을 편찬한 것이 '옹정주비유지'(雍正硃批諭旨)이다.
27. 이현친왕(怡賢親王): 옹정제의 이복형제인 이현친왕(1686-1730). 강희제의 제13자 애신각라 윤상(愛新覺羅 胤祥)으로 윤상은 생전에 충직했고 정치에 초연하여 제4자인 옹정제의 두터운 신임을 받아 이친왕(怡親王)으로 봉해졌고 호부(戶部) 삼고(三庫)를 관리하게 하였다. 이친왕이 별세하자 옹정제는 크게 비통해 하여 친히 빈소를 찾았고 3일간 조정을 잠시 폐하기도 하였다. 시호를 현(賢)이라

ᄉᆡᆼ(直隷城)29과 셔븍 각 ᄉᆡᆼ에 슈답(水畓)30을 크게 열어 졈졈 미루여 ᄒᆡᆼᄒᆞ고져 ᄒᆞ더니 ᄆᆞᆺᄎᆞᆷᄂᆡ 셩공치 못ᄒᆞ미 가셕(可惜)ᄒᆞ거니와 그러나 긔ᄂᆡ(畿內)에 슈답(水畓)은 지금ᄭᆞ지 ᄇᆡᆨ셩이 오히려 힘닙으니 슈도에 리ᄒᆞ미 어ᄂᆡ ᄯᆞ희 ᄆᆞᆺ당치 아니ᄒᆞ미 업ᄉᆞ믈 가히 볼지라 만일 각 ᄉᆡᆼ의 방ᄇᆡᆨ(方伯)31들이 능히 물 잇ᄂᆞᆫ ᄯᆞ희 슈도를 다 치고 물 업ᄂᆞᆫ 밧희 구혁(溝洫) 녯 법을 다시 강구ᄒᆞ야32 ᄇᆡᆨ셩으로 ᄒᆞ야곰 ᄆᆡ년 농ᄉᆞᄒᆞᆫ 틈의 슈도ᄅᆞᆯ 소통(疏通)ᄒᆞ고 구혁을 깁히 친즉 큰물33의 슈침ᄒᆞᄂᆞᆫ34 근심을 면ᄒᆞᆯ 거시오 큰 한ᄌᆡ(旱災)의 타계 마르ᄂᆞᆫ 념례35 업ᄉᆞ리니 그 일은 심히 쉽고 그 【51ㄱ】 공효(功效)ᄂᆞᆫ 심히 만ᄒᆞ니 이ᄂᆞᆫ 지혜 잇ᄂᆞᆫ 쟈를 기다리지 아니ᄒᆞ야 가히 알 거시오 평원 광야(曠野)의ᄂᆞᆫ 태셔(泰西) 풍거(風車)[무ᄌᆞ위라]36 ᄡᅳᄂᆞᆫ 법을 의방(依倣)ᄒᆞ야 인력에 슈고로오믈 ᄃᆡ신ᄒᆞ며 ᄒᆞᆫᄌᆡᄅᆞᆯ 만나거든 우물을 깁히 파고 풍거 힘으로 물을 기러 밧희 부으며 장마ᄅᆞᆯ 만나거든 슈도ᄅᆞᆯ 치고 풍거 힘으로 물을 퍼 인도ᄒᆞ야 강으로 부으면 공졍(工程)이 임의 덜니고 불쳘쥬야(不撤晝夜)ᄒᆞ리니37 일편된 ᄌᆡ앙을 엇지 족히 근심ᄒᆞ리오 그 슈분(水糞) ᄡᅳ기ᄂᆞᆫ 엇더케 ᄒᆞᄂᆞ뇨 샹고ᄒᆞ건ᄃᆡ 이 법이 동양의 셩ᄒᆡᆼ(盛行)ᄒᆞᄂᆞᆫ지라 ᄂᆡ 동양(東洋)의 노ᄂᆞᆫ 숀의

하였다. 친왕(親王): 황제의 아들이나 형제.

28. 긔ᄂᆡ: 기내(畿內/圻內). 수도와 가까운 땅. 수도권. 경기 지역. [원문] 畿輔.

29. 직례ᄉᆡᆼ: 직례성(直隷城). 조정 또는 정부에 직접 예속되는 성. 직례(直隷): 직접 예속함. 직속.

30. 슈답: 수답(水畓). ① 『농업』 고래실(바닥이 깊고 물길이 좋아 기름진 논). 고논·고답(-畓)·고래실논·구레논·수답(水畓). ¶올해는 고래실에도 호미모를 낼 정도로 가뭄이 극심하였다. 골답. ② 무논. ¶금년에는 워낙 봄 가뭄이 심한데다가 이앙기에는 비가 풍족지 못해서 수답 외에는 제때에 모를 심지 못했다(이기영, 고향).

31. 방ᄇᆡᆨ: 방백(方伯). '도지사'를 예스럽게 이르는 말. 관찰사로도 쓰임. [원문] 大吏. 대리(大吏): 고관(高官).

32. 강구(講求)ᄒᆞ야: 조사하고 구하여. 강구(講求): 조사하여 구함. [원문] 講求.
cf. 강구(强求): ① 구하기 힘든 것을 억지로 구함. ② 강요(强要).
강구(講究): 좋은 대책과 방법을 궁리하여 찾아내거나 그런 대책을 세움.

33. 큰물: ① 사람이 활동하는 무대가 크고 넓은 곳을 비유적으로 이르는 말. ② 비가 많이 와서 강이나 개천에 갑자기 크게 불은 물. 거침(巨浸)·대수(大水)·대침(大浸)·한물·홍수. [원문] 大水.

34. 슈침ᄒᆞᄂᆞᆫ: 수침(水浸)하는. 물에 잠기는. [원문] 淹沒. 엄몰(淹沒): 침몰.

35. 타계 마르ᄂᆞᆫ 념례: (가뭄에 땅이) 타게 마르는 염려가. '념례'는 '념려+ㅣ'. [원문] 乾熯之患. 熯: 불사를, 태울 선. 말릴, 공경할 한.

36. 태셔(泰西) 풍거(風車)[무ᄌᆞ위라]: 서양의 풍차[무자위라]. 무ᄌᆞ위: 지금의 양수기. 물 자아내는 기구. 믈자ᅀᆡ[←믈 + ᄌᆞᇫ + ᄋᆡ(기/개)]: '무자위'의 옛말. ¶桔 믈자ᅀᆡ 길. 槹 믈자ᅀᆡ 고. 轆 믈자ᅀᆡ 록. 轤 믈자ᅀᆡ 로(훈몽자회 중8). 믈ᄌᆞᅀᆡ > 믈ᄌᆞ애 > 물자위.
ᄌᆞᆺ다: '잣다'의 옛말. 모음으로 시작하는 어미 앞에서는 'ᄌᆞᇫ-'으로 나타난다. ¶紡 사믈 방 又 ᄌᆞᅀᆞᆯ 방(훈몽자회 하8). 紡線 실 ᄌᆞᆺ다(역어유해 보39).
잣다: ① 물레 따위로 섬유에서 실을 뽑다. ② 양수기나 펌프 따위로 낮은 데 있는 물을 빨아 올리다. ¶펌프는 처음에 물을 넣고 여러 번 자아야 물이 올라온다.

37. 불쳘쥬야: 불철주야(不撤晝夜). [원문] 晝夜弗輟. 輟: 그칠 철.

게[38] 드르니 ᄀᆞᆯ오ᄃᆡ 동양의셔 보리 【51ㄴ】 를 심으ᄆᆡ 홀노 묘ᄒᆞᆫ 방법이 이시니 농민이 결을 잇ᄂᆞᆫ ᄯᅴ의[39] 촌가의 모슬 파되 방축을 견고히 ᄒᆞ야 죠곰도 물이 싀ᄂᆞᆫ 폐 업게 ᄒᆞ고 사ᄅᆞᆷ과 륙츅(六畜)[40]의 오좀 ᄯᅩᆼ과 온ᄀᆞᆺ 더러온 물을 그 곳의 부엇다가 밧치 거름ᄒᆞ게 ᄒᆞ며 밧이랑 활협(闊俠)[41]을 ᄒᆞᆫᄀᆞᆯᄀᆞᆺ치 ᄒᆞ고[42] 구혁을 치되 깁기 한 치[43] 남즛ᄒᆞ게 ᄒᆞ엿다가 졔 ᄯᅴ에 보리를 심으ᄃᆡ 농뷔 파죵ᄒᆞ기를 ᄆᆞᆺᄎᆞᄆᆡ 슈분(水糞)을 슈운ᄒᆞ야 밧흐로 가셔 큰 박[44]의 ᄌᆞ로[45]를 길게 맛쵸와 밧 구혁(溝洫)[46]에 ᄎᆞ례로 부어 가득히 져슈ᄒᆞ야 토ᄆᆡᆨ(土脈)[47]을 붓게 ᄒᆞ니[48] 이후에 비록 비오지 아니ᄒᆞ나 보리ᄂᆞᆫ ᄲᆞᆨ시 나며 보리ᄲᆞᆨ시 이 【52ㄱ】 삼촌즘[49] ᄌᆞ라거든 젼과 ᄀᆞᆺ치 ᄒᆞᆫ 번을 더 부으며 이삭이 팰 ᄯᅴ의 ᄯᅩ ᄒᆞᆫ 번 더 부으며 결실ᄒᆞᆯ ᄯᅴ의 ᄯᅩ ᄒᆞᆫ 번 더 붓ᄂᆞ니 일노 말ᄆᆡ암아 보리 대풍(大豐)ᄒᆞ니 동양 보리 밧치 한지를 근심 아ᄂᆞᆫ 밧재[50] 대뎌 이를 미드미오 급기(及其)[51] 이앙(移秧)ᄒᆞᆯ[52] ᄯᅴ의ᄂᆞᆫ 반ᄃᆞ시 비 오기를 기다리니 이ᄂᆞᆫ 즁원(中原)으로[53] 다ᄅᆞ미 업ᄉᆞᄃᆡ 오직 농가의셔 슈분

---

38. 동양의 노ᄂᆞᆫ ᄉᆡᆨ의게: 동양 여러 나라를 다녀 동양을 잘 아는 사람에게. 'ᄉᆡᆨ'은 '손'[客]. [원문] 東瀛游客. 동영(東瀛): 동쪽 바다. 동해(東海). 유객(游客): 여러 나라를 돌아다니는 사람. cf. 유사(游士): ① 놀고먹는 선비. ② 여러 나라를 두루 돌아다니는 선비(민중서림, 한한대자전). '표준국어대사전'은 다음의 '遊客'만 등재하고 '游客, 游士'는 보이지 않는다.
    유객(遊客): ① 유람하는 사람. ② 하는 일 없이 놀고 지내는 사람. ③ 술과 계집으로 세월을 보내는 사람. 遊: 놀 유. 游: 헤엄칠, 놀, 사귈 유.
39. 결을 잇ᄂᆞᆫ ᄯᅴ의: 겨를 있는 때에.
40. 륙츅: 육축(六畜). 집에서 기르는 대표적인 여섯 가축. 소, 말, 양, 돼지, 개, 닭을 이른다.
41. 활협(闊俠): ① 밭이랑의 좁고 넓음. ② 남을 돕는 데 인색하지 않고 시원스러움. ③ 일을 처리하는 주변이 좋고 활동력이 강함. ④ 마음이 너그러움. 闊: 넓을 활. 俠: 호협할 협. 狹: 좁을 협. [원문] 廣狹. '표준국어대사전'에는 ②-④는 등재되어 있고 단어 원뜻인 ①의 뜻이 미등재이지만 여기 '이언'의 예로 ①의 뜻도 등재할 수 있다.
42. ᄒᆞᆫᄀᆞᆯᄀᆞᆺ치 ᄒᆞ고: 밭이랑 간격을 한결같이 균일하게 하고. [원문] 同一式.
43. 치: 길이의 단위. 한 치는 한 자의 10분의 1 또는 약 3.33cm에 해당한다. 촌(寸).
44. 큰 박: 큰 바가지. [원문] 巨杓. 杓: 자루, 국자 표.
45. ᄌᆞ로: 자루. [원문] 長柄. 柄: 자루 병.
46. 밧 구혁: 밭 구혁. 밭 사이 도랑. '구혁'(溝洫)은 앞의 주석 12 참고.
47. 토ᄆᆡᆨ: 토맥(土脈). 지맥(地脈). 풍수지리에서, 땅속의 정기가 순환한다는 줄.
48. 붓게: 붓게. 중세에 '븟-'은 모음으로 시작하는 어미 앞에서는 '블-'이 된다. ¶ᄆᆞ리 病이 기퍼 山背에 몯 오ᄅᆞ거늘 君子ᄅᆞᆯ 그리샤 金罍ㄹ 브수려 ᄒᆞ시니(용비어천가 109장).
49. 이삼촌즘: 이삼촌(二三寸)쯤.
50. 한지를 근심 아ᄂᆞᆫ 밧재: 한재를 근심 않는 바의 것이. [원문] 所以無患天旱者. '아ᄂᆞᆫ'은 '않는'(無).
51. 급기(及其): 마침내. ¶급기 만나다 / 급기 가서 보니 좌중에는 6, 7인의 선래객(先來客)이 벌써 포진하고 있었는데……(변영로, 酩酊 40년). 글쎄, 뒤섞이고 뒤섞여서 부탁할 말이 태산같이 많을 것 같더니, 급기 당하고 보니 더 부탁할 게 없구려(김동인, 젊은 그들).
52. 이앙: 이앙(移秧). 모내기.
53. 즁원으로: 중원(中原)으로. 중국(中華)과. '-으로'는 비교격 조사.

을 셔로 모흐는 거시 유익ᄒᆞᆫ 일이 만흐니 므릇 려역(癘疫)54이 셩ᄒᆞ는 거시 더러온 긔운(氣運)이 사ᄅᆞᆷ의게 다ᄃᆞ쳐55 되는 ᄇᆡ니 과연 능히 더러온 물건을 치워 들밧긔 보ᄂᆡᆫ즉 셩즁(城中)의는 ᄆᆞᆰ은 긔운만 모혓고 됴셥(調攝)ᄒᆞ기를56 ᄣᆡ로 ᄒᆞ면 려【52ㄴ】역 ᄀᆞᆺᄐᆞᆫ 병이 어ᄃᆡ로 말ᄆᆡ암아 니러나리오 이는 ᄇᆡᆨ셩의게 유익ᄒᆞ미오 삼복 더위57에 더러온 물이 길거리의 고히지 아니ᄒᆞ면 더러온 긔운이 길에 가득ᄒᆞ야 ᄒᆡᆼ인의 코를 거ᄉᆞ리기의 니ᄅᆞ지 아니ᄒᆞ고 사진(痧疹)58[병 일홈]을 가히 면ᄒᆞᆯ 거시니 이는 ᄯᅩ ᄒᆡᆼ인의게 유익ᄒᆞ미오 ᄯᅩ 흉년의 창름(倉廩)59이 공허ᄒᆞ고60 ᄇᆡᆨ셩이 먹을 거시 업슬 ᄣᆡ에 만일 슈분을 모화 모ᄆᆡᆨ(麰麥)61을 만히 심엇다가 불우지비(不虞之備)62를 ᄒᆞ게 ᄒᆞ면 곳 여러 ᄒᆡ 한ᄌᆡ63 크게 잇셔도 ᄇᆡᆨ셩의 먹을 거시 바히업지64 아니ᄒᆞᆯ 거시니 이는 동양 사ᄅᆞᆷ이 삼 년 한ᄌᆡ를 두리지65 아니ᄒᆞᆫ다 ᄒᆞ는 말이 【53ㄱ】 이시미라 이제 셔븍 각ᄉᆡᆼ(各省)의셔 토픔(土品)66이 모ᄆᆡᆨ 심으기의 맛당ᄒᆞᄃᆡ 여러 번 한ᄌᆡ를 만나ᄆᆡ ᄇᆡᆨ셩이 져츅이 업ᄉᆞ니 급히 예방ᄒᆞᆯ 도리를 ᄉᆡᆼ각ᄒᆞ야 일즉 ᄡᅬᄒᆞᆫ즉 슈분 모흐는 법을 맛당히 ᄏᆡ여 ᄡᅳᆷ즉ᄒᆞ지67 아니ᄒᆞ냐 나무 심으는 법은 ᄯᅩ 엇더ᄒᆞᆫ고 셔인이 니ᄅᆞᄃᆡ 밧 이랑이 두렷ᄒᆞᆫ68 곳의 ᄉᆞ면에 나무를 만히 심은다 ᄒᆞ니 대개 남기69 발ᄉᆡᆼᄒᆞᆯ 졔 아ᄅᆡ로븟허 올나가ᄂᆞ니 그 발ᄉᆡᆼᄒᆞ는 밧자는

---

54. 려역: 여역(癘疫). 전염병인 염병. 창질(瘡疾). [원문] 癘疾. 癘: 창질 려.
55. 다ᄃᆞ쳐: 이르러. [원문] 到. 다ᄃᆞᆮ다: ①'다다르다'의 옛말. ¶그날 다ᄃᆞ라 金 부플 티니(석보상절 6:27). ②도저하게 되다. ¶넷 글워레 講論ᄒᆞ야 ᄀᆞ다ᄃᆞ마 다ᄃᆞᆮ게 至極게 ᄒᆞ며(월인석보 서19).
56. 됴셥: 조섭(調攝). 건강이 회복되도록 몸을 보살핌. 조리(調理). 조양(調養). [원문] 調攝.
57. 삼복 더위: [원문] 盛暑之時.
58. 사진(痧疹): 콜레라, 홍역. [원문] 痧疹. 痧: 쥐통(콜레라), 괴질, 홍역 사. 疹: 홍역 진.
59. 창름(倉廩): 곳집. 혹은 곳집에 저장하여 둔 곡식.
60. 공허(空虛)ᄒᆞ고: (창고가) 비고.
61. 모ᄆᆡᆨ: 모맥(麰麥). 보리. 麰: 보리 모.
62. 불우지비(不虞之備): 뜻밖의 일에 대한 준비.
63. 한ᄌᆡ: 한재(旱災). 가뭄. [원문] 亢旱. 항한(亢旱): 아주 극심한 가뭄. 亢: 목구멍, 지나칠, 굳셀 항.
64. 바히업지: 바이없지. 전혀 없지. 바이없다: ①어찌할 도리나 방법이 전혀 없다. ¶나로서는 방법이 바이없다. ②(주로 형용사의 '-기' 활용형 다음에 쓰여) 비할 데 없이 매우 심하다. ¶기쁘기 바이없다 / 슬프기 바이없다.
65. 두리지: 두려워하지. [원문] 懼. 두리다: '두려워하다'의 옛말. ¶龍王이 두리ᅀᆞᄫᅡ 七寶平床座 노ᅀᆞᆸ고 부텨하 救ᄒᆞ쇼셔 ᄒᆞ니(월인천강지곡 상70). 六師ㅣ 王ᄭᅴ ᄉᆞᆯᄫᅩᄃᆡ 瞿曇ᄋᆡ 弟子ㅣ 두리여 몯 오ᄂᆞ이다(석보상절 6:29).
66. 토픔: 토품(土品). 논밭의 품질. ¶토품 좋은 용길네 밭을 내 땅으로 다루어 본다는 욕망에서……(이태준, 농토).
67. ᄡᅳᆷ즉ᄒᆞ지: 쓰이게 함직하지. ᄡᅳ + 이 + 어 + ㅁ + 즉ᄒᆞ지. 'ᄏᆡ여 ᄡᅳᆷ즉ᄒᆞ지': [원문] 採用.
68. 두렷ᄒᆞᆫ: 뚜렷한. 이루어진. 두렷ᄒᆞ다: ①뚜렷하다. ②이루다. [원문] 成. '밧 이랑이 두렷ᄒᆞᆫ': [원문] 成頃之田. cf. 두렫ᄒᆞ다: 둥글다.

토ᄆᆡᆨ을 ᄌᆞ뢰(資賴)ᄒᆞ엿고[70] 토ᄆᆡᆨ이 능히 나무ᄅᆞᆯ ᄇᆡ양ᄒᆞᄂᆞᆫ 밧쟈ᄂᆞᆫ 슈긔(水氣) 이시믈 인ᄒᆞ미라 목근이 ᄯᆞ히 드러가ᄆᆡ ᄃᆡ뽁을 ᄯᆞ히 ᄭᅩᆺ고[71] 우ᄒᆡ 공교ᄒᆞᆫ 힘 【53ㄴ】 을 베플 ᄲᅮᆫ 아니라 가히 물노 ᄒᆞ야곰 근본으로붓허 ᄭᅳᆺᄒᆡᄭᆞ지 ᄉᆞᄆᆞᆺ치게[72] ᄒᆞ야 가마니 ᄌᆞ라고 그윽이 붓게 ᄒᆞ며 디셰(地勢) 평탄ᄒᆞ야 믈[73]의 가기 젹이 먼 밧ᄒᆡ 임의 흡죡히 비 오지 못ᄒᆞ고 ᄯᅩ 두레로 물을 기러 부은 ᄇᆡ 업고 오직 나무ᄅᆞᆯ 두어 물을 혀드린즉[74] 지엽(枝葉)도 무셩ᄒᆞ고 음음ᄒᆞᆫ[75] 긔운이 젹시고 무드러[76] 우흐로붓허 나려 ᄯᆞ흐로 드러가니 토ᄆᆡᆨ이 졈졈 윤ᄐᆡᆨᄒᆞ고 오르락나리락ᄒᆞ며 혀드리며 ᄂᆡ쁨기ᄅᆞᆯ[77] 무궁히 ᄒᆞ면 비록 한ᄌᆡ를 만나도 오히려 속히 마르기의 니ᄅᆞ지[78] 아니ᄒᆞᆯ 거시오 만일 홀연이 비를 어드면 젼에 미진ᄒᆞᆫ 슈 【54ㄱ】 긔(水氣)에 ᄯᅩ 우ᄐᆡᆨ(雨澤)[79]을 겸ᄒᆞ야 련쇽(接續)ᄒᆞ여 부러나기 아죠 신속ᄒᆞᆯ[80] 거시오 만일 나무 업ᄂᆞᆫ 밧ᄒᆡ 물목시 젹이 머러 능히 평디에 물을 다혀 드러오지[81] 못ᄒᆞ면 비가 우연이 올지라도 물은 근본 아ᄅᆡ로 ᄉᆡᆺ지ᄂᆞ니 곡식 ᄲᆡᆯ희ᄂᆞᆫ ᄯᆞ히 드러가미 두어 치의 지나지 못ᄒᆞ고 물은 ᄯᆞ히 드러가미 한 ᄌᆞ히 남으ᄃᆡ 당긔여 져츅ᄒᆞᆯ 거시 업ᄉᆞᄆᆡ 마르기를 가히 셔셔 기다릴지라[82] 그런고로 녯적 졍뎐법은 반ᄃᆞ시 두 겻ᄒᆡ ᄲᅩᆼ나무를 심으ᄂᆞ니 하나흔 누에치기를 위ᄒᆞ미오 하나흔 오곡(五穀)을 호위(護衛)ᄒᆞ기를 위ᄒᆞ미러니 후셰 사ᄅᆞᆷ은 등한이 너기고 ᄉᆞᆲ히 【54ㄴ】 지 아니ᄒᆞ야 나무 심을 쥴 아지 못ᄒᆞ

---

69. 남기: 나무가. 낡 + 이.
70. ᄌᆞ뢰ᄒᆞ엿고: 자뢰(資賴)하였고. 밑천으로 삼았고.
71. ᄭᅩᆺ고: 꽂고. [원문] 揷.
72. ᄉᆞᄆᆞᆺ치게: 사무치게. 통하게. [원문] 達.
73. 믈: 물. '이언'의 다른 곳에서는 대부분 '물'로 나오는데 '1:53ㄴ, 4:11ㄱ'에는 '믈'로 나옴.
74. 물을 혀드린즉: 물을 끌어들인즉. [원문] 吸水. 혀드리다: 들이켜다. 끌어들이다. '혀드리-: 혀- + 들이-'. 고어사전들에는 '드리혀다/드리ᅘᅧ다'는 올라 있으나 '혀드리-'는 올라 있지 않아 '이언'의 이 예를 근대어로 등재할 만하다.
75. 음음ᄒᆞᆫ: 음음한. 음습한. 음음(陰陰)하다: ① 날씨나 분위기 따위가 흐리고 어둡다. ¶음음한 날씨. ② 수목이 우거져 깊고 어둡다. ¶음음한 숲 속 / 음음한 원시림. [원문] 陰.
76. 무드러: 물들어. [원문] 浸淫. 믈들다: '물들다'의 옛말. ¶袈裟 비치 自然히 ᄒᆡ야 믈드디 아니ᄒᆞ리며 (석보상절 23:35). 染 믈들 염(석봉 천자문 9). 顔色絹 믈든 깁(역어유해 하5).
77. 혀드리며 ᄂᆡ쁨기ᄅᆞᆯ: 끌어들이며 내뿜기를. [원문] 呼吸.
78. 니ᄅᆞ지: 이르지. [원문] 盡. '비록 가뭄을 만나도 오히려 속히 마르기에 이르지 않을 것'이라는 뜻.
79. 우ᄐᆡᆨ: 우택(雨澤). 비의 은택. [원문] 雨澤.
80. 신속(神速)ᄒᆞᆯ: 신기할 정도로 빠를. [원문] 神速. cf. 신속(迅速): 매우 날쌔고 빠름. 여기서는 원문 때문에 '神速'으로 풀었지만 '迅速'도 통한다. 뒤의 '먼니 가고 ᄯᅩ 신속ᄒᆞ니'(放遠而且速, 3:50ㄴ)와 '쓰기ᄂᆞᆫ 극히 신속ᄒᆞ며'(用極爲迅速, 3:51ㄴ)에서는 원문이 '速, 迅速'이라 '迅速'으로 본다.
81. 다혀 드러오지: (물을) 대어 들어오지. [원문] 引入.
82. 가히 셔셔 기다릴지라: 가히 서서 기다릴지라. [원문] 可立待.

고 ᄒᆞᆫᄀᆞᆺ 밧출 훤츌ᄒᆞ게[83] ᄒᆞᆯ ᄌᆞᆯ만 아니 도로혀 셔인의 물졍(物情)을 ᄯᆞ라 궁리ᄒᆞᄂᆞᆫ 이만 ᄀᆞᆺ지 못ᄒᆞᆫ지라 ᄌᆡ샹지인(在上之人)[84]이 널니 효유ᄒᆞ야[85] ᄇᆡᆨ셩으로 ᄒᆞ야곰 밧 가의 나무 잇ᄂᆞᆫ ᄃᆡᄂᆞᆫ 더 심으고 나무 업ᄂᆞᆫ ᄃᆡᄂᆞᆫ 만히 심으면 비록 비가 제ᄣᆡ의 아니 와도 져기 미들 ᄇᆡ 잇ᄉᆞᆯ ᄃᆞᆺᄒᆞ리라 대뎌 나무 심으ᄂᆞᆫ 법이 셔인이 창ᄀᆡᄒᆞᆫ ᄃᆞᆺᄒᆞ나 실노 녯 법을 스승ᄒᆞ미니[86] 무어ᄉᆞᆯ 빙자(憑藉)ᄒᆞ고 아니ᄒᆞ리오 그런고로 ᄀᆞᆯ오ᄃᆡ 근심을 만나 비로쇼 구폐(救弊)ᄒᆞ기를[87] 도모ᄒᆞᄂᆞᆫ 거시 당ᄒᆞ기 젼에 미리 경륜(經綸)ᄒᆞᄂᆞᆫ[88] 것과 엇더ᄒᆞᆫ고 ᄉᆞᆷ가 【55ㄱ】 미쳔ᄒᆞᆫ 말ᄉᆞᆷ을 드리ᄂᆞ니 어리셕은 재 쳔 번 ᄉᆡᆼ각ᄒᆞ야 ᄒᆞᆫ 번 엇ᄂᆞᆫ 효험이 될 ᄃᆞᆺᄒᆞ니라 【55ㄴ】

이언 권지일 죵(終)

83. 훤츌ᄒᆞ게: 훤칠하게. 막힘없이 깨끗하고도 시원스럽게. ¶글 짓ᄂᆞᆫ 例 우리 짓그레 미츠니 ᄆᆞᄉᆞ미 훤츌ᄒᆞ야 ᄀᆞ린 거슬 ᄡᅳ러 ᄇᆞ리도다(두시언해 24:30). 안콰 밧기 서르 應ᄒᆞ야 일을 만남애 훤츌ᄒᆞ야 샹해 남아 넉넉홈이 잇더라(소학언해 6:124).

84. ᄌᆡ샹지인: 재상지인(在上之人). 윗사람. [원문] 在上者.

85. 효유ᄒᆞ야: 깨닫게 하여. 효유(曉諭/曉喩): 깨달아 알아듣도록 타이름. 효시(曉示). [원문] 勸諭.

86. 스승ᄒᆞ미니: 스승으로 삼음이니. [원문] 師. 스승ᄒᆞ다: '사사(師事)하다'의 옛말. ¶移言改觀ᄋᆞᆫ 녯 本ᄋᆞᆯ 스승ᄒᆞ니라(영가집언해 하32). 虞秘監ᄋᆞᆯ 머리 스승ᄒᆞ다니 이제 玄孫 아로ᄆᆞᆯ 깃노라(두시언해 8:24).

87. 구폐(救弊)ᄒᆞ기를: 폐해를 바로잡기를.

88. 경륜(經綸)ᄒᆞᄂᆞᆫ: 포부를 가지고 일을 조직적으로 계획하는.

권지이

卷之二

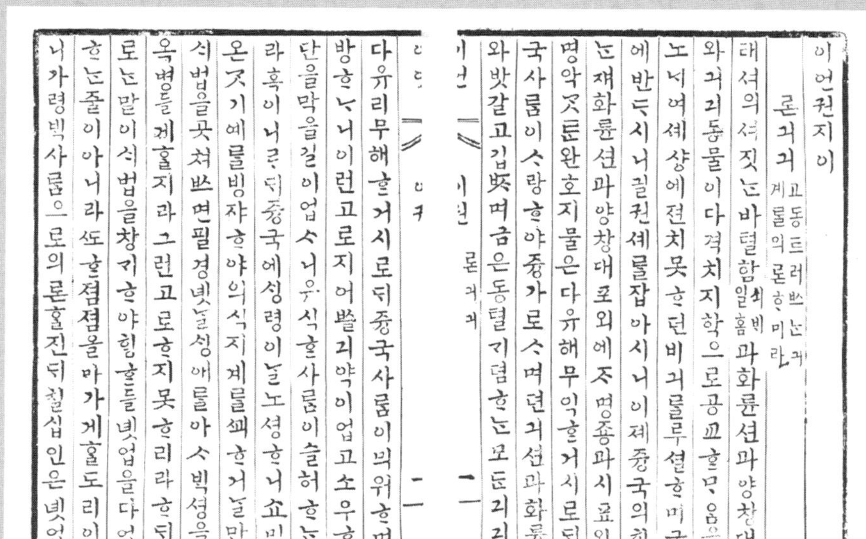

이언권지이

론긔계 교동트러쓰ᄂᆞᆫ긔계를의론ᄒᆞᆫ미라

대셔의셔짓ᄂᆞᆫ바텰함쇠비일홈과화륜션과양창대포
와긔계동물이다격치지학으로공교ᄒᆞᆫᄆᆞᄋᆞᆷ을ᄒᆞᆯ
노니여셰상에젼치못ᄒᆞ던비긔를루셜ᄒᆞ며군중
에반ᄃᆞ시니길권세를잡아시니이제중국의힘ᄒᆞᆫ
ᄂᆞᆫ재화륜션과양창대포외에ᄌᆞ명종과시표와ᄌᆞ
명악ᄀᆞᆺᄐᆞᆫ완호지물은다유해무익ᄒᆞᆫ거시로ᄃᆡ중
국사ᄅᆞᆷ이ᄉᆞ랑ᄒᆞ야중가로ᄉᆞ며뎐긔션과화륜거
와밧갈고깁ᄧᆞ며ᄀᆞᆷ은동텰기뎜ᄒᆞᄂᆞᆫ모든긔계ᄂᆞᆫ

이언 권이 론긔계 二

다유리무해ᄒᆞᆫ거시로ᄃᆡ중국사ᄅᆞᆷ이비위ᄒᆞ며훼
방ᄒᆞᄂᆞ니이런고로지어빨리약이업고소우ᄒᆞᆫ폐
단을막을길이업ᄉᆞ니우식ᄒᆞᆫ사ᄅᆞᆷ이슬허ᄒᆞᄂᆞᆫ비
라혹이니ᄅᆞᄃᆡ중국에셩령이놀노셩ᄒᆞ니쇼민이
온ᄀᆞᆺ기예를빙자ᄒᆞ야의식지계를쎄ᄒᆞ거ᄂᆞᆯ만일
셔법을곳쳐쓰면필경녯날셩애를아ᄉᆞ빅셩을더
옥병들게ᄒᆞᆯ지라그런고로ᄒᆞ지못ᄒᆞ리라ᄒᆞᄃᆡ모
로ᄂᆞᆫ말이셔법을창시ᄒᆞ야힘ᄒᆞᆫ들녯업을다업시
ᄒᆞᄂᆞᆫ줄이아니라ᄯᅩᄒᆞᆫ졈졈올마가게ᄒᆞᆯ도리이시
니가령빅사ᄅᆞᆷ으로의론ᄒᆞᆯ진ᄃᆡ칠십인은녯업을

론 긔긔(論機器)[1]

[고동 트러 ᄡᅳᄂᆞᆫ 긔계를 의론ᄒᆞ미라]

태셔(泰西)의셔 짓ᄂᆞᆫ바 텰함(鐵艦)[쇠ᄇᆡ 일홈[2]]과 화륜션(火輪船)[3]과 양창대포(洋槍大礮)[4]와 긔긔 등물(等物)[5]이 다 격치지학(格致之學)[6]으로 공교ᄒᆞᆫ ᄆᆞ음을 홀노 ᄂᆡ여 셰상에 젼치 못ᄒᆞ던 비긔(秘記)[7]를 루셜(漏泄)ᄒᆞ며 군즁(軍中)에 반ᄃᆞ시 니길[8] 권셰를 잡아시니[9] 이졔 즁국의 힝ᄒᆞᄂᆞᆫ 재(者) 화륜션과 양창대포(洋槍大礮) 외에 ᄌᆞ명죵(自鳴鐘)과 시표(時表)[10]와 ᄌᆞ명악(自鳴樂)[11] ᄀᆞᆺ튼 완호지물(玩好之物)[12]은 다 유해무익(有害無益)ᄒᆞᆫ[13] 거시로ᄃᆡ 즁국 사ᄅᆞᆷ이 ᄉᆞ랑ᄒᆞ야[14] 즁가(重價)[15]로 ᄉᆞ며 뎐긔션(電氣線)과 화륜거(火輪車)와 밧[16] 갈고 깁[17] ᄧᆞ며 금은동텰(金銀銅鐵) ᄀᆡ뎜(開店)ᄒᆞᄂᆞᆫ[18] 모든 긔긔는 【1ㄴ】 다 유

---

1. 긔긔: 기기(機器). 기구. 기계(機械) 따위를 통틀어 이르는 말로 여기서는 동력을 이용하여 쓰는 기계를 이름. '고동 틀다'는 앞의 1:2ㄴ(주석 34), 23ㄱ(주석 39), 31ㄱ(주석 52) 참고.
2. 일홈: 이름. ¶됴정이 그ᄃᆡ 일홈과 덕을 사모ᄒᆞ여(오륜행실도 1:52).
3. 화륜션: 화륜선(火輪船). 증기 기관의 동력으로 움직이는 배.
4. 양창대포(洋槍大砲/洋槍大礮): 서양 창과 대포. 礮: 돌 쇠뇌 포. 쇠뇌: 쇠로 된 발사 장치가 달린 활. 여러 개의 화살을 연달아 쏘게 되어 있는 것. 현대 사전들의 '대포'는 '礮' 대신 '砲'를 써서 '大砲'로 나옴.
5. 긔긔 등물: 기기(機器) 등물(等物). 기기 등의 물건.
6. 격치지학(格致之學): 자연 세계의 구조를 탐구하는 자연과학. 특히 물리학. 청말(清末)에 물리, 화학 등 자연 과학을 총칭한 말. [원문] 格物致知.
7. 비긔: 비기(秘記). 비밀한 기록.
8. 니길: 이길.
9. 잡아시니: 잡았으니. 과거 시제 형태가 '-아 잇- > -앳- > -앗- > -았-'으로 변하였듯이 '-아시니'는 중세의 '-아 이시니'에서 변한 것으로 '-아 이시니 > -아시니 > -았으니'로 변하였다.
10. 시표(時表): 시계. [원문] 表.
11. ᄌᆞ명악: 자명악(自鳴樂). 태엽을 이용하여 스스로 소리가 나게 만든 악기. 축음기. [원문] 音盒.
12. 완호지물(玩好之物): 신기하고 보기 좋은 물건. [원문] 玩好等物.
13. 유해무익(有害無益)ᄒᆞᆫ: 해롭고 무익한. [원문] 有損無益.
14. ᄉᆞ랑ᄒᆞ야: 사랑하여. 귀하게 여겨. [원문] 愛.
15. 즁가: 중가(重價). 비싼 값.
16. 밧: 밭.

리무해ᄒᆞᆫ[19] 거시로ᄃᆡ 즁국 사ᄅᆞᆷ이 믜워ᄒᆞ며 훼방ᄒᆞᄂᆞ니 이런고로 지어 ᄡᅳᆯ 긔약이 업고 소우(疏虞)ᄒᆞᆫ[20] 폐단을 막을 길이 업ᄉᆞ니 유식ᄒᆞᆫ 사ᄅᆞᆷ이 슬허ᄒᆞᄂᆞᆫ[21] ᄇᆡ라 혹이 니ᄅᆞᄃᆡ 즁국에 ᄉᆡᆼ령(生靈)[22]이 ᄂᆞᆯ노 셩ᄒᆞ니 쇼민(小民)[23]이 온ᄀᆞᆺ 기예(技藝)를 빙쟈ᄒᆞ야 의식지계(衣食之計)[24]를 ᄭᅬᄒᆞ거ᄂᆞᆯ 만일 ᄉᆡ 법을 곳쳐 ᄡᅳ면 필경 넷ᄂᆞᆯ ᄉᆡᆼ애(生涯)[25]를 아ᄉᆞ[26] ᄇᆡᆨ셩을 더옥 병들게 ᄒᆞᆯ지라 그런고로 ᄒᆞ지 못ᄒᆞ리라 ᄒᆞᄃᆡ 모ᄅᆞᄂᆞᆫ 말이 ᄉᆡ 법을 창ᄀᆡ(創開)ᄒᆞ야[27] ᄒᆡᆼᄒᆞᆫ들 넷 업을 다 업시 ᄒᆞᄂᆞᆫ 줄이 아니라 ᄯᅩᄒᆞᆫ 졈졈 올마가게 ᄒᆞᆯ 도리 이시니 가령(假令) ᄇᆡᆨ 사ᄅᆞᆷ으로 의론ᄒᆞᆯ진ᄃᆡ 칠십 인은 넷 업을 【2ㄱ】 직히고 삼십 인은 ᄉᆡ 법을 ᄒᆡᆼᄒᆞᄆᆡ 삼십 인이 공졍(工程)이 젹이 ᄲᆞ른 고로 공젼(工錢)[28]도 반ᄃᆞ시 풍셩ᄒᆞᆯ 거시니 넷 업을 직혓던 재 ᄉᆡ 법 ᄒᆡᆼᄒᆞᄂᆞᆫ 사ᄅᆞᆷ의 리로오미[29] 만흐믈 보면 ᄯᅩᄒᆞᆫ 반ᄃᆞ시 ᄉᆡ 법으로 다라들[30] 거시오 ᄉᆡ 법 ᄡᅳᄂᆞᆫ 재 ᄂᆞᆯ노 만ᄒᆞᆫ즉 물화(物貨) 나ᄂᆞᆫ 거시 ᄂᆞᆯ노 만하 갑시 ᄯᅩᄒᆞᆫ ᄂᆞᆯ노 쳔(賤)ᄒᆞᆯ[31] 거시오 물화(物貨) 나가ᄂᆞᆫ 길이 더옥 시훤ᄒᆞ고 흥판(興販)ᄒᆞ고 슈운(輸運)ᄒᆞᄂᆞᆫ 길이 더옥 너를 거시니 그러ᄒᆞᆫ즉 긔긔를 ᄒᆡᆼᄒᆞᄂᆞᆫ 거시 온ᄀᆞᆺ 기예의 무어시 구ᄋᆡᄒᆞᆯ ᄇᆡ 이시랴 ᄒᆞ믈며 금은동텰을 ᄀᆡ뎜ᄒᆞᆫ즉 토디소산(土地所産)을 취ᄒᆞ야 사ᄅᆞᆷ의 일용(日用)을 이바지ᄒᆞᆯ 거시오 셔양 【2ㄴ】 포(西洋布)와 우단(羽緞)[32]은 본ᄅᆡ 외양(外洋)의셔 슈운ᄒᆞ야 오ᄂᆞᆫ 거시니 그를 의방(依倣)ᄒᆞ야[33] ᄡᅳ면 ᄇᆡᆨ셩의 리로오믈 가히

---

17. 깁: '비단'(緋緞)의 고유어.
18. ᄀᆡ뎜ᄒᆞᄂᆞᆫ: 개점(開店)하는. 개점(開店): 광산을 개발함. 개광. [원문] 開礦. 礦: 쇳돌 광. '표준국어대사전'에서는 '개광'을 '開礦' 대신 '開鑛'으로 적음. 개광(開鑛): 광산에서 광물을 캐내기 시작함.
19. 유리무해(有利無害): 이롭고 해가 없음. [원문] 유익무손(有益無損).
20. 소우ᄒᆞᆫ: 어리석은. 소우(疏虞): ① 소홀(疏忽). ② 조심하지 않아 잘못을 저지르는. [원문] 漏巵. 누치(漏巵): 술이 새는 잔. 전(轉)하여, 술을 잘 하는 대주호(大酒豪) 또는 이익이 새어 나감을 비유함. 巵: 卮(잔치 술잔 치)의 속자.
21. 슬허ᄒᆞᄂᆞᆫ: 슬퍼하는. ¶그려서 걸니 업스니 슬허ᄒᆞ노라(고시조, 청구영언).
22. ᄉᆡᆼ령: 생령(生靈). 백성. [원문] 生齒.
23. 쇼민: 소민(小民). 조선 중기 이후 평민을 이르던 말.
24. 의식지계(衣食之計): 먹고 사는 계획. 생계의 계획.
25. ᄉᆡᆼ애(生涯): 생계(生計). ¶그 범ᄒᆞᆫ 재 죠셕을 니우기 어려워 일노뻐 ᄉᆡᆼ애ᄒᆞᄂᆞᆫ 이 만ᄒᆞ니(윤음언해 29).
26. 아ᄉᆞ: 앗아. 빼앗아.
27. 창ᄀᆡᄒᆞ야: 창개(創開)하여. 창시(創始)하여.
28. 공젼: 공전(工錢). 물건을 만들거나 어떤 일을 하는 데 드는 품삯. [원문] 工價.
29. 리로오미: 이(利)로움이.
30. 다라들: 달려들. 다라들다: 달려들다. ¶적진의 다라가 죽으려 ᄒᆞ거ᄂᆞᆯ(오륜행실도 2:51).
31. 쳔ᄒᆞᆯ: 천(賤)할. 값쌀. 쳔ᄒᆞ다: 값이 싸다. '이언'에는 '쳔ᄒᆞ다'의 동의어로 '헐ᄒᆞ다'도 쓰임. 뒤의 주석 40 '헐ᄒᆞ다' 참고.
32. 우단(羽緞): 비단의 일종. 벨벳(velvet).
33. 의방(依倣)ᄒᆞ야: 남의 것을 모방하여 본받아.

일히혈[34] 만ᄒᆞ니 이 두 가지ᄂᆞᆫ 다 부요ᄒᆞ게 ᄒᆞᄂᆞᆫ 요긴ᄒᆞᆫ 도(道)오[35] ᄯᅩ 즁국에 가쟝 즁히 너기ᄂᆞᆫ 쟈ᄂᆞᆫ 농ᄉᆞ라 기즁의 토옥ᄒᆞᆫ ᄯᅡ히 태셔의 두어 갑졀 되고 디긔(地氣) 온화ᄒᆞ야 곡식이 잘 되ᄃᆡ 오직 겨유 인력만 쓰고 능히 디리(地利)의 ᄆᆞᆺ당ᄒᆞ믈 다ᄒᆞ지 못ᄒᆞ니 만일 셔국 긔긔를 ᄡᅥ 밧 갈고 심어 ᄯᅡ 진ᄋᆡᆨ(津液)[36]을 깁히 파고 토력(土力)이 쇼ᄉᆞ나게 ᄒᆞ면 ᄇᆡᆨ곡(百穀)이 발ᄉᆡᆼᄒᆞ기 쉽고 츄슈ᄒᆞ기를 몃 갑졀을 더ᄒᆞ리라 만일 오히려 깁히 미덥지 못ᄒᆞᆯ진ᄃᆡ 몬져 젹은 긔 【3ㄱ】 긔를 ᄉᆞ셔 두어 이랑 되ᄂᆞᆫ 밧ᄒᆡ 시험ᄒᆞ야 보와 만일 과연 이샹(異常)ᄒᆞᆫ 연후의 큰 긔긔를 ᄉᆞ다가 미루여 힝ᄒᆞ야 리로오믈 다ᄒᆞ면 이ᄂᆞᆫ ᄯᅡ히 더 너르지 아니ᄒᆞᄃᆡ 농ᄉᆞᄂᆞᆫ 갑졀을 더ᄒᆞᆯ 거시오 셔양포와 우단이 ᄆᆡ년 포구(浦口)의 드러오ᄂᆞᆫ 갑시 은ᄌᆞ(銀子) 이삼쳔만 량이 되니 이 ᄯᅩᄒᆞᆫ 즁국의 루락(漏落)ᄒᆞᆫ 리츌(利出)이라 급히 샹고(商賈)를 블너 모흐고 긔긔를 ᄉᆞᄂᆡ여 스ᄉᆞ로 ᄡᅳ며 ᄆᆡᆫᄃᆞ러 취리ᄒᆞᄂᆞᆫ 권셰를 독단ᄒᆞᆯ[37] 거시니 시험ᄒᆞ야 ᄉᆡᆼ각건ᄃᆡ 영국 사ᄅᆞᆷ이 호(滬)[38] ᄯᅡ의 와셔 면화와 양의 털을 구ᄒᆞ야 가지고 오만 리 대양을 건너 슈운ᄒᆞ야 본국으로 도라가 【3ㄴ】 뵈필[39]과 우단을 ᄶᆞᆫ 후의 ᄯᅩ 오만 리를 나와 즁국에 와 팔ᄃᆡ 그 갑시 즁국에셔 ᄧᆞᄂᆞᆫ 뵈필보다 오히려 헐ᄒᆞ니[40] 공력이 젹게 드러 이러ᄒᆞ미 아니냐 만일 그런 온갓 긔긔 과연 쓰기의 합당ᄒᆞ고 셔로 응ᄒᆞ미 법과 ᄀᆞᆺ거든 스ᄉᆞ로 짓되 ᄉᆡᆼ각을 졍(精)히 ᄒᆞ고 힘을 오로지 ᄒᆞ야[41] 공젼(工錢)과 본젼(本錢)을 앗기지 아니ᄒᆞ면 태셔의셔 ᄆᆡᆫ든 것과 ᄀᆞᆺ치 아름답지 못ᄒᆞ랴 이졔 영국 미국 보국(普國)[42] 법국(法國)[43] 여러 나라히 긔계ᄂᆞᆫ 리(利)ᄒᆞ고 ᄇᆡᄂᆞᆫ 견고ᄒᆞ며 군ᄉᆞᄂᆞᆫ 졍(精)ᄒᆞ고 군량은 요족(饒足)ᄒᆞ믈[44] 다 미더 셰력으로 셔로 뎌당(抵當)

---

34. 일히혈: 일으킬. 일히혀다: 일으키다. 흥하다. '일히혀-'는 '일히-('일다'의 사동) + 혀-'의 구조이다. [원문] 興. '일다'의 피동은 '흔들리다'라는 뜻의 '일니다(일리다)'가 보임. ¶풍파에 일니든 ᄇᆡ 어드러로 가닷말고(청구영언 20).
35. 도오: 도(道)이오. '오'는 종결형. [원문] 道也.
36. 진ᄋᆡᆨ: 진액(津液). 생물의 몸 안에서 생겨나는 액체. 수액 체액 따위. 'ᄯᅡ 진ᄋᆡᆨ': [원문] 土膏. 토고(土膏): 땅이 기름짐.
37. 독단(獨斷)ᄒᆞᆯ: 홀로 차지할. [원문] 擅. 擅: 멋대로 천. 독단(獨斷): 남과 상의하지도 않고 혼자서 판단하거나 결정함.
38. 호(滬): 물 이름 호. 강소성(江蘇省) 상해현(上海縣)의 동북을 흐르는 강 이름. 오송강(吳淞江) 하류 즉 황포강(黃浦江)을 일컬음. 상해(上海)의 별칭.
39. 뵈필: 베필. 베나 무명의 필. 필(疋): 일정한 길이로 말아 놓은 피륙을 세는 단위. [원문] 布疋.
베: ① 삼실, 무명실, 명주실 따위로 짠 피륙. ② 삼베.
뵛필: 포목. ¶네 이 인삼과 뵛필ᄃᆞᆯᄒᆞᆯ(번역노걸대 하20).
40. 헐ᄒᆞ니: 값이 싸니. '헐ᄒᆞ다'의 동의어로 쓰인 앞의 주석 31 '쳔ᄒᆞ다' 참고.
41. ᄉᆡᆼ각을 졍(精)히 ᄒᆞ고 힘을 오로지 ᄒᆞ야: [원문] 精思專力.
42. 보국(普國): '프러시아'(프로이센)의 음역어인 '보로사'(普魯士)의 약칭.
43. 법국(法國): '프랑스'의 음역어인 '法蘭西'의 약칭.

ᄒᆞ야[45] ᄒᆡ외에셔 강셩ᄒᆞ믈 일ᄏᆞᆺᄂᆞ니 일즉 만국 【4ㄱ】 공법(萬國公法)을 샹고ᄒᆞ건ᄃᆡ 므릇 량국(兩國)이 셔로 ᄡᅡ호ᄆᆡ ᄡᅳᄂᆞᆫ바 화륜션과 양창대포 화구(火具)[46]에 당ᄒᆞᆫ 긔계를 타국의 가셔 ᄉᆞ오지 못ᄒᆞᄂᆞᆫ 법이니 ᄆᆞᆺ당히 평시의 쥰비ᄒᆞ야 둘 거시라 태셔에셔 군ᄉᆞ ᄡᅳᆯ ᄯᅢ를 맛나면 화륜션은 샹고의게 세 엇고 군즁의 ᄡᅳᄂᆞᆫ 긔계ᄂᆞᆫ ᄇᆡᆨ셩들이 도으니 민간에 베픈 바 온갓 긔계를 짓ᄂᆞᆫ 챵집[47]이 나라집과 ᄀᆞᆺᄐᆞ니 십일지ᄂᆡ(十日之內)[48]의 ᄡᅳᄂᆞᆫ 양창(洋槍) 수만 병(柄)을 여러 챵(廠)의셔 난화 ᄆᆡᆫ들면[49] 불일ᄂᆡ(不日內)의[50] 셩공ᄒᆞ니 이ᄂᆞᆫ 실노 스ᄉᆞ로 굿세게 ᄒᆞᄂᆞᆫ 묘법(妙法)이오 ᄯᅩ 태셔에셔 관원이 샹고로 더브러 합ᄒᆞ여 시ᄆᆡ 긔긔 등믈(等物)을 창셜ᄒᆞ 【4ㄴ】 야 짓고져 ᄒᆞ면 샹고와 관원이 모혀 판비(辦備)ᄒᆞ니[51] ᄌᆡ력(財力)을 모흐기 무난ᄒᆞ고 즁국은 관원이 샹고로 더브러 난호이니 비록 대리(大利)를 어들 줄 분명이 아나 샹고ᄂᆞᆫ 관원을 두려ᄒᆞ야 감히 봉ᄒᆡᆼ(奉行)치[52] 못ᄒᆞ며 오직 간사ᄒᆞᆫ 샹고와 용렬(庸劣)ᄒᆞᆫ 관원이 경영ᄒᆞ야 시작ᄒᆞ기를 ᄭᅬᄒᆞᄃᆡ 실샹을 구ᄒᆞ지 아니ᄒᆞ고 허명(虛名)을 힘 ᄡᅳ기를 젼쥬(專主)ᄒᆞ니[53] 일이 비록 될지라도 젹은 공이 큰 죄를 쇽ᄒᆞ지 못ᄒᆞ니 샹고와 관원이 셩긔(聲氣)[54]가 불합(不合)ᄒᆞ야 거죄[55] ᄆᆞᆺ당ᄒᆞ믈 일흔 연괴(緣故ㅣ)라 이졔 즁국이 비록 륜션 짓ᄂᆞᆫ 판국(辦局)[56]을 셜시(設施)ᄒᆞ나[57] 그러나 모로미[58] 즁국과 셔국법을 통투(通透) 【5ㄱ】 히[59] 알고 졔작ᄒᆞᄂᆞᆫ 등ᄉᆞ(等事)의 ᄇᆞᆰ은 쟈

---

44. 요족ᄒᆞ믈: 요족(饒足)함을. 부요하고 풍족함을. 아주 넉넉함을.
45. 더당ᄒᆞ야: 저당(抵當)하여. 맞서서 겨루어. 저당(抵當): ① 맞서서 겨룸. 저적(抵敵). ② 볼모로 삼음. ③ 부동산이나 동산을 채무의 담보로 잡거나 담보로 잡힘.
46. 화구(火具): 화기. ① 밤에 불을 켜서 밝히는 등불, 촛불 따위의 도구. ② 폭발에 사용하는 여러 기구. 문관(門管), 뇌관, 신관, 도화관, 폭발관, 점화관, 도화삭(導火索), 훈약통(燻藥筒), 장애물 파괴통 따위. ③ 방화에 쓰이는 여러 가지 도구. 여기서는 ② 로 '병기'(兵器)의 뜻. [원문] 火器.
47. 챵집: 창(廠)집. 기계 등을 만드는 공장.
48. 십일지ᄂᆡ: 십일지내(十日之內). 열흘 안으로. [원문] 旬日之內.
49. 양창(洋槍) 수만 병(柄)을 여러 챵(廠)의셔 난화 ᄆᆡᆫ들면: 서양총 수만 정(梃)을 여러 군데의 제조창에서 나누어 만들면. [원문] 洋槍數萬桿各廠分製. 병(柄): 자루 병. 손으로 다루는 도끼, 총 따위의 연장을 세는 단위.
50. 불일ᄂᆡ의: 불일내(不日內)에. 며칠 되지 않아.
51. 판비ᄒᆞ니: 변통하여 준비하니.
52. 봉ᄒᆡᆼ치: 봉행(奉行)치. 받들어 행하지.
53. 젼쥬ᄒᆞ니: 전주(專主)하니. 일을 주관하니. ¶겨지븐 집 안해셔 음식ᄒᆞ기를 젼쥬ᄒᆞ야(번역소학 7:36). [원문] 專務.
54. 셩긔: 성기(聲氣). 목소리와 기운.
55. 거죄: 거조(擧措)ㅣ. 행동거지가. ¶오호ㅣ라 나라 흥망이 이 ᄒᆞᆫ 거조의 잇ᄂᆞᆫ지라(윤음언해 336).
56. 판국(辦局): 화륜선을 짓는 일을 맡아보는 기관. [원문] 船政製造等局.
57. 셜시ᄒᆞ나: 설시(設施)하나. 설치(設置)하나. 설립(設立)하나.
58. 모로미: 모름지기.

ᄅᆞᆯ[60] 어더 분파(分派)ᄒᆞ야 총판(總辦)[61]을 시긴 후에 청ᄒᆞ야 온 바 양국 쟝ᄉᆡᆨ(洋國匠色)[62]이 감히 쇽이지 못ᄒᆞ고 졍ᄒᆞᆯᄉᆞ록 더옥 졍ᄒᆞ기ᄅᆞᆯ 구ᄒᆞ야 셔로 토론ᄒᆞᆯ지라 각 챵(廠)의 양국 쟝ᄉᆡᆨ을 ᄂᆡ 능히 셩심으로 ᄃᆡ졉지 못ᄒᆞ면 졔 혹시 ᄌᆡ죠ᄭᆞᆺ[63] 셔로 젼ᄒᆞ기ᄅᆞᆯ 즐겨 아니리니[64] 계교(計較)컨ᄃᆡ 오직 슈공(手工)[65]을 후히 쥬고 벼ᄉᆞᆯ 명ᄉᆡᆨ(名色)으로 헛도이 포쟝ᄒᆞ야 넉넉ᄒᆞᆫ 례슈(禮數)[66]로 굿거니 롱락(籠絡)ᄒᆞ여[67] ᄒᆞ야곰 그 ᄆᆞ음을 깃거ᄒᆞ게[68] ᄒᆞᆫ 연후에 사ᄅᆞᆷ마다 명령을 좃ᄎᆞ 각각 ᄌᆡ능을 다ᄒᆞᆯ 거시니 그 리로오미 엇더ᄒᆞ리오 태셔 법례(泰西法例)의 능히 별노이[69] ᄉᆡ 법을 【5ㄴ】 ᄂᆡ여 ᄒᆞᆫ 긔이ᄒᆞᆫ 긔계ᄅᆞᆯ 지어 국가와 ᄇᆡᆨ셩의게 유익ᄒᆞ게 ᄒᆞᄂᆞᆫ 쟨즉 반ᄃᆞ시 직함으로 샹 쥬고 각국에 ᄒᆡᆼ회(行會)ᄒᆞ야[70] 화친ᄒᆞᄂᆞᆫ 약됴(約條)에 긔록ᄒᆞ고 년됴(年條)[71]ᄅᆞᆯ 한뎡ᄒᆞ야 혼ᄌᆞ 짓기ᄅᆞᆯ 허급(許給)ᄒᆞ엿다가[72] 긔약이 찬 연후의야 다른 사ᄅᆞᆷ이 이에 본밧ᄂᆞᆫ 고로 챵ᄀᆡ(創開)ᄒᆞᆫ 쟈[73]ᄂᆞᆫ 임의[74] 아ᄅᆞᆷ다온 일홈을 엇고 대리(大利)ᄅᆞᆯ 어드니 고심혈셩(苦心血誠)[75]으로 공교ᄒᆞ고 긔이ᄒᆞ믈

---

59. 통투(通透)히: 사리를 꿰뚫듯이 환히.
60. 등ᄉᆞ(等事)의 ᄇᆞᆰ은 쟈ᄅᆞᆯ: 등의 일에 밝은 자를.
61. 총판(總辦): 총책임자. 대한제국 때에는 기기국·전환국·친왕부·통신원에 둔 으뜸 관직으로 칙임관이었으며, 뒤에 '관리'(管理)로 고쳤다.
62. 양국 쟝ᄉᆡᆨ: 양국(洋國) 장색(匠色). 서양에서 청하여 온 기술자. [원문] 洋匠.
63. ᄌᆡ죠ᄭᆞᆺ: 재주껏. 재주를 다해. 'ᄭᆞᆺ'은 현대의 '재주껏, 힘껏'의 '-껏'.
64. 각 챵(廠)의 양국 쟝ᄉᆡᆨ을 ᄂᆡ 능히 셩심으로 ᄃᆡ졉지 못ᄒᆞ면 졔 혹시 ᄌᆡ죠ᄭᆞᆺ 셔로 젼ᄒᆞ기ᄅᆞᆯ 즐겨 아니리니: 각 창에서 서양 기술자를 내가 능히 성심으로 대접하지 못하면 저가 혹시 재주를 다해 서로 전하기를 즐겨하지 않으리니. 'ᄂᆡ……졔'는 대명사 '나 + ㅣ'(我)와 '저 + ㅣ'(彼).
65. 슈공: 수공(手工). 일의 품삯. ¶슈공: 工錢(동문언해 하27). [원문] 薪水. 薪: 섶 신. 신수(薪水): '땔나무와 마실 물'이란 뜻에서 전(轉)하여, '생필품이나 봉급'의 뜻. 봉급. 시수(柴水). 봉양(奉養). ¶신수의 수고를 대신할 다른 형제가 없으므로 의지하여 여생을 마칠 수 있는 것은 오직 신 한 사람뿐입니다(번역 중종실록).
66. 례슈: 예수(禮數). 명성이나 지위에 알맞은 예의와 대우. 격식. ¶부텨 뵈ᄉᆞᆸᄂᆞᆫ 례수를 몰라(석보상절 6:20). 례슈ᄒᆞ다: 예수(禮數)하다. 절하다.
67. 롱락ᄒᆞ여: 농락(籠絡)하여. 남을 마음대로 조종하여.
68. 깃거ᄒᆞ게: 기뻐하게. ¶놀애ᄅᆞᆯ 블러 깃거ᄒᆞ더니(월인천강지곡 상9).
69. 별노이: 별(別)로이. 따로.
70. ᄒᆡᆼ회ᄒᆞ야: 알리고 모이게 하여. 행회(行會): 관아의 우두머리가 조정의 지시와 명령을 부하들에게 알리고 그 실행 방법을 의논하고 정하려고 모이던 일. 또는 그런 모임. [원문] 照會. '照會'(조회)는 "외교 각서를 보내다"의 뜻이 있음.
71. 년됴: 연조(年條). 어떤 일에 종사하는 햇수. [원문] 年數. 뒤의 '론 의졍' 주석 37 '년됴'(年祚, 2:31ㄴ) 참고. cf. 연조(年祚): ① 왕이 재위한 햇수. ② 나라가 존속한 연수.
72. 허급ᄒᆞ엿다가: 허급(許給)하였다가. 허락하였다가.
73. 챵ᄀᆡᄒᆞᆫ 쟈: 창개(創開)한 자. 발명한 자. [원문] 創始者. 당시에 '발명'은 '변명'의 뜻으로 쓰인 이두어(吏讀語)라 여기서는 '챵ᄀᆡ'가 쓰였다.
74. 임의: 이미. ¶아바님이 임의 죽기ᄅᆞᆯ 결단ᄒᆞ시니(동국신속삼강행실도 효8:22).

닷토기[76] 고이치[77] 아니ᄒᆞ니 즁국이 능히 본바다 힝ᄒᆞ면 인ᄌᆡ(人材)를 ᄉᆞᆺᄀᆞᆺ쳐 ᄂᆡ여 쓰ᄂᆞᆫ 방되(方道) 아닌 ᄇᆡ 아니라 셰상에 오괴(迂怪)ᄒᆞᆫ[78] 션ᄇᆡ[79] 잇셔 셔인(西人)을 효측(效則)ᄒᆞ므로[80] 슈치ᄉᆞ(羞恥事)[81]를 ᄉᆞᆷ아 비쇼(非笑)ᄒᆞᄂᆞ니[82] 대뎌 사ᄅᆞᆷ 【6ㄱ】의 븟그러오미 남만 ᄀᆞᆺ지 못ᄒᆞ미 크게 븟그러온 ᄇᆡ라 나ᄂᆞᆫ 불과(不過)[83] 그 기예ᄅᆞᆯ ᄇᆡ화 부강ᄒᆞ기의 니ᄅᆞ고져 ᄒᆞ미오 세도와 인심의ᄂᆞᆫ 죠곰도 해로오미 업ᄉᆞ니 오죽 당도지인(當道之人)이[84] 리해를 ᄉᆞᆲ히고[85] 긔틀[86]을 잡아 셩심(誠心)을 열고 공도(公道)를 펴며 시셰(時勢)를 인ᄒᆞ야 리(利)로이 인도ᄒᆞ면 진실노 시폐(時弊)[87]를 구원ᄒᆞᄂᆞᆫ 요긴ᄒᆞᆫ ᄉᆞ무(事務)오 국가를 보젼ᄒᆞᄂᆞᆫ 죠흔 법이니라

---

75. 고심혈셩: 고심혈성(苦心血誠). 마음과 힘을 다하는 지극한 정성.
76. 닷토기: 다투기. ¶강산 죠흔 量을 힘센 이 닷톨 양이면(해동가요).
77. 고이치: 괴이(怪異)치. 이상하지. ¶고이ᄒᆞᆫ 쑴을 ᄭᅮ고(오륜행실도 1:66).
78. 오괴ᄒᆞᆫ: 물정에 어둡고 괴상한. [원문] 迂怪. 오괴(迂怪)하다: 물정에 어둡고 괴상하다. ¶오괴한 홍생원이 구사상을 버리고 신지식을 넓히어……(이해조, 홍도화).
79. 션ᄇᆡ: 선비. 중세부터 '션ᄇᆡ/션븨'가 같이 나타난다. ¶武功ᄲᅮᆫ 아니 爲ᄒᆞ샤 션ᄇᆡ를 아ᄅᆞ실ᄊᆡ(용비어천가 80장). 菩薩이 諸天ᄃᆞ려 무르샤ᄃᆡ 엇던 양ᄌᆞ로 ᄂᆞ려가료 ᄒᆞ샤ᄂᆞᆯ 션ᄇᆡ 양ᄌᆞ도 니ᄅᆞ며(월인석보 2:19). 한 션븨 일홈을 쓰고(노걸대언해 상3).
80. 효측ᄒᆞ므로: 효칙(效則)하므로. 본받아 법을 삼으므로. [원문] 效法. ¶季良을 효측ᄒᆞ야 得디 몯ᄒᆞ면 ᄲᅥ디 天下읫 輕薄子ㅣ 되리니(소학언해 5:14).
81. 슈치ᄉᆞ: 수치사(羞恥事). 부끄러운 일.
82. 비쇼ᄒᆞᄂᆞ니: 비소(誹笑)하나니. 비소(誹笑): 남을 비방(誹謗)하거나 비난(非難)하여 웃음.
83. 불과(不過). 겨우. 기껏해야.
84. 당도지인(當道之人/當塗之人): 학문과 도를 닦는 사람. 나라 일을 맡아보는 사람. 관리. [원문] 執政者. 당도(當道): ① 이 길. ② 자기가 학문을 닦는 길.
당도(當塗/當途): 정권을 잡음. 중요한 위치에 있음. 때를 만남.
85. ᄉᆞᆲ히고: 살피고. ¶咫尺을 ᄉᆞᆲ히지 몯ᄒᆞ기의(인어대방 3:4).
86. 긔틀: 기틀. [원문] 樞機. 추기(樞機): ① 중추가 되는 기관(機關). 기추(機樞). ② 매우 중요한 사무나 정무(政務). ③ 몹시 중요한 사물. 또는 사물의 중요한 부분.
87. 시폐(時弊): 시대의 잘못된 폐단.

【이권 7ㄱ】

론 션졍(論船政)

[륜션 짓ᄂᆞᆫ 졍ᄉᆞ(政事)를 의론ᄒᆞ미라]

이제 시셰를 ᄉᆡᆼ각ᄒᆞ고 쟝구지계(長久之計)[1]를 널니ᄒᆞ며 변방을 신칙(申飭)ᄒᆞ고[2] 군뎡(軍丁)[3]을 ᄲᆡ셔[4] 우흐로 우리 디경(地境)을 굿게 ᄒᆞ야 웅장ᄒᆞᆫ 영문(營門)을 ᄒᆡ변(海邊)의 베풀고 버거[5]ᄂᆞᆫ 우리 샹고(商賈)를 가음열게[6] ᄒᆞ야 외양(外洋)의 무역을 통ᄒᆞ며 ᄯᆡ를 인ᄒᆞ야 일을 들고 후환(後患)을 ᄉᆡᆼ각ᄒᆞ야 예방ᄒᆞᆯ 거시니 이ᄂᆞᆫ 션졍(船政)에 경영ᄒᆞ야 시작ᄒᆞᆫ ᄇᆡ라 민호(閩滬)[7] 등쳐(等處)로븟허 챵(廠)을 셜시ᄒᆞ고[8] 화륜션을 지은 후로 즁국 사ᄅᆞᆷ이 다 능히 셔국법(西國法)을 통ᄒᆞ야 긔긔(機器)를 지으며 능히 션쥬(船主) 되얌즉ᄒᆞ야 늘노 ᄉᆡ롭고 달노 셩ᄒᆞ야 현져히 셩공ᄒᆞ 【7ㄴ】 미 이시ᄃᆡ 짓기를 만히 ᄒᆞᄆᆡ 경비

---

1. 쟝구지계: 장구지계(長久之計). 어떤 일이 오래 계속되도록 꾀하는 계책.
2. 신칙ᄒᆞ고: 단단히 타일러서 경계하고.
3. 군뎡: 군정(軍丁). 군적(軍籍)에 있는 지방의 장정. 16세 이상 60세 미만의 정남(丁男)으로, 국가나 관아의 명령으로 병역이나 노역(勞役)에 종사하였다.
4. ᄲᆡ셔: 뽑아서. [원문] 簡. ᄲᆡ다: 뽑다. ¶三公이 ᄲᆡ 천거ᄒᆞᄂᆞᆫ 배(소학언해 6:101). ᄲᆡ다 選了(동문유해 상44). 현대어 '뽑다'의 고어는 이미 중세에 'ᄲᆡ다'와 동의어로 'ᄲᆞᆸ다'가 따로 존재하였고 근대를 거쳐 현대까지 남아 있다. '이언'에는 'ᄲᆞᆸ다'(2:38ㄴ, 45ㄱ)와 'ᄲᆡ다'(2:7ㄱ, 12ㄱ, 33ㄱ, 37ㄴ, 40ㄱ, 43ㄱ)가 같이 출현하여 공존하고 있다.

   그 죡졉개 가져다가 곳굼긧 터리 ᄲᆞᆸ고(飜譯朴通事 상44).
   센 머리 ᄲᆞ바 내여 츤츤 동혀 두련마ᄂᆞᆫ(靑丘永言 원29).

   'ᄲᆡ다'가 "인재를 뽑다"에 쓰이고 'ᄲᆞᆸ다'가 "털을 뽑다"에 주로 쓰여 추상성과 구체성의 의미 자질 차이가 있었으나 'ᄲᆡ다'가 'ᄲᆡ다 > ᄲᅦ다 > 빼다'로 변하면서 점차 '뽑다'가 "인재를 뽑다"와 같은 추상 의미 표현에도 쓰이게 되었다.
5. 버거: 다음으로. 버금으로. ¶몬져 그 어미를 잡고 버거 조이게 미츤대(동국신속삼강행실도 열7:40).
6. 가음열게: 가멸게. 부요(富饒)하게. 가ᅀᆞ멸다 > 가ᄋᆞ멸다(過剩 分綴: 가음열다) > 가멸다. ¶집이 가음여디 못ᄒᆞᆯ가 아니ᄒᆞᆯ 거시어ᄂᆞᆯ(여사서언해 4:58).
7. 민호: 민호(閩滬) 지방. 민(閩): 복건성(福建省)의 별칭. 중국 오대(五代) 십국(十國)의 하나로 왕조(王潮), 왕심지(王審知) 형제가 복주(福州)에 도읍하여 세운 나라(892–946).
   호(滬): 강소성 상해현의 동북을 흐르는 강. 상해의 딴 이름.
8. 셜시ᄒᆞ고: 설시(設施)하고. 설치하고. 설립하고.

(經費) 더옥 부족ᄒᆞ니 의론ᄒᆞᄂᆞᆫ 재 ᄉᆞ리(事理)를 ᄉᆞᆲ히지 못ᄒᆞ고 걸핏ᄒᆞ면 니ᄅᆞᄃᆡ 화륜션을 가히 폐ᄒᆞ고 공역(工役)을 가히 뎡지ᄒᆞ리라 ᄒᆞ니 ᄒᆞ지 아니ᄒᆞ고 ᄒᆞ다가 즁지ᄒᆞᆫ 후의ᄂᆞᆫ 비록 잘 되여도 이어 ᄒᆞ지 아니ᄒᆞ리라 셔인은 ᄆᆡ양 ᄇᆡ 하나를 지으며 긔계 하나를 ᄆᆡᆫ들ᄆᆡ[9] 쳐음의ᄂᆞᆫ 그 슈고와 소비[10] ᄒᆞᆼ샹(恒常) 즁국의셔[11] 십 ᄇᆡ나 더ᄒᆞᄃᆡ 그 공을 ᄆᆞᆺ치지 못ᄒᆞ면 마지 아니ᄒᆞ야 몬져ᄂᆞᆫ 어려오나 나죵에ᄂᆞᆫ 소득이 만하 범ᄉᆞ(凡事) 다 그러ᄒᆞᄃᆡ 이제 중국의셔ᄂᆞᆫ 쳔만금을 【8ㄱ】 허비ᄒᆞ고 십년공부(十年功夫)을[12] 드리다가 홀연이 즁지ᄒᆞ야 뎍국(敵國) ᄉᆞᄅᆞᆷ의 예긔(銳氣)[13]를 기ᄅᆞ고 지식 잇ᄂᆞᆫ 션ᄇᆡ의 ᄆᆞᄋᆞᆷ 업ᄂᆞᆫ지라 그러나 화륜션 짓ᄂᆞᆫ 효험을 거두고져 ᄒᆞᆯ진ᄃᆡ 션인(船人) 니바지ᄒᆞᄂᆞᆫ 소입(所入)[14]을 몬져 획칙(劃策)ᄒᆞᆯ 거시니 일ᄌᆞᆨ 셔양국 륜션제도를 샹고(詳考)ᄒᆞ건ᄃᆡ[15] 샹고션(商賈船)도 잇고 병션(兵船)도 잇시니 병션 부리ᄂᆞᆫ 힘으로ᄡᅥ 샹고션을 이밧게[16] ᄒᆞ니 이러므로 ᄇᆡᄂᆞᆫ 비록 만흐나 소비(所費)[17]ᄂᆞᆫ 부족지 아니ᄒᆞ고 짓ᄂᆞᆫ바 륜션졔되(輪船制度) 병션으로 지은 쟈ᄂᆞᆫ 길 【8ㄴ】 고 가온ᄃᆡ[18] 좁으며 샹고션으로 지은 쟈ᄂᆞᆫ 져르고[19] 가온ᄃᆡ 너르며 그 고동[20]이 드러나게 돌며 속으로 도ᄂᆞᆫ 것과 물의 잠기ᄂᆞᆫ 쳔심(淺深)[21]과 셕탄 ᄡᅳᄂᆞᆫ 다쇠(多少ㅣ) 대샹부동(大相不同)ᄒᆞ니[22] 민호(閩滬)의셔 ᄇᆡ 지을 ᄯᆡ 쳐음 ᄆᆞᄋᆞᆷ을

9. ᄆᆡᆫ들ᄆᆡ: 만들매. ¶고ᄋᆞᆯ 원ᄒᆞ여셔 심히 어엿비 너기며 과호이 너겨 위ᄒᆞ야 무덤을 ᄆᆡᆫᄃᆞ라 주니라(번역소학 9:33).

10. 소비(所費): 일에 든 비용. [원문] 勞費. cf. 소비(消費): 돈이나 물자, 시간, 노력 따위를 들이거나 써서 없앰.

11. 즁국의셔: 중국보다. '의셔'는 비교격으로 쓰였음. ¶젼의셔 ᄇᆡᄇᆡ나 승히 되엿ᄂᆞᆫ지라(삼역총해 9:19).

12. 십년공부을: 십년공부를. 조사는 '를'이 맞는데 '을'로 오기되었다. ¶이 다ᄉᆞᆺ ᄒᆡ 갈ᄒᆞᆯ 네 용심ᄒᆞ야 공부 드려 ᄆᆡᆼᄀᆞᆯ라(번역박통사 상17). [원문] 十年之功業.

13. 예긔: 예기(銳氣). 날카롭고 굳세며 적극적인 기세. ¶折了銳氣 예긔 썩기이다(한청문감 8:28).

14. 소입(所入): 어떤 일에 쓰인 돈이나 재물. 수입. 자본.

15. 샹고(詳考)ᄒᆞ건ᄃᆡ: 자세히 참고하거나 검토하건대.

16. 이밧게: 이바지하게. 봉양하게. ¶주샨 글워ᄅᆞᆯ 父老 더브러 쟈랑ᄒᆞ고 獻壽ᄒᆞᄂᆞᆫ 술로 城隍ᄋᆞᆯ 이바ᄃᆞ리로다(두시언해 23:25).

17. 소비(所費): 앞의 주석 10과 뜻은 같으나 원문이 다르다. [원문] 餉. 餉: 군량 향.

18. 가온ᄃᆡ: 가운데. ¶ᄉᆞᄅᆞᆷ의 몸 가온ᄃᆡ 이셔(경신록언해 1).

19. 져르고: 짧고. 중세형은 '뎌르다'. 뎌르다: '짧다'의 옛말. 모음으로 시작하는 어미 앞에서는 '뎔-'로 나타난다. ¶諸根이 어듭고 鈍ᄒᆞ며 뎌르고 더럽고 손 ᄇᆞᆯ고 발 절며 눈 멀오 귀 먹고 등 구버(법화경언해 2:167). 서르 맛나 내야 劫을 조차 뎔어 조라 生死애 ᄢᅧ딜 씨라(법화경언해 1:190).

20. 고동: 작동을 시작하게 하는 기계 장치. 여기서는 배의 엔진.

21. 쳔심: 천심(淺深). 얕음과 깊음.

22. 대샹부동: 대상부동(大相不同). 조금도 비슷하지 않고 아주 다름. ¶얼굴에 병색조차 돌고 장부의 기상이라고는 찾으려야 찾을 수 없는 것이 자기가 그리는 사윗감과는 대상부동이었다(현진건, 무영탑). [원문] 截然. 절연(截然): 맺고 끊음이 칼로 자르듯이 분명함.

미루여 보건ᄃᆡ 대개 샹고션과 병션을 합ᄒᆞ여 셕거 쓰려 ᄒᆞᄂᆞᆫ 고로 물화를 슈운(輸運)ᄒᆞᄆᆡ 샹고션 ᄀᆞᆺ치 만히 싯지 못ᄒᆞ고 싸호려 ᄒᆞᆫ즉 병션과 ᄀᆞᆺ치 리(利)치 못ᄒᆞ니 량편(兩便)ᄒᆞ고져[23] ᄒᆞ다가 도로혀 량실(兩失)ᄒᆞᆫ지라[24] 그으이 니ᄅᆞ건ᄃᆡ 이후에 각챵의셔 ᄆᆞᆺ당히 셔양국 유명ᄒᆞᆫ 쟝ᄉᆡᆨ(匠色)을 갈희여 청ᄒᆞ야 ᄉᆡ 규식(規式)에 양창대포와 일등젼션(一等戰船)을 의방(依倣)ᄒᆞ 【9ㄱ】 야 지어야 바야흐로 ᄡᅳᆯ ᄃᆡ 잇ᄉᆞᆯ 거시오 즁국 쟝ᄉᆡᆨ이 비록 그 묘리(妙理)ᄅᆞᆯ 대강 엿보와시나[25] 불과 그 규모ᄅᆞᆯ 의방ᄒᆞᄆᆡ ᄆᆡᆫᄃᆞᄂᆞᆫ 본젼은 만히 들고 셩공은 완완(緩緩)히[26] ᄒᆞ니 즁국의셔 겨유 ᄆᆡᆫᄃᆞ러 ᄂᆡᆯ 만ᄒᆞ면 셔인이 발셔[27] 별노이[28] ᄉᆡ 법이 잇셔 ᄒᆞᆫ 법을 곳쳐시니 만일 신통(神通)이[29] 변화ᄒᆞ고져 ᄒᆞᆯ진ᄃᆡ 모로미 일등 중원(中原) 쟝ᄉᆡᆨ과 산학(算學)[30] ᄇᆡ호ᄂᆞᆫ 학ᄉᆡᆼ이 친히 외양(外洋) 각창(各廠)에 가셔 이리져리 샹고ᄒᆞ야 본 후의야 이에 능히 졔 ᄆᆞ음으로 ᄇᆡ포(排布)ᄒᆞ야[31] ᄒᆞᆯ노 지어 ᄂᆡ게

---

23. 량편ᄒᆞ고져: 양편(兩便)하고자. 양 쪽 둘 다에 편리하고자.
24. 량실ᄒᆞᆫ지라: 양실(兩失)한지라. 둘 다 잃는지라.
25. 엿보와시나: 엿보았으나. '엿보-'는 중세어 '여ᇫ-'과 '보-'의 합성어임.
   엿다: '엿보다'의 옛말. 모음으로 시작하는 어미 앞에서는 '여ᇫ-'으로 나타난다. ¶내 弟子ㅣ 窓ᄋᆞ로 여ᅀᅥ 지블 보니(능엄경언해 5:72). 다ᄅᆞᆫ 사ᄅᆞ미 여ᅀᅥ 드르리라(두시언해 8:3). 湖心 中에 浮上浮下ᄒᆞᄂᆞᆫ 거슨 이 雙雙ᄒᆞᆫ 올히오 믈ᄉᆡᆨ의 고기 엿ᄂᆞᆫ 거슨 이 수업슨 가마오디오(박통사언해 상62).
   엿보다: ᄆᆡ햇 매ᄂᆞᆫ 두워터 프를 엿보고(두시언해 25:23).
   엿ᄫᅩ다: '엿보다'의 옛말. '여ᇫ + 보다'의 합성어로 ㅂ이 'ᄫ'으로 변화한 것임. ¶내 ᄃᆡᆨᄒᆞ야 護持ᄒᆞ야 측ᄒᆞᆫ 이ᄅᆞᆯ 더러 便安케 ᄒᆞ야 엿ᄫᅡ 便을 得ᄒᆞᇙ 거시 업긔 호리이다(석보상절 21:51).
   엿오다: '엿보다'의 옛말. '여ᇫ보- > 여ᇫᄫᅩ- > 엿오-'의 발달형. ¶그ᄢᅴ 天魔ㅣ 엿와 그 便을 得ᄒᆞ야(능엄경언해 9:87). 드러 ᄉᆞ묘ᄅᆞᆯ 廢티 말며 무를 뫼호디 말며 이페 엿오디 마롬 ᄀᆞᆮᄒᆞ니(내훈 2:11).

   중세에는 비통사적 합성어 '엿보다' 외에 통사적 합성어인 '여ᅀᅥ보다'가 동의어로 나오고, 중세 말부터 근대에는 ㅿ 소실로 '여어보다'로 나온다.

   여ᅀᅥ보다: 雪山애셔 盜賊 여ᅀᅥ보매 兵馬ᄂᆞᆫ 업고(두시언해 21:3).
   사ᄅᆞ믜 아름뎟 유무를 여ᅀᅥ보미 아니홀디니라(번역소학 8:22).
   여어보다: 여어볼 쳐 覰(유합 하20). 사ᄅᆞᆷ의 ᄉᆞᄉᆞ 유무를 여어보디 아닐 거시며(소학언해 5:101).
   사ᄅᆞᆷ이 그 나아간 ᄃᆡ 깁픈 거슬 여어보디 몯ᄒᆞ더라(동국신속삼강행실도 충1:72).

   '이언'에는 '엿보-'가 1:6ㄴ, 2:9ㄱ, 3:1ㄴ, 3ㄴ, 4ㄱ,ㄴ, 8ㄴ, 20ㄱ, 38ㄱ, 41ㄱ, 42ㄴ, 57ㄴ, 발8ㄴ 등 13회 나오고 '여ᅀᅥ보-> 여어보-'의 발달형인 '여허보-'가 4:42ㄴ, 발8ㄱ 등 2회 나온다. '여허보-'는 고어사전들에 미등재어인데 고어사전에 '이언'의 용례로 등재할 필요가 있다.
26. 완완(緩緩)히: 느리게. ¶緩 완완이(한청문감 6:43). 힝노를 완완히 ᄒᆞ야(引鳳簫 1).
27. 발셔: 벌써. '발셔'의 중세형은 'ᄇᆞᆯ써'. ᄇᆞᆯ써: '벌써'의 옛말. ¶그듸 가 들 찌비 ᄇᆞᆯ써 이도다(석보상절 6:36). 아뫼어나 ᄇᆞᆯ써 發願커나 이제 發願커나 쟝ᄎᆞ 發願커나 ᄒᆞ야(월인석보 7:76). 네 父母ᄂᆞᆫ ᄇᆞᆯ써 西方애 가샤 부톄 ᄃᆞ외얫거시늘(월인석보 8:103).
28. 별노이: 별(別)로이. 따로. 현대어 '별로'는 부정어에 호응하는 것으로 변화하였다.
29. 신통이: 신통히. [원문] 神明. 神明: 천지(天地)의 신령. 사람의 정신이나 마음을 뜻하는 말로도 쓰임.
30. 산학(算學): 수학. 산수. 셈에 관해 배우는 학문.
31. ᄇᆡ포ᄒᆞ야: 머리를 써서 일을 조리 있게 계획하여. 배포(排布/排鋪): ① 머리를 써서 일을 조리 있게

홀 거시니 이제 외양에 나아가 기예를 빅호는 어린ᄋᆞ히 즁에 총명ᄒᆞᆫ 사ᄅᆞᆷ이 업지 아니ᄒᆞ【9ㄴ】니 쥬관ᄒᆞᆫ 모든 관원의게 신칙ᄒᆞ야 분별ᄒᆞ야 ᄉᆞᆲ혀보되 륜션 짓는 법을 능통ᄒᆞ는 쟈여든 월름(月廩)[32]을 후히 쥬고 주문(奏聞)ᄒᆞ고[33] 벼술을 시겨 ᄒᆞ야곰 심려(深慮)를 다ᄒᆞ야 졀등(絶等)ᄒᆞᆫ[34] 기예를 빅호게 ᄒᆞ고 후일의 기예를 셩공ᄒᆞ고 본국의 도라오거든 ᄆᆞ음에 빅혼 거ᄉᆞ로 법을 ᄉᆞᆷ아 젼파하기를 널니 ᄒᆞ면 거의 외국 사ᄅᆞᆷ의 힘을 비러 유명무실ᄒᆞᆷ을 면홀 거시오 쟝릭의 셩공ᄒᆞᆫ 효험이 잇거든 벼술을 도도와[35] 총판을 승탁(昇擢)ᄒᆞᆫ즉[36] 쟝식의 능부(能否)[37]와 경비의 다쇼를 낫낫치 교계(較計)ᄒᆞ고[38] 셰미(細微)ᄒᆞᆫ 일을 통연(洞然)이[39] 안 연후에 민ᄃᆞ는 기예로 사ᄅᆞᆷ을 쓰미 속【10ㄱ】임도 업고 과람(過濫)ᄒᆞᆷ도 업ᄉᆞ며 신통ᄒᆞᆷ을 궁극(窮極)히 ᄒᆞ고 죠화를 통달ᄒᆞ야 능히 셔인(西人)으로 비등(比等)ᄒᆞ리라[40] 이젼에 즁국이 특별이 륜션초상국(輪船招商局)[쟝ᄉᆞ를 모화 일을 쥬쟝ᄒᆞ는 판국(辦局)이라]을 셜시ᄒᆞ야 양인의 밋난 바를 앗고 즁국에 리로온 권셰를 거두니 진실노 량칙(良策)[41]이로되 빅를 짓는 각창의셔 능히 식 규식으로 빅를 짓지 못ᄒᆞ미 갑시 외양보다 더 귀ᄒᆞ니 이러므로 대강 짓는 재 지금ᄭᆞ지 오히려 묘연(杳然)ᄒᆞ니 대개 셔양국 각창의 긔긔는 늘노 식로오되 갑슨 렴(廉)ᄒᆞ고[42] 공효(功效)는 갑졀이나

계획함. 또는 그런 속마음. ¶배포가 크다 / 배포가 유하다 / 너 어디서 낮잠이냐? 배포 한번 좋구나(안정효, 하얀 전쟁). ② 배치(排置). ③ 살림을 꾸리거나 차림. ¶배포를 차리다 / 설사 남같이 버젓하게 살림 배포를 해 가지고 상전의 집을 나가지 못한다 하더라도……(한설야, 탑).

32. 월름(月廩): 월급으로 주는 곡식.
33. 주문ᄒᆞ고: 임금에게 아뢰고. 주문(奏聞): 『역사』 임금에게 아뢰던 일. 주달(奏達). 주상(奏上). 주어(奏御). 주진(奏陳). 주품(奏稟).
34. 졀등ᄒᆞᆫ: 절등(絶等)한. 기술이나 역량이 월등하게 뛰어난. 절등하다: 아주 두드러지게 뛰어나다. 절륜하다. ¶절등한 미인 / 무예가 절등하다 / 옛날 명기에 대면 어떨는지 모르지만 당세 인물로는 절등하다고 할 만합니다(홍명희, 임꺽정).
35. 도도와: 돋우어. ¶벼스를 도도시니(용비어천가 85장).
36. 승탁(昇擢)ᄒᆞᆫ즉: 발탁하여 등용한즉.
37. 능부(能否): 능력의 여부. [원문] 賢否.
38. 교계(較計)ᄒᆞ고: 맞나 틀리나 서로 견주어 보고.
39. 통연이: 통연(洞然)히. 꿰뚫어.
40. 셔인으로 비등ᄒᆞ리라: 서양인과 같으리라. '으로'는 비교격으로 쓰였음. [원문] 頡頏. 힐항(頡頏): 길항(拮抗). 서로 버티어 대항함. 길항작용(拮抗作用): ① 생물체의 어떤 현상에 대하여, 두 개의 요인이 동시에 작용하면서 서로 그 효과를 줄이는 작용. 대항 작용. ② 여러 종류의 균이 섞여 있을 때, 어떤 종류의 균은 발육 조건이 적합하여 잘 증식하는 반면, 다른 종류의 균은 그렇지 않아 발육이 억제되는 작용. 푸른곰팡이와 세균이 함께 있을 때 세균이 죽는 경우나 방선균과 식물 병원성 균류가 함께 있을 때 식물 병원성 균류가 죽는 경우 따위이다. 대항 작용.
41. 량칙: 양책(良策). 훌륭한 방책.
42. 렴ᄒᆞ고: 염(廉)하고. 싸고.

ᄒᆞ니 이런고로 모ᄃᆞᆫ 샹고들이 갑시 저렴ᄒᆞ믈 취ᄒᆞ야 닷토와[43] 외양 【10ㄴ】 으로 다르니[44] 왕왕(往往)이 즁국 샹고들이 ᄌᆡ력을 모화 셔인의 공ᄉᆞ(公司)의 븟치여 리해를 분깃ᄒᆞ고[45] 즁원 샹고의 명ᄉᆡᆨ(名色)을 원치 아니ᄒᆞᄂᆞᆫ 쟈ᄂᆞᆫ 즁원 샹괴 창시지초(創始之初)에[46] 사ᄅᆞᆷ다온 이를 엇지 못ᄒᆞ엿고 관원이 ᄯᅩᄒᆞᆫ 잇ᄭᅳ러 인도ᄒᆞ지 못ᄒᆞ며 둘재ᄂᆞᆫ 관원이 창ᄀᆡ(創開)ᄒᆞ야[47] 일을 다ᄉᆞ리ᄆᆡ 능히 신의를 ᄇᆞᆰ게 ᄒᆞ고 샹고를 항복밧지 못ᄒᆞ야 리가 잇ᄉᆞᆫ즉 일을 빙쟈ᄒᆞ야 륵탈(勒奪)ᄒᆞ고[48] 락본(落本)ᄒᆞᆫ즉[49] 층졀(層節)[50]을 만히 ᄂᆡ니 진실노 능히 관원 두려ᄒᆞᄂᆞᆫ 은연(隱然)ᄒᆞᆫ ᄆᆞᄋᆞᆷ을 업시 ᄒᆞ고 ᄉᆡᆼ리(生利)를[51] ᄭᅬᄒᆞᄂᆞᆫ 큰 방도를 여러 주어 공번되고[52] 졍대(正大)ᄒᆞ며 졍명(精明)ᄒᆞᆫ 샹춍(商總)[샹고 【11ㄱ】 의 일 쥬쟝ᄒᆞᄂᆞᆫ 관원이라]의게 말미암아 양국(洋國) 쟝ᄉᆡᆨ을 극ᄐᆡᆨ(極擇)ᄒᆞ야[53] 션창(船廠)을 셜시ᄒᆞ야 실샹으로 힘ᄡᅥ 공역(工役)을 감동(監董)ᄒᆞ면[54] 져의 쟝ᄎᆞᆺ 명ᄆᆡᆨ소관(命脈所關)으로 아라 짓기를 반ᄃᆞ시 졍히 ᄒᆞᆯ 거시오 공졍(工程)도 반ᄃᆞ시 속(速)ᄒᆞ며[55] 짓ᄂᆞᆫ 본젼도 반ᄃᆞ시 렴ᄒᆞ고 허비(虛費)[56]가 반ᄃᆞ시 덜녀[57] 관원과 샹괴 피ᄎᆞ 틀니ᄆᆡ 업셔 련쇽(連續)ᄒᆞ야 지어 ᄂᆡ미 쟝ᄎᆞᆺ 무궁ᄒᆞᆯ 거시니 샹고션이 임의 슈운ᄒᆞ기를 셩ᄒᆞ게 ᄒᆞ면 병션이 그 졉졔(接濟)ᄒᆞ믈[58] 힘닙을지라 샹고의 ᄉᆞ무(事務)를 니ᄅᆞ혀미[59] 곳 션졍을 다ᄉᆞ리미오

---

43. 닷토와: 다투어. ¶강산 죠흔 量을 힘센 이 닷톨 양이면(고시조, 김천택).
44. 다르니: 달리니. 달려가니. 중세형은 'ᄃᆞᆮ다'. [원문] 趨赴外洋.
45. 분깃ᄒᆞ고: 몫을 나누고.
46. 창시지초(創始之初)에: 처음 시작할 때에.
47. 창ᄀᆡᄒᆞ야: 창개(創開)하여. 창시(創始)하여.
48. 륵탈ᄒᆞ고: 늑탈(勒奪)하고. 강탈(强奪)하고.
49. 락본ᄒᆞᆫ즉: 낙본(落本)한즉. 손해를 본즉. 밑진즉.
50. 층졀: 층절(層節). 일의 많은 가닥. 곡절. [원문] 枝節.
51. ᄉᆡᆼ리: 생리(生利). 이익을 냄. ¶읍내가 나날이 발전함에 따라서 그들은 직접 간접 생리가 윤택해진다(이기영, 신개지).
52. 공번되고: 공변되고. 공평하고. ¶后ㅣ ᄉᆞᆯ오ᄃᆡ 妾은 드르니 賞罰이 공번되여야 足히 ᄡᅧ 사ᄅᆞᆷ을 항복게 ᄒᆞᆫ다 호니(어제내훈 2:91).
53. 극ᄐᆡᆨᄒᆞ야: 극택(極擇)하여. 매우 정밀하게 골라.
54. 감동(監董)ᄒᆞ면: 살피면. 감독하면. 감동관(監董官): ① 조선 시대에 국가의 토목 공사나 서적 간행 따위의 특별한 사업을 감독·관리하기 위하여 임명하던 임시직 벼슬. ② 대한제국 때에, 비원(祕苑)의 관리를 위하여 두었던 벼슬.
55. 속(速)ᄒᆞ며: 신속하며.
56. 허비(虛費): 헛된 비용.
57. 덜녀: 덜리어. 덜어지게 되어. '덜다'의 피동사. '덜이어 > 덜리어 > 덜려'. 현대에는 '덜다'의 피동형 '덜리다'가 잘 쓰이지 않는다.
58. 졉졔ᄒᆞ믈: 접제(接濟)함을. 생존을 의지함을. 병선이 상선의 덕을 본다는 뜻. 접제(接濟): 살림살이에 필요한 물건을 차려서 살아갈 방도를 세움.

샹고션을 외목[60] 슈셰(收稅)ᄒᆞᄂᆞᆫ[61] 거시 곳 병션을 기ᄅᆞᄂᆞᆫ ᄇᆡ니 부강ᄒᆞᆯ 터이 이밧긔 업ᄉᆞ리 【11ㄴ】 라 목젼(目前)의 권도(權道)[62]로 구폐(救弊)ᄒᆞᆯ[63] 방칙이 직봉(直奉)[64]과 동초(東楚)[65]와 강졀(江浙)[66]과 민월(閩粵)[67] 등 ᄉᆡᆼ(省)에 각각 륜션에 ᄒᆞᆫ두 ᄌᆞ호(子號)[68]ᄅᆞᆯ 됴발(調發)ᄒᆞ야[69] 일 년 소비ᄅᆞᆯ 쥬어 ᄌᆞ뢰(資賴)ᄒᆞ게[70] ᄒᆞ고 외양에 나가 슌찰ᄒᆞ면 션창의ᄂᆞᆫ 져기셔 력(力)이 될 거시오 이곳에 졀용(節用)ᄒᆞᆫ[71] 거ᄉᆞᆯ 져곳에 보용(補用)ᄒᆞ니[72] 잠간 힝ᄒᆞᆯ 거시오 오ᄅᆡ 힝키 어려온지라 오즉 ᄒᆡ변 각 ᄉᆡᆼ의 신칙ᄒᆞ야 슈군의 녯 법으로 ᄆᆡᆫ든 산판션(舢舨船)과 홍단션(紅單船)과 뎡션(艇船)과 타션(拖船)[모다 ᄇᆡ 일홈이라] 등을 일톄로[73] 쳘파(撤罷)ᄒᆞ야[74] 다시 짓지 말게 ᄒᆞ며 ᄯᅩ 각 ᄉᆡᆼ의 록영(綠營)[영문 일홈] 군ᄉᆞ ᄋᆡᆨ수(額數)[75]ᄅᆞᆯ 참작(參酌)ᄒᆞ여 감ᄒᆞ야 그 군량으로 화륜션 소비를 당ᄒᆞ게 ᄒᆞ면 오ᄅᆡ도 【12ㄱ】 록 부족ᄒᆞᆯ 념려(念慮) 업고 태셔 션정을 ᄇᆡ호ᄆᆡ 몬져 두어 나라 언어문ᄌᆞ(言語文字)ᄅᆞᆯ 통ᄒᆞ고 텬문지리(天文地理)와 산법(算法)을 아오로 닉일[76] 거시니 만일 대양을 건널 제 무변대ᄒᆡ(無邊大海)[77]의 도쳐마다 경위션(經緯線)[78][텬문 도쉬(度數)라] 어

---

59. 니ᄅᆞ혀미: 일으킴이. '니ᄅᆞ다'에 강세 접사 '-혀-'가 붙은 '니ᄅᆞ혀다'는 현대어 '일으키다'로 변함.
60. 외목: ① 외길목. ② 외목장사.
61. 슈셰ᄒᆞᄂᆞᆫ: 수세(收稅)하는. 혼자 독차지하여 장사를 하고 세전을 거두는.
62. 권도(權道): 목적을 달성하기 위해 임기응변으로 취하는 방식. ¶유 선달은 우선 다급하니까 마름의 권도로 지주에게 실어 갈 도지 벼를 팔아서 급한 빚을 마감한 것이었다(이기영, 봄).
63. 구폐(救弊)ᄒᆞᆯ: 폐해를 바로 잡을.
64. 직봉(直奉): 하북(河北)과 심양(沈陽) 일대. 명나라 때부터 수도가 관할하는 지역을 '직례'(直隷)라고 하는데 청나라 때의 직례성은 오늘의 북경(北京), 천진(天津), 하북성(河北省)의 대부분, 하남(河南), 산동(山東)의 일부분을 말한다. 봉천(奉天)은 현재의 심양을 가리켜 합하여 직봉(直奉)은 하북(河北)과 심양(沈陽) 일대를 가리킨다. cf. 직례(直隷): 조정 또는 정부에 직접 예속됨. 직속.
65. 동초(東楚): 호남(湖南), 호북(湖北)의 통칭. 특히 호북을 지칭.
66. 강졀: 강절(江浙). 강소성(江蘇省)과 절강성(浙江省).
67. 민월(閩粵): '민'(閩)은 복건성(福建省), '월'(粵)은 광동성(廣東省)의 별칭임.
68. ᄌᆞ호: 자호(子號). 작은 부속선(附屬船). 각각 륜션에 ᄒᆞᆫ두 ᄌᆞ호ᄅᆞᆯ 됴발ᄒᆞ야: 각 윤선마다 한두 부속선을 징발해 붙여 주어. [원문] 各調輪船一二號. cf. 자호(子戶): 분가(分家). 분호(分戶).
69. 됴발ᄒᆞ야: 조발하여. 징발하여. 조발(調發): ① 징발(徵發). ② 군사로 쓸 사람을 강제로 뽑아 모음.
70. ᄌᆞ뢰ᄒᆞ게: 밑천으로 삼게.
71. 졀용ᄒᆞᆫ: 절용(節用)한. 절약해 아껴 쓴.
72. 보용(補用)ᄒᆞ니: 부족한 것을 보태어 쓰니.
73. 일톄로: 일체(一體)로. 일률적으로. 모두 함께. [원문] 一律.
74. 쳘파ᄒᆞ야: 철파(撤罷)하여. 철폐(撤廢)하여.
75. ᄋᆡᆨ수: 사람의 수. 액수(額數): ① 돈의 머릿수. ② 사람의 수. ¶수천 액수의 사람이 모였다. 'ᄋᆡᆨ수'는 금전 표현에만 쓰이는데 여기서는 ② 사람의 수에 쓰인 용례를 보여 귀한 사례이다.
76. 닉일: 익힐. 닉이다: '닉다'의 사동사. 닉 + 이 + 다.
77. 무변대ᄒᆡ: 무변대해(無邊大海). 끝이 없는 넓은 바다.

ᄂᆡ[79] 도수와 어ᄂᆡ 분ᄀᆡᆨ(分刻)[80]의 ᄇᆡ가 니ᄅᆞᆯ 알며 각쳐의 바ᄅᆞᆷ ᄂᆞ려나ᄂᆞᆫ 긔미와 죠셕슈(朝汐水)[81]며 각국 ᄇᆡ의 긔호와 암셕 유무와 슈셰(水勢) 심쳔(深淺)[82]과 대풍대우(大風大雨)를 만나거든 벅벅이[83] 엇지 어거(馭車)ᄒᆞ야[84] 피ᄒᆞ며 긔긔(器機)[85][풍우를 증험(證驗)ᄒᆞᄂᆞᆫ 등물이라]ᄂᆞᆫ 벅벅이 엇지 ᄇᆡ치ᄒᆞ면 ᄆᆞᆺ당ᄒᆞᆯ 쥴을 다 아라 취ᄌᆡ(取才)[86]에 ᄲᆡ힌[87] 후에 부타공(副舵工)[버금사공]을 삼아 열력(閱歷)ᄒᆞᆫ[88] 지 ᄒᆡ포[89] 만에 다시 취ᄌᆡᄒᆞ야 정타공(正舵工)[도사공] 【12ㄴ】 을 삼아 만일 과연 ᄆᆞᄋᆞᆷ이 령통(靈通)ᄒᆞ고[90] 솜ᄡᆡ 민쳡ᄒᆞ야 가히 ᄒᆞᆫ ᄇᆡ 권력을 조죵ᄒᆞᆯ 만ᄒᆞᆫ 연후의 바야흐로 션쥬를 삼고 만일 일을 실수ᄒᆞ야

---

78. 경위션: 경위선(經緯線). 경선과 위선을 아우르는 말.

79. 어ᄂᆡ: 어느. ¶어ᄂᆡ 길로 온다(역어류해 상24). 중세어에는 '어느'가 대명사, 부사, 관형사로 쓰였다.
    어느1: [대]어느 것. ¶片箭 ᄒᆞᆫ 나태 島夷 놀라ᅀᆞᄫᆞ니 어ᄂᆡ 구더 兵不碎ᄒᆞ리잇고(용비어천가 47장). 이 두 말ᄋᆞᆯ 어늘 從ᄒᆞ시려뇨(월인석보 7:26).
    어느2: [부]'어찌'의 옛말. ¶國人 ᄠᅳ들 어느 다 ᄉᆞᆯᄫᆞ리(용비어천가 118장). 부텻 法이 精微ᄒᆞ야 져믄 아ᄒᆡ 어느 듣ᄌᆞᄫᆞ리잇고(석보상절 6:11).
    어느3: [관]'어느'의 옛말. ¶어느 뉘 請ᄒᆞ니(용비어천가 18장). 菩薩이 어느 나라해 ᄂᆞ리시게 ᄒᆞ려뇨(월인석보 2:10). 그런데 '표준국어대사전'에는 관형사로서의 '어느'를 누락하였다.
    '어ᄂᆡ'는 관형사로서 중세 후기부터 보여 근대에 이른다. ¶어ᄂᆡ 대예 어딘 사ᄅᆞᆷ이 업스리오(소학언해 5:48).

80. 분ᄀᆡᆨ: 분각(分刻). 분(分): ① 한 시간의 60분의 1. ② 각도의 단위. 1분은 1도의 60분의 1. ③ 위도나 경도를 나타내는 단위. 1분은 1도의 60분의 1. ④ 길이의 단위. 1분(푼)은 1자[尺:10치]의 100분의 1. 1치[寸]의 10분의 1. ⑤ 중량의 단위. 1분(푼)은 1냥[兩]의 100분의 1.
    각(刻): 시간의 단위. 1각은 약 15분 동안으로, 본래 시헌력(時憲曆)을 채택하기 이전에 하루의 100분의 1이 되는 14분 24초 동안을 나타내던 단위였다. ¶인화가 스승에게서 놓여나온 것은, 스승의 방에 불리어 들어간 때부터 반각이나 지나서였다(김동인, 젊은 그들).

81. 죠셕슈: 조석수(潮汐水). 조수(潮水)와 석수(汐水).
    조수(潮水): ① 미세기(밀물과 썰물을 통틀어 이르는 말). 조석(潮汐). ¶조수가 밀려들어오다 / 조수가 다 빠지기를 기다려 갯벌로 나갔다. ② 아침에 밀려들었다가 나가는 바닷물. 해조(海潮).
    석수(汐水): 저녁때에 밀려왔다가 나가는 바닷물. 석조(夕潮). 해석(海汐).

82. 심쳔: 심천(深淺). 깊고 얕음.

83. 벅벅이: 반드시. 응당. 틀림없이. [원문] 應. ¶벅벅이 아다(역어류해 하53).

84. 어거(馭車)ᄒᆞ야: 배를 바르게 가도록 하여. 어거(馭車): ① 수레를 메운 소나 말을 부리어 모는 일. ② 거느리어 바른길로 나가게 함. 배의 운항(運航)에 대해서도 '어거'(馭車)가 쓰였다. 뒤의 2:12ㄴ에는 '죠죵'(操縱)이 쓰였고 2:13ㄱ에는 'ᄒᆡᆼ션(行船)'이 쓰이기도 하였다(주석 101 참고).

85. 긔긔: 기기(器機). 배의 풍향에 따른 배 방향 조정 장치류와 증기기관 장치류. 이 부분의 원문에는 '器'와 '機'를 구분해 뜻풀이를 한 협주가 달려 있다. [원문] 器機[<u>器者</u> 驗風雨表篷桅之類 <u>機者</u> 汽機也].

86. 취ᄌᆡ: 취재(取才). 사람을 뽑기 위해 재주를 시험함.

87. ᄲᆡ힌: 뺀. 선발한. ¶ᄲᆡ힐 拔(왜어유해 상39). '이언'에는 'ᄲᅩᆸ다'(2:38ㄴ, 45ㄱ)와 'ᄲᆡ다'(2:7ㄱ, 12ㄱ, 33ㄱ, 37ㄴ, 40ㄱ, 43ㄱ)가 같이 출현하여 공존하고 있다.

88. 열력(閱歷)ᄒᆞᆫ: 경험을 쌓은. 열력(閱歷): 경력(經歷). ¶그는 열력이 많은 노련한 장수이다.

89. ᄒᆡ포: 해포. 한 해가 조금 넘는 동안. 한 해 가량.

90. 령통ᄒᆞ고: 영통(靈通)하고. 신령스럽게 잘 통하고.

파션ᄒᆞ면 유ᄉᆡ(有司ㅣ)[91] 로련(老練)ᄒᆞᆫ 션쥬 ᄒᆞᆫ두 사ᄅᆞᆷ을 갈히여 일 그르친 소이연(所以然)[92]을 사실(査實)ᄒᆞ야 과연 당히 션쥬가 ᄇᆡ치(配置)ᄒᆞ기를[93] 줄못ᄒᆞ엿신즉 그 톄문(帖文)[94]을 도로 밧치고 그 직임을 갈며 그 죄를 다ᄉᆞ리며 그 가산을 젹몰(籍沒)ᄒᆞ야[95] ᄇᆡ에 든 소비를 ᄇᆡ상(賠償)ᄒᆞ게 ᄒᆞ고 만일 슈인ᄉᆞ(修人事)[96]는 극진히 ᄒᆞᄃᆡ 하늘이 실샹 파션ᄒᆞ게 ᄒᆞ엿신즉 션쥬와 타공을 논죄(論罪)ᄒᆞ기를 면ᄒᆞᄂᆞ니 이는 일뎡ᄒᆞᆫ 법례라 즁국이 임의 이 법을 의방 【13ㄱ】 ᄒᆞᆯ진ᄃᆡ 더옥 셔인의 법을 졍통(精通)ᄒᆞ고 로련(老鍊)ᄒᆞ고 군ᄉᆞ ᄡᆞᆯ 쥴 아는 대쟝을 어더 졀졔ᄒᆞ기를 젼쥬(專主)ᄒᆞ고[97] 호령을 졍졔(整齊)히[98] ᄒᆞ며 ᄆᆡ년의 일이ᄎᆞ(一二次)를 죠련(操鍊)ᄒᆞ야[99] 각 션쥬의 근만(勤慢)[100]과 ᄒᆡᆼ션(行船)ᄒᆞ는[101] 능부(能否)를 ᄉᆞᆲ혀 보와 가ᄅᆞ치며 츌쳑(黜陟)ᄒᆞ면[102] 거의 즁국이 ᄇᆡ ᄒᆞᆫ 쳑을 지으ᄆᆡ ᄇᆡ ᄒᆞᆫ 쳑의 소비를 어드리라 비록 그러나 오히려 미진ᄒᆞ니 외양으로븟허 포구의 드러와 통샹ᄒᆞᆫ 후에 각쳐 샹고션의 리(利)를 아슬 ᄲᅮᆫ이 아니라 ᄂᆡ디(內地)에 샹고의 리를 겸ᄒᆞ야 침노(侵擄)ᄒᆞᆯ 거시니 즁국 샹고로 ᄒᆞ야곰 능히 륜션을 지어 외양의 나아가 흥판(興販)ᄒᆞ야[103] 졈졈 널니 ᄒᆞ면 루락(漏落) 【13ㄴ】 ᄒᆞ는 폐단도 막고 즁국 샹고가 양인으로 더브러 셰시(歲時)[104]에 셔로 죠하ᄒᆞ야 셩긔(聲氣) 샹통(相通)ᄒᆞᄆᆡ 리해(利害)와 졍샹(情狀)[105]을 문견(聞見)[106]에 진뎍히[107] 알 거시니 셔로 간셥ᄒᆞᆯ 일이 이시면 가히 인

---

91. 유ᄉᆡ: 유ᄉᆞ + ㅣ. 유사(有司): 사무를 맡아보는 책임자.
92. 소이연(所以然): 그리 된 까닭. 소연(所然).
93. ᄇᆡ치: 배치(配置). 조치. [원문] 操置.
94. 톄문: 체문(帖文). ① 수령이 그 고을의 면임(面任)이나 동임(洞任), 향교, 서원 따위에 지시하던 문서. ② 공물방, 계방에 속한 공인(貢人)임을 인정하던 문서. 일종의 자격증이나 신분증. [원문] 憑.
95. 젹몰: 적몰(籍沒). 중죄인의 가산을 모두 몰수하는 일.
96. 슈인ᄉᆞ: 수인사(修人事). 사람으로서 할 수 있는 일을 다함.
97. 젼쥬ᄒᆞ고: 전적으로 주관하고. 전주(專主): 혼자서 일을 주관함.
98. 졍졔히: 정제(整齊)히. 정돈하여 가지런히.
99. 죠련: 조련(調練/調鍊). ① 연병(練兵). ¶총 쏘기는 말할 것도 없고 행보하는 법이며 체조며 온갖 조련을 다하였다(김구, 백범일지). ② 훈련을 거듭하여 쌓음. ¶그럴수록 신체의 단련을 위해서도 운동으로, 혹은 체육 시간을 활용해 좀 더 접근해 보고 나아가 몸 조련이 제대로 될 수 있었을지 몰랐다(이문구, 장한몽).
100. 근만(勤慢): 부지런함과 태만함.
101. ᄒᆡᆼ션ᄒᆞ는: 행선(行船)하는. 배를 조종하고 운용하는.
102. 츌쳑ᄒᆞ면: 출척(黜陟)하는. 나쁜 사람을 내쫓고 좋은 사람을 올리어 쓰면.
103. 흥판(興販)ᄒᆞ야: 물건을 한번에 많이 흥정하여 매매하여.
104. 셰시: 세시(歲時). 한 해의 절기나 달, 계절에 따른 때.
105. 졍샹: 정상(情狀). 있는 그대로의 사정과 형편.
106. 문견(聞見): 보고 들음. [원문] 見聞.
107. 진뎍히: 진적(眞的)히. 참으로 틀림없이. [원문] 眞切. 진적(眞的)하다: 참되고 틀림없다. 토포사가

경으로 뎡지(停止)ᄒᆞ며 억졔ᄒᆞ야 항복밧아 화근되ᄂᆞᆫ 일을 침식(寢息)되게[108] ᄒᆞ리라 드ᄅᆞ니 즁국 사ᄅᆞᆷ이 쟝ᄉᆞ도 ᄒᆞ며 고공(雇工)ᄉᆞ리[109]도 ᄒᆞ야 외양의 나가 우거(寓居)ᄒᆞᆫ 재려송(呂宋) 일도(一島)의[110] 가량(假量)[111] ᄉᆞ오만(四五萬)이오 신가파(新加波)[112]와 빈랑셔(檳榔嶼)[113] 등쳐의 가량(假量) 수십만이오 미국 구금산(舊金山)[114]과 근쳐 포구의 가량(假量) 십ᄉᆞ만이오 월남(越南)[115] 셔공(西貢)[116] 등쳐의 가량(假量) 삼십만이오 고파(古巴)[117]와 비로(秘魯)[118]의 각 십여만이오 기외에 일본(日本)과 신 【14ㄱ】 금산(新金山)[119]과 태평양(太平洋)과 단향산(檀香山)[120] 등쳐의 혹 만 명도 되며 혹 만 명이 못되며 다 각각 관(館)[121]을 짓고 감동(監董)ᄒᆞᄂᆞᆫ 관원을 셜시ᄒᆞ엿시ᄃᆡ 특별이 길이 멀고 형셰 고단ᄒᆞ므로[122] ᄆᆡ양 피국(彼國)[123] 사ᄅᆞᆷ의 업슈히 너기믈 밧ᄂᆞᆫ지라 져즘긔[124]

난단 소문이 비록 진적한 소문이 아니라도 토포사가 나면 우리가 어떻게 할 것을 미리 생각해 두는 것이 좋지 아니할까요(홍명희, 임꺽정).

108. 침식(寢息)되게: 가라앉아서 그치게. 침식(寢息): 떠들썩하던 일이 가라앉아서 그침. 지식(止息).

109. 고공ᄉᆞ리: 고공(雇工)살이. 머슴살이. [원문] 傭工. 고공(雇工): ① 머슴. ② 품팔이. ③ 남의 공장에서 고용살이하는 직공. ᄉᆞ리: 살림살이. ¶ᄂᆡ ᄉᆞ리 담박ᄒᆞᆫ 쥴 보시다야 아니 알가(만언사).

110. 려송 일도의: 여송(呂宋) 일도(一島)에. 필리핀 루손 섬 한 섬에. 여송: 루손 섬. cf. 여송연(呂宋煙): ① 필리핀의 루손 섬에서 나는 엽궐련. 향기가 좋으며 독하다. ② 엽궐련.

111. 가량(假量): 어림하여. 대략. '가량'이 현대에는 수량 표현 뒤에 접미사로 쓰이는데(이십여 명가량, 만 원가량) '이언'에는 수량 표현 앞에 '가량'이 "假量, 大略"의 뜻으로 쓰인 사례를 보여 준다. 뒤의 2:23ㄴ에서는 같은 뜻의 단어가 '가령'으로도 적혀 "假量, 大略"의 뜻에 '가량-가령'의 혼기가 있었다. 이와 별도로 "假令"이라는 가정의 뜻으로 쓰인 '가량'이 3:58ㄴ에 따로 쓰였다.

112. 신가파(新加波): 싱가포르. '이언' 1:23ㄴ에는 '셩가파'(원문: 星加波), 2:20ㄱ에는 '셩가파'(원문:星架波)로도 나옴.

113. 빈랑셔: 빈랑서(檳榔嶼). 말레이시아 13개 연방 중 하나인 페낭(Penang, 말레이어로 Pulau Pinang). 말레이시아 북서 해안 말래카 해협의 '페낭(피낭)' 섬과 '조지타운(George Town)이란 항구 도시 지역으로 주석, 고무, 코프라 따위를 수출한다.

114. 구금산(舊金山): 캘리포니아. 특히 캘리포니아 중앙에 있고 미국 서해안 최대 무역항이며 대륙 철도의 기점인 샌프란시스코(San Francisco)를 가리킴. 신금산(新金山)은 호주의 멜버른을 가리킴.

115. 월남(越南): 베트남.

116. 셔공: 서공(西貢). 베트남 '사이공'(현 '호치민' 시)의 음역어.

117. 고파(古巴): 쿠바.

118. 비로(秘魯): 페루.

119. 신금산(新金山): 멜버른(Melbourne). 호주 제2의 항구 도시.

120. 단향산(檀香山): 호놀룰루.

121. 관(館): 관원이 공무로 다닐 때에 숙식을 제공하고 빈객(賓客)을 접대하기 위하여 각 주(州)와 현(縣)에 둔 객사(客舍).

122. 형셰 고단ᄒᆞ므로: 형세(形勢) 외로우므로. [원문] 勢高. 고단ᄒᆞ다: 외롭다. 현대의 '고단하다'는 "피곤하다"의 뜻으로 쓰였으나, '이언'에서는 "외롭다"의 뜻으로 쓰였다.

123. 피국(彼國): 저 나라.

124. 져즘긔: 접때. 전에. 오래지 않아서. 져즈슴ᄢᅴ > 져즘긔

민(閩)[125] 즁(中) 션졍국(船政局)의 양무병션(揚武兵船)[빅 일홈]이 단니다가 동남양(東南洋) 각 도(島)를 지날식 려송의 우거ᄒᆞᄂᆞᆫ 즁국 빅셩이 즐겨 츔츄며 감읍(感泣)ᄒᆞ기에 니르러 빅년 이릭의 쳐음 보ᄂᆞᆫ 영광이라 ᄒᆞ니 ᄒᆞᆫ 포구가 이러ᄒᆞ믹 다른 포구를 가히 알지라 ᄒᆞ믈며 셔양국 통힝(通行)ᄒᆞᄂᆞᆫ 규례가 비록 이삼등 되ᄂᆞᆫ 나라히라도 다 병션이 잇셔 외양으로 단 【14ㄴ】 니며 샹고ᄒᆞᄂᆞᆫ 사ᄅᆞᆷ을 호위ᄒᆞᆫ다 일홈ᄒᆞᄂᆞ니 당당ᄒᆞᆫ 텬됴(天朝) 즁국(中國)[126]으로 엇지 이만 일을 판비(辦備)ᄒᆞ기[127] 어려오리오 다시 각국의 가 잇ᄂᆞᆫ 공ᄉᆞ(公使)의게 지휘ᄒᆞ야 만일 각 포구의 잇ᄂᆞᆫ 즁국 빅셩이 병션을 어더 보호ᄒᆞ기를 원ᄒᆞᄂᆞᆫ 재 잇거든 일 년 소비를 ᄌᆞ비(自費)ᄒᆞ고[128] 령ᄉᆞ(領事)의게 보(報)ᄒᆞᆫ 후 공ᄉᆞ의게 쳥ᄒᆞ야 션졍국의 ᄌᆞ문(諮問)ᄒᆞ고 침쟉(斟酌)ᄒᆞ야[129] 병션을 분파(分派)ᄒᆞ되[130] 혹 일 년이 되나 혹 반년 만의 분수를 보와 블너 도라오게 ᄒᆞ고 다른 빅를 밧고와 보닉딕 부비(浮費)[131] 소입(所入)이 만일 ᄒᆞᆫ 포구의셔 빅 ᄒᆞ나를 치러닉지 못ᄒᆞᆯ 터이면 두어 포구의셔 아오로 ᄒᆞᆫ 빅 【15ㄱ】 를 치르게 ᄒᆞ여 ᄒᆞ야곰 왕릭(往來)ᄒᆞ며 호위ᄒᆞ게 ᄒᆞ다가 즁국의 일이 잇슨즉 몰수(沒數)히[132] 블너다가 각쳐의 보닉기를 쥰비ᄒᆞᆯ 거시니 대뎌 그러ᄒᆞᆫ즉 챵국(廠局)의 빅를 치르ᄂᆞᆫ 소비 잇고 바다 디경(地境)에 싸홈ᄒᆞ고 직힐 ᄌᆞ력(貲力)[133]이 이시며 닉외(內外)에 셩셰(聲勢)[134]를 련락(聯絡)ᄒᆞ미 잇고 샹고ᄂᆞᆫ 슈운ᄒᆞᄂᆞᆫ 리(利) 이시리니 대개 ᄒᆞᆫ 번 드러 두어 가지 됴흔 방략이 ᄀᆞᆺ촌지라 당도지인(當道之人)[135]이 왼 판국(辦局)[136]을 일통(一統)으로[137] 료량(料量)ᄒᆞ야[138] 졍신을 온젼히 ᄒᆞ고 운쥬(運籌)[139]를 널

---

125. 민(閩): 지금 복건성 지역에 있었던 종족의 이름. 혹은 그 지역.
126. 텬됴 즁국: 천조(天朝) 중국(中國). 천자(天子)의 조정(朝廷)인 중국. 제후의 나라들이 중국을 높여 이르는 말.
127. 판비(辦備)ᄒᆞ기: 변통(變通)하여 준비하기.
128. ᄌᆞ비ᄒᆞ고: 자비(自費)하고. 스스로 비용을 대고.
129. 침쟉ᄒᆞ야: 짐작하여. 침쟉: '짐작'(斟酌)의 원말.
130. 분파(分派)ᄒᆞ딕: 나누어 파견하되.
131. 부비(浮費): 일을 하는 데 써서 없어지는 돈. 경비.
132. 몰수(沒數)히: 모두 다. 몰수(沒數): 수량의 전부.
133. ᄌᆞ력: 자력(貲力). 재물. 貲: 재물, 대속할 자. [원문] 資. cf. 자력(資力): ① 근원이 되는 힘. ② 물자나 자산 따위를 낼 수 있는 경제적인 능력. ¶하여간 그 애를 공부시키자면 그 부모의 생활비부터 부담할 각오가 있어야 할 것이나 자네의 자력과 성의가 거기까지 미치겠나?(염상섭, 삼대)
134. 셩셰: 성세(聲勢). 명성과 위세.
135. 당도지인(當道之人/當塗之人): 학문과 도를 닦는 사람. 나라 일을 맡아보는 사람. 관리. [원문] 當軸者. 당축(當軸): 당국(當局). 당축자: 당국자.
136. 왼 판국을: 온 판국(辦局)을. 모든 기관들을. ¶왼 셩이 함믜 면ᄒᆞ기를 원ᄒᆞ니라(여사서언해 4:29).
137. 일통(一統)으로: 한데 합하여. 통일하여.
138. 료량ᄒᆞ야: 요량(料量)하여. 앞일을 잘 헤아려 생각하여. '왼 판국(辦局)을 일통(一統)으로 료량(料量)

니 ᄒᆞ면 군량(軍糧) 각 항(項)[140]이 지응(支應)ᄒᆞ기[141] 군ᄉᆞᆨ(窘束)ᄒᆞ믈[142] 념려ᄒᆞ지 아니ᄒᆞ야 거의 고인(古人)[143]의 아ᄅᆞᆷ다온 일홈을 ᄒᆞᆷ긔[144] ᄒᆞ고 국개(國家ㅣ) 기리 태 【15ㄴ】 평ᄒᆞ야 공로를 후일의 유젼(遺傳)ᄒᆞ지 아니ᄒᆞ랴

ᄒᆞ야'는 "배 관련 업무 기관들을 한데 합하여 관리하여"의 뜻.

139. 운쥬: 운주(運籌). 주판을 놓듯이 이리저리 궁리하고 계획함.

140. 항(項): (군량의 각종) 항목.

141. 지응(支應)ᄒᆞ기: 조선 시대에 벼슬아치가 공무로 출장 갔을 때에 필요한 물품을 대어 주던 일. 출장지 지방 관아에서 맡아 하였다.

142. 군ᄉᆞᆨᄒᆞ믈: 군속함을. 궁색함을. 군속(群束)하다: 묶여 있는 것처럼 옴짝달싹할 수 없게 어렵다.

143. 고인(古人): 옛사람. [원문] 前人.

144. ᄒᆞᆷ긔: 함께. ¶내 큰 도로 더브러 ᄒᆞᆷ긔 나타나니(경신록언해 22).

【이권 16ㄱ】

론 주은(論鑄銀)

[은젼을 부어 ᄆᆡᆫᄃᆞᄂᆞᆫ 법을 의론ᄒᆞ미라]

양국(洋國) 은(銀)[1]이 즁국의 드러오미 건륭(乾隆)[2] 년간으로븟허[3] 비로쇼ᄒᆞ니[4] 일홈은 양젼(洋錢)이라 ᄒᆞᄃᆡ 다만 졔되 갓지 안코 모양이 각각 달나 쳐음의ᄂᆞᆫ 통용(通用)이 잘 되지 못ᄒᆞ더니 약됴(約條)를 셰워 통샹(通商)ᄒᆞ므로븟허 양인(洋人)의 족젹(足迹)이 지나ᄂᆞᆫ 곳에 대읍(大邑)과 궁촌(窮村)[5]을 무론(無論)ᄒᆞ고 양젼을 통용ᄒᆞᄆᆡ 즁국 문은(紋銀)[6][픔(品) 조은 은이라]이 도로혀 쓰기 슌치 못ᄒᆞ니 ᄒᆡᆼ인이 진이고[7] 단니며[8] 샹괴 무역ᄒᆞ기 편ᄒᆞ미 아니라 다만 모로미 진가(眞假)[9]를 분변ᄒᆞᆯ진더 이제 즁국의 쓰ᄂᆞᆫ 양젼이 시졍(市井)[10]의 쁨쓰미에 넉넉지 못ᄒᆞᆫ지라 이러 【16ㄴ】 므로 셔국의셔 ᄆᆡ년에 이어 나오ᄂᆞᆫ 거시 도총(都總)[11] 이ᄇᆡᆨ만 원에 지나ᄂᆞᆫ지라[12] 셔인이 즁국의셔 일시에 능히 짓지 못ᄒᆞᆯ ᄌᆞᆯ 알고 져의 나라에 픔청(稟請)ᄒᆞ고[13] 판(辦)을 여러[14] 지어ᄂᆡ여[15] 즁국 용도ᄅᆞᆯ 넉넉ᄒᆞ게 ᄒᆞ니 대개 양젼을 블녀[16] 짓ᄂᆞᆫ 거시 대리(大利)되믈[17] 깁히 알미라 쳥컨ᄃᆡ 응

---

1. 양국(洋國) 은(銀): 서양 화폐. 서양의 은전(銀錢). 양전(洋錢)이라고도 한다. [원문] 洋銀.
2. 건륭(乾隆): 청나라 제6대 고종(高宗, 1711-1799) 때의 연호(재위 1736-1795).
3. 븟허: '브터'의 과잉분철 표기. 원래 동사 '븥-'의 부동사가 문법화하여 이루어진 것이다.
4. 비로쇼ᄒᆞ니: 비롯하니. 비로쇼ᄒᆞ다: 비롯하다(始). 비로소 시작하다.
5. 궁촌(窮村): ① 생활이 빈궁한 촌락. ② 궁벽한 촌락.
6. 즁국 문은(紋銀): 중국 무늬 은화. 紋: 무늬 문. '무늬'는 '紋'의 차용어.
7. 진이고: 지니고. '진이고'는 '지니고'의 과잉분철 표기.
8. 단니며: 다니며. '단니며'는 중세형 'ᄃᆞᆫ니다'의 변천형으로 ㄴ의 역행동화 표기가 된다.
9. 진가(眞假): 진짜와 가짜.
10. 시졍: 시정(市井). 인가가 모인 곳. 중국 상대(上代)에 우물이 있는 곳에 사람이 모여 살았다는 데서 유래한다. 시중(市中). [원문] 市廛. 시전(市廛): 장거리의 가게.
11. 도총(都總): 도합(都合).
12. 지나ᄂᆞᆫ지라: 불과한지라.
13. 픔쳥ᄒᆞ고: 품청하고. 품청(稟請): 윗사람이나 관청 따위에 여쭈어 청함.
14. 판을 여러: 사무소를 열어. [원문] 開局.
15. 지어ᄂᆡ여: 주조하여. [원문] 鑄造.

앙(鷹洋)[18][양전 일홈]으로ᄡᅥ 의론ᄒᆞ건ᄃᆡ 응양이 ᄆᆡ 원(圓)의 즁(重)이[19] 칠젼이분(七錢二分)이오 즁국의 슈운ᄒᆞ야 드러오ᄆᆡ 극귀(極貴)ᄒᆞᆯ ᄣᅢ의ᄂᆞᆫ 가히 문은(紋銀) 팔젼 즁(重)을 당ᄒᆞ고 시셰(時勢)[20] 평샹(平常)ᄒᆞᆯ ᄣᅢ라도 ᄯᅩᄒᆞᆫ 칠젼 ᄉᆞ오분은 되니 그 리(利)ᄂᆞᆫ 지극히 후ᄒᆞ고 그 ᄡᅳ기ᄂᆞᆫ 지극히 편ᄒᆞ믈 쇼연(昭然)이[21] 가히 볼지라 대뎌 돈 【17ㄱ】 이 금은동 삼픔(三品)이 이시니 그 힝셰ᄒᆞᄆᆡ 통칭 국뵈(國寶ㅣ)라 ᄒᆞ니 그 나라의셔ᄂᆞᆫ 그 나라 돈을 ᄡᅳᆯ 거시오 타국 돈을 통용치 아니ᄒᆞᆯ 거시니 즁국이 엇지 스ᄉᆞ로 주젼(鑄錢)ᄒᆞ야 대년호(大年號)ᄅᆞᆯ 그 우희 삭이지 아니ᄒᆞᄂᆞᆫ고 그리ᄒᆞ면 명졍언슌(名正言順)ᄒᆞ야[22] 리로온 권셰ᄅᆞᆯ 독단(獨斷)ᄒᆞᆯ 거시오 만일 외양의셔 ᄉᆞ 오면 ᄆᆡ 원에 덧두리[23] 은이 만흐면 칠팔분이오 쇼불하(少不下)[24] 삼ᄉᆞ분이니 ᄯᅩᄒᆞᆫ 그 대리(大利)ᄅᆞᆯ 일흐미 아니냐 혹이 니ᄅᆞᄃᆡ 스ᄉᆞ로 주젼(鑄錢)ᄒᆞ면 경비(經費)가 과다(過多)ᄒᆞ다 ᄒᆞ니 모로ᄂᆞᆫ 말이 ᄆᆡ 원에 덧두리 ᄒᆞᆫ 은이 그 식리(殖利)[25]가 임의 후(厚)ᄒᆞ고 ᄯᅩ 은젼(銀錢)을 외양(外洋)의셔 지어 드려 【17ㄴ】 오ᄆᆡ 동과 연을 그 가온ᄃᆡ 셕그니 동연(銅鉛)으로 ᄃᆡ신ᄒᆞ고 나마지 은으로 주젼(鑄錢)ᄒᆞᆯ 부비(浮費)[26]ᄅᆞᆯ ᄒᆞ면 작작유여(綽綽有餘)ᄒᆞᆯ[27] 거시니 이ᄂᆞᆫ 그 덧두리 ᄒᆞᆫ 갑시 곳 남ᄂᆞᆫ바 리츌(利出)[28]이로ᄃᆡ 다만 셔인은 리(利)를 죠하ᄒᆞ고 신(信)을 직희ᄂᆞᆫ 고로 돈을 ᄆᆡᆫ돌ᄆᆡ 여인일판(如印一板)ᄒᆞ고[29] 즁국 사ᄅᆞᆷ은 리만 즐기고 신이 젹은 고로

---

16. 블녀: 불리어. 주조하여. [원문] 鑄造.
17. 대리(大利)되믈: 크게 이익됨을.
18. 응양(鷹洋): '매'나 '독수리' 그림이 새겨진 서양 동전. 양전(洋錢). [원문] 鷹洋.
19. 즁이: 중(重)이. 무게가.
20. 시셰: 시세(時勢). 시가(時價).
21. 쇼연이: 소연히. 소연(昭然)하다: 일이나 이치 따위가 밝고 선명하다. [원문] 瞭然.
    cf. 일목요연(一目瞭然): 환하고 똑똑함.
22. 명졍언슌: 명정언순(名正言順). 명분이 바르고 말이 사리에 맞음.
23. 덧두리: 정해 놓은 액수 외에 얼마만큼 더 보탬. 또는 그렇게 하는 값.
24. 쇼불하: 소불하(少不下). 적게 잡아도. 하불하. [원문] 少. ¶전부 모으면 소불하 서른 섬은 될 것이다 / 특별 할인을 한다더라도 하루에 소불하 십 원쯤은 쳐주어야 할 테니……(채만식, 태평천하).
    cf. 불하(不下): 못하지 않거나 적지 않음.
    cf. 다불과(多不過): 많다고 해야 고작. ¶낮이라서 그런지 다방에는 손님이 다불과 서넛밖에 없었다.
25. 식리(殖利): 재물을 불리어 이익을 늘림. 이식(利殖). [원문] 殖. 殖: 쉴, 이자 식.
26. 부비(浮費): 일을 하는 데 써서 없어지는 돈. 입비(入費). ¶부비야 드는 대로 쓰는 거지. 화산 역사에 쓸 부비가 없으면 보내 주든지 가지고 가든지 네 생각대로 해라(홍명희, 임꺽정).
27. 작작유여(綽綽有餘): 여유작작(餘裕綽綽). 빠듯하지 않고 아주 넉넉함. '綽綽有餘'는 '有'를 쓰고, '餘裕綽綽'은 '裕'를 써서 표기의 차이가 있으나 뜻은 같음.
28. 리츌: 이출(利出). 본전에 대하여 이가 남는 돈.
29. 여인일판(如印一板): 한 판(板)에서 찍어 낸 듯이 서로 조금도 다름이 없음.

후폐(後弊)[30] 만흐니 녯적의 림문츙공(林文忠公)[31]이 오군(吳軍)을 진무(鎭撫)ᄒᆞᆯ ᄯᅢ에 민간에 양국(洋國) 몰화(物貨)[32] 갑시 ᄂᆞᆯ노 더ᄒᆞᆷ을 보고 드ᄃᆡ여 은ᄌᆞ(銀子)[33] 칠젼삼분즁(七錢三分重)을 부어 ᄒᆞᆫ 덩이를 ᄆᆡᆫᄃᆞ러 돈 ᄃᆡ신으로 ᄡᅳ게 ᄒᆞ니 쳐음의ᄂᆞᆫ ᄡᅳ기 심히 경편(輕便)ᄒᆞ더니 불구(不久)[34]의 위조(僞造)ᄒᆞᄂᆞᆫ 쟈와 근량(斤量)을 나츄ᄒᆞ【18ㄱ】ᄂᆞᆫ[35] 재 ᄂᆞᆯ노 나셔 드ᄃᆡ여 아름다온 ᄠᅳᆺ과 죠흔 법[36]을 폐ᄒᆞ야 ᄒᆡᆼ치 못ᄒᆞ게 ᄒᆞ니 가셕(可惜)ᄒᆞ도다[37] 그윽이 니ᄅᆞᄃᆡ 즁국이 주젼ᄒᆞ려 ᄒᆞ거든 모로미 보텬국(寶泉局)[38][주젼소 일홈] 법례(法例)ᄅᆞᆯ 의방(依倣)ᄒᆞ야[39] 법을 엄히 뎡ᄒᆞ고 ᄒᆞᆯ노 호부(戶部)에 맛져[40] 젼일(專一)ᄒᆞᆫ 주젼소ᄅᆞᆯ 베프러 샹벌을 의론ᄒᆞ고 민간에셔 주젼ᄒᆞᆷ을 허ᄒᆞ지 아니ᄒᆞᆯ ᄲᅮᆫ 아니라 각 ᄉᆡᆼ(省) 관원(官員)[41]의 주젼ᄒᆞᆷ을 아오로 허(許)치 마라 호부의셔 주젼을 다ᄒᆞᆫ 후의 텬하(天下)의 반포(頒布)ᄒᆞ여 ᄒᆞ야곰 각 항(港) 샹납(上納)을 ᄒᆞ게 ᄒᆞ며 온갓 셰젼을 ᄒᆞ게 ᄒᆞᆫ즉 ᄒᆞᆯ너 ᄒᆡᆼᄒᆞ기ᄅᆞᆯ[42] 반ᄃᆞ시 널니 ᄒᆞᆯ 거시오 양국 은젼(銀錢)이 도로혀 능히 통용(通用)이 못되【18ㄴ】리라 시험ᄒᆞ야 샹고(詳考)ᄒᆞ건ᄃᆡ[43] 직례ᄉᆡᆼ[44] 창고(倉庫)[45]에 잇ᄂᆞᆫ 젼량(錢糧)과 은젼이 ᄆᆡ양 두 량(兩)[46] 즁(重)으로 작뎡ᄒᆞ고 은빗치 심히 아름답고 강셔(江西)의 방

---

30. 후폐(後弊): 뒤에 생기는 폐단.
31. 림문츙공: 임 문충공. 임칙서(林則徐, 1785–1850). 청나라 말기 유명한 정치가이자 사상가 및 시인. 시호는 문충공.
32. 양국 몰화: 양국(洋國) 물화(物貨) 즉 서양 화폐. '몰화'는 '물화'의 오기. 물화(物貨): 물품과 재화(財貨)를 아울러 이르는 말.
33. 은ᄌᆞ: 은자(銀子). 은(銀)돈.
34. 불구(不久)의: 미구에. 오래지 아니하여.
35. 나츄ᄒᆞᄂᆞᆫ: 낮게 하는. [원문] 低. '낮다'의 사동사 '낮추다'의 어간형 '낮추-'에 '-ᄒᆞ다'가 결합한 것.
36. 죠흔 법: 좋은 법. [원문] 良法.
37. 가셕ᄒᆞ도다: 가석(可惜)하도다: 애석하도다. 안타깝도다. 애틋하게 아깝도다.
38. 보텬국: 보천국(寶泉局). 중국에서 화폐 주조하던 곳. 우리나라에서 '보천(寶泉)'은 고려 시대에 공기(工技)와 보장(寶藏)을 맡아보던 관아의 이름이다.
39. 의방(依倣)ᄒᆞ야: 남의 것을 본받아.
40. 맛져: 맡겨. [원문] 准. '맛디다(맡 + 이 + 다: '맡다'의 사동사)' > '맛지다'(구개음화) > 맡기다.
41. 각 ᄉᆡᆼ 관원: 중국 각 성(省)의 관원.
42. ᄒᆞᆯ너 ᄒᆡᆼᄒᆞ기ᄅᆞᆯ: 유통하기를. [원문] 流通.
43. 샹고ᄒᆞ건ᄃᆡ: 상고(相考)하건대. 상고(相考): 서로 견주어 고찰함.
    cf. 상고(詳考): 꼼꼼하게 따져서 검토하거나 참고함. 구계(句稽).
44. 직례ᄉᆡᆼ: 직례성(直隸省). 중앙의 직할 성. 명나라 때부터 수도가 관할하는 지역을 직례(直隸)라고 한다. 청나라 때의 직례성은 오늘의 북경(北京), 천진(天津), 하북성(河北省)의 대부분, 하남(河南), 산동(山東)의 일부분을 말하며, 통상 하북성을 가리킨다.
    cf. 청나라 때의 직례성은 하북성(河北省)임. 직례(直隸): 조정 또는 정부에 직접 예속됨. 직속.
45. 창고(倉庫): [원문] 藩庫. 藩: 울타리. 지경, 지킬, 제후 번.
46. 두 량: 두 냥.

보(方寶)[47][은젼 일홈]도 ᄯᅩᄒᆞᆫ 그러ᄒᆞᄃᆡ 타(他) ᄉᆡᆼ(省)의 잇는 은젼(銀錢)은 다 능히 ᄆᆡᆺ지 못ᄒᆞ니 일이 젼쥬(專主)ᄒᆞ야[48] ᄎᆡᆨ망(責望)ᄒᆞ미 이ᄉᆞᆫ즉 폐단(弊端)이 말ᄆᆡ암아 나미 업ᄉᆞ믈 가히 알지라 드러 ᄒᆡᆼᄒᆞ면 진실노 나라를 넉넉히 ᄒᆞ고 ᄇᆡᆨ셩을 편히 ᄒᆞᆯ 큰 계괴(計巧ㅣ)니 엇지 리로온 권셰(權勢)를 셔국에셔만 독단(獨斷)ᄒᆞᆯ ᄇᆡ 되랴

---

47. 방보(方寶): 강서성(江西省)의 화폐 이름.
48. 젼쥬ᄒᆞ야: 전주하여. 전주(專主): 혼자서 일을 주관함.

【이권 19ㄱ】

론 우졍(論郵政)

[역참(驛站) 졍ᄉᆞ를 의론ᄒᆞ미라]

즁국이 ᄒᆡ금(海禁)을 열고 각국으로 통샹ᄒᆞ므로븟허 셔로 왕ᄅᆡᄒᆞ미 이의 수십 년이라[1] 범ᄉᆞ(凡事)의 그 쟝기(長技)[2]를 취(取)ᄒᆞ야 나의 단쳐(短處)를 보폐(補弊)ᄒᆞ야[3] 국가와 ᄇᆡᆨ셩의게 유익(有益)ᄒᆞᆯ 재면 다 ᄎᆞ례(次例)로 거ᄒᆡᆼ(擧行)ᄒᆞᄃᆡ 오직 셔신관(書信館)[글월과 신식(信息)[4]을 젼ᄒᆞᄂᆞᆫ 일을 쥬관ᄒᆞᄂᆞᆫ 관이라]이 오히려 업ᄉᆞ니 ᄆᆞᆺ당히 신셜(新設)ᄒᆞᆯ 거시니라 대뎌 죠뎡(朝廷)의 죠셔(詔書)와 신하(臣下)의 소장(訴狀)과 문무관원(文武官員)의 ᄒᆡᆼ회(行會)ᄒᆞ고[5] ᄌᆞ픔(咨稟)ᄒᆞᄂᆞᆫ[6] 것과 각(各) ᄉᆞ(司) 관원(官員)의 관ᄌᆞ(關子)ᄒᆞ고[7] 이문(移文)ᄒᆞᄂᆞᆫ[8] 거시 므릇 졍ᄉᆞ(政事)에 간셥(干涉)ᄒᆞᄂᆞᆫ 재면 나라 문텹(文牒)[9]에 올니지 안ᄂᆞᆫ ᄇᆡ 업ᄉᆞ니 요긴(要緊)ᄒᆞᆫ 됴건(條件)인즉 역마(驛馬)[10]의 【19ㄴ】 븟쳐 젼(傳)ᄒᆞ게 ᄒᆞ고 예ᄉᆞ로온 일은 인ᄒᆞ야 역참(驛站)[11]의 븟치ᄃᆡ 만일 시ᄀᆞᆨ(時刻)을 지쳬(遲滯)ᄒᆞ고 길이 막히믈 념려ᄒᆞ면 ᄯᅩ 관원을 젼위(專委)ᄒᆞ야[12] 나는[13] ᄃᆞ시 ᄲᅡ 보ᄂᆡᄂᆞᆫ 고로[14] 녯젹의

---

1. 이의 수십 년이라: 이미 수십 년이라. [원문] 已數十年. '已'이므로 '이의'는 '이믜'의 오기.
2. 쟝기: 장점. [원문] 長.
3. 보폐(補弊): 폐단을 바로잡아 없앰.
4. 신식(信息): 소식 전하는 일. 통신. 음신(音信). ¶부모님께 신식을 전하다.
5. ᄒᆡᆼ회: 행회(行會). 나라의 명령을 알리거나 그 실행 방법을 논의하여 정하기 위한 모임.
6. ᄌᆞ픔: 자품(咨稟). 일을 물어 명을 받음. 咨: 물을 자. 稟: 줄, 받을 품.
7. 관ᄌᆞ: 관자(關子). 관문(關文). ① 조선조 때 상급 관청과 하급 관청 사이에 주고받던 공문서. ② 상급 관청에서 하급 관청에 내리는 허가서. ③ 당나라 때부터 쓰인 말로, 중국에서 주로 각 관청 상호간에 질의하고 조회하던 왕복 문서, 또는 특별 사항을 관청 간에 개통 전달하는 문서.
8. 이문(移文): 이(移). 중국 한대(漢代)의 공문서 가운데 같은 등급의 관아 사이에 주고받던 공문서. 때로는 격(檄)과 더불어 포고문의 성격을 띠기도 하였다. 공이(公移)·이문(移文)·이서(移書)·회이(回移). cf. 이문(吏文): 조선 시대에 중국과 주고받던 문서에 쓰던 특수한 관용 공문의 용어나 문체. 자문(咨文), 서계(書契), 관자(關子), 감결(甘結), 보장(報狀), 제사(題辭) 따위와 같은 문서에 썼다.
9. 문텹: 문첩(文牒). 관아에서 쓰는 서류.
10. 역마(驛馬): 역말. 각 역참(驛站)에 둔 말. 관용(官用)의 교통 및 통신 수단이었다. 포마(舖馬).
11. 역참(驛站): 역말을 갈아타던 곳. 관(館).
12. 젼위ᄒᆞ야: 전위하여. 전적으로 위임하여. 전위(專委): 전문적으로 맡거나 맡김, 또는 그 사람. 전임(專

임의 ᄒᆡᆼ인(行人)[15] 벼ᄉᆞᆯ을 베플고 역참을 셜시(設始)ᄒᆞ믄 죠뎡(朝廷)의 덕음(德音)[16]을 반포(頒布)ᄒᆞ며 즁인(衆人)의 의론을 모흐며 하졍(下情)[17]을 통ᄒᆞ게 ᄒᆞᄂᆞᆫ 바오 샹고와 ᄒᆡᆼ인들이 먼니[18] 나가 의식(衣食)을 ᄢᅬᄒᆞ다가 평안(平安)ᄒᆞ믈 보(報)ᄒᆞ고져 ᄒᆞ며 혹 쇼식을 ᄲᆞᆯ니 긔별ᄒᆞ야 물화 시세ᄅᆞᆯ 통ᄒᆞ며 혹 셔함(書函)[19]을 ᄀᆞ쵸와 물화ᄅᆞᆯ 길거(拮据)ᄒᆞᄆᆡ[20] 비록 각쳐 신국(信局)[신식(信息) 젼ᄒᆞᄂᆞᆫ 곳이라]에 보ᄂᆡ여 분별ᄒᆞ야 븟치나 ᄆᆡ양 즁간에셔 침체(沈滯)ᄒᆞᄆᆡ[21] 다시 【20ㄱ】 ᄎᆞ져 무ᄅᆞᆯ 곳이 업ᄂᆞᆫ지라 근ᄅᆡ 통상(通商)ᄒᆞᄆᆡ 각 포구(浦口) 신국(信局)의셔 화륜션(火輪船)의 븟치니 젼보다 ᄲᆞᆯ르나 그러나 겨유 화륜션 단니ᄂᆞᆫ 곳에 베플만 ᄒᆞ고 만일 산쳔(山川)이 막힌 ᄃᆡᄂᆞᆫ 역참(驛站) 인편(人便)[22]을 만나기 어렵고 ᄯᅩ 즁국 사ᄅᆞᆷ이 외양(外洋)에 우거(寓居)ᄒᆞᄆᆡ[23] 신구금산(新舊金山)[24]과 셩가파(星架波)[25]와 동남양 각도ᄂᆞᆫ ᄂᆡ외 격졀(隔絶)ᄒᆞ엿시ᄆᆡ[26] 우환질고(憂患疾苦)[27]ᄅᆞᆯ 셔로 알기 어려오니 즁국으로 ᄒᆞ야곰 ᄯᅩᄒᆞᆫ 셔국법(西國法)을 의방(依倣)ᄒᆞ야 셔신관(書信館)을 두로 셜시(設施)ᄒᆞ면 비록 만리(萬里)라도 ᄒᆞᆫ 집안에 잇ᄂᆞᆫ 것 ᄀᆞᆺᄐᆞ리니 엇지 외인의게 슈모(受侮)ᄒᆞ고 스ᄉᆞ로 통졍(通情)ᄒᆞ기 어려울 디경의 니ᄅᆞ랴 태셔의 각국이 기젼(其前) 【20ㄴ】 에 ᄯᅩᄒᆞᆫ 즁국과 ᄀᆞᆺ치 역참을 베플고 공문만 젼쥬(專主)ᄒᆞ야[28] 보ᄂᆡ고 ᄉᆞᄉᆞ(私私) 사ᄅᆞᆷ의 셔신은 븟치지 못ᄒᆞ더니 건륭 년간의 상하원(上下院)이 모혀 의론ᄒᆞ

任). [원문] 專. cf. 전위(專爲): 오직 한 가지 일만을 위하여 함. cf. 전위(全委): 전적으로 다 맡김.

13. 나ᄂᆞᆫ: 나는. '날다(飛)'의 관형형.
14. ᄡᆞ 보ᄂᆡᄂᆞᆫ 고로: 싸 보내는 고로. [원문] 齎. 齎: 가져갈, 보낼 재.
15. ᄒᆡᆼ인: 행인(行人). ① 길을 가는 사람. ② 심부름꾼. 사자(使者). 사인(使人). 여기서는 ②의 뜻.
16. 덕음(德音): 임금을 높이어 그의 '음성'을 이르던 말.
17. 하졍: 하정(下情). 아랫사람들의 사정.
18. 먼니: 멀리. 앞의 1:8ㄱ '먼니'의 주석 91 참고.
19. 셔함: 서함(書函/書椷). ① 편지(便紙). ② 책을 넣는 상자. ③ 편지를 넣는 통.
20. 길거(拮据)ᄒᆞᄆᆡ: 쉴 새 없이 일하매. 拮: 일할 길. 据: 일할 거. [원문] 匯款項. 匯: 물돌 회. 款: 정성 관.
21. 침쳬ᄒᆞᄆᆡ: 침체하매. 멈추매. 침체(沈滯): 일이 잘 진전되지 않음. 지체함.
22. 역참 인편: 역참과 인편. 역참(驛站): 관(館). 인편(人便): 오거나 가는 사람의 편.
23. 우거(寓居): 남의 집이나 타양에서 임시적으로 거주함. 우접(寓接).
24. 신구금산(新舊金山): 신금산과 구금산. 신금산(新金山): 호주의 멜버른.
    구금산(舊金山): 캘리포니아. 특히 캘리포니아 중앙에 있고 미국 서해안 최대 무역항이며 대륙 철도의 기점인 샌프란시스코(San Francisco)를 가리킴.
25. 셩가파(星架波): 싱가포르. [원문] 星架派. '이언' 1:23ㄴ, 3:32ㄴ의 '셩가파' 원문은 '星加波'이고, 2:13ㄴ에는 '신가파'(원문은 '新加波')로 나오기도 함.
26. 격졀ᄒᆞ엿시ᄆᆡ: 격절(隔絶)하였으매. 격절(隔絶): 서로 사이가 떨어져 연락이 끊어짐.
27. 우환질고(憂患疾苦): 근심과 걱정과 질병과 고생.
28. 젼쥬: 전주(專主). 혼자의 마음대로 주관함.

고 니ᄅᆞᄃᆡ 이 법이 다만 나라의만29 편ᄒᆞ고 ᄇᆡᆨ셩의게ᄂᆞᆫ 편치 아니ᄒᆞ니 국즁(國中)의 잇ᄂᆞᆫ바 셩문과 포구의 각 진(鎭)의 므릇 샹고 모히ᄂᆞᆫ 곳이어든 셔신관을 두로 베프러 대신으로 춍찰(總察)ᄒᆞ게30 ᄒᆞ고 관원을 분파(分派)ᄒᆞ여 다ᄉᆞ리게 ᄒᆞ야 므릇 공문과 ᄉᆞᄉᆞ 셔신을 일통(一統)31 다 젼ᄒᆞ야 쥬게 ᄒᆞᄃᆡ 피ᄎᆞᄅᆞᆯ 분간ᄒᆞ미 업고 근일 샹ᄒᆡ(上海)의 ᄯᅩ 공부국(工部局)[셔신을 젼ᄒᆞᄂᆞᆫ 곳이라]을 셜시ᄒᆞ야 그 일을 춍찰ᄒᆞ게 ᄒᆞ니 일본국이 ᄯᅩ 【21ㄱ】 ᄒᆞᆫ 의방ᄒᆞ야 ᄒᆡᆼᄒᆞ더라 그 경비(經費)ᄂᆞᆫ 샹고들이 곡가(穀價)ᄅᆞᆯ ᄂᆡ고 셔신 붓치ᄂᆞᆫ ᄃᆡ셔 나고 공문 왕ᄅᆡ(往來)ᄂᆞᆫ 진텹(津貼)32[공문 왕ᄅᆡᄒᆞᆫᄂᆞᆫ 톄문33ᄅᆞᆯ 나루가의 붓치면 돈을 ᄂᆡᄂᆞᆫ 거시라]을 ᄌᆞ뢰(資賴)하ᄂᆞ니 ᄆᆡ년(每年)에 온갓 잡비ᄅᆞᆯ 졔ᄒᆞᆫ 외에 남은 바ᄂᆞᆫ 다 국용(國用)이 되게 ᄒᆞ니 샹고의 ᄉᆞᄉᆞ 셔신은 원근(遠近)을 무론(無論)ᄒᆞ고34 무시로 왕ᄅᆡᄒᆞ여 셔실(閪失)ᄒᆞᄂᆞᆫ35 폐(弊) 업고 곡가(穀價) 밧기ᄂᆞᆫ36 극히 렴(廉)ᄒᆞ니 국가의 리(利)ᄒᆞ고 ᄇᆡᆨ셩의게 편ᄒᆞ미 이 ᄀᆞᆺᄐᆞᆫ지라 혹이 니ᄅᆞᄃᆡ 명나라 말년의 역참을 쳘파(撤罷)ᄒᆞᄆᆡ37 도적이 셩ᄒᆡᆼ(盛行)ᄒᆞ야 무궁(無窮)ᄒᆞᆫ 화단(禍端)38이 니러낫시니 이 일을 징계(懲戒)ᄒᆞ면 가히 ᄒᆡᆼ치 못ᄒᆞ리라 ᄒᆞᄃᆡ 모로ᄂᆞᆫ 말이 기시(其時)의39 도적 【21ㄴ】 이 니러나기ᄂᆞᆫ 여러 ᄒᆡ 흉년 든 슷히 쳘파ᄒᆞᆫ바 역졸들을 안졉(安接)ᄒᆞ기ᄅᆞᆯ40 잘못ᄒᆞ며 류망(流亡)ᄒᆞᆫ41 민호(民戶)ᄅᆞᆯ 진휼(賑恤)ᄒᆞ야 안무(按撫)ᄒᆞ지42 못ᄒᆞᆫ 고로 박부득이ᄒᆞ야43 도적이 되미라 이졔 비록 셔국법을 의방ᄒᆞ나 신식을 젼ᄒᆞᄂᆞᆫ ᄃᆡ ᄉᆞᄅᆞᆷ을 뎡ᄒᆞ야 두면 이런 ᄉᆞᄅᆞᆷ

---

29. 나라의만: 나라에만.
30. 춍찰(總察)ᄒᆞ게: 전체를 보살피게.
31. 일통(一統): 다 함께.
32. 진텹: 진첩((津貼). 공문서를 나루를 통해 발송하며 비용을 내는 제도. 貼: 붙일, 전당잡힐, 메울 첩.
33. 톄문: 체문(帖文). ① 수령이 그 고을의 면임(面任)이나 동임(洞任), 향교, 서원 따위에 지시하던 문서. ② 공물방(貢物房), 계방(契房)에 속한 공인(貢人)임을 인정하던 문서. 이 부분은 '톄문을'이 옳으나 원전에 '톄문ᄅᆞᆯ'로 잘못되어 있다.
34. 무론ᄒᆞ고: 물론하고. 관계없이.
35. 셔실: 서실(閪失). (물건을) 흐지부지 잃어버림. 閪: 잃을 서. [원문] 失.
36. 밧기ᄂᆞᆫ: 받기는.
37. 쳘파(撤罷): 시설이나 제도를 치워 없앰. 철폐(撤弊).
38. 화단(禍端): 화를 일으킬 실마리.
39. 기시(其時)의: 그때에.
40. 안졉: 안접(安接). 걱정 없이 편안하게 머물러 삶. [원문] 安集.
41. 류망: 유망(流亡). 정처 없이 떠돌아다니는 일. [원문] 流亡.
42. 안무(按撫): 백성의 사정을 살펴서 어루만져 위로함. [원문] 撫.
43. 박부득이(迫不得已): 일이 매우 급하게 닥쳐와서 어찌할 수 없이. 박어부득. ¶자기 딴은 박부득이 그 청을 거절하지 못한 연유를 설명하고자 살살이 이야기한 것이나……(염상섭, 백구). [원문] 迫. cf. 만부득이: '부득이'를 강조하는 말.

들이 다 나라의 구실ᄒᆞ야 져의 슉슈단(熟手鍛)[44]을 ᄌᆞ뢰(資賴)ᄒᆞᆯ 거시오 모로미 태셔 각국으로 더브러 합ᄒᆞ야 ᄒᆞᆫ 긔운이 되ᄂᆞᆫ 거시 요긴ᄒᆞᆫ ᄉᆞ업이라 국가의 유익ᄒᆞ고 ᄇᆡᆨ셩의게 리ᄒᆞ기를 긔약(期約)ᄒᆞᆯ진ᄃᆡ 경영ᄒᆞ야 셜시ᄒᆞᆯ 졔 인ᄌᆡ를 어더야 ᄒᆞᆯ 거시니 만일 ᄒᆞᆫ갓 즁국과 외국이 달나 ᄃᆡ경이 난호임 【22ㄱ】 만 ᄉᆡᆼ각ᄒᆞ면 이졔 시셰와 졔 사ᄅᆞᆷ들이 반ᄃᆞ시 능히 못ᄒᆞᆯ 재 이시리라

44. 슉슈단: 숙수단(熟手鍛/熟手段). 아주 익숙한 수단. [원문] 熟手. cf. 숙수연단(熟手練鍛). 잘 단련되고 숙달한 사람.

론 염무(論鹽務)
[쇼곰 굽ᄂᆞᆫ ᄉᆞ무ᄅᆞᆯ 의론ᄒᆞ미라]

녯적에 관즁(管仲)[1]이 졔국을 다ᄉᆞ릴 졔 산의 관원(官員)을 두고 바다의 관부(官府)ᄅᆞᆯ 마련ᄒᆞ야 가ᄇᆡ얍고 즁ᄒᆞᆫ 권셰(權勢)ᄅᆞᆯ 베플고 쇼곰 굽고 쇠 불니ᄂᆞᆫ 리(利)를 쳔단(擅斷)이[2] ᄒᆞ야 부강(富强)ᄒᆞ믈 일위고[3] ᄆᆞᆺᄎᆞᆷᄂᆡ ᄑᆡ업(覇業)[4]을 일위엿더니 후셰의 인ᄒᆞ야[5] 쇼곰 굽ᄂᆞᆫ ᄃᆡ 외목[6] 셰젼(稅錢)을 밧아 국용(國用)을 ᄎᆡ오ᄂᆞᆫ 고로 력ᄃᆡ 이ᄅᆡ로 변ᄒᆞᆫ 법이 이시ᄆᆡ 염무(鹽務)도 ᄯᅩᄒᆞᆫ 가감(加減)ᄒᆞ미 만터니 국초(國初)에 니ᄅᆞ러 염졍(鹽政)을 리졍(釐定/釐正)ᄒᆞᆯ[7] ᄉᆡ 리(利)ᄒᆞᆫ 일을 니릐혀고[8] 폐단을 더러 젼일(前日) 비루(鄙陋)ᄒᆞᆫ 긔습(氣習)[9]을 다 곳치고 염졍 대신(大臣)과 갑샹(甲商)[10][웃듬 샹고]을 특별이 셜시ᄒᆞ야 【23ㄴ】 그 셩공ᄒᆞ믈 춍독(總督)ᄒᆞ게 ᄒᆞ니 므릇 샹괴(商賈ㅣ) 쇼곰을 슈운(輸運)ᄒᆞᄂᆞᆫ 이 이시면 본

1. 관즁: 관중(管仲, ?－기원전 645). 중국 제(齊)나라의 정치 사상가. 그는 '관자'(管子)에서 부민(富民), 치국(治國), 경신(敬神), 포교(布敎)를 서술하고 부국강병의 패도(覇道) 정치를 역설하였다. 그 내용으로 보아 관중의 업적을 기려 전국 시대에서 한대(漢代)에 걸쳐서 후대 사람들이 쓴 것으로 보인다. 전한(前漢)의 학자 유향(劉向)의 머리말에는 86편이라 하는데 현재 76편만 전한다. 법가적(法家的) 색채와 도가적(道家的)인 요소가 섞여 있어 '한서'(漢書)에서는 도가(道家)에, '수서'(隋書)에서는 법가(法家)에 넣고 있다. '이언'의 내용에서 알 수 있듯 저자 정관응은 부국강병론을 역설한 관자의 영향을 받은 것으로 보인다. 실제로 정관응은 〈讀 '管子' 有感〉이란 20자 단시(短詩) "非富不能强 非强不能富 富强互爲根 當國宜兼顧"를 써서 '富'와 '强'의 상관관계를 압축하여 표현하고 있다. 뒤의 '론 련병'(3:56ㄱ) 주석 1, '론 렴봉'(4:27ㄱ) 주석 3 참고.
2. 쳔단이: 천단(擅斷)히. 제 마음대로 처단하여. 천단(擅斷): 제 마음대로 처단(處斷)함.
3. 일위고: 이루고. ¶효도를 일월지니(여사서언해 2:43). '셔4ㄴ' 주석 70과 II. 해제. 4.1 (25)항 논의 참고.
4. ᄑᆡ업: 패업(霸業). 패권의 위업. 제후의 으뜸이 되는 사업.
5. 인ᄒᆞ야: 말미암아. ¶다ᄉᆞᆺ 숢을 因ᄒᆞ야 授記 ᄇᆞᆯᄀᆞ실ᄊᆡ(월인천강지곡 상3).
6. 외목: '외목장사'의 준말. 외목장사: 저 혼자 독차지하여 장사를 하는 것을 일컬음.
7. 리졍ᄒᆞᆯ: 이정(釐定/釐正)할. 정리하여 바로잡을. 釐: 다스릴 리.
8. 니릐혀고: 일으키고. ¶군ᄉᆞᄅᆞᆯ 니릐혀 드러오ᄂᆞᆫ디라(오륜행실도 2:47). 중세어형은 '니르ᅘᅧ다, 니르혀다'.
9. 긔습: 기습(氣習). 집단이나 개인에게서 특징적으로 보이는 습성이나 습관. 행습. 풍습.
   cf. 기습(奇習): ① 기이한 풍습. ② 이상한 습관이나 버릇.
10. 갑샹: 갑상(甲商). 으뜸가는 상인.

부의 톄문(帖文)[11]을 맛타 인(引)[열 길이라] 되ᄂᆞᆫ ᄯᆞ흘[12] 작뎡(作定)ᄒᆞ야 맛타 곳 셰업(世業)을 삼으니 팔녀 나가ᄂᆞᆫ 길도 쉽고 롱간(弄奸)ᄒᆞ믈 ᄯᅩᄒᆞᆫ 엄금(嚴禁)ᄒᆞᄂᆞᆫ 고로 나라의 드러오ᄂᆞᆫ 셰젼(稅錢)이 츙실ᄒᆞ고 샹고들이 부요ᄒᆞ더니 그 후에 염정을 철파(撤罷)ᄒᆞᄆᆡ 권셰 독무부(督撫府)[마ᄋᆞᆯ[13] 일홈]에 도라가 녯 법을 곳치ᄆᆡ 샹고도 군ᄉᆡᆨ(窘塞)ᄒᆞ고[14] 나라의 셰젼도 만치 못ᄒᆞ야 거의 복고ᄒᆞ지 못ᄒᆞ게 되엿더니 병화(兵火/兵禍)[15] 후의 각쳐 염무를 능히 다 아지 못ᄒᆞ나 량회(兩淮)[16][디명]로 말ᄒᆞᆯ지라도 증작샹(曾爵相)[17][사ᄅᆞᆷ의 일홈]이 주청(奏請)ᄒᆞ고[18] ᄉᆡ 법을 뎡ᄒᆞ야 인(引) 【24ㄱ】 을 곳쳐 표(票)를 ᄆᆡᆫᄃᆞ니 ᄒᆞᆫ 표에 혜건ᄃᆡ[19] 오ᄇᆡᆨ 인(引)이라 호븍(湖北)[20]의ᄂᆞᆫ 도합 십삼만 인(引)이오 호남(湖南)[21]의

---

11. 톄문: 체문(帖文). ① 수령이 그 고을의 면임(面任)이나 동임(洞任), 향교, 서원 따위에 지시하던 문서. ② 공물방, 계방에 속한 공인(貢人)임을 인정하던 문서.

12. 인(引) 되ᄂᆞᆫ ᄯᆞ흘: 인(引) 되는 땅을. 소금 생산하는 땅을. [원문] 引地. 뒤의 2:25ㄴ에서는 같은 원문을 '인ᄯᆞ'로 직역하였다.
인(引): 무게의 단위. 소금의 무게를 잴 때 쓴다. 1인은 소금 200근을 이른다.
길: 길이의 단위. 한 길은 여덟 자 또는 열 자로 약 2.4미터 또는 3미터에 해당한다.

13. 마ᄋᆞᆯ: '관청'(官廳)의 옛말. ¶宮正司ᄂᆞᆫ 宮中 ᄀᆞᅀᆞᆷ 안 마ᅀᆞ리라(내훈 2:102) / 여러 마ᅀᆞ리 百姓의 것 버혀 아소ᄆᆞᆯ 힘뻐 ᄒᆞ야(두시언해 22:49). 衙 마ᅀᆞᆯ 아. 府 마ᅀᆞᆯ 부. 司 마ᅀᆞᆯ ᄉᆞ. 寺 뎔 ᄉᆞ. 마ᅀᆞᆯ 시(신증유합 상18). 마ᅀᆞᆯ > 마ᄋᆞᆯ. '마ᅀᆞᆯ'(官)과 'ᄆᆞᅀᆞᆯ'(村)은 표기상 구별된다.
cf. ᄆᆞᅀᆞᆶ: '마을'의 옛말. ¶ᄆᆞᅀᆞᆯ히 멀면 乞食ᄒᆞ디 어렵고 하 갓가ᄫᆞ면 조티 몯ᄒᆞ리니(석보상절 6:23).

14. 군ᄉᆡᆨᄒᆞ고: 군색(窘塞)하고. 살기가 구차해지고.

15. 병화(兵火/兵禍): '병화'(兵火: 전쟁으로 인한 화재) 또는 '병화'(兵禍: 전쟁의 참화). [원문] 兵燹. 병선(兵燹): 병화(兵火). 燹: ① 야화(野火, 들불) 희. ② 난리에 불지를 선.

16. 량회: 양회(兩淮). 회남(淮南)과 회북(淮北)을 이름. 현재는 강소성과 안휘성의 회하(淮河) 남북 지역.

17. 증작샹: 증작상(曾爵相). 증국번(曾國藩, 1811-1872). 자(字)는 백함(百函). 호(號)는 척생(滌生). 시호(謚號)는 문정공(文正公). 청나라의 유학자, 정치인. 과거 급제 후 행정 요직을 거쳐 호남에서 상군(湘軍)을 조직하여 태평천국운동을 진압하고 청나라의 붕괴를 막는 데 공헌하였다. 1866년에는 중국 북부에서 일어난 염군(捻軍)의 난(亂) 토벌군 사령관이 되었다. 그가 키운 이홍장(李鴻章)은 막강한 권력을 행사하였고 그 권력은 원세개(遠世凱)로 이어졌다.
작상(爵相)은 작위급 고관에 대한 별칭. '작위(爵位), 봉작(封爵), 세작(世爵)'이라는 단어는 요순(堯舜) 시대부터 사용하여 '공(公), 후(候), 백(伯), 자(子), 남(男)' 등 5작(爵)으로 나누었는데 청나라 때는 종친 귀족을 제외한 조정 대신들에게 '세작세직제'(世爵世職制)를 실시하여 강희제(康熙帝) 때는 여덟 가지로 나누었으며, 건륭(乾隆) 16년(1751년)에는 5작 외에 '경거도위(輕車都尉), 기도위(騎都尉), 운기위(云騎尉), 은기위(恩騎尉)'를 더한 아홉 가지 작위(爵位)로 나누었다. '승상'(丞相)이라는 직위는 진(秦)나라 때 생겨 명(明)나라 때까지 사용하여 청나라 때는 '상'(相)이라는 직위를 쓰지 않았다. 청나라 때에는 공, 후, 백작을 삼등급으로 나누었다고 하는데 지위는 모두 일품(一品) 이상이었다. 건륭황제 때에는 4명이 공작 작위를 받았는데 증국번(曾國藩)은 일등의용후(一等毅勇侯), 이홍장(李鴻章)은 일등숙의백(一等肅毅伯)의 칭호를 받아 이홍장도 이작상(李爵相)이라 불렸다.

18. 주청ᄒᆞ고: 주청(奏請)하고. 임금에게 아뢰어 청하고.

19. 혜건ᄃᆡ: 계산하건대. ¶四方에 各各 三世옴 혜욘 數ㅣ라(석보상절 19:11).

20. 호븍: 호북(湖北). 동정호(洞庭湖) 이북(以北) 호북성 일대. 별칭은 '악'(鄂).

21. 호남(湖南): 동정호(洞庭湖) 이남(以南) 호남성 일대. 상강(湘江)이 흘러 '상'(湘)으로도 별칭함.

는 도합 십ᄉᆞ만 이쳔 인(引)이오 강셔(江西)[22]의는 도합 십오만 이쳔 인(引)이오 대통(大通)[23]의는 도합 칠만 이쳔 인(引)이로ᄃᆡ 오직 강셔(江西)와 샹초(湘楚)[24]의는 ᄆᆡ(每) 표(票)의 못물[25]을 치는 공젼(工錢) 은(銀)이 오ᄇᆡᆨ 량(兩)이라 표를 빙고(憑考)ᄒᆞ야[26] 셰젼을 밧고 슌환(循環)ᄒᆞ야 쟝ᄉᆞᄒᆞ니 일홈을 위지표염(爲之票鹽)이라 ᄒᆞ나 실상(實狀) 인(引) ᄯᅡ흐로[27] 다ᄅᆞ미 업ᄉᆞ니 ᄒᆞᆫ 번 작뎡ᄒᆞ야 맛튼 후는 곳 셰업(世業)[28]과 ᄀᆞᆺ치 ᄒᆞᄂᆞ니 샹초의 잇는 염뎐표 ᄒᆞᆫ 쟝을 팔랴 ᄒᆞ면 갑시 만금(萬金)이 가고 강셔(江西) 표도 ᄯᅩᄒᆞᆫ 륙칠쳔 금(金)이 가니 일 년 소츌이 【24ㄴ】 쳔여 금이 되고 대통(大通) 표는 ᄆᆡ 쟝의 일ᄇᆡᆨ이십 인이오 갑슨 이쳔여 금이 가니 갑시 놉노 더ᄒᆞᄆᆡ 사ᄅᆞᆷ마다 ᄉᆞ기를 원ᄒᆞᄂᆞᆫ지라 ᄒᆞ믈며 샹(湘)[29][디명] 표는 십이만 인이 이시니 쳐음의 회샹(淮湘)[30][디명] 샹고들이 일년을 시험ᄒᆞᄆᆡ 팔니기를 잘 ᄒᆞ니 ᄯᅩᄒᆞᆫ 슈세(收稅)ᄒᆞ는 원ᄋᆡᆨ(原額)에 븟치ᄃᆡ 분젼(分錢)을 더 허비ᄒᆞᆯ ᄇᆡ 업고 후의 더ᄒᆞᆫ바 인을 들ᄆᆡ 강셔의는 ᄆᆡ 표의 셰은(稅銀)이 불과 이쳔 량이오 샹초의는 삼쳔 량이라 각쳐 도합이 ᄉᆞ십구만륙쳔 인이니 ᄆᆡ 인의 가령[31] 시가(時價)가 십칠 량도 ᄒᆞ고 이십 량도 ᄒᆞ니 만일(萬一) ᄆᆡ 인에 셰젼을 십 량을 더ᄒᆞ면 가령 은 오ᄇᆡᆨ만 량을 【25ㄱ】 어들 거시오 혹 ᄒᆞᆫ 히의 ᄆᆡ 인에 셰젼을 ᄒᆞᆫ 량식 ᄒᆞ면 ᄆᆡ년에 가히 오십만 량을 어들 거시로ᄃᆡ 오직 강셔의 잇는 표는 젼(前)의는 팔니는 길이 쾌(快)ᄒᆞᆫ 고로 십오만 이쳔 인이 더ᄒᆞ엿더니 근일의는 십륙칠 삭(朔) 혹 이십 삭만의야 바야흐로 팔니니 못당히 분별(分別)ᄒᆞ야 셰젼을 작뎡ᄒᆞᆯ 거시오 만일 표를 임의[32] 타인의게 파랏거든 반ᄃᆞ시 일홈을 곳칠 거시오 ᄉᆡ로 ᄒᆞ는 쟈도 못당히 침작(斟酌)ᄒᆞ야

---

22. 강셔: 강서(江西). 강서성 일대.
23. 대통(大通): 회하(淮河) 남쪽 지명. 안휘성(安徽省) 회남시(淮南市) 대통구(大通區) 지역.
24. 샹초: 상초(湘楚). 상(湘)은 호남성을, 초(楚)는 호남, 호북 지역을 가리킴. 상(湘): 강이름 상. 호남성의 동정호로 흘러가는 강.
25. 못물: 논에 모를 내는 데 필요한 물. '못물을 치다': [원문] 捐脩淸水潭.
26. 빙고(憑考)ᄒᆞ야: 사실에 근거해 자세히 따지고 검토하여.
27. ᄯᅡ흐로: 땅으로. 땅과. '으로'는 뒤에 '다ᄅᆞ-'와 호응하므로 비교격임.
28. 셰업: 세업(世業). 대대로 이어져 내려오는 직업. 부업(父業). 가업(家業).
29. 샹: 상(湘). 호남성의 별칭. 湘: 강이름 상. 호남성의 동정호로 흘러가는 강.
30. 회샹: 회상(淮湘). 이 부분은 오역으로 보인다. 원문은 '初准湘商試辦一年'으로 지명인 '淮'(회)가 아니라 "허락하다, 승인하다"는 뜻의 '准'(준)이다. 즉, "처음에 호남 상인들에게 허락하여 1년을 시험적으로 주관하게 한다"는 뜻이다. '准'을 '淮'로 오인한 오역은 이명희 선생이 발견하였다.
31. 가령: 가량(假量). 대략. 현대어 '-가량'에 그 뜻이 남아 있는 것으로 '假令'이 아님. [원문] 約. '이언'에는 수량 표현 앞에 '가령'이 "假量, 大略"의 뜻으로 쓰인 사례를 보여 준다. 앞의 2:13ㄴ에는 같은 뜻의 단어가 '가량'으로도 적혀 "假量, 大略"의 뜻에 '가량-가령'의 혼기가 있었다. 이와 별도로 "假令"이라는 가정의 뜻으로 쓰인 '가량'이 3:58ㄴ에 따로 쓰였다.
32. 임의: 이미.

더러 쥬며 오직 악샹(鄂湘)[33][디명]은 팔니ᄂᆞᆫ 길이 극히 쾌ᄒᆞ야 팔 삭 만의[34] 다 파니 이러므로 표 갑시 졈졈 올나 강셔보다 ᄆᆡ이[35] 나흐니 가히 침쟉ᄒᆞ야 수만 【25ㄴ】 인을 더ᄒᆞᆯ 만ᄒᆞ고 ᄯᅩ 근ᄅᆡ 드ᄅᆞ니[36] 셔쵹(西蜀)[37] 쇼곰이 한즁(漢中)의 오면 리(利)를 가쟝 만히 엇ᄂᆞᆫ다 ᄒᆞ니 일톄(一體)로 원(原) 쟝부에 료량(料量)ᄒᆞ야[38] 변통(變通)ᄒᆞᄃᆡ 한뎡(限定)ᄒᆞᆫ바 인ᄯᆞ흘[39] 굿ᄐᆞ여 셔로 닷토지 말고 ᄆᆡ 표의 ᄉᆡ로 맛타 가지ᄂᆞᆫ 갑ᄉᆞ로 은 몃 량을 별노이[40] 바든 후에 바야흐로 허급(許給)ᄒᆞ야[41] 셰업(世業)을 ᄒᆞ게 ᄒᆞ면 그 수회(數爻ㅣ) 블쇼(不少)ᄒᆞ리니[42] 이졔 각 창(倉) 각 괴(庫ㅣ) 츙실치 못ᄒᆞᆯ ᄯᅢ의 이 됴건을 어드면 져기[43] 유익ᄒᆞ미 블무(不無)ᄒᆞᆯ[44] 거시니 나라의도 넉넉ᄒᆞ고 샹고의게도 해롭지 아니ᄒᆞ리니 원컨ᄃᆡ ᄌᆡ샹지인(在上之人)[45]은 도모ᄒᆞ야 볼지어다

---

33. 악샹: 악상(鄂湘). 호북성과 호남성. 鄂: 땅이름 악. 호북성의 별칭. 湘: 강이름 상. 호남성의 별칭.
34. 팔 삭 만의: 팔 삭(朔) 만에. 팔 개월 만에. 朔: 초하루 삭. [원문] 八箇月.
35. ᄆᆡ이: 매우. 몹시. ¶ᄆᆡ이 퓌에 ᄒᆞ고(令猛熾, 능엄경언해 7:16). 내 ᄆᆡ이 닐너 비러 오니(我哀告借將來, 노걸대언해 상17).
36. 드ᄅᆞ니: 들으니.
37. 셔쵹: 서촉(西蜀). 중국 삼국 시대에 유비가 세운 촉(蜀) 나라. 제갈량의 보좌로 한때 융성하다가 2대 43년 만에 위(魏)에게 망함.
38. 료량ᄒᆞ야: 요량(料量)하여. 앞일을 잘 헤아려 생각하여. ¶沒理會 료량ᄒᆞᆷ이 업다(한청문감 8:36). [원문] 量.
39. 인ᄯᆞ흘: 인(引)땅을. 인(引) 되는 땅을. 소금 생산하는 땅을. [원문] 引地. 앞의 2:23ㄴ에서는 같은 원문을 '인(引) 되ᄂᆞᆫ ᄯᆞ흘'로 의역하였다.
40. 별노이: 별(別)로이. 따로. [원문] 另. 另: 딴, 다른, 나눌 령. ¶ᄎᆞ희라 셜공이 텬하 명장으로 블셰지공이 만하ᄃᆡ ᄉᆞ긔의 별노이 ᄂᆞ지 아니므로 별젼을 ᄂᆞ리워 후인이 알게 ᄒᆞᄂᆞ니 차 방명을 유젼ᄒᆞᆯ지어다(셜인귀젼 4:65).
41. 허급(許給)ᄒᆞ야: 달라는 대로 허락하여 베풀어 주어. [원문] 准給. 准: 승인할 준.
42. 블쇼ᄒᆞ리니: 불소(不少)하리니. 적지 않으리니. 이곳만 '블쇼'로 보이고 다른 곳(앞의 1:44ㄱ, 47ㄴ와 뒤의 4:39ㄱ, 54ㄱ, 63ㄱ)은 모두 '불쇼'로 나온다.
43. 져기: 적이. 꽤 어지간한 정도로.
44. 블무ᄒᆞᆯ: 불무(不無)할. 없지 않을.
45. ᄌᆡ샹지인: 재상지인(在上之人). 윗사람.

【이권 26ㄱ】

론 유력(論游歷)[1]

[두로 유람ᄒᆞ고 열력(閱歷)ᄒᆞ믈[2] 의론ᄒᆞ미라]

녯적 삼ᄃᆡ(三代)[3] 시절에 텬ᄌᆞ(天子)ᄂᆞᆫ 슌슈(巡狩)[4][텬ᄌᆡ 졔후의 나라에 슌ᄒᆡᆼ(巡幸)ᄒᆞᆫ단 말이라]ᄒᆞᄂᆞᆫ 법뎐이 잇고 졔후ᄂᆞᆫ 슐직(述職)[졔휘 텬ᄌᆞ긔 죠회(朝會)ᄒᆞ라 간단 말이라]ᄒᆞᄂᆞᆫ 법이 이시니 유헌(輶軒)[5][가바야온 슐위 일홈]을 베퍼 렬국(列國) 풍쇽을 ᄏᆡ며 시(詩)와 노ᄅᆡ를 외와 나라 졍ᄉᆞ를 듯ᄂᆞ니 셩ᄒᆞ고 쇠ᄒᆞᄂᆞᆫ 연고를 샹고(詳考)ᄒᆞ며 샹하의 졍의(情義/情誼)를 통ᄒᆞᄂᆞᆫ ᄇᆡ니 진실노 죠흔 법이라 슈(隨) 양뎨(煬帝)[6]와 명(明) 무죵(武宗)[7] 모든 인군(人君)으로브터 군무(軍務)[8]를 샤치(奢侈)ᄒᆞ고[9] 슝샹(崇尙)ᄒᆞ야 ᄆᆡ양 슌ᄒᆡᆼ(巡幸)ᄒᆞ므로 일홈ᄒᆞ고 실샹인즉 놀며 잔ᄎᆡᄒᆞ므로 락(樂)을 삼으ᄆᆡ 어가(御駕)의 지나ᄂᆞᆫ 바에 공괴(供饋)ᄒᆞᄂᆞᆫ[10] 부비(浮費)[11] 과다ᄒᆞ야 【26ㄴ】 ᄇᆡᆨ셩을 슈고로이 ᄒᆞ며 ᄌᆡ물을 손샹ᄒᆞ니 셔로 원망ᄒᆞ야 화란(禍亂)[12]을 짓ᄂᆞᆫ지라 후셰의 인ᄒᆞ야 젼감(前鑑)[13]이 되니 구

---

1. 유력(游歷/遊歷): 여러 고장을 두루 돌아다님. 순유(巡遊). 역유(歷遊). 游: 헤엄칠, 별장, 이궁(離宮) 유. 한문본의 원문자는 '游歷'이나 한국 사전들은 '遊歷'으로 싣고 있음.
2. 열력(閱歷): 여러 가지 일을 겪어 지내 옴. 경력(經歷).
3. 삼ᄃᆡ: 삼대(三代). 하(夏), 은(殷), 주(周)의 시대.
4. 슌슈: 순수(巡狩). 〚역사〛 임금이 나라 안을 두루 살피며 돌아다니던 일. 순공(巡功). 순행(巡幸).
5. 유헌(輶軒): 가벼운 가마의 일종. 輶: 가벼운 수레 유. 軒: 수레 헌.
6. 양뎨: 양제(煬帝). 중국 수(隋)나라의 제2대 황제(재위 604-618).
7. 무죵(武宗): 명(明)나라 제11대 황제(재위 1505-1521).
8. 군무(軍務): 군사 업무. [원문] 武功.
9. 샤치ᄒᆞ고: 사치(奢侈)하고. 필요 이상의 돈이나 물건을 쓰고.
10. 공괴ᄒᆞᄂᆞᆫ: 공궤(供饋)하는. 공급하는. [원문] 供給.
11. 부비(浮費): 일을 하는 데 써서 없어지는 돈. ¶부비야 드는 대로 쓰는 거지. 화산 역사에 쓸 부비가 없으면 보내 주든지 가지고 가든지 네 생각대로 해라(홍명희, 임꺽정). [원문] 夫費. 원문은 '夫費'이지만 국어사전들에는 '부비'(浮費)로 나옴.
12. 화란(禍亂): 재앙과 세상의 어지러움.
13. 젼감: 전감(前鑑). 거울로 삼을 만한 지난날의 경험이나 사실. [원문] 殷鑒. 은감(殷鑒): '전감'과 같은 말로 은(殷)은 전대(前代)의 하(夏)가 멸망한 것을 교훈으로 하라는 뜻에서 유래.

즁궁궐(九重宮闕)[14]의 깁히 거ᄒᆞ야 의샹(衣裳)을 드리오고 안ᄌᆞ 다ᄉᆞ리니 교외(郊外)에 친졔(親祭)[15] 아니면 경셩(京城)에 나지 아니ᄒᆞ니 대뎌 ᄇᆡᆨ셩의게 루(累)ᄅᆞᆯ 끼칠가 져허ᄒᆞᄂᆞᆫ[16] 고로 단졍히 우히 안ᄌᆞ 다ᄉᆞ리미라 비록 녯 일을 샹고ᄒᆞ고 문교(文敎)ᄅᆞᆯ 놉히ᄂᆞᆫ 학(學)을 금궤(金匱)와 셕실(石室)에 감초와 두고 고젹[17]을 샹고ᄒᆞ면 다ᄉᆞ리ᄂᆞᆫ 졍ᄉᆞᄅᆞᆯ 다 알ᄃᆡ 지금의 비쥰(比準)ᄒᆞᄆᆡ 혹 졍리(情理)와 형셰(形勢)를 다 아지 못ᄒᆞ야 려염(閭閻)[18]의 리해질고(利害疾苦)[19]를 우히 들니ᄂᆞᆫ 길이 막히고 ᄂᆡ외[20] 군무와 변졍(邊政)을 【27ㄱ】 아ᄅᆡ로 의론ᄒᆞᄂᆞᆫ 일이 쇼여(掃如)ᄒᆞ니[21] 보필지신(輔弼之臣)[22]의게 심복(心腹)[23]으로 맛지ᄆᆡ[24] 혹 ᄇᆡᆨ셩을 편히 ᄒᆞ고 이뎍(利敵)을 믈니치ᄂᆞᆫ 규뫼 젹고 방ᄇᆡᆨ(方伯)[25]의게 이목지임(耳目之任)[26]을 븟치ᄆᆡ 혹 분(粉) 바르듯[27] ᄒᆞ야 인슌(因循)ᄒᆞᄂᆞᆫ[28] 풍습을 좃ᄎᆞ 셔로 슌힝ᄒᆞᄂᆞᆫ 법을 폐ᄒᆞ니 의론ᄒᆞᄂᆞᆫ 재(者ㅣ) ᄀᆡ탄ᄒᆞᄂᆞᆫ지라 시험ᄒᆞ야 볼진ᄃᆡ 한당(漢唐)[29]과 명(明)나라[30] 두어 인군이 다 민간의셔 니러나ᄆᆡ 고락(苦樂)을 ᄀᆞᆺ초[31] 격고 동셔로 졍벌ᄒᆞᄆᆡ 임의 ᄉᆞ희에 형셰ᄅᆞᆯ 온젼히 보고 남븍으로 구치(驅馳)ᄒᆞᄆᆡ[32] ᄯᅩ 리해(利害)ᄅᆞᆯ 져울질ᄒᆞ야 아더니 보위(寶位)의 오르기에 밋쳐 쥰렬(峻烈)한 법을 베플며 큰 긔업(基業)을

---

14. 구즁궁궐: 구중궁궐(九重宮闕). 겹겹이 문으로 막은 깊은 궁궐. 임금이 있는 대궐 안.
15. 친졔: 친제(親祭). 임금이 친히 제사를 드림.
16. 져허ᄒᆞᄂᆞᆫ: 저어하는. 두려워하는. ‘져허ᄒᆞ다’의 중세어형은 ‘젛다’의 파생형인 ‘저어ᄒᆞ다’임. ¶百官이 오히려 宰相ᄋᆞᆯ 져커니 百姓이 엇뎨 天子ᄅᆞᆯ 親히 ᄒᆞ리오(원각경언해 上二之三40).
17. 고젹: 옛 전적(典籍)이나 옛 자취. ‘고적’(古籍)과 ‘고적’(古跡/古蹟)은 구별되나 여기서는 문맥상 둘 다 가능하다. [원문] 古.
18. 려염: 여염(閭閻). 백성의 살림집이 많이 모여 있는 곳.
19. 리해질고: 이해질고(利害疾苦). 이로움과 해로움, 질병과 고통. [원문] 利弊疾苦.
20. ᄂᆡ외: 내외(內外). 나라 안팎. [원문] 中外.
21. 쇼여ᄒᆞ니: 변변치 못하니. 소여(掃如)ᄒᆞ다: 나머지가 없어 아예 쓸어낸 듯하다. [원문] 疎.
22. 보필지신(輔弼之臣): 임금의 덕을 돕는 신하.
23. 심복: [원문] 腹心.
24. 맛지ᄆᆡ: 맡기매. ¶그 님금의 맛지시믈 ᄉᆡᆼ각하면(御製百行源 17).
25. 방ᄇᆡᆨ: 방백(方伯). 관찰사.
26. 이목지임(耳目之任): ‘이목’의 임무. 이목: 이목지관(耳目之官). ① 감찰을 맡은 벼슬. ② 중국에서, 천자의 이목(耳目)이 되어 감찰 임무를 맡아보던 벼슬아치. 어사대부(御史大夫)를 일컬음. 이목지사(耳目之司).
27. 분 바르듯: 분(粉) 바르듯. 실제보다 좋게 보이려고 사실을 숨기고 거짓으로 꾸미게.
28. 인슌ᄒᆞᄂᆞᆫ: 인순(因循)하는. 구습을 지키며 버리지 않는.
29. 한당(漢唐): 한(漢)은 중국 역사상 두 번째 통일 국가. 당(唐)은 수(隋)나라의 뒤를 이은 중국의 왕조.
30. 명(明)나라: 몽골족이 세운 원조(元朝)를 무너뜨리고 한족(漢族)의 지배를 회복한 왕조로 만주족이 세운 청조(淸朝)가 등장할 때까지 중국을 지배하였다.
31. ᄀᆞᆺ초: 갖추어. ¶간고ᄒᆞ기를 ᄀᆞᆺ초 디내니 싀한 미셩이 엄ᄒᆞ니(여범4. 녈녀 샤시졀).
32. 구치ᄒᆞᄆᆡ: 구치(驅馳)하매. 몹시 바삐 돌아다니매.

비로쇼 지으ᄆᆡ 기시(其時) ᄀᆡ국 【27ㄴ】 졔신(開國諸臣)이 다시 좌우로 보필ᄒᆞ야 여공불급(如恐不及)ᄒᆞᄆᆡ[33] 이런 연고로 창업지쥐(創業之主ㅣ)[34] 춍명(聰明)이 ᄇᆡ나 더ᄒᆞ니 이ᄂᆞᆫ 무ᄐᆡ(無他)라[35] 열력(閱歷)이 임의 만흐ᄆᆡ 거죄(擧措ㅣ)[36] 스ᄉᆞ로 합당ᄒᆞ게 ᄒᆞ미라 드ᄅᆞ니 태셔(泰西) 각국이 그 태ᄌᆡ(太子ㅣ)[37] 셔인(庶人)과 다르미 업셔 입학ᄒᆞ야 ᄌᆡ죠[38]ᄅᆞᆯ 닥그ᄆᆡ 근만(勤慢)[39]을 보와 샹벌ᄒᆞᄃᆡ 죠곰도 ᄉᆞ졍(事情)[40]을 구ᄋᆡᄒᆞ미 업ᄉᆞ며 용병(用兵)ᄒᆞᆯ ᄯᅢ의 밋쳐 ᄯᅩᄒᆞᆫ 군ᄉᆞ의 항오로 말ᄆᆡ암아 비쟝(裨將)[41]으로 승탁(昇擢)ᄒᆞᄆᆡ[42] 죠금도[43] 용셔ᄒᆞ미 업ᄉᆞ며 ᄯᅩ 왕왕(往往)이 긔솔(騎率)[44]을 간단이 ᄒᆞ야 각국의 유람ᄒᆞᄂᆞᆫ 고로 각쳐 풍토와 인졍이며 각국 졍ᄉᆞ와 기예ᄅᆞᆯ 두로 알고 격치지학(格致之學)[45]과 력산(歷算)[ᄎᆡᆨ력 ᄆᆡᆫᄃᆞᄂᆞᆫ 산 【28ㄱ】 법(算法)]이며 용병 용형(用刑)ᄒᆞᄂᆞᆫ[46] 법이며 례악(禮樂) 등ᄉᆞ(等事)ᄅᆞᆯ 몸쇼 힘쓰지 아니미 업셔 쇼연이[47] 다 알다가 일죠(一朝)에 즉위ᄒᆞᄆᆡ 드ᄃᆡ여 평ᄉᆡᆼ의 열력ᄒᆞ믈 드러 나라 다ᄉᆞ리ᄂᆞᆫ 법을 ᄉᆞᆷ으니 일을 아지 못ᄒᆞ미 업고 물졍을 통쵹지 못ᄒᆞ미 업ᄉᆞ니 부국강병(富國强兵)ᄒᆞᄂᆞᆫ 근원이 이ᄅᆞᆯ 말ᄆᆡ암으미라 샹고ᄒᆞ건ᄃᆡ 아라ᄉᆞ국(俄羅斯國)[48]이 쳐음에 ᄇᆡ ᄆᆡᆫᄃᆞᄂᆞᆫ 졔되(制度ㅣ) 구라파 각국과 ᄀᆞᆺ지 못ᄒᆞ니 일노 인ᄒᆞ야 루ᄎᆞ(屢次) 니웃 나라의 업슈히 너기믈 바든 지 ᄇᆡᆨ여 년에 그 국왕이 미복(微服)[49]으로 잠ᄒᆡᆼ(潛行)ᄒᆞ야[50] 친히 니웃나라 션창(船廠)에 드러가 ᄇᆡ ᄆᆡᆫᄃᆞᄂᆞᆫ 법을 ᄇᆡ화 스

---

33. 여공불급(如恐不及): 어떤 일을 하라는 대로 실행하지 못할까 하여 마음을 졸임. [원문] 如恐不逮.
34. 창업지쥐: 창업지쥬(創業之主) + ㅣ. 창업지주: 나라를 처음 세워 왕조를 연 임금. [원문] 創垂之主.
35. 무ᄐᆡ라: 무ᄐᆞ(無他) + ㅣ라(서술격). 다른 까닭이 아니라.
36. 거죄: 거조(擧措) + ㅣ(주격). 말이나 행동 따위를 하는 태도가.
37. 태ᄌᆡ: 태ᄌᆞ + ㅣ(주격). 황태자가.
38. ᄌᆡ죠: 재주. [원문] 藝.
39. 근만(勤慢): 부지런함과 게으름. 근태(勤怠).
40. ᄉᆞ졍: 사정(事情). 또는 사정(私情). [원문] 情. '근만을 보와 샹벌ᄒᆞᄃᆡ 죠곰도 ᄉᆞ졍(事情)을 구ᄋᆡᄒᆞ미 업ᄉᆞ며'는 "부지런함과 게으름에 따라 상벌을 주되 조금도 사정(事情) 형편을 보아 좌우되지 않으며"의 뜻. 'ᄉᆞ졍'은 '私情'(사사로운 정)으로 보아도 통함.
41. 비쟝: 비장(裨將). 고관을 따라다니며 일을 돕던 무관 벼슬.
42. 승탁(昇擢): 등용(登用).
43. 죠금도: '이언'에서는 대부분 '죠곰도'로 나오는데 1:29ㄴ과 여기에서만 '죠금도'가 쓰였다. 이곳 2:27ㄴ의 두 줄 앞 '죠곰도 ᄉᆞ졍을 구ᄋᆡᄒᆞ미'에는 '죠곰도'로 나와 혼기를 보인다.
44. 긔솔: 기솔(騎率). 말을 타고 부하를 거느림.
45. 격치지학: 자연 세계의 구조를 탐구하는 자연과학. 청말(淸末)에 물리, 화학 등 자연 과학을 총칭한 말. 격치(格致): '격물치지'(格物致知)의 준말. 사물의 이치를 연구해 후천적 지식을 명확히 하는 것.
46. 용형(用刑)ᄒᆞᄂᆞᆫ: 형벌을 적용하는.
47. 쇼연이: 소연(昭然)이. 분명히. 소연(昭然)하다: 보기에 일이나 이치 따위가 밝고 선명하다.
48. 아라ᄉᆞ국: 아라사국(俄羅斯國). '러시아'의 음역어.
49. 미복(微服): 지위 높은 사람이 민정을 몰래 살피러 다닐 때 남의 눈을 피하려고 입는 남루한 옷차림.

ᄉᆞ로 ᄇᆡ를 지으ᄃᆡ 졍(精)ᄒᆞᆯᄉᆞ 【28ㄴ】 록 더옥 졍ᄒᆞ게 ᄒᆞ고 건륭(乾隆)[51]년간에 그 셰ᄌᆞ(世子ㅣ) 또 영국 셔원(書院)[글 ᄇᆡ호ᄂᆞᆫ 집]에 니ᄅᆞ러 학업을 련습ᄒᆞᆫ 지 수년에 ᄆᆞᄋᆞᆷ과 졍신을 극진이 ᄒᆞ며 근본과 위졀(委折)[52]을 궁구ᄒᆞ더니 그 후 아라ᄉᆞ 사ᄅᆞᆷ의 륜션(輪船)과 대푀 영국 법국 모든 나라의셔 나리지 아니ᄒᆞ니[53] 이ᄂᆞᆫ 욕(辱)되믈 ᄎᆞᆷ으며 슈고를 견ᄃᆡ여 능히 ᄌᆞ득(自得)ᄒᆞ야 ᄂᆡᄂᆞᆫ 큰 효험이라 방금에 아셰아 대쥬(大洲) 외에 그나마 ᄉᆞ대쥬 각국 인군이 간간이 셔로 모혀 ᄆᆡᆼ셰ᄒᆞ야 츈츄(春秋)[54] ᄯᅢ에 졔휘(諸侯ㅣ) 모히ᄂᆞᆫ 것과 ᄀᆞᆺ치ᄒᆞ니 태셰(泰西ㅣ) ᄀᆡ쳑ᄒᆞᆫ 지 오ᄅᆡ지 아니ᄒᆞ야 풍쇽이 돈후(敦厚)ᄒᆞ니 우흐로 셰ᄌᆞ와 왕후(王侯)로븟허 아ᄅᆡ로 관원 【29ㄱ】 과 샹고와 ᄉᆞ셔인(士庶人)이 다 능히 학(學)을 닉이며 괴로오믈 견ᄃᆡ여 ᄒᆞᆫ 가지 ᄌᆡ죠의 도뎌(到底)ᄒᆞᆫ[55] 일홈을 ᄂᆡᄃᆡ 군무(軍務)와 션졍(船政) 두어 가지 큰 됴건을 더옥 신명소관(身命所關)[56]으로 아ᄂᆞᆫ 고로 능히 미묘ᄒᆞ고 아득ᄒᆞᆫ 리치를 통ᄒᆞ야 오릴ᄉᆞ록 더옥 졍ᄒᆞᄆᆡ 즁화(中華)를 멸시ᄒᆞ고 외국의 웃듬되니 만일 즁국이 능히 우흐로 삼ᄃᆡ의 셩(盛)ᄒᆞᆫ 졔도를 법 밧고 아ᄅᆡ로 셔국(西國)의 어진 규모를 갈ᄒᆡ여 쓰며 혹 국쳑(國戚)[57]과 왕ᄌᆞ를 신칙(申飭)ᄒᆞ야[58] 민간의 두로 유람ᄒᆞ야 시폐(時弊)[59]를 널니 ᄉᆞᆲ혀 평일의 리해(利害)를 다 아랏다가 능히 당시의 어진 졍ᄉᆞ를 베플면 쟝ᄎᆞᆺ ᄉᆞᄒᆡ(四海) 죵풍(從風) 귀슌(歸順)ᄒᆞ리니[60] 엇 【29ㄴ】 지 겨유 삼ᄃᆡ로 더브러 륭셩(隆盛)ᄒᆞ믈 비ᄒᆞᆯ ᄲᅮᆫ이리오

---

50. 잠ᄒᆡᆼᄒᆞ야: 잠행(潛行)하여. 남몰래 숨어서 가.
51. 건륭: 중국 청나라 제6대 고종 때의 연호(1735-1795).
52. 위졀: 위절(委折). 곡절(曲折).
53. 나리지 아니ᄒᆞ니: 뒤떨어지지 아니하니. 버금가지 아니하니. [원문] 不亞.
54. 츈츄: 춘추 시대. 주나라가 동천(東遷)한 기원전 770년 – 기원전 403년까지 약 360년간의 전란 시대.
55. 도뎌ᄒᆞᆫ: 도저한. 끝까지 이르러 훌륭한. 도저(到底)하다: ① 학식이나 생각, 기술 따위가 아주 깊다. ¶학문이 도저하다 / 의술이 도저하다. ② 행동이나 몸가짐이 빗나가지 않고 곧아서 훌륭하다. ¶네 행실이 도저했다면 그가 그런 대접을 하지 않았을 것이다.
56. 신명소관(身命所關): 목숨에 관계되는 바. [원문] 身心性命. 소관(所關): 관계되는 바. ¶무슨 소관이 있어서 왔습니까? / 급한 볼일은 아니나 무슨 소관이 있어 나를 만나자고 한 것인데 정작 그 소관이 무엇이었던지는 지금 생각이 나지 않는다(김소운, 일본의 두 얼굴).
57. 국쳑: 국척(國戚). 임금의 인척(姻戚).
58. 신칙(申飭)ᄒᆞ야: 단단히 타일러서 경계하여.
59. 시폐(時弊): 그 시대의 잘못된 폐단. 시병(時病).
60. ᄉᆞᄒᆡ 죵풍 귀슌ᄒᆞ리니: 온 세상이 풍속을 따르리니. [원문] 六合從風. 육합(六合): ① 천지와 사방을 통틀어 이르는 말. 곧, 하늘과 땅, 동·서·남·북이다. 육허(六虛). ② 맹춘(孟春)과 맹추(孟秋), 중춘(仲春)과 중추(仲秋), 계춘(季春)과 계추(季秋), 맹하(孟夏)와 맹동(孟冬), 중하(仲夏)와 중동(仲冬), 계하(季夏)와 계동(季冬)을 서로 짝하여 이르는 말.
종풍(從風): ① 바람이 부는 대로 나부끼는 풀처럼 복종함. ② 바람을 쐼.

【이권 30ㄱ】

론 의졍(論議政)

[의졍원[1]을 의론ᄒᆞ미라]

그윽이 삼ᄃᆡ[2]에 졔도를 ᄉᆞᆲ히건ᄃᆡ 렬국이 만일 졍ᄉᆡ(政事ㅣ) 잇ᄉᆞᆫ즉 인군[3]과 경대부[4]ᄂᆞᆫ 뎐뎡[5]의셔 샹의ᄒᆞ고 ᄉᆞ민(士民)[6]과 진신(縉紳)[7]은 학교의셔 샹의ᄒᆞᄂᆞᆫ지라 그러므로 ᄆᆡᆼᄌᆡ(孟子ㅣ) 니ᄅᆞ샤ᄃᆡ 좌우졔대부(左右諸大夫)의 말ᄉᆞᆷ을 가히 다 밋지 못ᄒᆞᆯ지니 반ᄃᆞ시 일국 사ᄅᆞᆷ의 모ᄃᆞᆫ 말ᄉᆞᆷ을 ᄉᆞᆲ힌 후에 가부(可否)를 이에 뎡(定)ᄒᆞ리라[8] ᄒᆞ시니 한국(漢國) 죠뎡(朝廷)이 박ᄉᆞ(博士)로 ᄒᆞ야곰 의론(議論)ᄒᆞ야 회계(會計)ᄒᆞ게 ᄒᆞ니 녯 법이 오히려 잇더니 후셰(後世)의ᄂᆞᆫ ᄉᆞᆲ히지 아니ᄒᆞ고 문득 니ᄅᆞᄃᆡ 텬하의 되(道ㅣ) 이시면 ᄉᆞ셔인(士庶人)은 의론ᄒᆞ지 아니ᄒᆞᆫ다 ᄒᆞ고 ᄯᅩ 산 【30ㄴ】 림쳐ᄉᆡ(山林處士ㅣ) 좌론(座論)ᄒᆞ다가[9] ᄆᆞᆺᄎᆞᆷᄂᆡ 청류(淸流)[ᄆᆞᆰ은 션비를 니ᄅᆞ미라]의 화란(禍亂)을 만나믈 징계ᄒᆞᄂᆞᆫ 고로 졍ᄉᆞ의 흥패(興敗)와 법령(法令)의 변통(變通)ᄒᆞ믈[10] ᄌᆡ샹지인(在上之人)이[11] ᄉᆞᄉᆞ로 조종(操縱)ᄒᆞ야 의론이 ᄆᆞᆺᄎᆞᄆᆡ 바로 ᄒᆡᆼᄒᆞ니 비록 진신(縉紳)과 기로(耆老)[12]의 아ᄅᆞᆷ다온 말ᄉᆞᆷ이 혹

---

1. 의졍원: 의정원(議政院). 국회. 의회.
2. 삼ᄃᆡ: 중국 하(夏)·은(殷)·주(周)의 3대.
3. 인군(人君): 임금. cf. 인군(仁君): 어진 임금.
4. 경대부(卿大夫): 공경대부(公卿大夫). 삼공과 구경, 대부를 아울러 이르는 말.
5. 뎐뎡: 전정(殿廷). 조정. 궁궐 안. ¶왕도 더 볼 수가 없어서 드디어 윤 씨를 폐하고 사사(賜死)를 하려고, 그 의논 때문에 신하들을 전정으로 불렀다(김동인, 운현궁의 봄).
6. ᄉᆞ민: 사민(士民). ① 양반과 평민을 아울러 이르는 말. ② 양반 계급에 속하는 사람. ③ 육예(六藝)를 배운 백성.
7. 진신(搢紳/縉紳): 벼슬아치. 관리. 또는 지위가 높고 점잖은 사람. [원문] 紳. 搢: 꽂을 진. 紳: (예복의) 큰 띠 신.
8. 뎡ᄒᆞ리라: (못된 이를 내쫓고 착한 이를 불러올려 가부를) 정하리라. [원문] 黜陟乃定. 출척(黜陟): 못된 사람을 내쫓고 착한 사람을 올리어 씀. ¶이들은 소작인을 마음대로 변경하는 출척은 말할 나위도 없거니와, 소작료를 사정(査定)하는 권한을 가지고 있었다(문순태, 타오르는 강).
9. 좌론(座論)ᄒᆞ다가: 시골에 묻혀 글이나 읽고 지내는 선비들이 헛된 토의와 논쟁만을 하다가. 좌론(座論): 좌상(座上)의 의론(議論)이라는 뜻으로, 실현성이 희박한 헛된 토의나 논쟁을 이르는 말.
10. 법령의 변통ᄒᆞ믈: 법령의 개정과 개혁을. [원문] 法令之更張.
11. ᄌᆡ샹지인: 재상지인(在上之人). 윗사람.

잇셔도 샹달(上達)ᄒᆞ지[13] 못ᄒᆞ고 ᄯᅩ ᄂᆡ직(內職)을 즁히 알고 외직(外職)을 가ᄇᆡ야이 너기ᄆᆡ[14] 곳 방ᄇᆡᆨ(方伯)이 주달(奏達)ᄒᆞᆫ ᄇᆡ[15] 잇셔도 인ᄒᆞ야 ᄒᆡ부(該部)[16]로 나려 다시 의론ᄒᆞ기를 신칙(申飭)ᄒᆞ니[17] ᄒᆞ믈며 그 아ᄅᆡ 쳐ᄒᆞᆫ 재(者ㅣ)리오[18] 대뎌 ᄌᆡ샹지인은 임의[19] 권셰ᄅᆞᆯ 가졋시므로 법령이 반드시 힝ᄒᆞᄂᆞᆫ ᄇᆡ 잇고 ᄌᆡ하지인(在下之人)은 ᄯᅩᄒᆞᆫ 형셰(形勢)와 쟉위(爵位) 현슈(懸殊)ᄒᆞ야[20] 은미(隱微)ᄒᆞᆫ 【31ㄱ】 졍회(情懷)[21]ᄅᆞᆯ 능히 셔로 고치[22] 못ᄒᆞ니 이에 우희 리(利)ᄒᆞᆫ즉 아ᄅᆡ의 불리ᄒᆞ고 아ᄅᆡ에 편(便)ᄒᆞᆫ즉 우ᄒᆡ 불편ᄒᆞᆫ지라 졍의(情義/情誼) 셔로 막히고 션악이 각기 다르니 엇지 능히 ᄇᆡ치ᄒᆞ기를 크게 공번되게 ᄒᆞ며[23] 모든 물졍이 다 귀슌(歸順)ᄒᆞ고 화합ᄒᆞ리오[24] 태셔(泰西) 렬국(列國)[25]인즉 그러치 아니ᄒᆞ니 그 경셩(京城)[26]에 샹하 의졍원을 ᄇᆡ셜ᄒᆞ야 샹원은 나라에 종실과 쳑신 공신[27]과 다ᄆᆞᆺ[28] 모ᄃᆞᆫ 대관으로ᄡᅥ 담당ᄒᆞ니 이ᄂᆞᆫ 인군의게 갓가오므로ᄡᅥ ᄒᆞ미오 하

---

12. 기로(耆老): 연로하고 덕이 높은 사람. 예순을 넘은 나이. ¶은나라와 주나라의 역사를 보더라도 임명을 하는 데에 반드시 오래된 사람을 말했고, 일을 처리하는 데에도 반드시 기로를 일컬었으니, 노성한 신하를 나라에서 중하게 여기게 됨이 오래인지라, 그 거취를 어찌 가볍게 하겠는가……(번역 세종실록). 기구(耆舊). 기년(耆年).
13. 샹달ᄒᆞ지: 윗사람에게 말이나 글로 여쭈어 알게 하지.
14. ᄂᆡ직(內職)을 즁히 알고 외직(外職)을 가ᄇᆡ야이 너기ᄆᆡ: [원문] 重內輕外. 내직(內職): ① 기관의 중앙 부서에 있는 직책. ② 〖역사〗 궁 안에서 근무하던 일. 또는 그런 직무. ③ 〖역사〗 = 경관직.
외직(外職): 〖역사〗 지방에 있는 감영(監營), 부(府), 목(牧), 군(郡), 현(縣)의 병영(兵營)과 수영(水營) 따위에 속한 문관과 무관을 통틀어 이르는 말. 외임. 외직.
15. 주달(奏達)ᄒᆞᆫ ᄇᆡ: 지방 관찰사들로부터 임금께 아뢴 바가.
16. ᄒᆡ부: 해부(該部). 해당 부서. [원문] 下部.
17. 신칙ᄒᆞ니: 타일러 경계하니. 신칙(申飭): 단단히 타일러서 경계함. 신계(申戒). ¶야밤에 동네에서 예사롭지 않은 일이 벌어지더라도 절대로 함부로 밖에 나와서는 안 된다고 우리는 어른들로부터 누누이 신칙을 받아 왔었다(윤흥길, 무지개는 언제 뜨는가). 飭: 신칙할, 경계할, 삼갈 칙.
18. 그 아ᄅᆡ 쳐ᄒᆞᆫ 재리오: 그 아래에 있는 자이리오(아랫사람들에게도 신칙함이 당연하다). [원문] 況其下焉者乎.
19. 임의: 이미. ¶아바님이 임의 죽기ᄅᆞᆯ 결단ᄒᆞ시니(父已決死, 동국신속삼강행실도 효8:22).
20. 현슈ᄒᆞ야: 현수하여. 세력이나 지위가 현격하게 달라. 현수(懸殊): ① 현격하게 다름. ② 거리가 멀어서 동떨어져 있음.
21. 졍회: 정회(情懷). 세세하고 작은 감정들. [원문] 情隱.
22. 고치: 고(告)하지. [원문] 告.
23. 공번되게 ᄒᆞ며: 공평하게 하며. [원문] 安能措置悉本大公. 공번되다: '공변되다'(공평하다)의 옛말. ¶공번된 하ᄂᆞᆯ 아ᄅᆡ 넨들 언마 져머시리(古時調, 靑春 少年들아, 靑丘永言). 공변되고 밝고 청렴하고 부지런하면 이는 선치(善治) 수령이요(홍명희, 임꺽정).
24. 귀슌ᄒᆞ고 화합ᄒᆞ리오: 순종하고 화합할 수 있으리오. [원문] 情咸歸允愜也哉.
25. 태셔 렬국: 태서(泰西) 열국(列國). 서양의 여러 국가들.
26. 경셩: 경성(京城). 수도. [원문] 都城.
27. 나라에 종실과 쳑신 공신: 나라의 종실(宗室)과 척신(戚臣) 공신(功臣). 종실(宗室): 종친. 척신(戚臣): 임금과 성이 다르나 일가인 신하.

원은 진신(縉紳) 기로(耆老)와 ᄉᆞ셔샹고(士庶商賈)[29]의 ᄌᆡ망(才望)[30] 잇ᄂᆞᆫ 쟈로 ᄎᆡ오니 이ᄂᆞᆫ ᄇᆡᆨ셩의게 갓가오므로써 ᄒᆞ미니 므릇 나라에 일이 이 【31ㄴ】 시ᄆᆡ 몬져 하원으로 ᄒᆞ야곰 의론ᄒᆞ야 샹원의 픔달(稟達)ᄒᆞ면[31] 샹원이 다시 의론을 뎡ᄒᆞ야 나라에 주문(奏聞)ᄒᆞᄃᆡ[32] 만일 샹하원 의론이 샹합(相合)ᄒᆞᆫ즉 인군(人君)[33]이 그 쳥불쳥(聽不聽)[34]을 결단ᄒᆞ고 만일 피ᄎᆞ의 ᄎᆞᆷ치(參差)ᄒᆞᆫ즉[35] 혹 뎡지(停止)ᄒᆞ야 의론치 아니ᄒᆞ며 혹 다시 의론ᄒᆞᆫ 후의 뎡ᄒᆞᄂᆞᆫ 고로 태셔에 졍ᄉᆞᄂᆞᆫ 일국이 다 아ᄂᆞ니 이러므로 샹하지졍(上下之情)을 통ᄒᆞ야 긔어히 맛당ᄒᆞ게 쳐치ᄒᆞ니[36] 샹고컨ᄃᆡ 태셔의 ᄀᆡ국ᄒᆞ미 지금의 년되(年祚ㅣ)[37] 오ᄅᆡ지 아니ᄒᆞᆫ 고로 그 인졍과 풍속이 오히려 돈후(敦厚)ᄒᆞ야 샹고(上古) 긔샹(氣象)이 이시ᄆᆡ 이 ᄒᆞᆫ 일을 보와도 ᄌᆞ못[38] 삼ᄃᆡ 법도와 셔로 ᄀᆞᆺᄐᆞ니[39] 바 【32ㄱ】 라ᄂᆞᆫ바 즁국이 우흐로 삼ᄃᆡ의 유풍을 본밧고 아ᄅᆡ로 태셔에 어진 법을 의방(依倣)ᄒᆞ야[40] 민졍(民情)을 몸소 ᄉᆞᆲ히며 즁인(衆人)의 의론을 널니 킈여 샹하로 간격이 업시ᄒᆞ고 신민으로 이동(異同)이 업시 ᄒᆞᆫ즉 길게 다ᄉᆞ리고 오ᄅᆡ 편안ᄒᆞᆯ 방도ᄅᆞᆯ 진실노 미리 긔필ᄒᆞ리로다[41]

---

28. 다뭇: 더불어. 함께. ¶다뭇 ᄇᆡᆨ셩ᄅᆞᆯ 밋ᄂᆞ니(恃與民, 삼략직해 상7).
29. ᄉᆞ셔샹고: 사서상고(士庶商賈). 선비와 서민 백성들과 상인들.
30. ᄌᆡ망: 재망(才望). 재주와 명망을 아울러 이르는 말. 재명(才名). ¶재망이 높다 / 마찬삼은 대정 향교의 장의(掌儀)로서 재망이 있는 갓 서른의 젊은 선비였다(현기영, 변방에 우짖는 새).
31. 픔달: 품달(稟達). 아뢰어 여쭈어 봄. 품고(稟告).
32. 나라에 주문(奏聞)ᄒᆞᄃᆡ: 나라 임금에게 아뢰되. 주문(奏聞): 임금에게 아뢰던 일. 주달(奏達). [원문] 奏聞國主. 국주(國主): 국왕. 여기서 '나라'는 원문이 '國主'라 임금을 가리킨다. 바로 뒤에 나오는 '인군'의 원문도 '國主'이다.
33. 인군(人君): 임금. [원문] 國主.
34. 청불청: 청불청(聽不聽). 듣고 수락하거나 거부하는 일.
35. ᄎᆞᆷ치ᄒᆞᆫ즉: 서로 잘 맞지 않아 가지런하지 않으면. 참치(參差): '참치부제'(參差不齊)의 약자. 참치부제(參差不齊): 길고 짧고 들쭉날쭉하여 가지런하지 아니함. 差: 어긋날 차. 들쑥날쑥할 치.
36. 샹하지졍을……쳐치ᄒᆞ니: 상하간에 정사를 합당하게 펼치니. [원문] 所以通上下之情措施之善也.
37. 년되: 년됴(年祚) + ㅣ. 햇수가. [원문] 歷年. 역년(歷年): ① 여러 해를 지냄. 또는 지나온 여러 해. ② 한 왕조가 왕업을 누린 햇수. 역세(歷歲). 앞의 '론 긔긔' 2:5ㄴ '년됴'(年條) 주석 71 참고.
연조(年祚): ① 왕이 재위한 연수. ② 나라가 존속한 연수. ¶국기(國基) 비록 굳건하다 해도 그 연조가 짧고 동북의 호지(胡地)에 치우쳐 변화를 예측할 수 없습니다(이문열, 황제를 위하여). ③ 사람의 수명.
연조(年條): ① 어떠한 일에 종사한 햇수. ② 사물의 역사나 유래. ③ 어떠한 해에 어떠한 일이 있었음을 나타내는 조목.
38. ᄌᆞ못: 자못. ¶ᄌᆞ못 이 ᄎᆡᆨ ᄆᆡᆼ근의 뜻이 아니니(殊非編者之意, 경민편언해 6).
39. 삼ᄃᆡ 법도와 셔로 ᄀᆞᆺᄐᆞ니: 옛 삼대(하, 은, 주나라 시대)와 서로 부합하니. [원문] 與三代法度相符.
40. 의방(依倣)ᄒᆞ야: 본받아.
41. 긔필ᄒᆞ리로다: 기필(期必)하리로다. 기필(期必): 꼭 이루어지기를 기약함.

론 고시(論考試)

[과거 뵈ᄂᆞᆫ 법을 의론ᄒᆞ미라]

삼ᄃᆡ 이ᄅᆡ로 풍쇽이 돈후ᄒᆞ고 질박(質朴)ᄒᆞ야[1] 션ᄇᆡ 취ᄒᆞᄂᆞᆫ 법이 향리(鄕里)의셔 쳔거(薦擧)ᄒᆞᄃᆡ 오쟉 진실ᄒᆞᆫ 학ᄒᆡᆼ을 즁히 너기ᄂᆞ니 그 길을 널니ᄒᆞ야 션ᄇᆡ를 취ᄒᆞᄂᆞᆫ 고로 들의 ᄡᅳ이지 아니ᄒᆞᆫ 어진 사ᄅᆞᆷ이 업고[2] 그 법을 엄히 ᄒᆞ야 사ᄅᆞᆷ을 ᄡᅳᄂᆞᆫ 고로 죠뎡의 요ᄒᆡᆼ(僥倖)으로 나아오ᄂᆞᆫ 재 업더니[3] 당송(唐宋) 이ᄅᆡ로 사ᄅᆞᆷ ᄉᆡᆨ히ᄂᆞᆫ[4] ᄃᆡ 엄히 ᄒᆞ고 ᄡᅳᄂᆞᆫ ᄃᆡ 너그러이 ᄒᆞ니 쳐음 과거 보이기의 당ᄒᆞ야 낫낫치[5] ᄉᆞᆲ혀 ᄒᆞᆫ 가지 격식의 구ᄋᆡ(拘碍)ᄒᆞᄆᆡ 지금ᄭᆞ지 준ᄒᆡᆼ(遵行)ᄒᆞ니 문무를 무론ᄒᆞ고 다 과거로ᄡᅥ 즁히 너기여 니【33ㄴ】ᄅᆞᄃᆡ 졍되라[6] ᄒᆞ고 그러치 아닌즉 륙도(六韜)[7]와 삼략(三略)[8]을 가ᄉᆞᆷ의 품고 텬인지학(天人之學)[9]을 관통ᄒᆞ야도 다 길이 다르다 지목ᄒᆞ니 그 션ᄇᆡ 취ᄒᆞ기를 좁게 ᄒᆞᆫ즉 호걸(豪

---

1. 질박(質朴): 별스럽게 꾸민 데가 없이 수수하고 사치스럽지 아니함.
2. 들의……업고: 재야에 어질고 현명한 사람들이 남아 있지 않고. [원문] 野無遺賢.
3. 죠뎡의……업더니: 조정에 요행으로 올라오거나 물러나는 사람이 없으니. [원문] 朝無倖進降.
4. ᄉᆡᆨ히ᄂᆞᆫ: 빼는. 뽑는. 'ᄉᆡᆨ히ᄂᆞᆫ'은 "뽑히는"으로 보면 어색하며 "사람 뽑는 데 엄히 하고"의 뜻으로 봄이 자연스러워 '-히-'는 피동으로 보기 어렵다. 이는 'ᄉᆡᆨ히-'를 중세에 '빼다/뽑다'의 옛말인 'ᄉᆡᆨ-'(選)의 부사형 'ᄡᆡ'와 'ᅘᅧ-'(引)의 통사적 합성어 'ᄡᆡᅘᅧ-'가 석보상절에 능동형으로 쓰인 것이 확인되어 이 발달형으로 볼 수 있기 때문이다. ¶'天帝釋이 그 사ᄅᆞᆯ ᄡᆡᅘᅧ 忉利天에 가아 塔 일어 供養ᄒᆞᅀᆞᆸ더라'(석보상절 3:14).
   중세어 'ᄡᆡᅘᅧ-'는 ㆅ 소실로 후대에 'ᄡᆡ혀-'로 되고 혼기형 'ᄉᆡᆨ혀-'도 쓰이는데 'ᄡᆡ혀/ᄉᆡᆨ혀'를 'ᄡᆡ(ᄉᆡᆨ)+히+어'로 어간 재구조화하는 현상도 나타난다. 따라서 '이언'의 'ᄡᆡ히-/ᄉᆡᆨ히-'는 문맥에 따라 능동과 피동의 경우를 주의해야 한다. 'ᄡᆡ히-/ᄉᆡᆨ히-'가 피동으로 쓰이는 경우는 뒤의 2:42ㄱ에서 확인할 수 있다. ¶취ᄌᆡ(取才)ᄒᆞ야 ᄉᆡᆨ힌 쟈로 당ᄒᆞ게 ᄒᆞ며……대학원으로 ᄉᆡᆨ혀 드러가……만일 ᄉᆡᆨ히ᄂᆞᆫ ᄃᆡ 참예ᄒᆞᆫ즉(2:42ㄱ). 본서의 II. 해제. 3.3 통사. (3) 피동법 참고.
5. 낫낫치: 낱낱이. ¶인간 만물 ᄉᆡᆼ긴 ᄉᆡᆼ긴 즁의 낫낫치 혜어 보니(萬言詞).
6. 졍되라: 정도(正道)이라. [원문] 正途.
7. 륙도: 주(周)나라의 태공망이 지었다고 일컬어지는 옛 병법서. 문도(文韜)·무도(武韜)·용도(龍韜)·호도(虎韜)·표도(豹韜)·견도(犬韜)의 6권 60편으로 이루어져 있다.
8. 삼략: 주나라의 병서(兵書). 저자에 대한 논의는 분분하나 한(漢)나라의 장양(張良)이 황석공(黃石公)에게서 전수받았다고 전해진다. 상·중·하략의 세 권으로 이루어져 있다.
9. 텬인지학: 천인지학(天人之學). 하늘과 인간에 두루 통하는 학문.

傑)이 ᄆᆡ양 침체(沈滯)ᄒᆞ미 잇고 그 사ᄅᆞᆷ 쓰기를 널니ᄒᆞᆫ즉 용우(庸愚)ᄒᆞᆫ[10] 사ᄅᆞᆷ이 쓰이기를 만히 ᄒᆞᄂᆞᆫ 고로 거셰지인(擧世之人)[11]이 공명(功名)의 ᄆᆞ음 두ᄂᆞᆫ 재 다 이쳐로[12] 종ᄉᆞ(從事)ᄒᆞ야 늙도록 뉘우치지 아니ᄒᆞ니 ᄆᆞᆺᄎᆞᆷᄂᆡ 편발(編髮)[13]의 입학ᄒᆞ야 모발이 희도록 셩취ᄒᆞ지 못ᄒᆞ니 ᄒᆡ가(奚暇)에[14] 다른 거슬 도라보리오 드ᄅᆞ니 셔국(西國)은 두어 가지 과거를 빅셜ᄒᆞ야 인ᄌᆡ를 혜아려 션비를 취ᄒᆞᄃᆡ 비록 왕ᄌᆞ와 국쳑(國戚)이라도 슈군 【34ㄱ】 대장을 ᄒᆞ고져 ᄒᆞᄂᆞᆫ 재면 텬문디리와 격치지학(格致之學)과 측량ᄒᆞᄂᆞᆫ 모ᄃᆞᆫ 학을 겸ᄒᆞ야 닉히지 아니ᄆᆡ 업셔 쳐음의 군ᄉᆞ항오(軍士行伍)[15]에 너허 련습ᄒᆞ기를 ᄌᆞ뢰(資賴)ᄒᆞ며[16] 문셔ᄂᆞᆫ 스ᄉᆞ로 다ᄉᆞ리고[17] 양창대포(洋槍大礮)ᄂᆞᆫ 스ᄉᆞ로 닉히여 지극히 쳔ᄒᆞ고 츄(醜)ᄒᆞᆫ 일이라도 다 괴로오믈 긔탄(忌憚)치 아니ᄒᆞ야 모다 시험ᄒᆞ엿다가 공명을 일위고 치ᄉᆞ(致仕)ᄒᆞ고[18] 한가히 거ᄒᆞ야도 ᄯᅩᄒᆞᆫ 의견을 셰워 글을 ᄆᆡᆫᄃᆞ러[19] 긔어히[20] 당시의 젼ᄒᆞ고 후셰의 나타나며 지어(至於) 광ᄉᆞ(礦師)[21]와 의원[22]이 물졍 통ᄒᆞ기를 졍(精)히 ᄒᆞ며 화학(化學)[조화 지리를 비호ᄂᆞᆫ 거시라]을 통ᄒᆞ며[23] 숑ᄉᆞ(訟事)[법 맛튼 관원이라]도 ᄯᅩᄒᆞᆫ 률문(律文)을 깁히 【34ㄴ】 ᄇᆞᆰ히ᄃᆡ 그 의거(依據)ᄒᆞᄂᆞᆫ 글을 샹고(詳考)ᄒᆞᆫ 후의야 바야흐로 힝셰ᄒᆞ게 ᄒᆞ니 무론(毋論) 모학(某學)ᄒᆞ고[24] 모다 긔어히 실샹이 이시믈 구ᄒᆞᄆᆡ[25] 안져 말ᄉᆞᆷᄒᆞᄂᆞᆫ 재 가히 셰샹의 쓰일 만ᄒᆞ더니 즁국 션비ᄂᆞᆫ 과문(科文) 짓기를

---

10. 용우(庸愚)ᄒᆞᆫ: 옹졸하며 어리석은.
11. 거셰지인: 거세지인(擧世之人). 온 세상 사람들. 거세(擧世): 온 세상. 또는 세상사람 전체.
12. 이쳐로: 이처럼. 이텨로 > 이쳐로 > 이처럼.
13. 편발(編髮/辮髮): ① 예전에 관례를 하기 전에 머리를 길게 땋아 늘이던 일. 또는 그 머리. ¶편발 처녀. ② 변발.
14. ᄒᆡ가에: 해가(奚暇)에. 하가(何暇)에. 어느 겨를에.
15. 항오(行伍): ① 군대를 편성한 대오. 한 줄에 다섯 명을 세우는데 이를 '오'(伍)라 하고, 그 다섯 줄의 스물다섯 명을 '항'(行)이라 한다. ② '군사'(軍士)를 이르던 말.
16. ᄌᆞ뢰ᄒᆞ며: 밑천을 삼으며.
17. 다ᄉᆞ리고: 관리하고. ¶四天下를 다ᄉᆞ리시다가(월인석보 1:19).
18. 치ᄉᆞᄒᆞ고: 치사(致仕)하고. 나이가 들어 벼슬에서 물러나고.
19. 의견을……ᄆᆡᆫᄃᆞ러: 의견을 세우고 글을 써. [원문] 立說著書.
20. 긔어히: 기어이. 고어사전들에 '긔어히'가 미수록되어 수록할 필요가 있음.
21. 광ᄉᆞ: 광사(鑛師). 광산 기술자. '지어 광ᄉᆞ와 의원이': 심지어 광산 기술자와 의사가. [원문] 至鑛師醫士. 지어: 심지어. 북한에서는 '지어'가 아직도 잘 쓰인다.
22. 의원(醫員): 의사. [원문] 醫士. 현대의 국어사전들에 '의사'는 '醫師'로 되어 있음.
23. 물졍 통ᄒᆞ기를 졍히 ᄒᆞ며 화학을 통ᄒᆞ며: 물리학과 화학을 통하매. [원문] 精於格物通於化學. '格物'은 물리학인데 여기서 '물졍 통ᄒᆞ기'로 번역됨.
24. 무론(毋論/無論) 모학(某學)ᄒᆞ고: 아무 학문을 막론하고. [원문] 無論何學.
25. 실샹이 이시믈 구ᄒᆞᄆᆡ: 실상(實狀/實相)이 있음을 구하매. 실사구시(實事求是)하매. [원문] 實事求是. 실상1(實狀): 실제의 상태나 내용. 실상2(實相): ① 실제 모양이나 상태. ¶사물의 실상 / 인생의 실상

젼(專)혀[26] 슝샹ᄒᆞ야 우히셔ᄂᆞᆫ 일노ᄡᅥ[27] 취ᄒᆞ며 아ᄅᆡ셔ᄂᆞᆫ 일노ᄡᅥ 응시ᄒᆞ야[28] 평ᄉᆡᆼ의 쁠ᄃᆡ 잇ᄂᆞᆫ 졍신을 여덟 ᄧᆞᆨ[29]과 오언글귀 가온ᄃᆡ 모다 허비ᄒᆞ니 여긔 셥렵(涉獵)ᄒᆞ기에 결을치 못ᄒᆞ다가[30] 등과ᄒᆞ야 벼ᄉᆞᆯ의 나아간 후의 우흐로 나라 졍ᄉᆞ와 ᄇᆡᆨ셩의 ᄉᆡᆼ되며[31] 아ᄅᆡ로 인졍풍쇽과 다ᄆᆞᆺ 군무형졍(軍務刑政)이며 젼곡(錢穀) 등ᄉᆞ(等事)ᄅᆞᆯ 본ᄃᆡ ᄂᆡᆨ이지 아니ᄒᆞᆫ 바여ᄂᆞᆯ 【35ㄱ】 졸연(猝然)이[32] 목민지관(牧民之官)을 당ᄒᆞᄆᆡ 조치ᄒᆞᆯ 쥴을 바히[33] 모로니 벼ᄉᆞᆯ과 ᄇᆡ호미 길이 달나 말ᄉᆞᆷ과 ᄒᆡᆼᄒᆞᄂᆞᆫ 일이 셔로 밋치지 못ᄒᆞᆫ 연괴라 그런즉 문과ᄅᆞᆯ 폐ᄒᆞ미 가ᄒᆞ랴 그러치 아니ᄒᆞ니 쳔고에 강샹명교(綱常名敎)[34]와 경졔학문(經濟學問)이 다 경셔와 ᄉᆞ긔(史記)로 좃ᄎᆞ 나며 ᄯᅩ 문의(文義)[35]로 말ᄆᆡ암아 아ᄂᆞᆫ ᄇᆡ로ᄃᆡ 오직 네 가지 과거ᄅᆞᆯ 난호와 우등을 ᄲᅡ혀[36] 쳔거(薦擧)ᄒᆞᆯ 거시니 하나흔 ᄀᆞᆯ온[37] 경셔와 ᄉᆞ긔ᄅᆞᆯ 고강(考講)ᄒᆞ야[38] 진실ᄒᆞᆫ 학업을 ᄉᆞᆲ히며 둘흔 ᄀᆞᆯ온 시폐(時弊)[39]ᄅᆞᆯ 칙문

/ 북한의 실상. ② 『불교』 모든 것의 있는 그대로의 참모습. 본체(本體).

26. 젼(專)혀: 오로지. 전(全)혀: (주로 부정하는 뜻을 나타내는 낱말과 함께 쓰여) '도무지, 아주, 완전히'의 뜻을 나타낸다. 전연(全然).

27. 일노ᄡᅥ: 이로써.

28. 우히셔ᄂᆞᆫ 일노ᄡᅥ 취ᄒᆞ며 아ᄅᆡ셔ᄂᆞᆫ 일노ᄡᅥ 응시ᄒᆞ야: 위에서는 이렇게 함으로써 사람을 뽑으며 아래에서는 이렇게 함으로써 응시하여. [원문] 上以此求 下以此應.

29. 여덟 ᄧᆞᆨ: 여덟 짝. [원문] 八股. 팔고(八股): 팔고문(八股文). 여덟 개의 짝으로 이루어진 한시 문체. 중국 명 · 청대의 과거 답안 문체임. 지정된 경서의 의미를 바탕으로 문장을 짓는 것. 경의(經義) · 제의(制義)라고도 불림. 1370년 향시에서 처음으로 실시된 후부터 1901년 폐지될 때까지 이 팔고문은 지식계급을 적잖게 괴롭혔다.

30. 결을치 못ᄒᆞ다가: 겨를을 얻지 못하다가. ¶迭當 겨를ᄒᆞ다(한청문감 1:20). [원문] 不遑. 遑: 허둥거릴, 겨를, 한가할 황.

31. ᄉᆡᆼ되며: 생도(生道)이며. 살길이며. 생도(生道): 생로(生路). 생계. ¶그는 농사 한 가지에다 생도를 의탁하였다 / 덕기의 친구를 위하고 자기 집의 생도를 염려하여 주는 그 호의는 잘 안다(염상섭, 삼대).

32. 졸연이: 졸연(猝然/卒然)히. 갑작스럽게.

33. 바히: 전혀. 전연. 아주. ¶내게 바이 갈 길은 하나 없소(김소월, 길). 이런 데 음식은 조선 호텔만 바이 못하지요?(염상섭, 무화과)

34. 강샹명교: 강상명교(綱常名敎). 강상(綱常)에 전하는 중요한 가르침. [원문] 綱常名敎.
강상(綱常): 삼강(三綱)과 오상(五常)으로서 사람이 지켜야 할 근본적인 도리. 삼강오상. ¶강상을 바로잡다 / 강상을 무너뜨리다 / 강상을 지키고 풍속을 바루는 것은 나라의 선무요, 정치의 대본입니다(번역 태종실록). 명교(名敎): ①사람이 마땅히 지켜야 할 바를 가르침. 또는 그런 가르침. ②'유교'(儒敎)를 달리 이르는 말.

35. 문의: 문의(文義/文意). 글의 뜻.

36. ᄲᅡ혀: 뽑아. 'ᄲᅡ혀'는 선행어가 목적격의 '우등을'이라 피동형으로 보기 어려우며 중세어 'ᄲᆞ-'(選)의 부사형 'ᄲᅡ'와 'ᅘᅧ-'(引)의 통사적 합성어 'ᄲᅡᅘᅧ-'가 'ᄲᅡ혀-'로 개화기에 남은 것이다. 'ᄲᅡ혀'(2:35ㄱ, ㄴ, 3:51ㄱ, 발2ㄴ)는 'ᄲᆡ혀'(2:37ㄴ, 42ㄱ, 발10ㄱ)로도 혼기되었다. 앞 2:33ㄱ의 'ᄲᅡ히ᄂᆞᆫ'(주석 4) 또는 본서의 Ⅱ. 해제. 3.3 통사. (3) 피동법 참고.

37. ᄀᆞᆯ온: 이른바. 이를테면. ¶ᄀᆞᆯ온 君臣과 父子와 夫婦와 兄弟와 朋友의 交ᄒᆞᆷ 다ᄉᆞᄉᆞᆫ 天子엣 達ᄒᆞᆫ 道ㅣ오(중용언해 20).

(策問)40으로 의론ᄒᆞ야 탁이(卓異)ᄒᆞᆫ41 지식을 보고 세흔 굴온 시부(詩賦)를 시험ᄒᆞ야 그 ᄌᆡ화(才華)42를 숣히고 네흔 굴온 졍ᄉᆞ를 널 【35ㄴ】 니 무러 그 리치(吏治)[원 노릇ᄒᆞ는 법이라]를 샹고(詳考)ᄒᆞ며 진뎍(眞的)ᄒᆞᆫ43 인ᄌᆡ를 ᄲᅢ혀 졍실(正實)이44 ᄡᅳ일45 바를 ᄌᆞ뢰(資賴)ᄒᆞ면 빈말노 유익ᄒᆞ미 업시 ᄌᆞ(字)모듬ᄒᆞ는 ᄃᆡ셔 낫지 아니ᄒᆞ랴46 지어47 무과는 당나라 무후48 ᄯᅢ의 셜시ᄒᆞ야 다만 말 타고 활 ᄡᅩ며 기예와 용ᄆᆡᆼ으로 쟝쳐(長處)를 숨아 문과로 더브러 ᄀᆞᆺ치 즁히 너기니 셰샹의 무예 닉이는 재 다만 입격(入格)ᄒᆞ야49 과거ᄒᆞ기만 위쥬ᄒᆞ고 병셔를 몰ᄂᆡ 등셔(謄書)ᄒᆞᄃᆡ50 몽학쇼동(蒙學小童)51이 텬ᄌᆞ의 죠셔(詔書)를 몰ᄂᆡ 쵸츌(抄出)ᄒᆞᄃᆞ시52 ᄒᆞ다가53 병법을 시험ᄒᆞ야 보ᄆᆡ 칙을 펴면 무슴 말인지 아득히 모로며 급기54 벼슬ᄒᆞᄆᆡ 군ᄉᆞ를 훈련ᄒᆞ는 법과 슈젼(水戰) 【36ㄱ】 륙젼(陸戰)ᄒᆞ는 방칙이며 음부경(陰符經)55과 륙임둔갑(六壬遁甲)ᄒᆞ는56 글을 아득히 모로ᄂᆞ니 활

---

38. 고강(考講): 강경(講經) 과목을 채점하여 등수를 매기던 일.
39. 시폐: 그 시대의 사회적 폐단.
40. 칙문: 책문(策問). 정치에 관한 계책을 물어서 답하게 하던 과거(科擧) 과목. 책(策) · 책시(策試). '시폐를 칙문으로 의론ᄒᆞ야': [원문] 策論時事.
41. 탁이(卓異)ᄒᆞᆫ: 남과는 달리 탁월하여 걸출한.
42. ᄌᆡ화: 재화(才華). 빛나는 재주. 또는 뛰어난 재능. ¶명민한 재화 / 제안 대군 궁에서 음률을 배우고 가무를 익혔는데 그 재화가 보통 여자가 아니더랍니다그려(박종화, 금삼의 피).
43. 진뎍ᄒᆞᆫ: 진적한. 진적(眞的)ᄒᆞ다: 참되고 틀림없다.
44. 졍실이: 정실(正實/精實)히. 정실(正實)하다: 참되고 올바르다. 정실(精實)하다: 꼼꼼하고 참되다. 낟알 따위가 몽글고 옹골차다.
45. ᄡᅳ일: 쓰일. '쓰일'의 변이 표기형.
46. 빈말노 유익ᄒᆞ미 업시 ᄌᆞ모듬ᄒᆞ는 ᄃᆡ셔 낫지 아니ᄒᆞ랴: (실력 있는 인재를 뽑는다면) 공허한 말로 유익함이 없이 글자만 모아 (과거 답안) 쓰는 방식보다 낫지 아니하랴. [원문] 愈於空言無補之帖括乎. ᄌᆞ모듬: 예전에, 아이들이 한시(漢詩) 짓기를 익히기 위하여 한자를 되는대로 모아서 말을 만들던 일. 자맞춤. [원문] 帖括. 帖: 글귀 첩. 括: 묶을, 모을 괄.
47. 지어(至於): 심지어. 북한에서는 아직 '지어'가 잘 쓰인다.
48. 무후: 측천무후(則天武后, 624? – 705). 당나라 제3대 고종(高宗)의 왕후. 655년 고종의 황후 왕 씨를 몰아내고 스스로 황후가 되었다가 690년에는 국호를 주(周)로 개칭하고 스스로 황제라 칭하여 15년간 중국 역사상 유일한 여제(女帝)로 군림하였다.
49. 입격(入格): ① 시험에 뽑힘. ② 소과(小科) 또는 초시(初試)의 과거에 합격함. 또는 그런 일. [원문] 求入彀博取科名. 彀 당길, 활 쏠 구.
50. 등셔: 등서(謄書). 원본에서 베껴 옮김. 등초(謄抄/謄草). 등기(謄記). 등사(謄寫). 등출(謄出).
51. 몽학쇼동: 몽학소동(蒙學小童). 글 배우는 어린아이.
52. 쵸츌: 초출(抄出). 필요한 부분을 골라서 뽑아 냄.
53. 몽학쇼동이……쵸츌ᄒᆞᄃᆞ시 ᄒᆞ다가: 문장이 짧은 어린아이가 임금의 조서를 가려 뽑을 뿐 거의 아무것도 못하는 것처럼 하다가. [원문] 僅如小考文童之恭鈔聖諭而已.
54. 급기(及其): 마침내.
55. 음부경(陰符經): 중국 고대 병서(兵書). 전설상의 인물 황제(黃帝)가 지었다고 하여 '황제음부경'(黃帝陰符經)이라고도 한다. 도교를 체계화시킨 북위(北魏)의 구겸지(寇謙之)가 명산(名山)에 보관했던

을 ᄡᅩ아 일곱 관혁57을 련ᄒᆞ야 쎄치며58 힘이 능히 ᄇᆡᆨ근을 들지라도 불과 필부지용(匹夫之勇)이라 일죠(一朝)의 림진ᄃᆡ뎍(臨陣對敵)ᄒᆞ면 장ᄎᆞᆺ 무어ᄉᆞᆯ 밋고 두려워 아니ᄒᆞ랴 이ᄂᆞᆫ 빠홈ᄒᆞᄂᆞᆫ 법을 가르치지 아니ᄒᆞ고 젼쟝의 모라 보ᄂᆡᄂᆞᆫ ᄌᆞᆨ시라59 근ᄅᆡ의 젹은 도적을 평뎡(平定)ᄒᆞ며 대공(大功)을 셰우ᄂᆞᆫ 재 다 무과 즁의 사ᄅᆞᆷ이 아니니 그 ᄂᆡᆨ인60 ᄇᆡ ᄡᅳᆯ 바와 다르미 분명ᄒᆞᆫ지라 그러ᄒᆞᆫ즉 무과를 가히 폐ᄒᆞ랴 그러치 아니ᄒᆞ니 이졔 빠홈ᄒᆞ고 직히ᄂᆞᆫᄃᆡ 긔이ᄒᆞᆫ 계교를 ᄂᆡ여 ᄂᆡᆨ일 도리를 ᄒᆞᄂᆞᆫ 【36ㄴ】 재 슈군과 화공(火攻)ᄒᆞᄂᆞᆫ 긔계의61 버셔나지 아니ᄒᆞ니 이졔 즁국이 임의 거힝ᄒᆞᄃᆡ 오직 긔긔(機器) 짓기62를 오히려 졍(精)히 못ᄒᆞ고 륜션(輪船) 부리기를 익이63 못ᄒᆞ며 양창대포를 공교히 쓰지 못ᄒᆞ고 힝군ᄒᆞᄂᆞᆫ 긔률(紀律)이 오히려 졍졔치 못ᄒᆞ니 곳 병셔를 졍통ᄒᆞᄂᆞᆫ 사ᄅᆞᆷ이 이실지라도 ᄯᅩᄒᆞᆫ 쓰기의 ᄒᆡᆼ샹 부족ᄒᆞᆫ지라 진실노 능히 문호(門戶)를 난호고 골ᄉᆞᆯ 달니ᄒᆞ야64 졍

것을 당(唐)나라의 이전(李筌)이 숭산(嵩山)의 석실에서 발견하면서 알려졌다. 본래 병가류(兵家類)인 '주서음부'(周書陰符)와 도가류(道家類)인 '황제음부경'(黃帝陰符經)이 있었으나 전자는 전하지 않는다. 도교 교단인 남송(南宋)의 천사도(天師道)와 명(明)나라의 전진교(全眞教)가 중시한 것으로, 총 457자의 짧은 문구로 이루어져 있다. 모두 3편으로 '신선포일연도'(神仙抱一演道), '부국안민연법'(富國安民演法), '강병전승연술'(强兵戰勝演述) 등의 내용이다. 음부(陰符): 부적(符籍).

56. 륙임둔갑: 육임둔갑술(六壬遁甲術). [원문] 壬遁之書. 육임(六壬): 골패 따위를 가지고 길흉을 점치는 방법의 하나. '대육임'(大六壬), '육임신과'(六壬神課)라고도 한다. 둔갑술(遁甲術): 병법 술수의 하나. 음양의 변화에 따라 몸을 숨기고 길흉을 택하는 용병술로 '주역' 건착도(乾鑿度)의 구궁(九躬)의 법이 원형이다. 기문둔갑(奇門遁甲)이라고도 하며 하도(河圖)·낙서(洛書)를 병진(兵陣)에 응용한 것이다. 하도형(河圖形)의 진법은 공격형으로 전방·후방·좌방·우방·중앙은 각각 선발대·보급군·좌군·우군·중군으로 대응되며, 중군은 진(陣)의 핵심이므로 여기에 또한 좌·우군을 배치한다. 원래 하도·낙서는 음양오행설을 적용시킨 것으로 음수와 양수로 배열되어 있고 포진법(布陣法)은 동서남북 및 중앙으로 되어 있다. '삼국사기'에는 김유신의 고손인 암(巖)이 당나라에 유학 가서 둔갑입성법을 터득했다고 기록되어 있다. '음부경'과 '육임둔갑'의 두 자료는 모두 기문학(奇門學)에서 비롯하는 것으로 수리적인 바탕 위에서 사안을 예측하는 일종의 점서이며 개인적인 길흉보다는 국가의 흥망이나 전쟁 시의 병법 등으로 사용되었다.

57. 관혁(貫革): '과녁'의 원말.

58. 쎄치며: 꿰뚫으며. 쎄치다: 꿰다. ¶쎄쳐 나가ᄂᆞᆫ 소리(한청문감 4:43). [원문] 穿.

59. 모라 보ᄂᆡᄂᆞᆫ ᄌᆞᆨ시라: 몰아 보내는 것이라. 'ᄌᆞᆨ'(ᄌᆞᆺ)은 '것'과 동의적인 의존명사인데 고어사전, '표준국어대사전'에는 'ᄌᆞᆺ'이 등재되어 있지 않으나 '이언'에는 'ᄌᆞᆺ'이 '1:27ㄱ, 4:12ㄱ, 4:20ㄴ' 등에 쓰임.

60. ᄂᆡᆨ인: 익힌. ᄂᆡᆨ다: '익다'의 옛말. ¶時節 아닌 곳도 프며 여름도 여러 ᄂᆡᆨ더라(석보상절 11:2).

61. 화공(火攻)ᄒᆞᄂᆞᆫ 긔계: 화기(火器). [원문] 火器. 긔계: '무기, 병기'의 옛말. ¶믈 ᄐᆞᆫ 군ᄉᆡ 믈게 오ᄅᆞ며 거른 군ᄉᆡ 긔계ᄅᆞᆯ 자ᄇᆞ라(연병지남 5). '긔계'와 다음 주석 62의 '긔긔'는 구별하였음.

62. 긔긔 짓기: 기계 제조하기. [원문] 機器尙製造.

63. 익이: 익히. '익이 못ᄒᆞ며': [원문] 未熟.

64. 문호를 난호고 골ᄉᆞᆯ 달니ᄒᆞ야: 문호를 나누고 종류를 달리 하여. [원문] 分門別類.
곬: ① 한쪽으로 트여 나가는 방향이나 길. ¶제 곬으로만 흐르는 강물 / 바닥에 곬이 잡히다 / 이것 저것 건드리지 말고 한 곬으로만 파고들어야 성공한다. ② 물고기 떼가 늘 몰려다니는 일정한 길. ¶조기의 곬. ③ 사물의 유래. ④ 양재(洋裁)에서 천이 겹쳐진 부분.

ᄒᆞᆫ 거ᄉᆞᆯ 취ᄒᆞ고 ᄡᅳ기를 널게 ᄒᆞ려 ᄒᆞ면 ᄆᆞᆺ당히 무과 즁의도 ᄯᅩᄒᆞᆫ 삼등을 버려[65] 쟝ᄌᆡ(將材)[66]를 취ᄒᆞᆯ 거시니 하나흔 산쳔(山川) 형셰(形勢)와 군법(軍法) 진퇴ᄒᆞᄂᆞᆫ 거ᄉᆞᆯ 무러 그 장략(將略)[67]을 볼 거시오 둘흔 산학(算學)과 【37ㄱ】 격치지학이며 긔긔(機器) 짓ᄂᆞᆫ 법을 무러 그 ᄌᆡ죠를 다ᄒᆞ게 ᄒᆞᆯ 거시오 셰흔 양창대포의 고하(高下)[68]를 측량ᄒᆞ야 맛치라[69] ᄒᆞᄂᆞᆫ ᄃᆡ로 맛치며[70] 먼니 보ᄂᆡ믈 샹고ᄒᆞ야 그 능ᄉᆞ를 다ᄒᆞ게 ᄒᆞᆯ 거시니 그 능히 여러 가지 쟝기를 가진 쟈ᄂᆞᆫ 불ᄎᆞ탁용(不次擢用)ᄒᆞ야[71] 포쟝(褒奬)ᄒᆞᄂᆞᆫ ᄯᅳᆺ을 뵐 거시오[72] ᄒᆞᆫ 가지 기예를 젼쥬(專主)ᄒᆞᄂᆞᆫ 쟈[73]ᄂᆞᆫ ᄌᆡ죠를 헤아려 일을 맛져 그 구ᄒᆞᄂᆞᆫ 길을 널니 ᄒᆞ면 기예와 용ᄆᆡᆼ이며 말 타기와 활 ᄡᅩ기만 겨유 닉이ᄂᆞᆫ ᄃᆡ 낫지 아니ᄒᆞ랴[74] 그러나 인ᄌᆡ를 지어 ᄡᅳ고져[75] ᄒᆞᆯ진ᄃᆡ 몬져 교양ᄒᆞ믈 볼 거시어ᄂᆞᆯ 이졔 학교와 셔원은 과거(科擧) 보ᄂᆞᆫ 업을 젼혀 일 【37ㄴ】 ᄉᆞᆷ고 외국 풍속과 졍ᄉᆞ를 하나토 아지 못ᄒᆞ며 ᄯᅩ 셔국 법을 깁히 더러이 너기ᄂᆞ니 시셰를 통투(通透)히 알고[76] 즁국과 셔국 일의 겸ᄒᆞ야 익은 쟈를 구ᄒᆞ고져 ᄒᆞ면 실샹 그런 사ᄅᆞᆷ을 엇기 어렵거든 ᄒᆞ믈며 이졔 ᄒᆡ금(海禁)을 크게 열고 변비(邊備)[77]를 다 쳘파(撤罷)ᄒᆞᄆᆡ 구라파 각국이 무수히 왕ᄅᆡᄒᆞ며 셔로 통샹

---

65. 삼등을 버려: 세 가지 단계를 벌여. '버려'는 사동사 '벌 + 이 + 어'의 구조이다. 앞의 1:43ㄴ의 '버려' 주석 참고. [원문] 列三等. 조선 시대에는 무과, 문과 모두 초시(初試), 복시(覆試), 전시(殿試)의 3단계 시험이 있었고, 최종 관문인 전시 합격자도 갑과(甲科), 을과(乙科), 병과(丙科)의 세 등급으로 나누었으며, 갑과 합격자 역시 3명을 최종 합격자로 발표하였다. '셋을 벌여 놓는다'는 중국에서도 이와 같은 제도로 운용함을 가리킨다.
66. 쟝ᄌᆡ: 장재(將才/將材). 장수가 될 만한 훌륭한 인재. ¶과연 일세의 장재로다. 내 일찍 그를 얻었던들……수모는 당하지 않았을 것을(이문열, 황제를 위하여). [원문] 將才. 국어사전에는 '將材'로도 나옴.
67. 장략(將略): 장수로서의 지략과 기량. ¶북병사 한극함은 북오의 맹장으로, 나이는 오십여 세에 장략이 있는 사람이요, 수하의 군사들은 모두 다 활 잘 쏘고 말을 잘 달리는 정병이었다(박종화, 임진왜란). [원문] 觀其韜畧. '도략'(韜略)은 '육도삼략'(六韜三略)의 약자로서 병법(兵法)의 의미로도 쓰임.
68. 고하(高下): 고저. [원문] 高低. '高下'는 현대 국어에서 연령, 값의 고하에 쓰이며 고저의 의미로는 잘 쓰이지 않음.
69. 맛치라: 맞혀라. 맛치다: '맞히다'의 옛말 표기.
70. 맛치며: 맞히며. 명중시키며. [원문] 命中.
71. 불ᄎᆞ탁용: 불차탁용(不次擢用). 계급의 차례를 밟지 않고 특별히 벼슬에 등용함. 불차용지(不次用之). [원문] 不次超遷.
72. 포장ᄒᆞᄂᆞᆫ ᄯᅳᆺ을 뵐 거시오: 포장(褒奬)하는 뜻을 보일 것이오. [원문] 示奬勵. 포장(褒奬): 칭찬하여 장려함.
73. ᄒᆞᆫ 가지 기예를 젼쥬ᄒᆞᄂᆞᆫ 쟈: 한 가지 기술을 전공하는 자. [원문] 專工一藝者.
74. 닉이ᄂᆞᆫ ᄃᆡ 낫지 아니ᄒᆞ랴: 익히는 것보다 낫지 아니하랴.
75. 인ᄌᆡ를 지어 ᄡᅳ고져: 인재를 지어 쓰고자. [원문] 作人才.
76. 통투(通透)히 알고: 사리를 꿰뚫어 환하게 알고. [원문] 洞識時事.
77. 변비(邊備): 국경의 경비. [원문] 藩籬. 번리(藩籬/樊籬): 울타리. ¶세조와 성종 때 허종이 날쌔고 무서운 이름을 알린 뒤에는 변비가 아직도 튼튼하다(박종화, 금삼의 피).

ᄒᆞ미 각각 부강ᄒᆞ믈 미더 셔로 협졔(脅制)ᄒᆞ려78 ᄒᆞ니 ᄆᆞᆺ당히 군ᄉᆞ를 조련ᄒᆞ고 정ᄉᆞ를 닥그며 장ᄌᆡ를 ᄲᆡ혀79 변비를 획칙(劃策)ᄒᆞᆯ 거시니 슐 취ᄒᆞ고 죠셔(詔書)를 쵸(草)ᄒᆞ야80 가히 오랑캐를 져히며81[니ᄇᆡᆨ(李白)이 번국(蕃國)의 보ᄂᆡᆯ 죠셔를 취즁(醉中)의 쵸(草)ᄒᆞ니 번국 ᄉᆞ신이 크게 놀나 텬인(天人)으로 알아 항복ᄒᆞ니라]82 바독 두어 【38ㄱ】 스ᄉᆞ로 뎍국(敵國)을 파ᄒᆞᆯ ᄯᆡᄂᆞᆫ 결단코 아니라[진나라 샤현(謝玄)이 부견(符堅)의 ᄇᆡᆨ만 즁83을 파ᄒᆞ고 쳡셔(捷書)를 보ᄂᆡ니 샤안(謝安)이 바야흐로 바독 두다가 쳡셔를 보고 죠곰도 희ᄉᆡᆨ(喜色)이 업고 바독 두기를 의구(依舊)히 ᄒᆞ니라]84 비루ᄒᆞᆫ 소견의ᄂᆞᆫ ᄆᆞᆺ당히 ᄉᆞ마광

---

78. 협졔ᄒᆞ려: 견제하려. 협제(脅制): 위협하고 견제함. [원문] 脅. 脅: 옆구리, 갈비, 의지할 협.
79. 장ᄌᆡ를 ᄲᆡ혀: 장재(將材)를 뽑아. 장재(將材): 장수가 될 만한 훌륭한 인재. 'ᄲᆡ혀'는 앞의 2:33ㄱ의 'ᄲᅡ히ᄂᆞᆫ'(주석 4) 또는 II. 해제. 3.3 통사. (3) 피동법 참고.
80. 죠셔를 쵸ᄒᆞ야: 조서(詔書)의 초안(草案)을 잡아. ¶내일이면 바로 삼정승이 예궐해서 건의를 드리는 날이라, 부제학 이성중은 집에서 건의문을 초하고 있을 때 일이었다(박종화, 임진왜란).
81. 져히며: 저어하게 하며. 위협하며. [원문] 醉草可以嚇蠻. 저히다: 두렵게 하다. 위협하다. ¶大威ᄂᆞᆫ 큰 威嚴이니 龍ᄋᆞᆯ 저히ᄂᆞ니라(석보상절 13:11). 裔戎 邪說이 罪福ᄋᆞᆯ 저히ᅀᆞᆸ거든 이 ᄠᅳ들 닛디 마ᄅᆞ쇼셔(용비어천가 124장). 嚇 저힐 하(신증유합 하34). 嚇我 날을 저힌다(역어유해 하43).
82. 니ᄇᆡᆨ(李白)이 번국(蕃國)의……텬인(天人)으로 알아 항복ᄒᆞ니라: 당 현종 천보(天寶) 3년(744)에 이백이 한림대조(翰林待詔)로 있으면서 번국(蕃國)에 답변하는 조서를 초했는데 '草答蕃書 辯如懸河 筆不停綴'이라 하였다고 한다. 이백이 장안에 머무른 시간은 길지 않지만 많은 일화를 남겼는데 그 중 제일 유명한 일화가 '답번서'(答蕃書)이다. 번국은 당나라에 상서(上書)를 하면서 당나라의 허실을 시탐하고자 번문으로 상서하였다. 상서는 어조가 교만하고 당나라에 도전적 의미가 다분히 배어 있었다. 조정의 문무 대신들은 누구도 그 번문을 알아볼 수 없어 현종이 망연자실해 하고 있을 때 이백이 선뜻 나서 번문을 해석하고 번역하였을 뿐만 아니라 바람결처럼 시원히 낙필하여 '답번서'(答蕃書)를 썼다. 후인들이 전하는 바에 따르면 필치가 예리하고 번국의 요해를 찔렀다고 한다. 그리하여 번국은 당나라에 탄복하게 되고 현종 앞에 와서 신하를 자처하며 대대로 조공할 것을 다짐하였다. 이백이 '답번서'(答蕃書)를 쓴 것은 의심할 여지가 없겠으나 이 이야기의 세부 사항은 후인들이 가공한 것으로 짐작된다. 그때의 당나라의 국력으로 보아 누구도 도전하지는 못했을 것이다(출전: 唐左拾遺翰林學士李公新墓碑, 李白全集3. "天寶三載 甲申 太白在翰林, 代草王言. 然性嗜酒, 多沈飮, 有時召令撰述, 方在醉中, 不可待, 左右以水沃面, 稍解, 卽令秉筆, 頃之而成").
83. 즁: 중(衆). 무리. 군사.
84. 진나라 샤현(謝玄)이……바독 두기를 의구(依舊)히 ᄒᆞ니라: 오호십육국(五胡十六國) 시대에 진(晉)의 재상 사안(謝安)은 정토대도독(征討大都督)이 되어 동생 사석(謝石)과 조카인 전봉도독(前鋒都督) 사현(謝玄)을 선봉으로 삼아 8만의 군사로 전진(前秦)의 제3대 임금인 진왕(秦王) 부견(符堅)이 거느린 100만 군사를 맞아 상대를 거의 전멸시키다시피 대승리를 거두었다. 진(晉)나라 때는 바둑 두는 것이 유행이었는데 사안은 당시 유명한 바둑 애호가였다. 부견이 군사를 거느리고 진국(晉國)을 침공하여 회비(淮肥) 일대까지 오자 경사(京師)까지 혼란스러웠다. 진대제(晉大帝)는 사안을 정토대도독(征討大都督)으로 임명하였다. 전방의 시국이 혼란스러워지자 사안의 조카이며 장군이었던 사현이 적병을 대처할 방안을 내놓았다. 사안은 위기의 관두(關頭)에도 얼굴색 하나 변함없이 사현더러 함께 산속 별장으로 놀러 가기를 청하였다. 산속에 도착하자 사안은 바둑판을 펴고 조카더러 대국(對局)하게 하였다. 사현은 원래 바둑의 고수였으나 마음이 불안하여 바둑에서 사안에게 지고 말았다. 사안은 크게 기뻐하며 저녁에 처소로 돌아와 어떻게 적병을 대처할 것인가 하는 방안을 지시하였다. 이 방안에 따라 부견에 대처하였더니 부견은 크게 패배하였다. 첩보가 사안에게 전해졌을 때 사안은 마침 바둑을 두고 있었다. 사안은 첩보를 일별하고 나서 침상에 놓고 얼굴색 하나 변함없이

(司馬光)의 열 가지 법[85]으로 사ᄅᆞᆷ 가ᄅᆞ치ᄂᆞᆫ 거ᄉᆞᆯ 의방(依倣)ᄒᆞ고 ᄒᆞᆫ 가지 법을 더 셜시ᄒᆞ야 텬하의 반포(頒布)ᄒᆞ야 ᄒᆡᆼ회(行會)ᄒᆞᄃᆡ[86] 쇼학당[어린ᄋᆞ히 가ᄅᆞ치ᄂᆞᆫ 셔당이라] 외에 각각 셔원을 셜시ᄒᆞ고 태셔에 텬문 디리와 격치지학이며 농졍[농ᄉᆞᄒᆞᄂᆞᆫ 법이라] 션졍과 화학 리학[리치ᄅᆞᆯ 궁구(窮究)ᄒᆞᄂᆞᆫ 학이라]과 의슐이며 각국 언어와 졍ᄉᆞ와 문ᄌᆞ와 법례를 졍통ᄒᆞᆫ 쟈 수인을 굿이[87] 쳥ᄒᆞᄃᆡ 혹 외양(外洋)에 나간 관학ᄉᆡᆼ(官學生) 즁의 ᄌᆡ죠를 임의 졍통ᄒᆞ【38ㄴ】고 본국의 도라온 쟈로ᄡᅧ 가ᄅᆞ치게 ᄒᆞ고 가ᄅᆞ치ᄂᆞᆫ바 학ᄉᆡᆼ은 십여 셰로븟허 이십 셰ᄭᆞ지 한뎡(限定)ᄒᆞ야 모로미 몬져 즁국과 셔국 문ᄌᆞ를 통ᄒᆞ게 ᄒᆞ며 그 셩졍의 갓가온 바로 업을 닉여 ᄉᆞ년 만의 경셩 대셔원(京城大書院)[88]의 올녀 힘ᄡᅥ ᄇᆡ혼 지 ᄉᆞ오 년의 만일 졔 긔약(期約)의 ᄌᆡ죠를 ᄇᆡ화 셩공ᄒᆞ미 잇셔 취ᄌᆡ에 샹등의 ᄲᅩᆸ힌 쟈ᄂᆞᆫ 곳 벼ᄉᆞᆯ을 쥬어 포장ᄒᆞ고 총리아문(總理衙門)[89]과 ᄒᆡ강독무(海疆督撫)[ᄒᆡ변의 잇ᄂᆞᆫ 영문(營門)]며 혹 션졍졔조등국(船政製造等局)[ᄇᆡ 짓ᄂᆞᆫ 곳]의 분파(分派)ᄒᆞ야[90] 보ᄂᆡ여 챠ᄉᆞ(差使)[91]를 당ᄒᆞ고 혹 각국 ᄉᆞ신의 죵ᄉᆞ관(從事官)[92]에 츙수(充數)ᄒᆞ게[93] ᄒᆞ

의연히 바둑 두기를 계속하였다. 옆의 사람들이 궁금하여 그에게 전역의 승패를 묻자 그는 여유 있게 "승전이었다."고 답하였다. 사안의 이런 위험 앞에서도 흐트러짐 없고 침착한 풍채는 사람들을 탄복하게 하였다(출전: 晉書 79, 謝玄傳).

85. ᄉᆞ마광(司馬光)의 열 가지 법: [원문] 司馬光十科之法. 사마광(司馬光, 1019~1086): 중국 북송(北宋)의 관료 정치가. 자는 군실(君實). 호는 우부(迂夫) 또는 우수(迂叟). 시호는 문정(文正). 산서성(山西省) 하현(夏縣) 출생. 사후에 온국공(溫國公)에 봉해졌다. 인종(仁宗)·영종(英宗)·신종(神宗)·철종(哲宗)의 4대에 걸쳐 활동하였다. 나중에는 재상이 되어 이른바 구법당(舊法黨)의 영수로서 왕안석(王安石)의 신법당(新法黨)과 대립하였지만 1066년에 칙명을 받아 1084년에 완성한 '자치통감'(資治通鑑, 294권)은 전국 시대부터 오대 왕조[後五代: 후당·후량·후주·후진·후한]까지 1362년간의 통사로 그를 사마천(司馬遷)과 나란히 역사가로 길이 남게 하였다. 소년 시절에 큰 물독에 빠진 아기를 구하기 위하여 그 독을 깨뜨렸다는 일화는 물질보다 인간의 생명을 존중한 그의 철학을 알려준다. 사마광의 십과는 다음과 같다(宋衍申 1990:328 참고): 1. 行義純固, 可爲師表科. 2. 節操方正, 可備獻納科. 3. 智勇過人, 可備將帥科. 4. 公正聰明, 可備監司科. 5. 經求精通, 可備講讀科. 6. 學問該博, 可備顧問科. 7. 文章典麗, 可備著述科. 8. 善聽獄訟, 盡公得實科. 9. 善治財賦, 公私俱便科. 10. 練習法令, 能斷請讞科.

86. ᄒᆡᆼ회ᄒᆞᄃᆡ: 각 지방 관아를 통해 실시하게 하되. 행회(行會): 관아의 우두머리가 조정의 지시와 명령을 부하들에게 알리고 그 실행 방법을 의논하여 정하기 위하여 모이던 일이나 그러한 모임.

87. 굿이: 굳이. [원문] 敦請. ¶굿이 직희다(固守, 漢淸文鑑 4:30).

88. 경셩 대셔원: 경성 대서원(京城大書院). 수도의 최고 교육기관. [원문] 京都太書院.

89. 춍리아문(總理衙門): 청나라 말기에 외국 교섭을 담당한 관청.

90. 분파(分派)ᄒᆞ야: 나누어 파견하여.

91. 챠ᄉᆞ: 차사(差使). 임금이 중요한 임무를 위하여 파견하던 임시 벼슬. 또는 그런 벼슬아치.

92. 죵ᄉᆞ관: 종사관(從事官). 사신의 수행원. 조선 시대에도 통신사를 수행하던 임시 벼슬로 있었는데 중국에 보내던 하정사(賀正使)나 일본에 보내던 조선통신사(朝鮮通信使)를 수행하던 삼사(三使) 가운데 하나이다. 직무는 사행 중 정사(正使)와 부사(副使)를 보좌하면서 매일 매일의 사건을 기록하였다가 귀국 후 국왕에게 견문한 바를 보고하는 것이다.

야 학문과 졔슐(製述)94에 우등으로 ᄲᅩᆸ힌 젼례ᄀᆞᆺ치 ᄒᆞ며95 므 【39ㄱ】 릇 셔원의 드러온 졔ᄉᆡᆼ(諸生)이 ᄆᆡ년의 속슈지례(束脩之禮)96로 ᄇᆡᆨ원(百元)식 밧치ᄃᆡ 만일 셔원에 기름불 용도(用度)97가 부죡ᄒᆞ거든 당히 디방관(地方官)이 됴건(條件)을 획칙ᄒᆞ야 보부죡(補不足)ᄒᆞ게98 ᄒᆞ야 졈졈 풍긔(風氣)99ᄅᆞᆯ 여러 실샹 힘으로100 궁구ᄒᆞ게 ᄒᆞ며 만일 별노 식법을 ᄂᆡ여 ᄒᆞᆫ 긔계를 지어ᄂᆡᄃᆡ 국계(國計)와 민ᄉᆡᆼ(民生)101의 유익ᄒᆞᆫ 쟈여든 리지경즁(利之輕重)을 보와 수년을 ᄒᆞᆯ노 짓기ᄅᆞᆯ 허급(許給)ᄒᆞ고102 ᄯᅩ 뎡ᄃᆡ(頂戴)103[공 잇ᄂᆞᆫ 사ᄅᆞᆷ 포장(褒獎)ᄒᆞᄂᆞᆫ 것ᅵᄅᆞᆯ 쥬어 포장ᄒᆞ고 격동ᄒᆞ게104 ᄒᆞᆯ 거시니 이ᄀᆞᆺ치 ᄒᆞᆫ즉 죵풍(宗風)105 흥긔(興起)ᄒᆞ야106 인ᄌᆡ(人材) 만히 나리니 ᄯᅩ 엇지 모로미 죠뎡(朝廷)의셔 어린 ᄋᆞ히ᄅᆞᆯ 만히 갈히여 태셔의 보ᄂᆡ여 업을 ᄇᆡ화 루거만(累巨萬)107 【39ㄴ】 을 허비ᄒᆞ게

---

93. ᄎᆞᆼ수: 충수(充數). 일정한 수효를 채움. 또는 그 수효. ¶백 개가 못 차니 아직 이십여 개를 더 지어야 한 가마 충수가 된다(황순원, 독 짓는 늙은이).

94. 졔슐(製述): 제술. 시나 글을 지음.

95. 졔슐(製述)에 우등으로 ᄲᅩᆸ힌 젼례ᄀᆞᆺ치 ᄒᆞ며: 제술에 우등으로 뽑힌 예전의 사례와 같이 하며. [원문] 如擧博學鴻詞之例. 박학홍사과(博學鴻詞科): 청나라 초기 뛰어난 한족 유학자들을 회유하여 관리로 임명하기 위해 황제가 직접 주관한 제과(制科)에서 치러진 특별 과거.

96. 속슈지례: 속수지례(束脩之禮). 제자가 되려고 스승을 처음 뵐 때에 드리는 예물. 옛 중국에서 스승으로 처음 모신 후 열 조각의 육포를 묶어 드렸다는 데서 유래한다.
속수(束脩): ① 포개어 묶은 육포. 예전에 예물(禮物)로 썼다. ② 속수지례. ③ 입학할 때에 내는 돈. ④ 예전에, 성인이 되어 의관을 갖추던 일.

97. 기름불 용도: 기름등잔의 기름값. '서원의 운영비'라는 내포적인 의미도 있다. [원문] 書院膏火. 고화(膏火): 기름불. 용도(用度): ① 씀씀이. ② 관청이나 회사에서 물품을 공급하는 일. cf. 용도(用途): 쓰이는 길. 또는 쓰이는 곳. ¶용도 변경 / 개인적인 용도. 쓰임새.

98. 보부죡ᄒᆞ게: 보부족하게. 보부죡(補不足): 모자라는 부분을 보태어 채움. ¶그 아들이 미국 가서 공부하는 데 학비를 대어 주느라고 애를 쓰는 터에 내 집까지 보부족하여 줄 여가가 있을 수 있소?(이인직, 모란봉)

99. 풍긔: 풍기(風氣). 풍도(風度)와 기상(氣像). ¶영특한 소년이옵니다. 제왕의 풍기를 가진 소년이옵니다. 아무 데를 내놓을지라도 결코 부끄럽지 않은 소년이옵니다(김동인, 운현궁의 봄).

100. 실샹 힘으로: 실상(實狀/實相) 힘으로. 실력으로. [원문] 實力.

101. 국계(國計)와 민ᄉᆡᆼ(民生): 나라의 경영과 백성의 살림. [원문] 國計民生. '국계'는 사전 미등재 한자어로 국어사전에 올릴 만함.

102. 허급(許給)ᄒᆞ고: 달라는 대로 허락하여 베풀어 주고.

103. 뎡ᄃᆡ: 정대(頂戴). ① 본디 머리에 인다는 뜻으로, 경의를 나타냄을 이르는 말. 물건을 주거나 받을 때 그 물건을 이마에 갖다 대며 상대편에게 경의를 나타낸다. ② 청나라에서 관리의 계급을 표시하기 위해 관(冠)의 꼭대기에 단 주옥(珠玉)의 휘장. 頂: 정수리, 머리 정. 戴: 머리 일 대.

104. 격동ᄒᆞ게: 격려하게. [원문] 鼓勵. 격동(激動): ① 정세 따위가 급격하게 움직임. ② 감정 따위가 몹시 흥분하여 충동을 느낌. ¶너무도 창졸간에 격동을 받은 때문인지 눈이 뿌예지면서 종이 위에서 글자가 콩 튀듯 한다(이무영, 농민).

105. 죵풍: 종풍(宗風). 한 종파의 기풍. [원문] 開風. cf. 종풍(從風): ① 바람이 부는 대로 나부끼는 풀처럼 복종함. ② 바람을 쐼.

106. 흥긔ᄒᆞ야: 흥기하여. 흥기(興起): 떨치고 일어남. 세력이 왕성해짐. 의기(義氣)가 일어남.

ᄒᆞ리오 대뎌 어린ᄋᆞᄒᆡ 만 리에 스승을 좃ᄎᆞ 업을 ᄇᆡ호ᄆᆡ 스ᄉᆞ로 그 졍통ᄒᆞ기를 긔필(期必)ᄒᆞ려니와 오직 어려셔 외국 사ᄅᆞᆷ의 긔습을 무드러[108] 셩졍이 혹 변ᄒᆞᆯ 거시니 ᄯᅩᄒᆞᆫ 졍도(正道)로 가ᄅᆞ치ᄂᆞᆫ 도리 아닐 ᄃᆞᆺᄒᆞᆫ지라 진실노 능히 넷 법을 변통ᄒᆞ야 인ᄌᆡ를 교육ᄒᆞ야 국가를 위ᄒᆞ야 슈고를 베플고[109] 바다 디경(地境)을 안보ᄒᆞ야 방비(防備)ᄒᆞᆯ진ᄃᆡ 크게 쓰면 크게 효험이 나고 젹게 쓰면 젹게 효험이 나리니 엇지 특별이 문쟝이 일국의 빗나 봉황이 나라가ᄂᆞᆫ ᄃᆞᆺᄒᆞᆫ ᄌᆡ죠를 ᄌᆞ랑ᄒᆞ며 무예 쵸등(超等)ᄒᆞ야[110] 쟝슈 되염즉한 ᄌᆡ죠ᄲᅮᆫ이리오

---

107. 루거만: 누거만(累巨萬). 매우 많음. 또는 거액. 누거만금(累巨萬金). ¶누거만의 재산. '루거만을 허비ᄒᆞ게 ᄒᆞ리오': [원문] 糜巨款乎. 糜: 고삐, 잡아맬 미. 款: 정성 관. 거관(巨款): 거액(巨額).
108. 무드러: 물들어. ¶習染 무들다(한청문감 8:31).
109. 국가를 위ᄒᆞ야 슈고를 베플고: 국가를 위하여 베풀고 노력하여. [원문] 爲國家宣勞.
110. 쵸등ᄒᆞ야: 초등(超等)하여. 일반 등급을 뛰어넘어.

【이권 40ㄱ】

부론 양학(附論洋學)
[셔양국 학교ᄅᆞᆯ 의론ᄒᆞᆷ을 부치미라]

대뎌 과거ᄅᆞᆯ 베퍼 션비ᄅᆞᆯ ᄲᆡᄂᆞᆫ[1] 거시 본ᄅᆡ 뎡ᄒᆞᆫ 공졍(工程)이 잇ᄉᆞ나 셰샹을 건지며 ᄌᆡ죠ᄅᆞᆯ 구ᄒᆞᄂᆞᆫ 거ᄉᆞᆫ 일윈[2] 젼례ᄅᆞᆯ 구ᄋᆡᄒᆞ기 어려오니 이 반ᄃᆞ시 즁국과 셔국의 학교 마련ᄒᆞᆫ 법을 미루여[3] 널니고[4] 인ᄌᆡᄅᆞᆯ ᄡᅳ고 벼ᄉᆞᆯ 시기ᄂᆞᆫ 길을 널니 여러 셰샹 사ᄅᆞᆷ으로 ᄒᆞ야곰 귀쇽(歸屬)ᄒᆞᆯ 바ᄅᆞᆯ 아라 실샹으로 ᄡᅳ기ᄅᆞᆯ ᄀᆡ약ᄒᆞᆫ 연후의 글을 닉이ᄂᆞᆫ 쟈ᄂᆞᆫ 시부(詩賦)와 문ᄌᆞ(文字)만 젼쥬(專主)ᄒᆞ야[5] 구ᄒᆞ지 아니ᄒᆞ며 무예ᄅᆞᆯ 닉이ᄂᆞᆫ 쟈ᄂᆞᆫ 궁마지ᄌᆡ(弓馬之才)[6]와 칼ᄡᅳ기와 셕젼(石戰)ᄒᆞ기만 ᄒᆞᆫ ᄀᆞᆺ 일ᄉᆞᆷ을 거 **【40ㄴ】** 시 아니라 태셔 각국에 학교 졔도ᄅᆞᆯ ᄉᆞᆲ히건ᄃᆡ 대강 셔로 ᄀᆞᆺᄐᆞᄃᆡ 포국(布國)[7][나라 일홈]이 더옥 분명히 ᄀᆞᆺ쵸와

---

1. ᄲᆡᄂᆞᆫ: 뽑는. ᄲᆡ다: 뽑다. ¶選了 ᄲᆡ다(동문유해 상44). 揀選 ᄲᆡ다(한청문감 2:49). ᄆᆡ양 三公이 ᄲᅡ 쳔거ᄒᆞᄂᆞᆫ 배 이실 제(소학언해 6:101).
2. 일윈: 이룬. '일윈 젼례': [원문] 成例. '일위다'는 '셔4ㄴ' 주석 70과 II. 해제. 4.1 (25)항 논의 참고.
3. 미루여: 미루어. '이언' 3:16ㄴ에는 '미뤄여', 4:27ㄴ에는 '밀위여'로 나옴.
4. 널니고: 널리고. 넓히고. 확대하고. '널니-' 형태에 대해서는 '이언'(1:24ㄴ)의 'ᄅᆞᆫ ᄀᆡ광' 부분의 '널닐고' 주석 59 참고. '즁국(中國)의 스ᄉᆞ로 오로지 ᄒᆞᄂᆞᆫ 리(利)ᄅᆞᆯ 엇지ᄒᆞ야ᄡᅥ <u>널닐고</u> ᄒᆞ며'(이언 1:24ㄴ).
5. 젼쥬ᄒᆞ야: 전주하여. 전념하여. 전주(專主): 혼자서 일을 주관함.
6. 궁마지ᄌᆡ: 궁마지재(弓馬之才). 활쏘기와 말타기의 재주.
7. 포국(布國): 프러시아(프로이센). '이언'에서는 '프러시아'를 대부분 '보국'(普國)으로 적고, 프러시아가 발전하여 1871년에 제국으로 성립한 독일은 '덕국'(德國)으로 적었는데 이곳에서만 '포국'으로 적은 점이 특이하다. 프러시아는 위원(魏源, 1794-1856)이 쓴 중국의 세계 지리서 '해국도지'(海國圖志, 1844) 권4와 서계여(徐繼畬, 1795-1873)의 '영환지략'(瀛環志略, 1848)에는 '普魯士, 普魯社, 破魯斯, 破魯西, 部魯西亞' 등 여러 명칭을 보여 주는데 '布國'을 보여 주지는 않는다. 그런데 이 중에 '部魯西亞'는 후술할 '布路西亞'와 발음이 같은 표기로 보여 '포국'은 '布路西亞'에서 유래한 것으로 보인다. 또한 더 이른 시기의 문헌인 '東西洋考每月統紀傳'(1833 창간)의 갑오년 정월호(1834) 17쪽에도 '布路西亞'가 보이는데 이것도 프러시아로 추정된다. 한편, 포르투갈을 '해국도지', '영환지략'에는 '葡萄亞', '博爾都噶亞' 외에 '布路亞'로도 적어 '포국'이 혹시 '포로아'(布路亞)의 약칭으로 볼 수 있으나 위 '이언'의 본문 내용은 당시 교육제도가 독일의 교육제도의 설명으로 보여 '포르투갈'은 아닌 것으로 보인다. '이언' 저자가 독일 교육을 중시한 증거로는 '성세위언'의 '學校' 편에서 '德國學校規則'을 부록으로 따로 보여 주고 있고, 중국의 교육사 연구서인 朱有瓛(1987)의 '中國近代學制史料'(第二輯 上冊) 4쪽 '广學校篇'에도 '이언'의 위 내용과 같은 기록이 다음과 같이 나오기 때문이다: "在中國爲新式學堂籌謀經費之時，西方學校的收費制度提供了范例。西方學校的收費制度早在洋務

시니 그 학당(學堂)을 향곡(鄕曲)으로븟허 셩즁(城中)과 고ᄋᆞᆯ[8]과 왕도(王都)의 다 각각 층졀(層節)이 이시니 ᄋᆞ히 쳐음으로 ᄇᆡ호ᄂᆞᆫ 향슉(鄕塾)[향촌 학교 일홈]을 각쳐의 셜시(設施)ᄒᆞ야 디방관이 경비ᄅᆞᆯ 연름(捐廩)ᄒᆞ야[9] 마련ᄒᆞ고 국즁(國中)의 남녀ᄅᆞᆯ 무론 귀쳔ᄒᆞ고 칠팔 셰로븟허 시작ᄒᆞ야 다 학교에 드러 십오 셰의 니ᄅᆞ면 쇼셩(小成)[10]이 되ᄂᆞ니 향학(鄕學)에 부비(浮費)ᄂᆞᆫ ᄆᆡ(每) 인(人)이 칠일을 한(限)ᄒᆞ고 ᄒᆞᆫ 본납(本納)[11][셔양국 은(銀) 일홈]을 ᄂᆡ고 셩학(城學)의 부비ᄂᆞᆫ ᄆᆡ월의 ᄒᆞᆫ 희림(喜林)[12][셔양국 은 일홈이니 즁국 은ᄌᆞ(銀子) ᄒᆞᆫ 돈 륙칠 【41ㄱ】 분(分)가량이라]을 ᄂᆡᄃᆡ 만일 혹 부족ᄒᆞ거든 디방관이 연름(捐廩)ᄒᆞ야 보용(補用)ᄒᆞ게[13] ᄒᆞ며 대학원의 니ᄅᆞ러ᄂᆞᆫ 학업이 번다(煩多/繁多)ᄒᆞ고 소즁ᄒᆞ니 과연 능히 학력이 뎌당(抵當)ᄒᆞ염즉ᄒᆞ고[14] ᄇᆡ호기를 원ᄒᆞᄂᆞᆫ 쟈ᄂᆞᆫ 그 ᄇᆡ호기ᄅᆞᆯ 허(許)ᄒᆞᄃᆡ 원즁(院中) 부비ᄂᆞᆫ ᄉᆞ계삭(四季朔)[15]의 십오 희림(喜林)식 ᄂᆡᄂᆞᆫ ᄃᆡ 지나지 아니ᄒᆞ며 미국 사ᄅᆞᆷ은 빈부(貧富) 무론(無論)ᄒᆞ고 다 나라 셔관(書館)[16]에 드러가 글을 닑으ᄃᆡ 그 경비ᄂᆞᆫ 방(房) 셰젼(稅錢)[17] 즁의셔 ᄆᆡ ᄇᆡᆨ의 열 량(兩)식 씨여 쓰며 학(學)을 ᄎᆞ례로 난호와 렵등(躐等)ᄒᆞ지[18] 못ᄒᆞ게 ᄒᆞ며 녀인(女人)의 셔관은 ᄭᅳᆫ나블치기[19]와 녀공[20]

運動時期傳入我國。1882年王之春出使西歐，注意到**德國**學校 在鄕爲鄕學 每人七日內出學費一本納 在城爲城學 每人一月出學費一喜林 如或不足 地方官捐補". 이 끝부분은 '이언'의 내용과 같고 이것이 독일 학교 제도임을 밝히고 있다. 따라서 '포국'은 프러시아를 뜻하는 '보국'(普國) 그리고 이의 후신인 독일 즉 '덕국'(德國)과 같은 것이다.

8. 고ᄋᆞᆯ: 고을.
9. 연름ᄒᆞ야: 기부하여. 연름(捐廩): 공익(公益)을 위하여 벼슬아치들이 녹봉의 일부를 덜어 내어서 보태던 일. 연름보폐(捐廩補弊).
10. 쇼셩: 소성(小成). ① 조그맣게 이룸. ② 과거의 소과(小科) 가운데에서 초시(初試)나 종시(終試)에 합격하던 일. cf. 대성(大成): 크게 이루어지거나 크게 이룸. 또는 그런 성과.
11. 본납(本納): '페니'(penny)의 음역어. 영국 등의 화폐 단위. 1페니는 1파운드의 100분의 1이다.
12. 희림(喜林): '실링'(shilling)의 음역어. 영국과 미국의 옛 화폐 단위. 1실링은 1기니(Guinea)의 21분의 1이다.
13. 보용ᄒᆞ게: 보용하게. 보용(補用): 재물 따위의 부족한 것을 보태어 씀. [원문] 捐補.
'연보'(捐補)는 오늘날 교회에서 헌금을 가리키는 의미로 남아 쓰이고 있다.
14. 뎌당ᄒᆞ염즉ᄒᆞ고: 저당(抵當)함직하고. 맞서서 겨룸직하고. 뎌당(抵當)ᄒᆞ다: 저당하다. 감당하다. 상대하다. ¶애 뎌 킈 쟈근 놈아 네 어ᄃᆡ 내게 뎌당ᄒᆞ리오(박통사언해 중50).
15. ᄉᆞ계삭: 사계삭(四季朔). 음력으로 사철의 마지막 달. 즉, 계춘(季春)인 3월, 계하(季夏)인 6월, 계추(季秋)인 9월, 계동(季冬)인 12월을 이른다.
16. 셔관: 서관(書館). 도서관.
17. 방 셰젼: 방세 또는 입장료. [원문] 房租
18. 렵등: 엽등(躐等). 등급을 건너뛰어 올라감. 躐: 밟을, 넘을 렵.
19. ᄭᅳᆫ나블치기: ㄲ나풀치기. [원문] 組纂.
20. 녀공: 여공. 길쌈질. [원문] 女紅. 여공(女功/女紅): 예전에 부녀자들이 하던 길쌈질. 여공(女工).
여공(女工): ① 공장에서 일하는 여자. 공녀(工女) · 여직공. ② 여공(女功). 반 남공.

을 겸ᄒᆞ야 가ᄅᆞ치ᄃᆡ 젼일(專一)히[21] ᄒᆞ 【41ㄴ】 ᄂᆞᆫ 됴목을 베프러 ᄒᆞ야곰 ᄆᆞᄋᆞᆷ을 드려 ᄇᆡ호게 ᄒᆞ며 향슉(鄕塾)[22] 즁의 십여 반렬(班列)을 난화 그 근만(勤慢)을 샹고ᄒᆞ야ᄡᅥ 승강(昇降)ᄒᆞᄃᆡ[23] 말ᄌᆡ[24] 반렬의 ᄉᆡᆨ져 능히 웃듬 반렬에 옴지 못ᄒᆞᆫ 쟈ᄂᆞᆫ 원의[25] 나가 기예(技藝)를 ᄇᆡ호지 못ᄒᆞ며 향슉 우희ᄂᆞᆫ 군학원(郡學院)[고ᄋᆞᆯ의 잇ᄂᆞᆫ 학괴라]이 이시니 ᄌᆡ목을 인ᄒᆞ야 학업을 가ᄅᆞ치ᄃᆡ 격치지학(格致之學)[26]과 즁학(重學)[27]과 ᄉᆞ긔(史記)와 ᄎᆡᆨ력법(冊曆法)과 산법(算法)이며 타국 언어 문ᄌᆞ와 기예슐슈(技藝術數)[28]의 반ᄃᆞ시 ᄡᅳᆯ 글을 젼쥬(專主)ᄒᆞ야 가ᄅᆞ치며 그 우희ᄂᆞᆫ 실학원(實學院)[학교 일홈]이 이시니 원의 샹해(上下ㅣ) 잇셔 십삼 반렬을 난호고 공부를 샹고ᄒᆞ고 뎡한(程限)[29]을 교계(較計) 【42ㄱ】 ᄒᆞ야 진퇴ᄒᆞ게 ᄒᆞ고 원 즁의 ᄉᆞ장(師長)과 샹등(上等)은 다 진ᄉᆞ(進士) 반렬에 취ᄌᆡ(取才)ᄒᆞ야[30] ᄉᆡᆨ힌 쟈로 당ᄒᆞ게 ᄒᆞ며 샹실학원(上實學院)[31]은 원의셔 취ᄌᆡᄒᆞ야 웃듬 반렬을 어드면 대학원으로 ᄉᆡᆨ혀 드러가 업을 ᄇᆡ호고 하원의 취ᄌᆡᄒᆞ야 웃듬 반렬을 어드면 기예원(技藝院)[기예 ᄇᆡ호ᄂᆞᆫ 학괴라] 등쳐(等處)로 드러가고 다시 ᄉᆞ학원(仕學院)[벼ᄉᆞᆯᄒᆞ기를 ᄇᆡ호ᄂᆞᆫ 원이라]으로 나아가ᄂᆞ니 대개 학업이 넉넉ᄒᆞ면 벼ᄉᆞᆯᄒᆞ고져 ᄒᆞ미라 이 원은 대뎌 십팔 셰 이샹이라야 바야흐로 나아가 ᄇᆡ호ᄂᆞ니 ᄆᆡ양 취ᄌᆡ의 겨유 십여 인이오 만일 ᄉᆡᆨ히ᄂᆞᆫ ᄃᆡ 참예ᄒᆞᆫ즉 톄문(帖文)[32]을 쥬어 대학원의 【42ㄴ】 드러가게 ᄒᆞ고 버거ᄂᆞᆫ[33] ᄉᆞ도원(師道院)[34]과 격물원(格物院)[35]과 무학원(武學院)[36][모다 원 일홈] 등쳐로 드려보ᄂᆡᄂᆞ

---

21. 젼일히: 전일(專一)히. 마음을 오로지 하나에만 쓰게.
22. 향슉: 향숙(鄕塾). 시골에 있는 서당.
23. 승강ᄒᆞᄃᆡ: 승강하되. 진급과 낙제를 하되. 한국 한자어는 '昇降'인데 원문은 '升'자를 써서 '升降'임.
24. 말ᄌᆡ: 말째. 맨 끝 차례.
25. 원의: 원에서. 처격 '의'가 탈격 '에서'의 기능으로 쓰였음.
26. 격치지학: 자연 세계의 구조를 탐구하는 자연과학. 청말(淸末)에 물리, 화학 등 자연 과학을 총칭한 말. 격치(格致): '격물치지'(格物致知)의 준말. 사물의 이치를 연구해 후천적 지식을 명확히 하는 것.
27. 즁학: 중학(重學). 근대 시기 서양 물리학의 '역학'(力學)을 가리키는 말.
28. 기예슐슈: 기예술수(技藝術數). [원문] 藝術. 오늘의 예술과 달리 과학기술을 가리킴. 원래 '인생(life)은 짧고 예술(arts)은 길다'라고 할 때의 '예술'(arts)은 현대의 예술 개념이 아니라 '기술'을 가리킨다.
29. 뎡한: 정한(程限). 정도(程度).
30. 취ᄌᆡᄒᆞ야: 취재하여. 취재(取才): 재주를 시험하여 사람을 뽑음. ¶사위 취재가 그렇게 어려워서야 그 딸이 어디 시집가 보겠소(홍명희, 임꺽정). 도목(都目)이 임박할 때를 당하여 제배(除拜)를 차례를 당한 한두 사람이 서울에 올라와 취재에 응하여 직(職)을 받으니, 심히 미편합니다(번역 태종실록).
31. 샹실학원: 상실학원(上實學院). 상급 실학원.
32. 톄문: 체문(帖文). 증서. [원문] 文憑. 문빙(文憑): 증거가 될 만한 문서.
33. 버거ᄂᆞᆫ: 다음으로는.
34. ᄉᆞ도원: 사도원(師道院). 사범대학.
35. 격물원(格物院): 자연과학대학.

니 대학원에 쟝원(掌院)[원(院) 일을 쥬쟝(主掌)ᄒᆞᄂᆞᆫ[37] 관원]은 반ᄃᆞ시 명망이 츌즁ᄒᆞ고 ᄌᆡ식(才識)[38]이 겸비ᄒᆞᆫ 재라야 바야흐로 이 소임을 담당ᄒᆞ고 원 즁에 온갓 셔칙이며 졔도 규모와 긔믈(器物)이 ᄒᆞ나토 ᄀᆞᆺ쵸지 아니미 업ᄉᆞ니 하나흔 경셔 ᄇᆡ호ᄂᆞᆫ 학이오 둘흔 법 ᄇᆡ호ᄂᆞᆫ 학이오 셰흔 기예 ᄇᆡ호ᄂᆞᆫ 학이오 네흔 의슐 ᄇᆡ호ᄂᆞᆫ 학이니[39] 경학이란 쟈ᄂᆞᆫ 그 가ᄅᆞ치ᄂᆞᆫ 즁의 일을 의론ᄒᆞ민 고로 더 의론ᄒᆞ지 아니ᄒᆞ며 법학이란 쟈ᄂᆞᆫ 고금 졍ᄉᆞ의 리해(利害)와 ᄀᆞᆺ고 【43ㄱ】 다른 거슬 샹고ᄒᆞ야 엇지ᄒᆞ면 가감ᄒᆞ며 ᄯᅩ 외국에 ᄉᆞ신 가ᄆᆡ 엇지ᄒᆞ면 말ᄉᆞᆷ을 닥그며 혹 통샹ᄒᆞᄂᆞᆫ ᄉᆞ뮈(事務ㅣ) 나라 법례에 관계ᄒᆞᆫ 쟈를 ᄌᆞ셰히 토론ᄒᆞᆫ 연후의 아문(衙門)의 드러가 ᄎᆔᄌᆡ(取才) 보와 간ᄐᆡᆨ(揀擇)ᄒᆞ야 쓰기를 ᄃᆡ후(待候)ᄒᆞ고[40] 지학(智學)이란 쟈ᄂᆞᆫ 격치지학의 셩리문ᄌᆞ(性理文字)와 언어 등ᄉᆞ(等事)를 겸ᄒᆞ미오 의학이란 쟈ᄂᆞᆫ 여셧 가지 과목을 분ᄇᆡᄒᆞ야 몬져 격치지학으로 사ᄅᆞᆷ의 젼신(全身)과 ᄂᆡ외(內外)에 모든 위ᄎᆞ(位次)[41]를 일통(一統)으로 사ᄒᆡᆨ(査覈)ᄒᆞ고[42] 버거ᄂᆞᆫ 경락(經絡)[43]과 표리의 공효(功效)를 의론ᄒᆞ고 버거ᄂᆞᆫ 병 근원의 약ᄌᆡ(藥材)[44]를 ᄇᆡ합ᄒᆞᆯ 의론ᄒᆞ고 버거ᄂᆞᆫ 【43ㄴ】 슈ᄐᆡ(受胎)ᄒᆞ고 ᄒᆡ산ᄒᆞ며 련졉(連接)ᄒᆞ야 ᄉᆡᆼ기ᄂᆞᆫ 거슬 의론ᄒᆞ미니 반ᄃᆞ시 샹고ᄒᆞ야 ᄲᅢᆯ 거시오[45] ᄯᅩ 기예원은 긔긔(汽機)[46]와 뎐긔션(電氣線)[47]과 금은동텰 ᄀᆡ뎜(開店)ᄒᆞᄂᆞᆫ 법[48]이며 플무 놋ᄂᆞᆫ 법[49]과 긔계를 짓고[50] 깁 ᄧᆞᄂᆞᆫ[51] 등ᄉᆞ를 ᄇᆡ화ᄂᆡ이고 격물원은 기예원으로 더브러 됴건이 ᄀᆞᆺᄐᆞ니 대뎌 산학(算學)[52]의셔 다 발원ᄒᆞᆫ

---

36. 무학원(武學院): 사관학교, 군사학교.
37. 쥬쟝ᄒᆞᄂᆞᆫ: 주장(主掌)하는. 관장(管掌)하는. 주장(主掌): 어떤 일을 책임지고 맡음.
38. ᄌᆡ식: 재식(才識). 재주와 지식.
39. 하나흔 경셔 ᄇᆡ호ᄂᆞᆫ 학이오……네흔 의슐 ᄇᆡ호ᄂᆞᆫ 학이니: [원문] 一經學 二法學 三智學 四醫學
40. ᄃᆡ후ᄒᆞ고: 기다리고. 대후(待候): 사후(伺候). 웃어른의 분부를 기다리는 일. 웃어른을 찾아서 문안을 드림.
41. 위ᄎᆞ: 신체 부위. 위차(位次): 자리나 계급 따위의 차례. [원문] 部位.
42. 사ᄒᆡᆨᄒᆞ고: 사핵하고. 사핵(査覈/査核): 자세히 조사함. 覈: 핵실할, 조사할, 엄할 핵.
43. 경락(經絡): 인체 내의 경맥과 낙맥을 아울러 이르는 말. 전신의 기혈(氣血)을 운행하고 각 부분을 조절하는 통로이다.
44. 약ᄌᆡ: 약재(藥材). 약품. [원문] 藥品.
45. ᄲᅢᆯ 거시오: 뽑을 것이오. ᄲᅢ다: 뽑다(選). '이언'에는 'ᄲᅩᆸ다'(2:38ㄴ, 45ㄱ)와 'ᄲᅢ다'(2:7ㄱ, 12ㄱ, 33ㄱ, 37ㄴ, 40ㄱ, 43ㄱ)가 같이 출현하여 공존하고 있다.
46. 긔긔: 기기(汽機). 증기 기관.
47. 뎐긔션: 전기선. 전보. [원문] 電報.
48. 금은동텰 ᄀᆡ뎜(開店)ᄒᆞᄂᆞᆫ 법: 광산 하는 법. [원문] 採鑛.
49. 플무 놋ᄂᆞᆫ 법: 풀무 놓는 법. 도자기업. 도예업. [원문] 陶冶.
50. 긔계를 짓고: 기계를 제조하고. 기계제조업을 하고. [원문] 製鍊.
51. 깁 ᄧᆞᄂᆞᆫ: 깁 짜는. 비단 짜는. 직물업을 하는. [원문] 織造.

거시니 산학인즉 물목(物目) 수효 다쇼를 구별ᄒᆞ므로 쥬장을 ᄉᆞᆷ고[53] 긔계와 ᄌᆡ료를 ᄀᆞᆺ쵸 쥰비ᄒᆞ야 학쟈로 ᄒᆞ야곰 토론ᄒᆞ야 궁구(窮究)ᄒᆞ게 ᄒᆞ며 그 가쟝 요긴ᄒᆞᆫ ᄌᆡ 력학과 화학이니 샹고ᄒᆞ고 ᄒᆡᆨ실(覈實)ᄒᆞ미 심히 미묘ᄒᆞ고 금셕(金石)과 초 【44ㄱ】 목이며 즘ᄉᆡᆼ의 ᄐᆡ(胎)로 ᄉᆡᆼ기며 알노 ᄶᅡ며 습긔 즁의 되ᄂᆞᆫ 각물(各物)이 엇더케 되며 엇더케 ᄉᆡᆼ김을 격물ᄒᆞ야 보ᄂᆞ니 하ᄂᆞᆯ을 본즉 측량ᄒᆞ야 미루여 보ᄂᆞᆫ 긔계 잇셔 산학이 가쟝 요긴ᄒᆞ미 되고 션정원(船政院)[ᄇᆡ 경ᄉᆞ를 쥬장ᄒᆞᄂᆞᆫ 원이라]은 ᄇᆡ를 ᄒᆡᆼᄒᆞ며 바다를 타ᄂᆞᆫ 학(學)을 위ᄒᆞ미니 몬져 외국 언어 문ᄌᆞ와 텬문 디리와 산법을 통ᄒᆞᆯ 거시니 만일 무변대ᄒᆡ(無邊大海)를 건널 졔 이 법을 ᄇᆡ혼즉 도쳐의 ᄇᆡ가 텬문 경위(經緯) 몃 도수에 이시믈 알 거시오 각쳐 죠셕슈(潮汐水)에 대쇼 지속(遲速)이며 각쳐 포구의 슈로(水路) 쳔심(淺深)[54]이며 험ᄒᆞᆫ 돌[55]이 잇고 업ᄂᆞᆫ 것과 풍우 【44ㄴ】 를 만나거든 엇지ᄒᆞ면 피ᄒᆞ기를 잘 ᄒᆞ며 긔긔(器機)[56]ᄂᆞᆫ 엇지ᄒᆞ면 ᄇᆡ치ᄒᆞ기를 맛당히 ᄒᆞᆯ 쥴 아라 ᄎᆔ직에 ᄉᆡᆨ힌 후 부타공(副舵工)[57]이 되고 ᄒᆡ포[58] 경력이 잇슨 후 다시 ᄎᆔ직ᄒᆞ야 정타공(正舵工)[59]이 되여 만일 능히 조종ᄒᆞ기를 ᄌᆞ약히[60] ᄒᆞᆫ 연후에 바야흐로 션쥬(船主) 소임을 ᄒᆞᄂᆞ니 만일 그릇ᄒᆞ미 이시면 유ᄉᆡ(有司ㅣ) 션정ᄉᆞ(船政司) 더브러 징험(徵驗)ᄒᆞ야[61] 론감(論勘)ᄒᆞᄃᆡ[62] 만일 션쥐 ᄇᆡ치ᄒᆞ기를 잘못ᄒᆞ엿신즉 그 직임을 갈고 가산(家産)을 경갈(罄竭)ᄒᆞ야[63] ᄇᆡ상(賠償)ᄒᆞ며 만일 인ᄉᆞ(人事)ᄂᆞᆫ 극진히 ᄎᆞ려시ᄃᆡ 하ᄂᆞᆯ이 실샹 파션ᄒᆞ게 ᄒᆞᆫ 일인즉 션쥬와 타공은 론죄ᄒᆞ기를 면 【45ㄱ】 ᄒᆞ며 무학원(武學院)은 규식(規式)이 실학원으로 더브러 ᄀᆞᆺᄐᆞᄃᆡ 다만 무예와 병법과 말 어거(馭車)ᄒᆞᄂᆞᆫ[64] ᄉᆞ무(事務)만 더 ᄒᆞ니 쳐음의 ᄎᆔ직에 ᄲᅩᆸ히면

---

52. 산학(算學): 셈에 관하여 연구하는 학문. 주학(籌學). 수학(數學). [원문] 算學.
53. 산학인즉 물목 수효 다쇼를 구별ᄒᆞ므로 쥬장을 ᄉᆞᆷ고: [원문] 算學則以幾何爲宗. 기하(幾何): ① 얼마. ② 기하학.
54. 쳔심: 천심(淺深). 얕고 깊음.
55. 돌: 암초. [원문] 礁石. 礁: 물에 잠긴 바위, 암초 초.
56. 긔긔: 기기(器機). 배의 풍향에 따른 배 방향 조정 장치류와 증기기관 장치류. 이 부분의 원문에는 '器'와 '機'를 구분해 풀어 준 협주가 달려 있다. [원문] 器機[器者 驗風雨表篷桅之類 機者 汽機也]
57. 부타공(副舵工): 키를 잡는 부사공. 부선장. 舵: 키 타.
58. ᄒᆡ포: 해포. 한 해가 조금 넘는 동안. 세여(歲餘).
59. 정타공: 정타공(正舵工). 키를 잡는 정사공. 선장.
60. ᄌᆞ약히: 자약히. 태연자약(泰然自若)히. 큰일을 당하여도 아무렇지 않고 침착하게.
61. 징험(徵驗): 어떤 징조를 경험함. 조상(兆祥).
62. 론감ᄒᆞᄃᆡ: 논감하되. 논감(論勘): 죄상을 논하여 다스림. 감죄.
63. 경갈ᄒᆞ야: 경갈(罄竭)하여. 경갈(罄竭): 돈이나 물건 따위가 바닥이 나 다 없어짐. 경진(罄盡). 경핍(罄乏). 고경(枯罄). 罄: 빌, 공허할, 다할, 모두 경. 竭: 다할, 물마를 갈.
64. 어거(馭車)ᄒᆞᄂᆞᆫ: (소나 말을) 모는. 부리는. ¶활 ᄡᅩ기와 어거ᄒᆞ기를 ᄇᆡ홀디니라(소학언해 1:5).

변원(弁員)65[무변관원(武弁官員)]66에 츙뎡(充定)ᄒᆞ엿다가67 급기68 졍슉(精熟)ᄒᆞ거든69 겨유 쳔춍(千總)70[벼ᄉᆞᆯ 일홈]에 올녀 과연 ᄌᆡ식(才識)이 츌즁(出衆)ᄒᆞ고 용력(勇力)71이 쵸등(超等)ᄒᆞ거든72 옴겨 도셩대원(都城大院)73에 보ᄂᆡ여 다시 샹등 병법을 닉이게 ᄒᆞᄂᆞ니 산계(算計)ᄒᆞᄂᆞᆫ74 국량(局量)과 디리(地理)를 그려 ᄀᆞᆲ히며 각국에 슈젼(水戰) 륙젼(陸戰) ᄒᆞᄂᆞᆫ 법이며 슈군에 니ᄅᆞ러ᄂᆞᆫ 바ᄅᆞᆷ을 측량ᄒᆞ야 구풍(颶風)75[회회리 바ᄅᆞᆷ]76을 방비ᄒᆞ고 별을 보와 돌이 잇고 업ᄉᆞ믈 탐지ᄒᆞ며77 각국 병션을 분변(分辨)ᄒᆞ며 【45ㄴ】 각쳐(各處) 험ᄒᆞᆫ 암셕78을 분변ᄒᆞ야 알거든 몬져 말직(末職)을 졔슈(除授)ᄒᆞ야79 계뎨(階梯)를 드ᄃᆡ여 승쳔(陞遷/昇遷)ᄒᆞ게80 ᄒᆞ며 통샹원(通商院)[샹로(商路) 통ᄒᆞᄂᆞᆫ 일을 쥬장(主

---

65. 변원(弁員): 병졸(兵卒). 弁: 고깔, 빠를, 두려워할 변. 고깔 같은 모자를 써서 군졸을 가리킴.
66. 무변관원(武弁官員): ① 무관(武官). ¶봉학이는 무변이라 먼저 무비(武備)에 힘을 썼다(홍명희, 임꺽정). ② 중국 주나라 때 무관들이 쓰던 관(冠)의 하나. 우리나라에서는 조선 시대에 순(錞), 독(牘) 따위를 연주하는 악공이 썼다.
67. 츙뎡ᄒᆞ엿다가: 정원을 보충하였다가. 충정(充定): 정원을 보충함. [원문] 充.
68. 급기(及其): 마침내.
69. 졍슉ᄒᆞ거든: 정숙하거든. 정숙(精熟): 사물에 정통하고 능숙함. [원문] 精嫻. 嫻: 우아할, 익숙할 한.
70. 쳔춍: 천총(千總). ① 중국의 군대 벼슬. 청대(淸代)의 하급 무관직. ② 조선 시대에 각 군영에 속한 정삼품 무관 벼슬. 훈련도감, 금위영, 어영청, 총융청, 진무영 따위에 두었다. 천총 내고 파총(把摠) 낸다: 한 입으로 이리 말하였다 저리 말하였다 하는 경우를 비유적으로 이르는 말. [원문] 千總. '표준국어대사전'에는 '총'을 '摠'(모두 총)으로 표기하였음.
71. 용력(勇力): 씩씩한 힘. 또는 뛰어난 역량. ¶상철은 평소부터 왕한의 범상치 아니한 인격과 출중한 용력을 아는지라 모든 일을 믿고서 집으로 갔다(한용운, 흑풍). 천한 관노 신분으로 근엄한 도포짜리 유학생 틈에 끼어 제법 한몫하게 된 것은 그만큼 용력이 뛰어나고 행동거지가 민첩한 까닭이었다(현기영, 변방에 우짖는 새).
72. 쵸등: 초등(超等). 일반 등급을 뛰어넘음. 또는 그런 등급. [원문] 超羣.
73. 도셩대원: 도성대원((都城大院). 도성에 있는 큰 부대 훈련소.
74. 산계(算計): 계산(計算). ¶열 ᄒᆡ어든 나 밧 스승의게 나아가 밧긔셔 이시며 자며 글쓰기며 산계ᄅᆞᆯ ᄇᆡ호며(소학언해 1:4).
75. 구풍(颶風): 열대 지방에서 발생하는 열대성 저기압을 통틀어 이르는 말. 발생하는 지역에 따라 그 이름이 다르며, 태풍·선풍·허리케인·사이클론 따위로 불린다. 돌개바람. 颶: 맹렬한 폭풍 구.
76. 회회리바ᄅᆞᆷ: 회오리바람. 갑자기 생긴 저기압 주변으로 한꺼번에 모여든 공기가 나선 모양으로 일으키는 선회(旋回) 운동. 돌개바람 · 선풍(旋風) · 양각(羊角) · 양각풍 · 용숫바람 · 표풍(飇風) · 회선풍 · 회풍. 준 회리바람. 회로리ᄇᆞᄅᆞᆷ > 회호리ᄇᆞ람 · 회회리ᄇᆞ람(바ᄅᆞᆷ) > 회오리바람. ¶石尤風 회호리ᄇᆞ람(어록해 33). 飇風은 회로리ᄇᆞᄅᆞ미라(금강경언해 11). 회로리ᄇᆞᄅᆞ미 외로왼 남ᄀᆞᆯ 부ᄂᆞ니 ᄇᆞᆯᄀᆞᆫ ᄒᆡ 자ᄇᆡᆺᄂᆞᆫ ᄉᆞ매예 비취엿도다(두시언해 22:33).
77. 별을 보와 돌이 잇고 업ᄉᆞ믈 탐지ᄒᆞ며: [원문] 量星探石.
78. 험ᄒᆞᆫ 암셕: 험한 암석. 사초. 사초(沙礁/砂礁): 물속에 쌓여 있는 모래 더미. [원문] 沙礁.
79. 졔슈ᄒᆞ야: 제수하여. 제수(除授): ① 천거에 의하지 않고 임금이 직접 벼슬을 내리던 일. 제배(除拜). ② 옛 관직을 없애고 새 관직을 내리던 일.
80. 승쳔ᄒᆞ게: 승천하게. 승천(陞遷): 승직(昇職/陞職). 직위가 오름. 승임(陞任). ¶중국 부사가 내일 반드시 노사신의 승직을 다시 청할 것이다(번역 성종실록). 반 강직(降職). 陞: 오를, 관직에 오를 승.

掌)ᄒᆞ는 원]은 산학(算學)[81]과 은학(銀學)[은 묘리 아는 학이라] 문ᄌᆞ학(文字學) 셰 가지로 조종(祖宗)[82]을 ᄉᆞᆷ으며 다시 농졍원(農政院)[농ᄉᆞ 졍ᄉᆞ 쥬장ᄒᆞ는 원] 단쳥원(丹靑院)[그림 쥬장ᄒᆞ는 원]과 률악원(律樂院)[음률과 풍류ᄅᆞᆯ 쥬장ᄒᆞ는 원] ᄉᆞ도원(師道院)[도ᄅᆞᆯ 스승ᄒᆞ는[83] 원]과 션도원(宣道院)[도ᄅᆞᆯ 베프는 원] 녀학원(女學院)[녀인이 ᄇᆡ호는 원]과 훈고원(訓瞽院)[ᄆᆡᆼ인 가ᄅᆞ치는 원] 훈롱암원(訓聾瘖院)[84][귀먹고 벙어리 된 사ᄅᆞᆷ 가ᄅᆞ치는 원]과 훈고ᄌᆞ원(訓孤子院)[아ᄇᆡ 업는 ᄌᆞ식을 가ᄅᆞ치는 원] 폐질원(廢疾院)[병폐ᄒᆞᆫ[85] 사ᄅᆞᆷ들을 가ᄅᆞ치는 원]과 훈죄동원(訓罪童院)[86][죄인의 ᄋᆞ히 가ᄅᆞ치는 원]이 잇고 나마[87] 문회(文會)[글ᄒᆞ는 이 모히는 ᄃᆡ라]와 야학(夜學)과 인셔회(印書會)[셔ᄎᆡᆨ(書冊) 박이는 곳이라]와 신 【46ㄱ】 문관(新聞館)[신문지 쥬장ᄒᆞ는 곳이라]이 이시며 별노[88] 큰 셔원(書院) 아홉 곳이 이시니 셔ᄎᆡᆨ이 심히 만하 온ᄀᆞᆺ 사ᄅᆞᆷ이 가히 드러가 보ᄃᆡ 다만 셔ᄎᆡᆨ을 가지고 나오지 못ᄒᆞ게 ᄒᆞ며 ᄆᆡ년에 나라의셔 창고ᄅᆞᆯ 여러 경비(經費)를 다ᄉᆞ리게 ᄒᆞ고[89] ᄉᆡᆼ되(生徒ㅣ) 이 원에 드러와 업을 닉이거든 삼ᄉᆞ 년 만에 거ᄎᆔ를 허ᄒᆞ며 ᄆᆡ년에 부비ᄒᆞᆯ 은ᄌᆞ 십오 방(磅)[90]을 ᄂᆡ고 모든 대학원을 쥬관ᄒᆞ야 다ᄉᆞ리기는 ᄆᆡ ᄉᆡᆼ(省)에 원(院) 일 쥬장ᄒᆞ는 관원 둘식 분파(分派)ᄒᆞ고 모든 원은 다 문교부(文敎部)[문교ᄅᆞᆯ 쥬장ᄒᆞ는 마ᄋᆞᆯ[91]이라]에 ᄆᆡ이게 ᄒᆞ야 국즁의 인민으로 ᄒᆞ야곰 하나토 바린 ᄌᆡ죄 업셔 공 【46ㄴ】 ᄉᆞ(公私)의 각각 유익ᄒᆞ미 잇고 그 쓰기를 널게 ᄒᆞ니 진실노 법도에 지극히 죠흔 거시로다 대뎌 타인을 니긔고져 ᄒᆞ는 쟈는 반ᄃᆞ시 그 일원 법을 다 안 연후의 능

---

81. 산학(算學): 수학. [원문] 數學. 이 원문은 '數學'이고 앞 주석 52의 원문은 '算學'이나 번역은 같다.
82. 조종(祖宗): 근본. ① 시조가 되는 조상. ② 임금의 조상. ③ 가장 근본적이며 주요한 것을 비유적으로 이르는 말. 여기서는 ③의 뜻.
83. 스승ᄒᆞ는: 스승하는. 스승ᄒᆞ다: '사사(師事)하다'의 옛말. ¶移言改觀ᄋᆞᆫ 녯 本ᄋᆞᆯ 스승ᄒᆞ니라(영가집언해 하32). 虞秘監ᄋᆞᆯ 머리 스승ᄒᆞ다니 이제 玄孫 아로ᄆᆞᆯ 깃노라(두시언해 8:24).
84. 훈롱암원(訓聾瘖院): 농아학교. 聾: 귀머거리 롱. 瘖: 벙어리 음. '瘖'은 현대음이 '음'이지만 '이언'의 '훈롱암원'이란 표기에는 '암'으로 나와 차이가 있음을 보여 준다.
85. 병폐(病癈): 병으로 인하여 몸을 제대로 쓰지 못하게 됨.
cf. 병폐(病弊): 병통과 폐단을 아울러 이르는 말. ¶병폐를 극복하다 / 병폐를 없애다.
86. 훈죄동원(訓罪童院): 소년원.
87. 나마: 나머지. '나마'는 고어사전들에서 보조사 '나마'와 의존명사 '나마(남짓)'의 용례만 게재되어 있으나 위 용례는 자립명사 '나머지'에 해당하는 용례를 보여 주어 고어사전에 추가로 올릴 만하다.
88. 별노: 별(別)로. 따로. 개화기에는 '별로'가 부정법과 호응하지 않은 예를 보여 주고 있다.
89. 창고ᄅᆞᆯ 여러 경비(經費)를 다ᄉᆞ리게 ᄒᆞ고: 창고를 열어 경비를 다스리게 하고. [원문] 發國帑經理. 帑: 금고 탕. 국탕(國帑): ① 나라의 창고. ② 나라의 재산. 경리(經理): ① 일을 경영하고 관리함. ② 어떤 기관이나 단체에서 물자의 관리나 금전의 출납 따위를 맡아보는 사무. 또는 그 부서나 사람.
90. 방(磅): '파운드'(pound)의 음역어. 磅: 돌 떨어지는 소리, 영국 파운드 화폐 단위 방.
91. 마ᄋᆞᆯ: '관청'의 옛말. 마ᅀᆞᆯ > 마ᄋᆞᆯ. ¶衙 마ᅀᆞᆯ 아. 府 마ᅀᆞᆯ 부. 司 마ᅀᆞᆯ ᄉᆞ. 마ᅀᆞᆯ 시(신증유합 상18).

히 변통ᄒᆞ고 변통ᄒᆞᆫ 연후의 능히 뎍국을 니길 거시오 ᄯᅩ 져희ᄂᆞᆫ 두어 나라 인ᄌᆡ를 모호고 ᄇᆡᆨ년을 두고 지혜와 힘을 다ᄒᆞ며 억만금 ᄌᆡ물을 허비ᄒᆞᆫ 후에 어더 ᄂᆡ여 삭여[92] 젼편(全篇)[93] 글을 ᄆᆡᆫᄃᆞ러 사ᄅᆞᆷ의게 공번되게[94] ᄒᆞ고 졔 몸의만 ᄉᆞᄉᆞ로이 ᄒᆞ지 아니ᄒᆞ며 그 학을 널니 ᄒᆞ고 그 젼ᄒᆞ믈 비밀ᄒᆞ게 아니ᄒᆞ니 이졔 즁국의셔 셜시ᄒᆞᆫ바 동문원(同文院)[각국 문ᄌᆞ 【47ㄱ】 ᄅᆞᆯ 쥬장ᄒᆞᄂᆞᆫ 원이라]과 광방언관(廣方言館)[각국 방언을 쥬장ᄒᆞᄂᆞᆫ 집이라]은 임의 여러 ᄒᆡ 되여시ᄃᆡ 격치지학 ᄀᆞᆺᄐᆞᆫ 등ᄉᆞᄅᆞᆯ 오히려 깁히 통치 못ᄒᆞ고 그 짓ᄂᆞᆫ 바ᄂᆞᆫ 셔인의 가ᄅᆞ침만 젼쥬히 미드니 한단(邯鄲)[95][디명]에 어린ᄋᆞᄒᆡ 거름발 타기ᄅᆞᆯ ᄇᆡ호ᄂᆞᆫ ᄃᆡ 지나지 못ᄒᆞᆯ ᄯᆞᄅᆞᆷ이니[96] 엇지 능히 ᄆᆞ음의 공교ᄒᆞ믈 별노이 ᄂᆡ여 ᄒᆞᆫ 가지 긔교(奇巧)ᄒᆞᆫ 병션을 창ᄀᆡᄒᆞ며 ᄒᆞᆫ 가지 신긔롭고 쳡리(捷利)ᄒᆞᆫ[97] 화긔(火器)ᄅᆞᆯ 지으랴 ᄯᅩ 죵ᄅᆡ 셔국 법례ᄅᆞᆯ 강구(講求)ᄒᆞ지[98] 아니ᄒᆞ니 므릇 통셥(通涉)ᄒᆞᄂᆞᆫ[99] 됴건을 능히 판비(辦備)ᄒᆞ야[100] 다ᄉᆞ리지 못ᄒᆞ며 셔국(西國)에 숑ᄉᆞ(訟事)ᄒᆞᄂᆞᆫ 스승을 마져다가[101] 우리ᄅᆞᆯ ᄃᆡ 【47ㄴ】 신ᄒᆞ야 분변ᄒᆞ게 ᄒᆞᆫ즉 ᄯᅩ 즁간의셔 ᄡᆞ고 돌가 두렵고 능히 힘써 그 그ᄅᆞ믈 물니치지 못ᄒᆞ리니 이 두어 가지ᄂᆞᆫ 즁국에 반ᄃᆞ시 쁠 ᄇᆡ오 더옥 ᄆᆞᆺ당히 그 루락(漏落)ᄒᆞ믈 막고 그 비밀ᄒᆞᆫ 고동[102]을 여러 셔국에 쁠 ᄃᆡ 잇ᄂᆞᆫ 글을 ᄂᆡ여다가 됴목됴목

---

92. 삭여: 새기어. [원문] 泐. 泐: 돌 부서질, 돌 갈라질, 새길, 글 쓸, 글씨 쓸 륵.
93. 전편: 전편(全篇). 글이나 책의 한 편 전체.
94. 공번되게: 공평하게. ¶상벌이 공번되어야 足히 ᄡᅥ 사ᄅᆞᆷ을 항복게 ᄒᆞᆫ다 호니(내훈 2:91).
95. 한단(邯鄲): 중국 하북성(河北省) 남부의 도시. 전국 시대 조(趙)나라의 도읍이었으며, 화북(華北) 평원과 산서(山西) 구릉 지대를 이어 주는 교통의 요충지이다. 邯: 땅이름 한. 鄲: 조나라 이름 단.
96. 한단(邯鄲)[디명]에……못ᄒᆞᆯ ᄯᆞᄅᆞᆷ이니: [원문] 邯鄲學步. 한단학보(邯鄲學步): 한단지보(邯鄲之步). 함부로 자기 본분을 버리고 남의 행위를 따라 하면 두 가지 모두 잃는다는 것을 이르는 말. 전국 시대에 연(燕)나라 소년이 조(趙)나라 수도 한단에 가서 그곳의 걸음걸이를 배우려다 미처 배우지 못하고, 본래의 걸음걸이도 잊어버려 기어서 돌아왔다는 데에서 유래한다. 장자(莊子)의 '추수(秋水)'에서 나온 말이다. cf. 한단지몽(邯鄲之夢): 인생과 영화의 덧없음을 이르는 말. 서기 731년에 노생(盧生)이 한단에서 여옹(呂翁)의 베개를 빌려 잠을 잤는데, 꿈속에서 80년 동안 부귀영화를 다 누렸으나 깨어 보니 메조로 밥을 짓는 동안이었다는 데에서 유래한다. 심기제(沈既濟)의 '침중기'(枕中記)에서 나온 말이다. 노생지몽(盧生之夢). 한단몽.
97. 쳡리ᄒᆞᆫ: 첩리(捷利)한. 날쌔고 민첩한.
98. 강구ᄒᆞ지: 강구(講求)ᄒᆞ지. 강구(講求): 조사하여 구함. [원문] 講求. cf. 강구(講究): 좋은 대책이나 방법을 궁리하여 찾아내거나 그런 대책을 세움.
99. 통셥ᄒᆞᄂᆞᆫ: 통섭(通涉)하는. 통섭: ①사물에 널리 통함. ②서로 사귀어 오감. 여기서는 ②의 뜻. [원문] 交涉.
100. 판비(辦備)ᄒᆞ야: 변통(變通)하여 준비하여.
101. 셔국(西國)에 숑ᄉᆞ(訟事)ᄒᆞᄂᆞᆫ 스승을 마져다가: 국제 소송에 능한 서양의 국제 변호사를 맞아다가. [원문] 延西國訟師. 延: 이끌, 인도할 연.
102. 고동: ①작동을 시작하게 하는 기계 장치. ②신호를 위하여 비교적 길게 내는 기적 따위의 소리. ③일을 하는 데 가장 중요한 사항이나 계기. 여기는 ③. [원문] 鑰. 鑰: 자물쇠, 빗장, 닫을, 들어갈

이 난호고 ᄉᆞᆺᄉᆞᆺ치 분변ᄒᆞ야 즁원 글노 번역ᄒᆞ야 ᄂᆡ여 텬하에 반포ᄒᆞ고 각각 셔원(書院)을 셜시(設施)ᄒᆞ야 사ᄅᆞᆷ마다 어더 ᄇᆡ호게 ᄒᆞ며 셔원의 스승은 셔국(西國) 션ᄇᆡ나 외양(外洋)[103]에 나갓던 우등 관ᄉᆡᆼ(官生)을 극ᄐᆡᆨ(極擇)ᄒᆞ야[104] 쳥ᄒᆞ여 그 소임을 담당ᄒᆞ면 즁국의 너름과 인ᄌᆡ의 즁다(衆多)ᄒᆞ므로써 【48ㄱ】 그 총명과 지력을 다ᄒᆞᆯ진ᄃᆡ 셔인의 우ᄒᆡ 쇼ᄉᆞ나기 무어시 어렵건ᄃᆡ 엇지ᄒᆞ야 스ᄉᆞ로 한뎡(限定)ᄒᆞ믈 달게 너기ᄂᆞᆫ고

약. 전(轉)하여 추요(樞要).

103. 외양(外洋): 난바다.

104. 극ᄐᆡᆨᄒᆞ야: 정밀하게 골라. 극택(極擇): 매우 정밀하게 고름. 극선(極選). 신선(愼選). 정선(精選).

【이권 49ㄱ】

론 리치(論吏治)
[원 노릇 ᄒᆞ믈 의론ᄒᆞ미라]

ᄌᆞ고 이ᄅᆡ로 국운의 셩쇠ᄂᆞᆫ 민심의 리산(離散)ᄒᆞ고 합ᄒᆞᄂᆞᆫ ᄃᆡ ᄆᆡ엿고 민심의 리산ᄒᆞ고 합ᄒᆞᄂᆞᆫ 거ᄉᆞᆫ 리치의 션부(善否)[1]에 ᄆᆡ엿ᄂᆞ니 사ᄅᆞᆷ을 안ᄌᆞᆨ 명쳘ᄒᆞ믄 녯적 셩왕(聖王)도 어렵거든 ᄒᆞ믈며 션악을 셧거 쓰ᄂᆞᆫ 셰상이랴 이ᄂᆞᆫ 리치를 부득불 강론ᄒᆞᆯ 거시라 녯적에 호문츙공(胡文忠公)[2][사ᄅᆞᆷ의 일홈]이 악쥬(鄂州)[3]를 진무(鎭撫)ᄒᆞᆯ[4] ᄯᆡ의 군졍(軍政)에 문셔(文書ㅣ) 다ᄉᆞ(多事)ᄒᆞ야 슈응(酬應)ᄒᆞ여[5] 다ᄉᆞ리기를 결을치[6] 못ᄒᆞᄃᆡ 오히려 능히 인ᄌᆡ를 당긔여ᄡᅥ ᄯᆡ에 어려온 일을 ᄒᆞᆷ긔 구졔ᄒᆞ고 이에 보션당(寶善堂)[어진 션ᄇᆡ를 ᄃᆡ졉ᄒᆞᄂᆞᆫ 당이라]을 셰워 벼ᄉᆞᆯ의 죠용(調用) 【49ㄴ】 ᄒᆞ기[7]를 ᄃᆡ후(待候)ᄒᆞᄂᆞᆫ 인원[8]과 진신(縉紳/搢紳)[9] ᄌᆞ뎨를 드러 그 가온ᄃᆡ 다 모화 두고 이에 그 인픔과 ᄒᆡᆼ실을 ᄉᆞᆲ히며 그 학문을 샹고ᄒᆞ야 공(功)이 실샹으로 ᄒᆡᆼᄒᆞᄂᆞᆫ ᄃᆡ 도라가고 긔습(氣習)[10]이 부허(浮虛)ᄒᆞ믈 믈니쳐 그 ᄌᆡ죠의 장단을 ᄯᆞ라 일의 번다ᄒᆞ고 간략하므로 시험ᄒᆞᄃᆡ 젹은 착ᄒᆞᆫ 일이라도 반ᄃᆞ시 샹 쥬며 젹은 악ᄒᆞᆫ 일이라도 반ᄃᆞ시 징치(懲治)ᄒᆞ야[11] 일마다 진실ᄒᆞ게 ᄒᆞ야 슌슌(諄諄)이[12] 가ᄅᆞ치니 대개 샤랑ᄒᆞᄂᆞᆫ 부형의 ᄌᆞ뎨를 가ᄅᆞ침과 엄ᄒᆞᆫ 스승의 뎨ᄌᆞ를

---

1. 션부: 선부(善否). 좋고 나쁨. 양부(良否).
2. 호문츙공: 호 문충공(胡文忠公). 호임익(胡林翼, 1812-1861). 호남(湖南) 익양 사람. 자 황생(貺生). 호 윤지(潤之). 시호 문충(文忠). 호북(湖北) 안찰사, 호북(湖北) 순무(巡撫)를 역임.
3. 악쥬: 악주(鄂州). 초(楚)나라 땅이름.
4. 진무(鎭撫)ᄒᆞᆯ: 평정하고 백성을 평안하게 할.
5. 슈응ᄒᆞ여: 수응(酬應)하여. 요구에 응하여.
6. 결을치: 겨를하지. 틈을 내지.
7. 죠용ᄒᆞ기: 조용(調用)하기. 조용(調用): 벼슬아치로 등용함.
8. ᄃᆡ후ᄒᆞᄂᆞᆫ 인원: 후보 인원. 대후(待候): 기다림. '대후하는 인원': [원문] 候補人員.
9. 진신(縉紳/搢紳): 벼슬아치의 총칭. '진신'은 '이언'의 1:19ㄱ, 2:30ㄱ, 31ㄱ에도 나온다.
10. 긔습: 기습(氣習). 풍습.
11. 젹은 착ᄒᆞᆫ 일이라도 반ᄃᆞ시 샹 쥬며 젹은 악ᄒᆞᆫ 일이라도 반ᄃᆞ시 징치(懲治)ᄒᆞ야: 적은 선행이라도 반드시 상을 주며, 적은 악행이라도 반드시 징계로 다스려. [원문] 小善必賞 小惡必懲.

ᄃᆡ졉ᄒᆞᄂᆞᆫ 것과 ᄀᆞᆺ틀 ᄲᅮᆫ이 아니라 혹 ᄌᆡ죄 소활(疎闊)ᄒᆞ고[13] 셩졍이 죠급ᄒᆞ며 긔질이 뎌기[14] 일편(一偏)[15]될지라 【50ㄱ】 도 교화ᄒᆞᆷ을 입으면 다 규모ᄅᆞᆯ 좃ᄎᆞ며 만일 ᄉᆞᄉᆞ(私私) 일을 경영ᄒᆞ야 직칙을 일흐면 즉긱에 더러 바려 ᄒᆞ야곰 법을 당ᄒᆞ야도 ᄯᅩᄒᆞᆫ 은혜로 알며 슈고로와도 원망ᄒᆞ미 업게 ᄒᆞᆫ 연고로 인ᄌᆡ(人才) 엇기ᄅᆞᆯ 가쟝 만히 ᄒᆞ야 대란을 평뎡ᄒᆞ니 녯젹의 범문졍공(范文正公)[16][사ᄅᆞᆷ의 일홈]이 말ᄉᆞᆷ을 두ᄃᆡ 사ᄅᆞᆷ을 맛지ᄆᆡ[17] 각각 그 ᄌᆡ죠로ᄡᅥ ᄒᆞ야 온ᄀᆞᆺ 직칙이 닥기게 ᄒᆞᄂᆞᆫ 쟈는 호문츙공(胡文忠公)이라 ᄒᆞ니 다만 군ᄉᆡ(軍事ㅣ) 니러나므로붓허 쳔거ᄒᆞ야 ᄡᅳᄂᆞᆫ 거시 셧거 나아오고 연름(捐廩)ᄒᆞᄂᆞᆫ[18] 젼례 크게 열녀 직픔(職品)[19]이 분ᄌᆞᆸ(紛雜)ᄒᆞ고[20] 벼ᄉᆞᆯ길이 옹ᄉᆡᆨ(壅塞)ᄒᆞ야 쳥탁을 인연(夤緣)ᄒᆞ야[21] 편벽(便辟)도이[22] 궁 【50ㄴ】 극ᄒᆞ게 쇠ᄒᆞᄂᆞᆫ 재 아니면 과궐(窠闕)[23]을 엇기 진실노 어렵고 챠비(差備)[24]ᄅᆞᆯ 당ᄒᆞ기 쉽지 못ᄒᆞ니 츙직ᄒᆞ고 스ᄉᆞ로 진즁ᄒᆞᄂᆞᆫ 션ᄇᆡᄂᆞᆫ 몸을 오르락 나리락 ᄒᆞ야 남의에 구쳥(求請)ᄒᆞ기ᄅᆞᆯ 부졍(不正)이[25] 너기ᄆᆡ 비록 진실ᄒᆞᆫ ᄌᆡ죄

---

12. 슌슌이: 순순(諄諄)히. 타이르는 태도가 아주 다정하고 친절하게. ¶순순히 타이르다 / 수업 시간 중에 어떤 학생이 잘못하는 일을 발견하시면 온정이 넘치는 언사로 사리를 따져서 순순히 타이르시는 것이었다(이희승, 소경의 잠꼬대). [원문] 諄諄. 諄: 타이를, 정성스러울, 도울 순.
13. 소활(疎闊): 소홀함. 정밀하지 못함. 더딤. [원문] 疎. cf. 소활(疏豁): 탁 트이어 넓음.
14. 뎌기: 뎍 + 이. 적이. 꽤 어지간한 정도로. [원문] 稍. '이언'의 다른 곳에서는 '져기'(1:31ㄱ)와 '젹이'(1:9ㄴ)로 표기됨. '론 공법' 주석 103 참고.
15. 일편(一偏)될지라도: 편벽될지라도. 일편(一偏): ① 한쪽으로 치우침. 또는 한쪽으로 치우쳐서 바르지 못함. ② 한결같은 모양.
16. 범문졍공: 범 문정공(范文正公). 범중엄(范仲淹, 989-1052). 북송 인종 때의 명상(名相). 문집 중 '악양루'(岳陽樓)가 유명함. 앞의 '셔'(序) 주석 46 참고.
17. 맛지ᄆᆡ: 맡기매. 맜다 > 맡다. 맜 + 이 + 다(맛디다)(중세) > 맛지다(근대) > 맡기다(현대).
18. 연름ᄒᆞᄂᆞᆫ: 기부하는. 연름(捐廩): 공익(公益)을 위하여 벼슬아치들이 녹봉의 일부를 덜어 내어서 보태던 일. 연름보폐(捐廩補弊).
19. 직픔: 직품(職品). 벼슬의 품계. 작품(爵品)·품(品)·품직(品職). cf. 직품(直稟): 임금에게 직접 아룀.
20. 분ᄌᆞᆸᄒᆞ고: 분잡하고. 분잡(紛雜): 많은 사람이 북적거려 시끄럽고 어수선함. [원문] 紛淆.
21. 인연ᄒᆞ야: 인연(夤緣)하여. 뇌물을 주거나 연줄을 타 출세하려고 하여. 인연(夤緣): ① 덩굴이 줄을 타고 뻗어 올라감. ② 나무뿌리나 바위 따위를 의지하여 이리저리 올라감. ③ 권세 있는 연줄을 타고 지위에 오름을 비유적으로 이르는 말. 여기서는 ③의 뜻. 夤: 조심할, 인연할, 연관될, 연줄 인. [원문] 夤緣.
22. 편벽도이: 남의 비위를 맞춰 알랑거리게. [원문] 便辟. '-도이 > -되이'.
    편벽1(便辟): 남의 비위를 잘 맞추어 아첨함. 또는 그런 사람.
    편벽2(偏僻): 한쪽으로 치우쳐 공평하지 못함.
23. 과궐(窠闕): 벼슬의 빈자리. 벼슬자리에 결원(缺員)이 생기던 일. 窠: 보금자리 과. [원문] 缺.
24. 챠비: 차비(差備). ① '채비'의 원말. ② 특별한 사무를 맡기려고 임시로 벼슬을 임명하던 일. ¶차비 삼 년에 제떡(이) 쉰다: 준비하는 시간이 삼 년이 걸려서 제사에 쓸 떡이 쉬었다는 뜻으로, 준비하는데 너무 느리고 굼떠서 오히려 결과가 좋지 아니하게 되는 경우를 비유적으로 이르는 말.
25. 부졍이: 부정(不正)히. 옳지 못하게.

잇셔도 셰상의 쓰이지 못흠믈 슬허흐눈지라 대뎌 권도(權道)와 변통(變通)을 잘 흐야 일 다스리기를 근간(勤懇)히[26] 흐고 민쳡히 흐는 쟈를 능흔 아젼이라 니르고 법도를 숨가 직혀 쳑촌(尺寸)[27]을 어긔지 아니흐고 몸을 정결히 흐야 봉공(奉公)흐는 쟈를 쳥렴흔 아젼이라 니르느니 능이란 거슨 지죠를 니르미오 쳥렴이란 쟈는 덕을 니르미라 텬하【51ㄱ】에 능리(能吏)는 만코 렴리(廉吏)는 젹으니 지덕이 겸비흔 쟈를 구흘진딘 과연 엇기 어려오니 진실노 덕이 지죠를 승흐야도 뭇춤닌 군주되기를 일치 아니흐려니와 지죄 덕을 승(勝)흐면 혹 뭇춤닌 흘너나려 쇼인이 되느니 이는 무태라[28] 심슐(心術)[29]이 진실노 다르고 학문이 쏘흔 다르미라 녯젹의 덕을 셰우고 공업(功業)을 셰우는 재 오직 지혜와 어진 것과 용력으로써 근본을 숨아 쓰느니 이 셰 가지는 하늘긔 픔부(稟賦)흔[30] 비로딘 만일 리욕의 가린 빈 되여 지리가 지혜를 어둡게 흔즉 어진 무옴이 졈졈 업셔지고 용긔도 쏘흔 썩기리라 오직 렴리【51ㄴ】는 흔 무옴을 오히려 엄히 흐고 스지(四知)[하늘이 알고 쌍히 알고 닉가 알고 주네가 알단 말이라]로 스스로 경계흐는 고로 그 무옴은 평흐고 지식은 심원흐며 학문은 슌젼(純全)흐고 픔슈(稟受)[31]는 단정흐야 빅셩무휼(撫恤)흐기[32]를 오죽 부즈러니 흐며 공납(公納) 직촉흐기를 불번불요(不繁不擾)흐게[33] 흐며 무옴을 븨게 흐야 숑리(訟理)[34]를 드르며 강포(强暴)흠믈 더러 량민을 편안히 흐고 관쇽(官屬)이 빅셩의게 싸다롭게 흐는 거슬 징치흐며 집안 노쇽(奴屬)이 형셰를 미더 민간에 작경(作梗)흐는[35] 폐단을 막으며 호구(戶口)[36]를 맑게 숣혀[37] 작간(作奸)흐는[38] 폐를 샹고흐고 빠인 문안(文案)[39]을 리정(釐定/釐正)흐야[40] 원앙(怨怏)흠믈[41] 신셜

26. 근간(勤幹/勤懇)히: 부지런하고 성실히. cf. 근간(懃懇)하다: 은근하고 간절하다.
27. 쳑촌: 척촌(尺寸). 한 자와 한 치.
28. 무태라: 무타이라. 무타(無他): 이것밖에 없음. 딴 마음이 없음.
29. 심슐: 심술(心術). 마음씨.
30. 픔부흔: 품부(稟賦)한. 선천적으로 타고난. 품부(稟賦): 선천적으로 타고남.
31. 픔슈: 품수(稟受). 타고난 품성. 품부(稟賦).
32. 무휼(撫恤)흐기: 어려운 처지에 있는 사람을 불쌍히 여겨 위로하고 물질로 돕기. 휼무.
33. 불번불요(不繁不擾)흐게: 번거롭게 하지 않고 흔들리지 않게.
불요(不撓/不擾): 마음이 흔들리지 아니함. [원문] 不擾. 擾: 흔들릴 요. 撓: 어지럽힐 요.
34. 숑리: 송리(訟理). 소송을 거는 이유.
35. 작경(作梗)흐는: 못된 언행을 하는. 작경(作梗): 못된 행실을 부림. ¶작경을 치다 / 작경을 부리다.
36. 호구(戶口): 호적상 집의 수효와 식구 수. cf. 호구(糊口/餬口): 입에 풀칠을 한다는 뜻으로, 겨우 끼니를 이어 감을 이르는 말.
37. 맑게 숣혀: 맑고 엄정하게 살펴. [원문] 保甲. 보갑(保甲): 중국에서 주나라 이후 지방민 사이에서 실시한 작은 단위의 자치(自治), 인보(隣保)의 제도. 보(保).
38. 작간(作奸)흐는: 간악한 꾀를 부리는. 또는 그런 짓을 하는. 조간(造奸)하는.

(伸雪)ᄒᆞ며[42] 년ᄉᆡ(年事ㅣ)[43] 우연 【52ㄱ】 이 흉년을 만나거든 샹ᄉᆞ(上司)[44]에 ᄑᆞᆷ(稟)ᄒᆞ고[45] 구실[46]을 견감(蠲減)ᄒᆞ며[47] 진휼(賑恤)ᄒᆞ기를 쇼샹이 ᄒᆞ며 션ᄇᆡ를 가ᄅᆞ치기ᄂᆞᆫ 몬져 효뎨(孝第)[48]를 도타이 ᄒᆞ게 ᄒᆞ며 농ᄉᆞ를 권ᄒᆞ기ᄂᆞᆫ ᄲᅩᆼ나무와 삼 심으기를 겸ᄒᆞ야 힘ᄡᅳ게 ᄒᆞ며 노ᄂᆞᆫ ᄇᆡᆨ셩[49]을 쵸안(招安)ᄒᆞ야[50] 무근 밧출 긔ᄀᆞᆫᄒᆞ게[51] ᄒᆞ며 구혁(溝洫)[52]을 여러 물에 리(利)ᄒᆞ믈 거두며 리ᄒᆞᆫ 일을 니ᄅᆞ혀고[53] 폐단을 덜며 검소ᄒᆞ믈 슝샹ᄒᆞ고 샤치ᄒᆞ믈 ᄂᆡ치며 헛된 일홈을 일ᄉᆞᆷ지 말고 실샹 은혜 베플기를 젼쥬(專主)ᄒᆞ며[54] 말ᄉᆞᆷ의ᄂᆞᆫ 어룰(語訥)ᄒᆞ고 당도지인(當道之人)[55]의 의향을 맛쵸기를 븟그러이 너겨 비록 잇다감[56] 일심으로 외로이 힝ᄒᆞ야 혹 샹 【52ㄴ】 ᄉᆞ의 믜이믈 바다[57] 혹 ᄡᅧᄒᆞᄃᆡ[58] 셰샹 ᄉᆞ무를

39. 문안(文案): ①나중에 자세하게 참고하거나 검토할 문서와 장부. 문서(文書). 문부(文簿). ②문서나 문장의 초안.
40. 리졍ᄒᆞ야: 이정하여. 이정(釐定/釐正): 문서나 글을 정리하여 바로잡음. 이혁(釐革). 釐 다스릴, 고칠 리.
41. 원앙(怨怏)ᄒᆞ믈: 원통함을. 怏: 원망할 앙.
42. 신셜ᄒᆞ며: 신설(伸雪)하며. 신원설치(伸冤雪恥). 가슴에 맺힌 원한을 풀어 버리고 창피스러운 일을 씻어 버림. 설분신원(雪憤伸寃). '원앙ᄒᆞ믈 신셜ᄒᆞ며'는 '원통함을 풀고 부끄러운 일을 씻어 버리며'. [원문] 雪冤.
43. 년ᄉᆡ: 년ᄉᆞ + ㅣ. 연사가. 연사(年事): 농형(農形). 농사가 잘되고 못 된 형편. 또는 농사가 되어 가는 형편. 농황(農況). 연형(年形).
44. 샹ᄉᆞ: 상사(上司). ①위 등급의 관청. ②자기보다 벼슬이나 지위가 위인 사람. 상부(上府).
45. ᄑᆞᆷᄒᆞ고: 품(稟)하고. 아뢰고.
46. 구실: ①자기가 마땅히 해야 할 맡은 바 책임. ②예전에, 온갖 세납을 통틀어 이르던 말. ¶구실을 물다/백성들은 나무뿌리와 껍질을 캐고 벗겨 먹는 가궁한 형편이면서도, 이 구실을 못 바치고는 견디지 못하게 되는 까닭에……(박종화, 금삼의 피). ③관아의 임무. ④여자나 아이들이 당연히 겪어야 한다는 데에서 나온 말로, 월경이나 홍역을 이르는 말. 여기서는 ②의 뜻.
47. 견감(蠲減): 조세 따위의 일부를 면제하여 줌. [원문] 蠲. 蠲: 밝힐, 제거할 견.
48. 효뎨: 효제(孝悌). 부모에 대한 효도와 형제에 대한 우애를 통틀어 이르는 말. 효우제(孝友悌). [원문] 孝第. 국어사전은 '孝悌'이지만 원문은 '孝第'이다.
49. 노ᄂᆞᆫ ᄇᆡᆨ셩: 노는 백성. 떠도는 백성. [원문] 遊民.
50. 쵸안ᄒᆞ야: 초안(招安)하여. 불러서 잘 설득하여. 초안(招安): ①못된 짓을 하는 자를 불러 설득시켜서 편안하게 살도록 하여 줌. ②죄를 용서받음. 또는 그런 사실을 공포함.
51. 긔ᄀᆞᆫᄒᆞ게: 기간하게. 기간(起墾): 개간(開墾).
52. 구혁: 전답 사이의 용수로(用水路). [원문] 溝洫. 溝: 도랑 구. 洫: 도랑, 해자, 연못 혁.
53. 니ᄅᆞ혀고: 일으키고. ¶군사를 니ᄅᆞ혀(산성일기 39).
54. 젼쥬ᄒᆞ며: 전주하며. 전주(專主): 혼자서 일을 주관함.
55. 당도지인(當道之人/當塗之人): 학문과 도를 닦는 사람. 당국자. 나라 일을 맡아보는 사람. 관리. 당도(當塗/當途): 정권을 잡음, 중요한 위치에 있음. 때를 만남.
56. 잇다감: 이따금. [원문] 有時.
57. 믜이믈 바다: 미움을 받아. 믜이다: 미움을 받다. '믜다'의 피동형. ¶부텨와 祖師왜 사ᄅᆞᄆᆡ게 믜이샨 고ᄃᆞᆯ ᄉᆞᆯ기 자바ᄃᆞᆫ(몽산법어 44).
58. ᄡᅧᄒᆞᄃᆡ: 생각하건대. [원문] 以爲.

아지 못혼다 ᄒᆞ며 혹 뼈ᄒᆞᄃᆡ 시셰의 합ᄒᆞ지 못ᄒᆞ다 ᄒᆞ야 론희(論劾)ᄒᆞᄂᆞᆫ[59] 소장(訴狀)을 올니ᄆᆡ 드ᄃᆡ여 파(破)ᄒᆞ야 도라가니 유식혼 재 그 심젹(心迹)[60]을 미뤼며[61] 그 지난 일을 보고 어진 쥴 아라 그 다른 일이 업ᄉᆞ믈 흠긔 변ᄇᆡᆨ(辨白)ᄒᆞ고[62] 속히 갈녀가믈 깁히 아쳐로이[63] 너길 거시오 만일 능ᄒᆞ고 청렴치 못혼 이ᄂᆞᆫ 지죄 족히 간사ᄒᆞ믈 건지고 지혜 족히 허믈 ᄭᅮ미며 ᄆᆞᄋᆞᆷ이 ᄀᆞᆺ튼 이를 부동ᄒᆞ야[64] 의ᄉᆞ(意思) 다른 이를 치며[65] 우희를 긔망(欺罔)ᄒᆞ고[66] ᄉᆞᄉᆞ(私事)를 경영ᄒᆞ며 헛 부비(浮費)[67]를 민간에 만히 느러노아 고ᄐᆡᆨ(膏澤)[68]을 글거 셰가(勢家)의 보 【53ㄱ】 ᄂᆡ며 부민(富民)의 금ᄇᆡᆨ(金帛)[69]을 벌젼(罰錢)[70] 바다 공용(公用)을 가탁(假託)ᄒᆞ고[71] ᄉᆞ탁(私橐)[72]을 붓게 ᄒᆞ며 관쇽(官屬)의게 심복으로 맛지고 가뎡(家丁)[73]을 노화 이목(耳目)을 삼아 혹 전량(錢糧) 밧치기를 은혜로 모면ᄒᆞ기를 요구ᄒᆞ고 ᄇᆡᆨ셩의게 밧ᄂᆞᆫ 됴건(條件)을 인ᄒᆞ야 엄히 ᄒᆞ며 혹 슈ᄌᆡ(水災)와 한ᄌᆡ(旱災)에 진휼(賑恤)ᄒᆞᄂᆞᆫ 졍ᄉᆡ(政事ㅣ) 바야흐로 간졀홀 졔 허무혼 일을 ᄭᅮ며 도식(徒食)

---

59. 론희ᄒᆞᄂᆞᆫ: 논핵(論劾)하는. 허물을 탄핵하는. ¶몸이 간관이 되여 나라 도적을 논희하여시니 엇디 놈을 다히리오(오륜행실도 2:77). 논핵(論劾): 허물이나 죄과를 논하여 꾸짖음. 탄핵(彈劾).
60. 심젹: 심적(心迹). 마음의 행적.
61. 미뤼며: 미루어 헤아리며. 미뤼다: '미루다'의 옛말. ¶그저 甛言蜜語로 오늘은 ᄂᆡ일 미뤼고 ᄂᆡ일은 모릐 미뤼니(박통사신석언해 1:35). 교홰 ᄯᅩ혼 혼 어질 인 ᄧᅡ를 미뤼여 널니기에 지나지 아닐 ᄯᆞ름이라(字恤典則 3). '이언'에는 '미루-, 미뤼, 밀위-'가 혼기되어 나온다(색인 참고). '미뤼-'나 '밀위-'는 '미루-, 밀우-'에 사동 접사 '-이-'가 결합한 이중 사동 구조이나 '미루-'와 별 차이 없이 쓰인 것으로 보인다.
62. 변ᄇᆡᆨᄒᆞ고: 변백(辨白)하고. 변명(辨明)하고. ¶유성룡은 변백을 한대야 소용이 없을 것을 잘 알았다(박종화, 임진왜란).
63. 아쳐로이: 싫게. 밉살스레. ¶鄭伯이 듣고 아쳐로이 너겨(소학언해 4:43).
64. 부동(符同)ᄒᆞ야: 그른 일에 어울려 한통속이 되어.
65. ᄆᆞᄋᆞᆷ이 ᄀᆞᆺ튼 이를 부동ᄒᆞ야 의ᄉᆞ(意思) 다른 이를 치며: [원문] 黨同伐異. 당동벌이: 일의 옳고 그름은 따지지 않고 뜻이 같은 무리끼리는 서로 돕고 그렇지 않은 무리는 배척함. 당벌(黨閥). 동당벌이.
66. 긔망ᄒᆞ고: 기망(欺罔)하고. 속이고.
67. 부비(浮費): 일을 하는 데 써서 없어지는 돈. ¶부비야 드는 대로 쓰는 거지. 화산 역사에 쓸 부비가 없으면 보내 주든지 가지고 가든지 네 생각대로 해라(홍명희, 임꺽정). 입비(入費).
68. 고ᄐᆡᆨ: 고택(膏澤). ① 기름진 혜택이라는 뜻으로, 남의 은혜와 덕택을 이르는 말. ② 이슬과 비의 혜택. ③ 고혈(膏血). 여기서는 ③의 뜻. 고혈(膏血): ① 사람의 기름과 피. ② 몹시 고생하여 얻은 이익이나 재산을 비유적으로 이르는 말.
69. 금ᄇᆡᆨ: 금백(金帛). 금과 비단을 아울러 이르는 말. [원문] 金幣.
70. 벌젼: 벌전(罰錢). 약속이나 규칙을 어겨 벌로 내는 돈.
71. 가탁(假託): ① 거짓 핑계를 댐. ② 어떤 사물을 빌려 감정이나 사상 따위를 표현하는 일. 여기서는 ①의 뜻.
72. ᄉᆞ탁: 사탁(私橐). 개인이 사사로이 모아 둔 돈. 또는 그 돈을 넣어 두는 주머니. [원문] 砂囊(사낭). 囊: 주머니 낭.
73. 가뎡: 가정(家丁). 집에서 부리는 남자 일꾼.

ᄒᆞᆯ74 계교를 공교히 지어 아ᄅᆡ를 더러 우희 아쳠ᄒᆞ며75 뎐도(顚倒)히76 ᄒᆡᆼᄒᆞ며 거슬니77 베푸니 ᄇᆡᆨ셩이 곤궁ᄒᆞ고 류리(流籬)ᄒᆞ야 죠셕 ᄉᆞ이를 안보ᄒᆞᆯ 길이 업ᄂᆞᆫ지라 이졔 텬해 청평ᄒᆞᆫ78 지 오ᄅᆡ니 므릇 쇼민들이 휴양ᄉᆡᆼ식(休養生息)ᄒᆞᄂᆞᆫ79 은ᄐᆡᆨ(恩澤)을 ᄌᆞ뢰(資賴) ᄒᆞᆯ지라80 【53ㄴ】 졍(正)히 ᄆᆞᆺ당히 관방(官方)81을 ᄆᆞᆰ게 ᄒᆞ고 민폐(民弊)를 각별이 덜며 군ᄉᆞ를 죠련(調練)ᄒᆞ고 졍ᄉᆞ를 닥그며 ᄇᆞᆰ은 사ᄅᆞᆷ을 올녀 ᄡᅳ고 공번된82 사ᄅᆞᆷ을 ᄲᆡ셔83 ᄆᆞᆺ길 거시니 엇지ᄒᆞ야 ᄡᅡ힌 폐단이 셔로 련ᄒᆞ야 각 ᄉᆡᆼ(省)이 다르니 직례ᄉᆡᆼ(直隸省)84은 초료(草料)85 밧치기를 ᄭᅡ다롭게 ᄒᆞ며 진검(晉黔)의ᄂᆞᆫ86 부세와 요역(徭役)87이 번거ᄒᆞ며88 복건(福建)의ᄂᆞᆫ ᄌᆡᆼ투(爭鬪)ᄒᆞᄂᆞᆫ 폐단이 빈삭(頻數)ᄒᆞ야89 스ᄉᆞ로 ᄌᆡᆼ투ᄒᆞ다가 스ᄉᆞ로 침식ᄒᆞ며 광동(廣東)90의ᄂᆞᆫ 도적이 셩ᄒᆡᆼᄒᆞ야 샹고(商賈)와 ᄇᆡᆨ셩을 겁략(劫掠)ᄒᆞ며 혹 집을 치고 사ᄅᆞᆷ을 노략(擄掠)ᄒᆞ야 형벌을 혹독히 ᄒᆞ야 억ᄐᆡᆨ91으로 돈을 내고 쇽(贖)ᄒᆞ여 가라 ᄒᆞ며 심ᄒᆞᆫ즉 무덤을 파고 ᄇᆡᆨ 【54ㄱ】 골을 도적ᄒᆞ야 즁가(重價)를 밧고야 ᄂᆞ여 쥬니 초야(草野)의셔 만히 슘기고 우희 들니지 아니ᄒᆞᄂᆞᆫ 바ᄂᆞᆫ 관ᄎᆡ(官差)92가 나와 토식

---

74. 도식(徒食)ᄒᆞᆯ: 하는 일 없이 놀고먹을.
75. 아ᄅᆡ를 더러 우희 아쳠ᄒᆞ며: 아랫사람에게서 취해 윗사람에게 아첨하며. [원문] 損下媚上(손하미상). 媚: 아첨할 미.
76. 뎐도히: 전도(顚倒)히. 거꾸로.
77. 거슬니: 거슬리. 거스르게. 중세어 '거슬다'의 부사 '거스리'의 근대 표기 형태. ¶ᄇᆞᄅᆞ미 거스리 부니(두시언해 7:16).
78. 청평ᄒᆞᆫ: 청평(淸平)한. 태평한. 청평(淸平)하다: 세상이 잘 다스려져 태평하다.
79. 휴양ᄉᆡᆼ식ᄒᆞᄂᆞᆫ: 휴양생식(休養生息)하는. 조세를 경감하여 백성의 재력을 넉넉하게 하는. 휴양(休養): ① 편히 쉬면서 마음과 몸을 건강하게 함. ② 조세를 가볍게 하여 민력(民力)을 기름. 여기서는 ②의 뜻. 생식(生息): 살아 숨 쉼. 생존(生存).
80. ᄌᆞ뢰ᄒᆞᆯ지라: 의지할지라. ¶오직 쉰 以上애 血氣 ᄒᆞ마 衰ᄒᆞ야 모로매 술고기를 ᄌᆞ뢰ᄒᆞ야(내훈 1:70).
81. 관방(官方): 관청의 규율. 관기(官紀).
82. 공번된: 공평하고 정당하여 치우침이 없는.
83. ᄲᆡ셔: 뽑아서. ᄲᆡ다: 뽑다. ¶選了 ᄲᆡ다(동문유해 상44). ᄆᆡ양 三公이 ᄲᅡ 쳔거ᄒᆞᄂᆞᆫ 배 이실 제(소학언해 6:101).
84. 직례ᄉᆡᆼ: 직례성(直隸省). 중앙의 직할 성. 청나라 때의 직례성은 하북성(河北省). 직례(直隸): 조정 또는 정부에 직접 예속됨. 직속.
85. 초료(草料): ① 마소에게 먹이는 꼴. ② 조선 시대에 공무로 여행하는 사람이 여행길에 관에서 받던 소정의 공급(供給). 종인(從人)과 마필(馬匹)의 숙식도 포함하였다.
86. 진검의ᄂᆞᆫ: 진검(晉黔)에는. '진'(晉)은 산서성(山西省), '검'(黔)은 귀주성(貴州省)의 별칭.
87. 요역(徭役): 나라에서 구실(조세) 대신으로 시키는 노동. 徭/傜: 구실, 부역 요.
88. 번거ᄒᆞ며: 번거하며. 번거하다: 번잡하고 복잡하며 어수선하다. ¶사겨시모로 번거코 용잡ᄒᆞᆫ 곧이 이심을 免티 몯ᄒᆞ니(소학언해 범례1).
89. 빈삭(頻數)ᄒᆞ야: 거듭되는 횟수가 매우 잦아.
90. 광동의ᄂᆞᆫ: 광동성에는.
91. 억ᄐᆡᆨ: 억탁(臆度). 이유와 근거 없는 추측. 억측(臆測). 度: 법도 도, 헤아릴 탁.

(討索)ᄒᆞᄂᆞᆫ93 폐단을 두려ᄒᆞ미오 문무 관원들이 ᄯᅩᄒᆞᆫ 례ᄉᆞ로 보며 영문(營門)의 군졍(軍政)이 히이ᄒᆞ믈 바려 두어 ᄇᆡᆨ폐(百弊)94 층ᄉᆡᆼ(層生)ᄒᆞ니95 다ᄉᆞ리ᄂᆞᆫ 도리에 ᄌᆞ못 괴샹ᄒᆞᆫ 지라 일쳔 말ᄉᆞᆷ을 ᄒᆞ야도 다ᄒᆞᆯ 길이 업ᄉᆞᄆᆡ 그 ᄭᅳᆺ촐 대강 드ᄂᆞ니96 원ᄒᆞᄂᆞᆫ 바ᄂᆞᆫ 쥬읍(朱邑)97[녯적 션치(善治)ᄒᆞ던 사ᄅᆞᆷ이라]을 동향(桐鄕)[디명]에 표(表)ᄒᆞ고 문옹(文翁)98[녯적 션치ᄒᆞ던 사ᄅᆞᆷ이라]을 쵹군(蜀郡)[디명]에 드러ᄂᆡ여 어진 아젼을 갈마드려99 나아오게 ᄒᆞ고 형벌을 노코 아니 ᄡᅳ게 ᄒᆞ면 거의 폐단이 업셔지고 풍속이 ᄆᆞᆰ으며 【54ㄴ】 ᄇᆡᆨ셩이 편안ᄒᆞ고 ᄌᆡ물이 부요(富饒)ᄒᆞ리라 ᄯᅩ 인신(人臣)100이 되여 인군을 셤기ᄆᆡ 나라 일이어든 집을 니져바리고 공ᄉᆞ(公事)여든 ᄉᆞᄉᆞ(私事)를 니져바릴지라101 ᄉᆞ대뷔(士大夫ㅣ) 렴우(廉隅)102를 가다듬고 긔운과 졀조를 숭상ᄒᆞᆯ 거시니 탐장(貪贓)ᄒᆞ고103 드러온 재 이신즉 믜워ᄒᆞ기를 원슈ᄀᆞᆺ치 ᄒᆞ고 권력 잇ᄂᆞᆫ 셰가(勢家)에 아쳠ᄒᆞ야 븟치ᄂᆞᆫ 재 이신즉 피ᄒᆞ기를 ᄂᆡ 몸의 더러일104 ᄃᆞᆺᄒᆞ며 국가의 대ᄉᆡ(大事ㅣ) 이시면 보필지신(輔弼

92. 관채: 관차(官差). 관아에서 파견하던 군뢰(軍牢), 사령(使令) 따위의 아전. 差: 어긋날 차. 사신 보낼 차(본음 '채').
93. 토ᄉᆡᆨᄒᆞᄂᆞᆫ: 금품을 억지로 달라고 하는. 토색(討索): 돈이나 물건 따위를 억지로 달라고 함. ¶자기네들도 매관매직과 토색과 뇌물을 가장 당연한 일로 여기고 행하는지라……(김동인, 운현궁의 봄). 자꾸 잔을 내밀어 술 토색을 한다(박종화, 임진왜란).
94. ᄇᆡᆨ폐: 백폐(百弊). 온갖 폐단.
95. 층ᄉᆡᆼᄒᆞ니: 층생(層生)하니. 거듭하여 일어나니.
96. 대강 드ᄂᆞ니: 대략 들어올리니. [원문] 略擧.
97. 쥬읍: 주읍(朱邑). 자 중경(仲卿). 안휘성 여강 사람. 서한(西漢) 선제(宣帝) 시절에 동향(桐鄕, 오늘의 桐城)의 순리(循吏: 법을 잘 지키며 열심히 근무하는 관리). 향(鄕)의 소송이나 부세를 관리하는 사람으로 공정하고 백성을 사랑하여 관가와 백성의 사랑을 받았다. 후에 북해(北海) 태수(太守)를 지냈고 상경하여 대사농(大司農)까지 지내면서 전국의 조세, 금전, 소금, 철 등의 재정수지를 총괄하였다. 요직에 있으면서 생활이 검소하여 백성의 사랑을 받았다(漢書 · 循吏列傳 · 朱邑).
98. 문옹(文翁): 기원전 156-101. 이름 당(党). 자 중옹(仲翁). 서한(西漢) 시기의 문관. 안휘성 여강 사람. 중국 역사상 처음으로 국립학교인 '관학'(官學)을 설립한 사람. 어려서 '춘추'(春秋)를 통달하고, 군현관리에 의하여 조정에 추천되었으며 서한(西漢) 경제(景帝) 말년에 촉 군수(蜀郡守)로 됨. 한무제는 문옹의 교육 방법을 긍정하고 전국에 보급시키기도 하였다(漢書 · 循吏列傳 · 文翁).
99. 갈마드려: 갈마들여. 교대시켜. '갈마들다(교대하다)'의 사동형인 '갈마들이다'의 근대어형은 'ᄀᆞᆯᄆᆞ드리다, ᄀᆞᆯᄆᆞᄃᆞ리다'임. ¶ᄀᆞᆯᄆᆞ드려 힐란ᄒᆞ여(삼역총해 3:2). 禮애 祭事ᄅᆞᆯ 임의 ᄆᆞᄎᆞ매 兄弟와 밋 賓이 ᄀᆞᆯᄆᆞᄃᆞ려 서ᄅᆞ 獻ᄒᆞ며 酬ᄒᆞ야 爵을 수업시 호미 이시니(가례언해 10:29).
100. 인신(人臣) : 신하(臣下). ¶왕의 그릇된 일을 그대로 보고 그냥 복종하는 것도 인신의 도리가 아니다(김동인, 대수양).
101. 니져바릴지라: 잊어버릴지라. '나라 일이어든 집을 니져바리고 공ᄉᆞ(公事)여든 ᄉᆞᄉᆞ(私事)를 니져바릴지라': [원문] 國爾忘家 公爾忘私.
102. 렴우: 염우(廉隅). ① 품행이 바르고 절개가 굳음. ② 염치(廉恥). ¶된다손 치더라도 구구하게 그런 청은 하고 싶지 않았다. 그럴 경우도 못 되고 염우도 없다(염상섭, 취우).
103. 탐장(貪贓). 벼슬아치가 옳지 않은 짓을 하여 재물을 탐함. 또는 그렇게 하여 얻은 재물. 범장(犯贓).
104. 더러일: 더럽힐. 더럽히다. 더렇 + 이 + 다(더러ᄫᅵ다) > 더러이다 ¶오직 사ᄅᆞ미 거츤 드트릐 더러이

之臣)105이 반ᄃᆞ시 거취(去就)로써 닷톨 거시오 죠뎡(朝廷)에 롱권(弄權)ᄒᆞᄂᆞᆫ106 간신(姦臣)이 이시면 간관(諫官)이 ᄉᆞᄉᆡᆼ을 결워 칠 거시니 동한(東漢) 이ᄅᆡ로 명나라히 가장 셩ᄒᆞ더니 위당(魏璫)107이 간악ᄒᆞ믈 【55ㄱ】 븟쳐 니ᄅᆞᄆᆡ 셰염(勢焰)108이 하ᄂᆞᆯ의 다핫거ᄂᆞᆯ 소장(訴狀)을 올려 론박ᄒᆞᄆᆡ 찬ᄇᆡ(竄配)ᄒᆞ고109 죽기를 달게 너기니 비록 의긔에 격동ᄒᆞᆫ ᄇᆡ라 니ᄅᆞ나 실샹 다 츙셩에 근본ᄒᆞᆫ 고로 정덕(正德) 가정(嘉靖)110 이ᄅᆡ로 나라 일이 ᄂᆞᆯ노 그릇되여 위ᄐᆡᄒᆞᄃᆡ ᄭᅳᆫ허지지 아니ᄒᆞᆫ 재 오히려 ᄇᆡᆨ여 년이니 이ᄂᆞᆫ 션ᄇᆡ의 긔운111이 격졀(隔絶)ᄒᆞ야112 만분지일을 부지(扶支/扶持)ᄒᆞᆫ113 ᄇᆡ라 우리 죠뎡이 벼슬을 셰우고 션ᄇᆡ를 ᄇᆡ양ᄒᆞᄆᆡ 우례(優禮)114로 놉히ᄂᆞᆫ 법뎐이 명나라보다 먼니115 지나ᄃᆡ 절개(節槪)를 결워 츙셩을 다ᄒᆞᄂᆞᆫ 재 뎍연무문(寂然無聞)ᄒᆞᆫ지라116 비록 죠뎡에 폐되ᄂᆞᆫ 경

며 無明의 두푸미 ᄃᆞ외야 제 몰라 일흘씨(월인석보 11: 112).

105. 보필지신(輔弼之臣): 임금의 덕업을 돕는 신하.

106. 롱권ᄒᆞᄂᆞᆫ: 농권(弄權)하는. 권력을 제 마음대로 부리는.

107. 위당(魏璫): 위충현(魏忠賢). 명나라 말기의 환관(宦官). 희종(熹宗) 때 무뢰한(無賴漢)으로 환관이 되었는데 정사(政事)를 마음대로 하다가 의종 때 탄핵 받아 스스로 목매어 죽었음. 璫: 귀고리 옥당. 아름다운 구슬 당.

108. 셰염: 세염(勢焰). 기세(氣勢).

109. 찬ᄇᆡᄒᆞ고: 귀양을 보내고. 찬배(竄配): 정배(定配). 竄: 숨을, 달아날 찬.

110. 정덕 가정: 정덕(正德) 가정(嘉靖). 정덕(正德): 중국 명나라 제10대 무종 때의 연호(1506–1521). 가정(嘉靖): 중국 명나라 제11대 세종 때의 연호(1522–1567).

111. 션ᄇᆡ의 긔운: 선비의 기운. [원문] 士氣. 사기(士氣): ① 의욕이나 자신감 따위로 충만하여 굽힐 줄 모르는 기세. ② 선비의 꿋꿋한 기개. 여기서는 ②의 뜻. '사기'란 전통적으로 '선비의 기개'를 뜻하여 '이언'의 이 부분도 명나라가 충신 선비들의 사기 때문에 겨우 유지해 왔다는 뜻이다. 우리나라에서도 전통 서당식 경서 교육을 받은 세대는 유교적 선비의 기개 즉 사기(士氣)가 전승되어 선비들에 의한 임란 의병과 구한말 의병 운동으로 나타나고 윤봉길 의거도 그러한 마지막 서당 사기 교육 세대의 맥이 이어진 것으로 볼 수 있으나, 구한말 신교육 이래 일제하, 현대의 서양식 학교 교육에서는 사기 교육의 맥이 끊어져 지식인의 친일파 변절 등이 나타났다는 점에 대해서는 이경식(2003)의 논의 참고. '士氣'가 '선비의 기개'에서 '군대나 조직의 활기'를 뜻하게 됨은 유교 문화의 쇠락으로 인한 어휘 의미의 부정적 변화로 볼 수 있다. 이런 단어로는 '의리'(義理)가 '사람과의 관계에서 지켜야 할 바른 도리'에서 깡패 용어로, '명분'(名分)이 '각각의 명의(名義)나 신분에 따라 마땅히 지켜야 할 도리'에서 '핑계, 변명'의 뜻으로, '시비'(是非)가 '옳고 그름'에서 '싸움'으로, '선생'(先生)이 '존경하는 스승'에서 '일반인에 대한 호칭'으로 변한 것에서도 나타난다.

112. 격졀ᄒᆞ야: 격절(隔絶)하여. 서로 사이가 떨어져. 끊어져.

113. 부지(扶持/扶支)ᄒᆞᆫ: 상당히 어렵게 보존하거나 유지한.

114. 우례(優禮): 예(禮)로 우대함.

115. 먼니: 멀리. 중세어형은 '머리(머리곰, 머리셔), 멀리'. 근대어형으로 '먼니'가 나타남. ¶恩愛를 머리 여희여 어즐코 아독ᄒᆞ야(석보상절 6:3). 멀리 구향 가니(동국신속삼강행실도 속삼강 충2). 당신 아오님을 먼니 ᄉᆞ랑ᄒᆞ오시ᄂᆞᆫ ᄯᅳᆺ이오(한중록 6). '이언'에서는 바로 뒤의 2:57ㄱ에서만 '먼리'로 나오고 나머지(20회)는 모두 '먼니'로 나옴.

116. 뎍연무문ᄒᆞᆫ지라: 적연무문(寂然無聞)한지라. 적연무문(寂然無聞): 괴괴하고 조용하여 아무 소식도 없음. 이 부분은 충신이 없어져 간다는 뜻이다.

셰 업셔 나라에 간ᄌᆡᆼ(諫諍)ᄒᆞᄂᆞᆫ117 신해 적으나 거 【55ㄴ】 관(居官)ᄒᆞᄂᆞᆫ 긔습(氣習)과 규뫼118 절연(截然)이 밋지 못ᄒᆞ니119 만일 스ᄉᆞ로 비기기를 더옥 낫게 ᄒᆞ고120 셔로 ᄒᆞᆼ습(恒習)ᄒᆞ미121 셩풍(成風)ᄒᆞ야122 방ᄇᆡᆨ은 소임과궐(所任窠闕)123을 파라 권셰를 쳔단(擅斷)이 ᄒᆞ며124 슈령은 ᄇᆡᆨ셩을 글거 우희를 고이며125 혹 련ᄒᆞ야 죠흔 과궐(窠闕)을 어더 다가 벼슬을 갈니면 죠흔 젼토를 만히 ᄉᆞ며 혹 젼장의 ᄯᅡ라 나가 요ᄒᆡᆼ 승쳡(勝捷)ᄒᆞ면126 집치례를 거록히 ᄒᆞ니127 쳐음의ᄂᆞᆫ 어들가 일흘가 근심ᄒᆞ야128 경영을 궁극히 ᄒᆞ야 벼슬길의 영화로오믈 바라다가 벼슬의 오른즉 위엄과 권셰를 지어ᄂᆡ여 비리의 ᄌᆡ물을 모화 ᄌᆞ손계(子孫計)129를 ᄒᆞ며 남이 웃던지 ᄭᅮ짓던지 불계(不計) 【56ㄱ】 ᄒᆞ고130 나

117. 간ᄌᆡᆼ: 간쟁(諫爭/諫諍). 어른이나 임금에게 옳지 못하거나 잘못된 일을 고치도록 간절히 말함. ¶내 왕의 과오가 있으면 죽음으로 간쟁도 해야 하고 그릇된 분부가 있으면 거역도 해야 할 겁니다(김동인, 대수양).

118. 거관ᄒᆞᄂᆞᆫ 긔습과 규뫼: 거관(居官)하는 기습(氣習)과 규모(規模)가. 관직에 있으려는 집단 풍조와 규모가. [원문] 居官之氣習風規. 거관(居官): 관직에 있음. 기습(氣習): 집단이나 개인에게서 특징적으로 보이는 습성이나 습관.

119. 절연이 밋지 못ᄒᆞ니: 절연(截然)히 미치지 못하니. 절연(截然)하다: 맺고 끊음이 칼로 자르듯이 분명하다. '밋지'는 '밎지'의 팔종성 표기. [원문] 瞠乎不逮. 瞠: 볼, 눈 둥그레 뜨고 볼 당. 逮: 미칠, 이를, 붙잡을 체.

120. 만일 스ᄉᆞ로 비기기를 더옥 낫게 ᄒᆞ고: 만일 스스로 견주기를 더욱 남보다 낫다고 하고. 비기기: 견주기. 비교하기. ¶軒檻을 비겨서(憑軒, 두시언해 16:54). 비길 쟈 藉(유합 하40). [원문] 倘令每況愈下. 倘: 혹시 당. 愈: 나을, 뛰어날 유.

121. ᄒᆞᆼ습: 항습(恒習). 늘 하는 버릇. [원문] 習.

122. 셩풍: 성풍(成風). 풍속을 이룸. ¶예전같이 심하진 않다 하되 신랑을 달아 먹는 풍속은 지금도 유행한다. 그것은 더욱 양반촌이 성풍이었다(이기영, 봄). [원문] 成風.

123. 소임과궐(所任窠闕): 직분과 벼슬자리. '소임과궐을 파라': [원문] 賣缺. 이 부분은 관직 빈자리를 파는 매관매직 풍조를 말함. 과궐(窠闕): 벼슬의 빈자리. 벼슬자리에 결원(缺員)이 생기던 일. 窠: 보금자리 과.

124. 권셰를 쳔단이 ᄒᆞ며: 권세를 천단히 하며. [원문] 擅權. 천단(擅斷)히: 제 마음대로. 멋대로.

125. 고이며: 잘 보이려고 아첨하며. 고이다: ①사랑하다. ¶寵 고일 춍(왜어유해 하33). ②사랑을 받다. ¶고이고 교죵티 아니ᄒᆞ며(寵而不驕, 소학언해 4:48).

126. 승쳡(勝捷)ᄒᆞ면: 이기면. 승전(勝戰)하면.

127. 집치례를 거록히 ᄒᆞ니: 집치레를 요란하게 하니. [원문] 起連雲甲第. 갑제(甲第): 크고 넓게 아주 잘 지은 집. 거륵ᄒᆞ다/거록ᄒᆞ다: 거룩하다. 대단하다. ¶거륵ᄒᆞ다: 穆穆 거륵ᄒᆞ다(동문유해 상18). 大方 거륵ᄒᆞ다(한청문감 6:26). 孫權을 ᄀᆞ만이 보니 눈이 푸르고 나로시 븕고 거륵ᄒᆞᆫ ᄌᆡ조에 낫더라(삼역총해 3:3). 대비의 념불 공븨 하 거록ᄒᆞ시매 극낙국의 가 나시미로소이다(염불보권문 15). 거르기: 거룩히. 대단히. 크게. ¶믄득 거르기 열ᄒᆞ니과 피뷔 지여 핑핑ᄒᆞ니ᄂᆞᆫ 다 역질ᄒᆞᆯ 증훠라(언해두창집요 상11). 大君도 거르기 喜悅이 ᄀᆞ이 업ᄉᆞᆸ고(첩해신어 7:21). 거르기 우ᄉᆞ온 일이ᄋᆞᆸ도쇠(첩해신어 9:21). '거록히'는 '이언'에서 '그록히'(셔4ㄱ), '거록히'(2:55ㄴ, 3:30ㄴ)로 혼기됨.

128. 어들가 일흘가 근심ᄒᆞ야: 얻을까 잃을까 근심하여. [원문] 患得患失.

129. ᄌᆞ손계: 자손계(子孫計). 자손을 위하여 세운 계획. 자손업. 자손지계.

130. 불계(不計)ᄒᆞ고: 시비나 이해 또는 사연을 가리어 따지지 않고.

는 ᄂᆡ 벼슬ᄒᆞ기만 요구ᄒᆞ야 국은(國恩)을 아죠 져버리고 벼슬의 득담(得談)[131]을 만히 ᄒᆞ다가 산림에 믈너가면 향곡(鄕曲)[132]의 토호(土豪)되여 셰력으로 뎐장(田莊)[133] 니웃의 련경(連境)ᄒᆞᆫ 밧출 침탈ᄒᆞ며 동셔로 관망ᄒᆞ다가 쟝ᄉᆞᄒᆞᄂᆞᆫ ᄇᆡᆨ셩의 요리(要利)[134]를 젼혀 아ᄉᆞ 늙도록 ᄭᆡ닷지 못ᄒᆞ고 가음열ᄉᆞ록[135] 탐ᄒᆞ기를 더ᄒᆞ며 벼슬을 여러 번 ᄒᆞ야도 국은을 일호(一毫)도 보답ᄒᆞ지 못ᄒᆞ고 임의[136] 놉흔 지위를 도적ᄒᆞᄆᆡ 다시 후ᄒᆞᆫ 관황(官況)[137]을 어드니 무슴 덕으로 감당ᄒᆞᆯ고 몸을 두로혀면[138] 더옥 븟그러울 거시로ᄃᆡ ᄆᆞᆺ츰ᄂᆡ 비리로 모ᄒᆞᆫ ᄌᆡ물이 비리로 업셔져 만히 ᄲᆞ핫던 거 【56ㄴ】 시 크게 망ᄒᆞ니 간혹 그른 사ᄅᆞᆷ의게 쟝ᄉᆞᄒᆞ기를 부탁ᄒᆞ엿다가 은닉ᄒᆞᄂᆞᆫᄃᆡ 쇽아 일코 번연이[139] 보ᄂᆞᆫᄃᆡ 락본(落本)[140]도 ᄒᆞ고 그러치 아닌즉 문호(門戶)[141]를 보젼ᄒᆞ려 ᄒᆞ다가 ᄌᆞ식을 잘못 두어 경가파산(傾家破產)ᄒᆞ니[142] 부형은 ᄒᆞᆫ갈ᄀᆞᆺ튼 마음으로 탐ᄒᆞ고 각박히 ᄒᆞ야 모ᄒᆞᆫ 거술 후손은 ᄇᆡᆨ 가지로 흣어 바려[143] 필경 업셔지니 리셰(理勢)[144] 당연ᄒᆞᆫ ᄇᆡ오 엇던 이ᄂᆞᆫ 거관ᄒᆞ기를 청렴ᄒᆞ고 졍대ᄒᆞ게 ᄒᆞ며 츙셩되고 근간(勤懇)ᄒᆞ므로[145] 국은을 보답ᄒᆞ야 풍화(風化)[146]를 셰워 법 밧게 ᄒᆞ야 관방을 욕되게 아니ᄒᆞ며 음덕(蔭德)[147]을 ᄲᆞ하 ᄌᆞ손의게 ᄭᅵ쳐 면면ᄒᆞᆫ 은튁을 기리 누리고 오륜 【57ㄱ】 의 덧덧ᄒᆞᆫ[148] 법을 잡으며 후셰의 ᄉᆞ라

---

131. 득담(得談): 비방이나 나무라는 말을 들음. 득방(得謗).
132. 향곡(鄕曲): 시골구석. ¶우리 도인들은 거개가 향곡의 천민이오나 어찌 왜양이 나라를 좀먹고 있다는 것쯤 모르겠습니까?(송기숙, 녹두 장군)
133. 뎐쟝: 전장(田莊). 개인이 소유하는 논밭. 장토(莊土). ¶기 씨네 일문이 지금 지니고 있는 전장은 천리에 가득히 뻗쳤다(박종화, 다정불심). 그가 몇 해 동안 두고두고 장만한 전장이 밭 십여 일 갈이와 논 이십 석지기였다(심훈, 영원의 미소).
134. 요리(要利): 재물을 불려 이익을 늘림. 식리(殖利). 흥리(興利).
135. 가음열ᄉᆞ록: 부유할수록.
136. 임의: 이미. ¶아바님이 임의 죽기를 결단ᄒᆞ시니(동국신속삼강행실도 효8:22).
137. 관황(官況): 조선 시대에 벼슬아치들에게 주던 봉급. 18등급으로 나누어서 주었다. 관름(官廩). 늠료(廩料). 늠봉(廩俸). 늠식(廩食). 늠황(廩況). 봉름(俸廩).
138. 두로혀면: 돌이키면. 두르ᅘᅧ다 > 두르혀다 > 두로혀다. ¶臥轉身 누어 몸 두로혀다(동문유해 사27).
139. 번연이: 번연(幡然)히. 갑자기. 불현듯. 분명히. 번히. [원문] 明. 앞의 1:7ㄱ의 '번연이' 주석 71 참고.
140. 락본: 낙본(落本). 본전에서 밑지거나 손해를 봄. 실본(失本).
141. 문호(門戶): ① 집으로 드나드는 문. ② 외부와 교류하기 위한 통로나 수단을 비유적으로 이르는 말. ③ 문벌(門閥). 여기서는 ③의 뜻. 문호를 보젼ᄒᆞ려 ᄒᆞ다가: [원문] 亢宗. 亢: 목, 극진히 할, 굳셀 항.
142. 경가파산(傾家破產): 재산을 모두 털어 없애어 집안이 형편없이 기울어짐. [원문] 蕩產傾家.
143. 흣어 바려: 흩어 버려.
144. 리셰: 이세(理勢). ① 사리(事理)와 형세(形勢)를 아울러 이르는 말. ② 자연의 운수.
145. 근간(勤幹/勤懇)ᄒᆞ므로: 부지런하고 성실하므로. cf. 근간(懃懇)하다: 은근하고 간절하다.
146. 풍화(風化): 교육과 정치의 힘으로 풍습을 잘 교화시키는 것.
147. 음덕(蔭德): 조상의 덕. cf. 음덕(陰德): 남에게 알려지지 아니하게 행하는 덕행.

지지 아니ᄒᆞᆯ 명망이 쒸여나ᄆᆡ 덕홰(德化ㅣ) 하늘의 ᄉᆞ맛쳐 쳔츄만셰(千秋萬歲)에 불식지보(不食之報)149ᄅᆞᆯ 바드니 그 득실에 샹좌ᄒᆞ미150 쇼양지판(霄壤之判)151으로 다른 빈 아니냐 오직

셩텬ᄌᆡ(聖天子ㅣ)152 춍명예지(聰明叡智)ᄒᆞ샤 정신을 가다듬어 다ᄉᆞ리기ᄅᆞᆯ 도모ᄒᆞ시니 인군의 ᄆᆞ음이 몬져 바르시면 신하의 졀죠(節操)도 이의 단정ᄒᆞᆯ 거시니153 군ᄌᆞᄅᆞᆯ 갓가이 ᄒᆞ고 쇼인을 먼리 ᄒᆞ며154 국량(局量)155과 지식을 몬져 ᄒᆞ고 문한(文翰)156을 나죵 ᄒᆞ야157 션치(善治) 슈령의 우등되ᄂᆞᆫ 이ᄅᆞᆯ 표져(表著)ᄒᆞ게158 ᄒᆞ야 민원(民怨)159을 긔탄(忌憚)ᄒᆞ며160 쟝원(長遠)ᄒᆞᆫ 규모ᄅᆞᆯ 셰워 시폐ᄅᆞᆯ 바【57ㄴ】로잡아 인슌(因循)ᄒᆞᄂᆞᆫ161 풍습을 씨셔 바리고 인ᄌᆡ 쓰ᄂᆞᆫ 길을 널니 ᄒᆞ면 쟝ᄎᆞᆺ 아젼의 치적이 륭셩ᄒᆞ미 거의 요슌 시절과 공렬(功烈)162이 ᄀᆞᆺ지 아니ᄒᆞ랴

이언 권지이 죵(終)

148. 덧덧ᄒᆞᆫ: 일정한. 덛덛ᄒᆞ다: 일정하다. 변함없이 같다. ¶阿難아 水性이 一定티 아니ᄒᆞ야 흐르며 그추미 덛덛호미 업스니(능엄경언해 3:78). 井田엣 賦稅ㅣ 덛덛ᄒᆞᆫ 期限이 이시니 나리 늣ᄃᆞ록 오히려 시러곰 조오더니라(두시언해 25:39).

149. 불식지보(不食之報): 조상의 음덕으로 그 자손이 부귀를 누리며 잘되는 보응(報應). [원문] 食報.

150. 샹좌: 상좌(相左). 서로 틀리거나 어긋남. 상위(相違).

151. 쇼양지판: 소양지판(霄壤之判). 소양지차霄壤之差). 천양지차(天壤之差). ¶부친의 걸어온 길과, 병화의 부친이 걷는 길과, 필순이 부친의 길이 소양지판으로 다른 것은 결국에 성격 나름이다(염상섭, 삼대). 霄: 하늘 소.

152. 셩텬ᄌᆡ: 셩텬ᄌᆞ + ㅣ(주격). '이언'의 원본에서는 존귀자 관련어에 대해 줄을 바꾸어 맨 앞으로 올려놓는 줄바꿈법[대두법(擡頭法)]에 따라 줄을 바꾸어 맨 앞으로 올려놓았다. '이언'에는 이렇게 존귀자에 대한 줄바꿈법이 '셔4ㄴ(광셔), 2:57ㄱ(셩텬ᄌᆞ), 3:45ㄱ(황샹), 3:65ㄱ(황샹)'에 각각 나타난다.

153. 인군의 ᄆᆞ음이 몬져 바르시면 신하의 졀죠(節操)도 이의 단정ᄒᆞᆯ 거시니: 임금의 마음이 먼저 바르면 신하의 절조도 이에 단정할 것이니. [원문] 君心先正 臣節斯端.

154. 군ᄌᆞᄅᆞᆯ 갓가이 ᄒᆞ고 쇼인을 먼리 ᄒᆞ며: 군자를 가까이 하고 소인을 멀리 하며. [원문] 近君子而遠小人. '이언'에서는 이곳에서만 '먼리'로 나오고 나머지(20회)는 모두 '먼니'로 나옴.

155. 국량(局量): 남의 잘못을 이해하고 감싸주며 일을 능히 처리하는 힘. 국도(局度). 양(量). ¶국량이 넓다 / 사람이란 누구나 문견이 많고, 세파에 경험을 쌓아야만 국량 배포가 넓어지는 법이거든(이기영, 봄).

156. 문한(文翰): ① 문필(文筆)에 관한 일. ② 글을 잘 짓는 사람. 문장가.

157. 국량(局量)과 지식을 몬져 ᄒᆞ고 문한(文翰)을 나죵 ᄒᆞ야: 도량과 지식을 먼저 닦고 글짓기를 나중에 하여. [원문] 先器識而後文藝.

158. 표져ᄒᆞ게: 드러나게. 표저(表著)하다: 현저(顯著)하다.

159. 민원: 백성의 원망. [원문] 民嵒. 嵒: 바위 암.

160. 긔탄ᄒᆞ며: 기탄하며. 기탄(忌憚)하다: 어렵게 여겨 꺼리고 두려워하다.

161. 인슌ᄒᆞᄂᆞᆫ: 인순因循)하는. 인순(因循): 낡은 인습을 버리지 아니하고 지킴.

162. 공렬(功烈): 드높고 큰 공적.

권지삼

卷之三

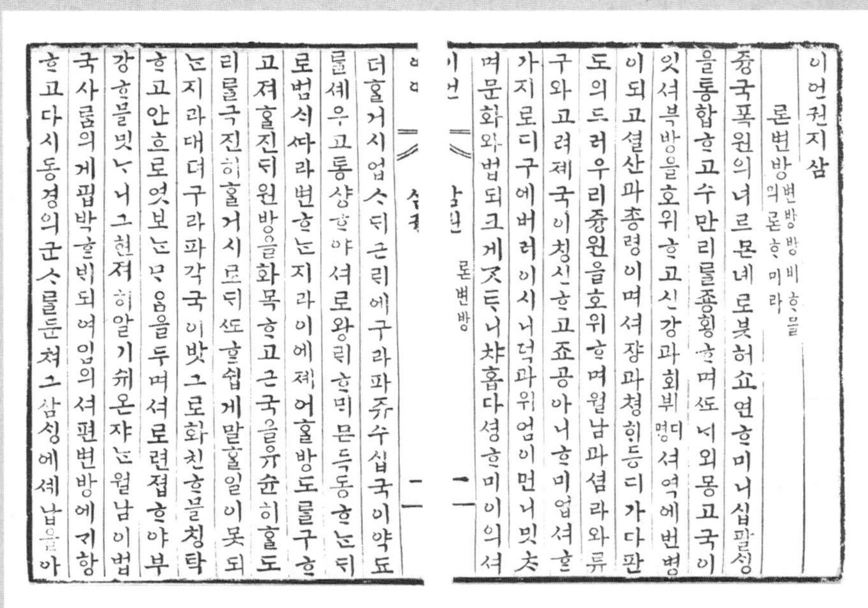
이언권지삼

론변방 변방방비ᄒᆞᆷ을 의론ᄒᆞ미라

즁국폭원의너르믄녜로붓허쇼연ᄒᆞ미니십팔셩을통합ᄒᆞ고수만리를죵횡ᄒᆞ며ᄯᅩ너외몽고국이잇셔북방을호위ᄒᆞ고신강과회뷔명디셔역에번병이되고셜산과총령이며셔장과쳥히등디가다판도의드러우리즁원을호위ᄒᆞ며월남과셤라와류구와고려졔국이칭신ᄒᆞ고죠공아니ᄒᆞ미업셔ᄒᆞᆯ가지로디구에버러이시너덕과위엄이먼니밋츠며문화와법되크게ᄀᆞᆺ투니챠홉다셩ᄒᆞ미이의셔

더ᄒᆞᆯ거시업ᄉᆞᄃᆡ근리에구라파쥬수십국이약됴를셰우고통샹ᄒᆞ야셔로왕ᄅᆡᄒᆞ미믄득동ᄒᆞᄂᆞᆫᄃᆡ로법식ᄯᅡ라변ᄒᆞᄂᆞᆫ지라이에졔어ᄒᆞᆯ방도를구ᄒᆞ고져ᄒᆞᆯ진ᄃᆡ원방을화목ᄒᆞ고근국을유슌히ᄒᆞᆯ도리를극진히ᄒᆞᆯ거시로ᄃᆡᄯᅩᄒᆞᆫ쉽게말ᄒᆞᆯ일이못되ᄂᆞᆫ지라대뎌구라파각국이밧그로화친ᄒᆞ믈칭탁ᄒᆞ고안흐로엿보ᄂᆞᆫᄆᆞ음을두며셔로련졉ᄒᆞ야부강ᄒᆞ믈밋ᄂᆞ니그현져히알기쉬온쟈ᄂᆞᆫ월남이법국사ᄅᆞᆷ의게핍박ᄒᆞᆫ비되여입의셔편번방에기항ᄒᆞ고다시동경의군ᄉᆞ를둔쳐그삼성에셰납을아

론 변방(論邊防)[1]

[변방(邊方) 방비(防備)ᄒᆞ믈 의론ᄒᆞ미라]

즁국 폭원(幅員)[2]의 너르믄 녜로븟허 쇼연ᄒᆞ미니[3] 십팔 ᄉᆡᆼ[4]을 통합ᄒᆞ고 수만 리ᄅᆞᆯ 죵횡ᄒᆞ며 ᄯᅩ ᄂᆡ외 몽고국이 잇셔 븍방을 호위ᄒᆞ고 신강(新疆)[5]과 회뷔[6][디명] 셔역에 번병(藩屛)[7]이 되고 셜산[8]과 총령(葱領)[9]이며 셔쟝[10]과 쳥ᄒᆡ[11] 등디(等地)가 다 판도의 드러 우리 즁원[12]을 호위ᄒᆞ며 월남과 셤라[13]와 류구[14]와 고려 졔국이 칭신(稱臣)ᄒᆞ고[15] 죠공

---

1. 변방(邊防): 변방(邊方) 지방을 방비(防備)함.
2. 폭원(幅員/幅圓): 땅이나 지역의 넓이. [원문] 幅幁. ¶제주도 남쪽 땅 구십여 리 폭원에 대정(大靜)이 서쪽에 있고 정의(旌議)가 동쪽에 있으니……(홍명희, 임꺽정). 앞의 1:7ㄱ '폭원'의 원문은 '幅員'인데 3:1ㄱ '폭원'의 원문은 '幅幁'으로 뜻은 같은데 글자를 달리 썼다.
3. 쇼연ᄒᆞ미니: 소연함이니. 소연(昭然): 일이나 이치 따위가 밝고 선명함.
4. ᄉᆡᆼ: 성(省). 중국 지방 행정상의 구획.
5. 신강(新疆): 신강유오이(新疆維吾爾, 신장 웨이우얼) 즉 신장 위구르 자치구.
6. 회뷔: 회부 + ㅣ. 회부(回部): 중국 청나라 때에, 동투르키스탄의 터키계 이슬람교도들이 살던 지역. 18세기 중엽에 신장(新疆)이 되었다.
7. 번병(藩屛): ① 울타리나 대문 앞의 가림 담장. ② 왕실이나 나라를 수호하는 먼 밖의 감영이나 병영. ¶온순하게 구는 오랑캐를 골라 다시 번병을 삼고(번역 선조실록). 종묘사직을 잘 보존하고 장구히 번병을 지켜 짐이 멀리 있는 작은 나라를 돌보아 사랑하는 뜻에 위안이 되게 하라(번역 광해군일기).
8. 셜산: 설산(雪山). ① 눈이 쌓인 산. 옥산(玉山). ② 불교에서 '히말라야 산맥'을 달리 이르는 말. 꼭대기가 항상 눈으로 덮여 있어 이렇게 이른다. 설옹산(雪翁山).
9. 총령(葱領): 옛날에 파미르 고원과 카라곤륜 산맥의 여러 산에 대한 총칭이다. 고대에 중국이 서양과 왕래할 때 항상 총령의 산길을 경유한다.
10. 셔쟝: 서장(西藏). 시짱(Xizang). '티베트'의 중국어 이름.
11. 쳥ᄒᆡ: 청해(青海). 중국 23개 성 중의 하나.
12. 즁원: 중원(中原). 호남성을 중심으로 하는 화북평원(華北平原). [원문] 神州. 신주(神州): 중국, 중원의 별칭.
13. 셤라: 섬라(暹羅). 샴 왕국. 태국. 시암(Siam): '타이'(Thai)의 옛 이름.
14. 류구(琉球): 류큐(Ryukyu) 제도(諸島). 일본 난세이 제도[南西諸島] 가운데 오키나와 현[沖繩縣]에 속하는 섬의 무리. 일본 남부 규슈[九州]에서 남서쪽으로 650km 떨어진 지점부터 대만 북단까지 펼쳐져 있다. 현재의 오키나와[沖繩] · 사키시마[先島] · 센카쿠[尖閣] 등 제도를 합친 곳.
15. 칭신(稱臣): 스스로 신하로 자처함.

아니ᄒᆞ미 업셔 ᄒᆞᆫ가지로[16] 디구에 버러 이시니[17] 덕과 위엄이 먼니 밋ᄎᆞ며 문화와 법되 크게 ᄀᆞᆺᄐᆞ니 챠홉다[18] 셩ᄒᆞ미[19] 이의셔 【1ㄴ】 더ᄒᆞᆯ 거시 업ᄉᆞᄃᆡ 근ᄅᆡ에 구라파쥬 수십 국이 약됴를 셰우고 통샹ᄒᆞ야 셔로 왕ᄅᆡᄒᆞᄆᆡ 믄득 동(動)ᄒᆞᄂᆞᆫ[20] ᄃᆡ로 범ᄉᆡ ᄯᅡ라 변ᄒᆞᄂᆞᆫ 지라 이에 졔어ᄒᆞᆯ 방도를 구ᄒᆞ고져 ᄒᆞᆯ진ᄃᆡ 원방을 화목ᄒᆞ고 근국(近國)을 유슌히 ᄒᆞᆯ 도리를 극진히 ᄒᆞᆯ 거시로ᄃᆡ ᄯᅩᄒᆞᆫ 쉽게 말ᄒᆞᆯ 일이 못 되ᄂᆞᆫ지라 대뎌 구라파 각국이 밧그로 화친ᄒᆞ믈 칭탁(稱託)ᄒᆞ고[21] 안흐로 엿보ᄂᆞᆫ ᄆᆞᄋᆞᆷ을 두며 셔로 련졉ᄒᆞ야 부강ᄒᆞ믈 밋ᄂᆞ니 그 현져히 알기 쉬온 쟈ᄂᆞᆫ 월남이 법국(法國)[22] 사ᄅᆞᆷ의게 핍박ᄒᆞᆫ ᄇᆡ 되여 임의 셔편 변방에 ᄀᆡ항ᄒᆞ고 다시 동경의 군ᄉᆞ를 둔쳐[23] 그 삼 ᄉᆡᆼ에[24] 셰납[25]을 아 【2ㄱ】 셔[26] 그 셰폐[27]를 츙수ᄒᆞ고[28] 다시 여셧 가지 약됴를 셰워 보호ᄒᆞ므로 칭탁ᄒᆞ고 엄연이 졔 휘하의 누르ᄂᆞᆫ ᄃᆞᆺᄒᆞ야 져의 디경에 모다 드러가나 다르미 업ᄉᆞ며 셤라국 분각[29] ᄯᆞ와 면뎐국[30] 랑곤[31] ᄯᆞ히 일즉 영국 사ᄅᆞᆷ의 ᄀᆡ항 통샹ᄒᆞ미 되고 ᄯᅩ 텰로[32] 셜기를 의론ᄒᆞ야 뎐월[33] 변방을 통ᄒᆞ야 륙로로 힝ᄒᆞ기를 편ᄒᆞ게 ᄒᆞ고ᄌᆞ ᄒᆞ니 더옥 깁흔 ᄭᅬ를 측량ᄒᆞᆯ 슈 업ᄉᆞ며

---

16. ᄒᆞᆫ가지로: 함께.
17. 버러 이시니: 벌어 있으니. (곳곳에) 흩어져 있으니. '버러'(벌 + 어)는 형태상 1:43ㄴ 주석 19의 사동형 '버려'(벌 + 이 + 어)와 구별된다. '이언'에 '버러'는 3회(3:1ㄱ, 37ㄴ, 4:25ㄱ) 나오는데 '버러 잇-' 처럼 '잇다'가 후행한다.
18. 챠홉다: 차(嗟)홉다. 아 슬프다. 주로 글에서, 매우 슬퍼 탄식할 때 쓰는 말. 차호(嗟乎). 차홉다 > 차홉다. ¶차홉다 풍속의 사오나이 도ᄋᆡ유미 이러ᄒᆞ니(번역소학 10:33).
19. 셩ᄒᆞ미: 성(盛)함이.
20. 동(動)ᄒᆞᄂᆞᆫ: 움직이는.
21. 칭탁(稱託)ᄒᆞ고: 사정이 어떠하다고 핑계를 대고.
22. 법국(法國): 프랑스.
23. 둔쳐: 주둔하여. 둔(屯)치다: ① 여러 사람이 한곳에 떼 지어 머무르다. ② 많은 군대가 한데 모여 진을 치다. ¶몇 천 명 몇 백 명의 대군이 지금 안성 죽산에 둔치고 있다던가?(홍명희, 임꺽정)
24. 삼 ᄉᆡᆼ: 삼(三) 성(省).
25. 셰납: 세납(稅納). ① 납세(納稅). ② 나라에 바치는 세금. ¶처음에는 내 논마지기를 부쳐 먹다가 과중한 세납과 그 외에도 여러 가지 무는 것이 많아서 남의 빚을 지기 시작하였습니다(한용운, 흑풍). [원문] 賦.
26. 아셔: 앗아 할당하여. 앗다: 빼앗거나 가로채다. [원문] 割.
27. 셰폐: 세폐(歲幣). 제후국이나 지방 정부가 해마다 음력 10월에 중국에 보내던 공물.
28. 츙수ᄒᆞ고: 충수(充數)하고. 일정한 수효를 채우고.
29. 분각(奔覺): 태국의 '푸껫'(Phuket) 지방.
30. 면뎐국: 면전국(緬甸國). 미얀마. 면전(緬甸): '미얀마'의 음역어.
31. 랑곤(郎崑): 랭군(Rangoon). '양곤'(Yangon)의 옛 이름.
32. 텰로: 철로(鐵路).
33. 뎐월: 전월(滇粵). 지금의 운남성(雲南省)과 광동성(廣東省). 滇: 성할, 오랑캐(운남성 지역) 이름 전. 粵: 말 내킬, 나라 이름(광동성 지역) 월.

일본은 ᄒᆞᆫ 젹은 나라흐로 명나라 ᄯᅢ의 여러 번 그 근심을 바닷더니 근ᄅᆡ에 셔국 법도를 슝샹ᄒᆞ야 지혜 이시므로 스ᄉᆞ로 웃듬이 되여 망령도이 쥰쥰이[34] 동ᄒᆞᆯ ᄆᆞ음이 잇셔 【2ㄴ】 고려국[35]을 핍박ᄒᆞ야 통샹ᄒᆞᄂᆞᆫ 포구를 열고 류구국을 억졔ᄒᆞ야 부용지국을[36] ᄉᆞᆷ앗다가 근ᄅᆡ에 다시 멸ᄒᆞ고 고ᄋᆞᆯ을 ᄉᆞᆷ아 츙승[37]이라 일홈ᄒᆞ니 원방을 ᄉᆞ괴고 근국을 쳐셔[38] 촌ᄃᆡ[39]를 어더도 촌ᄃᆡ를 더 나오니 만일 즁국이 약ᄒᆞᆫ 거ᄉᆞᆯ 도로혀면[40] 쟝ᄎᆞᆺ 좌우로 관망ᄒᆞ야 셔인의 흔단[41]을 ᄉᆞᆲ힐 거시오 만일 즁국이 능히 ᄌᆞ강지칙을[42] 못ᄒᆞ면 쟝ᄎᆞᆺ 그 모양을 효측ᄒᆞ야[43] 셔인의 리권을 난ᄒᆞᆯ 거시니 범ᄀᆞᆺ치 보ᄂᆞᆫ[44] ᄆᆡᆼ렬ᄒᆞᆫ 의ᄉᆞ를[45] 불가불 방비ᄒᆞᆯ지라 아라ᄉᆞ국(俄羅斯國)은 ᄯᆞ히 너ᄅᆞ고 군ᄉᆡ(軍士ㅣ) 강ᄒᆞ야 ᄯᅳᆺ이 텬하를 겸병(兼併)ᄒᆞ기에[46] 이시니 렬국 시졀의 【3ㄱ】 비유ᄒᆞ면 굿셴 진(秦)나라와 다ᄅᆞ미 업ᄉᆞ니 회부 셔편의셔 ᄡᅡ홈ᄒᆞᆯ 졔 졈졈 침탈ᄒᆞᆯ 욕심을 방쟈히 ᄒᆞ고 회부 븍편의셔 통샹ᄒᆞᆯ 졔 가마니 도식지계(都食之計)[47]를 품엇더니 다시 발역(髮逆)[48][마리[49] ᄲᅡ지 아니ᄒᆞᆫ 도적 일홈]이 작란(作亂)ᄒᆞ믈 승시(乘時)ᄒᆞ야[50] 드ᄃᆡ여 ᄀᆡᆨ습갈이(喀什噶爾)[51][오랑ᄏᆡ 나라 일홈] 츄장(酋長) 곽벽(霍壁)[사ᄅᆞᆷ의 일홈]으로 더브러 약됴를 셰우고 화친을 통ᄒᆞ야 져

34. 쥰쥰이: 준준(蠢蠢)히. 어리석고 미련하게.
35. 고려국: 조선. 당시의 '조선'을 여전히 '고려국'으로 칭함이 주목된다.
36. 부용지국(附庸之國): 작은 나라가 큰 나라에 의탁해서 지내는 나라. 부용(附庸): ① 작은 나라가 큰 나라에 의탁해서 지내는 일. ② 독립하지 못하고 남에게 의지하여 살아가는 일.
37. 츙승: 충승(冲繩). 오키나와.
38. 원방을 ᄉᆞ괴고 근국을 쳐셔: 먼 나라를 사귀고 이웃나라를 쳐서. [원문] 遠交近攻.
39. 촌ᄃᆡ: 촌지(寸地). 얼마 안 되는 좁은 땅. 척토(尺土). 척지촌토. 촌양. 촌토.
40. 도로혀면: 돌이키면. 도로혀다: 돌이키다.
41. 흔단(釁端): ① 서로 사이가 벌어져서 틈이 생기게 되는 실마리. ¶흔단이 생기다 / 흔단을 열다 / 일부러 흔단을 내려고 하는 사람들이 곱게 오지 않는 말을 곱게 받을 리가 만무하다(홍명희, 임꺽정). ② 서로 다르게 되는 시초. [원문] 短長.
42. ᄌᆞ강지칙: 자강지책(自强之策). 스스로 부강하는 방책.
43. 효측ᄒᆞ야: 효칙(效則)하여. 본받아.
44. 범ᄀᆞᆺ치 보ᄂᆞᆫ: 범같이 보는. 호시탐탐하는. [원문] 耽耽虎視.
45. ᄆᆡᆼ렬ᄒᆞᆫ 의ᄉᆞ를: 맹렬(猛烈)한 의사(意思)를. 강력한 의도를.
46. 겸병(兼併)ᄒᆞ기에: 둘 이상의 것을 하나로 합치어 가지기에.
47. 도식지계(都食之計): 도맡아서 혼자 먹으려는 계획. 도식(都食): 도맡아서 혼자 먹음. [원문] 鯨呑. 경탄(鯨呑): 고래가 작은 물고기를 삼킨다는 뜻으로, 강한 자가 약한 자를 제 손아귀에 넣고 자기 마음대로 함을 비유적으로 이르는 말.
48. 발역(髮逆): 발비(髮匪). 장발적(長髮賊). 장발적: 중국 청나라 말기에 가톨릭교도 홍수전을 우두머리로 하여 반란을 일으켰던 무리. 모두가 변발을 풀고 장발(長髮)을 한 데에서 유래한다.
49. 마리: 머리.
50. 승시(乘時)ᄒᆞ야: 적당한 때를 타. 승기(乘機)하여.
51. ᄀᆡᆨ습갈이: 객십갈이(喀什噶爾). 신장(Xingjang) 웨이우얼 자치구의 지명. 신장의 서남부에 위치함.

의로 ᄒᆞ야곰 외응(外應)[52]이 이시믈 미더 즁국 ᄇᆡ반ᄒᆞ기ᄅᆞᆯ 무란이[53] ᄒᆞ고 텬됴(天朝)ᄅᆞᆯ 거역ᄒᆞ게 ᄒᆞ니 일노 말ᄆᆡ암아 이리(伊犁)[54][디명]에 웅거(雄據)ᄒᆞ고[55] 곽한(霍罕)[56][디명]을 아올나 심회파측(心懷叵測)ᄒᆞ니[57] 다시 맛당히 예방ᄒᆞᆯ 도리ᄅᆞᆯ ᄉᆡᆼ각ᄒᆞ야 방비ᄒᆞ기ᄅᆞᆯ 극진히 【3ㄴ】 ᄒᆞᆯ지라 영국 사ᄅᆞᆷ들은 져의 의ᄉᆞ에 도모ᄒᆞᄂᆞᆫ 바를 발셔 아ᄂᆞᆫ 고로 인도(印度) 븍편(北便) 아부한(阿富汗)[58][나라 일홈] 변방 디경에 획칙(劃策)을 란만이[59]ᄒᆞ야 디경을 뎡ᄒᆞ야 방슈(防戍)ᄒᆞ니[60] 대개 일을 당ᄒᆞ기 젼에 미리 계교ᄒᆞ미오 아라ᄉᆞ국 사ᄅᆞᆷ이 ᄯᅩ 혜원셩(惠遠城)[61]으로붓허 뎐긔션(電氣線)을 셜시(設施)ᄒᆞ야[62] 몽고국 모ᄃᆞᆫ 변방을 건너 바로 경셩(京城)에 다하시니[63] 일노 말ᄆᆡ암아 보건ᄃᆡ 모ᄃᆞᆫ 변방의 븟친 요긴ᄒᆞᆫ ᄯᅡ히 졀반이나 외국에 침탈ᄒᆞ미 되니 일노 인ᄒᆞ야 즁원(中原)을 엿보와 길게 두고 흔단을 기다려 길이 모라 바로 드러오려 ᄒᆞ미니 대뎌 즁국이 ᄒᆡ금(海禁)을 열므로붓허 변비(邊備)[64]를 【4ㄱ】 다 텰파ᄒᆞ여시니 더옥 고금에 업ᄂᆞᆫ 변ᄒᆞᆫ 판국이오 텬디에 위티ᄒᆞᆫ 긔틀[65]이라 ᄒᆡ변 각 ᄉᆡᆼ에 광동(廣東)의ᄂᆞᆫ 향항(香港)[66][셤 일홈] ᄒᆞᆫ 셤은 임의 영국에

---

52. 외응(外應): ① 외부 사람과 몰래 통함. ② 외부에서 호응함. ③ 외부에서 일어나는 반응.

53. 무란이: 무란히. 제멋대로. 고어사전 및 국어사전 미등재어로 어원 미상. 현대어 '무람, 무람없이'가 있으나 '무란이'의 '무란'과 현대의 '무람'은 뜻이 반대라 관련짓기가 어렵다. '즁국 ᄇᆡ반ᄒᆞ기ᄅᆞᆯ 무란이 ᄒᆞ고 텬됴(天朝)ᄅᆞᆯ 거역ᄒᆞ게 ᄒᆞ니': [원문] 甘心叛逆抗拒天朝. 감심(甘心): ① 괴로움이나 책망 따위를 기꺼이 받아들임. 또는 그런 마음. ② 자기 마음대로 함. 여기서는 ②의 뜻.
'무란이'는 '이언' 권4의 '론 의도'(4:42ㄴ)에도 나온다. '슬프다 텬하 만민이 텬디ᄉᆡᆼ셩지턱으로 ᄉᆡᆼ겻거ᄂᆞᆯ 져희 무리 쥭이기ᄅᆞᆯ 무란이 ᄒᆞ며'(嗟乎蒸民仰荷生成而若輩忍加殘害, 4:42ㄴ) 참고.
cf. 무람: 스스럼이나 무안함. 부끄러워하여 삼가고 조심함. ¶성님의 덕담을 듣고 보니 무람이 앞서고……(김주영, 객주). 무람없다: 예의를 지키지 않아 삼가고 조심하는 것이 없다.

54. 이리(伊犁): 신장(Xingjang) 웨이우얼 자치구의 지역명. 신장의 서북부에 위치함.

55. 웅거(雄據)ᄒᆞ고: 일정한 지역을 차지하고 굳게 막아 지키고.

56. 곽한(霍罕): '호한'(浩罕)이라고도 한다. 중국 신장(新疆) 서부와 연접한 중앙아시아 국가였다. 1878년 러시아에 의해 멸망했다.

57. 심회파측(心懷叵測): 마음속에 품고 있는 생각이나 느낌을 예측하기 어려움. 叵: 어려울, 불가할 파. '可' 자의 좌서(左書)로 불가(不可)를 뜻함. 파측(叵測)하다: 불측하다. 현대어 사전에서는 '파측하다'를 '불측하다'의 잘못으로 처리하고 있음.

58. 아부한(阿富汗): 아프카니스탄.

59. 란만이: 난만(爛漫)히. 의견이 다양하게. 난만(爛漫): ① 꽃이 활짝 많이 피어 화려함. ② 광채가 강하고 선명함. ③ 주고받는 의견이 충분히 많음.

60. 방슈: 방수(方戍). 국경을 지킴. cf. 방수(防守): 방어하고 수비함. [원문] 劃疆.

61. 혜원셩: 혜원성(惠遠城). 신장(Xingjang) 웨이우얼 자치구 이리(伊犁)의 9개 성 중의 하나로 신장의 군사, 정치 중심이며 혜원성은 건륭황제(乾隆皇帝)가 하사한 이름이다.

62. 셜시ᄒᆞ야: 설시(設施)하여. 설비하여.

63. 다하시니: 닿았으니.

64. 변비(邊備): 국경의 경비. ¶세조와 성종 때 허종이 날쌔고 무서운 이름을 알린 뒤에는 변비가 아직도 튼튼하다(박종화, 금삼의 피).

붓치고 오문(澳門)[67][셤 일홈] ᄒᆞᆫ 셤은 ᄯᅩᄒᆞᆫ 포도아국(葡萄牙國)[68]의 붓치엿고 그나마 남븍 각 포구에 통계(統計)ᄒᆞ면 셰 포구의 피ᄎᆞ 통샹ᄒᆞᄃᆡ 양인(洋人)의 ᄆᆞᄋᆞᆷ은 오히려 부족히 너겨 무샹시(無常時)[69]에 시셰(時勢)를 혜아리며 엿보니 각국은 져마다 조심ᄒᆞ야 방비ᄒᆞᆯ ᄯᅳᆺ이 이시ᄃᆡ 즁국은 오히려 억제ᄒᆞ고 방슈(防戍)ᄒᆞᆯ 모ᄎᆡᆨ이 업ᄉᆞ니 바라ᄂᆞᆫ 바ᄂᆞᆫ 당도지인(當道之人)[70]이 정신을 가다듬고 다ᄉᆞ리기를 도모ᄒᆞ야 므릇 군무ᄉᆞ(軍務事)와 나라 정ᄉᆞ(政事)의 유익ᄒᆞᆯ 【4ㄴ】 재(者ㅣ)여든 녯법을 인슌(因循)ᄒᆞ고[71] 좌우로 관망ᄒᆞᄂᆞᆫ 풍습을 ᄒᆞᆫ갈ᄀᆞᆺ치 삐셔 바리고 쟝구원대지ᄎᆡᆨ(長久遠大之策)[72]을 셰워 변방 디경의 흔단을 엿보ᄂᆞᆫ 쟈로 ᄒᆞ야곰 간교ᄒᆞᆫ ᄭᅬ를 발뵈미[73] 업게 ᄒᆞᆯ지라 그러나 방슈지ᄎᆡᆨ(防戍之策)[74]을 유의(留意)ᄒᆞᆯ진ᄃᆡ 왼[75] 텬하 ᄉᆞ셰(事勢)를 일통(一統)으로 산계(算計)ᄒᆞᆯ 거시니 오직 능히 일 당ᄒᆞ기 젼의 통쵹(洞燭)ᄒᆞ여야 거의 일을 당ᄒᆞᆫ 후의 미봉(彌縫)을 잘 ᄒᆞ리라 녯적에 제갈공명(諸葛孔明)이 쵹(蜀)을 다ᄉᆞ릴 제 위(魏)국을 치고져 ᄒᆞᄆᆡ 반ᄃᆞ시 몬져 동오(東吳)를 화친ᄒᆞ여시니 대개 반ᄃᆞ시 심복(心腹)에 사괴미[76] 잇셔야 압뒤로 치라

65. 위ᄐᆡᄒᆞᆫ 긔틀: 위태한 기틀. 위태한 상황. 위기. [원문] 危機.

66. 향항(香港): 홍콩(Hongkong). 아편전쟁(1839–42) 후 맺어진 난징 조약[南京條約, 1842]에 따라 홍콩은 영국에 할양되고 157년 만인 1997년 7월 1일에 중국에 반환되었다.

67. 오문(澳門): 아오먼. 마카오(Macao). 중국 광동성(廣東省) 남부 향산현(香山縣)에 속해 있었다. 주강(珠江) 강어귀에 위치하며 포르투갈이 물에 젖은 화물을 말린다는 구실로 발을 들여놓아 1557년부터 중국 관리들에게 뇌물을 주고 마카오 반도의 거주권을 획득하였고, 1887년에 포르투갈령이 되었으며, 442년 만인 1999년 12월 20일에 중국에 반환되었다.

68. 포도아국(葡萄牙國): 포르투갈.

69. 무샹시: 무상시(無常時). 일정한 때가 없음. 무시(無時). ¶무상시로 출입하다 / 무상시로 와서는 애매한 나를 붙잡고선 계숙이 간 데를 가르쳐 달라고……(심훈, 영원의 미소).

70. 당도지인(當道之人/當塗之人): 당국자. 관리. [원문] 當道諸公.

71. 인슌ᄒᆞ고: 인순(因循)하고. 버리지 아니하여 지키고. 인순(因循): ① 내키지 아니하여 머뭇거림. ② 낡은 인습을 버리지 아니하고 지킴.

72. 쟝구원대지ᄎᆡᆨ: 장구원대지책(長久遠大之策). 장구하고 원대한 방책. [원문] 長駕遠馭之方.

73. 발뵈미: 발뵘이. 드러내 보임이. [원문] 逞. 逞: 굳셀, 즐거울, 상쾌할 령.
발뵈다1: '발보이다'의 준말. 발보이다: ① 남에게 자랑하기 위하여 자기가 가진 재주를 일부러 드러내 보이다. ¶그는 하수들에게 별것도 아닌 기술을 발보이는 꼴이 싫어서 일찍 자리를 떴다. ② 무슨 일을 극히 적은 부분만 잠깐 드러내 보이다. ¶앞으로의 내 계획을 관청에 발보였더니 모두들 꽤 괜찮다고 칭찬을 해 줬다. '발뵈다'의 성조는 '·발 : 뵈·다'로 '·발'은 '·발'(足)과 성조가 거성으로 같다. 아마도 '발(足) + 보이다'의 구성이 "은밀한 발 부분을 드러내 보인다"는 의미로 관용화하여 굳어진 것으로 추정되나 단정할 수는 없다. '발뵈다'는 1:9ㄴ, 3:18ㄴ, 4:33ㄴ, 41ㄴ 참고.
cf. 발뵈다2: '팔다'의 옛말. ¶售 발뵐 슈(훈몽자회 하9).

74. 방슈지ᄎᆡᆨ(防戍之策): 방수(防戍) 즉 국경을 지키는 책략. '방슈'는 '防守'도 통하나 '防戍'이 더 가까움. [원문] 防禦.

75. 왼: 온. ¶왼 셩이 함ᄭᅴ 면ᄒᆞ기를 원ᄒᆞ니라(여사서언해 4:29).

76. 사괴미: 사귐이. ¶서르 사괴야 感ᄒᆞᄂᆞ니(능엄경언해 6:26).

오ᄂᆞᆫ 뎍병(敵兵)을 면ᄒᆞᆯ 거시니 로련(老鍊)ᄒᆞᆫ 모략과 심원(深遠)ᄒᆞᆫ 【5ㄱ】 계칙이 ᄆᆡ양 만젼지계(萬全之計)[77]를 쓰ᄂᆞ니 이제 양인이 형셰를 밋고 죵횡ᄒᆞ야 흔단을 보와 움즉이ᄆᆡ 아국(我國)은 그 협졔(脅制)ᄒᆞ믈[78] 밧고 외로이 잇셔 구원이 업ᄉᆞ니 ᄆᆞᆺ당히 일즉 도모ᄒᆞᆯ지라 약됴 즁 각국을 샹고ᄒᆞᄆᆡ 기즁 강셩ᄒᆞᆫ 쟈ᄂᆞᆫ 영국만 ᄒᆞᆫ 이 업고 미국(美國)과 법국(法國)과 아라ᄉᆞ(俄羅斯)ᄂᆞᆫ 다 죡히 샹젹(相敵)ᄒᆞᆯ[79] 만ᄒᆞ나 그러나 영국 사ᄅᆞᆷ은 험ᄒᆞ고 사특ᄒᆞ며 법국 사ᄅᆞᆷ은 용력(勇力) 잇고 ᄉᆞ오나와 셰력으로 셔로 ᄃᆡ뎍(對敵)ᄒᆞᄂᆞ니 ᄯᅥ나고 합ᄒᆞᄂᆞᆫ 곡졀이 실노 편안ᄒᆞ고 위ᄐᆡᄒᆞᆯ 긔틀이 관계ᄒᆞ엿고 아라ᄉᆞᄂᆞᆫ 형승지디(形勝之地)의[80] 웅거ᄒᆞ야 군ᄉᆞ를 쓰ᄆᆡ 긔률(紀律)이 엄ᄒᆞ야 오 【5ㄴ】 ᄌᆞᆨ 디경을 ᄀᆡ쳑ᄒᆞ기로 위쥬ᄒᆞᄂᆞ니 졔국의 긔탄(忌憚)ᄒᆞᄂᆞᆫ ᄇᆡ 되고 더옥 즁국의 근심ᄒᆞᆯ ᄇᆡ 되니 ᄆᆞᆺ당히 밧그로 화친ᄒᆞ고 안흐로 방슈지칙을 엄히 ᄒᆞ야 죠곰도 소홀이 못ᄒᆞᆯ 거시오 미국은 신(信)을 잡고 례(禮)를 직희며 풍쇽이 슌후(淳厚)ᄒᆞᆫ지라 즁국으로 더브러 본ᄅᆡ 혐의 업ᄉᆞ니 ᄆᆞᆺ당히 셔로 더브러 셩심(誠心)을 미뤼고 공도(公道)를 여러 화친ᄒᆞᄂᆞᆫ 일을 힘ᄡᅥ 도타이ᄒᆞᆯ 거시니 일이 이시면 젹이 일비지력(一臂之力)[81]을 ᄌᆞ뢰(資賴)ᄒᆞᆯ[82] 만ᄒᆞ고 일이 업ᄉᆞ면 구원ᄒᆞᄂᆞᆫ 셩셰(聲勢)[83]를 먼니 빙쟈(憑藉)ᄒᆞᆯ 거시오 일본인즉 그르시 젹으ᄆᆡ 차기 쉬워 스ᄉᆞ로 큰 톄ᄒᆞ기를 죠하ᄒᆞᄂᆞ 【6ㄱ】 니 즁국이 ᄆᆞᆺ당히 엄히 방비ᄒᆞ야 연ᄒᆡ(沿海) 각쳐에 군ᄉᆞ를 만히 두어 그 간교ᄒᆞᆫ ᄆᆞᄋᆞᆷ을 막으며 즁국 ᄉᆞ신을 변방 디경의 머믈너 두어 셩긔(聲氣)[84]를 통ᄒᆞ게 ᄒᆞ고 만일 법을 멸시ᄒᆞ고 약됴를 ᄇᆡ반ᄒᆞᄂᆞᆫ 등ᄉᆡ(等事ㅣ) 잇거든

---

77. 만젼지계: 만전지계(萬全之計). 실패의 위험이 없는 아주 안전하고 완전한 계책. 만전지책(萬全之策). 만전(萬全).
78. 협졔ᄒᆞ믈: 협제함을. 협제(脅制): 위협하고 견제함. [원문] 挾制.
79. 샹젹ᄒᆞᆯ: 상적할. 상적(相敵): 서로 대적할 만함. 실력이나 처지가 서로 걸맞거나 비슷함. [원문] 頡頏. 힐항(頡頏): 길항(拮抗). 서로 버티어 대항함. 길항작용(拮抗作用): ① 생물체의 어떤 현상에 대하여, 두 개의 요인이 동시에 작용하면서 서로 그 효과를 줄이는 작용. 심장 박동에 대한 교감 신경과 부교감 신경의 작용이나, 두 개의 약물을 함께 사용했을 때 서로 약효를 약화시키는 작용 따위가 있다. 대항 작용. ② 여러 종류의 균이 섞여 있을 때, 어떤 종류의 균은 발육 조건이 적합하여 잘 증식하는 반면, 다른 종류의 균은 그렇지 않아 발육이 억제되는 작용. 푸른곰팡이와 세균이 함께 있을 때 세균이 죽는 경우나 방선균과 식물 병원성 균류가 함께 있을 때 식물 병원성 균류가 죽는 경우 따위이다. 대항 작용. 같은 쪽인 3:5ㄱ에 'ᄃᆡ뎍(對敵)ᄒᆞᄂᆞ니'가, 1:8ㄴ에도 'ᄃᆡ뎍지'가, 3:30ㄴ에도 '샹뎍(相敵)지'가, 3:7ㄱ에 '뎍병'(敵兵)이 나오는데 3:7ㄴ에는 '대적'(大敵)이 보여 '젹 - 뎍 - 적'(敵)의 혼기를 보인다.
80. 형승지디의: 형승지지(形勝之地)에. 지세나 풍경이 아주 뛰어난 땅에.
81. 일비지력(一臂之力): 한 팔 또는 한쪽 팔꿈치의 힘이라는 뜻으로, 남을 도와주는 작은 힘을 이르는 말. 일편지력(一鞭之力). [원문] 臂助.
82. ᄌᆞ뢰ᄒᆞᆯ: 의지할. 밑천으로 삼을.
83. 셩셰: 성세(聲勢). 명성(名聲)과 위세(威勢).

ᄉᆞ신을 보ᄂᆡ여 의리로 썩거 ᄒᆞ야곰 두려워ᄒᆞ야 항복ᄒᆞ고 감히 방쟈히 힝치 못ᄒᆞ게 ᄒᆞ야 뎡ᄒᆞᆫ ᄃᆡ경을 직희고 잇게 ᄒᆞᆯ 거시니 방되(方道ㅣ) 이밧긔 업ᄉᆞ리라 혹이 니ᄅᆞᄃᆡ 아라ᄉᆞ국에셔 로련ᄒᆞᆫ 나라히 구라파쥬의ᄂᆞᆫ 영국 보국(普國)과 아셰아쥬의ᄂᆞᆫ 일본과 파ᄉᆞ국(波斯國)이 셔귀여 셔로 구원ᄒᆞᄂᆞ니[85] 즁국이 ᄆᆞᆺ당히 ᄉᆞ신을 보ᄂᆡ여 화 【6ㄴ】 친을 통ᄒᆞ야 심복으로 붓쳐 일이 이시면 협력ᄒᆞ야 막으리라 ᄒᆞ니 계괴(計巧ㅣ)[86] ᄯᅩᄒᆞᆫ 죠커니와 념려ᄒᆞᄂᆞᆫ 바ᄂᆞᆫ 각국이 텬죠(天朝)[87]ᄅᆞᆯ 젹게[88] 볼 거시니[89] 힘을 빌기 어려오리라 그러나 큰 판국을 두로혀려 ᄒᆞ면[90] 다ᄉᆞ리ᄂᆞᆫ 법이 잇고 다ᄉᆞ릴 만ᄒᆞᆫ 인ᄌᆡ(人才) 이시미 더옥 귀ᄒᆞ니 이졔 가쟝 요긴ᄒᆞᆫ ᄇᆡ 대강 셰 가지 ᄉᆞ단(事端)이 이시니 쳥컨ᄃᆡ ᄀᆞᆺ쵸 베프러 갈희여 쓰기ᄅᆞᆯ ᄌᆞ뢰ᄒᆞ노라 하나흔 슈뢰포(水雷砲)를 만히 짓고 텰함(鐵艦)을 만히 지으며 슈군(水軍)[91]을 훈련ᄒᆞ야 젼슈지칙(戰守之策)[92]을 ᄒᆞᆯ 거시오 즁국 연히 각쳐

---

84. 셩긔: 성기(聲氣). ① 목소리와 기운을 아울러 이르는 말. ② 성색(聲色). ③ 힘을 줌.

85. 셔귀여 셔로 구원ᄒᆞᄂᆞ니: 섞이어 서로 구원하니. [원문] 犬牙相錯. 견아(犬牙): 개의 이빨이란 뜻으로 사물이 서로 어긋나서 맞지 아니함을 비유적으로 이르는 말. ¶해동의 삼국이 건국한 지 오래라 경계가 실로 견아처럼 접했는데, 근대 이래로 드디어는 서로 틈이 벌어져 싸움을 일으키며……(이청준, 춤추는 사제). 셔귀다 > 서귀다 > 섞이다. '이언' 셔2ㄱ에는 '셕위여'로 혼기가 나온다.
서귀다1: ① 서로 바꾸다. ② 서로 달리하다.
서귀다2: 섞다. 모으다. ¶사ᄅᆞᆷ이 입을 서귀여 공을 쳔거ᄒᆞ니(경신록언해 39).
'서귀다'와 같은 동근 파생어로는 다음 예들이 추정된다. 특히 어원상 양성모음으로 된 '사괴다'(交)는 음성모음으로 된 '서귀다'(錯)와 모음조화상의 동근 파생어로 보인다.

사괴다: 阿闍世王과 사괴더니 닐오ᄃᆡ 네 새 王 ᄃᆞ외아라(월인석보 22:69).
성긔다: '성기다'의 옛말. 누르며 성긔디 아니ᄒᆞ며(석보상절 19:7).
섯긔다: '성기다'의 옛말. ᄆᆞ올히 섯긔니 누른 니피 디고(村踈黃葉墜, 두시언해 11:41).
셔기다: '속이다'의 옛말. 아ᄒᆡ야 셔기디 말고(청구영언 시조). 여러들 셔기ᄋᆞᆸ고(계축일기 43).

86. 계괴: 계교(計巧) + ㅣ(주격). ¶사ᄅᆞᆷ이 강도의 드러가라 권ᄒᆞ 리 읻더니 ᄃᆡ답ᄒᆞ여 ᄀᆞᆯ오ᄃᆡ 이ᄂᆞᆫ 파란ᄒᆞᆫ 계괴라 군부의 맏디신 ᄠᅳ디 아니라(동국신속삼강행실도 충1:43).

87. 텬죠: 천조. 중국을 천조에 비유하여 가리키는 말. 천조(天朝): 천자(天子)의 조정(朝廷)을 제후의 나라에서 이르는 말. ¶소인 소서행장은 언제나 명나라와 화친하기를 주장하는 사람이외다. 이제 천조에서 대인이 오시니 소인은 삼가 대인을 만나 뵈옵고 싸우지 않고 화친을 의논하려 하옵니다(박종화, 임진왜란).

88. 젹게: 적게. 깔보게. [원문] 藐.

89. 각국이 텬죠ᄅᆞᆯ 젹게 볼 거시니: 각국이 중국을 적게 보아 깔볼 것이니. [원문] 各國藐視天朝. 藐: 작을, 약할, 업신여길 묘. 멀 막. 묘시(藐視): 깔봄. 넘봄.

90. 두로혀려 ᄒᆞ면: 돌이키려 하면. 주선하려 하면. 알선하려 하면. (시세판국을) 돌이켜 주도하려면. [원문] 斡旋大局. 두루혀다: ① '돌이키다'의 옛말. ¶孔明이 니로되 여러 의논ᄒᆞᄂᆞᆫ 신하의 말을 조차셔 군ᄉᆞᄅᆞᆯ 그치고 갑옷슬 쓰고 ᄂᆞᆺ출 북으로 두루혀셔 엇지 셤기지 아니ᄒᆞᄂᆞ뇨(삼역총해 3:11). ② '배반하다'의 옛말. ③ '주선하다'의 옛말. ¶斡 두르혈 알(신증유합 하13). 여기서는 ③의 뜻.

91. 슈군: 수군(水軍). 해군. [원문] 水師. 수사(水師): 수군(水軍).

92. 젼슈지칙: 전수지책(戰守之策). 전쟁 대비의 방책. 전수(戰守): ① 나아가서 싸우는 일과 물러서서 지키는 일. ② 싸워서 지킴.

에 념려되ᄂᆞᆫ 곳이 만흐니 긔여히 디형을 인ᄒᆞ야 맛당ᄒᆞᆫ 법을 【7ㄱ】 지어 요긴ᄒᆞᆫ 곳의 난화 직희게 ᄒᆞ고 만일 뎍병(敵兵)이 깁히 드러오믈 방비ᄒᆞ려 ᄒᆞ거든 슈뢰포ᄅᆞᆯ 비밀히 베플고 뎍병이 츙돌ᄒᆞ믈 방비ᄒᆞ려 ᄒᆞ거든 텰함을 몬져 ᄇᆡ포ᄒᆞᆯ 거시니 두 가지가 구비ᄒᆞ면 더옥 용ᄆᆡᆼᄒᆞᆫ 슈군을 어더 구졔ᄒᆞ게 ᄒᆞᆫ 연후에 셔로 ᄌᆞ뢰ᄒᆞ야 ᄡᆞᆯ 거시니 보국과 법국이 셔로 ᄡᆞ홀 ᄯᆡᄅᆞᆯ 보건ᄃᆡ 보국 사ᄅᆞᆷ이 엇지 능히 파려(巴黎)[93] 도셩(都城)[법국 경셩이라]에 돌입(突入)ᄒᆞ며 법국의셔ᄂᆞᆫ 엇지 한만(閑漫/汗漫)이[94] 너겨 방비ᄒᆞ미 업셔시랴 실노 슈군을 잘 훈련ᄒᆞ야 능히 니긔믈 취ᄒᆞ미라 슈군 련습ᄒᆞᄂᆞᆫ 법은 영국이 뎨일이오 보국이 버거되니[95] 【7ㄴ】 이제 즁국이 맛당히 군법의 정슉(精熟)ᄒᆞᆫ[96] 양인(洋人)을 쳥ᄒᆞ고 용ᄆᆡᆼ 잇ᄂᆞᆫ 군ᄉᆞᄅᆞᆯ 갈희여 가ᄅᆞ치고 련습ᄒᆞ야 무시로[97] 죠련ᄒᆞᄃᆡ ᄋᆞ희 노름노리로 아지 말고 긔어히 대적(大敵)[98]을 당ᄒᆞᆫ ᄃᆞ시 ᄒᆞ면 ᄌᆞ연이 ᄒᆞᆼ습(恒習)[99]이 될 거시니 일죠(一朝)에 군ᄉᆞᄅᆞᆯ 쓰면 그 공효(功效)ᄅᆞᆯ ᄌᆞ연 어드리라 샹고ᄒᆞ건ᄃᆡ 직례ᄉᆡᆼ(直隷省)[100]과 산동(山東)과 민즁(閩中)[101]이며 졀강(浙江)과 량강(兩江)[102]과 량회며[103] 량광(兩廣)과 운남(雲南) 귀쥬(貴州)와 ᄉᆞ쳔(四川) 등쳐(等處)에 변방(邊防)이 가장 급ᄒᆞ니 관ᄋᆡ(關隘)[104][길목셰 요긴ᄒᆞᆫ 곳이라]ᄒᆞᆫ 곳을 일흐면 일 ᄉᆡᆼ(省)이 소동ᄒᆞᆯ 거시오 일 ᄉᆡᆼ이

---

93. 파려(巴黎): 프랑스의 수도 '파리'.

94. 한만(閑漫/汗漫)이: 태만히. 한가하고 느긋하게. [원문] 漫. '한만하다'는 다음과 같이 '閑漫 - 汗漫'을 다소 구별할 수 있으나 여기서는 문맥상 별 차이가 없는 것으로 보인다. 앞의 1:14ㄴ에는 '한만히'로 나온다. 한만(閑漫)하다1: 한가하고 느긋하다. ¶지금 시일이 급한데 그렇게 한만하여서 될 수가 있소(한용운, 흑풍). 여기가 어디라구 그 녀석이 그렇게 한만히 들어오드람?(李無影, 農民)
한만(汗漫)하다2: 되는 대로 내버려두고 등한하다. ¶창졸간 빚을 얻을 수도 없는 사정이요, 그렇다고 한만하게 품값을 천연할 처지도 못 된다(이기영, 신개지). 얼굴빛 하나 말 한마디라도 한만히 할 수는 없었다(염상섭, 삼대).

95. 버거되니: 다음 순서가 되니. 버금되니.

96. 정슉ᄒᆞᆫ: 정숙(精熟)한. 사물에 정통하고 능숙한.

97. 무시(無時)로: 특별히 정한 때가 없이 아무 때나. 수시로. ¶그 누구에게도 표를 내지 않은 채 그는 무시로 아내 생각에 빠져 들고는 했다(조정래, 태백산맥). 그 뒤로도 물론 경찰의 눈은 무시로 도현을 에워싸고 있었다(손창섭, 낙서족). [원문] 隨時.

98. 대적(大敵): 큰 적. '敵'은 바로 앞의 3:7ㄱ '뎍병'(敵兵)을 포함하여, 3:5ㄱ 'ᄃᆡ뎍(對敵)ᄒᆞᄂᆞ니', 1:8ㄴ 'ᄃᆡ뎍지', 3:30ㄴ '샹뎍(相敵)지'처럼 '뎍'으로 나오거나, 3:5ㄱ처럼 '샹젹(相敵)ᄒᆞᆯ'로 나타나는데 여기서는 '대적'(大敵)이 보여 '젹 - 뎍 - 적'(敵)의 혼기를 보인다.

99. ᄒᆞᆼ습: 항습(恒習). 늘 하는 버릇. [원문] 慣習.

100. 직례ᄉᆡᆼ: 직례성(直隷省). 중앙의 직할 성. 청나라 때의 직례성은 하북성(河北省). 직례(直隷): 조정 또는 정부에 직접 예속됨. 직속.

101. 민즁: 민중(閩中). 진나라 때의 군(郡) 이름. 현재의 복건성.

102. 량강: 양강(兩江). 청나라 초기에는 강소성과 강서성의 합칭이었는데, 강희제(康熙帝) 후에는 강소성과 안휘성으로 나뉘어져 강소성, 강서성, 안위성을 총칭하게 되었다.

103. 량회며: 양호(兩湖)+이며(열거의 접속 조사). 양호(兩湖): 현재의 호남성과 호북성.

소동ᄒᆞᆫᄌᆞᆨ 여러 ᄉᆡᆼ이 황황(遑遑)ᄒᆞᆯ지라105 ᄯᅩ 통샹ᄒᆞᄂᆞᆫ 포귀 만흔ᄌᆞᆨ 셔로 간셥ᄒᆞᄂᆞᆫ 일이 더옥 【8ㄱ】 만흐리니 일죠(一朝)의 흔단이 잇셔도 젼슈지칙은 념려 업시 ᄒᆞᆯ 거시니 이졔 즁국의 임의 륜션(輪船) 수십 쳑이 이시니 텰함을 더 쥰비ᄒᆞ면 륜션이 그 긔셰(氣勢) 갑졀이나 웅장ᄒᆞᆯ지라 소비(所費) 만흐므로 원대ᄒᆞᆫ 계칙을 안져 일치106 못ᄒᆞᆯ 거시오 하나흔 나라 디경을 쇼샹이 분간ᄒᆞ야 모든 약됴 즁에 실어 횡침(橫侵)ᄒᆞᄂᆞᆫ107 폐단을 업시 ᄒᆞᆯ 거시니 아국 변방 디경이 근본 멀고 황무ᄒᆞᆫ ᄯᆞ히 만흐니 임의 약됴를 세우고 통샹ᄒᆞ며 도쳐에 ᄀᆡ항ᄒᆞ엿시ᄆᆡ 오직 왕ᄅᆡᄒᆞ며 무역이나 ᄒᆞ야 피ᄎᆞ 셔로 편안이 ᄒᆞᆯ 거시니 엇지 셔로 해ᄒᆞᆯ ᄆᆞ음을 두어 이 ᄯᆞ흘 엇 【8ㄴ】 고 ᄯᅩ 져 ᄯᆞ흘 엿보게 ᄒᆞ리오 이졔 즁국 디경에 양인의 족젹이 두로 널녀시니 교당(教堂)[셔학 가ᄅᆞ치ᄂᆞᆫ 당이라]을 인ᄒᆞ야 ᄉᆞ단108을 ᄂᆡᄂᆞᆫ 됴건이 불가승슈(不可勝數)로ᄃᆡ109 혹 샹게(相距ㅣ) 격원(隔遠)ᄒᆞ므로 은밀ᄒᆞᆫ 졍유(情由)110를 다 아지 못ᄒᆞ며 혹 셔국 문ᄌᆞ를 아지 못ᄒᆞ므로 능히 낫낫치 분변ᄒᆞ지 못ᄒᆞ니 져의 드ᄃᆡ여 ᄉᆞ리ᄂᆞᆫ 도라보지 아니ᄒᆞ고 강ᄒᆞᆫ 것만 미더 졈졈 구ᄒᆞ기를 더ᄒᆞ니 이졔 ᄆᆞᆺ당히 긔ᄂᆡ(圻內)111와 교외에 ᄯᆞ흘 분명히 뎡ᄒᆞᆫ 후 즁국 디도를 분명히 그리고 디명을 쇼샹히 긔록ᄒᆞ야 화친ᄒᆞᄂᆞᆫ 약됴에 실어 각국의 보ᄂᆡ여 됴목과 법례를 분명히 뎡ᄒᆞᄃᆡ 무론 ᄂᆡ 【9ㄱ】 외ᄒᆞ고 침범ᄒᆞ지 못ᄒᆞ게 ᄒᆞᆯ 거시니 만일 이 약됴를 어긔면 여러 나라히 그 죄목을 드러ᄂᆡ여 흠긔 치게 ᄒᆞ고 즁국이 ᄯᅩᄒᆞᆫ 스ᄉᆞ로 강ᄒᆞ게 ᄒᆞᆯ 도리를 발분(發奮)ᄒᆞ야 힝ᄒᆞ면 근본이 쟝구ᄒᆞ고 견고ᄒᆞᆯ 거시오 ᄉᆞ신을 쇽국의 보ᄂᆡ여 ᄃᆡ신ᄒᆞ야 졍돈(整頓)ᄒᆞ야 진무(鎭撫)ᄒᆞ기를112 ᄌᆞ뢰(資賴)ᄒᆞᆯ 거시니 고려와 월남국이 ᄌᆞᄅᆡ(自來)113 공슌(恭順)ᄒᆞ기로 인ᄒᆞ야 번병을 ᄉᆞᆷ앗시니 ᄆᆞᆺ당히 대관(大官)을 갈희여

---

104. 관ᄋᆡ: 관애(關隘/關礙). 요충지.

105. 황황(遑遑)ᄒᆞᆯ지라: 갈팡질팡 어쩔 줄 모르게 급할지라. [원문] 戒嚴. 황황(遑遑)하다: 갈팡질팡 어쩔 줄 모르게 급하다. ¶한산도 피난민들은 장군이 까닭 없이 누명을 쓰고 서울로 잡혀간다 하니 부모상을 당한 듯 황황하고 초조했다(박종화, 임진왜란).

106. 안져 일치: 앉아 잃지. [원문] 坐失.

107. 횡침ᄒᆞᄂᆞᆫ: 함부로 쳐들어가는. 횡침(橫侵): 함부로 쳐들어감.

108. ᄉᆞ단: 사단(事端). ①사건의 단서. 또는 일의 실마리. ②사고나 탈. '사달'의 잘못.
사달: 사고나 탈. ¶일이 꺼림칙하게 되어 가더니만 결국 사달이 났다.

109. 불가승슈로ᄃᆡ: 불가승수(不可勝數)로되. 너무 많아서 셀 수가 없되. [원문] 不勝. '이언'의 다른 곳(1:16ㄱ, 3:30ㄴ, 4:42ㄱ)에서는 '불가승수'로 쓰였는데 여기에서만 '불가승슈'로 혼기를 보인다.

110. 졍유: 정유(情由). 사유(事由). 일의 까닭.

111. 긔ᄂᆡ: 기내(圻內/畿內). ①나라의 수도를 중심으로 하여 사방으로 뻗어 나간 가까운 행정 구역의 안. 기전(畿甸). ②조선 시대에 경기도 일대를 이르던 말. 圻: 경기 기.

112. 진무(鎭撫)ᄒᆞ기를: 난리를 일으킨 백성들을 진정시키고 어루만져 달래기를.

113. ᄌᆞᄅᆡ: 자래(自來). 자고이래. [원문] 向來.

보ᄂᆡ여 그 리해를 숣혀 보며 그 형셰를 샹고ᄒᆞ야 통샹ᄒᆞ고 금은뎜 ᄀᆡ광(開礦)ᄒᆞᄂᆞᆫ 등ᄉᆡ(等事ㅣ) 가히 ᄌᆞ뢰ᄒᆞ야 부강ᄒᆞ게 ᄒᆞᆯ 만ᄒᆞ면 그 나라흐로 ᄒᆞ야곰 ᄎᆞ례로 거힝ᄒᆞ게 ᄒᆞ 【9ㄴ】 고 만일 큰 물ᄌᆡ[114]를 판츌(辦出)ᄒᆞ기[115] 어렵거든 즁국이 몬져 죠쳐ᄒᆞ야 쥬엇다가 ᄇᆡ년(排年)ᄒᆞ야[116] 밧게 ᄒᆞ며 만일 각국이 임의 ᄀᆡ항ᄒᆞ엿거든 위ᄒᆞ야 령ᄉᆞ(領事)와 슈군을 분파(分派)ᄒᆞ야 보ᄂᆡ여 급ᄒᆞᆫ 일이 이시면 가히 일비지력(一臂之力)[117]을 도으며 셔로 의지ᄒᆞᄂᆞᆫ 공회(功效ㅣ)[118] 될 거시로ᄃᆡ 오직 셜시지초(設施之初)에[119] 경영ᄒᆞ야 ᄂᆡ기 쉽지 아니ᄒᆞᆫ지라 그러나 명민(明敏)ᄒᆞᆫ 관원 ᄒᆞᆫ두 사ᄅᆞᆷ을 어더 어려온 일을 맛지고 셩심으로 관곡(款曲)히[120] ᄒᆞ야 쟝구히 다ᄉᆞ려 편안ᄒᆞᆯ 계칙으로ᄡᅥ 말ᄒᆞ고 ᄒᆞᆫ 번 슈고ᄒᆞ고 기리 편안ᄒᆞᆫ 모략을 뵈면 각국이 반ᄃᆞ시 락죵(樂從)ᄒᆞᆯ[121] 거시니 불수년간(不數年間)[122]에 효험을 【10ㄱ】 가히 보리라 대뎌 먼 ᄃᆡ를 당긔ᄂᆞᆫ 거시 변방을 방비ᄒᆞᄂᆞᆫ 량칙(良策)이 되고 스ᄉᆞ로 강ᄒᆞ게 ᄒᆞᄂᆞᆫ 거시 요동치 못ᄒᆞᆯ 근본이라 시셰를 인ᄒᆞ야 ᄆᆞᆺ당ᄒᆞᆫ 법을 짓고 변비(邊備)에 근심이 업게 ᄒᆞ면[123] 즁국의 긔치(旂幟/旗幟)[124]를 ᄯᅥᆯ쳐 군즁이 ᄂᆞᆯ노 ᄉᆡ로올 거시오 ᄉᆞᄒᆡ(四海)에 봉화(烽火) 연긔(煙氣) 아죠 업셔 원방 제국이 구름 못ᄃᆞᆺ[125] 드러오리니 승평지치(昇平之治)[126]를 죠셕간[127]에 가히 긔약ᄒᆞ리라

---

114. 큰 물ᄌᆡ: 큰 물재(物財). 물재(物財): 물건과 돈을 아울러 이르는 말. [원문] 巨款. 거관(巨款): 거액(巨額). cf. 물재(物材): 물자(物資).

115. 판츌ᄒᆞ기: 판출(辦出)하기. 돈이나 물건 따위를 변통하여 마련하여 내기.

116. ᄇᆡ년ᄒᆞ야: 배년(排年)하여. 배년(排年): 한 해에 얼마씩 정하여 몇 해에 걸쳐 나누어 줌.

117. 일비지력(一臂之力): 한 팔 또는 한쪽 팔꿈치의 힘이라는 뜻으로, 남을 도와주는 작은 힘을 이르는 말. [원문] 指臂之助. 앞의 주석 81 참고.

118. 셔로 의지ᄒᆞᄂᆞᆫ 공회(功效ㅣ): 서로 돕는 공효가. 공효(功效): 공을 들인 보람이나 효과. 공용(功用). ¶네 말 같으면 남북촌 여러 단골집이 모두 네 공효로 형세를 부지한 모양 같구나(이해조, 구마검). [원문] 唇齒之依. 순치(脣齒): ① 입술과 이를 아울러 이르는 말. ② 입술과 이처럼 이해관계가 밀접한 둘 사이를 비유적으로 이르는 말.

119. 셜시지초: 설시지초(設施之初). 시행할 일을 계획하는 처음. [원문] 開辦之初.

120. 관곡(款曲)히: 매우 정답고 친절히. 관곡(款曲)하다: 매우 정답고 친절하다. 정친(情親)하다. ¶관곡하신 뜻은 감사하나 집에서 곧 올 줄 알고 기다릴 테니까 내일 가야겠소(홍명희, 임꺽정).

121. 락죵ᄒᆞᆯ: 낙종할. 기쁜 마음으로 복종할. 낙종(樂從): 열복(悅服).

122. 불수년간(不數年間): 몇 년이 다 걸리지 아니한 그동안.

123. 변비(邊備)에 근심이 업게 ᄒᆞ면: 변방 방비에 근심이 없게 하면. 유비무환이면. [원문] 有備無患.

124. 긔치: 기치(旂幟/旗幟). ① 예전에, 군대에서 쓰던 깃발. ② 일정한 목적을 위하여 내세우는 태도나 주장. [원문] 旂: 깃발 기. 용이 그려진 깃발. 제후(諸侯)의 깃발. cf. 旗: 깃발 기. 곰과 범을 그린 기.

125. 구름 못ᄃᆞᆺ: 구름 모이듯. [원문] 雲集. 몯다: '모이다'의 옛말.

126. 승평지치(昇平之治): 나라를 태평하게 하는 다스림.

127. 죠셕간: 조석간(朝夕間). [원문] 旦暮. 단모(旦暮): ① 조석(朝夕). ② 평상시. ③ 어떤 시기가 절박한 상태. 또는 목숨이 얼마 남지 않은 것.

【삼권 11ㄱ】

론 교섭(論交涉)

[사괴여 통셥(通涉)ᄒᆞ믈[1] 의론ᄒᆞ미라]

즁국이 외양(外洋)으로 더브러 약됴를 셰워 통상ᄒᆞ므로븟허 ᄒᆡ변 ᄯᅡ히 모다 ᄀᆡ항ᄒᆞ니 우흐로 관원과 샹고(商賈)와 교ᄉᆞ(敎士)와 아ᄅᆡ로 군ᄉᆞ와 쟝ᄉᆡᆨ(匠色)들이[2] 분답(紛沓)ᄒᆞ게[3] 니ᄅᆞ러 족젹(足跡)이 두로 널녀시ᄃᆡ 교법(敎法)을 젼ᄒᆞᄂᆞᆫ 사ᄅᆞᆷ인즉 ᄂᆡ디(內地)에 드러오기를 허ᄒᆞ며 유람ᄒᆞᄂᆞᆫ 사ᄅᆞᆷ인즉 물금톄문(勿禁帖文)[4]을 쥬고 미관말직[5]과 샹고(商賈)를 무론ᄒᆞ고 즁국의 유ᄉᆞ(有司)[6]를 보려 ᄒᆞ면 례절을 ᄎᆞ려 대빈(大賓)[7]을 ᄃᆡ졉ᄒᆞᄃᆞᆺ ᄒᆞ고 죠곰도 ᄐᆡ만히 ᄒᆞᄂᆞᆫ ᄇᆡ 업ᄉᆞ니 그윽이 니ᄅᆞ건ᄃᆡ 즁국이 양인 ᄃᆡ졉ᄒᆞ미 이럿ᄐᆞ시 츙실ᄒᆞ고 공경 【11ㄴ】 ᄒᆞᄂᆞᆫ지라 비록 혹시 의외에 변이 나고 무고히 흔단(釁端)[8]이 니러나나 졀반은 교당(敎堂)[9]의셔 형셰를 밋고 사ᄅᆞᆷ을 업슈히 너기ᄆᆡ 쇼민(小民)들이 젹분(積忿)[10]이 ᄌᆡ즁ᄒᆞ야[11] 져마다 보복ᄒᆞᆯ 일을 ᄉᆡᆼ각ᄒᆞᄂᆞᆫᄃᆡ 말ᄆᆡ암으나 그러나 ᄒᆞᆫ 번 호소ᄒᆞ면 사실(査實)ᄒᆞ야[12] 변ᄇᆡᆨ(辨白)ᄒᆞ기를[13] 엄히 ᄒᆞ니 즁국이 양인의게 실노 져바린

---

1. 통셥ᄒᆞ믈: 통섭(通涉)함을. 통섭(通涉): ①사물에 널리 통함. ②서로 사귀어 오감.
2. 쟝ᄉᆡᆨ들이: 장색(匠色)들이. 장색(匠色): 손으로 물건을 만드는 일을 업으로 하는 사람.
3. 분답(紛沓)ᄒᆞ게: 많이 몰려 북적북적하고 복잡하게. 분답(紛沓): 북적북적하고 복잡함. 잡답. 분잡.
4. 물금톄문: 물금체문(勿禁帖文). 관아에서 금한 일을 특별히 허가하여 준 사실을 적은 문서. [원문] 護符. 호부(護符): 신불(神佛)의 힘이 숨어 있어 재액을 면하게 해 준다는 부적.
5. 미관말직(微官末職): 지위가 아주 낮은 벼슬. 또는 그런 위치에 있는 사람. 미말지직. ¶삼공육경에서 비롯해서 미관말직에 이르기까지 모두 이건 못할 일이라고 반대하는 가운데서……(김동인, 대수양). [반] 고관대작. [원문] 微員.
6. 유ᄉᆞ: 유사(有司). 단체의 사무를 맡아보는 직무. 또는 그런 사람들.
7. 대빈(大賓): 높이 공경하고 존중하여 받들어야 할 손님. 귀빈. 큰손님. [원문] 嘉賓.
8. 흔단(釁端): 서로 사이가 벌어져서 틈이 생기게 되는 실마리.
9. 교당(敎堂): 신자들이 모여 예배나 포교를 하는 집. '이언'의 '론 변방'(論邊防, 3:8ㄴ)에서는 '셔학 가ᄅᆞ치ᄂᆞᆫ 당이라'이라고도 나옴.
10. 젹분: 적분(積憤/積忿). 쌓이고 쌓인 분한 마음. 적노(積怒).
11. ᄌᆡ즁ᄒᆞ야: 재중(再重)하여. 거듭 중하여. 국어사전들에는 미등재어임. [원문] 旣深.
12. 사실(査實)ᄒᆞ야: 사실을 조사하여 알아보아.
13. 변ᄇᆡᆨᄒᆞ기를: 변백(辨白)하기를. 변명하기를. ¶유성룡은 변백을 한대야 소용이 없을 것을 잘 알았다

ᄇᆡ 업ᄂᆞᆫ지라 만일 양인이 능히 졔 몸을 두로혀[14] 스ᄉᆞ로 ᄉᆡᆼ각ᄒᆞ야 졔 몸 가지기를 겸숀이 ᄒᆞ며 ᄃᆡ인졉물(對人接物)ᄒᆞᆯ[15] ᄯᅢ에 졉어보와[16] ᄂᆡ외 일톄로 셩심을 열고 공도(公道)를 넉니 ᄒᆞ야[17] 업슈히 너기고 적게 보ᄂᆞᆫ ᄆᆞᄋᆞᆷ을 두지 말며 피ᄎᆞ를 교계(較計)ᄒᆞᆯ 의견을 다 【12ㄱ】 업시 ᄒᆞ면 우리 즁원(中原)[18] 사ᄅᆞᆷ이 션악을 셔로 ᄒᆞ며 고락을 ᄒᆞᆷ긔 아니ᄒᆞ리 이시랴 근일에 이문목견(耳聞目見)ᄒᆞᄂᆞᆫ ᄇᆡ 양인이 즁국에 니ᄅᆞ면 ᄆᆡ양 언어를 통(通)치 못ᄒᆞ고 법률이 ᄀᆞᆺ지 아니ᄒᆞ므로 졔 몸을 놉히고 타인을 억제ᄒᆞ며 ᄉᆞ졍을 임의로 ᄒᆞ고 의리를 어긔며 흔단을 빙쟈ᄒᆞ야 큰 일을 지어ᄂᆡ며 공갈ᄒᆞ기도 ᄒᆞ며 요구ᄒᆞ기도 ᄒᆞ야 교셥ᄒᆞᄂᆞᆫ 법례(法例) 층졀(層節)[19]이 무수ᄒᆞ기의 니ᄅᆞᄃᆡ 즁국은 큰 판국을 온젼이 ᄒᆞ기를 도라보고 변방 흔단이 열닐가 경계ᄒᆞ야 일을 당ᄒᆞᆫ즉 관쟝(官長)은 지쳬ᄒᆞ기를 위쥬ᄒᆞ고 ᄉᆞ셔인(士庶人)[20]은 감히 결워 보지 못ᄒᆞ니 【12ㄴ】 양인이 ᄒᆞᆼ습(恒習)[21]이 되여 례ᄉᆞ 그러ᄒᆞᆯ 쥴 알고 더옥 긔탄(忌憚)이 업고 화륜션(火輪船)을 슈로(水路)와 포구(浦口)에 방쟈히 횡힝ᄒᆞᄆᆡ ᄒᆞᆼ샹 즁국 ᄇᆡ로 셔로 다다쳐[22] 젹은즉 ᄇᆡ에 ᄡᅳᄂᆞᆫ 졔구(諸具)를 다 ᄆᆞᆫ허 바리며[23] 큰즉 사ᄅᆞᆷ과 물화를 모다 물 속에 잡아너으며 졍소(呈訴)[24]를 만나 관가에 니ᄅᆞ면 인ᄒᆞ야 ᄯᅩ 억지에 말노 변ᄇᆡᆨᄒᆞᄃᆡ 혹 즁국 사ᄅᆞᆷ이 피ᄒᆞᆯ 쥴을 아지 못ᄒᆞ믈 타

(박종화, 임진왜란).

14. 두로혀: 돌이켜. ¶도로 두로혀 西로 面ᄒᆞ야(가례언해 1:8).
15. 대인졉물: 대인접물(對人接物). 남과 접촉하여 사귐.
16. 졉어보와: 접어보아. 용서하여. [원문] 恕. 졉다: 용서하다. 참작하다. ¶恕ᄂᆞᆫ 내 모ᄆᆞ로 ᄂᆞᆷ 져버볼씨라(능엄경언해 3:82). 제 몸 졉ᄂᆞᆫ ᄆᆞᅀᆞ므로 ᄂᆞᄆᆞᆯ 져브면 聖賢ㅅ地位예 니르디 몯ᄒᆞᆯ갓 分別이 업스리라(내훈 1:31). 내 몸 져버 ᄒᆞᄂᆞᆫ ᄆᆞᅀᆞ므로 사ᄅᆞᄆᆡ ᄆᆞᅀᆞᆷ 져버보면(번역소학 8:13). 恕 ᄆᆞᅀᆞᆷ 져버볼 셔(훈몽자회 하11). 體諒 졉어 혜아리다(역어유해 보51). 恕 졉을 셔(왜어유해 상54).
17. 공도를 넉니 ᄒᆞ야: 공평하고 바른 도리를 널리 하여. '넉니'는 당시 표기인 '널니'(널리)의 오기. '널니'(1:22ㄴ, 2:35ㄱ) 참고. [원문] 布公. 'ᄂᆡ외 일톄로 셩심을 열고 공도(公道)를 넉니 ᄒᆞ야': 내외 한가지로 진심을 열고 공평한 도리를 널리 하여. [원문] 開誠布公.
18. 즁원: 중원(中原). 중국. 호남성을 중심으로 하는 화북평원(華北平原). [원문] 華人.
19. 층졀: 층절(層節). 일의 많은 가닥이나 곡절 또는 변화.
20. ᄉᆞ셔인: 사서인(士庶人). 사대부와 서인.
21. ᄒᆞᆼ습: 항습(恒習). 늘 하는 버릇.
22. 다다쳐: 부딪쳐. 다다치다 > 다닥치다: ① 서로 마주쳐 닿거나 부딪치다. ¶세상일이란 생각할 때는 어려워도 다닥쳐 보면 쉬우니라(현진건, 지새는 안개). ② 일이나 사건 따위가 가까이 이르다. ¶풍신수길이 벼르고 벼르던 임진 새해가 다닥쳤다(박종화, 임진왜란).
23. ᄆᆞᆫ허 바리며: 무너뜨리며. 망가뜨리며. ᄆᆞᆫ흐다: '무느다'의 옛말. 쌓여 있는 것을 흩어지게 하다. ¶일홈을 ᄆᆞᆫ허 ᄇᆞ리며(어제내훈 1:26). 그 분묘ᄅᆞᆯ ᄆᆞᆫ허 ᄇᆞ리니(태평광기언해 1:29). ᄆᆞᆫ허디다: '무너지다'의 옛말. ¶뎌 人家 墻壁을 보니 다 ᄆᆞᆫ허뎌시니(박통사언해 상10).
24. 졍소: 정소(呈訴). 정장(呈狀). 정장(呈狀). 소장(訴狀)을 관청에 냄. ¶그래서야 어떻게 살란 말이냐 하루이틀 아니고, 사람의 일이란 알 수 있는 거냐? 그러다 혹시 맞아 죽으면 정장 하나 해 볼 곳 없는 거야(김유정, 소낙비).

ᄉᆞᆯ 삼으며 혹 즁원 ᄇᆡ에 등블이 ᄇᆰ지 못ᄒᆞ믈 무소(誣訴)ᄒᆞᄆᆡ[25] 즁ᄒᆞᆫ 법을 경ᄒᆞ게 곳쳐 구ᄎᆞ히 결쳐(決處)ᄒᆞ니[26] 즁국 사ᄅᆞᆷ의 ᄉᆞᄉᆡᆼ관두(死生關頭)[27]를 죠곰도 도라보미 업ᄉᆞᄆᆡ 아모리 원굴(寃屈)ᄒᆞ야도[28] 호소ᄒᆞᆯ 길이 업고 ᄯᅩ 대로 【13ㄱ】에 왕ᄅᆡᄒᆞᄆᆡ 거마(車馬)ᄅᆞᆯ 횡치(橫馳)ᄒᆞ다가[29] ᄒᆡᆼ인이 우연이 밋쳐 방비ᄒᆞ지 못ᄒᆞ면 ᄇᆞᆲ혀 죽으며 샹ᄒᆞ믈 물론ᄒᆞ고 ᄆᆞᆺ춤ᄂᆡ 말을 ᄎᆡ쳐[30] 뒤도 도라보지 아니ᄒᆞ고 가다가 만일 겻ᄒᆡ 사ᄅᆞᆷ이 보고 븟들고 론란ᄒᆞ면 도로혀 니ᄅᆞᄃᆡ 슌위가 오면 ᄆᆞᆺ당히 피ᄒᆞᄂᆞᆫ 일이 올타 ᄒᆞ고 공갈ᄒᆞ기ᄅᆞᆯ 대단이 ᄒᆞ며 당장에 븟들고 관가로 갈지라도 겨유 박ᄒᆞᆫ 벌노 여간[31] 치죄ᄒᆞ고[32] 양인의 ᄒᆡᆼ즁(行中)에 고공(雇工)ᄉᆞᄂᆞᆫ[33] 즁국 사ᄅᆞᆷ이 ᄆᆡ삭(每朔)의 공젼(工錢) 다쇼(多少)ᄂᆞᆫ[34] 진실노 뎡ᄒᆞᆫ 언약이 잇고 쥬ᄂᆞᆫ ᄶᆡ도 ᄯᅩᄒᆞᆫ 뎡ᄒᆞᆫ 긔약이 잇거ᄂᆞᆯ 죵죵 이런 일의 흔단을 ᄌᆞ아ᄂᆡ여 온가지로 ᄒᆞ야 【13ㄴ】 그여히 적게 쥬며 적이 불여의(不如意)ᄒᆞ면[35] 즉시 구타ᄒᆞ야 ᄂᆡ쫏ᄎᆞ며 심지어 양창(洋槍)[36]을 가지고 져히다가[37] 우연이 피ᄒᆞ기를 잘못ᄒᆞ면 인명치ᄉᆞ(人命致死)ᄒᆞ게[38] 되고 관부에 졍소ᄒᆞ면 ᄯᅩ 져희ᄅᆞᆯ 위곡(委曲)히[39] 두돈ᄒᆞ야 겨유

---

25. 무소(誣訴): 없는 일을 꾸며서 관청에 고소함.
26. 결쳐ᄒᆞ니: 결처하니. 결처(決處): ① 결정하여 조처함. ¶공명정대한 결처. ② 죄인에 대한 형벌을 집행하던 일. [원문] 結案. 결안(結案): 사형할 죄로 결정한 문서. ¶형리가 결안을 가지고 은에게 나오니, 은이 붓을 던지고 큰 소리로 말하기를, "어찌 죄 아닌 것을 가지고 사람을 죽는 데 빠지게 할 수 있느냐" 하고, 마침내 서명하지 아니하여, 아무 일 없이 양을 보호하여 죽지 않게 하였다(번역 세종실록).
27. ᄉᆞᄉᆡᆼ관두: 사생관두(死生關頭). 죽고 사는 것이 달린 매우 위태로운 고비. 생사관두.
28. 원굴ᄒᆞ야도: 원통한 누명을 써서 억울하여도. 원굴(寃屈)하다: 원통한 누명을 써서 억울하다. 원억(冤抑)하다. 원왕(冤枉)하다.
29. 횡치(橫馳): 횡주(橫走). ① 가로질러 뛰어감. ② 바른 길을 버리고 바르지 못한 길로 감. ③ 함부로 날뛰고 다님. [원문] 馳驟.
30. ᄎᆡ쳐: 채쳐. 채치다: ① 채찍 따위로 휘둘러 세게 치다. ¶주만의 집으로 말을 채쳐 오는 길에 해님다리 가에 사람이 백차일 치듯 모인 것을 보았다(현진건, 무영탑). ② 일을 재촉하여 다그치다. ¶제 남편을 역성드는 것인지, 밑도 끝도 없는 소리를 하는 남편이 틀리다는 말인지, 원영이는 뒷말이 듣고 싶었으나 채쳐 묻기도 무엇하였다(염상섭, 무화과).
31. 여간(如干): 보통으로. (현대어에서는 주로 부정의 의미를 나타내는 말과 함께 쓰여) 그 상태가 보통으로 보아 넘길 만한 것임을 나타내는 말. ¶키는 작달막하나 가슴팍이 떡 벌어진 게 여간 다부진 몸매가 아니었다(현기영, 변방에 우짖는 새).
32. 치죄(治罪)ᄒᆞ고: 허물을 가려내어 벌을 주고. ¶만일 댁에서 그 일을 들추어 가지고 고소를 한다면, 자네 자식도 응당 공범으로 몰려서 치죄를 당할 거란 말야(이기영, 신개지).
33. 고공ᄉᆞᄂᆞᆫ: 고공살이하는. 고공(雇工): ① 머슴. ② 품팔이. ③ 남의 공장에서 고용살이하는 직공. 고공(雇工)살이: 머슴살이. 고공ᄉᆞᆯ다: 고공살이하다.
34. 다쇼ᄂᆞᆫ: 다소(多少)는. [원문] 多寡.
35. 불여의(不如意)ᄒᆞ면: 일이 뜻과 같이 잘되지 아니하면.
36. 양창(洋槍): 양총(洋銃). '표준국어대사전'에는 '洋鎗'으로 나옴. '鎗'은 '槍'과 통용. [원문] 槍.
37. 져히다가: 위협하다가. 저히다: 두렵게 하다. 위협하다. ¶大威ᄂᆞᆫ 큰 威嚴이니 龍ᄋᆞᆯ 저히ᄂᆞ니라(석보상절 13:11). 裔戎 邪說이 罪福ᄋᆞᆯ 저히ᅀᆞᆸ거든 이 ᄠᅳ들 닛디 마ᄅᆞ쇼셔(용비어천가 124장).

인명을 그릇 샹ᄒᆞᆫ 률문을 당긔여 박ᄒᆞᆫ 벌을 ᄡᅳ며 더옥 참혹ᄒᆞᆫ 거ᄉᆞᆫ 월ᄉᆡᆼ(粵省)에 간악ᄒᆞᆫ ᄇᆡᆨ셩이 양인을 부동(符同)ᄒᆞ고[40] ᄉᆞ방으로 ᄒᆞᆺ허 단니다가 향곡(鄕曲)의 우쥰(愚蠢)ᄒᆞᆫ ᄉᆞᄅᆞᆷ을 쵸인(招人)ᄒᆞ며[41] ᄭᅬ여ᄂᆡ여 외양(外洋)의 파라 영영 노복(奴僕)을 ᄉᆞᆷ으니 드ᄅᆞᄆᆡ 고파(古巴)[42]와 비로(秘魯)[43]와 아만라(亞灣拿)[44][모다 디명] 등쳐에 즁국 ᄉᆞᄅᆞᆷ을 함몰(陷沒)ᄒᆞ기ᄅᆞᆯ[45] 일 년의 쳔만으로 혤지라 그 잔인ᄒᆞ고 【14ㄱ】 각박ᄒᆞ미 텬디의 화긔(和氣)ᄅᆞᆯ 크게 손샹ᄒᆞ고 가마니 쇽이며 명명(明明)이 쇽여 즁국과 셔국 약됴ᄅᆞᆯ 현져히 어긔ᄃᆡ 대양(大洋)이 막혀시ᄆᆡ 사ᄒᆡᆨ(査核)ᄒᆞᆯ[46] ᄉᆞᄅᆞᆷ이 업셔 그 음참(陰慘)ᄒᆞ믈[47] 발각ᄒᆞ고 간사ᄒᆞ믈 믈니치지 못ᄒᆞ미 가셕(可惜)ᄒᆞ도다 지어(至於) 무역 일ᄉᆞ(一事)의도[48] 즁국 ᄉᆞᄅᆞᆷ이 양인의게 부쵀(負債ㅣ)[49] 이신즉 반ᄃᆞ시 관가에 고ᄒᆞ야 밧ᄃᆡ 가산을 아ᄉᆞ[50] 치오며 심

---

38. 인명치ᄉᆞ: 인명치사(人命致死). 사람의 목숨을 죽음에 이르게 함.
39. 위곡히: 자상히. 위곡(委曲): 자세한 사정이나 곡절. 위곡하다: 자상하다. ¶심재상 상훈의 위곡한 상주로 천행 칙령의 반포를 정지하게 되매……(민태원, 월남 선생의 일화).
40. 부동(符同)ᄒᆞ고: 그른 일에 어울려 한통속이 되고. [원문] 串通. cf. 부동(附同): 부화뇌동(줏대 없이 남의 의견에 따라 움직임). 뇌동(雷同). '표준국어대사전'에는 '附同'(남의 의견에 따라 움직임)과 '符同'(한통속이 됨)을 구별하고 있음.
41. 쵸인ᄒᆞ며: 초인(招人)하며. 어떤 사람을 꾀어 끌어내며. 유괴, 납치하며. [원문] 拐誘.
42. 고파(古巴): '쿠바'의 음역어.
43. 비로(秘魯): '페루'의 음역어.
44. 아만라(亞灣拿): 쿠바의 수도 '아바나'(Havana). 멕시코 만에 접한 서인도 제도 최대의 항구 도시. 제당(製糖)·담배 공장이 많으며, 수출품으로 연초·바나나·사탕 따위가 있다. 이 부분은 중국인들이 쿠바와 페루로 이민 간 사실을 언급하고 있는 내용임. '하바나'는 현대에는 '哈瓦那'로 표기하고 있어 '아만라'(亞灣拿)는 초기 음역 표기임. 한글본에는 '고파와 비로와 아만라[모다 디명] 등쳐에'로 나오고 이의 한문본에는 '古巴秘魯亞灣拿等處'로 나오나 중국의 다른 판본(易言, 鄭觀應集(上), 上海人民出版社, 1982年版, 第184項)에는 '其尤爲參錯者 寓粵西人串通奸匪 誘販鄉愚于秘魯古巴亞湾拿等處 歲以千万計 傷天和而乖友誼 莫甚于此'처럼 쿠바 뒤에 수도 아바나가 나와 '페루 그리고 쿠바의 아바나'처럼 볼 수 있다.
45. 함몰(陷沒): ① 물속이나 땅속에 빠짐. ② 결딴이 나서 없어짐. 또는 결딴을 내서 없앰. ③ 재난을 당하여 멸망함.
46. 사ᄒᆡᆨᄒᆞᆯ: 사핵할. 사핵(査覈/査核): 실제 사정을 자세히 조사하여 밝힘.
47. 음참(陰慘)ᄒᆞ믈: 음침하고 참혹함을. (계략 따위가) 음험함을. 음참(陰慘)하다: 음침하고 참혹하다. ¶고래 등 같은 와가는 간 데 없고 보지 못하던 못이 음참하게 하늘의 햇무리를 어리고 있는 것이었다(한무숙, 돌). '음참ᄒᆞ믈 발각ᄒᆞ고': [원문] 發其覆.
48. 지어 무역 일ᄉᆞ의도: 심지어 무역 한 가지 일에도. [원문] 至於貿易一途.
지어(至於): 심지어. [원문] 至於. 그런데 바로 앞의 3:13ㄴ에 '심지어'(원문: 甚至)와 바로 뒤의 3:14ㄱ에 '심지어'(원문: 甚)가 쓰여 '지어'와 미세한 의미차를 지니며 공존한 것으로 보인다.
일ᄉᆞ: 일사(一事). 한 사건. 또는 한 가지의 일. ¶그 일사가 있은 후 온 동리에서도 모두 인심이 흉흉하였다(한설야, 탑). [원문] 一途. 일도(一途): 한 가지 길이나 방도. 또는 같은 길.
49. 부쵀: 부좌(負債) + ㅣ(주격). '債'의 음을 '좌'로 적음. '잇-/이시-' 앞에 주격이 오므로 '부쵀'는 '부좌 + ㅣ'로 분석된다.
cf. 완급(緩急)을 방비ᄒᆞ며 흔단이 이신즉 ᄆᆞᄋᆞᆷ을 다ᄒᆞ야 판리(辦理)ᄒᆞ며(이언 3:30ㄴ).

지어 니웃 사ᄅᆞᆷ의게 해(害)가 밋고51 그 일족을 다 잡아다가 믈니ᄃᆡ 양인이 만일 부채 이시면 가진 거시 비록 요부(饒富)ᄒᆞᆯ지라도 ᄯᅩᄒᆞᆫ 안례ᄒᆞ야52 갑고 가산으로 근근이 미봉(彌縫)ᄒᆞᆯ ᄯᆞᄅᆞᆷ이오 즁국의셔 외국 포구의 【14ㄴ】 가는 셰젼(稅錢)은 즁ᄒᆞ고 양국의셔 즁국 포구에 드러오는 셰젼은 경ᄒᆞ게 ᄒᆞ고 즁국 사ᄅᆞᆷ이 져의 나라의 가 무역ᄒᆞ면 젼례ᄃᆡ로 셰젼을 ᄂᆡ여 명목을 좃ᄎᆞ 바드ᄆᆡ ᄒᆡ마다 뎡ᄒᆞᆫ 규식이 이시ᄃᆡ 양인은 즁국의 드러와 쟝ᄉᆞᄒᆞᄆᆡ 이런 부비(浮費)가 모다 업ᄉᆞ니 즁원과 외국이 샹접(相接)ᄒᆞ는 물정과 형셰ᄅᆞᆯ 셔로 비교ᄒᆞᄆᆡ 바로 쇼양지판(霄壤之判)53이니 엇지 후박(厚薄)54에 분별만 잇실 ᄲᅮᆫ이리오 이는 양인이 몬져 화인(華人)을 박ᄃᆡᄒᆞ미니 ᄯᅩ 화인이 양인을 류(類) 다르게 보ᄆᆞᆯ 엇지 고이히55 너기리오 대뎌 포구에 륜션이 횡힝ᄒᆞᄆᆞᆯ 금ᄒᆞ고 륙로의 거매(車馬ㅣ) 횡치ᄒᆞᄆᆞᆯ 【15ㄱ】 막으며 일이 업ᄉᆞᆫ즉 병긔 지니ᄆᆞᆯ 금ᄒᆞ고 사ᄅᆞᆷ을 부리ᄆᆡ 공젼(工錢) 아니 쥬랴 ᄒᆞ는 긔습을 금ᄒᆞ고 사ᄅᆞᆷ을 사 가지고 외양으로 나가는 거ᄉᆞᆫ 더옥 금ᄒᆞ는 젼례(典例)에 계관(係關)ᄒᆞᆫ지라56 태셔(泰西)의 각각 법률이 이시ᄆᆡ 호젹(戶籍)을 보면 가히 샹고ᄒᆞᆯ지니 만일 화인이 리직(理直)ᄒᆞ고57 긔셰(氣勢) 츅(縮)ᄒᆞ지58 아니ᄒᆞ거든 만국(萬國) 공법(公法)을 인ᄒᆞ야 번복(飜覆)ᄒᆞ야59 분변(分辨)ᄒᆞᄃᆡ60 견집(堅執)ᄒᆞ야61 요ᄀᆡ(撓改)ᄒᆞ지62 아니ᄒᆞ면 져의가 비록 간교ᄒᆞ나 ᄯᅩ ᄒᆞᆫ가히 ᄃᆡ답ᄒᆞᆯ 말이 업ᄉᆞᆯ지라 오직 샹

탐장(貪贓)ᄒᆞ고 드러온 재 이신즉 ᄆᆡ워ᄒᆞ기를 원슈ᄀᆞᆺ치 ᄒᆞ고(이언 2:54ㄴ).

50. 아ᄉᆞ: 빼앗아.
51. 밋고: 및고. 미치고. 및다: 우리 미처 가 보ᅀᆞ바(월인석보 10:6). 及 미출 급(석봉 천자문 7).
52. 안례ᄒᆞ야: 관례에 따라. '안례하다'는 사전들에 나오지 않아 올릴 만하다. '안례'는 어원 미상이나 "전례에 따라 안배(按排/按配)한다"의 뜻에서 '按例'로 추정됨. [원문] 循例. 순례(循例): 관례나 전례를 따름. ¶세상이 많이 바뀌었어도 관혼상제에 있어서는 아직도 순례를 한다.
53. 쇼양지판: 소양지판(霄壤之判). 소양지차. 천양지차. 천연지차. 하늘과 땅 사이의 차이처럼 사물들이 서로 다름. [원문] 雲泥之隔. 운니지격: 운니지차(雲泥之差): 구름과 진흙의 차이라는 뜻으로, 서로 간의 차이가 매우 심함을 이르는 말. ¶좀 과장하여 집 외모와 내용은 천양지간, 운니지차라 해야 할지……(박경리, 토지).
54. 후박(厚薄): 후하게 구는 일과 박하게 구는 일.
55. 고이히: 괴이(怪異)히. ¶ᄯᅩ ᄂᆞᆷ도 고이히 아니 너기ᄂᆞ니(亦恬不爲怪, 번역소학 7:16).
56. 계관(係關)ᄒᆞᆫ지라: 관계한지라.
57. 리직ᄒᆞ고: 이치가 바르고. 이직(理直)ᄒᆞ다: 이치가 바르다. 반 이굴(理屈)하다: 이치에 어그러져 바르지 못하다.
58. 츅ᄒᆞ지: 축(縮)하지. 위축하지. 축(縮)하다: 생기 없다. 싱싱치 않다. 위축하다.
59. 번복(飜覆/翻覆)ᄒᆞ야: 뒤집어. 뒤집어 고쳐. ¶왕한은 순옥을 만날 때마다 그의 말이 야비하고 수다하고 번복이 많아서……(한용운, 흑풍). [원문] 反覆.
60. 분변(分辨)ᄒᆞᄃᆡ: 분별(分別)하되.
61. 견집(堅執)ᄒᆞ야: 자신의 의견을 바꾸거나 고치지 않고 버텨.
62. 요ᄀᆡᄒᆞ지: 요개(撓改)하지. 고치지. 요개(撓改): 휘어서 고침.

고ᄒᆞ건ᄃᆡ 즁국과 셔국이 약됴를 셰울 ᄯᆡ에 즁국은 법이 즁ᄒᆞ고 셔국은 법이 경ᄒᆞ야 현져히 각각 다른 【15ㄴ】 고로 교셥ᄒᆞᄂᆞᆫ 됴건을 의론ᄒᆞᄆᆡ 만일 화인이 죄를 범ᄒᆞ면 즁국 관뎡[63]으로 보ᄂᆡ여 즁국 법으로ᄡᅥ 다ᄉᆞ리고 양인이 죄를 범ᄒᆞ면 양국 관뎡으로 보ᄂᆡ여 양국 법으로ᄡᅥ 다ᄉᆞ리게 ᄒᆞ엿더니 혹 화인(華人)과 양인이 ᄒᆞᆫ가지로 인명치ᄉᆞᄒᆞᆫ 죄안(罪案)[64]을 범ᄒᆞ면 화인은 반ᄃᆞ시 ᄃᆡ살(代殺)ᄒᆞ기를[65] 의론ᄒᆞ며 ᄯᅩ 무휼지뎐(撫恤之典)[66]을 베프러 능히 요ᄒᆡᆼ(僥倖)으로 면ᄒᆞᄂᆞᆫ 재(者ㅣ) 업고 지어(至於) 양인은 ᄆᆞᆺᄎᆞᆷᄂᆡ ᄃᆡ살ᄒᆞᄂᆞᆫ 죄를 의론ᄒᆞ미 업셔 겨유 벌젼(罰錢)으로 슈쇽(收贖)ᄒᆞ니[67] 만일 공론을 인ᄒᆞ야 약됴를 견집(堅執)ᄒᆞ면 양국 관원이 도로혀 가마니 두호(斗護)ᄒᆞ고[68] 본국으로 노와 보ᄂᆡᄆᆡ 【16ㄱ】 ᄒᆡᆨ실(覈實)ᄒᆞᆯ[69] 곳이 업ᄉᆞ니 비단(非但) 경(輕)ᄒᆞᆫ 벌도 ᄡᅳ지 못ᄒᆞᆯ ᄲᅮᆫ이 아니오 도로혀 다ᄉᆞ릴 법이 아죠 업ᄉᆞ니 이ᄂᆞᆫ 더옥 불평(不平)ᄒᆞᆫ 일이라 이런고로 즁국의셔 형셰를 말ᄒᆞ기 죠하ᄒᆞᄂᆞᆫ 쟈ᄂᆞᆫ 얽ᄆᆡ이기를 젼쥬(專主)ᄒᆞ야[70] 국계(國計)와 민졍(民政)은 다 도라볼 결을이 업ᄉᆞ니 비록 흔단은 ᄂᆡ이지 아니ᄒᆞ나 그러나 잔피(孱疲)ᄒᆞᆫ ᄃᆡ[71] 셩습(成習)ᄒᆞ야[72] ᄯᅥᆯ칠 바를 아지 못ᄒᆞ니 비유컨ᄃᆡ 채질(瘵疾)[73][짓쳐ᄂᆞᆫ 병[74] 일홈]에 보제(補

---

63. 관뎡: 관정(官庭). 예전에 관가의 뜰을 이르던 말. 공정(公庭)·관(官)뜰. ¶대정 화전민들은 곧 영문에 통첩을 보내 삼 일 내로 약조를 지키지 않으면 삼읍(三邑) 민인을 모아 관정 돌입도 불사하겠다고 다그쳤다(현기영, 변방에 우짖는 새).

64. 죄안(罪案): 범죄 사실을 적은 기록. ¶빌려 쓴 돈을 일부러 갚지 않거나, 또는 부녀를 겁간하여 죄안에 오른 사람도 있었지만……(현기영, 변방에 우짖는 새).

65. ᄃᆡ살ᄒᆞ기를: 살인자를 사형에 처하기를. 대살(代殺): 살인자를 사형에 처함. 대명(代命).

66. 무휼지뎐: 무휼지전(撫恤之典). 죄를 사하는 무휼의 은전(恩典). 무휼(撫恤): 어려운 처지에 있는 사람을 불쌍히 여겨 위로하고 물질로 도움. 휼무. [원문] 撫卹. 卹: 가엽게 여길 휼. '恤'과 통함.

67. 슈쇽ᄒᆞ니: 수속(收贖)하니. 수속(收贖): 죄인이 죄를 면하기 위하여 바치는 돈을 거두어들임. cf. 수속(手續): 절차나 단계.

68. 두호ᄒᆞ고: 두둔하고. 두호(斗護): 남을 두둔하여 보호함. 가호(加護). ¶작년 가을에 진호가 입선된 것도 이 사람의 심사와 두호가 있었던 관계이다(염상섭, 모란꽃 필 때).

69. ᄒᆡᆨ실ᄒᆞᆯ: 핵실(覈實)할. 일의 실상을 조사할. 'ᄒᆡᆨ실ᄒᆞᆯ 곳이 업ᄉᆞ니 비단 경ᄒᆞᆫ 벌도 ᄡᅳ지 못ᄒᆞᆯ ᄲᅮᆫ이 아니오 도로혀 다ᄉᆞ릴 법이 아죠 업ᄉᆞ니 이ᄂᆞᆫ 더옥 불평(不平)ᄒᆞᆫ 일이라'는 "조사할 곳이 없으니 가벼운 벌도 주지 못하고 도리어 다스릴 법이 아주 없어 이는 더욱 불평을 사는 일이라"의 뜻.

70. 젼쥬ᄒᆞ야: 전주(專主)하여. 일을 주관하여. '얽ᄆᆡ이기를 젼쥬ᄒᆞ야': [원문] 專事羈縻. '기미'(羈縻)는 굴레와 고삐. 羈: 굴레 기. 縻: 고삐 미.

71. 잔피ᄒᆞᆫ ᄃᆡ: 잔피한 곳에. 잔피(孱疲)ᄒᆞ다: 아주 가냘프고 약하여 골골하다. 孱: 잔약할, 나약할 잔. [원문] 疲薾. 疲: 지칠 피. 薾: 지칠, 고달플 이. cf. 창피(猖披): 체면 깎이거나 아니꼬운 일을 당함. 또는 그에 대한 부끄러움.

72. 셩습ᄒᆞ야: 성습하여. 성습(成習): 버릇이 됨.

73. 채질(瘵疾): 설사병. 폐질환. 瘵: 앓을, 폐결핵 채. 疾: 병 질.

74. 짓쳐ᄂᆞᆫ 병: 지치는 병. 설사병. '짓쳐다'는 중세어 '즈츼다'의 변천형인 근대어 '지치다'의 이형 표기가 쓰인 것이다. 지치다: 설사하다. 마소 따위가 기운이 빠져 묽은 똥을 싸다. 즈츼다 > 지치다.
즈츼다: '지치다'의 중세형. '설사(泄瀉)하다'의 고유어. ¶아비 ᄯᅩᆼ을 즈츼여늘 黔婁ㅣ 믄득 가져다가

劑)75를 망령되이 쓰ᄆᆡ 몸이 졈졈 약ᄒᆞ야지는 것 ᄀᆞᆺ트며 ᄉᆞ리로 말ᄒᆞ기ᄅᆞᆯ 죠하ᄒᆞ는 쟈는 츙의(忠義)에 격동(激動)ᄒᆞ야 이뎍(夷狄)76 믈니치기ᄅᆞᆯ 젼쥬ᄒᆞ고 피ᄎᆞ에 물졍과 형셰ᄅᆞᆯ 능히 통합ᄒᆞ【16ㄴ】야 획칙(劃策)ᄒᆞ지 못ᄒᆞ야 조쳐(措處)ᄒᆞ기ᄅᆞᆯ ᄆᆞᆺ당히 못ᄒᆞᄆᆡ ᄆᆡ양 일을 그르치니 비유컨ᄃᆡ 양독(瘍毒)77[죵긔 일홈]에 공격ᄒᆞ는 약을 ᄒᆞᆼ샹 시험ᄒᆞᄆᆡ 원긔(元氣) ᄂᆞᆯ노 쇠홈과 ᄀᆞᆺ튼지라 당금(當今)의 양국(洋國) ᄉᆞ무ᄅᆞᆯ 판리(辦理)ᄒᆞ는78 관원이 비록 ᄉᆞ리와 형셰 두 가지에 버셔나지 아니나 그러나 ᄆᆞᆺ당히 그 경즁을 ᄉᆞᆲ히고 그 완급(緩急)을 혜아려 만일 형셰 족ᄒᆞ거든 진실노 ᄉᆞ리ᄅᆞᆯ 어긔지 말 거시오 형셰 밋지 못ᄒᆞ거든 더옥 ᄉᆞ리로ᄡᅥ 억졔ᄒᆞ며 져의 쳥ᄒᆞ는 ᄇᆡ 잇셔 가히 허급(許給)ᄒᆞᆯ79 재면 시힝ᄒᆞᄃᆡ 미뤼여80 가기ᄅᆞᆯ 일삼지 말며 가히 허급ᄒᆞ지 못ᄒᆞᆯ 거시면 막ᄌᆞ르ᄃᆡ81 더옥 ᄲᆞᆯ니【17ㄱ】ᄒᆞᆯ 거시니 만일 시힝ᄒᆞ던지 막ᄌᆞ르던지82 결쳐(決處)83 못ᄒᆞ야 호소ᄒᆞ미 분분ᄒᆞ면 양인이 일노 언지(言地)84를 숨아 졔반85으로 공갈ᄒᆞ며 번복ᄒᆞ고 요구ᄒᆞᄆᆡ 결안(結案)ᄒᆞ기ᄅᆞᆯ 혹

맛보니 마시 ᄃᆞᆯ오 ᄆᆡᆫᄆᆡᆺᄒᆞᆯᄉᆡ(번역소학 9:31). 제 아비 ᄯᅩᆼ 즈츼더니 눈다마다 머거 보니 漸漸 ᄃᆞᆯ오 ᄆᆡᆺᄆᆡᆺᄒᆞ야 가거늘(삼강행실도 효21). 즈츼면 즉재 됴ᄒᆞ리라(구급간이방 1:49). 瀉 즈칄 샤. 痢 즈칄 리 俗稱走痢(훈몽자회 중16). 토ᄒᆞ고 즈츼고 밥 몯 먹ᄂᆞ니는 안히 허ᄒᆞᆫ 디오(언해두창집요 상55).
지치다. ¶疲倦 지치다(한청문감 7:38).

75. 보졔: 보제(補劑). 주(主)가 되는 약의 작용을 돕거나 부작용을 없애는 약제.

76. 이뎍: 이적(夷狄). 오랑캐.

77. 양독(陽毒): 〖한의학〗 ① 양독발반. ② '성홍열'을 한방에서 이르는 말. 양독발반(陽毒發斑): 〖한의학〗 어린아이에게 나타나는 열병의 하나. 관절이 붓고 아프며 열이 나면서 얼굴 및 그 밖의 부위에 홍역 때보다 굵은 두드러기가 돋는다. 양독. [원문] 瘍毒. 瘍: 종기 양. 현대의 국어사전들은 '陽毒'으로 표기하고 있음.

78. 판리(辦理)ᄒᆞ는: 일 따위를 맡아 처리하는.

79. 허급(許給)ᄒᆞᆯ: 달라는 대로 허락하여 베풀어 줌. 허시(許施)할.

80. 미뤼여: 미루어. 미뤼다: '미루다'의 옛말. ¶그저 甛言蜜語로 오늘은 ᄂᆡ일 미뤼고 ᄂᆡ일은 모릐 미뤼니(박통사신석언해 1:35). 교홰 ᄯᅩᄒᆞᆫ ᄒᆞᆫ 어질 인 ᄠᅳ를 미뤼여 널니기에 지나지 아닐 ᄯᆞ름이라(자휼전칙 3). '이언'에는 '미루-, 미뤼, 밀위-'가 혼기되어 나온다(색인 참고). 2:40ㄱ에는 '미루여', 4:27ㄴ에는 '밀위여'로 나옴.

81. 막ᄌᆞ르ᄃᆡ: 막지르되. 거부하되. 잘라 막되. [원문] 拒. 막ᄌᆞᄅᆞ다(←막- + 디ᄅᆞ-): 잘라 막다. 모음으로 시작하는 어미 앞에서는 '막ᄌᆞᆯ-'로 나타난다. ¶太子ㅅ손 자ᄇᆞ샤 두 눉믈 디샤 門ᄋᆞᆯ 자펴 막ᄌᆞᄅᆞ시니(월인천강지곡 상16). 사오나온 風俗ᄋᆞᆯ 사ᄅᆞᄆᆡ ᄂᆞ출 막ᄌᆞᄅᆞ고 몸 올에 호ᄆᆞ란 ᄆᆞᆯ 바ᄅᆞᆯ ᄇᆡ호노라(두시언해 15:17). 곧 머리셔 오ᄂᆞᆫ 소ᄂᆞᆯ 막ᄌᆞᆯ오미 비록 이리 하나(두시언해 7:22). 집 사ᄅᆞᆷ이 미더 막ᄌᆞᆯ오ᄆᆞᆯ 져기 게을이 ᄒᆞ여ᄂᆞᆯ(번역소학 9:62).
막지르다: 앞질러 가로막다. ¶남의 말을 막지르다 / 만약 아버지가 집으로 가 보겠다면 내가 그의 다리를 붙잡고 늘어져서 막질러 있는 사이, 갑득이를 집으로 보내 엄마를 피하게 하면 될 테니깐(김원일, 노을).

82. 막ᄌᆞ르던지: 막지르든지. 거부하든지. [원문] 違.

83. 결쳐: 결처(決處). ① 결정하여 조처함. ② 〖역사〗 죄인에 대한 형벌을 집행하던 일.

84. 언지: '트집거리'의 방언(평북).
언지(言地): ① 언단(言端). 구실. ② 〖역사〗 간관(諫官)의 지위.

의론ᄒᆞ야 벌젼으로 슈쇽ᄒᆞ며[86] 혹 샹고(商賈)의 포구를 더ᄒᆞ야 쥬어 일후에[87] 판리ᄒᆞᄂᆞᆫ 관원으로 ᄒᆞ야곰 좃출 바를 아지 못ᄒᆞ야 슈단을 부릴 길이 업ᄉᆞ니 귀ᄒᆞᆫ 바ᄂᆞᆫ 권도(權道)로[88] 응변(應辯)ᄒᆞ기를 맛갓게[89] ᄒᆞ야 뎍즁(適中)ᄒᆞᆫ[90] 방도를 침쟉ᄒᆞ며 화합ᄒᆞᆯ 모칙을 쓰ᄃᆡ 공번되고 밋브미 통힝ᄒᆞᆯ 만ᄒᆞᆫ 법을 셰우면 거의 즁국과 외국이 준힝(遵行)ᄒᆞ야 쟝구히 셔로 편ᄒᆞ리로다 샹고컨ᄃᆡ 셔국에 숑【17ㄴ】ᄉᆞ(訟事)를 니ᄅᆞ혀ᄆᆡ[91] 량쳑(兩隻)[92]이 ᄒᆞᆷ긔 쟝ᄉᆞ(狀師)[93][숑ᄉᆞ 쳐결ᄒᆞᄂᆞᆫ 셔국 스승이라]를 마져 ᄃᆡ질ᄒᆞᄃᆡ 사획ᄒᆞ기를 혹 공번되이 못ᄒᆞ거든 쟝ᄉᆡ 가히 시비를 분변ᄒᆞ야 곡직(曲直)을 갈히여 ᄉᆞ리를 분명히 ᄒᆞ야 의심이 업게 ᄒᆞᆫ 후에 사실(査實)ᄒᆞᄂᆞᆫ[94] 관원이 비로쇼 옥안(獄案)[95]을 뎡ᄒᆞᄂᆞ니 그윽이 니ᄅᆞᄃᆡ 즁국이 이ᄯᅢ에 ᄯᅩᄒᆞᆫ 의방(依倣)ᄒᆞ야[96] 판리ᄒᆞᄃᆡ 만일 셔국 률문을 졍통ᄒᆞ고 즁국 법례를 련습ᄒᆞ야 그 인픔과 학문이 본ᄃᆡ 즁국과 셔국이 감복ᄒᆞᆯ 만ᄒᆞᆫ 재 잇거든 대관(大官)이 죠뎡에 주달(奏達)ᄒᆞ고[97] 놉흔 벼슬을 쥬며 록봉(祿俸)을 후히 ᄒᆞ야 총리아문(總理衙門)과 남북양(南北洋) 대신의게 분파(分派)ᄒᆞ야 보ᄂᆡᄃᆡ 그【18ㄱ】률문을 즁국과 셔국 법을 합ᄒᆞ야 쓰고 양국(洋國) 관원으로 셔로 의론ᄒᆞ야 죠흔 방도를 극진이 ᄒᆞ기를 힘쓰ᄃᆡ 만일 오히려 불합(不合)ᄒᆞ거든 곳 양국(洋國) 법을 젼유히 ᄡᅥ 다ᄉᆞ릴 거시니 양법으로ᄡᅥ 양인을 다ᄉᆞ려 ᄒᆞ야곰 법을 피치 못ᄒᆞ게 ᄒᆞ며 양법으로ᄡᅥ 화인(華人)을 다ᄉᆞ리면 죄가 ᄯᅩ 경ᄒᆞᆫ 바의 ᄀᆞᆺ치 나아갈지니 거의 ᄒᆞᆫ갈ᄀᆞᆺ튼 법으로 공평되이 ᄒᆞ면 피ᄎᆞ에 분별

언단(言端): 말다툼을 일으키는 실마리. 언지(言地). ¶어머님께서 편찮으시다는 말이 언단이 되었다 / 우리들 싸움에는 그가 언단을 만들었다. [원문] 口實.

85. 제반: 제반(諸般). 어떤 것과 관련된 모든 것. 여러 가지. ¶제반의 행사는 항상 무속을 동반했으며……(박경리, 토지). [원문] 多方.
86. 슈쇽ᄒᆞ며: 수속(收贖)하며. 죗값을 치르며. 수속(收贖): 죄인이 죄를 면하기 위하여 바치는 돈을 거두어들임. [원문] 賠.
87. 일후(日後)에: 이후에. 뒷날. ¶자네도 일후 평생을 살면서 어디에 훌륭한 뜻을 가진 이 있다는 말 듣거든……(최명희, 혼불). 반 일전(日前).
88. 권도(權道)로: 목적 달성을 위하여 그때그때의 형편에 따라 일을 처리하는 방도로.
89. 맛갓게: 마땅하게. '응변ᄒᆞ기를 맛갓게 ᄒᆞ야': [원문] 宜應辯. 앞의 1:27ㄴ 주석 10과 II. 해제. 4.1 (28)의 '맛갓-' 논의 참고.
90. 뎍즁ᄒᆞᆫ: 적중(適中)한. 지나치거나 부족함이 없이 꼭 알맞은. ¶마침 적중하게 윗바람마저 불어 준다. 연은 천공에 요요하게 떠다니는 한 송이 꽃이었다(최명희, 혼불).
91. 니ᄅᆞ혀ᄆᆡ: 일으키매. ¶氣象을 크게 니르혀면(氣象大起來時, 박통사언해 31).
92. 량쳑: 양척(兩隻). 『법률』 원고와 피고를 통틀어 이르는 말.
93. 쟝ᄉᆞ: 장사(狀師). 재판관.
94. 사실(査實)ᄒᆞᄂᆞᆫ: 사실을 조사하여 알아보는.
95. 옥안(獄案): 예전에 재판 때에 쓰던 조서. 옥사를 조사한 서류.
96. 의방(依倣)ᄒᆞ야: 흉내 내어. ¶셩인의 규모를 울얼며 현인의 법을 의방ᄒᆞ야(仰聖模景賢範, 소학언해 3:2).
97. 주달(奏達)ᄒᆞ고: 임금에게 아뢰고.

이 업슬 거시오 교셥ᄒᆞᄂᆞᆫ ᄉᆞ뮈(事務ㅣ) 잇셔도 공심(公心)을 가지고 쳐결ᄒᆞ기ᄅᆞᆯ 삼가ᄒᆞ야[98] 률문을 ᄡᆞ라 시힝ᄒᆞᄃᆡ ᄆᆡ년 죵삭(終朔)[99]에 각쳐 숑안(訟案)이 엇지ᄒᆞ야 흔단이 잇셔시며 엇지 문쵸ᄒᆞ 【18ㄴ】 야[100] 옥안을 질뎡(質定)ᄒᆞᆫ[101] 바를 가져 번거ᄒᆞᆫ 거술 덜며 간략ᄒᆞᆫ 거술 좃ᄎᆞ 글을 ᄀᆡ간(改刊)ᄒᆞ야 각국이 공번도이 열람ᄒᆞ게 ᄒᆞ고[102] 겸ᄒᆞ야 화인의 샹고ᄒᆞ야 증참(證參)ᄒᆞᆯ[103] 바를 삼은즉 시비곡직(是非曲直)[104]이 ᄎᆡᆨ(冊)을 열ᄆᆡ 쇼연(昭然)ᄒᆞ며[105] 간교ᄒᆞ고 릉모(凌侮)ᄒᆞ믈[106] 감히 발뵈지[107] 못ᄒᆞᆯ지니 임의 통신(通信)ᄒᆞ고 화친ᄒᆞᄂᆞᆫ 의를 일치 아니ᄒᆞ며 ᄯᅩᄒᆞᆫ 물졍을 쥰젹(準的)ᄒᆞ야[108] ᄉᆞ리를 침작ᄒᆞᄂᆞᆫ 효험을 보게 ᄒᆞ면 원근(遠近) 창ᄉᆡᆼ(蒼生)이 그 덕화(德化)[109]를 아오로[110] 힘닙을 거시나 그러나 다만 이ᄲᅮᆫ 아니라 고금 이ᄅᆡ로 어진 신해(臣下ㅣ) 나라를 도으ᄆᆡ 반ᄃᆞ시 텬하 대셰와 각국 인ᄌᆡ와 뎍국의 간사ᄒᆞᆫ 바를 깁히 아 【19ㄱ】 라 우리 형셰를 ᄉᆞᆲ히며 져의 물졍을 아라야[111] 이의 능히 ᄂᆡ디(內地)를 편히 ᄒᆞ고 외국을 믈니치며 원방을 ᄉᆞ

98. 공심을 가지고 쳐결ᄒᆞ기ᄅᆞᆯ 삼가ᄒᆞ야: 공적인 마음으로 결정함을 지나치지 않게 신중히하여. [원문] 公審斷按. 공심(公心): 공평하여 사사로움이 없는 마음. 처결(處決): 결정하여 조처함. 현대에는 '삼가하다'가 틀리고 '삼가다'를 맞다고 하고 있으나 개화기에 이미 '삼가ᄒᆞ다'가 쓰인 것으로 보아 '삼가다'를 맞다고 함은 현대의 규범 처리가 잘못된 처리일 수 있음을 보여 준다.

99. 죵삭: 종삭(終朔). '섣달'을 달리 이르는 말. [원문] 年終.

100. 문쵸ᄒᆞ야: 문초(問招)하여. 죄나 잘못을 따져 묻거나 심문함. [원문] 訊問. ¶문초를 당하다 / 증인으로 호출되어 문초를 받은 사람이 백수십 명에 달하였던 것이다(이희승, 소경의 잠꼬대).

101. 질뎡ᄒᆞᆫ: 질정한. 질정(質定): 갈피를 잡아서 분명하게 정함. [원문] 定讞. 讞: 죄 논할 얼. ¶어찌할지 질정이 없다 / 염상진은 두어 발짝 뒤처져 걸으며 여러 갈피의 생각들을 질정 없이 떠올렸다가 버리고는 했다(조정래, 태백산맥). 문맥상 '질정'(質正: 묻거나 따져서 바로잡음)도 가능.

102. 공번도이 열람ᄒᆞ게 ᄒᆞ고: 공평하게 열람하게 하고. 공람하게 하고. [원문] 公覽.

103. 증참ᄒᆞᆯ: 증거나 참고가 될. 증참(證參): ① 참고가 될 만한 증거(證據). ② 증인으로 참석함. 또는 그 증인. 안동(眼同). 입회(立會).

104. 시비곡직(是非曲直): [원문] 是非枉直. 枉: 굽을 왕.

105. 쇼연ᄒᆞ며: 소연(昭然)하며. 소연(昭然)하다: 일이나 이치 따위가 밝고 선명하다. 소소(昭昭)하다.

106. 릉모ᄒᆞ믈: 능모(陵侮)함을. 업신여기어 깔봄을.

107. 발뵈지: 드러내 보이지. [원문] 逞. 逞: 굳셀, 즐거울, 상쾌할 령.
발뵈다1: '발보이다'의 준말. 발보이다: ① 남에게 자랑하기 위하여 자기가 가진 재주를 일부러 드러내 보이다. ¶그는 하수들에게 별것도 아닌 기술을 발보이는 꼴이 싫어서 일찍 자리를 떴다. ② 무슨 일을 극히 적은 부분만 잠깐 드러내 보이다. ¶앞으로의 내 계획을 관청에 발보였더니 모두들 꽤 괜찮다고 칭찬을 해 줬다. '발뵈다'의 성조는 '·발 : 뵈·다'로 '·발'은 '·발'(足)과 성조가 거성으로 같다. 아마도 '발(足) + 보이다'의 구성이 "은밀한 발 부분을 드러내 보인다"는 의미로 관용화하여 굳어진 것으로 추정되나 단정할 수는 없다. '발뵈다'는 1:9ㄴ, 3:4ㄴ, 4:33ㄴ, 41ㄴ 참고.
발뵈다2: '팔다'의 옛말. ¶售 발뵐 슈(훈몽자회 하9).

108. 쥰젹ᄒᆞ야: 준적(準的)하여. 표준이나 목표가 될 만하여.

109. 덕화(德化): 사람들을 덕행으로 감화함.

110. 아오로: 아울러. ¶左手의 두 칼을 아오로 잡으되(무예도보통지언해 43).

괴고 근국을 치ᄂᆞ니[112] 이제 즁국이 시셰ᄂᆞᆫ 늘노 간급(艱急)ᄒᆞ고[113] 강셩ᄒᆞᆫ 린국(鄰國)은 늘노 핍박ᄒᆞ니 져의 ᄯᅳᆺ을 좃ᄎᆞᆫ즉 나라히 병들고 거역ᄒᆞᆫ즉 병홰(兵火/兵禍ㅣ)[114] 니러나니 뎍국의 형셰와 양인의 물졍을 오히려 아지 못ᄒᆞ미 만흐며 대쇼(大小) 졔신(諸臣)의 의견이 ᄯᅩ 죵죵(種種)[115] ᄀᆞᆺ지 아니ᄒᆞ야 교셥ᄒᆞᄂᆞᆫ 일을 관리ᄒᆞᄆᆡ 걸픗ᄒᆞ면 방해로오미 만하 ᄌᆞ져(赼趄)ᄒᆞ고[116] 방황ᄒᆞ야[117] ᄒᆞᆫ갈ᄀᆞᆺ치 올흔 도리를 귀뎡치[118] 못ᄒᆞ며 지어(至於) 군긔(軍機) 대신과 남븍양 대신은 더옥 각국 형셰와 【19ㄴ】 물졍을 깁히 ᄉᆞᆲ히ᄂᆞᆫ 거시 귀ᄒᆞ니 ᄉᆡᆼ각을 널니ᄒᆞ고 근심을 먼니 ᄒᆞ려 홀진ᄃᆡ 젼의 외국 츌ᄉᆞ(出使)ᄒᆞ엿던 대신이 아니면 ᄯᅩᄒᆞᆫ 춍리아문 ᄉᆞ무를 오ᄅᆡ 관리ᄒᆞ던 사ᄅᆞᆷ이라야 이의 능히 직임을 담당ᄒᆞ기 넉넉ᄒᆞ야 모ᄃᆞᆫ 일이 고집불통(固執不通)ᄒᆞ미 업ᄉᆞᆯ 거시오 그러치 아니ᄒᆞᆫ즉 고담쥰론(高談峻論)으로 양인의 ᄉᆞ무를 졍되(正道ㅣ) 아니라 ᄒᆞ야 븟그려ᄒᆞ다가 일을 당ᄒᆞᆫ즉 쟝황(張皇)히 ᄒᆞ야 병화(兵火/兵禍)[119]를 침식(寢息)ᄒᆞᆯ[120] 모ᄎᆡᆨ(謀策)이 업ᄂᆞᆫ지라 나라 덕ᄐᆡᆨ(德澤)을 고로게 닙엇시니 실노 근심이 간졀ᄒᆞᆫ지라 감히 븟슐[121] 잡고 말ᄉᆞᆷ을 베프러 갈히여 쓰시믈 바라노라

---

111. 우리 형셰를 ᄉᆞᆲ히며 져의 물졍을 아라야: 자기를 알고 남을 알아야. [원문] 知己知彼.

112. 원방(遠邦)을 ᄉᆞ괴고 근국(近國)을 치ᄂᆞ니: [원문] 遠交近攻.

113. 간급(艱急)ᄒᆞ고: 어렵고 위급하고.

114. 병홰: 병화 + ㅣ(주격). 병화(兵火/兵禍): '병화'(兵火: 전쟁으로 인한 화재) 또는 '병화'(兵禍: 전쟁의 참화). [원문] 興戎. 흥융(興戎): 전쟁을 일으킴.

115. 죵죵: 종종(種種). 왕왕(往往). [원문] 往往.

116. ᄌᆞ져ᄒᆞ고: 주저하고. ᄌᆞ져(赼趄)ᄒᆞ다: 주저(躊躇)하다. 지주(踟躕)하다. [원문] 猶豫. 유예: 망설여 일을 결행하지 않음. 赼: 머뭇거릴 자. 趄: 뒤뚝거릴 저. 踟: 머뭇거릴 지. 躕: 머뭇거릴 주. ¶ᄎᆡ량 식뷔 ᄎᆞ언을 듯고 실노 ᄌᆞ져ᄒᆞᄂᆞᆫ지라[蔡良家的聽了這番言語着實遲疑, 後紅樓夢(낙선재 필사본, 1884년경) 16:56]. 'ᄌᆞ져ᄒᆞ-'는 고어사전들에 미등재어인데 '이언'에 두 번 나오며 같은 시기의 언해본인 '홍루몽'(낙선재 필사본)에 여러 번 나온다. 뒤의 3:38ㄱ 'ᄌᆞ져ᄒᆞ며' 참고.

117. 방황(彷徨)ᄒᆞ야: [원문] 彷徨.

118. 귀뎡치: 귀정하지. 귀정(歸正): 그릇되었던 일이 바른길로 돌아옴. ¶아무리 괴롭고 부끄러운 어색한 노릇이라도 이왕 작정한 일은 귀정을 내어야 한다(현진건, 무영탑). 신성이의 부친의 병세는 모든 일이 귀정이 나서 안심이 되어 그러한지 전보다 훨씬 나은 모양이다(염상섭, 모란꽃 필 때). 어떻게 했으면 남자의 고민을 덜어 줄까 하는 애틋한 생각과 함께, 자기가 남자의 처지라면 어떻게 귀정을 짓겠는가를 곰곰이 궁리도 해 보았다(염상섭, 취우).

119. 병화(兵火/兵禍): 앞의 주석 114 참고. [원문] 兵端. 병단(兵端): 전쟁의 단서. 전단(戰端).

120. 침식(寢息)ᄒᆞᆯ: 전쟁을 그치게 할. 침식(寢息): 떠들썩하던 일이 가라앉아서 그침. 지식(止息).

121. 븟슐: 붓을. 중세어 '붇'(筆)은 근대에 '붓'으로 표기되므로 근대의 중철 표기에 따르면 '붓슐'이 되어야 하는데 여기서는 ㅜ를 ㅡ로 과잉교정한 '븟슐'로 나온다. '이언'의 ᄌᆞ셔2ㄴ에서는 연철 표기의 '부슐'을 보여 준다.

【삼권 20ㄱ】

론 젼교(論傳敎)

[양인(洋人)의 교법(敎法)을 젼ᄒᆞᆷ을 의론(議論)ᄒᆞ미라]

그으이 니ᄅᆞᄃᆡ 외국에 젼교(傳敎)ᄒᆞᄂᆞᆫ 션ᄇᆡᄂᆞᆫ 실노 즁국에 흔단(釁端)[1]을 ᄂᆡᄂᆞᆫ ᄇᆡ라 양인이 즁국에 오ᄆᆡ 수만 리ᄅᆞᆯ 먼니 아니 너기니 모다 십여 국이 통샹(通商)ᄒᆞ고 젼교ᄒᆞᄂᆞᆫ 두 됴건(條件)의 버셔나지 아니ᄒᆞᄂᆞ니 통샹인즉 즁국 리권을 졈졈 아ᄉᆞ 가고 즁국 디방을 아오로[2] 침노ᄒᆞ고 젼교ᄂᆞᆫ 화인(華人)의 물졍(物情)을 탐지ᄒᆞ고[3] 화인(華人)의 ᄆᆞᄋᆞᆷ을 항복 밧고져 ᄒᆞ야 밧그로 화호(和好)ᄒᆞᄂᆞᆫ[4] 모양을 칭탁(稱託)ᄒᆞ고 안흐로 엿보ᄂᆞᆫ ᄆᆞᄋᆞᆷ을 두어 셔로 련졉(連接)ᄒᆞ야 그 부강ᄒᆞᆷ을 미드니 화인의 ᄉᆡᆼ애ᄒᆞᄂᆞᆫ 방되(方道ㅣ) ᄂᆞᆯ노 궁핍ᄒᆞ 【20ㄴ】 고 교민(敎民)[학을 ᄇᆡ호ᄂᆞᆫ ᄇᆡᆨ셩이라]의 교셥ᄒᆞᄂᆞᆫ ᄉᆞ단이 갈마드려[5] 니러ᄂᆞ니 그 즁의 화단(禍端)[6]을 니ᄅᆞ혀 ᄂᆡ미[7] 통샹ᄒᆞ기보다 ᄇᆡ나 더ᄒᆞᆫ지라 태셔(泰西)에 본ᄃᆡ 긔독[8][교법 일홈] ᄒᆞᆫ 가지 교법(敎法)이 난호여 세 가지 되니 그즁 소견이 각각 다르고 규모와 됴목이 ᄯᅩᄒᆞᆫ ᄀᆞᆺ지 아니ᄒᆞ야 혹 교민의 무리ᄅᆞᆯ 쳬결ᄒᆞ며 혹 인군(人君)의 권세ᄅᆞᆯ 아ᄉᆞ며 셔로 비방ᄒᆞ야 오릴ᄉᆞ록 능히 용납지 못ᄒᆞ며 간간이 병혁(兵革)을 니ᄅᆞ혀 ᄃᆞᆺ토와 ᄂᆡ이기ᄅᆞᆯ 요구ᄒᆞ니 하나흔 ᄀᆞᆯ온 야소괴(耶蘇敎ㅣ)니 영국(英國)과 덕국(德國)[9]과 단국(丹國)[10]과 하란(荷蘭)[11]과 셔위돈(瑞威頓)[12]과 로위(瑙威)[13]와 셔셔(瑞

---

1. 흔단(釁端): ① 서로 사이가 벌어져서 틈이 생기게 되는 실마리.
2. 아오로: 아울러. ¶홍공과 아오로 삼혹ᄉᆞ뎐을 지으니라(산셩일기 122).
3. 물졍을 탐지ᄒᆞ고: 물정(物情)을 정탐하고. [원문] 偵探.
4. 화호(和好)ᄒᆞᄂᆞᆫ: 화평하고 사이가 좋은.
5. 갈마드려: 갈마들여. 서로서로 대신하여 번갈아들이게 하여.
6. 화단(禍端): 화를 일으킬 실마리.
7. 니ᄅᆞ혀 ᄂᆡ미: 일으켜 냄이.
8. 긔독: 기독(基督). '그리스도'(Christ)의 음역어. 바로 뒤의 3:20ㄴ과 3:25ㄴ의 '야소교'(耶蘇敎)는 예수교 즉 기독교를 가리키며 '야소'는 '예수'(Jesus)의 음역어이다.
9. 덕국(德國): 독일.
10. 단국(丹國): 덴마크.

西)[14] 등 일곱 나라히 좃ᄎᆞ ᄒᆡᆼᄒᆞ고 ᄯᅩ 하나ᄒᆞᆫ ᄀᆞᆯ온 【21ㄱ】 텬쥬괴(天主敎ㅣ)니 의대리(意大利)[15]와 오마가(奧馬加)[16]와 븍비리아(北非利亞)[17]와 법란셔(法蘭西)[18]와 일ᄉᆞ파리아(日斯巴尼亞)[19]와 포도아(葡萄牙)[20]와 비리시(比利時)[21] 등 일곱 나라히 좃ᄎᆞ ᄒᆡᆼᄒᆞ고 ᄯᅩ 하나ᄒᆞᆫ ᄀᆞᆯ온 희랍괴니[22] 쇼아셰아와 구라파에 동아라ᄉᆞ(東俄羅斯)[23]와 희랍국(希臘國)[24] 등 네 나라히 좃ᄎᆞ ᄒᆡᆼᄒᆞ니 그 교법이 혹 합ᄒᆞ고 혹 난호이며 쇠ᄒᆞᄂᆞᆫ 바도 잇고 셩ᄒᆞᄂᆞᆫ 바도 이시ᄃᆡ 그 교ᄉᆞ(敎士)ᄂᆞᆫ 반ᄃᆞ시 각국 디방(地方)의 두로 유람ᄒᆞ야 ᄇᆡᆨ셩을 권ᄒᆞ야 그 교법을 존봉(尊奉)케[25] ᄒᆞ야 져의 원ᄒᆞᄂᆞᆫ 바ᄅᆞᆯ 일위고ᄌᆞ ᄒᆞ미라 이제 즁국이 임의 양인의 젼교ᄒᆞ믈 허ᄒᆞ엿시니 부득불 약됴(約條)ᄅᆞᆯ 안험(按驗)ᄒᆞ야[26] 보호ᄒᆞᆯ 거시오 각 교ᄉᆡ 니르ᄂᆞᆫ 곳마 【21ㄴ】 다 ᄉᆞ리(事理) ᄆᆞᆺ당히 디방관(地方官)의 약속을 좃게 ᄒᆞ고 시러곰[27] 공ᄉᆞ(公事)ᄅᆞᆯ 참예ᄒᆞ고 임의로 망령도이 ᄒᆞ지 못ᄒᆞ게 ᄒᆞᆯ지니 즁국의 간샤ᄒᆞᆫ ᄇᆡᆨ셩이 ᄆᆡ양 이 교법을 의지ᄒᆞ야 져의 몸 호위ᄒᆞᄂᆞᆫ 부작[28]을 삼아 작간(作奸)ᄒᆞ고 범죄ᄒᆞ미 무소부지(無所不至)오 혹 향촌(鄕村) 우ᄆᆡᆼ(愚氓)[29]은 그 간사히 쇠이ᄂᆞᆫ ᄇᆡ 되며 혹 고단ᄒᆞ고 약ᄒᆞᆫ 사ᄅᆞᆷ은 그 업슈히 너기믈 바다 혹 ᄇᆡᆨ셩의 안ᄒᆡ[30]ᄅᆞᆯ 침탈ᄒᆞ며 혹

---

11. 하란(荷蘭): 네덜란드. '태서신사'(泰西新史, 1895)에는 '화란'(和蘭)이라고 표기. 뒤의 주석 62 참고.
12. 셔위돈(瑞威頓): 스웨덴.
13. 로위(瑙威): 노르웨이.
14. 셔셔(瑞西): 스위스. 뒤의 3:26ㄱ(주석 86)에는 스위스를 '셔ᄉᆞ국'(瑞士國)으로도 표기하였다.
15. 의대리(意大利): 이탈리아.
16. 오마가(奧馬加): '성세위언'(盛世危言)에는 '오사마가'(奧斯馬加)라고 썼는데 오스트리아-헝가리 제국(1867-1918)을 말하며 '오흉제국'(奧匈帝國)이라고도 한다. '오'(奧)는 오스트리아로 '오사(奧斯), 오지리(奧地利), 오지리아(奧地利亞)'로도 적고 '마가'(馬加)는 헝가리로 '흉아리'(匈牙利)로도 적었다.
17. 븍비리아: 북비리아(北非利亞). 바바리아(Bavaria). 독일 동남부에 있는 독일 내의 가장 큰 연방주.
18. 법란셔(法蘭西): 프랑스. 뒤의 3:24ㄴ(주석 65)에는 '법국'으로도 표기하였다.
19. 일ᄉᆞ파리아(日斯巴尼亞): 스페인. 에스파냐. 뒤의 3:25ㄴ(주석 78)에서는 '셔반아'(西班牙)도 썼다.
20. 포도아(葡萄牙): 포르투갈.
21. 비리시(比利時): 벨기에. '백이의'(白耳義)라고도 적음.
22. 희랍괴니: 희랍교 + 이니. 희랍교: 희랍 정교.
23. 동아라ᄉᆞ: 동아라사(東俄羅斯). 동러시아.
24. 희랍국(希臘國): 그리스.
25. 존봉(尊奉)케: 존봉하게. 존봉(尊奉): 존경하여 높이 받듦. ¶신이 삼가 생각하건대 전하의 본의는 오직 낳아 준 부모에게 지성을 바쳐 존봉의 도를 다하려는 것입니다(번역 인조실록).
26. 안험(按驗)ᄒᆞ야: 자세히 조사하여 증거를 세워.
27. 시러곰: 능히. ¶ᄒᆞᆫ 번 뻐러디면 엇디 시러곰 자바내리오(두시언해 1:32).
28. 부작(符作): 『민속』 '부적'(符籍)의 변한말. ¶우리 집이 무당이며 화랑이며 부작과 주쟝ᄒᆞ기를(소학언해 5:56). [원문] 符作.
29. 우ᄆᆡᆼ: 우맹(愚氓). 우민(愚民). ¶조선 시대의 서민이나 우맹들은 거의 한자를 읽고 쓸 줄 몰랐다.
30. 안ᄒᆡ: 아내. [원문] 妻.

ᄇᆡᆨ셩의 가산을 횡침(橫侵)ᄒᆞ며31 혹 셰젼을 믈쥬의게 응당 갑흘 거ᄉᆞᆯ 쳔연(遷延)ᄒᆞ야32 갑지 아니ᄒᆞ며 혹 젼량(錢糧)을 관뎡(官庭)33의 응당 밧칠 거ᄉᆞᆯ 항거ᄒᆞ야 밧치지 아니ᄒᆞ며 혹 공ᄉᆞ(公事)를 인ᄒᆞ야 흔단(釁端) 【22ㄱ】 을 빙쟈ᄒᆞ고 헷말노 칭탁(稱託)ᄒᆞ며 혹 젹은 분(忿)ᄒᆞᆫ 일을 인ᄒᆞ야 평민(平民)을 쳐 쥭이고 죵죵 망령된 일을 이로34 다 긔록ᄒᆞ기 어려오며 교법을 젼ᄒᆞᆫ 쟤(者ㅣ) 죵죵 미셰ᄒᆞᆫ 일을 아지 못ᄒᆞ고 그 쇽이ᄂᆞᆫ ᄇᆡ 되여 도로혀 몬져 드른 말노 쥬쟝(主張)ᄒᆞ야 ᄉᆞ심(私心)으로 뒤덥프며 븟들고 돕ᄂᆞᆫ 거ᄉᆞ로 ᄉᆡᆼ식ᄒᆞ야 ᄒᆞᆼ샹 관뎡의 호소ᄒᆞ미 이시면 은닉(隱匿)ᄒᆞ야 죄안에 다닷지35 아니ᄒᆞ게 ᄒᆞ고 심지어 법을 범ᄒᆞᄆᆡ 임의 론죄(論罪)ᄒᆞ기에 니르러도 ᄆᆞᆺᄎᆞᆷᄂᆡ 공연(公然)히36 노하 외양(外洋)으로 보ᄂᆡ여 죄인을 근포(跟捕)ᄒᆞᆯ37 곳이 업ᄉᆞ니 옥ᄉᆞ(獄事)38를 결안(結案)치39 못ᄒᆞ며 디방관은 므릇 교민의 교셥ᄒᆞᄂᆞᆫ 【22ㄴ】 옥안(獄案)40을 만나면 흔단이 날가 져허ᄒᆞ야 삼가고 경계ᄒᆞᄂᆞᆫ ᄆᆞᄋᆞᆷ을 몬져 두고 ᄯᅩ 외국 법률노 판리(辦理)ᄒᆞ믈 아지 못ᄒᆞᄆᆡ 망연이 옥안(獄案) 결쳐(決處)ᄒᆞ기를41 지체ᄒᆞ니 일노ᄡᅥ 평민이 원굴(寃屈)ᄒᆞ믈42 바다 신셜(伸雪)ᄒᆞᆯ43 길이 업ᄂᆞᆫ지라 젹원(積怨)44이 늘노 깁허 져마다 보복ᄒᆞ기를 ᄉᆡᆼ각ᄒᆞ야

---

31. 횡침(橫侵): 함부로 쳐들어감. [원문] 横侵.
32. 천연(遷延): 일이나 날짜 따위를 미루고 지체함. 천취(遷就).
33. 관뎡: 관정(官庭). 예전에 관가의 뜰을 이르던 말. 공정(公庭)·관(官)뜰. [원문] 公庭.
34. 이로: 이루. ①(주로 뒤에 오는 '없다', '어렵다' 따위의 부정어와 함께 쓰여) 여간하여서는 도저히. ¶이루 다 헤아릴 수 없다. ②있는 대로 다. ¶같잖은 세상에 이루 상심을 하면 무엇 해요(현진건, 적도). 니ᄅᆞ/니르 > 이로 > 이루. ¶이러트시 고텨 ᄃᆞ외샤미 몯 니ᄅᆞ 혜리러라(월인석보 1:21).
35. 다닷지: 다다르지. ¶나죄 다ᄃᆞᆺ거든(노걸대언해 상3).
36. 공연(公然)히: 공공연(公公然)히. 숨김이나 거리낌이 없이. 지극히 공변되고 떳떳이. [원문] 公然.
cf. 공연(空然)히: 괜히. 쓸데없이. 까닭 없이. 공연하게.
37. 근포ᄒᆞᆯ: 체포할. 근포(跟捕): 죄인을 찾아 쫓아가서 잡음. 근착(跟捉).
38. 옥사(獄事): 반역, 살인 따위의 크고 중대한 범죄를 다스림. 또는 그 사건. 죄옥(罪獄). ¶옥사가 났으니 관에서 응당 시비곡직을 가리고 죄인을 색출해야 할 터인데……(현기영, 변방에 우짖는 새). [원문] 兇案.
39. 결안치: 결안하지. 형벌을 집행하지. 결안(結案): 『역사』 사형할 죄로 결정한 문서. ¶형리가 결안을 가지고 은에게 나오니, 은이 붓을 던지고 큰 소리로 말하기를, "어찌 죄 아닌 것을 가지고 사람을 죽는 데 빠지게 할 수 있느냐" 하고, 마침내 서명하지 아니하여, 아무 일 없이 양을 보호하여 죽지 않게 하였다(번역 세종실록). 국어사전들은 명사의 뜻만 기록하고 있으나 '이언'의 이 용례로 미루어 동사의 뜻풀이로 '형벌을 집행하다'라는 뜻도 추가하여야 할 것이다.
40. 옥안(獄案): 예전에 재판 때에 쓰던 조서. 옥사를 조사한 서류.
41. 결쳐ᄒᆞ기를: 결처하기를. 결처(決處): ①결정하여 조처함. ②『역사』 죄인에 대한 형벌을 집행하던 일.
42. 원굴(寃屈)ᄒᆞ믈: 원굴함을. 원굴(冤屈)하다: 원통한 누명을 써서 억울하다. 원억하다. 원왕하다. [원문] 屈伸.
43. 신셜ᄒᆞᆯ: 원한을 씻을. 신설(伸雪): 가슴에 맺힌 원한을 풀어 버리고 창피스러운 일을 씻어 버림. 신원설치(伸冤雪恥). 설분신원(雪憤伸冤).

교당(教堂)을 헐고 교ᄉᆞ(教士)를 욕ᄒᆞ며 ᄇᆡᆨ셩과 교ᄉᆡ 셔로 ᄡᅡ호ᄂᆞᆫ 숑안(訟案)[45]이 층싱텹츌(層生疊出)ᄒᆞ니[46] 비록 대신(大臣)이 사실(查實)ᄒᆞ고 판리(辦理)ᄒᆞ야도 샹게(相距ㅣ) 너모 멀므로 은미ᄒᆞᆫ 졍젹(情迹)을 ᄉᆞᆲ히지 못ᄒᆞ며 혹 법률이 ᄀᆞᆺ지 못ᄒᆞ므로ᄡᅥ 각기 ᄒᆞᆫ 가지 의견을 고집ᄒᆞ야 문쵸ᄒᆞ고 쳐단ᄒᆞ미 ᄌᆞ못 곡졀이 다르고 【23ㄱ】 결안ᄒᆞ기를 ᄆᆡ양 지쳬ᄒᆞ니 져의ᄂᆞᆫ 강ᄒᆞ믈 밋고 온 가지로 요구ᄒᆞ고 협졔(脅制)ᄒᆞ야[47] 유ᄉᆞ(有司)[48]를 임의 파직ᄒᆞᄆᆡ 다시 포구의 ᄀᆡ항ᄒᆞ기를 쳥ᄒᆞ며 죄인 괴슈를 임의 치죄ᄒᆞᄆᆡ 방ᄌᆞ히 ᄇᆡ샹 은을 별노이 의론ᄒᆞ니 졍리(情理)에 어긔고 약됴(約條)에 틀니ᄂᆞᆫ지라 만일 큰 판국을 도라볼진ᄃᆡ 반ᄃᆞ시 죠흔 법을 획칙ᄒᆞ야 피ᄎᆞ 준힝ᄒᆞ면 쟝구히 셔로 편ᄒᆞᆯ 거시로되 다만 화인(華人)이 각기 텬픔이 슌량ᄒᆞ야 져기 의리를 ᄇᆞᆰ히ᄂᆞᆫ 쟈ᄂᆞᆫ ᄆᆞᆺᄎᆞᆷᄂᆡ 져의 교법의 혹ᄒᆞᄂᆞᆫ ᄇᆡ 되지 아니ᄒᆞᆯ지니 므릇 교법의 나아가ᄂᆞᆫ 쟈ᄂᆞᆫ 혹 ᄌᆡ리(財利)의 ᄭᅬ이ᄂᆞᆫ ᄇᆡ 되여 능히 스ᄉᆞ로 【23ㄴ】 집심(執心)[49]을 못ᄒᆞ거나 혹 밋친병이 낫지 못ᄒᆞ므로 실셩ᄒᆞ얏거나[50] 혹 간민(奸民)[51]이 형셰를 의지ᄒᆞ거나 혹 범죄ᄒᆞᆫ ᄇᆡᆨ셩이 죄를 모면ᄒᆞ려 ᄒᆞ야 구원ᄒᆞ믈 요구ᄒᆞᄆᆡ 몬져 관가를 멸시ᄒᆞ고 국법을 경이히 너기ᄂᆞᆫ ᄆᆞ음을 두어 감히 의리를 어긔며 졍리(情理)의 버셔나ᄂᆞᆫ 일을 범ᄒᆞ미라 대뎌[52] 교ᄉᆞᄂᆞᆫ 비록 셔인(西人)이나 교법(教法)에 나아간 쟈ᄂᆞᆫ 진실노 즁국(中國) ᄇᆡᆨ셩(百姓)이라 즁국 ᄇᆡᆨ셩으로ᄡᅥ 져의 젼교를 준힝케 ᄒᆞᄂᆞᆫ 거시 화친(和親)ᄒᆞᄂᆞᆫ 의(誼)를 곡진히 온젼ᄒᆞ려 ᄒᆞ야 너른 도량으로 용납ᄒᆞ미니 오직 교법에 드러가ᄂᆞᆫ 사ᄅᆞᆷ으로ᄡᅥ 셩명(姓名)을 긔록ᄒᆞ야 디방관 【24ㄱ】 과 다못 그 나라 령ᄉᆞ(領事)의게 보(報)ᄒᆞ야 셩ᄎᆡᆨ(姓冊)에 ᄡᅧ 두엇다가 므ᄉᆞᆷ ᄉᆞ단(事端)[53]이

---

44. 젹원: 적원(積怨). 오래 쌓이고 쌓인 원망. ¶적원을 풀다 / 후백제를 간판으로 한 견훤은 백제의 적원을 대표하고……(최남선, 심춘순례).
45. 숑안: 송안(訟案). 『역사』 송사의 내용과 과정을 적은 기록.
46. 층싱텹츌ᄒᆞ니: 일이 자꾸 생기니. 층생첩출(層生疊出): 일이 여러 가지로 겹쳐서 자꾸 생겨남. ¶난리가 나려면 괴상한 일이 층생첩출 생기는 것이다(박종화, 임진왜란). [원문] 層見疊出.
47. 협졔ᄒᆞ야: 위협하여. 협제(脅制): 위협하고 견제함. 을러메서 못하게 함.
48. 유ᄉᆞ: 유사(有司): ①단체의 사무를 맡아보는 직무. ¶종친회 유사. ② 『기독교』 교회의 사무를 맡아보는 직무.
49. 집심(執心): ①흔들리지 아니하게 한쪽으로 마음을 잡고 열중함. 또는 그 마음. ②원래의 마음을 고스란히 간직함.
50. 실셩ᄒᆞ얏거나: 실성하였거나. 실성(失性): 정신에 이상이 생겨 본정신을 잃음. 실진(失眞). [원문] 失其本性.
51. 간민(奸民): 간악한 백성.
52. 대뎌: 대저(大抵). 대체로 보아서. ¶대저 가고 싶어도 못 가고, 가지 말자고 해도 안 되는 곳이 제주섬이라 하였다(현기영, 변방에 우짖는 새).
53. ᄉᆞ단: 사단(事端). ①사건의 단서. 또는 일의 실마리. ②'사달'의 잘못. [원문] 事故. cf. 사달: 사고나 탈. ¶일이 꺼림칙하게 되어 가더니만 결국 사달이 났다.

잇거든 즁국 법례ᄅᆞᆯ 의거ᄒᆞ야 판단ᄒᆞᄃᆡ 오직 령ᄉᆞ로 더브러 모히여 ᄉᆞᆲ히게 ᄒᆞ고 만일 령ᄉᆞ 업ᄂᆞᆫ 곳의ᄂᆞᆫ 디방관의게 젼위(專委)ᄒᆞ야[54] 판리ᄒᆞ게 ᄒᆞ나 그러나 반ᄃᆞ시 디방관으로 말ᄆᆡ암아 사실ᄒᆞ야 죄범(罪犯)이 업셔야 바야흐로 약됴ᄃᆡ로 보호ᄒᆞ고 만일 범법(犯法)ᄒᆞᆫ 문안(文案)이 잇던지 몬져 셩칙의 보ᄒᆞ지 아닌 쟈여든 교민으로 의론치 말고 바로 디방관이 ᄉᆞᄉᆞ로 판리ᄒᆞᄃᆡ 교ᄉᆞᄂᆞᆫ 결단코 시러곰 아른쳬 못ᄒᆞᆯ 거시오[55] 지어[56] 각 교ᄉᆡ(教士ㅣ) 공ᄉᆞ(公事)에 간예(干預)ᄒᆞ야[57] 협ᄉᆞ(挾詐)ᄒᆞ기ᄅᆞᆯ[58] 무 【24ㄴ】 수히 ᄒᆞᄂᆞᆫ 쟈ᄂᆞᆫ 벅벅이[59] 즁벌을 의론ᄒᆞ야 곳 본국 공ᄉᆞ(公使)의게 ᄌᆞ문ᄒᆞ고 쳥ᄒᆞ야 본국으로 신칙(申飭)ᄒᆞ야[60] 보ᄂᆡ여 허믈 곳치기ᄅᆞᆯ 경계ᄒᆞᆯ지니 즁국이 슌치(順治)[61] 년간으로븟허 비로쇼 하란국(荷蘭國)[62] 통샹을 허ᄒᆞᄆᆡ 양션(洋船)이 월동(粵東)[63]에 모히미 이ᄇᆡᆨ 년의 쳐음에ᄂᆞᆫ 령ᄉᆞ와 병션으로 보호ᄒᆞᄂᆞᆫ 일이 업고 ᄯᅩ 화인과 양인이 셔로 원슈ᄀᆞᆺ치 빠호ᄂᆞᆫ 흔단을 듯지 못ᄒᆞ엿드니 즁국과 셔국(西國)이 화목지 못ᄒᆞ미 아편연(阿片煙)을 팔며[64] 교법을 젼ᄒᆞ므로 말ᄆᆡ암아시니 이 두 가지ᄂᆞᆫ 본ᄃᆡ 영국과 법국(法國)[65]으로 나고 타국의ᄂᆞᆫ 업ᄂᆞᆫ ᄇᆡ라 영국과 법국이 그 화륜(火輪) 긔계(器械)와 【25ㄱ】 병션(兵船)을 미더 관쟝(官長)[66]과 아젼을 씨고 샹민(商民)을 협제ᄒᆞ니 젹굴(積屈)ᄒᆞᆫ[67] 원심(怨心)[68]이 ᄂᆞᆯ노

---

54. 젼위: 전위(專委). 전적으로 위임함. 전임(專任).
55. 아른쳬 못ᄒᆞᆯ 거시오: 알은체 못할 것이오. 알은체: ① 참견. 관여. ② 알아봄. 인사. 앞의 1:11ㄴ에는 '아른톄'로 나와 '톄-쳬'의 혼기를 보인다. '교ᄉᆞᄂᆞᆫ 결단코 시러곰 아른쳬 못ᄒᆞᆯ 거시오': [원문] 教士斷不得過問焉.
56. 지어(至於): 심지어. 북한에서는 여전히 '지어'가 잘 쓰인다.
57. 간예(干預): 관계하여 참견함. 간여(干與). 관여(關與). ¶정치에 간예를 하건 말건 조금만 똑똑한 체하는 왕의 일가면 그대로 가을바람에 떠 날리는 잎새처럼 목숨이 달아났다(박종화, 전야). 됴뎡의 간예티 아니ᄒᆞ샤(여범 1. 셩후 명덕마후).
58. 협ᄉᆞ(挾詐)ᄒᆞ기ᄅᆞᆯ: 협사하기를. 협사(挾詐): 속으로 간사한 생각을 품음. ¶만일 적이 이레 동안을 헤맸다면 이것은 협사를 해서 이순신의 함대를 유인해 내려 한 것이 확실하옵니다(박종화, 임진왜란). [원문] 挾詐.
59. 벅벅이: 반드시. 응당. 그러하리라고 미루어 헤아려 보건대 틀림없이. ¶무슨 일이 있어도 내일은 그분이 벅벅이 올 것이다. cf. 빽빽이. 박박이. [원문] 應.
60. 신칙ᄒᆞ야: 단단히 타일러 경계하여.
61. 슌치: 순치(順治). 중국 청나라 제3대 세조 때의 연호(1644-1661).
62. 하란국(荷蘭國): 네덜란드. 앞의 주석 11 참고.
63. 월동(粵東): 광동성의 별칭. 월(粵): 지명. 광동성을 월동으로, 광서성을 월서라 하고, 광동·광서를 양월(兩粵)이라 함.
64. 아편연(阿片煙)을 팔며: 아편 넣은 담배를 판매하며. 아편연(阿片煙): ① 아편을 넣어 만든 담배. ② 아편을 피울 때 나는 연기. [원문] 販煙.
65. 법국(法國): 프랑스. 앞의 3:21ㄱ(주석 18)에는 '법란셔'로도 적음.
66. 관쟝: 관장(官長). 관가의 장(長). 시골 백성이 고을 원을 높여 이르던 말. ¶재물과 공력과 시간을 들여, 나라에서 할 일을 대신 맡아 한다는데 관장의 허락이 나지 않을 리 있겠느냐(최명희, 혼불).

깁허 금지ᄒᆞᆯᄉᆞ록 더옥 더ᄒᆞ야 즁국에 부녀와 ᄋᆞ동이라도 밋쳐 그 종류ᄅᆞᆯ 분변치 아니 ᄒᆞ고 말만 드러도 셔로 믜워ᄒᆞ니 영국과 법국이 실노 ᄌᆞ취(自取)ᄒᆞᆫ 일이라 그런고로 근년에 영국과 법국이 젹이69 불슌ᄒᆞᆫ 말이 이시면 각 포구 양국 샹고(商賈)들이 다 불측지변(不測之變)이 잇슬가 념려(念慮)ᄒᆞ니 이는 ᄒᆞᆫ갓 즁국에 큰 근심ᄲᅮᆫ 아니라 ᄯᅩᄒᆞᆫ 셔국의 통샹ᄒᆞᄂᆞᆫ ᄃᆡ 크게 해로옴이라 동치(同治)70 ᄯᅴ의 보국(普國)71과 법국이 셔로 ᄲᅡ호미72 실노 교쥬73가 그 흔단을 열미니 라파륜(拿破崙) 뎨삼(第三)74[법국 인군(人君)의 일 【25ㄴ】 홈]이 교법의 그릇ᄒᆞᆫ ᄇᆡ 되여 나라히 파ᄒᆞ고 몸이 사로잡혀 텬하의 우으미75 되니 오국(墺國) 졍승 안득랍(安得拉)76이 법국 사ᄅᆞᆷ이 교쥬의 노례(奴隸)77 되ᄆᆞᆯ 감슈ᄒᆞᄂᆞᆫ 양으로 죠롱ᄒᆞ고 셔반아국(西班牙國)78이 니ᄅᆞᄃᆡ 법국이 홀노 악ᄒᆞᆫ 일홈의 쳐ᄒᆞ야 그 실샹 화란(禍亂)을 바닷다79 ᄒᆞ고 미국(美國)이 니ᄅᆞᄃᆡ 법국이 셰 번 크게 어

---

67. 젹굴ᄒᆞᆫ: 적굴한. 적굴(積屈): 억눌러 쌓임. 屈: 굽힐, 억누를, 모을 굴. '적굴'은 사전 미등재어임.
68. 젹굴ᄒᆞᆫ 원심: 쌓인 원한. [원문] 積怨.
69. 젹이: 적이. 꽤 어지간한 정도로. ¶來日은 ᄇᆞ람이 젹이 殘殘ᄒᆞᄋᆞᆸ거든(인어대방 4:2).
70. 동치(同治): 청나라 제10대 동치제(同治帝, 1856–1874, 재위 1861–1874)의 연호. 묘호 목종(穆宗).
71. 보국(普國): '프러시아'(프로이센)의 음역어인 '보로사'(普魯士)의 약칭.
72. 보국(普國)과 법국이 셔로 ᄲᅡ호미: 보불(普佛) 전쟁[보법(普法) 전쟁이라고도 함]을 뜻함. 프로이센-프랑스 전쟁(Preussen - France 戰爭). 1870년 7월부터 1871년 5월까지 프로이센과 프랑스가 에스파냐 국왕의 선출 문제를 둘러싸고 벌인 전쟁. 프로이센의 왕실 인척에게 스페인 왕위가 넘어간다고 하자 프로이센과 스페인에 둘러싸여 안보가 위태로울 것을 염려한 프랑스는 반발하여 황제 나폴레옹 3세가 프로이센을 공격하는데 비스마르크 총리는 이를 기화로 독일 연방을 규합하고 프랑스 군대를 효과적으로 공략하여 나폴레옹 3세를 항복시켰다. 프랑스는 황제가 폐위되고 제3공화국이 들어서고서도 독일에 저항하였으나 독일은 파리를 함락하고 베르사유 궁전에서 프로이센의 왕 빌헬름 1세의 독일 제국 황제 선포식을 갖는다. 이 전쟁으로 프랑스는 알자스로렌(Alsace-Lorraine) 지방을 독일에 넘겼고 막대한 전쟁 배상금을 물었으며 프랑스가 제패한 유럽 시대가 종료되고 새로 독일 패권의 시대가 열렸으며 프랑스의 보호로 유지되던 교황청 권력도 쇠락하였다.
73. 교쥬: 교주(敎主). 교조(敎祖). 한 종교 단체의 우두머리. 여기서는 천주교 교황. ¶예순여덟의 노령에도 건장한 모습으로 교주가 나타나자, 십만의 동학 군사들은 열광했다(유현종, 들불).
74. 라파륜(拿破崙) 뎨삼(第三): 프랑스의 나폴레옹 3세(1808–1873). 나폴레옹 1세의 조카로 프랑스 제2공화국 대통령(1850–52)이자 제2 제정의 황제(1852–71). 전제정치를 통해 프랑스에 20여 년에 걸친 안정된 번영을 가져다주었지만 결국에는 프랑스-프로이센 전쟁(1870–71)에서 패하여 포로로 잡혔다. 앞의 '론 공법'(1:2ㄱ)에는 '나파륜'으로 나옴.
75. 우으미: 웃음이. 우숨 > 우음.
76. 안득랍(安得拉): 오스트리아 재상인 안드라시(Andrassy). '安得拉希'로도 적음. 발칸반도에서 분쟁이 있을 때 러시아, 독일, 오스트리아가 1876년 5월 베를린에서 해결 방법을 모색하는 회담을 가져 '발칸 사건의 비망록에 관하여'(흔히 '베를린 비망록'이라고도 함)를 작성할 때 오스트리아 재상이었다.
77. 노례: 노예(奴隸). '법국 사ᄅᆞᆷ이 교쥬의 노례(奴隸) 되ᄆᆞᆯ 감슈ᄒᆞᄂᆞᆫ 양으로 죠롱ᄒᆞ고'는 프랑스와 교황청의 권력 관계가 서로 밀착하여 있던 것을 말한다.
78. 셔반아국: 서반아국(西班牙國). 스페인, 에스파냐. 앞의 주석 19 참고.
79. 바닷다: 받았다.

ᄌᆞ러워[80] 수ᄇᆡᆨ만 인명이 ᄉᆞ망지환(死亡之患)을 당ᄒᆞ미 다 이를 말ᄆᆡ암으미라 ᄒᆞ니 이 교법은 ᄯᅩᄒᆞᆫ 법국의 화근이라 그나마 인도의셔 ᄋᆡᆨ력ᄉᆞ(額力士)[81][교법 일홈] 교법을 거절ᄒᆞ고 덕국은 야소교(耶蘇教)의 모히ᄂᆞᆫ 바를 ᄶᅩᆺᄎᆞᄂᆡ며 포도아[82]와 셔반아ᄂᆞᆫ 다 젼교ᄒᆞᄂᆞᆫ 무리의 【26ㄱ】 ᄌᆡ산(財産)을 젹몰(籍沒)ᄒᆞ야[83] 관가로 드리며 의대리국(意大利國)[84]은 교당(教堂) 칠십여 간을 ᄌᆞ무고[85] 그 ᄌᆡ산을 젹몰ᄒᆞ며 라마(羅馬) 국왕은 교쥬를 셔ᄉᆞ국(瑞士國)[86]의 보ᄂᆡᄆᆡ 그 나라 사ᄅᆞᆷ이 구타ᄒᆞ야 ᄶᅩᆺ치ᄃᆡ 법국이 엇지ᄒᆞᆯ 슈 업ᄂᆞᆫ지라 법국으로도 능히 그 교법을 텬하만국(天下萬國)의 ᄒᆡᆼᄒᆞ지 못ᄒᆞ엿거든 ᄒᆞᆯ노 즁국의만[87] 젼ᄒᆞ미 가(可)ᄒᆞ랴 ᄯᅩ 각 포구 양국 샹괴(商賈ㅣ) 교당의 ᄡᅳ이ᄂᆞᆫ 부비(浮費)[88]를 이바지ᄒᆞ미 ᄆᆡ년에 수ᄇᆡᆨ만이오 ᄯᅩ 아편연과 젼교 두 가지를 인ᄒᆞ야 즁국과 외국이 셔로 ᄉᆡ긔(猜忌)ᄒᆞ야 각기 병션을 두ᄆᆡ 부비 쳔만금에 지나니 외국의션들 무어시 유익ᄒᆞ리오 대뎌 필ᄉᆞ 【26ㄴ】 마극(畢士麻克)[89][사ᄅᆞᆷ의 일홈]은 태셔(泰西)의 일홈ᄂᆞᆫ 졍승이로ᄃᆡ 실노 젼교ᄒᆞᄂᆞᆫ 거슬 금지ᄒᆞᄂᆞᆫ 령을 창ᄀᆡ(創開)ᄒᆞ고[90] 리아각(理雅各)[91][사ᄅᆞᆷ의 일홈]

---

80. 셰 번 크게 어ᄌᆞ러워: 세 번 크게 어지러워. 이는 프랑스 대혁명 과정에서 1789년 혁명, 1830년 혁명, 1848년 혁명을 통해 왕족, 귀족, 성직자 세력과 이들을 타파하려고 한 시민 혁명 세력이 대립하면서 프랑스가 혼란 상태에 들어가고 혁명이 유럽에 확대될 것을 두려워한 프로이센, 오스트리아 등의 침공을 받는 등 혁명과 전쟁의 과정에서 수많은 사람이 죽었던 것을 가리킨다.
81. ᄋᆡᆨ력ᄉᆞ: 액력사(額力士). '아힘사'(ahimsā)의 음역어. 아힘사: 인도 종교 · 도덕의 기본 사상으로 '불살생(不殺生) · 불상해(不傷害)'를 뜻한다. 브라만교의 근본 경전(經典)인 '우파니샤드'에서 역설하고, 힌두교에서 그 이상(理想)으로 삼으며, 자이나교에서는 이를 극단적으로 엄수한다. 불교에서는 재가(在家) 신도의 5계(五戒) 중 첫째가 불살생계(不殺生戒)이며 마하트마 간디도 불살생을 강조하였다.
82. 포도아(葡萄牙): 포르투갈.
83. 젹몰: 적몰(籍沒). 『역사』 중죄인(重罪人)의 재산을 몰수하고 가족까지도 처벌하던 일. 적산(籍產).
84. 의대리국(意大利國): 이탈리아.
85. ᄌᆞ무고: 잠그고. ᄌᆞᄆᆞ다 > ᄌᆞ무다. 중세에 'ᄌᆞᄆᆞ-'와 '즘기-'가 공존하였다.
   ᄌᆞᄆᆞ다1: '잠그다'의 옛말. ¶目連이 耶輸ㅅ宮의 가 보니 門ᄋᆞᆯ 다 ᄌᆞᄆᆞ고 유무 드륧 사ᄅᆞᆷ도 업거늘 (석보상절 6:2).
   ᄌᆞᄆᆞ다2: '잠기다'의 옛말. ¶ᄀᆞᄅᆞᇝᄀᆞ새 자거늘 밀므리 사ᄋᆞ리로ᄃᆡ 나거ᅀᅡ ᄌᆞᄆᆞ니이다(용비어천가 67장). ᄒᆞᆫ 雙ㅅ믌ᄃᆞᆯᄀᆞᆫ 相對ᄒᆞ야 ᄌᆞᄆᆞ락 ᄠᅳ락 ᄒᆞᄂᆞ다(두시언해 7:2).
   즘기다1: '잠기다'의 옛말. ¶믌 뉘누리ᄂᆞᆫ 기퍼 ᄆᆞ리 즘기고(두시언해 15:8). 아ᄉᆞ라히 하늘햇 므레 즘겻ᄂᆞ니(번역박통사 상68). 믈 아래 즘긴 龍이 ᄌᆞᆷ ᄭᆡ야 니러날 듯(송강가사, 관동별곡).
   즘기다2: 잠그게 하다. ¶門ᄃᆞᆯᄒᆞᆯ 다 구디 즘겨 뒷더시니(석보상절 6:2).
86. 셔ᄉᆞ국: 서사국(瑞士國). 스위스. 서서(瑞西). 앞의 주석 14 참고. [원문] 瑞十國. 원문의 '十'은 '士'의 오기로 보임. 개화기에 나온 '태서신사'(泰西新史, 1895)의 외래어 국명 표기 자료에는 '瑞士國 스윗쩰란드'로 되어 있어 스위스를 '瑞士國'으로 표기하였다.
87. 즁국의만: 중국에만.
88. 부비(浮費): 일에 쓰이는 비용.
89. 필ᄉᆞ마극(畢士麻克): 독일 제국의 건설자, 초대 총리인 '비스마르크'(Otto von Bismarck, 1815–1898).
90. 창ᄀᆡᄒᆞ고: 창개(創開)하고. 창시(創始)하고.

은 태셔의 일홈난 션ᄇᆡ로ᄃᆡ 더옥 아편연 파ᄂᆞᆫ 거ᄉᆞᆯ 그ᄅᆞ게 너겨시니 근본 영국과 법국이 쳐음의ᄂᆞᆫ 아편연을 파라 모리지계(牟利之計)[92]를 ᄒᆞ랴 ᄒᆞ야 아편연 슈세(收稅)ᄇᆞᆺ허 약됴의 뎡(定)ᄒᆞ엿더니 ᄒᆡᆼ매(行賣)ᄒᆞᄂᆞᆫ 포귀(浦口ㅣ) ᄂᆞᆯ노 쇠ᄒᆞ고 전교ᄒᆞᄂᆞᆫ 거ᄉᆞᆫ 쟝ᄎᆞᆺ ᄇᆡᆨ셩을 유인(誘引)ᄒᆞ고ᄌᆞ ᄒᆞ미러니 이의 교당이 ᄉᆞ히의 편만(遍滿)ᄒᆞ므로ᄇᆞᆺ터 원슈ᄀᆞᆺ치 빠호ᄂᆞᆫ 죄안(罪案)이 ᄂᆞᆯ노 더ᄒᆞ니 디방관이 비록 강잉(强仍)ᄒᆞ야[93] 두호(斗護)ᄒᆞ나[94] 억만창ᄉᆡᆼ(億萬蒼生)[95]의 원심(怨心)이 ᄇᆡ(倍)나 깁허 아편연(阿片煙) 【27ㄱ】 파지 아니ᄒᆞ고 젼됴ᄒᆞ지 아니ᄒᆞᄂᆞᆫ 각국의 다 해가 미ᄎᆞ니 필경 무엇ᄒᆞ리오 이제 즁국과 외국이 셔로 편안코져 ᄒᆞᆯ진ᄃᆡ 오죽 만국을 모화 공의(公議)를 온당(穩當)이 샹량(商量)ᄒᆞ야[96] 권ᄒᆞ야 영국으로 아편을 파지 못ᄒᆞ게 ᄒᆞ고 법국으로 젼교ᄒᆞ지 못ᄒᆞ게 ᄒᆞ며 양국(洋國) 샹고를 보호ᄒᆞᄂᆞᆫ ᄎᆡᆨ망(責望)은 우리 즁국이 스ᄉᆞ로 맛타 션죠(先祖)의 원방(遠方) ᄉᆞᄅᆞᆷ을 무휼(撫恤)ᄒᆞ시던[97] 법을 준ᄒᆡᆼᄒᆞ면 거의 화긔(和氣)를 ᄒᆞᆫ갈ᄀᆞᆺ치 ᄒᆞ야 즁국과 외국이 ᄒᆞᆫ집 ᄀᆞᆺᄐᆞ리니 각쳐 샹괴(商賈ㅣ) 가히 교당의 ᄂᆡ바지ᄒᆞ기에 번극(繁劇)ᄒᆞ믈[98] 면ᄒᆞ고 각쳐(各處) 포구ᄂᆞᆫ 가히 병션(兵船) 쥬찰(駐札)ᄒᆞᄂᆞᆫ[99] 부비가 감ᄒᆞ며 【27ㄴ】 셔로 싀긔ᄒᆞ고 혐의(嫌疑)ᄒᆞᄂᆞᆫ 거시 다 업셔지고 화합ᄒᆞᄂᆞᆫ ᄆᆞ음이 ᄂᆞᆯ노 더ᄒᆞ리니 즁화와 셔인의 국계(國計)[100] 민ᄉᆡᆼ(民生)의 ᄆᆞᆺ당히 유익ᄒᆞ미 젹지 아니리라

---

91. 리아각(理雅各): James Legge(1815-1897). 스코틀랜드 선교사. 마카오, 홍콩에서 런던 선교사협회의 대표로 활동하면서 1861년부터 1872년까지 지속적으로 영문 역주 'The Chinese Classics'(중국 경서)를 발간하는 등 중국 고전 번역과 사상 소개서를 많이 써 19세기 서양 한학가(漢學家)로 알려졌고 나중에 옥스퍼드 대학교 중국학 초대 교수를 역임하였다.
92. 모리지계(謀利之計/牟利之計): 도덕과 의리는 생각하지 않고 오직 부정한 이익만을 꾀함. cf. 모리배(謀利輩).
93. 강잉(强仍): 억지로 함. 마지못하여 함.
94. 두호(斗護): 남을 두둔하여 보호함. 가호(加護). ¶작년 가을에 진호가 입선된 것도 이 사람의 심사와 두호가 있었던 관계이다(염상섭, 모란꽃 필 때). [원문] 周旋.
95. 억만창ᄉᆡᆼ: 억만창생(億萬蒼生). 수많은 백성.
96. 샹량: 상량(商量). 헤아려서 잘 생각함.
97. 무휼(撫恤)ᄒᆞ시던: 불쌍히 여기고 위로하여 물질로써 은혜를 입히시던.
98. 번극(煩劇/繁劇)ᄒᆞ믈: 몹시 번거롭고 바쁨을. ¶도쿄의 번극한 생활이 약한 신경을 폭 꺼부러지게 하고……(염상섭, 유서).
99. 쥬찰ᄒᆞᄂᆞᆫ: 주찰(駐札)하는. 외교 사절로서 외국에 머무르는. 주차(駐箚). [원문] 駐泊.
100. 국계(國計): 국가 경영. 나라 살림.

【삼권 28ㄱ】

론 츌ᄉᆞ(論出使)

[ᄉᆞ신 ᄂᆡ여 보ᄂᆡ믈 의론ᄒᆞ미라]

녯젹에 한무뎨(漢武帝)[1] 죠셔(詔書)ᄒᆞ야 텬하의 셩ᄒᆞᆫ ᄌᆡ죄 쵸등(超等)ᄒᆞ야[2] 가히 쟝샹(將相) 되얌즉ᄒᆞ고 원방(遠方)에 ᄉᆞ신(使臣) 보냄즉ᄒᆞᆫ 쟈를 쳔거(薦擧)ᄒᆞ라 ᄒᆞ야시니 ᄉᆞ신 갈 만ᄒᆞᆫ ᄌᆡ죄 쟝샹ᄌᆡ목과 ᄀᆞᆺ치 소즁ᄒᆞ믈 가히 알지라 진실노 져허컨ᄃᆡ[3] ᄒᆞᆫ 번 맛당ᄒᆞ믈 엇디 못ᄒᆞ면 드ᄃᆡ여 원방의 시비를 ᄭᅵ치ᄂᆞᆫ 고로 공ᄌᆞ ᄉᆞ방에 츌ᄉᆞᄒᆞ야 인군(人君)의 명령을 욕되게 ᄒᆞ지 말나 ᄒᆞ신 훈계 이시니 이졔 즁국이 임의 구라파쥬(歐羅巴洲) 각국으로 더브러 약됴를 셰워 통샹ᄒᆞ니 반ᄃᆞ시 셔로 졍회(情懷)를 통ᄒᆞᆯ지라 그러나 ᄉᆞ신으로 그 【28ㄴ】 화호(和好)ᄒᆞ믈 닥고 그 셩긔(聲氣)[4]를 련접(連接)ᄒᆞ미 업ᄉᆞᆫ즉 피ᄎᆞ의 막히여 교셥ᄒᆞᄂᆞᆫ 됴건이 이시ᄆᆡ 결픗ᄒᆞ면 구ᄋᆡ(拘碍)ᄒᆞ미 만흘지니 비록 화친ᄒᆞᄂᆞᆫ 약도를 셰웟시나 화친ᄒᆞᄂᆞᆫ 약됴도 족히 미들 거시 업고 비록 만국공법이 이시나 공법도 ᄯᅩᄒᆞᆫ 현져히 어긜 거시니 이ᄂᆞᆫ ᄉᆞ신의 칙임이 소즁ᄒᆞ지 아니ᄒᆞ랴 ᄉᆞ신된 재(者ㅣ) ᄌᆡ죠와 덕망이 본ᄃᆡ 나타나고 담략(膽略)과 지식이 ᄀᆞᆺ쵸 유여(裕餘)ᄒᆞ며[5] 대톄(大體)[6]를 가지고 긔긔(氣槪)와 졀조(節操)를 도타이 ᄒᆞ며 시무(時務)를 통달ᄒᆞ고 셔국 범례에 련슉(練熟)ᄒᆞᆫ 사ᄅᆞᆷ이 아니면 결단코 직임을 익이여 더옥 쾌(快)ᄒᆞ기 어려오리니 이ᄂᆞᆫ 엇 【29ㄱ】 지 ᄒᆞ미뇨 므릇 사ᄅᆞᆷ의 ᄌᆡ죄 임의 쟝쳬(長處ㅣ)[7] 이시면 ᄆᆡ양 단쳬(短處ㅣ)[8] 잇ᄂᆞ니 혹 쇽의

---

1. 한무뎨: 한무제(漢武帝). 중국 한나라의 제4대 임금.
2. 쵸등ᄒᆞ야: 뛰어나. 초등(超等): 일반 등급을 뛰어넘음. 또는 그런 등급.
3. 져허컨ᄃᆡ: 저허ᄒᆞ건대. 두려워하건대.
4. 셩긔: 성기(聲氣). 음성과 기운.
5. 유여(裕餘/有餘)ᄒᆞ며: 넉넉하며. 유여(裕餘/有餘)하다: 모자라지 않고 넉넉하다. 여유가 있다. ¶왜 하필 그런 집과 혼인을 할 게 뭐 있어요. 형세가 유여하고 지체가 좋은 집이라도 얼마든지 구할 수 있을 터인데요(이기영, 신개지).
6. 대톄: 대체(大體). 일이나 내용의 기본적인 큰 줄거리.
7. 쟝체: 쟝쳐(長處) + ㅣ(주격). 마음씨나 행실의 가장 나은 점이. 장점이.

쥬장이 업셔 담긔(膽氣)[9]는 겁(怯)ᄒᆞ고 ᄯᅳᆺ이 소활(疎闊)ᄒᆞ야[10] 져기[11] 어려온 바를 당ᄒᆞᄆᆡ 믄득 지체ᄒᆞ기를 ᄉᆡᆼ각ᄒᆞ면 양인(洋人)이 그 위인을 알고 짐짓 공갈ᄒᆞ야 요구ᄒᆞ기를 크게 방ᄌᆞ히 ᄒᆞᆯ 거시오 혹 스ᄉᆞ로 ᄌᆡ죠 이시믈 미더 ᄆᆞᄋᆞᆷ은 츄ᄒᆞ고 긔운이 거만ᄒᆞ면 양인이 눈치보기를 잘 ᄒᆞᄆᆡ 그 죠하ᄒᆞᄂᆞᆫ 바를 맛쵸와 승슌(承順)[12] 모양으로 속이면 ᄉᆞ신된 재 ᄂᆡ 지식이 스ᄉᆞ로 웃듬되ᄂᆞᆫ[13] ᄃᆞᆺᄒᆞ야 말ᄉᆞᆷᄒᆞᄂᆞᆫ ᄃᆡ로 좃치며 국ᄉᆞ(國事)를 도라보지 아니ᄒᆞ다가 및 론박(論駁)ᄒᆞᄆᆞᆯ 만나 특별이 【29ㄴ】 대관을 보ᄂᆡᄆᆡ 셔인이 모든 ᄉᆡᆼ소ᄒᆞᆫ 슈단으로 그 말을 좃ᄎᆞᆫ즉 스ᄉᆞ로 약ᄒᆞ고 과격히 ᄒᆞᆫ즉 변(變)이 나며 져의 나라로 ᄒᆞ야곰 그 간교ᄒᆞᄆᆞᆯ 힝ᄒᆞ게 ᄒᆞ고 요구ᄒᆞ기를 방ᄌᆞ히 ᄒᆞᄂᆞ니 실노 ᄉᆞ신이 화를 ᄌᆞ아ᄂᆡ미라 오직 의리로 썩으며 슐법으로ᄡᅥ 어거(馭車)ᄒᆞ며[14] 공평ᄒᆞᄆᆞ로 항복 바드며 ᄇᆞᆰ게 쳐결ᄒᆞᄆᆞ로 견집ᄒᆞ기에[15] 잇ᄂᆞ니 그 긔틀과 ᄭᅬ의 ᄉᆡ져 적은 거ᄉᆞᆯ 인ᄒᆞ야 큰 거ᄉᆞᆯ 일치 말며 거취를 경솔이 ᄒᆞ야 즁ᄒᆞᆫ 거ᄉᆞᆯ 피ᄒᆞ고 경ᄒᆞᆫ ᄃᆡ로 나아가지 말 거시오 가령 사오납고 완패(頑悖)ᄒᆞᆫ 류를 길드리기 어려워 지혜와 용ᄆᆡᆼ이 다 곤ᄒᆞᆯ지라 【30ㄱ】 도 쳐음의ᄂᆞᆫ 죵용이 리해로 변ᄇᆡᆨ(辨白)ᄒᆞ며[16] 나죵의ᄂᆞᆫ 즁인소시(衆人所視)[17]의 닷토와도 필경 힝치 못ᄒᆞ게 된즉 오직 몸에 담당ᄒᆞᆫ 즁임(重任)을 샤례ᄒᆞ고 일이 그릇된 후에 벼ᄉᆞᆯ을 ᄉᆞ양ᄒᆞᄂᆞᆫ 일을 방비(防備)ᄒᆞ야 원방 사ᄅᆞᆷ의게 실신(失信)ᄒᆞ야[18] 흔단을 여러 나라를 그르치미 업ᄉᆞ면 ᄉᆞ신의 도리 거의 극진ᄒᆞᆯ지라 샹고컨ᄃᆡ 태셔 젼례(前例)의 각국이 통상ᄒᆞᄂᆞᆫ 곳의 반ᄃᆞ시 공ᄉᆡ(公使ㅣ) 잇셔 그 대강(大綱)을 총찰ᄒᆞ며 령ᄉᆡ(領事ㅣ) 잇셔 그 번극ᄒᆞᆫ 일을 다ᄉᆞ리게 ᄒᆞ며 ᄯᅩ 위엄과 권세 ᄯᅥᆯ치지 못ᄒᆞ며 세력이 져기 감(減)ᄒᆞ며 샹고(商賈)를 보호ᄒᆞ미 혹 극직치[19] 못ᄒᆞᆯ가 념려ᄒᆞ야 이의 슈군을 【30ㄴ】 갈히고 병션을 거록

---

8. 단톄: 단쳐(短處) + ㅣ(주격). 단점이.
9. 담긔: 담기(膽氣). 담력(膽力).
10. 소활(疎闊)ᄒᆞ야: 됨됨이가 어설프고 짜이지 못하여.
11. 져기: 적이. 꽤 어지간한 정도로. ¶얼구른 내 져기 늘구니(두시언해 23:18).
12. 승슌: 승순(承順). 윗사람의 명령을 순순히 좇음. 승안순지(承安順志).
13. 웃듬되ᄂᆞᆫ: 으뜸되는.
14. 어거(馭車)ᄒᆞ며: 거느리어 바른 길로 나아가게 하며.
15. 견집(堅執): ① 굳게 지님. ② 자신의 의견을 바꾸거나 고치지 않고 버팀. 견지(堅持).
16. 변ᄇᆡᆨ: 변백(辨白). 변명(辨明).
17. 즁인소시: 중인소시(衆人所視). 여러 사람이 다 같이 보고 있는 형편. 중목소시(衆目所視). 중인환시(衆人環視). ¶중인소시에 면박을 당하다.
18. 실신(失信): 신용을 잃음.
19. 극직치: 극진하지. '극직'은 '극진'(極盡)의 오기로 보임. '이언'에서 '극진-'(극진이/극진히; 극진ᄒᆞ고)은 여러 곳에 쓰였다. [원문] 周. 周: 두루, 지극할 주. cf. 극직(劇職): 몹시 바쁘고 힘든 직업상의 임무.

히[20] ᄒᆞ야 왕릭ᄒᆞ고 유람ᄒᆞ야 진뎡(鎭定)ᄒᆞ고[21] 무흁ᄒᆞ야 완급(緩急)을 방비ᄒᆞ며 흔단[22]이 이신즉 ᄆᆞ음을 다ᄒᆞ야 판리(辦理)ᄒᆞ며 미흡ᄒᆞ미[23] 이시면 각국 관원과 샹고의게 쳥ᄒᆞ야 유익게 마로지여[24] 타뎝(妥帖)ᄒᆞᄂᆞ니[25] 이ᄂᆞᆫ 그 대개를 말ᄒᆞ미라 근릭 즁국 샹민(商民)이 외양(外洋)에 나가 쟝ᄉᆞᄒᆞ고[26] 고공(雇工)[27] ᄉᆞᄂᆞᆫ 쟈를 불가승쉬라[28] 양인이 ᄆᆡ양 쥬긱(主客)[29]이 샹뎍(相敵)지[30] 못ᄒᆞ므로ᄡᅧ 쇽이고 업슈히 너기믈 방ᄌᆞ히 ᄒᆞᄃᆡ 신셜(新設)ᄒᆞᆯ 곳이 업ᄉᆞ니 뭇당히 태셔 젼례를 ᄯᅡ라 므릇 즁화 ᄇᆡᆨ셩이 우거ᄒᆞ야 잇ᄂᆞᆫ ᄯᅡ히 ᄯᅩᄒᆞᆫ 공ᄉᆞ와 령ᄉᆞ를 ᄇᆡ셜(排設)ᄒᆞ야 쇽이고 업슈히 너 【31ㄱ】 기ᄂᆞᆫ 일이 잇거든 그 디방 유ᄉᆞ(有司)의게 통긔(通寄)ᄒᆞ야[31] 다 공법을 ᄯᅡ라 시비(是非)를 ᄉᆞᆰ히며 약됴를 당긔여[32] 곡직(曲直)을 판단ᄒᆞ고 만일 화인이 법 아닌 일노 흔단을 ᄌᆞ아ᄂᆡᄂᆞᆫ 재 잇거든 ᄯᅩᄒᆞᆫ 법ᄃᆡ로 징치(懲治)ᄒᆞ면 거의 무역ᄒᆞᄂᆞᆫ 재 그 ᄉᆡᆼ리(生理)를 평(平)히 ᄒᆞ고 고공 ᄉᆞᄂᆞᆫ 재 ᄋᆡ잔ᄒᆞ믈[33] 면ᄒᆞ리니 현져히 샹민(商民)을 보호ᄒᆞᄂᆞᆫ 방되 극진ᄒᆞ고 은연이 ᄉᆞ이(四夷)

---

20. 거록히: 풍성하게, 대단하게. ¶孫權을 ᄀᆞ만이 보니 눈이 푸르고 나로시 븕고 거륵ᄒᆞᆫ ᄌᆡ조에 낫더라(삼역총해 3:3). [원문] 盛其兵船. '거록히'는 '이언'에서 '그록히'로도 쓰였다. '당도졔공(當道諸公)이 다 그록히 큰 ᄌᆡ죠를'(이언, 셔4ㄱ).

21. 진뎡ᄒᆞ고: 진정(鎭定)하고. 진압하여 평정하고.

22. 흔단(釁端): 서로 사이가 벌어져서 틈이 생기게 되는 실마리. [원문] 事端.

23. 미흡(未洽): 아직 흡족하지 못하거나 만족스럽지 않음. [원문] 未協. 미협하다: 미흡하다. 뜻이 서로 맞지 않다. ¶명화는 이야기가 미협하다는 듯이 재우쳐 묻는다(현진건, 적도).

24. 마로지여: 마름질하여. 마로지다: 마름질하고 재다. 'ᄆᆞᄅᆞ- + ᄌᆡ-'의 합성어. '재다'는 '자히다'의 변천형. ᄆᆞᄅᆞ다: '마르다'(裁)의 옛말. 모음으로 시작하는 어미 앞에서는 'ᄆᆞᆯ-'이나 'ᄆᆞᆯᄅᆞ-'이 된다. ¶샹녜 옷과 치마 ᄆᆞᄅᆞ시고 나믄 裁剪을 니ᅀᅥ 手巾과 쇼ᄒᆞᆯ ᄆᆡᆼᄀᆞ라 니ᄅᆞ샤ᄃᆡ(내훈 2:101). ᄆᆞ쇠로 텰릭을 ᄆᆞᆯ아 나ᄂᆞᆫ ᄆᆞ쇠로 텰릭을 ᄆᆞᆯ아 나ᄂᆞᆫ 鐵絲로 주롬 바고이다 그 오시 다 헐어시아 그 오시 다 헐어시아 有德ᄒᆞ신 님 여히ᄋᆞ와지이다(정석가). 裁衣裳 옷 ᄆᆞᄅᆞ다(역어유해 하6).
자히다: '재다'의 옛말. ¶越ㅅ羅와 蜀ㅅ錦을 金粟자ᄒᆞ로 자히놋다(두시언해 25:50). 믈읫 자히며 치를 다 맛당히 周尺을 ᄡᅧ 자히니 周尺 ᄒᆞᆫ 자히 이제 구읫 자 다ᄉᆞᆺ 치 다ᄉᆞᆺ 分이 몯 ᄎᆞᆷᄒᆞ니라(가례언해 1:37). 자히다 > 재다(尺).

25. 타뎝ᄒᆞᄂᆞ니: 타첩하나니. 타첩(妥帖/妥貼): 일 따위를 탈 없이 순조롭게 끝냄. 타합(打合).

26. 쟝ᄉᆞᄒᆞ고: 장사하고. [원문] 貿易.

27. 고공(雇工): 품팔이. 머슴.

28. 불가승쉬라: 불가승수(不可勝數)이라. 불가승수: 수가 많아서 셀 수 없음. [원문] 不可勝計.

29. 쥬긱: 주객(主客). ① 주인과 손을 아울러 이르는 말. ¶주객은 마주 앉아서 필담으로 피차간 의사를 통하였다(이기영, 봄). ② 주되는 것과 부차적인 것을 아울러 이르는 말. ¶주객이 뒤바뀌다. ③ 예전에 중국에서, 사방(四方)의 빈객(賓客)을 영접하는 일을 맡아보던 사람. 여기서는 ③의 뜻.

30. 샹뎍지: 상적(相敵)하지. 상적(相敵)하다: 양편의 실력이나 처지가 서로 걸맞거나 비슷하다. ¶신랑감과 신부감의 나이가 상적하다 / 그들은 처지가 상적하다.

31. 통긔ᄒᆞ야: 통기(通寄)하여. 통기(通寄): 통지. 기별하여 알림.

32. 당긔여: 당기어. (약조에) 근거하여. [원문] 援.

33. ᄋᆡ잔ᄒᆞ믈: 애잔함을. 애잔하다: 몹시 가냘프고 약하다. 애처롭고 애틋하다. [원문] 摧殘. 최잔(摧殘):

ᄅᆞᆯ 방비ᄒᆞᄂᆞᆫ 규모ᄅᆞᆯ 일위면[34] 각국이 ᄯᅩᄒᆞᆫ 졍회(情懷)ᄅᆞᆯ 평탄이 ᄒᆞ야 셔로 견ᄃᆡ리라[35] 그러나 이 일ᄲᅮᆫ 아니라 츈츄(春秋) ᄶᅵ[36]의 어진 ᄉᆞ대뷔 반ᄃᆞ시 렬국(列國) 정치의 득실과 민정(民情)의 방향과 풍쇽의 션악과 국셰(國勢)의 셩쇠(盛衰)ᄅᆞᆯ 두 【31ㄴ】 로 아라야 반ᄃᆞ시 텬하대셰 흉즁(胸中)의 쇼연(昭然)ᄒᆞᆯ[37] 거시니 그런 후에 능히 나라를 몸바다[38] 니우ᄉᆞᆯ 사괴며 대국을 셤기고 쇼국을 두호ᄒᆞᆯ지라 이제 태셔 수십국이 관문을 열고 셔로 무역ᄒᆞᄆᆡ 우리 즁국으로 더브러 약됴ᄅᆞᆯ 셰워 통상ᄒᆞ야 ᄂᆡ디(內地)의 드러와 이시니 이ᄂᆞᆫ 즁국이 ᄒᆞᆫ 번 크게 변ᄒᆞᆫ 판국이오 삼쳔여 년 이ᄅᆡ로 쳐음 잇ᄂᆞᆫ ᄇᆡ라 문신드리 ᄆᆡ양 양국 ᄉᆞ무(事務)를 더러이 너기여 의론ᄒᆞ지 아니ᄒᆞ나 그윽이 니ᄅᆞᄃᆡ ᄎᆞ후의ᄂᆞᆫ 각국 ᄉᆞ신을 ᄆᆞᆺ당히 이삼픔에 경직(京職)을 겸ᄒᆞ고 담략과 지식이 ᄀᆞᆺ쵸 유여ᄒᆞᆫ 재라야 바야흐로 응명(應命)ᄒᆞ 【32ㄱ】 야 외양(外洋)의 나아가 쥬찰(駐札)ᄒᆞ면[39] 거의 각국의 정치 다르믈 능히 ᄉᆞᆲ히며 양인의 긔계(機械)[40] ᄆᆡᆫᄃᆞᄂᆞᆫ[41] 공교ᄒᆞ믈 어더 알며 그 풍토의 괴이ᄒᆞᆷ과 인정의 슌실(純實)ᄒᆞ고[42] 간사ᄒᆞ며 다뭇[43] 물산이 만히 나ᄂᆞᆫ 바ᄅᆞᆯ 다 ᄌᆞ셰히 아라 긔록ᄒᆞ면 외국 물정과 형적(形迹)[44]을 쇼연히 다 알 거시니 이ᄂᆞᆫ 하나ᄒᆞᆯ 들ᄆᆡ 두어 가지 죠흔 일이 ᄀᆞᆺ쵸리라 혹이 니ᄅᆞᄃᆡ ᄂᆡ디(內地)에 근심이 쳐음으로 평ᄒᆞ고 원긔(元氣)ᄅᆞᆯ

꺾어서 손상을 입힘. 또는 꺾여서 손상을 입음.

34. 일위면: 이루면. '일위다'는 '셔4ㄴ' 주석 70과 Ⅱ. 해제. 4.1 (25)항 논의 참고.

35. 견ᄃᆡ리라: 견디리라. ¶ᄇᆡ ᄌᆞᄅᆞᄂᆞᆫ ᄃᆞᆫ 알파 견ᄃᆡ디 몯ᄒᆞ야도(구급간이방 2:46).

36. 츈츄 ᄶᅵ: 춘추 시대. 주나라가 동천(東遷)한 기원전 770년 – 기원전 403년까지 약 360년간의 전란 시대.

37. 쇼연(昭然)ᄒᆞᆯ: 소연할. 소연(昭然)하다: 일이나 이치 따위가 밝고 선명하다. 소소(昭昭)하다.

38. 몸바다: 몸받아. (나라를) 받들어. (나라를) 대표하여. 몸받다: (윗사람이 하던 일을) 대신하다. '나라를 몸바다 니우ᄉᆞᆯ 사괴며': [원문] 體國交隣. 원문 '體國'은 '국사(國事)를 중히 여겨'의 뜻이라 '나라를 몸바다'는 '나라를 제 몸처럼 받들어'의 뜻을 바탕으로 '나라의 분신이 되어, (나라의 사신이 되어) 나라를 대표하여'의 뜻으로 쓰인 것으로 본다. '이언'과 같은 시기에 나온 '속홍루몽'(낙선재 필사본, 1884년경)의 다음 '하늘을 몸바다'도 '하늘을 받들어' 또는 '하늘을 대신하다'의 뜻으로 쓰였다. ¶어시의 태샹황과 황태휘 대희ᄒᆞ샤 황샹의 지극ᄒᆞᆫ 효도와 슌슌ᄒᆞᆫ 인덕이 <u>하늘을 몸바다</u> 믈졍을 ᄉᆞ마치믈 깁히 칭찬ᄒᆞ시고(于是太上皇皇太后大喜沈讚當今至孝純仁<u>體天</u>格物, 續紅樓夢 16:50).

39. 쥬찰ᄒᆞ면: 주찰(駐札)하면. 주찰(駐札): 외교 사절로서 외국에 머물러 있음. [원문] 駐箚.

40. 긔계: 기계(器械/機械). '병기'(兵器)의 옛말. ¶ᄆᆞᆯ ᄐᆞᆫ 군ᄉᆡ ᄆᆞᆯ게 오ᄅᆞ며 거른 군ᄉᆡ 긔계ᄅᆞᆯ 자브라(練兵指南 5). 거른 군ᄉᆞᄂᆞᆫ 긔계ᄅᆞᆯ 자바 수ᄅᆡ예 븟좃고(연병지남 20, 21).

41. ᄆᆡᆫᄃᆞᄂᆞᆫ: 만드는. [원문] 製造.

42. 슌실ᄒᆞ고: 순실(純實)하고. 순실(純實): 순수하고 참됨.

43. 다뭇: 및(及), 그리고. 다ᄆᆞᆺ > 다뭇: ① 및. 그리고. ¶이 부즁 각 집ᄉᆞ 가인과 다뭇 가인 식뷔 오ᄅᆡ 등후ᄒᆞᄃᆡ 일졈 소식이 업더니[執事家人<u>及</u>家人媳婦, 後紅樓夢 낙선재 필사본(1884년경) 13:11] ② 같이. 더불어. ¶당당이 寃魂과 다ᄆᆞᆺ 말ᄒᆞ야 그를 더뎌 汨羅애 주놋다(두시언해 21:44). ③ 견주어. ¶龍ᄋᆡ 삿기ᄂᆞᆫ 스싀로 샹녯 사ᄅᆞᆷ과 다ᄆᆞᆺ 다ᄅᆞ니라(두시언해 8:2).

44. 형적: 형적(形迹). 뒤에 남은 흔적.

소복(蘇復)지[45] 못ᄒᆞ엿거ᄂᆞᆯ ᄒᆡ외에 관원을 빅셜ᄒᆞ면 경비(經費)ᄅᆞᆯ 엇지 판비(辦備)ᄒᆞ리오[46] ᄒᆞ니 이ᄂᆞᆫ 모로ᄂᆞᆫ 말이 화인이 외양에 니ᄅᆞ러 ᄉᆡᆼ애ᄅᆞᆯ 도모ᄒᆞᄂᆞᆫ 재 사름마다 ᄆᆡ년에 ᄆᆞᆺ【32ㄴ】당히 셰은(稅銀) 일이(一二) 원(員)[47]을 밧치ᄆᆡ 디방관을 쥬어 경비ᄅᆞᆯ ᄌᆞ뢰(資賴)ᄒᆞ게[48] ᄒᆞᄂᆞ니 만일 즁국이 스ᄉᆞ로 관원을 빅셜ᄒᆞ야 샹민을 보호ᄒᆞ면 그 은ᄌᆞ(銀子)ᄂᆞᆫ 아국(我國)의셔 바다 쁠 거시니 화인이 ᄯᅩᄒᆞᆫ 반ᄃᆞ시 락죵(樂從)ᄒᆞᆫ즉[49]화인이 슈운ᄒᆞᄂᆞᆫ 물화(物貨) 다쇼(多少)[50]로ᄡᅥ 즁국이 빅셜ᄒᆞᆫ 관원의 경비를 니바지ᄒᆞᆯ 만ᄒᆞ니 진실노 국ᄌᆡ(國財)를 허비치 아니ᄒᆞᆯ지라 ᄯᅩ 셩가파(星加波)[51]와 빈랑셔(檳榔嶼)[52]와 신구(新舊) 금산(金山)[53] 등쳐(等處)에 화인이 다(多) 즉 수십만이오 쇼불하(少不下)[54] 수만(數萬)이니 모다 회관(會館)[모히는 집이라]을 짓고 동ᄉᆞ(董事)[55][일을 감동(監董)ᄒᆞ는[56] 소임]를 두엇ᄂᆞ니 더옥 령ᄉᆞ를 난호와 빅셜ᄒᆞ야 위로ᄒᆞ고 무휼ᄒᆞ며 동ᄉᆞ를 쳐결【33ㄱ】ᄒᆞ야[57] 인ᄌᆡ를 구별ᄒᆞ여 ᄒᆞ야곰 장뎡(壯丁)을 단련ᄒᆞ야 ᄒᆞᆷ긔 죠련ᄒᆞᄃᆡ 그 우등을 ᄀᆞᆯᄒᆡ여 총리아문(總理衙門)[58]의 ᄌᆞ문ᄒᆞ고 쳥ᄒᆞ야 뎡ᄃᆡ(頂戴)[59]를 쥬며 은패(銀牌)[60][벼ᄉᆞᆯ에 샹 쥬는 거시라]

---

45. 소복지: 소복(蘇復)하지. 소복(蘇復): 병이 나은 뒤에 원기가 회복됨.
46. 판비(辦備)ᄒᆞ리오: (비용을) 충당하리오. 판비(辦備): 베풀어서 갖춤. 설비(設備).
47. 원(員): 은화 1원의 단위. '圓'과 통함. [원문] 員. 화폐 단위 '원'을 '표준국어대사전'에서는 다음과 같이 구별하고 있다.
원: 우리나라의 화폐 단위. 1원은 1전의 100배이다. 1962년 6월 10일부터 시행되었다. 기호는 ₩.
원(元): ① 대한제국 때의 화폐 단위. ② 중국의 화폐 단위인 '위안'을 우리 한자음으로 읽은 이름.
원(圓): ① 우리나라의 옛 화폐 단위. 1원은 1전의 100배이다. 1910년부터 1953년 2월 14일까지 통용되었다. ② 일본의 화폐 단위인 '엔'을 우리 한자음으로 읽은 이름.
48. ᄌᆞ뢰ᄒᆞ게: 자뢰(資賴)하게. 자뢰(資賴): 재물을 힘입어 의지함.
49. 락죵ᄒᆞᆫ즉: 낙종(樂從)한즉. 낙종(樂從): 즐거이 따름. 열복(悅服). cf. 낙종(諾從): 마음속으로 받아들여 진심으로 따라 좇음.
50. 다쇼: 다소(多少). [원문] 多寡.
51. 셩가파(星加波): 싱가포르.
52. 빈랑셔(檳榔嶼): 말레이시아 13개 연방 중 하나인 페낭(Penang, 말레이어로 Pulau Pinang). 말레이시아 북서 해안 말래카 해협의 '페낭'(피낭) 섬과 '조지타운'(George Town)이란 항구 도시 지역으로 주석, 고무, 코프라 따위를 수출한다.
53. 신구(新舊) 금산(金山): 신금산과 구금산. 신금산(新金山): 호주의 멜버른. 구금산(舊金山): 캘리포니아. 특히 캘리포니아 중앙에 있고 미국 서해안 최대 무역항이며 대륙 철도의 기점인 샌프란시스코(San Francisco)를 가리킴.
54. 쇼불하: 소불하(少不下). 적게 잡아도. 하불하(下不下). [원문] 少亦不下. ¶특별 할인을 한다더라도 하루에 소불하 십 원쯤은 쳐주어야 할 테니……(채만식, 태평천하).
55. 동ᄉᆞ: 동사(董事). 감독하는 일을 맡은 사람. 감독관(監督官). 감동관(監董官). 董: 동독할, 감독할 동.
56. 감동(監董): 감동관(監董官). ① 조선 시대에 국가의 토목 공사나 서적 간행 따위의 특별한 사업을 감독·관리하기 위하여 임명하던 임시직 벼슬. 또는 그런 일. ② 대한제국 때에 비원(祕苑)의 관리를 위하여 두었던 벼슬.
57. 쳐결ᄒᆞ야: 처결(處決)하여. 처결(處決): 결정하여 조처함.

로 포장(褒奬)ᄒᆞ야 무휼ᄒᆞ고 권장ᄒᆞᆫᄌᆞᆨ 져마다 발분(發奮)ᄒᆞ기를 ᄉᆡᆼ각ᄒᆞ리라 만일 외양(外洋)의 모든 즁국 샹괴 본국에 병션을 쳥ᄒᆞ야 각 포구의 슌찰ᄒᆞ고 유람ᄒᆞ야ᄡᅥ 련졉ᄒᆞ며 형셰와 위엄을 돕고져 ᄒᆞᄂᆞᆫ 재면 그 병션 부비를 곳 즁국 샹고로 담당ᄒᆞ게 ᄒᆞ면 거의 즁국 샹괴 병션의 호위ᄒᆞ믈 엇고 병션은 즁국 샹고의 ᄂᆡᄂᆞᆫ ᄌᆡ력을 힘닙을지니 일노 말ᄆᆡ암아 ᄒᆡᆼᄒᆞᆫᄌᆞᆨ 즁외(中外)[61] 셔로 유익ᄒᆞ리 【33ㄴ】 라 어린[62] 소견이 이러ᄒᆞ니 아지 못게라[63] 당도지인[64]은 ᄡᅧᄒᆞᄃᆡ[65] 엇더ᄒᆞ다 ᄒᆞᄂᆞ뇨 오직 우견(愚見)으로 념려(念慮)ᄒᆞᄂᆞᆫ 바ᄂᆞᆫ 외양의 나아가 잇ᄂᆞᆫ 화인이 임의 즁국을 가ᄇᆡ야이 보ᄂᆞᆫ ᄆᆞᄋᆞᆷ이 잇셔 도로혀 양인의게 두호ᄒᆞ믈 요구ᄒᆞᄆᆡ 회관(會館) 동ᄉᆞ(董事)도 ᄆᆡ양 ᄉᆞᄉᆞ로 당(黨)을 모화 웃듬되믈 닷토와 ᄌᆞ랑ᄒᆞ고 즁국 관원의 약속 밧기를 원치 아니ᄒᆞ야 그 권셰를 져의게 아인 ᄇᆡ[66] 되ᄂᆞᆫ 고로 즁국 관원이 젼의 갓던 재 ᄆᆡ양 일을 잘 ᄒᆞ기 어려오니 이ᄂᆞᆫ 대개 우리 국가의 병션이 능히 먼니 가지 못ᄒᆞ고 군ᄉᆞ의 위엄이 능히 먼니 펴지지 못ᄒᆞᆯ 쥴 미리 혜 【34ㄱ】 아리ᄂᆞᆫ 고로 이ᄀᆞᆺ치 업슈히 너기미 이시니 진실노 능히 일죠(一朝)에 ᄯᅥᆯ치ᄂᆞᆫ ᄇᆡ 이시면 ᄯᅩ 무어ᄉᆞᆯ 근심ᄒᆞ리오

---

58. 총리아문(總理衙門): 총리대신과 관청의 총칭.
59. 뎡ᄃᆡ: 정대(頂戴). ① 머리에 인다는 뜻으로, 경의를 나타냄을 이르는 말. 물건을 주거나 받을 때 그 물건을 이마에 갖다 대며 상대편에게 경의를 나타낸다. ② 청나라 때에 관리의 계급 표시를 위해 관 꼭대기에 단 주옥(珠玉)의 휘장(徽章). [원문] 頂戴. 여기서는 ②의 뜻. '이언 2:39ㄱ' '뎡ᄃᆡ'의 협주 '공 잇ᄂᆞᆫ 사ᄅᆞᆷ 포장ᄒᆞᄂᆞᆫ 거시라' 참고.
60. 은패(銀牌): ① 은으로 만든 상패. ② 『역사』 은가루를 아교풀에 개어 '옥당학사지패'(玉堂學士之牌)라고 써서 홍문관 벼슬아치가 탄 말 앞에 들고 가는 패. cf. 금패(金牌).
61. 즁외: 중외(中外). ① 안과 밖. ② 나라 안팎. ③ 조정(朝廷)과 민간. ④ 경향(京鄕).
62. 어린: 어리석은. ¶어린 사ᄅᆞᆷ과 어딘 사ᄅᆞᄆᆡ(육조법보단경언해 상64).
63. 못게라: 못하노라. -게라: (주로 부정의 '몯-'과 함께 쓰여) -노라. -어라. -겠네. ¶ᄇᆞᇝ 興에 아디 몯게라 믈읫 몃 마릿 그를 지스니오(두시언해 22:16). 信이 업스면 그 可ᄒᆞᆷ을 아디 몯게라(논어언해 1:17).
64. 당도지인(當道之人/當塗之人): 학문과 도를 닦는 사람. 나라 일을 맡아보는 사람, 관리. [원문] 當軸者. 당축(當軸): 당국(當局). 당축자: 당국자.
65. ᄡᅧᄒᆞᄃᆡ: 생각하되. [원문] 以爲.
66. 아인 ᄇᆡ: 빼앗긴 바가. ¶내 兵이 블셔 긔운을 아이ᄂᆞ니라(武藝圖譜通志諺解 44).
앗이다: '앗기다'의 옛말. ¶내 아ᄃᆞ리 비록 ᄆᆞ디라도 사오나ᄫᆞᆯᄊᆡ 나라ᄒᆞᆯ 앗이리니(월인석보 2:5).
아ᇫ이다: '앗기다'의 옛말. ¶桓彝도 城 아ᇫ이여 자펴 가아 주그니라(삼강행실도 충12).
아이다: '앗기다'의 옛말. ¶喫奪了 아이다(역어유해 상65). 믄득 왜적을 만나 다 의복을 아여늘(동국신속삼강행실도 열6:32).
'아ᇫ이다/앗이다'가 '아ᅀᅵ다'를 거쳐 △의 소실로 '아이다'에 이른 것임.

【삼권 35ㄱ】

론 슈ᄉᆞ(論水師)
[슈군을 의론ᄒᆞ미라]

이제 므릇 나라를 보호ᄒᆞᄂᆞᆫ 규모(規模)[1]는 ᄀᆞᆯᄋᆞᆫ[2] ᄂᆡ디(內地)[3]를 편히 ᄒᆞ미오 ᄀᆞᆯᄋᆞᆫ 외국을 믈니치미오 군ᄉᆞ(軍士) 련습(練習)ᄒᆞᄂᆞᆫ 방도(方道)ᄂᆞᆫ ᄀᆞᆯᄋᆞᆫ 륙군(陸軍)[4]이오 ᄀᆞᆯᄋᆞᆫ 슈군(水軍)이니 륙군인즉 변방(邊方)[5]에 긔험(崎險)ᄒᆞ믈[6] 긔탄(忌憚)치[7] 아니ᄒᆞ야 스ᄉᆞ로 족히 이뎍(夷狄)을 쓰러 변방을 맑히미오 슈군은 풍랑에 험악ᄒᆞᆫ ᄃᆡ ᄒᆞᆼ습(恒習)ᄒᆞ여야 비로쇼 능히 외국에 업슈히 너기믈 방비ᄒᆞ야 바다 디경(地境)을 굿게 ᄒᆞᄂᆞ니 쳐음에 발렴(髮捻)[8][마리 빡지 아니ᄒᆞᆫ 도적의 일홈이라]이 챵궐(猖獗)ᄒᆞᄆᆡ 군ᄉᆞ 총찰(總察)ᄒᆞᄂᆞᆫ[9] 대관(大官)이 갈마드려[10] 쎨치고 뎡돈(整頓)ᄒᆞ기를 ᄇᆡ(倍)나 더ᄒᆞ니 륙군인즉 【35ㄴ】 샹

---

1. 규모(規模): ① 본보기가 될 만한 틀이나 제도. ② 사물이나 현상의 크기나 범위. [원문] 保國之模.
2. ᄀᆞᆯᄋᆞᆫ: 이른바. ¶ᄒᆞᆫ 말이 ᄡᅧ 蔽ᄒᆞ야시니 ᄀᆞᆯᄋᆞᆫ 思ㅣ 邪 업ᄉᆞᆷ이니라(논어언해 1:9).
3. ᄂᆡ디: 내지(內地). ① 해안이나 변두리로부터 깊숙이 들어간 안쪽 지역. ② 변두리가 아닌 중심 지역. ③ 외국이나 식민지에서 본국을 이르는 말. ④ 한 나라의 영토 안. 여기에서는 ④의 뜻.
4. 륙군: 육군(陸軍). [원문] 陸路.
5. 변방(邊方): [원문] 關塞. 관새(關塞): 국경에 설치한 관문이나 요새.
6. 긔험: 기험(崎險). 매우 위험함. 산길이 높고도 가파름. 기구(崎嶇). [원문] 崎嶇. ¶내려가는 길이 기험하여 폭포 밑이 꽉 질렸으며……(최남선, 심춘순례).
7. 긔탄치: 기탄하지. 기탄(忌憚): 어렵게 여겨 꺼림.
8. 발렴(髮捻): 태평천국의 난을 일으킨 태평군(太平軍). 捻: 비틀 염. cf. 발비(髮匪): 장발적(長髮賊). 청나라 말기에, 가톨릭교도 홍수전을 우두머리로 하여 반란을 일으켰던 무리. 모두가 변발을 풀고 장발(長髮)을 한 데에서 유래한다. 1851년에 홍수전과 농민 반란군이 중국 광서성(廣西省)에 '태평천국'을 세워 청나라의 지배에 항거하고, 기독교의 평등사상과 토지의 균등 분배 따위를 바탕으로 한 이상 국가를 세우고자 하였으나, 1864년에 내부의 분열과 증국번(曾國藩)·이홍장(李鴻章) 등이 이끄는 한인 의용군, 외국 의용군의 힘을 빌린 청나라에 의하여 망하였다. cf. 염비(捻匪): 청나라 가경(嘉慶, 청나라 인종 때의 연호, 1796-1820) 연간에 산동, 강소, 안휘성에서 일어난 난민.
9. 총찰(總察): 모든 일을 맡아 총괄하여 살핌. ¶이불솜을 타느라고 헛간으로 오르내리고 안팎으로 드나들며 음식을 만드는 총찰까지 맡았다(심훈, 영원의 미소). 병석에 누운 뒤로는 신경이 흥분하여 망령난 늙은이처럼 불관한 일에까지 총찰이 하고 싶고……(염상섭, 삼대).
10. 갈마드려: 갈마들여. 번갈아들어. [원문] 迭. 迭: 갈마들 질. ¶이 효유ᄒᆞᄂᆞᆫ 글을 보고 곳 맛당히 갈마드려 서로 고게 ᄒᆞ야(경신록언해 26).

회(湘淮)[11][디명]에 단련(鍛鍊)ᄒᆞ고 슈군인즉 민월(閩粵)[12][디명]에 거두어 ᄲᅢ셔 용병(用兵)ᄒᆞᆫ 지 이십 년에 대란(大難)을 평뎡(平定)ᄒᆞ니[13] 어진 규모를 셰워 큰 효험(效驗)을 취ᄒᆞ지 아닌 ᄇᆡ 아니나 고금이 ᄀᆞᆺ지 아니ᄒᆞᄆᆡ 외국 근심이 ᄂᆞᆯ노 깁흐며 강ᄒᆞᆫ 니웃시 ᄂᆞᆯ노 핍박(逼迫)ᄒᆞ니 만일 녯 법의 얽ᄆᆡ여 ᄉᆡ 규모를 ᄡᅳ지 아니ᄒᆞ면 져허컨ᄃᆡ[14] 륙로를 졔어(制御)ᄒᆞ기는 유여(有餘)ᄒᆞ고 ᄒᆡ구(海口)[15]를 방비ᄒᆞ기는 부족ᄒᆞᆯ지라 엇지미뇨 방금(方今)에 ᄀᆡ항(開港) 통샹ᄒᆞᄆᆡ 방한(防閑)[16]이 다 업ᄂᆞᆫ지라 므릇 니른바 텬작(天作)[17]으로 긔험ᄒᆞ게 막히여 우리 디경을 견고(堅固)ᄒᆞ게 ᄒᆞ야 원방(遠方) 사ᄅᆞᆷ을 졔어ᄒᆞᆯ 만ᄒᆞᆫ ᄃᆡᄂᆞᆫ 다 양션(洋船)이 쥬찰(駐札)ᄒᆞ 【36ㄱ】 야[18] 츌몰(出沒)이 무샹(無常)ᄒᆞ니 포구에 요긴ᄒᆞᆫ 곳과 바다길에 형젹(形迹)을 ᄂᆡ디에 잇ᄂᆞᆫ 군민(軍民)보다 더옥 ᄌᆞ셰히 알ᄆᆡ 바로 우리 침셕(寢席)[19]에 거쳐ᄒᆞ고 우리 호뎡(戶庭)[20]에 츌입ᄒᆞᆷ과 ᄀᆞᆺ틀 ᄲᅮᆫ이 아니니 즁국이 거의 직힐 ᄊᆞᆨ히 업ᄉᆞ며 방비(防備)ᄒᆞᆯ 모칙(謀策)이 업ᄂᆞᆫ지라 아지 못게라 잘 다ᄉᆞ릴 사ᄅᆞᆷ이 잇셔야 능히 잘 다ᄉᆞ리ᄂᆞᆫ 법을 힝ᄒᆞ며 그 단쳐(短處)를 아라야 능히 그 쟝쳐(長處)를 ᄡᅳ나니 대뎌(夫) 호표(虎豹)를 ᄆᆡ워ᄒᆞᄃᆡ 그 가족(皮)을 닙ᄂᆞᆫ거ᄉᆞᆫ 더온 거ᄉᆞᆯ 취ᄒᆞ미오 이뎍(夷狄)을 믈니치ᄃᆡ 그 법을 ᄇᆡ호ᄂᆞᆫ 거ᄉᆞᆫ 그 리로오믈(利) 취ᄒᆞ미라 녯젹에 법국(法國)[21] 라파륜 뎨일[22]이 륜션(輪船)[23] ᄆᆡᆫ들기의 졍통(精通) 【36ㄴ】 ᄒᆞ야 텬해(天下ㅣ) 당

---

11. 샹회: 상회(湘淮). 상(湘)과 회(淮). 湘: 강이름 상. 호남성(湖南省)의 동정호(洞庭湖)로 흘러가는 강. 호남성의 별칭. 淮: 강이름 회. 하남성에서 발원하여 안휘성(安徽省), 강소성(江蘇省)을 거쳐 황하로 흘러드는 강. 이 시기에 증국번(曾國藩)이 상군(湘軍)이라는 민병대를 통솔하였고 1860년에 이홍장(李鴻章)은 증국번의 추천을 받아 안휘성 노주(盧州)에서 회군(淮軍)을 만들었다. 여기서 말하는 '륙군'은 상군과 회군을 가리킨다.
12. 민월(閩粵): 민(閩)은 복건성(福建省)의 별칭이고 월(粵)은 광동성의 별칭임. 閩: 오랑캐 이름 민. 복건성(福建省) 지역에 사는 종족. 粵: '越'과 통함.
13. 평뎡ᄒᆞ니: 평정하니. 평정(平定): ① 반란이나 소요를 누르고 평온하게 진정함. ② 적을 쳐서 자기에게 예속되게 함. cf. 평정(平靜): 평안하고 고요함. 또는 그런 상태.
14. 져허컨ᄃᆡ: 저허컨대. 두려워하건대. 젛다: '두려워하다'의 옛말. ¶龍王이 金剛杵 저허 모딘 ᄆᆞᅀᆞᆷ 고티니 羅刹도 ᄯᅩ 고티니이다(월인천강지곡 상71). 公州ㅣ 江南ᄋᆞᆯ 저ᄒᆞ샤 子孫ᄋᆞᆯ ᄀᆞᄅᆞ치신들(용비어천가 15장). 畏 저흘 외(석봉 천자문 34). 懼 저흘 구. 恐 저흘 공(광주판 천자문 37).
15. ᄒᆡ구: 해구(海口). 바다가 뭍의 후미진 곳으로 들어간 어귀.
16. 방한(防閑): ① 하지 못하게 막는 범위. ② 화(禍) 따위를 막음. [원문] 防閑.
17. 텬작: 천작(天作). ① 사람의 힘을 가하지 않고 하늘의 조화로 만들어짐. 또는 그렇게 만들어진 물건. ② 사람의 힘으로 만든 것이 신통하게 바라는 대로 꼭 맞게 만들어지는 일.
18. 쥬찰: 주찰(駐札). (외교 사절로서) 외국에 머물러 있음. 주차(駐箚). [원문] 駐泊.
19. 침셕: 침석(寢席). 잠자리.
20. 호뎡: 호정(戶庭). 집 안에 있는 뜰이나 마당.
21. 법국(法國): 프랑스.
22. 라파륜 뎨일: 나파륜(拿破崙) 제일(第一). 나폴레옹 1세. [원문] 拿破崙第一. 앞의 '론 공법'(1:2ㄱ)에

치 못ᄒᆞᄃᆡ 오직 영국 슈군이 족히 셔로 항거(抗拒)ᄒᆞ더니 그 후의 구라파쥬 각국이 닷토와 셔로 본밧고 의방(依倣)ᄒᆞ야 륜션 ᄆᆡᆫ들기를 극히 련습ᄒᆞ야 늘노 셩ᄒᆞ고 달노 ᄉᆡ로오니[24] 비록 날닌 군병으로 험ᄒᆞᆫ ᄃᆡ를 직희여도 ᄯᅩ 형셰(形勢)를 몬져 힘닙으며[25] 어진 정ᄉᆞ(政事)로 ᄇᆡᆨ셩을 다ᄉᆞ려도 사ᄅᆞᆷ의 화합ᄒᆞᄂᆞᆫ ᄆᆞ음을 족히 미들 거시라 그러나 포ᄃᆡ(礮臺)로 그 요긴ᄒᆞᆫ 목ᄉᆞᆯ[26] 직희지 못ᄒᆞ며 륜션으로 뎍병(敵兵)의 왕ᄅᆡᄒᆞᄆᆞᆯ 치지 못ᄒᆞ며 화륜(火輪) 긔계(機械)[27]로 그 병션(兵船)을 파ᄒᆞ지 못ᄒᆞ며 뎐긔션(電氣線)으로 군ᄉᆞ를 됴발(調發)ᄒᆞ기에[28] 속(速)ᄒᆞ지 못ᄒᆞ면 져허컨ᄃᆡ 일죠(一朝)에 【37ㄱ】 급ᄒᆞ미 잇셔 만리의 군ᄉᆞ를 청ᄒᆞᄆᆡ 구원(救援)ᄒᆞᄂᆞᆫ ᄉᆞ졸(士卒)[29]이 밋쳐 오지 못ᄒᆞ야 디경의 당두(當到)ᄒᆞᆫ[30] 강적이 임의 니를지라도 ᄯᅩ 즁국이 도광(道光)[31] 년간(年間)에 ᄒᆡ상(海上)의셔 병화(兵火/兵禍)[32]를 지ᄂᆡ므로붓허 ᄒᆡ변 포ᄃᆡ(礮臺)[33]가 모다[34] 믄허진 고로[35] 의론ᄒᆞᄂᆞᆫ 재

는 '나파륜'으로 나옴.

23. 륜션(輪船): 화륜선. 증기선.
24. ᄉᆡ로오니: 새로우니. '늘노 셩ᄒᆞ고 달노 ᄉᆡ로오니': [원문] 日新月盛.
25. 힘닙으며: 힙입으며. 의지하며. ¶賴ᄂᆞᆫ 힘니블 씨라(법화경언해 3:195).
26. 목ᄉᆞᆯ: 몫을. 몫: 목. 중요한 통로. 여기서는 배와 사람이 내지로 드나드는 중요한 입구.
    목: 통로 가운데 다른 곳으로는 빠져나갈 수 없는 중요하고 좁은 곳. ¶목에 숨어서 적을 기다리다/어쨌든 목 좋았던 점포를 두고 아득바득 이곳으로 옮겨야 했던 까닭이 뭐야?(김주영, 달맞이꽃)
    현대어에서 '길목, 골목, 물목, 병목, 여울목' 등에 결합하는 '목'은 "좁은 길이나 지점"을 뜻하면서 신체어인 '목'(頸)에 속하는 다의어로 처리되고 말자음에 ㅅ의 격변화가 없는 형태인데 여기 나오는 '이언'의 예 '목ᄉᆞᆯ'이나 뒤에 나오는 예 '물목시'(3:44ㄴ), '여흘목ᄉᆡ'(4:10ㄱ)에서는 '몫'으로 말자음에 ㅅ이 들어가는 격변화를 보인다. 그런데 ㅅ 격변화가 항상 나타나는 것은 아니고 다음 고시조 예처럼 '여흘목으로'도 쓰여 혼란을 보이기도 한다. ¶여흘목으로 ᄃᆞᆫ니며 ᄂᆞ리 두져 먹고(고시조. 언덕 문희여. 청구영언). 따라서 '여흘목 - 여흘몫 / 물몫'과 같은 혼란이 이미 근대에 나타나는 것으로 보이며 이런 혼란을 거쳐 현대어에 와서는 '목'(여울목, 물목)으로 표준어형이 확정된 것이다. 반면에, 현대어에서 ㅅ 격변화를 하게 되어 있는 "여럿으로 나누어 가지는 각 부분"이란 뜻의 '몫'은 오히려 중세에서 ㅅ 격변화가 없는 '목'이었는데 현대어에 와서는 '몫'을 표준어로 하게 되었다.
    목: '몫'의 옛말. ¶싸ᄒᆞᆫ 그듸 모ᄀᆡ 두고 남ᄀᆞ란 내 모ᄀᆡ 두어 둘히 어우러 精舍 ᄆᆡᇰᄀᆞ라 부텻긔 받ᄌᆞ보리라(석보상절 6:26). 이 심을 다ᄉᆞᆺ 모긔 ᄂᆞᆫ호와 ᄒᆞᆫ나히 스므 근식 ᄒᆞ야(번역노걸대 하58).
    결국 옛말 '목 - 몫'이 현대어에 와서는 정반대의 형태로 격변화를 보이게 된 매우 흥미로운 현상을 보여 준다. 뒤의 '물목시'(3:44ㄴ 주석 113), '여흘목ᄉᆡ'(4:10ㄱ 주석 48) 참고.
27. 화륜 긔계: 화기(火器). [원문] 火器. 긔계: '병기'(兵器)의 옛말. ¶믈 튼 군ᄉᆡ 믈게 오ᄅᆞ며 거른 군ᄉᆡ 긔계를 자브라(연병지남 5).
28. 됴발: 조발(調發). 징발(徵發). 군사로 쓸 사람을 강제로 뽑아 모음.
29. ᄉᆞ졸(士卒): 군사(軍士) 병졸(兵卒).
30. 당두ᄒᆞᆫ: 당도(當到)한. 당두: 당도(當到). 어떤 곳에 다다름.
31. 도광(道光): 중국 청나라 제8대 선종 때의 연호(1821-1850).
32. 병화(兵火/兵禍): 병화(兵火/兵禍): '병화'(兵火: 전쟁으로 인한 화재) 또는 '병화'(兵禍: 전쟁의 참화). 전화(戰火/戰禍). [원문] 交兵. 교병(交兵): 교전(交戰).
33. 포ᄃᆡ: 포대(礮臺/砲臺). 포를 설치하여 쏠 수 있도록 견고하게 만든 시설물. 포루(砲樓). [원문] 礮臺.

(者ㅣ) 다 니ᄅᆞᄃᆡ 포ᄃᆡᄂᆞᆫ 족히 미들 거시 업다 ᄒᆞ나 그러나 포ᄃᆡᄅᆞᆯ ᄲᅳᆯᄃᆡ업ᄂᆞᆫ 거시 아니라 실노 대포 졔되(制度ㅣ) 그 법을 엇지 못ᄒᆞ고 포ᄃᆡ 규식(規式)[36]이 합당치 못ᄒᆞ미오 포ᄃᆡ 직희기ᄅᆞᆯ ᄆᆞᆺ당ᄒᆞᆫ 사ᄅᆞᆷ을 엇지 못ᄒᆞ고 대포 련습ᄒᆞ기ᄅᆞᆯ 극진이 못ᄒᆞ미라 셔국(西國)의 포ᄃᆡ ᄆᆡᆫᄃᆞᄂᆞᆫ 규식을 샹고(詳考)ᄒᆞᆯ진ᄃᆡ 아ᄅᆡᄅᆞᆯ 널게 ᄒᆞ고 우희ᄂᆞᆫ ᄲᅧᆯ게[37] ᄒᆞ【37ㄴ】며 혹 우흘 송곳ᄀᆞ치 ᄲᅡ게[38] ᄒᆞ야 ᄲᅮᆯ이 셰 갈ᄂᆡ로 ᄂᆡ민 형샹을 ᄆᆡᆫ들고 ᄃᆡ샹(臺上)의 ᄉᆞ면으로 대포ᄅᆞᆯ 두게 ᄒᆞ고 위이굴곡(委迤屈曲)ᄒᆞ야[39] 슈미(首尾)ᄅᆞᆯ 셔로 도라보게 ᄒᆞ며 ᄃᆡ하(臺下)의ᄂᆞᆫ ᄒᆡᄌᆞ(垓字)[40]로ᄡᅥ 둘너시니 그 졔되 즁국 포ᄃᆡ와 현져히 다르니 므릇 포구[41] 즁디(重地)[42]의 포ᄃᆡ가 밀밀(密密)이[43] 버러 잇셔[44] 방비ᄒᆞᄂᆞᆫ 법을 엄히 ᄒᆞ니 셩디(城池)[45] 방비ᄒᆞ기ᄅᆞᆯ 즁히 여길 ᄃᆞᆺᄒᆞᄃᆡ 도로혀 그 포ᄃᆡᄅᆞᆯ 더 즁히 여기ᄂᆞᆫ지라 근래에 강셔ᄉᆡᆼ(江西城)과 호남ᄉᆡᆼ(湖南城)이 다 셩외(城外)에 쇽이 븨게 ᄆᆞᆫ든 포ᄃᆡᄅᆞᆯ ᄲᅡ하 셩ᄂᆡ(城內)로 셔로 통ᄒᆞ게 ᄒᆞ니 ᄯᅩᄒᆞᆫ 셔국법(西國法)을 의방ᄒᆞ미라 그윽이[46] 니ᄅᆞᄃᆡ 일후의 ᄒᆡ변 요긴(要緊)ᄒᆞᆫ 【38ㄱ】 포구의 포ᄃᆡᄅᆞᆯ ᄡᆞ흐ᄃᆡ 셔인의 굿게 ᄆᆡᆫᄃᆞᄂᆞᆫ 규식을 의방ᄒᆞ며 대포 ᄆᆡᆫ들기ᄅᆞᆯ 셔인의 졍(精)히 ᄆᆡᆫᄃᆞᄂᆞᆫ 법과 ᄀᆞᆺ치 ᄒᆞ고 포ᄃᆡ 직희기ᄅᆞᆯ 반ᄃᆞ시 맛당ᄒᆞᆫ 사ᄅᆞᆷ으로 맛기며 대포 련습ᄒᆞ기ᄅᆞᆯ 반ᄃᆞ시 극진히 ᄒᆞ야 외양(外洋)의 슈군과 륜션으로

---

34. 모다: 모두. ¶나랏 사ᄅᆞ미 모다 王과 六師와 위ᄒᆞ야 노ᄑᆞᆫ 座 ᄆᆡᇰᄀᆞᆯ오(釋譜詳節 6:28).
35. 믄허진 고로: 무너졌으므로. ¶우리 집 담도 여러 돌림이 믄허져시니(朴通事新釋諺解 1:10).
36. 규식(規式): 정하여진 법규와 격식. 여기서는 포대의 설비나 운영 체제.
37. ᄲᅧᆯ게: 빨게. 뾰족하게. ᄲᅧᆯ다: '빨다'의 옛말. 차차 가늘어져 뾰족하다. [원문] 銳. ¶ᄆᆞᆰ골 아라우히 ᄲᅧᆫ디 아니ᄒᆞ샤 ᄒᆞᆫ가지로 充實ᄒᆞ시며(월인석보 2:41). 尖 긋 ᄲᅧᆯ 쳠(신증유합 하53). 발에 지ᄌᆞ에 분칠ᄒᆞ고 부리 ᄲᅧᆫ 훠ᄅᆞᆯ 신고(朴通事新釋諺解 1:30). 臉下窄 하관 ᄲᅧᆫ다(한청문감 6:8).
38. ᄲᅡ게: 'ᄲᅧᆯ다'의 부사형을 'ᄲᅧᆫ게' 대신 'ᄲᅡ게'로 적은 예이다. [원문] 尖. 바로 앞에서는 'ᄲᅧᆯ게'로 하여 혼기를 보인다.
39. 위이굴곡ᄒᆞ야: 위이굴곡(委迤屈曲/委蛇屈曲)하여. 구비구비 배치하여. 위이(委迤/委蛇): ① 침착하고 느긋한 모양. ② 배를 땅에 대고 기어가는 모양. ③ 구불구불 구부러진 모양. ④ 비스듬히 나오는 모양. ⑤ 순순히 좇는 모양. ⑥ 긴 모양. [원문] 迤邐起伏. 迤: 비스듬할, 연할 이. 邐: 이어질 리. 이리(迤邐): 잇달아 뻗은 모양. 같은 시기의 자료인 '홍루몽'(낙선재 필사본, 1884년경)에도 '위이굴곡ᄒᆞ-'와 '위이ᄒᆞ-'가 나온다. ¶쥬셔의 가속을 ᄯᆞ라 위이굴곡ᄒᆞ여 가련의 쳐쇼로 올ᄉᆡ(홍루몽 6:43). 말슴ᄒᆞ며 위이ᄒᆞ며 쇼샹관으로 오더니(홍루몽 27:10).
40. ᄒᆡᄌᆞ: 해자(垓字). 성 주위에 둘러 판 못(城下池). ¶셩 ᄆᆡᆫ ᄒᆡᄌᆞ(사성통해 하83).
41. 포구(浦口): 배가 드나드는 개의 어귀. [원문] 海口. 개: 강이나 내에 바닷물이 드나드는 곳.
42. 즁디: 중지(重地). 매우 중요한 땅.
43. 밀밀이: 밀밀(密密)히. 아주 빽빽하게.
44. 버러 잇셔: 벌어 있어. 늘어져 있어. 줄지어 있어. ¶차반 ᄆᆡᇰᄀᆞ라 버려(월인석보 2:73).
45. 셩디: 성지(城池). 성과 그 주위에 파 놓은 못.
46. 그윽이: 몰래. 은밀히. 조용히. ¶어버이ᄅᆞᆯ 셤교ᄃᆡ 隱(그윽이 諫홈이라)홈이 잇고 犯(ᄂᆞᆺ빗출 거슬여 諫홈이라)홈이 업스며(소학언해 2:72).

더브러 ᄂᆡ외 셔로 돕고 정병(正兵)[47]과 긔병(奇兵)[48]을 셔로 쓰면 거의 ᄒᆡ변의 만리쟝셩 ᄀᆞᆺ치 구드미 잇고 뎍병(敵兵)이 엿보ᄂᆞᆫ ᄆᆞᄋᆞᆷ이 업ᄉᆞ리라 병법(兵法)의 니ᄅᆞᄃᆡ ᄂᆡ 힘을 알고 져의 형셰(形勢)ᄅᆞᆯ 알면 ᄇᆡᆨ젼ᄇᆡᆨ승(百戰百勝)ᄒᆞᆫ다 ᄒᆞ니 만일 ᄂᆡ 힘은 알ᄃᆡ 져의 형셰(形勢)ᄅᆞᆯ 아지 못ᄒᆞᆫ즉 일을 림ᄒᆞ야 ᄌᆞ져(趑趄)ᄒᆞ며[49] 싸호고 직희기ᄅᆞᆯ 의론(議論)ᄒᆞ미 ᄒᆞᆫ 【38ㄴ】 가지 모ᄎᆡᆨ(謀策)을 ᄂᆡ이지 못ᄒᆞᆯ 거시오 져의 형셰ᄂᆞᆫ 알ᄃᆡ ᄂᆡ 힘을 아지 못ᄒᆞᆫ즉 ᄆᆞᄋᆞᆷ의 요ᄒᆡᆼ(徼倖)만 바라 가바야이[50] 시험ᄒᆞ야 ᄇᆡᆨ 번 싸화도 셩공ᄒᆞ지 못ᄒᆞᆯ 거시오 ᄂᆡ 힘도 아지 못ᄒᆞ며 ᄯᅩ 져의 형세도 아지 못ᄒᆞ고 젹은 일의 격분(激憤)ᄒᆞ야 ᄒᆞᆫ 번 싸호기를 가바야이 ᄒᆞ며 모ᄎᆡᆨ을 죠하ᄒᆞ나 만젼지계(萬全之計)[51]로 나지 못ᄒᆞ면 그 군ᄉᆞᄅᆞᆯ 패ᄒᆞ고 나라ᄅᆞᆯ 욕되이 ᄒᆞ기의 니ᄅᆞ지 안은 재 ᄯᅩᄒᆞᆫ 드믈지라 근ᄅᆡ(近來)에 양인이 답지(遝至)ᄒᆞ야[52] 교셥(交涉)ᄒᆞ기에 얽ᄆᆡ여 져기[53] 거ᄉᆞ리ᄂᆞᆫ 말이 이시면 믄득 변방에 흔단(釁端)[54]을 ᄂᆡ이ᄂᆞᆫ지라 ᄒᆞ믈며 아라ᄉᆞ국(俄羅斯國)은 셔븍(西北)에 누에 먹듯ᄒᆞ 【39ㄱ】 며[55] 왜인(倭人)은 동남(東南)의 간사(奸邪)ᄒᆞᆫ 잔나비 보듯ᄒᆞ야 화란(禍亂)이 셔귀여[56] 니러나ᄆᆡ 더옥 단예(端倪)[57][빌미] 현져히 드러난지라 즁국 ᄒᆡ변이 광활ᄒᆞ니 다 방비ᄒᆞ지 못ᄒᆞᆯ지라 ᄆᆞᆺ당히 요긴ᄒᆞᆫ 포구ᄅᆞᆯ 직희여 ᄌᆞ강지ᄎᆡᆨ(自强之策)을 도모ᄒᆞ야[58] 슈군으로ᄡᅥ

---

47. 경병: 정병(正兵). ① 〖군사〗 잔꾀를 부리지 아니하고 정정당당하게 싸우는 군대. ② 〖역사〗 정군(正軍). 정군(正軍): 〖역사〗 조선 시대에 장정으로 군역에 복무하던 사람. 대부분 농민으로 구성되었다.
48. 긔병: 기병(奇兵). 〖군사〗 적이 예측할 수 없는 기묘한 전술로 기습하는 부대. '정병과 긔병을 셔로 쓰면': [원문] 奇正互用.
49. ᄌᆞ져ᄒᆞ며: 자저(趑趄)하며. 주저하며. ᄌᆞ져(趑趄)ᄒᆞ다: 주저(躊躇)하다. 趑: 머뭇거릴 자. 趄: 뒤뚝거릴 저. [원문] 張皇. ¶ᄎᆡ량 식뷔 ᄎᆞ언을 듯고 실노 ᄌᆞ져ᄒᆞᄂᆞᆫ지라[蔡良家的聽了這番言語着實遲疑, 후홍루몽(낙선재 필사본, 1884년경) 16:56]. 'ᄌᆞ져ᄒᆞ-'는 고어사전들에 미등재어인데 '이언'에 두 번 나오며 같은 시기의 언해본인 '후홍루몽'에 여러 번 나온다. 앞의 3:19ㄱ의 'ᄌᆞ져ᄒᆞ고' 참고.
50. 가바야이: 가벼이. 가볍게. ¶그 남지를['남인(男人)을'의 원전 오기] 가ᄇᆡ야이 너기며(번역소학 7:33).
51. 만젼지계: 만전지계(萬全之計). 실패의 위험이 없는 아주 안전하고 완전한 계책. 만전지책. 만전책.
52. 답지(遝至)ᄒᆞ야: 한 군데로 몰려들어. 遝: 뒤섞일, 따라붙을 답.
53. 져기: 적이. 꽤 어지간한 정도로. ¶果報 中間ᄒᆞ니ᄂᆞᆫ 비치 져기 븕고(월인석보 7:42).
54. 흔단(釁端): 틈이 생기는 실마리. 서로 다르게 되는 시초.
55. 누에 먹듯ᄒᆞ며: 잠식하며. [원문] 蠶食. '잠식ᄒᆞ며'로 번역하지 않고 '누에 먹듯ᄒᆞ며'로 번역하였다.
56. 셔귀여: 섞이어. 모여. [원문] 迭. 서귀다1: ①서로 바꾸다. ②서로 달리하다. 서귀다2: '섞다, 모으다'의 옛말. ¶사ᄅᆞᆷ이 입을 서귀여 공을 천거ᄒᆞ니(경신록언해 39). '이언' 셔2ㄱ에는 '셕위여'로 혼기가 나온다.
57. 단예(端倪): ①일의 시초와 끝. ②맨 끝. 또는 아주 먼 끝. ③사물이 되어가는 것을 추측하여 앎. 두미(頭尾). 본말. 수미(首尾). 시종(始終).
빌미: 재앙이나 탈 따위가 생기는 원인. 빌믜 > 빌미. 빌믜: '빌미'의 옛말. ¶지븨 빌믯 것 만호ᄆᆞᆯ 니ᄅᆞ시니라(법화경언해 2:114). 아비 눈이 멀 거시ᄂᆞᆯ 혹 닐오ᄃᆡ ᄒᆡ 빌믜 되엿다 ᄒᆞᆫ대(동국신속삼강행실도 효6:46).
58. ᄌᆞ강지ᄎᆡᆨ을 도모ᄒᆞ야: 자강지책(自强之策)을 도모하여. 자강불식(自强不息)하여. [원문] 自强不息.

억졔ᄒᆞ고[59] 륙군으로ᄡᅥ 막을지라 샹고컨ᄃᆡ 녯젹의ᄂᆞᆫ 다만 ᄒᆡ변을 방비ᄒᆞ기만 의론ᄒᆞ더니 이졔ᄂᆞᆫ 맛당히 ᄒᆡ샹의셔 ᄡᅡ호기ᄅᆞᆯ 말ᄒᆞ리니 뎍병을 치ᄂᆞᆫ 긔계[60]를 샹고컨ᄃᆡ 네히 이시니 ᄀᆞᆯ온 텰츙션(鐵衝船)[병션 일홈]이오 ᄀᆞᆯ온 텰갑션(鐵甲船)[병션 일홈]이오 ᄀᆞᆯ온 젼륜포션(轉輪礮船)[병션 일홈]이오 ᄀᆞᆯ온 문ᄌᆞ션(蚊子船)[61][병션 일홈]이오 험ᄒᆞᆫ ᄃᆡᄅᆞᆯ 직희ᄂᆞᆫ 【39ㄴ】 긔계가 ᄯᅩᄒᆞᆫ 네히 이시니 ᄀᆞᆯ온 포ᄃᆡ(礮臺)오 ᄀᆞᆯ온 슈뢰포(水雷礮)[62][슈젼(水戰)ᄒᆞᆯ ᄯᆡ 뎍션 파ᄒᆞᄂᆞᆫ 긔계라]오 ᄀᆞᆯ온 슈즁츙거(水中衝拒)[병션 일홈]오 ᄀᆞᆯ온 부텰포ᄃᆡ(浮鐵礮臺)[63][포ᄃᆡ 일홈]니 텰츙션은 슈젼ᄒᆞᄂᆞᆫ ᄃᆡ 맛당ᄒᆞ고 젼륜포션은 ᄉᆞ면으로 치ᄂᆞᆫ ᄃᆡ 맛당ᄒᆞ미오 텰갑션과 문ᄌᆞ션은 구든 거슬 치기에 맛당ᄒᆞ며 그나마 목륜션(木輪船)[병션 일홈]과 뎐계포션(田雞礮船)[병션 일홈]은 다 그 버거[64] 되여 험ᄒᆞᆫ ᄃᆡ를 직희ᄂᆞᆫ 긔계오 ᄯᅩ 포구에 맛당ᄒᆞᆫ 바를 ᄉᆞᆲ히리니 슈뢰푀(水雷礮ㅣ) 업ᄉᆞᆫ즉 포ᄃᆡᄅᆞᆯ 능히 직희지 못ᄒᆞ며 슈즁츙게(水中衝拒ㅣ) 업ᄉᆞᆫ즉 슈뢰포ᄂᆞᆫ 의지ᄒᆞᆯ ᄇᆡ 업ᄂᆞ니 므릇 포ᄃᆡ ᄇᆡ치ᄒᆞ기 어려온 ᄯᅡ희ᄂᆞᆫ ᄯᅩᄒᆞᆫ 부텰포ᄃᆡ(浮鐵礮臺)를 미드며 곳 텰 【40ㄱ】 갑션으로ᄡᅥ ᄒᆡ샹에 둘너 호위ᄒᆞᄂᆞᆫ 바ᄅᆞᆯ ᄌᆞ뢰(資賴)ᄒᆞ야 우희 박휘[65]로 운동ᄒᆞᄂᆞᆫ 대로를 두어 언덕을 ᄯᅡ라 오르나리며 슌환(循環)ᄒᆞ야 ᄎᆡᆨ응(策應)ᄒᆞᄆᆡ[66] 셔로 슈응(酬應)ᄒᆞ야[67] ᄡᅳ이ᄂᆞᆫ ᄇᆡ 되여야 이의 능히 셔로 구졔(救濟)ᄒᆞ기의 니르ᄂᆞ니 일즉 텬하에 ᄒᆡ변 방비ᄒᆞᄂᆞᆫ ᄃᆡᄅᆞᆯ 통계ᄒᆞᄆᆡ[68] 즁디(重地)의 큰 진(鎭)을 난호와[69] ᄇᆡ셜(排設)ᄒᆞ야 의각지셰(犄角之勢)[70]를

---

59. 억졔ᄒᆞ고: 억제(抑制)하고. [원문] 折衝.

60. 긔계: '병기'(兵器)의 옛말. [원문] 具. 적병을 치는 병선으로 철충선(鐵衝船), 철갑선(鐵甲船), 전륜포선(轉輪礮船), 문자선(蚊子船)의 네 가지를 들고 있다.

61. 문ᄌᆞ션: 문자선(蚊子船). 포선(砲船)의 일종.

62. 슈뢰포: 수뢰포(水雷礮). [원문] 水雷. 수뢰: 어뢰, 기뢰 따위와 같이 물속에서 폭발하여 적의 배를 파괴하는 무기. '표준국어대사전'에는 "일제 강점기에 일본군에서 쓰던 용어인데 우리나라 해군에서는 어뢰와 기뢰로 구분하여 사용한다."라고 기술되어 일본군 용어로만 적고 있으나 '이언'의 언해문에 '수뢰'가 나오고 원문에 '水雷'가 쓰여 중국, 조선 시대에도 쓰인 용어로 보아야 한다.

63. 부텰포ᄃᆡ: 부철포대(浮鐵礮臺). 포대의 일종. 여기서는 험한 곳을 지키는 병기로 포대(礮臺), 수뢰포(水雷礮), 수중충거(水中衝拒), 부철포대(浮鐵礮臺)의 네 가지를 들고 있다.

64. 버거: 다음. 버금. ¶버거는 菩薩ᄋᆞᆯ 볼띠니(석보상절 8:33).

65. 박휘: 바퀴. 박휘/박회: '바퀴'의 옛말. ¶輪 박회 륜(왜어유해 하19). 墓所의 가 再拜ᄒᆞ고 塋域 內外예 ᄃᆞᆫ녀 둘러 슬허 ᄉᆞᆯ피기ᄅᆞᆯ 세 박회ᄅᆞᆯ ᄒᆞ고(가례언해 10:45).

66. ᄎᆡᆨ응: 책응(策應). 계책을 통하여 서로 응하고 도움. [원문] 策應.

67. 슈응: 수응(酬應). 요구에 응함. ¶물론 답이 있을 리 없었고 따라서 수응이 있을 리 더군다나 없었다(변영로, 酩酊 40년). 그러는 족족 그 수응을 하자면 내 일을 못하겠는걸(채만식, 치숙). [원문] 需.

68. 통계ᄒᆞᄆᆡ: 종합적으로 계책을 꾸미매. 통계(統計): 한데 몰아서 계산함. 어떤 현상을 종합적으로 한눈에 알아보기 쉽게 일정한 체계에 따라 숫자로 나타냄. 또는 그런 것. [원문] 綜計. cf. 통계(通計): 통산.

69. 즁디의 큰 진을 난호와: 중지(重地)에 큰 진을 나누어. 즁디: 중지(重地). 매우 중요한 땅. [원문] 分

일위니만71 ᄀᆞᆺ튼 거시 업스니 고요ᄒᆞ므로 움즉이믈 ᄃᆡ덕ᄒᆞ며 편ᄒᆞ므로 슈고ᄒᆞᄂᆞᆫ 거술 ᄃᆡ덕ᄒᆞ미라 직례ᄉᆡᆼ(直隸省)72과 봉텬부(奉天府)73와 료동(遼東) 세 포구로 ᄒᆞᆫ 진(鎭)을 ᄆᆡᆫᄃᆞᆯ고 강남ᄉᆡᆼ(江南省) 강셔ᄉᆡᆼ(江西省) 졀강ᄉᆡᆼ(浙江省)의 ᄒᆞᆫ 진을 ᄆᆡᆫᄃᆞᆯ고 ᄃᆡ만(臺灣)과 복건ᄉᆡᆼ(福建省)의 ᄒᆞᆫ 진을 【40ㄴ】 ᄆᆡᆫᄃᆞᆯ고 월ᄉᆡᆼ(粵省)74의도 스ᄉᆞ로 ᄒᆞᆫ 진을 ᄆᆡᆫᄃᆞ러 네 진을 두로 난호와 각기 슈군을 ᄇᆡ셜ᄒᆞ야 일이 업ᄂᆞᆫ ᄯᆡᆫ즉 셩세(聲勢)를 셔로 련(聯)ᄒᆞ야 간사ᄒᆞᆫ 일을 ᄉᆞᆲ히며 도적을 잡고75 병화(兵火/兵禍)를 맛난즉 슈미(首尾)를 셔로 도라보고76 험ᄒᆞᆫ ᄃᆡ를 웅거(雄據)ᄒᆞ야77 들녀칠지라78 대뎌 텬진(天津)이 경긔(京畿)를 돌나 막아시ᄆᆡ 요긴ᄒᆞᆫ 포구ᄂᆞᆫ 봉텬부와 료동의 잇ᄂᆞᆫ지라 함풍(咸豊)79 십 년에 영국과 법국이 텬진을 침범ᄒᆞᄆᆡ 그 병션과 즙물80을 다 위ᄒᆡ(威海)81와 공동(崆峒)82 각 셤에 난호와 쥬찰(駐札)ᄒᆞ엿ᄂᆞ니83 이졔 텬진에 비록 ᄀᆞᆺ셴 군졸을 둔(屯)쳐 이시나84 봉텬부와 료동 두 포구의 셔로 련ᄒᆞᆫ 군ᄉᆡ 업ᄉᆞ니 이ᄂᆞᆫ 【41ㄱ】 븍양에 방비ᄒᆞ미 ᄀᆞᆺ지 못ᄒᆞ미오 강졀

設重鎭. 중진(重鎭): ① 어떤 집단이나 분야에서 지도적인 영향력을 가진 중요한 인물. ② 병권(兵權)을 잡고 군사적 요충지를 지키는 사람.

70. 의각지셰: 의각지세(犄角之勢). 기각지세(掎角之勢). ① 사슴을 잡을 때 사슴의 뒷발을 잡고 뿔을 잡는다는 뜻으로, 앞뒤에서 적을 몰아침을 비유적으로 이르는 말. 기각(掎角). ② 두 영웅이 대치하여 세력을 다툼을 비유적으로 이르는 말. 犄: 거세한 소, 기댈 의. 掎: 끌어당길 기.

71. 일위니만: 일원 + 이만. 이룬 것만.

72. 직례ᄉᆡᆼ: 직례성(直隸省). 중앙의 직할 성. 명나라 때부터 수도가 관할하는 지역을 직례(直隸)라고 한다. 청나라 때의 직례성은 오늘의 북경(北京), 천진(天津), 하북성(河北省)의 대부분, 하남(河南), 산동(山東)의 일부분을 말한다. cf. 직례(直隸): 조정 또는 정부에 직접 예속됨. 직속.

73. 봉텬부: 봉천(奉天). 펑톈(Fengtien). '심양'(瀋陽)의 옛 이름.

74. 월ᄉᆡᆼ: 월성(粵省). 광동성의 별칭.

75. 도적을 잡고: [원문] 捕盜.

76. 슈미를 셔로 도라보고: [원문] 指臂相助. 번역문은 머리와 꼬리를 뜻하는 '슈미'(首尾)인데 원문은 손가락과 팔의 관계라는 뜻의 '指臂'(지비)이다.

77. 웅거(雄據): 일정한 지역을 차지하고 굳게 막아 지킴.

78. 들녀칠지라: 둘러서 칠 것이라. 들녀치다: 둘러서 치다. 포위해 공격하다. [원문] 環攻.

79. 함풍: 청나라 제9대 함풍제(咸豊帝: 文宗)의 연호. 함풍 10년은 1860년 영국·프랑스 연합군의 북경 점령 후, 북경 조약과 함께 천진조약(天津條約)이 비준, 교환되던 해.

80. 즙물: 집물(什物). 집 안이나 사무실에서 쓰는 온갖 기구. 집기(什器). '병션과 즙물': [원문] 輜重. 치중(輜重): ① 말이나 수레에 실은 짐. ② 군대의 여러 가지 물품을 통틀어 이르는 말. 탄약, 식량, 장막, 피복 따위를 이른다.

81. 위ᄒᆡ: 산동 반도에 있는 '위해'(威海). 오늘날에는 한국 기업이 대거 진출하여 있다.

82. 공동(崆峒): 산동 연대시(烟臺市) 지부구(芝罘區) 동북부에 있는 공동도(崆峒島)를 말한다.

83. 쥬찰ᄒᆞ엿ᄂᆞ니: 주찰(駐札)하였나니. 주찰(駐札): (외교 사절 등으로) 외국에 머물러 있음. 주차(駐箚).

84. 둔쳐 이시나: 둔을 치고 있으나. 둔(屯)치다: ① 여러 사람이 한곳에 떼 지어 머무르다. ② 많은 군대가 한데 모여 진을 치다. ¶몇 천 명 몇 백 명의 대군이 지금 안성 죽산에 둔치고 있다던가?(홍명희, 임꺽정).

(江浙)[85]의ᄂᆞᆫ 겨유 안흐로 방비ᄒᆞᄂᆞᆫ 것만 잇고 쟝강(長江)의ᄂᆞᆫ 겨유 포ᄃᆡ를 셰웟시나 외
양의 오히려 크게 슈군을 쥬찰ᄒᆞ야 츙돌(衝突)ᄒᆞ고 졔어ᄒᆞᆯ 바를 갓쵸지 못ᄒᆞ여시니 이
ᄂᆞᆫ 즁양(中洋)의 방비ᄒᆞ미 굿지 못ᄒᆞ미오 민ᄉᆡᆼ(閩省)[86]의 ᄒᆡ구를 가히 직흴 거시오 하문
(厦門)[87][셤 일홈]을 직희기 어려오며 월ᄉᆡᆼ(粵省)은 향항(香港)과 오문(澳門)이 핍근(逼近)
ᄒᆞ야 뎍병으로 험ᄒᆞᆫ 바를 ᄒᆞᆷ긔 직희엿고 ᄃᆡ만은 ᄂᆡ디를 ᄉᆡ로 ᄀᆡ쳑(開拓)ᄒᆞ야 창셜(創設)
을 잘 ᄒᆞ기 어려오ᄆᆡ ᄆᆞᆺᄎᆞᆷᄂᆡ 타국이 엿보고 흠션이[88] 너기ᄂᆞᆫ ᄇᆡ 되니 이ᄂᆞᆫ 남양(南洋)의
방비ᄒᆞ미 굿지 못ᄒᆞ미라 지금의 【41ㄴ】 계교(計較)ᄒᆞ건ᄃᆡ ᄆᆞᆺ당히 직례와 봉텬과 산동
셰 ᄉᆡᆼ(省) 힘을 합ᄒᆞ야 털갑션 ᄉᆞ 쳑으로ᄡᅥ 쟝슈를 삼고 문ᄌᆞ션(蚊子船) ᄉᆞ 쳑과 화륜션
십 쳑으로ᄡᅥ 보익(輔翼)[89]을 삼아 포ᄃᆡ로 ᄂᆡ외(內外) 상응(相應)ᄒᆞ야 영문을 위ᄒᆡ위(威
海衛) 가온ᄃᆡ ᄇᆡ셜ᄒᆞ면 뎍병으로 ᄒᆞ야곰 등군(登郡)[90] 모든 셤의 감히 웅거ᄒᆞ지 못ᄒᆞᆯ
거시오 우리ᄂᆞᆫ 븍으로 진군(津郡)[91]을 련(連)ᄒᆞ고 동으로 우장(牛壯)[92]을 졉(接)ᄒᆞ야 물
길을 통ᄒᆞ기 쉬오며 슈미상응(首尾相應)ᄒᆞ니 뎍병이 능히 이리로 좃ᄎᆞ 븍으로 나아가
지 못ᄒᆞ고 ᄯᅩ 이곳이 아니면 동으로 나아가기 편치 못ᄒᆞᆯ지니 일죠(一朝)의 변괴(變故ㅣ)
이실지라도 슈륙군이 협공(挾攻)ᄒᆞ야 몬져 륙군으 【42ㄱ】로 그 젼봉(前鋒)을 ᄭᅥᆨ고 후
의 슈군으로 그 도라갈 길을 막으면 뎍병이 요ᄒᆡᆼ으로 우리를 ᄂᆡ긔여도 져의 ᄯᅩᄒᆞᆫ 감히
오ᄅᆡ 머무지 못ᄒᆞᆯ 거시오 패ᄒᆞᆫ즉 일 쳑 륜션과 ᄒᆞᆫ 조각 돗ᄃᆡ도 온젼이 도라가지 못ᄒᆞᆯ

---

85. 강졀: 강절(江浙). 강소성과 절강성.

86. 민싱: 민성(閩省). 복건성(福建省)의 별칭. 대만 해협에 면하여 있으며, 대부분 산악 지대이다. 예로부터 외국으로 이주하는 사람이 많아 남방 화교 출신지로 유명하다. 성도(省都)는 복주(福州).

87. 하문(厦門): 샤먼(Xiamen). 중국 복건성 남부의 샤먼 섬에 있는 항구 도시. 난징 조약으로 개항되었으며, 1980년에 중국의 경제 특구로 지정되었다. 조선·식품·유리·고무·수산물 가공업이 발달하였으며, 중국의 주요한 무역항이다. 厦: 큰집 하. '廈'(처마, 큰집 하)의 속자.

88. 흠션이: 흠선히. 흠선(欽羨)하다: 우러러 공경하고 부러워하다. ¶때로 내형(乃兄)의 것을 흠선을 해도 여간해서는 제 소유를 만들 가망은 없는 것이고……(이육사, 연인기). [원문] 垂涎. 수연(垂涎): ① 음식이 먹음직하여 침을 흘림. ② 탐이 나서 가지고 싶어 함.

89. 보익(輔翼/輔翊): 도와서 올바른 데로 이끌어 감. 보도(輔導). 익찬(翊贊). 여기서는 좌우 날개처럼 호위하는 군함 선단을 가리킴.

90. 등군(登郡): 복건성(福建省)의 복주(福州)를 가리킴.

91. 진군(津郡): 오늘의 천진 일대. 청나라 동치(同治) 2년(1863)에 만들어진 최초의 천진 '성방도'(城防圖)인 '진군주방호장전도'(津郡籌防濠墻全圖)는 청나라 함풍(咸豊) 10년(1860)부터 청나라 정부가 영국·프랑스 연합군을 물리치기 위하여 천진 주변에 참호를 파고 성벽을 쌓은 내용에 대한 기록이다. 증국번(曾國藩)이 키운 인물인 이홍장(李鴻章)이 쓴 '진군건증국번전사'(津郡建曾國藩專祠)에는 태평천국의 난을 진압하여 청나라의 붕괴를 막은 증국번이 직례성과 천진에서 행한 정치 업적을 높이 평가하고 있다.

92. 우장: 우장(牛壯). 뉴장. 중국 만주에 있는 도시 이름. '영구'(잉커우, 營口)로 불리기도 한다.

거시니 븍양(北洋)의 방비ᄒᆞ미 구들 거시오 쟝강(長江)이 험ᄒᆞ고 안흐로 직희미 임의 엄(嚴)ᄒᆞ며 능히 진강(鎭江)[93]과 히도(海島)[94]에 ᄯᅩᄒᆞᆫ 젼과 ᄀᆞᆺ치 슈군을 빅셜ᄒᆞ면 뎍병이 감히 쟝강의 드러오지 못ᄒᆞ며 압뒤로 뎌당(抵當)치[95] 못ᄒᆞᆫ즉 즁앙(中洋)에 방비ᄒᆞ미 구들 거시오 딕만이 일곱 싱(省)에 문회(門戶ㅣ) 되니 딕만 ᄯᅡ흘 식로 기쳑(開拓)ᄒᆞ야 다시 슈군을 핑호(澎湖)[96]에 베프러 민싱(閩省)에 즁 【42ㄴ】 히 방슈(防戍)ᄒᆞ미 되게 ᄒᆞ고 뎍군의 엿보ᄂᆞᆫ 길을 막으며 월싱은 즁국 사ᄅᆞᆷ과 오랑키 셔로 갓가이 쳐ᄒᆞ고 양션(洋船)이 분분(紛紛)이 오니 타 싱(省)의 비교ᄒᆞ건ᄃᆡ 힘을 쓰기 어려올 듯ᄒᆞ나 그러나 지믈(財物)이 츙실(充實)ᄒᆞ고 인믈(人物)이 강셩(强盛)ᄒᆞ니 ᄯᅩᄒᆞᆫ 여젼이 군ᄉᆞ를 죠련ᄒᆞ고 긔계를 경히 ᄒᆞ며 슈군을 비밀ᄒᆞ게 빅셜ᄒᆞ면 구원ᄒᆞ고 돕기를 기다리지 아니ᄒᆞ야 능히 스ᄉᆞ로 변방을 견고ᄒᆞ게 ᄒᆞᆯ 거시니 이ᄂᆞᆫ 남양에 방비ᄒᆞ미 구드미오 기여(其餘) 각 싱의 히변 요긴ᄒᆞᆫ ᄯᅡ히도 맛당히 륙군을 졍히 죠련(操練)ᄒᆞ야 엄히 방슈ᄒᆞ며 슈군은 반ᄃᆞ시 왕릭ᄒᆞ며 셔로 돕 【43ㄱ】 게 ᄒᆞᄃᆡ 혹 모혀 죠련도 ᄒᆞ며 혹 모혀 쵸탐(哨探)[97]도 ᄒᆞ고 뎐긔션을 난화 베프러 셩식(聲息)을 셔로 통ᄒᆞ게 ᄒᆞ며 동셔 각양(各洋)의ᄂᆞᆫ 텰션 하나흘 돌녀가며 분파(分派)ᄒᆞ야 각 포구로 슌힝(巡行)ᄒᆞ야[98] 단니며 죠련ᄒᆞ믈 돕기도 ᄒᆞ고 샹고(商賈)를 호위ᄒᆞ게 ᄒᆞᆯ 거시오 ᄯᅩ 븍싱(北省) 히변 ᄯᅡ흔 진흙과 여흘이 만흐며 남싱(南省)은 산령(山嶺)을 만히 등져시니 빅(舟)를 나려 깁히 드러가 둔췌(屯聚)ᄒᆞ기[99] 어려오니 ᄯᅡ히 죠하 반ᄃᆞ시 닷톨(爭) 빅 아니오 ᄯᅩ 토옥(土沃)ᄒᆞᆫ[100] ᄯᅡ히 아니니 가히 군ᄉᆞ를 감ᄒᆞ고 군량

---

93. 진강(鎭江): 현 강소성(江蘇省) 진강시(鎭江市).

94. 히도: 해도(海島). 절강성 주산(舟山)시. 상해, 항주, 영파 등의 중심에 있으며 장강 삼각주의 중심도시라 해도(海島)라고 함. 중국의 4대 군도로 묘도군도(발해), 장산군도(황해), 주산군도(동해-항주만), 남해제도(남해)가 있으며 그중 동해라 함은 중국 내에서의 명칭으로, 장강 입구에서 대만 해협에 이르는 해역임. 장강에 들어갈 수 있는 해도가 주산군도(舟山群島)임. 주산군도는 장강 하구에서 동남쪽에 위치한 300여 개의 섬들로 이루어졌으며 군도에서 가장 큰 섬은 주산도(舟山島)로 이는 중국에서 네 번째로 큰 섬이다. 장개석은 대만으로 철수할 때 여기에 15만 병력을 주둔시켰으니 그 이유는 장강 유역과 상해 바다를 지키기 위한 전초기지였기 때문이다. 장개석은 상해항과 북방 여러 항구를 드나드는 선박을 봉쇄하고 대도시들(상해, 남경, 항주)에 타격을 주기 위함이었다고 한다. 주변에 대표적인 항구로 영파(寧波)항이 있다.

95. 뎌당치: 저당치. 저당(抵當): ①서로 맞서서 겨룸. ¶네 어듸 내게 뎌당ᄒᆞ리오(박통사언해 중50). ②볼모로 삼음. ③『법률』 부동산이나 동산을 채무의 담보로 잡거나 담보로 잡힘. 여기서는 ①의 뜻.

96. 핑호: 팽호(澎湖). 대만(臺灣)의 팽호현(澎湖縣).

97. 쵸탐: 초탐(哨探). 경계를 서고 수색 정찰을 함. 哨: 망볼 초. 探: 찾을 탐. [원문] 哨.

98. 슌힝: 순행(巡行). 순찰하여 여러 곳으로 돌아다님. 순유(巡遊). 역유(歷遊). 유력(遊歷). [원문] 巡游.
cf. 순행(巡幸): 임금이 나라 안을 두루 살피며 돌아다니던 일. 순공(巡功). 순수(巡狩).
순행(循行): 여러 곳으로 돌아다님. 명령을 좇아 행함.

99. 둔췌ᄒᆞ기: 둔취(屯聚)하기. 주둔하기. 여러 사람이 한곳에 모여 있음.

을 졀용(節用)ᄒᆞ야 ᄉᆞ(四) 쳐소(處所)에 큰 진영을 두어 그 형셰를 후히 ᄒᆞ며 그 셩공ᄒᆞ기를 오로지 ᄎᆡᆨ망(責望)ᄒᆞ 【43ㄴ】 면 군ᄉᆡ 여러 곳에 난호와 직희기로 힘이 고단치 아니ᄒᆞ고 군량이 고로게 슈운(輸運)ᄒᆞ야 힘이 부족ᄒᆞᆯ 념례(念慮ㅣ) 업셔 바다를 방슈(防戍)ᄒᆞᄂᆞᆫ 실샹 공효(功效)[101]를 거두고 바다를 방슈ᄒᆞᄂᆞᆫ 허명(虛名)만 ᄒᆞᆫᄀᆞᆺ 힘쓰지 말면 슈군에 강ᄒᆞ미 여긔 근본(根本)ᄒᆞ리라 그러나 군ᄉᆞ 쓰ᄂᆞᆫ 종요(宗要)ᄂᆞᆫ 뎨일 인ᄌᆡ(人才)를 엇기의 잇고 셰상을 경륜(經綸)ᄒᆞᄂᆞᆫ 규모ᄂᆞᆫ 더옥 장구지ᄎᆡᆨ(長久之策)[102]을 ᄒᆞᆯ 거시니 양인의 외양에셔 호긔를 부리며 텬하를 멸시(蔑視)ᄒᆞᄂᆞᆫ 밧쟈ᄂᆞᆫ 그 ᄇᆡ와 대포에 견고ᄒᆞ고 리(利)ᄒᆞ믈 한ᄀᆞᆺ 미들 ᄲᅮᆫ 아니라 쟝슈(將帥ㅣ) 졍예(精銳)ᄒᆞᆫ 연후의 군무ᄉᆞ를 능히 ᄒᆞᆯ 거시니 대개 몬져 군ᄉᆞ를 기르고 【44ㄱ】 군량을 족ᄒᆞ게 ᄒᆞ며 ᄯᅳᆺ이 젼일(專一)ᄒᆞ고[103] ᄆᆞ음이 분란(紛亂)ᄒᆞ지 아니ᄒᆞᆫ 연후에 능히 령(令)이 나ᄂᆞᆫ ᄃᆡ로 힝ᄒᆞ니 령이 힝ᄒᆞᆫ 연후에 능히 젹은 거ᄉᆞ로ᄡᅥ 만흔 거ᄉᆞᆯ 졔어ᄒᆞᆯ지라 ᄒᆞ믈며 ᄒᆡ샹의 슈군이 강샹의 슈군으로 현연(現然)이[104] ᄀᆞᆺ지 아니ᄒᆞ니 강(江)의ᄂᆞᆫ 광졍션(廣脡船)[105]과 산판션(舢板船)[106]과 젹은 륜션만 가져도 족히 리(利)ᄒᆞᆫ 긔계 될 거시오 바다의ᄂᆞᆫ 텰션과 륜션에 대포를 ᄇᆡ합(配合)ᄒᆞ야 쓰지 아니ᄒᆞ면 결단코 뎍병으로 더브러 형셰를 닷톨 길이 업ᄉᆞ니 강의ᄂᆞᆫ 량호(兩湖)[107]와 삼강(三江)[108] ᄉᆞ름을 다 가히 쇼모(召募)ᄒᆞ야[109] ᄡᅳᆯ 만ᄒᆞ고 바다의ᄂᆞᆫ 풍랑과 죠슈(潮水ㅣ) 험ᄒᆞ니 민광(閩廣)[110]과 녕파(甯波)[111]에 ᄒᆡ 【44ㄴ】 변 ᄉᆞ름곳 아

---

100. 토옥(土沃): 땅이 걸고 기름짐.
101. 공효(功效): 공을 들인 보람이나 효과.
102. 장구지ᄎᆡᆨ: 장구지책(長久之策). 어떤 일이 오래 계속되도록 꾀하는 계책.
103. 젼일ᄒᆞ고: 전일(專一)하고. 마음과 힘을 모아 오직 한 곳에만 쓰고.
104. 현연이: 현연(現然/顯然)히. 뚜렷이. 분명히. [원문] 逈然. 逈: 멀, 빛날 형.
현연(顯然)하다: 분명하게 나타나거나 알려지는 정도가 뚜렷하다. 현연(顯然)히: ¶상제를 부르면 현연히 대답이 오는 것이다(한설야, 탑). 말 없는 왕의 얼굴엔 괴로움과 우울한 표정이 현연히 드러난다(박종화, 다정불심). cf. 현연(懸然): 아득히 먼 모양.
105. 광졍션: 광정선(廣脡船). 좁고 긴 배. 脡: 거룻배 정.
106. 산판션: 산판선(舢板船). 산판선. 종선(從船). 큰 배에 딸린 작은 배. 舢: 종선 산. ¶부두에서 종선을 타고 기선으로 들어가면서도 우길이는 기선에 고장이 생겨서 떠나지 못했으면 하고 바랐다(한설야, 탑). 저편에 머물러 있는 본선에서는 종선이 한 척 부두로 향하여 온다(김동인, 젊은 그들).
107. 량호: 양호(兩湖). 호남성(湖南省)과 호북성(湖北省)을 아우르는 말.
108. 삼강(三江): ① 강소성의 대호(大湖)에서 흘러내려가는 송강(松江), 누강(婁江), 동강(東江). ② 오송강(吳淞江), 전당강(錢塘江), 포양강(浦陽江). ③ 절강성(浙江省), 강소성(江蘇省), 강서성(江西省). 여기서는 ③의 뜻.
109. 쇼모ᄒᆞ야: 소모(召募)하여. 의병 따위를 불러 모아.
110. 민광(閩廣): 복건성과 광동성. 閩: 오랑캐 민. 중국 동남 지방 복건성 일대의 종족.
111. 녕파(甯波/寧波): 영파. 닝보(Ningbo). 중국 절강성(浙江省) 동쪽 용강(甬江, 융장) 하류에 있는 도시. 송나라 이후 한국·일본·아라비아·동남아시아와의 무역 중심지로 번영하였으나 상해(上海)가 발전

니면 왕왕이 토ᄒᆞ고112 업더져 능히 대양에 익지 못ᄒᆞᆯ 거시오 강에ᄂᆞᆫ 젹은 하슈와 여튼 물목시113 ᄒᆞᆫ 번 바라보와도 죡히 침작ᄒᆞᆯ114 만ᄒᆞ고115 바다의ᄂᆞᆫ 묘연(渺然)ᄒᆞ야116 가ᄒᆞᆯ117 알 길이 업ᄉᆞ니 ᄒᆡ포118 익지119 못ᄒᆞ면 능히 쳔심(淺深)을 측량ᄒᆞ고 향방을 뎡ᄒᆞᆯ 길이 업ᄉᆞ니 강의셔 익은 장슈ᄅᆞᆯ 바다에 쓰면 ᄯᅩᄒᆞᆫ 깁히 두려ᄒᆞᄆᆞᆯ 면치 못ᄒᆞᆯ지라 이졔 륜션을 비록 여러 번 ᄆᆡᆫᄃᆞ나 능히 그 슐업(術業)을 극진이 못ᄒᆞ고 양창 대포ᄅᆞᆯ 비록 여러 번 죠련ᄒᆞ여시나 오히려 졍예ᄒᆞᆯ ᄃᆡ경의 나아가기 어려오니 위ᄐᆡ(危殆)ᄒᆞᆫ ᄊᆡ의 시험ᄒᆞ야 쓰기 쉽지 못ᄒᆞᆯ지라 【45ㄱ】 ᄆᆞ암을 졍(精)히 ᄒᆞ고 힘을 ᄆᆡ이120 ᄡᅥ 가ᄅᆞ친 후 가히 셩공ᄒᆞᆯ 거시로ᄃᆡ 오직 여러 ᄒᆡᄅᆞᆯ 두고 미리 경영ᄒᆞ여야 일죠에 급ᄒᆞᆫ 일을 거의 방비ᄒᆞᆯ지라 우리

황샹(皇上)121이 젼일(前日)을 빗최여 보시고 후ᄉᆞ(後事)ᄅᆞᆯ 빗나게 ᄒᆞ시며122 근심을 ᄉᆡᆼ각ᄒᆞ야 예방(豫防)ᄒᆞ샤 임의 드러ᄂᆞᆫ 군ᄉᆞ 흔단123을 막으시고 드러나지 아니ᄒᆞᆫ 변방 근심을 업시 ᄒᆞ실진ᄃᆡ 오직 ᄉᆞ진(四鎭)124을 셜시(設施)ᄒᆞ고 특별이 샹고ᄒᆞ야 슈군 즁에 ᄇᆡ 부리기에 익고 무비(武備)에 졍ᄒᆞᆫ 쟈ᄅᆞᆯ 취ᄒᆞ야 난화 통슈(統帥)125ᄅᆞᆯ 삼고 슈군을 동

하면서 상대적으로 쇠퇴함. 옛 이름은 '명주'(明州). 甯: 차라리, 오히려 녕.

112. 토ᄒᆞ고: (배멀미하여) 구토하고. [원문] 嘔吐.

113. 물목시: 물몫이. 물몫: 물목. ①물이 흘러 들어오거나 나가는 어귀. ¶손팔만은 숨기지 않고 말을 뱉으면서 나룻배가 오는 물목을 바라보았다(문순태, 타오르는 강). ②사금(沙金)이 들어 있는 모래흙을 흐르는 물에 일어서 금만 걷어 모을 때에, 금이 제일 많이 모인 맨 윗부분. '여튼 물몫': [원문] 小港. '몫'에 대해서는 앞의 '목ᄉᆞᆯ'(3:36ㄴ 주석 26), 뒤의 '여흘목ᄉᆡ'(4:10ㄱ 주석 48) 참고.

114. 침작ᄒᆞᆯ: 짐작(斟酌)할. ¶웅당 밧칠 죠 즁에 ᄯᅩᄒᆞᆫ 샹당 곡으로 침작ᄒᆞ야 헤아려(윤음언해 90).

115. ᄒᆞᆫ 번 바라보와도 죡히 침작ᄒᆞᆯ 만ᄒᆞ고: [원문] 一望可知.

116. 묘연ᄒᆞ야: 묘연(渺然)하여. 멀어 아득하여. cf. 묘연(杳然)하다: 그윽하고 멀어서 눈에 아물아물하다.

117. 가ᄒᆞᆯ: 가장자리를. 끝을. '가'는 ㅎ 종성 체언.

118. ᄒᆡ포: 해포. 한 해가 조금 넘는 동안. 세여(歲餘). ¶이 탑의 둘레를 돌고 또 돈 지가 단 며칠이 안 되건만 주민에게는 해포가 넘는 것 같았다(현진건, 무영탑). [원문] 多年.

119. 익지: 익숙하지.

120. ᄆᆡ이: 매우. 몹시. ¶힘 ᄆᆡ이 ᄡᅥ(分門瘟疫易解方 17).

121. 황샹: 황상(皇上). 현재 살아서 나라를 다스리고 있는 황제를 이르는 말. '이언'의 원본에서는 '황샹'이 존귀자이므로 존귀자 관련어에 대해 줄을 바꾸어 맨 앞으로 올려놓는 줄바꿈법[대두법(擡頭法)]에 따라 줄을 바꾸어 맨 앞으로 올려놓았다. '이언'에는 이렇게 존귀자에 대한 줄바꿈법이 '셔4ㄴ(광셔), 2:57ㄱ(셩텬ᄌᆞ), 3:45ㄱ(황샹), 3:65ㄱ(황샹)'에 각각 나타난다.

122. 젼일을 빗최여 보시고 후ᄉᆞ(後事)ᄅᆞᆯ 빗나게 ᄒᆞ시며: [원문] 鑒前毖後. 鑒(=鑑): 거울, 살필 감. 毖: 삼갈, 근신할 비. 빗나다: 빛나다. 여기서는 앞일을 거울삼아 후세를 경계하여 빛나게 한다는 뜻.

123. 흔단(釁端): 서로 사이가 벌어져서 틈이 생기게 되는 실마리.

124. ᄉᆞ진: 사진(四鎭). 양주(揚州)의 회계산(會稽山), 청주(青州)의 기산(沂山), 유주(幽州)의 의무려산(醫無閭山), 기주(冀州)의 곽산(霍山).

125. 통슈: 통수(統帥). ①부하를 통솔하는 장수. ②통솔(統率). 여기서는 ①의 뜻.

독(董督)ᄒᆞ야126 훈련ᄒᆞ며 그 월름(月廩)127을 더 쥬고 부탁ᄒᆞ야 맛지기ᄅᆞᆯ 즁히 ᄒᆞ며 각 ᄉᆡᆼ【45ㄴ】에 슈군 졔독(提督) 즁의 ᄒᆡ변 방슈ᄒᆞᄂᆞᆫ 슈군을 총리(總理)ᄒᆞᄂᆞᆫ128 대신(大臣) 하나ᄒᆞᆯ 별(別)노 졍ᄒᆞ야 ᄉᆞ권(事權)129을 젼일이 ᄒᆞ야 먼니 절졔(節制)ᄒᆞ며 상벌(賞罰)을 ᄯᆡ(時)로 ᄒᆞ고 ᄌᆡ릉(才能)을 ᄉᆞᆲ히면 일이 디방(地方)을 겸ᄒᆞ야 쥬관ᄒᆞ지 아니ᄒᆞᆯ 거시니 그 벼슬과 상(賞) 쥬기ᄅᆞᆯ 넉넉히 ᄒᆞ고 셩공을 ᄎᆡᆨ망(責望)ᄒᆞ기ᄅᆞᆯ 즁히 ᄒᆞ며 셔국법의 장기(長技)ᄅᆞᆯ 취ᄒᆞ야 영문(營門) 규식에 단쳐(短處)ᄅᆞᆯ 보부죡(補不足)ᄒᆞ고130 폐단(弊端) 덜기ᄅᆞᆯ ᄆᆞᆺ당히 급히 ᄒᆞ고 ᄯᅳᆺ 셰우기ᄅᆞᆯ ᄆᆞᆺ당히 견고이 ᄒᆞᆯ 거시오 어진이ᄅᆞᆯ ᄡᅳᄆᆡ 젼쥬(專主)ᄒᆞ기ᄅᆞᆯ131 긔약(期約)ᄒᆞ고 공을 거두ᄆᆡ 완완(緩緩)ᄒᆞ기ᄅᆞᆯ132 긔약ᄒᆞ야 ᄒᆡᆼᄒᆞ기ᄅᆞᆯ 졈졈(漸漸)ᄒᆞ【46ㄱ】며 가지기ᄅᆞᆯ 덧덧시133 ᄒᆞ며 륜션 쥬관(主管)ᄒᆞᄂᆞᆫ 장관은 반ᄃᆞ시 바ᄅᆞᆷ 긔미(幾微)134ᄅᆞᆯ 측량ᄒᆞ야 구풍(颶風)135을 방비(防備)ᄒᆞ고 별을 혜아려 돌을 탐지(探知)ᄒᆞ며 각국 병션을 분간ᄒᆞᆯ 쥴 알고 각 포구(浦口)의 모ᄅᆡ와 돌136을 구별ᄒᆞᆯ 쥴 아ᄂᆞᆫ 재라야 바야흐로 이 소임(所任)을 당ᄒᆞᆯ 거시오 군ᄉᆞᄂᆞᆫ ᄯᅩᄒᆞᆫ 모로미 년부력강(年富力强)ᄒᆞᆫ137 쟈와 ᄒᆡ변에 사라 물쇽을 익이138 아ᄂᆞᆫ 사ᄅᆞᆷ을 갈ᄒᆡ여 륜션에 두어 불시로 죠련ᄒᆞ야 계뎨(階梯)139를 ᄯᆞ라셔 승(升)ᄒᆞ게140 ᄒᆞ고 양창대포도 긔어히 쥰젹(準的)141을 구ᄒᆞ고 헛된 일홈을 일ᄉᆞᆷ지 말며 ᄇᆡ 부리기ᄅᆞᆯ 긔어히 졍명(精明)ᄒᆞ기ᄅᆞᆯ 극진히 ᄒᆞ고 속(速)ᄒᆞᆫ

---

126. 동독(董督)ᄒᆞ야: 감시하며 독촉하고 격려하여. 감독하여.
127. 월름(月廩): 월급으로 주는 곡식. cf. 월은(月銀). [원문] 廉俸.
128. 총리(總理): 전체를 모두 관리함. [원문] 統理.
129. ᄉᆞ권: 사권(事權). 일의 권세. [원문] 事權.
130. 보부죡ᄒᆞ고: 보부족(補不足)하고. 모자라는 부분을 보태어 채우고.
131. 젼쥬: 전주(專主). 혼자서 일을 주관함.
132. 완완ᄒᆞ기ᄅᆞᆯ: 천천히 하기를. 완완(緩緩)하다: 동작이 느리고 더디다.
133. 덧덧시: 늘. 한결같이. 덛더디 > 덧더시. 덛덛ᄒᆞ다: 늘 그러하다. 변함없이 같다. ¶阿難아 水性이 一定티 아니ᄒᆞ야 흐르며 그추미 덛덛호미 업스니(능엄경언해 3:78).
134. 긔미: 기미(幾微/機微). 낌새.
135. 구풍(颶風): 열대 지방에서 발생하는 열대성 저기압을 통틀어 이르는 말. 발생하는 지역에 따라 그 이름이 다르며, 태풍·선풍·허리케인·사이클론 따위로 불린다. 돌개바람.
136. 모ᄅᆡ와 돌: [원문] 沙礁. 사초(沙礁/砂礁): 물속에 쌓여 있는 모래더미.
137. 년부력강ᄒᆞᆫ: 연부역강(年富力强)한. 나이가 젊고 기력이 왕성한
138. 익이: 익히
139. 계뎨: 계제. 계급. 계제(階梯): ①사닥다리라는 뜻으로, 일이 되어 가는 순서나 절차를 비유적으로 이르는 말. ②어떤 일을 할 수 있게 된 형편이나 기회. [원문] 拾級. 섭급(拾級): 층계를 오름. 拾: 주울 습. 오를 섭.
140. 승(升)ᄒᆞ게: 오르게. 升: 되, 오를 승.
141. 쥰젹: 준적(準的). 활쏘기에서 표적을 겨냥함.

효험(效驗)을 구ᄒᆞ지 말며 다 【46ㄴ】 시 셔국에 슈군 죠련ᄒᆞᄂᆞᆫ 법과 륜션의 젼슈(戰守) ᄒᆞᄂᆞᆫ 방략(方略)과 대포 놋ᄂᆞᆫ ᄃᆡ ᄆᆞᆺ당ᄒᆞᆫ 법과 호령(號令)을 엄졀(嚴切)이[142] ᄒᆞᄂᆞᆫ 비결을 ᄏᆡ여 뎍병이 두던[143]으로 다라드ᄂᆞᆫ 거ᄉᆞᆯ 막ᄌᆞ르며[144] 물 우희 진치ᄂᆞᆫ 법을 죠련ᄒᆞ야 ᄉᆞᆸ힐ᄉᆞ록 더옥 ᄉᆞᆸ히며 졍(精)ᄒᆞᆯᄉᆞ록 더옥 졍하게 ᄒᆞ면 거의 쟝슈ᄂᆞᆫ 다 군ᄉᆞ ᄡᅳᆯ 쥴 알고 군ᄉᆞᄂᆞᆫ 명령을 ᄡᅳᆯ 거시니 아부(亞夫)[145][사ᄅᆞᆷ의 일홈]의 긔치(旗幟)ᄅᆞᆯ 셜치ᄆᆡ 엇지 ᄒᆞᆫ갓 환즁(寰中)[146][디명]에 뎍병을 파ᄒᆞ며 윤문(允文)[147][사ᄅᆞᆷ의 일홈]의 젼션을 지휘ᄒᆞ야 ᄒᆡ외에 용ᄆᆡᆼ을 낫ᄐᆞᄂᆡ게 못ᄒᆞ리오

---

142. 엄졀이: 엄절(嚴切)히. 몹시 엄하게. 엄절(嚴切)하다: 성질이 매우 엄격하다. ¶어ᄉᆡ 조곰도 요동치 아니하고 의리ᄅᆞᆯ 인ᄒᆞ야 엄졀히 믈리치니(落泉登雲 3:7).

143. 두던: ①'언덕'의 방언(평안). ②'두둑. 언덕. 두덩'의 옛말. ¶뎌 두던ㅅ가온ᄃᆡ 잇도다(내훈 2:122) [원문] 岸. 여기서는 해안 언덕.

144. 막ᄌᆞ르며: 막지르며. 앞질러 가로막으며. ¶막ᄌᆞ르다(동문유해 상45). [원문] 截. 막지르다1(←막디ᄅᆞ다): 앞질러 가로막다. ¶남의 말을 막지르다. 막지르다2: 함부로 냅다 지르다.

145. 아부(亞夫): 주아부(周亞夫, ?－기원전 143). 서한(西漢)의 유명한 장군. cf. 아부(亞父): ①아버지 다음가는 사람이라는 뜻으로, 흔히 임금이 공신을 존경하여 부르던 말. 중국 초(楚)나라의 항우가 범증(范增)을 존경하여 부른 데서 유래하였다. ②'계부'(繼父)를 달리 이르는 말. 반 아모(亞母).

146. 환즁: 환중(寰中). 서울 부근의 천자 직할 영지. 寰: 기내(畿內) 환. 기내(畿內): ①수도를 중심으로 하여 사방으로 뻗어 나간 행정 구역의 안. ②조선 시대에 경기도 일대를 이르던 말. 기전(畿甸).

147. 윤문(允文): 우윤문(虞允文, 1110–1174). 자는 빈보(彬甫). 남송(南宋)의 충신.

【삼권 47ㄱ】

론 화긔(論火器)

[화공(火攻)ᄒᆞᄂᆞᆫ 긔계ᄅᆞᆯ 의론ᄒᆞ미라]

셰샹을 경륜(經綸)ᄒᆞᆯ 도(道)ᄅᆞᆯ 근본ᄒᆞ건ᄃᆡ ᄇᆡᆨ셩을 안보(安保)ᄒᆞ기ᄂᆞᆫ 나라ᄅᆞᆯ 가음열게[1] ᄒᆞᄂᆞᆫ 밧긔 몬져 ᄒᆞᆯ 거시 업고 가음열믈 보젼ᄒᆞ기ᄂᆞᆫ 군ᄉᆞᄅᆞᆯ 강ᄒᆞ게 ᄒᆞᄂᆞᆫ ᄃᆡ 요긴ᄒᆞ미 업ᄉᆞ니 군ᄉᆡ 스ᄉᆞ로 강ᄒᆞᄂᆞᆫ 쥴이 아니라 그 일을 잘 ᄒᆞ려 ᄒᆞᆯ진ᄃᆡ 반ᄃᆞ시 몬져 그 긔계(器械)[2]ᄅᆞᆯ 리(利)ᄒᆞ게 ᄒᆞᆯ 거시오 긔계 리ᄒᆞ미 쉽지 아니ᄒᆞᆫ지라 다ᄉᆞ리ᄂᆞᆫ 법이 이시ᄆᆡ 더옥 다ᄉᆞ리ᄂᆞᆫ 사ᄅᆞᆷ이 이시미 귀ᄒᆞ니 방금에 ᄂᆡ외(內外) 통샹(通商)ᄒᆞ고 즁국 사ᄅᆞᆷ과 오랑ᄏᆡ ᄒᆞᆷ긔 잇셔 젹은즉 교당(教堂)의셔 일을 ᄌᆞ아ᄂᆡ여 각 ᄉᆡᆼ(省)이 얽ᄆᆡ이고 큰 【47ㄴ】 즉 병션(兵船)으로 위엄을 뵈야 온가지로 공갈(恐喝)ᄒᆞᄂᆞ니[3] 진실노 력ᄃᆡ(歷代)의 지ᄂᆡ지 못ᄒᆞᆫ 변ᄒᆞᆫ 판국이오 ᄯᅩᄒᆞᆫ 지혜 잇ᄂᆞᆫ 사ᄅᆞᆷ도 측량ᄒᆞ기 어려온 위ᄐᆡᄒᆞᆫ 긔틀이라 원근을 안무(按撫)ᄒᆞ기ᄅᆞᆯ[4] 잘ᄒᆞ고져 ᄒᆞᆯ진ᄃᆡ 문명ᄒᆞᆫ 교홰(教化ㅣ) 널니 넙펏고 젼슈지칙(戰守之策)을 쥬획(籌畫)ᄒᆞ고져[5] ᄒᆞᆯ진ᄃᆡ 방비ᄒᆞᄂᆞᆫ 거시 젼혀 군긔(軍器)[6]ᄅᆞᆯ 힘닙을 거시니 이ᄂᆞᆫ 화긔(火器)ᄅᆞᆯ ᄆᆞᆺ당히 급히 지을 ᄇᆡ라 일즉 샹고ᄒᆞ건ᄃᆡ 셔인(西人)이 ᄡᆞ홈ᄒᆞᆯ ᄯᅢ에 화공(火攻)을 젼쥬(專主)ᄒᆞ야 ᄡᅳ니[7] 그 긔계 진실노 강텰노 ᄆᆡᆫᄃᆞᆫ 대포로 죠흔 거ᄉᆞᆯ 삼ᄃᆡ 다시 덕국(德國) 사ᄅᆞᆷ의 극록복포(克鹿卜礮)[8][대포 일홈]로 뎨일을 ᄉᆞᆷᄂᆞ니 강텰 소산(所產)

---

1. 가음열게: 가멸게. 부(富)하게. ¶집이 가음열고 ᄯᆞᆯ ᄒᆞ나 ᄒᆞᆯ 두어시되(태평광기언해 1:30).
2. 긔계: 기계(器械/機械). 여기서는 '병기(兵器)'의 옛말. [원문] 器. ¶ᄆᆞᆯ ᄐᆞᆫ 군ᄉᆡ ᄆᆞᆯ게 오ᄅᆞ며 거른 군ᄉᆡ 긔계를 자브라(연병지남 5).
3. 공갈(恐喝)ᄒᆞᄂᆞ니: 공포를 느끼도록 을박지르며 을러대니. [원문] 恫喝. 동갈(恫喝): 을러대며 위협함.
4. 안무(按撫)ᄒᆞ기ᄅᆞᆯ: 백성의 사정을 살펴 어루만져 위로하기를.
5. 쥬획ᄒᆞ고져: 주획(籌畫)하고자. 주획(籌畫): 사정, 형편, 방법 따위를 헤아려 계획함.
6. 군긔: 군기(軍器). 전쟁에 쓰는 도구나 기구. 무기(武器). 병기(兵器). [원문] 軍資. ¶장군은 장인들을 불러 활과 창과 칼을 더욱 만들어 군기를 풍부하게 보급하도록 하고……(박종화, 임진왜란).
7. 젼쥬ᄒᆞ야 ᄡᅳ니: 전주(專主)하여 쓰니. 전용하니. [원문] 專用.
8. 극록복포(克鹿卜礮): 크루프(Krupp)포. 크루프(Krupp): 16세기에 에센(Essen)에 정착한 가문으로 독일의 유명한 무기 제조회사 가문이다. 프리드리히 크루프(Friedrich Krupp, 1787-1826)와 그 후손들이 제철소를 차린 후 제강 기술을 발전시켜 1847년부터 무기를 개발하여 보불 전쟁 등에 무기를 공급하였고

이 덕국에 【48ㄱ】 셔 아름다오미 업ᄂᆞᆫ 고로 극록복포를 단련ᄒᆞ야 ᄆᆡᆫᄃᆞᆯ기를[9] 더옥 졍(精)히 ᄒᆞ여시니 이런고로 일홈이 졔국에 훤쟈(喧藉)ᄒᆞ야[10] 륙대부쥬[11]의셔 다 밋지 못ᄒᆞ믈 ᄒᆞᆫ탄(恨歎)ᄒᆞ야 구ᄒᆞ여 사기를 닷토와 ᄒᆞ니 그즁에 열두 방(磅)[12] 놋ᄂᆞᆫ 젹은 강텰 대푀 더옥 능히 뎍병을 니길 만ᄒᆞ니 대개 대포 톄격(體格)이 가ᄇᆡ야온즉 운동ᄒᆞ기 쉽고 대포 형톄 견고ᄒᆞᆫ즉 오ᄅᆡ여도 ᄉᆡ것 ᄀᆞᆺ틀 거시오 총알 가ᄂᆞᆫ 길이 쥰젹[13]이 이신즉 사ᄅᆞᆷ을 샹ᄒᆞ기 쉽고 대포 톄양(體樣)이 길고 가ᄉᆞᆷ의 어금막긴[14] 라ᄉᆞ쟝(螺絲裝) 문의[15] 잇셔 총알을 다다쳐[16] 운동ᄒᆞ야 가게 ᄒᆞᆫ 즉 맛츠라ᄂᆞᆫ ᄃᆡ로 맛츠고 먼 【48ㄴ】 니 가며 ᄡᅳᄂᆞᆫ 바 ᄀᆡ화탄(開花彈)[17][텰환 일홈]은 쇠를 단련ᄒᆞ야 두 층으로 원톄(元體)를 ᄆᆡᆫᄃᆞᆯ고 밧긔 구리로 네 겹을 ᄡᆞ시니[18] 연(鉛)으로 ᄡᆞᆫ 텰환보다 월슈히[19] 낫고 ᄒᆞ믈며 다른 텰환은 겨유 ᄉᆞ십여 조각이 플니고 두 층으로 ᄆᆡᆫ든 텰환은 가히 일ᄇᆡᆨ 수십 조각이 플니고 드ᄂᆞᆫ

독일, 유럽 등 전 세계에 총포류를 공급하여 크루프사는 독일의 무기고로 불렸다. 20세기에 와서도 그의 가문은 수십 개의 회사를 거느린 무기 회사로 성장하여 2차대전 중에도 독일 재무장의 중심이 되었다. *The Columbia Encyclopedia*(6th Edition), Columbia University Press(2001) 참고.

9. 단련(鍛鍊)ᄒᆞ야 ᄆᆡᆫᄃᆞᆯ기를: 쇠를 녹여 만들기를. 제련하기를. [원문] 製煉.

10. 훤쟈ᄒᆞ야: 훤자(喧藉)하여. 훤자(喧藉): 여러 사람의 입으로 퍼져서 왁자하게 됨. 훤전(喧傳).

11. 륙대부쥬: 육대부주(六大部洲). 지구 위의 여섯 대륙. 아시아, 아프리카, 유럽, 오세아니아, 남아메리카, 북아메리카를 이른다. [원문] 六大洲.

12. 방(磅/放): 방(放). ① 총포를 쏘거나 남포 따위를 터뜨리는 횟수를 세는 단위. ¶총을 네댓 방 쏘았다. ② 주먹, 방망이 따위로 치는 횟수를 세는 단위. ③ 사진을 찍는 횟수나 필름의 장수(張數)를 세는 단위. ④ 방귀를 뀌는 횟수를 세는 단위. [원문] 磅.

13. 쥰젹: 준적(準的). 활쏘기에서 표적을 겨냥함.

14. 어금막긴: 어긋매낀. 어금막기다/어금맛기다: '어긋매끼다'의 옛말. ¶隔着放 어금맛겨 놋타(한청문감 10:15). 어긋매끼다: 한쪽으로 치우치지 아니하도록 서로 어긋나게 걸치거나 맞추다. 준 엇매끼다. '가ᄉᆞᆷ의 어금막긴 라ᄉᆞ쟝 문의 잇셔 총알을 다다쳐 운동ᄒᆞ야 가게 ᄒᆞᆫ즉 맛츠라ᄂᆞᆫ ᄃᆡ로 맛츠고': [원문] 膛有來復螺紋逼子運行則命中.

15. 라ᄉᆞ쟝 문의: 나사장(螺絲裝) 무늬. 나사(螺絲) 무늬. 총포신 안에 나사 모양으로 판 홈 모양의 강선(腔線). 탄환이 목표물에 깊이 박히도록 돌면서 나가게 한다. '쟝'은 미상이나 '나사 장식 무늬'로 추정하여 '裝'으로 추정하였음. '문의': '문의'는 당대 표기로는 '紋'에 파생접사 '-의' 또는 격형태 '의'가 결합한 정상적 분철 표기로 볼 수 있으나 오늘날은 연철 표기를 한 '무늬'로 바뀌었다.
'라샤쟝 문의': [원문] 螺紋. 문(紋): 무늬. 문(紋)ᄒᆞ다: 무늬를 놓다. ¶옥ᄉᆡᆨ비체 굴근 뻬구룸 문ᄒᆞ욘 비단 도홍비체 엇게예 구룸 문ᄒᆞ고 년뒨 쇼화 문ᄒᆞᆫ 비단(번역노걸대 하24).

16. 다다쳐: 다닥쳐. (여기서는 총의 공이가 총알의 뇌관을) 세게 쳐. 다다치다. '다닥치다'의 옛말. 다닥치다: ① 서로 마주쳐 닿거나 부딪치다. ¶세상일이란 생각할 때는 어려워도 다닥쳐 보면 쉬우니라(현진건, 지새는 안개) ② 일이나 사건 따위가 가까이 이르다. ¶풍신수길이 벼르고 벼르던 임진 새해가 다닥쳤다(박종화, 임진왜란).

17. ᄀᆡ화탄: 개화탄(開花彈). 일반 총알과 달리 맞으면 수많은 파편으로 부서져 치명적인 탄.

18. ᄡᆞ시니: 쌌으니. ᄡᆞ다: '싸다'(包)의 옛말. ¶白玉盤애 올이고 雲霞 ᄀᆞᆮᄒᆞᆫ 기ᄇᆞ로ᄡᅧ ᄡᆞ면(두시언해 16:67). 包 ᄡᆞᆯ 포(신증유합 하57).

19. 월슈히: 월수(越秀)히. 월등히 뛰어나게. [원문] 遠勝.

약은 불과 ᄒᆞᆫ 방이로ᄃᆡ 그 힘은 뭇춤ᄂᆡ 수십 리에 밋ᄎᆞ니 양창(洋槍)에 비교ᄒᆞ면 뎍병 죽이기를 만히 ᄒᆞ고 사름 ᄡᅵ오기ᄂᆞᆫ[20] 젹게 ᄒᆞ니 이ᄂᆞᆫ 륙로(陸路)의셔 산ᄒᆡᆼ(山行)ᄒᆞᆯ[21] 졔리(利)ᄒᆞᆫ[22] 긔계오 또 ᄉᆡ로 지은 긔구(氣毬)[23] ᄀᆞᆺᄐᆞᆫ 소푀(小礟ㅣ) 이시니 텰환은 ᄀᆡ화탄(開花彈)을 ᄇᆡ합ᄒᆞ고 졔도ᄂᆞᆫ 후당(後膛)[24][대포 일홈]ᄀᆞᆺ치 ᄒᆞ고 그 규식(規式)은 대창(擡槍)[25] 【49ㄱ】 [들고 단니ᄂᆞᆫ 총이라] ᄀᆞᆺᄐᆞᄃᆡ 잠간[26] 크고 길며 그 쓰기ᄂᆞᆫ 답졔(搭提)[27][대포 일홈]와 ᄀᆞᆺᄐᆞᄃᆡ ᄲᆞᄅᆞ고 편ᄒᆞ니 평평이[28] 노흔즉[29] 뎍병을 칠 만ᄒᆞ고 잠간 드러 노흔즉 긔구(氣毬)를 칠 만ᄒᆞᆫ 고로 이 일홈이 이시미라 열두 방 놋ᄂᆞᆫ 대포로 더브러 공회(功效ㅣ) ᄀᆞᆺᄐᆞ니 이ᄂᆞᆫ 슈로와 륙로의 갓가온 ᄃᆡ를 칠 만ᄒᆞᆫ 긔계라 그나마 녯 졔도로 ᄆᆡᆫ든 바의 ᄉᆞ십 방과 팔십 방과 일ᄇᆡᆨ두 방으로 일쳔 방ᄭᆞ지 놋ᄂᆞᆫ 거시 잇고 강텰노 ᄆᆡᆫ든 대포ᄂᆞᆫ 칠십일 쳐(處)[30] 돈ᄃᆡ[31]의 니ᄅᆞ니 대뎌 원톄(元體) 견고ᄒᆞ고 가ᄂᆞᆫ 길이 쥰젹이 잇셔 ᄲᆞᄅᆞ기 이상ᄒᆞ니 화포(火礟/火砲) 즁에 신통ᄒᆞᆫ 픔(品)이라 ᄒᆞᄃᆡ 홀노 몸이 길고 형톄 【49ㄴ】 무거워 싯고 단니기 어려오니 방슈(防戍)ᄒᆞ기ᄂᆞᆫ 뭇당ᄒᆞ고 젼장(戰場)의ᄂᆞᆫ 뭇당치 아니ᄒᆞ니 소푀 경쳡(輕捷)ᄒᆞ고 리ᄒᆞᆫ 것만 ᄀᆞᆺ지 못ᄒᆞᄃᆡ 그러나 타국(他國) 젼당포(前膛礟)[32][대포 일홈] 규식의 비ᄒᆞ면 그 리(利)ᄒᆞ고 둔(鈍)ᄒᆞᆫ 거시 샹게(相距ㅣ)[33] 쇼양지판(霄壤之

---

20. 사름 ᄡᅵ오기ᄂᆞᆫ: 사람 쓰이게 하기는. [원문] 用人. ᄡᅵ오기: ᄡᅳ + 이(피동) + 오(사동) + 기. '뎍병 죽이기를 만히 ᄒᆞ고 사름 ᄡᅵ오기ᄂᆞᆫ 젹게 ᄒᆞ니'는 총포로 쏘면 적병은 많이 죽이고 군졸 쓰이게 하기는 적게 한다는 뜻. cf. ᄡᅵ옴: '론 렴봉'(4:27ㄱ) 주석 5 참고.
21. 산ᄒᆡᆼᄒᆞᆯ: 산행(山行)할. 사냥할.
22. 리ᄒᆞᆫ: 이(利)한. 이로운.
23. 긔구: 기구(氣毬). 발로 차던 운동 기구의 하나. 둥근 가죽 주머니 속에 돼지 오줌통을 넣고 바람을 채워서 만들었다. [원문] 氣毬.
24. 후당(後膛): 포신의 뒤 속빈 부분. 膛: 빌 당. 포신(砲身)의 전후(前後) 부분.
25. 대창(擡槍): 휴대용(携帶用) 총.
26. 잠간(暫間): 약간. 조금. '잠간 크고 길며': [원문] 略大而長. '잠간'이 시간어로만 쓰이지 않고 공간어 '크고 길다'와 호응하여 공간어에도 쓰였음을 보여 준다.
27. 답졔: 답제(搭提). 대포 이름. '搭'(=搭)의 현재 발음은 '탑'이지만 개화기 발음은 '답'임을 보여 준다. 搭: 탈 탑. 提: 끌고 갈, 손에 들 제.
28. 평평이: 평평(平平)히.
29. 노흔즉: 놓은즉. (총을) 쏜즉. '평평이 노흔즉'은 '(총포를) 평평히 놓고 쏜즉'. [원문] 放平. 지금은 '총이나 포를 쏘다'로 쓰지만 이때는 '탄환(포탄)에 불을 붙여 쏘아 나아가게 한다'는 뜻에서 '놓다'를 썼다. 놓다: 총이나 대포를 쏘다. ¶순사들이 상가에 총을 놓아 수십 명이 다치고 죽었다고 한다 / 그 순간에 왕한은 자기가 육혈포를 놓아서 장지성을 죽이던 것을 생각하였다(한용운, 흑풍).
30. 칠십일 쳐: 칠십일처(七十一處). 일흔한 곳.
31. 돈ᄃᆡ: 돈대(墩臺). 평지보다 높직하게 두드러진 평평한 땅. 덕땅. ¶전각 밖 높은 돈대 위에는 가마솥보다도 더 큰 청동 향로에서 향을 사르는 향긋한 연기가 구름같이 피어올랐다(박종화, 금삼의 피).
32. 젼당포: 전당포(前膛礟). 포신 앞부분이 비어 있는 대포. '전당'(前膛)은 포신의 앞 속빈 부분.
33. 샹게: 샹거(相距) + ㅣ(주격). 상거(相距): ① 서로 떨어져 있음. ② 떨어져 있는 두 곳의 거리. [원문]

判)[34]이니 이는 슈로와 륙로에 오로지 방비홀 만흔 긔계라 샹고ᄒᆞ건ᄃᆡ 셔국 대포 규식이 심히 만흐니 어ᄂᆡ 결을의 낫낫치 쇼샹히 긔록ᄒᆞ야 경즁을 분간ᄒᆞ리오 이 셰 가지는 과연 뎨일이 되여 혼 ᄯᅵ에 독보(獨步)ᄒᆞ고[35] 즁국과 외국이 통용홀 만ᄒᆞ니 졀연이[36] 혼 사름의 ᄉᆞᄉᆞ 의견이 아니오 양창의 니ᄅᆞ러는 젼(前)의는[37] 젼당포를 쓰더 【50ㄱ】 니 미국(美國) 림명돈(林明敦)[38][양총 일홈]과 후당리복창(後膛來復槍)[39][양총 일홈] 나므로 붓허 각국이 다 졔도를 곳쳐 의방(依倣)ᄒᆞᆫ 지 오ᄅᆡ지 아냐 덕국에 마톄리창(馬體尼槍)[40][양총 일홈]과 영국에 마톄리형리창(馬體尼亨利槍)[41][양총 일홈]이 졉쇽ᄒᆞ야 나니 졔도는 ᄀᆞᆺᄐᆞᄃᆡ 일홈은 다르며 이졔 덕국(德國)의셔 ᄯᅩ 후당모식창(後膛茅塞槍)[42][양총

相去.

34. 쇼양지판: 소양지판(霄壤之判). 소양지차. 하늘과 땅 사이의 차이라는 뜻으로, 사물들이 서로 엄청나게 다름을 이르는 말. ¶부친의 걸어온 길과, 병화의 부친이 걷는 길과, 필순이 부친의 길이 소양지판으로 다른 것은 결국에 성격 나름이다(염상섭, 삼대).
35. 독보(獨步)ᄒᆞ고: 남이 감히 따를 수 없을 만큼 혼자 앞서 가고. ¶그대로 그림을 계속해 그렸다면 천하의 독보 노릇은 못할망정, 고려 일국에서는 나를 모를 사람이 없었을 거야(박종화, 다정불심).
36. 졀연이: 절연(截然)히. 맺고 끊음이 칼로 자르듯이 분명히.
37. 젼의는: 전(前)에는.
38. 림명돈: 임명돈(林明敦). 미국제 총인 레밍톤(Remington). 레밍턴(Eliphalet Remington, 1793–1861): 미국의 소형화기(小型火器) 제조업자·발명가. 1816년 아버지의 대장간에서 수발총(燧發銃: 부싯돌식 발화장치 총)을 만들어 엽총과 소총을 제조하였다. 그 후 아들과 개량된 총을 개발해 무기 개량의 선봉에 섰다. 그의 레밍턴 무기회사는 남북전쟁과 제1·2차 세계대전 동안 미국 정부에 많은 소형화기를 공급하였다.
39. 후당리복창: 후당내복창(後膛來復槍). 미국제 총으로 총알을 뒤로 장전하는 즉 후장식(後裝式, breech-loading)의 라이플(rifle)총. '후당'(後膛 / 后膛)은 총신(銃身)의 뒷부분. 후장(後裝)이라고도 한다. '내복'(來復)은 'rifle'의 음역어.
cf. 라이플총(rifle銃): 총신(銃身) 안에 나사 모양의 홈인 선조(旋條)를 새긴 총. 탄알이 회전하면서 날기 때문에 명중률이 높고 사정거리가 늘어난다. 선조총(旋條銃).
40. 마톄리창: 마체니창(馬體尼槍). 스위스 출신의 마티니(Friedrich von Martini)가 개발한 독일제 총인 'Martini rifle'을 말함. '馬體尼'는 'Martini'의 음역어. Wikipedia 백과사전, Martini rifle 항목 참고.
41. 마톄리형리창: 마체니형리창(馬體尼亨利槍). '馬體尼'는 'Martini', '亨利'는 'Henry'의 음역어. 영국의 스코틀랜드 출신의 총기 기술자인 헨리(Alexander Henry)가 독일제 마티니(Martini)총을 개량하여 1871년에 만든 'Martini-Henry rifle'을 말하며 영국은 이를 식민지 전쟁과 제1차 세계대전에서 사용하였다. Wikipedia 백과사전, Martini-Henry rifle 항목 참고.
42. 후당모식창: 후당모색창(後膛茅塞槍). 독일제 총 이름. 후당식(breech-loading) 머스킷(musket)총. 머스킷은 원래 총구로 화약을 장전하는 전장식(前裝式, muzzle-loading)의 구식 장총인데 여기서는 후장식의 라이플총이 나오면서 다시 이를 개량한 후장식 머스킷총(rifled musket)이 나온 것을 말한다. '모색'(茅塞)은 'musket'의 음역어. Wikipedia 백과사전, rifled musket 항목 참고.
cf. 머스킷(musket)총: 총강(銃腔)에 선조(旋條)가 없고 탄약을 총구(銃口)로 재는 즉 전장식(前裝式)의 구식 소총을 말한다. 13세기 이래 총이 나타나면서 16세기 스페인에서는 화승총(火繩銃)을 대형화해 개발한 견착식(肩着式)의 선조(旋條)가 없는 활강총(滑腔銃)이 나왔는데 이것이 머스킷총에 속한다. 초기의 총은 17세기 말 부싯돌식 점화장치가 개발될 때까지는 도화선에 불을 붙여 화약을 터뜨리는 화승총으로 총구에 공 모양의 탄알을 장전하는 전장식이었으며 비용이 많이 들고 속도도 느려 비효

일홈]을 ᄉᆡ로 ᄂᆡ니 ᄌᆡ약ᄒᆞ야43 노키 더옥 편리ᄒᆞᆫ지라 ᄒᆞᆫ 번에 가히 이십 방과 이십이 방을 노코 멀기 일쳔구ᄇᆡᆨ 보를 보ᄂᆡ니 진실노 양창에 거갑(居甲)44이오 마톄리와 림명돈이 버거ᄒᆞ고45 타국은 가히 물론(勿論)ᄒᆞᆯ지라 대뎌 양창은 반ᄃᆞ시 후당창을 ᄡᆞᆯ 거시니 그 들고 단니며 ᄌᆡ약ᄒᆞ며 다림 보고46 【50ㄴ】 노흐ᄆᆡ 먼니 가고 ᄯᅩ 신속ᄒᆞ니 이의 능히 쾌(快)ᄒᆞ므로ᄡᅥ 완완ᄒᆞᆫ47 ᄃᆡ를 치며 젹은 거ᄉᆞ로ᄡᅢ 만흔 거ᄉᆞᆯ 칠 만ᄒᆞ고 그 양창에 드ᄂᆞᆫ 긔긔(機器)ᄅᆞᆯ ᄯᅩ 가지슈48ᄂᆞᆫ 젹고 졔도49ᄂᆞᆫ 졍(精)ᄒᆞᆫ 거ᄉᆞᆯ ᄡᅳᆫ 연후의 슈리(修理)ᄒᆞ기 쉽고 ᄯᅩ 소포 노흘 ᄯᆡᄂᆞᆫ 젹은 조각 화약을 ᄡᅳ고 대포의ᄂᆞᆫ 큰 조각 화약을 ᄡᅳ며 슈뢰포(水雷礮)50를 노흐ᄆᆡ 면화 화약[화약 일홈]을 ᄡᅳᄃᆡ 각각 그 ᄆᆞᆺ당ᄒᆞᆫ ᄃᆡ 맛갓게51 ᄒᆞ고 덕국의 륙각칠리약(六角七厘藥)[화약 일홈]이 더옥 오ᄅᆡ 견ᄃᆡ고 힘이 ᄆᆡᆼ렬ᄒᆞ기 이샹ᄒᆞ며 탄ᄌᆞ(彈子)[텰환] 일홈은 비록 ᄀᆡ화강탄(開花鋼彈)과 ᄀᆡ화ᄉᆡᆼ텰탄(開花生鐵彈)과 ᄉᆡᆼ텰군ᄌᆞ탄(生鐵群子彈)과 양텰관산ᄌᆞ탄(洋鐵管散子彈)[모다 탄ᄌᆞ 일홈]이 잇셔 여러 가지 【51ㄱ】 ᄀᆞᆺ지 아니ᄒᆞ나 덕국의셔 ᄆᆡᆫᄃᆞᆫ 두 층(層)으로 ᄒᆞ고 구리로 ᄡᆞᆫ 것보다 나흔 거ᄉᆞᆫ 업고 양창 탄ᄌᆞᄂᆞᆫ 다 탄ᄌᆞ에 약을 ᄡᅳ나 그러나 밧긔 반ᄃᆞ시 구리로 다져야 지쳬(遲滯)ᄒᆞ고 그릇될 념례 업고 결단코 부비 덜니믈 위ᄒᆞ야52 죠희53로 다지지 못ᄒᆞᆯ 거시오 대포 거ᄂᆞᆫ 시렁54과 후당창포(後膛槍礮)의 뒷문에 불통55 등물 여러 가지를 혹 ᄉᆞ며

율적이었다. 'musket'은 프랑스어 'mousquette'에서 유래하는데 수놈의 '새매'(sparrowhawk)를 뜻한다. 머스킷총은 19세기 후반에 와서야 선조(旋條)가 있는 후장식의 라이플총으로 대치되었다.

43. ᄌᆡ약ᄒᆞ야: 재약하여. 재약(-藥)하다: 총이나 포 따위에 화약을 재어 넣다. ¶포수가 총에 재약하는 사이에 꿩이 날아갔다. [원문] 裝放. '표준국어대사전'에서는 '재약'의 '재'를 고유어 '총알을 재다'의 '재-'로 보았으나 한자어 '載藥'의 '載'로 볼 가능성도 있다.

44. 거갑(居甲): 으뜸가는 자리를 차지함. 또는 그런 사람. 거수(居首). 거괴(居魁).

45. 버거ᄒᆞ고: 버금가고. 그 다음을 차지하고.

46. 다림 보고: 어떠한 것을 겨냥하여 살펴보고. [원문] 描.
다림1(←ᄃᆞ림): 수평이나 수직을 헤아려 보는 일. 저울추. 여기서는 총의 가늠쇠나 가늠자.
cf. 錘: ᄃᆞ림 튜(훈몽자회 중11). ᄃᆞ림쇠: 저울추. 權은 저욼 ᄃᆞ림쇠니(석보상절 13:38).
다림(을) 보다: ① 어떠한 것을 겨냥 대고 살펴보다. ② 이해관계를 노리어 살펴보다.
다림2: 활에서 제비부리대소가 차지한 부분.

47. 완완ᄒᆞᆫ: 완완(緩緩)한. 완완(緩緩)하다: 동작이 느리고 더디다. 느릿느릿하다. cf. 완완(婉婉)하다: ① 태도가 예쁘고 맵시가 있다. ② 깃발 따위가 펄럭이는 것처럼 구불구불하다. ③ 상냥하고 부드럽다.

48. 가지슈: 가짓수. [원문] 件數.

49. 졔도: 제도(制度). 규범이나 사회 구조의 체계. 여기서는 '제조'(製造)의 뜻. [원문] 製造.

50. 슈뢰포: 수뢰포(水雷礮). 수뢰(어뢰, 기뢰로 적의 배를 파괴하는 무기)를 사용하는 포.

51. 맛갓게: 알맞게. 맛갓다: 알맞다. 적합하다. 앞의 3:17ㄱ 주석 89 참고.

52. 부비 덜니믈 위ᄒᆞ야: 비용 절약을 위하여.

53. 죠희: 종이.

54. 시렁: 선반. [원문] 架.

혹 짓던지 무론(無論)ᄒᆞ고 ᄆᆞᆺ당히 여러 벌을 만히 쥰비ᄒᆞᆯ 거시니 혹 ᄡᅡ호다가 리(利)치 못ᄒᆞ거든56 곳 뒷문 불통을 ᄡᅢ혀57 바리고 창포만 가지고 가면 비록 뎍병이 바린 거슬 어더 갈지라도 ᄯᅩᄒᆞᆫ ᄡᅳᆯ ᄃᆡ 업ᄉᆞ리라 ᄉᆞᆲ히건ᄃᆡ 보국(普國) 【51ㄴ】 에셔 ᄡᅳᄂᆞᆫ바 화긔ᄂᆞᆫ 믁질아로ᄉᆞ포(墨迭兒魯士礮)58[대포 일홈]를 젼혀 미드니 다른 대포와 현격히 ᄀᆞᆺ지 아니ᄒᆞ고 졔도(制度)ᄂᆞᆫ 대강 륙문창(六門鎗)[양총 일홈]과 ᄀᆞᆺᄐᆞ니 ᄉᆞ면 쥬회(周回)에 여덟 박회 잇셔 다 가히 돌게 ᄒᆞ고59 ᄆᆡ 박회에 탄ᄌᆞ 삼십칠 개를 너흐며 ᄒᆞᆫ 번에 가히 여덟 박회를 다 노흐니 탄ᄌᆞ 이ᄇᆡᆨ구십륙 개를 발ᄒᆞ며 대포 형용은 심히 너ᄅᆞ고 크지 아니ᄒᆞᄃᆡ ᄡᅳ기ᄂᆞᆫ 극히 신속ᄒᆞ며 여덟 박회를 다 라ᄉᆞ쟝으로 ᄭᅮ며60 드려 보ᄂᆡᄃᆡ ᄡᅳ지 앗ᄂᆞᆫ ᄯᅢ의ᄂᆞᆫ 가히 ᄣᅥ혀61 둘 거시오 만일 ᄡᅡ호다 시패ᄒᆞ거든62 곳 흣허 바릴지라도 녯 법으로 ᄆᆡᆫ든 젼당창포(前膛槍礮)ᄀᆞᆺ치 뎍병의 취 【52ㄱ】 ᄒᆞ야 ᄡᅳᆯ ᄇᆡ 되지 아니ᄒᆞ리라 통이언지ᄒᆞ면63 창포의 ᄡᅳᄂᆞᆫ 거시 맛치기를 잘ᄒᆞ고64 먼니 보ᄂᆡᄂᆞᆫ ᄃᆡ 잇ᄂᆞ니 능히 먼니 가

---

55. 불통: 포탄 발사할 때에 폭약이 폭발하며 대포 포신 뒤로 불기운이 빠져 나오는 통. [원문] 火管.
56. 리치 못ᄒᆞ거든: 이롭지 못하거든. [원문] 失利.
57. ᄡᅢ혀: 뽑아. 빼어. 앞의 2:33ㄱ의 'ᄡᅢ히ᄂᆞᆫ'(주석 4) 또는 II. 해제. 3.3 통사. (3) 피동법 참고.
58. 믁질아로ᄉᆞ포: '묵질아로사포'(墨迭兒魯士礮). 발음은 [modieerlushi]로 'Muzzle - Loaders'[전장포(前裝砲) 또는 전장총(前裝銃)]의 음역어이다. Muzzle - Loaders는 총구나 포구로 총알이나 포탄을 장전하는 전장 방식((前裝方式, muzzle - loading)의 총포로 여기서는 뒤의 설명으로 미루어 19세기 후반에 개발된 전장 방식의 신형 다연발포인 Rifled Muzzle Loader(RML)라 하는 전장포로 요새 방어용이나 철갑함(ironclad warship) 포로 쓰였다. 이것의 반대 방식은 총개머리나 포미(砲尾)로 장전하는 후장 방식(後裝方式, breech - loading)의 후장포(後裝砲, Breech - Loaders)로 Rifled Breech Loaders(RBL)라고도 한다. 19세기 후반에 강대국들은 더 우수한 전장포와 후장포를 개발하는 경쟁을 벌였다. 가령, 보불 전쟁에서 독일은 후장식의 Krupp포를 쓰고 프랑스는 보병이 후장식의 총인 Chassepot rifle을 쓰고 포병이 전장식의 포인 Lahitte라는 포를 쓰기도 하였다. Wikipedia 백과사전, Rifled Breech Loader 항목 참고. [원문] 墨迭兒魯士礮.
59. ᄉᆞ면 쥬회에 여덟 박회 잇셔 다 가(可)히 돌게 ᄒᆞ고: 사면 주위에 여덟 바퀴 있어 모두 능히 돌게 하고. 쥬회: 주회(周回). ① 둘레. ② 둘레를 빙 돎. ¶城圈 셩 쥬회(역어유해 보10). cf. 주위(周圍): ① 어떤 곳의 바깥 둘레. ② 어떤 사물이나 사람을 둘러싸고 있는 것. 또는 그 환경. 'ᄉᆞ면 쥬회에 여덟 박회 잇셔 다 가히 돌게 ᄒᆞ고': [원문] 四周有八輪皆可旋轉.
60. 라ᄉᆞ쟝으로 ᄭᅮ며: 나사 무늬처럼 꾸며. 라ᄉᆞ쟝(螺絲裝): 나사(螺絲) 무늬. 총포신 안에 있는 강선(腔綫/腔線)의 무늬 [원문] 螺絲嵌. 앞의 3:48ㄱ(주석 15)의 '라ᄉᆞ쟝 문의' 참고.
61. ᄣᅥ혀: 떼어. ᄣᅥ이다: 떼다. ᄠᅥ히다(> ᄣᅥ이다 > 떼다): '떼다'의 옛말. ¶네짯 句ᄂᆞᆫ 브튼 ᄃᆞᆯ ᄠᅥ히며 ᄆᆡ인 ᄃᆞᆯ 그르며 자최를 ᄡᅳᆯ며 ᄂᆞᆺ 싯논 ᄠᅳ디라(남명집언해 상72).
ᄣᅦ혀다: '떼다'의 옛말. ¶말ᄋᆞᆯ 올히 너기샤 터리 ᄣᅦ혀 주시고 손토ᄫᆞᆯ ᄯᅩ 주시니(월인천강지곡 상33). cf. ᄠᅳ다: 뜨다(浮, 開, 異). 서로 다르다. ¶우리 일록 후에 ᄒᆞᆫ 어믜게셔 난 동ᄉᆡᆼ 형뎨와 므스 거시 ᄠᅳ리오(번역박통사 상72).
62. 시패ᄒᆞ거든: 실패[패배]하거든. '시패'는 '실패'의 ㄹ 탈락형. [원문] 敗北.
63. 통이언지ᄒᆞ면: 통이언지(通而言之)ᄒᆞ면. 종합하여 말하면. [원문] 綜言.
64. 맛치기를 잘ᄒᆞ고: 맞히기를 잘하고. [원문] 命中.

고 잘 맛치ᄂᆞᆫ 바ᄂᆞᆫ 대포 탄ᄌᆞᄂᆞᆫ 대포 형톄의 맛고 양창 탄ᄌᆞᄂᆞᆫ 양창 형톄의 합ᄒᆞᆯ ᄲᅮᆫ이 아니라 형톄가 부리[65]보다 두어 분(分)[66]이 더 클지라도 능히 형톄와 부리ᄅᆞᆯ 샹치 아니ᄒᆞᄂᆞᆫ 바ᄂᆞᆫ 탄ᄌᆞ 밧글 연(鉛)으로 ᄡᆞ시니 불이 당긔ᄆᆡ 연이 녹ᄂᆞᆫ 고로 탄ᄌᆞ가 나가도 부리 샹치 아니ᄒᆞ미오 탄ᄌᆞ와 약이 ᄒᆞᆫᄃᆡ 혼합ᄒᆞ야 죠곰도 밧그로 ᄒᆞᆺ허지미 업ᄂᆞᆫ 고로 능히 먼니 가고 탄ᄌᆞ가 창포 부리의 차셔 나오ᄆᆡ 뎍즁이 나오ᄂᆞᆫ 고 【52ㄴ】 로 능히 쥰젹이 이시니 능ᄉᆡ(能事ㅣ) 극ᄒᆞᆫ지라 그윽이 니ᄅᆞ건ᄃᆡ 이후에 각 ᄉᆡᆼ(省)의셔 방슈지ᄎᆡᆨ(防戌之策)을 경영ᄒᆞ거든 모로미 졍명(精明)ᄒᆞ고 로련ᄒᆞᆫ 관원을 분파ᄒᆞ야 창포짓기ᄅᆞᆯ 극ᄐᆡᆨ(極擇)ᄒᆞ여야[67] 간사ᄒᆞᆫ 샹고(商賈)들이 리ᄅᆞᆯ 만히 먹고 못된 긔계ᄅᆞᆯ ᄆᆡᆫᄃᆞ러 츙수(充數)ᄒᆞᆯ[68] 지경이 되게 아니ᄒᆞ리라 대개 창포ᄂᆞᆫ 졔각기 형톄와 규뫼(規模ㅣ) 잇고 탄ᄌᆞᄂᆞᆫ 진실노 대쇼(大小)와 ᄲᅢ족ᄒᆞ고 둥군 거ᄉᆞᆯ[69] 분간ᄒᆞ고 약은 ᄯᅩᄒᆞᆫ 근량(斤兩)[70] 경즁(輕重)을 분간ᄒᆞ야 더옥 ᄆᆞᆺ당히 ᄒᆞᆫ 가지 법으로 도라가게 ᄒᆞ면 거의 ᄇᆡ합ᄒᆞ기ᄅᆞᆯ 그릇ᄒᆞ야 일을 당ᄒᆞᄆᆡ 창황망죠(蒼黃罔措)ᄒᆞ기[71]ᄅᆞᆯ 면ᄒᆞ리라 병쟝기(兵仗器)[72]ᄂᆞᆫ 흉ᄒᆞᆫ 긔 【53ㄱ】 계오 ᄲᅡ홈은 위ᄐᆡᄒᆞᆫ 일이니 불가불 삼갈 거시로ᄃᆡ 즁국에 인ᄌᆡᄂᆞᆫ 비록 만흐나 격치지학(格致之學)[73]에 졍(精)치 못ᄒᆞ니 ᄆᆡ양 ᄒᆞᆫ 긔계ᄅᆞᆯ 짓고 ᄇᆡ(船) 하나ᄒᆞᆯ ᄆᆡᆫ들ᄆᆡ 우리ᄂᆞᆫ 아죠 신긔(新奇)ᄒᆞᆫ[74] 쥴노 알ᄃᆡ 져의ᄂᆞᆫ 발셔 무용지물노 비웃ᄂᆞ니 한단(邯鄲)에 어린ᄋᆞᄒᆡ 거름발

---

65. 부리: 총 끝의 뾰족한 부분. 총부리. [원문] 膛口.
66. 두어 분(分): (길이로) 2,3분. 1분(푼) 한 치의 10분의 1로, 약 0.33cm. [원문] 數分.
    분(푼): ① 예전에, 엽전을 세던 단위. ② 돈을 세는 단위. 스스로 적은 액수라고 여길 때 쓴다. ¶나는 돈 한 푼 없는 알거지가 되었다. ③ 비율을 나타내는 단위. 1푼은 전체 수량의 100분의 1로, 1할의 10분의 1이다. ④ 길이의 단위. 한 푼은 한 치의 10분의 1로, 약 0.33cm에 해당한다. ⑤ 무게의 단위. 귀금속이나 한약재 따위의 무게를 잴 때 쓴다. 한 푼은 한 돈의 10분의 1로, 약 0.375그램에 해당한다.
67. 극ᄐᆡᆨᄒᆞ여야: 극택(極擇)하여야. 극택(極擇): 매우 정밀하게 잘 골라 뽑음. 극선(極選). 신선(愼選). 정선(精選).
68. 츙수ᄒᆞᆯ: 충수(充數)할. 일정한 수효를 채울. ¶백 개가 못 차니 아직 이십여 개를 더 지어야 한 가마 충수가 된다(황순원, 독짓는 늙은이).
69. ᄲᅢ족ᄒᆞ고 둥군 거ᄉᆞᆯ: 뾰족하고 둥근 것을. '둥군'의 '군'은 '둥'의 영향으로 원순모음화 표기를 보여 준다. 앞의 1:7ㄴ '디구의 둥군 형톄'에도 '둥군'이 나온다. [원문] 尖圓.
70. 근량(斤兩): ① 무게를 나타내는 단위인 근과 냥을 아울러 이르는 말. ② 근량쭝. ③ 몸가짐의 신중성, 믿음성 등에서 오는 인품의 정도. ¶사람이 나이를 먹으면 근량이 무거워야 하네.
    cf. 근량(斤量): 저울로 단 무게. ¶근량이 많이 나가다.
71. 창황망죠: 창황망조(蒼黃罔措). 너무 급하여 어찌할 바를 모름.
72. 병쟝기: 병장기(兵仗器). 예전에 병사들이 쓰던 온갖 무기.
73. 격치지학(格致之學): 자연 세계의 구조를 탐구하는 자연과학. 청말(淸末)에 물리, 화학 등 자연 과학을 총칭한 말. 격치(格致): '격물치지'(格物致知)의 준말. 사물의 이치를 연구해 후천적 지식을 명확히 하는 것.
74. 신긔ᄒᆞᆫ: 신기(新奇)한. 신기(新奇)하다: 새롭고 기이하다. cf. 신기(神奇)하다: 신비롭고 기이하다. ¶눈

타기ᄅᆞᆯ ᄇᆡ호ᄂᆞᆫ 형샹이니[75] 엇지 능히 졍묘(精妙)ᄒᆞ기 신통ᄒᆞᆯ 디경의 니ᄅᆞ리오[76] 오직 ᄉᆡᆼ각을 다ᄒᆞ고 의ᄉᆞ를 궁극히 ᄒᆞ야 신긔ᄒᆞ믈 표(標)ᄒᆞ고 이샹ᄒᆞ믈 ᄭᆡᄃᆞ라 나아갈ᄉᆞ록 더옥 나아가 오ᄅᆡ 두고 무들게[77] 되면[78] 남의게 의지ᄒᆞ야 강ᄒᆞ믈 숨을 디경이 아니오 변비(邊備)[79]를 획ᄎᆡᆨ(劃策)ᄒᆞᆯ[80] 도리 이시리라 그 【53ㄴ】 러나 특별이 이ᄲᅮᆫ 아니라 국가의셔 군ᄉᆞ를 졍제이 ᄒᆞ고 무비(武備)를 경영ᄒᆞᄆᆡ 그 쓰ᄂᆞᆫ바 창포 등물을 반ᄃᆞ시 그 수효를 미리 뎡ᄒᆞ야 몬져 지으ᄃᆡ 조종(操縱)ᄒᆞ기를 자약히[81] ᄒᆞᆯ 거시니 만일 낫낫치 타인의게 밋고 외국에 가 사오다가 만일 일죠(一朝)에[82] 일이 잇고 외국의셔 혹 공법(公法)을 삼가 직혀 팔기를 즐겨 아니ᄒᆞ거나 혹 뎍국의셔 뢰물을 쓰고 반간(反間)[83]을 노하 오ᄂᆞᆫ 길을 끈흐면 다만 젹슈공권(赤手空拳)[84]이 되리니 엇지 능히 뎍병을 막으리오 오직 불ᄎᆞ탁용(不次擢用)ᄒᆞᄂᆞᆫ[85] 샹뎐(賞典)[86]을 ᄂᆡ여 걸고 졀등ᄒᆞᆫ 인ᄌᆡ를 구ᄒᆞ야 져율츄ᄂᆞᆫ

앞에서 사람의 모습이 그렇게 감쪽같이 변할 수 있는지 신기하더구먼(박경리, 토지).

75. 한단(邯鄲)에 어린ᄋᆞᄒᆡ 거름발타기ᄅᆞᆯ ᄇᆡ호ᄂᆞᆫ 형샹이니: '한단지보'(邯鄲之步)의 고사를 말함. 한단지보(邯鄲之步): 함부로 자기 본분을 버리고 남의 행위를 따라 하면 두 가지 모두 잃는다는 것을 이르는 말. 어떤 사람이 한단이란 도시에 가서 그곳의 걸음걸이를 배우려다 미처 배우지 못하고, 본래의 걸음걸이도 잊어버려 기어서 돌아왔다는 데에서 유래한다. '장자'(莊子)의 '추수'(秋水)에 나온 말이다. [원문] 邯鄲學步. 한단(邯鄲): 중국 하북성(河北省) 남부에 있는 도시. 전국 시대 조(趙)나라의 도읍이었으며, 화북(華北) 평원과 산서(山西) 구릉 지대를 이어 주는 교통의 요충지이다.

76. 신통ᄒᆞᆯ 디경의 니ᄅᆞ리오: 신통할 지경(地境)에 이르리요. [원문] 入神.

77. 무들게: 물들게. 무들다: '물들다(←믈들다)'의 ㄹ 탈락형. 믈들다: '물들다'의 옛말. ¶袈裟 비치 自然히 ᄒᆡ야 믈드디 아니ᄒᆞ리며(석보상절 23:35). 이 기비 믈드로매 特別히 마ᄌᆞᆯ시 ᄲᅮ라 ᄒᆞ신대(내훈 2:41). 染 믈들 염(한석봉 천자문 9). 顔色絹 믈든 깁(역어유해 하5).

78. 더옥 나아가 오ᄅᆡ 두고 무들게 되면: [원문] 進而彌上青出於藍. '彌'는 '오래다'의 뜻. 청출어람(青出於藍): 쪽에서 뽑아낸 푸른 물감이 쪽보다 더 푸르다는 뜻으로, 제자나 후배가 스승이나 선배보다 나음을 비유적으로 이르는 말. '순자'(荀子)의 '권학편'(勸學篇)에 나오는 말이다. 출람(出藍).

79. 변비(邊備): 국경의 경비. ¶세조와 성종 때 허종이 날쌔고 무서운 이름을 알린 뒤에는 변비가 아직도 튼튼하다(박종화, 금삼의 피).

80. 획ᄎᆡᆨᄒᆞᆯ: 획책(劃策)할. 어떤 일을 꾸미거나 꾀함.

81. 자약히: 태연자약히. 자약(自若)하다: 큰일을 당해서도 놀라지 아니하고 보통 때처럼 침착하다. 자여하다. [원문] 自如若一.

82. 일죠에: 일조(一朝)에. 하루아침에. 갑작스럽도록 짧은 사이. ¶일조에 모친을 여의고 얼음같이 차디찬 현실에 부닥친 석림이는 어찌할 바를 모르고……(이기영, 봄).

83. 반간(反間): 사람이나 나라 따위의 사이를 헐뜯어 서로 멀어지게 함. 이간(離間). ¶혼사에 반간 놓은 놈은 만중 앞에서 목을 베랬지만, 기왕에 벌인 춤, 목이 날아갈 때는 날아가더라도 반간을 놓을 때는 제대로 놓자고 입 벌어지는 대로 내뱉었다(송기숙, 녹두 장군).

84. 젹슈공권: 적수공권(赤手空拳). 맨손과 맨주먹이라는 뜻으로, 아무것도 가진 것이 없음을 이르는 말. 척수공권(隻手空拳). [원문] 空拳.

85. 불ᄎᆞ탁용: 불차탁용(不次擢用). 계급의 차례를 밟지 않고 특별히 벼슬에 등용함. 불차용지(不次用之).

86. 샹뎐: 상전(賞典). 공로의 크고 작음에 따라서 상을 주는 규정.

ᄂᆡ 숀에 가지고 규모를 ᄆᆞ음ᄃᆡ 【54ㄱ】 로 ᄒᆞ면 거의 이뎍(夷狄)을 항복 밧고 ᄉᆞ히(四海)[87]를 기리 평안케 ᄒᆞ리라 ᄯᅩ 화긔ᄂᆞᆫ ᄂᆞᆯ마다 ᄡᅳ기ᄂᆞᆫ 어렵지 아니ᄒᆞᄃᆡ 아니 ᄡᅳ기ᄂᆞᆫ 더 어려오니 하로만 아니 ᄡᅳ고 바려두면 셕기도 ᄒᆞ고 동록(銅綠)[88]이 나리니 ᄆᆞᆺ당히 당히(當該) 쟝졸(將卒)의게 맛져[89] 슈유(須臾)[90] 불리(不離)ᄒᆞ고[91] 쎠로 마광(磨光)ᄒᆞ고[92] 닥게 ᄒᆞᄃᆡ 져기[93] 동록이 스던지 샹ᄒᆞᄂᆞᆫ 폐 잇거든 맛튼 사ᄅᆞᆷ을 죄 쥴 거시니 쇼비가 만히 드러시믈 앗길 ᄲᅮᆫ이 아니라 ᄯᅩᄒᆞᆫ 급ᄒᆞᆫ 일을 ᄎᆡᆨ응(策應)ᄒᆞ고[94] 오ᄅᆡ 견ᄃᆡ기를 긔약ᄒᆞᆯ지라 셰상에 안흐로 ᄇᆡᆨ셩을 편안이 ᄒᆞ고 밧그로 이뎍을 믈니치기를 말ᄉᆞᆷᄒᆞᄂᆞᆫ ᄌᆡ 바다 방비ᄒᆞ기를 삼가 【54ㄴ】 ᄒᆞ고 변비를 닥그며 군ᄉᆞ를 ᄲᆡ고[95] 쟝ᄌᆡ(將材)[96]를 갈ᄒᆡᄂᆞᆫ 등ᄉᆞ에 지나지 아니ᄒᆞ야 늙은 션ᄇᆡ의 ᄒᆞᆼ다반(恒茶飯)ᄒᆞᄂᆞᆫ 말[97] ᄀᆞᆺ치 ᄒᆞᄃᆡ 젼슈지ᄎᆡᆨ(戰守之策)에 몬져 ᄌᆞ뢰(資賴)ᄒᆞᆯ[98] 바를 무르면 아모 빙자(憑藉)ᄒᆞᆯ 말이 업고 뎍병은 방쟝(方張)[99] 드러왓ᄂᆞᆫᄃᆡ ᄡᅳ지 못ᄒᆞᆯ 긔계로 군ᄉᆞ를 ᄒᆡ외(海外)에[100] 보ᄂᆡ여 승부를 결우고져 ᄒᆞ니

---

87. ᄉᆞ히: 사해(四海). 온 세상.
88. 동록(銅綠): 구리의 표면에 녹이 슬어 생기는 푸른빛의 물질. 녹(綠).
89. 맛져: 맡겨. 맛디다: '맡기다'의 옛말. 맛디다 > 맛지다 > 맡기다. ¶자ᄒᆞ로 制度ㅣ 날ᄶᅵ 仁政을 맛됴리라 하ᄂᆞᆯ 우흿 金尺이 ᄂᆞ리시니(용비어천가 83장).
90. 슈유: 수유(須臾). 잠시. ¶말하자면 영원과 수유와의 교환, 그리고 영원한 정신의 존엄과 수유를 불태우는 관능이 교차하는 것이라고나 할까?(한무숙, 유수암). [원문] 動息. 동식(動息): 활동과 휴식을 통틀어 이르던 말.
91. 불리(不離)ᄒᆞ고: 떠나지 않고. 불리(不離): 떠나지 않음. [원문] 不離.
'슈유 불리': [원문] 動息不離. 움직일 때나 쉴 때나 잠시도 떨어지지 않음.
92. 마광(磨光): 옥, 돌, 쇠붙이 따위를 갈아서 빛을 냄.
93. 져기: 적이. 꽤 어지간한 정도로.
94. ᄎᆡᆨ응: 책응(策應). 계책을 통하여 서로 응하고 도움. ¶우군 간의 책응으로 적군은 궁지에 몰렸다.
cf. 책응(責應): 책임지고 물건을 내어 줌.
95. ᄲᆡ고: 빼고. 뽑고.
96. 쟝ᄌᆡ: 장재(將材/將才). 장수가 될 만한 훌륭한 인재. ¶과연 일세의 장재로다. 내 일찍 그를 얻었던들……수모는 당하지 않았을 것을(이문열, 황제를 위하여). [원문] 將才. 국어사전들은 '將材'로 적고 있음.
97. ᄒᆞᆼ다반ᄒᆞᄂᆞᆫ 말: 항상 하는 말. [원문] 常談. 항다반(恒茶飯): 항상 있는 차와 밥이라는 뜻으로, 항상 있어 이상하거나 신통할 것이 없음을 이르는 말. 다반(茶飯). 일상다반. ¶또다시 잠을 이루려야 이룰 수 없었다. 금방 들다가 금방 깨고 코 한 번 옳게 못 골아 보고 훤하니 밝는 수도 항다반 있게 되었다(현진건, 무영탑).
98. ᄌᆞ뢰ᄒᆞᆯ: 자뢰(資賴)할. 의지할. 밑천을 삼을. ¶내 두 ᄌᆞ식이 이시니 가히 ᄌᆞ뢰ᄒᆞ야 살 거시니(속삼강행실도 열14).
99. 방쟝: 방장(方張). 한창 세력을 뻗어 감. 여기서는 원문이 '方張'이지만 의미는 다음의 시간어 '方壯(바야흐로), 方將(방금)'으로 볼 수 있음. cf. 방장(方壯): 바야흐로 한창임. 방장(方長): 한창 자라고 있음. 방장(方將): 방금(方今). ¶편지는 써 놓고 심복지인 보낼 사람이 없어 방장 걱정 중이러니……(이해조, 홍도화).

어리셕은 나의 감히 알 ᄇᆡ 아니라 대뎌 군ᄉᆞᄂᆞᆫ 가히 ᄇᆡᆨ 년이라도 쓰지 아니ᄒᆞᆯ 거시로ᄃᆡ 하로라도 방비치 아니ᄒᆞ든 못ᄒᆞᆯ 거시니[101] 군ᄉᆞ를 강ᄒᆞ게 ᄒᆞᄂᆞᆫ 묘리ᄂᆞᆫ 몬져 ᄌᆡ물을 다ᄉᆞ리ᄂᆞᆫ ᄃᆡ 잇고 뎍국을 니긔ᄂᆞᆫ 공은 더옥 리ᄒᆞᆫ 긔계를 ᄌᆞ뢰ᄒᆞᆯ 거시니[102] 오직 그 【55ㄱ】 ᄆᆞ음을 평일에 다ᄒᆞ고 졍ᄒᆞᆫ 거ᄉᆞᆯ 취ᄒᆞ고 쓰기를 널니 ᄒᆞ여야 이의 능히 림시(臨時)에 긔운을 지어 뎍국을 니긜지라 여튼 소견을 약간 베프ᄂᆞ니 감히 말ᄉᆞᆷ으로 획칙ᄒᆞ믈 니ᄅᆞ리오 모든 쟝기(長技)를 널니 킈여 지휘ᄒᆞ야 셩공ᄒᆞ기를 더옥 바라ᄂᆞ니 오직 당도지인(當道之人)[103]이 이 말ᄉᆞᆷ을 킈여 쓰면 불승ᄒᆡᆼ심(不勝幸甚)[104]일가 ᄒᆞ노라

---

100. ᄒᆡ외에: 해외(海外)에. [원문] 海外. 흔히 '海外'를 일본계 한자어라 하고 '國外'를 쓰자고 하는 주장이 있으나 중국어에서도 쓰였으므로 타당한 주장으로 보기 어렵다. 제주도 때문에 '해외'라는 표현이 부당하다는 주장도 제주 바다는 국내 내해 개념으로 포함하면 될 것이다.

101. 군ᄉᆞᄂᆞᆫ 가히 ᄇᆡᆨ 년이라도 쓰지 아니ᄒᆞᆯ 거시로ᄃᆡ 하로라도 방비치 아니ᄒᆞ든 못ᄒᆞᆯ 거시니: [원문] 兵可百年而不用 不可一日而不備.

102. 군ᄉᆞ를 강ᄒᆞ게 ᄒᆞᄂᆞᆫ 묘리ᄂᆞᆫ 몬져 ᄌᆡ물을 다ᄉᆞ리ᄂᆞᆫ ᄃᆡ 잇고 뎍국을 니긔ᄂᆞᆫ 공은 더옥 리ᄒᆞᆫ 긔계를 ᄌᆞ뢰ᄒᆞᆯ 거시니: [원문] 强兵之要首在理財 克敵之功尤資利器.

103. 당도지인(當道之人/當塗之人): 학문과 도를 닦는 사람. 나라 일을 맡아보는 사람. 당국자. 관리. [원문] 當事者. 당도(當塗/當途): 정권을 잡음, 중요한 위치에 있음. 때를 만남. 당축(當軸): 당국(當局).

104. 불승ᄒᆡᆼ심: 불승행심(不勝幸甚). 다행할 수밖에 없음. 불승(不勝): 어떤 감정이나 느낌을 억눌러 참아 내지 못함. 행심(幸甚)하다: 매우 다행하다. ¶그가 잃어버렸던 아들을 찾았으니 행심한 일이 아닐 수 없다.

【삼권 56ㄱ】

론 련병(論練兵)
[군ᄉᆞ 조련ᄒᆞ믈 의론ᄒᆞ미라]

고인(古人)이 말ᄉᆞᆷ을 두ᄃᆡ[1] 군ᄉᆞᄂᆞᆫ 졍(精)ᄒᆞᆫ ᄃᆡ 잇고 만ᄒᆞᆫ ᄃᆡ 잇지 아니ᄒᆞ며 쟝슈ᄂᆞᆫ 모략에 잇고 용ᄆᆡᆼ에 잇지 아니ᄒᆞ다 ᄒᆞ니 이러므로 감령(甘甯)[2][녯적 사ᄅᆞᆷ의 일홈]은 일ᄇᆡᆨ 군ᄉᆞ를 거ᄂᆞ려 능히 위국(魏國)[3] 영문(營門)을 겁칙ᄒᆞ고[4] ᄇᆡ외(背嵬)[5][녯적 사ᄅᆞᆷ의 일홈]ᄂᆞᆫ 오ᄇᆡᆨ 군ᄉᆞ를 거ᄂᆞ려 능히 금(金)나라 오랑키를 썩거시니 평일에 용ᄆᆡᆼ을 기른 고로 림시(臨時)ᄒᆞ야[6] 능히 뎍병(敵)을 니긔미오 ᄯᅩ ᄀᆞᆯ오ᄃᆡ ᄉᆞ디(死地)에 둔 연후의 살고 위ᄐᆡᄒᆞᆫ ᄯᅡ히 쳐ᄒᆞᆫ 연후에 편안ᄒᆞ다[7] ᄒᆞᄂᆞᆫ 고로 항우(項羽)[8]ᄂᆞᆫ 가마를 ᄭᆡ치고[9] ᄇᆡ를 물에

---

1. 고인(古人)이 말ᄉᆞᆷ을 두ᄃᆡ: 춘추 시대의 제(齊)나라 재상인 관중(管仲, ? – 기원전 645)의 사상을 담은 '관자'(管子)에 나온다. '관자'는 부민(富民), 치국(治國), 경신(敬神), 포교(布教)를 서술하고 부국강병의 패도(覇道) 정치를 역설하였다. 관중의 업적을 기려 전국 시대에서 한대(漢代)에 걸쳐서 후대 사람들이 쓴 것으로 보인다. 전한(前漢)의 학자 유향(劉向)의 머리말에는 86편이라 하는데 현재 76편만 전한다. 법가적(法家的) 색채와 도가적(道家的)인 요소가 섞여 있어 '한서'(漢書)에서는 도가(道家)에, '수서'(隋書)에서는 법가(法家)에 넣고 있다. 앞의 '론 염무'(2:23ㄱ), 뒤의 '론 렴봉'(4:27ㄱ)에도 '관자'의 말이 인용되어 있는데 정관응은 부국강병론을 편 관중의 영향을 받은 것으로 보인다.
   '고인(古人)이 말ᄉᆞᆷ을 두ᄃᆡ 군ᄉᆞᄂᆞᆫ 졍(精)ᄒᆞᆫ ᄃᆡ 잇고……용ᄆᆡᆼ에 잇지 아니ᄒᆞ다': [원문] 古人有言 兵在精而不在多 將在謀而不在勇.
2. 감령: 감녕(甘甯). 중국 삼국 시대 오나라의 장수. 자는 흥패(興覇). 중국 파군(巴郡) 임강현(臨江縣: 현재 사천 충현) 사람이다.
3. 위국(魏國): 위(魏)나라. [원문] 曹營. 조영(曹營): 삼국 시대 위나라 조조(曹操)의 군영(軍營).
4. 겁칙ᄒᆞ고: 위협하고. 겁틱ᄒᆞ다(> 겁칙ᄒᆞ다): 위협하다. ¶ᄌᆞ조 도즉을 맛나 혹 겁틱ᄒᆞ여 자바 가려 ᄒᆞ거든(번역소학 9:20). 도ᄌᆞ긔게 자피여 항ᄒᆞ라 겁틱ᄒᆞ거늘 炎이 ᄀᆞ장 ᄭᅮ짓고(속삼감행실도 충1). 도적이 칼로ᄡᅥ 겁틱ᄒᆞ고 븓드러 믈게 올리기ᄅᆞᆯ 두어 번 ᄒᆞ니(동국신속삼강행실도 열4:19). '겁틱 > 겁칙'의 변화를 거쳤는데 한자어라면 '겁'은 '刦'(위협할 겁)으로 보이나 '틱(칙)'의 어원은 미상이다.
5. ᄇᆡ외: 배외(背嵬). 남송의 한세충(韓世忠)과 악비(岳飛) 장군이 거느린 정예부대 이름. 협주에서는 '녯적 사ᄅᆞᆷ의 일홈'이라 했는데 부대의 이름으로 보아야 한다. 한세충, 악비의 배외군이 정예병 500으로 금나라 군대를 무찌른 이야기가 있다. 한세충(韓世忠, 1089 – 1151): 남송 건국 충신. 북송이 망하자 고종에게 달려가 남부를 평정하여 권세를 떨침. 악비(岳飛, 1103 – 1142): 남송의 충신. 금나라 군을 격파하여 태위(太尉)에 이르렀음. 금나라와의 화의(和議)에 반대하다 옥중 살해당함.
6. 림시ᄒᆞ야: 임시(臨時)하여. 때를 맞아.
7. ᄉᆞ디(死地)에 둔 연후의 살고 위ᄐᆡᄒᆞᆫ ᄯᅡ히 쳐한 연후에 편안ᄒᆞ다: [원문] 置之死地而後生 處之危地

잠으ᄆᆡ[10] 굿셴 진(秦)나라 예긔(銳氣)[11] 썩【56ㄴ】기고 한신(韓信)[12]은 ᄇᆡ슈진(背水陣)을 치ᄆᆡ 죠국(趙國)[13]이 패ᄒᆞ여시니 대개 반ᄃᆞ시 ᄉᆞ졸(士卒)이 살기를 잇고[14] 감히 죽을 ᄆᆞ음을 두어야 쟝슈된 재 능히 긔병(奇兵)[15]을 ᄂᆡ여 뎍국을 니길 계칙을 잡을 거시오 ᄯᅩ 소슌(蘇洵)[16][사ᄅᆞᆷ의 일홈]의 지은 바 심슐편[17][ᄎᆡᆨ 일홈]을 닑으니 ᄀᆞᆯ오ᄃᆡ 대뎌 오직 의긔(義氣)ᄂᆞᆫ 가히 군ᄉᆞ를 셩ᄂᆡ게 ᄒᆞᆯ 만ᄒᆞ니 군ᄉᆡ 의긔로ᄡᅥ 셩ᄂᆡ면 가히 더브러 ᄇᆡᆨ 번 ᄡᅡ홀 만ᄒᆞ다 ᄒᆞ니 므릇 ᄡᅡ홈ᄒᆞᄂᆞᆫ 도(道)ᄂᆞᆫ ᄡᅡ홈ᄒᆞ지 아니ᄒᆞᆯ 젹의ᄂᆞᆫ 그 ᄌᆡ물(財物)을 기르고 쟝ᄎᆞᆺ ᄡᅡ홈ᄒᆞᄆᆡ 그 힘을 기르고 임의 ᄡᅡ호ᄆᆡ 그 긔운을 기르고 임의 니긔ᄆᆡ 그 ᄆᆞ음을 기르ᄂᆞ니[18] 대뎌 쟝슈ᄂᆞᆫ 지혜 잇【57ㄱ】고 엄ᄒᆞ고져 ᄒᆞ며 군ᄉᆞᄂᆞᆫ 어리셕고져 ᄒᆞ니 지혜 잇슨즉 가히 측량치 못ᄒᆞ고 엄ᄒᆞᆫ즉 가히 범(犯)치 못ᄒᆞᄂᆞᆫ 고로 군ᄉᆡ 다 제 몸을 바리고 명령만 드를 거시니 엇지 어리셕지 아니ᄒᆞ리오 오직 그 어리셕은 후의야 가히 더브러 ᄒᆞᆷ긔 죽을지라[19] 녯젹의 손무ᄌᆡ(孫武子ㅣ)[20] 오국(吳國)[21]의셔 가ᄅᆞ치고 양제(穰

而後安.

8. 항우(項羽): 기원전 232-202. 중국 진(秦)나라 말기에 유방(劉邦)과 천하를 놓고 다툰 무장. 이름은 적(籍), 자는 우(羽)이다. [원문] 項籍.
9. 가마를 ᄭᆡ치고: 가마솥을 깨뜨리고. [원문] 破釜.
10. ᄇᆡ를 물에 잠으ᄆᆡ: 배를 물에 잠기게 하매. [원문] 沉舟.
11. 예긔: 예기(銳氣). 날카롭고 굳세며 적극적인 기세.
12. 한신(韓信): ? - 기원전 196. 중국 한나라 초의 무장.
13. 죠국(趙國): 조나라. 조(趙): 『역사』 중국에서 전국 칠웅 가운데 기원전 403년에 진(晉)나라의 유력한 귀족인 조 씨(趙氏)가 한 씨(韓氏), 위 씨(魏氏)와 함께 진나라의 영지(領地)를 삼분(三分)하여 세운 나라. 산서성(山西省) 북부에서 하북성(河北省) 동남부까지를 차지하여 무령왕 때 전성기를 맞이하였으나 기원전 228년에 진(秦)나라에 망하였다.
14. 잇고: 잊고. ᄉᆞ졸(士卒)이 살기를 잇고. [원문] 士卒有忘生敢死之心.
15. 긔병: 기병(奇兵). 적이 예측할 수 없는 기묘한 전술로 기습하는 부대. cf. 정병(正兵).
16. 소슌: 소순(蘇洵, 1009-1066). 중국 북송의 문인. 자는 명윤(明允), 호는 노천(老泉). 사천성(四川省) 미산현(眉山縣) 출신으로 당송 8대가(唐宋八大家)의 한 사람이며, 시인 소동파(蘇東坡: 蘇軾)의 아버지이다. 28세 때 과거에 낙제하자 그때까지 지은 글들을 모두 불태워 버리고 두문불출하며 오로지 독서에 전념했다. 그 결과 6경(六經)에서 제자백가(諸子百家)에 이르기까지 두루 꿰뚫게 되었고, 단시간 내에 수천 언(言)의 글을 지을 수 있는 대문장가가 되었다. 인종(仁宗) 말기에 두 아들인 소식(蘇軾)·소철(蘇轍)을 데리고 상경하여 당시 한림학사(翰林學士) 구양수(歐陽修)에게 인정받았다. 구양수가 천자(天子)에게 그의 저서 22편을 바치자 학자들이 그의 글들을 칭찬했다고 한다. 그 후 비서성(祕書省) 교서랑(校書郎), 문안현(文安縣) 주부(主簿)를 지냈다. 대표적 업적으로는 북송 이래 예(禮)에 관한 책들을 요벽(姚闢) 등과 함께 편집한 '태상인혁례'(太常因革禮) 100권이 있다.
17. 심슐편: 심술편(心術篇). 소순(蘇洵)이 쓴 글로 병법을 다루었다.
18. 대뎌 오직 의긔(義氣)ᄂᆞᆫ 가히 군ᄉᆞ를 셩ᄂᆡ게 ᄒᆞᆯ 만ᄒᆞ니 군ᄉᆡ 의긔로ᄡᅥ 셩ᄂᆡ면 가히 더브러 ᄇᆡᆨ 번 ᄡᅡ홀 만ᄒᆞ다 ᄒᆞ니 므릇 ᄡᅡ홈ᄒᆞᄂᆞᆫ 도(道)ᄂᆞᆫ ᄡᅡ홈ᄒᆞ지 아니ᄒᆞᆯ 젹의ᄂᆞᆫ 그 ᄌᆡ물(財物)을 기르고 쟝ᄎᆞᆺ ᄡᅡ홈ᄒᆞᄆᆡ 그 힘을 기르고 임의 ᄡᅡ호ᄆᆡ 그 긔운을 기르고 임의 니긔ᄆᆡ 그 ᄆᆞ음을 기르ᄂᆞ니: [원문] 夫惟義可以怒士 士以義怒 可與百戰 凡戰之道 未戰養其財 將戰養其力 既戰養其氣 既勝養其心.
19. 대뎌 쟝슈ᄂᆞᆫ 지혜 잇고 엄ᄒᆞ고져 ᄒᆞ며 군ᄉᆞᄂᆞᆫ 어리셕고져 ᄒᆞ니 지혜 잇슨즉 가히 측량치 못ᄒᆞ고 엄

苴ㅣ)[22][녯적 명쟝의 일홈] 쟝가(莊賈)[23][사ᄅᆞᆷ의 일홈]ᄅᆞᆯ 베히고 뎐단(田單)[24][녯적 쟝슈의 일홈]이 연(燕)나라 군ᄉᆞᄅᆞᆯ 믈니치고 월왕 구쳔(勾踐)[25]이 오왕 부차(夫差)[26]ᄅᆞᆯ 파(破)ᄒᆞ미 그 ᄉᆞᆯ법이 여긔 버셔나지 아니ᄒᆞᆫ지라 이졔 ᄡᅡ홈ᄒᆞᄂᆞᆫ 일은 비록 녜와 다르나 ᄡᅡ홈ᄒᆞᄂᆞᆫ 심법(心法)은 녜와 ᄀᆞᆺᄐᆞ니 니ᄅᆞᆫ바 불의지인(不義之人)을 【57ㄴ】 모흐고 불평(不平)ᄒᆞᆫ 긔운으로 격동(激動)ᄒᆞ야[27] 흉ᄒᆞᆫ 긔계[28]ᄅᆞᆯ 쥬어 ᄒᆞ야곰 뎍병을 쥭이게 ᄒᆞ미라 그러나 불의로 ᄒᆞ고ᄌᆞ ᄒᆞᄂᆞᆫ 쟈ᄂᆞᆫ 그 ᄆᆞᄋᆞᆷ을 변ᄒᆞ야 츙셩을 본밧게 ᄒᆞ미오 ᄉᆞᆯ법으로 졔어ᄒᆞ지 아니면 공을 일위지 못ᄒᆞᆯ지라 그런고로 쟝슈된 재 텬시(天時)ᄅᆞᆯ 엿보며 디리(地理)ᄅᆞᆯ ᄉᆞᆲ히며 형셰(形勢)ᄅᆞᆯ 혜아리며 긔미(機微)의 ᄆᆞᆺ당ᄒᆞ믈 ᄉᆞᆲ혀 정명(精明)ᄒᆞᆫ ᄆᆞᄋᆞᆷ으로 운젼ᄒᆞ며 일뎡ᄒᆞᆫ 힘으로 ᄌᆞᆺ게 ᄒᆞᆫ 연후에 가히 군ᄉᆞᄅᆞᆯ 거나릴 거시니 병법의 ᄀᆞᆯ오ᄃᆡ ᄉᆞ졸의 졀반을 쥭이ᄂᆞᆫ 쟈ᄂᆞᆫ 위엄(威嚴)이 ᄒᆡᄂᆡ(海內)[29]의 더ᄒᆞ고 십분에 삼분을 쥭이ᄂᆞᆫ 쟈ᄂᆞᆫ 힘이 졔후(諸侯)의게 더ᄒᆞ고 십분 【58ㄱ】 에 일분을 쥭이ᄂᆞᆫ 쟈ᄂᆞᆫ 위령(威令)이 경ᄂᆡ(境內)[30]에 힝ᄒᆞᆫ다 ᄒᆞ니 대뎌 엇지 사ᄅᆞᆷ 쥭이기ᄅᆞᆯ 진ᄀᆡ(眞個)[31] 죠하ᄒᆞ야 그러ᄒᆞ랴 능히 ᄂᆡ 명령에 쥭게 ᄒᆞᄂᆞᆫ ᄯᅳᆺ을 지으미라 그런고로 뎍병이 명령의 쥭으믈 짓고져 ᄒᆞᆯ진ᄃᆡ 몬져 ᄂᆡ 군ᄉᆞ의 명령에 쥭으믈 지을 거시니 능히 날노 더브러 ᄒᆞᆷ긔 쥭을 만ᄒᆞᆫ 연후의 가히 더브러 ᄒᆞᆷ긔 살지라[32] 근ᄅᆡ(近來)에[33] 군ᄉᆞᄅᆞᆯ ᄡᅳ미 화긔(火器)ᄅᆞᆯ 젼혀[34] 미드니 피ᄎᆞ

ᄒᆞᆫ즉 가히 범(犯)치 못ᄒᆞᄂᆞᆫ 고로 군ᄉᆡ 다 졔 몸을 바리고 명령만 드ᄅᆞᆯ 거시니 엇지 어리셕지 아니ᄒᆞ리오 오직 그 어리셕은 후의야 가히 더브러 ᄒᆞᆷ긔 쥭을지라: [원문] 將欲智而嚴 凡士欲愚 智則不可測 嚴則不可犯 故士皆委己而聽命 夫安得不愚 夫惟士愚 而後可與之皆死.

20. 손무ᄌᆡ: 손무ᄌᆞ(孫武子) + ㅣ. 손무자(孫武子): 춘추 시대의 병법가. 본명은 손무(孫武). [원문] 孫子.
21. 오국(吳國): 오나라. [원문] 吳宮.
22. 양졔: 양져(穰苴) + ㅣ. 양저(穰苴): 전양저(田穰苴). 춘추 시대 제(齊)나라의 장수. 관직은 대사마(大司馬)까지 했기 때문에 사마양저(司馬穰苴)라고도 한다.
23. 쟝가: 장가(莊賈). 춘추 시대 제나라 경공(景公)의 총신(寵臣).
24. 뎐단: 전단(田單). 전국 시대 제나라의 장수.
25. 구쳔: 구천(勾踐). 춘추 시대의 월나라의 왕. 생몰 미상. 기원전 496–464 재위. 오왕(吳王) 합려(闔閭)와 싸워 패사(敗死)시켰으나 그의 아들 부차(夫差)에게 회계산(會稽山)에서 패함.
26. 부챠: 부차(夫差, ? – 기원전 473). 춘추 시대 오나라의 왕.
27. 불의지인을 모흐고 불평ᄒᆞᆫ 긔운으로 격동(激動)ᄒᆞ야: 불의지인(不義之人)을 모으고 불평(不平)하는 기운을 충동하여.
28. 흉ᄒᆞᆫ 긔계: 흉한 기계. 흉기. [원문] 凶器.
29. ᄒᆡᄂᆡ: 해내(海內). 둘러싸인 육지라는 뜻으로, 나라 안을 이르는 말.
30. 경ᄂᆡ: 경내(境內). 일정한 지역의 안. ¶미양 잔치ᄒᆞ야 두로 ᄃᆞᆫ니며 놀아 경ᄂᆡ예 챵녀ᄂᆞᆫ 다 블러 모도니(태평광기언해 1:12). [원문] 境上. 경상(境上): 국경이나 경계의 근처.
31. 진ᄀᆡ: 진개(眞個). 참인 것. 과연 참으로. [원문] 眞.
32. 날노 더브러 ᄒᆞᆷ긔 쥭을 만ᄒᆞᆫ 연후의 가히 더브러 ᄒᆞᆷ긔 살지라: [원문] 我俱死而後可與之俱生.
33. 근ᄅᆡ에: 근래(近來)에. [원문] 邇來.

셔로 쳐셔 왕왕(往往)이 션봉(先鋒)[35]을 져기[36] 썩지르나[37] 나죵 셩공ᄒᆞ기를 긔약ᄒᆞ기 어려오니 군ᄉᆞ 거나리기ᄅᆞᆯ 잘ᄒᆞᄂᆞᆫ 쟈ᄂᆞᆫ 비록 셔로 ᄡᅡ홈ᄒᆞᆯ ᄉᆞ이라도 슌식간에 쳔 번이나 변화 【58ㄴ】 ᄒᆞᄂᆞ니 운젼ᄒᆞ야 ᄡᅳᄂᆞᆫ 묘리(妙理)ᄂᆞᆫ 일심(一心)에 이시니 가량[38] 륙디(陸地) 영문(營門)[39]의 븍방 사ᄅᆞᆷ을 ᄀᆞᆯᄒᆡ여 둔즉 말 타고 활 ᄡᅩᄂᆞᆫ 거시 그 쟝기(長技)오 슈군(水軍) 영문의ᄂᆞᆫ 남방 사ᄅᆞᆷ을 ᄀᆞᆯᄒᆡ여 둔즉 ᄒᆡᆼ션(行船)ᄒᆞᄂᆞᆫ 거시 그 익은 ᄇᆡ라 그리ᄒᆞᆫ 연후에 그즁 겁ᄂᆡ고 약ᄒᆞᆫ 쟈ᄅᆞᆯ ᄐᆡ거(汰去)ᄒᆞ며[40] 그즁 졍예ᄒᆞ고 ᄀᆞᆺ셴 쟈ᄅᆞᆯ ᄀᆞᆯᄒᆡ고 다시 병법(兵法)과 진법(陣法)의 긔병(奇兵)과 졍병(正兵)[41]으로 변화ᄒᆞᄂᆞᆫ 법을 궁극히 련습ᄒᆞ게 ᄒᆞ고 ᄒᆞᆫ 번 림진ᄃᆡ뎍(臨陣對敵)ᄒᆞᄆᆡ[42] 몬져 대포 시른 슐위[43]ᄅᆞᆯ 삼면의 버리고[44] 젼군(前軍)[45]은 앏흐로 당ᄒᆞ야 츙돌ᄒᆞ고 화긔ᄅᆞᆯ 베플게 ᄒᆞ며 보병으로ᄡᅥ 좌우의 ᄆᆡ복ᄒᆞ야 젼후로 ᄎᆡᆨ응(策應)ᄒᆞ고[46] 돌 【59ㄱ】 녀맛쵸기[47]ᄅᆞᆯ ᄌᆞ약(自若)히[48] ᄒᆞ게 ᄒᆞ면 비록 텰환이 비오ᄃᆞᆺ ᄒᆞ고 대포 쇼ᄅᆡ 뢰셩 ᄀᆞᆺ틀지라도[49] 오직 앏흐로만 갈 쥴 알고 뒤흐로 믈너갈 니 만무ᄒᆞ면[50] 능히 ᄂᆡ 군ᄉᆞ의 명령에 쥭ᄂᆞᆫ 법을 지은 고로 능히 뎍병의 명

---

34. 젼혀: 전적으로. ¶젼혀 이 東山ᄋᆞᆫ 남기 됴ᄒᆞᆯᄊᆡ 노니ᄂᆞᆫ ᄯᅡ히라(석보상절 6:24).
35. 션봉: 선봉(先鋒). 선봉군(先鋒軍). 전봉(前鋒). [원문] 前鋒.
36. 져기: 적이. 꽤 어지간한 정도로. ¶兵甲ᄋᆞᆯ 져기 주어늘(석보상절 24:11). ᄯᅩ ᄯᅡ히 져기 平ᄒᆞᆫ ᄃᆡ 나ᅀᅡ오라(두시언해 7:11).
37. 썩지르나: 꺾지르나. 썩지르다: 꺾어 질러 압도하다. ¶츄밀은 흔연ᄒᆞ여 경샤의셔 셩녜ᄒᆞᆷ ᄀᆞᆺᄐᆞ니 짐즛 뉴 시를 썩지르ᄂᆞᆫ 뜻이라(명주-정 1:235). [원문] 挫. 挫: 꺾을 좌.
38. 가량: 가령(假令). [원문] 如. '이언'에는 수량 표현 앞에 '가량(2:13ㄴ) – 가령(2:24ㄴ)'이 "假量, 大略"의 뜻으로 혼기되어 쓰인 것이 있는데 이와 달리 여기서는 '가량'이 "假令"이라는 가정의 뜻으로 쓰인 것이다. '이언'에는 가정의 부사로 '만일'(萬一)도 잘 쓰였다(1:6ㄴ, 7ㄴ, 9ㄱ 등). 중세에는 가정의 부사로 'ᄒᆞ다가, 만일(萬一)'이 쓰였고 '가령'도 확인된다. ¶가령 ᄌᆞ녀니어든(假令子年, 分門瘟疫易解方 14).
39. 륙디 영문: 육지 영문(陸地營門). 육군 부대. [원문] 陸營.
40. ᄐᆡ거ᄒᆞ며: 태거(汰去)하며. 쫓아 버리며. 태거(汰去): 잘못이 있거나 필요하지 않은 관원을 가려내어 쫓아 버림. [원문] 汰. 汰: 사치할, 통과할 태.
41. 졍병: 정병(正兵). 잔꾀를 부리지 아니하고 정정당당하게 싸우는 군대. cf. 정병(精兵): 우수하고 강한 군사.
42. 림진ᄃᆡ뎍: 임진대적(臨陣對敵). 전쟁터에 나가서 적과 맞서 겨룸.
43. 슐위: 수레.
44. 버리고: 벌이고. [원문] 列.
45. 젼군: 전군(前軍). 앞장서서 나아가는 군대. [원문] 前隊.
46. ᄎᆡᆨ응ᄒᆞ고: 책응(策應)하고. 계책을 통하여 서로 응하고 돕고.
47. 돌녀맛쵸기: 돌려맞추기. 전술의 일종. [원문] 迴合. 迴: 돌 회.
48. ᄌᆞ약히: 자약(自若)히. 태연자약히. 큰일을 당하여도 놀라지 않고 평상시와 같이 침착하게.
49. 비록 텰환이 비오ᄃᆞᆺ ᄒᆞ고 대포 쇼ᄅᆡ 뢰셩 ᄀᆞᆺ틀지라도: [원문] 彈如雨驟 礮若雷轟. 轟: 울릴 굉.
50. 앏흐로만 갈 쥴 알고 뒤흐로 믈너갈 니 만무ᄒᆞ면: [원문] 有進前 萬無退後.

령의 쥭으믈 졔어ᄒᆞᆯ지라 ᄯᅩ 녯젹의 덕국의 ᄒᆡᆼ군ᄒᆞᆯᄉᆡ 향도관(嚮導官)[51]으로ᄡᅥ 몬져 ᄒᆞ믄 진실노 디리와 도로ᄅᆞᆯ 아지 못ᄒᆞ므로 병법에 가쟝 ᄭᅥ리ᄂᆞᆫ지라[52] 그런고로 군ᄉᆞᄅᆞᆯ 거나리ᄂᆞᆫ 쟝슈 반ᄃᆞ시 산쳔 형셰ᄅᆞᆯ 몬져 ᄉᆡᆲ히ᄂᆞ니 어ᄂᆡ 곳으로 나아가 쇼멸(掃滅)ᄒᆞ며[53] 어ᄂᆡ 곳에 진을 치며 어ᄂᆡ 곳의 복병을 ᄇᆡ치ᄒᆞ며 어ᄂᆡ 곳은 량도(糧道)[54]ᄅᆞᆯ ᄭᅳᆫᄋᆞ 【59ㄴ】 며 어ᄂᆡ 곳의 구원ᄒᆞᄂᆞᆫ 군ᄉᆞᄅᆞᆯ ᄭᅳᆫ흘고[55] ᄒᆞ야 디셰와 뎍졍(敵情)이 쇼연(昭然)ᄒᆞ야[56] 쟝악(掌握) 즁에 잇ᄂᆞᆫ 듯ᄒᆞ야 도형을 그리고 긔록ᄒᆞ야 군즁(軍中) 샹하로 ᄒᆞ야곰 두로 알게 ᄒᆞ야[57] 등쵹(燈燭)[58]ᄀᆞᆺ치 ᄇᆞᆰ게 ᄒᆞ면[59] 그 ᄆᆞ음의 임의 미더오미 잇고 두려올 ᄇᆡ 업ᄂᆞᆫ지라 이런 고로 ᄲᅡ호ᄆᆡ 니긔지 못ᄒᆞ미 업고 뭇지르ᄆᆡ[60] 셩공치 못ᄒᆞ미 업ᄂᆞ니 군ᄉᆞ 거나리ᄂᆞᆫ[61] 법이 일노ᄡᅥ 근본을 ᄉᆞᆷ고 긔계를 ᄆᆡᆫ들며 진법을 련습ᄒᆞ며 군ᄉᆞᄅᆞᆯ 조련ᄒᆞᄂᆞᆫ 거시 오히려 말기(末技)[62]ᄅᆞᆯ ᄉᆞᆷᄂᆞ니 샹고ᄒᆞ건ᄃᆡ 당시의 보국(普國)[63] 군ᄉᆡ 법국(法國)[64]을 파ᄒᆞᆯᄉᆡ 쟝슈와 비쟝(裨將)으로븟허 교졸(校卒)에 밋쳐 사ᄅᆞᆷ마다 몸 【60ㄱ】 의 법국 디도 ᄒᆞᆫ 벌식 진히여 ᄡᅥ 향방을 알게 ᄒᆞ니 므릇 산쳔과 셩읍에 험요(險要)ᄒᆞᆫ[65] 바와 군량 모ᄒᆞᆫ 바와 방슈(防戍)ᄒᆞ미[66] 엄ᄒᆞᆫ 바에 엇던 ᄃᆡᄂᆞᆫ 치기 어렵고 엇던 ᄃᆡᄂᆞᆫ 취ᄒᆞ기 쉬온

---

51. 향도관(嚮導官): 군사를 인솔하고 갈 때 길을 인도하던 벼슬아치. [원문] 鄕導.
52. ᄭᅥ리ᄂᆞᆫ지라: 꺼리는지라. 여기서는 고어 'ᄢᅥ리-'가 'ᄭᅥ리-'로 표기된 것임. ᄢᅥ리다: '꺼리다'의 옛말. [원문] 忌. ¶楊子江 南ᄋᆞᆯ ᄢᅥ리샤 使者ᄅᆞᆯ 보내신ᄃᆞᆯ 七代之王ᄋᆞᆯ 뉘 마ᄀᆞ리잇가(용비어천가 15장). 저품 업스신 行이시니 잇븐 어려우믈 ᄢᅥ리디 아니ᄒᆞ실ᄊᆡ니(법화경언해 6:123). 내 ᄉᆞᆯ오매 기ᄃᆞ로디 말고 잘 쥬션ᄒᆞ야 ᄢᅥ림 업게 ᄌᆞ간ᄒᆞ시소(첩해신어 5:24, 25). 憚 ᄢᅥ리다(동문유해 상33).
53. 쇼멸ᄒᆞ며: 소멸(掃滅)하며. 소멸(掃滅): 싹 쓸어서 없앰. 소탕(掃蕩). [원문] 何處進剿. 剿(=勦): 노곤할, 괴롭힐, 표절할, 겁탈할, 공격할, 끊을 초. cf. 소멸(消滅): 사라져 없어짐.
54. 량도: 양도(糧道). 군량(軍糧)을 나르는 길.
55. ᄭᅳᆫ흘고: 끊을꼬 [원문] 絶.
56. 디셰와 뎍졍이 쇼연ᄒᆞ야: 지세(地勢)와 적정(敵情)이 소연하여. 지리와 적정이 밝아. 소연(昭然)하다: 일이나 이치 따위가 밝고 선명하다. 소소(昭昭)하다. [원문] 瞭.
57. 두로 알게 ᄒᆞ야: 두루 알게 하여. [원문] 周知.
58. 등쵹: 등촉(燈燭). 등불과 촛불을 아울러 이르는 말. ¶셰ᄌᆞ궁 등쵹 비치라(계축일기 127).
59. 등쵹(燈燭)ᄀᆞᆺ치 ᄇᆞᆰ게 ᄒᆞ면: 등촉같이 밝게 하면. [원문] 洞若觀火朗若列眉. 열미(列眉): 두 눈썹이 나란하다는 뜻으로, 명백함을 비유적으로 이르는 말.
60. 뭇지르ᄆᆡ: 무찌르매. 뭇지르다: 무찌르다. ¶뭇지름을 힝치 말며(경신록언해 63). [원문] 剿. 'ᄲᅡ호ᄆᆡ 니긔지 못ᄒᆞ미 업고 뭇지르ᄆᆡ 셩공치 못ᄒᆞ미 업ᄂᆞ니': [원문] 戰無不勝 剿無不克.
61. 거나리ᄂᆞᆫ: 거느리는. ¶領은 거느릴씨라(월인석보 1:13). 거늘인밧 일이(所領, 소학언해 6:42).
62. 말기(末技): 변변치 못한 기술이나 재주. 말예(末藝). 하기(下技). [원문] 末.
63. 보국(普國): '프러시아'(프로이센)의 음역어인 '보로사'(普魯士)의 약칭.
64. 법국(法國): '프랑스'의 음역어인 '法蘭西'의 약칭.
65. 험요(險要): 지세가 험하여 방어하는 데에 중요함. 또는 그런 곳.
66. 방슈: 방수(防戍). 국경을 지킴. [원문] 戍守.

바ᄅᆞᆯ 디도ᄅᆞᆯ 펴ᄆᆡ ᄀᆞᆺ쵸[67] 긔록ᄒᆞ야 임의 흉즁(胸中)의 쇼연ᄒᆞᆫ지라 샹해(上下ㅣ) 일심ᄒᆞ야 ᄆᆞᆺᄎᆞᆷᄂᆡ 큰 공을 일위니 이ᄂᆞᆫ ᄇᆞᆰ히 즁험ᄒᆞᆯ ᄇᆡ라 이졔 쟝슈된 재 군ᄉᆞ 조련ᄒᆞ기를 ᄉᆡᆼ각지 아니ᄒᆞ고 용ᄆᆡᆼ 잇ᄂᆞᆫ 쟈를 쇼모(召募)ᄒᆞ기만[68] 말ᄒᆞ니 그 실샹은 군ᄉᆞ와 용ᄆᆡᆼ 잇ᄂᆞᆫ 재 일홈은 다르ᄃᆡ 사ᄅᆞᆷ은 ᄒᆞᆫ가지라 대뎌 군ᄉᆞᄂᆞᆫ 졍병을 니ᄅᆞ미오 용ᄆᆡᆼ은 긔병을 니ᄅᆞ미라 긔병이 이시면 반ᄃᆞ 【60ㄴ】 시 졍병이 이실 거시오 가히 잠시에 ᄡᅳ며 가히 ᄒᆞᆼ샹 ᄡᅳᆯ 만ᄒᆞ야 셔로 도와 아오로[69] ᄒᆡᆼᄒᆞ여야 비로쇼 셩공ᄒᆞᄂᆞ니 군ᄉᆞ의 강약으로 쟝슈의 우렬이 낫타나ᄂᆞ니 조련ᄒᆞ기를 엄명(嚴明)이 ᄒᆞ며 군량(軍糧)[70]을 족히 ᄒᆞ면 다 가히 쟝슈될 만ᄒᆞ니 무ᄉᆞᆷ 군ᄉᆞ의 용ᄆᆡᆼᄒᆞᆷ을 분간ᄒᆞ리오 총이언지(總而言之)ᄒᆞ면[71] 다ᄉᆞ리ᄂᆞᆫ 법이 잇고 다ᄉᆞ릴 만ᄒᆞᆫ 인ᄌᆡ 이시미 더옥 귀ᄒᆞ니 ᄆᆞᆺ당히 쟝ᄌᆡ(將材)[72]를 삼가 갈ᄒᆡ여 군무ᄉᆞ(軍務事)[73]를 맛지고 슈군 영문과 륙군 영문을 ᄇᆡ셜ᄒᆞ고 갈ᄒᆡ기를 엄히 ᄒᆞ야 삼등(三等)에 난화 ᄇᆡ 부리ᄂᆞᆫ ᄃᆡ 익어 능히 풍운죠화(風雲造化)를 분변ᄒᆞᄂᆞᆫ 쟈도 일등이 되고 【61ㄱ】 륙도삼략(六韜三略)[74]을 졍통ᄒᆞ고 산쳔 형셰를 능히 아ᄂᆞᆫ 쟈도 일등이 되

---

67. ᄀᆞᆺ쵸: 갖추. 고루 있는 대로. 중세형은 'ᄀᆞ초'. ¶보ᄇᆡ옛 莊嚴이며 花香伎樂ᄋᆞᆯ ᄆᆞᅀᆞᆷ 조초 ᄀᆞ초 얻긔 호리라 ᄒᆞ더시니(석보상절 9:10). 아ᄒᆡ 블러 ᄇᆡ와 대초와ᄅᆞᆯ ᄀᆞ초 이받ᄂᆞ다(두시언해 22:3). 갖추: ¶갖추 장만하다 / 학용품을 갖추 준비하다. ᄀᆞ초 > 갖추.
68. 쇼모ᄒᆞ기만: 소모(召募)하기만. 불러 모으기만. 소모(召募): 의병 따위를 불러 모음. ¶의병을 쇼모ᄒᆞ야 뫼화 베 디ᄅᆞ고(동국신속삼강행실도 충1:48).
69. 아오로: 아울러. ¶그 ᄃᆞ린 바 죵 아오로 주기다(동국신속삼강행실도 효6:59).
70. 군량(軍糧): 군대의 양식. [원문] 軍餉.
71. 총이언지(總而言之)ᄒᆞ면: 요컨대. [원문] 總之.
72. 쟝ᄌᆡ: 장재(將材/將才). 장수가 될 만한 훌륭한 인재.
73. 군무ᄉᆞ: 군무사(軍務事). 군대, 군비, 전쟁 따위와 같은 군에 관한 일. [원문] 軍事. '이언'의 원문 '軍事'를 원문대로 직역하지 않고 '군무ᄉᆞ'(軍務事)로 번역하여 당시에 통용하던 표현으로 번역한 것으로 보인다. 이와 달리 제도로서의 '軍務司'가 따로 있었다. cf. 군무사(軍務司): 조선 후기에 통리기무아문과 통리군국사무아문에 속하여 군사에 관한 일을 맡아보던 관아. 고종 17년(1880)에 설치하였다가 21년(1884)에 폐하였다.
74. 륙도삼략: 육도삼략(六韜三略). 중국 병서(兵書). 두 종의 병법서 '육도'(六韜)와 '삼략'(三略)을 말한다. '육도'는 태공망(太公望) 여상(呂尙), '삼략'은 황석공(黃石公)의 찬술(撰述)이라고 전해지는데 병칭(倂稱)하여 '도략서'(韜略書)라고 한다. 모두 후세의 위서(僞書)이지만 송(宋)나라 때의 '무경칠서'(武經七書) 속에 들어 있으며 중국 옛 병법의 교과서로 널리 읽혔다.
'육도'는 주(周)나라 문왕(文王)과 무왕(武王)의 물음에 여상(呂尙)이 경세제민의 술(術)과 부국강병책을 답한 것이며, 제1권은 문도(文韜) 12편, 무도(武韜) 5편, 제2권은 용도(龍韜) 13편, 호도(虎韜) 12편, 제3권은 표도(豹韜) 8편, 견도(犬韜) 10편으로 모두 3권 60편으로 이루어져 있는데 문·무도에서는 치국(治國), 용도는 기변(奇變), 호도는 용맹과단(勇猛果斷), 표도는 기계(奇計), 견도는 돌진(突進)을 주제로 하고 있다.
삼략(三略)은 상략(上略)·중략(中略)·하략(下略)의 3권으로 이루어져 있는데 전략의 기미(機微)를 상·중·하의 셋으로 구분했고, 예상(禮賞)을 두어 간웅(奸雄)을 구별하며, 현자(賢者)를 중용하여 나라의 안위를 살피고, 장수를 다루어 병사를 부리는 길을 밝히고 있다. '삼략'은 사상적으로 노자(老子)

고 용력(勇力)[75]이 과인(過人)ᄒᆞ고 양창대포(洋槍大礮)[76] 쓰기에 공교ᄒᆞᆫ 쟈도 일등이 될 거시니 삼등에 능히 드지 못ᄒᆞᄂᆞᆫ 쟈ᄂᆞᆫ 다 ᄐᆡ거(汰去)ᄒᆞ고 그 과궐(窠闕)[77]에 별노이 쟝뎡(壯丁)을 쇼모(召募)ᄒᆞ야 츙뎡(充定)ᄒᆞ게[78] ᄒᆞ고 염한(鹽漢)이[79]와 어부한(漁夫漢)이[80]며 용ᄆᆡᆼ을 죠하ᄒᆞ고 닷토고 빠홈ᄒᆞ기를 죠하ᄒᆞᄂᆞᆫ 무리를 바리면 다 쁠ᄃᆡ업ᄂᆞᆫ ᄇᆡᆨ셩이 될 거시로ᄃᆡ 가르치면 가히 강병이 될 거시니 군춍(軍摠)[81] 원ᄋᆡᆨ(原額)[82] 즁에 잔피(孱疲)ᄒᆞ고[83] 연약ᄒᆞᆫ 쟈를 ᄐᆡ거(汰去)ᄒᆞ고 두 군ᄉᆞ 먹일 군량을 ᄒᆞᆫ 군ᄉᆞ를 모다 쥬면 ᄒᆞᆫ 군ᄉᆞ의 힘을 졍실(正實)이[84] 어들 거시니 쁠ᄃᆡ업 【61ㄴ】 ᄂᆞᆫ 군ᄉᆞ를 만히 두어 군량만 허비ᄒᆞᄂᆞᆫ ᄃᆡ 비교ᄒᆞ면 그리해 엇더ᄒᆞ랴 록영(綠營)[85] 녯 졔도를 샹고ᄒᆞᄆᆡ 마병(馬兵)은 ᄒᆞᆫ달 료(料)[86]가 두 량이오 보병은 ᄒᆞᆫ량 닷 돈이오 방슈군(防戍軍)[87]은 ᄒᆞᆫ 량을 쥬니 졔 집을 살닐 길이 업ᄉᆞᆯ ᄲᅮᆫ 아니라 졔 일신도 넉넉히 견ᄃᆡ지 못ᄒᆞ니 군춍에 든 재 다 로약

의 영향이 강하고 유가(儒家) · 법가(法家)의 설도 섞여 있다.

75. 용력(勇力): 씩씩한 힘. 또는 뛰어난 역량. [원문] 膂力. 여력(膂力): 완력(腕力). 근육의 힘.

76. 양창대포(洋槍大砲/洋槍大礮): 양총(洋銃)과 대포(大砲). 礮: 돌쇠뇌 포.

77. 과궐(窠闕): 벼슬의 빈자리. 벼슬자리에 결원(缺員)이 생기던 일. 窠: 보금자리 과.

78. 츙뎡ᄒᆞ게: 충정(充定)하게. 정원을 보충하게. 충정(充定): 정원을 보충함. [원문] 補充.

79. 염한(鹽漢/鹽干)이: '염한'(鹽漢/鹽干)을 속되게 이르는 말. [원문] 鹽販.
염한(鹽漢/鹽干): 염전에서 소금을 만들던 사람. 신량역천(身良役賤)으로 신분은 양인이나 역(役)은 천하였다. 염간(鹽干). 장조(匠竈). ¶숯가마 같은 염막, 검덕귀신 같은 염한의 곁에 백설 같은 소금이 두둑같이 쌓여 있는 것이 썩 재미있는 대조를 지었다(최남선, 심춘순례). cf. 신량역천(身良役賤): 〖역사〗 고려·조선 시대에 양인(良人)의 신분으로 천인의 일을 하던 일. 또는 그런 사람. 양인과 천인 사이의 특이한 계급을 이루었다. cf. 간척(干尺): 〖역사〗 조선 시대에 신분은 양인이면서 천인이 하는 일을 생업으로 하던 사람. 봉화를 올리던 봉화간(烽火干), 소금을 만들던 염간(鹽干), 나룻배의 사공이던 진척(津尺), 소를 잡던 화척(禾尺) 따위이다.

80. 어부한(漁夫漢/漁夫干)이: '어부'를 속되게 이르는 말. [원문] 漁戶. ¶항(恒)은 대동강에 숨어서 고기 잡는 어부한이 노릇을 하다가 서투른 솜씨에 탄로가 돼서 어부들에게 송도까지 잡혀 왔으나……(박종화, 다정불심).

81. 군총(軍摠): 〖역사〗 조선 시대에 군대의 정원 규정에 의한 군사의 총수. 번차(番次)에 따라 동원되어 상근하는 인원을 뜻하며, 군액이나 군보(軍保) 따위의 군적에 있는 모든 인원과는 구분하여 썼다.

82. 원ᄋᆡᆨ: 원액(元額/原額). 본디의 액수. '군춍 원ᄋᆡᆨ': [원문] 額兵.

83. 잔피(孱疲)ᄒᆞ고: 잔피하고. 잔피하다: 아주 잔약(孱弱)하여 골골하다. [원문] 疲. '잔피ᄒᆞ고 연약ᄒᆞᆫ 쟈': [원문] 疲弱者. cf. 창피(猖披): 체면 깎이거나 아니꼬운 일을 당함. 또는 그에 대한 부끄러움.

84. 졍실이: 정실(正實/精實)히. 정실(正實)하다: 참되고 올바르다. 정실(精實)하다: 꼼꼼하고 참되다. 낟알 따위가 몽글고 옹골차다.

85. 록영: 녹영(綠營). 〖역사〗 중국 청나라의 상비군인 녹기(綠旗)의 군영(軍營). 녹기영. 청나라 군사의 근간이던 팔기(八旗)가 수적으로 적어 이를 보충하기 위하여 조직한 것이다.

86. 료: 요(料). 〖역사〗 ① 잡직(雜職), 각 군문(軍門)이나 아문(衙門)의 장교(將校), 역원(役員) 및 그 밖의 구실아치들에게 주던 급료. 사맹삭(四孟朔: 1, 4, 7, 10월의 초하루)에 쌀이나 콩, 보리, 무명, 돈 따위로 주었다. ② 하인들에게 급료로 주던 곡식. cf. 요미(料米).

87. 방슈군: 방수군(防戍軍). 국경을 지키는 군사. cf. 위수(衛戍). 방수(防守).

(老弱)과 물외지ᄇᆡ(無賴之輩)[88]오 건쟝ᄒᆞ고 무예 잇ᄂᆞᆫ 재 업ᄉᆞ며 태평ᄒᆞᆫ 지 오ᄅᆡ여 싸홈을 격거 보지 못ᄒᆞ야시ᄆᆡ 혹 군안[89]에 허록(虛錄)[90]도 이시며 혹 남은 군ᄉᆞ로 구ᄎᆞ히 츙수(充數)ᄒᆞ니 군ᄉᆞ 항오(行伍)에 ᄒᆡ이ᄒᆞ미 오ᄅᆡ여 폐단이 졀노 되미라 급히 교양(教養)ᄒᆞ야 항오를 다시 정데(整齊)히 ᄒᆞ며 영문을 일 【62ㄱ】 신(一新)ᄒᆞ게 아니ᄒᆞ랴 각 영문의셔 쓰ᄂᆞᆫ바 군량이며 군장(軍裝) 졔구(諸具)와 양창대포와 화약 등물을 진실노 부족히 못ᄒᆞᆯ 거시오 ᄯᅩ 완완이[91] ᄒᆞ지 못ᄒᆞᆯ 거시니 ᄆᆞᆺ당히 각 ᄉᆡᆼ(省)의 군량 받ᄂᆞᆫ 돈ᄃᆡ(墩臺)[92]를 셰우고 관원을 분파ᄒᆞ야 쥬관ᄒᆞ게 ᄒᆞ고 ᄆᆡ삭(每朔)에 용도를 넉넉히 ᄒᆞᄃᆡ 영문에 맛져[93] 져의ᄃᆞ려 거ᄒᆡᆼᄒᆞ게 말면 수효를 감ᄒᆞ고 나이(挪移)ᄒᆞ야[94] 쓰며 샹하(上下)로 롱간(弄奸)ᄒᆞᄂᆞᆫ 폐단을 거의 면ᄒᆞᆯ 거시오 온ᄀᆞᆺ 교련(教鍊)ᄒᆞᄂᆞᆫ 법을 ᄆᆞᆺ당히 젼의 쓰던 법을 의방(依倣)ᄒᆞ야[95] 온당ᄒᆞ게 법을 뎡ᄒᆞᆫ 후에 무시(無時)로 교련ᄒᆞ게 ᄒᆞ며 샹고ᄒᆞ건ᄃᆡ 영국(英國)의 셔장관(書狀官)[96]과 군ᄉᆞ의 호령(號令)[97]은 십쟝 【62ㄴ】 군(十將軍)을 보와 ᄒᆡᆼᄒᆞ며 십쟝군의 호령은 대쟝군(大將軍)을 보와 ᄒᆡᆼᄒᆞ야 ᄎᆞ례로 젼ᄒᆞ야 엄명(嚴明)이[98] ᄒᆞ고 일졔히 ᄒᆞ며 쟝군이 ᄯᆡ로 각쳐(各處)[99]의 슌ᄒᆡᆼᄒᆞ야 그 근만(勤慢)[100]을 샹고ᄒᆞ고 영국 쟝ᄉᆡ(將士ㅣ) 평시(平時)의ᄂᆞᆫ 만히 녯 병법을 ᄇᆡ호게 ᄒᆞ야 도략관(韜略館)[병법 ᄇᆡ호ᄂᆞᆫ 곳이라] ᄉᆞ(四) 쳐소를 셜시(設施)ᄒᆞ여시니[101] 그 뎨일 큰 쟈ᄂᆞᆫ 영국 륜도셩(倫都城) 화립(和立)[102][영국 도셩 디명]에 잇고 버거ᄂᆞᆫ 각쳐 디방에 난화 두고 ᄯᅩ 무셔원(武

---

88. 물외지ᄇᆡ: 무뢰지배(無賴之輩). 무뢰배. 성품이 막되어 예의와 염치를 모르며, 일정한 소속이나 직업이 없이 불량한 짓을 하며 돌아다니는 사람들의 무리. [원문] 無聊之輩. 무료(無聊): ① 흥미 있는 일이 없어 심심하고 지루함. ② 부끄럽고 열없음. '이언' 4:45ㄱ, 51ㄱ에는 '무뢰ᄇᆡ'(無賴輩)도 나온다.
89. 군안(軍案): 군인의 소속과 신원을 적어 놓은 명부. 군적(軍籍). [원문] 舊額.
90. 허록(虛錄): 거짓으로 꾸며 기록함. 또는 그 기록.
91. 완완이: 완완(緩緩)히. 느릿느릿하게. ¶緩 완완이(한청문감 6:43).
92. 돈ᄃᆡ: 돈대(墩臺). 평지보다 높직하게 두드러진 평평한 땅. '군량 받ᄂᆞᆫ 돈ᄃᆡ': [원문] 糧臺.
93. 맛져: 맡기어. ¶가ᄉᆞ를 ᄂᆞᆫ화 맛져 ᄆᆞ릇 농ᄉᆞ와(오륜행실도 4:52).
94. 나이(挪移/梛移/那移): 돈이나 물건을 잠시 둘러댐. [원문] 挪移.
95. 의방(依倣): 남의 것을 모방하여 본받음.
96. 셔장관: 서장관(書狀官). 외국에 보내는 사신 가운데 기록을 맡아보던 임시 벼슬. 정사(正使)·부사(副使)와 함께 삼사(三使)로 불리며, 직위는 낮지만 행대(行臺) 어사를 겸하였다.
97. 호령(號令): 지휘하여 명령하는 것. 또는 그 명령.
98. 엄명이: 엄명(嚴明)히. 엄명(嚴明)하다: 엄격하고 명백하다. [원문] 嚴明. cf. 엄명(嚴命): 엄격한 명령.
99. 각쳐: 각처(各處). [원문] 各部.
100. 근만(勤慢): 부지런함과 게으름. 근태(勤怠).
101. 셜시: 설시(設施). [원문] 設立.
102. 륜도셩 화립: 윤도성(倫都城) 화립(和立). '윤도성'은 '런던'(London)의 음역어로 '런던'은 '倫敦'으로도 표기된다. '화립'은 런던 남동부 지역의 'Woolwich'로 이 지역에는 1741년에 설립된 '왕립사관학

書院[병셔 닉이ᄂᆞᆫ 곳이라]이 이시며 영문에 ᄆᆡ인 의원과 쟝ᄉᆡᆨ(匠色)103이며 쟝관과 군ᄉᆡ 다 그 가온ᄃᆡ 잇고 므릇 무반(武班) 벼슬은 다 도략관으로 좃ᄎᆞ 나며 쟝관과 군병의 기예(技藝) 공부(工夫)ᄒᆞᄂᆞᆫ 거ᄉᆞᆫ 다 무셔원으로 좃【63ㄱ】ᄎᆞ 나며 군쟝 복ᄉᆡᆨ은 ᄒᆞᆫ갈ᄀᆞᆺ치 션명(鮮明)ᄒᆞ고 군긔(軍器)104ᄂᆞᆫ 다 견고ᄒᆞ고 리(利)ᄒᆞ게 ᄒᆞᄃᆡ105 즁국에셔ᄂᆞᆫ 일즉 이런 계교를 아니ᄒᆞ니 이런 법으로 군ᄉᆞ를 가ᄅᆞ치고져 아니ᄒᆞᄂᆞᆫ ᄃᆞᆺᄒᆞᆫ지라 일즉 보ᄆᆡ 군ᄉᆞ 항오에 잇ᄂᆞᆫ 재 복ᄉᆡᆨ이 더럽고 ᄒᆡ여지며 긔계106가 동록(銅綠)107 슬고 셕으니108 평일(平日)109에 의례이 항오를 버릴 젹의도 오히려 보기에 부족ᄒᆞ니 일죠(一朝)에 림진ᄃᆡ뎍(臨陳對敵)ᄒᆞ면 족히 무예를 쓰지 못ᄒᆞ고 군ᄉᆞ 형용이 졍졔치 못ᄒᆞ니 유식ᄒᆞᆫ 재 근심ᄒᆞᄂᆞᆫ지라 이졔 텬하 뎡ᄒᆞ기를 군공(軍功)110으로 ᄒᆞ고 텬하 다ᄉᆞ리기를 문명(文命)111과 덕교(德敎)112로 ᄒᆞ니 태평ᄒᆞᆫ 셰샹의 쳐ᄒᆞ야【63ㄴ】무비(武備)를 한만(閑漫/汗漫)이113 쓰면 ᄆᆞᆺᄎᆞᆷᄂᆡ 화란(禍亂)114을 지어ᄂᆡᄂᆞᆫ 계뎨(階梯)115 될 거시오 빠홈ᄒᆞᆯ 셰샹을 당ᄒᆞ야 문치(文治)만 슝샹ᄒᆞ면 ᄯᅩᄒᆞᆫ 위ᄐᆡᄒᆞ고 망ᄒᆞᆯ 증죄(徵兆ㅣ)116 될지라 대뎌 유도(儒道)로

교'(Royal Military Academy, RMA)가 있었다. 'Woolwich'[wʊlɪtʃ]는 현대 중국 표기로는 '伍爾維奇'라고 적는데 '和立'은 'Woolwich'의 ch 부분을 반영하지 않은 표기로 보인다. 이 사관학교는 윈스턴 처칠 등 유명 지도자를 배출하고 1939년까지 존속되었다가 제2차 세계대전 후 1947년에 Sandhurst에서 새로 개교한 Royal Military Academy Sandhurst(RMAS)로 계속 이어지고 있다.

103. 쟝ᄉᆡᆨ: 장색(匠色). 손으로 물건을 만드는 일을 업으로 하는 사람.

104. 군긔: 군기(軍器). 전쟁에 쓰는 도구나 기구. 무기(武器). 병구(兵具). 병기(兵器). ¶장군은 장인들을 불러 활과 창과 칼을 더욱 만들어 군기를 풍부하게 보급하도록 하고……(박종화, 임진왜란).

105. 리ᄒᆞ게 ᄒᆞᄃᆡ: 이(利)하게 하되. 날카롭게(예리하게) 하되.

106. 긔계: 기계(機械). '병기'(兵器)의 옛말. ¶ᄆᆞᆯ ᄐᆞᆫ 군ᄉᆡ ᄆᆞᆯ게 오ᄅᆞ며 거ᄅᆞᆫ 군ᄉᆡ 긔계를 자브라(연병지남 5). 거ᄅᆞᆫ 군ᄉᆞᄂᆞᆫ 긔계를 자바 수ᄅᆡ예 븟ᄃᆞᆺ고(연병지남 20, 21). [원문] 槍械.

107. 동록(銅綠): 구리의 표면에 녹이 슬어 생기는 푸른빛의 물질. 녹(綠).

108. 셕으니: 썩으니. 석다: '썩다'의 옛말. ¶수읈 毒氣 이 사ᄅᆞᄆᆡ 챵ᄌᆞ를 석게 ᄒᆞᆯ가 저헤니(구급방언해 하77). 더러본 서근 내를 ᄀᆞ리ᄫᅧ며(월인석보 18:39). 腐 서글 부(훈몽자회 하6).

109. 평일(平日): 평일. 평시. [원문] 平時.

110. 군공(軍功): 군사상의 공적. [원문] 武功.

111. 문명(文命): ① 학문을 덕으로 가르침. ② 임금이 문덕(文德)으로 교명(敎命)을 함.

112. 덕교(德敎): 도덕으로써 사람을 착한 길로 이끄는 가르침. ¶내가 부덕한 몸으로 한 나라의 신민의 위에 임하여 비록 덕교가 백성에게 미친 것이 없으나……(번역 태종실록). '문명(文命)과 덕교(德敎)': [원문] 文德.

113. 한만(閑漫/汗漫)이: 한만히. 태만히. 되는 대로 내버려 두고 등한하게. 앞의 1:14ㄴ '한만히', 3:7ㄴ '한만이'의 주석 참고. '무비를 한만이 쓰면': 군비 갖추는 일을 태만히 하면. [원문] 黷武. 黷: 더럽힐, 욕되게 할, 업신여길 독.

114. 화란(禍亂): 재앙과 난리를 통틀어 이르는 말.

115. 계뎨: 계제(階梯). 어떤 일을 할 수 있게 된 형편이나 기회. 진량(津梁).

116. 증죄: 증조(徵兆) + ㅣ. 징조(徵兆): 어떤 일이 생길 기미. 예징(豫徵). 전조(前兆). 조징(兆徵). [원문] 漸. 漸: 조짐, 경향 점.

텬하를 다ᄉᆞ리고 농ᄉᆞ로 텬하를 기르고 쟝식과 샹고(商賈)로 텬하를 넉넉히 ᄒᆞᄆᆡ 군ᄉᆞ로 텬하를 호위ᄒᆞ미 업ᄉᆞ면 능히 하로를 편히 잇지 못ᄒᆞ려든 ᄒᆞ믈며 ᄂᆡ외에 우환이 잇셔[117] 위ᄐᆡᄒᆞ미 셥흘 지고 불노 드러가ᄂᆞᆫ 것과 ᄀᆞᆺ틀 ᄯᆡ라[118] 아국 군안(軍案)[119]을 샹고ᄒᆞ니 만쥬(滿洲)[녀진국을 니ᄅᆞ미라]의 갑옷 닙은 션봉과 호군(護軍)[120]의 날ᄂᆡᆫ 긔ᄉᆞ(騎士)와 포교(捕校)[121]와 슌라(巡邏)[122]와 보군(步軍) 영문에 군ᄉᆡ 십이만이오 록영(綠營)[123]과 근예영(健銳營)[124] 【64ㄱ】 과 화긔영(火器營)[125][모다 영문 일홈]이 삼만이오 신긔영(神機營)[126][영문 일홈]은 날ᄂᆡᆫ 군ᄉᆞ를 ᄲᅢ[127] 두니 군ᄉᆞ 수회(數爻ㅣ) 한당송(漢唐宋)이며 원나라(元) 명나라(明)의 비교ᄒᆞ면 심히 젹은 ᄇᆡ 아니오 팔긔(八旂)[128][여덟 가지 긔를 ᄆᆡᆫᄃᆞ라 군병을 난화 다ᄉᆞ리ᄂᆞᆫ 졔되라] 법졔에 군ᄉᆞ를 ᄇᆡᆨ셩의게 붓쳐시니 그 법이 본ᄅᆡ 죠흐ᄃᆡ 태평ᄒᆞᆫ 지 오ᄅᆡᄆᆡ 예긔(銳氣) 쇼삭(消索/銷鑠)[129]ᄒᆞ야 유명무실ᄒᆞ게 되니 이졔 강ᄒᆞ게 ᄒᆞ야 효험이 잇게 ᄒᆞᆯ진ᄃᆡ ᄆᆞᆺ당히 경영문(京營門)[130]과 만쥬와 한인의 군정(軍政)을 총리(總理)ᄒᆞᄂᆞᆫ 영문을 ᄇᆡ셜ᄒᆞ고 왕패ᄌᆞ(王貝子)[131][친왕을 니ᄅᆞ미라]로 거

---

117. ᄂᆡ외에 우환이 잇셔: 내외(內外)에 우환(憂患)이 있어. 내우외환이 있어. [원문] 外患內憂.

118. 셥흘 지고 불노 드러가ᄂᆞᆫ 것과 ᄀᆞᆺ틀 ᄯᆡ라: 섶을 지고 불로 들어가는 것과 같을 때라. [원문] 積薪厝火之時乎. cf. 厝之積薪之下 〈漢書〉. 厝: 둘 조(措와 同字). 섞일 착. 섶: 잎나무, 풋나무, 물거리 따위의 땔나무를 통틀어 이르는 말. '섶을 지고 불로 들어가려 한다': 당장에 불이 붙을 섶을 지고 불 속으로 뛰어든다는 뜻으로, 앞뒤 가리지 못하고 미련하게 행동함을 놀림조로 이르는 말.

119. 군안(軍案): 군적(軍籍). [원문] 兵額. 병액(兵額): 군액(軍額). ① 나라의 일에 쓸 인부의 수효. ② 군인의 숫자. ③ 군대에서 쓸 곡식의 양.

120. 호군(護軍): 조선 시대에 오위(五衛)에 속한 정사품 벼슬. 현직(現職)이 아닌 정사품의 무관이나 음관(蔭官) 가운데에서 임명하였다.

121. 포교(捕校): 포도부장(捕盜部將). 조선 시대에 포도청에 속하여 범죄자를 잡아들이거나 다스리는 일을 맡아보던 벼슬아치. 포도종사관의 아래이다.

122. 슌라: 순라(巡邏). 도둑, 화재 등을 경계하기 위해 밤에 사람의 통행을 감시하던 군졸.

123. 록영: 녹영(綠營). 중국 청나라의 상비군인 녹기(綠旗)의 군영(軍營). 청나라 군사의 근간이던 팔기(八旗)가 수적으로 적어 이를 보충하기 위하여 조직한 것이다. 녹기영. [원문] 綠營.

124. 근예영: 건예영(健銳營). 특수 임무를 위해 편성한 정예부대. [원문] 健銳.

125. 화긔영: 화기영(火器營). 중화기로 무장한 부대. [원문] 火器.

126. 신긔영: 신기영(神機營). 기동성이 있는 특수부대. [원문] 神機.

127. ᄲᅢ: 빼어. 뽑아. ᄲᆡ다: '빼다, 뽑다'의 옛말.

128. 팔긔: 팔기(八旂/八旗). 청나라에서 17세기 초부터 설치한 씨족제에 입각한 군사·행정제도. 8종류의 기(旗: 황·백·홍·남색과 각 색에 선을 두른 것과 안 두른 것)에 의하여 편성한 데서 유래한 명칭이며, 이 제도하에 있던 사람들을 기인(旗人)이라고 하였다. [원문] 八旂. 여기의 원문은 '八旂'이고 뒤의 4:1ㄴ '팔긔'의 원문은 '八旗'로 동의 관계이다. 旂: 용무늬를 그린 제후의 깃발. 旗: 곰과 범을 그린 붉은 깃발.

129. 쇼삭: 소삭(消索/銷鑠). 소진(消盡). 다하여 없어짐. [원문] 銷.

130. 경영문(京營門): 수도를 방어하는 부대. 조선 시대에, 서울에 있던 훈련도감, 금위영, 어영청, 총융청, 용호영, 수어청을 통틀어 이르는 말. 경영(京營). [원문] 京營.

ᄂᆞ리게 ᄒᆞ며 참찬(參贊)[132] 융졍(戎政)[133][군졍을 참예ᄒᆞ야 다ᄉᆞ리ᄂᆞᆫ 관원이라] ᄒᆞᆫ 관원을 셜시ᄒᆞᄃᆡ 츙훈(忠勛)[134]과 위망(威望)[135] 잇ᄂᆞᆫ 한인(漢人) 즁에 대신(大臣)으【64ㄴ】로 당(當)ᄒᆞ게 ᄒᆞ고 군무ᄉᆞ를 젼쥬(專主)ᄒᆞ야 맛지며 통령(統領) 통ᄃᆡ(統帶)[다 군ᄉᆞ 거ᄂᆞ리ᄂᆞᆫ 장관]ᄂᆞᆫ 만쥬와 한인 즁에 능ᄒᆞᆫ 관원을 셧거 쓰며 록영의ᄂᆞᆫ 모로미 칠만 명 수효를 츙수ᄒᆞ야 ᄡᅧ로 교련ᄒᆞ기를 힘ᄡᅥ ᄒᆞ고 만영(滿營)[만쥬 군ᄉᆞ 두ᄂᆞᆫ 영문]은 국초(國初)에 팔만 명 두든 녯 법을 회복ᄒᆞ야 반ᄃᆞ시 졍히 ᄲᆞᆫ[136] 연후에 영문에 드리고[137] 이외에ᄂᆞᆫ 졍예ᄒᆞᆫ 군ᄉᆞ를 갈희여 실샹이 잇ᄂᆞᆫ 군ᄉᆞ에 츙수ᄒᆞ게 ᄒᆞ고 로약ᄒᆞᆫ 군ᄉᆞ를 ᄐᆡ거ᄒᆞ야 둔뎐(屯田)[군ᄉᆞᄅᆞᆯ 둔치고 밧 갈게 ᄒᆞᄂᆞᆫ 법이라]에 츙수ᄒᆞ게 ᄒᆞᄃᆡ 영문졔도ᄂᆞᆫ 샹회(湘淮)[138]와 ᄒᆞᆫ갈ᄀᆞᆺ치 마련ᄒᆞ고 군ᄉᆞ 쓰ᄂᆞᆫ 법은 각각 셔국법(西國法)을 준ᄒᆡᆼ(遵行)ᄒᆞ야 샹벌을 반ᄃᆞ시 밋【65ㄱ】브게[139] ᄒᆞ고 가ᄅᆞ치고 기르ᄂᆞᆫ 법을 겸ᄒᆞ야 베플며 우리
황샹(皇上)[140]이 다시 크게 열무(閱武)ᄒᆞᄂᆞᆫ[141] 법뎐을 거ᄒᆡᆼᄒᆞ샤 군ᄉᆞ의 긔운을 격동ᄒᆞ며 군ᄉᆞ의 형용을 엄슉히 ᄒᆞ며 무변(武弁)[142]과 군ᄉᆞᄅᆞᆯ 쳔히 보지 말며 문무ᄅᆞᆯ 등분 잇게 말고 군량을 더ᄒᆞ야 의식지ᄌᆞᄒᆞ게[143] ᄒᆞ고 쟝ᄌᆡ(將材)ᄅᆞᆯ 극ᄐᆡᆨ(極擇)ᄒᆞ야[144] 셩공ᄒᆞ기ᄅᆞᆯ 젼일(專一)ᄒᆞ게[145] ᄒᆞ며 군ᄉᆞ의 둔(屯)[146]을 셰워 오ᄅᆡ 견ᄃᆡ며 황무ᄒᆞᆫ ᄯᅡᄒᆞᆯ 기쳑ᄒᆞ고 ᄒᆡ

---

131. 왕패ᄌᆞ: 왕패자(王貝子). 친왕(親王). 황제의 아들이나 형제. 패자(貝子): 청나라 때 패륵(貝勒)의 아들. 패륵(貝勒): 여진에서 관장(官長)이나 부장(部長)의 칭호.
132. 참찬(參贊): 조선 시대에 의정부에 속한 정이품 벼슬. 좌참찬과 우참찬이 각각 한 명씩 있었다.
133. 융졍: 융정(戎政). 군사에 관한 정치. 군정(軍政).
134. 츙훈: 충훈(忠勛/忠勳): 충성을 다하여 세운 공로. 충공(忠功). 勛: 공훈. '勳'의 고자(古字). [원문] 忠勛.
135. 위망(威望): 위세와 명망을 아울러 이르는 말.
136. ᄲᆞᆫ: 뺀. 뽑은. ¶온갓 글귀 ᄲᅡ 사긴 거시라(百聯抄解 1).
137. 영문에 드리고: 영문(營門)에 들이고. [원문] 入營.
138. 샹회: 상회(湘淮). 상(湘) 강과 회(淮) 강. 또는 두 강이 흐르는 지역. 湘: 강이름, 땅이름 상. 광서성(廣西省) 흥안현(興安縣)에서 발원하여 호남성(湖南省) 동정호(洞庭湖)로 흘러들어가는 강. 호남성(湖南省) 장사부(長沙府)의 옛 이름. 호남성의 약칭.
淮: 강이름 회. 하남성 동백산에서 발원하여 안휘성, 강소성을 거쳐 황하로 흘러드는 강.
139. 밋브게: 미쁘게. 믿음성 있게.
140. 황샹: 황상(皇上). 현재 살아서 나라를 다스리고 있는 황제(皇帝)를 이르는 말. '이언'의 원본에서는 '황샹'이 존귀자이므로 존귀자 관련어에 대해 줄을 바꾸어 맨 앞으로 올려놓는 줄바꿈법[대두법(擡頭法)]에 따라 줄을 바꾸어 맨 앞으로 올려놓았다. '이언'에는 이렇게 존귀자에 대한 줄바꿈법이 '셔4ㄴ(광셔), 2:57ㄱ(셩텬ᄌᆞ), 3:45ㄱ(황샹), 3:65ㄱ(황샹)'에 각각 나타난다.
141. 열무(閱武): 임금이 몸소 군대를 사열함.
142. 무변(武弁): 무관(武官).
143. 의식지ᄌᆞ: 의식지자(衣食之資). 생활에 필요한 옷과 음식을 만들기 위한 자료. [원문] 資其衣食.
144. 극ᄐᆡᆨᄒᆞ야: 극택(極擇)하여. 매우 정밀하게 잘 골라 뽑아.
145. 젼일: 전일(專一). 마음과 힘을 모아 오직 한 곳에만 씀.

ᄌᆞ(垓字)[147]ᄅᆞᆯ 아올나[148] 방슈ᄒᆞ기ᄅᆞᆯ 합ᄒᆞ게 ᄒᆞ고 슈군을 훈련ᄒᆞ야 바다에 방슈ᄒᆞ기ᄅᆞᆯ 쥰비ᄒᆞ며 륜션(輪船)[149]을 지어 슈젼(水戰)ᄒᆞᄂᆞᆫ[150] 법을 【65ㄴ】 련습ᄒᆞᄃᆡ 경리(經理)ᄒᆞᆯ[151] 사ᄅᆞᆷ을 어드면 실샹 효험을 거둘지라 군ᄉᆞᄅᆞᆯ 강ᄒᆞ게 ᄒᆞᄂᆞᆫ 묘리 ᄆᆞᆺ당히 이 밧긔 업ᄉᆞ니 ᄌᆡ샹지인[152]은 극히 도모ᄒᆞᆯ진져

이언 권지삼 죵(終)

---

146. 둔(屯): 군사 주둔지. 많은 사람이 떼를 지어 모이는 일. 또는 모인 곳.
147. ᄒᆡᄌᆞ(垓字): 해자(垓字). 성 주위에 둘러 판 못. ¶깁흔 ᄒᆡᄌᆞ 놉흔 담 ᄊᆞ고(三譯總解 8:20).
148. 아올나: 아울러.
149. 륜션: 윤선(輪船). 증기 기관의 동력으로 움직이는 배를 통틀어 이르는 말. 기선(汽船). 화륜선. [원문] 輪舶.
150. 슈젼: 수전(水戰). [원문] 海戰.
151. 경리(經理): 일을 경영하고 관리함.
152. ᄌᆡ샹지인: 재상지인(在上之人). 통치자. [원문] 執政官.

권지ᄉᆞ

卷之四

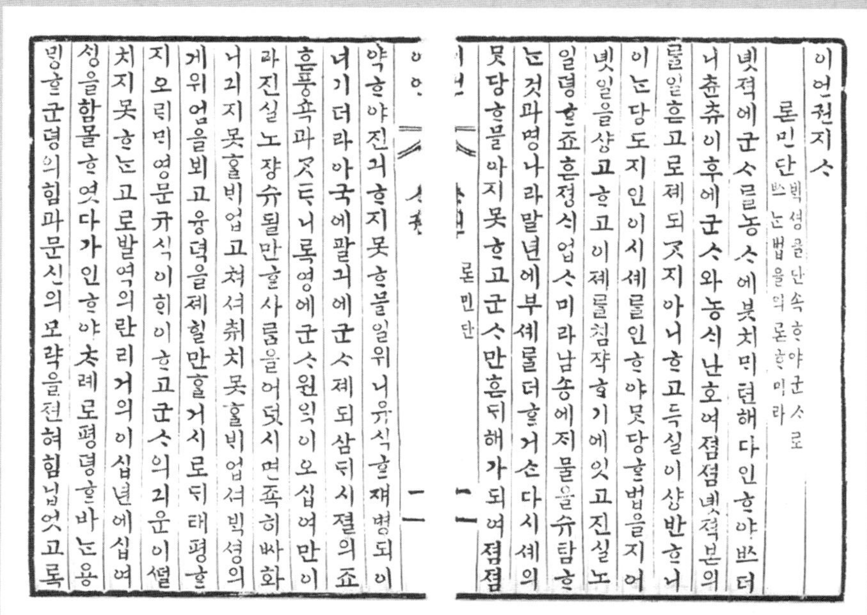

이언권지ᄉᆞ

론민단 ᄇᆡᆨ셩을단속ᄒᆞ야군ᄉᆞ로ᄡᅳᄂᆞᆫ법을의론ᄒᆞᆷ이라

녯적에군ᄉᆞ를농ᄉᆞ에붓치미뎐해다인ᄒᆞ야ᄡᅳ더
니츈츄이후에군ᄉᆞ와농ᄉᆞ난호여졈졈녯적본의
를일흠고로졔되ᄌᆞᆺ지아니ᄒᆞ고득실이샹반ᄒᆞ니
이ᄂᆞᆫ당도지인이시셰를인ᄒᆞ야맛당ᄒᆞᆫ법을지어
녯일을샹고ᄒᆞ고이졔를짐작ᄒᆞ기에잇고진실노
일뎡ᄒᆞᆫ죠흔졍식업ᄉᆞ미라남송에졔물을슈탐ᄒᆞ
ᄂᆞᆫ것과명나라말년에부셰를더ᄒᆞᆫ거ᄉᆞᆫ다시셰의
맛당ᄒᆞ믈아지못ᄒᆞ고군ᄉᆞ만흔되해가되여졈졈
약ᄒᆞ야진긔ᄒᆞ지못ᄒᆞᄆᆞᆯ일위니유식ᄒᆞᆫ재병되이
너기더라아국에팔긔에군ᄉᆞ졔되삼ᄃᆡ시졀의죠
흔풍쇽과ᄀᆞᆺᄐᆞ니록영에군ᄉᆞ원익이오십여만이
라진실노장슈될만ᄒᆞᆫ사ᄅᆞᆷ을어덧시면족히ᄡᅡ화
니긔지못ᄒᆞᆯ비업고쳐셔취치못ᄒᆞᆯ비업셔ᄇᆡᆨ셩의
게위엄을뵈고웅뎍을졔힐만ᄒᆞᆯ거시로되태평ᄒᆞᆫ
지오리미영문규식이히이ᄒᆞ고군ᄉᆞ의긔운이셜
치지못ᄒᆞᄂᆞᆫ고로발역의란리거의이십년에십여
셩을함몰ᄒᆞ엿다가인ᄒᆞ야ᄎᆡ례로평뎡ᄒᆞᆫ바ᄂᆞᆫ용
밍ᄒᆞᆫ군뎡의힘과문신의모략을젼혀힘닙엇고로

론 민단(論民團)[1]

[ᄇᆡᆨ셩을 단속ᄒᆞ야 군ᄉᆞ로 ᄡᅳᄂᆞᆫ 법을 의론ᄒᆞ미라]

녯적에 군ᄉᆞ를 농ᄉᆞ에 붓치ᄆᆡ[2] 텬해(天下ㅣ)[3] 다 인ᄒᆞ야 ᄡᅳ더니 츈츄(春秋) 이후에 군ᄉᆞ와 농ᄉᆡ 난호여 점점 녯적 본의(本意)를 일흔 고로 졔되(制度ㅣ) ᄀᆞᆺ지 아니ᄒᆞ고 득실이 샹반(相反)ᄒᆞ니 이는 당도지인(當道之人)[4]이 시셰[5]를 인ᄒᆞ야 ᄆᆞᆺ당ᄒᆞᆫ 법을 지어 녯 일을 샹고(詳考)ᄒᆞ고 이졔를 침쟉ᄒᆞ기에[6] 잇고 진실노 일뎡ᄒᆞᆫ 죠흔 졍ᄉᆡ(政事ㅣ) 업ᄉᆞ미라 남송(南宋)에 ᄌᆡ물을 슈탐(搜探)ᄒᆞᄂᆞᆫ[7] 것과 명나라 말년에 부셰(負稅)를 더ᄒᆞᆫ 거슨 다 시셰의 ᄆᆞᆺ당ᄒᆞ믈 아지 못ᄒᆞ고 군ᄉᆞ 만ᄒᆞᆫ ᄃᆡ[8] 해(害)가 되여 점점 【1ㄴ】 약ᄒᆞ야 진긔(振氣)ᄒᆞ지[9] 못ᄒᆞ믈 일위니[10] 유식ᄒᆞᆫ 재(者ㅣ) 병(病)되이 너기더라 아국[11]에 팔긔(八旗)[12]에 군ᄉᆞ 졔되(制度ㅣ) 삼ᄃᆡ(三代) 시졀의 죠흔 풍쇽과 ᄀᆞᆺᄐᆞ니 록영(綠營)[13]에 군ᄉᆞ 원ᄋᆡᆨ

---

1. 민단(民團): 지방의 백성이 서로 단결하여 군사 훈련을 하며 도적을 방비하는 단체.
2. 붓치ᄆᆡ: 붙이매. (농사를) 짓게 하매.
3. 텬해: 텬하(天下) + ㅣ(주격).
4. 당도지인(當道之人/當塗之人): 나라 일을 맡아보는 사람, 당국자, 관리. [원문] 當軸者.
   당도(當塗/當途): 정권을 잡음, 중요한 위치에 있음. 때를 만남. 출세함.
   당축(當軸): 나라의 일을 맡아봄. 어떤 지위에서 어떤 일을 담당함. 당국(當局).
5. 시셰: 시세(時勢). 그 당시의 형세나 세상의 형편.
6. 침쟉ᄒᆞ기에: 침작하기에. 짐작하기에. '침작'은 '짐작'(斟酌)의 원말.
7. 슈탐: 수탐(搜探). 무엇을 알아내거나 찾기 위하여 조사하거나 엿봄. 수토(搜討). ¶머리를 깎은 사람이나 평복이라도 짧게 입은 사람은 대개 혁명당의 혐의를 받아서 특별한 수탐을 당하므로……(한용운, 黑風). [원문] 括. 括: 묶을, 단속할 괄.
8. 군ᄉᆞ 만ᄒᆞᆫ ᄃᆡ: 군사 많은 것에.
9. 진긔ᄒᆞ지: 진기(振氣)하지. 기운을 떨쳐 일어나지.
10. 일위니: 이루니. '일위다'는 '셔4ㄴ' 주석 70과 II. 해제. 4.1 (25)항 논의 참고.
11. 아국(我國): 우리 왕조. 우리나라. [원문] 我朝.
12. 팔긔: 팔기(八旗/八旂). 청나라 때에 군대를 기(旗)의 빛깔에 따라 여덟으로 나눈 병제(兵制). 처음에 만주족으로 조직하였다가 태종 때에 몽골족, 한족으로 확대하여 24기로 만들었다. [원문] 八旗. 앞의 3:64ㄱ '팔긔' 주석 128 참고.
13. 록영: 녹영(綠營). 중국 청나라의 상비군인 녹기(綠旗)의 군영(軍營). 청나라 군사의 근간이던 팔기(八旗)가 수적으로 적어 이를 보충하기 위하여 조직한 것이다.

(原額)[14]이 오십여 만이라 진실노 쟝슈될 만ᄒᆞᆫ 사ᄅᆞᆷ을 어덧시면 죡히 빠화 니긔지 못ᄒᆞᆯ ᄇᆡ 업고 쳐서 취(取)치 못ᄒᆞᆯ ᄇᆡ 업셔 ᄇᆡᆨ셩의게 위엄을 뵈고 융뎍[15]을 졔힐[16] 만ᄒᆞᆯ 거시로ᄃᆡ 태평ᄒᆞᆫ 지 오ᄅᆡ미 영문규식(營門規式)[17]이 ᄒᆡ이ᄒᆞ고[18] 군ᄉᆞ의 긔운이 썰치지 못ᄒᆞᄂᆞᆫ 고로 발역(髮逆)[19]의 란리(亂離) 거의 이십 년에 십여 ᄉᆡᆼ(省)을 함몰(陷沒)ᄒᆞ엿다가 인ᄒᆞ야 ᄎᆞ례로 평뎡ᄒᆞᆫ[20] 바ᄂᆞᆫ 용ᄆᆡᆼᄒᆞᆫ 군뎡(軍丁)의 힘과 문신(文臣)[21]의 모략을 젼혀 힘닙엇고 록 【2ㄱ】 영 군ᄉᆞ의 니ᄅᆞ러ᄂᆞᆫ 거의 헛도이 셜ᄒᆡᆼ(設行)ᄒᆞᆷ[22] ᄀᆞᆺᄐᆞᆫ 고로 말ᄉᆞᆷᄒᆞᄂᆞᆫ ᄌᆡ 군ᄉᆞ를 감(減)ᄒᆞ야 군량을 합ᄒᆞᄌᆞ ᄒᆞᄂᆞᆫ 의론도 잇고 용력(勇力) 잇ᄂᆞᆫ 쟈를 ᄡᅳ고 군ᄉᆞᄅᆞᆯ 곳치ᄌᆞ ᄒᆞᄂᆞᆫ 계교(計巧)도 이시니 ᄯᅳᆺ인즉 죠치 아니ᄒᆞᆫ ᄇᆡ 아니로ᄃᆡ 오히려 ᄒᆞᆫ갈ᄀᆞᆺ치 올흔 도리로 졀쟝보단(絶長補短)ᄒᆞ지[23] 못ᄒᆞ미라 진실노 능히 격례(格例)[24]를 거리ᄭᅵ지 말고 ᄉᆡ 법을 온당히 뎡ᄒᆞ야 록영(綠營) 군ᄉᆡ(軍士ㅣ) 궐(闕)이 나거든[25] 쵸관(哨官)[26]과 용력 잇ᄂᆞᆫ 군뎡을 갈희여 츙수(充數)ᄒᆞ고[27] 므릇 도적을 근포ᄒᆞ고[28] 디경(地境)을 진뎡(鎭定)ᄒᆞᄂᆞᆫ[29] 등ᄉᆞ(等事)도 규모(規模)[30]를 리졍(釐定/釐正)ᄒᆞ야[31] 젼수(全數)히[32] 셩공ᄒᆞ

---

14. 원ᄋᆡᆨ: 원액(元額/原額). 본디의 수효나 분량. 또는 본디의 액수.
15. 융뎍: 융적(戎狄). 중국에서 서쪽 오랑캐와 북쪽 오랑캐를 아울러 이르던 말.
16. 졔힐: 위협할. 졔히다(←저히다): 위협하다. 두렵게 하다. ¶大威ᄂᆞᆫ 큰 威嚴이니 龍ᄋᆞᆯ 저히ᄂᆞ니라(석보상절 13:11). 嚇 저힐 하(신증유합 하34).
17. 영문규식(營門規式): 병영의 규칙과 격식. 영문(營門): 병영의 문 또는 군문(軍門).
18. ᄒᆡ이ᄒᆞ고: 해이(解弛)하고. [원문] 廢弛.
19. 발역(髮逆): 장발적(長髮賊). 중국 청나라 말기에 가톨릭교도 홍수전을 우두머리로 하여 반란을 일으켰던 무리. 모두가 변발을 풀고 장발을 한 데서 유래한다.
20. 평뎡ᄒᆞᆫ: 평정(平定)한. 평정(平定): 반란이나 소요를 누르고 평온하게 진정함. [원문] 蕩平.
21. 문신(文臣): [원문] 文士.
22. 셜ᄒᆡᆼᄒᆞᆷ: 설행(設行)함. 베풀어 행함.
23. 졀쟝보단: 절장보단(絶長補短/截長補短). 긴 것을 잘라서 짧은 것을 보충한다는 뜻으로, 장점이나 넉넉한 것으로 단점이나 부족한 것을 보충함을 이르는 말. ¶이러한 성격들은 도리어 이 두 남녀를 절장보단으로, 서로 화합하게 할 수 있는 걸맞은 내외가 될 것 같다는 짐작도 들게 하였다(염상섭, 대를 물려서). 역사상의 세력 투쟁에 있어 양극단이 서로 양보하여 절장보단으로 지양·종합된 적은 한 번도 없다는 것이다(조지훈, 돌의 미학). [원문] 折衷.
24. 격례(格例): 격식으로 되어 있는 관례. 자격. [원문] 資格.
25. 궐(闕)이 나거든: 여러 자리 가운데 일부 자리가 비거나 차례가 빠지거든. ¶이순신이 거느린 발포에서는 궐이 난 군사가 겨우 세 사람이요, 다른 진에서는 궐이 된 군사 수효가 발포보다도 훨씬 더 많았다(박종화, 임진왜란). 경기에 감사가 궐이 났는데 조정에서 동지 이윤경이 가장 적당하다고 공론이 돌아서 위에서 공론을 좇은 것이다(홍명희, 임꺽정).
26. 쵸관: 초관(哨官). 조선시대에서는 한 초(哨)를 거느리던 종구품 무관 벼슬. [원문] 哨官.
27. 츙수ᄒᆞ고: 충수(充數)ᄒᆞ고. 보충하고. [원문] 充補.
28. 근포(跟捕)ᄒᆞ고: 죄인을 찾아 쫓아가서 잡고. [원문] 緝捕. 집포(緝捕): 죄인을 잡음.
29. 진뎡ᄒᆞᄂᆞᆫ: 진정(鎭定)하는. 반대하는 세력이나 기세를 억눌러 안정되게 하는. [원문] 彈壓.
30. 규모(規模): 본보기가 될 만한 틀이나 제도.

기를 칙망ᄒᆞ면 록영에 녯 규모를 일치 아니ᄒᆞ【2ㄴ】고 용력 잇ᄂᆞᆫ 쟝뎡을 거두어 쁜 실효를 어들 거시니 녯 법을 바리고 ᄉᆡ 법을 쓰며 약ᄒᆞᆫ 거ᄉᆞᆯ 도로혀 강ᄒᆞ게 ᄒᆞᄂᆞᆫ 거시 여반쟝(如反掌)이라33 ᄒᆞ믈며 무과(武科) 뵈ᄂᆞᆫ 규귀(規矩ㅣ)34 영문졔도(營門制度)35를 아지 못ᄒᆞ고 닉이ᄂᆞᆫ바 기예에 용력이며 칼쓰기와 셕젼(石戰)ᄒᆞᄂᆞᆫ 법이 쓰기에 맛갓지36 못ᄒᆞ니 용력 잇ᄂᆞᆫ 쟝뎡 쓰ᄂᆞᆫ 거시 합당ᄒᆞᆷ만 ᄀᆞᆺ지 못ᄒᆞᆫ지라 이졔 가히 무과 뵈ᄂᆞᆫ 규구에 ᄉᆡ 법을 별(別)노37 셰워 ᄀᆞᆯ오ᄃᆡ 능히 륙도삼략(六韜三略)을 익이 알고 군ᄉᆞ 쓰ᄂᆞᆫ ᄀᆡ틀을 통투(通透)히38 ᄭᆡ다르며 디형에 험ᄒᆞᆫ 곳을 혜아려 젼슈지칙(戰守之策)39을 ᄇᆞᆰ히 알고 능히 션쳑(船隻)40과 양창대포(洋槍大礮)41와 긔긔(器機) 등물(等物)을 지【3ㄱ】을 쥴 알며 능히 쥬보42[돌을 모화 집을 ᄆᆡᆫ들고 직희ᄂᆞᆫ 곳이라]와 진(陳) 치기와 다리 노키를 잘 ᄒᆞ며 능히 양창대포 쓰기를 잘 ᄒᆞ야 맛치른 ᄃᆡ로43 맛치고 먼니 보ᄂᆡᄂᆞᆫ 등ᄉᆞ(等事)로 작뎡ᄒᆞᆯ 거시니 이ᄀᆞᆺ치 ᄒᆞ면 거의 죠뎡의셔 무ᄉᆞ를 ᄲᆡ셔44 쓰ᄂᆞᆫ 공이 잇고 무과에 인ᄌᆡ를 엇지 못ᄒᆞᄂᆞᆫ 흔탄이 업ᄉᆞᆯ 것이오 다시 다셧 집으로 항오(行伍)45를 ᄆᆡᄂᆞᆫ 녯 법을 의

---

31. 리정ᄒᆞ야: 이정(釐定/釐正)하여. 개정하여. 이정(釐正): 문서나 글 등을 정리하여 바로 잡음.
32. 젼수히: 전수(全數)히. 오로지. 전수: 전체 수효.
33. 여반쟝이라: 여반장(如反掌)이라. 손바닥을 뒤집는 것 같이 쉽다.
34. 규귀: 규구+ㅣ. 규구(規矩): 규구준승(規矩準繩). 표준. ① 목수가 쓰는 그림쇠, 자, 수준기, 먹줄을 통틀어 이르는 말. 여기서는 선발 제도. ② 일상생활에서 지켜야 할 법도. ¶어떠한 법도 어떠한 예절을 넘어서는 안 된다. 규구준승에 꼭 들어맞아야 한다(박종화, 금삼의 피). [원문] 選擧.
35. 영문졔도: 영문제도(營門制度). 군영의 제도.
36. 맛갓지: 마땅하지. ¶맛갓지 아니케 넉이다(不受用, 한청문감 209).
37. 별노: 별(別)로. 따로.
38. 통투(通透)히: 사리를 꿰뚫은 듯 환히 알게.
39. 젼슈지칙: 전수지책(戰守之策). 싸워서 지키는 방책. [원문] 攻守之法.
40. 션쳑: 선척(船隻). 배. 함선. [원문] 舟艦.
41. 양창대포(洋槍大砲/洋槍大礮): 서양 총포. [원문] 鎗礮. 鎗(쟁/창): 종소리, 세발달린 솥 쟁. 무기 창(=槍). cf. 槍 무기 창.
42. 쥬보: 조보(碉堡). [원문] 碉堡. 碉: 돌집 조. 堡: 작은 성, 둑 보. '이언' 시기에 '碉'를 '주'로 읽었음을 보여 준다.
43. 맛치른 ᄃᆡ로: 맞히라는 대로. '맛치른'은 '맛치라는'의 준꼴.
44. ᄲᆡ셔: 빼서. 뽑아서. ᄲᆡ다: '빼다, 뽑다'의 옛말. ¶選了 ᄲᆡ다(동문유해 상44). ᄆᆡ양 三公이 ᄲᅡ 쳔거ᄒᆞᄂᆞᆫ 배 이실 제(소학언해 6:101). 현대어 '뽑다'의 고어는 이미 'ᄲᆡ다'와 같은 중세 국어 시기에 동의어 'ᄲᅩᆸ다'가 따로 존재하였고 근대를 거쳐 현대까지 남아 있다.

    그 족졉개 가져다가 곳굼긧 터리 ᄲᅩᆸ고(飜譯朴通事 상44).
    셴 머리 ᄲᅩ바 내여 춘춘 동혀 두련마ᄂᆞᆫ(青丘永言 원29).

    'ᄲᆡ다'가 "인재를 뽑다"에 쓰이고 'ᄲᅩᆸ다'가 "털을 뽑다"에 주로 쓰여 추상성과 구체성의 어휘 의미 자질 차이가 있었으나 'ᄲᆡ다'가 'ᄲᆡ다 > ᄲᅢ다 > 빼다'로 변하면서 오늘날은 '뽑다'가 "인재를 뽑다"와 같은 추상 의미 표현에도 쓰일 수 있게 되었던 것으로 보인다.

방(依倣)ᄒᆞ여[46] ᄒᆞ야곰 직히고 망(望)보와 셔로 도와 여러 사ᄅᆞᆷ의 뜻이 ᄀᆞᆺ기 셩(城) ᄡᅡᄒᆞᆫ 것ᄀᆞᆺ치 ᄒᆞ고 호쥬(湖州)[47]에 죠츙절(趙忠節)[48][사ᄅᆞᆷ의 일홈]과 쇼흥(紹興)[49]에 포의ᄉᆞ(包義士)[50][사ᄅᆞᆷ의 일홈]와 ᄀᆞᆺ치 스ᄉᆞ로 군량을 ᄂᆡ여 민단을 ᄂᆡ이게 ᄒᆞᆯ 거시니 혹 외로온 셩(城)을 힘 【3ㄴ】 ᄡᅥ 직히며 혹 ᄒᆞᆫ 고ᄋᆞᆯ을 호위ᄒᆞ면 도적이 비록 ᄉᆞ면으로 ᄡᅡ고 쳐도 수 년에 파ᄒᆞ지 못ᄒᆞ다가 ᄆᆞᆺᄎᆞᆷᄂᆡ 량식이 진(盡)ᄒᆞ고 구원(救援)이 ᄭᅳᆫ허지면 절의(節義)를 직히고 몸을 바려 우흐로 국가를 보답ᄒᆞ미 률양(溧陽)[51][디명]과 금단(金壇)[52][디명] ᄉᆞ이에 죠련(調鍊)ᄒᆞᆫ바[53] 민단이 강남의셔ᄂᆞᆫ 자못 용ᄆᆡᆼᄒᆞᆫ 일홈이 이시니 진실노 쳐쳐(處處)에 민단으로 방비ᄒᆞ고 향촌마다 련락ᄒᆞ면 발역(髮逆)이 엇지 이러틋 횡힝ᄒᆞ리오 덕국(德國)[54]에 군ᄉᆞ 마련ᄒᆞᆫ 제도를 샹고ᄒᆞ니 ᄇᆡᆨ셩이 병신[55] 외에ᄂᆞᆫ 곳 그 군안(軍案)에 츙수(充數)ᄒᆞ야 몬져 젼슈지칙(戰守之責)을 가ᄅᆞ친 지 수년에 군ᄉᆞ의 총즁(叢中)[56]에 드럿다가 군ᄉᆞ ᄡᅳᆯ ᄯᆡ 【4ㄱ】 를 만나면 요ᄃᆡᄒᆞ야[57] 모피(謀避)ᄒᆞ게[58] 못ᄒᆞ고 나히 이십에

---

45. 항오(行伍): 군대를 편성한 대오.
46. 의방(依倣)ᄒᆞ여: 모방하여 본받아.
47. 호쥬: 호주(湖州). ① 중국 절강성(浙江省). ② 발해(渤海)의 상경(上京) 용천부(龍泉府)에 속한 지방 행정구역. 신당서(新唐書) 발해전(渤海傳)에 따르면, 발해는 전 국토에 5경(京) · 15부(府) · 62주를 설치하였으며, 숙신의 고지에 발해의 상경이 있고, 이 상경이 위치했던 부는 용천부이며, 용천부는 용주(龍州) · 호주(湖州) · 발주(渤州)의 3개 주를 관할한다고 하였다. 여기서는 ①의 뜻.
48. 죠츙절: 조충절(趙忠節). 본명 조경현(趙景賢). 청나라 함풍(咸豊) 10년(1860년) 태평군이 호주(湖州)를 공략할 때 호주를 3년간 사수하다가 체포되어 희생된 장령(將領). 중국 절강성(浙江省) 호주에 조충절공사(趙忠節公祠)가 있음.
49. 쇼흥: 소흥(紹興). 중국 절강성(浙江省) 북동부 항주만(杭州灣)의 남쪽 연안에 있는 도시. 시 내외에 수로가 통하는 수운 도시로 농산물의 집산지이며 노신(魯迅, 루쉰)의 출생지로 유명하다.
50. 포의ᄉᆞ: 포의사(包義士). 소흥(紹興) 출신의 의인. 포숙아(鮑叔牙).
51. 률양: 율양(溧陽). 강소성(江蘇省) 율양현(溧陽縣).
52. 금단(金壇): 중국 강소성(江蘇省) 남부 금단현(金壇縣).
53. 죠련: 조련1(調鍊/調練). ① 연병(練兵). ¶총 쏘기는 말할 것도 없고 행보하는 법이며 체조며 온갖 조련을 다하였다(김구, 백범일지). ② 훈련을 거듭하여 쌓음. ¶그럴수록 신체의 단련을 위해서도 운동으로, 혹은 체육 시간을 활용해 좀 더 접근해 보고 나아가 몸 조련이 제대로 될 수 있었을지 몰랐다(이문구, 장한몽)
조련2(操鍊/操練): ① 성가시게 굴어 남을 몹시 괴롭힘. ② 『군사』 전투에 적응하도록 필요한 지식이나 기술 따위를 가르치는 훈련. 교련. [원문] 練. '표준국어대사전'에서는 '조련1,2'를 구별하고 있으나 '(군사)훈련'의 뜻으로는 동의어 수준으로 보인다. cf. 조련하다: 만만할 정도로 헐하거나 쉽다. ¶서울인들 조련하겠나. 제집 쓰고도 발 편하게 잠 못 자는 세상인데 어디 간들 평안하겠나(한설야, 탑).
54. 덕국(德國): 독일.
55. 병신(病身): 신체장애가 있는 사람. [원문] 殘疾. '병신'은 현대에 비속어이지만 당시에는 잘 쓰임.
56. 총즁: 총중(叢中). 한 떼의 가운데. ¶자기 아버지가 장쇠를 죽인다고 서둘지만 않았더라도 규중처녀인 자기가 그 만인 총중에 그 꼴을 하고 뛰어나가지도 않았을 것이었다(이무영, 농민).
57. 요ᄃᆡᄒᆞ야: 요대하여. 관대하게 하여. 요대(饒貸): 너그러이 용서함. [원문] 責無旁貸. 책무방대(責無旁貸): 책임을 남에게 전가할 수 없다는 뜻의 사자성어. 방대(旁貸): 旁 곁, 두루, 널리 방.

비로쇼 군ᄉᆞ의 드러 삼 년 만의 ᄡᅡ호ᄂᆞᆫ 군ᄉᆞ에 ᄎᆞᆼ수ᄒᆞ고 ᄉᆞ 년 만에 후군(後軍)에 직히ᄂᆞᆫ 군ᄉᆞ에 ᄎᆞᆼ수ᄒᆞ고 오년 만에 단련영(團練營)[영문 일홈][59]에 믈너 드러가셔 ᄆᆡ년에 두 번식 죠련ᄒᆞᄃᆡ[60] 만일 ᄡᅡ호ᄂᆞᆫ 군ᄉᆡ 넉넉지 못ᄒᆞ거든 인ᄒᆞ여 분발ᄒᆞ야 보ᄂᆡ게 ᄒᆞ고 나히 오십이 되거든 다만 본국 디경을 직히게 ᄒᆞ고 ᄡᅡ홈ᄒᆞᄂᆞᆫ 군ᄉᆞ에 두지 아니ᄒᆞ며 젼교(傳敎)ᄒᆞᄂᆞᆫ 쟈와 문학(文學)ᄒᆞᄂᆞᆫ 쟈와 부귀ᄒᆞᆫ 사ᄅᆞᆷ은 군안(軍案)에 드리지 아니ᄒᆞ얏다가 만일 일이 위급ᄒᆞ믈 맛나거든 블너ᄂᆡ여 죠련ᄒᆞ야 혹 직히ᄂᆞᆫ 군ᄉᆞ 【4ㄴ】 에 일 년을 ᄎᆞᆼ슈ᄒᆞ고 나마는[61] 단련ᄒᆞ야 디경을 보젼ᄒᆞ게 ᄒᆞ며 법국(法國)[62] 법은 므릇 ᄇᆡᆨ셩이 벅벅이[63] 힘을 드릴 재면[64] 다 군ᄉᆞ에 너허 돈을 ᄂᆡ고 삭 셰워[65] ᄃᆡ신ᄒᆞ믈 허(許)ᄒᆞ지 아니ᄒᆞ며[66] 이십 셰로븟허 ᄉᆞ십 셰ᄭᅡ지 고로게 힝ᄒᆞᄂᆞᆫ 군ᄉᆞ와 직히는 군ᄉᆞ에 ᄎᆞᆼ수ᄒᆞ야 각ᄉᆡᆨ 군ᄉᆞ를 온ᄀᆞᆺ 군ᄎᆞᆼ(軍摠)[67] 뒤히 난화 븟쳐 힝ᄒᆞᄂᆞᆫ 군ᄉᆞ 구실을 오 년을 ᄒᆞ고 ᄡᅡ호ᄂᆞᆫ 군ᄉᆞ 구실을 ᄉᆞ 년을 ᄒᆞ고 머무ᄂᆞᆫ 군ᄉᆞ 구실을 오 년을 ᄒᆞ고 슈ᄌᆞ리ᄒᆞᄂᆞᆫ[68] 군ᄉᆞ[69] 구실[70]을 륙 년을 ᄒᆞᄂᆞ니 ᄡᅡ호ᄂᆞᆫ 군ᄉᆞᄂᆞᆫ 이십 셰 이샹으로 이십ᄉᆞ 셰ᄭᅡ지 ᄒᆞᄂᆞ니 이ᄂᆞᆫ 쟝뎡으

---

58. 모피(謀避): 피하려고 꾀를 냄. 또는 그렇게 하여 피함. 도면(圖免). 모면(謀免). ¶오가가 상처한 뒤로 그 전 놀기 좋아하던 풍치가 없어져서 노는 자리에는 모피를 잘하므로……(홍명희, 임꺽정).
59. 단련영(團練營): 훈련 부대의 일종.
60. 죠련: 앞의 주석 53 참고. 뜻은 같으나 원문은 다름. [원문] 演操. 연조(演操/鍊操): 군사를 단련함.
61. 나마는: 나머지는. '나마'는 고어사전들에서 보조사 용례의 '나마', 의존명사의 '나마(남짓)'의 용례만 게재되어 있다. 그러나 위 용례는 자립명사 '나머지'에 해당하는 단어 기능을 보여 주어 고어사전에 추가 용례로 올릴 만하다.
62. 법국(法國): 프랑스.
63. 벅벅이: 그러하리라고 미루어 헤아려 보건대 틀림없이. [원문] 應.
64. 힘을 드릴 재면: 힘을 들일 자이면. [원문] 效力者. 여기서는 징병 가능한 신체 건장자를 뜻함.
65. 돈을 ᄂᆡ고 삭 셰워: 돈을 내고 삯을 세워. [원문] 出資.
66. 삭 셰워 ᄃᆡ신ᄒᆞ믈 허(許)ᄒᆞ지 아니ᄒᆞ며: 돈을 내고 징병 기피함을 불허하고.
67. 군ᄎᆞᆼ(軍摠): 조선 시대에 군대 정원 규정에 의한 군사의 ᄎᆞᆼ수(總數). 번차(番次)에 따라 동원되어 상근하는 인원을 뜻하며, 군액(軍額)이나 군보(軍保) 따위의 군적에 있는 모든 인원과는 구분해 썼다.
68. 슈ᄌᆞ리: 수(戍)자리. 국경을 지키던 일. 또는 그런 병사. 수역(戍役). 수위(戍衛). 요수(徭戍). 위수(衛戍). 이전 자료들에서는 '슈ᄌᆞ리'의 'ᄌᆞ'가 아래아 대신 '슈자리'로 나타난다. ¶임진왜난의 그 지아비 슈자리 가셔 도라오디 몯ᄒᆞ엿ᄯᅥ니(동국신속삼강행실도 열6:31). 그 지아비 슈자리를 당ᄒᆞ여 쟝ᄎᆞᆺ 힝홀ᄉᆡ(오륜행실도 1:7). 복녕 ᄯᅩᄒᆡ 슈자리 사다가 그곳에셔 죽으니(오륜행실도 3:49).
한편, '슈자리' 외에 '슈사리'도 나타난다. 슈사리: '수자리'의 옛말. ¶戍兵 슈사리 군ᄉᆞ(同文類解 상44). 戍 슈사리 슈(倭語類解 상39). '슈사리'는 '戍살이'에서 온 듯하며 표기사적으로는 '슈자리'가 고형이다.
69. 슈ᄌᆞ리ᄒᆞᄂᆞᆫ 군ᄉᆞ: 국경 수비군. [원문] 戍兵. 바로 뒤의 4:5ㄱ에는 '슈자리'로 혼기되어 나온다.
70. 구실: ①자기가 마땅히 해야 할 맡은 바 책임. ②예전에 온갖 세납을 통틀어 이르던 말. ③『역사』 관아의 임무. ④여자나 아이가 당연히 겪는 일이란 데서 나온 말로 월경이나 홍역을 이르는 말. 여기서 '군ᄉᆞ 구실'은 군복무를 가리킨다. 그위실(官職) > 구의실 · 구위실 > 구실.

로 취ᄒᆞ야 쓰미오 【5ㄱ】 머므는 군ᄉᆞ는 임의 젼장에 경력(經歷)ᄒᆞ야시ᄆᆡ 로퇴(老退)ᄒᆞ야[71] 쉬게 ᄒᆞ미오 힝ᄒᆞ는 군ᄉᆞ와 슈자리ᄒᆞ는 군ᄉᆞ는 ᄡᅥ로 분파(分派)ᄒᆞ야 각쳐 길목슬 직히게 ᄒᆞ미라 병신으로 군뎡을 면ᄒᆞ는 외에 군뎡 면ᄒᆞ는 일이 두어 됴건이 이시니 부모 업는 맛ᄋᆞ들은 전례에 벅벅이[72] 머믈너 잇게 ᄒᆞ고 어리고 약ᄒᆞᆫ 쟈는 면ᄒᆞ며 과부의 ᄌᆞ식과 혹 그 아븨 밧긔 나갓시ᄆᆡ ᄌᆞ식이 모로미[73] 머믈너 그 어믜를 봉양ᄒᆞ는 쟈는 면ᄒᆞ며 아븨 나히 칠십 이샹은 ᄌᆞ식이 ᄆᆞᆺ당히 머믈너 봉양ᄒᆞ고 혹 쟝ᄌᆞ(長子) 쟝손(長孫)과 쟝증손(長曾孫)은 면ᄒᆞ며 형뎨 량인(兩人)에 형은 면ᄒᆞ며 혹 그 【5ㄴ】 형이 ᄇᆞᆯ셔[74] 군ᄉᆞ에 츙수ᄒᆞ여시면 그 ᄋᆞ이 ᄯᅩᄒᆞᆫ 면ᄒᆞ며 형뎨 혹 군ᄉᆡ 되여 샹(傷)ᄒᆞ거나 젼망(戰亡)ᄒᆞᆫ[75] 재 이시면 다 면ᄒᆞ며 임의 슈룡회(水龍會)[76]에 드럿거나 밧긔 나가 무역ᄒᆞ는 쟈는 ᄯᅩᄒᆞᆫ 면ᄒᆞ며 미국(美國) ᄇᆡᆨ셩은 무예를 다 닉이ᄂᆞ니 급ᄒᆞᆫ 일이 이시면 사ᄅᆞᆷ마다 쟝슈 될 만ᄒᆞ고 사ᄅᆞᆷ마다 군ᄉᆡ 될 만ᄒᆞ니 대개 태셔(泰西) 각국이 군ᄉᆞ를 농ᄉᆞ에만 븟칠 ᄲᅮᆫ이 아니라 ᄯᅩ한 군ᄉᆞ를 션비와 쟝ᄉᆡᆨ(匠色)[77]이며 샹고(商賈)[78]의게 븟치ᄂᆞ니 급ᄒᆞᆫ 일이 잇셔도 발(發)ᄒᆞ며 경ᄀᆡᆨ간[79]에 가히 수십만 병을 모흐ᄃᆡ 부비(浮費)[80]도 드지 아니ᄒᆞ고 군ᄉᆞ도 스ᄉᆞ로 죡ᄒᆞᆫ지라 녯젹의 보국(普國)[81] 군신(君臣)이 【6ㄱ】 법국에 원슈 갑기를 각골(刻骨)이[82] ᄉᆡᆼ각ᄒᆞᄆᆡ[83] 일국(一國) 사ᄅᆞᆷ[84]이 ᄯᅩᄒᆞᆫ 군무ᄉᆞ(軍務事)를 모로 리[85]

---

71. 로퇴ᄒᆞ야: 노퇴(老退)하여. [원문] 退老. 退老: 퇴임.
72. 벅벅이: 틀림없이. 마땅히. [원문] 應.
73. 모로미: 모름지기. [원문] 須. 모로매 > 모로미. 모로매: ¶믈읫 字ㅣ 모로매 어우러ᅀᅡ 소리 이ᄂᆞ니(훈민정음언해 13).
74. ᄇᆞᆯ셔: 벌써. ᄇᆞᆯᄡᅧ > ᄇᆞᆯ셔: ¶그듸가 들 ᄶᅵ비 ᄇᆞᆯᄡᅧ 이도다(석보상절 6:36).
75. 젼망ᄒᆞᆫ: 전망(戰亡)한. 전사한. [원문] 陣亡.
76. 수룡회(水龍會): 절강성 소흥 지역에 있었던 옛 소방단체의 이름. 소방회는 한 척의 용주(龍舟: 임금이 타는 배)와 강가에 위치한 가옥을 보유하고 있어야 함. [원문] 水龍會. 水龍: 싸움배. 전함.
77. 쟝ᄉᆡᆨ: 장색(匠色). 손으로 물건을 만드는 것을 업으로 삼는 사람. ¶대장장이, 기와장이, 갖은 장색이 다 있어서 가을에 도회청 지을 때는……(홍명희, 임꺽정).
78. 샹고: 상고(商賈). 장수. 장사치.
79. 경ᄀᆡᆨ간: 경각간(頃刻間). 눈 깜빡할 사이에. [원문] 頃刻.
80. 부비(浮費): 일을 하는 데 써서 없어지는 돈.
81. 보국(普國): '프러시아'의 음역어인 '普魯士'의 약칭.
82. 각골이: 각골(刻骨)히. 뼈에 사무치도록.
83. 원슈 갑기를 각골(刻骨)이 ᄉᆡᆼ각ᄒᆞᄆᆡ: [원문] 臥薪嘗膽.
84. 일국(一國) 사ᄅᆞᆷ: 온 나라 사람. [원문] 國人. 일국(一國): ① 한 나라. ¶일국의 사신을 어떻게 죽여 버릴 수가 있는가. 도망을 가도록 쫓아 버리면 될 것이 아닌가(박종화, 임진왜란). ② 온 나라. ¶그의 명성이 일국에 자자하다.
85. 모로 리: 모를 이. 모르는 사람이.

업셔 ᄆᆞᆺᄎᆞᆷᄂᆡ 법국을 니긔고 영국(英國)과 아라ᄉᆞ(俄羅斯)[86] 각국이 근ᄅᆡ에 다시 효측ᄒᆞ야[87] 졍(精)ᄒᆞᆯᄉᆞ록 더 졍ᄒᆞ기ᄅᆞᆯ 구ᄒᆞ야 외양(外洋)[88]의셔 형셰ᄅᆞᆯ 결우나니 이제 죠뎡의셔 진실노 능히 각 ᄉᆡᆼ(省)의 독무쟝군(督撫將軍)과 도통(都統)[89]의게 신칙ᄒᆞ야[90] 군ᄉᆞᄅᆞᆯ 알고 일을 맛졈즉ᄒᆞᆫ[91] 관원을 삼가 갈ᄒᆡ여 진실ᄒᆞ게 가ᄅᆞ쳐 닉이게 ᄒᆞ고 ᄒᆡ변 각 읍과 변방 디경에 ᄎᆞ례로 거ᄒᆡᆼᄒᆞᄃᆡ 습쟝(什長)[92][열 사ᄅᆞᆷ 즁에 두목이란 말이라] ᄇᆡᆨ인을 몬져 갈ᄒᆡ여 판국[93]을 ᄇᆡ셜(排設)ᄒᆞ고[94] 훈련ᄒᆞ야 칼 쓰기와 양창대포 쓰는 네 가지 법[95]으로 가 【6ㄴ】 ᄅᆞ쳐 ᄇᆡ호기를 다ᄒᆞ거든 각각 져의 거ᄂᆞ린 바 십 인을 가ᄅᆞ치고 십 인이 ᄇᆡ호기를 다 ᄒᆞ거든 각기 져의 집 사ᄅᆞᆷ을 스ᄉᆞ로 가ᄅᆞ쳐 ᄒᆞ야곰 사ᄅᆞᆷ마다 군ᄉᆞ를 알고 일심으로 명령을 뼈 디방관(地方官)의게 ᄆᆡ여 쥬관ᄒᆞ게 ᄒᆞ고 ᄯᆡ로 위원(委員)[관원 일홈]과 ᄒᆞᆷ긔 취ᄌᆡ(取才)[96] 보와[97] 그 능부(能否)[98]를 ᄉᆞᆲ혀 샹벌을 ᄒᆞᄃᆡ[99] 만일 ᄌᆡ식(才識)이 과인(過人)ᄒᆞ고[100] 방슈지ᄎᆡᆨ(防戍之策)[101]의 힘을 어든 재 잇거든 ᄌᆡ목(材木)을 인

---

86. 아라ᄉᆞ(俄羅斯): '러시아'의 음역어. ¶아라사가 지면 우리나라가 온통 왜놈의 손아귀에 들어간다(안수길, 북간도).
87. 효측ᄒᆞ야: 효칙(效則)하여. 본받아. ¶季良을 효측ᄒᆞ야 得디 몯ᄒᆞ면 ᄲᅴ뎌 天下읫 輕薄 子ㅣ 되리니(소학언해 5:14).
88. 외양(外洋): 난바다. 바깥 넓은 바다. 외해(外海).
89. 도통(都統): 『역사』 ① 도통사. ② 중국 남북조 시대에, 문하성 지의국(至衣局)에 속한 무관. ③ 중국 당나라 때, 원수(元帥)의 다음 지위로서 병마를 통솔하던 대신. ④ 중국 청나라 때에 둔, 팔기(八旗)의 우두머리. ⑤ 중화민국에서 지방의 군령(軍令)과 군정(軍政)을 통할하던 벼슬.
90. 신칙(申飭)ᄒᆞ야: 단단히 타일러서 경계하여.
91. 맛졈즉ᄒᆞᆫ: 맡김직한. 맛디다 > 맛지다 > 맡기다. '맛지-'에 '-(아/어)ㅁ즉ᄒᆞ-'가 결합한 것으로 이때의 '-아/어-'는 선어말어미이다. ¶자ᄒᆞ로 制度ㅣ 날씩 仁政을 맛됴리라(용비어천가 83장). 아ᅀᆞ 광안니 몬져 겨집 어러늘 어미 집빗 이를 맛디니(이륜행실도 18).
92. 습쟝: 십장(什長). ① 일꾼들을 감독·지시하는 우두머리. ② 『역사』 병졸 열 사람의 우두머리. ¶십장장대불은 나상집 창의대장이 각 십장들에게 나누어 준 얼마간의 돈이 있어 군량과 찬거리를 사 먹을 수가 있었다(문순태, 타오르는 강). [원문] 什長.
93. 판국(辦局): 사무소나 훈련소. 여기서는 '훈련소'.
94. 판국을 ᄇᆡ셜(排設)ᄒᆞ고: 군사훈련소를 설치하고. [원문] 設局.
95. 칼 쓰기와 양창대포 쓰는 네 가지 법: 칼 쓰기와 양창대포 쓰는 네 가지 무술. [원문] 刀矛槍礮四種.
96. 취ᄌᆡ: 취재(取才). 재주를 시험하여 사람을 뽑음. ¶사위 취재가 그렇게 어려워서야 그 딸이 어디 시집가 보겠소(홍명희, 임꺽정). 도목(都目)이 임박할 때를 당하여 제배(除拜)를 차례를 당한 한두 사람이 서울에 올라와 취재에 응하여 직(職)을 받으니, 심히 미편합니다(번역 태종실록).
97. 취ᄌᆡ 보와: 취재 보아. 재주 있는 사람을 뽑아. [원문] 校閱.
98. 능부(能否): 능함의 여부. [원문] 賢否. 賢否: 현명함과 그렇지 못함.
99. 샹벌을 ᄒᆞᄃᆡ: 상벌을 주되. [원문] 黜陟. 출척(黜陟): 못된 사람을 내쫓고 착한 사람을 올리어 씀. ¶이들은 소작인을 마음대로 변경하는 출척은 말할 나위도 없거니와, 소작료를 사정(査定)하는 권한을 가지고 있었다(문순태, 타오르는 강).

ᄒᆞ야 그릇다이[102] 부려 혹 벼ᄉᆞᆯ도 시기며 혹 뎡ᄃᆡ(頂戴)[103]를 쥬어 포쟝(褒奬)ᄒᆞ고[104] 군ᄉᆞ 즁에 일즉 학문ᄒᆞ지 못ᄒᆞᆫ 쟈는 ᄆᆞᆺ당히 향슉(鄕塾)[105] 스승을 베플고[106] 오일 만에 나아가 향약(鄕約)[향당(鄕黨)에 뎡ᄒᆞᆫ 약됴]을 ᄒᆞᆫ 번식 【7ㄱ】 강(講)ᄒᆞ고 병법과 진법(陣法)[107]과 녯적 명쟝의 ᄉᆞ젹(事績)이며 뎍국(敵國)을 막고 발신(發身)ᄒᆞᄂᆞᆫ[108] 등ᄉᆞᄅᆞᆯ ᄀᆞᆺ쵸 말ᄒᆞ여 ᄒᆞ야곰 츙의지심(忠義之心)이 ᄌᆞ연이[109] 흥긔(興起)ᄒᆞ야[110] 져마다 감동ᄒᆞ야 발분(發奮)ᄒᆞ기ᄅᆞᆯ[111] ᄉᆡᆼ각ᄒᆞ게 ᄒᆞ엿다가 만일 뎍병(敵兵)이 침노(侵擄)ᄒᆞ면 그 ᄯᆡ히 유ᄉᆡ(有司ㅣ)[112] 가히 격셔(檄書)[113]ᄅᆞᆯ 젼ᄒᆞ야 됴발ᄒᆞᆯ[114] 거시니 진실노 이러ᄒᆞᆫ즉 군ᄉᆞ마다 강병이오 사ᄅᆞᆷ마다 방략(方略)[115]을 아라 약ᄒᆞᆫ 거ᄉᆞᆯ 변ᄒᆞ야 강ᄒᆞ게 ᄒᆞᄂᆞᆫ 거시 이 ᄒᆞᆫ 거조(擧措)의 이시니 엇지 시험ᄒᆞ야 ᄒᆡᆼ치 아니ᄒᆞ랴

---

100. 과인(過人)ᄒᆞ고: 보통 사람보다 뛰어나고.
101. 방슈지칙: 방수(防戍) 즉 국경을 지키는 책략. '방슈'는 '防守'도 통하나 '防戍'이 더 가까움. [원문] 防禦.
102. 그릇다이: 그릇답게. 그릇에 맞게. [원문] 材器. 재기(材器): ① 사람의 됨됨이와 도량을 아울러 이르는 말. ② 쓸모 있는 사람. 재국(材局). ¶뛰어난 재기가 있으면 천거해 주시오.
103. 뎡ᄃᆡ: 정대(頂戴). ① 머리에 인다는 뜻으로, 경의를 나타냄을 이르는 말. 물건을 주거나 받을 때 그 물건을 이마에 갖다 대며 상대편에게 경의를 나타낸다. ② 청나라 때에 관리의 계급 표시를 위해 관 꼭대기에 단 주옥(珠玉)의 휘장(徽章). [원문] 頂戴.
104. 포쟝ᄒᆞ고: 포장(褒奬)하고. 칭찬하여 장려하고.
105. 향슉: 향숙(鄕塾). 시골이나 고향이 있는 서당.
106. 스승을 베플고: 학교를 설립하여 스승을 두어 가르치게 하고. [원문] 設塾師.
107. 진법(陣法): 진(陣)을 치는 방법.
108. 발신(發身): 천하거나 가난한 처지를 벗어나 앞길이 훤히 트임. ¶평민이 양반집 사위가 되다니 그런 발신이 어디 있겠나? [원문] 立身.
109. ᄌᆞ연이: 자연(自然)히. [원문] 油然. 유연(油然): ① 구름이 뭉게뭉게 피어나고 있음. ② 생각 따위가 저절로 일어나는 형세가 왕성함.
110. 흥긔: 흥기(興起). ① 떨치고 일어남. ② 세력이 왕성해짐. ③ 의기(義氣)가 일어남. 흥작(興作).
111. 발분(發奮)ᄒᆞ기ᄅᆞᆯ: 분발하기를.
112. 유ᄉᆡ: 유ᄉᆞ + ㅣ. 유사(有司). 단체의 사무를 맡아보는 직무. 또는 책임자.
113. 격셔: 격서(檄書). 급히 사람들에게 알리려고 각처로 보내는 글, 또는 군병을 모집하거나, 적군을 달래거나 꾸짖기 위한 글.
114. 됴발: 조발(調發). ① 징발(徵發). ② 군사로 쓸 사람을 강제로 뽑아 모음.
115. 방략(方略): 일을 꾀하고 해 나가는 방법과 계략.

론 치하(論治河)
[하슈(河水) 다ᄉᆞ리믈 의론ᄒᆞ미라]

녯적에 하우시(夏禹氏)[1] 물을 다ᄉᆞ리시ᄆᆡ 룡문산(龍門山)[2]을 ᄯᅮ러 젹셕강(積石江)[3]을 인도(引導)ᄒᆞ시고 여슈(汝水)[4]와 한슈(漢水)[5]를 트고 회슈(淮水)[6]와 ᄉᆞ슈(泗水)[7]를 믈니쳐[8] 물의 셩픔(性品)을 슌(順)히 ᄒᆞ야 바다에 부으ᄆᆡ 텬하에 슈환(水患)[9]이 이의 평ᄒᆞ엿ᄂᆞ니 이졔 하슈를 다ᄉᆞ리ᄂᆞᆫ 재(者ㅣ) ᄇᆡᆨ규(白圭)[10][ᄉᆞᄅᆞᆷ의 일홈]의 녯날 지혜를 인습(因襲)ᄒᆞ야[11] 방츅(防築)[12]을 빳코 둑을 막기에 지나지 아니ᄒᆞ니 ᄆᆡ양 가을에 터질 ᄯᆡ를 만ᄂᆞᆫ즉 인력(人力)을 베플 길이 업고 드ᄂᆞᆫ바 돈이 지수업ᄂᆞᆫ[13] 고로 의론ᄒᆞᄂᆞᆫ 재(者ㅣ) 니ᄅᆞ

---

1. 하우시: 하우씨(夏禹氏). 중국 하(夏)나라의 우(禹) 임금.
2. 룡문산: 용문산(龍門山). 중국 사천성(四川省)에 있는 산.
3. 젹셕강: 적석강(積石江). 우왕이 뚫어 만들었다는 적석산에 흐르는 강. 적석산(積石山): 중국 감숙성(甘肅省)에 있는 산. '상서(尙書) 우항(禹項)'에 우(禹)가 "導河自積石 至龍門 入于滄海"라는 기록이 있고 '사기(史記) 하(夏) 본기(本紀)'에도 "禹 道河積石 至于龍門……入于海"라고 기재되어 있다.
4. 여슈: 여수(汝水). 하남성(河南省)에 있는 강.
5. 한슈: 한수(漢水). 중국 양자강(揚子江)의 지류.
6. 회슈: 회수(淮水). 중국 화중(華中) 지방에 있는 강.
7. ᄉᆞ슈: 사수(泗水). 중국 산동성(山東省)에 있는 강.
8. 회슈와 ᄉᆞ슈를 믈니쳐 물의 셩픔(性品)을 슌(順)히 ᄒᆞ야: 회수와 사수의 물을 막아 물의 흐름이 순하게 하여. [원문] 排淮泗順水之性. '물의 셩픔'이란 표현은 '셩픔'이 '믈'과도 호응하여 '특성, 성질'의 의미를 가진 것을 보여 준다.
9. 슈환: 수환(水患). 물난리. 수해(水害)로 인하여 생기는 근심.
10. ᄇᆡᆨ규: 백규(白圭). 백규학린(白圭壑隣). 전국(戰國) 시대에 백규라는 사람이 자기 나라에 둑을 쌓아서 수해를 면하게 하고 이 물을 이웃 나라에 흐르게 하여 수해를 입게 한 불인(不仁)한 행동을 가리킴.
11. 인습(因襲)ᄒᆞ야: 예전의 풍습, 습관, 예절 따위를 그대로 따라.
12. 방츅: 방축(防築). '방죽'의 원말로, 물이 밀려들어 오는 것을 막기 위하여 쌓은 둑.
13. 지수업ᄂᆞᆫ: 지수없는. 무한한. 지수없다: 무한히 많다. '갠지스 강의 모래알처럼 무한하다'의 뜻. [원문] 直如恒河沙數故. 直: 완전히. 꼭. 그야말로. 恒河: 갠지스 강.
    항하사(恒河沙/恒河砂): ① 항사(恒沙). 갠지스 강의 모래라는 뜻으로, 무한히 많은 것. 또는 그런 수량을 비유적으로 이르는 말. ② 극(極)의 만 배가 되는 수. 또는 그런 수의. 즉, 10의 52승(10^{52})을 이른다. ③ 예전에 극의 억 배가 되는 수를 이르던 말. 즉, 10의 96승(10^{96})을 이른다.
    '지수없-'은 뒤의 4:56ㄱ에도 나와 '이언' 전체에 두 번 나오는데 고어사전에 등재할 만하다. '지수'

딕 하슈 다ᄉᆞ리는 일관(一款)[14]은 국가에 루락(漏落)된 일이오[15] 기시[16] 관원의 리(利)를 【8ㄴ】 취ᄒᆞ는 길이라 근릭에 각 싱(省)의셔 량식을 조운(漕運)ᄒᆞᄆᆡ[17] 다 바다로 슈운(水運)ᄒᆞ니 긔약은 속(速)ᄒᆞ고 부비(浮費)는 덜녀[18] 법이 또ᄒᆞᆫ 심히 죠흐나 그러나 뭇춤닉 념려(念慮) 업지 못ᄒᆞᆫ 밧쟈는 만일 도적이 평뎡치 못ᄒᆞ야 바다길을 통치 못ᄒᆞ고 각 싱에 조운션(漕運船)[19]이 슈운ᄒᆞ기 어려오면 부득불 일을 당ᄒᆞ기 젼에 몬져 쥬션(周旋)ᄒᆞᆯ[20] 도리를 ᄒᆞ야 ᄒᆞᆫ 번 슈고ᄒᆞ고 길이 평안ᄒᆞᆯ 공효(功效)[21]를 도모ᄒᆞᆯ지라[22] 명나라 시졀에 하슈 다ᄉᆞ리는 말ᄉᆞᆷ을 잘ᄒᆞᆫ 재(者ㅣ) 송렴(宋濂)[23][사ᄅᆞᆷ의 일홈]의 회슈(淮水)[24]를 치고[25] 졔슈(濟水)[26]를 인도ᄒᆞ야 남븍으로 난화 힝ᄒᆞ게 ᄒᆞ는 것과 셔유졍(徐有貞)[27][사ᄅᆞᆷ의 일홈]의 슈문을 다ᄉᆞ리고 【9ㄱ】 물골슬[28] 소통ᄒᆞᄌᆞ ᄒᆞ는 거시 그 말ᄉᆞᆷ은 물길 치기를 젼쥬(專主)ᄒᆞ엿고[29] 류대하(劉大夏)[사ᄅᆞᆷ의 일홈]의 형륭(荊隆)[30][물 일홈]을 막아 안평(安平)[31][디명]을 진뎡(鎭定)ᄒᆞᄌᆞ ᄒᆞ믄 그 말ᄉᆞᆷ이 특별이 막기를 쥬(主)ᄒᆞ여시니[32]

의 어원은 미상인데 '지수없다'가 '指數없다'라면 "가리키는 수가 없을 정도로 무한하다"는 뜻이 되어 뜻이 통할 듯하다. cf. 지수(指數): 『수학』 어떤 수나 문자의 오른쪽 위에 덧붙여 쓰여 그 거듭제곱을 한 횟수를 나타내는 문자나 숫자. 누승 지수(累乘指數). 멱지수(羃指數).

14. 하슈 다ᄉᆞ리는 일관(一款): 하수 다스리는 항목 한 가지. [원문] 河工一項. 하공(河工): 하천(河川)에 관한 공사. 일관(一款): 한 항목. 관(款): ① 법률문 따위의 조항. ② 예산 편성의 한 과목. '항'(項)의 상위 단위이다. '일관'의 다른 용례는 뒤의 4:61ㄱ '홀노 발 빠는 일관' 참고.
15. 국가에 루락(漏落)된 일이오: 국가에 이익이 새어나가는 일과 같으오. 국가의 재정을 축낸다는 뜻. [원문] 國家之漏巵. 漏巵(누치): ① 술이 새는 잔이라는 뜻으로, 술을 잘하는 사람 즉 대주호(大酒豪)를 비유적으로 이르는 말. ② 이익이 밖으로 새어나감.
16. 기시(其是): 그것은. 이는. 그것은 곧 이것이니.
17. 조운ᄒᆞᄆᆡ: 조운(漕運)하매. 배로 실어 나름에.
18. 덜녀: 덜리어. 덜어져.
19. 조운션: 조운선(漕運船). 물건을 실어 나르는 데 쓰는 배.
20. 쥬션ᄒᆞᆯ: 주선(周旋)할. 미리 빈틈없이 꼼꼼하게 준비할. [원문] 綢繆. 주무(綢繆): 미리 빈틈없이 꼼꼼하게 준비함.
21. 공효(功效): 공을 들인 보람이나 효과.
22. 도모(圖謀): 어떤 일을 이루기 위하여 대책과 방법을 세움. [원문] 計圖.
23. 송렴(宋濂): 1310-1381. 명나라 초기 산문가. 자 경렴(景濂). 호 잠계(潛溪). 절강성(浙江省) 김화(金華) 사람. 홍무 2년(1369)에 황제의 어명으로 '원사'(元史)를 수정함.
24. 회슈: 회수(淮水). 호남성(湖南省)에서 발원하여 안휘성(安徽省)을 거쳐 강소성(江蘇省)으로 유입하는 강.
25. 치고: 준설(浚渫)하고. [원문] 浚.
26. 졔슈: 제수(濟水). 중국 호남성(湖南省)에 있는 강.
27. 셔유졍: 서유정(徐有貞). 1407-1472. 자 원옥(元玉). 강소성 오현(吳縣) 사람. 명나라 신하. 선덕 8년(1433)에 진사로 되어 한림원 편수로 지냄. 천문, 지리, 병법, 수리를 숙달함.
28. 물골슬: 물곬을. 물곬: 물이 흘러 빠져나가는 작은 도랑. [원문] 水渠.
29. 젼쥬ᄒᆞ엿고: 전주(專主)하였고. 혼자서 일을 주관하였고.
30. 형륭(荊隆): 황하강 하류의 지류 구간 이름.

소견이 각각 다르고 금일 ᄉᆞ셰(事勢)의ᄂᆞᆫ33 다 ᄆᆞᆺ당치 아니ᄒᆞᆫ지라 대뎌 하슈가 임의 녯 길을 일허시니 다ᄉᆞ리ᄆᆡ ᄯᅩᄒᆞᆫ 뎡ᄒᆞᆫ 규뫼(規模ㅣ) 업ᄉᆞᆯ 거시오 오직 디형을 인ᄒᆞ야 ᄆᆞᆺ당 ᄒᆞᆯ 도리ᄅᆞᆯ ᄒᆞ면 거의 ᄭᅳᆺ출34 인ᄒᆞ야 근본을 궁구ᄒᆞᆯ지라 엿튼 소견(所見)의 ᄆᆡᆺᄂᆞᆫ 바ᄅᆞᆯ 약간 베프러 갈히여 쓰기ᄅᆞᆯ ᄀᆞᆺ쵸나니 하나흔 ᄀᆞᆯ온 그 근원을 탐지ᄒᆞ미니 하쉬 츈하지 간(春夏之間)35을 당ᄒᆞ면 쟝마가 오ᄅᆡ 【9ㄴ】 져 물이 창일(漲溢)ᄒᆞ야36 그 형셰 심히 커 바로 쳔리를 나리ᄡᅩ니37 막기를 견고ᄒᆞ게 못ᄒᆞ면 터질 념례 만흐니 인도ᄒᆞ고 셜긔 되기를38 젼혀 빙쟈(憑藉)ᄒᆞ야39 바다로 드러가게 ᄒᆞᆯ 거시니 녯 사ᄅᆞᆷ의 니른바 물갈ᄂᆡ ᄅᆞᆯ 만히 열고 바다 어귀를 소통ᄒᆞ여 인도ᄒᆞ야 미려(尾閭)40[물이 드러가면 스러지ᄂᆞᆫ 곳 이라]의 부어 나려가게 ᄒᆞᆫ다 ᄒᆞᄂᆞᆫ 거시 이 말ᄉᆞᆷ이라 대개 믈갈ᄂᆡ의 모ᄅᆡ41ᄂᆞᆫ 굿고42 바 다 어귀에 진흙이 모혀 여터지ᄆᆡ43 물이 나려가지 못ᄒᆞ고 넘쳐 ᄌᆡ앙이 되려든 ᄒᆞ믈며 각쳐에 텬긔(天氣) ᄀᆞᆺ지 아니ᄒᆞ고 디형(地形)44이 ᄯᅩᄒᆞᆫ 다르니 ᄆᆞᆺ당히 그 원근(遠近)45을 탐지ᄒᆞ고 그 쳔심(淺深)을 측 【10ㄱ】 량ᄒᆞ며 그 방츅의 견고ᄒᆞ고 부실ᄒᆞ믈 ᄉᆞᆲ히며 물 형셰 급ᄒᆞ고 완완(緩緩)ᄒᆞ믈46 탐지ᄒᆞᆯ 거시니 만일 하슈 형톄 혹 엿거든47 반ᄃᆞ시 깁히

---

31. 안평(安平): 지금의 하북성(河北省) 안평.
32. 쥬(主)ᄒᆞ여시니: 주장하였으니.
33. ᄉᆞ셰의ᄂᆞᆫ: 사세(事勢)에는. 일이 되어 가는 형세에는.
34. ᄭᅳᆺ출: 끝을.
35. 츈하지간: 춘하지간(春夏之間). 봄과 여름이 바뀌는 때. [원문] 春夏之交.
36. 창일(漲溢)ᄒᆞ야: 물이 불어 넘쳐.
37. 쳔리를 나리ᄡᅩ니: 천리를 내려쏘니. 일사천리로 흐르니. [원문] 一瀉千里. 일사천리(一瀉千里): 강물이 빨리 흘러 천 리를 간다는 뜻으로, 어떤 일이 거침없이 빨리 진행됨을 이르는 말.
38. 셜긔: 설기(洩氣). 기운이나 세력이 빠짐. 방귀를 뀜. 洩: 줄, 덜, 샐 설. [원문] 洩. '인도ᄒᆞ고 셜긔 되기를 젼혀 빙쟈ᄒᆞ야 바다로 드러가게 ᄒᆞᆯ 거시니': [원문] 全憑宣洩有賓俾得朝宗于海. 원문의 '洩'(줄, 덜, 샐 설)과 '賓'(재물 자. 줄일 자)는 '줄이다'라는 뜻이 있어 '셜긔'는 기운을 빼는 것을 뜻한다. 원문의 '朝宗': ①중국에서 제후가 천자를 알현하던 일. 봄에 만나는 것을 조(朝)라 하고, 여름에 만나는 것을 종(宗)이라 한 데서 유래함. ②강물이 바다로 흐르는 것을 비유적으로 이르는 말의 뜻에서 ②의 뜻이 쓰인 것이다. cf. 설기(泄氣): 휘발성이 있는 물건의 기운이 새여서 날아나는 것.
39. 젼혀 빙쟈ᄒᆞ야: 전혀 빙자(憑藉)하여. 전적으로 의지하여.
40. 미려(尾閭): 전설에서 바다의 깊은 곳에 있어 물이 끊임없이 새어 든다는 곳. [원문] 尾閭.
41. 모ᄅᆡ: 모래.
42. 굿고: 굳고. 단단하고.
43. 여터지ᄆᆡ: (수심이) 얕아지매.
44. 디형: 지형(地形). 땅의 형세. 지세. [원문] 地勢.
45. 원근: 멀고 가까움. [원문] 近遠.
46. 완완(緩緩)ᄒᆞ믈: 완완함을. [원문] 緩急.
47. 엿거든: 얕거든.

칠 거시오 하슈 너븨 오히려 좁거든 ᄯᅩᄒᆞᆫ 널니 열 거시오 여흘목ᄉᆡ[48] 진흙이 엉긔여 물이 슌치 못ᄒᆞ거든 공력[49]을 만히 드려 파ᄂᆡ게 ᄒᆞ고 형셰 굴곡(屈曲)ᄒᆞᆫ 쟈는 그 굴곡ᄒᆞᆫ 형셰를 인ᄒᆞ야 닙ᄶᅥ 질너 ᄡᅳ러ᄇᆞ리ᄂᆞᆫ[50] 근심을 면ᄒᆞ게 ᄒᆞ고 형셰 고ᄃᆞᆫ[51] 쟈ᄂᆞᆫ 그 고ᄃᆞᆫ 형셰를 인ᄒᆞ야 아ᄅᆡ로 흘너 나려가ᄂᆞᆫ 셩픔을 슌히 ᄒᆞ며 하슈 샹류의ᄂᆞᆫ 잘ᄒᆞᆯ 도리[52] 가쟝 어려오니 ᄆᆡ양 장마를 맛나면 물이 모든 산으로 좃ᄎᆞ 진 【10ㄴ】 흙과 모ᄅᆡ를 모라나려[53] 젹이 모힌 곳이 이시면 물이 인ᄒᆞ야 챵일(漲溢)ᄒᆞᆯ 거시니 오직 산상(山上)에 슈목을 만히 심으면 물이 젹이 더ᄃᆡ 나려올 거시오 산물이 셩ᄒᆞ게 날 ᄯᅢ라도 빙쟈ᄒᆞ야 그 형셰를 젹이 난ᄒᆞᆯ 만ᄒᆞ고 ᄯᅩ 물은 반ᄃᆞ시 막아 스믜게 ᄒᆞᆯ 거시니 맛당히 산 아ᄅᆡ

---

48. 여흘목ᄉᆡ: 여흘 + 몫 + ᄋᆡ. 여울목에. [원문] 淤灘. 淤: 진흙, 삼각주 어. 灘: 여울 탄.
여울목: 여울물이 턱진 곳. 여울: 강이나 바다의 바닥이 얕거나 폭이 좁아 물살이 세게 흐르는 곳.
여흘: '여울'의 옛말. ¶黃牛峽이 寂靜ᄒᆞ니 여흘 소리 옮고 白馬江이 서늘ᄒᆞ니(두시언해 23:46).
목: 통로 가운데 다른 곳으로는 빠져나갈 수 없는 중요하고 좁은 곳. ¶목에 숨어서 적을 기다리다/어쨌든 목 좋았던 점포를 두고 아득바득 이곳으로 옮겨야 했던 까닭이 뭐야?(김주영, 달맞이꽃)
현대어에서 '길목, 골목, 물목, 병목, 여울목' 등에 결합하는 '목'은 "좁은 길이나 지점"을 뜻하면서 신체어인 '목'(頸)에 속하는 다의어로 처리되고 말자음에 ㅅ의 격변화가 없는 형태인데 여기 나오는 '여흘목ᄉᆡ'나 앞에 나오는 '목ᄉᆞᆯ'(3:36ㄴ), '물목시'(3:44ㄴ)에서는 '몫'으로 말자음에 ㅅ이 들어가는 격변화를 보인다. 그런데 ㅅ 격변화가 항상 나타나는 것은 아니고 혼란을 보이는 사례가 고시조에 보이기도 한다. ¶여흘목으로 ᄃᆞ니며 ᄂᆞ리 두져 먹고(고시조. 언덕 문희여. 청구영언).
따라서 '여흘목 – 여흘몫 / 물몫'에서처럼 말자음 ㅅ의 실현 여부에 따르는 혼란이 이미 근대에 나타나며 이런 혼란을 거쳐 현대어에 와서는 '목'으로 표준어형이 확정된 것이다. 반면에, 현대어에서 ㅅ 격변화를 하게 되어 있는 "여럿으로 나누어 가지는 각 부분"이란 뜻의 '몫'은 오히려 중세에서 ㅅ 격변화가 없는 '목'이었는데 현대어에 와서는 '몫'을 표준어로 하게 되었다.
목: '몫'의 옛말. ¶ᄯᅡᄒᆞᆫ 그딋 모ᄀᆡ 두고 남ᄀᆞ란 내 모ᄀᆡ 두어 둘히 어우러 精舍 ᄆᆡᆼᄀᆞ라 부텨ᄭᅴ 받ᄌᆞ보리라(석보상절 6:26). 이 심을 다ᄉᆞᆺ 모긔 ᄂᆞᆫ호와 ᄒᆞ나히 스므 근식 ᄒᆞ야(번역노걸대 하58).
결국 옛말 '목 – 몫'이 현대어에 와서는 정반대의 형태로 격변화를 보이게 된 매우 흥미로운 현상을 보여 준다. 앞의 '목ᄉᆞᆯ'(3:36ㄴ 주석 26), '물목시'(3:44ㄴ 주석 113) 참고.

49. 공력(功力/工力): 사람의 힘. 사람의 노동력. 공력(功力)이나 공력(工力). [원문] 鳩工. 鳩工: 인부를 모집하다, 노동자를 모으다. 공력.(功力): 애써서 들이는 정성과 힘. 공력(工力): ① 공부의 힘. ② 기술력.

50. 닙ᄶᅥ 질너 ᄡᅳ러ᄇᆞ리ᄂᆞᆫ: 냅다 질러 쓸어버리는. [원문] 衝刷. 충쇄(衝刷): (물결이 바위 따위를) 씻어내리다. 衝: 찌를, 맞부딪칠 충.
디ᄅᆞ다(→지르다): ① 지르다. 치다. ¶ᄒᆞ다가 ᄒᆞᆫ 體ㄴ댄 네 소ᄂᆞ로 ᄒᆞᆫ 활개 디ᄅᆞᆯ 時節에 네 활개 반ᄃᆞ기 알리니(능엄경언해 1:67). ② '찌르다'의 옛말. ¶罪人ᄋᆡ 모ᄆᆞᆯ 디ᄅᆞ며 시혹 입 고ᄒᆞᆯ 디ᄅᆞ며 시혹 ᄇᆡ와 둥과 딜어 虛空애 티티고 바ᄃᆞ며(월인석보 21:43). 刺ᄂᆞᆫ 디ᄅᆞᆯ씨라(월인석보 21:77). ③ 지르다. 꽂다. ¶御府엣 부들 와 머리예 디ᄅᆞ고 洞庭에 ᄇᆡᄅᆞᆯ 부러 ᄆᆡ옛도다(두시언해 21:13).
ᄣᅵᄅᆞ다: '찌르다'의 옛말. 모음으로 시작하는 어미 앞에서는 'ᄣᅵᆯ-'로 나타난다. ¶羊ᄋᆞᆯ ᄃᆞᆯ오 목 ᄣᅵᆯ어 더븐 피 바ᄃᆞ며(월인석보 23:75).

51. 고ᄃᆞᆫ: 곧은.

52. 도리(道理): 어떤 일을 해 나갈 방도.

53. 모라나려: 몰아내려.

모술 파고 골속에 ᄀᆡ쳔을 여러 물을 잇그러 모ᄉᆡ 드려 잠간 가두워 두엇다가 도로 하슈로 다힐[54] 거시니 만일 하쉬 능히 ᄲᆞᆯ니 흐르지 못ᄒᆞ거든 ᄀᆡ쳔을 여러 다른 하슈로 돌니고 만일 샹류의 못물이 반ᄃᆞ시 하슈로 통ᄒᆞ야 흘르고 능히 다른 길노 ᄯᅮᆯ치 못ᄒᆞᆯ쟈여 【11ㄱ】 든 가히 하슈 좌우가에 ᄀᆡ쳔을 여러[55] 믈을 바ᄃᆞᄃᆡ[56] 슈문[57]을 ᄆᆡᆫᄃᆞ러 져슈(貯水)ᄒᆞ고 ᄣᆡ를 ᄯᆞ라[58] 물골술 여러 ᄂᆡ여 보ᄂᆡ면 거의 슈셰(水勢)[59] 급지 아니ᄒᆞ야[60] 빗기[61] 터지지 아니ᄒᆞ리니 이 법이 물형셰[62]를 ᄲᆡ게[63] ᄒᆞ야 슈ᄌᆡ(水災)[64]를 면케 ᄒᆞᆯ ᄲᅮᆫ이 아니라 곳 챵일ᄒᆞ야 남치든[65] ᄯᆞ히 물이 마를 바를 바랄 거시오 물이 업던 뎐토(田土)의 ᄯᅩᄒᆞᆫ 물을 다힐지라[66] 그러나 하슈 다ᄉᆞ리ᄂᆞᆫ 법이 이의 더 요긴ᄒᆞᆫ 법이 이시니 운슈(運水)[슈명]와 하슈(河水)[67]에 진흙 막히ᄂᆞᆫ 곡졀을 샹고(詳考)ᄒᆞ건ᄃᆡ 그 폐단[68]이 도모지 황하슈 물골시 변ᄀᆡ(變改)ᄒᆞᆫ ᄃᆡ 이시니 녯젹의ᄂᆞᆫ 황하쉬 운슈를 건너더니 이졘즉 【11ㄴ】 운쉬 도로혀 황하슈를 건너니 이 하슈를 다ᄉᆞ리고져 ᄒᆞᆯ진ᄃᆡ 반ᄃᆞ시 판국에 온젼ᄒᆞᆫ 형셰를 료량ᄒᆞ고 도형을 ᄆᆡᆫᄃᆞ러[69] ᄉᆞ졍과 형셰를 다 알아야 바야흐로 향방(向

---

54. 다힐: 닿게 할. 댈. 다히다: '대다'의 옛말. ¶부텻 소ᄂᆞᆯ 손소 자ᄇᆞ샤 ᄌᆞ걋 가ᄉᆞ매 다히시고 누ᄫᅳᆫ 자리예 겨샤 合掌ᄒᆞ샤(월인석보 10:9).
55. 여러: 열어. 'ᄀᆡ쳔을 열어': [원문] 開溝.
56. 믈을 바ᄃᆞᄃᆡ: 물을 받되. 다른 곳에서는 대부분 '물'로 나오는데 '1:53ㄴ, 4:11ㄱ'에는 '믈'로 나옴.
57. 슈문: 수문(水門). [원문] 堰閘. 堰: 방죽 언. 閘: 수문 갑.
58. ᄣᆡ를 ᄯᆞ라: 때를 따라. [원문] 隨時.
59. 슈셰: 수세(水勢). 물살. 물이 흘러내리는 힘이나 형세. ¶좋은 집이니라, 풍광이 명미하고 수세도 순조롭고……(이문구, 관촌 수필).
60. 급지 아니ᄒᆞ야: 급하지 아니하여. [원문] 迂緩. 우완(迂緩): 느리고 더딤. 또는 막히고 걸림.
61. 빗기: 빗겨. 옆으로. '빗기 터지지 아니ᄒᆞ리니'는 물길이 급하지 않아 옆으로 터지지 않으리라는 뜻.
62. 물형셰: 물의 흐르는 형세. [원문] 水勢.
63. ᄲᆡ게: 빼게. 뽑게. 물형세를 빼게 한다는 것은 물살을 다른 데로 빼어 돌린다는 뜻. [원문] 殺水勢.
64. 슈ᄌᆡ: 수재(水災). [원문] 水災.
65. 남치든: 넘치던. 넘ᄶᅵ다: '넘치다'의 옛말. 바로 앞뒤로는 '넘쳐(4:9ㄴ), 넘지고(4:11ㄴ), 넘지기(4:12ㄴ)'가 나옴. 따라서 '이언'에는 '넘치-, 남치-, 넘지-'의 표기가 쓰였다. ¶넘ᄶᅵ며 글후미 ᄃᆞ외면 見覺은 火애 屬고 聞聽은 水예 屬호미 ᄇᆞᆰ도다(능엄경언해 8:102). 큰 功勳이 소ᄐᆡ 사겻ᄂᆞᆫ 게 넘ᄶᅧᆺ도다(두시언해 24:8).
66. 물을 다힐지라: 물을 댈지라. 관개(灌漑)할지라. [원문] 灌漑.
67. 운슈와 하슈: 운수(運水)와 하수(河水). 경항(京杭) 대운하와 황하강. [원문] 運河. '운수'는 '운하'[여기서는 경항(京杭) 대운하]를 가리키고, '하수'는 '황하강'을 가리킴. 경항 대운하는 수양제(隋煬帝) 때 만듦. 중국 동부의 북경과 항주(杭州)를 연결하는 물길. 하북(河北), 산동(山東), 강소(江蘇), 절강(浙江)의 네 개 성(省)을 지난다. 총 길이는 1,794㎞.
68. 폐단(弊端): 어떤 일이나 행동에서 나타나는 옳지 못한 경향이나 해로운 현상. [원문] 弊端.
69. 료량ᄒᆞ고 도형을 ᄆᆡᆫᄃᆞ러: 요량하고 도형을 만들어. 헤아려 판단하고 강들의 그림을 그려. [원문] 分別繪圖. 요량(料量). 앞일을 잘 헤아려 생각함. 또는 그런 생각.

方)[70]이 잇ᄉᆞᆯ 거시니 하나ᄒᆞᆫ 진강(鎭江)[71]으로 말ᄆᆡ암아 ᄃᆡᄋᆞ장(臺兒庄)[디명]에 니ᄅᆞ히[72] 륙ᄇᆡᆨ칠십 리 ᄯᆞ흘 법을 베프러 소통ᄒᆞ게 ᄒᆞ고 하나ᄒᆞᆫ 산동(山東) 덕쥬(德州)[73]로 말ᄆᆡ암아 텬진(天津)[74]에 니ᄅᆞ히 륙ᄇᆡᆨ 리 동안을 온당ᄒᆞ게 정돈ᄒᆞᆯ 거시니 대뎌 텬연(天然)ᄒᆞᆫ 하슈 길이 쟝마를 만난즉 넘지고[75] 가믈[76]을 만난즉 마르ᄂᆞᆫ 고로 셔국법(西國法)의 하슈를 다ᄉᆞ려 가믄[77]과 쟝마를 방비ᄒᆞ므로ᄡᅥ 급ᄒᆞᆫ ᄉᆞ무를 ᄉᆞᆷ으ᄂᆞ니 가 【12ㄱ】 믄을 방비ᄒᆞᄂᆞᆫ 법은 슈문을 베프러 져슈ᄒᆞᄂᆞᆫ ᄃᆡ 잇고 쟝마를 방비ᄒᆞᄂᆞᆫ 법은 슈문을 셰워 물을 ᄉᆡ게[78] ᄒᆞᄂᆞᆫ ᄃᆡ 이시며 심ᄒᆞ면 슈문을 ᄡᅡᆼ(雙)으로 셰우기의 니ᄅᆞ니 효험 보미 더옥 만코 물을 파고 치ᄂᆞᆫ 거ᄉᆞᆫ[79] 오히려 헐ᄒᆞᆫ[80] 거죄(擧措ㅣ)라[81] 근ᄅᆡ 하슈 맛튼 쟝슈(將帥)의 주문(奏文)[82]을 보니 젼혀 파고 치기[83]를 구ᄒᆞ고 둑을 ᄡᅡᆺ코 슈문을 셰우ᄂᆞᆫ 일은 도로혀 등한이 너기니 근본을 바리고 숫출 좃ᄂᆞᆫ 즉시라[84] 산동 셔편의 신황하(新黃河) 졉계(接界)ᄒᆞᆫ 곳을 샹고ᄒᆞ니 결단코 깁히 쳐셔 가히 셩공ᄒᆞᆯ ᄇᆡ 아니라 실노 하슈 바다로 더브러 평균ᄒᆞᆫ즉 벅벅이[85] 하슈를 파셔 바다 【12ㄴ】 물을 거두고 형셰를 인ᄒᆞ야 리(利)

70. 향방(向方): 방향. [원문] 把握.
71. 진강(鎭江): 전장(Zhenjiang). 중국 강소성(江蘇省) 남부에 있는 도시. 양자강(揚子江)과 대운하(大運河)가 교차하는 곳에 있어 남북 왕래의 요충지이다. 강북의 밀, 콩기름과 강남의 공업 제품이 교류된다.
72. 니ᄅᆞ히: 니르히. 이르도록. 이르기까지. ¶거믄고 노로ᄆᆞᆯ 이제 니르히 帝子ᄅᆞᆯ 슬노니(두시언해 11:7).
73. 덕쥬: 덕주(德州, 더저우 Dezhou). 중국 산동성(山東省) 북서부의 도시. 대운하(大運河)에 면하고 있으며 진포(津浦), 덕석(德石) 두 철도가 만나는 곳이다. 부근 농산물의 집산지이며, 공업도 활발하다.
74. 텬진: 천진(天津, 톈진 Tianjin). 중국 하북성(河北省)에 있는 중앙 정부 직할시. 화북(華北) 수운의 중심지이며 대운하, 백하강(白河江) 등이 합류한다.
75. 넘지고: 넘치고. '넘치-'의 중세형은 '넘ᄢᅵ-' 및 ㅂ 탈락형인 '넘ᄶᅵ-/넚디-'가 쓰이고 현대어 '넘치-'에 이르는데 '이언'에는 '넘ᄶᅵ-'의 구개음화형 '넘지-'가 쓰인 것으로 보임. ¶안ᄒᆞᆫ 오직 내 나며 더러우니 조티 아닌 거시 흘러 넘ᄢᅧ 구더기 잇논 ᄯᅡ히라(영가집언해 상35).
76. 가믈: 가물. 가뭄. 바로 뒤에는 '가믄'으로도 나옴.
77. 가믄: '가믈'의 이형 표기. 근대에 '먼니'(이언 1:8ㄱ)처럼 일부에 나타난 'ㄴ의 ㄹ' 대체 표기 현상으로 보인다.
78. ᄉᆡ게: 새게. 흘려보내게.
79. 물을 파고 치ᄂᆞᆫ 거ᄉᆞᆫ: 강바닥 찌끼를 파서 쳐내는 것은. [원문] 開抗. 抗: 물 퍼낼 유(요).
80. 헐ᄒᆞᆫ: 효과가 적은. 덜한. ¶肯忘人 니ᄌᆞᆷ 헐ᄒᆞᆫ 사ᄅᆞᆷ(동문유해 상13).
81. 물을 파고 치ᄂᆞᆫ 거ᄉᆞᆫ 오히려 헐ᄒᆞᆫ 거죄(擧措ㅣ)라: [원문] 開抗尙基次擧也: '파는 작업은 제일로 중요한 대책이 아니라 오히려 효과가 적은 차선의 대책이라'는 뜻.
82. 주문(奏文): 임금에게 아뢰는 글. [원문] 奏報.
83. 파고 치기: [원문] 開抗.
84. 즉시라: ᄌᆞᆺ + 이라. 것과 같으니라. '즉'(ᄌᆞᆺ): '것'과 동의적인 의존명사. 고어사전들과 '표준국어대사전'에는 'ᄌᆞᆺ'이 등재되어 있지 않으나 '이언'에는 'ᄌᆞᆺ'이 '1:27ㄱ, 2: 36ㄱ, 4:12ㄱ, 4:20ㄴ' 등에 쓰이고 있다.
'근본을 바리고 숫출 좃ᄂᆞᆫ 즉시라': [원문] 舍本逐末. 舍(=捨): 집, 버릴 사.
85. 벅벅이: 틀림없이.

ᄒᆞ게 인도ᄒᆞ야 져거슬 당긔여 여긔 부ᄒᆞᆯ 거시니 이졔 운슈[86]ᄂᆞᆫ 도로혀 바다보다 놉흐니 곳 깁히 칠지라도[87] 엇지 능히 바다물노 ᄒᆞ야곰 거ᄉᆞ려 힝ᄒᆞ게 ᄒᆞ랴 이ᄂᆞᆫ 근원 탐지ᄒᆞ기를 ᄆᆞᆺ당히 힘쁠 거시오 하나흔 ᄀᆞᆯ온 긔긔(機器)를 사미니 하슈 넘지기ᄂᆞᆫ ᄒᆞᆼ샹 진흙이 막힌 ᄃᆡ 말ᄆᆡ암으미니 진흙이 막히믈 면코져 ᄒᆞᆯ진ᄃᆡ 몬져 소통ᄒᆞ기를 ᄡᅬᄒᆞᆯ 거시나 그러나 진흙이 ᄡᅡ힌 거슬 만일 녯 법ᄃᆡ로 다ᄉᆞ리면 슈고롭고 ᄯᅩ 부비만 만히 들고 놉이 오ᄅᆡ면 여젼이 막힐지라 진강(鎭江)에 과쥬(瓜洲) 어귀ᄂᆞᆫ 조운션이 【13ㄱ】 반ᄃᆞ시 지날 바ᄅᆞᆯ 위ᄒᆞ야 ᄆᆡ년에 역군(役軍)을 분파ᄒᆞ야 쳐 바리니 허비ᄂᆞᆫ 만코 ᄇᆡᆨ셩을 슈고롭게 ᄒᆞᄃᆡ 일 년만 지나면 도로 머히니[88] 이ᄂᆞᆫ ᄇᆞᆰ히 증험(證驗)ᄒᆞᆯ[89] ᄇᆡ라 이졔 계교(計較)ᄒᆞ건ᄃᆡ[90] ᄆᆞᆺ당히 셔국(西國) 법을 의방(依倣)ᄒᆞ야 긔긔션(機器船)[91][ᄇᆡ에 고동 트러 노흔 거시라]으로 진흙을 파고 곳 진흙으로 두던[92]을 메우고 ᄡᅡ흐면 힘이 덜니고 공(功)은 갑졀이나 더ᄒᆞᆯ지라 하란국(荷蘭國)[93]의셔 물 다ᄉᆞ리ᄂᆞᆫ 법을 샹고ᄒᆞ니 두던의 극히 큰 풍거(風車)ᄅᆞᆯ 베프러 곳 ᄒᆡ풍(海風)을 바다 머믈지 안코 구을너[94] 스ᄉᆞ로 능히 물을 이운(移運)ᄒᆞ야 바다로 도라가게 ᄒᆞᆯ 거시오 ᄯᅩ 므릇 하슈와 바다 근쳐에다 방츅(防築)[95]을 【13ㄴ】 ᄡᅡ흐ᄃᆡ 놉기 ᄉᆞ오 쟝(丈)[96]의 니르ᄂᆞᆫ 재 잇고 혹 방츅 우희 길을 열고 물을 통ᄒᆞ야 ᄉᆡ여 나가게도 ᄒᆞ며 밧희 다히기도 ᄒᆞ리라 므릇 물길이 아ᄅᆡ가 쳐지고 가온ᄃᆡᄂᆞᆫ 오목ᄒᆞ야 가마 ᄀᆞᆺᄐᆞ면 홍슈 갑작이 발ᄒᆞ야 ᄡᅡ히고 흐ᄅᆞ지 안ᄂᆞᆫ 쟈ᄂᆞᆫ ᄆᆞᆺ당히 하란국 풍거ᄅᆞᆯ ᄡᅧ 물은 스ᄉᆞ로 바다로 드러가게 ᄒᆞ고 놉흔 방츅을 만히 ᄡᅡ흐면 거의 ᄲᅡᆯ니 부으며 빗기[97]

---

86. 운슈: 운수(運水). '운수'는 경항(京杭) 대운하를 가리킴. 앞의 주석 67 참고. [원문] 運河.
87. 칠지라도: 쳐낼지라도. 파낼지라도.
88. 머히니: 메이니. 머히다: 메이다. [원문] 淤塞. 어새(淤塞): (수로 따위가) 진흙으로 막힘.
메다: '메다'의 옛말. ¶모ᄀᆞᆯ 몌여 셜ᄫᅥ 주그니도 잇더라(석보상절 24:5). 주거믄 太行ㅅ길헤 몌옛고 피ᄂᆞᆫ 浚儀ㅅ거레 흘러 ᄃᆞᆫᄂᆞ니라(두시언해 20:33).
메다: 비치 메디 아니ᄒᆞ얫도다(色未塡, 두시언해 16:28).
89. 증험(證驗)ᄒᆞᆯ: 효험이 있을. 증험(證驗): 실지로 사실을 경험함. 또는 증거로 삼을 만한 경험.
90. 계교(計較)ᄒᆞ건ᄃᆡ: 서로 견주어 살펴보건대.
91. 긔긔션: 기기선(機器船). 동력선. '고동'은 '엔진'을 가리킴.
92. 두던: 두둑. 언덕. 두덩. ¶뎌 두던ㅅ 가온ᄃᆡ 잇도다(내훈 2:122). 龐公이 받가리를 그치고 두던 우희 잇거를 겨집과 ᄌᆞ식은 앏픠셔 기음 ᄆᆡ더니(번역소학 9:91). [원문] 岸.
93. 하란국(荷蘭國): '홀란드'(Holland)의 음역어. 홀란드: ① 12세기 초에 신성 로마 제국의 봉토로 설립된 나라. 1581년에 네덜란드 북부의 6개 주와 함께 에스파냐로부터 독립을 선포하였다. ② '네덜란드'의 영어 이름.
94. 구을너: 굴러. 구을다: 구르다. ¶轉: 구을 뎐(석봉 천자문 20).
95. 방츅: 방축(防築). '방죽'의 원말.
96. 쟝: 장(丈). 1장은 10자로 약 3미터 길이.
97. 빗기: 빗겨. 옆으로.

흐ᄅᆞᄂᆞᆫ 폐ᄅᆞᆯ 면ᄒᆞ야 륙디가 돈연(頓然)이[98] 물이 될 거시니 이ᄂᆞᆫ 리(利)ᄒᆞᆫ 긔계(機械)ᄅᆞᆯ ᄆᆞᆺ당히 방비(防備)ᄒᆞᆯ 거시오 하나흔 ᄀᆞᆯ온 쥬관(主管)ᄒᆞᄂᆞᆫ 관원을 갈힐 거시니 하슈ᄅᆞᆯ 다ᄉᆞ리ᄂᆞᆫ 소임이 ᄌᆞ못 쉽지 아니 【14ㄱ】 ᄒᆞᆫ지라 대개 하슈 길은 난호이고 합ᄒᆞᄂᆞᆫ 곳이 잇고 니러나고 업ᄃᆡᄂᆞᆫ[99] 근원이 잇고 ᄉᆡ고 흘너가ᄂᆞᆫ 곳이 이시니 만일 긍긍업업(兢兢業業)ᄒᆞ야[100] 녯 법을 직히면 비록 봉공(奉公)ᄒᆞ기ᄅᆞᆯ[101] 쳥렴ᄒᆞ게 ᄒᆞᆯ지라도 결단코 셩공ᄒᆞ기 어려올 거시오 그즁에 용렬(庸劣)ᄒᆞᆫ 쟈[102]ᄂᆞᆫ 녯 일만 준ᄒᆡᆼ(遵行)ᄒᆞ야 나라 ᄌᆡ물 허비ᄒᆞ야 졔 낭탁(囊橐)[103]을 ᄒᆞᄂᆞᆫ 고로 네로븟허 하슈 다ᄉᆞ리ᄂᆞᆫ 관원을 아ᄅᆞᆷ다온 과궐(窠闕)[104]노 너기ᄂᆞ니 나라 ᄌᆡ물을 만히 투식(偸食)ᄒᆞ고[105] 뢰물(賂物)이 후ᄒᆞᆷ을[106] 보지 아니ᄒᆞ야도 가히 알지라 그윽이 니ᄅᆞ건ᄃᆡ 하슈 다ᄉᆞ리ᄂᆞᆫ 관원은 모로미 학식이 근본이 잇고 간판ᄒᆞᆯ[107] 【14ㄴ】 ᄌᆡ죄 잇ᄂᆞᆫ 재라야 바야흐로 이 벼슬을 뎌당(抵當)ᄒᆞᆯ[108] 거시니 만일 그 다ᄉᆞ리미 실샹 공회(功效ㅣ) 잇거든 익은 슈단에 맛져 두어 거연이[109] 가라 쥬

---

98. 돈연이: 돈연(頓然)히. 갑자기. 돈연(頓然)하다: 조금도 돌아봄이 없다. 소식 따위가 끊어져 감감하다. 돈연히: ① 감감히. ¶그 후 며칠 동안이나 영식이도 아니 들여다보고, 이편에서 가기도 싫고 하여 그 뒤 소식은 돈연히 모르고 지냈다(염상섭, 취우). ② 어찌할 겨를도 없이 급하게.

99. 업ᄃᆡᄂᆞᆫ: 엎디는. 업ᄃᆡ다: 중세어 ‘업데다’, 현대어 ‘업디다’의 개화 표기형. 업데다 > 업ᄃᆡ다 > 업디다. 업데다: ¶尊者ᄭᅴ 가 밥 받ᄌᆞᆸ고 ᄡᅡ헤 업데여 禮數ᄒᆞ고 수러 합장ᄒᆞ야(석보상절 24:34). 눉믈 흘리고 悠悠히 벼개예 업데여서 왼소ᄂᆞ로 虛空애 그를 스노라(두시언해 11:14).
엎디다: ‘엎드리다’의 준말. 업더리다: ‘엎드리다’의 옛말. ¶香 머굼는 지비 머니 머므러 벼개예 업더렷는 ᄢᅵ로다(두시언해 20:41).

100. 긍긍업업(兢兢業業): 항상 조심하여 삼감. 또는 그런 모양.

101. 봉공(奉公)ᄒᆞ기ᄅᆞᆯ: 나라나 사회를 위하여 힘써 일하기를.

102. 용렬(庸劣)ᄒᆞᆫ 쟈: 변변하지 못하고 졸렬한 자. [원문] 不肖者.

103. 낭탁(囊橐): ① 자기의 차지로 만듦. 또는 그런 물건. 아람치. ¶나머지 이백만 원은 고스란히 황국택의 낭탁으로 들어간다(채만식, 돼지). 반찬단지를 모두 다 제 낭탁을 만들어 보잔 말이지(박종화, 임진왜란). ② 주머니. ¶낭탁이 비다 / 낭탁을 채우다. 囊: 주머니 낭. 橐: 전대 탁. [원문] 宦囊.
cf. 아람치: 개인이 사사로이 차지하는 몫. ¶검둥이는 수영이가 삼 년 전 겨울 방학에 잠깐 왔을 때 이웃 동네에서 소매 속에 넣고 와 복영의 아람치로 기른 강아지의 이름이다(심훈, 영원의 미소).

104. 과궐(窠闕): 벼슬자리에 결원(缺員)이 생기던 일. 窠: 보금자리 과. ‘아ᄅᆞᆷ다온 과궐’: [원문] 美缺.

105. 투식(偸食): ① 공금이나 공곡(公穀)을 도둑질하여 먹음. ② 아무 일도 하지 아니하고 먹고 지냄. 偸: 훔칠 투.

106. 뢰물이 후ᄒᆞᆷ을: 뇌물이 후함을. [원문] 苞苴之厚. 苞苴(포저): 예전에 물건을 싸는 것과 물건 밑에 까는 것이라는 뜻으로, 뇌물로 보내는 물건을 이르던 말. 苞: 더부룩할 포. 苴: 신바닥창 저.

107. 간판(幹辦): 주임(主任)이 되어 사물을 주관함. [원문] 幹濟者. cf. 간판(幹-): 일을 능숙하게 처리하는 배포 또는 배짱.

108. 뎌당ᄒᆞᆯ: 저당(抵當)할. 감당할.

109. 거연이: 거연(遽然)히. 갑자기. [원문] 遽. cf. 거연(巨然)하다: 크고 우람하다. 또는 당당하고 의젓하다. ¶사실 그의 거연한 태도에는 감심할 밖에 없었다(이기영, 신개지).
cf. 거연(居然)하다: ① 평안하고 조용하다. ② 동요되지 않거나 꼼짝하지 않다. ③ 심심하고 무료하다.

지[110] 말고[111] 벼슬과 샹 쥬기ᄅᆞᆯ 넉넉히 ᄒᆞ면 거의 셩공ᄒᆞ기ᄅᆞᆯ 가히 긔약ᄒᆞ고 물길을 편안이 ᄒᆞ고 경ᄉᆞ(慶事ㅣ) 장구(長久)ᄒᆞ리니 이ᄂᆞᆫ 인ᄌᆡᄅᆞᆯ 어든 효험이오 하나흔 ᄀᆞᆯ온 큰 부비ᄅᆞᆯ 획칙(劃策)ᄒᆞ미니 므릇 대ᄉᆞᄅᆞᆯ 창ᄀᆡ(創開)ᄒᆞᄆᆡ 반ᄃᆞ시 몬져 비샹(非常)ᄒᆞᆫ 부비ᄅᆞᆯ 모화야 이의 능히 셰샹에 업ᄂᆞᆫ 공을 일월 거시니 대뎌 하ᄂᆞᆯ의셔 비록 ᄌᆡ앙을 나리시나 ᄌᆡ앙을 면ᄒᆞ기ᄂᆞᆫ 인력을 ᄌᆞ뢰(資賴)ᄒᆞᄂᆞ니 비유컨ᄃᆡ 풍우상셜(風雨霜雪)[112]의 조화지리(造化之理) 【15ㄱ】 ᄂᆞᆫ 실노 무심즁에 나거니와 온가지로 ᄇᆡ포(排布/排鋪)ᄒᆞᄂᆞᆫ[113] 경륜(經綸)은 몬져 그 방비(防備)ᄒᆞᆷ을 구ᄒᆞ미니 긔어히 힘뻐 경비(經費)ᄅᆞᆯ 구쳐(區處)ᄒᆞ야[114] 실샹 일을 이의 구ᄒᆞ면[115] 거의 공졍(工程)이 견고ᄒᆞ고 물이 골슬 어더[116] 호번(浩繁)ᄒᆞᆫ[117] 부비ᄂᆞᆫ ᄒᆞᆫ ᄢᅢ의 이시나 유익ᄒᆞᆫ 공효ᄂᆞᆫ 만셰의 이시니 가령(假令) 쳔만금을 ᄡᅳᆫ즉 가히 셩공ᄒᆞ야 ᄇᆡᆨ셩이 그 복을 밧고 쳔만금을 아니 ᄡᅳᆫ즉 물이 터져 ᄇᆡᆨ셩이 살 길이 업ᄉᆞ니 경즁(輕重) 득실(得失)을 반ᄃᆞ시 분간ᄒᆞᆯ 재 이시리니 이ᄂᆞᆫ 조쳐ᄒᆞ기ᄅᆞᆯ 맛당히 급히 ᄒᆞᆯ ᄇᆡ라 대뎌 젼 셰샹의 ᄡᅳ던 법을 결단코 오ᄂᆞᆯ날 하슈 다ᄉᆞ리ᄂᆞᆫ ᄃᆡ ᄡᅳ지 못ᄒᆞᆯ 거시오 이곳 하 【15ㄴ】 슈 다ᄉᆞ리ᄂᆞᆫ 공으로 ᄯᅩ 져곳 하슈 다ᄉᆞ리ᄂᆞᆫ 법을 숨지 못ᄒᆞ리니 죵요(宗要)[118]ᄂᆞᆫ 시셰(時勢)ᄅᆞᆯ ᄉᆞᆲ혀 변통(變通)ᄒᆞ고[119] 디형을 인ᄒᆞ야 맛당ᄒᆞᆫ 도리ᄅᆞᆯ 지어 ᄆᆞᄋᆞᆷ을 졍(精)히 ᄒᆞ야 경영ᄒᆞ고 힘을 굿셰게 ᄒᆞ야 잡으면 가부간 맛당ᄒᆞ미 이실 거시니 감히 쳥컨ᄃᆡ 고명(高明)ᄒᆞᆫ[120] 의견에 질뎡(質定)ᄒᆞ려[121] ᄒᆞ노라[122]

---

110. 가라 쥬지: 갈아 주지. ᄀᆞᆯ다: '갈다'(替)의 옛말. cf. ᄀᆞᄅᆞ츠다: '갈아치다'(替, 代)의 옛말. 代: ᄀᆞᄅᆞ출 ᄃᆡ(훈몽자회 중1). 호은자 ᄀᆞᄅᆞ차 가포리라(번역박통사 상61).

111. 거연이 가라 쥬지 말고: (실제의 효과가 있으면 쌓은 경력으로 숙달해진 수단에 맡겨 두어) 서둘러 바꿔 주지 말고. [원문] 勿遽更.

112. 풍우상셜(風雨霜雪): 풍우와 상설. 바람과 비와 서리와 눈. [원문] 風霜雨雪.

113. ᄇᆡ포ᄒᆞᄂᆞᆫ: 배포(排布/排鋪)하는. 머리를 써서 일을 조리 있게 계획하는. 배포(排布/排鋪): ① 머리를 써서 일을 조리 있게 계획함. 또는 그런 속마음. 배짱. ¶배포가 두둑하다. ② 배치(排置). ③ 살림을 꾸리거나 차림. ¶설사 남같이 버젓하게 살림 배포를 해 가지고 상전의 집을 나가지 못한다 하더라도……(한설야, 탑).

114. 구쳐ᄒᆞ야: 구처(區處)하야. 변통하여 처리하여. 구처(區處): ① 사물을 따로따로 구분하여 처리함. ② 변통하여 처리함. 또는 그런 방법. ¶이 참에 차라리 달리 살 구처를 내 보자(이문열, 변경).

115. 실샹 일을 이의 구ᄒᆞ면: 실사구시하면. [원문] 實事求是.

116. 물이 골슬 어더: 물이 곬을 얻어. 물길을 바르게 찾아. [원문] 水得依歸. 依歸: 귀착하다.

117. 호번(浩繁)ᄒᆞᆫ: 번거롭게 많은. 호번(浩繁)하다: 넓고 크며 번거롭게 많다.

118. 죵요: 종요(宗要). 종지(宗旨)의 요긴한 뜻. 중요한 것.

119. 변통(變通): 형편과 경우에 따라서 일을 융통성 있게 잘 처리함. [원문] 通變.

120. 고명(高明)ᄒᆞᆫ: 고상하고 현명한.

121. 질뎡ᄒᆞ려: 질정(質定)하려. 질정(質定): 갈피를 잡아서 분명하게 정함. 문맥상 '질정'(質正: 묻거나 따져서 바로잡음)도 가능. [원문] 質.

122. 여기까지 본론이 끝나고 이하 부분은 줄을 바꿔 보충 내용을 전개하고 있음.

절강(浙江)[123] 아모 사ᄅᆞᆷ이 뎨언(堤堰)[둑막이라][124]의 공졍(工程)을 젼혀 일ᄉᆞᆷ으ᄆᆡ 리ᄒᆞᆫ 듯ᄒᆞᄃᆡ 해로오미 잇ᄂᆞᆫ 의론을 븟치미라

대뎌 뎨언(堤堰)이란 거ᄉᆞᆫ 물을 막으며 ᄇᆡᆨ셩을 호위ᄒᆞ【16ㄱ】ᄂᆞᆫ ᄇᆡ니 ᄇᆡᆨ셩을 호위ᄒᆞᆫ즉 리로오미 무어시 이의셔 크건ᄃᆡ 엇지 해롭다 말ᄒᆞᄂᆞᆫ고 리ᄒᆞᆫ 일이 잇ᄂᆞᆫ 바에 고금의 ᄆᆞᆺ당ᄒᆞ미 다르고 놉고 나즌 거시 형셰 달나 리ᄒᆞᆫ 듯ᄒᆞᄃᆡ 실샹 해로오미 이시믈 아지 못ᄒᆞ미니 물이 ᄂᆞᆸ써 질너 터질 ᄯᅢ에 파되(波濤ㅣ) 흉용(洶湧)ᄒᆞ니[125] 뎨언(堤堰)이 막히미 잇셔 ᄒᆞ야곰 횡ᄒᆡᆼ(橫行)치[126] 못ᄒᆞ게 ᄒᆞ야 우리 뎐토(田土)ᄅᆞᆯ 보젼ᄒᆞ니 그리ᄒᆞ미 심히 큰 거ᄉᆞᆯ 뉘라셔 해롭다 ᄒᆞ리오 그러나 시셰가 달나 리(利)의 큰 거시 곳 해(害)의 깁흔 거시니 시험ᄒᆞ야 ᄌᆞ셰히 말ᄉᆞᆷᄒᆞ리라 물의 셩픔이 아ᄅᆡ로 나아가믄 사ᄅᆞᆷ마【16ㄴ】다 알 거시니 직례ᄉᆡᆼ(直隷省)[127]의 잇ᄂᆞᆫ 물이 근원과 물갈ᄂᆡ 번다(繁多)ᄒᆞ야 ᄲᅡ져나가기ᄅᆞᆯ 싀훤이 못ᄒᆞ거ᄂᆞᆯ 이의 소통(疏通)ᄒᆞ야 인도ᄒᆞ기ᄅᆞᆯ 일ᄉᆞᆷ지 아니ᄒᆞ고 뎨언(堤堰)ᄒᆞ기[128]ᄅᆞᆯ 젼혀 일ᄉᆞᆷ으니 그 ᄡᅳᄂᆞᆫ 흙이 하슈 가온ᄃᆡ 진흙을 파셔 ᄡᅳ기 어려온즉 반ᄃᆞ시 근쳐에 잇ᄂᆞᆫ 뎐토ᄅᆞᆯ 우ᄇᆡ여[129] 팔 거시니 명년(明年)에 니ᄅᆞ면 뎨언(堤堰) 막은 흙이 졈졈 믄허 나려[130] 하슈로 드러가면 ᄯᅩ 반ᄃᆞ시 밧ᄎᆞᆯ 파ᄂᆡ여 슈츅(修築)ᄒᆞ리니 이ᄀᆞᆺ치 ᄒᆞ기ᄅᆞᆯ 년부년(年復年)ᄒᆞ면[131] 뎨언도 형톄 놉하지고 하슈 형톄도 ᄀᆞᆺ치 놉흐리니 하슈 형톄 더옥 놉흘ᄉᆞ록 디형은 인ᄒᆞ야 【17ㄱ】 더옥 나져질 거시오 그즁에 흐린 물이 ᄆᆞᆰ은 물에 셧기고 탁ᄒᆞᆫ 진흙이 모ᄅᆡ의 혼합되면 형셰 반ᄃᆞ시 하슈ᄂᆞᆫ 변ᄒᆞ야 밧치 되고 밧ᄎᆞᆫ 변ᄒᆞ야

---

123. 절강: 절강(浙江). 중국 동부의 동중국해 연안에 있는 지역 이름.

124. 뎨언: 제언(堤堰). 둑. 댐(dam).

125. 흉용(洶湧)ᄒᆞ니: 물결이 매우 세차게 일어나니.

126. 횡ᄒᆡᆼ치: 횡행(橫行)하지. 거리낌 없이 제멋대로 행동하지.

127. 직례ᄉᆡᆼ(直隷省): 직례성. 중앙의 직할 성. 명나라 때부터 수도가 관할하는 지역을 직례(直隷)라고 한다. 청나라 때의 직례성은 오늘의 북경(北京), 천진(天津), 하북성(河北省)의 대부분, 하남(河南), 산동(山東)의 일부분을 말한다. cf. 직례(直隷): 조정 또는 정부에 직접 예속됨. 직속.

128. 뎨언ᄒᆞ기: 제언(堤堰)하기. 둑쌓기.

129. 우ᄇᆡ여: 우비어. 후비어. 우의다 > 우ᄇᆡ다 > 우비다 · 후비다. ¶ᄲᅧ를 그처 骨髓 내오 두 눈ᄌᆞᅀᆞᄅᆞᆯ 우의여 내니라(석보상절 11:21). 畫師ㅣ 精妙ᄒᆞ야 造化의 굼글 工巧히 우의여 이 神俊ᄒᆞᆫ 양ᄌᆞᄅᆞᆯ 그려(두시언해 16:37).

130. 믄허 나려: 무너져 내려. '믄허-'는 대부분 '믄허 바리-, 믄허지-'로 쓰이는데 여기는 '믄허 나리-'가 쓰여 '믄흐-'를 따로 세울 근거로 볼 만하다. '표준국어대사전'은 '믄흐다'를 다음과 같이 따로 표제어로 세우고 있다. 믄흐다: '무느다'의 옛말. ¶일홈을 믄허 ᄇᆞ리며(어제내훈 1:26). 그 분묘를 믄허 ᄇᆞ리니(태평광기언해 1:29). Ⅱ. 해제. 4.1 (53) 논의 참고

131. 년부년ᄒᆞ면: 연부년(年復年)하면. 해를 거듭하면.

하쉬 될 거시니 일노 말ᄆᆡ암아 의론ᄒᆞ건ᄃᆡ 뎨언을 ᄡᆞ흔 쥴이 아니라 실샹은 하슈를 메으미니 하슈를 임의 메여 밧보다 두어 갑졀이 놉게 되면 물 셩픔이 아ᄅᆡ로 나려가ᄆᆡ 엇지 챵일(漲溢)ᄒᆞ야 횡힝치 아니ᄒᆞ랴 ᄯᅩ 물졍(物情)을 방문(訪問)ᄒᆞ니[132] 다 니ᄅᆞᄃᆡ 쇼민(小民)[133]이 슈환(水患)에 곤ᄒᆞᆫ 쟈ᄂᆞᆫ 십분에 삼분[134]이오 뎨언 ᄡᆞ키에 곤ᄒᆞᆫ 쟈ᄂᆞᆫ 십분의 칠분이라 물목시 터질 ᄯᆡ의 셔로 바라 【17ㄴ】 보며 ᄒᆞᆫ탄ᄒᆞᆯ 졔 밧츤 경죵(耕種)ᄒᆞ기[135] 어려온지라 부득불 싱계를 달니 도모ᄒᆞ니 ᄒᆞᆫ 사ᄅᆞᆷ의 근력(筋力)을 다ᄒᆞ야 두어 식구의 잔명(殘命)을 보젼ᄒᆞ려 ᄒᆞ거ᄂᆞᆯ 엇지ᄒᆞ야 ᄇᆡᆨ셩을 블너 모화 뎨언(堤堰) ᄡᆞ키를 판비(辦備)ᄒᆞᆯᄉᆡ[136] 쟝뎡군(壯丁群)[137]은 슈족의 모시 박이도록 일을 ᄒᆞ고 로약(老弱)은 ᄇᆡ골파[138] 죽으려 ᄒᆞᄂᆞᆫ지라 형벌의 ᄶᅩᆺ기고 셰력의 못 견ᄃᆡ여 일을 ᄒᆞ다가 요힝 역ᄉᆞ(役事)를 맛출지라도 ᄉᆡ로 ᄡᆞ흔 진흙이 능히 견고치 못ᄒᆞ거ᄂᆞᆯ 무식ᄒᆞᆫ 쇼민들이 뎨언을 ᄡᆞ하 셩공ᄒᆞ믈 보고 족히 미들 ᄇᆡ 이시리라 ᄒᆞ야 물이 ᄲᅡ지고 마른 곳에 온가지로 【18ㄱ】 닥달ᄒᆞ고 비로쇼 밧 갈고 심엇다가 밋쳐 츄슈ᄒᆞ지 못ᄒᆞ야 가을비의 챵쉬[139] 니러나 뎨언이 다 터지니 만민의 고ᄐᆡᆨ(膏澤)[140]을 망망대하(茫茫大河)에 바리니 디형이 나즌 고을 십여 쥐(州ㅣ) 슈환(水患)을 닙은 지 십삼 년이니 뎨언을 젼혀 힘ᄡᅳᄂᆞᆫ 거시 족히 미들 거시 업ᄉᆞ미 분명ᄒᆞᆫ지라 비록 나라의셔 진휼(賑恤)ᄒᆞ나[141] 어든 거시 일흔 거ᄉᆞᆯ 갑지 못ᄒᆞ고 뎨언 ᄡᆞᆺᄂᆞᆫ 구실[142]은 인ᄒᆞ야 면ᄒᆞ기 어려온지라 졀강 사ᄅᆞᆷ 아모 등이 민호(民

---

132. 물졍(物情)을 방문(訪問)ᄒᆞ니: 물정을 알아보고자 찾아다니며 방문하여 여론을 들어보니. [원문] 訪諸輿情.

133. 쇼민: 소민(小民). 조선 중엽 이후에 평민을 일컫던 말. 상민. 상인(常人).

134. 십분에 삼분: 십분의 삼분. 열 중의 셋. 10분의 3. [원문] 十之三. 분(分): ①(수사 뒤에 붙어) '전체를 그 수만큼 나눈 부분'의 뜻을 더하는 접미사. ¶3분의 1. ②(일부 명사 또는 수량, 기간을 나타내는 명사구 뒤에 붙어) '분량'의 뜻을 더하는 접미사. ¶감소분 / 초과분 / 1년분.

135. 경죵ᄒᆞ기: 경종(耕種)하기. 논밭을 갈고 씨를 뿌리기. ¶쌀과 보리 중심의 전통적인 경종 양식.

136. 판비(辦備)ᄒᆞᆯᄉᆡ: 판비할새. 마련하여 준비할새. cf. –ㄹ새: (예스러운 표현으로) 이미 사실로 된 일이나 진행 중인 일을 들어 뒤 절에 나타난 일의 원인이나 이유, 근거, 전제 따위로 쓰임을 나타내는 연결 어미. ¶이윽고 달빛이 밝을새 앞길이 훤히 드러났다.

137. 쟝뎡군: 장정군(壯丁群). 청장년층. [원문] 少壯.

138. 골파: 배고파. 중세 때 '골ᄑᆞ다'로 쓰이던 것이 조선말에 '골프다'의 활용형으로 여전히 쓰이고 있음을 보여 주는 예이다.

139. 챵쉬: 챵슈(漲水) + ㅣ(주격). 창수(漲水): 큰물이 져서 넘치는 물.

140. 고ᄐᆡᆨ: 고택(膏澤). ①기름진 혜택. 남의 은혜와 덕택. ②이슬과 비의 혜택. ③고혈(膏血). ④땅이 기름지고 윤택함. 또는 그 땅. 여기서는 ④의 뜻.
'만민의 고ᄐᆡᆨ': [원문] 萬姓脂膏. 지고(脂膏): 지방(脂肪).

141. 진휼(賑恤)ᄒᆞ나: 흉년에 곤궁한 사람을 도와주나.

142. 구실: 부역(賦役)의 의무.

戶)[143]를 사실(査實)ᄒᆞ야[144] 죠왕하(趙王河)[하슈 일홈] 븍편 두던과 대쳥하(大淸河)[하슈 일홈] 남편 두던에 두로 단닐ᄉᆡ 드ᄅᆞᄆᆡ 당도지인(當道之人)[145]이 주쳥(奏請)ᄒᆞ【18ㄴ】야 량식 조운(漕運)ᄒᆞᄂᆞᆫ 진텹(津貼)[146]을 쥬어[147] 촌민으로 ᄒᆞ야곰 뎨언을 슈츅(修築)ᄒᆞ게 ᄒᆞᆫ다 ᄒᆞ니 민졍(民情)을 톄탐(體探)ᄒᆞ야[148] 무휼(撫恤)ᄒᆞ미[149] 지극지 아니ᄒᆞ미 아니로ᄃᆡ 다만 뎨언 기리 팔쳔여 쟝(丈)이오 그 ᄉᆞ이의 평탄ᄒᆞ고 험ᄒᆞᆫ ᄃᆡ와 슈ᄌᆡ(水災)와 한ᄌᆡ(旱災)를 방비ᄒᆞᄆᆡ 공력이 심히 크니 비록 진텹이 이시나 오히려 민력(民力)을 아니 비지[150] 못ᄒᆞᆯ 거시오 샹고컨ᄃᆡ 하슈 가의 이십팔 촌락이 이시나 져마다 거의 쥭게 된 ᄇᆡᆨ셩들이오 졔 힘으로 버러먹을 만ᄒᆞᆫ 쟈를 구ᄒᆞ면 ᄇᆡᆨ에 하나흘 엇지 못ᄒᆞᆯ 거시니 강잉(强仍)ᄒᆞ야[151] 이 역ᄉᆞ(役事)를 시기면 ᄯᅩᄒᆞᆫ 어렵지 아【19ㄱ】니ᄒᆞ랴 ᄯᅩ 드ᄅᆞ니 역ᄉᆞᄒᆞᆯ 즈음에 공방(工房)[152][역ᄉᆞ를 감동(監董)ᄒᆞᄂᆞᆫ[153] 사ᄅᆞᆷ이라]이 역ᄉᆞᄒᆞᄂᆞᆫ 쳐소에 ᄯᅡ라 단니며 도쳐의 소비(所費)[154]를 토ᄉᆡᆨ(討索)ᄒᆞ다가[155] 만일 졔 욕심의 ᄎᆞ지 못ᄒᆞ면 역ᄉᆞᄒᆞᄂᆞᆫ 공졍이 쥰젹(準的)[156]이 되지 못ᄒᆞ믈[157] ᄎᆡᆨ망ᄒᆞ야 동혀ᄆᆡ기도[158] ᄒᆞ며 ᄐᆡ벌(笞罰)[159]도

---

143. 민호(民戶): 민가.

144. 사실(査實)ᄒᆞ야: 사실을 확실하게 조사하여.

145. 당도지인(當道之人/當塗之人): 학문과 도를 닦는 사람. 나라 일을 맡아보는 사람. 당국자. 관리. [원문] 當道. cf. 당도(當塗/當途): 정권을 잡음, 중요한 위치에 있음. 때를 만남.

146. 진텹: 진첩(津貼). 보조금. 조운(漕運) 수당. 津: 나루, 함치르르할, 윤택할 진. 貼: 붙을, 전당잡힐 첩. '津貼'은 "생활에 윤택을 더할 수 있는 보조금, 보너스"의 뜻으로 지금도 쓰이고 있음.

147. 당도지인이 주쳥ᄒᆞ야 량식 조운ᄒᆞᄂᆞᆫ 진텹을 쥬어: [원문] 聞當道請撥漕米津貼: 권력자에게 아뢰어 식량을 조운할 수당을 지급하게 하여.

148. 톄탐ᄒᆞ야: 체탐하여. 체탐(體探): 몸소 알아봄.

149. 무휼(撫恤): 어려운 처지에 있는 사람을 불쌍히 여겨 위로하고 물질로 도움. 휼무.

150. 비지: '빌지'(借) ㄹ 탈락형. 빌려 의지하지. [원문] 資.

151. 강잉(强仍)ᄒᆞ야: 억지로 참아. 또는 마지못해 그대로 하여.

152. 공방(工房): ① 조선 시대에 승정원이나 각 지방 관아의 육방 가운데 공예 · 건축 · 토목 공사 따위에 관한 일을 맡아보던 부서. ② 공방아전. [원문] 工房.

153. 감동(監董): ① 감독하여 바로잡음. ② 감동관(監董官). 감동관(監董官): ① 조선 시대에 국가의 토목공사나 서적 간행 따위의 특별한 사업을 감독·관리하기 위하여 임명하던 임시직 벼슬. ② 대한제국 때에 비원(祕苑)의 관리를 위하여 두었던 벼슬. 감역관. 董: 바로잡을, 물을 동.

154. 소비(所費): 일에 든 비용.

155. 토ᄉᆡᆨᄒᆞ다가: 토색(討索)하다가. 금품을 억지로 달라고 조르다가.

156. 쥰젹: 준적(準的). 활쏘기에서 표적을 겨냥함. 여기서는 표준이나 목표.

157. 역ᄉᆞᄒᆞᄂᆞᆫ 공졍이 쥰젹(準的)이 되지 못ᄒᆞ믈: 역사(役事)하는 공정(工程)이 목표 수치에 일치 부합하지 못함을. [원문] 尺丈不符.

158. 동혀ᄆᆡ기도: 동여매기도. 포승으로 동여매 잡아가기도. [원문] 縲絏. 유설(縲絏/縲紲): 죄인을 검은 포승으로 묶음. 잡혀 감. 縲: 포승 류. 絏(=紲): 맬, 고삐, 오랏줄 설.

159. ᄐᆡ벌: 태벌(笞罰). 태형. [원문] 鞭撲. 鞭: 채찍 편. 撲: 칠 박. ¶허물이 있는데도 고치지 않거든 그들 스스로 태벌을 가하게 하고, 마을에 선행을 하는 자가 있거든 그를 천거하여 조정에 알릴 것이

ᄒᆞᆫ다 ᄒᆞ니 ᄒᆞᆫ 고을이 이럴진ᄃᆡ 타읍을 가지라 이러므로 쇼민(小民)들이 ᄒᆞᆫ 번 뎨언 빳ᄂᆞᆫ단 말을 드ᄅᆞ면 황공(惶恐)ᄒᆞ고 국츅(跼縮)ᄒᆞ기ᄅᆞᆯ[160] 슈화(水火)ᄅᆞᆯ 피ᄒᆞ기도곤[161] 심히 ᄒᆞ야 류리산망(流離散亡)ᄒᆞ야[162] 남은 ᄇᆡ 업ᄉᆞ리니 슬프다 려염(閭閻)의 ᄌᆡ력은 뎨언의 샹ᄒᆞ고[163] 뎐장(田莊)[164]은 뎨언에 파ᄒᆞ고 가쇽(家屬)은 뎨언에 ᄒᆞᆺ허지 【19ㄴ】 니 ᄇᆡᆨ셩을 호위ᄒᆞᄂᆞᆫ 졍ᄉᆡ 도로혀 ᄇᆡᆨ셩의게 앙화(殃禍)를 ᄭᅵ치ᄂᆞᆫ지라 ᄇᆡᆨ셩의게 유의(有意)ᄒᆞᄂᆞᆫ 재 이런 일을 ᄎᆞ마 ᄒᆞ랴 임구(任邱)[165][디명]에 쳔 리 되ᄂᆞᆫ 뎨언(堤堰)을 ᄡᅡ흐ᄆᆡ 창고를 여러[166] 관가의셔 판비(辦備)ᄒᆞ니 ᄇᆡᆨ셩을 병들게 ᄒᆞᄂᆞᆫ 졍ᄉᆡ 아닐 ᄃᆞᆺᄒᆞᄃᆡ 안쥬(安州)[167][디명]ᄂᆞᆫ 아홉 하슈에 도회쳐(都匯處)[168] 되고 임구 셔편 물가에 련졉ᄒᆞ여시니 샹류의셔 창쉬(漲水ㅣ) 셩ᄒᆞᆯ ᄣᅢ에 쳥하(淸河)[169] 물이 ᄯᅩ 동편 물가에 진흙이 막히믈 인ᄒᆞ야 것구로 나가 셔흐로 가ᄆᆡ 물이 뎨언보다 놉하 그 형셰 ᄆᆡᆼ렬ᄒᆞ니 쇼민(小民)들이 급ᄒᆞᆫ ᄌᆡ앙을 구ᄒᆞ려 ᄒᆞ야 형셰 반ᄃᆞ시 즁인(衆人)을 모하 파 【20ㄱ】 닐 거시니 린국(隣國)의 비록 험ᄒᆞᆫ 일이 잇셔도 ᄀᆡ탄(慨歎)ᄒᆞ지 아니ᄒᆞ고 다라나리니[170] 관가법에 금ᄒᆞ기 어려올 재 잇슬지라 ᄒᆡ마다 이런 큰 ᄌᆡ물을 모손(耗損)ᄒᆞᄃᆡ 큰 판국의ᄂᆞᆫ 유익ᄒᆞ미 업ᄉᆞ니 엇지 리ᄒᆞᆫ ᄃᆞᆺᄒᆞᄃᆡ 해로오미 아니냐 춍이언지(總而言之)ᄒᆞ면[171] 하슈ᄅᆞᆯ ᄭᅵ고 ᄡᅡ흔 뎨언은 임이[172] 하슈ᄅᆞᆯ 메고 ᄯᆞ흘 파며 물을 호위ᄒᆞᄂᆞᆫ 뎨언은 실샹 후환을 방비ᄒᆞ야 ᄂᆡ흘 막으미 니젼(以前)의ᄂᆞᆫ 하쉬 깁허 흐ᄅᆞ기ᄅᆞᆯ 싀훤이 ᄒᆞᄆᆡ 뎨언을 ᄒᆞᆫ 번 ᄡᅡ흐면 가히 수년을 견ᄃᆡ더니 이졔ᄂᆞᆫ 하쉬 메이고 흐르ᄂᆞᆫ 길이 막히ᄆᆡ ᄒᆡ마다 뎨언을 슈 【20ㄴ】 츅ᄒᆞ

며……(번역 선조실록).

160. 국츅: 국축(跼縮): 황공하여 몸을 굽힘. 국척(跼蹐). 국천척지(跼天蹐地). [원문] 觳觫. 곡속(觳觫): ①무서워서 벌벌 떪. ②죽기를 무서워함. 전율(戰慄). 진율(震慄). 觳: 뿔잔 곡. 觫: 곱송그릴 속.

161. 슈화(水火)ᄅᆞᆯ 피ᄒᆞ기도곤: 수화(水火)를 피하는 것보다. '도곤': 비교의 조사. '보다'.

162. 류리산망: 유리산망(流離散亡). 이곳저곳으로 떠돌아다니며 흩어짐. 유리표박(流離漂泊). 유리방황(流離彷徨). [원문] 流離逃徙.

163. 샹ᄒᆞ고: 상(傷/喪)하고. 손상을 입고. [원문] 喪.

164. 뎐장: 전장(田莊). 개인이 소유한 논밭.

165. 임구(任邱): 지금의 하북성 임구(任邱, 런치우).

166. 창고를 여러: 관청의 창고를 열어. [원문] 發帑. 발탕(發帑): 창고를 엶. 帑: 금고 탕.

167. 안쥬: 하북성 안주(安州, 안저우).

168. 도회쳐: 도회처(都匯處). 모든 물이 모이는 곳. 회처(匯處): 물이 돌아 나가는 곳. '안주는 아홉 갈래의 강이 모두 회합하는 곳이 되고'의 뜻. [원문] 安州爲九河之匯 匯: 물 합할, 물돌아 모일 회.

169. 쳥하: 청하(淸河). 하북성 동남쪽에 있는 강이름.

170. 다라나리니: 달아나리니. [원문] 挺而走險. 挺: 뺄, 이탈할 정.

171. 춍이언지(總而言之)ᄒᆞ면: 요컨대. [원문] 總之. 총지(總之): 요컨대, 총괄적으로 말해서. 한마디로 말하면. 하여간. 아무튼. 결국. 어쨌든.

172. 임이: '임의'의 오기. 이미. [원문] 旣. '이언'에는 '임의'로 표기되는데 이곳에서만 '임이'로 나옴.

야도 도로혀 층층이 물길을 막ᄂᆞᆫ 즉시라 곳 각쳐에 하슈를 감(減)ᄒᆞᆯ지라도 ᄯᅩᄒᆞᆫ 유명무실ᄒᆞ니 녯 물은 삭기[173] 어렵고 ᄉᆡ 물은 차기 쉬워 뎨언을 밋기 어려온 쥴 분명히 알ᄃᆡ 감히 아니 슈츅ᄒᆞ지 못ᄒᆞ야 향곡(鄕曲)[174]에 라약(懦弱)ᄒᆞᆫ 량민들이 역ᄉᆞ에 괴로오믈 견ᄃᆡ기 어려오ᄃᆡ 하졍(下情)을 샹달(上達)ᄒᆞᆯ 길이 업고[175] 그즁에 ᄃᆡ경을 셔로 닷토와 숑ᄉᆞ(訟事)ᄒᆞᄂᆞᆫ 폐단을 면키 어려오ᄆᆡ 용렬(庸劣)ᄒᆞᆫ 관원이 이 일를 빙자(憑藉)ᄒᆞ야 요리(要利)ᄒᆞᆯ[176] 길을 ᄉᆞᆷᄂᆞ니 이런 일이 죵죵 ᄒᆞᄃᆡ 이로 긔록지 못ᄒᆞᆯ지라 근원을 ᄆᆞᆰ켜 미려(尾閭)[177]를 통치 못ᄒᆞ고 다만 모 【21ㄱ】 ᄃᆞᆫ 물 흉복(胸腹)[178]을 가로막아 ᄉᆞᆫ흐랴 ᄒᆞ니 ᄋᆞ히 우ᄂᆞᆫ 거ᄉᆞᆯ 믜워ᄒᆞ야 그 입을 막ᄂᆞᆫ 것과 엇지 다르리오 그러ᄒᆞᆫ즉 오ᄂᆞᆯᄂᆞᆯ을 당ᄒᆞ야 슈환을 획칙(劃策)ᄒᆞᆯ진ᄃᆡ 오직 ᄉᆡ 하슈를 널니 여러 ᄡᅡ힌 물[179]을 ᄲᅡ지게 ᄒᆞ야 도라갈 길을 터 노흐면 거의 뎨언을 ᄒᆞᆫ 번 ᄡᅡ하 길게 견고ᄒᆞ고 물이 비록 크나 사라지기 쉬올 거시니[180] 진실노 이 ᄀᆞᆺ틀진ᄃᆡ 쟝ᄎᆞᆺ ᄆᆡᆨ락이 관통ᄒᆞ야 해를 졔ᄒᆞ고 리를 니ᄅᆞ혀지[181] 못ᄒᆞ랴 엇지ᄒᆞ면 물형셰를 난호며 엇지ᄒᆞ면 물 흐르ᄂᆞᆫ 거ᄉᆞᆯ 통ᄒᆞ게 ᄒᆞ며 ᄉᆡ로 여ᄂᆞᆫ 하슈

---

173. 삭기: 줄어들기. '녯 물은 삭기 어렵고': [원문] 舊潦難消. 潦: 큰물결 로. 消:사라질 소. 삭다: (음식이) 삭다. 줄다. 소멸하다.

174. 향곡(鄕曲): 시골구석. ¶도성과 향곡 / 우리 도인들은 거개가 향곡의 천민이오나 어찌 왜양이 나라를 좀먹고 있다는 것쯤 모르겠습니까?(송기숙, 녹두 장군)

175. 하졍(下情)을 샹달(上達)ᄒᆞᆯ 길이 업고: 아래의 뜻을 위에 알릴 길이 없고. [원문] 下情莫達.
하졍: 아랫사람의 뜻. 하정(下情): ①어른에게 대하여, 자기 심정이나 뜻을 겸손하게 이르는 말. ②아랫사람들의 사정. ¶감사 이윤경이 사람이 자상하여 하정을 잘 살피는 까닭에……(홍명희, 임꺽정). 홍섭이 아내에게는 자기 남편같이 상냥하고 하정 잘 알고 싹싹한 사람은 다시없다(한설야, 탑).

176. 요리(要利)ᄒᆞᆯ: 재물을 불려 이익을 늘릴. 식리할. 식리(殖利): 재물을 불리어 이익을 늘림. 요리(要利). 흥리(興利). 이식(利殖). ¶하상오는 자수성가를 한 그 아버지—하 감역만 못지않게 식리의 눈이 밝다(이기영, 신개지).

177. 미려(尾閭): 전설에서, 바다의 깊은 곳에 있어 물이 끊임없이 새어 든다는 곳.

178. 흉복(胸腹): ①가슴과 배를 아울러 이르는 말. ②가슴의 복부. '물흉복'은 물 가운데를 가리킴. [원문] 水之腹.

179. ᄡᅡ힌 물: 쌓인 물. 비가 많이 내려 저수(貯水)된 물. [원문] 潦水. 潦: 큰 물결, 장마 로.
ᄡᅡᇂ다: '쌓다'의 옛말. ¶프른 시내헤 몬져 蛟龍ᄋᆡ 굼기 잇ᄂᆞ니 돌콰 나모왜 뫼ᄀᆞ티 ᄡᅡ하도 구틔여 便安티 몯ᄒᆞ리로다(두시언해 25:20). 積 ᄡᅡᄒᆞᆯ 젹(신증유합 하58).
쌓다: ¶모로매 劫을 디내야 行ᄋᆞᆯ 싸커니와(법화경언해 1:203). 중세에 'ᄡᅡᇂ다/쌓다'가 공존하였음.
ᄡᅡ히다: ¶날마다 구루미 ᄡᅡ힌 ᄃᆞᆺᄒᆞ니라(두시언해 8:20).
싸히다: ¶싸홈 업수미 이 眞實ㅅ布施라(無所蘊積 是眞布施, 금강경언해 25).
빠히다: ¶ᄆᆞ옴의 ᄆᆡ친 실음 첩첩이 빠혀 이셔(송강가사 1:11).

180. '사라지기 쉽다'(易消)와 '녯 물은 삭기 어렵고'(難消)'를 비교하면 '消'는 '사라지다, 삭다'로 번역되어 동의 관계를 보임.

181. 니ᄅᆞ혀지: 일으키지. 니ᄅᆞ혀다/니르ᅘᅧ다: '일으키다'의 옛말. ¶뉘 愛樂ᄒᆞ뇨 무르샤ᄆᆞᆫ 妄本ᄋᆞᆯ 무러 니ᄅᆞᅘᅧ시니라(능엄경언해 1:45). 그 겨지비 밥 가져다가 머기고 자바 니르ᅘᅧ니 그 後로 夫妻라 ᄒᆞᆫ 일후미 나니(월인석보 1:44).

ᄂᆞᆫ 너븨와 깁기[182]ᄅᆞᆯ 언마나[183] ᄒᆞ여야 【21ㄴ】 바야흐로 가히 폐단이 업ᄉᆞ리라 ᄒᆞᄂᆞᆫ ᄃᆡ 니ᄅᆞ러ᄂᆞᆫ ᄉᆞ졍과 형편을 몸쇼 밟아보지 못ᄒᆞ여시ᄆᆡ 감히 망녕도이 의론ᄒᆞ지 못ᄒᆞ거니와 그리 아니ᄒᆞ면 관원과 ᄇᆡᆨ셩이 ᄒᆞᆷ긔 곤ᄒᆞ미 무궁(無窮)ᄒᆞᆫ ᄃᆡ 니ᄅᆞᆯ 거시니 오히려 비나니 국가의 유의(有意)ᄒᆞᄂᆞᆫ 재 급히 니러나 곳쳐[184] 도모ᄒᆞᆯ지어다 이ᄂᆞᆫ 졀강(浙江) 아모 사ᄅᆞᆷ이 직례ᄉᆡᆼ(直隸省)의 가 진휼(賑恤)[185]을 쥬다가 물에 리로온 형젹(形迹)[186]을 목도(目睹)ᄒᆞ고[187] 이 의론을 지어시니 말ᄉᆞᆷ은 다 간졀ᄒᆞ고 진실ᄒᆞ며 념려ᄂᆞᆫ 극히 쥬밀(周密)ᄒᆞ고[188] 쇼샹(昭詳/消詳)ᄒᆞ며[189] 그 후환을 방비ᄒᆞᄂᆞᆫ ᄃᆡ 몬져 【22ㄱ】 ᄒᆞᆯ ᄇᆡ ᄯᅩᄒᆞᆫ 오직 하슈 갈ᄂᆡ를 열고 ᄡᅡ힌 물을 ᄲᅢ지게 ᄒᆞ며 도라갈 길을 인도ᄒᆞᆯ ᄯᆞᄅᆞᆷ이라 물을 다ᄉᆞ리ᄂᆞᆫ 죵요로온 법[190]이 근본이 이의 버셔나지 아니ᄒᆞᆯ지니 소견이 셔로 ᄀᆞᆺᄐᆞ믈 인ᄒᆞ야 여긔 븟쳐 긔록ᄒᆞ야[191] 당도지인[192]이 ᄏᆡ여 쓰기ᄅᆞᆯ[193] ᄀᆞᆺ쵸왓노라

---

182. 너븨와 깁기: 너비와 깊기. [원문] 寬深.
183. 언마나: 얼마나. 언마: '얼마'의 옛말. ¶善女人이 能히 法華經을 바다 디녀 닐그며 외와 通利커나 經卷을 쓰거나 ᄒᆞ면 언맛 福ᄋᆞᆯ 得ᄒᆞ리잇고(석보상절 21:21).
184. 곳쳐: 고쳐. [원문] 改.
185. 진휼(賑恤): 흉년을 당하여 가난한 백성을 도와줌. 섬휼(贍卹). 주진(賙賑). 진구(賑救). 진제(賑濟).
186. 형젹: 형적(形迹). 남은 흔적. [원문] 情形.
187. 목도(目睹)ᄒᆞ고: 보고. 목격하고. [원문] 目擊.
188. 쥬밀ᄒᆞ고: 주밀(周密)하고. 허술한 구석이 없고 세밀하고.
189. 쇼샹ᄒᆞ며: 소상(昭詳/消詳)하며. 아주 상세하며.
190. 물을 다ᄉᆞ리ᄂᆞᆫ 죵요로온 법: 치수하는 중요한 법. [원문] 治水要訣.
191. 븟쳐 긔록ᄒᆞ야: 붙여 기록하여. 부록을 달아. [원문] 附錄.
192. 당도지인(當塗之人/當道之人): 당국자. 당사자. [원문] 當事者.
193. ᄏᆡ여 쓰기ᄅᆞᆯ: 캐어 쓰기를. 채택하여 쓰기를. [원문] 采擇.

【ᄉᆞ권 23ㄱ】

론 허비(論虛費)

[헛된 부비(浮費)[1]를 의론ᄒᆞ미라]

그윽이 니ᄅᆞ건ᄃᆡ 텬도(天道)는 착ᄒᆞᆫ 사ᄅᆞᆷ의게 복을 나리시고 음란ᄒᆞᆫ 사ᄅᆞᆷ의게 앙화(殃禍)[2]ᄅᆞᆯ 나리시ᄂᆞ니 덕된 일을 오ᄅᆡ ᄒᆞ고 어진 일을 만히 ᄒᆞ기ᄅᆞᆯ 오직 긔약ᄒᆞᆯ 거시어ᄂᆞᆯ 셰샹 사ᄅᆞᆷ이 신도(神道)의게[3] 아쳠ᄒᆞ며 부쳐의게 아당(阿黨)ᄒᆞ야[4] 긔도(祈禱)ᄒᆞ기ᄅᆞᆯ 젼혀 일ᄉᆞᆷ으니 셰쇽이 셔로 슝샹(崇尙)ᄒᆞ야 견고ᄒᆞ미 가히 ᄭᆡ칠[5] 길이 업ᄂᆞᆫ지라 외방(外邦) 각 ᄉᆡᆼ(省)의ᄂᆞᆫ 밋쳐 깁히 아지 못ᄒᆞ거니와 월동(粵東)[6]의셔 ᄆᆡ양 칠월 즁슌이면 우란셩회(盂蘭聖會)[7][근ᄅᆡ에 ᄇᆡᆨ즁마지[8] ᄀᆞᆺᄐᆞᆫ 거시라]ᄅᆞᆯ 널니 베플고 가탁(假託)ᄒᆞ야[9] 말ᄒᆞ

---

1. 부비(浮費): 일을 하는 데 써서 없어지는 돈.
2. 앙화(殃禍): ① 어떤 일로 인하여 생기는 재난. ② 지은 죄의 앙갚음으로 받는 재앙.
3. 신도(神道)의게: 귀신에게. 신도(神道): ① '귀신'을 높여 이르는 말. ② 무덤 근처에서 그 무덤으로 가는 큰길. ③ 신의 도리. 또는 영묘한 도리. ④ 일본 고유의 민족 종교. 일본에서 예부터 내려오던 민간 신앙이 외래 종교인 유교·불교의 영향을 받아 성립하였으며, 신사(神社) 및 왕실(王室)을 중심으로 널리 퍼졌다.
4. 아당(阿黨)ᄒᆞ야: 아첨하여. 아당(阿黨): ① 남의 비위를 맞추거나 환심을 사려고 다랍게 아첨함. ② 간사하고 공정하지 못함. ③ 따르는 동지.
   아당ᄃᆞ외다: 아첨답다. ¶賢女 ㅣ …… 아당ᄃᆞ욀 말 내디 아니ᄒᆞ며(내훈 1:2).
5. ᄭᆡ칠: 깨뜨릴. ᄭᆡ치다: 깨치다. 깨트리다.
6. 월동(粵東): 광동성의 별칭.
7. 우란셩회(盂蘭聖會): 우란분(盂蘭盆). 『불교』 아귀도에 떨어진 망령을 위하여 여는 불사(佛事). 목련 존자가 아귀도에 떨어진 어머니를 구하기 위해 석가모니의 가르침을 받아 여러 수행승에게 올린 공양에서 비롯한다. 하안거(夏安居)의 끝 날인 음력 칠월 보름을 앞뒤로 한 사흘간 여러 가지 음식을 만들어 조상이나 부처에게 공양한다. 중국어권 불교문화 지역에서 해마다 7월 15일에 역대 종친을 기념하기 위하여 진행하는 일종의 불교의식. 우란분공(盂蘭盆供). 우란분재(盂蘭分齋). 우란분회(盂蘭分會). 우분재(盂分齋). 【산스크리트어】 ullambana. [원문] 盂蘭勝會.
   cf. 하안거(夏安居): 『불교』 중이 여름 장마철의 90일 동안 밖에 나가지 아니하고 한곳에 모여서 수행함. 일하(一夏). 일하구순(一夏九旬). 일하안거(一夏安居). 좌하(坐夏). 하좌(夏坐).
   cf. 동안거(冬安居): 『불교』 중들이 음력 10월 15일부터 이듬해 1월 15일까지 일정한 곳에 머물며 수도(修道)하는 일. 동하(冬夏).
8. ᄇᆡᆨ즁마지: 백중(百中)맞이. ① 무당이 백중날에 굿을 함. 또는 그 굿. ② 백중날에 불공을 드림. 또는 그 불공. 백중날: 음력 칠월 보름. 승려들이 재(齊)를 설(設)하여 부처를 공양하는 날로, 큰 명절을 삼

기ᄅᆞᆯ 목련(目蓮)[10][사ᄅᆞᆷ의 일홈]이 어미ᄅᆞᆯ 【23ㄴ】 구ᄒᆞ노라 시쟉ᄒᆞᆫ 일이라 ᄒᆞᄃᆡ 실샹은 셕시(釋氏)[불되 셕가여ᄅᆡ로븟허 시작ᄒᆞᆫ 고로 불도ᄒᆞᄂᆞᆫ 사ᄅᆞᆷ을 셕시라 ᄒᆞᄂᆞ니라] 사ᄅᆞᆷ을 어리셕게 ᄒᆞ야 셩풍(成風)ᄒᆞ야[11] 녯 젼례ᄅᆞᆯ 셔로 니어 단을 모흐고 경문을 닑으며 부쳐의게 ᄒᆡᆼ례(行禮)ᄒᆞ고[12] 죄지은 일을 뉘웃쳐 ᄆᆡᆼ셰ᄒᆞᆯᄉᆡ 셔로 신긔(新奇)ᄒᆞ믈 ᄂᆡ기ᄒᆞ고 등블 광ᄎᆡ 휘황(輝煌)ᄒᆞ야 샤치(奢侈)ᄒᆞ믈 궁극(窮極)히 ᄒᆞ며 남네 희롱ᄒᆞ며 노라 ᄉᆡᆼ황(笙簧/笙篁)[13]과 노ᄅᆡᄅᆞᆯ 밤ᄉᆡ도록[14] 드르며 어룡(魚龍)을 ᄆᆡᆫᄃᆞ러 버려[15] 거러시ᄆᆡ 연긔와 화광(火光)이 하늘의 자옥ᄒᆞ여시니 일국이 밋친 ᄃᆞᆺᄒᆞ고 노ᄂᆞᆫ 사ᄅᆞᆷ이 답빼엿ᄂᆞᆫ지라[16] 우연이 슌라(巡邏)ᄒᆞ기ᄅᆞᆯ[17] 소홀이 ᄒᆞᆫ즉 화환(火患)[18]도 나며 방비ᄒᆞ기ᄅᆞᆯ 【24ㄱ】 젹이 잘못ᄒᆞᆫ즉 젹환(賊患)이 랑쟈ᄒᆞ야[19] 폐단이 ᄇᆡᆨ 가지로 나고 부비ᄂᆞᆫ 만금이나 되ᄂᆞᆫ지

았다. 불교가 융성했던 신라나 고려 때에는 이날 일반인까지 참석하여 우란분회를 열었으나 조선 시대 이후로 사찰에서만 행하여진다.

9. 가탁(假託): ① 거짓 핑계를 댐. ② 어떤 사물을 빌려 감정이나 사상 따위를 표현하는 일.
10. 목련(目連/目蓮): 마우드갈리아야나(Maudgalyayana). 석가모니의 십대 제자 가운데 한 사람. 마가다의 브라만 출신으로, 부처의 교화를 펼치고 신통(神通) 제일의 성예(聲譽)를 얻었다. 나복(羅卜). 목건련. [원문] 目蓮. 국어사전들에서는 '目連'으로 올라 있음.
11. 셩풍ᄒᆞ야: 성풍(成風)하여. 풍속을 이루어.
12. ᄒᆡᆼ례ᄒᆞ고: 행례(行禮)하고. 예식을 행하고.
13. ᄉᆡᆼ황: 생황(笙簧/笙篁). 아악(雅樂)에 쓰는 관악기의 하나. 큰 대로 판 통에 많은 죽관(竹管)을 돌려 세우고, 주전자 귀때 비슷한 부리로 불게 되어 있다. 생(笙).
14. 밤ᄉᆡ도록: 밤새도록. [원문] 徹夜.
15. 버려: 벌여. 줄지어. '버려'는 '벌 + 이 + 어'로 사동 접사 '-이-'가 결합한 것이다. '이언' 3:1ㄱ, 37ㄴ에는 '버러'가 나오는데 이는 '벌+어'의 구조이므로 '버려'와 구별된다. [원문] 曼衍. 曼: 끌, 아름다울 만. 衍: 넘칠 연.
16. 노ᄂᆞᆫ 사ᄅᆞᆷ이 답빼엿ᄂᆞᆫ지라: 노는 사람이 첩첩이 쌓였는지라. [원문] 遊人如織. 織: 서로 교착하다. 사람이 뒤엉키다.
    답빼이다: '답사히다'의 근대 표기형.
    답샇다: 한군데로 덮쳐서 쌓다. ¶篋中엣 글워리 諷諫ᄒᆞᆯ 말ᄉᆞ미 답사핫건마ᄅᆞᆫ 宮闕에 奔走호미 限隔ᄒᆞ도다(두시언해 8:4).
    답사히다: '답쌓이다'의 옛말. ¶이 相公ᄋᆡ 軍인 ᄃᆡ 아노니 甲 니븐 ᄆᆞᄅᆞᆫ 구루미 답사혯ᄂᆞᆫ ᄃᆞᆺ도다(두시언해 7:25).
    답쌓이다: ① 한군데로 들이덮쳐서 쌓이다. ② 사람이나 사물 따위가 한꺼번에 몰리다. ¶금남이는 학교도 퇴학을 하고 집안일에 답쌓이게 되었다. 그는 어머니 대신 조석을 끓여 먹고 동생들을 거두지 않으면 안 되었다(이기영, 동천홍).
    답쌔기: 사람이나 사물 따위가 한군데 많이 모여 있는 것. ¶그래도 서울의 여름은 사람 답쌔기가 한층 더 심해질 뿐이다(한설야, 황혼).
17. 슌라ᄒᆞ기ᄅᆞᆯ: 순라(巡邏)하기를. 순찰하기를.
18. 화환(火患): 화난(火難). 화재(火災). [원문] 祝融. 축융(祝融): ① '불을 맡은 신. 화재'의 뜻으로 쓰이기도 한다. 화정(火正). ② 여름을 맡은 신. ③ 남쪽 바다를 맡은 신. cf. 화환(禍患): 화난(禍難).
19. 젹환(賊患)이 랑쟈ᄒᆞ야: 적환이 낭자하여. 도적들로 인한 환란이 곳곳에서 벌어져. [원문] 竊流.
    적환(賊患): 도적들로 인한 근심과 걱정. ¶꺽정이가……부하를 단속한 까닭에 송도 부하와 강음 경

라 힉마다 뎡훈 법을 삼으딕 관가의셔 금홀 쥴을 아지 못후누니 슬프다 지물 나는 근원은 마르기 쉽고 물력(物力)[20]은 오직 구간(苟艱)후거늘[21] 풍년에 지물 쓰기를 바리드시 후면 반드시 흉년에 부죡후기의 니를 거시오 망령된 부비에 지물을 모손(耗損)후면[22] 반드시 국가 덧덧훈 경비[23]에 부죡홀 거시니 엇지후야 뿔 딕 잇는 지물을 가져다가 이런 뿔 딕 업는 거조(擧措)를 후리오 대뎌 지앙을 방비후는 거시 덕을 닥는 이만 굿지 못후고[24] 신도(神道)를 위셩후는[25] 거시 【24ㄴ】 엇지 사름 구졔후는 것만 굿투리오 만일 능히 이런 큰 지력을 옴겨 죠흔 일을 널니 힝후딕 혹 의슉(義塾)[학당을 의로 베풀고 강미(講米)[26] 업시 글 가르치는 곳이라]도 베프러 아븨 업고 빈한훈 우히를 가르치며

내에 일시 적환이 없어졌다(홍명희, 임꺽정). cf. 적환(敵患): 적의 침입이나 습격에 대한 걱정. 랑쟈후다: 낭자하다. 여기저기 흩어져 어지럽다. 떠들썩하게 시끄럽다.

20. 물력(物力): ① 물건의 힘. ② 온갖 물건의 재료와 노력.
21. 구간(苟艱)후거늘: 몹시 구차하고 부족하거늘. 구간(苟艱)하다: 몹시 구차(苟且)하고 가난하다.
22. 모손(耗損)후면: 닳아 없애면.
23. 덧덧훈 경비: 일정한 경비. [원문] 正供. 정공(正供): 『역사』 부세(賦稅), 방물(方物) 따위의 정당한 부담. 덛덛후다: 늘 그러하다. 변함없이 같다. ¶阿難아 水性이 一定티 아니후야 흐르며 그추미 덛덛호미 업스니(능엄경언해 3:78).
24. 지앙을 방비후는 거시 덕을 닥는 이만 굿지 못후고: [원문] 消災莫如種福.
25. 신도를 위셩후는 거시: 믿는 신(神)을 정성으로 위하는 것이. 신을 즐겁게 하는 것이. '신도를 위셩후는 거시 엇지 사름 구졔후는 것만 굿투리오': [원문] 娛神曷若濟人. '지앙을 방비후는 거시 덕을 닥는 이만 굿지 못후고 신도를 위셩후는 거시 엇지 사름 구졔후는 것만 굿투리오'는 재앙 방비가 덕을 닦는 것보다 중하고 사람 구제가 종교의 신을 위하는 것보다 중요하다는 뜻이다.
위셩후다: 지성으로 위하다. 즐겁게 하다. '위셩후-'의 원문은 '娛'라 "즐겁게 하다"로 볼 수 있어 '신도를 위성하다'가 "종교의 신을 즐겁게 하다"가 된다. '위셩'의 어원은 미상인데 다섯 가지 가능성을 추정할 수 있다. (1) '위성'을 '爲誠'으로 보면 "종교의 신을 지성으로 위하다"라는 것이 되어 원문자 '娛'와 상통한다. (2) 19세기 말에 광동성에 과거 합격자 성씨에 내기를 거는 '위성'(闈姓)이란 복권 도박 제도가 있어서(앞의 1:13ㄴ 주석 51 참고) '신도를 위셩후-'의 뜻은 신을 믿는 행위가 내기를 거는 도박 같다는 비유로 "신도를 내기하듯 믿는다"의 뜻으로도 추정된다. (3) '위셩'은 "성을 지킨다"라는 뜻의 '위셩(衛城)후-'가 18세기 언해 자료인 '션됴힝장'에서 확인되어 이 경우로 추정할 수도 있다.

> 위셩후연디 수십 여일의 셩듕의 냥식이 진후고(션됴힝장 94)
> 위셩 듕의 겨오샤 졀일을 만나시면 믄득 망궐례를 후샤(션됴힝장 98)

그런데 '이언'의 '위셩후-'를 이 '衛城후-'로 보면 '신도를 위셩후다'는 "종교의 신을 성을 지키듯 지키다"가 되는데 "지키다"의 '衛'는 "즐겁게 하다"의 '娛'와 뜻이 거리가 있고 이런 비유 문맥이 가능한지 의문이다. (4) '爲聖'으로 본다면 "종교의 신을 (공자와 같은) 성인으로 위하다"의 문맥이 되는데 문맥은 가능하나 역시 원문자 '娛'의 뜻과 거리가 있다는 문제가 있고 '爲聖후-'라는 단어의 용례가 가능한지 의문이다. (5) '僞聖'으로 본다면 "신을 공자 같은 성인인 양 거짓되게 꾸미다"가 되는데 역시 문맥은 가능하나 (3)(4)처럼 원문자 '娛'의 뜻과 같지 않은 문제가 있고 '爲聖후-'라는 단어의 용례가 가능한지 의문이다. 결국 (3)(4)(5)는 문맥을 가깝다고 봐 줄지라도 원문자 '娛'의 "(신을) 즐겁게 하다"의 뜻과 거리가 있는 번역이라 (1)이나 (2)가 가능할 것으로 보인다.

26. 강미(講米): 조선 시대에 서당 선생에게 사례로 주던 곡식. '강미 업시 글 가르치는 곳'은 오늘의 학

혹 곡식을 만히 ᄡᅡ하 흉년에 진휼(賑恤)[27]을 만히 ᄒᆞ며 혹 의원과 약국을 셜시ᄒᆞ야 빈한ᄒᆞᆫ 병ᄀᆡᆨ(病客)을 살니며 혹 집을 지어 의지업ᄂᆞᆫ 로인과 어린ᄋᆞᄒᆡ를 지졉(止接)ᄒᆞ게[28] ᄒᆞ며 ᄒᆡ골을 거두어 무더 은ᄐᆡᆨ(恩澤)이 ᄇᆡᆨ골에 밋게[29] ᄒᆞ며 혹 고단ᄒᆞᆫ[30] 과부를 무휼(撫恤)ᄒᆞ야[31] ᄆᆞᆰ은 졀ᄀᆡ를 온젼케 ᄒᆞ며 한량(限量)업ᄂᆞᆫ 공덕을 지어 ᄡᆞᆯ ᄃᆡ 잇ᄂᆞᆫ ᄌᆡ물은 호리(毫釐)[32]를 앗기ᄂᆞᆫ 거시 엇지 죠치 아니ᄒᆞ랴 또 【25ㄱ】 셰상에 허비되ᄂᆞᆫ ᄇᆡ 신도ᄅᆞᆯ 위츅(爲祝)ᄒᆞᄂᆞᆫ[33] ᄒᆞᆫ 가지일 ᄲᅮᆫ 아니라 관례와 혼인과 샹ᄉᆞ(喪事)와 제ᄉᆞᄅᆞᆯ ᄆᆞᆺ당히 ᄒᆞᆫ갈ᄀᆞᆺ치 녯 례법을 좃출 거시오 ᄒᆞᆫᄀᆞᆺ 샤치ᄒᆞ고 화려ᄒᆞ믈 ᄉᆞ모ᄒᆞ지 말 거시오 지어(至於)[34] 샹ᄉᆞ(喪事)ᄒᆞ야ᄂᆞᆫ 더옥 ᄆᆞᆺ당히 졍도ᄅᆞᆯ 뵐 거시니 공ᄌᆡ(孔子ㅣ) ᄀᆞᆯᄋᆞ샤ᄃᆡ 샹ᄉᆞ에 슬허 아니ᄒᆞ므로ᄂᆞᆫ 찰하리 슬허ᄒᆞᆯ 거시오 례에 샤치ᄒᆞ므로ᄂᆞᆫ 찰하리 검쇼ᄒᆞ게 ᄒᆞᆯ 거시라[35] ᄒᆞ시니 풍악 쇼ᄅᆡᄂᆞᆫ 밧긔 진동ᄒᆞ며 도ᄉᆞ(道士)와 즁은 앏히 버러 이시면 이ᄂᆞᆫ 슬허ᄒᆞᄂᆞᆫ 본의에 엇지 크게 어긔미 아니리오 부귀 훤혁(煊赫)ᄒᆞᆫ[36] 집의셔 긧분 경ᄉᆞᄅᆞᆯ 만나면 셔로 닷토와 【25ㄴ】 빗나믈 ᄌᆞ랑ᄒᆞᄆᆡ 궁극히 샤치ᄒᆞ기를 힘ᄡᅥ 니ᄅᆞᄃᆡ 이러치 아니ᄒᆞ면 족히 문호(門戶)에 광ᄎᆡ(光彩)될 거시 업다 ᄒᆞ야 심지어 힘을 다ᄒᆞ야 ᄌᆡ물을 빗 어더 외양치례만 ᄒᆞ고 소입(所入)[37]을 앗기지 안는 재 잇ᄉᆞ니 므릇 이런 일이 다 족히 ᄇᆡᆨ셩의 ᄌᆡ물을 모손(耗損)ᄒᆞᆯ 만ᄒᆞ니 이ᄂᆞᆫ 니ᄅᆞᆫ바 졀용(節用)[38] 아니ᄒᆞᄂᆞᆫ 거시 슬프미라[39] 디방

비 면제의 장학 제도를 연상케 한다.

27. 진휼(賑恤): 흉년을 당하여 가난한 백성을 도와줌.
28. 지졉ᄒᆞ게: 지접(止接)하게. 지접(止接): ① 잠시 몸을 의탁하여 거주함. ② 몸을 붙이어 의지함. ¶두 손이 서로 지접을 못하고 맞비비고 주무르는 중도 다시 도지고 있었다(박완서, 오만과 몽상).
29. 밋게: 미치게. 다다르게.
30. 고단ᄒᆞᆫ: 외로운. '고단ᄒᆞᆫ 과부를 무휼(撫恤)ᄒᆞ야': [원문] 撫卹孤嫠. 卹=恤. 嫠: 과부 리. '고단ᄒᆞᆫ'의 원문이 '孤'로 현대의 "피곤하다"의 뜻이 아닌 "외롭다"의 뜻으로 쓰였다. 앞의 '론 공법'에서 '져의는 합ᄒᆞ고 우리ᄂᆞᆫ 고단ᄒᆞᆫ 즉시오'(彼合而我孤, 1:4ㄴ)의 '고단ᄒᆞᆫ'과 같음.
31. 무휼(撫恤)ᄒᆞ야: 어려운 처지에 있는 사람을 불쌍히 여겨 위로하고 물질로 도와.
32. 호리(毫釐): 자 또는 저울 눈의 호와 리. 매우 짧은 거리나 적은 분량. 毫: 잔털, 조금 호. 1리(釐)의 10분의 1. 釐: 다스릴 리. 1의 100분의 1. 분(分)의 10분의 1. 전(錢)의 10분의 1.
33. 위츅ᄒᆞᄂᆞᆫ: 위축(爲祝)하는. 위하여 축복하는. 위축(爲祝): 『불교』 나라를 위하여 하는 기도.
34. 지어(至於): ~에 이르러. 심지어. [원문] 至於. '지어 샹ᄉᆞᄒᆞ야ᄂᆞᆫ'(至於喪事)은 '심지어(더욱이) 상례치르는 일에 이르러는'의 뜻.
35. 공ᄌᆡ(孔子ㅣ) ᄀᆞᆯᄋᆞ샤ᄃᆡ 샹ᄉᆞ에 슬허 아니ᄒᆞ므로ᄂᆞᆫ 찰하리 슬허ᄒᆞᆯ 거시오 례에 샤치ᄒᆞ므로ᄂᆞᆫ 찰하리 검쇼ᄒᆞ게 ᄒᆞᆯ 거시라: [원문] 孔子曰 喪與其易也甯戚禮與其奢也甯儉(출전: 論語 八佾篇 第四). 甯(=寗): 차라리, 오히려 녕.
36. 훤혁(煊赫)ᄒᆞᆫ: 빛나는. 훤혁(煊赫)하다: 업적이나 공로 따위가 빛나고 밝다. '부귀훤혁ᄒᆞᆫ 집': [원문] 富家大族.
37. 소입(所入): 어떤 일에 쓰인 돈이나 재물. 경비(經費). ¶한 번 파산하였던 살림이라 신접과 다름이 없고, 또 의약의 소입이 적지 않아서 이사 밑천을 다 잘라먹었다(홍명희, 임꺽정).

관 된 재 ᄆᆞᆺ당히 쥰젹(準的)ᄒᆞᆯ[40] 법으로 뵈고 규모와 됴건으로 한뎡ᄒᆞ며 샤치ᄒᆞ믈 경계ᄒᆞ고 슌박ᄒᆞ고 검소ᄒᆞ므로 인도ᄒᆞᄃᆡ 귀쳔으로 챠등이 잇게 뎡ᄒᆞ며 형셰 빈부로 졀ᄎᆞ를 뎡ᄒᆞ야 민간에 엄금ᄒᆞ야 죠곰도 망령도이 허비ᄒᆞ【26ㄱ】미 업게 ᄒᆞ야 ᄒᆞᆷᄭᅴ 실샹 효험이 잇게 ᄒᆞ고 만일 준힝치 안ᄂᆞᆫ 재 잇거든 징치(懲治)ᄒᆞ며 각근(恪勤)이[41] 좃ᄂᆞᆫ 쟈여든 포장(褒奬)ᄒᆞ야[42] 효박(淆薄)ᄒᆞ믈[43] 바리고 슌박ᄒᆞᆫ ᄃᆡ 도라가며 샤치ᄒᆞ믈 ᄂᆡ치고 검박ᄒᆞ믈 슝샹ᄒᆞ게 ᄒᆞᆯ 거시니 풍쇽을 변역(變易)ᄒᆞᄂᆞᆫ 권도(權道)[44]ᄂᆞᆫ 근본 우히셔 조쇽(操束)ᄒᆞ기에[45] 잇셔 일이 쉽기 여반쟝(如反掌)이니 원컨ᄃᆡ 유의(有意)ᄒᆞᄂᆞᆫ[46] 이ᄂᆞᆫ 병든 풍쇽을 부지ᄒᆞ야[47] 말슴을 요ᄀᆡ치[48] 말면[49] 몬져 ᄭᆡ닷ᄂᆞᆫ 쟈를 힘닙어 어리셕은 ᄇᆡᆨ셩을 인도ᄒᆞᆯ지라 감히 미혹(迷惑)ᄒᆞᆫ 말슴[50]을 드리ᄂᆞ니 비록 형벌을 쥬어도 ᄉᆞ양치 아니리라

---

38. 절용: 절용(節用). 아껴 씀. ¶기숙사로 들어간 것도 시간 관계도 있고 전찻삯 하나라도 절용이 되기 때문이지만 그보다도 좌야나 찬규의 성화를 안 받으려는 생각이었던 것이다(염상섭, 이심).

39. 니른바 절용(節用) 아니ᄒᆞᄂᆞᆫ 거시 슬프미라: [원문] 所謂不節之嗟.

40. 쥰젹ᄒᆞᆯ: 준적(準的)할. 표준이나 목표가 될.

41. 각근이: 각근(恪勤)히. 정성을 다하여 부지런히. 각근(恪勤): 정성을 다하여 부지런히 힘씀. 근각(勤恪). cf. 각근(恪謹): 마음가짐과 몸가짐을 조심함. 각신(恪愼). 근신(謹身).

42. 포쟝ᄒᆞ야: 포장(褒奬)하여. 칭찬하고 장려하여.

43. 효박(淆薄)ᄒᆞ믈: 각박함을. 효박(淆薄)하다: 인정이나 풍속이 어지럽고 아주 각박하다. ¶그들 중에는 그런 것도 인심이 차차 효박하기 때문에 그전 같지 않다고 세상을 한탄한다마는(이기영, 봄).

44. 권도(權道): 목적 달성을 위하여 그때그때의 형편에 따라 임기응변으로 일을 처리하는 방도. ¶권도를 부리다 / 권도를 쓰다 / 신이 알기에는 옛 법에도 그러한 권도가 용인되고 있는 줄로 아옵니다(유주현, 대한제국).

45. 조속(操束)ᄒᆞ기에: 단단히 잡아서 단속하기에.

46. 유의(有意/留意)ᄒᆞᄂᆞᆫ: 뜻이 있는. [원문] 有心.

47. 부지(扶持/扶支): 상당히 어렵게 보존하거나 유지하여 나감. 지지(支持). 지탱. [원문] 維持.

48. 요ᄀᆡ치: 요개(搖改)하지. 흔들어서 고쳐. [원문] 振鐸. 진탁(振鐸): 방울을 흔들어 울림. '鐸'은 예전에 교령(教令)을 선포할 때 흔들던 큰 방울. 전(轉)하여 도(道)를 설교함. cf. 요개(撓改): 휘어서 고침.

49. 유의ᄒᆞᄂᆞᆫ 이ᄂᆞᆫ 병든 풍쇽을 부지ᄒᆞ야 말슴을 요ᄀᆡ치 말면: 뜻이 있는 자는 병든 풍속을 유지하여 성인의 가르침을 고치는 일을 하지 않는다면. [원문] 願有心人維持頹俗言如振鐸.

50. 미혹ᄒᆞᆫ 말슴: 미욱하고 어리석은 말씀. [원문] 芻言. 추언(芻言): 무식하고 비천한 사람의 말. cf. 추언(麤言): 『불교』 거친 말이라는 뜻으로, 불법(佛法)을 말함에 부족한 것을 이르는 말. 대승의 가르침에 대하여 소승의 가르침을 이르고, 적극적으로 선행을 권하는 권문(勸門)의 가르침에 대하여 악을 행하지 않도록 막고 불심(佛心)을 의심하지 않도록 경계하는 계문(誡門)의 가르침을 이른다.

【ᄉᆞ권 27ㄱ】

론 렴봉(論廉俸)

[ᄇᆡᆨ관(百官)[1]의 월봉(月俸)[2]을 의론ᄒᆞ미라]

관ᄌᆡ(管子ㅣ)[3] 말ᄉᆞᆷ을 두ᄃᆡ 창름(倉廩)[4]이 실(實)ᄒᆞ여야 례졀을 알고 의식이 족ᄒᆞ여야 영욕(榮辱)을 안다 ᄒᆞ니 대개 그 ᄆᆞᄋᆞᆷ을 편케 ᄒᆞ야 안흐로 도라보는 근심이 업게 ᄒᆞᆫ 연후에야 그 몸을 바려 국가의 ᄡᅵ오미[5] 될 거시니 샹고(詳考)ᄒᆞ건ᄃᆡ 태셔(泰西)[6] 각국(各國)이 법졔(法制)를 뎡ᄒᆞᄆᆡ 관원(官員)과 아젼(衙前)[7]이며 무변(武弁)[8]과 병ᄃᆡ(兵隊)의 록미(祿米)[9]를 후히 쥬어 ᄒᆞ야곰 용도를 넉넉히 ᄒᆞ게 ᄒᆞ며 그 사ᄅᆞᆷ의 신역(身役)[10]을 일졀 더러 쥬고 졔 몸 슈공(手工)[11]을 치러 쥰 외에 다시 공비(公費)[12]를 쥬어 ᄒᆞ야곰 슈응(酬應)ᄒᆞ게[13] ᄒᆞ니 임의 공궤(供饋)ᄒᆞᄂᆞᆫ[14] 번거ᄒᆞᆷ을 덜고 비루(鄙陋)ᄒᆞᆫ 풍습 【27ㄴ】 을

---

1. ᄇᆡᆨ관: 백관(百官). 모든 벼슬아치.
2. 월봉(月俸): 일한 대가로 다달이 받는, 일정한 액수의 돈. 월급.
3. 관ᄌᆡ: 관ᄌᆞ(管子) + ㅣ. '관ᄌᆡ 말ᄉᆞᆷ을 두ᄃᆡ 창름(倉廩)이 실(實)ᄒᆞ여야……영욕(榮辱)을 안다': '관자'(管子) 제1편 목민편(牧民篇)에 나온다. 창고가 가득 찬 뒤에야 예절을 알게 되고, 먹을 것과 입을 것이 넉넉해야 영예와 치욕을 안다고 하여 도덕교화(道德敎化)가 물질생활을 기초로 하고 있음을 주장하였다. [원문] 管子有言 倉廩實而知禮節 衣食足而知榮辱. 앞의 '론 련병'(3:56ㄱ)에도 '관자'의 말이 인용되어 '이언'의 저자가 부국강병론을 역설한 관중(管仲)의 사상에 영향받았음을 보여 준다.
4. 창름(倉廩): 곳집. 곳간으로 지은 집.
5. ᄡᅵ오미: 쓰이옴이. ᄡᅳ- + 이(피동) + 오(사동) + ㅁ + 이. 쓰이게 함이. cf. 'ᄡᅵ오기': '론 화긔'(3:48ㄴ) 주석 20 참고.
6. 태셔: 태서(泰西). '서양'(西洋)을 개화기 때 이르던 말.
7. 아젼: 아전(衙前). 중앙과 지방 관아에 속하여 말단의 행정 실무에 종사하는 하급 관리. 이서(吏胥). 하전(下典). 하리(下吏).
8. 무변(武弁): 무과 출신의 벼슬아치. 弁: 고깔 변. 무관의 관(冠).
9. 록미: 녹미(祿米). 벼슬아치에게 봉급으로 주는 쌀.
10. 신역(身役): 나라에서 성인 장정에게 부과하던 군역과 부역.
11. 슈공: 수공(手工). ① 손으로 하는 비교적 간단한 공예. ② 잔손질이 많이 가는 품. ③ 손으로 하는 일의 품삯. ¶기한은 사흘로 정하고 수공은 얼마나 주리까?(홍명희, 임꺽정) [원문] 辛工.
    cf. 수공(手功): 손공(-功). 손의 힘이나 손재간으로 이루어 낸 공로.
12. 공비(公費): 관청, 공공 단체 또는 일반 공중의 비용. [원문] 公費. 앞의 1:41ㄴ, 1:42ㄴ의 '공비'(工費)와는 원문이 달라 구별됨. 뒤의 4:27ㄴ, 4:28ㄴ의 '공비'도 원문은 '公費'임.

일병(一竝)[15] 막으니 슌라(巡邏)ᄒᆞ야[16] 잡ᄂᆞᆫ 거ᄉᆞᆫ 가쟝 나ᄌᆞᆫ 구실이로ᄃᆡ ᄆᆡ삭(每朔)[17]에 공가(工價)[18]를 수십금을 쥬니 그 나마를 밀위여[19] 가히 알 거시오 만일 경ᄉᆞ(政事)[20]를 그릇ᄒᆞ며 ᄉᆞ리(事理)[21]를 어긔고 ᄌᆡ물을 취ᄒᆞᄂᆞᆫ 재 이시면 법ᄃᆡ로 엄히 징치(懲治)ᄒᆞᄆᆡ 곳 당재(當者ㅣ)[22]라도 ᄯᅩᄒᆞᆫ ᄌᆞ작지얼(自作之孼)[23]인 쥴 아라 죽어도 원망ᄒᆞ미 업ᄉᆞ며 획칙(劃策)ᄒᆞᆫ바[24] 공비(公費)를 오ᄅᆡ 견ᄃᆡ기를 긔약ᄒᆞ고 ᄯᅩ 범포(犯逋)ᄒᆞ믈[25] 방비ᄒᆞ야 셔로 경계ᄒᆞ며 삼가고 총찰(總察)ᄒᆞ기를[26] 엄히 ᄒᆞ니 법이 심ᄒᆡ 죠흔지라 아국(我國)의 셔 벼술을 셰우고 록을 쥬ᄆᆡ 지극히 넉넉ᄒᆞ고 극히 후ᄒᆞ야 뎡ᄒᆞᆫ 월름(月廩)[27] 외에 은혜로 쥬ᄂᆞᆫ 월름[28]을 더 【28ㄱ】 ᄒᆞ고 덧덧ᄒᆞᆫ[29] 규식(規式)[30] 외에 다시 양렴(養廉)[31][원 록봉 외에 더 쥬어 청렴ᄒᆞ믈 기ᄅᆞ게 ᄒᆞ미라]을 쥬어 신하를 톄휼(體恤)ᄒᆞ미[32] 지극지 아니

---

13. 슈응ᄒᆞ게: 수응(酬應)ᄒᆞ게. 남의 요구에 응하게.
14. 공궤(供饋)ᄒᆞᄂᆞᆫ: (윗사람에게) 음식을 드리는.
15. 일병(一竝): 죄다. [원문] 並.
16. 슌라ᄒᆞ야: 순라(巡邏)하여. 순찰하여.
17. ᄆᆡ삭: 매삭(每朔). 달마다. 다달이. 매월.
18. 공가(工價): 물건을 만드는 데 대한 품삯.
19. 밀위여: 미루어. 밀위다: '미루다'의 옛말. ¶늘근 어론온들히 맛당이 이 뜻을 밀위여 네 子弟과 밋 ᄆᆞ올 사ᄅᆞᆷ을 ᄀᆞᄅᆞ쳐 이 말의 어긔ᄂᆞ니 잇거든(경민편언해 30). '이언'에는 '미루-, 미뤼, 밀위-'가 혼기되어 나온다(색인 참고). '미뤼-'나 '밀위-'는 '미루-, 밀우-'에 사동 접사 '-이-'가 결합한 이중 사동 구조이나 '미루-'와 별 차이 없이 쓰인 것으로 보인다.
20. 경ᄉᆞ: 정사(政事). 정치에 관계되는 일.
21. ᄉᆞ리: 사리(事理). 사물의 이치나 도리.
22. 당재: 당자(當者) + ㅣ. 당사자가.
23. ᄌᆞ작지얼: 자작지얼(自作之孼). 자기가 저지른 일 때문에 생긴 재앙. 자작얼. 자취지화(自取之禍). ¶거덜이 나게 된 것은 첫째는 살림에 규모가 없이 허랑하고, 둘째는 술을 과히 먹기 때문에, 말하자면 자작지얼이니 선달은 고생을 해도 싸다는 것이다(이기영, 봄). 孼: 서자, 재앙 얼. [원문] 自取之尤. 자취(自取): 잘잘못간에 자기가 지어서 됨.
24. 획칙ᄒᆞᆫ바: 획책(劃策)한바. 일을 꾸미거나 꾀한바.
25. 범포(犯逋): 국고(國庫)에 낼 돈이나 곡식을 써 버림. ¶소인이 우매하온 소견에 아비 대신 죽어도 좋거니 생각하옵고 막중상납에서 범포를 내서 병든 아비에게 산삼을 먹였소이다(홍명희, 임꺽정). [원문] 侵冒.
26. 총찰(總察): 모든 일을 맡아 총괄하여 살핌. ¶이불솜을 타느라고 헛간으로 오르내리고 안팎으로 드나들며 음식을 만드는 총찰까지 맡았다(심훈, 영원의 미소). 병석에 누운 뒤로는 신경이 흥분하여 망령 난 늙은이처럼 불관한 일에까지 총찰이 하고 싶고……(염상섭, 삼대). [원문] 糾察.
'총찰ᄒᆞ기를 엄히 ᄒᆞ니 법이 심ᄒᆡ 죠흔지라': [원문] 糾察嚴稽法甚善也. '심ᄒᆡ'는 '심히'의 오기.
27. 월름(月廩): 월급으로 주는 곡식. '뎡ᄒᆞᆫ 월름': [원문] 正俸.
28. 은혜로 쥬ᄂᆞᆫ 월름: 은혜로 주는 월급. [원문] 恩俸. 은봉(恩俸): 옛날 국가에서 주는 보조금류.
29. 덧덧ᄒᆞᆫ: 일정한.
30. 규식(規式): 규칙과 격식. 규정. '덧덧ᄒᆞᆫ 규식': [원문] 常編.
31. 양렴(養廉): 청렴함을 기름.
32. 톄휼ᄒᆞ미: 체휼함이. 체휼(體恤): 처지를 이해하여 가엾게 여김. 윗사람이 아랫사람의 곤란한 사정을

ᄒᆞᆫ ᄇᆡ 업ᄉᆞ니 ᄯᅩᄒᆞᆫ 가히 비루ᄒᆞᆫ 풍습을 막고 관방(官方)[33]을 엄숙히 ᄒᆞᆯ 만ᄒᆞᄃᆡ 풍쇽이 임의 샤치를 슝샹ᄒᆞ고 공궤와 거쳐의 번거ᄒᆞᆫ 부비(浮費)를 더ᄒᆞ니 시외(市外) 온ᄀᆞᆺ 관원들이 가진 바 렴봉이 드러오ᄂᆞᆫ 거ᄉᆞ로 ᄡᅳ기를 뎌당(抵當)치[34] 못ᄒᆞ고 ᄯᅩ 뎡모(丁耗)[35] [로료(路料)[36] ᄀᆞᆺ튼 거시라]ᄂᆞᆫ ᄣᅧ혀다가[37] 군량(軍糧)[38]의 츙수(充數)ᄒᆞ고[39] 조ᄇᆡᆨ(漕白)[40] [조운(漕運)ᄒᆞᄂᆞᆫ 군졸이라]은 슈운(輸運)ᄒᆞ기의 츅(縮)[41]이 나니 원 월름의셔 감ᄒᆞ고 렴봉의셔 덜ᄆᆡ 소득이 언ᄆᆡ 못 되ᄂᆞᆫ 고로 샹ᄉᆞ아문(上司衙門)[42]의셔ᄂᆞᆫ 부득불 공궤 잡비(雜費)를 ᄆᆡ인 바 각 ᄉᆞ(司) 【28ㄴ】 에 복뎡(卜定)ᄒᆞ고[43] 각 ᄉᆞ(司)의셔ᄂᆞᆫ 부득불 원역(員役)[44]의게 루츄(陋醜)ᄒᆞᆫ 규모를 더ᄒᆞ여 취ᄒᆞ야 ᄡᅳ며 원역들은 부득불 려염(閭閻)[45]의 가 ᄇᆡᆨ셩의 기름을 ᄲᆞᆯ며 ᄒᆞ믈며 경ᄉᆞ(京師)[46] 관원의 양렴(養廉)은 오직 외읍(外邑) 슈령(首領)의 문문ᄒᆞᄂᆞᆫ[47] 거ᄉᆞᆯ ᄆᆡᆺ고[48] 무변 관원의 양렴(養廉)은 오직 군량을 감ᄒᆞ야 ᄡᅳ며

듣고서 돕는 일.

33. 관방(官方): 관기(官紀). 관리들이 지켜야 할 규율.
34. 뎌당치: 저당(抵當)치. 감당하지. [원문] 敷.
35. 뎡묘: 정묘(丁耗). 세금의 일종. 耗: 벼, 덜, 줄어들 모.
36. 로료: 노료(路料). 교통 요금.
37. ᄣᅧ혀다가: 떼어다가.
38. 군량(軍糧): 군대의 양식.
39. 츙수ᄒᆞ고: 충수(充數)하고. 수효를 채우고.
40. 조ᄇᆡᆨ: 조백(漕白). 배로 물건을 실어 나르는 관리.
41. 츅: 축(縮). ① 흠축(欠縮). 일정한 수효에서 부족함이 생김. 또는 그런 부족. ② 근심이나 병으로 몸이 야윈 것. ¶며칠 앓더니 얼굴에 축이 갔다. [원문] 絀. 絀: 부족할, 모자랄, 결핍할, 물리칠 출.
cf. 축: ① 오징어를 묶어 세는 단위. 한 축은 오징어 스무 마리를 이른다. ② 일정한 횟수나 차례를 나타내는 단위. ¶앞마을에서 골짜기치기까지 들어가자면 15리가 거진 되는 곳을 홍 령감은 벌써 두 축이나 오르내리였다(조선말대사전).
42. 샹ᄉᆞ아문: 상사아문(上司衙門). 상급 기관.
상사(上司): ① 위 등급의 관청. ② 자기보다 벼슬이나 지위가 위인 사람. 상부(上府).
아문(衙門): ① 관아의 출입문. ② 관원들이 정무를 보는 곳을 통틀어 이르는 말. ③ 상급의 관아.
43. 복뎡ᄒᆞ고: 복정(卜定)하고. 복정(卜定): ① 일이나 물건을 정하고서 그 실행을 강요함. ② 『역사』 조선 시대에 정기적으로 징수하던 공물(貢物) 이외에 상급 관아에서 하급 관아로 하여금 필요에 따라 그 지방의 토산물을 강제로 바치게 하던 일. [원문] 供億.
복정(을) 씌우다: 복정(을) 안기다. 남에게 억지로 부담을 지우다.
복정(을) 안다: 억지로 맡아 부담하다.
44. 원역(員役): 『역사』 벼슬아치 밑에서 일하던 구실아치. cf. 아전(衙前). [원문] 胥役.
45. 려염: 여염(閭閻). 백성의 살림집이 많이 모여 있는 곳. 여리(閭里). 여항(閭巷).
46. 경ᄉᆞ(京師): 서울.
47. 문문ᄒᆞᄂᆞᆫ: 뇌물을 바치는. 현대의 국어사전들에서 '문문하다'의 뜻풀이에는 이러한 "뇌물을 바치다"의 뜻풀이는 보이지 않으나 원문에 비추어 "뇌물을 바치다"의 뜻풀이를 추가할 수 있다. [원문] 餽送. 餽: (물품) 보낼 궤. 送: 보낼, 물품 보낼, 바칠 송.
문문하다: ① 무르고 부드럽다. ¶감자를 문문하게 찌다 / 흙이 문문하여 다루기가 쉽다. ② 어려움

독무ᄉᆞ(督撫司)[49][관부(官府) 일홈]의셔는 명졀 ᄣᆡ에 헌슈(獻壽)ᄒᆞᄂᆞᆫ[50] 례물을 밋고 외읍 관원은 오직 온ᄀᆺ 모(耗)[51][곡식의 츅 밧는 일홈이라]를 미드며 기외(其外)에 대쇼 문무아문(文武衙門)[52]의 다 루츄ᄒᆞᆫ 규뫼(規模ㅣ) 잇고 염한(鹽漢)이[53]와 조운션(漕運船)[54]의 츄리(抽釐)[55] 밧는 거슨 다 공비(公費)에 더ᄒᆞ며 리셔(吏胥)[56]의 구실 뎨ᄎᆞ(第次)[57]는 국용의 ᄎᆡ와 ᄡᅳ고 챵녀와 ᄌᆡ인(才人)[58]이며 쇼 잡고 잡기(雜技) 【29ㄱ】 ᄒᆞ다가 들녀ᄂᆞᆫ[59] 쟈ᄂᆞᆫ ᄉᆞᄉᆞ로이 가만이 쇽젼(贖錢)[60]을 바드며 샹고(商賈)의 ᄇᆡ에 츄리 밧는 외에 젹은 부비를 더 밧는 거슨 오히려 례ᄉᆞ여니와 그즁 우심(尤甚)ᄒᆞᆫ 쟈ᄂᆞᆫ 범포ᄒᆞ면[61] 창고를 가히 븨게 ᄒᆞᆯ 거시오 ᄇᆡᆨ셩의 ᄌᆡ물을 륵탈(勒奪)ᄒᆞᆫ즉 부요ᄒᆞᆫ 집을 가히 빈곤ᄒᆞ게 ᄒᆞ며 뢰물[62]이 드러나게 힝ᄒᆞᆫ즉 시비(是非) 밧고이고[63] 거죄(擧措ㅣ) ᄆᆞᆺ당ᄒᆞ믈 일흐며 공젼(公

없이 쉽게 다루거나 대할 만하다. 만만하다. ¶이 집에서 가장 문문해 보인다는 셈인지 선재에게 곧잘 농을 걸기도 하였다(이호철, 닳아지는 살들).

48. 외읍 슈령의 문문ᄒᆞᆫ 거술 밋고: 외읍 수령이 뇌물을 바치는 것을 믿고. [원문] 靠外官之餽送. 靠: 기댈, 의지할 고.

49. 독무ᄉᆞ: 독무사(督撫司). 명·청대(明清代)의 최고의 지방관인 '독무'(督撫: 총독과 순무)'가 있던 기관.

50. 헌슈ᄒᆞᄂᆞᆫ: 헌수(獻壽)하는. 헌수: 환갑잔치 등에서 장수(長壽)를 비는 뜻으로 술잔을 올리는 것.

51. 모(耗): 곡식의 축 난 것을 받는 것. [원문] 耗.

52. 문무아문(文武衙門): 문관과 무관의 관청.

53. 염한(鹽漢/鹽干)이: '염한'(소금을 만들던 사람)을 속되게 부르는 말. [원문] 鹽漕丁. 염조정(鹽漕丁): 소금을 배로 실어 나르는 직업에 종사하는 사람. 앞의 '론 련병'(3:61ㄱ) 주석 79 참고.
cf. 신량역천(身良役賤): 고려·조선 시대에, 양인(良人)의 신분으로 천인의 일을 하던 일. 또는 그런 사람. 양인과 천인 사이의 특이한 계급을 이루었다.

54. 조운션(漕運船): 물건을 실어 나르는 데 쓰는 배.

55. 츄리: 추리(抽釐). 세금 거두는 일. [원문] 釐. 리(釐/厘): ① 비율을 나타내는 단위. 1리는 전체 수량의 1,000분의 1로 1푼의 10분의 1이다. ¶4할 3푼 5리. ② 길이의 단위. 1리는 1푼의 10분의 1로 0.3㎜에 해당한다. ③ 무게의 단위. 주로 귀금속 따위의 무게를 잴 때 쓴다. 1리는 1푼의 10분의 1로 0.0375그램에 해당한다. cf. 추리(抽利): 남은 이익을 뽑아서 셈함.

56. 리셔: 이서(吏胥). 관아에서 말단 행정 실무에 종사하던 구실아치. 고려 시대에는 중앙의 관아에 속한 말단 행정 요원만을 가리켰으나, 조선 시대에는 경향(京鄕)의 모든 이직(吏職) 관리를 뜻하였다.

57. 뎨ᄎᆞ: 제차(第次). 차례(次例).

58. ᄌᆡ인: 재인(才人). 재주 있는 사람. 고려·조선 시대에 무자리 가운데에서 갈라져 나와 광대 일을 하던 사람. 재주를 넘거나 짓궂은 동작으로 사람을 웃기며 악기로 풍악을 울리던 광대로, 법제상 양인(良人)이었으나 사회 통념상 천인으로 취급되었다.

59. 들녀ᄂᆞᆫ: 어기는. 들키는. '들녀ᄂᆞᆫ 쟈': [원문] 違禁者. 위금자(違禁者): 금령을 위반하는 자.
'들녀-'라는 동사는 고어사전들에 등재되어 있지 않으나 현대어 '들키다'의 고형으로 추정된다. 그러나 '들키다'라는 형태도 다음 근대 자료에서 확인되어 '들녀다'와 공존한 것으로 보인다.
cf. 들키다: ¶눈에 들키다(譯語類解 補60).

60. 쇽젼: 속전(贖錢). 죄를 면하기 위하여 바치는 돈. ¶붙잡힌 그 열다섯 명을 태장 삼십 대로 다스린 뒤 주옥에 수삼 개월 처역시켰다가 속전 얼마씩 받고 방송해 주었다(현기영, 변방에 우짖는 새).

61. 범포(犯逋): 국고(國庫)에 낼 돈이나 곡식을 써 버림.

62. 뢰물: 뇌물. [원문] 賄賂.

錢)[64]과 국곡(國穀)[65]을 투식(偸食)ᄒᆞᄆᆡ[66] 무ᄉᆞᆷ 결을에 군병이 ᄇᆡ골프믈 교계(較計)ᄒᆞ며[67] 진휼(賑恤)ᄒᆞᄂᆞᆫ[68] 젼량(錢糧)[69]을 쥬려 낭탁(囊橐)ᄒᆞᄆᆡ[70] ᄇᆡᆨ셩의 긔ᄉᆞ지폐(饑死之弊)를 도라보지 아니ᄒᆞ야 우아릐 셔로 뒤덥고 쇽여 리ᄒᆞᆯ 도리만 골돌이 ᄉᆡᆼ각ᄒᆞᄂᆞ니 그 근 【29ㄴ】 원을 탐지ᄒᆞᆯ진ᄃᆡ 실노 용되(用度ㅣ) 넉넉지 못ᄒᆞᆫ ᄃᆡ 말ᄆᆡ암아시며 그 폐단을 궁극히 ᄒᆞ야 화단(禍端)[71]이 ᄌᆞ로[72] 니러나ᄂᆞ니 가히 알괘라 녯적 젼셩ᄒᆞᆯ 시졀에 록봉(祿俸)을 즁히 마련ᄒᆞ야 션비를 권ᄒᆞᄆᆡ 셔인이 벼슬의 잇ᄂᆞᆫ 재(者ㅣ) 록(祿)이 족히 밧 가ᄂᆞᆫ 소츌(所出)을 ᄃᆡ신ᄒᆞᆯ 만ᄒᆞ게 ᄒᆞᄂᆞᆫ 거시 진실노 밧고지 못ᄒᆞᆯ 정되(正道ㅣ)라 대뎌 션비 반ᄉᆡᆼ(半生)을 신고(辛苦)ᄒᆞ다가 비로쇼 ᄒᆞᆫ 벼슬을 어덧거ᄂᆞᆯ 의식(衣食)을 ᄌᆞ뢰(資賴)ᄒᆞᆯ 길이 업셔 죵일토록 집만 우러러 ᄒᆞᆫ탄ᄒᆞ게 ᄒᆞ면 어진 쟈도 ᄯᅩᄒᆞᆫ 졍신이 쇼샥(消索/銷鑠)ᄒᆞ고[73] 긔운이 져상(沮喪)ᄒᆞ야[74] 분발ᄒᆞ기를[75] ᄇᆞ라기 어렵고 불쵸(不肖)ᄒᆞᆫ[76] 쟈ᄂᆞᆫ 곳 호긔(豪氣)로이[77] 억 【30ㄱ】 탈(抑奪)ᄒᆞ며[78] 공교(工巧)이[79] 투식(偸食)ᄒᆞ야 탐람(貪婪)ᄒᆞ고[80] 침탈(侵奪)ᄒᆞ믈 마지 아니ᄒᆞᄂᆞ니 이 엇지 당초 ᄆᆞᄋᆞᆷ의 ᄒᆞ고져 ᄒᆞᆯ ᄇᆡ리오

63. 뢰물이 드러나게 힝ᄒᆞᆫ즉 시비(是非) 밧고이고: 뇌물로 시비가 뒤바뀌고.
64. 공젼: 공전(公錢). 공금.
65. 국곡(國穀): 국가나 관청에서 가지고 있는 곡식.
66. 투식(偸食)ᄒᆞᄆᆡ: 공금이나 공곡(公穀)을 도둑질하여 먹으매. 偸: 훔칠 투.
67. 교계(較計)ᄒᆞ며: 서로 견주어 살펴보며.
68. 진휼(賑恤)ᄒᆞᄂᆞᆫ: 흉년을 당하여 가난한 백성을 도와주는.
69. 젼량: 전량(錢糧). 땅과 곡식을 아울러 이르는 말.
70. 낭탁(囊橐)ᄒᆞᄆᆡ: 자기의 차지로 만들매. 낭탁(囊橐): ① 자기의 차지로 만듦. 또는 그런 물건. 아람치. ¶나머지 이백만 원은 고스란히 황국택의 낭탁으로 들어간다(채만식, 돼지). 반찬단지를 모두 다 제 낭탁을 만들어 보잔 말이지(박종화, 임진왜란). ② 주머니. ¶낭탁이 비다. 囊: 주머니 낭. 橐: 전대 탁.
71. 화단(禍端): 화를 일으킬 실마리.
72. ᄌᆞ로: ① '자주'의 옛말. ¶부톄 ᄌᆞ로 니ᄅᆞ샤도 從ᄒᆞᅀᆞᆸ디 아니ᄒᆞ더니(석보상절 6:10). 구룸 빗치 조타 ᄒᆞ나 검기를 ᄌᆞ로 ᄒᆞᆫ다(시조). 중세에는 'ᄌᆞᆯ다'에서 파생한 'ᄌᆞ로'와 'ᄌᆞᆽ다'에서 파생한 'ᄌᆞ조'가 동의어로 공존하였다. 따라서 'ᄌᆞᆯ다'와 'ᄌᆞᆽ다'도 동근 파생어 관계로 볼 수 있다. cf. ᄌᆞ조: '자주'의 옛말. ¶아래 ᄌᆞ조 듣ᄌᆞᄫᆞᆫ마ᄅᆞᆫ 즉자히 도로 니저 ᄀᆞᆺ블 ᄊᆞ니니(석보상절 6:11).
73. 쇼샥ᄒᆞ고: 소삭(消索/銷鑠)하고. 소삭: 소진(消盡). 점점 줄어들어 다 없어짐. [원문] 銷鑠. 소삭(銷鑠): 녹쇠가 녹아 없어짐. 銷: 녹일 소. 鑠: 녹일 삭.
74. 져상ᄒᆞ야: 저상(沮喪)하여. 저상(沮喪): 기운을 잃음. [원문] 沮.
75. 분발(奮發)ᄒᆞ기를: [원문] 奮發.
76. 불쵸ᄒᆞᆫ: 불초(不肖)한. '불쵸ᄒᆞᆫ 쟈: [원문] 不肖者. 불초(不肖): 어버이의 덕망이나 유업을 이어받지 못함. 또는 그렇게 못나고 어리석은 사람. 肖: 닮을 초.
77. 호긔로이: 호기(豪氣)로이. 호기롭게. 거만하게. [원문] 豪.
78. 억탈(抑奪)ᄒᆞ며: 억지로 빼앗으며. [원문] 奪.
79. 공교(工巧)이: 공교히. 교묘히. [원문] 巧.
80. 투식(偸食)ᄒᆞ야 탐람(貪婪)ᄒᆞ고: 공금이나 공곡(公穀)을 도둑질하여 재물을 탐하고. [원문] 偸朘.

실노 부득이 ᄒᆞᆫ ᄃᆡ 말ᄆᆡ암으미라 이졔 슈령의 치젹(治績)을 정제(整齊)히 신칙(申飭)ᄒᆞ고[81] ᄇᆡᆨ셩의 의지ᄒᆞᆯ 바ᄅᆞᆯ 진념(軫念)ᄒᆞ고져 ᄒᆞᆯ진ᄃᆡ ᄆᆞᆺ당히 ᄂᆡ직과 외직으로븟허 렴봉을 침작(斟酌)ᄒᆞ야[82] 더ᄒᆞ며 당초에 뎡ᄒᆞᆫ바 문무ᄇᆡᆨ관의 렴봉을 모다 구폐(舊弊)[83]ᄅᆞᆯ 회복ᄒᆞ고 다시 쇼샹(昭詳)히 구별ᄒᆞ야 법을 ᄇᆞᆰ히 뎡ᄒᆞ고 별노 봉공(奉公)ᄒᆞᆯ[84] 부비ᄅᆞᆯ 쥬어 ᄒᆞ야곰 용되 구간(苟艱)ᄒᆞᆯ[85] 념례(念慮ㅣ) 업게 ᄒᆞ고 그 후에 다시 우희ᄅᆞᆯ[86] 긔망(欺罔)ᄒᆞ고[87] ᄉᆞᄉᆞ(私事)ᄅᆞᆯ 경영ᄒᆞᄂᆞᆫ 폐 잇거든 법을 안험(按驗)ᄒᆞ야[88] 징치 【30ㄴ】 ᄒᆞ며 온ᄀᆞᆺ 루츄ᄒᆞᆫ 규례ᄅᆞᆯ 모다 ᄌᆡ량(裁量)ᄒᆞ야 쳘파(撤罷)ᄒᆞᄃᆡ 만일 힝ᄒᆞ기ᄅᆞᆯ 발셔 오ᄅᆡᄒᆞ야 일죠(一朝)에 급히 파ᄒᆞ기 어려온 쟈ᄂᆞᆫ 젼수(全數)히[89] 공용(公用)의 보용(補用)ᄒᆞ게[90] ᄒᆞᆯ지니 이ᄀᆞᆺ치 ᄒᆞᆫ즉 민력(民力)[91]이 펴이고 관방(官方)[92]이 바르리라 혹이 의심ᄒᆞᄃᆡ 국용(國用)이 부족ᄒᆞᆫᄃᆡ 일죠(一朝)에[93] 큰 됴건을 급히 더ᄒᆞᆫ즉 소비ᄅᆞᆯ 판출(辦出)ᄒᆞ지[94] 못ᄒᆞ리라 ᄒᆞᄃᆡ 모로ᄂᆞᆫ 말이 렴봉이 넉넉ᄒᆞᆫ즉 조ᄉᆔ[95] 단정(端正)ᄒᆞᆯ 거시오 모든 폐ᄅᆞᆯ 업시ᄒᆞᆫ즉 국용이 족ᄒᆞ며 진황(陳荒)ᄒᆞᆫ[96] 뎐토(田土)를 널니 ᄀᆡ쳑(開拓)ᄒᆞᆫ즉 곡식이 풍셩ᄒᆞ고 군량을 됴발(調發)ᄒᆞᄆᆡ[97] 업슨즉 태평ᄒᆞᆫ 긔상(氣象)[98]이 이시리니 ᄯᅩ 엇지 벼슬길이 잘못되며 경비 【31ㄱ】 부족ᄒᆞᆯ가 념려ᄒᆞ리오

---

81. 신칙(申飭)ᄒᆞ고: 단단히 타일러 경계하고.
82. 침작(斟酌)ᄒᆞ야: 어림쳐서 헤아려. 짐작(斟酌)하여.
83. 구폐(舊弊): 오래 전부터 내려오는 폐단.
84. 봉공(奉公)ᄒᆞᆯ: 나라나 사회를 위하여 힘써 일할. '봉공ᄒᆞᆯ 부비': [원문] 辨公之費.
85. 구간(苟艱)ᄒᆞᆯ: 몹시 구차하고 가난할.
86. 우희ᄅᆞᆯ: 위를. 상부를.
87. 긔망ᄒᆞ고: 기망(欺罔)하고. 남을 속여 넘기고. ¶소승은 임금을 기망했습니다. 전하를 속였습니다. 목을 베어 주시옵소서(박종화, 다정불심).
88. 안험ᄒᆞ야: 안험(按驗)하여. 안험(按驗): 자세히 조사하여 증거를 세움. [원문] 按.
89. 젼수히: 전수(全數)히. 전수: 전체 수효. [원문] 全.
90. 보용(補用)ᄒᆞ게: 재물 따위의 부족한 것을 보태게.
91. 민력(民力): 국민의 노력이나 재력.
92. 관방(官方): 관리들이 지켜야 할 규율. 관기(官紀).
93. 일죠에: 일조(一朝)에. 하루아침에. [원문] 一旦.
94. 판출ᄒᆞ지: 판출(辦出)하지. 돈이나 물건 따위를 변통하여 마련하여 내지. ¶군량미를 판출할 길이 막연하다/ 명나라 군사의 군량미를 거두느라고 본국 국군의 양식은 판출할 가망이 없어서 군사들은 진을 버리고 도망가고……(박종화, 임진왜란). [원문] 籌. 籌: 헤아릴 주.
95. 조ᄉᆔ: 조슈(操守) + ㅣ. 조수(操守): 지조나 정조 따위를 단단히 지킴. 수조(守操). [원문] 操守.
96. 진황(陳荒)ᄒᆞᆫ: (논밭이나 들 따위가) 묵어서 거칠어진. ¶전야가 진황되고 호구가 감손되고……(홍명희, 임꺽정).
97. 됴발ᄒᆞᄆᆡ: 조발(調發)하매. 조발(調發): 물품을 강제적으로 모아 거둠.
98. 긔샹: 기상(氣像). 사람이 타고난 기개나 마음씨. 또는 그것이 겉으로 드러난 모양. [원문] 象.

【ᄉᆞ권 32ㄱ】

론 셔리(論書吏)[1]

[각(各) ᄉᆞ(司)[2] 셔리를 의론ᄒᆞ미라]

대뎌 일홈을 구ᄒᆞᄂᆞᆫ ᄆᆞᄋᆞᆷ이 리(利)ᄒᆞᆷ을 구ᄒᆞ기의[3] 즁히 너기ᄂᆞᆫ 쟈ᄂᆞᆫ[4] ᄆᆡ양 봉공(奉公)ᄒᆞ야 법을 직히고 리ᄒᆞᆷ을 구ᄒᆞᄂᆞᆫ ᄆᆞᄋᆞᆷ이 일홈 구ᄒᆞ기에[5] 즁히 너기ᄂᆞᆫ 쟈ᄂᆞᆫ[6] 만히 폐단(弊端)을 놀녀ᄂᆡ여[7] ᄉᆞᄉᆞ(私事)를 경영ᄒᆞᄂᆞ니 관부(官府) 셔리ᄂᆞᆫ 일홈을 구ᄒᆞ야 어들 거시 업ᄉᆞᆷᄋᆡ 오직 리ᄒᆞᆫ 일만 도모ᄒᆞ리니 공ᄉᆞ(公事)를 위ᄒᆞ야 ᄉᆞᄉᆞ(私事)를 니져바리게 ᄒᆞ려 ᄒᆞ면 ᄯᅩᄒᆞᆫ 어려온지라 근ᄅᆡ에 호(胡) 문츙공(文忠公)[8]이 악셩(鄂省)[9] 군무(軍務)를 판리(辦理)홀ᄉᆡ[10] 리국(釐局)[츄리(抽釐)밧ᄂᆞᆫ 곳이라]을 신셜ᄒᆞᄆᆡ 셔리(書吏)를 다 믈니치고 관원의게만 맛져[11] 심복(心腹)[12]으로 부탁ᄒᆞ고 【32ㄴ】 슈죡(手足)[13]으로 거두어 ᄡᅳᄆᆡ

---

1. 셔리: 서리(書吏). 조선 시대에, 중앙 관아에 속하여 문서의 기록과 관리를 맡아보던 하급의 구실아치. 서제(書題). cf. 서리(胥吏): 관아에 속하여 말단 행정 실무에 종사하던 구실아치. 고려 시대에는 중앙의 관아에 속한 말단 행정 요원만을 가리켰으나, 조선 시대에는 경향(京鄕)의 모든 이직(吏職) 관리를 뜻하였다. 연리(掾吏). 이서(吏胥). 인리(人吏). 하리(下吏). 하전(下典). cf. 관속(官屬). 아전(衙前).
2. 각 ᄉᆞ: 각(各) 사(司). 각 관청 기관.
3. 구ᄒᆞ기의: 구하기보다. '의'는 비교격. 뒤의 주석 5에는 '구ᄒᆞ기에'로 나와 '에/의' 혼기를 보여 준다.
4. 대뎌 일홈을 구ᄒᆞᄂᆞᆫ……즁히 너기ᄂᆞᆫ 쟈ᄂᆞᆫ: [원문] 名心重於利者.
5. 구ᄒᆞ기에: 구하기보다. '에'는 비교격. 앞의 주석 3에서는 '구ᄒᆞ기의'로 나와 혼기를 보여 준다.
6. 리ᄒᆞᆷ을 구ᄒᆞᄂᆞᆫ ᄆᆞᄋᆞᆷ이……즁히 너기ᄂᆞᆫ 쟈ᄂᆞᆫ: [원문] 利心重於名者.
7. 폐단(弊端)을 놀녀ᄂᆡ여: 폐단을 놀려내어. 폐단을 이용하여. 놀려내다: 남을 놀아나게 만들다. ¶그는 남을 놀려내는 수단이 좋다 / 소금 장수가 남의 집 색시를 잘 놀려낸다더라. 우리 누나는 소금 장수 올 때 내다보다가 할머니한테 야단까지 맞는다(홍명희, 임꺽정). [원문] 舞弊. 무폐(舞弊): 관리가 법률을 남용하여 뇌물 따위를 받음.
8. 문츙공: 문충공(文忠公). 호임익(胡林翼). 1812-1861. 호남성(湖南省) 익양 사람. 자는 황생(貺生). 호는 윤지(潤之). 호북(湖北) 안찰사, 호북(湖北) 순무(巡撫)를 역임.
9. 악셩: 악성(鄂省). 호북성(湖北省)의 별칭. 鄂(악): 은대(殷代)의 나라. 춘추 시대 호북성 무창현(武昌縣) 초(楚) 나라 읍.
10. 판리(辦理)홀ᄉᆡ: 일 따위를 맡아 처리할새.
11. 맛져: 맡겨.
12. 심복(心腹): ① 배와 가슴을 아울러 이르는 말. 복심(腹心). ② 마음속 깊은 곳. 또는 그곳에 품고 있는 심정. ③ 썩 긴하여 없어서는 안 될 사물. ④ 마음 놓고 부리거나 일을 맡길 수 있는 사람. 심복

용도ᄂᆞᆫ 힘닙어 넉넉ᄒᆞ고 군ᄉᆞᄂᆞᆫ 힘닙어 강ᄒᆞ니 이ᄂᆞᆫ 죡히 경륜이 궁통(窮通)ᄒᆞ믈[14] 징힘ᄒᆞᆯ지니[15] 쳔근(淺近)ᄒᆞᆫ[16] 소견으로 능히 밋지 못ᄒᆞᆯ ᄇᆡ라 이졔 셔리의 권셰 임의 오ᄅᆡ 지졍 다핫시ᄆᆡ[17] 두로혀기[18] 어려오니[19] 안흐로 각 아문(衙門)으로븟허 밧그로 각 도(道) 각 부군현(府郡縣)에 다 결쥐(缺主ㅣ)[20][작간(作奸)ᄒᆞᄂᆞᆫ[21] 쥬인이라] 잇셔ᄆᆡ 결(缺)[22]의 혹 만여 금도 ᄒᆞ고 혹 수쳔 금도 ᄒᆞ야 ᄉᆞᄉᆞ(私事)를 경영ᄒᆞ야 결을 ᄉᆞᄃᆡ 본관(本官)은 얼골도 보ᄂᆞᆫ ᄇᆡ 업고 관부 가온ᄃᆡ 오직 판ᄉᆞ(辦事)[일을 판리(辦理)ᄒᆞᄂᆞᆫ 소임]ᄒᆞᄂᆞᆫ[23] 쟈를 차ᄌᆞ 보고 가마니 셩긔(聲氣)[24]를 통ᄒᆞ여 부동(符同)ᄒᆞ야[25] 작간(作奸)ᄒᆞ니 혹 법률

지인. [원문] 腹心.

13. 슈죡: 수족(手足). [원문] 指臂. 지비(指臂): 손가락과 팔. 원문은 '指臂'이나 번역은 '수족'으로 됨.
14. 궁통(窮通)ᄒᆞ믈: 깊이 통달함을. 궁통(窮通): ① 성질이 침착하여 깊게 생각을 함. ② 궁달(窮達). '경륜이 궁통ᄒᆞ믈': [원문] 經濟之宏通.
15. 징힘ᄒᆞᆯ지니: '힘'은 '험'의 오기. 징험(徵驗): 어떤 징조를 경험함. 조상(兆祥). [원문] 足徵經濟之宏通. 족징(足徵): 족히 증명함. 족히 상징함.
16. 쳔근ᄒᆞᆫ: 천근(淺近)한. 지식이나 생각 따위가 깊지 아니하고 얕은.
17. 지졍 다핫시ᄆᆡ: '지졍'은 어원 미상이나 '지정(至情) 닿았으매'로 보아 "지극한 정실(情實)이 닿아 운영되고 있으매 부패하여"의 뜻으로 본다. 만일 '지정'(指定)이라면 '定'의 당시 음이 '뎡'이라 '지졍'과 일치하지 않는다. 반면에 '情'은 당시 음이 '졍'으로 통용되었다.
지정(至情): ① 지극히 두터운 정분. ② 진심에서 우러나오는 참된 정. ¶이 지정에서 솟아나온 삼월이 대답에 중전도 낙루를 하시고 신 씨도 눈물을 뿌리지 않을 수 없었다(박종화, 금삼의 피). ③ 아주 가까운 친척. ¶우연히 앞뒷집에 살게 된 데다 동영과는 고향도 비슷해 지정은 아니라도 이리저리 따지면 약간의 척(戚)이 있었다(이문열, 영웅시대). [원문] 屬積重. 원문 '積重'도 '積弊'의 뜻으로 부패함을 뜻한다. 뒤의 주석 19 '적중난반'(積重難返) 참고.
18. 두로혀기: 돌이키기. 두루혀다: ① '돌이키다'의 옛말. ¶孔明이 니로되 여러 의논ᄒᆞᄂᆞᆫ 신하의 말을 조차셔 군ᄉᆞ를 그치고 갑옷슬 쓰고 ᄂᆞᆺ출 북으로 두루혀셔 엇지 셤기지 아니ᄒᆞᄂᆞ뇨(삼역총해 3:11). ② '배반(背反)하다'의 옛말. ¶闞澤이 니로되 님금을 두루혀 반ᄒᆞᄂᆞᆫᄃᆡ 엇지ᄒᆞ여 날을 졍흠이 되리오(삼역총해 6:15). ③ '주선하다'의 옛말. ¶斡 두르혈 알(신증유합 하13).
19. 셔리의 권셰 임의 오ᄅᆡ 지졍 다핫시ᄆᆡ 두로혀기 어려오니: 서리에게 속한 권세가 이미 오래 지극한 정실이 닿아 부패가 중하므로 돌이키기 어려우니. [원문] 書吏之權已屬積重難返. 원문은 '今日에 書吏의 權勢가 이미 積重難返에 屬하니'의 구조이다. 여기서 '적중난반'(積重難返)이란 "謂積習過深, 不易改革也"(중문대사전)로 풀이되어 "積習이 過深하여 改革하기가 쉽지 않다"의 뜻이다. 이 풀이에 도움말을 주신 건국대 정운채 교수께 깊이 감사드린다.
20. 결쥐: 결쥬(缺主) + ㅣ. 결주(缺主): 결(옛날 관직의 공석)을 노리며 작간하는 주인.
cf. 결주(缺柱): 씨를 뿌리거나 모를 낸 뒤에 돋아나지 않거나 빠져서, 있어야 할 자리에 포기가 비어 있는 것. 빈 그루. 빈 포기.
21. 작간(作奸): 간악한 꾀를 부림. 또는 그런 짓. 조간(造奸). ¶축재를 하는 일이라면 물불을 가리지 않고 생민이 숨을 쉴 수 없도록 갖은 작간을 다 하며 뼈 기름을 뽑아내었소(유현종, 들불).
22. 결(缺): 옛날 관직의 비어 있는 자리.
23. 판ᄉᆞᄒᆞᄂᆞᆫ: 판사(辦事)하는. 판사(辦事): 일을 맡아 처리하는 소임. 판리(辦理): 일 따위를 맡아 처리함.
24. 셩긔: 성기(聲氣). ① 목소리와 기운을 아울러 이르는 말. ② 성색(聲色). ③ 힘을 줌. [원문] 聲氣. '셩긔를 통ᄒᆞ여'는 "마음이 통하여"의 뜻.
25. 부동(符同)ᄒᆞ야: 한통속이 되어. [원문] 朋.

은 ᄒᆞᆫ가지로ᄃᆡ[26] 법 【33ㄱ】 률 가온ᄃᆡ 젼례(前例) ᄯᆞ로 잇고 혹 젼례는 ᄒᆞᆫ가지로ᄃᆡ 젼례 가온ᄃᆡ 됴목(條目)이 ᄯᆞ로 잇셔 그즁의 ᄇᆡᆨ 가지로 조종ᄒᆞ야 슌식간에 변ᄒᆞ기를 쳔 번이나 ᄒᆞ며 혹 ᄀᆞᆺᄐᆞᆫ 일이라도 뢰물 잇는 쟈는 이왕에 준ᄒᆡᆼ(遵行)ᄒᆞᆫ 명문(明文)[27]을 당긔여 ᄡᅳ며 뢰물 업는 쟈는 이왕에 아니 시ᄒᆡᆼ(施行)ᄒᆞᆫ 문젹(文蹟)[28]을 ᄂᆡ셰워 흑ᄇᆡᆨ(黑白)을 뒤셧그며 시비(是非)를 착란ᄒᆞ게 ᄒᆞ야 오직 져희들 ᄒᆞ고 시분 ᄃᆡ로 ᄒᆞᄃᆡ 능히 졔어(制御)ᄒᆞᆯ 길이 업고 곳 샹ᄉᆞ 관원[29]이 발각(發覺)ᄒᆞ야[30] ᄂᆡ여 법ᄃᆡ로 엄히 징치(懲治)ᄒᆞᆯ지라도 다만 관부 즁에 판ᄉᆞᄒᆞ는 간악ᄒᆞᆫ 셔리만 혁파(革罷)ᄒᆞᆯ[31] ᄲᅮᆫ이오 능히 밧괴셔 조종(操縱)ᄒᆞ는[32] 결쥬는 물니 【33ㄴ】 치지 못ᄒᆞ야 막는 톄ᄒᆞ야도 능히 막지 못ᄒᆞ며 다ᄉᆞ리는 톄ᄒᆞ야도 능히 다ᄉᆞ리지 못ᄒᆞ니 이는 다 젼례[33] 호번(浩繁)ᄒᆞ고[34] 법이 너모 셰밀(細密)ᄒᆞᆷ을[35] 인ᄒᆞᆫ 연고로 시러곰 그 ᄯᅳᆺ을 발뵈여[36] 작간ᄒᆞ미라 ᄒᆞᆷ을며 관가 아문이 뎐샤(傳舍)[37][역참[38] 치는 집이라] ᄀᆞᆺᄐᆞ여도 임ᄒᆞ야 일을 다ᄉᆞ리ᄆᆡ 만흐면 ᄉᆞ오 년이오 젹으면 일이 년이

26. ᄒᆞᆫ가지로ᄃᆡ: 한 가지로 같되. [원문] 同.
27. 준ᄒᆡᆼᄒᆞᆫ 명문: 준행(遵行)한 명문(明文). 명문(明文): ① 글로 명백히 기록된 문구. 또는 그런 조문(條文). ② 사리가 명백하고 뜻이 분명한 글. [원문] 邀准明文.
28. 문젹: 문적(文蹟). 나중에 자세하게 참고하거나 검토할 문서와 장부. 문부(文簿). ¶귤이 열린 수효를 헤아려 문부에 적어 두었다가 나중에 귤이 익으면 문부에 적힌 수효에 따라 상납하도록 하였던 것이다(현기영, 변방에 우짖는 새). [원문] 成案.
29. 샹ᄉᆞ 관원: 상사 관원(上司官員). 상관. [원문] 上官.
30. 발각(發覺)ᄒᆞ야: [원문] 覺察. 각찰(覺察): 일의 기미 따위를 눈치 챔.
31. 혁파(革罷): 묵은 기구, 제도, 법령 따위를 없앰. [원문] 革.
32. 조종(操縱)ᄒᆞ는: ① 비행기나 선박, 자동차 따위의 기계를 다루어 부림. ② 다른 사람을 자기 마음대로 다루어 부림. 여기서는 ②의 뜻. [원문] 把持.
33. 젼례(前例): ① 이전부터 있었던 사례. 유례(類例). ② 예로부터 전하여 내려오는 일 처리의 관습. [원문] 由例. cf. 전례(典例): 전거가 되는 선례. ¶전례로 삼다.
34. 호번(浩繁)ᄒᆞ고: 넓고 크며 번거롭게 많고. [원문] 太繁. '젼례 호번ᄒᆞ고'(由例太繁)는 "선례가 번거롭게 많고"의 뜻.
35. 셰밀ᄒᆞᆷ을: 세밀(細密)함을. [원문] 太密.
36. 발뵈여: 드러내 보여. 발뵈다: '발보이다'의 준말. ① 남에게 자랑하기 위하여 자기가 가진 재주를 일부러 드러내 보이다. ② 무슨 일을 극히 적은 부분만 잠깐 드러내 보이다. ¶앞으로의 내 계획을 관청에 발보였더니 모두들 꽤 괜찮다고 칭찬을 해 줬다.
'시러곰 그 ᄯᅳᆺ을 발뵈여 작간ᄒᆞ미라': [원문] 得逞其志而售其奸耳. '발뵈다'의 원문은 '逞'과 '售'가 같이 호응하고 있음. 逞: 굳셀, 쾌할, 왕성할 령. 售: 팔, 행하여질 수. '발뵈다'는 1:9ㄴ, 3:4ㄴ, 18ㄴ, 4:41ㄴ 참고.
37. 뎐샤: 전사(傳舍). 여관(旅館). [원문] 傳舍.
38. 역참(驛站): 역마(驛馬)를 바꿔 타던 곳. 관(館)④. 관(館): ① 성균관(成均館). ② 홍문관(弘文館). ③ 왜관(倭館). ④ 관원이 공무로 다닐 때에 숙식을 제공하고 빈객(賓客)을 접대하기 위하여 각 주(州)와 현(縣)에 둔 객사(客舍). 역참(驛站). 참(站). ⑤ 현방(縣房). 관에 들어가는 소, 현방으로 끌려 들어가는 소라는 뜻으로, 벌벌 떨면서 겁을 내는 사람을 비유적으로 이르는 말.

니 그런 허다ᄒᆞᆫ 법례(法例)를 약간 침쟉이나 ᄒᆞᆯ ᄲᅮᆫ이오 엇지 그런 ᄂᆡ평39을 쎄쳐 알니오 셔리ᄂᆞᆫ 져의 ᄃᆡᄃᆡ(代代)로 셔로 젼ᄒᆞᄆᆡ 외골스로 ᄇᆡ화 닉여 군정이며 농ᄉᆞ일과 형법이며 례문(禮文)40 등ᄉᆞ를 각각 차지ᄒᆞᆫ ᄇᆡ 잇고 관원(官員)41은 올마가ᄂᆞᆫ 법이 이 【34ㄱ】 시ᄃᆡ 셔리ᄂᆞᆫ 밧고ᄂᆞᆫ 일이 업ᄂᆞᆫ지라 ᄒᆞ믈며 임의 일을 맛지고 ᄯᅩ 뎡ᄒᆞᆫ 격례(格例)42의 얽ᄆᆡ여시ᄆᆡ 비록 ᄌᆡ죄43 이실지라도 쳔거(薦擧)ᄒᆞ야 발신ᄒᆞᆯ 길이 업ᄉᆞ며 ᄒᆞᆫ 달 응식(應食)44으로 나ᄂᆞᆫ 거시 심히 젹으니 만일 졔 몸을 쳥렴이 ᄒᆞ야 봉공만 ᄒᆞ면 쟝ᄎᆞᆺ 무어ᄉᆞ로 스ᄉᆞ로 넉넉ᄒᆞᆯ 도리 이시랴 이졔 갈히여 쓰ᄂᆞᆫ 가온ᄃᆡ 변통(變通)ᄒᆞᆯ 법을 획칙(劃策)ᄒᆞᄃᆡ 쳥컨ᄃᆡ 법률 됴례를 뎡ᄒᆞ고 ᄒᆞᆫ 과거를 셜시(設施)ᄒᆞ야 ᄆᆡ년에 ᄒᆞᆫ 번식 과거 뵈ᄃᆡ 션ᄇᆡ도 ᄯᅩᄒᆞᆫ ᄒᆞᆷ긔 보게 ᄒᆞ야 우등되ᄂᆞᆫ 쟈ᄂᆞᆫ45 ᄯᅩ 모로미46 그 인픔(人品)과 ᄒᆡᆼ검(行檢)47을 ᄉᆞᆲ힌 연후에 셔리를 시기ᄃᆡ 슈공(手工)48을 후히 쥬며 사ᄅᆞᆷ은 【34ㄴ】 굿ᄐᆞ여 만하 부졀업고49 긔어히50 쓰기의 맛갓게만51 ᄒᆞᆯ 거시니 만일 위인이 가증ᄒᆞ야 견ᄃᆡ여 쓰염즉지 못ᄒᆞ거나 공ᄉᆞ(公私)를 조종ᄒᆞᄂᆞᆫ 재 잇거든 즉긱에 믈니쳐 바려 죠곰도 요ᄃᆡ(饒貸)ᄒᆞ지52 말며 만일 판ᄉᆞ(辦事)ᄒᆞ기를 근간(勤懇)이53 ᄒᆞ고 능ᄒᆞ며 몸 가지기를 쳥

39. ᄂᆡ평: 내평(內評). 밖으로 드러나지 않은 평판이나 비평. [원문] 底蘊.
40. 례문: 예문(禮文). ① 예법에 관하여 써 놓은 글. ¶동리의 대소사를 의논하고 관혼상제를 예문에 틀리지 않도록 따져서 일반에게 교화하는 것이……(이기영, 봄). ② 한 나라의 예법과 문물제도. ③ 『불교』 예불하는 의식.
41. 관원(官員): [원문] 司官.
42. 격례(格例): 격식으로 되어 있는 관례. [원문] 格.
43. ᄌᆡ죄: ᄌᆡ조 + ㅣ. 재주가. [원문] 材藝.
44. 응식(應食): 직무에 따라서 보수로 받는 쌀이나 그 밖의 급료. [원문] 工食紙筆之費所得.
45. 우등되ᄂᆞᆫ 쟈ᄂᆞᆫ: [원문] 前列者.
46. 모로미: 모름지기.
47. ᄒᆡᆼ검: 행검(行檢). 품행이 점잖고 바름. 또는 그 품행. ¶行檢을 힘ᄡᅳ게 ᄒᆞ야ᄡᅥ 풍쇽과 교화를 둗겁게 ᄒᆞ고(勵行檢以厚風教, 小學諺解 6:15). 한 생원이란 사람은 행검이 있어서 자기 앞도 잘 닦거니와……(홍명희, 임꺽정). '인픔과 ᄒᆡᆼ검': [원문] 品行.
48. 슈공: 수공(手工). 손으로 하는 일의 품삯. ¶기한은 사흘로 정하고 수공은 얼마나 주리까?(홍명희, 임꺽정) [원문] 辛資.
49. 부졀업고: 부질없고. 'ᄉᆞᄅᆞᆷ은 굿ᄐᆞ여 만하 부졀업고': [원문] 人不在多. ¶無賴字謂 부질업시(訓蒙字會 상46). 閑 부질업슬 한(유합 하7). 부졀업슨 허비를 짐쟉ᄒᆞ야(裁省冗費, 어제소학언해 5:65). 부졀업ᄉᆞᆫ 是과 부졀업ᄉᆞᆫ 非ᄂᆞᆫ(閒是閒非. 여사서언해 2:36).
50. 긔어히: 기어이. 기어코. [원문] 期於.
51. 맛갓게만: 적합하게만. 알맞게만. 맛갓다: '맞갖다'의 옛말. [원문] 敷用. 앞의 1:27ㄴ 주석 10과 Ⅱ. 해제. 4.1 (28)의 '맛갓-' 논의 참고.
52. 요ᄃᆡᄒᆞ지: 요대(饒貸)하지. 요대(饒貸)하다: 너그럽게 용서하다. ¶혹 범법ᄒᆞ면 훈귀로ᄡᅥ 조곰도 요ᄃᆡ티 아니ᄒᆞ시더라(仁祖大王行狀 28).
53. 근간이: 근간(勤幹/勤懇)히. 부지런하고 성실히. cf. 근간(懃懇)하다: 은근하고 간절하다.

렴이 ᄒᆞ고 조심ᄒᆞ거든 과만(瓜滿)된[54] 후에 본관(本官)[55]이 잉임(仍任)[56]도 ᄒᆞ며 쳔거(薦擧)ᄒᆞ야[57] 벼슬길에 아오로[58] 쓰게 ᄒᆞ면 거의 져마다 스ᄉᆞ로 조심ᄒᆞᆯ 쥴 아라 감히 문부(文部)[59]를 환롱(幻弄)ᄒᆞ지[60] 못ᄒᆞ리라 그러나 명빅히 쓰ᄂᆞᆫ 쳐음의 모로미 쥰젹(準的)ᄒᆞ야 좃출 법을 뎡ᄒᆞᆯ 거시니 바라ᄂᆞᆫ 바ᄂᆞᆫ 당도지인(當道之人)[61]이 죠뎡(朝廷)의 주쳥(奏請)ᄒᆞ고 【35ㄱ】 군츄부원(軍樞部院)[62][마ᄋᆞᆯ 일홈]에 신칙(申飭)ᄒᆞ야[63] 률학(律學)을 ᄇᆞᆰ게 통ᄒᆞᆫ 관원(官員)을 갈히여 대쳥회뎐(大清會典)[64]과 대쳥률례(大清律例)[65] ᄀᆞᆺ튼 그런 글

---

54. 과만(瓜滿)된: 임기가 찬. 과만(瓜滿): 과기(瓜期). 벼슬의 임기가 끝나는 시기를 이르던 말. 중국 춘추 시대에 제(齊)나라의 양공이 관리를 임지로 보내면서 다음 해 오이가 익을 무렵에는 돌아오게 하겠다고 말한 데서 유래한다. 과년(瓜年). 과만(瓜滿). 과시(瓜時). 과한(瓜限). [원문] 期滿.
cf. 과만(過滿)하다: 분수에 넘치다. 남분하다. 과분하다. 과하다. ¶신분에 과만한 대우를 받다 / 그들은 경후와 같은 천한 자식은 민적을 올려 준 것만 해도 과만한 터인데 상견례는 무슨 상견례냐는 것이었다(이기영, 신개지).

55. 본관(本官): ① 고을의 수령을 이르던 말. ② 감사(監司)나 병사(兵使)가 있는 곳의 목사(牧使), 판관(判官), 부윤(府尹)을 이르던 말. ③ 견습, 고원(雇員) 및 촉탁 따위가 아닌 보통의 관직. ④ 여러 관직을 겸하는 이의 주된 관직. ⑤ 관직에 있는 사람이 공식적인 자리에서 자기를 이르는 일인칭 대명사.

56. 잉임(仍任): '인임'의 원말. 인임(仍任): 기한이 다 된 관리를 그 자리에 그대로 남겨 둠. [원문] 保准.

57. 쳔거ᄒᆞ야: 천거(薦擧)하여. [원문] 加結. 가결(加結): ① 조선 후기에 농토의 단위 면적에 따라 매기는 조세의 비율을 원래보다 더 올리던 일. ② 수량을 늘려 매긴 땅의 면적. ③ 가복(加卜). cf. 감결(減結).
감결(減結): 농토의 단위 면적에 따라 매기던 조세의 비율을 감하여 주던 일. cf. 가결(加結).
가복(加卜): ① 조선 시대의 정승 임용 절차 가운데 하나. 정승 후보자를 천거하는데 임금의 뜻에 맞는 사람이 없는 경우에 다른 후보자를 추가하여 다시 천거하였다. ② 가결(加結).
국어사전의 '가결'(加結)에는 '농토 수량 늘리기'의 뜻으로는 '가복'과 통하는 것으로 관련어 표시가 되어 있되, '천거'의 뜻과 연계되는 것을 표시하고 있지 않으나 '농토 수량 늘리기'의 뜻에서 '추가 천거'의 뜻이 더 발달한 것으로 추정된다.

58. 아오로: 아울러. ¶兼은 아올씨라(월인석보 서18). 아올 병: 幷(신증유합 하48). 아올나 귀미ᄭᆞ지 엇고쟈 ᄒᆞ거ᄂᆞᆯ: 幷(여사서언해 4:20). [원문] 並.

59. 문부(文部): 이조(吏曹). [원문] 文.

60. 환롱(幻弄)ᄒᆞ지: 교묘하고 못된 꾀로 남을 속여 마음대로 놀리거나 이용하지. [원문] 舞. '舞'가 여기서는 '춤출 무'가 아니라 '환롱(幻弄)할 무'의 뜻.

61. 당도지인(當道之人/當塗之人): 학문과 도를 닦는 사람. 나라 일을 맡아보는 사람, 관리. [원문] 當道.
당도(當道): ① 이 길. ② 자기가 학문을 닦는 길. 당도(當塗/當途): 정권을 잡음. 중요한 위치에 있음. 때를 만남.

62. 군츄부원: 군추부원(軍樞部院). 추부(樞府): ① 추밀원. ② 중추부.
cf. 추밀원(樞密院): 고려 시대에 왕명의 출납과 숙위(宿衛), 군기(軍機) 따위를 맡아보던 관아.
마ᄋᆞᆯ(←마ᅀᆞᆯ): '관청'(官廳)의 옛말. ¶宮正司ᄂᆞᆫ 宮中 ᄀᆞᅀᆞᆷ 안 마ᅀᆞ리라(내훈 2:102). 여러 마ᅀᆞ리 百姓의 것 버혀 아소ᄆᆞᆯ 힘뻐 ᄒᆞ야(두시언해 22:49). 衙 마ᅀᆞᆯ 아. 府 마ᅀᆞᆯ 부. 司 마ᅀᆞᆯ ᄉᆞ. 寺 뎔 ᄉᆞ. 마ᅀᆞᆯ 시(신증유합 상18).

63. 신칙(申飭)ᄒᆞ야: 단단히 타일러서 경계하여. ¶신칙이 엄하다 / 야밤에 동네에서 예사롭지 않은 일이 벌어지더라도 절대로 함부로 밖에 나와서는 안 된다고 우리는 어른들로부터 누누이 신칙을 받아 왔었다(윤흥길, 무지개는 언제 뜨는가).

64. 대쳥회뎐: 대청회전(大淸會典). 청나라의 각종 규장제도를 기록한 관수사서(官修史書). '청회전'이라고도 함. 강희 23년(1684)에 만들었으며 옹정, 건륭, 가경, 광서 기간에 걸쳐 4차례 수정함.

을 가지고 그즁 요긴ᄒᆞᆫ 말ᄉᆞᆷ을 갈히여 문호를 난호며 일을 구별ᄒᆞᄃᆡ 률문(律文)은 강(綱)을 삼고 됴례(條例)는 목(目)을 삼아 젼편 글을 ᄆᆡᆫᄃᆞ러 텬하(天下)에 반포(頒布)ᄒᆞ야 관원과 아젼으로 ᄒᆞᆷ긔 ᄇᆡ호ᄃᆡ ᄎᆡᆨ을 펴ᄆᆡ 쇼연(昭然)이[66] 알기 쉽게 ᄒᆞᆫ즉 권셰(權勢) 아ᄅᆡ로 옴기지 아니ᄒᆞ고 아젼의 치젹(治積)이 늘노[67] ᄉᆡᆼᄒᆞ믈 가히 긔약(期約)ᄒᆞ리라

---

65. 대청률례: 대청율례(大淸律例). 중국 봉건사회의 마지막 율례로, 형법을 중심으로 하여 여러 가지 법률 조항이 어우러진 법조문. 청나라 순치 2년(1645)에 만들기 시작하여 1647년에 완성하였으며 건륭 5년(1740)에 이름을 '대청율례'라 하였음.

66. 쇼연이: 소연(昭然)히. 일이나 이치 따위가 밝고 선명하게. [원문] 了然. 요연(了然/瞭然): 분명하고 명백함.

67. 늘노: 날로. [원문] 烝烝日. 烝: 김 오를 증.

【ᄉᆞ권 36ㄱ】

론 쵸공(論招工)[1]

[쵸공관을 의론ᄒᆞ미라]

셔젼(書傳)[2]에 ᄀᆞᆯ오ᄃᆡ ᄇᆡᆨ셩(百姓)이 나라에 근본(根本)이 되니 근본이 견고(堅固)ᄒᆞ여야 나라히 편안(便安)ᄒᆞ다 ᄒᆞ니[3] 그런고로 션왕(先王)이 어진 졍ᄉᆞ를 힝ᄒᆞ샤 빈핍(貧乏)ᄒᆞᆫ ᄇᆡᆨ셩을 구졔(救濟)ᄒᆞ며 법령을 엄히 ᄒᆞ야 게을니 노ᄂᆞᆫ ᄇᆡᆨ셩(百姓)[4]을 금졔(禁制)ᄒᆞ니 우리 ᄇᆡᆨ셩을 안보(安保)ᄒᆞ야 타국(他國)[5]에 류리(流籬)ᄒᆞ지 말고져 ᄒᆞᆫ ᄇᆡ니 ᄯᅳᆺ이 진실노 후(厚)ᄒᆞ미러니 근년(近年)[6]에 월동(粤東)[7]과 오문(澳門)[8]에셔 즁원 사ᄅᆞᆷ을 쵸인(招人)ᄒᆞ고[9] ᄭᅬ여다가 외양(外洋)의 나가 파라 노복(奴僕)을 삼으며 그 쳐소(處所)를 일홈ᄒᆞᄃᆡ 쵸공관(招工館)이라 ᄒᆞ니 실샹은 모리(謀利/牟利)ᄒᆞ기를[10] 위ᄒᆞ미라 월동 사ᄅᆞᆷ이 니ᄅᆞ【36ㄴ】기를 ᄆᆡ졔ᄌᆡ(買猪仔ㅣ)[11]라 ᄒᆞᄂᆞ니 대뎌 ᄀᆞᆯ오ᄃᆡ 졔(猪)라 ᄒᆞᄂᆞᆫ 거ᄉᆞᆫ 돗치

---

1. 쵸공: 초공(招工). 이민 등의 목적으로 사람을 불러 모으는 사람.
2. 셔젼: 서전(書傳). 서경을 주석한 책. cf. 서전(書典): 책. 경전.
3. 셔젼(書傳)에 ᄀᆞᆯ오ᄃᆡ ᄇᆡᆨ셩이 나라에 근본이 되니 근본이 견고ᄒᆞ여야 나라히 편안ᄒᆞ다 ᄒᆞ니: [원문] 書曰 民爲邦本 本固邦甯.
4. ᄇᆡᆨ셩: 백성(百姓). [원문] 黎民.
5. 타국(他國): [원문] 異城.
6. 근년(近年): [원문] 頻年.
7. 월동(粤東): 광동성의 별칭.
8. 오문(澳門): 아오먼(Aomen). 마카오(Macao). 포르투갈이 1557년부터 중국 관리들에게 뇌물을 주고 마카오 반도의 거주권을 획득하였고, 1887년에 포르투갈령이 되었으며, 442년 만인 1999년 12월 20일에 중국에 반환되었다.
9. 쵸인: 초인(招人). ①사람을 오라고 부름. ②어떤 사람을 꾀어 끌어냄. 유괴(誘拐)함. '쵸인ᄒᆞ고 ᄭᅬ여다가': [원문] 拐誘.
10. 모리(謀利/牟利): 도덕과 의리는 생각하지 않고 오직 부정한 이익만을 꾀함. [원문] 圖利.
11. ᄆᆡ졔ᄌᆞ: 매제자. 매저자(買猪仔). 돼지새끼를 산다는 뜻으로 사람을 돼지에 비유하여 미천한 사람을 자기 소유로 사는 사람. 욕설, 비난의 뜻으로도 쓰임. [원문] 買猪仔. 猪: 돼지, 돼지새끼 저. 仔: 자세할, 견딜, 새끼 자. 여기서는 현대 한자음이 '저'인 '猪'를 '졔'로 독음 표기하였다. '猪仔'는 '猪崽'(저새)와도 통한다.
    저새(猪崽): 쿨리(coolie). '쿨리'란 근대 이래 동남아, 인도, 아프리카 등에 나가 苦力 즉 고되고 힘든 고역(苦役)에 종사한 중국인, 인도인 하층 노동자를 가리키는 말로 '쿨리'는 '苦力'의 중국어 발음이다.

니12 사ᄅᆞᆷ을 즘ᄉᆡᆼ의 비기미오 ᄌᆞ(仔)라 ᄒᆞᄂᆞᆫ 거ᄉᆞᆫ 미쳔ᄒᆞᆫ 거ᄉᆞᆯ 니ᄅᆞ미니 그거ᄉᆞᆯ 먹여 길너 파라 오직 리(利)만 취ᄒᆞ니 셔로 즘ᄉᆡᆼ ᄆᆡ매ᄒᆞ듯 ᄒᆞᄂᆞᆫ지라 ᄯᅩ 드르니 제ᄌᆞ(猪仔) 하나를 시러 가지고 셔양국에 가면 세전(稅錢) ᄂᆡᄂᆞᆫ 은이 일원이오 오문(澳門) 의ᄉᆞ뎡(議事亭)[관원이 잇ᄂᆞᆫ 뎡ᄌᆞ 일홈] 관원(官員)13이 부비 ᄡᅳᄂᆞᆫ 은을 이원식 밧ᄃᆡ 즁원 관원14이 그 간사ᄒᆞᆷ을 발각(發覺)ᄒᆞ야15 ᄂᆡᆯ가 두려16 우아ᄅᆡ로 뢰물을 드려 숨기고 괴계(詭計)17를 ᄇᆡᆨ 가지로 ᄂᆡ며 ᄯᅩ 월동ᄉᆡᆼ18의 인물 쇼인ᄒᆞᄂᆞᆫ 무리 몬져 양인(洋人)으로 더브러 부동(符同)ᄒᆞ야19 ᄉᆞ방으로 흣허 【37ㄱ】 단니며20 사ᄅᆞᆷ의 죠하ᄒᆞᄂᆞᆫ 바ᄅᆞᆯ 맛쳐21 혹 ᄌᆡ물노 혹ᄒᆞ게 ᄒᆞ며 혹 계집 븟치고 잡기(雜技)22 ᄒᆞ므로 달ᄂᆡ여 ᄒᆞᆫ 번 그 ᄆᆡᆨ기23를 먹으면 바로 그 롱낙(籠絡)ᄒᆞᄂᆞᆫ24 ᄃᆡ 드러 드ᄃᆡ여 잡혀 외양의 나가면 능히 제 임의로 버셔나지 못ᄒᆞ며 ᄯᅩ 혹 ᄒᆡ변(海邊)25 부두(埠頭)26[륜션 다히ᄂᆞᆫ 곳이라]27와 대로변(大路邊)28의셔 무심즁에 ᄶᅱ여 ᄂᆡ다라 아모 사ᄅᆞᆷ이나 븟들고 제게 빗ᄉᆞᆯ 진 거시 잇세라29 얼

崽(仔)[zai]: 새끼, 작은 것, 사람을 욕되게 이르는 말.
買猪仔: 쿨리(coolie)를 사는 사람.

12. 돗치니: 돝이니. 돝: 돼지.
13. 관원(官員): [원문] 番官.
14. 관원(官員): [원문] 華官. 바로 앞의 주석 13의 원문과 다르나 언해는 '관원'으로 같다.
15. 발각(發覺)ᄒᆞ야: 드러내어. [원문] 燭發. 촉발(燭發): 불 밝히듯 드러남. cf. 촉발(觸發): 어떤 일을 당하여 감정, 충동 따위가 일어남. 또는 그렇게 되게 함.
16. 두려: 두리어. 두려워하여.
17. 괴계: 궤계(詭計). 간사하게 남을 속이는 꾀. 궤모(詭謀). 궤술(詭術). 궤책(詭策). '詭'의 현대어 독음은 '궤'인데 당시 독음은 '괴'임을 보여 준다.
18. 월동ᄉᆡᆼ: 월동성(粤東省). '광동성'의 별칭.
19. 부동(符同)ᄒᆞ야: 그른 일에 어울려 한통속이 되어. [원문] 串通. 串: 꿸 천. 꼬챙이 찬. 익을 관. 지명 곶. cf. 부동(附同): 부화뇌동(줏대 없이 남의 의견에 따라 움직임). 뇌동(雷同). '표준국어대사전'에는 '附同'(남의 의견에 따라 움직임)과 '符同'(한통속이 됨)을 구별하고 있음.
20. ᄉᆞ방으로 흣허 단니며: 사방으로 흩어 다니며. [원문] 散諸四方. = 산지사방(散之四方).
21. 맛쳐: 맞혀. 맞추어.
마치다: '맞히다'의 옛말. ¶藪中 담뵈ᄅᆞᆯ 스믈 살 마치시니(용비어천가 32장).
마치다: 맞게 하다. ¶그제 王이 보내시고 사ᄅᆞᆷ 브려 金 一百 鎰을 더ᄒᆞ야 가 보내여 마치신대(내훈 2:118). 江閣애셔 소ᄂᆞᆯ 마자 ᄆᆞᆯ 보내야 마쵸마 許ᄒᆞᆯᄉᆡ(두시언해 21:22).
마초다: 맞추다. 합하다. ¶부텻긔 가 머리 조ᅀᆞ 禮數ᄒᆞᅀᆞᆸ고 열 손톱 마초아 偈로 부텨를 讚歎ᄒᆞᅀᆞ보ᄃᆡ(월인석보 18:36). 合掌ᄋᆞᆫ 솏바당 마촐씨라(월인석보 2:29).
22. 잡기(雜技): 갖가지의 노름. 재주. [원문] 嫖賭. 표도(嫖賭): 오입질과 도박.
23. ᄆᆡᆨ기: 미끼. [원문] 餌. 餌: 먹이 이.
24. 롱낙ᄒᆞᄂᆞᆫ: 농락(籠絡)하는. [원문] 牢籠. 뇌롱(牢籠): 농락(籠絡).
25. ᄒᆡ변(海邊): [원문] 濱海.
26. 부두(埠頭): [원문] 埔頭. 埔: 땅이름 포
27. 륜션 다히ᄂᆞᆫ 곳이라: 화륜선 대는 곳이라.

거 잡아 ᄇᆡ의 싯고 다라나ᄃᆡ 디방관도 이런 일을 못 드른 톄ᄒᆞ고 다른 관원도 ᄯᅩᄒᆞᆫ 감히 호쇼(呼訴)ᄒᆞ지[30] 못ᄒᆞ야 ᄆᆡ년에 이러틋 잡혀가ᄂᆞᆫ 거시 루만 명이오 기즁에 가다가 즁로(中路)의셔 병 드러 쥭으며 ᄌᆞ 【37ㄴ】 쳐(自處)ᄒᆞ야[31] 쥭ᄂᆞᆫ 재 부지기수오 그곳에 간 연후에 극히 슈고롭고 극히 괴로온 일을 식이ᄃᆡ 져기[32] 거을니ᄒᆞᆫ즉[33] ᄎᆡ질ᄒᆞ며[34] 달쵸(撻楚)ᄒᆞ기를 ᄆᆡ이[35] ᄒᆞ고 우연이 병드러 져기 쉬기를 청ᄒᆞ야도 허치 아니ᄒᆞ고 쥭을 ᄯᆞ히 두어 ᄉᆞ라오기를 바라기 어렵고 혹 졔ᄌᆡ(猪仔ㅣ)[36] ᄇᆡ에 ᄯᅥ러젓다 ᄒᆞ면 번관(番官)[의ᄉᆞ뎡의 잇ᄂᆞᆫ 관원]이 문쵸(問招)ᄒᆞ야[37] 원치 아니ᄒᆞᄂᆞᆫ 쟈ᄂᆞᆫ 즉시 도로 노화 보ᄂᆡ면 뒤도 아니 도라보고 ᄉᆡ훤이 가니 이ᄂᆞᆫ 졔 ᄆᆞ음에 달게 너기ᄂᆞᆫ 양을 족히 알지라 쵸인(招人)ᄒᆞᄂᆞᆫ 간적(奸賊)들이 온가지로 간계(奸計)를 ᄂᆡ여 상하에 뢰물(賂物)을 쥬나니 번관이 문쵸(問招)ᄒᆞ려[38] ᄒᆞ면 잡혀온 【38ㄱ】 당쟈ᄂᆞᆫ 슘기고 쵸인ᄒᆞ야 온 간적드리 져히ᄭᆞ지 ᄃᆡ신ᄒᆞ야 ᄃᆡ답ᄒᆞᄃᆡ 당쟈ᄂᆞᆫ 실노 아지도 못ᄒᆞᄂᆞᆫ지라 이러틋 디경을 넌기니[39] 본ᄉᆞ[40]를 사실(查實)ᄒᆞ야 도로 보ᄂᆡᆫ다 ᄒᆞᄂᆞᆫ 법문(法文)은 ᄒᆞᆫ갓 셰상을 속일 ᄲᅮᆫ이오 ᄆᆞ음은

---

28. 대로변(大路邊): [원문] 衢岐路. 구기로(衢岐路): 네거리 갈림길.
29. 잇셰라: 있기 때문이라. -셰라: -세라. -기 때문이라. '빗슬 진 거시 잇셰라': [원문] 爲負欠. 빚 진 것이 있기 때문이라. 爲: - 때문에.
30. 호쇼ᄒᆞ지: 호소(呼訴)하지. [원문] 申訴. 申訴: 고소(告訴).
31. ᄌᆞ쳐(自處)ᄒᆞ야: 자처(自處): ① 자기를 어떤 사람으로 여겨 그렇게 처신함. ② 자기의 일을 스스로 처리함. ③ 자결(自決). 여기서는 ③의 뜻.
'자쳐ᄒᆞ야 죽는 쟈': [원문] 自尋短見者. 자심단견자(自尋短見者): 스스로 짧음을 찾고자 하는 자, 즉 죽기를 자처하는 자.
32. 져기: 적이. 꽤 어지간한 정도로.
33. 거을니ᄒᆞᆫ즉: 게을리한즉. [원문] 惰.
34. ᄎᆡ질: 채질. 채찍질. ᄎᆡ: 채찍. 'ᄎᆡ질ᄒᆞ며 달쵸(撻楚)ᄒᆞ기': [원문] 鞭撻. 편달(鞭撻): ① 채찍으로 때림. ② 종아리나 볼기를 침. 편복(鞭扑). ③ 경계하고 격려함.
35. ᄆᆡ이: 매우. ¶귀를 ᄆᆡ이 마ᄀᆞ면(急塞其耳, 능엄경언해 3:4)
36. 졔ᄌᆡ: 졔ᄌᆞ + ㅣ. 제자: 저자(猪仔). 저새(猪崽). 외국에 나가 고역에 종사한 하층 노동자. 여기서는 '팔려가는 사람들'을 가리킨다.
37. 문쵸ᄒᆞ야: 문초(問招)하여. 신문(訊問)하여. [원문] 訊問.
38. 문쵸ᄒᆞ려: 문초(問招)하려. [원문] 審訊. 앞의 주석 37의 원문과 다르나 번역어는 같다. 법률 용어에서는 '신문'(訊問)과 '심문'(審問)을 구별한다.
신문(訊問): ① 알고 있는 사실을 캐어물음. ¶봉학이는 수문(守門)하는 관원으로 궐문 밖에서 대신댁 계집 하인을 붙들고 희롱하였다고 신문을 받았다(홍명희, 임꺽정). ② 『법률』 법원이나 기타 국가기관이 어떤 사건에 관하여 증인, 당사자, 피고인 등에게 말로 물어 조사하는 일.
심문(審問): ① 자세히 따져서 물음. ② 『법률』 법원이 당사자나 그 밖에 이해관계가 있는 사람에게 서면이나 구두로 개별적으로 진술할 기회를 주는 일. ¶심문 수사 / 심문을 받다 / 심문을 당하다.
39. 넌기니: 지경(地境) 즉 국경을 넘기니. '넌기니'는 '넘기니'의 오기.
40. 본ᄉᆞ: 본사(本事). 근본이 되는 일.

모질고 슈단(手段)은 독ᄒᆞ며 ᄌᆞ최ᄂᆞᆫ 비밀ᄒᆞ고 슐업(術業)[41]은 공교(工巧)ᄒᆞ며 ᄯᅩ 그 즁에 부귀ᄒᆞᆫ 사ᄅᆞᆷ의 집과 루ᄃᆡ(累代) 독ᄌᆡ(獨子ㅣ)[42] 업지 아니ᄒᆞ니 함뎡(陷穽)에 그릇 ᄲᅡ져 고향을 아죠 바리고 졔 집 셰계(世系)[43]ᄂᆞᆫ 즁간에 졀ᄃᆡ(絶代)ᄒᆞ니[44] 말ᄉᆞᆷᄒᆞᄆᆡ 눈물이 흐ᄅᆞ며 듯ᄂᆞᆫ 재 ᄆᆞᄋᆞᆷ이 샹(傷)ᄒᆞᆯ지라 대뎌 사ᄅᆞᆷ을 사 가지고 외양의 나가ᄂᆞᆫ 거ᄉᆞᆫ 근본(根本) 금법(禁法)이오 ᄯᅩ 셔국법의 용 【38ㄴ】 납지 못ᄒᆞᆯ ᄇᆡ라 녯젹에 아쥬(阿洲)[45][나라 일홈] 흑인[사ᄅᆞᆷ이 다 검단 말이라]을 사다가 노복을 삼ᄂᆞᆫ 재(者) 잇더니 영국에 샹하의원[영길리국 관원 잇ᄂᆞᆫ 마ᄋᆞᆯ 일홈]이 샹고(商賈)ᄅᆞᆯ 모ᄒᆞ고 금ᄒᆞ며 ᄌᆡ물 수쳔 만을 ᄂᆡ여 모다 물너 도라 보ᄂᆡ고[46] 금ᄒᆞᄂᆞᆫ 약됴(約條)ᄅᆞᆯ 엄히 ᄒᆞᄆᆡ 폐단(弊端)이 긋쳐지고 풍쇽(風俗)이 ᄆᆞᆰ아지니 각국이 그 덕을 칭숑(稱頌) 아니ᄒᆞ 리[47] 업ᄉᆞ며 미국의셔 남븍의 빠홈이 당초의ᄂᆞᆫ 노복 팔기를 금ᄒᆞ노라 시작이 되엿더니 그 후에 ᄆᆞᆺᄎᆞᆷᄂᆡ 법을 셰워 금ᄒᆞ야 아죠 업시 ᄒᆞ야 어진 졍ᄉᆞ를 ᄒᆞᆫ갈ᄀᆞᆺ치 베프러시니 이졔 산두(汕頭)[48][디명] 등쳐에 비밀ᄒᆞᆫ 일은 알기 어려오ᄃᆡ 오문(澳門) ᄒᆞᆫ 곳은 쇼 【39ㄱ】 연이 드러나 알기 쉬오니 대뎌 오문은 근본 향산(香山) 쇽현(屬縣)으로 양인(洋人)의 쥬관(主管)[49]이 되여시니 아국의셔 ᄆᆞᆺ당히 약됴ᄅᆞᆯ ᄇᆞᆰ히고 ᄉᆞ신(使臣)[50]을 보ᄂᆡ여 셔국을 ᄎᆡᆨ망ᄒᆞ야 ᄀᆞᆯ오ᄃᆡ 사ᄅᆞᆷ을 사 가지고 외양의 나가 노복을 삼ᄂᆞᆫ 거ᄉᆞᆫ 실노 금법이라 각국이 다 알고 공법(公法)이 ᄌᆞᄌᆡ(自在)ᄒᆞ니[51] 샹고(詳考)ᄒᆞ건ᄃᆡ ᄒᆡ마다 외양으로 시러 ᄂᆡ여[52] 간 거시 다 우리 ᄇᆡᆨ셩[53]이오 그즁에 벼슬ᄒᆞᄂᆞᆫ 부귀가(富貴家) 족쇽[54]과 글ᄒᆞᄂᆞᆫ 션비 불쇼(不少)ᄒᆞ다 ᄒᆞ야

---

41. 슐업: 술업(術業). ① 음양(陰陽), 복서(卜筮) 따위의 술법에 종사하는 일. ② 술수(術數).
42. 독ᄌᆞ: 독자(獨子). [원문] 單傳之子.
43. 셰계: 세계(世系). 조상으로부터 대대로 내려오는 계통. 세통(世統). [원문] 宗祧. 종조(宗祧): 종묘(宗廟). 역대 임금과 왕비의 위패를 모시던 왕실의 사당.
44. 졀ᄃᆡ: 절대(絶代). 대가 끊어짐. [원문] 中絶.
45. 아쥬: 아주(阿洲). '아프리카'의 음역어.
46. 물너 도라 보ᄂᆡ고: 물러 돌려 보내고. [원문] 贖之還盡行遣釋. 여기에 나오는 '물너'(贖)는 앞의 1:9ㄱ의 'ᄇᆡ상(賠償)[물녀 밧ᄂᆞᆫ 거시라]'의 '물녀'(賠)와 구별.
47. 아니ᄒᆞ 리: 아니ᄒᆞᆯ 이. 아니할 사람.
48. 산두(汕頭): 산터우(Shantou). 중국 광동성(廣東省) 북동부 한강(韓江) 하구에 있는 항구 도시.
49. 쥬관: 주관(主管). [원문] 管轄.
50. ᄉᆞ신: 사신(使臣). [원문] 一介. 介: 클, 낄, 갑옷, 사신 개.
51. ᄌᆞᄌᆡᄒᆞ니: 자재(自在)하니. 스스로 갖추어 있으니. ¶이 사ᄅᆞᆷᄃᆞᆯ히 다 神足이 自在ᄒᆞ야(釋譜詳節 6:18). 自在ᄒᆞ야 ᄀᆞ룜 업소미(육조법보단경언해 중22). [원문] 在.
52. 시러 ᄂᆡ여: 실어 내어. '시러 ᄂᆡ여'의 '싣다'는 현대어에서 물건에만 쓰이고 사람에게 사용함은 오용으로 보나 당시에는 사람이나 물건이나 구별 없이 사용한 것으로 보인다. 따라서 현대에 '싣다'가 사람에 쓰임을 잘못이라 함은 현대적 관점일 뿐 역사적 타당성은 없다.

그곳의 갓다가 ᄉᆞ라 도라온 사ᄅᆞᆷ의 말을 의거ᄒᆞ야 그 고ᄉᆡᆼᄒᆞ던 형상(形狀)을 력력히 일너 거의 디옥 ᄀᆞᆺᄐᆞ며 쇼이연(所以然)[55]을 ᄌᆞ세히 ᄒᆡᆨ실(覈實)[56]ᄒᆞ【39ㄴ】면 졀반은 간사ᄒᆞᆫ 무리의게 쇽은 ᄇᆡ 되고 진실이[57] ᄌᆞᄆᆡ(自賣)ᄒᆞᄂᆞᆫ[58] 문셰(文書ㅣ) 잇셔 졔 소원(所願)[59]으로 먼니 간 거시 아니니 시험(試驗)ᄒᆞ야 ᄆᆞᄋᆞᆷ을 화평이 ᄒᆞ야 의론ᄒᆞ며 역지ᄉᆞ지(易地思之)ᄒᆞ야[60] 보라 만일 이런 일노 귀국 사ᄅᆞᆷ을 ᄃᆡ졉(待接)ᄒᆞ면 귀국의셔 과연 즐겨ᄒᆞ랴 귀국의셔 이후의ᄂᆞᆫ 디방관(地方官)의게 엄ᄎᆡᆨ(嚴責)ᄒᆞ야[61] 유의(留意)ᄒᆞ여 사ᄒᆡᆨ(查覈)ᄒᆞ야[62] ᄉᆞᆲ히게 ᄒᆞ고 션쥬(船主)ᄭᆞ지 아오로 금ᄒᆞ야 ᄉᆞᄉᆞ로이 시러 가지고 단니지 못ᄒᆞ게 ᄒᆞᄃᆡ 만일 감히 진짓[63] 어긔다가 ᄒᆞᆫ 번 드러나거나 혹 호쇼ᄒᆞ야[64] 발각이 되면 그 ᄇᆡᄂᆞᆫ 곳 쇽공(屬公)ᄒᆞᆯ[65] 거시오 사ᄅᆞᆷ은 즉시 치죄(治罪)ᄒᆞ리니[66] 이런 말을 미리 니【40ㄱ】ᄅᆞ지 아니ᄒᆞ엿다 니ᄅᆞ지 말나 이ᄀᆞᆺ치 ᄒᆞᆫ즉 ᄉᆞ리(事理)ᄂᆞᆫ 곳고 긔운(氣運)은 싁싁ᄒᆞ며 의리ᄂᆞᆫ 졍대ᄒᆞ고 말ᄉᆞᆷ은 엄ᄒᆞᆯ 거시니[67] 양인이 비록 굴강(倔强)ᄒᆞ기로[68]

---

53. ᄇᆡᆨ셩: 백성(百姓). [원문] 赤子. 赤子: 임금이 갓난아이처럼 여겨 사랑한다는 뜻으로, 그 나라의 '백성'을 이르는 말.

54. 부귀가 족쇽: 부귀가 족속(富貴家 族屬). 부귀한 집안 족속. [원문] 富家宦族. 환족(宦族): 대대로 벼슬을 지내는 집안.

55. 쇼이연: 소이연(所以然). 그리된 까닭. 소연(所然). [원문] 所由.

56. ᄒᆡᆨ실: 핵실(覈實). 사실을 조사함. ¶노ᄑᆞᆫ 會예 足히 覈實호미 업스시니 覈은 相考ᄒᆞᆯ 씨라(법화경언해 序13) 다시 ᄌᆞ개 블러 보샤 覈實하시니(내훈 2하19). [원문] 細覈.

57. 진실이: 진실히. 진실로.

58. ᄌᆞᄆᆡ: 자매(自賣). 스스로 몸을 팖. cf. 자매(自媒): ① 중매를 거치지 아니하고 스스로 배우자를 구함. ② 자천(自薦). ③ 스스로 상대를 구함.

59. 소원(所願): [원문] 甘心. 감심(甘心): 괴로움이나 책망 따위를 기꺼이 받아들임. 또는 그런 마음. ¶설마 졸개 대접이야 하겠나만 임 두령 같은 당세 인물 밑에 말구종 노릇이라도 감심하고 하겠네(홍명희, 임꺽정). 봉기 같은 축들은 막딸네의 재빠른 행실을 미워하고 멸시하면서도 한편 감심하기도 한다(박경리, 토지).

60. 역지ᄉᆞ지ᄒᆞ야: 역지사지(易地思之)하여. [원문] 易地.

61. 엄ᄎᆡᆨ: 엄책(嚴責). 엄하게 꾸짖음. 또는 그런 꾸중. 엄견. 통책. ¶애매한 나를 죽이자고 야단을 하다가 도리어 영묘께 엄책을 듣지 않았느냐?(김동인, 대수양)

62. 사ᄒᆡᆨ: 사핵(查覈/查核). 실제 사정을 자세히 조사하여 밝힘. ¶동진 장두들은 교인들이 잡혀 오는 대로 일일이 사핵하여 그중 행위가 괘씸한 자들만 십여 명 잡아 놓고 나머지는 다 풀어 줬는데……(현기영, 변방에 우짖는 새). [원문] 查察.

63. 진짓: 참으로, 정말로, 고의로. ¶진짓 올ᄒᆞᆫ 션ᄇᆡ라 내 삼가 避할 ᄯᆞᄅᆞᆷ이라(眞義士也吾謹避之耳, 소학언해 4:31). [원문] 故.

64. 호쇼ᄒᆞ야: 호소하여. [원문] 告發.

65. 쇽공: 속공(屬公). ① 임자가 없는 물건이나 금제품, 장물 따위를 관부(官府)의 소유로 넘기던 일. ② 죄인을 관아의 노비로 넘기던 일. [원문] 充公.

66. 치죄ᄒᆞ리니: 치죄(治罪)하리니. [원문] 定罪.

67. ᄉᆞ리(事理)ᄂᆞᆫ 곳고 긔운(氣運)은 싁싁ᄒᆞ며 의리ᄂᆞᆫ 졍대ᄒᆞ고 말ᄉᆞᆷ은 엄ᄒᆞᆯ 거시니: [원문] 理直氣壯義

버르시 되엿시나 형세(形勢) 반ᄃᆞ시 굴복홀[69] 거시오 그러치 아니ᄒᆞᆫ즉 이는 진짓 약됴[70]를 어긔고 현연(顯然)이[71] 공법을 거역(拒逆)ᄒᆞᄂᆞᆫ 즉시니 일졍(一正)코[72] 가히 그 죄샹(罪狀)을 폭빅(暴白)ᄒᆞ야[73] 그 왕릭ᄒᆞ믈 긋코 ᄒᆡ금(海禁)[74]을 엄히 세우며 오문 근쳐(近處)[75]의 관을 짓고 샹고(詳考)ᄒᆞ고 사힉(查覈)ᄒᆞ야 빅 ᄒᆞᆫ 쳑과 사ᄅᆞᆷ 하나히라도 그 ᄉᆞ히 통셥(通涉)지 못ᄒᆞ게 ᄒᆞ면 각국이 대의에 눌녀 두려홀 거시오 ᄯᅩᄒᆞᆫ 져기 져마다 분ᄒᆞᆫ ᄆᆞᄋᆞᆷ을 프러 서로 더 【40ㄴ】 브러 깁히 믜워ᄒᆞ고 엄졀(嚴切)이[76] 긋흐면 양인이 ᄉᆞᄉᆞ로 공론의 용납지 못ᄒᆞᆫ 빅 된 쥴 아라 형셰 반ᄃᆞ시 곡진(曲盡)이[77] 좃ᄎᆞ 사ᄅᆞᆷ 흥판(興販)ᄒᆞᄂᆞᆫ[78] 폐를 영영 업시 ᄒᆞ리니 이ᄂᆞᆫ ᄒᆞᆫ 번 드러 여러 ᄒᆡ 젹폐(積弊)를 덜고 ᄒᆞᆫ 말의[79] 빅

正詞嚴.

68. 굴강(崛强)ᄒᆞ기로: 힘이 세어 굽히지 않기로. 굴강(崛强/屈强)하다: ① 몹시 힘이 세다. ¶굴강한 사공들의 조종에도 불구하고, 배는 물살이 가자는 대로 달음질친다(김동인, 대수양). 단구일망정 무쇠처럼 탄탄한 체격과 굴강한 체력을 가진 다산(茶山)이었으나……(한무숙, 만남). ② 몹시 의지가 굳어 남에게 굽히지 아니하다. ¶침착하고 굴강한 성격. [원문] 崛强. 崛: 우뚝 솟을 굴.

69. 굴복(屈服/屈伏)홀: ① 힘이 모자라서 복종할[屈服] ② 머리를 숙이고 꿇어 엎드릴[屈伏]. [원문] 折服. 절복(折伏): 나쁜 사람이나 외도(外道), 사도(邪道)를 꺾어 굴복시키는 일. 파사(破邪).

70. 약됴: 약조(約條). [원문] 和約.

71. 현연이: 현연(顯然)히. 분명히. 뚜렷이. ¶상제를 부르면 현연히 대답이 오는 것이다. 그것은 결코 공상이 아니었다(한설야, 탑). 말 없는 왕의 얼굴엔 괴로움과 우울한 표정이 현연히 드러난다(박종화, 다정불심). [원문] 顯.

72. 일졍코: 일정(一正)하고. 한가지로 올바르게. '일졍코 가히 그 죄샹(罪狀)을 폭빅(暴白)ᄒᆞ야': [원문] 正可暴其罪狀. '일졍코'는 현대어에도 가능한 '一定코'로 보아도 의미상 통하기는 한다. 그러나 '이언'에서 '一定'은 '일뎡'(1:3ㄱ, 12ㄴ 등)으로 쓰여 '一定코'라면 '일뎡코'로 썼을텐데 그리 쓰지 않아서 '一定코'로 보기 어렵다. 따라서 현대어 사전에는 없지만 '일졍코'의 원문이 '正'이므로 '一正코'로 하여 "한가지로 올바르게"로 풀이한다.

73. 폭빅: 폭백(暴白). ① 드러내어 폭로함. ② 성을 내며 말함. ¶춘경이는 핀잔을 주듯 폭백을 하듯 한마디하고 외면을 한다(염상섭, 이심). ③ 발명(發明). 죄나 잘못이 없음을 말하여 밝힘. 또는 그리하여 발뺌하려 함. ¶표숑의 츙졍을 폭빅고져 ᄒᆞ여 지필을 나오미(落泉登雲 3:7).

74. ᄒᆡ금: 해금(海禁). ① 다른 나라 선박이 자기 나라 해안에 들어오거나 고기잡이하는 것을 금함. ② 『역사』 예전에 중국에서 해상 교통이나 무역·어업 따위에 두던 제한. 명나라·청나라 때에 강화되었으나 1842년에 난징 조약으로 중국이 개항하면서 본래의 뜻을 잃게 되었다.

75. 근쳐: 근처(近處). [원문] 附近之處.

76. 엄졀이: 엄절(嚴切)히. 엄절하다: 성질이 매우 엄격하다. ¶소바우가 어린아이의 티를 벗으면서부터는 의붓자식 대하듯 엄절한 데가 있었다(문순태, 타오르는 강).

77. 곡진이: 곡진(曲盡)히. 곡진하다: ① 매우 정성스럽다. 곡절(曲折)하다. 절곡(切曲)하다. ¶대접이 곡진하다. ② 매우 자세하고 간곡하다. ¶진실노 곡진이 구완ᄒᆞ고 ᄉᆞᄉᆞ로 새롭기를(山城日記 70). 그이의 감정이 상하였다면 꿇어앉아 빌고도 싶고 마음이 돌아섰다면 붙들고 애원도 하리라는 곡진하고 절박한 감정으로 붓대를 들었다(염상섭, 모란꽃 필 때). [원문] 曲.

78. 흥판(興販): 흥정하여 사고파는 일. [원문] 販運.

79. ᄒᆞᆫ 말의: 한 번의 말로. [원문] 片言.

셩[80]의 류리(流離)ᄒᆞᄂᆞᆫ 외회(厄會)[81]를 건질 만ᄒᆞ니 젹션(積善)ᄒᆞ미[82] 진실노 젹지 아니ᄒᆞᆫ지라 당도지인(當道之人)은 성각(醒覺)ᄒᆞᆯ진져[83]

80. ᄇᆡᆨ셩 : 백성. [원문] 萬姓.
81. ᄋᆡᆨ회: 액회(厄會). 재앙이 닥치는 불행한 고비. ¶액회를 당하다 / 감영 하인들은 죽을 경우에 살아난 사람처럼 아는 눈치고 다른 비장들은 한 번 액회를 면한 것같이 치는 모양이고……(홍명희, 임꺽정).
82. 젹션: 적선(積善). 착한 일을 많이 함. ¶본ᄃᆡ 젹션의 ᄯᅳᆺ을 먹ᄉᆞ오셔(癸丑日記 105). 그ᄃᆡ 오ᄂᆞᆯ 큰 젹션을 ᄒᆞ여시니(洛城飛龍 1). [원문] 造福.
83. 성각ᄒᆞᆯ진져: 깨달을진저. 성각(醒覺): 각성(覺醒). [원문] 念旃. 旃:(구부정한, 무늬 없는 붉은) 깃발 전.

【ᄉᆞ권 41ㄱ】

론 의도(論醫道)
[의원의 도를 의론ᄒᆞ미라]

범문졍공(范文正公)[1]이 말솜ᄒᆞᄃᆡ 어진 졍승이 되지 못ᄒᆞᆯ진ᄃᆡ ᄆᆞᆺ당히 어진 의원이 될 거시라 ᄒᆞ니 의슐(醫術)이 비록 적은 슐쉬(術數)나[2] 그 ᄆᆞᄋᆞᆷ을 밀위면[3] 가히 셰샹을 구졔ᄒᆞᆯ 만ᄒᆞ고 그 슐업[4]을 졍통ᄒᆞ면 가히 사ᄅᆞᆷ을 살닐 만ᄒᆞ니 심히 가ᄇᆡ야이[5] 볼 거시 아니로ᄃᆡ 셰샹 풍쇽(世風)이 늘노 효박(淆薄)ᄒᆞᄆᆡ[6] 모리지ᄇᆡ(牟利之輩)[7] 만하 혹 방셔(方書)[8]를 어ᄌᆞ러이 긔록ᄒᆞ야 스승의게 ᄇᆡ홧노라 망녕(妄佞)도이[9] 일ᄏᆞᄅᆞ며 혹 져기[10] ᄆᆡᆨ결(脈訣)[11]이나 외오면 ᄃᆡᄃᆡ로 젼ᄒᆞ야 나려오ᄂᆞᆫ 슐업으로 ᄌᆞ쳐(自處)ᄒᆞ야[12] 대단치 못ᄒᆞᆫ 약과 신통치 못ᄒᆞᆫ 방문(方文)[13] 【41ㄴ】 으로 우연이 효험(效驗)을 보면 믄득 신통ᄒᆞᆫ 명의로라 ᄌᆞ긍(自矜)ᄒᆞ야 총명(聰明)을 발뵈고[14] 셩명(姓名/盛名)[15]이 왜ᄌᆞᄒᆞ야[16] 명의로라

---

1. 범문졍공: 범 문정공(范文正公). 범중엄(范仲淹, 989-1052). 북송 인종 때의 명상(名相). 문집 중 '악양루'(岳陽樓)가 유명함. 앞의 '셔'(序) 주석 46 참고.
2. 슐쉬나: 술수(術數)이나. 술수: 음양(陰陽), 복서(卜筮) 따위로 길흉을 점치는 방법. 여기서는 의술도 술수에 포함하였다.
3. 밀위면: 미루어 헤아리면. ¶경등이 다 노친이 이셔 영화로이 치믈 극진이 ᄒᆞ니 내 마음의 늣거워ᄒᆞ노라 ᄒᆞ시니 그 어딘 ᄆᆞᄋᆞᆷ을 밀위시미 이 ᄀᆞᆺᄌᆞ오시더라(인조행장 30).
4. 슐업: 술업(術業). 술수와 같은 일. ¶슐업 슐(術) (신증유합 하 8).
5. 가ᄇᆡ야이: 가벼이. ¶가ᄇᆡ야온 고지 듣놋다(落輕花, 두시언해 8:49).
6. 효박(淆薄)ᄒᆞᄆᆡ: 인정이나 풍속이 어지럽고 아주 각박하매. ¶그들 중에는 그런 것도 인심이 차차 효박하기 때문에 그전 같지 않다고 세상을 한탄한다마는……(이기영, 봄).
7. 모리지ᄇᆡ: 모리지배(牟利之輩). 모리배(牟利輩). 모리(謀利/牟利): 도덕과 의리는 생각하지 않고 오직 부정한 이익만을 꾀함. [원문] 牟利者. 牟: 소 우는 소리, 빼앗을, 탐낼 모.
8. 방셔: 방서(方書). 약을 짓기 위하여 약 이름과 약의 분량 즉 약방문을 적은 책. [원문] 襍錄方書. 襍: '雜'의 본자(本字). 잡록(襍錄/雜錄): 잡기(雜記).
9. 망녕도이: 망녕(妄佞)되이. ¶망녕도이 是非홈이(妄是非, 소학언해 5:12).
10. 져기: 적이. 꽤 어지간한 정도로.
11. ᄆᆡᆨ결: 맥결(脈訣). 신체의 맥을 요약한 내용. 'ᄆᆡᆨ결이나 외오면': [원문] 歌訣.
12. ᄌᆞ쳐ᄒᆞ야: 자처(自處)하여. [원문] 輒詡. 輒: 문득, 번번이 첩. 詡: 자랑할, 장담할 후. ¶ᄂᆞᄌᆞᆨ이 홈으로 ᄡᅧ ᄌᆞ쳐ᄒᆞ며(卑以自處, 소학언해 5:105).
13. 방문(方文): 약방문. ¶비밀한 방문이라(구급간이방 1:27).

패(牌)를 삭여[17] 문 우희 놉히 달고 병가(病家)의 간즉 슈로지공(酬勞之功)[18]을 미리 달나 ᄒᆞ며 타고 단니는 마셰(馬貰)[19]는 젹으며 만흐믈 닷토고 ᄯᅡ라단니는 노복들은 샹급(償給)을 후히 달나 토식(討索)ᄒᆞ며[20] 우연이 큰 병을 만나면 대리소관(大利所關)[21]으로 아라 몬져 다른 의원을 보ᄂᆡ여 방문(方文) ᄂᆡ여 시험ᄒᆞ게 ᄒᆞ고 믄득 니ᄅᆞᄃᆡ 젼의 쓴 약이 그릇되다 ᄒᆞ여 졔 슐업(術業)을 압셰우며 빈부를 무론(毋論)ᄒᆞ고 슈로지공을 바드ᄃᆡ ᄒᆞᆫ갈ᄀᆞᆺ치 각ᄉᆡᆨ(各色)히[22] ᄒᆞ며 친쳑과 니웃 사ᄅᆞᆷ의게라도 【42ㄱ】 호리(毫釐)[23]를 교계(較計)ᄒᆞ야 이러틋 힝셰(行世)ᄒᆞ기를 반ᄉᆡᆼ(半生)을 ᄒᆞᄆᆡ 해를 바든 재 불가승싊(不可勝數ㅣ)라[24] 대뎌 의슐이 지극ᄒᆞᆫ 리치(理致) 이시며[25] 병 증셰도 여러 가지로 문호(門戶)[26]

---

14. 발뵈고: 발보이고. 발보이다: ① 남에게 자랑하기 위하여 자기가 가진 재주를 일부러 드러내 보이다. ¶그는 하수들에게 별것도 아닌 기술을 발보이는 꼴이 싫어서 일찍 자리를 떴다 / 때가 되매 부쩍 일어나서 뚝딱하여 새 면목을 발보일 적에는……(최남선, 심춘순례). ② 무슨 일을 극히 적은 부분만 잠깐 드러내 보이다. ¶앞으로의 내 계획을 관청에 발보였더니 모두들 꽤 괜찮다고 칭찬을 해 줬다. ㉾ 발뵈다. 발뵈다: ¶감히 스스로 발뵈고져 호미 아니라(非敢自獻, 태평광기언해 1:36). [원문] 逞. 逞: 굳셀, 쾌할, 왕성할 령. '발뵈다'는 1:9ㄴ, 3:4ㄴ, 18ㄴ, 4:33ㄴ 참고.

15. 셩명: 성명(姓名/盛名). ¶청년 김덕령의 성명 삼 자는 벌써 전라도 일판에 천하장사라는 소문이 자자했다(박종화, 임진왜란). cf. 성명(盛名): 떨치는 이름. ¶근동에 선생의 성명(盛名)이 자자합니다. cf. 성명(成名): 명성을 떨침. '셩명'은 '이언'에서 두 번 나오는데(앞의 3:23ㄴ) 여기의 '셩명'은 '姓名' 외에 '盛名'으로 볼 수도 있다.

16. 왜ᄌᆞᄒᆞ야: 왁자하여. 왜자ᄒᆞ다: 소문이 온 동네에 널리 퍼져 요란하다. 왁자하다. ¶그녀가 처음 전라도 어느 시골에서 십만 원에 팔려 택수에게 시집왔을 때 온 마을이 왜자했다(전상국, 바람난 마을). 왁자지껄하게 떠들썩하여 시끄럽다. ¶누구의 소리인지는 모르나 왜자하고 고함치는 소리가 나고……(정비석, 졸곡제). '셩명이 왜ᄌᆞᄒᆞ야': [원문] 高其聲價.

17. 삭여: 새겨. 중세, 근대 어형은 '사기다'가 있는데 근대에 '삭이다' 표기도 나타난다.
사기다1: 새기다. ¶刻은 사길씨라(월인석보 2:49). 鐫 사길 됴(훈몽자회 하7). 너희돌히 ᄆᆞᅀᆞ매 사기며 ᄲᅧ에 刻ᄒᆞ야(내훈 서8).
사기다2: 새기다. 풀이하다. ¶善男子善女人이 經을 바다 디녀 닑거나 외오거나 사겨 니르거나 쓰거나 ᄒᆞ면(석보상절 19:14).
삭이다: 죠히로 삭인 덕담(譯語類解 補10).

18. 슈로지공: 수로지공(酬勞之功). 수고나 공로에 대한 대가나 보답으로 받는 돈. 수로(酬勞): 수고나 공로에 대하여 돈으로 보답함.

19. 마셰: 마세(馬貰). 마삯. 말을 부린 데 대한 삯. 마분(馬分). cf. 마세(-貰): ① 말감고나 말쟁이가 마질을 하여 주고받는 삯. ② 마름이 마질하는 삯으로 소작인으로부터 소작료 외에 더 받는 곡식.
마삯: 마질을 한 것에 대하여 무는 삯. 마질(← 말 + 질): 곡식을 말로 되는 일. ¶마질을 후하게 하다. cf. 되질.

20. 토식: 토색(討索). 돈이나 물건 따위를 억지로 달라고 함. ¶자기네들도 매관매직과 토색과 뇌물을 가장 당연한 일로 여기고 행하는지라(김동인, 운현궁의 봄).

21. 대리소관(大利所關): 큰 이익과 관계되는 것. [원문] 奇貨.

22. 각ᄉᆡᆨ히: 각색(各色)히. 종류를 다양하게. ¶다 조ᄒᆞᆫ 각ᄉᆡᆨ 약 드려 ᄆᆡᆼ근 교토 두라(번역박통사 상6).

23. 호리(毫釐): 자나 저울눈의 호(毫)나 이(釐)로 아주 적은 양을 이르는 말. [원문] 錙銖. 치수(錙銖): 적은 양. 錙: 저울눈, 적을, 여섯 수(銖) 치. 銖: 무게 단위 수. 1냥의 24분의 1.

24. 불가승쉬라: 불가승수(不可勝數)이라. 불가승수(不可勝數): 너무 많아서 셀 수가 없음. [원문] 不勝屈

를 난화시니27 모로미28 음양을 ᄉᆞᆲ혀 보고 허실을 분간ᄒᆞ며 사ᄅᆞᆷ은 남븍을 분변(分辨)ᄒᆞ야 긔운과 형톄 임의 다르고 약픔(藥品)은 ᄀᆞᆺ고 다르미 잇셔 셩미(性味) 현연(顯然)이29 다르고 ᄒᆞ믈며 쟝부(臟腑)30와 경락(經絡)31의 허실과 혈ᄆᆡᆨ과 긔운의 통ᄒᆞ고 막힌 것과 촌관쳑(寸關尺)32[세 ᄆᆡᆨ 일홈]은 부침지삭(浮沈遲數)33[ᄆᆡᆨ이 ᄠᅳ고 잠기며 더ᄃᆡ고 자조 동ᄒᆞᄂᆞᆫ 말]에 분간이 잇고 혈ᄆᆡᆨ류쥬(血脈流注)34[혈ᄆᆡᆨ이 통ᄒᆞ여 단니단 말]ᄂᆞᆫ 쳔심(淺深)과 고하(高下)에 다르미 이시니 호리만 틀녀도 쳔 리나 어긜지라 이졔 【42ㄴ】 지극히 졍ᄒᆞ고 지극히 미묘ᄒᆞᆫ 일을 극히 비루(鄙陋)ᄒᆞ고 극히 쳔근(淺近)ᄒᆞᆫ35 사ᄅᆞᆷ이 힝ᄒᆞ니 기ᄇᆡᆨ(岐佰)36[황뎨 헌원시(軒轅氏)의 신히니 의ᄉᆞᆯ ᄂᆡ던 사ᄅᆞᆷ이라]의 근원을 탐지ᄒᆞ지 못ᄒᆞ고 즁경(仲景)37[녯적 명의(名醫) 일홈]의 비밀ᄒᆞ믈38 여허보지39 못ᄒᆞ며 경ᄒᆞᆫ 거ᄉᆞᆯ 당

指. ¶자기 집 십 대 안 조상들만 살펴보아도 그동안에 급제가 열 명이오. 진사가 열일곱이오. 그 아래 벼슬은 불가승수다(한설야, 탑).

굴지(屈指): ①무엇을 셀 때, 손가락을 꼽음. ②주로 '굴지의' 꼴로 쓰여, 수많은 가운데서 손가락을 꼽아 셀 만큼 아주 뛰어남. ¶사리원서도 굴지에 드는 포목전을 경영하는 외에 상당한 농토를 갖고 있어요(손창섭, 낙서족).

25. 이시며: 있으며.
26. 문호(門戶): 영역. 부문. 종류.
27. 난화시니: 나누었으니. ¶이ᄉᆞᆺ자ᄋᆞᆫ 序品이니 품은 난호아 제여곰 낼씨라(석보상절 13:37).
28. 모로미: 모름지기. [원문] 須.
29. 현연이: 현연(顯然)히. 분명히. 뚜렷이.
30. 쟝부: 장부(臟腑). '오장육부'(五臟六腑)의 준말.
31. 경락(經絡): 인체 내의 경맥과 낙맥을 아울러 이르는 말. 전신의 기혈(氣血)을 운행하고 각 부분을 조절하는 통로이다. 이 부분을 침이나 뜸으로 자극하여 병을 낫게 한다.
32. 촌관쳑: 촌관척(寸關尺). 손목에서 맥을 보는 세 자리. 요골(橈骨)의 경상 돌기 부위를 관(關), 손목 쪽을 촌(寸), 팔꿈치 쪽을 척(尺)이라 한다. [원문] 寸口關尺.
33. 부침지삭(浮沈遲數): 맥상(脈象)의 가장 기본적인 유형인 부맥(浮脈), 침맥(沈脈), 지맥(遲脈), 삭맥(數脈)을 아울러 이르는 말. [원문] 浮沈弦數.
34. 혈ᄆᆡᆨ류쥬: 혈맥유주(血脈流注). 혈맥의 유주. 유주(流注): 『한의학』 몸의 깊은 조직이 곪는 병. 나쁜 기운이 몸의 여기저기를 옮겨 다니다가 일정한 곳에 머물러서 생긴다. [원문] 兪穴注流.
35. 쳔근ᄒᆞᆫ: 천근(淺近)한. 지식이나 생각 따위가 깊지 아니하고 얕은.
36. 기ᄇᆡᆨ: 기백(岐佰). 황제(黃帝)의 신하. 중국의 명의. 기황지술(岐黃之術): 기백(岐伯)과 황제(黃帝)의 의술. 기백과 황제는 의술의 비조(鼻祖)로 숭배됨.
황제(黃帝): ① 『민속』 오방신장의 하나. 중앙을 맡은 신이다. ② 『역사』 중국의 전설상의 제왕. 성은 공손(公孫). 이름은 헌원(軒轅). 복희씨, 신농씨와 함께 삼황(三皇) 또는 오제(五帝)로 불리는데, 처음으로 곡물 재배를 가르치고 문자·음악·도량형 따위를 정하였다고 하며, 최근까지 중국의 시조로 숭배되었다. 홍황(鴻黃).
37. 즁경: 중경(仲景): 옛날 동한(東漢) 시대의 명의. 이름은 장기(張機)이고, 자는 중경이다. 저서는 '상한잡병론'(傷寒雜病論), '장중경요부인방'(張仲景療婦人方), '장중경방'(張仲景方) 등이 있다.
38. 비밀(秘密)ᄒᆞ믈: 비밀한 처방을. ¶비밀ᄒᆞᆫ 방문이라(구급간이방 1:27). '즁경의 비밀ᄒᆞ믈': [원문] 仲景之秘.

긔여 즁ᄒᆞ게 ᄆᆡᆫ들며 허믈을 ᄶᅮ며 공로ᄅᆞᆯ ᄆᆡᆫᄃᆞ니 사ᄅᆞᆷ 살니기ᄅᆞᆯ 바라다가 더옥 속히 쥭게 ᄒᆞᄂᆞᆫ지라 ᄀᆞᆺ히 사ᄅᆞᆷ이 곡졀을 무르면 믄득 발명ᄒᆞᄃᆡ[40] ᄉᆞᄉᆡᆼ(死生)은 텬명(天命)이라 편쟉(扁鵲)[41]이라도 ᄒᆞᆯ 슈 업다 ᄒᆞᄂᆞ니 엇지 참혹지 아니ᄒᆞ랴 슬프다 텬하 만민이 텬디ᄉᆡᆼ셩지ᄐᆡᆨ(天地生成之澤)[42]으로 ᄉᆡᆼ겻거ᄂᆞᆯ 져희 무리 쥭이기ᄅᆞᆯ 무란이[43] ᄒᆞ며 방문ᄒᆞᆫ 쟝으로 병을 【43ㄱ】 시험ᄒᆞᄆᆡ 묘ᄒᆞᆫ 법이 쳥낭비결(青囊祕訣)[44][신통ᄒᆞᆫ 의슐 방셔]이라 ᄌᆞ랑ᄒᆞ며 셰 숀가락으로 사ᄅᆞᆷ을 쥭이ᄆᆡ 칼노 쥭이기도곤[45] 더옥 원통ᄒᆞ니 말ᄉᆞᆷ이 이의 밋ᄎᆞᄆᆡ 통ᄒᆞᆫ(痛恨)ᄒᆞ미 ᄌᆞ못 깁도다 셔국(西國) 의원의 의론ᄒᆞᄂᆞᆫ 바ᄅᆞᆯ 일즉 드ᄅᆞ니 증셰ᄅᆞᆯ 숣혀 치료ᄒᆞ기ᄂᆞᆫ 의원의 직칙이니 대강은 형톄 긔질[46]과 공용(功用)[47]을 분별ᄒᆞᆯ 거시니 대개 사ᄅᆞᆷ이 피육(皮肉)과 근골(筋骨)이 합ᄒᆞ야 신톄[48] 되고 그 가온ᄃᆡᄂᆞᆫ 오쟝륙부로 ᄎᆡ오고 혈ᄆᆡᆨ을 관통ᄒᆞ게 ᄒᆞ여시니 니ᄅᆞᆫ바 형톄 긔질이오 【43ㄴ】 ᄒᆞᆫ 가지 물건의 ᄒᆞᆫ 가지 ᄡᅵ오미[49] 잇셔 헛도이 베픈 바도 업고 다른 ᄃᆡ 비러 ᄡᅳᆯ 길도 업ᄉᆞ니 니ᄅᆞᆫ바 공용이라 형톄(形體) 긔질의 병(病)도 이시며 공용의 병도 이시며 형톄 긔질과 공용이 셔로 겸ᄒᆞᆫ 병도 이시니 반ᄃᆞ시 몬져 ᄆᆞ음을 셰밀(細密)이 ᄒᆞ야 분명히 안 연후에 바야흐로

---

39. 여허보지: 엿보지. 여허보다: 엿보다. [원문] 窺. 엿다: '엿보다'의 옛말. 모음으로 시작하는 어미 앞에서는 '엿-'으로 나타난다. ¶내 弟子ㅣ 窓ᄋᆞ로 여ᅀᅥ 지블 보니(능엄경언해 5:72). 漁夫 도라간 後 엿ᄂᆞ니 白鷺ㅣ로다(교시조 118-1). 중세에는 '엿보-' 외에 '여ᅀᅥ보- > 여어보-'도 나온다. '여허보-'는 '여어보-'에 ㅎ 첨가가 발생한 발달형이다.
    여ᅀᅥ보다: 雪山애셔 盜賊 여ᅀᅥ보매 兵馬ᄂᆞᆫ 업고(두시언해 21:3).
    여어보다: 여어볼 쳐 覰(유합 하20). 사ᄅᆞᄆᆡ ᄉᆞᄉᆞ 유무를 여어보디 아닐 거시며(소학언해 5:101).
    '여허보-'는 '이언'에 2회(여기와 뒤의 발8ㄱ) 나오고 '이언'에는 중세부터 있어 온 '엿보-'도 13회 나온다. '여허보-'는 고어사전들에 미등재어인데 고어사전에 '이언'의 용례로 등재할 필요가 있다. 앞의 '론 션졍' 2:9ㄱ의 '엿보와시나'(주석 25), 뒤의 발8ㄱ의 '여허보건ᄃᆡ'(주석 113) 참고.
40. 발명ᄒᆞᄃᆡ: 발명(發明)하되. 변명하되. ¶그르믄 발명 못ᄒᆞᆯ 거시니(첩해신어 1:29).
41. 편쟉: 편작(扁鵲). '사기'(史記)에 전기가 실려 있는 중국 주대(周代)의 명의(名醫).
42. 텬디ᄉᆡᆼ셩지ᄐᆡᆨ: 천지생성지택(天地生成之澤). 천지 생성의 은택. [원문] 生成. cf. 천지생성지택(天地生成脂澤): 하늘의 뜻으로 생긴 기름지고 윤택한 것. 지택(脂澤): 기름져 윤기가 남.
43. 무란이: 제멋대로. 끔찍이. 동정심 없이. [원문] 忍. 忍: 참을, 차마 못할 인.
    cf. '이언' 권3 제1편 '변방'의 다음 구절 참고. '즁국 ᄇᆡ반ᄒᆞ기ᄅᆞᆯ 무란이 ᄒᆞ고 텬됴(天朝)ᄅᆞᆯ 거역ᄒᆞ게 ᄒᆞ니'(甘心叛逆抗拒天朝, 이언 3:3ㄱ 주석 53).
44. 쳥낭비결: 청낭비결(青囊祕訣). 중국 후한 말기의 명의(名醫)인 화타(華陀)가 지은 의서.
45. 쥭이기도곤: 죽이기보다.
46. 형톄 긔질: 형체 기질. 체질. [원문] 體質.
47. 공용(功用): 공효(功效). 공을 들인 보람이나 효과. ¶네 말 같으면 남북촌 여러 단골집이 모두 네 공효로 형세를 부지한 모양 같구나(이해조, 구마검).
    cf. 공용(功用): 〖불교〗 몸과 입과 뜻으로 짓는 행위, 말, 생각 따위를 이르는 말.
48. 신톄: 신체(身體). [원문] 軀殼. 구각(軀殼): 몸의 껍질이라는 뜻으로, 온몸의 형체 또는 몸뚱이의 윤곽을 정신에 상대하여 이르는 말.
49. ᄡᅵ오미: 쓰임이. 'ᄒᆞᆫ 가지 물건의 ᄒᆞᆫ 가지 ᄡᅵ오미 잇셔': [원문] 一物有一物之用.

능히 시험ᄒᆞ야 다ᄉᆞ릴 거시니 셔국(西國)에 의원(醫院)[의슐 가ᄅᆞ치ᄂᆞᆫ 곳이라]이 잇셔 사ᄅᆞᆷ이 와셔 ᄇᆡ호기ᄅᆞᆯ 허ᄒᆞᄃᆡ 죽은 사ᄅᆞᆷ을 잡아 혜쳐 징험(徵驗)ᄒᆞ고[50] 의슐 스승이 가ᄅᆞ쳐 뵈며 그림과 방셔(方書)로 닐너 뵈ᄃᆡ 몬져 형톄 ᄉᆡᆼ긴 방위(方位)[51]와 공용을 강론(講論)ᄒᆞ며 버거[52] 병증(病症)을 론란(論難)ᄒᆞ며 버거 약 셩미(性味)[53]ᄅᆞᆯ 【44ㄱ】 궁구ᄒᆞ며 ᄂᆡ과[장부 안의 잇ᄂᆞᆫ 병] 외과[피부의 잇ᄂᆞᆫ 병]와 부인문[54]과 쇼ᄋᆞ문[55]을 분별ᄒᆞ야 그 ᄌᆡ능 여부ᄅᆞᆯ 시험ᄒᆞ야 고하(高下)ᄅᆞᆯ ᄎᆞ등(差等)ᄒᆞᆫ다 ᄒᆞ니 비루(鄙陋)ᄒᆞᆫ 소견(所見)의ᄂᆞᆫ ᄆᆞᆺ당히 죠뎡(朝廷)의 주문(奏聞)ᄒᆞ고[56] 쥬례(周禮)[57][례긔 ᄎᆡᆨ 일홈]에 의슐ᄒᆞᄂᆞᆫ 벼ᄉᆞᆯ을 셜시(設施)ᄒᆞ던 본의(本意)[58]ᄅᆞᆯ 의방(依倣)ᄒᆞ야[59] 각 ᄉᆡᆼ(省) 도회쳐의 신칙(申飭)ᄒᆞ야[60] 부민(府民)다려 ᄌᆡ력(財力)을 모흐라 ᄒᆞ야 합ᄒᆞ야 의원을 세우고 명의(名醫)ᄅᆞᆯ 갈히여[61] 원즁(院中)에 스승을 삼고 학ᄉᆡᆼ을 불너 원즁의셔 가ᄅᆞ치게 ᄒᆞᄃᆡ 문리(文理)[62] 통슌(通順)ᄒᆞᆫ[63] 쟈ᄅᆞᆯ 샹고ᄒᆞ여 바야흐로 원에 드러와 ᄇᆡ호기ᄅᆞᆯ 허ᄒᆞ고 빈부 물론ᄒᆞ고 져마다 진심ᄒᆞ야 가ᄅᆞ치ᄃᆡ 그 일을 젼쥬(專主)ᄒᆞ야[64] 【44ㄴ】 공부ᄒᆞ게 ᄒᆞ야 졍(精)ᄒᆞᆯᄉᆞ록 더옥 졍ᄒᆞ기ᄅᆞᆯ 구ᄒᆞ며 ᄇᆡ혼 지 삼 년 되기를 기다려 샹고ᄒᆞ야 우등이 되ᄂᆞᆫ 쟈는 디방관의게 쳥ᄒᆞ야 톄문(帖文)[65]을 ᄂᆡ여 쥬어 ᄒᆡᆼ의(行醫)ᄒᆞ기를[66] 허ᄒᆞ고 만일 이샹ᄒᆞᆫ 병을 다

---

50. 징험(徵驗)ᄒᆞ고: 어떤 징조를 느끼거나 겪고.
51. 방위(方位): 음양(陰陽), 오행(五行), 간지(干支), 팔괘(八卦) 따위를 배치하여 사람의 길흉화복과 관련지은 방향.
52. 버거: 다음으로. 버금으로.
53. 셩미: 성미(性味). 약의 성질.
54. 부인문(婦人門): 산부인과. [원문] 婦科.
55. 쇼ᄋᆞ문: 소아문(小兒門). 소아과. [원문] 兒科.
56. 주문(奏聞)ᄒᆞ고: 임금에게 아뢰고.
57. 쥬례: 주례(周禮). 중국의 경서(經書). 유가의 9경 · 12경 · 13경에 속하는 고대의 예법에 관한 3권의 책 가운데 하나. '주관(周官)'이라고도 한다. '의례', '예기'와 함께 삼례(三禮)라 하며, 13경의 하나이다. '주례'는 '예기'와 합쳐져 6경에 포함되었다. '천(天), 지(地), 춘(春), 하(夏), 추(秋), 동(冬)'을 본떠서 6관(六官)의 관제(官制)를 만들고, 천명(天命)의 구현자인 왕의 국가 통일에 의한 이상 국가 행정 조직의 세목 규정을 상세히 설명하였다.
58. 본의(本意): 본 뜻.
59. 의방(依倣)ᄒᆞ야: 따르고 본받아. ¶현인의 법을 의방ᄒᆞ야(소학언해 3:2).
60. 신칙(申飭)ᄒᆞ야: 단단히 타이르고 경계하여. ¶貴國 分付가 重ᄒᆞ면 내 나라 申飭도 亦是 重ᄒᆞ오니(인어대방 1:1).
61. 갈히여: 가리어. [원문] 選. ¶하ᄂᆞᆯ히 ᄀᆞᆯᄒᆡ샤(용비어천가 8장).
62. 문리(文理): ① 글의 뜻을 깨달아 아는 힘. ② 사물의 이치를 깨달아 아는 힘. ¶문리가 트이다/문리가 훤하다.
63. 통슌(通順)ᄒᆞᆫ: 깨우치고 따르는.
64. 젼쥬ᄒᆞ야: 전주(專主)하여. 일을 주관하여. ¶이 比丘ㅣ 經典 닐거 외오ᄆᆞᆯ 專主ᄒᆞ야 아니ᄒᆞ고; 專主는 오ᄋᆞ로 爲主ᄒᆞᆯ씨라(석보상절 19:30). 닐그며 외오매 專主ᄒᆞᇙ 줄 모ᄅᆞ며(석보상절 19:36).

ᄉᆞ려 효험을 보거든 의원(議院)에 보(報)ᄒᆞ고[67] ᄆᆡ년 죵삭(終朔)[68]에 모화 긔록ᄒᆞ야 판각(板刻)ᄒᆞ야 방셔를 ᄆᆡᆫᄃᆞ러 후학을 가ᄅᆞ치게 ᄒᆞ면 쟝ᄎᆺ 화ᄒᆞᆫ 긔운이 흡연(洽然)ᄒᆞ야[69] 요ᄉᆞ(夭死)ᄒᆞᄂᆞᆫ[70] 폐를 근심 아니ᄒᆞ고 묘ᄒᆞᆫ 슈단으로 병인을 회츈ᄒᆞ게[71] ᄒᆞ며 ᄆᆞ음으로 셰샹 사ᄅᆞᆷ을 쟝슈ᄒᆞ게 ᄒᆞ리니 의원의 되(道ㅣ) 엇지 어진 졍승으로 더브러 공효ㅣ(功效ㅣ) ᄀᆞᆺ지 아니ᄒᆞ리오

---

65. 톄문: 체문(帖文). 수령이 그 고을의 면임(面任)이나 동임(洞任), 향교, 서원 따위에 지시하던 문서.

66. ᄒᆡᆼ의ᄒᆞ기를: 행의(行醫)하기를. 의술을 행하기를.

67. 보(報)ᄒᆞ고: 알리고. [원문] 報明.

68. 죵삭: 종삭(終朔). 섣달.

69. 흡연(洽然)ᄒᆞ야: 매우 흡족한 듯하여. ¶병인년 가을에 성상이 즉위하시고, 뽑혀 궁에 들어가 숙의(淑儀)가 되었는데 공경하고 유순하며, 대궐 안의 일을 잘 거행하니 궁중이 흡연히 칭송하였다(번역 중종실록). 화연을 만나ᄆᆡ 졍흥이 흡연ᄒᆞ야 ᄎᆞ마 팔지 못ᄒᆞ니(落泉登雲 2:4).

70. 요ᄉᆞᄒᆞᄂᆞᆫ: 요사(夭死)하는. 요사(夭死): 요절(夭折). 단절(短折). 요몰(夭沒). 요상(夭殤). 요서(夭逝). 요수(夭壽). 요졸(夭卒). 요찰(夭札). 요촉(夭促). 요함(夭陷). 절사(折死). 조사(早死). [원문] 夭札.

71. 회츈ᄒᆞ게: 회춘(回春)하게. 중한 병에서 돌아오게.

론 범인(論犯人)
[죄에 범ᄒᆞᆫ 사ᄅᆞᆷ을 의론ᄒᆞ미라]

증ᄌᆡ(曾子ㅣ)[1] ᄀᆞᆯᄋᆞ샤ᄃᆡ 만일 그 실졍(實情)을 어든즉 ᄋᆡ긍(哀矜)히[2] 너기고 깃거ᄒᆞ지[3] 말나 ᄒᆞ시니 이ᄂᆞᆫ 진실노 어진 사ᄅᆞᆷ의 ᄆᆞᄋᆞᆷ 쓰미라 대개 인ᄉᆡᆼ이 불ᄒᆡᆼᄒᆞ야 아븨와 스승이 가ᄅᆞ치믈 일흐ᄆᆡ 임의 ᄒᆡᆼ산(恒産)[4]이 업셔 ᄉᆡᆼ업(生業)을 ᄌᆞ뢰(資賴)ᄒᆞ지[5] 못ᄒᆞ며 ᄯᅩ ᄇᆡ혼 ᄌᆡ죄 업셔 호구지ᄎᆡᆨ(糊口之策)을 못ᄒᆞᄆᆡ 빈궁(貧窮)ᄒᆞ야 무뢰ᄇᆡ(無賴輩)[6] 되엿다가 간사ᄒᆞᆫ 무리의게 침혹(沈惑)ᄒᆞ야[7] 국법(國法)의 걸녀 관가에 형벌을 닙고 그윽ᄒᆞᆫ[8] 옥듕에 가치ᄆᆡ 텬일(天日)을 보지 못ᄒᆞ며 더러온 옷시 거믄 줄노 결박(結縛)ᄒᆞ엿고 옥졸(獄卒)은 두렵기 호표(虎豹)[9] ᄉᆡ랑(豺狼)[10]보다 더ᄒᆞ며 【45ㄴ】 더러온 긔운이 졈졈 훈증(薰蒸)ᄒᆞ야[11] 몹쓸 병을 어더 긔식(氣息)[12]이 엄엄(奄奄)ᄒᆞ야[13] 곤경을 견ᄃᆡ기 어렵고 다ᄒᆡᆼ

---

1. 증ᄌᆞ: 증자(曾子, 기원전 505-436). 중국 노나라의 철학자. 이름은 삼(參). 자는 자여(子輿). 공자의 문하생이며 '대학'의 저자로 알려져 있다. '대학'은 '예기'의 한 부분이며 사서(四書) 가운데 하나로, 유가의 덕목인 충(忠)과 서(恕)의 중요성을 강조했고 '효'를 재확립하는 데 힘썼는데, '부모를 기리고, 부모를 등한시하지 않으며, 부모를 부양한다'라고 하여 효를 3단계로 열거했다.
2. ᄋᆡ긍히: 애긍(哀矜)히. 불쌍하고 가엽게. [원문] 哀矜. ¶ᄋᆡ긍 긍(矜)(신증유합 하16).
3. 깃거ᄒᆞ지: 기뻐하지. ¶놀애를 블러 깃거ᄒᆞ더니(월인천강지곡 상9).
4. ᄒᆡᆼ산: 항산(恒産). 살아갈 수 있도록 하는 생업이나 재산.
5. ᄌᆞ뢰ᄒᆞ지: 자뢰(資賴)하지. 밑천으로 삼지. ¶일용결활은 전혀 사며 옴기기에 ᄌᆞ뢰ᄒᆞᄂᆞ니(윤음언해 77).
6. 무뢰ᄇᆡ: 무뢰배(無賴輩). 무례하며 염치를 모르고 소속이나 직업 없이 불량한 짓을 하고 다니는 사람. ¶무뢰ᄇᆡ(光棍, 한청문감 8:42). '이언' 3:61ㄴ에는 '물외지비'(無賴之輩)로 혼기도 나온다.
7. 침혹(沈惑)ᄒᆞ야: 매우 좋아하여 정신없이 빠져 들어.
8. 그윽ᄒᆞᆫ: 깊숙하고 고요한.
9. 호표(虎豹): 호랑이와 표범.
10. ᄉᆡ랑: 시랑(豺狼). 이리, 승냥이 등의 짐승. ¶菩薩이 거즛 거슬 보ᄃᆡ 豺狼 저ᄐᆞᆺ ᄒᆞᄂᆞ니라: 豺ᄂᆞᆫ 狼ᄋᆡ 類라(능엄경언해 8:86).
11. 훈증(薰蒸)ᄒᆞ야: 찌는 듯이 무더워. ¶伏더위 薰蒸ᄒᆞᆫ 날에 淸溪를 ᄎᆞᄌᆞ가셔(고시조, 해동가요). 차내가 하도 훈증하니 식당차로 옮기고자 해서 우리들은 자리를 옮기어 아이스크림과 사이다를 먹고 마시며……(변영로, 酩酊 40년).
12. 긔식: 기식(氣息). 숨을 쉬는 기운. 호흡. ¶ᄯᅳ들 正히 ᄒᆞ야 氣息과 形과 色과 虛空과 地와(원각경언해 下二之一17).

이 병이 나흘지라도 옥즁의셔 쥭기를 면치 못홀지라 부녀를 간음ᄒᆞ고 인물을 쵸인(招人)ᄒᆞ며[14] 인명을 살해ᄒᆞ고 도적(盜賊)ᄒᆞᄂᆞᆫ 것과 몹쓸 일을 즐겨 ᄒᆞ고 곳칠 쥴을 모로ᄂᆞᆫ 무리ᄂᆞᆫ 쥭은들 무어시 족히 앗가오리오마ᄂᆞᆫ 오직 우연이 ᄒᆞᆫ 번 ᄉᆡᆼ각을 잘못ᄒᆞ며 ᄒᆞᆫ 가지 일을 그릇ᄒᆞᆫ 죄를 인ᄒᆞ야 문쵸(問招)ᄒᆞ야 결안(結案)[15]을 엇지 못ᄒᆞ고 오ᄅᆡ 옥즁에 가쳐 신셜(伸雪)홀[16] 길이 업고 련좌(連坐)ᄒᆞ야[17] 노히지 못ᄒᆞᄂᆞᆫ 재 족히 긍민홀[18] ᄇᆡ라 대뎌(大抵) 하늘이 사ᄅᆞᆷ을 ᄂᆡ시ᄆᆡ 근 【46ㄱ】 본 셰샹의 쓰기를 긔약ᄒᆞ미어늘 일죠(一朝)의 우연이 죄즁에 걸녀 ᄇᆡᄒᆞᆫ 지죠ᄭᆞ지 ᄒᆞᆷᄭᅴ 바리게 되ᄂᆞᆫ지라 ᄒᆞ믈며 더러온 ᄯᅡᄒᆡ 오ᄅᆡ 거쳐ᄒᆞ야 루습(漏濕)ᄒᆞᆫ[19] 긔운을 바드ᄆᆡ 곤(困)ᄒᆞ믈 인ᄒᆞ야 병 들고 병 들면 ᄯᅩᄒᆞᆫ 쥭지 아니홀 재 이시랴 이졔 국법은 진실노 엄ᄒᆞ거니와 인명이 ᄯᅩᄒᆞᆫ 관즁(款重)ᄒᆞ니[20] ᄌᆡ샹지인(在上之人)[21]이 과연 능히 ᄆᆞ음을 공평이 ᄒᆞ야 숑리(訟理)[22]를 드르ᄃᆡ 형벌을 ᄡᅥ 문쵸ᄒᆞ기를 경이(輕易)히 말며 오ᄅᆡ ᄭᅳ러 가지 말 거시니 슈원(隨園) 션ᄉᆡᆼ[23]이 니ᄅᆞᄃᆡ 옥ᄉᆞ에 실졍을 엇기 엇지 쉬오리오 찰하리 일즉 판결홀 거시오 여러 가지 그릇ᄒᆞ믈 방비(防備)ᄒᆞ고 형 【46ㄴ】 벌은(46ㄱ을 46ㄴ으로 변경) ᄆᆡ양[24] 경ᄒᆞ게 ᄒᆞ라 ᄒᆞ니 이ᄂᆞᆫ 진ᄀᆡ(眞個)[25] 어진 사ᄅᆞᆷ의 말ᄉᆞᆷ이라 그 유익ᄒᆞ미 너르도다 근ᄅᆡ 인심이 녯와 ᄀᆞᆺ지 못ᄒᆞ고 법강(法綱)[26]을 도망ᄒᆞ기[27] 어려오ᄆᆡ 온갓 죄인을 잡아 구류(拘留)ᄒᆞ야 옥즁이 차게

---

13. 엄엄(奄奄)ᄒᆞ야: 숨이 끊어지려고 하거나 매우 약한 상태에 있어. ¶奄: 엄엄홀 엄(훈몽자회 하31). [원문] 奄奄一息.
14. 쵸인ᄒᆞ며: 초인(招人)하며. 유괴하며. 납치하며. 사람을 꾀어 끌어내며. [원문] 拐.
15. 결안(結案): 죄에 대한 벌을 사형으로 정한 문서.
16. 신셜홀: 신설(伸雪)할. 가슴에 맺힌 원한을 풀어 버리고 창피스러운 일을 씻어 버릴. 신설(伸雪): '신원설치'(伸冤雪恥)의 준말.
17. 련좌ᄒᆞ야: 연좌(連坐)하여. 범죄에 관련된 다른 사람들까지 책임지고 처벌받게 하여. '連坐'는 원래 "사람들이 잇대어 앉음"의 의미가 있다. ¶년좌ᄂᆞᆫ ᄂᆡ 몸 보젼치 못할 것이오(한중록 226).
18. 긍민홀: 긍민(矜悶/矜愍)할. 불쌍하고 가엾게 여길. [원문] 憫.
19. 루습ᄒᆞᆫ: 누습(漏濕)한. 축축한 것이 스며 있는.
20. 관즁ᄒᆞ니: 관중(款重)하니. 매우 요긴하고 중요하니.
21. ᄌᆡ샹지인: 재상지인(在上之人). 덕(德)이 높은 윗사람. [원문] 上者.
22. 숑리: 송리(訟理). 소송을 거는 이유.
23. 슈원 션ᄉᆡᆼ: 수원(隨園) 선생. 원매(袁枚, 1716-1797). 자는 자재(子才). 호는 간재(簡齋). 별호는 수원노인. 청나라 때 유명한 시인. 33세 때 벼슬을 버리고 강녕(江寧)에서 수원(隨園)을 만들고 저술 작업을 하여 세상 사람들은 그를 '수원 선생'이라고 불렀다. 작품은 '수원시화'(隨園詩話), '논시절구'(論詩絶句), '소창산방집'(小倉山房集), '자불어'(子不語) 등이 있다. [원문] 隨園.
24. ᄆᆡ양: 매양(每樣). 번번이. ¶ᄆᆡ양 나들 저긔(번역소학 10:12).
25. 진ᄀᆡ: 진개(眞個). 참인 것. 과연 참으로.
26. 법강(法綱): 법률과 기강(紀綱).
27. 도망ᄒᆞ기: 어떤 틀을 벗어나기. 현대의 '도망하다'와 달리 '벗어나다'의 의미가 있다. ¶환난을 도망

되여시니 비록 옥 관원이 ᄂᆞᆯ마다 옥졸(獄卒)의게 젼곡(錢穀)[28]을 쥬ᄂᆞᆫ 거시 젼보다 죠곰 도 감(減)ᄒᆞ미 업ᄉᆞ나 옥즁에 가친 죄슈들은 일즉 ᄒᆞᆫ 번도 ᄇᆡ불니 먹을 ᄣᅵ 업고 ᄯᅩ 국가 에 ᄒᆡ마다 드러오ᄂᆞᆫ 젼량(錢糧)이 ᄇᆡᆨ 가지로 흣허 나가거ᄂᆞᆯ 져희 무리로 ᄒᆞ야 ᄯᅩ 이러 ᄐᆞᆺ 허비ᄒᆞᄂᆞᆫ 거시 졀용(節用)ᄒᆞᄂᆞᆫ[29] 방되(方道ㅣ) 아닐 ᄃᆞᆺᄒᆞ고 ᄒᆞ믈며 쇼민(小民)은 무 지ᄒᆞ야 법을 범ᄒᆞ고 유ᄉᆞ(有司)[30]ᄂᆞᆫ 【47ㄱ】 의례로 잡아 가도니 혹 무심즁의 원통(寃 痛)이 걸니기도 ᄒᆞ고 혹 ᄆᆞᄋᆞᆷ을 두어 얼거 드리기도 ᄒᆞ니 원망ᄒᆞᄂᆞᆫ 긔운을 만히 모화 텬디간에 화긔(和氣)ᄅᆞᆯ 크게 손상ᄒᆞᄂᆞ니 그윽이 니ᄅᆞᄃᆡ 이런 죄인들은 맛당히 ᄒᆞᆫ 가지 은혜ᄅᆞᆯ 여러 ᄀᆡ과ᄌᆞ신(改過自新)ᄒᆞᆯ[31] 길을 쥬고 쳐치ᄒᆞ기ᄅᆞᆯ 잘 ᄒᆞ야 스ᄉᆞ로 제 힘으로 어더먹게 ᄒᆞ야 쥭기ᄅᆞᆯ ᄌᆡ촉ᄒᆞ게 말 거시니 태셔(泰西)의셔 죄인 다ᄉᆞ리ᄂᆞᆫ 됴례(條例)ᄅᆞᆯ 샹고ᄒᆞ건ᄃᆡ 비록 벌은 경즁(輕重)이 잇고 법은 너그럽고 엄ᄒᆞ미 이시나 쟝ᄉᆡᆨ(匠色)의 츙수(充數)ᄒᆞᄂᆞᆫ[32] ᄒᆞᆫ 가지 일이 실노 가히 즁국 형법의 업ᄂᆞᆫ 거ᄉᆞᆯ 취올 만ᄒᆞ니 대개 몹 ᄡᅳᆯ ᄇᆡᆨ셩 【47ㄴ】 이 법을 범ᄒᆞᄆᆡ 졀반은 긔한(饑寒)[33]의 핍박ᄒᆞᆫ ᄇᆡ 되여 가치기를 당ᄒᆞ ᄆᆡ 더옥 군ᄉᆡᆨ(窘塞)ᄒᆞ게 되여시니 비록 한뎡(限定)이 ᄎᆞ셔 방셕(放釋)ᄒᆞ나[34] 여젼이 젹 슈공권(赤手空拳)[35]이 되여 ᄉᆡᆼ계를 ᄒᆞᆯ 방되 업ᄉᆞ니 넷 버르시 다시 ᄆᆡᆼ동(萌動)ᄒᆞ기[36] 쉬 올지라 만일 미리 획ᄎᆡᆨ(劃策)ᄒᆞ미[37] 업ᄉᆞ면 쟝ᄎᆞᆺ 죵신(終身)토록 능히 스ᄉᆞ로 ᄲᅥᆯ칠 길이 업ᄉᆞ리라 그런고로 믈읫 죄인을 임의 츙군(充軍)ᄒᆞ고[38] 류(流)[39] 삼쳔 리와 도(徒)[40] 삼

ᄒᆞ야(소학언해 6:18).

28. 젼곡: 전곡(錢穀). 돈과 곡식. [원문] 錢米.
29. 졀용ᄒᆞᄂᆞᆫ: 절용(節用)하는. 아껴 쓰는.
30. 유ᄉᆞ: 유사(有司). 벼슬이 있는 사람. ¶유ᄉᆡ 당막을 베퍼지이다 청호ᄃᆡ(인조행장 33).
31. ᄀᆡ과ᄌᆞ신ᄒᆞᆯ: 개과자신(改過自新)할. 개과천선(改過遷善)할. 개과자신 = 개과천선.
32. 츙수ᄒᆞᄂᆞᆫ: 충수(充數)하는. 일정한 수효를 채우는. 죄인을 국가의 장색[기술자]으로 복무시키는.
33. 긔한: 기한(饑寒/飢寒). 굶주려서 배고프고 추움.
34. 방셕ᄒᆞ나: 방석(放釋)하나. 석방(釋放)하나. [원문] 釋放.
35. 젹슈공권: 적수공권(赤手空拳). 맨손과 맨주먹. 가진 것이 아무것도 없음.
36. ᄆᆡᆼ동ᄒᆞ기: 맹동(萌動)하기. 생각이나 행동이 나타나기.
37. 획ᄎᆡᆨᄒᆞ미: 획책(劃策)함이. 생계의 방책을 준비함이. 여기서는 '획책ᄒᆞ-'가 현대어에서 "음모를 도모하다"의 뜻인 부정적 의미와 달리 "기획하다, 준비하다"의 뜻인 긍정적 의미로 쓰였다.
38. 츙군ᄒᆞ고: 충군(充軍)하고. 군대에 편입시키고. 충군(充軍): 조선 시대에, 죄를 범한 자를 벌로서 군역에 복무하게 하던 제도. 신분의 고하와 죄의 경중에 따라 차등이 있었는데 대개 천역(賤役)인 수군(水軍)이나 국경을 수비하는 군졸에 충당하였다. [원문] 定軍.
39. 류: 유(流). 유형(流刑). 〖역사〗 오형(五刑) 가운데 죄인을 귀양 보내던 형벌. 죽을 때까지 유배지에 머무르는 것이 원칙이었으나 감형되거나 사면되는 수도 있었다. 죄의 가볍고 무거움에 따라 장소의 멀고 가까움이나 주거지의 제한 정도에 차등을 두었다. 유죄(流罪). ¶유형을 가다 / 외딴섬으로 유형을 떠나다. cf. 오형(五刑): 〖역사〗 ① 조선 시대에, 중국 대명률에 의거하여 죄인을 처벌하던 다섯 가지 형벌. 태형(笞刑), 장형(杖刑), 도형(徒刑), 유형(流刑), 사형(死刑)을 이른다. 오독(五毒). ② 중국에

년 ᄒᆞᄂᆞᆫ 죄41를 결쳐(決處)ᄒᆞᆫ42 쟈ᄂᆞᆫ 률문(律文)43의 한뎡ᄒᆞᆫ바 년한(年限)ᄃᆡ로 쟝ᄉᆡᆨ의 ᄎᆡ와44 그 한뎡을 지ᄂᆡ게 ᄒᆞᆯ 거시니 신을 삼고 ᄌᆞ리를 치ᄂᆞᆫ45 등ᄉᆞ(等事)ᄂᆞᆫ 본ᄅᆡ 숀의 익은 일인즉 ᄒᆞ야곰 다시 녯늘의 ᄒᆞ던 일 【48ㄱ】 을 다ᄉᆞ리게 ᄒᆞ고 그즁의 우쥰(愚蠢)ᄒᆞ고46 완만(頑慢)ᄒᆞ야47 그런 일도 ᄒᆞᆯ 쥴 모로고 죄가 즁ᄒᆞᆫ 쟈ᄂᆞᆫ ᄒᆞ야곰 더러온 거ᄉᆞᆯ ᄡᅳ레질도 식이며48 길 닥기도 식일지니 임의 그 인력을 ᄡᅳᆯ진ᄃᆡ 슈공(手工)49을 작뎡(酌定)ᄒᆞ야50 쥬면 쟝ᄅᆡ 방셕(放釋)ᄒᆞᄂᆞᆫ 늘 져기 약간 져츅이 잇셔 오히려 ᄉᆡᆼ도(生道)51를 경영(經營)ᄒᆞᆯ52 만ᄒᆞ리니 이ᄂᆞᆫ 죄ᄂᆞᆫ 죄ᄃᆡ로 다ᄉᆞ리고 ᄯᅩ ᄀᆡ과쳔션ᄒᆞᆯ ᄌᆞ뢰(資賴)53를 쥬ᄂᆞᆫ 즉시오 옥즁의ᄂᆞᆫ 모로미 방과 집을 널니 ᄒᆞ고 ᄯᆞ히 판ᄌᆞ를 ᄭᆞᆯ며 ᄣᆡ로54 졍(淨)히 ᄡᅳ러 루습ᄒᆞ고 츄악ᄒᆞᆫ 긔운이 업게 ᄒᆞ면 거의 병들기를 면ᄒᆞ고 졔 ᄉᆡᆼ업ᄒᆞ기를 편히 ᄒᆞ리라 혹이 니ᄅᆞᄃᆡ 즁국의 인심 【48ㄴ】 이 험ᄒᆞ고 샤특(邪慝)ᄒᆞ며 디방이 멀고 너ᄅᆞ니 비록 방비ᄒᆞ기를 엄히 ᄒᆞᆯ지라도 오히려 도주(逃走)ᄒᆞᄂᆞᆫ 폐단이 이시니 엇지 능히 셔국(西國) 법을 의방ᄒᆞ야 ᄒᆡᆼᄒᆞ리오 ᄒᆞᄂᆞ니 이ᄂᆞᆫ 모로ᄂᆞᆫ 말이 옥즁에 쟝원(牆垣)55을 놉히 ᄡᆞ코 약쇽ᄒᆞ기를 엄히 ᄒᆞ고 의식(衣食)을 ᄌᆞ뢰(資賴)ᄒᆞ게 ᄒᆞ며 일ᄒᆞᄂᆞᆫ 공뎡56을 일과(日課)ᄒᆞ

서 행하던 다섯 가지 형벌. 묵형(墨刑), 의형(劓刑), 비형(剕刑), 궁형(宮刑), 대벽(大辟)을 이른다.

40. 도(徒): 도형(徒刑). 『역사』 조선 시대에, 오형(五刑) 가운데 죄인을 중노동에 종사시키던 형벌. 일 년, 일 년 반, 이 년, 이 년 반, 삼 년의 다섯 등급이 있었다. 이를 감하기 위해서는 징역 일 년에 대해 곤장 육십 대를 치고 한 등급마다 열 대씩 증가시켜 맞도록 하였다. 도(徒). 도죄(徒罪). cf. 사형(死刑) · 유형(流刑) · 장형(杖刑) · 태형(笞刑).
41. 류 삼천 리와 도 삼 년 ᄒᆞᄂᆞᆫ 죄: 유형과 도형을 하는 죄. [원문] 流徒罪.
42. 결쳐ᄒᆞᆫ: 결처(決處)한. 형벌을 집행한. 결처(決處): 『역사』 죄인에 대한 형벌을 집행하던 일.
43. 률문: 율문(律文). 법률을 항목별로 적은 글.
44. 쟝ᄉᆡᆨ의 ᄎᆡ와: 장색(匠色)에 채워. 기술자로 채워. [원문] 充工.
45. 신을 삼고 ᄌᆞ리를 치ᄂᆞᆫ: 신발을 만들고 돗자리 따위를 짜는. [원문] 捆屨織席. 捆: 두드릴, 묶을 곤.
46. 우쥰ᄒᆞ고: 우준(愚蠢)하고. 생각이나 행동이 어리석고 굼뜨고.
47. 완만(頑慢)ᄒᆞ야: 성질이 거만하고 모질어. ¶명을 거ᄉᆞ리ᄂᆞᆫ 쟈ᄂᆞᆫ 죄 주고 완만ᄒᆞ야 슌티 아닌 쟈ᄂᆞᆫ 사ᄅᆞ잡아(산성일기 66).
48. ᄡᅳ레질도 식이며: 쓰레질도 시키며. [원문] 掃除.
49. 슈공: 수공(手工). 손으로 하는 일의 품삯. [원문] 辛工.
50. 작뎡ᄒᆞ야: 작정(酌定)하여. 작정(酌定): 일의 사정을 잘 헤아려 결정함. 또는 그런 결정. cf. 작정(作定): 일을 어떻게 하기로 결정함. 또는 그런 결정.
51. ᄉᆡᆼ도: 생도(生道). 살아가는 길.
52. 경영(經營)ᄒᆞᆯ: 계획할. 개화기에는 '경영하다'가 "계획하다, 운영하다"의 뜻으로 쓰였다.
53. ᄌᆞ뢰: 자뢰(資賴). 밑천, 재물. ¶資: ᄌᆞ뢰 자(천자문 11).
54. ᄣᆡ로: 때때로.
55. 쟝원: 장원(牆垣/墻垣). 담. [원문] 垣墻.
56. 공뎡: 공정(工程). 일이 진척되는 과정이나 정도. [원문] 功.

면[57] 이ᄂᆞᆫ 인의(仁義)로 셔로 밋브게 ᄒᆞ야 져마다 븟그러워 가다드믈 쥴 알 거시오 즁ᄒᆞᆫ 죄인은 고역(苦役)을 맛져[58] 밧긔 나간즉 항오(行伍)[59]를 지어 셔로 역그며 텰삭(鐵索)[60]으로 셔로 ᄆᆡ고 건장ᄒᆞᆫ 옥졸노 ᄯᆞ라단니게 ᄒᆞ리니 총이언지(總而言之)ᄒᆞ면 너그럽고 엄ᄒᆞ믈 셔로 ᄡᅳ고 일을 【49ㄱ】 당ᄒᆞᄆᆡ 뭇당ᄒᆞᆯ 도리를 지을 거시니 과히 념려ᄒᆞᆯ ᄇᆡ 업ᄉᆞ리라 이 법이 증ᄌᆞ(曾子)의 교훈에 ᄌᆞ못 합ᄒᆞ미 잇ᄂᆞᆫ 고로 이러ᄐᆞᆺ 의론ᄒᆞ미니 목민지관(牧民之官)[61]은 다힝이 ᄉᆞᆲ혀볼지어다

---

57. 일과(日課)ᄒᆞ면: 날마다 부과하면.
58. 맛져: 맡겨.
59. 항오(行伍): 대오(隊伍). 한 줄에 다섯 명을 세워 '오'라 하고, 그 다섯 줄의 스물다섯 명을 '항'이라 한다.
60. 텰삭: 철삭(鐵索). 철사를 꼬아서 만든 줄. [원문] 鐵索.
61. 목민지관(牧民之官): 목민관(牧民官). 백성을 다스려 기르는 벼슬아치라는 뜻으로, 고을의 원(員)이나 수령 등의 외직 문관을 통틀어 이르는 말. [원문] 司民牧者.

【ᄉᆞ권 50ㄱ】

론 셔류(論棲流)

[류걸(流乞)[1]을 지졉(止接)ᄒᆞ게[2] ᄒᆞ믈 의론ᄒᆞ미라]

대뎌(大抵) 나라ᄂᆞᆫ ᄇᆡᆨ셩으로 근본을 삼고 ᄇᆡᆨ셩은 먹을 거ᄉᆞ로 하늘을 삼ᄂᆞᆫ 고로[3] 류리ᄀᆡ결(流離丐乞)ᄒᆞᄂᆞᆫ[4] 무리 잇다감 도적질ᄒᆞᆯ 마ᄋᆞᆷ을 니릐혀믄[5] 실노 ᄉᆡᆼ계[6]ᄅᆞᆯ ᄭᅬᄒᆞᆯ ᄌᆡ죄 업셔 반ᄃᆞ시 부득이ᄒᆞ야 니러나 험ᄒᆞᆫ 길노 다라들미니[7] 오직 어진 사ᄅᆞᆷ이 구졔(救濟)ᄒᆞ기로 ᄆᆞᄋᆞᆷ을 삼고[8] 알ᄑᆞᆷ[9]이 ᄂᆡ 몸의 잇ᄂᆞᆫ ᄃᆞ시 아라 ᄒᆞᆫ 사ᄅᆞᆷ이 업(業)을 일ᄒᆞᆯ가 념려ᄒᆞ며 여러 사ᄅᆞᆷ이 ᄒᆞᆷᄭᅴ 편안ᄒᆞᆯ 도리ᄅᆞᆯ ᄉᆡᆼ각ᄒᆞᆯ 거시로ᄃᆡ 근일의 사ᄅᆞᆷ은 늘노 셩(盛)ᄒᆞ고 ᄉᆡᆼ계[10]ᄂᆞᆫ 늘노 부족ᄒᆞ야 혹 평민이 업을 일흐며 혹 한산(閑散)ᄒᆞᆫ[11] 군뎡(軍丁)[12]이 【50ㄴ】 쥬쟝ᄒᆞᆯ 일이 업고[13] 혹 몸ᄲᆞᆫ 걸인(乞人)이 흉ᄒᆞᆫ 일을 ᄒᆡᆼᄒᆞ며 류리(遊離)ᄒᆞᄂᆞᆫ[14] ᄇᆡᆨ셩이 일을

---

1. 류걸: 유걸(流乞). 거지.
2. 지졉ᄒᆞ게: 지접(止接)하게. 지접(止接): 잠시 몸을 의탁하여 거주함. 몸을 붙이어 의지함. ¶두 손이 서로 지접을 못하고 맞비비고 주무르는 중도 다시 도지고 있었다(박완서, 오만과 몽상).
3. 대뎌 나라ᄂᆞᆫ ᄇᆡᆨ셩으로 근본을 삼고 ᄇᆡᆨ셩은 먹을 거ᄉᆞ로 하늘을 삼ᄂᆞᆫ 고로: [원문] 夫國以民爲本而民以食爲天.
4. 류리ᄀᆡ결ᄒᆞᄂᆞᆫ: 유리개걸(流離丐乞)하는. 정처 없이 떠돌아다니며 빌어먹는. [원문] 飢困流離. 개걸(丐乞): ① 빌어서 먹음. ② 거지. 丐: 빌 개.
5. 니릐혀믄: 일으킴은.
6. ᄉᆡᆼ계: 생계. [원문] 生計.
7. 다라들미니: 달려듦이니. ᄃᆞ라들다(→다라들다): '달려들다'의 옛말. ¶獼猴王이 그 암 더블오 迦尸王ᄭᅴ ᄃᆞ라들어늘 한 獼猴ᄃᆞᆯ히 조차가(월인석보 7:16, 17). 급ᄒᆞ고 어려운 ᄃᆡ ᄃᆞ라들어 잇다감 가도여 ᄆᆡ임애 ᄣᅡ디ᄂᆞ니(소학언해 5:24).
8. 구졔ᄒᆞ기로 ᄆᆞᄋᆞᆷ을 삼고: 구제(救濟)하기로 마음을 먹고. [원문] 利濟爲懷..
9. 알ᄑᆞᆷ: 아픔. '알ᄑᆞ다'의 파생명사. [원문] 痌瘝. 痌: 마음 아파할 통. 瘝: 병들 관.
10. ᄉᆡᆼ계: 생계. 일자리. 직업. 위 주석 6의 'ᄉᆡᆼ계'와 원문이 다름. [원문] 生機. '근일의 사ᄅᆞᆷ은 늘노 셩ᄒᆞ고 ᄉᆡᆼ계ᄂᆞᆫ 늘노 부족ᄒᆞ야 혹 평민이 업을 일흐며': [원문] 生齒日繁生機日蹙或平民失業. 생치(生齒): 백성.
11. 한산(閑散)ᄒᆞᆫ: 흩어져 있는.
12. 군뎡: 군정(軍丁). 군적(軍籍)에 있는 지방의 장정. 16세 이상 60세 미만의 정남(丁男)으로 군적(軍籍)에 올라 있다가, 일이 있을 때만 국가나 관아의 명령으로 모여 병역이나 노역(勞役)에 종사하였다.
13. 쥬쟝ᄒᆞᆯ 일이 업고: 주장(主掌)할 일이 없고. 할 일이 없이 체류하고. '한산ᄒᆞᆫ 군뎡이 쥬쟝ᄒᆞᆯ 일이 업

ᄌᆞ아ᄂᆡᄂᆞ니 근일의 비록 양로원(養老院)[늙으니ᄅᆞᆯ 기ᄅᆞᄂᆞᆫ 집 일홈]과 육영당(育嬰堂)[15] [의지업ᄂᆞᆫ ᄋᆞᄒᆡᄅᆞᆯ 거두어 기ᄅᆞᄂᆞᆫ 집 일홈] 등쳐ᄅᆞᆯ 셜시(設施)ᄒᆞ여시나 그러나 한뎡ᄒᆞᆫ 법이 잇셔 이런 사ᄅᆞᆷ들을 겸ᄒᆞ야 거두기 어려오ᄆᆡ 빈궁ᄒᆞᄃᆡ 도라갈 곳이 업ᄂᆞᆫ 재 이시니 젹으면 ᄌᆡ물을 도적ᄒᆞ고 인물을 쵸인(招人)ᄒᆞ며[16] 긔인취물(欺人取物)[17]도 ᄒᆞ며 크면 당도(黨徒)[18]ᄅᆞᆯ 모화 횡ᄒᆡᆼ(橫行)ᄒᆞ야[19] 져ᄌᆞ거리의셔 금은을 아ᄉᆞ가며 길가ᄂᆞᆫ 샹고(商賈)[20]ᄅᆞᆯ 겁칙ᄒᆞᄂᆞ니[21] 일이 비록 흉ᄒᆞ고 ᄉᆞ오나오나 실샹 긔한(饑寒)[22]의 못 견ᄃᆡ여 말ᄆᆡ암으미니 ᄆᆡ양 져희 무 【51ㄱ】 지ᄒᆞ믈 민박(憫迫)히[23] 너기다가 큰 죄안(罪案)[24]을 믄득 일위게[25] ᄒᆞᄂᆞᆫ지라 은미(隱微)ᄒᆞᆫ[26] 화단(禍端)을 업시 ᄒᆞ고져 ᄒᆞᆯ진ᄃᆡ 모로미 편안이 비치ᄒᆞᆯ 방략(方略)을 구획ᄒᆞᆯ지니[27] ᄌᆡ력을 만히 모흐면 거의 져희 무리ᄅᆞᆯ 안무(按撫)ᄒᆞᆯ지라[28] 각 ᄉᆡᆼ(省)의 판국[29]을 비셜ᄒᆞᄃᆡ 일홈은 셔류(棲流ㅣ)라 ᄒᆞ고 ᄌᆡ능 잇ᄂᆞᆫ 관원을 갈히여 분파(分派)ᄒᆞ야[30] 총판(總辦)[31]을 삼고 뎐장(田莊)[32]을 만히 두어 쥭이나 먹게 ᄒᆞᄂᆞᆫ

고': [원문] 散勇逗留. 두류(逗留/逗遛): 체류(滯留).

14. 류리ᄒᆞᄂᆞᆫ: 유리(遊離)하는. 일정한 거처 없이 이리저리 떠돌아다니는.
15. 양로원(養老院)과 육영당(育嬰堂): 양로원과 고아원. [원문] 養老院育嬰堂.
16. 쵸인ᄒᆞ며: 초인(招人)하며. 어떤 사람을 꾀어 끌어내며.
17. 긔인취물: 기인취물(欺人取物). 사람을 속이고 재물을 빼앗음. 기인편재(欺人騙財). 기편(欺騙). 편기(騙欺). 'ᄌᆡ물을 도적ᄒᆞ고 인물을 쵸인ᄒᆞ며 긔인취물도 ᄒᆞ며': [원문] 偸竊拐騙. 偸: 훔칠 투. 竊: 훔칠 절. 拐: 속일, 꾀어낼 괴. 騙: 속일 편.
18. 당도(黨徒): 무리.
19. 횡ᄒᆡᆼᄒᆞ야: 횡행(橫行)하여. 아무 거리낌 없이 제멋대로 행동하여.
20. 샹고: 상고(商賈). 상인. [원문] 商族.
21. 겁칙ᄒᆞᄂᆞ니: 위협하나니. 겁칙ᄒᆞ다(←겁틱ᄒᆞ다): 위협하다. 겁박(劫迫)하다. ¶ᄌᆞ조 도ᄌᆞᆨ을 맛나 혹 겁틱ᄒᆞ여 자바 가려 ᄒᆞ거든(번역소학 9:20). 현대어에는 '겁칙하다'는 없고 '겁측하다'가 등재되어 있음. 겁측(劫-): 폭행이나 협박을 하여 강제로 부녀자와 성 관계를 갖는 일. 강간(强姦). 겁간(劫姦). 겁탈(劫奪).
22. 긔한: 기한(饑寒/飢寒). 굶주리고 추움.
23. 민박히: 민박(憫迫)히. 민박(憫迫)하다: 애가 탈 정도로 걱정스럽다.
24. 죄안(罪案): 범죄 사실을 적은 기록. ¶빌려 쓴 돈을 일부러 갚지 않거나, 또는 부녀를 겁간하여 죄안에 오른 사람도 있었지만……(현기영, 변방에 우짖는 새).
25. 일위게: 이루게. '일위다'는 '셔4ㄴ' 주석 70과 II. 해제. 4.1 (25)항 논의 참고.
26. 은미(隱微)ᄒᆞᆫ: 미세하여 드러나지 않은. 은미(隱微)하다: 겉으로 드러나는 것이 거의 없다. 묻히거나 작아서 알기 어렵다. ¶옷자락이 구겨질 때의 그 은미한 소리가 아니면 몸을 옮겨 앉을 때 생겨나는 장판지 소리로……(이어령, 흙 속에 저 바람 속에). 애연(曖然)하다. 희미(稀微)하다.
27. 구획(區劃)ᄒᆞᆯ지니: 계획할지니. [원문] 籌.
28. 안무(按撫)ᄒᆞᆯ지라: 위무(慰撫)할지라. 안무(按撫/安撫): 백성의 사정을 살펴서 어루만져 위로함.
29. 판국(辦局): 사무소. [원문] 局. cf. 판국(-局): ① 일이 벌어진 사태의 형편이나 국면. ② 집터나 묏자리의 위치와 생김새.
30. 분파(分派)ᄒᆞ야: 나누어 파견하여.

소비(所費)를 ᄌᆞ뢰(資賴)ᄒᆞ고 초가로 집을 만히 지어 ᄒᆞ야곰 풍우의 괴로오믈 면ᄒᆞ게 ᄒᆞ야 무뢰ᄇᆡ(無賴輩)를 용납ᄒᆞ야 졔어ᄒᆞ며 류리ᄒᆞᄂᆞᆫ ᄇᆡᆨ셩을 구속ᄒᆞ야 농ᄉᆞ를 가ᄅᆞ치며 방적(紡績)ᄒᆞᄂᆞᆫ 일을 일과ᄒᆞᄃᆡ[33] 각각 힘에 【51ㄴ】 맛게 ᄒᆞ야 그 공졍(工程)을 닉이게 ᄒᆞᆫ즉 병든 이도 공양ᄒᆞᆯ ᄇᆡ 잇고 빈궁ᄒᆞᆫ 쟈도 ᄌᆞ뢰ᄒᆞᆯ ᄇᆡ 이시며 라약(懦弱)ᄒᆞᆫ 쟈도 져자거리[34]의 걸식ᄒᆞᆯ ᄇᆡ 업고 강포(强暴)ᄒᆞᆫ 쟈도 몸이 죄의 ᄲᆡ지믈 면ᄒᆞᆯ 거시니 ᄒᆞᆫᄀᆞᆺ 면목(面目)을 변ᄒᆞᆯ ᄲᅮᆫ이 아니라 ᄆᆞᄋᆞᆷ을 ᄡᅵ셔 바리고져 ᄒᆞ리라 슌량(馴良)ᄒᆞᆫ[35] 무리와 장뎡(壯丁)의 사ᄅᆞᆷ을 신칙(申飭)ᄒᆞ야[36] 진황(陳荒)ᄒᆞᆫ[37] 뎐토(田土)[38]를 ᄀᆡᄀᆞᆫ(開墾)ᄒᆞ게 ᄒᆞ고 농ᄉᆞ에 드ᄂᆞᆫ 소비와 긔계를 쥬어 스ᄉᆞ로 힘을 드려 먹게 ᄒᆞ야 셩가(成家)ᄒᆞ게[39] ᄒᆞ면 거의 변방(邊方) ᄯᆞ히 진황ᄒᆞᆯ 디경(地境)이 아니 되고 국가의도 부셰를 더 바들 거시니 엇지 ᄒᆞᆫ 번 드러 여러 가지 죠흔 일이 되지 아니리오 오 【52ㄱ】 회(嗚呼ㅣ)라 광하쳔간(廣厦千間)[40]을 지어 빈한(貧寒)ᄒᆞᆫ 션ᄇᆡ를 뒤덥흐믄 ᄂᆡ 두쇼릉(杜少陵)[41][두ᄌᆞ미(杜子美) 별호(別號)]의 소원을 좃ᄎᆞ며 일만 길이나 되ᄂᆞᆫ 갓옷슬[42] 지어 헐버ᄉᆞᆫ 사ᄅᆞᆷ을 구졔ᄒᆞ려 ᄒᆞ믄 ᄇᆡᆨ부(白傅)[43][넷 사ᄅᆞᆷ의 일홈]의 흉ᄀᆞᆷ(胸襟)[44]을 먼니 흠모ᄒᆞ야 비루(鄙陋)ᄒᆞᆫ[45] 말ᄉᆞᆷ

---

31. 총판(總辦): 총책임자.
32. 뎐장: 전장(田莊). 개인이 소유하는 논밭. 장토(莊土). ¶기 씨네 일문이 지금 지니고 있는 전장은 천리에 가득히 뻗쳤다(박종화, 다정불심). 그가 몇 해 동안 두고두고 장만한 전장이 밭 십여 일 갈이와 논 이십 석지기였다(심훈, 영원의 미소).
33. 일과ᄒᆞᄃᆡ: 일과(日課)하되. 날마다 부과하되.
34. 져자거리: 저잣거리. 시장. [원문] 市廛.
35. 슌량ᄒᆞᆫ: 순량(馴良)한. 순량(馴良)하다: 짐승이 길이 잘 들어 순하다. ¶야생마를 순량하게 길들이다 / 내 평소에 이 말이 순량함으로 아끼었더니 주상에게 물려주노라(번역 세종실록).
36. 신칙(申飭)ᄒᆞ야: 독려(督勵)하여. 단단히 타일러. [원문] 督. 다른 곳(1:19ㄱ, 32ㄱ, 44ㄱ, 64ㄱ, 3:24ㄴ, 4:6ㄱ, 30ㄱ, 35ㄴ)은 '신칙ᄒᆞ-'로 표기되었는데 이곳에서만 '신칙ᄒᆞ-'로 나와 혼기를 보여 준다.
37. 진황ᄒᆞᆫ: 진황(陳荒)한. 논밭이나 들 따위가 묵어서 거칠어진.
38. 뎐토: 전토(田土). 논밭.
39. 셩가ᄒᆞ게: 성가(成家)하게. 성가(成家): ① 결혼하여 한 가정을 이룸. ② 재산을 모아 집안을 일으켜 세움. ③ 학문이나 기술 따위가 탁월하여 하나의 체계를 이룸. ④ 성취(成娶).
40. 광하쳔간: 광하천간(廣厦千間). 아주 넓고 큰 집. 여기서는 두보가 세웠다는 '완화 초당'(浣花草堂)을 가리킨다. 두보가 성도로 피난 와서 친한 친구 엄무(嚴武)의 도움으로 서쪽 교외의 경치가 아름다운 완화계(浣花溪) 호숫가에 초가집을 짓고 살았는데 사람들은 성도 초당(成都草堂) 또는 완화 초당이라고 불렀다. 두보는 이곳에서 4년여 동안 살면서 '복거(卜居), 춘야희우(春夜喜雨), 강촌(江村)' 등 240여 수의 시를 지었다고 한다. [원문] 廣厦千間.
41. 두쇼릉: 두소릉(杜少陵). 두보(杜甫, 712-770). 자는 자미(子美). 호는 소릉(少陵). 시성(詩聖), 시사(詩史)로도 불림.
42. 갓옷슬: 갓옷을. 가죽옷을.
43. ᄇᆡᆨ부: 백부(白傅). 당나라 시인 백거이(白居易, 772-846). 자는 낙천(樂天) 호는 향산거사(香山居士). 그가 태자소부(太子少傅)를 지냈으므로 불린 이름이다.

을 긔록ᄒᆞ야 의견 ᄀᆞᆺ튼 사ᄅᆞᆷ의게 삼가 고ᄒᆞ노라[46]

44. 흉곰: 흉금(胸襟). 마음속 깊이 품은 생각. [원문] 襟懷.

45. 비루(鄙陋)ᄒᆞᆫ: 너절하고 더러운. 여기서는 자신의 글을 낮추어 이야기한 것임.

46. 의견 ᄀᆞᆺ튼 사ᄅᆞᆷ의게 삼가 고ᄒᆞ노라: 의견이 같은 사람에게 삼가 고하노라. 동지에게 고하노라. [원문] 謹告同志.

론 챠관(論借款)

[취ᄃᆡ(取貸)ᄒᆞᄂᆞᆫ 됴건을 의론ᄒᆞ미라]

녯적에 쥬(周) 란왕(赧王)[1]이 진나라 군ᄉᆞ를 막으려 ᄒᆞᄃᆡ 군량이 핍졀(乏絶)ᄒᆞᄆᆡ[2] ᄇᆡᆨ셩의게 취ᄃᆡᄒᆞ엿더니[3] 그 후에 군ᄉᆞᄂᆞᆫ 패ᄒᆞ고 갑지 못ᄒᆞ니 인민이 소요(騷擾)ᄒᆞ야 이의 돈ᄃᆡ(墩臺)[4]를 빠코 피ᄒᆞᄆᆡ 지금의 가쇼로온 말노 젼ᄒᆞ야 오ᄂᆞᆫ지라 그런고로 즁원(中原)[5]의셔 이 일을 징계ᄒᆞ야[6] 향ᄅᆡ(向來)[7]의 나라의셔 취ᄃᆡᄒᆞ야 쓰ᄂᆞᆫ 명목이 업더니 태셔 각국이 므릇 큰 역사를 니릐혀ᄆᆡ 군무ᄉᆞ(軍務事)[8]의 일은 즁난(重難)ᄒᆞ고[9] 국용(國用)[10]이 부족ᄒᆞ면 ᄇᆡᆨ셩의게 취ᄃᆡᄒᆞ기를 걸픗ᄒᆞᆫ즉[11] 쳔만금으로 ᄒᆞ야 쓰고 혹 ᄆᆡ년에 겨유[12] 변리(邊利)만 쥬 【53ㄴ】 기도 ᄒᆞ며 혹 수년을 분ᄇᆡ(分配)ᄒᆞ야 본젼ᄭᆞ지 갑하 은연(隱然)이[13] 부요(富饒)ᄒᆞᆫ[14] 형셰를 ᄇᆡᆨ셩의게 부쳐 주ᄂᆞᆫ 의리를 뵈이미오 만일 본국의 취ᄃᆡᄒᆞᆯ 곳이 업ᄉᆞ면 니웃 나라의 취ᄃᆡᄒᆞ야 녜ᄉᆞ일[15]노 알고 ᄌᆞ못 괴이히 너기지 아니ᄒᆞᄂᆞᆫ지라

---

1. 란왕: 난왕(赧王). 주나라 왕. 赧: 얼굴 붉힐 난. 난헌(赧獻): 주나라 난왕과 후한의 헌제(獻帝). 모두 어리석었던 암군(暗君)으로 권신에게 제어당하여 나라를 망쳤다. '赧'의 현대 한자음은 '난'이나 '이언'에는 '란'으로 표기되었다.
2. 핍졀ᄒᆞᄆᆡ: 핍절(乏絶)하매. 극도로 모자라매. 핍절하다: 극도로 가난하다.
3. 취ᄃᆡᄒᆞ엿더니: 취대(取貸)하였더니. 돈을 돌려서 꾸어 주거나 꾸어 쓰는.
4. 돈ᄃᆡ: 돈대(墩臺). 평지보다 높직하게 두드러진 평평한 땅.
5. 즁원: 중원(中原). [원문] 中華.
6. 징계(懲戒)ᄒᆞ야: 거울삼아. 경계로 삼아. [원문] 殷鑒. 鑒(=鑑): 거울 감. 은감(殷鑑): 은(殷)은 전대(前代)의 하(夏)가 멸망한 것을 교훈으로 하라는 뜻으로, 거울삼아 경계하여야 할 전례를 이르는 말.
7. 향ᄅᆡ: 향래(向來). 얼마 전까지. 오래지 아니한 과거의 어느 때. 접때.
8. 군무ᄉᆞ: 군무사(軍務事). 군대, 군비, 전쟁 따위와 같은 군에 관한 일. [원문] 軍務.
9. 즁난ᄒᆞ고: 중난(重難)하고. 중대하고 어렵고.
10. 국용(國用): 나라의 비용(費用).
11. 걸픗ᄒᆞᆫ즉: 걸핏한즉. 걸픗ᄒᆞ다: 걸핏하다. 번번이 함부로 하다. [원문] 動輒. 輒: 문득, 번번이, 함부로 첩.
12. 겨유: 겨우.
13. 은연이: 은연(隱然)히. 조용히.
14. 부요(富饒)ᄒᆞᆫ: 부유(富裕)한.

즁국이 동치(同治)[16] 륙년 간에 좌ᄇᆡᆨ상(左伯相)[남양 대신을 니ᄅᆞ미라]이 셔국을 칠 졔 군량이 부족ᄒᆞ므로 비로쇼 양국(洋國)에 취ᄃᆡᄒᆞᆯ식 호상(滬上)[17]의 잇ᄂᆞᆫ 은ᄒᆡᆼ[은을 취ᄃᆡᄒᆞᄂᆞᆫ 쥬릅[18]이라]이 쥬션ᄒᆞᄃᆡ 팔(八) 리(釐)[19] 변(邊)으로븟허 ᄒᆞᆫ 분(分) 오(五) 리(釐)ᄭᆞ지 변리(邊利)[20]ᄅᆞᆯ 쥬며 각 포구[21]에 양국 물화(物貨) 디셰(紙稅)[22] 밧ᄂᆞᆫ 거ᄉᆞ로 썩거 갑흐ᄃᆡ[23] ᄇᆡ년(排年)ᄒᆞ야[24] 본변(本邊)[25]을 다 마감ᄒᆞ거든 그 일에 간참(看參)ᄒᆞᆫ[26] 은 【54ㄱ】 ᄒᆡᆼ이 각쳐 샹고(商賈)의게 난화 갑ᄂᆞ니 ᄆᆡ양 은(銀) ᄇᆡᆨ(百) 방(磅)[27]븟허 팔 리 변으로 ᄒᆡ마다

---

15. 녜ᄉᆞ일: 예삿일(例事-).
16. 동치(同治): 청나라 제10대 동치제(同治帝, 1856–1874, 재위 1861–1874)의 연호. 묘호는 목종(穆宗).
17. 호샹: 호상(滬上). 상해(上海)를 가리킴. 호(滬): 강소성(江蘇省) 상해현(上海縣)의 동북을 흐르는 강 이름. 오송강(吳淞江) 하류 즉, 황포강(黃浦江)을 일컬음. 상해(上海)의 별칭.
18. 쥬릅: 주릅. 흥정을 붙여 주고 보수를 받는 것을 직업으로 하는 사람. 중세어 'ᄌᆞ름'에서 왔다. ᄌᆞ름: '주릅'의 옛말. ¶ᄒᆞ나흔 ᄌᆞ름이러라(번역노걸대 하7). 儈 ᄌᆞ름 회 卽駔儈俗稱牙子牙人 駔音장(훈몽자회 중2). 동녁 모롱이에 ᄌᆞ름 가ᄂᆞᆫ ᄃᆡ 만ᄒᆞ니(박통사언해 상55). 牙子 ᄌᆞ름(역어유해 상68). 駔 馬儈 ᄆᆞᆯ ᄌᆞ름(物譜 하8). 중세어 'ᄌᆞ름'에서 현대에 '주릅'으로 남은 것은 ㅈ 밑에서 ㆍ가 ㅜ로 변한 것이 순음 밑이 아닌 ㅈ 밑의 원순모음화라 특이하며, 받침에서 ㅁ이 ㅂ으로 변한 것도 매우 특이한 사례로 그 원인을 설명하기 어렵다. ㅁ과 ㅂ의 대응은 동북방언(東北方言)의 '마스다'(=바수다, 부수다) 정도를 들 수 있는데 이러한 대응은 예가 아주 적고 그 음운 대응을 음운론적으로 설명하기 어렵다(서강대 곽충구 교수의 도움말). 'ᄌᆞ름'이 알 수 없는 이유로 ㅜ나 ㅠ로 변하고도 '주름'으로 ㅁ을 유지하지 않고 '이언'의 '쥬릅'처럼 ㅂ으로 변하여 현대에 '주릅'으로 남게 됨은 '주름살, 주름 잡히다' 등의 '주름'이 중세어 '주룸'의 모음이화(母音異化) 결과 '주름'으로 변하면서 더 잘 쓰이기에 동음회피(同音回避) 현상으로 ㅁ이 ㅂ으로 변하였을 가능성을 추정해 볼 수 있으나 단정하기는 어렵다. cf. 주룸: '주름'의 옛말. ¶옷 지ᅀᅳ면 ᄀᆞᄂᆞᆫ 주룸도 유여ᄒᆞ고(번역노걸대 하28). 襇 주룸 간. 襞 주룸 벽. 積 주룸 적(훈몽자회 중11).
19. 리(釐/厘): ① 비율을 나타내는 단위. 1리는 전체 수량의 1,000분의 1로 1푼의 10분의 1이다. ¶4할 3푼 5리. ② 길이의 단위. 1리는 1푼의 10분의 1로 0.3mm에 해당한다. ③ 무게의 단위. 주로 귀금속 따위의 무게를 잴 때 쓴다. 1리는 1푼의 10분의 1로 0.0375그램에 해당한다.
20. 변리(邊利): 남에게 돈을 빌려 쓴 대가로 치르는 일정한 비율의 돈. 변(邊). 이(利). 이금(利金). ¶변리를 놓다 / 여러 해 묵은 빚을 변리는 한 푼도 받지 않으시고 깨끗이 탕감해 주셨습니다(심훈, 상록수). 잡힐 가산도 없는 처지, 비싼 변리 아니고는 얻어 쓸 수 없었던 빚이었다(박경리, 토지).
21. 포구(浦口): 세관. [원문] 海關.
22. 디셰: 지세(紙稅). 인지세. 관세. [원문] 洋稅. 뒤의 주석 44에서는 '디셰'의 원문이 '關稅'로 나온다. cf. 지세(地稅): 토지에 대하여 물리는 세금.
23. 썩거 갑흐ᄃᆡ: 덜어서 갚으되. '썩어 갑다': [원문] 撥. 撥: 덜, 없앨 발. 이자에 해당되는 만큼을 해관에서 세금을 받지 않는다는 뜻. 뒤의 주석 28에서는 '折'이 '썩거 갑다'로 번역됨. '꺾다'라는 말이 현대 금융 속어로는 '금융 기관에서 대출을 해 줄 때, 대출금의 일부를 다시 예금으로 받아들이는 일'로 쓰인다.
24. ᄇᆡ년: 배년(排年). 한 해에 얼마씩 정하여 몇 해에 걸쳐 나누어 줌. [원문] 分年.
25. 본변(本邊): 원금과 이자. 원리(元利). [원문] 本利.
26. 간참(看參): 참견(參見). [원문] 該. 이 단어는 아직 북한 방언에서 확인된다. ¶당신은 간참 마시오. 밀정인가 아닌가는 여기서 우리가 판단할 게 아니요!(415 문학창작단, 근거지의 봄)
27. 방(磅): 무게 단위나 영국의 화폐에서 쓰이는 '파운드'(pound)의 음역어.

쥬고 ᄒᆞ믈며 취ᄃᆡᄒᆞᆯ 제 피국(彼國)의셔ᄂᆞᆫ 은을 방으로 셈ᄒᆞ고 아국(我國)의셔ᄂᆞᆫ 량(兩)으로 셈ᄒᆞ며 갑흘 제도 아국은 량으로 피국의 방을 ᄯᅥㄱ거 갑흐니[28] 은 ᄆᆡ즁(買中)의[29] 아국의ᄂᆞᆫ 해 되미 불쇼(不少)ᄒᆞ고[30] 거간(居間)ᄒᆞᆫ[31] 재(者ㅣ) 대리(大利)를 엇ᄂᆞ니 실샹 군량이 긴급ᄒᆞ야 엇지ᄒᆞᆯ 수 업ᄂᆞᆫ ᄯᅢ의 박부득이ᄒᆞ야[32] ᄒᆞᄂᆞᆫ 거죄라 영국(英國) 법국(法國)과 덕국(德國) 미국(美國) 졔대국(諸大國)이 취ᄃᆡ의 변리 밧ᄂᆞᆫ 거시 다불과(多不過)[33] 오륙 리 변이오 토이기(土耳其)와 파ᄉᆞ국(波斯國)[34]은 나라의셔 취ᄃᆡᄒᆞ미[35] 과히 즁ᄒᆞ므로 변리 ᄂᆡ기를 과연(夥然)이[36] ᄒᆞᄆᆡ 취리(取利) 【54ㄴ】 ᄒᆞᄂᆞᆫ 권셰 타국의셔 조종ᄒᆞᄂᆞᆫ ᄇᆡ 되여 나라 형셰 졈졈 빈핍(貧乏)ᄒᆞ고 약ᄒᆞ게 되엿ᄂᆞᆫ지라 우리 즁국은 디방이 너ᄅᆞ고 금은뎜[37]의 소산이 요부(饒富)ᄒᆞ고[38] 각 포구의 슈셰(收稅)ᄒᆞᄂᆞᆫ 거시 만히 태셔(泰西) 각국보다 ᄆᆡ이[39] 나흐ᄆᆡ 챵고ᄂᆞᆫ 츙실ᄒᆞ고 취ᄃᆡᄒᆞᄂᆞᆫ 일이 젹으니 구ᄐᆞ여 팔 리 변 ᄀᆞᆺ튼 즁변(重邊)으로 취ᄃᆡᄒᆞᆯ ᄇᆡ 아니라 드ᄅᆞ니 즁국의셔 빗 어든 문셔를 즁국과 외국 사ᄅᆞᆷ이 닷토와 ᄉᆞᄆᆡ 일ᄇᆡᆨ 방 빗 어든 문셔의 은ᄌᆞ 구십오 방도 쥬고 ᄉᆞ며 구십팔 방도 쥬고 ᄉᆞ며 심지어 일ᄇᆡᆨᄉᆞ 방ᄭᆞ지 쥬고 ᄉᆞ다가 보ᄇᆡᄀᆞᆺ치 즁히 너겨 간슈ᄒᆞᆫ다 ᄒᆞ니 일노 말ᄆᆡ 【55ㄱ】 암아 보건ᄃᆡ 즁국의셔 비록 변리를 젹게 쥴지라도 취ᄃᆡᄒᆞ기 용이ᄒᆞ니 이왕의 양국에 취ᄃᆡᄒᆞ던 일은 판리(辦理)ᄒᆞ기를[40] 잘못ᄒᆞ야 변리를 과연(夥然)이 ᄂᆡ미라 이후에 요긴ᄒᆞ게 ᄡᅳᆯ ᄃᆡ 잇거든 영국 로ᄉᆞᄌᆡ(勞士齋)와 ᄂᆡ덕박령(乃德博令)[41][모다 은ᄒᆡᆼ

---

28. ᄯᅥㄱ거 갑흐니: (환율 차이의 손해를 감수하고 싼값으로) 헐하게 갚으니. [원문] 折.
29. 은 ᄆᆡ즁(買中)의: 은을 살 적에. [원문] 暗中.
30. 불쇼(不少)ᄒᆞ고: 적지 않고. [원문] 甚多.
31. 거간(居間)ᄒᆞᆫ: 중간에서 흥정한. 거간(居間): 사고파는 사람 사이에서 흥정을 붙이는 사람.
32. 박부득이(迫不得已): 일이 매우 급하게 닥쳐와서 어찌할 수 없이. 박어부득(迫於不得). ¶자기 딴은 박부득이 그 청을 거절하지 못한 연유를 설명하고자 샅샅이 이야기한 것이나……(염상섭, 백구). cf. 만부득이. [원문] 萬不得已.
33. 다불과(多不過): 많다고 해야 고작. [원문] 多不過. ¶낮이라서 그런지 다방에는 손님이 다불과 서넛밖에 없었다. cf. 소불하(少不下): 적게 잡아도. 하불하(下不下). 앞의 1:48ㄱ '다불과'의 원문은 '不過'이고 여기 '다불과'의 원문은 '多不過'임.
34. 토이기와 파ᄉᆞ국: 토이기(土耳其)와 파사국(波斯國). '터키'(Turkey)와 '페르시아'(Persia)의 음역어.
35. 나라의셔 취ᄃᆡᄒᆞ미: 나라에서 취대(取貸)함이. 나라에서 공채를 발행함이. [원문] 公債.
36. 과연이: 과연(夥然)히. 아주 많이. 과연(夥然): 매우 많은 모양. [원문] 過多.
37. 금은뎜: 금은점(金銀店). 광산. [원문] 鑛產.
38. 요부(饒富)ᄒᆞ고: 부요(富饒)하고. [원문] 饒.
39. ᄆᆡ이: 매우.
40. 판리(辦理): 일 따위를 맡아 처리함. 변리(辨理).
41. 로ᄉᆞᄌᆡ와 ᄂᆡ덕박령: 노사재(勞士齋)와 내덕박령(乃德博令). 영국의 은행명. 언해문은 '로ᄉᆞᄌᆡ(勞士齋)와 ᄂᆡ덕박령(乃德博令)'으로 나오나 夏東元(1982)의 '鄭觀應集'(上)의 구두점이 찍힌 표점본에

일홈이라] ᄀᆞᆺ튼 큰 은ᄒᆡᆼ의게 가셔 샹의ᄒᆞ면 스ᄉᆞ로 온당ᄒᆞᆯ 도리 이시리니 이런 은ᄒᆡᆼ은 각국의 은을 나이(挪移)ᄒᆞ며[42] 빗 엇ᄂᆞᆫ 일을 젼혀 쥬관ᄒᆞᄆᆡ 본ᄃᆡ 명망이 잇셔 사ᄅᆞᆷ이 다 밋ᄂᆞᆫ ᄇᆡ라 능히 변리ᄂᆞᆫ 젹게 ᄂᆡ고 만흔 ᄌᆡ물을 빗 엇기ᄅᆞᆯ 잘 ᄒᆞ고 다른 ᄃᆡ 잇ᄂᆞᆫ 은ᄒᆡᆼ은 능히 밋지 못ᄒᆞ리라 양인이 이 일을 쇼샹히 말ᄉᆞᆷᄒᆞ믈 드 【55ㄴ】 ᄅᆞ니 만일 즁국의셔 은ᄌᆞ 일ᄇᆡᆨ만 량을 빗 어드려 ᄒᆞ면 회풍(滙豐) 려여(麗如)[43] 등쳐(等處) 은ᄒᆡᆼ의게 가셔 빗 어들 수효와 변리 ᄂᆡᄂᆞᆫ 수효ᄅᆞᆯ 분명히 말ᄒᆞ고 아모 포구에 디셰[44] 밧ᄂᆞᆫ 거ᄉᆞ로 본변을 다 갑흐ᄃᆡ 몃 번을 젼질너[45] 아모 ᄒᆡ의 모다 갑기ᄅᆞᆯ 쇼샹히 말ᄒᆞ면 은ᄒᆡᆼ이 빗 어더 쥬기ᄅᆞᆯ 허락ᄒᆞ고 문셔ᄅᆞᆯ 바든 후 즉시 은을 의수(依數)히[46] 다라 쥬ᄂᆞ니 이ᄂᆞᆫ 향ᄅᆡ(向來)에[47] 양국의 취ᄃᆡᄒᆞ던 판국[48]이라 그 은ᄒᆡᆼ이 만일 과연 부요ᄒᆞ야 은을 빗 쥴만 ᄒᆞ면 이 법을 가히 ᄒᆡᆼᄒᆞ려니와 만일 겨유 보인(保人)[49]이나 될 만ᄒᆞ고 졔가 물쥬 되지 못ᄒᆞᆯ진ᄃᆡ 즁국이 임의 은ᄒᆡᆼ으로 작 【56ㄱ】 뎡ᄒᆞᆫ 후 은ᄒᆡᆼ이 즉시 일ᄇᆡᆨ 량 빗문셔[50] 일만 쟝을

서는 '勞士', '齋乃德博令'으로 다르게 끊어 제시한다. 표점 방식을 따른다면 '로ᄉᆞ'(勞士)는 1765년에 설립되어 현존하는 Lloyds TSB Private Banking Ltd.으로 추정되며 'ᄌᆡᄂᆡ덕박령'(齋乃德博令)은 China - Dublin의 음차로 추정되는데 이런 은행의 실재 여부는 영국 은행사 자료를 찾아보았으나 불명하다. 이 부분의 내용과 은행 이름들은 '성세위언'(盛世危言)에서는 목차 제목이 바뀐 '國債' 부분에 나온다.

42. 나이(挪移/那移): 돈이나 물건을 잠시 둘러댐. [원문] 挪. 挪: 옮길, 유용할, 문지를 나.

43. 회풍(滙豐) 려여(麗如): 회풍(滙豐)은행과 여여(麗如)은행. 회풍은행(滙豐銀行)은 유럽, 중국, 인도의 무역이 발전하면서 이 지역 무역 금융 수요를 위해 1865년 홍콩과 상해에 영국인이 개설한 은행으로 1897년 제물포에도 개설되었으며 오늘날 HSBC(Honhkong Shanghai Bank Corporation)로 알려져 전 세계에 개설되어 있다. 여여은행(麗如銀行)은 1845년 영국 런던에 생긴 후 홍콩, 상해 등지에 개설된 은행으로 동방은행(東方銀行, The Oriental Bank)으로도 불렸다.

44. 디셰: 지세(紙稅). 인지세. 관세. [원문] 關稅. 앞의 주석 22에서는 '디셰'의 원문이 '洋稅'로 나옴.

45. 젼질너: 절제하고 아끼어. 분납하여. [원문] 分作. 중세어 '저즈리다'의 변천형으로 보인다. 저즈리다 > 전즈리다 > 전지르다(젼지르다). '이언'의 '젼질너'를 '젼지르다'의 활용으로 본다면 고어사전들에 '젼지르다'(전지르다)를 표제어로 등재할 만하다.

저즈리다: ① 재다. 헤아리다. ¶造化ᄅᆞᆯ 저즈려(진언권공 36). ② 절제하다. ¶모매 저즈리며 이베 져기 ᄒᆞ야(節身儉口, 영가집언해 상42).

전주리다: 절제하다. ¶우와 아랫사ᄅᆞᄆᆡ 옷과 밥과 길ᄉᆞ와 흉ᄉᆞ애 ᄡᅳᆯ 거슬 족게 호ᄃᆡ 다 전즈려 고ᄅᆞ게 ᄒᆞ고(以給上下之衣食給吉凶之費皆有品節而莫不均一, 번역소학 7:50).

현대의 국어사전들에는 '전주르다'가 올라 있는데 뜻은 변한 듯하다.

전주르다: ① 동작을 진행하다가 다음 동작에 힘을 더하기 위하여 한 번 쉬다. ¶이봉학이와 황천왕동이 외의 다른 두령들도……전줄러서 떠나는 내행을 배행들 하느라고 잠시는 청석골을 비다시피 하였다(홍명희, 임꺽정). ② 한 발 내디디고 그 자리에서 한 번 발걸음을 구르고 다시 앞으로 나가다.

46. 의수(依數)히: 일정한 수(數)대로. 의수(依數): 일정한 수(數)대로 함. [원문] 如數.

47. 향ᄅᆡ: 향래(向來). 전에. 접때.

48. 판국(辦局): 사무소.

49. 보인(保人): 보증인. [원문] 擔.

ᄀᆞᆺ쵸 바든 후 빗문셔 사ᄂᆞᆫ 재 드ᄃᆡ여 빗문셔 허실을 ᄉᆞᆲ혀보와 혹 ᄒᆞᆫ 쟝도 ᄉᆞ며 혹 ᄇᆡᆨ 쟝도 ᄉᆞᄃᆡ 빗을 갑ᄂᆞᆫ ᄯᆡ의 니ᄅᆞ러ᄂᆞᆫ 어ᄂᆡ 사ᄅᆞᆷ의 은을 몬져 갑흐며 어ᄂᆡ 사ᄅᆞᆷ의 은을 나죵 갑ᄂᆞᆫ 거ᄉᆞᆫ 가히 미리 아지 못ᄒᆞ니 그 연고ᄂᆞᆫ 엇지미뇨 대개 빗문셔의 강ᄒᆞ고 연약ᄒᆞ미 지수업ᄉᆞ니[51] 연약ᄒᆞᆫ 문셔ᄂᆞᆫ 본젼이 니즈러질가[52] 두려 사ᄅᆞᆷ마다 속히 밧기를 ᄉᆡᆼ각ᄒᆞ고 강ᄒᆞᆫ 빗문셔ᄂᆞᆫ 변리를 제ᄯᆡ의 밧으ᄆᆡ 사ᄅᆞᆷ마다 오ᄅᆡ 두기를 ᄉᆡᆼ각ᄒᆞᄂᆞᆫ지라 빗 엇ᄂᆞᆫ ᄂᆞᆯ의 빗 갑흘 긔약을 쾌히 작뎡ᄒᆞᆫ즉 【56ㄴ】 실긔(實記)되여[53] 은힝ᄃᆞ려 무러ᄂᆡ라 ᄒᆞᄂᆞᆫ 시비 업ᄉᆞᆯ 거시니 이런 법이 비록 공평ᄒᆞ나 그러나 문셔를 여러 쟝으로 난호면 본젼(本錢)을 반ᄃᆞ시 파쇄(破碎)ᄒᆞᆯ[54] 념례 이시니 본젼을 젼수(全數)히[55] 거두어 오거나 혹 절반을 거두어 오나 빗 갑ᄂᆞᆫ ᄂᆞᆯ 되기 젼의ᄂᆞᆫ 미리 알 길이 업ᄉᆞ니 결단코 능히 젼긔(前記)ᄒᆞ야[56] 료리(料理)ᄒᆞ지[57] 못ᄒᆞᆯ 거시오 본젼을 다 거둔 후 문셔를 다시 조각조각 난호기 크게 비편(非便)ᄒᆞ니[58] 만일 쟝ᄅᆡ 다시 취ᄃᆡᄒᆞᆯ 일을 획ᄎᆡᆨ(劃策)ᄒᆞᆯ진ᄃᆡ[59] 모로미[60] 법을 지어 이런 폐단을 업시ᄒᆞ여야 비로쇼 화평ᄒᆞ리라 므릇 남의게 빗을 어드ᄆᆡ 반ᄃᆞ시 여러 가지 비편 【57ㄱ】 ᄒᆞᆫ 일을 란만(爛漫)이[61] 샹의ᄒᆞᆯ 거시니 져기[62] 방해로오미 이시면 ᄉᆞ셰(事勢) 반ᄃᆞ시 변리만 더 쥬고 리해를 만히 보리라 만젼지ᄎᆡᆨ(萬全之策)[63]을 ᄒᆞ고져 ᄒᆞᆯ진ᄃᆡ 그 법이 두 가지 이시니 하나흔 ᄀᆞᆯ온 법을 셰워 은을 취ᄃᆡᄒᆞᄃᆡ 갑흘 한(限)을 뎡ᄒᆞ야 그 당년 당삭(當朔)[64]을 어긔지 말고 ᄒᆞᆫ 번에 젼수히 갑흐며 하나흔 ᄀᆞᆯ온 몃 번의 젼질너[65] 갑흐ᄃᆡ 문셔의 몬져 쇼샹히 시러 쳣 번의ᄂᆞᆫ 언제 갑고 혹 둘지

---

50. 빗문셔: 빚문서. [원문] 券票.
51. 지수업ᄉᆞ니: 정한 바 없으니. 일정하지 않으니. [원문] 無定. '지수없다'는 '이언'의 다음 구절에도 나온다. '인력(人力)을 베플 길이 업고 드ᄂᆞᆫ바 돈이 지수업ᄂᆞᆫ 고로'(이언 4:8ㄱ).
52. 니즈러질가: 이지러질까. 없어질까.
53. 실긔되여: 실기(實記)되어. 실제로 기록되어. 실기(實記): 실제의 기록.
54. 파쇄(破碎)ᄒᆞᆯ: 깨뜨려 부숨. [원문] 破碎.
55. 젼수히: 전수(全數)히. 모두. 전체. [원문] 全數.
56. 젼긔ᄒᆞ야: 전기(前記)하여. 미리 앞서 기록해 두어.
57. 료리ᄒᆞ지: 요리(料理)하지. 마음대로 처리하지. [원문] 料理.
58. 비편(非便)ᄒᆞ니: 불편하니. [원문] 不便.
59. 획ᄎᆡᆨᄒᆞᆯ진ᄃᆡ: 획책(劃策)할진대. 계획할진대.
60. 모로미: 모름지기. [원문] 須.
61. 란만이: 난만(爛漫)히. 충분히. 난만(爛漫): ① 꽃이 활짝 많이 피어 화려함. ② 광채가 강하고 선명함. ③ 주고받는 의견이 충분히 많음. 여기서는 ③의 뜻.
62. 져기: ˙적이. 꽤 어지간한 정도로.
63. 만젼지ᄎᆡᆨ: 만전지책(萬全之策). 실패의 위험이 없는 아주 안전한 계책.
64. 당삭(當朔): 일이 있는 바로 그 달.

번 셋ᄌᆡ 번의ᄂᆞᆫ 언제 갑기를 작뎡ᄒᆞ야 물쥬로 ᄒᆞ야곰 미리 료리ᄒᆞ게 ᄒᆞᆯ 거시오 빗ᄉᆞᆯ 쥬ᄂᆞᆫ 재 무론(無論) 모국(某國)ᄒᆞ고[66] 빗ᄉᆞᆯ 달나 ᄒᆞᄆᆡ 혹 텰로(鐵路)[67]를 ᄉᆞᆯ며 뎐긔션[68]을 ᄇᆡ셜(排設)ᄒᆞ며 【57ㄴ】 금은뎜[69]을 ᄀᆡ뎜(開店)ᄒᆞ며 하슈를 다ᄉᆞ리ᄂᆞᆫ 등ᄉᆞ로 나라의 유익ᄒᆞᆯ 졍ᄉᆞ를 ᄒᆞᄂᆞᆫᄃᆡ 빗 쥬기를 즐겨 ᄒᆞᄂᆞ니 리로온 일이 크고 빗문셔 가강(加强)ᄒᆞ믈[70] 위ᄒᆞ미오 ᄌᆞ력(貲力)[71]을 드려 ᄌᆡ물을 모손(耗損)ᄒᆞᄂᆞᆫ[72] 일의ᄂᆞᆫ 빗 쥬기를 심히 죠하 아니ᄒᆞ며 더옥 ᄆᆡ이[73] 너기ᄂᆞᆫ 거시 은을 취ᄃᆡᄒᆞ야 군ᄉᆞ를 쓰ᄂᆞᆫ 일이니 은ᄌᆞ를 드려 화약과 텰환(鐵丸)을 만히 지어 양창(洋鎗) 대포를 노흐ᄆᆡ 다 훗허 바리기만 ᄒᆞ며 능히 다시 거두지 못ᄒᆞ니 물쥬가 리(利)를 못 볼 ᄲᅮᆫ 아니라 본젼ᄭᆞ지 니즈러질 념려 이시니 그 말을 드ᄅᆞ면 그 곡졀을 가히 깁히 ᄉᆡᆼ각ᄒᆞᆯ지라 아국(我國)의셔ᄂᆞᆫ 드러오 【58ㄱ】 ᄂᆞᆫ 거ᄉᆞᆯ 료량(料量)ᄒᆞ야 쓰니 본ᄃᆡ 뎡ᄒᆞᆫ 법이 잇ᄂᆞᆫ지라 젼일의 외양(外洋)에 취ᄃᆡᄒᆞ기ᄂᆞᆫ[74] 살뎜을 버혀 죵긔[75]에 보텸(補添)ᄒᆞ듯[76] ᄒᆞ야 아직 목젼에 시급ᄒᆞ믈[77] 폐오게[78] ᄒᆞ미니 이런 일을 영영 뎡지ᄒᆞ면 진실노 유익ᄒᆞᆫ 일이니 우연이 급ᄒᆞᆫ 일이 잇셔 별노[79] 쓸 ᄃᆡ 이시면 가히 극력(極力)ᄒᆞ야[80] 미봉(彌縫)ᄒᆞᄃᆡ[81] 빗ᄉᆞᆯ 아니 지ᄂᆞᆫ 거시 샹칙이오 만일 용

---

65. 젼질너: 아끼어 절제하여. 분납하여. '젼질너 갑흐ᄃᆡ': [원문] 按結歸款. 앞의 주석 45 참고.
66. 무론(無論/毋論) 모국(某國)ᄒᆞ고: 어느 나라임은 말할 것도 없고.
67. 텰로: 철로(鐵路). [원문] 鐵路.
68. 뎐긔션: 전기선(電氣線). [원문] 電線.
69. 금은뎜: 금은점(金銀店). 광산. [원문] 礦.
70. 가강(加强)ᄒᆞ믈: 더욱 강하게 함을. 가강(加强)하다: 더욱 강력하고 완강하다. ¶잘못된 관행을 근절하기 위해서는 지속적이고 가강한 노력이 요구된다.
71. ᄌᆞ력: 자력(貲力). 재물. 貲: 재물, 대속할 자. [원문] 貲. cf. 자력(資力): ① 근원이 되는 힘. ② 물자나 자산 따위를 낼 수 있는 경제적인 능력. ¶하여간 그 애를 공부시키자면 그 부모의 생활비부터 부담할 각오가 있어야 할 것이나 자네의 자력과 성의가 거기까지 미치겠나?(염상섭, 삼대)
72. 모손(耗損)ᄒᆞᄂᆞᆫ: 없애는. 소모해 없어지는.
73. ᄆᆡ이: 밉게. 'ᄆᆡᆸ다'의 파생부사 'ᄆᆡᄫᅵ'의 변천형(ᄆᆡᄫᅵ > ᄆᆡ이). ᄆᆡᆸ다: '밉다'의 옛말. ¶서르 慈悲心ᄋᆞᆯ 내야 ᄆᆡ본 ᄆᆞᅀᆞ미 업고(석보상절 9:17).
74. 취ᄃᆡᄒᆞ기ᄂᆞᆫ: 취대(取貸)하기는. 돈을 돌려서 꾸어 주거나 꾸어 쓰기는. [원문] 借債.
75. 죵긔: 종기(腫氣). 부스럼.
76. 보텸ᄒᆞ듯: 보첨(補添)하듯. 보충하여 덧붙이듯.
77. 시급ᄒᆞ믈: 시급(時急)함을. [원문] 眉急. 미급(眉急): 위험이 절박함을 이름. 주로 '초미의' 꼴로 쓰여, 눈썹에 불이 붙었다는 뜻으로, 매우 급함을 이르는 말. 불교의 '오등회원'(五燈會元)에 나오는 말이다. 초미지급(焦眉之急). 소미지급(燒眉之急). 연미(燃眉).
78. 폐오게: 펴지게. 펴 + 이(피동) + 오(사동) + 게. [원문] 聊紓. 聊: 귀울, 의지할 료. 紓: 느슨할, 풀 서. 펴이다: ① '펴다'의 피동사. ② 순조롭지 못한 일이 제대로 잘되어 가다. ¶살림이 펴이다 / 달을 보고 일 년 신수가 활짝 펴이도록 치성을 드렸던 것이다(김원일, 노을). 준 폐다.
79. 별노: 별(別)로. 따로.
80. 극력(極力)ᄒᆞ야: 있는 힘을 아끼지 않고 다해.

되(用度ㅣ) 호번(浩繁)ᄒᆞ고[82] 구쳐(區處)ᄒᆞᆯ[83] 길이 업셔 ᄉᆞ농(司農)[젼곡 맛튼 벼ᄉᆞᆯ]은 집우흘 우러러 챠탄ᄒᆞᆯ[84] ᄲᅮᆫ이오 강신(彊臣)[85][방ᄇᆡᆨ(方伯) ᄀᆞᆺ튼 벼ᄉᆞᆯ]도 ᄉᆞᆨ슈무ᄎᆡᆨᄒᆞᄆᆡ[86] 부득불[87] 이런 말계(末計)[88]를 ᄡᅥ셔 목젼에 급ᄒᆞ믈 잠시 구제ᄒᆞ려 ᄒᆞ면 더옥 모로미 왼[89] 판국[90]을 통합ᄒᆞ야 료량 【58ㄴ】 ᄒᆞᄃᆡ 쥬밀(周密)이[91] ᄒᆞ고 샹심(詳審)ᄒᆞ야[92] 굿ᄐᆞ여 즁국 은힝으로 거간(居間)을 시겨 좌우로 모리ᄒᆞ노라[93] 변리를 짐짓 도도ᄂᆞᆫ[94] 거조(擧措)[95]를 업시 ᄒᆞ고 몬져 젼일의 잇던 폐단을 ᄒᆞᆫ갈ᄀᆞᆺ치 ᄡᅥ셔 업시 ᄒᆞ야 큰 신의를 쇼연(昭然)이[96] ᄒᆞ며 죠뎡의셔 오직 영국의 가셔 잇ᄂᆞᆫ 공ᄉᆞ의게 신칙(申飭)ᄒᆞ야[97] 바로 로ᄉᆞᄌᆡ와 ᄂᆡ덕박령 등 그런 은힝의게 나아가 익이[98] 샹의ᄒᆞᆫ즉 변리ᄂᆞᆫ 오륙 리(釐)의 지나지 아니ᄒᆞ고 가히 크게 취ᄃᆡᄒᆞᆯ 거시오 ᄒᆞ믈며 즁국이 본ᄃᆡ 신의를 직히여시니 양인이 반ᄃᆞ시 즐겨 조ᄎᆞ리라 만일 변리를 즁히 쥬면 손ᄌᆡ(損財)[99]만 ᄒᆞᆯ ᄲᅮᆫ이 아니라 도로혀 양인으 【59ㄱ】 로 ᄒᆞ야곰 즁국이 빗슬 잘 갑지 못ᄒᆞᆯ가 의심ᄒᆞ게 ᄒᆞ여 더옥 ᄉᆡᆼ소ᄒᆞᆫ 일이 만ᄒᆞᆯ 거시니 오직 이러틋 변통ᄒᆞ야 판리ᄒᆞ면 오ᄅᆡᆫ 폐단이 다 업셔지고 바야흐로 거간ᄒᆞᄂᆞᆫ 쟈의 ᄉᆞᆨ이ᄂᆞᆫ ᄇᆡ 되지 아니ᄒᆞ야 비로쇼 ᄌᆡ물 통ᄒᆞᄂᆞᆫ 리ᄅᆞᆯ 어들 거시니 미혹(迷惑)ᄒᆞᆫ

---

81. 미봉(彌縫)ᄒᆞᄃᆡ: 이리저리 주선하여 꾸며 대되.
82. 호번(浩繁)ᄒᆞ고: 넓고 크며 번거롭게 많고.
83. 구쳐(區處)ᄒᆞᆯ: 변통할. 구처(區處): ①사물을 따로따로 구분하여 처리함. ②변통하여 처리함. 또는 그런 방법. ¶구처가 없다/이참에 차라리 달리 살 구처를 내 보자(이문열, 변경).
84. 챠탄ᄒᆞᆯ: 차탄(嗟歎/嗟嘆)할. 탄식하고 한탄할.
85. 강신(疆臣): 국경을 지키는 신하. 방백(方伯). 관찰사.
86. ᄉᆞᆨ슈무ᄎᆡᆨᄒᆞᄆᆡ: 속수무책(束手無策)하매. [원문] 束手無措.
87. 부득불: 하지 아니할 수 없어. 또는 마음이 내키지 아니하나 마지못하여. [원문] 不得不.
88. 말계(末計): 어찌할 수 없게 되어 구차하게 짜낸 꾀. 궁책(窮策). 궁계(窮計). 하책(下策). [원문] 下策.
89. 왼: 온. ¶왼 셩이 함ᄭᅴ 면ᄒᆞ기ᄅᆞᆯ 원ᄒᆞ니라(여사서언해 4:29). cf. 왼: 그릇된. ¶施와 慧왜라 ᄆᆞᅀᆞᆷ 조ᄒᆞᆯ씨 信이오 왼 일 마로미 戒오(석보상절 11:43).
90. 판국(辦局): 사무소. [원문] 全局.
91. 쥬밀이: 주밀(周密)히. 허술한 구석이 없고 세밀하게.
92. 샹심ᄒᆞ야: 상심(詳審)하여. 꼼꼼하게 상세히 살펴. [원문] 詳審.
93. 모리(謀利/牟利): 도덕과 의리는 생각하지 않고 오직 부정한 이익만을 꾀함.
94. 도도ᄂᆞᆫ: 돋우는. 도모하는. 돋+오(사동접미사)+ᄂᆞᆫ. [원문] 圖.
95. 거조(擧措): 말이나 행동.
96. 쇼연이: 소연(昭然)히. 일이나 이치 따위가 밝고 선명하게.
97. 신칙(申飭)ᄒᆞ야: 단단히 타일러 경계하여.
98. 익이: 익히. '니기'의 변천형. 니기: '익히'의 옛말. '니기(닉+이) > 익이 > 익히'. ¶東海옛 도ᄌᆞ기 智勇ᄋᆞᆯ 니기 아ᅀᆞᄫᅡ 一聲白螺ᄅᆞᆯ 듣ᄌᆞᆸ고 놀라니(용비어천가 59장). 새 지비 ᄀᆞ장 ᄂᆞᆺ갑고 져고ᄆᆞᆯ 니기 아라(두시언해 10:7).
99. 손ᄌᆡ: 손재(損財). 재물을 잃어버림. 또는 그 재물. [원문] 耗財.

소견[100]은 아지 못게라[101] 당도지인(當道之人)이 뻐ᄒᆞ듸[102] 엇더타 ᄒᆞᄂᆞ뇨

100. 미혹(迷惑)ᄒᆞᆫ 소견: 미욱한 소견. [원문] 愚昧之見.

101. 못게라: 못하노라. –게라: (주로 부정의 '몯–'과 함께 쓰여) –노라. –어라. –겠네. ¶붊 興에 아디 몯게라 믈읫 몃 마릿 그를 지스니오(두시언해 22:16). 信이 업스면 그 可ᄒᆞᆷ을 아디 몯게라(논어언해 1:17).

102. 뻐ᄒᆞ듸: (그런 까닭으로) 생각하되. [원문] 以爲.

【ᄉᆞ권 60ㄱ】

론 과족(論裹足)[1]

[녀인의 발 ᄲᅡᄂᆞᆫ 거ᄉᆞᆯ 의론ᄒᆞ미라]

일즉 ᄉᆡᆼ각건ᄃᆡ 신톄와 발부(髮膚)ᄂᆞᆫ 부모의게 ᄑᆞᆷ슈(稟受)ᄒᆞ여시니[2] 감히 훼샹(毁傷)ᄒᆞ게 못ᄒᆞ믄 고인의 훈계라[3] 셰샹 풍쇽이 ᄂᆞᆯ노 효박(淆薄)ᄒᆞ야[4] 염통을 ᄭᆡ치고 다리ᄅᆞᆯ 버혀[5] 부모의 병을 치료ᄒᆞ고 일노ᄡᅥ 효되(孝道ㅣ)라 ᄒᆞᄂᆞᆫ 재 이시며 드ᄃᆡ여 ᄆᆞ음의 못ᄒᆞᆯ 일을 참아[6] ᄒᆞ고 리치에 방해롭게 ᄒᆞᄂᆞᆫ 재 잇셔 녀ᄌᆞ의 발을 ᄲᆞᄂᆞᆫ 거ᄉᆞᆯ ᄉᆞ랑ᄒᆞᄂᆞᆫ 일노 아라 ᄒᆞᆼ습(恒習)[7]이 되여 셔로 젼ᄒᆞᄆᆡ ᄀᆞᆺ이[8] 직히여 가히 ᄭᆡ치지[9] 못ᄒᆞᆯ지라 이졔 사ᄅᆞᆷ들이 풍류쟝(風流場)[10]의 드러가며 화류촌(花柳村)[11]을 ᄎᆞᄌᆞ가셔 미인을 ᄃᆡᄒᆞ면 반ᄃᆞ시 몬져 【60ㄴ】 발븟허 굽어보고 다시 ᄭᅩᆺ ᄀᆞᆺ흔 얼골을 우러러 보ᄂᆞ니 이목구비의 아름답고 루추ᄒᆞ믄[12] 텬ᄑᆞᆷ(天稟)[13]의 계관(係關)ᄒᆞ여시나[14] 발이 크고 적은 거ᄉᆞᆫ 다 인작(人作)

---

1. 과족: 과족(裹足). ① 발을 싸맨다는 뜻으로, 두려워 발걸음이 떨어지지 않거나 일이 진전되지 않음을 이르는 말. ② 먼 길을 걸어서 여행함을 비유적으로 이르는 말. ③ 전족(纏足). 裹: (보자기로) 쌀 과. 전족(纏足): 중국의 옛 풍습의 하나. 여자의 엄지발가락 이외의 발가락들을 어릴 때부터 발바닥 방향으로 접어 넣듯 힘껏 묶어 헝겊으로 동여매어 자라지 못하게 한 일이나 그런 발. 명대(明代)에 특히 성행하였으며 청대(淸代)에는 만주인에게도 유행할 조짐이 보여 1664년에 금지령을 내리기도 하였다. 1894년에도 서태후(西太后)가 금지령을 내려 쇠퇴하기 시작하였고, 민국(民國) 시대에는 여성 운동에 의해 전족 해방이 제창되어 현재는 거의 소멸되었다.
2. ᄑᆞᆷ슈ᄒᆞ여시니: 품수(稟受)하였으니. 선천적으로 타고났으니.
3. 신톄와 발부ᄂᆞᆫ 부모의게 ᄑᆞᆷ슈ᄒᆞ여시니 감히 훼샹(毁傷)ᄒᆞ게 못ᄒᆞ믄 고인의 훈계라: '소학'에 나오는 가르침이다. [원문] 身體髮膚受之父母不敢毁傷.
4. 효박(淆薄)ᄒᆞ야: 인정이나 풍속이 어지럽고 각박하여. ¶그들 중에는 그런 것도 인심이 차차 효박하기 때문에 그전 같지 않다고 세상을 한탄한다마는……(이기영, 봄).
5. 염통을 ᄭᆡ치고 다리ᄅᆞᆯ 버혀: 염통(심장)을 깨치고 다리를 베어. [원문] 剖心割股. 股: 넓적다리 고.
6. 참아: 차마.
7. ᄒᆞᆼ습: 항습(恒習). 늘 하는 버릇. [원문] 積習.
8. ᄀᆞᆺ이: 굳이. 굳게.
9. ᄭᆡ치지: 깨치지. 깨뜨리지. [원문] 破.
10. 풍류쟝: 풍류장(風流場). 풍류를 즐기려고 남녀가 모이는 장소. [원문] 花叢.
11. 화류촌(花柳村): 기생 따위의 노는계집이 모여 있는 곳. [원문] 香徑.
12. 루추ᄒᆞ믄: 누추함은. '누추하다'가 현대어와 달리 사람의 용모 표현에 쓰였다. '이목구비의 아름답고

을 위쥬(爲主)ᄒᆞᄂᆞᆫ지라[15] 송나라 글의 일ᄏᆞᆺᄃᆡ 남ᄌᆞ의 신은 모지고[16] 녀ᄌᆞ의 신은 둥구다 ᄒᆞ며 당나라 ᄉᆞ긔(史記)[17]의 일ᄏᆞᆺᄃᆡ 양귀비(楊貴妃)ᄂᆞᆫ 깁[18]으로 보션[19]을 ᄒᆞ여 신엇다 ᄒᆞ며 한동랑(韓冬郎)[20][ᄉᆞᄅᆞᆷ의 일홈]의 글의 니ᄅᆞᄃᆡ 여셧 치 되ᄂᆞᆫ 살이 둥글고 빗치 곱다 ᄒᆞ엿시니 이ᄂᆞᆫ 다 발을 ᄡᆞ지 아니ᄒᆞᄂᆞᆫ ᄇᆞᆰ은 징험(徵驗)[21]이라 ᄉᆞ긔의 가히 샹고ᄒᆞᆯ 만ᄒᆞᄃᆡ 오직 쳘경록(輟耕錄)[22][ᄎᆡᆨ 일홈]의 니로ᄃᆡ 녀인이 발을 동혓다[23] ᄒᆞ고 도산신문(道山新聞)[24]에 니로ᄃᆡ[25] 【61ㄱ】 남당(南唐) 니후쥬(李後主)[남당(南唐) 황뎨라]의 궁녀[26] 궁앙(宮孃)[27][궁녀 일홈]이 몸이 가ᄂᆞᆯ고 ᄆᆡᆸ시 잇셔 츔츄기ᄅᆞᆯ 잘 ᄒᆞ거ᄂᆞᆯ 후쥐(後主

루추ᄒᆞ믄': [원문] 眉目之姸媸. 미목(眉目): ① 눈썹과 눈을 아울러 이르는 말. 미첩(眉睫). ② 얼굴 모습을 이르는 말. 눈썹과 눈이 얼굴 모습을 좌우한다고 하여 이르는 말이다. ¶그들은 모두 의관을 하면 미목이 수려한 귀공자들로서, 남의 신용을 받을 만한 젊은이들이었다(김동인, 젊은 그들). 媸: 추할 치. 연치(姸媸): 곱고 추함.

13. 텬픔: 천품(天稟). 타고난 기품.

14. 계관(係關)ᄒᆞ여시나: 관계하였으나.

15. 인작(人作)을 위쥬ᄒᆞᄂᆞᆫ지라: 사람이 인위적으로 만드는 것이라. [원문] 人爲.

16. 모지고: 모나고. [원문] 方.

17. 당나라 ᄉᆞ긔: 당나라 사기(史記). 당나라 역사책의 기록.

18. 깁: 비단.

19. 보션: '버선'의 옛말. ¶보션 업스며 頭巾 업시 새뱃 ᄒᆡ예 나셔 ᄇᆞᆰ놋다(두시언해 8:27). 비록 甚히 더우나 父母와 얼운의 겨틔 이셔 頭巾과 보션과 힝뎐을 밧디 아니ᄒᆞ야 옷 니부믈 조심ᄒᆞ며(내훈 3:15). 襪 보션 말(신증유합 상31).

20. 한동랑(韓冬郎): 당나라의 한악(韓偓). 자는 치요(致堯). 동랑(冬郎). 호는 옥산초인(玉山樵人). 작품집으로 '한내한별집'(韓內翰別集)이 있다. 한악은 작품 '향렴집'(香奩集)의 '영첩자시'(咏堞子詩)에서 '六寸膚圓光緻緻'라는 글귀로 여성의 발의 아름다움에 대하여 찬미하였다. 이는 연인의 발을 사랑하는 족련(足戀)에서 비롯된다. 발은 사람이 걸을 때 사용되는 인체의 기관이다. 이런 발을 사람의 성(性)과 연계시켰던 성 관념은 고금의 작품에서 모두 보인다. 중국은 일찍이 서한 시기부터 연족(戀足) 현상이 있었고, 이는 여러 작품에서 나타나는데 한악의 위 예도 그중의 하나이다. 한악의 '향렴집'(香奩集)의 시들을 '향렴체'(香奩體)라 한다. [원문] 六寸膚圓光緻緻. 緻: 밸, 촘촘할 치.

21. 징험(徵驗): 어떤 징조를 경험함. 증거. 조상(兆祥).

22. 쳘경록: 철경록(輟耕錄). 원말(元末)의 문인 도종의(陶宗儀)의 수필집. 모두 30권. 원나라의 법령, 제도, 서화, 문예 등에 관한 고증을 한 책. 輟: 그칠 철. '輟耕'은 밭 갈기를 멈춘다는 뜻.

23. 발을 동혓다: 발을 동이었다. [원문] 婦女纏足.

24. 도산신문(道山新聞): 송사(宋史) · 지(志) 第一百五十九 예문(藝文) 五 참고.
송사(宋史): 청나라 건륭(乾隆) 때에 정한 중국의 정사(正史)인 24사[사기, 한서, 후한서, 삼국지, 진서(晉書), 송서, 남제서, 양서, 진서(陳書), 후위서, 북제서, 주서, 수서, 남사, 북사, 구당서, 신당서, 구오대사, 신오대사, 송사, 요사, 금사, 원사, 명사] 중의 하나. 원나라 때의 사서로 본기(本紀) 47권, 지(志) 162권, 표(表) 32권, 열전(列傳) 255권 등 전 496권이다. 원(元)의 아로도(阿魯圖) · 탁극탁(托克托) 등이 칙명을 받아 1345년에 편찬했다.

25. 도산신문에 니로ᄃᆡ: 도산신문에 이르되. 이하에 나오는 이후주(李後主)의 내용은 도종의(陶宗儀)의 '철경록'(輟耕錄)에 나오는 내용이다(출전: 元人陶宗儀撰 '南村輟耕錄'云 "惟道山新聞云, 李後主窈娘纖麗善舞, 後主作金蓮高六尺, 飾以寶物細帶纓絡, 蓮中作品色瑞蓮, 令窈娘以帛繞脚, 令纖小屈上作新月狀, 素襪舞雲中回旋有凌雲之態").

ㅣ) ᄒᆞ야곰 비단으로써 발을 ᄡᅡᄃᆡ 초싱달 형용ᄀᆞᆺ치[28] ᄒᆞ니 셔로 젼ᄒᆞ야 니ᄅᆞᄃᆡ 발 ᄡᅡᄂᆞᆫ 거시 셩풍(成風)ᄒᆞ미[29] 대개 이 일을 의방(依倣)ᄒᆞ미라[30] ᄒᆞ니 대뎌 부뫼 그 녀ᄌᆞ를 다 ᄉᆞ랑ᄒᆞ고 앗기ᄃᆡ 홀노 발 ᄡᅡᄂᆞᆫ 일관(一款)[31]은 니ᄅᆞ면 다섯 살이오 느ᄌᆞ면 여셧 살의 ᄉᆞᄉᆡᆨ(辭色)[32]을 엄히 ᄒᆞ야 발을 ᄡᅡᄃᆡ 크게 괴로와 못 견ᄃᆡ게 ᄒᆞ야 거름거리를 잘 ᄒᆞ고 ᄐᆡ되(態度ㅣ) 나게 ᄒᆞ엿다가 후일의 혼취(婚娶)ᄒᆞ게[33] ᄒᆞ여야 바야흐로 귀히 너기ᄂᆞ니 만일 치마 아ᄅᆡ 드러나ᄂᆞᆫ 신[34]이 큰즉 귀쳑대가[35] 【61ㄴ】 의셔 져마다 슈치ᄉᆞ(羞恥事)[36]로 너기니 이런 효박ᄒᆞᆫ 풍습이 셩즁(城中)[37] 사ᄅᆞᆷ은 향곡(鄉曲)[38] 사ᄅᆞᆷ보다 갑절이나 더ᄒᆞᆫ지라 이런고로 ᄌᆡ샹대가(宰相大家)들이 셔로 닷토와 효측ᄒᆞ며[39] 농부의 녀ᄌᆞ와[40] 초부(樵夫)의 지어미[41]ᄂᆞᆫ 도로혀 이런 병이 업ᄂᆞᆫ지라 고금 이ᄅᆡ로 녀ᄌᆞ ᄉᆡᆨᄐᆡ(色態)[42] 잇시믈 일ᄏᆞᆺᄂᆞᆫ 바ᄂᆞᆫ 허리깁[43]을 묵근 ᄃᆞᆺᄒᆞ며 목은 츄졔(蝤蠐)[44][나무 버레 일홈]

---

26. 궁녀(宮女): [원문] 宮嬪.
27. 궁앙(宮孃): 궁녀의 이름. [원문] 窅孃. 窅: 움펑눈, 깊을 요.
28. 초싱달 형용ᄀᆞᆺ치: 초승달 모양같이. [원문] 新月形.
29. 셩풍ᄒᆞ미: 성풍(成風)함이. 널리 유행하여 풍속을 이룸이.
30. 의방(依倣)ᄒᆞ미라: 모방하여 좇은 것이라.
31. 홀노 발 ᄡᅡᄂᆞᆫ 일관: 홀로 발 싸는 한 가지 일. [원문] 獨於裹足一事. 일관(一款): 한 항목. 관(款): ① 법률문 따위의 조항. ② 예산 편성의 한 과목. '항'(項)의 상위 단위이다. '일관'의 다른 용례는 4:8ㄱ '하슈 다ᄉᆞ리ᄂᆞᆫ 일관(一款)' 참고.
32. ᄉᆞᄉᆡᆨ: 사색(辭色). 말과 얼굴빛을 아울러 이르는 말. 사기(辭氣). ¶사색을 드러내다 / 공주의 사색은 청초하고 위품이 늠름했다(박종화, 다정불심). 그들은 자기가 그런 소문을 아직 못 들은 것처럼 사색을 내지 않으니까 겨우 안심은 하고 있는 것이 아닌가(이기영, 고향).
사색(이) 없다: 태연하여 말과 얼굴빛에 변함이 없다. ¶누가 뭐라 해도 자기만은 태산같이 믿는다는 굳은 자신을 가지고 하는 말인지 조금도 사색이 없이 태연하다(염상섭, 대를 물려서).
'ᄉᆞᄉᆡᆨ을 엄히 ᄒᆞ야': [원문] 嚴詞厲色. 厲: 갈 려. 원문의 '詞'로 미루어 '詞色'도 가능함.
33. 혼취ᄒᆞ게: 혼취(婚娶)하게. 혼인하게. 혼취(婚娶): 혼인(婚姻). '혼취에 재물을 말함은 오랑캐 짓': 혼인은 예(禮)를 위주로 해야지 재물을 개입시켜서는 안 된다는 말.
34. 신: 신발. [원문] 蓮船.
35. 귀쳑대가: 귀척대가(貴戚大家). 임금과 인척이 되는 집안. 귀척(貴戚): ① 주로 편지 글에서, 상대편의 인척을 높여 이르는 말. ② 임금의 인척을 이르던 말. 귀척대신(貴戚大臣): 임금과 인척 사이가 되는 대신을 이르던 말. [원문] 戚里. 척리(戚里): 임금의 내척과 외척을 아울러 이르는 말. 척완(戚畹).
36. 슈치ᄉᆞ: 수치사(羞恥事). 수치스러운 일.
37. 셩즁: 성중(城中). 도시. [원문] 城市.
38. 향곡(鄉曲): 시골구석. ¶도성과 향곡 / 우리 도인들은 거개가 향곡의 천민이오나 어찌 왜양이 나라를 좀먹고 있다는 것쯤 모르겠습니까?(송기숙, 녹두 장군)
39. 효측ᄒᆞ며: 효칙(效則)하며. 본받으며. 효칙(效則): 본받아 법으로 삼음. ¶季良을 효측ᄒᆞ야 得디 몯ᄒᆞ면 ᄡᅥ디 天下읫 輕薄子ㅣ 되리니(소학언해 5:14). cf. 효칙(曉飭): 잘못을 저지르지 아니하도록 미리 잘 타일러 경계함.
40. 농부의 녀ᄌᆞ와: 농부의 여자와. [원문] 農人之女.
41. 초부(樵夫)의 지어미: 나무꾼의 아내. [원문] 樵子之婦.

ᄀᆞᆺ치 희고 길기ᄅᆞᆯ 위ᄒᆞ미라 죠비연(趙飛燕)[45]은 여위고 양귀비ᄂᆞᆫ 살지ᄃᆡ[46] 륙궁[47]의 춍ᄋᆡ(寵愛)ᄒᆞ기ᄅᆞᆯ 오로지ᄒᆞᄂᆞᆫ[48] 바ᄂᆞᆫ ᄆᆞᆺ당히 예ᄉᆞ 사ᄅᆞᆷ보다 나흔 거시 이시미오 모양이 여샹(如常)치[49] 못ᄒᆞ고 힝보(行步)ᄅᆞᆯ 사ᄅᆞᆷ의게 븟들녀 ᄒᆞᆫ 후의야 아름답다 【62ㄱ】 니ᄅᆞᆯ 거시 아니라 만일 젹은 발[50]이 ᄒᆞᆫ 즘의 ᄎᆞ지 못ᄒᆞ고 치마 아ᄅᆡ 빵갈구리[51] 가ᄂᆞᆯ게 드러 날지라도 동시(東施)[52][추ᄒᆞᆫ 계집의 일홈]ᄂᆞᆫ 셔시[53]의 찡긔ᄂᆞᆫ[54] 양을 본밧고 루추ᄒᆞ기ᄂᆞᆫ 막모(嫫母)[55][유명히 추ᄒᆞᆫ 계집이라] ᄀᆞᆺ틀진ᄃᆡ 엇지 고은 ᄐᆡ도와 묘ᄒᆞᆫ 거름이 사ᄅᆞᆷ으로 ᄒᆞ야곰 정신을 아득ᄒᆞ게 ᄒᆞ랴 대뎌 남당(南唐) 후쥬(後主)ᄂᆞᆫ 나라ᄅᆞᆯ 망ᄒᆞᆫ 인군(人君)이라 몹쓸 일을 쥬작(造作)ᄒᆞ야[56] 녀ᄉᆡᆨ(女色)[57]의 침혹(沈惑)ᄒᆞ고[58] 음탕ᄒᆞᆫ 일을 베퍼 노름

---

42. 녀ᄌᆞ ᄉᆡᆨᄐᆡ: 여자의 색태(色態). 여자의 곱고 아름다운 자태.
43. 허리깁: 비단으로 된 허리띠. 깁: '비단'의 옛말.
44. 츄졔: 추제(蝤蠐). 나무굼벵이. 하늘솟과의 애벌레를 통틀어 이르는 말. 굼벵이와 비슷하나 좀 가늘고 주둥이가 단단하여 나무속을 파먹고 산다. 여러 종류가 있는데 주로 약용(藥用)으로 쓴다.
45. 죠비연: 조비연(趙飛燕). 전한(前漢) 말기 성제(成帝)의 황후.
46. 죠비연은 여위고 양귀비ᄂᆞᆫ 살지ᄃᆡ: [원문] 燕瘦環肥. '연수환비'(燕瘦環肥)는 후에 미인의 기준이 시대마다 달랐음을 뜻하는 말이 되었다.
47. 륙궁: 육궁(六宮). 중국의 궁전에서 황후의 궁전과 부인 이하의 다섯 궁실.
48. 오로지ᄒᆞᄂᆞᆫ: [원문] 專. '오로지ᄒᆞ다'의 중세형은 '오로ᄒᆞ다'임. 오로ᄒᆞ다: ¶宮禁에셔 다ᄉᆞ리샤ᄆᆞᆯ 周密히 ᄒᆞ시니 台階예셔 翊戴호ᄆᆞᆯ 오로ᄒᆞ놋다(두시언해 20:5). 오직 그 ᄆᆞᄅᆞᆯ 보샤ᄆᆞᆫ ᄒᆞᆫ 觀ᄋᆞᆯ 오로ᄒᆞ시고 四大ᄅᆞᆯ 노기디 몯ᄒᆞ실ᄊᆡ(능엄경언해 5:74).
49. 여샹치: 여상(如常)하지. 여상(如常)하다: 평소와 다름이 없다. ¶나는 조상하는 손님이 돌아간 뒤에는 여상히 대학을 읽고 있었다(김구, 백범일지).
50. 젹은 발: 작은 발. [원문] 蓮瓣. 연판(蓮瓣): 연꽃잎. 여기서는 연꽃잎같이 작은 발을 비유.
51. 빵갈구리: 쌍갈고리. 여기서는 두 발의 모양을 이름. [원문] 雙鉤.
52. 동시(東施): 중국 춘추 시대 월나라 사람. 서시(西施)의 앞마을에 살았던 추녀(醜女)로 '동시효빈'(東施效顰)이란 말의 주인공이다. 효빈(效顰): 함부로 남의 흉내를 냄을 이르는 말. ¶심지어 부모의 핏줄을 타고난 까만 머리털까지 노랗게 물들여 가면서, 효빈을 일삼는 판이니……(이희승, 벙어리 냉가슴). 서시빈목(西施顰目/西施矉目): 월(越)나라의 미녀 서시(西施)가 속병이 있어 눈을 찡그리자 이를 본 못난 여자들이 눈을 찡그리면 아름답게 보이는 줄 알고 따라서 눈을 찡그리고 다녔다는 데서 유래한다.
53. 셔시: 서시(西施). 중국 춘추 시대 월나라 미인.
54. 찡긔ᄂᆞᆫ: 찡그리는. 씽긔다: '찡그리다'의 옛말. ¶네 뫼 힝ᄒᆞᆫ 배만치 못ᄒᆞ믈 보고 문득 씽긔여 ᄀᆞᆯ오ᄃᆡ(경신록언해 31).
55. 막모(嫫母): 중국 고대의 전설적 제왕인 황제(黃帝)의 넷째 부인. 용모가 대단히 추부(醜婦)이어서 추녀의 뜻으로 널리 쓰임. '嫫'의 현대음은 '모'인데 언해본에는 '막'으로 나왔음. 嫫: 예쁠 모.
56. 쥬작ᄒᆞ야: 조작(造作)하여. 만들어. [원문] 造作. 원문이 '造作'이라 "造作하여"로 풀이하였으나 언해본의 음이 '쥬작'이라 ㅗ－ㅜ 모음의 상통으로 보인다. 그러나 문맥상 '주작'(做作)으로 보아도 통한다. 주작(做作): 없는 사실을 꾸며 만듦.
57. 녀ᄉᆡᆨ: 여색(女色). [원문] 漁色. 어색(漁色): 엽색(獵色).
58. 침혹(沈惑)ᄒᆞ고: 무엇을 몹시 좋아하여 정신을 잃고 거기에 빠지고.

노리를 지리(支離)ᄒᆞ게[59] ᄒᆞᆫ 거시니 엇지 족히 이런 일을 법바들[60] ᄇᆡ리오 아국은 하ᄂᆞᆯ이 명ᄒᆞ시믈 밧ᄌᆞ와 통일텬하 ᄒᆞ시ᄆᆡ 남ᄌᆞᄂᆞᆫ 마리[61]를 ᄶᅡᆨ게 ᄒᆞ시고 녀ᄌᆞᄂᆞᆫ 발 【62ㄴ】 ᄲᅡ기를 금ᄒᆞ시니 법이 아름답고 의ᄉᆡ[62] 죠ᄒᆞᄆᆡ 흠긔 각근(恪勤)히[63] 직희미 ᄆᆞᆺ당ᄒᆞ거ᄂᆞᆯ 이졔 마리 ᄶᅡᆨ기ᄂᆞᆫ 비록 국가 졔도를 준ᄒᆡᆼ(遵行)ᄒᆞ나 발ᄲᅡᄂᆞᆫ 거ᄉᆞᆫ 괴이ᄒᆞᆫ 풍습을 변ᄒᆞ지 못ᄒᆞ야 효박ᄒᆞᆫ 풍쇽이 셔로 인슌(因循)ᄒᆞ야[64] 지금ᄭᆞ지 고치지 못ᄒᆞ니 비록 일이 규즁부녀(閨中婦女)의게 ᄆᆡ여시ᄆᆡ 족히 관즁(款重)ᄒᆞᆯ[65] 거시 업다 ᄒᆞ나 ᄯᅩᄒᆞᆫ ᄉᆡᆼ각건ᄃᆡ 부뫼 어린ᄋᆞ희를 곱게 길너 ᄋᆡ지즁지ᄒᆞ미 지극ᄒᆞᄃᆡ 발을 ᄲᅡᄂᆞᆫ 일인즉 그 ᄉᆞ지(四肢)와 몸[66]을 병들게 ᄒᆞ며 그 힘쭐과 ᄲᅧ[67]를 동혀ᄆᆡ여 픔부(稟賦)ᄒᆞᆫ[68] 바 형톄를 손샹ᄒᆞ며 어린ᄋᆞ희 ᄉᆞ랑ᄒᆞᄂᆞᆫ 도를 일허 심지어 지아비ᄂᆞᆫ 그 지 【63ㄱ】 어믜를 믜워ᄒᆞ며 싀어미ᄂᆞᆫ 그 며ᄂᆞ리를 혐의(嫌疑)ᄒᆞ고[69] 어믜ᄂᆞᆫ 그 ᄯᆞᆯ을 달쵸(撻楚)ᄒᆞ며[70] 아ᄌᆞ미[71]ᄂᆞᆫ 그 싀누의를 ᄭᅮ지져 슈모(受侮)ᄒᆞᄂᆞᆫ[72] 일이 임의 만코 인ᄉᆡᆼ을 가ᄇᆡ얍게 ᄒᆞ미 불쇼ᄒᆞ고[73] ᄯᅩ ᄌᆞ녀를 나흔즉 ᄆᆡ양 잔약(孱弱)ᄒᆞᆫ[74] 거시 드러나고 정구지역(井臼之役)[75]을 잡은즉 근로(勤勞)ᄒᆞ기를 갑졀이나 더ᄒᆞ야 건쟝ᄒᆞᆫ 일을 ᄒᆞ기 어렵고 ᄒᆞᆫᄀᆞᆺ 음탕ᄒᆞᆫ 일만 가ᄅᆞ치ᄂᆞᆫ 즉시오 그 폐단을 궁구ᄒᆞ면 이로[76] 형용ᄒᆞ기 어려온지라 안험(按驗)ᄒᆞ건ᄃᆡ[77] 오ᄃᆡ부쥬[78]의 즁

59. 지리(支離)ᄒᆞ게: 지루하게, 지리멸렬(支離滅裂)하게. [원문] 支離. 지리(支離): ① 이리저리 흩어짐. 지리멸렬함. ② 형체가 완전하지 못함.
60. 법바들: 법(法)받을. 본받을.
61. 마리: 머리. ¶ᄉᆞ히ㅅ믈이여 오나ᄂᆞᆯ 마리예 븟ᄉᆞᆸ고 태ᄌᆞ를 셰ᄉᆞᄫᆞ시니(월인천강지곡 34).
62. 의ᄉᆡ: 의ᄉᆞ(意思) + ㅣ(주격). 뜻이. [원문] 意.
63. 각근(恪勤)히: 정성을 다하여 부지런히.
64. 인슌ᄒᆞ야: 인순(因循)하여. 낡은 인습을 버리지 않고 지켜.
65. 관즁ᄒᆞᆯ: 관중(款重)할. 요긴하고 중요할.
66. ᄉᆞ지와 몸: 사지(四肢)와 몸. [원문] 肢體.
67. 힘쭐과 ᄲᅧ: 힘줄과 뼈. [원문] 筋骸.
68. 픔부ᄒᆞᆫ: 품부(稟賦)한. 선천적으로 타고난.
69. 혐의(嫌疑)ᄒᆞ고: 혐오하거나 의심하고.
70. 달쵸ᄒᆞ며: 달초(撻楚)하며. 초달하며. 달초(撻楚)하다: ① 어버이나 스승이 자식이나 제자의 잘못을 징계하기 위하여 회초리로 볼기나 종아리를 때리다. ② 닦달하거나 문책하다.
71. 아ᄌᆞ미: 형수(嫂). 여기서는 시누이를 꾸짖는 올케를 가리킴. [원문] 嫂誚其姑. '아ᄌᆞ미'는 '아주머니, 시어미, 고모'의 뜻으로도 사용된다. ¶姑 싀어미 고. 아ᄌᆞ미 고(신증유합 상20).
72. 슈모: 수모(受侮). 모욕을 받음.
73. 불쇼ᄒᆞ고: 불소(不少)하고. 적지 않고.
74. 잔약(孱弱)ᄒᆞᆫ: 가냘프고 약한.
75. 정구지역: 정구지역(井臼之役). 물을 긷고 절구질하는 일이라는 뜻으로, 살림살이의 수고로움을 이르는 말. 정구(井臼).
76. 이로: 이루.

국 외의는 발을 빠는 풍쇽이 절연(截然)이[79] 업셔 그 사ᄅᆞᆷ으로 ᄒᆞ야곰 다 ᄌᆡ죠ᄅᆞᆯ ᄇᆡ호며 글을 닑어 문호(門戶)[80]ᄅᆞᆯ 부지(扶持)ᄒᆞ고[81] ᄒᆡᆼ【63ㄴ】셰ᄒᆞ게[82] ᄒᆞ며 ᄉᆡᆼ산ᄒᆞᆫ바 자녀들이 ᄯᅩᄒᆞᆫ 웅장ᄒᆞ고 기ᄅᆞ기 쉬워 다 션텬긔[83]가 넉넉ᄒᆞᆫ지라 이제 ᄆᆞᆺ당히 십년 위한(爲限)ᄒᆞ고[84] 엄히 금단(禁斷)ᄒᆞᄃᆡ[85] 발을 이왕의 ᄲᆞᆫ 쟈는 녜ᄃᆡ로 바려 두고 발을 ᄆᆡᆺ쳐 ᄲᆞ지 아니ᄒᆞᆫ 쟈는 ᄉᆡ로 ᄲᆞ지 말게 ᄒᆞ며 만일 은연(隱然)이[86] 법을 ᄇᆡ반ᄒᆞ는 재 잇거든 그 부모ᄅᆞᆯ 다ᄉᆞ리고 므릇 발을 ᄲᆞᆫ 녀ᄌᆞ는 비록 명철(明哲)ᄒᆞᆫ ᄋᆞᄃᆞᆯ을 잘 두엇실지라도 죠뎡(朝廷)의 명부직텹(名簿職牒)[87]을 타지 못ᄒᆞ고 지아븨 벼슬노 봉작(封爵)을 받지 못ᄒᆞ게 ᄒᆞ야 엄히 법을 뎡ᄒᆞ야 텬하에 널니 효유(曉諭)ᄒᆞ야[88] 당시에 비루(鄙陋)ᄒᆞᆫ[89] 풍습을 혁파(革罷)ᄒᆞ고 녯적의 슌후ᄒᆞᆫ[90] 풍쇽을 회복【64ㄱ】ᄒᆞ면 장ᄎᆞᆺ 옥창(玉窓)[91]의 미녀와 금옥(金屋)의 가인(佳人)이 능히 먼 ᄃᆡ 가셔 실을 사다가 슈노키ᄅᆞᆯ 닷토와 ᄒᆞᆯ ᄲᅮᆫ 아니라 황뎨의 덕ᄐᆡᆨ(德策)을 만슈무강으로 츅슈(祝壽)ᄒᆞ리니 어진 졍ᄉᆞ에 ᄒᆞᆫ 가지 일이오 미쳔ᄒᆞᆫ 말ᄉᆞᆷ의 ᄒᆞᆫ 가지 어드미 아닌 ᄇᆡ 아니니라【64ㄴ】

이언 권지ᄉᆞ 죵(終)

---

77. 안험(按驗)ᄒᆞ건ᄃᆡ: 자세히 조사하여 증거를 세우건대.
78. 오ᄃᆡ부쥬: 오대부주(五大部洲). 오대주(五大洲). 지구상의 다섯 대륙. 아시아 주, 유럽 주, 아프리카 주, 오세아니아 주, 아메리카 주를 이른다. [원문] 五大部洲. '이언' 발4ㄴ에는 '오대부쥬'로 나온다.
79. 절연이: 절연(截然)히. 분명히. 전혀.
80. 문호(門戶): 문벌(門閥).
81. 부지(扶持)ᄒᆞ고: 보존하고. 현대어에서는 '부지하다'가 '가까스로 어떤 것을 유지하다'의 부정적 의미이나, 여기서는 단순히 '보존하다, 유지하다'의 의미로 쓰였다.
82. ᄒᆡᆼ셰ᄒᆞ게: 행세(行勢)하게. [원문] 涉世. 섭세(涉世): 세상을 살아감.
83. 션텬긔: 선천기(先天氣). 선천적으로 타고난 기운.
84. 위한(爲限)ᄒᆞ고: 기한을 정하고.
85. 금단(禁斷)ᄒᆞᄃᆡ: 금지하되. [원문] 禁止.
86. 은연이: 은연(隱然)히. 몰래.
87. 명부직텹: 명부직첩(名簿職牒). 조정에서 내리는 벼슬아치들의 임명장.
88. 효유(曉諭/曉喩)ᄒᆞ야: 깨달아 알아듣도록 타일러.
89. 비루(鄙陋)ᄒᆞᆫ: 너절하고 더러운.
90. 슌후ᄒᆞᆫ: 순후(淳厚/醇厚)한. 순하고 온후한.
91. 옥창(玉窓): 규방. [원문] 綠窓. 녹창(綠窓): ① 가난한 여자가 사는 곳. ② 규방. 녹당(綠堂). cf. 홍루(紅樓).

【발 1ㄱ】

발(跋)

ᄀᆡ우ᄉᆡᆼ(杞憂生)은 쳐음의 그 엇던 사ᄅᆞᆷ이믈 아지 못ᄒᆞ엿더니 츄후 아라본즉 거쳐ᄒᆞᆫ ᄃᆡ명은 텰셩(鐵城)[1]이오 셩향(姓鄕)[2]은 형양(滎陽)[3]이라 족젹(足跡)이 남븍에 두로 ᄒᆞᄃᆡ 호독(滬瀆)[4] ᄯᆞ히 ᄀᆡᆨ거(客居)ᄒᆞ기ᄅᆞᆯ[5] 가쟝 오ᄅᆡ ᄒᆞ여시니 그 ᄯᆞ흔 의관지인(衣冠之人)[6]이 왕ᄅᆡᄒᆞ며 샹고들이 모혀드ᄂᆞᆫ 곳이라 ᄀᆡ우ᄉᆡᆼ이 그 ᄉᆞ이의 거ᄒᆞ야 벼슬도 아니ᄒᆞ고 은거(隱居)도 아니ᄒᆞ며 ᄯᅩᄒᆞᆫ 아젼(衙前)도 ᄀᆞᆺ고 ᄯᅩᄒᆞᆫ 션비도 ᄀᆞᆺᄐᆞ여[7] 늘노 어진 사ᄅᆞᆷ과 호걸의 쟝자(長者)ᄅᆞᆯ ᄉᆞ괴여 더브러 텬하 ᄉᆞ무ᄅᆞᆯ 담론ᄒᆞᆯ시 잇다감 강개ᄒᆞ야[8] 눈물을 나리오며 타ᄀᆡ(唾器)[9]를 쳐 【1ㄴ】 셔 ᄭᆡ치기의 니ᄅᆞ니[10] 이제 샹향(湘鄕)[11] ᄯᆞ히 곽시랑균션[12]

---

1. 텰셩: 철성(鐵城). 청나라 때 장건부(張建孚) 등이 1858년에 편찬한 '철성사원당간본'(鐵城思遠堂刊本) 중에서 '광동향산철성장씨족보'(廣東香山鐵城張氏族譜)라는 말이 있는데 이것으로 '철성'은 광동성(廣東省) 향산(香山, 현재 광동성 중산시로 정관응의 고향)의 한 곳으로 추정됨. 중국에는 '철성'이란 지명이 섬서성(陝西省)과 하남성(河南省)에도 있다. 이 지명에 대한 도움말은 북경대 사학과 왕원주 교수, 한국어문과의 왕단 교수의 도움이 컸다.
2. 셩향: 성향(姓鄕). 시조가 난 곳. 관향(貫鄕). 본관(本貫). [원문] 氏.
3. 형양(滎陽): 중국 하남성 정주(鄭州)시 서쪽에 있는 도시. [원문] 滎陽. 滎: 실개천 형.
4. 호독(滬瀆): 강소성을 흐르는 오송강(吳淞江)의 하류. 상해현의 동북을 흐르므로 전(轉)하여 상해의 별칭으로 쓰임. 滬: 물 이름 호. 瀆: 도랑, 하수도 독.
5. ᄀᆡᆨ거ᄒᆞ기ᄅᆞᆯ: 객거(客居)하기를. 객거(客居): 집을 떠나 객지에 머물러 삶. 여우(旅寓). [원문] 旅處.
6. 의관지인(衣冠之人): 옷갓을 단정히 차린 사람. 의관객. [원문] 冠蓋. 관개(冠蓋): ① 높은 벼슬아치가 타고 다니던 수레. 말 네 필에 멍에를 매어 끌게 했다. ② 높은 벼슬아치가 머리에 쓰던 관과 해를 가리던 일산(日傘)을 통틀어 이르던 말.
7. 벼슬도 아니ᄒᆞ고……ᄯᅩᄒᆞᆫ 션비도 ᄀᆞᆺᄐᆞ여: [원문] 不仕不隱 亦吏亦儒.
8. 강개(慷慨): 의롭지 못한 것을 보고 의기가 북받쳐 원통하고 슬픔. [원문] 慷慨.
9. 타ᄀᆡ: 타기(唾器). 가래나 침을 뱉는 그릇. 타구(唾具/唾口). 타호(唾壺). ¶태공은 입맛이 쓰다는 듯이 침을 타구에다 탁 뱉었다(김동인, 젊은 그들). [원문] 唾壺.
10. ᄭᆡ치기의 니ᄅᆞ니: 깨뜨리기에 이르니. [원문] 擊碎唾壺.
11. 샹향: 상향(湘鄕). 중국 호남성. 湘: 물 이름 상. 광서성(廣西省) 흥안현(興安縣)에서 발원하여 호남성 동정호(洞庭湖)로 흘러들어가는 강. 전(轉)하여 호남성의 별칭.
12. 곽시랑균션: 곽시랑균선(郭侍郎筠仙). 시랑 벼슬을 한 곽균선. [원문] 郭筠仙侍郎.
   시랑(侍郎): ① 신라 때에 둔, 집사성·병부(兵部)·창부(倉部)의 버금 벼슬. 경덕왕 때 '전대등'을 고친

[사ᄅᆞᆷ의 일홈]과 오쳔(吳川)[13] ᄯᆞᄒᆡ 진ᄉᆞ헌예취[14][사ᄅᆞᆷ의 일홈] 다 알고 탄복ᄒᆞ야 여러 번 발신(發身)[15]을 시기려 ᄒᆞ야 각국 ᄉᆞ신[16] 가는 ᄃᆡ 죵ᄉᆞ[17]로 블너 ᄌᆡ조를 시험ᄒᆞ려 ᄒᆞᄃᆡ 긔우ᄉᆡᆼ이 굿이 ᄉᆞ양ᄒᆞ고 가지 아니ᄒᆞ며 늘노 오직 ᄆᆞ음을 문쟝의 부치고[18] ᄯᅳᆺ을 산림(山林)의 방사(放肆)히[19] ᄒᆞ야[20] 개연이[21] 녯젹의 은군ᄌᆞ[22]를 ᄉᆞ모ᄒᆞ야 글을 닑어 스ᄉᆞ로 질길[23] ᄯᆞ름이라 호독(滬瀆) ᄯᆞ히 비록 젹기 탄ᄌᆞ ᄀᆞᆺᄐᆞ나[24] ᄌᆡ물이 만히 츌입ᄒᆞᄆᆡ 괴슐(怪術)노 환롱(幻弄)ᄒᆞ미[25] ᄇᆡᆨ 가지로 나니 화죠월셕[26]에 노름노리ᄒᆞᄂᆞᆫ[27] 긔귀(器具

것으로, 위계는 아찬에서 나마(奈麻)까지이다. ②고려 초기에 둔, 광평성의 버금 벼슬. ③고려 시대에 둔, 육부와 육조의 버금 벼슬. 문종 때 이르러 정사품으로 정하였는데, 충렬왕 때에 잠시 없앴다가 다시 두었다. ④옛 중국의 벼슬 이름. 진나라와 한나라 때에는 낭중령(郎中令)의 속관(屬官)으로 궁문을 지키는 일을 맡아보았고, 당나라 때에는 중서성과 문하성의 실질적 장관이었으며, 그 이후에는 육부의 차관이었다.

13. 오쳔: 오천(吳川). 강소성(江蘇省) 오현(吳縣)을 중심으로 한 군(郡). 전(轉)하여 강소성 일대.
14. 진ᄉᆞ헌예취: 진ᄉᆞ헌예추(陳司憲茘秋) + ㅣ(주격). 사헌 벼슬을 한 진여추. [원문] 陳茘秋司憲. 茘: 염교, 여지 려. 염교: ①백합과의 여러해살이풀. 잎은 절여서 먹으며, 중국 남부가 원산지이다. 교자(藠子). 채지(菜芝). 해채(薤菜). ②'부추'의 옛말. ¶시혹 염곳 즈블 ᄀᆞ라 귀예 븟고 ᄲᅮ그로 빗보ᄀᆞᆯ 一百 붓글 ᄠᅳ라(구급방언해 상19). 서리옛 염괴 허여호ᄆᆞᆯ 甚히 듣노니(두시언해 7:40). 韮 염교 구(훈몽자회 상7).
15. 발신(發身): 천하거나 가난한 처지를 벗어나 앞길이 훤히 트임. 입신(立身).
16. ᄉᆞ신: 사신(使臣). [원문] 招佐星軺. 성초(星軺): 먼 곳으로 가는 사신이 타는 수레. 軺: 수레 초.
17. 죵ᄉᆞ: 종사(從事). 조선 시대에 문, 무반 잡직의 종팔품 벼슬. cf. 종사(從史): 조선 시대에 세손위종사에 속한 종칠품 벼슬. 좌우 각 한 사람씩 두었다.
18. 부치고: 붙이고. 뜻을 두고. 'ᄆᆞ음을 문쟝의 부치고': [원문] 寄情素緗. 緗: 담황색 상. 상소(緗素): 담황색 비단. 옛사람의 사본(寫本)은 대개 겸소(縑素: 합사 비단)를 썼는데 그것을 담황색으로 물들인 것을 말함. 전(轉)하여 서책(書冊)을 말함.
19. 방사(放肆)히: 마음대로. 방사(放肆)하다: 제멋대로 행동하며 거리끼고 어려워하는 데가 없다. [원문] 肆. 肆: 방자할 사.
20. ᄯᅳᆺ을 산림의 방사히 ᄒᆞ야: [원문] 肆志林泉.
21. 개연이: 개연(慨然)히. 개탄하여. [원문] 慨. 개연(慨然)하다: 억울하고 원통하여 몹시 분하다. ¶서림이가 개연한 어조로 말하자 박유복이가 꺽정에게 "형님, 서 장사의 말에도 일리가 있소"라고 말하였다(홍명희, 임꺽정).
22. 은군ᄌᆞ: 은군자(隱君子). ①재능은 있으나 부귀공명을 구하지 아니하고 세상을 피하여 사는 사람. ②은근짜. ③'국화'를 달리 이르는 말. 여기서는 ①의 뜻. [원문] 黃虞. 황우(黃虞): 황제(黃帝) 헌원씨(軒轅氏)와 순(舜) 임금 우(虞).
23. 질길: 즐길. ¶二十億 菩薩이 法 듣ᄌᆞ보ᄆᆞᆯ 즐기더니(석보상절 13:32).
24. 호독 ᄯᆞ히 비록 젹기 탄ᄌᆞ ᄀᆞᆺᄐᆞ나: 호독(滬瀆: 상해 별칭) 땅이 적은 것이 탄알 같으나. [원문] 滬雖彈丸一隅.
25. 환롱(幻弄): 교묘하고 못된 꾀로 남을 속여 마음대로 놀리거나 이용함.
26. 화죠월셕: 화조월석(花朝月夕). ①꽃 피는 아침과 달 밝은 밤이라는 뜻으로, 경치가 좋은 시절을 이르는 말. ¶화조월석 좋은 때나 추야장 긴긴밤에 외롭고 구슬퍼서 울기도 많이 울었습니다(박종화, 금삼의 피). ②음력 2월 보름과 8월 보름. 조화월석.
27. 노름노리ᄒᆞᄂᆞᆫ: 놀음놀이하는. 놀음놀이. ①여러 사람이 모여서 즐겁게 노는 일. ②굿, 풍물, 인형극

ㅣ)[28] 십 리에 ᄌᆞ옥ᄒᆞ고 피리 블고 노 【2ㄱ】 ᄅᆡ ᄇᆞᄅᆞᄂᆞᆫ 쇼ᄅᆡ ᄉᆞ시(四時)에 진동ᄒᆞᄃᆡ 긔우ᄉᆡᆼ은 ᄆᆞ음이 쇼죠(蕭條)ᄒᆞ야[29] 아모것도 다 죠하ᄒᆞᄂᆞᆫ ᄇᆡ 업셔 ᄆᆞ음의ᄂᆞᆫ 셩현의 일을 쥬쟝(主張)ᄒᆞ고 호걸의 ᄉᆞ업으로 명ᄆᆡᆨ을 ᄉᆞᆷ아[30] 큰 국량[31]을 ᄑᆞᆷ어 시ᄉᆞ(時事)의 간험ᄒᆞ믈 근심ᄒᆞᄆᆡ ᄆᆡ양 ᄒᆞᆫ 가지 ᄉᆡᄃᆞᆺᄂᆞᆫ 효험으로 모든 당도지인(當道之人)[32]의게 헌ᄎᆡᆨ(獻策)ᄒᆞ고져[33] ᄒᆞ야 오ᄅᆡᆫ 후의 이 글을 일위여시나 그러나 감히 사ᄅᆞᆷ의게 ᄂᆡ여 뵈지 못ᄒᆞ더니 거년 봄의 ᄂᆡ 쟝ᄎᆞᆺ 동영(東瀛)[34] ᄯᆞ히 가셔 놀녀 홀ᄉᆡ 긔우ᄉᆡᆼ의 벗이 홀연 ᄂᆡ게 글을 븟쳐 니ᄅᆞᄃᆡ 당금의 긔우ᄉᆡᆼ이란 재 이시니 텬하의 긔특ᄒᆞᆫ 션ᄇᆡ라 흉금이 뢰락(磊落)ᄒᆞ고[35] 몸의 간신(艱辛) 【2ㄴ】 ᄒᆞᆫ[36] 일을 만히 겻거시ᄆᆡ 삼쳔 년 우아ᄅᆡ 일을 쎄치고 구만 리 너른 곳 ᄉᆞ무를 다 아라 ᄆᆡ양 슐이 취ᄒᆞᆯ ᄯᅢ를 당ᄒᆞ면 왕왕이 슐잔을 드러 하ᄂᆞᆯ긔 무ᄅᆞ며 칼을 쌔혀 ᄯᆞᄒᆞᆯ ᄧᅵᆨ어[37] ᄆᆞ음의 어든 ᄇᆡ 이시면 ᄎᆡᆨ의 긔록ᄒᆞ니 이 ᄎᆡᆨ 두 권은 진실노 샹ᄌᆞ 쇽의 비밀ᄒᆞᆫ 글이오 벼ᄀᆡ 가온ᄃᆡ 큰 보ᄇᆡ니[38] 션ᄉᆡᆼ이 아니면 감히 나아가 질뎡(質正)ᄒᆞ 리[39] 업ᄉᆞ리라 ᄒᆞ엿거ᄂᆞᆯ ᄂᆡ 이의 바다 닑으니 당금의 폐단이 ᄡᆞ힌 곳의 병근[40]이

따위의 우리나라의 전통적인 연희를 통틀어 이르는 말. ¶노롬노리ᄒᆞ야(번역소학 8:13). 노르시며 노롬노리 이바디예(소학언해 6:121).

28. 긔귀: 긔구(器具) + ㅣ. 기구: 놀이기구.
29. 쇼죠ᄒᆞ야: 소조(蕭條)하여. 쓸쓸하여. 소조(蕭條)하다: 고요하고 쓸쓸하다. 소삭하다. 소슬하다. 소연(蕭然)하다. ¶띄엄띄엄 선 초가집 앞의 고욤나무는 단풍이 지고, 미루나무는 벌써 낙엽이 져 가지만 앙상한 것이 매우 소조해 보인다(심훈, 상록수). [원문] 蕭然.
30. 명ᄆᆡᆨ을 ᄉᆞᆷ아: 명맥(命脈)을 삼아. [원문] 立命. 입명(立命): 천명(天命)을 좇아 마음의 안정을 얻음.
31. 국량(局量): 남의 잘못을 이해하고 감싸 주며 일을 능히 처리하는 힘. 국도(局度). 양(量). ¶국량이 넓다 / 사람이란 누구나 문견이 많고, 세파에 경험을 쌓아야만 국량 배포가 넓어지는 법이거든(이기영, 봄).
32. 당도지인(當道之人/當塗之人): 학문과 도를 구하는 사람 또는 나라 일을 맡아보는 관리. [원문] 當事. '當'은 막다, 차지하다의 뜻을 가져 길을 막고 있는 사람 즉, 군주의 권한을 막고 있거나 권력을 차지하고 있는 사람. '塗'는 '途, 路'와 통함. 정치 요로에 자리 잡은 중신(重臣).
33. 헌ᄎᆡᆨᄒᆞ고져: 헌책(獻策)하고자. 헌책(獻策): 일에 대한 방책을 드림.
34. 동영(東瀛): ① 일본의 별칭. ② 동해바다. 瀛: 바다 영.
35. 뢰락: 뇌락(磊落). 마음이 너그럽고 작은 일에 얽매이지 않음. 뇌뢰(磊磊). 뇌뢰낙락. [원문] 磊落. 뇌뢰낙락(磊磊落落)하다: 마음이 매우 너그럽고 시원하여 작은 일에 얽매이지 아니하다. ¶전일에도 자상스러웠지만, 뇌뢰낙락하던 상열이거늘 어떻게 이렇게 다심스러우랴(현진건, 적도). 磊: 돌무더기, 뜻 클 뢰. cf. 뇌락(牢落): ① 마음이 넓고 비범함. ② 드문드문 성김. ③ 적적하고 쓸쓸함.
36. 몸의 간신(艱辛)ᄒᆞᆫ: 몸에 고생스러운. 간신(艱辛)하다: 힘들고 고생스럽다. 간신히: 겨우. 가까스로.
37. 슐잔을 드러 하ᄂᆞᆯ긔 무ᄅᆞ며 칼을 쌔혀 ᄯᆞᄒᆞᆯ ᄧᅵᆨ어: 술잔을 들어 하늘에 물으며, 칼을 빼어(뽑아) 땅을 찍어. [원문] 擧杯問天拔劍斫地.
38. 샹ᄌᆞ 쇽의 비밀ᄒᆞᆫ 글이오 벼ᄀᆡ 가온ᄃᆡ 큰 보ᄇᆡ니: [원문] 篋裏秘書枕中鴻寶. 홍보(鴻寶): 큰 보물. 篋: 상자 협.
39. 질뎡ᄒᆞ 리: 질정(質正)할 이. 질정(質正): 묻거나 따져서 바로잡음. [원문] 正.
40. 병근(病根): ① 병이 생겨난 근본적인 원인. 병원(病原). ② 깊이 밴 나쁜 습관의 근본을 비유적으로

ᄆᆡ친 곳을 잡아 헤쳐 싀훤ᄒᆞ게 통투(通透)ᄒᆞ미[41] 죠곰도 루락ᄒᆞᆫ ᄇᆡ 업고 온ᄀᆞᆺ 폐단을 바로 잡는 바는 모다셔[42] 국법을 힝ᄒᆞ니 만일 셔국 【3ㄱ】 법 ᄒᆞᆫ 가지 길을 노화 바리면 텬하의 족히 더브러 다ᄉᆞ리기를 도모ᄒᆞᆯ 재 업ᄉᆞ리라 ᄒᆞ여시니 오회라[43] 이는 우리 즁국의 오뎨삼왕[44]의 되(道ㅣ) 장ᄎᆞᆺ ᄊᆞᆨ히 ᄡᅥ러져 가히 슈습(收拾)지 못ᄒᆞᆯ 거시오 ᄌᆞ고 이ᄅᆡ로 셩현이 법을 드리오고[45] 졔도를 셰운 ᄇᆡ 장ᄎᆞᆺ 폐ᄒᆞ야 다시 ᄡᅳ지 못ᄒᆞᆯ지니 즁국 법을 ᄡᅧ 이뎍(夷狄)[46]의 법을 변ᄒᆞ믄 잇거니와 이뎍의 법의 즁국 법을 변ᄒᆞ믄 듯지 못ᄒᆞ괘라[47] 진실노 긔우싱의 말ᄉᆞᆷ ᄀᆞᆺ틀진ᄃᆡ 이는 장ᄎᆞᆺ 텬하를 거ᄂᆞ려 셔국이 되게 ᄒᆞ미니 이 글이 나ᄆᆡ 텬해 반ᄃᆞ시 장ᄎᆞᆺ 긔우싱으로ᄡᅥ 빙쟈ᄒᆞᆯ 거리[48]를 삼을 ᄃᆞᆺᄒᆞᆫ지라 오회 【3ㄴ】 라 이는 모로는 말이 녯적 셩현이 계신 ᄯᅢ의는 텬하 ᄉᆞ셰 오히려 변ᄒᆞ미 극ᄒᆞ지 아니ᄒᆞ엿거니와 이졘 즉 삼쳔 년 이ᄅᆡ로 업던 판국을 창ᄀᆡᄒᆞ여시ᄆᆡ 온ᄀᆞᆺ 셔국 법과 셔국 학이 다 우리 눈의 보지 못ᄒᆞ던 ᄇᆡ오 귀의 듯지 못ᄒᆞ던 ᄇᆡ라 대뎌 형용ᄒᆞ야 올나가는 쟈는 도(道)오 형용ᄒᆞ야 나려가는 쟈는 그르시라[49] 긔우싱의 변ᄒᆞ고져 ᄒᆞ는 바는 그르슬 변ᄒᆞ고져 ᄒᆞ미오 도를 변코져 ᄒᆞ미 아니니 바다의 ᄇᆡ 타기는 일반이로ᄃᆡ[50] 녯적의는 풍셰를 보와 돗출 달고 단니더니 이졔는 화륜션을 타고 단니니 ᄇᆡ ᄡᅳ는 졔되 ᄀᆞᆺ지 아니ᄒᆞ 【4ㄱ】 미오 ᄊᆞᆨ히 단니기는 일반이로ᄃᆡ 녯적의는 노ᄉᆡ와 말씌 슐위[51]를 메더니

이르는 말. [원문] 癥. 癥: 적취 징. 적취(積聚): ① 쌓여 모이거나 쌓아 모음. ② 『한의학』 몸 안에 쌓인 기로 인하여 덩어리가 생겨서 아픈 병. '적'(積)은 오장에 생겨서 일정한 부위에 있는 덩어리이고, '취'(聚)는 육부에 생겨서 일정한 형태가 없이 이리저리 옮겨 다니는 덩어리를 이른다. 적(積). 적기(積氣). 적병(積病).

41. 통투(通透): 사물을 뚫어지게 꿰뚫어 환함. [원문] 痛徹.
42. 모다셔: 모아서.
43. 오회라: 오호(嗚呼)이라. [원문] 嗚呼.
44. 오뎨삼왕: 중국 고대의 전설에 나오는 삼황오제(三皇五帝). [원문] 五帝三王.
삼황(三皇): 천황씨(天皇氏) · 지황씨(地皇氏) · 인황씨(人皇氏)로 보는 설, 수인씨 · 복희씨 · 신농씨로 보는 설, 복희씨 · 신농씨 · 황제(黃帝)로 보는 설 따위의 여러 학설이 있다.
오제(五帝): 고대 중국의 다섯 성군(聖君). 소호(少昊), 전욱(顓頊), 제곡(帝嚳), 요(堯), 순(舜)을 이르는데, 소호 대신 황제(黃帝)를 넣기도 한다.
45. 법을 드리오고: 법을 가르쳐 세우고. 드리오다: '드리우다'의 옛말. 아래로 늘어지다. 또는 그렇게 되게 아래로 늘어뜨리다. [원문] 垂法.
46. 이뎍: 이적(夷狄). 중국 변방의 야만족. [원문] 夷狄.
47. 못ᄒᆞ괘라: 못하였도다. 중세 어미 '-과라'의 개화기 형태.
48. 빙쟈ᄒᆞᆯ 거리: 핑계할 거리. 구실(口實). [원문] 口實.
49. 대뎌 형용ᄒᆞ야 올나가는 쟈는 도(道)오 형용ᄒᆞ야 나려가는 쟈는 그르시라: [원문] 形而上者道也 形而下者器也(출전: 周易, 繫辭上傳).
50. 일반이로ᄃᆡ: 같되. 한가지로되. [원문] 同一.
51. 슐위: 수레. 여기서는 자동차.

이졔ᄂᆞᆫ 화륜거와 풍륜거를 쓰ᄆᆡ 경긱간(頃刻間)의 천 리를 가니 이ᄂᆞᆫ 슐위 졔되 ᄀᆞᆺ지 아니ᄒᆞ미오 ᄒᆡᆼ군ᄒᆞ기ᄂᆞᆫ 일반이로ᄃᆡ 녯젹의ᄂᆞᆫ 칼과 창을 쓰더니 이졔ᄂᆞᆫ 양창과 대포를 쓰ᄆᆡ 양창과 대포를 ᄆᆡᆫᄃᆞᄂᆞᆫ 졔되 ᄂᆞᆯ마다 ᄉᆡ롭고 달마다 다르고 ᄒᆡ마다 ᄀᆞᆺ지 아니ᄒᆞ며 역참(驛站)[52]으로 쇼식 젼ᄒᆞ기ᄂᆞᆫ 일반이로ᄃᆡ 녯젹의ᄂᆞᆫ 역참으로 ᄎᆞᄎᆞ 젼ᄒᆞ게 ᄒᆞ더니 이졔ᄂᆞᆫ 뎐긔션과 통표(通標)[53][뎐긔션 ᄀᆞᆺ튼 거시라]를 쓰ᄆᆡ 슌식간의 왕ᄅᆡᄒᆞ야 쾌ᄒᆞ기 얼골을 마죠 본 ᄃᆞᆺᄒᆞ니 슐위로 일대 부 【4ㄴ】 쥬 각국의[54] 통달ᄒᆞ며 ᄇᆡ로 타쥬 각국의[55] 통셥ᄒᆞ며 뎐긔션 통표로 오대부쥬[56]를 련졉ᄒᆞ야 ᄒᆞᆫ 곳을 ᄆᆡᆫ들고 기외에[57] 디도[58]와 텬문디리[59]며 의학(醫學)과 산학(算學)[60]이며 즁학(重學)[61]과 화학(化學)이며 광학(光學)과 [빗 ᄂᆞ게 ᄒᆞᄂᆞᆫ 슐법] 격치지학(格致之學)[62]이며 긔긔(機器)[63] 등쇽(等屬)은 다 녯젹의 업던 ᄇᆡ로ᄃᆡ 이졔 이시며 져의게ᄂᆞᆫ 잇ᄂᆞᆫ ᄇᆡ로ᄃᆡ ᄂᆡ게ᄂᆞᆫ 업ᄉᆞ니 시험ᄒᆞ야 뭇ᄂᆞ니 이런 여러 가지 일을 져의와 우리로 ᄒᆞ야곰 지쇽(遲速)[64]과 리(利)ᄒᆞ고 둔(鈍)ᄒᆞ믈 비교만 ᄒᆞ야도 진실노 쇼양지판(霄壤之判)[65]이 될지라 져의ᄂᆞᆫ 인ᄒᆞ야 셔양국의 잇고 우리 홀노 동방의 웅거(雄據)ᄒᆞ야[66] 죠곰도 샹관이 업ᄉᆞ면 ᄯᅩ 무어시 해로 【5ㄱ】 오리오마ᄂᆞᆫ 우리 근쳐의 압핍(狎逼)ᄒᆞ야[67] ᄂᆞᆯ마다 그런 기예를 ᄂᆡ여 불시에 우리로 더브러 쟝단을 결우

---

52. 역참(驛站): 관원이 공무로 다닐 때에 숙식을 제공하고 빈객(賓客)을 접대하기 위하여 각 주(州)와 현(縣)에 둔 객사(客舍).
53. 뎐긔션과 통표: 전기선(電氣線)과 통표(通標). [원문] 電線通標. 통표(通標): 전통(傳通: 전언 통신문)의 일종.
54. 일대 부쥬 각국의: 일대(一帶) 부주(部洲) 각국에. 같은 주(洲)에 있는 나라들에. [원문] 同洲諸國.
55. 타쥬 각국의: 타주(他洲) 각국에. 다른 주(洲)에 있는 나라들에. [원문] 異洲各國.
56. 오대부쥬: 5대 부주(部洲). 지구상의 다섯 대륙. 아시아 주, 유럽 주, 아프리카 주, 오세아니아 주, 아메리카 주를 이른다. [원문] 五大洲. '이언' 4:63ㄱ에는 '오ᄃᆡ부쥬'(五大部洲)로 나온다.
57. 기외(其外)에: 그 밖에.
58. 디도: 지도(地圖). [원문] 輿圖.
59. 텬문디리: 천문지리. [원문] 象緯.
60. 산학(算學): 수학. 주학(籌學).
61. 즁학: 중학(重學). 중력을 다루는 역학(力學).
62. 격치지학(格致之學): 자연 세계의 구조를 탐구하는 자연과학. 청말(清末)에 물리, 화학 등 자연 과학을 총칭한 말. '대학(大學)'에 나오는 '격물치지(格物致知)'에서 유래하여 실제 사물의 이치를 연구하는 학문으로 자연과학 특히 물리학을 가리킴.
63. 긔긔: 기기(機器/器機). 기구, 기계(機械/器械) 따위를 통틀어 이르는 말. [원문] 機器.
64. 지속(遲速): 더딤과 빠름. 완급(緩急). [원문] 遲速.
65. 쇼양지판: 소양지판(霄壤之判). 하늘과 땅 사이의 차이라는 뜻으로, 사물들이 서로 엄청나게 다름을 이르는 말. 소양지차. 천양지차. ¶부친의 걸어온 길과, 병화의 부친이 걷는 길과, 필순이 부친의 길이 소양지판으로 다른 것은 결국에 성격 나름이다(염상섭, 삼대). [원문] 不可同日而語矣.
66. 웅거(雄據)ᄒᆞ야: 일정한 지역을 차지하고 굳게 막아 지켜.

ᄌᆞ ᄒᆞ며 ᄯᅩ 그 ᄌᆡ능을 미더 우리를 업슈히 너기고 우리를 억ᄆᆡ여 구ᄒᆞ면 응치 아니ᄒᆞᆯ 슈 업고 토ᄉᆡᆨ(討索)ᄒᆞ면[68] 아니 쥴 길이 업ᄉᆞ니 우리 이ᄯᆡ를 당ᄒᆞ야 오히려 법을 변ᄒᆞ야 ᄉᆞᄉᆞ로 강ᄒᆞᆯ 도리를 아니ᄒᆞ면 엇지 인심과 혈긔 잇다 ᄒᆞ리오 그런고로 긔우ᄉᆡᆼ의 글이 대뎌 이를 발분ᄒᆞ야[69] 지은 ᄇᆡ라 긔우ᄉᆡᆼ이 ᄂᆡ외에 쇼식을 참샹(參商)ᄒᆞ야[70] 보고 즁국과 셔국의 물졍과 형편을 ᄇᆞᆰ히 보며 텬시(天時)와 인ᄉᆡ(人事ㅣ) 슌환ᄒᆞ야 셔로 응ᄒᆞᄂᆞᆫ 리치를 깁히 아 【5ㄴ】 라시니 도(道)ᄂᆞᆫ 극(極)ᄒᆞ지 아니ᄒᆞᆫ즉 변ᄒᆞ지 아니ᄒᆞ고 물리(物理)[71]ᄂᆞᆫ 극ᄒᆞ지 아니ᄒᆞᆫ즉 두로혀지[72] 못ᄒᆞ야[73] 비(否)[74][쥬역에 흉ᄒᆞᆫ 괘 일홈] 극(極)ᄒᆞᆫ즉 태(泰)[75][길ᄒᆞᆫ 괘 일홈] 니ᄅᆞ고[76] ᄉᆡᆼ각이 극ᄒᆞᆫ즉 분ᄒᆞᆫ ᄆᆞ음이 나ᄂᆞ니[77] 진실노 능히 긔우ᄉᆡᆼ의 말ᄉᆞᆷᄀᆞᆺ치 ᄒᆞᆯ진ᄃᆡ ᄉᆞᄉᆞ로 강ᄒᆞ게 ᄒᆞᆯ 도리[78] 여긔 잇거ᄂᆞᆯ ᄒᆞᆯ노 엇지ᄒᆞ야 긔우ᄉᆡᆼ이 말ᄉᆞᆷᄒᆞ기ᄂᆞᆫ 졍셩을 드려 즁언부언(重言復言)ᄒᆞ여시ᄃᆡ 듯ᄂᆞᆫ 사ᄅᆞᆷ은 소홀히 너기ᄂᆞ뇨 ᄒᆞ믈며

---

67. 압핍(狎逼)ᄒᆞ야: 압박하고 핍박하여.
68. 토ᄉᆡᆨᄒᆞ면: 토색(討索)하면. 억지로 빼앗으면.
69. 발분(發奮)ᄒᆞ야: 분발(奮發)하여. cf. 발분(發憤): 화가 남. 또는 화를 냄.
70. 참샹: 참상(參商). ① 참성(參星)과 상성(商星)을 통틀어 이르는 말. ② 참성은 서쪽에, 상성은 동쪽에 서로 멀리 떨어져 있다는 데서, 친한 사람이 서로 멀리 떨어져 만날 수 없음을 비유적으로 이르는 말. ¶내가 금강산 갔을 때에는 그가 마침 없고, 그가 서울로 찾아왔을 때에는 내가 있지 아니하여 참상이 여러 번 어기다가…(최남선, 백두산 근참기). [원문] 參內外之消息.
71. 물리(物理): ① 모든 사물의 이치. ¶물리를 밝히다. ② 사물에 대한 이해나 판단의 힘. ¶물리가 트이다 / 도편수도 그제야 물리가 조금 터진 듯 알겠다는 듯이 빙긋 입술에 웃음을 띠워 씰그러진다(박종화, 임진왜란). ③ 물리학(物理學). 여기서는 ①의 뜻.
72. 두로혀지: 돌이키지. 두로혀다/두루혀다: ① '돌이키다'의 옛말. ¶孔明이 니로되 여러 의논ᄒᆞᄂᆞᆫ 신하의 말을 조차셔 군ᄉᆞ를 그치고 갑옷슬 쓰고 ᄂᆞᆺ촐 북으로 두루혀셔 엇지 셤기지 아니ᄒᆞᄂᆞ뇨(삼역총해 3:11). ② '배반(背反)하다'의 옛말. ¶闞澤이 니로되 님금을 두루혀 반ᄒᆞᄂᆞᆫ ᄃᆡ 엇지ᄒᆞ여 날을 졍흠이 되리오(삼역총해 6:15). ③ '주선하다'의 옛말. ¶斡 두르혈 알(신증유합 하13) [원문] 反.
73. 도ᄂᆞᆫ 극ᄒᆞ지 아니ᄒᆞᆫ즉 변ᄒᆞ지 아니ᄒᆞ고 물리ᄂᆞᆫ 극ᄒᆞ지 아니ᄒᆞᆫ즉 두로혀지 못ᄒᆞ야: [원문] 道不極則不變物不極則不反.
74. 비(否): 비괘(否卦). 육십사괘(六十四卦)의 하나. 건괘(乾卦)와 곤괘(坤卦)가 거듭된 것으로 하늘과 땅이 서로 사귀지 못함을 상징한다.
    cf. 비괘(比卦): 육십사괘(六十四卦)의 하나. 감괘(坎卦)와 곤괘(坤卦)가 거듭된 것으로 땅 위에 물이 있음을 상징한다.
    cf. 비괘(賁卦): 육십사괘(六十四卦)의 하나. 간괘(艮卦)와 이괘(離卦)가 거듭된 것으로 산 아래에 불이 있음을 상징한다.
75. 태(泰): 태괘(泰卦). 육십사괘의 하나. 곤괘(坤卦)와 건괘(乾卦)가 거듭한 것으로, 하늘과 땅이 사귐을 상징한다.
    cf. 태괘(兌卦): ① 팔괘의 하나. 못을 상징한다. ② 육십사괘의 하나. 못이 거듭함을 상징한다.
76. 비 극ᄒᆞᆫ즉 태 니ᄅᆞ고: [원문] 否極則泰至.
77. ᄉᆡᆼ각이 극ᄒᆞᆫ즉 분ᄒᆞᆫ ᄆᆞ음이 나ᄂᆞ니: [원문] 思極則悱生. 悱: 말 나오지 아니할 비. 비분(悱憤): 울분(鬱憤).
78. ᄉᆞᄉᆞ로 강ᄒᆞ게 ᄒᆞᆯ 도리: [원문] 自强之道.

녯 일을 이져 바리지 안는 거시 나죵 일의 ᄉᆞ승이 되고 앏 슐위의 업ᄯᅧ지미[79] 뒷 슐위의 경계되ᄂᆞ니[80] 져의들이 우리ᄅᆞᆯ 곤ᄒᆞ게 ᄒᆞᄂᆞᆫ ᄇᆡ ᄒᆞᆫ 번ᄲᅮᆫ이 아니라 당ᄒᆞᆯ ᄯᆡ의 【6ㄱ】 ᄂᆞᆫ 사ᄅᆞᆷ마다 능히 외국 물졍을 통쵹ᄒᆞ고[81] 사ᄅᆞᆷ마다 능히 셔국 ᄉᆞ무를 ᄇᆞᆰ히 아라 미샹불 발분ᄒᆞ야 ᄡᅳ려 ᄒᆞᄆᆡ 강론ᄒᆞ고 구ᄒᆞ기ᄅᆞᆯ 심히 급히 ᄒᆞ야 물니치기ᄅᆞᆯ 도모ᄒᆞ고 무비(武備)[82]로 호위ᄒᆞ기ᄅᆞᆯ 발분ᄒᆞ더니 일죠에 일이 평뎡ᄒᆞᆫ즉 다 이져바리ᄂᆞ니 이ᄂᆞᆫ 긔우ᄉᆡᆼ의 셩닌 터럭이 우희ᄅᆞᆯ 가ᄅᆞ치고 붓 ᄉᆞᆺ희셔 눈물이 ᄯᅥ러지ᄂᆞᆫ ᄇᆡ라[83] 진실노 ᄒᆞ야곰 나의 심ᄉᆞ와 ᄌᆡ력을 다ᄒᆞ며 나의 지혜와 경영을 극진이 ᄒᆞ야 그 쟝기(長技)ᄅᆞᆯ 효측ᄒᆞ면[84] 그보다 낫지 못ᄒᆞᆯ 쥴 엇지 알니오 외양만 힘ᄡᅳ지 말며 아직 구ᄎᆞᄒᆞᄆᆞᆯ 달게 너기지 말며 젹게 셩 【6ㄴ】 취ᄒᆞᄆᆞᆯ 죡ᄒᆞᆫ 톄 말며 어려온 일을 긔탄치[85] 마라 안흐로ᄂᆞᆫ ᄇᆡᆨ셩을 다ᄉᆞ리고 밧그로ᄂᆞᆫ 군무ᄉᆞᄅᆞᆯ 다ᄉᆞ려 쟝슈와 졍승은 텬하의 명망 잇ᄂᆞᆫ 이ᄅᆞᆯ 극ᄐᆡᆨ(極擇)ᄒᆞ고[86] 독무(督撫)[87]ᄂᆞᆫ 텬하의 극진ᄒᆞᆫ 인ᄌᆡᄅᆞᆯ 갈희며 어진 ᄌᆡ조ᄅᆞᆯ 져츅ᄒᆞ고 슈령 ᄌᆡ목을 드러 ᄡᅳ며 ᄌᆡ용을 넉넉ᄒᆞ게 ᄒᆞ야 길을 슈츅(修築)ᄒᆞ며[88] 금은뎜을 ᄀᆡ광(開鑛)ᄒᆞ며[89] 주젼(鑄錢)ᄒᆞᄂᆞᆫ[90] 일이며 기예(技藝)ᄅᆞᆯ 강론ᄒᆞ며 긔계ᄅᆞᆯ 지으며 ᄒᆡᆼ군ᄒᆞᄂᆞᆫ 일이며 변방을 막으며 바다길을 방비(防備)ᄒᆞᄂᆞᆫ 온갓 일을 모다 극진이 졍돈ᄒᆞ면 의외지변[91]이 이실지라도 죵용히[92] 슈응ᄒᆞᄆᆡ[93] 유여ᄒᆞᆯ[94] 거시니 엇지 텬하 일이 조슈 【7ㄱ】 ᄒᆞᆯ[95] 길히 업다

---

79. 업ᄯᅧ지미: 엎어짐이. 중세형은 '업더디다'. 업더디다: 엎드러지다. 엎어지다. ¶부텻 智力으로 魔王이 업더디니 二月ㅅ八日에 正覺 일우시니(월인천강지곡 상27). 버미 갓고로딘 ᄃᆞᆺᄒᆞ며 용이 업더딘 ᄃᆞᆺᄒᆞ야 가ᄉᆡ나모 서리에 ᄇᆞ렛ᄂᆞ니(두시언해 6:41).

80. 녯 일을……뒷 슐위의 경계되ᄂᆞ니: [원문] 前事之不忘後事之師也 前車之旣覆後車之鑑也.

81. 통쵹: 통촉(洞燭). 윗사람이 아랫사람의 사정이나 형편 따위를 깊이 헤아려 살핌. ¶하도 불붙는 분기를 억누를 수 없어 저지른 일이니 장군은 굽어 통촉이 계시기 바라오(박종화, 임진왜란).

82. 무비(武備): 군사에 관련된 장비. 또는 그 장비를 준비하는 일. ¶조정에서는 직각으로 팔도에 영을 내려 불우의 변을 방어해 내도록 무비를 갖춥시다(박종화, 임진왜란). 문신을 우대하되 무비도 게을리 하지 않으며……(이문열, 황제를 위하여). 군비(軍備). 병비(兵備). cf. 문비(文備).

83. 터럭이……눈물이 ᄯᅥ러지ᄂᆞᆫ ᄇᆡ라: [원문] 髮上指而筆有淚也. 발지(髮指): 몹시 성내는 모양.

84. 효측ᄒᆞ면: 효칙(效則)하면. ¶내 ᄉᆞ랑ᄒᆞ고 重히 너겨 너희 물이 효측홈을 願ᄒᆞ노라(소학언해 5:13). [원문] 倣傚. 방효(倣效): 모양을 따라 그대로 본받음.

85. 긔탄치: 기탄(忌憚)하지. 꺼리지.

86. 극ᄐᆡᆨ: 극택(極擇). 매우 정밀하게 잘 골라 뽑음. 극선(極選). 신선(愼選). 정선(精選).

87. 독무(督撫): 청나라 지방관인 총독(總督)과 순무(巡撫). [원문] 督撫.

88. 슈츅: 수축(修築). 집이나 다리, 방죽 따위의 헐어진 곳을 고쳐 짓거나 보수함.

89. ᄀᆡ광: 개광(開鑛/開礦). 광산에서 광물을 캐냄. [원문] 開礦.

90. 주젼: 주전(鑄錢). 돈을 주조함. [원문] 鑄幣.

91. 의외지변(意外之變): 뜻밖에 일어난 변고(變故). [원문] 事變.

92. 죵용히: 종용(從容)히. 성격이나 태도가 차분하고 침착하게. [원문] 從容.

93. 슈응: 수응(酬應). 요구에 응함. ¶물론 답이 있을 리 없었고 따라서 수응이 있을 리 더군다나 없었다

ᄒᆞ리오 당금지셰의 셔국 법을 힝ᄒᆞ지 아니ᄒᆞ면 부국강병을 ᄒᆞᆯ 길히 업ᄂᆞᆫ 고로 셔국 사ᄅᆞᆷ이 이졔 이런 일을 협셰(挾勢)ᄒᆞ야[96] 우리 즁국을 업슈히 너기ᄂᆞᆫ ᄇᆡ나 타일(他日)에 셩뎨 명왕[97]이 니러나시면 이 일을 빙쟈ᄒᆞ야 만국을 혼일ᄒᆞᆯ[98] 긔귀[99] 될지라 공ᄌᆞ(孔子)ᄂᆞᆫ 셩인의 ᄯᆡ로 ᄒᆞ시ᄂᆞᆫ 재라 요슌과 삼ᄃᆡ 시졀[100]에 졔도ᄅᆞᆯ 침작(斟酌)[101] 손익(損益)ᄒᆞ시기ᄅᆞᆯ 각각 그 ᄆᆞᆺ당ᄒᆞ믈 엇게 ᄒᆞ샤 ᄀᆞᆯᄋᆞ샤ᄃᆡ 하(夏)나라의 시령(時令)[102]을 힝ᄒᆞ며 은(殷)나라 뢰(輅)[103][슐위 일홈]ᄅᆞᆯ 타며 쥬(周)나라 면복(冕服)[104]을 닙으며[105] 풍악은 쇼무(韶舞)[106][슌 인군 풍악 일홈]ᄅᆞᆯ 쓴다 ᄒᆞ시니 진실노 공ᄌᆞ로 ᄒᆞ야곰 이졔 시셰ᄅᆞᆯ 당 【7ㄴ】 ᄒᆞ셔도 셔국의 ᄇᆡ와 슐위와 양창 대포와 긔긔의 졔도에 ᄯᅩᄒᆞᆫ 당긔여 ᄡᅳ실 ᄇᆡ이실 거시니 긔계 ᄆᆡᆫᄃᆞᄂᆞᆫ 법은 셔국 법을 당긔여 ᄡᅳ고 도ᄂᆞᆫ ᄂᆡ 몸의 당ᄒᆞ게 ᄒᆞ시리라 대개 만셰의 변치 못ᄒᆞᆯ 쟈ᄂᆞᆫ 공ᄌᆞ의 되니 공ᄌᆞ의 도(道)ᄂᆞᆫ 유도(儒道)오 ᄯᅩᄒᆞᆫ 인되(人道ㅣ)라 도ᄂᆞᆫ 공ᄌᆞ로븟허 비로ᄉᆞ미 아니오 도ᄂᆞᆫ 공ᄌᆞᄅᆞᆯ 힘닙어 발명[107]이 되엿ᄂᆞ니 녯젹의 ᄆᆡᆼᄌᆞ 양쥬 믁뎍[108]을 믈니치신 공이 하우시(夏禹氏)[109] 아ᄅᆡ[110] 잇지 아니ᄒᆞ시고 챵례

(변영로, 명정 40년). 그러는 족족 그 수응을 하자면 내 일을 못하겠는걸(채만식, 치숙).

94. 유여(有餘)ᄒᆞᆯ: 여유가 있을. [원문] 有餘. cf. 유여(裕餘)하다: 모자라지 않고 넉넉하다.

95. 조슈ᄒᆞᆯ: 조수(措手)할. 조치할. [원문] 措其手.

96. 협셰: 협세(挾勢). 남의 위세를 믿고 의지함. [원문] 挾.

97. 셩뎨 명왕: 성제(聖帝) 명왕(明王/名王). 명왕(明王): 정사에 밝은 현명한 임금. 명왕(名王): 명군(名君).

98. 혼일ᄒᆞᆯ: 혼일(混一)할. 한데 섞어서 하나로 만들. [원문] 混同.

99. 긔귀: 긔구(器具) + ㅣ(보격).

100. 시졀: 시절. [원문] 四代之制. 사대(四代): 우(虞), 하(夏), 은(殷), 주(周)에 걸친 4대.

101. 침쟉: '짐작'의 옛말. 즉 사정이나 형편 따위를 어림잡아 헤아림.

102. 시령(時令): 한 해를 스물넷으로 나눈 것. 절기(節氣).

103. 뢰: 노(輅). [원문] 輅. 輅: 수레 로. 작은 수레 락. 끌 락. 맞이할 아. 수레 앞 가로나무 핵. '輅'의 한자음이 당시에 '뢰'로 쓰였음을 보여 준다.

104. 면복(冕服): 면류관과 곤룡포.

105. 닙으며: 입으며. '하나라의 시령을 힝ᄒᆞ며 은나라 뢰ᄅᆞᆯ 타며 쥬나라 면복을 닙으며': [원문] 行夏之時 乘殷之輅 服周之冕.

106. 쇼무: 소무(韶舞). 순(舜) 임금이 지은 소(韶)의 음악을 연주하며 춤을 춤. 韶: 풍류 이름, 순 임금 음악 소.

107. 발명(發明): ① 죄나 잘못이 없음을 말하여 밝힘. 또는 그리하여 발뺌하려 함. 폭백(暴白). ¶듣기 싫다는데 발명이 무슨 발명이냐 얼른 이리 와서 목을 늘이고 칼을 받아라(홍명희, 임꺽정). ② 경서(經書) 및 사서(史書)의 뜻을 스스로 깨달아서 밝힘. 여기서는 ②에 가까우며 문맥에 따라서는 현대어의 '발명'과 유사한 뜻을 보여 준다. 단지 현대어의 '발명'이 물품의 발명에 쓰이는 것과 달리 여기서는 정신 관련 표현과 어울려 '발견'과 같은 뜻으로 쓰임이 다르다. [원문] 明.

108. 양쥬 믁뎍: 양주(楊朱)와 묵적(墨翟). 양주는 중국 전국 시대의 학자(기원전 ?440-?360). 노자 사상의 일단을 이은 염세적 인생관으로 자기중심적인 쾌락주의를 주장하였다. 묵적은 묵자(墨子)의 본명으로 춘추 전국 시대 노나라의 학자(기원전 ?480-?390). 묵가(墨家)의 시조로, 유가(儒家)에게 배웠으나 무차별적 박애의 겸애(兼愛)를 설파하고 평화론을 주장하여 유가와 견줄 만한 학파를 이루

(昌黎ㅣ)[111][한퇴지 별호] 셕시(釋氏)[112]를 믈니친 공이 뎡ᄌᆞ의 아릭 잇지 아니ᄒᆞ니 이졔 긔우싱의 교법을 의론ᄒᆞᆫ 일편(一篇) 글이 공이 뎡ᄌᆞ와 챵려의 아릭 잇지 【8ㄱ】 아니ᄒᆞ리로다 오회라 긔우싱의 의향을 여허보건ᄃᆡ[113] 더옥 린국(隣國)을 화목ᄒᆞ고 침모(侵侮)ᄒᆞ믈[114] 막는 ᄃᆡ 이시니 대뎌 나라 위엄을 셰우고 나라 톄통(體統)[115]을 놉히미 반ᄃᆞ시 몬져 스ᄉᆞ로 강ᄒᆞ게 ᄒᆞ므로 말미암을 거시니 스ᄉᆞ로 강ᄒᆞ게 ᄒᆞ는 일은 ᄒᆞᆫ갓 뷘말노만 ᄒᆞᆯ 거시 아니라[116] 진실노 능히 긔우싱의 말슴ᄒᆞᆫ 바를 킈여 힝ᄒᆞ면 공회 가쟝 만흐리라

었다.

109. 하우시(夏禹氏): 하(夏)나라를 개국한 우(禹) 임금.

110. 아릭: 뒤에. [원문] 下. '아릭'는 중세에 '전에, 일찍이'의 과거 시간어의 뜻으로 쓰여 오늘날 동남 방언에도 "어제, 그제, 접때"의 뜻으로 남아 있다. 특히 과거 시간어 '아릭'는 '아래'로도 표기되어 쓰였다. 과거 시간어인 '아래, 아릭'의 성조는 ':아·릭, :아·래'(상성 + 거성 구조)로 같았다.

:아·릭/:아·래1: '예전'의 옛말. ¶아릭 제불을 보ᅀᆞᄫᅪ(법화경언해 1:166ㄱ). 아릭 닐오ᄃᆡ(내훈 2:17). 千百億 變化ㅣ샤 正道ㅣ 노ᄑᆞ신 둘 아래브터 ᄆᆞᅀᆞᆷ애 아ᅀᆞᄫᅩᄃᆡ(월인천강지곡 상39). 아랫 恩惠ᄅᆞᆯ 니저ᄇᆞ리샤 길녏 사ᄅᆞᆷ과 ᄀᆞᄐᆡ 너기시니(석보상절 6:4, 5).

그런데 중세어에서 '아래'는 성조가 '평성 + 거성' 구조로 달리 표기된 '아·래'가 과거 시간어와 정반대인 미래 시간어로 '뒤에, 후에'의 뜻으로도 쓰였다. 즉 '아래'의 경우 성조는 다르지만 한글 표기는 같고 뜻이 시간어로 정반대를 보여 주는 특이한 동철이의어(homograph) 관계를 보여 준다.

아·래2: '뒤에, 후에, 나중에'의 옛말. ¶宗室에 鴻恩이시며 모딘 相ᄋᆞᆯ 니ᄌᆞ실ᄊᆡ 千載 아래 盛德을 술ᄫᆞ니(용비어천가 7장).

그런데 '이언'의 위 예는 표기가 '아릭'로 된 예이면서도 '뒤, 이후에'의 뜻으로 쓰여 중세의 '아래2'를 잇는 것을 보여 주는데 이는 근대 이래 '아래, 아릭'의 혼기 결과라 하겠다.

111. 챵례: 챵려 + ㅣ(주격). 창려(昌黎): 한유(韓愈, 768~824). 자 퇴지(退之). 하북 창려현(昌黎縣) 사람. 한창려(韓昌黎)라고도 불림. 당나라의 저명한 산문가이며 시인. 유교를 숭상하고 불교를 배척하였으며 당나라 때 유학과 문풍 복고 운동의 선도자였다. 작품집으로는 '창려선생집'(昌黎先生集)이 있고 중국 사상사, 문학사에서 그의 업적은 불교와 도교를 반대하고 유교를 적극 발전시키는 데 크게 기여하였다. 당나라 헌종 때 헌종이 부처의 사리를 궁궐로 모셔오자 형부시랑으로 있던 한유(韓愈)가 황제에게 '앙불골'(迎佛骨)을 반대하는 주장의 '논불골표'(論佛骨表)를 올려 불교를 배척한 바 있다. 글에는 "亂亡相繼 運祚不長……事佛漸謹 年代尤促……事佛求福 乃更得禍"라고 쓰고 있었다. 이에 헌종은 대노하여 "言我奉佛太過 我猶爲容之 至謂東漢奉佛之后 帝王咸致夭促 何言之乖刺也"라고 하면서 한유를 조주로 유배 보내었다. 이는 사마광의 '자치통감'(資治通鑑)에 기록되어 있다.

112. 셕시: 석씨(釋氏). 석가모니.

113. 여허보건ᄃᆡ: 엿보건대. '여허보-'는 중세어 '여ᅀᅥ보- > 여어보-'의 발달형이다. [원문] 窺. '이언'에는 '엿보-'가 13회 나오고 '엿보-'의 동의어로 '여허보-'가 2회 나타난다. 앞의 2:9ㄱ의 주석 25나 4:42ㄴ의 주석 39 참고.

114. 침모(侵侮): 침해하고 업신여김. cf. 침모(侵冒): 침범. [원문] 侮.

115. 톄통: 체통(體統). 지체나 신분에 알맞은 체면. cf. 체통(體-): 몸통이나 몸집.

116. 대뎌 나라 위엄을 셰우고……뷘말노만 ᄒᆞᆯ 거시 아니라: [원문] 夫樹國威尊國體 必先由自强始 自强非可徒托之空言也.

아국이 디방이 너ᄅᆞ며 ᄌᆡ물이 가음열고[117] 인민이 만흐믄 태셔 졔국이 밋지 못ᄒᆞᆯ ᄇᆡ라 진실노 능히 ᄌᆞ강지ᄎᆡᆨ(自强之策)을 ᄒᆞ면 무어슬 ᄒᆞ야 되지 못ᄒᆞ리오 만일 평일의 능히 뎡돈(整頓)ᄒᆞ야 짓지 못ᄒᆞ 【8ㄴ】 면 림시의[118] 창황ᄒᆞ믈[119] 면치 못ᄒᆞ야 ᄡᅡ호기도 의론ᄒᆞ며 화친ᄒᆞ기도 의론ᄒᆞ야 말ᄉᆞᆷ이 불일ᄒᆞ야[120] 만ᄌᆈ[121] 모혀 시비ᄒᆞᄆᆡ 길ᄭᅡ의 집 짓ᄂᆞᆫ 것 ᄀᆞᆺᄐᆞ여 린국의 어려온 일을 만분지일이나 요ᄒᆡᆼ(僥倖)을 바라ᄂᆞ니 린국의 어려온 일을 가히 바라지 못ᄒᆞᆯ지라 혹 어려온 일이 만흐므로 흥ᄒᆞ고 혹 어려온 일이 업ᄉᆞ므로 망ᄒᆞᄂᆞ니 이졔 굿셴 니웃과 ᄉᆞ오나온 덕국이 ᄂᆞᆯ노 죠ᄎᆞ 돌나ᄡᆞ고[122] 우리 흔단(釁端)을 엿보ᄂᆞᆫ 거시[123] 아국의 화단(禍端)[124]이 아니라 졍(正)히 아국의 복이니 아국이 잇ᄯᆡ의 졍(正)히 졍신을 가다듬고 ᄯᅳᆺ을 ᄒᆞᆫ골ᄀᆞᆺ치 ᄒᆞ야 스ᄉᆞ로 ᄯᅥᆯ칠 도리를 【9ㄱ】 ᄒᆞ야 ᄯᆡ를 밋쳐 힘쓰며 닥가 셔국만 ᄀᆞᆺ지 못ᄒᆞᆯ가 븟그려ᄒᆞ면 오히려 가히 ᄒᆞ요미 이시리니 대뎌 진실노 능히 셔국만 ᄀᆞᆺ지 못ᄒᆞᆯ가 븟그려ᄒᆞᆫ즉 스ᄉᆞ로 능히 셔국을 ᄯᆞ라가미 유여ᄒᆞᆯ 거시오 그러치 아니ᄒᆞᆫ즉 쟝대홈만 ᄌᆞ랑ᄒᆞ고 분 바르ᄃᆞᆺ ᄭᅮ미며[125] 좌우로 관망ᄒᆞ고 구습을 인슌(因循)ᄒᆞ며 우희를[126] 긔망(欺罔)ᄒᆞ고[127] 뎡ᄒᆞᆫ 모ᄎᆡᆨ[128]이 업ᄉᆞ며 뷘 터흘 거리ᄭᅵ고[129] 고집불통ᄒᆞ야 셔국 물졍의ᄂᆞᆫ 어둡기 열 겹 쟝막을 친 ᄃᆞᆺᄒᆞ면 ᄯᅩ 엇지 이런 말ᄉᆞᆷ

117. 가음열고: 부유하고. 가ᅀᆞ멸다 > 가ᄋᆞ멸다(가음열다) > 가멸다. 가멸다: 부유하고 넉넉하다.
118. 림시의: 임시(臨時)의. 어떤 일에 임할 때. 잠시 동안에. [원문] 臨事. 임사(臨事): 어떤 일에 임함.
119. 창황ᄒᆞ믈: 창황(1. 倉皇/蒼黃. 2. 敞怳/惝怳)함을. [원문] 張皇. 원문은 '張皇'이지만 "길고 지루하다"는 뜻의 '장황(張皇)하다'보다는 "미처 어찌할 사이 없이 매우 급작스럽다"는 뜻의 '창황(倉皇/蒼黃)하다1'이나 "놀라거나 다급하여 어찌할 바를 모르다"라는 뜻의 '창황(敞怳/惝怳)하다2'의 뜻으로 쓰였다. '표준국어대사전'에서는 '창황하다 1, 2'를 구분하는데 이 둘이 의미상 동의어 관계를 보이므로 '이언'에서 두 번(1:36ㄴ과 발8ㄴ) 나오는 '창황ᄒᆞ-'는 '倉皇/蒼黃'이나 '敞怳/惝怳'으로 보아도 무방하다.
120. 불일(不一)ᄒᆞ야: 일치하지 않아. 불일(不一): ① 불일치. ② 한결같이 고르지 아니함. ③(주로 한문 편지 끝에 쓰여) 일일이 다 갖추어 말하지 못함의 뜻을 나타내는 말. 불비(不備).
121. 만ᄌᆈ: 만죠 + ㅣ. 만조(滿朝): ① 조정에 가득함. 또는 온 조정. ② 만조백관. 여기서는 ②의 뜻.
122. 돌나ᄡᆞ고: 둘러싸고. [원문] 環.
123. 우리 흔단을 엿보ᄂᆞᆫ 거시: 우리 틈을 엿보는 것이. [원문] 伺我. 伺: 엿볼 사.
흔단(釁端): 서로 사이가 벌어져서 틈이 생기게 되는 실마리.
124. 화단(禍端): 화를 일으킬 실마리.
125. 쟝대홈만 ᄌᆞ랑ᄒᆞ고 분 바르ᄃᆞᆺ ᄭᅮ미며: 큰 것만 자랑하고 분 바르듯 꾸미며. [원문] 誇張粉飾.
126. 우희를: 위를. 황제나 군왕을.
127. 긔망ᄒᆞ고: 기망(欺罔)하고. 기만(欺瞞)하고. [원문] 蒙蔽. 몽폐(蒙蔽): 덮어 감춤. '우희를 긔망ᄒᆞ고'는 '위(황제)를 속이고'의 뜻.
128. 모ᄎᆡᆨ: 모책(謀策). 어떤 일을 처리하거나 모면할 꾀를 세움. 또는 그 꾀. 책략.
129. 뷘 터흘 거리ᄭᅵ고: 빈 터를 구애받고. [원문] 拘墟.
거리ᄭᅵ다: '거리끼다'의 옛말. ¶時節이 危亂ᄒᆞᆫ 저긔 온 가짓 혜아료미 ᄆᆞᅀᆞ매 거리ᄭᅧᆺᄂᆞ니 盜賊아네 오히려 잇ᄂᆞᆫ다(두시언해 14:23). 因과 果왜 ᄒᆞᆫᄢᅴ 나ᄐᆞ시며 染과 淨과애 거리ᄭᅵ디 아니ᄒᆞ샤 法에 이 드러가기를 바라리오 긔우ᄉᆡᆼ의 이 글이 대개 시폐[130]를 구원ᄒᆞᄂᆞᆫ 약이라 ᄌᆡ샹지인[131]이 진실노 【9ㄴ】 ᄉᆞ방을 안무(按撫)ᄒᆞ고 린국(隣國)을 화목ᄒᆞ야 나의 법도의 드러오게 ᄒᆞ고 그 간계를 ᄭᅳᆫ치며 그 죠흔 법은 ᄇᆡ호고 그 ᄆᆡᆺᄂᆞᆫ 바를 아ᄉᆞ 그 횡ᄒᆡᆼᄒᆞᄂᆞᆫ 긔습(奇習)을 무셩무취ᄒᆞᆫ[132] ᄃᆡ ᄉᆞ라지게 ᄒᆞ며 ᄯᅥᆯ쳐 니러날 긔샹이 잇게 ᄒᆞ려 ᄒᆞᆫ족 ᄆᆞᆺ당히 반ᄃᆞ시 ᄏᆡ여 ᄒᆡᆼᄒᆞᆯ 만ᄒᆞ니 오직 말ᄉᆞᆷᄒᆞ기 어려오미 아니라 ᄒᆡᆼᄒᆞ기 오직 어렵고[133] 더옥 우희[134] 명쳘ᄒᆞᆫ 인긔[135] 잇셔 실샹(實狀)[136]으로 그 말ᄉᆞᆷ을 시ᄒᆡᆼᄒᆞ기를 힘닙을지니 그 ᄒᆡᆼᄒᆞᄂᆞᆫ 죵요(宗要)ᄂᆞᆫ 실샹 일노 실샹 공효(功效)를 공졍ᄒᆞ고[137] 실샹 공효ᄂᆞᆫ 실샹 일을 공졍ᄒᆞ며 거즛 거ᄉᆞᆯ 바리며 외식ᄒᆞ믈 바리며 ᄌᆞ랑ᄒᆞ믈 바리며 긔망(欺罔) 【10ㄱ】 ᄒᆞ믈 바리며 구ᄎᆞ히 편ᄒᆞ랴 ᄒᆞᄂᆞᆫ 일을 바리며 어려온 일을 두려워ᄒᆞ믈 바리며 병을 기ᄅᆞᄂᆞᆫ 일을 바리며 ᄉᆞᄉᆞ로이 굴혈[138]을 경영ᄒᆞᄂᆞᆫ 일을 바린즉 텬하 ᄉᆞ셰를 오히려 가히 당긔여 두루혈[139] 만ᄒᆞ리라 ᄢᅴ의 텬남돈ᄉᆔ(天南遯叟ㅣ)[140] 오ᄅᆡ 병드러 쥭기를 림ᄒᆞᄆᆡ 밤은 길고 일이 업셔[141] 약 다리ᄂᆞᆫ 화로가의 안ᄌᆞ 약물을 기우려 먹을 갈고 붓ᄉᆞᆯ ᄲᆡ혀[142] 이

自在ᄒᆞ샤미 일후미 *妙蓮華王*이시고(능엄경언해 8:60). 天下엣 學이 여트며 좁으며 고집ᄒᆞ며 거리ᄭᅵᆫ 이 아니면 반ᄃᆞ시 이예 드ᄂᆞ니라(소학언해 5:120).

130. 시폐(時弊): 그 시대의 잘못된 폐단. 시병(時病).
131. ᄌᆡ샹지인: 재상지인(在上之人). 높은 자리에 있는 사람. 지도자. [원문] 上之人.
132. 무셩무취: 무성무취(無聲無臭). ①이름나지 않았거나 세상을 피하여 숨어 살므로 소리도 냄새도 없음. ②천도(天道)는 알기 어려워서 들어도 소리가 없고 맡아도 냄새가 없음. [원문] 無形.
133. 오직 말ᄉᆞᆷᄒᆞ기 어려오미 아니라 ᄒᆡᆼᄒᆞ기 오직 어렵고: [원문] 惟是言之匪艱 行之維艱.
134. 우희: 위에. 여기서는 황제나 군왕.
135. 인긔: 인기(人氣). 기개. 사람된 성품. 인기: ①어떤 대상에 쏠리는 대중의 높은 관심이나 좋아하는 기운. ②사람의 기개. '더옥 우희 명쳘ᄒᆞᆫ 인긔 잇셔': [원문] 尤賴上有人焉. cf. 인기(人器). 사람의 됨됨이.
136. 실샹: 실상(實狀). 실제의 상태나 내용. ¶실상인즉 계숙이와 경자는 그다지 친한 사이가 아니었다(심훈, 영원의 미소). cf. 실상(實相): 실제 모양이나 상태.
137. 실샹 일노 실샹 공효를 공졍ᄒᆞ고: 실제 일로 실제 공효를 공정하고 [원문] 實事程實功. 공정(工程): 일이 진척되는 과정이나 정도. 고어사전에 '공졍ᄒᆞ다' 등재 필요.
138. 굴혈(窟穴): ①바위나 땅 따위에 깊숙하게 팬 굴. ②소굴(巢窟). ¶그 전에는 장승백이 고개라면 으레 도깨비 굴혈로 유명한 곳이었다(이기영, 봄).
139. 두루혈: 돌이킬. 만회할. 두루혀다: 돌이키다. '당긔여 두루혈 만ᄒᆞ리라': [원문] 可挽回也.
140. 텬남돈ᄉᆔ: 텬남돈슈(天南遯叟) + ㅣ. 천남돈수(天南遯叟): '이언'의 발문을 쓴 왕도(王韜)의 호. '이언'의 서문도 왕도가 썼는데 서문 끝에도 '텬남돈굴 늙은 ᄇᆡᆨ셩'(天南遯窟老民)이라고 표현하였으니 '天南遯叟'와 같은 뜻이다. 遯: 달아날 둔(원음 '돈' = 遁). 叟: 늙은이 수. 앞의 '셔' 4ㄴ 주석 77, 78 참고.
141. 밤은 길고 일이 업셔: [원문] 長夜無聊.
142. ᄲᆡ혀: 빼어. 뽑아. [원문] 伸筆. 'ᄲᆡ혀'는 앞의 2:33ㄱ의 'ᄲᅡ히ᄂᆞᆫ'(주석 4) 또는 해제 3.3 통사 (3) 피동법 부분 참고.

글을 지어 분민(憤懣)ᄒᆞᆫ143 ᄆᆞ음을 푸러 우리 긔우심으로 ᄒᆞ야곰 텬하의 오히려 ᄆᆞ음을 슬허ᄒᆞᄂᆞᆫ 사ᄅᆞᆷ이144 잇는 쥴 알게 ᄒᆞ노라 오회라 아즉 쥭기 젼의ᄂᆞᆫ 오히려 국은을 보답ᄒᆞ기를 싱각ᄒᆞ니 긔우 【10ㄴ】 심으로 더브러 헛된 나히 비록 십 년이 더ᄒᆞ나 ᄒᆞᆫ쎡의 나미 깁히 다힝ᄒᆞᆫ지라 진실노 이 글이 잇셔도 셰샹이 오히려 긔우심을 인긔145로 ᄃᆡ졉ᄒᆞ야 그 말ᄉᆞᆷ을 힝ᄒᆞᆯ 쥴을 아지 못ᄒᆞᆫ즉 쳥컨ᄃᆡ 긔우심이 후의ᄂᆞᆫ 입을 함봉(緘封)ᄒᆞ고146 혀를 무질너147 다시 텬하ᄉᆞ를 담론치 말고 ᄯᅩ 이 글좃ᄎᆞ 부스질너148 불ᄉᆞᄅᆞᄂᆞᆫ 거시 가ᄒᆞ리라 광셔(光緖)149 륙년 셰ᄎᆞ(歲次)150 경진(庚辰) 즁원(中元)151 졀일(節日)152의 텬남돈슈(天南遯叟) 왕도153ᄂᆞᆫ 발(跋)ᄒᆞ노라

---

143. 분민ᄒᆞᆫ: 분만(憤懣)한. 분만(憤懣)하다: 분한 마음이 일어나 가슴이 답답하다. 분울(憤鬱)하다. [원문] 憤懣. 원문 '憤懣'을 언해에는 '분민ᄒᆞᆫ'으로 번역하였는데 '憤懣'은 현대 국어사전들에 '분만'으로 표기되어 있고 현대 한자 자전들도 '懣'을 '번민할 만'으로 등재하고 있다. 아마도 당시 '懣'의 관습음이 '민'이었던 것으로 보인다.

144. 슬허ᄒᆞᄂᆞᆫ 사ᄅᆞᆷ이: 슬퍼하는 사람이. [원문] 傷心人.

145. 인긔: 인기(人氣). '셰샹이 오히려 긔우심을 인긔로 ᄃᆡ졉ᄒᆞ야 그 말ᄉᆞᆷ을 힝ᄒᆞᆯ 쥴을 아지 못ᄒᆞᆫ즉': [원문] 不知杞憂生其人而行其所言者. cf. 인기(人器). 사람의 됨됨이.

146. 입을 함봉ᄒᆞ고: 함구하고. [원문] 緘口. 함봉(緘封): ① 편지, 문서 따위의 겉봉을 봉함. ② 입을 꼭 다 물고 열지 아니함을 비유적으로 이르는 말. 반 개봉(開封).

147. 혀를 무질너: 혀를 끊어. [원문] 卷舌. 卷: 두루마리, 두루말 권. 권설(捲舌/卷舌): 혀를 만다는 뜻으로, 감탄하거나 경탄함, 놀라 말이 나오지 않음을 이름.
무지르다1: ① 한 부분을 잘라 버리다. ¶사람들은 물을 빼려고 논둑을 무질렀다 / 뒤에 붙은 끝전 꼬리 딱 무질러 떼어 버려요. 우리가 바로 임잡니다. 임자 났을 때 뚝딱 파십시오(홍성원, 육이오). ② 말을 중간에서 끊다. ¶주인은 간단히 손의 궁금증을 무지르듯 말하고 다음 이야기를 이으려 하였다(이청준, 선학동 나그네). 바깥주인이 안주인의 말 나오는 것을 무질러 핀잔을 준다(이해조, 고목화). ③ 가로질러 가다. ¶그들은 마을을 지나 영산강을 등 뒤에 두고 논둑길을 무질러 신북 쪽으로 넘어가는 점등에 올랐다(문순태, 타오르는 강).
cf. 무지르다2: 닥치는 대로 막 밀거나 제기다.
무찌르다: ① 닥치는 대로 남김없이 마구 쳐 없애다. ② 가리지 아니하고 마구 쳐들어가다.

148. 부스질너: 부서뜨려. '부스지르다'는 고어사전에 미등재어임. '이 글좃ᄎᆞ 부스질너 불ᄉᆞᄅᆞᄂᆞᆫ 거시 가ᄒᆞ리라': [원문] 此書拉雜摧燒之可也'. 拉: 꺾을, 부러뜨릴 랍. 摧: 꺾을, 부러뜨릴 최.

149. 광셔: 광서(光緖). 청나라 제11대 광서제(光緖帝, 1871-1908, 재위 1874-1908)의 연호. 광서 6년은 1880년. 왕도가 앞에 쓴 서문은 광서 원년(1875)에 쓰고 발문은 광서 6년(1880)에 쓴 것이 된다.

150. 셰ᄎᆞ: 세차(歲次). 간지(干支)를 따라서 정한 해의 차례. 연차(年次). cf. 유세차(維歲次). '유세차'는 '이 해의 차례는'이라는 뜻으로 제문(祭文)의 첫머리에 관용적으로 쓰는 말이다.

151. 즁원: 중원(中元). 도가에서 '백중(百中)날'을 이르는 말. 도교에서는 천상(天上)의 선관(仙官)이 일 년에 세 번 인간의 선악을 살핀다고 하는데 그때를 '원'이라고 한다. 1월 15일을 상원(上元), 10월 15일을 하원(下元)이라고 하며 7월 15일의 중원과 함께 삼원(三元)이라 하여서 초제(醮祭)를 지내는 세시 풍속이 있었다.

152. 졀일: 절일(節日). ① 명일(名日). ② 한 철의 명절. 곧 인(人)날[인일(人日), 음력 정월 초이렛날], 삼짇날, 단오, 칠석, 중양 따위를 이른다. ③ 임금이 태어난 날.

153. 텬남돈슈 왕도: 천남돈수(天南遯叟) 왕도(王韜).
왕도(王韜, 1828-1897): 원 이름은 이빈(利賓). 자는 자전(紫詮). 호는 중도(仲弢), 천남돈수(天南遯

【11ㄱ】 이 글 젼후 권을 합ᄒᆞ야 닑어 보니 녯 일을 당긔여 이졔 일을 인증(引證)ᄒᆞ믹[154] 큰 도략(度略)의 깁히 붉아 가쟝사(賈長沙)[155]와 진룡쳔(陳龍川)[156][이 두 사름은 녯 적의 시폐를 극진이 의론ᄒᆞᆫ 사름이라]의 ᄉᆞ젹을 합ᄒᆞ야 ᄒᆞᆫ 사름의 일이 되여시니 엇지 시러곰 사름으로 ᄒᆞ야곰 격졀탄샹(擊節歎賞)치[157] 아니ᄒᆞ리오 젼편의 의론ᄒᆞᆫ바 변방(邊防)과 션졍(船政)과 통샹과 젼교(傳敎)ᄒᆞᄂᆞᆫ 등ᄉᆡ(等事ㅣ) 확실ᄒᆞ야 가히 시힝홀 만ᄒᆞ니 부졀업시[158] 양국(洋國) ᄉᆞ무를 담론ᄒᆞ야 겨유 ᄉᆞᄉᆞ로 강ᄒᆞ게 ᄒᆞ야 침모(侵侮)ᄒᆞᄂᆞᆫ 일을 막ᄂᆞᆫ 말노뻐 말거리를 민ᄃᆞᄂᆞᆫ 쟈[159]로 더브러 쇼양지판(霄壤之判)[160]이오 슈령[161]의 치젹(治績)과 군무ᄉᆞ(軍務事)를 다ᄉᆞ리ᄂᆞᆫ 여러 가지 폐단(弊端)을 말 【11ㄴ】 숨ᄒᆞᆫ ᄃᆡ 니ᄅᆞ러ᄂᆞᆫ 하우시(夏禹氏)[162] 구뎡(九鼎)[163]의 간ᄉᆞᄒᆞᆫ 형상을 그리고 온괴(溫嶠ㅣ)[164][사

叟). 청나라 말기(末期)의 개량주의자. 변법자강론(變法自强論)의 주창자로 중국 언론계 선구자이며 중국 고전을 영역(英譯)한 학자로 유명함. 앞의 '셔' 4ㄴ 주석 77, 78 참고.

154. 녯 일을 당긔여 이졔 일을 인증ᄒᆞ믹: 옛것을 인용하여 고증(考證)하매. [원문] 古證.

155. 가쟝사: 가의(賈誼)가 장사(長沙)에 귀양간 고사. 앞의 '셔2ㄱ' 주석 21의 '가쟝사(賈長沙)[가의(賈誼) 쟝사의 구양 가므로 일ᄏᆞᄅᆞ미라]'에도 나옴.
가의(賈誼, 기원전 200-168). 중국 전한(前漢)의 학자, 정치가. 낙양(洛陽) 출신. 재간이 있어서 한(漢) 문제(文帝)에게 박사로서 초빙을 받고 후에 태중대부(太中大夫)가 되었다. 여러 가지 개혁안을 진언하였으나 일부 조신(朝臣)인 주발(周勃), 관영(灌嬰) 등의 유언(流言) 때문에 한(漢) 문제(文帝)는 그를 장안(長安)을 떠나 장사(長沙)에 가서 장사왕(長沙王)의 선생이 되게 하였다. 후인들은 그를 가장사(賈長沙), 가태부(賈太傅)라고 부른다.

156. 진룡쳔(陳龍川): 진용천(陳龍川, 1143-1195). 남송(南宋) 시기 사상가, 문학가. 자는 동보(同甫), 이름은 여능(汝能)이었는데 후에 진량(陳亮)으로 고쳤고 사람들은 용천선생(龍川先生)으로 불렀다. 고향은 무주(婺州) 영강(永康) 즉 현재의 절강성(浙江省) 금화(金華)인데 그가 영강 사람이므로 그의 학파를 '영강학파'(永康學派)라 하였다. 효종 때 '중흥오론'(中興五論)을 진언하여 금나라에 항거하기를 주장하였고 1178년에도 세 번이나 조정에 상서하여 무력으로 금나라에 저항하여 중원 회복을 주장하였다. 그 후 주희(朱憙)와 서신을 주고받으며 '왕패의리'(王覇義利)에 대해 논변을 하여 국가 경제와 국민 생활에 이익이 되는 공리주의(功利主義)를 제창하고 성명도덕(性命道德)을 공론하는 이학가(理學家)들에 반대하였다. 문학가로서 많은 송사(宋詞)를 썼으며 '용천집'(龍川集)이라는 문집을 남겼다.

157. 격졀탄샹치: 격절탄상(擊節歎賞)하지. 격절탄상(擊節歎賞): 무릎을 손으로 치면서 탄복하여 칭찬함. 격상(擊賞). 격절칭상(擊節稱賞). ¶그래도 명색이 화가들인데 그런 걸 보고 마냥 심취해서 시종 격절탄상이니 목불인견도 유분수지 정말 어이가 없군그래(이영치, 흐린 날 황야에서).

158. 부졀업시: 부질없이. [원문] 空. ¶無賴字謂 부질업시(훈몽자회 상46). 閑 부질업슬 한(신증유합 하7). 부졀업순 是과 부졀업순 非는(開是閒非. 여사서언해 2:36).

159. 말거리를 민ᄃᆞᄂᆞᆫ 쟈: 실속 없는 말을 하는 사람. [원문] 口頭禪者. 구두선(口頭禪): 실행이 따르지 않는 실속이 없는 말.

160. 쇼양지판: 소양지판(霄壤之判). 하늘과 땅 사이의 차이라는 뜻으로, 사물들이 서로 엄청나게 다름을 이르는 말. 소양지차. 천양지차. [원문] 上下牀之別.

161. 슈령: 수령(守令). 고려·조선 시대에, 각 고을을 맡아 다스리던 지방관들을 통틀어 이르는 말. 절도사, 관찰사, 부윤, 목사, 부사, 군수, 현감, 현령 따위를 이른다. 수신(守臣). 수재(守宰). 원(員). 장리(長吏). '슈령의 치젹': [원문] 吏治.

ᄅᆞᆷ의 일홈] 통텬셔165를 ᄐᆡ와 괴물을 아라보ᄂᆞᆫ 일 ᄀᆞᆺ틀 ᄲᅮᆫ 아니라 ᄒᆞᆫ 번 열안ᄒᆞ미166 젼신의 ᄡᅡᆷ이 나지 안ᄂᆞᆫ 쟈야 오히려 인심이 잇다 니ᄅᆞ랴 산계ᄉᆡᆼ(珊溪生)167은 주(注)를 ᄂᆡ노라

162. 하우시(夏禹氏): 하(夏)나라를 개국한 우(禹) 임금.

163. 구뎡: 구정(九鼎). 하(夏)나라의 우왕(禹王) 때에, 전국의 아홉 주(州)에서 거두어들인 금으로 만들었다는 솥. 주(周)나라 때까지 대대로 천자에게 전해진 보물이었다고 한다.

164. 온괴: 온교(溫嶠) + ㅣ. 온교(溫嶠, 288-329): 자(字)는 태진(太眞). 동진(東晋) 시기 정치가. 공을 세운 온교가 자신에게 차려진 대권을 사양하고 무창으로 돌아가던 중, 우저기(牛渚磯)라는 지방을 지나며 그곳에 많은 괴물이 있다던 말이 생각나서 사람을 시켜 서각(犀角, 무소뿔)을 태워 물속을 비추게 하였더니 과연 전에 본 적이 없었던 많은 수중의 괴물을 보았다. 저녁에 어떤 사람이 온교의 꿈에 나타나 "그대와 나는 유명상격(幽明相隔)이거늘, 왜 나를 비추었는가?"라고 말하면서 어떤 물건으로 원래 병들어 있던 온교의 이를 두드리고 갔다. 꿈에서 깨어나 이튿날부터 온교는 치아의 통증이 가시지 않아 끝내 두 대의 치아를 뽑고 나중에 치통으로 중풍이 들어 42세로 생을 마쳤다(출전: 晉書 67). [원문] 溫犀燭怪閱之. 서쵹(犀燭): 전설에 의하면 무소의 뿔을 물속에 넣으면 빛을 발한다고 함. 후에 이 말은 사리를 통찰하는 자를 비유하여 일컫게 되었다.
서조우저(犀照牛渚): 사자성어로 동진(東晋) 온교(溫嶠)가 서쵹괴열(犀燭怪閱)한 사건을 가리켰는데 후에 와서 미세한 것을 통찰하는 것을 비유하여 이르는 말로 되었다.

165. 통텬셔: 통천서(通天犀). 『동물』 무소의 뿔. 뿔의 길이는 24cm가 넘고 물이 잘 묻지 않으며 허리띠 장식이나 약용으로 쓴다. 통천(通天). [원문] 犀. 犀: 무소, 코뿔소, 굳을 서.
언해본 중에는 '사ᄅᆞᆷ의 일홈'과 '통텬셔' 사이가 덧칠되어 '통'의 해독이 어려운 것이 있는데 연세대 소장본, 국립중앙도서관본에는 이 부분이 깨끗하게 나와 있다.

166. 열안(閱眼): 잠깐 열람함. [원문] 閱.

167. 산계ᄉᆡᆼ: 산계생(珊溪生). '산계'(珊溪)는 절강성(浙江省) 온주(溫州)에 있는 지명이고 '생'(生)은 옛날 선비를 이르는 말이므로 '산계 출신 선비'라는 뜻의 호이다. 발문에 이어 후주(後注)를 단 미상(未詳)의 인물을 가리킨다.

제Ⅱ부

해제(解題)

1. 개화기 국어 연구의 과제

지난 한 세기 동안의 국어사 연구는 꾸준히 발전되어 왔다. 계통론, 음운사, 문법사, 어휘사, 문자사 연구에서 그 나름대로 다양한 연구 성과들이 있었고, 1940년에 '훈민정음'(訓民正音) 해례본의 발견으로 중세 국어와 문자사 연구에 특히 발전이 컸다.

이러한 국어사 연구의 발전은 고어사전 편찬의 성과로도 나타나 남광우 편 '고어사전'(古語辭典, 1960, 1997), 유창돈 편 '이조어사전'(1964), 한글학회 편 '우리말큰사전'의 제4권 '옛말과 이두' 사전(1991), 국립국어연구원 편 '표준국어대사전'(1999)의 고어 표제항, 한국정신문화연구원 편(1995) '17세기 국어사전', 박재연·김영·이민숙(2004) 편 '홍루몽 고어사전' 등으로 세분화하면서 고어 자료의 집적이 이루어졌다. 국어정보학과 관련하여서는 고전 문헌의 말뭉치도 기관들과 개인별로 어느 정도 구축되었다.

이러한 발전 속에서도 여러 과제가 놓여 있는 것이 현실이다. 이제는 21세기에 들어와 있으므로 국어사의 시대구분 속에 개화기 국어의 시간 범위를 정하고 어디에 소속시킬 것이냐의 논의도 요구되며[1] 또한 개화기 국어를 국어사적으로 긍정적 또는 부정적으로 보는 태도를 통합적으로 바라볼 필요가 있다.[2] 이러한 시대구분 문제 외에도

---

1. 개화기 국어의 시기 문제는 그 시기의 범위 문제와 시기를 획정한 후 근대 국어로 볼지 아니면 현대 국어로 볼지의 문제이다. 이기문(1972)에서는 개화기 국어의 시기나 범위를 명시적으로 언급하지는 않은 채 현대 국어 항목에서 다루고 있다. 개화기 국어의 시기를 이응호(1975:38)는 1894-1910년으로, 김상태(1993:284)는 1894-1917년 이광수의 '무정'(無情) 출현 전까지 보았는데 졸고(1994ㄱ,ㄴ)는 1876-1894년의 개항기, 1894-1905년의 갑오개혁기, 1905-1910년의 항일 저항기를 주요 역사적 전환점으로 보고 개화기 국어를 1876-1910년의 시기로 보았다.
2. 개화기 국어를 보는 평가는 두 가지 관점이 가능하다. 부정적 평가는 개화기 국어의 국어사적 의의가 별로 크지 않다는 태도이다. 개화기 언어 문제는 표기 문체 문제가 중심이어서 언어 정책사, 언어

국어사 연구의 중요한 두 가지 과제를 더 지적할 수 있다.

첫째, 기존 국어사 자료 연구가 서지적(書誌的), 어학적 관점은 물론 공시적, 통시적 관점에서 발전하려면 더욱 개별 자료에 대한 정밀한 연구가 필요하다. 이는 아직도 고전 어학 자료들의 기초 연구인 서지적(書誌的) 교감(校勘) 작업이 부실하여 연구의 부실을 낳기 쉽다는 점에서 지적되는 사항이다. 다행히 문화관광부에서 2001년부터 고전 문헌을 영인하여 인터넷에 탑재하는 '디지털 한글 박물관' 사업과 2003년부터 '100대 한글문화 유산' 총서 발행을 위한 고전 문헌 주해 사업을 시작하여 기존 이본(異本)의 교감(校勘), 해제, 어학적 분석, 자료의 영인, 말뭉치 자료화 작업 등을 체계적으로 정리하고 있으므로 좋은 열매를 맺기를 기대해 본다. 우리가 다루려는 '이언'(易言)도 15년 전 연구자가 '개화기 국어와 문체'를 주제로 열린 국어국문학회 전국 대회(1991. 6. 5)의 주제 발표 자리에서 소개한 이래 후속 연구나 주해 작업이 이루어지지 않았다.[3]

둘째, 국어사 자료의 기초 연구로 '고어사전'과 같은 기초 자료 발간도 내실을 기해야 한다. 그런데 우리의 고어사전은 기존 고어사전이 나와 있지만 표제어와 용례가 부족하고, 사전 풀이의 보완이 필요하다. 특히 어휘 보충은 절실하다. 어휘가 보충되려면 체계적 자료 점검을 통해 표제어 수집이 이루어져야 한다. 필자는 '이언'(易言)의 강독, 주석 작업을 지난 10여 년간 해 오면서 많은 한자어와 고유어 표제와 용례가 현 고어사전들에 아직 등재되지 못한 상황을 보면서 고어사전의 보완을 절감하였다.

이에 본 연구도 위와 같은 국어사 연구의 필요성에 따라 개화기 한글본 '이언'을 그동안 강독, 주해, 분석해 온 결과를 집중적으로 제시하고자 한다.

규범사, 표기사, 문체사의 관점에서는 의의가 있지만 언어 내사(內史)의 문제인 문법 문제로는 별로 중시할 것이 없다는 것이다. 이런 평가에서는 개화기 국어를 '과도기'라는 표현으로 평가하는 경향이 있다.

긍정적 평가는 이 시기 언어 변화가 어휘부를 중심으로 급격히 이루어져 언어 내사의 관점에서도 주목할 만하다는 것이다. 어휘부는 개항과 더불어 중국 및 일본식 신문물 한자어와 한글로 음역한 음역어(音譯語)들이 대거 들어오면서 어휘사적으로 역사상 "가장 짧은 시기에 가장 큰 변화"를 일으킨 시기로 주목받기 때문이다. 문체 변화도 문장 구조의 변화를 수반하여 결코 과도기로 낮게 볼 수 없어 오히려 개화기는 그 어느 시기보다 어휘, 문장, 문체 부문에서 큰 변화를 보인 '대변혁기'로 볼 수 있다는 것이다.

3. 당시 서울대에서 열린 전국 대회의 주제는 '개화기 국어와 문체'이었으며 주제 발표자는 문학 분야에 김상태 교수, 권영민 교수, 어학 분야에 심재기 교수, 필자의 4인이었다. 한편, '이언'에 대한 서지적 언급은 모리스 쿠랑(Maurice Courant)의 'Bibliographie Coréenne'(1894)[이희재 역(1994), 한국서지(韓國書誌, 수정번역판), 일조각]에도 1-4권에 대한 내용 요약과 함께 나오고, 최현배의 '한글갈'(1940, 1976:188)에도 '론 공법' 부분 첫 장을 보여 주는 사진 설명과 함께 간략한 서지 설명이 나온다.

2. '이언'의 저자(著者), 사상(思想), 서지(書誌)

개화기에는 이전보다 다양한 언어 자료가 다양한 문체(한문체, 한글체, 국한혼용체, 이두문체)로 나왔다. 관변에서는 순한문체, 국한문체, 이두문체가 주류이었는데, 1880년대 초에 관청에서 주도하여 중국 개화 이론서를 언해한 '이언'(易言)을 냈음은 주목할 만하다. 그동안 '서유견문'(西遊見聞, 1895)과 같은 일본계 개화서나 'ᄉᆞ민필지'(士民必知, 1889경)[1]와 같은 서구 개화 지식서만 논의되어 왔는데 이들보다 앞서 중국계 개화서가 도입되어 언해까지 되었다는 것은 주목받지 못해 왔다.

그동안 '이언'에 대한 연구는 최현배의 '한글갈'(1940, 1976: 188)에 '이언'의 언해본에 대한 설명이 여러 국어사 문헌 자료를 소개하는 중에 간략히 소개된 바 있으나, 구체적 연구는 오히려 국사학계에서 먼저 이루어져 이광린(1969ㄴ)이 '이언'의 문헌 가치를 구한말 개화사 관점에서 상론한 것이 처음이다. 그 후 일본 천리대학(天理大學) 한국학과의 한국사 교수인 평목 실(平木 實, 히라키) 교수가 '조선학보'(朝鮮學報) 117, 118집(1985, 1986)에 이광린(1969ㄴ)을 번역한 논문과 천리대학 도서관 소장본 '이언'을 영인 자료로 발간하였다. 국어학계에서는 졸고(1991, 1993, 1994, 2002, 2003, 2005)에서 문헌 소개와 문체론적 검토, 고유어와 한자어 번역 관계의 양상 등을 제시한 바 있으며, 홍윤표(1992)에서 영인본을 내면서 개괄적 해제를 제시한 것이 있었다. 따라서 본서는 '이언'에 대해 주해를 달고 국어학적으로 표기, 형태, 통사, 의미 등의 범주에 걸쳐 종합적으로 분석한 연구라 하겠다.

---

1. 한글본 'ᄉᆞ민필지'의 편찬 연대에 대해서 이광린(1969ㄱ, 1993:122)과 윤경로(1981, 1993)는 헐버트의 사임이 1891년 12월이므로 1891년 이전으로 보고 있다. 졸고(1999ㄴ) 참고.

한문본 '易言'은 중국 개화파의 대가인 정관응(鄭觀應, 1842-1921)이 중국의 개화 방책을 밝힌 책으로 광서(光緖) 6년(1880)에 나온 것을 같은 해 가을 수신사(修信使) 김홍집(金弘集)이 일본에 갔다 오면서 주일(駐日) 청국(淸國) 공사관(公使館) 참찬관(參贊官) 황준헌(黃遵憲)으로부터 그가 지은 '조선책략'(朝鮮策略, 1880경)과 함께 기증 받아 온 책이다.[2] 당시 이 책은 '조선책략', '해국도지'(海國圖志, 1844), '영환지략'(瀛環志略, 1848)과 함께 개화 지식인들에게 영향을 준 외서로 이들 중에서 가장 영향력이 컸던 것으로 알려졌으며[3] 한학의 대가였던 강위(姜瑋)도 중국에 가서 저자와 만나 토론을 하고 왔다고 한다. 당시 이 책에의 관심이 커 1883년 한문본을 복간(復刊), 배포했고 직후에 간행된 것으로 보이는 한글본도 간행하였으니 대중 계몽의 의도가 있었던 것으로 보인다. '해국도지', '영환지략'은 언해되지 않은 것과 달리 '이언'만이 언해된 점에서 이 책의 가치를 알 만하다(이광린 1969ㄴ:417).

2.1 정관응(鄭觀應)의 생애[4]

정관응(鄭觀應, 본래는 鄭官應; 1842-1921)의 자(字)는 정상(正翔), 호(號)는 도재(陶齋), 별호(別號)는 기우생(杞憂生), 모옹산인(慕雍山人), 나부치학산인(羅浮偫鶴山人) 등으로 불린다. 1842년 7월 24일 광동(廣東) 향산[香山, 현 광동성 중산(中山)시]의 학자 집안에서 태어나[5] 어렸을 때부터 출세를 염두에 두고 사서오경을 읽으며 학문에 정진했으나,

---

2. '매천야록'(梅泉野錄) 1권 경진년(1880) 10월 조에 기록하기를, "김홍집(金弘集)은 일본에서 돌아와 '易言' 2책을 진상하였으며, 그 내용은 지금 부강을 꾀하는 길은 반드시 서양의 제도를 배워 서양의 기술을 익혀야 한다는 것이다.……이 책은 황준헌이 일본에서 갖고 다니던 것을 김홍집이 입수하여 고종의 일독을 대비한 것이다. 그것은 고종이 천하대세를 살펴 국정을 상하에 자문케 하려는 목적이 있을 뿐이며 어떤 사의(私意)가 있는 것은 아니었다. 그러나 식견이 천박한 선비들은 김홍집이 천주교의 서적을 진상한 것으로 오판하여 그를 공격하는 여론이 분분하였다."라고 기록되어 있다. 국사편찬위원회 편(1955) '梅泉野錄'과 黃玹 著·金濬 譯(1994) '(完譯) 梅泉野錄' 참고.

3. 1882년 임오군란 후에 임금에 대한 상소들에는 '이언'의 내용을 많이 참조하였다고 한다. 가령, 승정원일기(承政院日記) 고종 19년 12월 22일조에 전하는 윤선학(尹善學)의 상소문에는 '臣看中國人所編易言冊子 可謂治世之要訣……始知天下事'라 하여 '易言'을 읽음으로써 천하의 일을 알게 되었다고 했으며 동년 8월 23일조의 지석영(池錫永)의 상소문에도 '凡自强禦侮之策 具載於易言一部書 臣不敢贅進焉...'이라 하여 국가 부강책이 '이언'에 모두 실려 있으니 신이 감히 구구하게 진언할 필요가 있겠는가고 말하고 있어 그 영향의 정도를 알 수 있다(이광린 1969ㄴ:414).

4. 이 전기 부분은 중국의 유명 사학자 白壽彝(1999) 교수의 '中國通史'(총 22권) 권11 '近代前篇' 14장 '鄭觀應'의 내용을 주로 정리하였다.

5. 그의 생년월일에 대해서는 주요 중국 자료마다 다르다. 정관응 연구가인 夏東元(1985)이 밝힌 바에

16세 때 동자시(童子試)에 낙제한 후, 아버지의 지시대로 사업을 배우러 상해로 가서 매판(買辦: 중국의 외국 공관에서 중국 상인과의 거래 중개를 맡기고자 고용한 중국인)의 길을 걷기 시작했다.

1859년, 17세의 정관응은 숙부인 정정강(鄭廷江)이 있는 상해에 가서 보순양행(寶順洋行)에서 하위직으로 일하면서 영국 선교사 존 프라이어(John Fryer, 중국명 傅蘭雅; 1839-1928)가 경영하는 영화서관(英華書館)에서 영어를 배웠다. 1868년, 상해 화생상다잔(和生祥茶棧)에 가서 통사(通事)를 담당하고, 이 다잔(茶棧)을 경영하였으며, 동시에 영태박선공사(榮泰駁船公司)도 운영하였다. 1873년, 영국인이 경영하는 태고륜선공사(太古輪船公司)가 개설되었는데, 이듬해 그는 이 회사에 총리(總理)로 임명되어 중요한 역할을 담당했다. 이와 동시에 우장(牛庄), 상해 등지에서 상호(商號, 옛 상점의 일종)와 전장(錢庄, 개인 금융업소)을 개설하여 부유한 매판 상인이 되었다. 청나라의 부유한 상인들은 관직도 갖고 있었는데, 정관응도 예외가 아니었다. 그는 여러 번 연관(捐官)[6]을 했으며 벼슬은 도원(道員)[7]까지 올라 상해의 부유한 유명 인사가 되었다.

광서(光緖, 1874-1908) 초년부터는 청나라 정부가 개설한 기업에서 겸직을 하기 시작했다. 1878년과 1880년에는 상해기기직포국(上海機器織布局)의 개설을, 1881년에는 상해전보분국(上海電報分局)의 개설을 협조했으며, 1882년에는 태고륜선공사를 떠나 북양대신(北洋大臣) 이홍장(李鴻章)의 위임을 받아 윤선초상국(輪船招商局)의 방판(幫辦: 부총재)을 맡았다. 그가 매판 직무를 포기하고 중국 근대 기업의 창립에 투신한 것은 민족 경제를 진흥시키고 국가 권리를 되찾고 싶은 생각에서 비롯된 것으로 보인다.

정관응이 윤선초상국에 부임했을 당시는, 윤선초상국의 운영이 가장 어려웠던 시기였다. 그는 당시의 실정을 분석하고 '현명한 사람을 임용하기', '소모를 감소하기' 등과 같은 16개 항의 구폐대강(救弊大綱)을 제정하며 윤선초상국과 경쟁하는 이화(怡和), 태

따르면 도광(道光) 22년 6월 17일 자시(子時) 즉 서기 1842년 7월 24일이다. 후에 발견된 정관응의 '정옹맥조방보'(鄭雍陌祖房譜)에 정관응에 대한 기록이 다음처럼 나와 이런 사실을 확인해 준다: 官應公, 字正翔, 號陶齊。文瑞公次子列貢生, 侯遷分巡道, 二品頂戴, 賞戴花翎, 署理廣西左江道, 歷辦各省賑務, 傳旨嘉奬, 敕令原籍督撫採入省縣志乘, 著有 '盛世危言'一書, 由蘇藩鄧方伯進呈, 奉旨留覽。生於道光二十二年壬寅六月十七日, 卒於民國十年辛酉五月初七日, 享壽八十。

사망연월일도 자료들마다 1921년, 1922년 등 다양한데 하동원 교수는 1922년 5월로 추정하였으나 위 자료에서는 중화민국 10년 5월 7일(1921년 6월 12일)로 밝히고 있다. 鄧景濱(1994)의 '鄭觀應考證兩則' 참고.

6. 연관(捐官)은 청나라 때, 돈으로 관직이나 공명첩(空名帖: 관직명과 이름을 적지 않은 사령장)을 사는 것을 가리킨다.
7. 청대에 성(省)급 각 부처의 장관이나 또는 각 부, 현의 행정을 감찰하는 관리. 존칭은 '도대'(道臺).

고(太古) 양행(洋行) 등과 가격 동일 계약을 맺어 윤선초상국의 업무는 호전되었고, 그는 총판(總辦)으로 승진되었다.

정관응은 손문(孫文)과도 교류하였다. 1883-1885년의 중불(中佛) 전쟁으로 손문은 청나라 정부의 부패와 무능을 목도하면서 반청사상(反淸思想)과 자산계급 정치를 통해 중국을 개혁하겠다는 사상을 불러일으켰다. 그래서 그는 자주 반청 관련 언론을 발표하면서 초기의 개량주의자인 정관응 등과 교류를 가졌다.

'화교'(華僑)란 단어도 청말 무렵부터 쓰이기 시작했는데 1883년 정관응이 이홍장에게 준 한 편의 상신서 중에서 '남양각부화교'(南樣各埠華僑: 남양의 각 부두의 화교)라는 글이 발견되면서 유래된 것으로 추측된다. 하지만 중국인의 해외 이주는 훨씬 오래전 1400년 전의 고대에서부터 시작된 것으로 알려져 있다.

1884년 그는 월방(粵防) 군무대신(軍務大臣) 팽옥린(彭玉麟)의 임명에 따라 광동에 있는 월방(粵防) 상군(湘軍) 영무처(營務處)에 부임했고, 중불 전쟁 시 프랑스의 침략에 저항할 것을 주장했으며, 위험을 무릅쓰고 64일 동안 서공(西貢, 사이공), 태국(泰國) 등지에서 외적의 상황을 고찰하는 등 중불 전쟁에 많은 기여를 하였다.

정관응은 광동에서 홍콩으로 간 후, 태고양행(太古洋行)의 기소로 1년 동안 홍콩에서 감금되었다가 1891년 그는 개평매광국(開平煤礦局)의 총판(總辦)에 다시 기용되었다. 이듬해, 정부는 윤선초상국(輪船招商局)의 열악한 상황을 바꾸고자 성선회(盛宣懷)의 추천으로 그를 윤선초상국의 방판(幇辦)에 재임명하여 그는 10년 동안 경영하면서 경영 개혁을 함으로써 초상국의 외국 선박 상인과의 경쟁력도 어느 정도 향상되었다. 정관응의 재기는 성선회의 추천 덕분이라 그는 성선회와 깊은 우의를 나누었으며 1896년 성선회가 적자의 한양철창(漢陽鐵廠)을 인수하자 성선회를 돕고자 공장의 총판을 맡아 헌신하였다. 1897년부터 1903년까지 월한철로(粵漢鐵路)의 총동(總董: 총주임을 말함), 상해 주재 길림광무공사(吉林鑛務公司)와 상해의국(上海醫局)의 총동(總董) 직책을 역임했다.

1903년에 정관응은 광서(廣西) 순부(巡府) 막중(幕中)에서 영무처(營務處) 회판(會辦)이 되었고, 그 후 좌강도(左江道)로 임명되었다. 그 해 6월, 그는 성선회의 추천으로 광동 월한철로(粵漢鐵路) 광동구지국(廣東購地局)의 총판이 되었다. 그때는 광동, 호북, 호남 등지의 백성들이 '미국 차관을 이용한 월한철도 건축 계약을 폐지하라'는 운동이 고조되던 시기이었다. 정관응은 글을 통해 중국의 주권을 침해하고, 중국 인민을 압박하는 미국의 행위를 비판하면서 협상에 적극적으로 참여하여 애국 열정을 보여 주었다. 월한철도의 건설 권리가 회수된 다음에 광동, 호북, 호남 등의 성(省)이 자금을 출자하여 철도를 건설해야 되기에 많은 문제에 부딪쳤다. 이때 정관응은 주식 발행법으로 자금을 모으자는 제의를 했다. 이 방법은 많은 민중들의 지지를 받았고 몇 개월 만에 800여 만 원의 자금을 모을 수 있었다. 그러나 이때 남의 모함으로 누명을 썼고, 새로 부임한 양광총독(兩廣總督) 주복(周馥)도 그에게 압력을 주자 어쩔 수 없이 사직하고 마카오로 돌아갔다.

1908년 그는 다시 광동총상회(廣東總商會)의 협리(協理), 공예원(工藝院), 보험(保險)회사의 이사로 뽑혔다. 1909년 그는 세 번째로 윤선초상국(輪船招商局)으로 돌아갔다. 당시 윤선초상국은 원세개(袁世凱)의 휘하에 있었지만 원세개가 파면되자, 성선회는 이사들의 불만을 이용하여 윤선초상국을 다시 자기의 손에 쥐고 싶었다. 정관응도 다시 성선회 지지자의 신분으로 이 분쟁의 소용돌이 속에 말려들게 되었다. 그는 이사 중의 한 명으로서 이사회를 통하여 초상국을 '상판'(商辦)에 소속하게 하려고 노력해 보았다. 1910년 11월, 그는 하문초상국(厦門招商局) 총판으로 위임되었고, 이듬해 상해초상국(上海招商局) 직사(職事) 계사(稽查)의 회판(會辦)으로 임명되어 위기에 처하고 있는 초상국을 유지할 수 있었다.

1911년에 무창(武昌) 봉기가 발생한 후 1912년에 양자강 연안 각 분국(分局)에서 순찰하던 정관응은 상해로 돌아가 초상국을 이끌었다. 1913년 5월 초상국은 상해에서 이사회를 열어 그를 이사로 뽑았다. 1914년에 그는 노쇠하다는 이유로 사직서를 내고 편안한 만년을 보내려고 마음먹었다. 그때부터 정관응은 교육 사업에 심혈을 기울였다. 장기간에 걸쳐 초상국 공학의 학교 주재 이사, 상해 상무중학교(商務中學校)의 명예 이사 등의 직책을 역임하였고 그리고 중국 최초의 여자 학당인 조경정녀학(棗經正女學)을 창설하였다. 그는 상업계에서 얻은 높은 명망으로 1919년 6월 초상국 이사회 때 다시 당선되었다.

신해(辛亥) 혁명 이후, 원세개가 혁명의 성과를 탈취하였고 북양 군벌이 부패한 통치를 행하기 시작하였다. 엄혹한 사회 현실에 정관응의 개량 사상은 연달아 좌절을 직면하게 되어 정신적인 해방을 얻고자 그는 만년에 '凡入世出世之方 治家治國之道 當學金人之三 緘其口 敬謝親友 覓地潛修'[8]하겠다면서, 굳이 개량 사상에서 사회를 구하는 방법을 찾기보다는 신령에게 빌고자 종교를 믿기 시작했다. 1921년 6월 12일 80세의

8. 鄭觀應, 致万雯軒先生書 [夏東元(1988), 鄭觀應集(下), 86쪽]

정관응은 상해 제란교초상공학(提籣橋招商公學)의 숙소에서 서거하였다. 이듬해 그의 영구(靈柩)는 마카오로 이장되었다.

근대 개량주의자인 정관응은 '구시게요'(救時揭要, 1862), '이언'(易言, 1880), '성세위언'(盛世危言, 1894), '성세위언 후편'(盛世危言後編, 1909), '남유일기'(南游日記, 1884), '서행일기'(西行日記, 1911) 등 많은 저술을 남겨 주었다. 이상과 같은 정관응의 생애는 서울대 규장각 소장 '이언'의 저자 해설에 다음과 같이 잘 요약해 놓았다.

> 정관잉[鄭觀應, Cheng Kuanying]
> (병음식 표기) Zheng Guanying. (웨이드식 표기) Cheng Kuanying. 1842-1922.[9]
> 중국 근대 개량파 정치평론가. 자는 정샹[正翔], 호는 타오자이[陶齋]. 광둥 성[廣東省] 향산[香山 지금의 중산 현(中山縣)] 사람이다. 1858년 상하이[上海]에서 영국 회사 태고양행(太古洋行)의 매판을 맡았고, 상업 경영에 투자하기도 했다. 1880년 이후 계속해서 상하이 기기직포국(機器織布局), 상하이 전보분국(電報分局), 윤선초상국(輪船招商局) 총재를 역임했다. 1884년 청·프전쟁 중 이홍장(李鴻章)의 온건한 투항 정책에 반대하여 양무파(洋務派)의 배척을 받았다. 1880년대에서 1890년대 초에 걸쳐 점차로 유신개량(維新改良) 사상이 형성되어갈 때, 그는 자신의 정치적 입장을 담은 글들을 많이 발표하여 외세의 침략을 막음으로써 변혁을 이루자고 선전했다. 의원제의 실행과 상공업의 발전을 주장했다. 상업 보호 정책을 요구하여 세관을 되찾고 보호 관세 제도를 채택하라고 정부에 요구했다. 이러한 주장들은 당시 정치 사상계에 커다란 영향을 끼쳤다. 1896년 한양(漢陽) 철강공장의 총재직을 맡았고, 1906년에는 광저우[廣州]와 한커우[漢口]를 잇는 웨한 철도[粵漢鐵道]의 총재직을 역임했다. 중화민국 성립 후에는 상업 활동에 종사하면서 교육 사업에도 힘썼다. 저서로 '구시게요'(救時揭要), '이언'(易言), '성세위언'(盛世危言) 등이 있다.

2.2 정관응의 근대화 사상

정관응은 중국 근대화를 처음 제창한 사람이 아니지만, 처음으로 이론과 실천을 결합시키고 중국의 근대화 노선을 전면적으로 모색한 사람이라고 할 수 있다.

정관응 이전에 위원(魏源), 풍계분(馮桂芬) 등도 중국의 근대화 노선에 대하여 나름대로 고민하였고, 대범한 탐색을 해보았지만 그들이 서방 세계를 인식하는 안목은 많은 제한을 갖고 있었다. 그들과 달리 정관응은 중국 근대화의 전제 조건에 대하여 귀중한 탐색을 했을 뿐만 아니라 중국 근대화의 내용과 방법에 대해서도 전면적이고 체계적으로 풀어갔다. 정관응의 근대화 사상은 크게 정치, 경제, 교육의 3대 체계로 정리할

---

9. 사망연도는 앞에 밝힌 대로 1921년이 옳다고 보나 규장각 카드 기록에는 1922년으로 나온다.

수 있다.

첫째, 정치 제도에서 그는 내치와 외치의 경우, 내치에서는 의회제도를 도입하여 의정원(議政院)을 설치하고 민심을 반영하는 입헌군주제를 실시하는 것이 중국 근대화의 선결 조건이라고 보았다. '이언'의 '론 의정'(論議政)에서 "즁국이 우흐로 삼딕의 유풍을 본밧고 아릭로 태셔에 어진 법을 의방ᄒᆞ야 민졍을 몸쇼 ᄉᆞᆲ히며 즁인(衆人)의 의론을 널니 키여 상하로 간격이 업시 ᄒᆞ고 신민으로 이동(異同)이 업시 ᄒᆞᆫ즉 길게 다ᄉᆞ리고 오릭 편안ᄒᆞᆯ 방도를 진실노 미리 긔필ᄒᆞ리로다"(上效三代之遺風 下仿泰西之良法 体察民情 博采衆議 務使上下无格之虞 臣民泯异同之見 則長治久安之道 有可預期者矣)라고 하면서 본받으려는 태서의 어진 양법은 민주주의와 법치주의이다. 그는 실업의 융성과 쇠퇴는 정치에 달려 있으므로 정치를 개량하지 않으면 실업은 융성할 수 없다고 보아 서구적 민주 정치 변혁을 중국의 근대화의 전제 조건으로 보았다. 외치를 위한 외교 전략도 '론 교섭(交涉), 론 변방(邊防), 론 련병(練兵), 론 화긔(火器)'에서 외교력과 함께 막강한 무기를 갖춘 강군 육성을 제안하여 군사교육의 근대화를 주창하고, '론 수사(論水師), 론 선정(船政)'에서는 강한 해양국 건설을 위해 강한 수군 육성과 조선업(造船業)을 다루었다.

특히 '이언'에서 '론 공법'을 첫 장으로 제시한 것은 정관응이 국제외교를 중시하여 오늘의 국제법에 해당하는 만국공법(萬國公法)의 수용을 그만큼 중시한 때문인데, 그는 중국 율례(律例)를 만국공법의 별류(別類)로 포함시켜야 한다고 주장하면서 만국공법을 통해 세계가 화해의 국면으로 접어들고 병란도 점차 감소될 것으로 전망하였다. 만국공법 체계도 이해하지 못할 정도로 중국이 국제 정세의 파악에 뒤져 있다고 생각한 저자는 '론 교섭' 장에서 군기대신(軍機大臣)이나 남북양대신(南北洋大臣) 등이 서양 정세를 몰라 교섭에 문제가 발생된다고 하면서 유능한 자를 대신으로 임명하여 각국 정세의 파악에 주력해야 한다고 주장하였다.

둘째, 경제 제도에서 그는 '공상 입국(工商立國), 부강구국(富强救國)'에 목표를 두고 근대산업민주주의 국가 건설을 향한 이론적 근거를 제시해 주었다. 초기의 개량주의 사상가들 중에 정관응은 남보다 일찍 체계적인 경제 근대화의 내용, 방법, 목적을 논의하였으니 '이언'에 나오는 '론 셰무(稅務), 론 샹무(商務), 론 기광(開鑛), 론 화거(火車), 론 뎐보(電報), 론 기간(開墾), 론 긔긔(機器), 론 션졍(船政), 론 주은(鑄銀), 론 우졍(郵政), 론 챠관(借款)' 등의 내용은 그의 경제 개혁과 산업 발전의 구체적 청사진을 보여 준다.

그는 '구시게요'(救時揭要)에서 양무파(洋務派)의 관판(官辦) 정책은 상인들의 자주권 행사를 방해하였고 국력을 약화시켰다고 비판하면서, 선박이나 기계를 상인에게 제조하게 하면 국가에 유익하다고 주장하였다. '이언'에서는 자본주의 상공업을 발전시켜야 강국이 된다고 주장하였다. '성세위언'에서는 외적을 물리치려면 자신이 먼저 부강해야 하고, 자기가 부강하려면 우선 부유해야 하며, 부유하게 살려면 상공업을 진흥해야 하고, 상공업을 진흥하려면 우선 학교를 개설하고, 헌법을 제정하며 도덕을 존중하고 정치를 개량해야 한다고 주장하였다.

부(富)의 확보를 위한 방법론은 저자가 가장 많은 지면을 할애한 부분으로 이를 위해 무역을 비롯하여 광산 개발, 각종 기계 도입 문제 등을 거론하였다. 부에 대한 저자의 관심은 강병의 요체가 재정 확보에 있다는 문제의식과 깊이 관련된다. 이러한 부국강병론은 관중(管仲, ? – 기원전 645)의 부국강병론과 통하는 것으로 관중의 패도정치(覇道政治) 사상에 영향을 받은 것으로 보인다. 가령, 정관응은 '讀管子有感'이란 단시(短詩)를 남겼는데 "非富不能强 非强不能富 富强互爲根 當國宜兼顧"라는 20자의 짧은 시 속에 그의 '富'와 '强'에 대한 집념을 볼 수 있다. 실제로 '이언'에는 관중의 사상을 담은 관자(管子)에서 인용한 구절이 다음과 같이 나온다.

· 고인(古人)이 말숨을 두듸 군ᄉᆞ는 정(精)ᄒᆞᆫ 듸 잇고 만흔 듸 잇지 아니ᄒᆞ며 쟝슈는 모략에 잇고 용밍에 잇지 아니ᄒᆞ다 ᄒᆞ니 (古人有言 兵在精而不在多 將在謀而不在勇, 론 련병, 3:56ㄱ)
· 관지(管子ㅣ) 말숨을 두듸 창름(倉廩)이 실(實)ᄒᆞ여야 례졀을 알고 의식이 족ᄒᆞ여야 영욕(榮辱)을 안다 ᄒᆞ니(管子有言 倉廩實而知禮節 衣食足而知榮辱, 론 렴봉, 4:27ㄱ)

셋째, 교육 제도에서 그는 정치, 경제 제도의 정착을 위하여 인재 육성의 교육 제도를 중시하였다. 이를 위해 '이언'의 '론 양학(洋學)'에서는 서학(西學)을 중시하고 격치(格致)를 제창하며 '론 고시'(考試)에서는 신식(新式) 인재의 양성에 관심을 기울였고 인재 양성의 제도와 방법을 설계하였으며 인재와 문화를 근대화시키고자 탐구하였다. 그는 국가의 부강과 과학 기술, 인재 양성과의 내적 관계를 인식하였으므로, 당시에 유명무실한 글을 숭상하고 고전에만 의존하며 서학을 거부하는 환경 속에서 신식 학교를 설립하고 과학 기술형의 실용적 인재를 양성하는 데 실천적으로 앞장섰다. 그의 사상은 한마디로 사람의 근대화와 문화의 근대화라는 두 가지 문제에 집중하였다. '론 고시(考試), 론 리치(吏治), 론 렴봉(廉俸), 론 서리(書吏)' 등에서 관리 선발의 개혁과 청렴한 관리상을 제시하였다.

정관응은 중국 근대화의 이론을 다각도로 모색했을 뿐만 아니라 중국 근대화의 산업 현장에 적극적으로 투신하였다. 17세의 나이로 상해 보순양행(寶順洋行)에서 매판(買辦: 외국인과 중국인 사이의 거래를 위해 외국 기관에 고용된 중국인)을 시작했을 때부터 80세의 고령으로 상해 제란교초상공학(提籣橋招商公學) 숙소에서 서거할 때까지 수십 년 동안 수많은 기업에서 일했고, 기업의 근대화 과정에서 놀라운 식견과 비범한 재능을 보여 주었으며, 근대 기업의 창설과 발전, 신식 학교의 창설과 실용적 인재의 양성에 중요한 기여를 하였다. 특히 그의 문화 개혁을 위한 정신 개혁, 생활 도덕, 종교 문제에 대한 견해는 '론 아편(阿片), 론 허비(虛費), 론 전교(傳教), 론 과족(裹足)' 등을 통해 살필 수 있다.

한마디로 정관응은 구체적 실천 수행에 힘쓰고 진리를 추구한 사람이다. 그는 한평생을 '부강구국'(富强救國)을 위한 중국 근대화의 실현에 진력하였다. 그는 사상가이기도 하지만 사상을 실천으로 이끈 사람이었다. 그러기에 19세기 말에서 20세기 초, 사회 풍조가 아직 개화되지 못한 그 시기, 정관응의 언행은 당시의 동료와 후배들을 함께 격려해 줄 수 있었다.

2.3 '이언'의 저술 배경 및 의의

제2차 아편 전쟁 기간, 청나라 정부는 무력의 압력으로 영국, 프랑스, 러시아, 미국 등과 불평등한 조약을 맺음으로써 중국으로 하여금 영토를 할양하고 금물을 배상하는 굴욕을 겪게 하였다. 정관응은 이에 매우 큰 충격을 받아 그때부터 서양의 정치와 산업을 연구하여 점차적으로 사회 개량 사상을 형성하였다.

선교사 존 프라이어(John Freyer)로부터 영어를 배운 뒤 상해, 홍콩 등지에서 약 30여 년간 외국 상사의 매판(買辦)으로 일하면서 그는 직업상 서양인들과 많은 교제를 하고 또 홍콩에서 발행되던 신문을 볼 수 있어서 서양 문물에 대한 지식을 습득하고 아울러 중국의 당면 문제에 대해서도 깊은 관심을 갖게 되었다. 정관응은 자신이 습득한 지식과 문제의식을 바탕으로 24편의 글을 모은 '구시게요'(救時揭要, 同治 元年 1862)를 발간하여 불법적인 중국 노동자 송출과 노동자 학대 문제를 해결하도록 정부에 요구하고 아편을 금지하며 선행을 권하고 이 책의 '論中國輪船之進止大略'이라는 장에서는 근대 해상 운송업을 발전시키자는 주장을 피력하였다. 관영 조선 기업에 존재하는 폐단에 대하여 그는 '官造'를 '商造'로 바꿔야 하며 민간 경쟁을 주장하고 서양 자본주의를 따르기를 희망하였으나 그의 사회 구제 주장은 여전히 설득력이 낮았다. 그는 사회의 성쇠는 곧 인심의 선악으로 귀결된다고 보아 아직 '권선적덕(勸善積德), 선악보응(善惡報應)'이라는 도덕주의 설교 수준을 벗어나지 못했다.

이후 정관응의 사상에 많은 변화가 발생했고 비교적 체계 있는 사회 개량 주장을 형성하면서 '신보'(新報)라는 신문에도 자신의 견해를 발표하는 등 구체적인 활동을 벌여 나갔는데 정관응의 기본 관심은 중국의 부국강병이었으며 '이언'은 이러한 구체적 방법론을 제시한 책이다. 정관응은 '이언'의 서문에서 동치(同治) 경오년(庚午年, 1870)과 신미년(辛未年, 1871)에 시간적 여유가 있어 많은 서적을 섭렵하고 원고를 썼는데 좀 더 내용을 다듬고자 하였지만 친구가 가져가 신문지상에 발표하기도 하고 혹은 다른 사람의 문견록에도 수록되어 비루한 소견이 드러나 항상 마음에 걸렸던 차에 용기를 내 책을 간행하게 되었다고 밝히고 있다. '易言'이라는 제목은 '시경'(詩經)의 '소아편'(小雅篇)에 있는 말로 쉽게 따라서 말하지 말라는 뜻의 "無易由言"이라는 구절에서 따온 것인데 '시경'에서는 쉽게 말하지 말라고 하였지만 자신은 쉽게 이야기한다는 겸손의 뜻이 담겨 있다.

동치(同治) 시대에 시작하여 광서(光緖) 6년(1880)에 간행된 '이언'은 그의 개량 사상의 형성을 반영하는 중요한 책이다. '이언'은 '구시게요'(救時揭要) 중의 '선악보응'이라는 소극적 요소를 지양하고, 개혁을 요구하는 사상과 서양을 배우자는 적극적 정신을 강조하고 있다. 그가 이 책 'ᄌᆞ셔'(自序)에서 "금셰에 도롤 말미암아 금셰의 풍쇽을 변통ᄒᆞ려 ᄒᆞ면 맛당히 녯 법을 볼 거시니 ᄌᆞ연이 먼 데 물졍을 무러 그 쟝기(長技)롤 스승ᄒᆞ야 그 단쳐(短處)롤 치며 그 밋는 바롤 아술지라"(由今之道 變今之俗 宜覽往古法 自然諏遠情 師長技攻其所短 而奪其所恃)라고 언급한 것이 바로 이 책의 저술 취지이다.

'이언'의 행간에는 애국주의 정신이 충만해 있다. 정관응은 'ᄌᆞ셔'에서 밝히듯, 중국의 진로는 "일언이폐지ᄒᆞ고 뎨일은 스ᄉᆞ로 강ᄒᆞ게 ᄒᆞ는 것만 ᄀᆞᆺ지 못ᄒᆞ니"(一言以蔽之曰 莫如自强爲先) 오직 '자강'(自强)에 있다고 보았다. 그의 '자강'은 양무파가 주장하는 일방적 군사 공업 흥성의 '자강'이 아니라 본국 자본주의 상공업 경제를 발전시키자는 주장이다. 그는 '이언'에서 자본주의 경제를 발전시키는 구체적 방법을 다루어 중국에서 상업이 융성하지 못한 원인은 정부 관리들의 약탈과 관청의 부패한 악습에 있으니 상인에게 기업 경영의 자주권을 주면 이런 폐단은 충분히 피할 수 있다고 하였다.

정치 개혁에 대하여 그는 의정원(議政院)을 설립하는 주장을 제기하였고 봉건 독재 제도의 폐단을 비판하였으며 사회 질서가 요순 시대처럼 장기적으로 안정되어 태평이 유지되기를 간절히 바라고 있었다.

'이언'이 완성된 후, 정관응은 원고를 홍콩에 있는 유명한 변법자강론자(變法自强論者)이며 중국 언론의 선구자로 중국 고전의 영역(英譯) 학자인 개화 인사 왕도(王韜)에게 보냈는데, 왕도는 이 원고를 읽고 탄복을 금치 못하여, 그가 주관하는 중화인무총국(中華印務總局)에서 발행하게 하였다. 왕도는 서문을 광서 원년(1875)에 쓰고, 발문도 광서 6년(1880)에 써서 그의 오랜 관심을 알 수 있다. 이러한 과정을 거쳐 나온 '이언'은 '시국을 구하는 양약'(救時之良藥)이라는 평가를 받았고 나중에 조선, 일본에 전해져 우리 지식인들에게도 큰 영향을 주었다.

정관응은 '이언' 완성 이후에 계속 자기의 사상을 심화시켜 1894년에 또 하나의 저서 '성세위언'(盛世危言)을 완성하고 계속 보완하여 1895년에 '성세위언증정신편'(盛世危言增訂新編)을 내고 1909년에는 '성세위언 후편'까지 내는데 이들은 '이언'과 유사한 내용으로 '이언'을 기초로 하여 증보 정리한 것이다.[10] 요컨대, '구시게요'(救時揭要, 1862)를 시작으로 '이언'(易言, 1880)을 거쳐 '성세위언'(盛世危言, 1894)에 이르는 사상적 심화 과정에서 '이언'은 중간에 위치하며 '이언'을 통해 관통하는 정관응의 기본적인 태도는 서양 문물은 적극 수용하되 정신적인 부분은 중국의 전통적인 것을 고수한다는 것으로, 왕도(王韜)는 발문에서 정관응이 바꾸려고 한 것은 그릇[器]이지 도

---

10. '구시게요(救時揭要), 이언(易言), 성세위언(盛世危言)' 등의 저술은 원본들이 전하여 '이언'은 중화서국간본이 전하고, '성세위언'은 '속수사고전서'(續修四庫全書)에 영인되어 있고 구두점을 표시한 현대의 표점본(標點本)은 중국에서 夏東元 編(1982, 1988) '鄭觀應集'(上·下)에 수록되어 있다. 夏東元 編, '鄭觀應集' 상권에는 '구시게요, 이언 36편본, 이언 20편본, 성세위언증정신편 14권본'과 월남 방문기인 '남유일기'(南游日記)와 중국 주요 도시를 방문한 '서행일기'(西行日記)가 실려 있다. 특히 '이언' 집필 이후 10여년이 지나면서 정세 문물이 많이 변하여 '이언'을 지속적으로 수정 집필해 온 결과로 나온 '성세위언'은 광서 18년(1892)에 쓴 '성세위언'의 자서(自序)로 보아 이때 탈고된 것으로 보인다. 현재 5권본, 14권본, 8권본이 20여 종의 판본으로 전하는데 광서 20년 간본(1894, 전5권)을 시초로, 광서 21년 간본(1895, 전14권)인 '성세위언증정신편'(盛世危言增訂新編), 광서 23년 간본(1897, 전14권)인 '증정성세위언신편'(增訂盛世危言新編), 광서 26년 간본(1900, 전8권)인 '성세위언증정신편'(盛世危言增訂新編) 등이 있는데 이들은 목차의 단원별로 위치 변화가 크다. 夏東元 編, '鄭觀應集' 상권에는 14권본을 기준으로 5권본과 8권본의 내용을 비교 교감하여 주를 달았다.
夏東元 編, '鄭觀應集' 하권에는 '성세위언 후편(盛世危言 後編), 향산정신여당치학노인촉서(香山鄭愼余堂待鶴老人囑書)와 그의 시가를 싣고 부록에 '치학산인사략'(待鶴山人事略), '정관응연보간편'(鄭觀應年譜簡編)을 표점하여 실었다. '성세위언 후편'(전15권)은 이전에 나온 '성세위언증정신편'에 관련되는 자료들을 대거 보충하여 1909년에 펴낸 것으로 '도술(道術), 학무(學務), 입헌(入憲), 정치(政治), 군무(軍務), 개간(開墾), 공예(工藝), 상무(商務), 철로(鐵路), 선무(船務), 광무(礦務), 전보(電報), 철창(鐵廠), 진무(賑務), 잡저(雜著)'의 15개 주제를 15권으로 펴냈다.

(道)가 아니라고 밝히고 있다. 그런 점에서 '이언'은 동도서기(東道西器)의 정신을 충실히 담은 서적으로 평가할 수 있다.

한편, '이언'에서는 중국 개화 방책뿐만 아니라 국제정치외교사에서 당시 시대 상황을 엿볼 수도 있다. 가령 '론 변방' 편의 다음 내용은 당시 중국 지식인의 미국, 영국, 독일, 러시아 등 유럽국가들과 일본에 대한 평가가 나오는데 미국과의 우호와 일본을 경계하는 표현이 보이고 조선을 '고려국'이라 하며 조공 관계를 언급하고 있다.

> "즁국 폭원(幅員)의 너르믄 녜로븟허 쇼연ᄒᆞ미니 십팔 싱을 통합ᄒᆞ고 수만 리ᄅᆞᆯ 죵횡ᄒᆞ며 ᄯᅩ ᄂᆡ외 몽고국이 잇셔 븍방을 호위ᄒᆞ고 신강(新疆)과 회뷔[디명] 셔역에 번병(藩屛)이 되고 셜산과 총령이며 셔장과 청ᄒᆡ 등디가 다 판도의 드러 우리 즁원을 호위ᄒᆞ며 월남과 셤라와 류구와 고려 졔국이 칭신(稱臣)ᄒᆞ고 죠공 아니ᄒᆞ미 업셔 ᄒᆞᆫ가지로 디구에 버러 이시니"(3:1ㄱ)
>
> "이졔 양인이 형셰ᄅᆞᆯ 밋고 죵횡ᄒᆞ야 흔단을 보와 움즉이ᄆᆡ 아국(我國)은 그 협졔(脅制)ᄒᆞᆷ을 밧고 외로이 잇셔 구원이 업ᄉᆞ니 ᄆᆞᆺ당히 일즉 도모ᄒᆞᆯ지라 약됴 즁 각국을 샹고ᄒᆞᄆᆡ 기즁 강셩ᄒᆞᆫ 쟈ᄂᆞᆫ 영국만ᄒᆞᆫ 이 업고 미국(美國)과 법국(法國)과 아라ᄉᆞ(俄羅斯)ᄂᆞᆫ 다 족히 샹젹(相敵)ᄒᆞᆯ 만ᄒᆞ나 그러나 영국 사ᄅᆞᆷ은 험ᄒᆞ고 사특ᄒᆞ며 법국 사ᄅᆞᆷ은 용력(勇力)잇고 ᄉᆞ오나와 셰력으로 셔로 ᄃᆡ뎍(對敵)ᄒᆞᄂᆞ니 ᄯᅥ나고 합ᄒᆞᄂᆞᆫ 곡졀이 실노 편안ᄒᆞ고 위틱ᄒᆞᆯ 긔틀이 관계ᄒᆞ엿고 아라ᄉᆞᄂᆞᆫ 형승지디(形勝之地)의 웅거ᄒᆞ야 군ᄉᆞᄅᆞᆯ ᄡᅳᄆᆡ 긔률(紀律)이 엄ᄒᆞ야 오죽 디경을 ᄀᆡ쳑ᄒᆞ기로 위쥬ᄒᆞᄂᆞ니 졔국의 긔탄(忌憚)ᄒᆞᄂᆞᆫ 빈 되고 더옥 즁국의 근심ᄒᆞᆯ 빈 되니 ᄆᆞᆺ당히 밧그로 화친ᄒᆞ고 안흐로 방슈지칙을 엄히 ᄒᆞ야 죠곰도 소홀이 못ᄒᆞᆯ 거시오 미국은 신(信)을 잡고 례(禮)ᄅᆞᆯ 직희며 풍쇽이 슌후(淳厚)ᄒᆞᆫ지라 즁국으로 더브러 본ᄅᆡ 혐의 업ᄉᆞ니 ᄆᆞᆺ당히 셔로 더브러 셩심(誠心)을 미뤼고 공도(公道)ᄅᆞᆯ 여러 화친ᄒᆞᄂᆞᆫ 일을 힘ᄡᅧ 도타이 ᄒᆞᆯ 거시니 일이 이시면 젹이 일비지력(一臂之力)을 ᄌᆞ뢰(資賴)ᄒᆞᆯ 만ᄒᆞ고 일이 업ᄉᆞ면 구원ᄒᆞᄂᆞᆫ 셩셰(聲勢)ᄅᆞᆯ 먼니 빙쟈(憑藉)ᄒᆞᆯ 거시오 일본인즉 그르시 젹으ᄆᆡ 차기 쉬워 스ᄉᆞ로 큰 톄ᄒᆞ기ᄅᆞᆯ 죠하ᄒᆞᄂᆞ니 즁국이 ᄆᆞᆺ당히 엄히 방비ᄒᆞ야 연ᄒᆡ(沿海) 각쳐에 군ᄉᆞᄅᆞᆯ 만히 두어 그 간교ᄒᆞᆫ ᄆᆞ음을 막으며 즁국 ᄉᆞ신을 변방 디경의 머믈너 두어 셩긔(聲氣)ᄅᆞᆯ 통ᄒᆞ게 ᄒᆞ고 만일 법을 멸시ᄒᆞ고 약됴ᄅᆞᆯ ᄇᆡ반ᄒᆞᄂᆞᆫ 등ᄉᆡ(等事ㅣ) 잇거든 ᄉᆞ신을 보ᄂᆡ여 의리로 썩거 ᄒᆞ야곰 두려워ᄒᆞ야 항복ᄒᆞ고 감히 방쟈히 힝치 못ᄒᆞ게 ᄒᆞ야 뎡ᄒᆞᆫ 디경을 직희고 잇게 ᄒᆞᆯ 거시니 방되(方道ㅣ) 이밧긔 업ᄉᆞ리라"(3:5,6)
>
> "고려와 월남국이 ᄌᆞᄅᆡ(自來) 공슌(恭順)ᄒᆞ기로 인ᄒᆞ야 번병을 삼앗시니 ᄆᆞᆺ당히 대관(大官)을 갈히여 보ᄂᆡ여 그 리해를 ᄉᆞᆲ혀 보며 그 형셰를 샹고ᄒᆞ야 통상ᄒᆞ고 금은뎜 ᄀᆡ광(開礦)ᄒᆞᄂᆞᆫ 등ᄉᆡ(等事ㅣ) 가히 ᄌᆞ뢰ᄒᆞ야 부강ᄒᆞ게 ᄒᆞᆯ 만ᄒᆞ면 그 나라흐로 ᄒᆞ야곰 ᄎᆞ례로 거힝ᄒᆞ게 ᄒᆞ고"(3:9ㄱ)

2.4 '이언'의 서지(書誌)와 내용 구성

'이언' 한글본은 4권 4책으로 연세대, 서강대, 국립중앙도서관, 일본 천리대 도서관에만 초간본으로 보이는 완본이 전하고, 국립중앙도서관의 또 다른 고본과 한국학중앙연구원(구 한국정신문화연구원) 장서각 고본으로 권4가 빠진 권1-3이 전한다. 연세대 한글본 권1-4, 국립중앙도서관의 두 가지 한글본(4권본, 3권본) 및 한국학중앙연구원의 한글본 권1-3은 전자 자료로 구축되어 인터넷상에서 원문 보기가 가능하며 서울대 규장각에는 한글본 서책은 없으나 한국학중앙연구원과 한글본 권1-3의 마이크로필름본을 공유하여 열람할 수 있게 되어 있고, 디지털 한글박물관에서도 국립중앙도서관의 권1-3을 스캔하여 공개하고 있다.

'이언' 언해의 과정에 대한 기록은 '고종실록', '승정원일기' 등의 자료나 '이언' 한글본 속에 따로 밝히고 있지 않아 한글본의 간년(刊年)은 미상(未詳)이나 이광린(1969ㄴ)의 고증에 따르면 '이언'에 관심이 컸던 때가 1880년대 초이므로 1883년 한문본 복간 직후 언해가 된 것으로 보는데 우리도 이에서 더 진전된 정보를 얻지 못한 상태이다. 당시 중국의 세계 지리학 수준을 보여 주는 위원(魏源, 1794-1856)의 '해국도지'(海國圖志, 1844), 서계여(徐繼畬, 1795-1873)의 '영환지략'(瀛環志略, 1848)은 언해되지 않은 것과 달리 '이언'만이 언해된 점에서 이 책의 가치를 알 만하다(이광린 1969ㄴ:417).

한글본의 판 사항에 대해, 서강대본의 서지 정보는 목판본(木板本)으로 되어 있으나, 국립중앙도서관본은 4권 완본은 '고활자본(한글활자본)'으로 표시하고, 3권본(권4 결본)은 목판본으로 표시하여 같은 책을 달리 기록하고 있으며, 연세대 도서관의 서지 정보는 금속활자 정리자본(整理字本)이라 하였다. 또한 최현배(1940, 1976:188)에서도 활자본이라 하였고, 홍윤표 교수도 홍문각 영인본 해제에서 정리자(整理字) 신식활자본으로 기술하였으며, 한남대 장윤희 교수는 재주 정리자(再鑄整理字) 병용 한글자 판본으로 보았다. 한국학중앙연구원 장서각본 서지 정보는 신연활자본(新鉛活字本)이라 하였는데, 한국학중앙연구원의 황문환 교수와 옥영정 연구원은 이 정보가 잘못이라 하고 판심과 계선 사이가 모두 분리되어 있고 자형이 대부분 일치하기 때문에 장윤희 교수와 같은 의견으로 활자본으로 보고 활자는 정리자 활자본이라 판정하였다.[11]

---

11. '이언' 한글본의 서지 판정은 서지에 밝으신 연세대 홍윤표 교수, 한국학중앙연구원의 황문환 교수, 옥영정 서지 전문 연구원, 한남대 장윤희 교수의 도움말이 큰 도움이 되었다. 이분들의 도움에 깊이 감사드린다.
정리자판(整理字版): 청나라 사고전서(四庫全書)에 들어있던 강희자전(康熙字典)의 글자를 바탕으로 만든 나무 활자인 '생생자'(生生字)를 자본(字本)으로 하여 정조(正祖) 19년(1795)에 주성하기 시작하여 이듬해인 정조 20년에 완성시킨 큰 자 15만 자와 작은 자 14만 자의 동활자(銅活字)로 찍은 책을 정리자판(整理字版)이라 한다. 이 활자는 본시 '정리의궤통편'(整理儀軌通編)을 찍기 위해 주조(鑄造)한 데서 그 명칭이 붙여졌는데, 큰 활자는 글자체가 넓적하고 글자 획이 굵은 인서체(印書體)

한문본 '易言'은 상하(上下) 2책(冊)이며 중국에서는 36편본과 20편본이 발간되었다. 후자는 36편을 줄여 편집한 것으로 1882년에 나왔다. 국내에 전하는 것은 36편본으로 서울대 규장각, 연세대, 고려대, 서강대, 국립중앙도서관 등에 완본이 전하는데, 서울대 규장각에서는 마이크로필름본의 열람이 가능하고 국립중앙도서관본도 인터넷상에서 원문 열람이 가능하다. 현재 서울대 규장각에 소장되어 있는 한문본 '易言'은 두 종류로, 하나는 1880년 중화인무총국(中華印務總局)에서 간행한 금속활자(金屬活字) 전사자본(全史字本)으로 재간본(再刊本)이며 다른 하나는 그 재간본을 이용하여 고종 시대에 복각한 복각본(復刻本)으로 추정된다. 현재 한글본과 한문본의 국내 주요 소장처는 다음과 같다.

(1) 한글본

① 연세대 중앙도서관본

서명 · 저자 사항: 이언(易言). 杞憂生(淸) 著. **주제 분류 번호**: 354.2

판 사항: 金屬活字本(整理字 한글 활자). **발행 사항**: 刊寫地, 刊寫者, 刊寫年 未詳

형태 사항: 4卷 4冊. 四周單邊 半郭 22.3×15.1cm, 有界 10行 20字, 上下向白魚尾 32.1 × 20.2cm. [인터넷상에서 권1 – 4 원문 보기 제공]

등록번호: 40047608 – 40047611

연세대본에는 서지 해설에 다음과 같이 설명하고 있는데 언해 시기를 1884년경으로 보고 있으나 근거가 제시되어 있지는 않다.

> '이언'(易言)은 청나라 정관응(鄭觀應)이 청나라의 쇠퇴를 염려하여 서양의 정치·제도·국방·경제 등을 소개하여 국세를 만회시키고자 1880년에 한문으로 간행한 '이언'(易言)을 1884년경에 한글로 언해하여 간행한 책이다. 모두 4권 4책으로 되어 있으며 언해자는 알 수 없다. 서·자서·목록이 있고 그 뒤에 본문이 시작되는데, 권1에는 논공법(論公法)을 비롯하여 9개 조목이, 권2에는 논긔긔(論機

인 것이 특징이다. ('성균관대 동아시아학술원' 홈페이지 서지학용어 해설 재인용)

정리자본(整理字本)은 한자를 중심으로 붙인 명칭으로 정리자(整理字)는 1795년에 만들어 사용하다가 1857년 주자소의 화재로 모두 소실되어 다시 주조한 것이 '재주 정리자'와 '재주 정리자 병용 한글자'이다. 정리자와 정리자 병용 한글자가 사용된 대표적인 문헌은 '오륜행실도'(五倫行實圖, 1797)이고, 한글본 '이언'은 '재주 정리자 병용 한글자'로 간행된 것으로 본다. 재주 정리자 병용 한글자를 사용한 것에는 '신정심상소학'(新訂尋常小學, 1896)도 있다.

器) 등의 9개 조목이, 권3에는 논변방(論邊防) 등의 7개 조목이, 권4에는 논민단(論民團) 등의 12개 조목이 들어 있어서 모두 37개 조목으로 구성되어 있다. 끝에는 서문을 쓴 청나라 왕도(王韜)가 쓴 발문이 있다(이하 생략).

② 서강대 로욜라 도서관본

서명 · 저자 사항: 이언(易言). 鐵城 杞憂生 著. **판 사항:** 金屬活字本(整理字 한글 활자)

발행 사항: 刊寫地, 刊寫者, 刊寫年 未詳. **등록번호:** 056595, 056596, 056597, 057351

형태 사항: 4卷 4冊. 四周單邊 半郭 22.3 × 15.1cm, 有界, 10行 20字, 上下向白魚尾; 32.1 × 20.2cm

③ 국립중앙도서관본

[완본] **서명 · 저자 사항:** 이언(易言). 杞憂生 著. **판 사항:** 고활자본(한글활자본)

발행 사항: 刊寫地, 刊寫者, 刊寫年 未詳. **청구기호:** 조선총독부 고서분류표 古朝31

형태 사항: 4권4책. 四周單邊, 半郭: 22 × 15cm. 10行 20字. 上白魚尾; 31.9 × 20.0cm [인터넷상에서 권1 – 4 원문 보기 제공]

[결본] **서명 · 저자 사항:** 이언(易言). 杞憂生 著. **판 사항:** 목판본

발행 사항: 刊寫地, 刊寫者, 刊寫年 未詳. **청구기호:** 古6309 - 1

형태 사항: 3冊. 四周單邊, 半郭: 22.5 × 15.2cm. 10行 20字. 註雙行. 上白魚尾; 32.0 × 20.3cm. [인터넷상에서 권1 – 3 원문 보기 제공]

(국립중앙도서관에서는 다음 (3)③의 홍문각 영인본도 도서관 디지털자료실에서 권1-4 원문 보기를 제공하고 있다.)

④ 일본 천리대학 도서관본

서명·저자 사항: 이언 권 1-4. 긔우싱(淸)著. **판 사항:** 再鑄整理字 한글자版.

발행 사항: 高宗12(1875)印. **등록번호:** 分類 122.1-タ11

형태 사항: 4卷 4冊. 四周單邊, 半郭 22.4×15.2㎝ 有界, 半葉 10行 20字, 註雙行. 上內向白魚尾. 32.2×20㎝. 線裝(紅絲 4針綴 改裝) 楮紙. 卷首題 · 版心題:이언. 題簽:易言(原題簽). '日本 朝鮮學會'의 '朝鮮學報' 117(1985, 昭和 60) · 118(1986, 昭和 61)의 부록으로 영인되었음.[12]

⑤ 한국학중앙연구원 장서각본

서명: 이언(易言). 杞憂生 왕도(淸) 著.[13] **발행사항**: [高宗 年間(1875-1906)]

형태 사항: 線裝 3卷 3冊: 四周單邊, 半郭 22.3×15.2cm, 有界, 半葉 10行 20字, 註雙行, 上白魚尾; 32×20cm. 청구기호 K2-2099

개인 저자: 기우생 왕도(청). **판 사항**: 新鉛活字版

복제 주기: 마이크로필름. 릴; 35mm [마이크로필름본은 서울대 규장각에도 공유하여 열람 가능. 별도로 한국학중앙연구원 한국학 전자도서관에서 인터넷으로도 권1-3 PDF 공개본 원문 보기 제공]

(이 언해본과 별도로 권1, 권4로 된 전2책의 '이언' 언해본이 소장되어 있다.)

(2) 한문본

① 서울대학교 도서관본

ㄱ. 서울대 규장각본 1(한문본)

서명·저자 사항: 易言. 杞憂生(淸) 著. **개인 저자**: 기우생. **판 사항**: 古活字本

발행 사항: 刊地 未詳. 中華印務總局, 光緖6年(1880)

형태 사항: 2冊. 27.6 × 15.7cm. **일반 사항**: 序. 光緖 元年(1875) 王韜

刊記: 光緖庚辰夔中華印務總局刊. **소장본 朱記印**: 帝室圖書之章

마이크로필름 M/F2004-16-8-B. 등록번호 20300029426 - 20300029429

ㄴ. 서울대 규장각본 2(한문본)

서명·저자 사항: 易言. 杞憂生(淸) 著. **개인 저자**: 기우생. **판 사항**: 全史字

발행 사항: 刊地未詳, 刊者 未詳, 高宗 17年(1880) 跋

형태 사항: 2冊. 四周單邊, 半葉匡郭: 22.8 × 15.5cm, 10行 21字 注雙行 版心: 上花紋魚尾; 32.5 × 20.5cm

일반 사항: 序(光緖 元年, 1875) 王韜. 跋(光緖 六年, 1880) 王韜

소장본 朱記印: 集玉齋, 帝室圖書之章. 등록번호 20300000039 - 20300000058

---

12. 일본 천리대학(天理大學)에는 한글본 '이언'(권 1-4) 완본이 전한다. 이것의 서지 사항은 국립문화재연구소 예능민속연구실(2005), 해외전적문화재조사목록: 일본 천리대학 천리도서관 소장 한국본, 126쪽에 자세히 나온다. 천리대 도서관에는 이 완본 외에 영본(零本) 1책(권4)이 따로 전한다.

13. 장서각본 서지 안내에서 저자를 '기우생 왕도'로 기록한 것은 '기우생 정관응'으로 고쳐야 할 것이다. 왕도는 서문과 발문만 썼다.

ㄷ. 서울대 중앙도서관 고문헌 자료실본(한문본)

서명·저자 사항: 易言. 卷1-2. 杞憂生 著. 개인 저자: Zheng, Guanying(1842 - 1922)

판 사항: 木板本(中國). 발행 사항: 中國. 刊寫者 未詳. 光緒6[1880]

형태 사항: 2卷 2冊. 四周單邊 半郭 22.7 × 16.4cm, 有界, 半葉 10行 21字 註雙行, 花口, 上下向二葉花紋魚尾; 32.3 × 20.4cm

일반 사항: 序. 光緒2(1876) 王韜. 自序: 光緒2(1876) 杞憂生. 跋: 光緒六年(1880) 王韜

소장본 朱記印文: 集玉齊; 京城帝國大學圖書章; 朝鮮總督府圖書之印

② 연세대 중앙도서관본(3종)

ㄱ. 필사본(筆寫本)

易言. 杞憂生(淸) 著. 분류번호 354.52. 刊寫地, 刊寫者, 刊寫年 未詳
2卷 2冊. 無界, 10行 21字, 無魚尾; 31cm. 등록번호 40422261, 40422262

ㄴ. 金屬活字本(全史字)

易言. 杞憂生(淸) 著. 분류번호 354.52. 刊寫地, 刊寫者, 刊寫年 未詳. 2卷 2冊: 四周單邊 半郭 22.5×15.5cm. 有界, 10行 21字, 上下向2葉花紋魚尾; 32.3 × 20.1cm. 등록번호 40047616, 40047617

ㄷ. 金屬活字本(全史字)

易言. 杞憂生(淸) 著. 분류번호 354.52. 刊寫地, 刊寫者, 刊寫年 未詳. 2卷 2冊: 四周單邊 半郭 22.7 × 15.6cm. 有界, 10行 21字, 上下向二葉花紋魚尾; 32.4 × 20.3cm. 등록번호 40047618, 40047619

③ 서강대 로욜라 도서관본

金屬活字本(全史字): 易言. 杞憂生(淸) 著. 분류번호 081.2 이63 v.1,2 刊寫地, 刊寫者, 刊寫年 未詳. 2卷 2冊. 등록번호: 267237, 267238

④ 고려대 중앙도서관본

金屬活字本(全史字): 易言. 杞憂生(淸) 著. 刊寫地, 刊寫者, 刊寫年 未詳. 零本 1冊 (全上下2卷): 四周單邊 半郭 22.7 × 15.3cm, 有界, 10行 21字 小字 單行, 上二葉花紋魚尾; 32.2 × 20.0cm. 등록번호: 46137895, 46152472

⑤ 국립중앙도서관본

金屬活字本(全史字): 易言. 杞憂生(淸) 著. 刊寫地, 刊寫者, 刊寫年 未詳. 2卷 2冊: 四周單邊 半郭 22.4 × 15.7cm. 10行 21字, 上二葉花紋魚尾; 32.5 × 20.5cm
청구기호: 일산 古6100-1 [인터넷상에서 원문 보기 제공]

⑥ 한국학중앙연구원 장서각본

易言. 2卷 2冊/ 鐵城 杞憂生(淸) 著. 中華印務總局, 光緖6(1880). 中國鉛印本. 1冊(第2冊缺); 27.8 × 15.8cm. 청구기호 B13C 1

(3) 영인본

① 이문사본(以文社本, 1979): 한문본과 한글본이 같이 영인되어 있음. '해국도지'(海國圖志) 한문본도 뒤에 첨부되어 있다.
② '朝鮮學報' 한글 영인본(1985·1986): 일본 조선학회 조선학보 117(1985, 昭和 60) · 118(1986, 昭和 61)의 부록 영인본. 해제(解題): 李光麟, 해제 번역: 平木 實.[14]
③ 홍문각본(弘文閣本, 1992): 한글본, 한문본 합본 영인. 홍윤표 교수 해제. 국립중앙도서관 디지털자료실에서 권1-4 홍문각 영인본의 원문 보기를 따로 제공하고 있다.
④ 전자 영인본(마이크로필름 및 인터넷 열람 가능 자료): 서울대 마이크로필름본(한글본 권1-3, 한문본 권1,2 완본), 연세대 도서관(한글본 권1-4 완본), 국립중앙도서관본(한글본 권1-4 완본, 권1-3본, 한문본 권1,2 완본), 국립중앙도서관 홍문각본 재영인본(한글본 권1-4, 한문본 권1,2), 디지털 한글박물관 스캔본(국립중앙도서관본 한글본 권1-3의 스캔본), 한국학중앙연구원본(장서각 한글본 권1-3 마이크로필름본 및 PDF 공개본)

다음으로 '이언'의 내용 체계를 보면 한문본이 상하 2권 2책인 것과 달리 한글본 '이언'은 4권 4책이며 다음의 순서로 내용이 구성되어 있다.[15]

---

14. '조선학보' 영인본의 이광린 교수 해제의 일역본 제목은 '〈易言〉と韓國の開化思想'이다.
15. 한문본과 한글본은 협주의 빈도에서 큰 차이를 보인다. 한문본은 세 곳만 협주를 달았으나 한글본은 곳곳에 언해자가 독자의 이해를 돕고자 창의적으로 협주를 빈번하게 붙였다. 존귀자에 대한 구두법상의 높임법 표현으로 중국 황제나 조정에 대한 예우로 존귀자 앞에 빈칸으로 띄우는 '궐자법'(闕字法: 자 띄움법)은 한문본에서 곳곳에 지키고 있다. 그러나 언해본에서는 중국 황제에 대해 궐자법을 지키지는 않았다.

(1) 권 1(총 63면): 〈셔〉, 〈즈셔〉, 〈권1〉의 순으로 되어 있다.

〈셔〉(序): 광서(光緖) 원년(1875)에 쓴 왕도(王韜)의 서문

〈즈셔〉(自序): 정관응의 서문

〈이언 권지일〉(易言 卷之一): 9개편이 수록되었다.

론 공법(公法), 론 셰무(稅務), 론 아편(阿片), 론 샹무(商務), 론 기광(開鑛), 론 화거(火車), 론 뎐보(電報), 론 기간(開墾), 론 치한(治旱)

(2) 권 2(총 57면)

〈이언 권지이〉(易言 卷之二): 9개편(부록 1편 별도)이 수록되었다.

론 긔긔(機器), 론 션졍(船政), 론 주은(鑄銀), 론 우졍(郵政), 론 염무(鹽務), 론 유력(游歷), 론 의졍(議政), 론 고시(考試), 부론(附論) 양학(洋學), 론 리치(吏治)

(3) 권 3(총 65면)

〈이언 권지삼〉(易言 卷之三): 7개편이 수록되었다.

론 변방(邊防), 론 교셥(交涉), 론 젼교(傳教), 론 츌ᄉ(出使), 론 슈ᄉ(水師), 론 화긔(火器), 론 련병(練兵)

(4) 권 4(총 75면)

〈이언 권지ᄉ〉(易言 卷之四): 11개편과 〈발〉(跋)이 수록되었다.

론 민단(民團), 론 치하(治河), 론 허비(虛費), 론 렴봉(廉俸), 론 셔리(書吏), 론 쵸공(招工), 론 의도(醫道), 론 범인(犯人), 론 셔류(棲流), 론 챠관(借款), 론 과족(裹足)

〈발〉(跋): 광서(光緖) 6년(1880) 중원절일(中元節日)에 쓴 왕도(王韜)의 발문

이상과 같이 '이언'은 광범위한 영역에 걸친 대작이다. 무엇보다도 개화기가 국어사에서도 어휘사적으로 중요한 위치를 점하는데 위 자료에는 제목만 보아도 중국계 신문물 제도 어휘가 많이 직역되어 있어 이런 중국계 신용어에 대한 우리의 수용 양상에 대해 많은 모습을 알려 주며 조선말 최후의 언해본으로 개화기 국어 전반에 걸쳐 귀중한 모습을 전해 준다.

3. '이언'의 국어학적 특성

한글본 '이언'에 나타나는 국어학적 특성을 상론하여 보면 다음과 같다.[1]

3.1 표기와 음운

(1) 근대 국어의 일반적 표기

'이언'의 표기는 근대말 자료들의 일반적 표기와 같은 경향을 보여 준다.

① ㄴ-ㄹ 대체(代替) 표기: 홀노, 별노, ᄂᆞᆯ노, 일노뼈, 먼니, 블너, 가믄, 아릴가[2]

② 어두 ㄴ: 넷, 넷젹, 닙다, 니웃, 니ᄅᆞᄃᆡ, 녈니면

③ 어두 ㄹ: 리치, 련속, 루락, 리권, 례법, 리욕, 리(利)로온, 련(連)ᄒᆞ야

④ 치찰음하 이중모음 표기: 족히, 편쟉, 쳔심, 츙직, 증셰, 져마다

⑤ 분철(分綴) 표기: ᄆᆞᄋᆞᆷ을, 잡으며, ᄇᆞᆰ히며, 밟혀, 늙어, ᄀᆞᆯ오ᄃᆡ, 묵은, 젹이, 빗을(債)[3]

---

1. 이에 대해서는 이미 졸고(1993)에서 간략히 살핀 바 있다.

2. '홀노, 별노, 날노'는 ㄹ을 ㄴ으로 대체 표기한 부사이고, '먼니'는 '멀리'를 '멀니'로 적은 것에서 더 나아가 '먼니'로 적어 ㄴㄴ으로 표기 동화까지 보인 경우이다. '이언'에는 '먼리'(2:57ㄱ)가 한 곳에 나오고 나머지는 모두 '먼니'(1:8ㄱ 등 20곳)로 나온다. '블너'는 활용형이고, '가믄'(←가믈, 4:11ㄴ,12ㄱ)은 명사이다. 반대로 ㄴ을 ㄹ로 대체 표기한 경우로 '아릴가(←아닐가, 1:17ㄱ)가 있다.

3. '빗을'(債)은 '이언' 권4에서는 분철(빗을)과 중철(빗슬)이 혼기되어 나타난다.
   - 분철: 빗을 갑ᄂᆞᆫ ᄯᅢ의 니ᄅᆞ러ᄂᆞᆫ(4:56ㄱ) 므릇 남의게 빗을 어드ᄆᆡ(4:56ㄴ)
   - 중철: 빗슬 쥬ᄂᆞᆫ 재 무론(無論) 모국(某國)ᄒᆞ고 빗슬 달나 ᄒᆞᄆᆡ(4:57ㄱ). 빗슬 잘 갑지 못ᄒᆞᆯ가(4:59ㄱ)

⑥ 과잉분철(過剩分綴) 표기: 임의(이믜), 결을치(겨를치), 진이고(지니고), 붓허(브터), 겻희(겨틔), 가음열고(가으멸고), 깁허(기퍼), 물외지빅(무뢰지빅: 無賴之輩)
⑦ 연철(連綴) 표기: 무근(묵은), 갑술(값올), 바드미(받으미), 드러오면(들어오면), 업셔(없여), 아른테(알은테), 부강ᄒᆞ믈 미더(부강홈을 믿어), 져기(젹이)
⑧ 중철(重綴) 표기: 묵근(묵은), 옷싀(옷의), 돗치니(돛이니), ᄀᆞᆺ치(ᄀᆞ치), 밧치기(바치기), 붓치고(부치고), 굿ᄐᆞ여(구ᄐᆞ여), ᄉᆞᆺ치ᄂᆞᆫ(ᄉᆞ치ᄂᆞᆫ), 낫낫치(낫나치), 빗술(빗올)
⑨ ㅂ계 및 ㅅ계 자음군(子音群) 표기[병서(竝書)]: ᄢᅧ, 칼ᄡᅳ기, 일로ᄡᅥ, 힘ᄡᅥ, ᄥᅡ라, ᄧᅡᆨ지, 거리ᄭᅵ고, ᄉᆞ며, ᄯᅳᆨ, ᄶᅡ라, ᄲᅢ르되, ᄲᅢ셔
⑩ 구개음화 미반영 표기: 디구, 텬하, 텬문디리, 쥬뎜, 됴건, 뎨목, 뎡지, 약됴, 융뎍
⑪ ㅗ 모음 표기: 두로(周), 두돈ᄒᆞ다(恤), 아올나(倂)

이 중에 몇 가지를 더 살펴본다.

(2) 아래아 변천 및 혼기(混記)

근대 말에는 아래아의 비음운화로 인하여 아래아의 혼기(混記)가 보이는데 '이언'에도 이런 예가 나타난다. 혼기는 표기 질서가 정제되지 않은 속에서 발음 변화, 표기법 혼란으로 인해 관습화되어 자주 발생하는 것이며, 오기(誤記)는 실수로 오자(誤字)를 오식(誤植)하여 잘못 출판한 것이라 따로 구별한다[뒤 (6)오기 참고].

① '롤/를' 혼기: '물화'(物貨)의 대격에 '롤'과 '를'이 섞여 쓰인 사례

'롤': 물화롤 외목ᄒᆞ야(1:10ㄴ). 물화롤 미매하기(1:10ㄴ). 온갓 물화롤 슈운ᄒᆞᄂᆞᆫ(1:13ㄴ)
'를': 토산 물화를 ᄒᆞᆫ 번만 셰젼을 밧치고(1:12ㄴ). 샹고가 물화를 무역ᄒᆞ야(1:34ㄴ)

② 'ᄇᆞ/바'의 혼기: '빅' 속의 'ᄇᆞ'와 단독형 '바'

ᄯᅩᄒᆞᆫ 셩셰에 금ᄒᆞ지 아니홀 빅오 큰 션빅의 믈니치지 아니홀 빅라(ᄌᆞ셔2ㄱ)
ᄡᅳᄂᆞᆫ바 기화탄 (開花彈)[텰환 일홈]은 쇠를 단련ᄒᆞ야 두 층으로 원톄(元體)를 민돌고(3:48ㄴ)

③ 일반어 혼기: 'ᄲᅢ혀-/ᄲᅢᆨ혀-(拔)'

당송(唐宋) 이ᄅᆡ로 사ᄅᆞᆷ ᄲᆡ히ᄂᆞᆫ ᄃᆡ 엄히 ᄒᆞ고 ᄡᅳᄂᆞᆫ ᄃᆡ 너그러이 ᄒᆞ니(2:33ㄱ)
오직 네 가지 과거를 난호와 우등을 ᄲᅡ혀 쳔거ᄒᆞᆯ 거시니(2:35ㄱ)

④ 중세어형에서 아래아가 쓰이던 'ᄒᆞᆫᄀᆞᆯᄀᆞᆺ치'가 ㅏ로 변한 예

ᄒᆞᆫ갈ᄀᆞᆺ치: 녯법을 인슌(因循)ᄒᆞ고 좌우로 관망ᄒᆞᄂᆞᆫ 풍습을 ᄒᆞᆫ갈ᄀᆞᆺ치 ᄡᅵ셔 바리고 (3:4ㄴ)

⑤ '안ᄌᆞ/안져'(현대어 '앉아')처럼 부사형어미 '-아/어'를 아래아로 혼기한 '안ᄌᆞ'와 구개음화 발달과 관련한 ㅈ 후행모음의 중모음화 표기인 '안져'의 사례

안ᄌᆞ: 구즁궁궐의 깁히 거ᄒᆞ야 의샹을 드리오고 안ᄌᆞ 다ᄉᆞ리니 (2:26ㄴ)
약 다리ᄂᆞᆫ 화로가의 안ᄌᆞ 약물을 기우려 먹을 갈고(발10ㄱ)
안져: 실샹이 이시믈 구ᄒᆞᄆᆡ 안져 말ᄉᆞᆷᄒᆞᄂᆞᆫ 재 가히 셰샹의 ᄡᅳ일 만ᄒᆞ더니(2:34ㄱ)
소비 만ᄒᆞ므로 원대ᄒᆞᆫ 계칙을 안져 일치 못ᄒᆞᆯ 거시오(3:8ㄱ)

'안ᄌᆞ'는 아래아(·)의 비음운화로 이미 ㅏ와 혼기 상태인 것을 보여 준다.

⑥ 모음 'ㅡ'와 'ㅓ'의 혼기

그짓－거짓: 이거ᄉᆞᆫ 그 그짓 거시 방해롭지 아니ᄒᆞ니 픔이 거짓 거신즉(1:17ㄱ)

그록히－거록히:
그록히: 졔공(當道諸公)이 다 그록히 큰 지죠ᄅᆞᆯ(셔4ㄱ)
거록히: 승쳡(勝捷)ᄒᆞ면 집치례를 거록히 ᄒᆞ니(2:55ㄴ)
거록히: 갈히고 병션을 거록히 ᄒᆞ야(3:30ㄴ)

ᄡᅳ리다－ᄡᅥ리다:
금셰(今世)에 의슐 아ᄂᆞᆫ 사ᄅᆞᆷ이 업ᄂᆞᆫᄇᆡ 아니로ᄃᆡ 대뎌 병을 은휘ᄒᆞ고 의원을 ᄡᅳ리며(셔3ㄴ)
향도관(嚮導官)으로ᄡᅥ 몬져ᄒᆞ믄 진실노 디리와 도로를 아지 못ᄒᆞ므로 병법에 가쟝 ᄡᅳ리ᄂᆞᆫ지라(3:59ㄱ) ⇒ 중세형은 'ᄡᅥ리다'인데 '이언'에 'ᄡᅳ리다'로 나온다. 이는 'ᄡᅥ-'가 상성 어간이었으므로 상성 장음화 현상의 반영으로 볼 수 있다.

그 밖에 '이언'에는 'ᄒᆞ야 – ᄒᆞ여; –이/히' 유형을 비롯한 여러 혼기가 나타난다.[4]

ᄌᆡ능 – ᄌᆡ릉. 만나면 – 맛나면. ᄀᆞᆺ초 – ᄀᆞᆺ쵸. 구ᄒᆞ야 – 구ᄒᆞ여. 공교이 – 공교히.
묵근 – 묵은 – 무근. 젹이 – 져기 – 뎌기. 계교컨ᄃᆡ – 계교ᄒᆞ건ᄃᆡ. 감초와 – 감초여.
ᄀᆞᆺ흔 – ᄀᆞᆺ튼 – ᄀᆞᆺᄐᆞᆫ. 부ᄉᆞᆯ – 붓ᄉᆞᆯ – 븟ᄉᆞᆯ.[5] 난호와 – 난화 – 난호여. 니바지 – 이바지

(3) ㅅ계와 ㅂ계 자음군 표기

'이언'에는 ㅅ계와 ㅂ계 자음군이 등장한다. ㅅ계는 중세의 ㅅ계가 유지된 경우, 평음이 경음화한 경우, ㅂ계를 ㅅ계로 바꿔 쓴 경우이다.

① ㅅ계 유지형

ᄭᆡ다라 인ᄒᆞ야 그 요긴ᄒᆞ믈 드러 셰샹의 질뎡ᄒᆞ니(셔1ㄱ) ⇒ 중세형은 'ᄭᆡ돋다'
져마다 부러워ᄒᆞᆫ다 ᄒᆞ니 거리ᄭᅵ고 힝ᄒᆞ지 아니ᄒᆞ야(1:31ㄴ) ⇒ 중세형은 '거리ᄭᅵ다'
즁국의 인심(人心)을 항복 밧고ᄌᆞ ᄒᆞᆯ ᄲᅮᆫ 아니라(1:20ㄴ) ⇒ 중세형은 'ᄲᅮᆫ'

② ㅅ 경음화 표기형

태셔 각국의셔 져마다 리(利)ᄭᆞᆺ 잇ᄂᆞᆫ 바의ᄂᆞᆫ(1:20ㄴ) ⇒ 'ᄀᆞᆺ'의 경음화형

③ ㅄ계의 ㅂ 탈락형

파셔국(巴西國) 수천 리를 쎄쳐 드러가니(1:25ㄱ) ⇒ 중세형 'ᄢᅦ다'의 ㅂ 탈락형

④ ㅂ계의 ㅅ 대치형

그 ᄯᅳᆺ은 현져ᄒᆞ고 모호ᄒᆞ지 아니ᄒᆞ야 일마다 됴목으로 베플ᄆᆡ (셔1ㄱ) ⇒ 중세형은 'ᄠᅳᆮ'

다음의 ㅂ계도 ① 중세 ㅂ계 유지형, ② ㅅ계의 대치형, ③ 경음화 표기형 등 세 가지

4. 기타 혼기 사례는 책 뒤의 어휘 색인에서 cf.로 표시한 관련 사례를 보면 된다.

5. 중세어 '붇'(筆)은 근대에 '붓'으로 표기되었는데 '이언'에서 '부ᄉᆞᆯ'(ᄌᆞ셔2ㄴ)로 연철하거나, 중철한 '붓ᄉᆞᆯ'(발10ㄱ)이 나온다. 그런데 ㅜ를 ㅡ로 과잉교정한 '븟ᄉᆞᆯ'(3:19ㄴ)도 나온다. 한편, 중세의 '븥다'는 근대에 원순모음화하면서 '붓다'로 표기되는데 '이언'에는 의고적인 ㅡ 모음형인 '븟허(1:3ㄴ), 븟쳐시니(1:7ㄱ), 븟쳐(1:45ㄱ)' 등이 다수이고 '붓치고'(1:7ㄱ)처럼 ㅜ 모음형이 오히려 드물다.

로 구분된다. 특히 근대 말의 자음군 병서 표기는 발음상으로 자음군으로 구현되지 못하면서 경음을 ㅂ계와 ㅅ계로 혼기하는 현상이 나타나 음운론적으로는 ㅅ계와 ㅂ계 경음이 음가상 구별되지 않는데 이 점은 '이언'에서도 마찬가지이다.

① 중세 ㅂ계 유지형

셰샹의 <u>ᄡᅳ면</u> 구졔ᄒᆞᆯ ᄇᆡ 잇고 이ᄯᆡ에 베플면 가히 ᄒᆡᆼᄒᆞᆯ 만ᄒᆞᆫ 일인져(서1ㄱ) ⇒ 중세형은 'ᄡᅳ다'

② ㅅ계의 대치형

빠라: 긔긔(機器)를 ᄆᆡᆫᄃᆞ러 인력(人力)을 ᄃᆡ신ᄒᆞ야 공력(工力)을 덜게 ᄒᆞ고 텰로(鐵路)[길의 쇠]를 <u>빠라</u> 두고(1:27ㄴ) ⇒ 중세형은 '설다'

③ 중세 평음의 경음화 표기형

빡: 슈셰를 즁히 ᄒᆞ기ᄂᆞᆫ 그 ᄯᅳᆺ이 당초에 <u>빡슬</u> 업시 ᄒᆞ고ᄌᆞ ᄒᆞ미오 ᄇᆡᆨ셩의게 해롭게 ᄒᆞ미 아니라(1:18ㄱ) ⇒ 중세형은 '삯'

빻다: 위션 아편연 <u>빠아</u> 둔 집을 업시 ᄒᆞ야(1:19ㄱ) ⇒ 중세형은 '샇다'

ᄡᅵᆺ다: 태평ᄒᆞ게 다ᄉᆞ리믈 가히 눈을 <u>ᄡᅵᆺ고</u> 기다리지 못ᄒᆞ라(1:19ㄴ) ⇒ 중세형은 '싯다'

(4) 과잉분철(過剩分綴)

근대 표기의 두드러진 특징은 중철이나 분철, 과잉분철(= 과도분철, 과분철)인데 중세의 연철 이래 분철 의식이 싹터 오는 과정에서 기본형 인식의 혼란이 과잉분철을 가져오는 경우가 나타난다(이익섭 1992).

· 그즁에 비록 하나 둘히 ᄇᆡᆨ셩의 일에 유의ᄒᆞᄂᆞᆫ 재 이실지라도 <u>결을치</u> 못ᄒᆞᄂᆞ니 (1:48ㄱ) cf. 토적이 <u>겨를</u> 업스샤ᄃᆡ(용비어천가 80장) ⇒ 중세형은 '겨를치'
· 즁국문은(中國紋銀)[픔(品) 조은 은이라]이 도로혀 쓰기 슌치 못ᄒᆞ니 ᄒᆡᆼ인이 <u>진이고</u> 단니며 샹괴 무역ᄒᆞ기 편ᄒᆞ미 아니라 (2:16ㄱ) ⇒ 중세형은 '지니고'
· 가마를 ᄭᆡ치고 ᄇᆡ를 물에 <u>잠으ᄆᆡ</u> 굿셴 진나라 예긔 썩기고(3:56ㄱ) ⇒ 중세형은

'ᄌᆞ므매'

그러나 다음 '결우다'는 중세형이 '겯오다/결우다'이었으므로 과잉분철이 아니다.

- 쁘지 못홀 긔계로 군ᄉᆞ를 히외에 보ᄂᆡ여 승부를 결우고져 ᄒᆞ니 어리셕은 나의 감히 알 ᄇᆡ 아니라(3:54ㄴ) ⇒ 중세형은 '겯오다/결우다'

'이언'에는 연철형과 분철형이 공존하는 경우도 있다. 다음의 부사 '젹이/져기'(小)는 '이언'에서 비슷한 분포로 공존하고 있고 심지어 '뎌기'(2:49ㄴ)도 나온다.

젹이: 병화(兵禍)도 혹 젹이 펴일진뎌(1:9ㄴ)
젹이: 이졔 비록 젹이 감ᄒᆞ엿시나(1:11ㄱ)
젹이: 국용(國用)이 젹이 펴일 ᄯᅴ를(1:11ㄴ)
젹이: 타국(他國)에 비ᄒᆞ면 젹이 렴(廉)ᄒᆞ게(1:20ㄴ)

져기: 다른 뎜에 비교ᄒᆞ면 져기 ᄎᆞ등(差等)이(1:31ㄱ)
져기: 토디 소츌을 인ᄒᆞ야 져기 넉넉ᄒᆞ기를(1:34ㄴ)
져기: 졔ᄡᅴ의 아니 와도 져기 미들 ᄇᆡ 잇슬(1:54ㄴ)
져기: 됴건을 어드면 져기 유익ᄒᆞ미 블무홀 거시니(2:25ㄴ)

뎌기: ᄌᆡ죄 소활ᄒᆞ고 셩졍이 죠급ᄒᆞ며 긔질이 뎌기 일편될지라(2:49ㄴ)

(5) 한자어 발음과 표기

'이언'에는 많은 한자어가 나오는데 이들의 발음이 현대 한자음과 다른 예나 혼기가 있어 한자음 표기사에 참고가 된다. 다음에 '>'표 우측에 현대 표기를 밝힌다.

① 구양 > 귀양: 가의(賈誼) 쟝사의 구양 가므로 일ᄏᆞᄅᆞ미라(셔2ㄱ)
② 시폐 > 시폐: 이 일노ᄡᅧ 발신(發身)ᄒᆞ야 시폐를 바로잡으며 일편된 일을 고치며 폐단을 구원ᄒᆞ면(셔4ㄴ) ⇒ 바로 뒤의 '폐단'은 '폐'로 나오고 다른 곳에서는 '시폐'로 나와 혼기를 보인다: 진실노 시폐를 구원ᄒᆞᄂᆞᆫ 큰 일이오(1:32ㄴ)

③ 오소 > 우소: 지죠와 지식이 오소(迂疎)ᄒᆞ면[6] 진긔ᄒᆞᆯ 도리를 말ᄒᆞ기 어려오니 (셔1ㄴ)

④ 징가 > 징가/징하: 밧긔는 옹제(癰疽)[죵긔 일홈] 쟝ᄎᆞᆺ 되는 모양 ᄀᆞᆺ고 안에는 징개(癥瘕ㅣ)[적긔 병] 졈졈 ᄌᆞ라는 것 ᄀᆞᆺᄐᆞ여(셔2ㄱ)

징가(癥瘕): 배 속에 덩어리가 생기는 병. 주로 여자에게 많이 생기는데 '징'은 뭉쳐서 일정한 곳에 자리하여 움직이지 않는 것을 이르고, '가'는 이곳저곳으로 옮겨 다니며 모양도 일정하지 않은 덩어리를 이른다. 현대 자전음에서는 '瘕'가 '기생충병 하/가. 괴(塊)밸 하/가'로 '하'나 '가'로 나오고 국어사전은 '癥瘕'를 '징가'로 등재하고 있다.

⑤ 침쟉 > 짐작: 오직 고금을 침작(斟酌)ᄒᆞ야 녯말을 고집(固執)ᄒᆞ지 말며(1:5ㄱ) 또 만히 ᄒᆞ는 쟈를 ᄉᆞᆲ혀 보면 승부를 가히 침작ᄒᆞᆯ지라(1:36ㄱ)

⑥ 두돈 > 두둔: 의례이 셰젼과 츄리를 밧치게 ᄒᆞ니 이는 양국(洋國) 샹고를 두돈(斗頓)ᄒᆞ야 별노이 은젼을 베플미니(1:12ㄴ)

⑦ 즉긱 > 즉각: 온ᄀᆞᆺ 심은 거슬 가지고 즉긱 닉의 이곳에 유여(裕餘)ᄒᆞᆫ 거ᄉᆞ로 져곳의 부족ᄒᆞᆫ거슬 구제ᄒᆞ면(1:35ㄱ)

⑧ 이양 > 이앙(移秧): 급기 이양ᄒᆞᆯ ᄯᅢ의는 반ᄃᆞ시 비 오기를 기다리니(1:52ㄱ)

⑨ 춤치 > 참치: 인군이 그 쳥불쳥(聽不聽)을 결단ᄒᆞ고 만일 피ᄎᆞ의 춤치(參差)ᄒᆞᆫ즉[7] 혹 뎡지(停止)ᄒᆞ야 의론치 아니ᄒᆞ며(2:31ㄴ)

⑩ 관혁 > 과녁: 활을 쏘아 일곱 관혁을 련ᄒᆞ야 쎄치며(2:36ㄱ)

⑪ 훈롱암원 > 훈롱음원: 훈롱암원(訓聾瘖院)[귀먹고 벙어리 된 사름 가ᄅᆞ치는 원]과(2:45ㄴ) ⇒ 聾: 귀머거리 롱. 瘖: 벙어리 음. 瘖은 '이언'에 '암'으로 나오나 현대 자전음은 '음'으로 나온다.

⑫ 싱 > 성: 모든 대학원을 쥬관ᄒᆞ야 다ᄉᆞ리기는 미 싱(省)에 원일 쥬쟝ᄒᆞ는 관원 둘식 분파ᄒᆞ고(2:46ㄱ)

---

6. '迂'의 음의 변천: 웅(동국정운 6:31ㄴ). 홍(능엄경언해 8:44). 오(논어언해 3:35). 엔길 오(유합 하62ㄱ). 오활 우 諺오 曲也遠也(자류주석 상54ㄴ). 우(新字典 4:18ㄱ).
동국정운식 표기는 '웅/훙'를 보여 주지만 다른 표기는 '오'를 보여 주고 있고 '자류주석'의 '諺오'라는 주석도 보여 주듯 '迂'는 '오'로 통용된 듯하다. 따라서 '迂疏'의 조선 한자음은 '오소'이고 '이언'에도 '오소'로 나타나는 것인데, 현대 국어 사전들에는 '우소'로 등재되어 있고 한자 자전들도 대표음을 '우'로, 속음을 '오'로 싣고 있다.

7. 참치: '참치부제'(參差不齊). 길고 짧고 들쭉날쭉하여 가지런하지 아니함. 差: 어긋날 차. 들쑥날쑥할 치.

⑬ 관채 > 관차: 관채(官差)가 나와 토식ᄒᆞᄂᆞᆫ 폐단을 두려ᄒᆞ미오(2:54ㄱ)

⑭ 부쵀 > 부채: 무역 일ᄉᆞ의도 즁국 사ᄅᆞᆷ이 양인의게 부쵀(負債ㅣ) 이신즉 반ᄃᆞ시 관가에 고ᄒᆞ야 밧ᄃᆡ 가산을 아ᄉᆞ ᄎᆡ오며(3:14ㄱ)

⑮ 부작 > 부적: 즁국의 간샤ᄒᆞᆫ ᄇᆡᆨ셩이 ᄆᆡ양 이 교법을 의지ᄒᆞ야 져의 몸 호위ᄒᆞᄂᆞᆫ 부작(符作)[8]을 삼아 작간ᄒᆞ고 범죄ᄒᆞ미 무소부지오(3:21ㄴ)

⑯ 노례 > 노예: 법국 사ᄅᆞᆷ이 교쥬의 노례(奴隷) 되믈 감슈ᄒᆞᄂᆞᆫ 양으로 죠롱ᄒᆞ고 (3:25ㄴ)

⑰ 당두 > 당도: 디경의 당두(當到)ᄒᆞᆫ 강적이 임의 니ᄅᆞᆯ지라도(3:37ㄱ)

⑱ 답졔 > 탑제: 그 ᄡᅳ기ᄂᆞᆫ 답졔(搭提)[대포 일홈][9]와 ᄀᆞᆺᄐᆞᄃᆡ ᄲᆞᄅᆞ고 편ᄒᆞ니(3:49ㄱ)

⑲ 시패 > 실패: 만일 ᄲᅡ호다 시패ᄒᆞ거든 곳 흣허 바릴지라도(3:51ㄴ)

⑳ 경긱 > 경각: 급ᄒᆞᆫ 일이 잇셔도 발ᄒᆞ며 경긱간에 가히 수십만 병을 모호ᄃᆡ(4:5ㄴ)

㉑ 풍거 > 풍차: 하란국(荷蘭國)의셔 물 다ᄉᆞ리ᄂᆞᆫ 법을 샹고ᄒᆞ니 두던의 극히 큰 풍거(風車)ᄅᆞᆯ 베프러 곳 ᄒᆡ풍(海風)을 바다(4:13ㄱ)

㉒ 분민 > 분만: 붓술 ᄲᆡ혀 이 글을 지어 분민(憤懣)ᄒᆞᆫ[10] ᄆᆞᄋᆞᆷ을 푸러(발10ㄱ)

그 밖에 한자 표기에서도 원문 한자와 현대 사전의 표기가 다른 경우도 나타난다.

· 져의ᄃᆞ려 거힝ᄒᆞ게 말면 수효를 감ᄒᆞ고 나이(挪移)ᄒᆞ야[11] ᄡᅳ며(3:62ㄱ)

위 원문은 '挪移'인데 '표준국어대사전'은 한자 부수가 다른 '梛移/那移'로 나온다.

8. 부작(符作): '부적'(符籍)의 변한말. ¶우리 집이 무당이며 화랑이며 부작과 주쟝ᄒᆞ기를(소학언해 5:56). '부작'(符作)과 '부적'(符籍)은 한자음의 변화 결과 나타난 동의어인지 아니면 원래부터 있던 동의어의 대체 현상의 결과인지 구분하기가 쉽지 않다.

9. 답졔(搭提): 대포 이름. '搭(=搭)'의 개화기 발음은 '답'임을 보여 주는 예이며 현재 발음은 '탑'임. 搭: 탈 탑. 提: 끌고 갈, 손에 들 제.

10. 분민ᄒᆞᆫ: 분만(憤懣)한. 분만(憤懣)하다: 분한 마음이 일어나 가슴이 답답하다. [원문] 憤懣. 원문 '憤懣'을 언해에는 '분민ᄒᆞᆫ'으로 번역하였는데 '憤懣'은 현대 국어사전들에 '분만'의 한자어로 표기되어 있고, 현대 한자 자전들도 '懣'을 '번민할 만'으로 등재하고 있다. '懣'의 현대 중국음도 [mèn, mán, mĕn]이라 '분민ᄒᆞᆫ'은 '분만ᄒᆞᆫ'의 오기로 보인다.

11. 나이(挪移/梛移/那移): 돈이나 물건을 잠시 둘러댐. [원문] 挪移.

(6) 오기(誤記)

'이언'은 방대한 문헌인데 같은 문헌에서 정상적으로 쓰인 표기와 달리 가끔 오식(誤植)으로 인한 오류 표기가 보인다. 이는 '>' 표 좌측에 오류 표기를 적어 본다.

① 엽ᄉᆞ면>업ᄉᆞ면: 뎍병이 디경을 범ᄒᆞᄃᆡ 텰뢰 <u>엽ᄉᆞ면</u> 군ᄉᆞ를 쉽게 모흐지 못ᄒᆞ고(1:36ㄱ)

② 몰화>물화: 녯적의 림문츙공이 오군을 진무ᄒᆞᆯ ᄯᅢ에 민간에 양국 <u>몰화</u>(物貨) 갑시 ᄂᆞᆯ노 더ᄒᆞ믈 보고(2:17ㄴ)

③ 넉니>널니/널리: ᄂᆡ외 일톄로 셩심을 열고 공도(公道)를 <u>넉니</u> ᄒᆞ야 (3:11ㄴ)

④ 극직>극진: 위엄과 권셰 떨치지 못ᄒᆞ며 셰력이 져기 감ᄒᆞ며 샹고ᄅᆞᆯ 보호ᄒᆞ미 혹 <u>극직</u>치 못ᄒᆞᆯ가 념려ᄒᆞ야 (3:30ㄱ)

다음은 조사나 어미의 문법 형태를 오기한 경우이다.

⑤ ᄅᆞᆷ>ᄅᆞᆯ: 그러나 시셰와 운수ᄅᆞᆯ 샹고ᄒᆞ고 셩쇠지리<u>ᄅᆞᆷ</u> ᄉᆞᆲ히건ᄃᆡ 부국강병ᄒᆞᄂᆞᆫ 거시(1:1ㄱ)

⑥ 을>를: 이졔 중국의셔ᄂᆞᆫ 쳔만금을 허비ᄒᆞ고 십년공부(十年功夫)<u>을</u> 드리다가 (2:8ㄱ)

3.2 형태

(1) 조어

파생어와 합성어의 형성은 이미 현대어의 형태에 도달한 것이 대부분이며 현대에 사라진 합성어나 파생어들이 주목된다. 이들은 뒤의 4.1과 4.2에서 고유어와 한자어를 대거 다루게 되므로 여기에서는 몇 예만 보도록 한다. 먼저, 파생어의 경우 '방해ᄅᆞᆸ-'처럼 현대어에 사라진 용례가 보인다.

· ᄒᆞᆯ노 이거ᄉᆞᆫ 그 그짓 거시 <u>방해ᄅᆞᆸ지</u> 아니ᄒᆞ니(1:17ㄱ)

· ᄆᆞ음의 못홀 일을 참아 ᄒᆞ고 리치에 방해롭게 ᄒᆞᄂᆞᆫ 재 잇셔(4:60ㄱ)

다음의 '마로지다'(裁, 마름질하고 재다, 조정하다)는 'ᄆᆞᄅᆞ- + 지-'의 합성어이다.

· 흔단이 이신즉 ᄆᆞ음을 다ᄒᆞ야 판리ᄒᆞ며 미흡ᄒᆞ미 이시면 각국 관원과 샹고의게 쳥ᄒᆞ야 유익게 마로지여 타텹ᄒᆞᄂᆞ니(3:30ㄴ)

'몸바다'[體國: 국사를 중히 여겨, (사신으로서 나라를) 받들어, 대신하여]는 '몸 + 받-'의 구성인데 목적어가 '나라, 하늘'처럼 존귀자가 나와 의미가 독특하다.

· 국셰(國勢)의 셩쇠(盛衰)를 두로 아라야 반ᄃᆞ시 텬하대셰 흉중(胸中)의 쇼연(昭然)홀 거시니 그런 후에 능히 나라를 몸바다 니우술 사괴며 대국을 셤기고 쇼국을 두호홀지라(體國交隣, 3:31ㄱ,ㄴ)

'나라를 몸바다'는 '나라를 제 몸처럼 중심으로 받들어'의 뜻을 바탕으로 '나라의 분신이 되어, (나라의 사신으로) 나라를 대표하여'의 뜻으로 쓰였다. '이언'과 같은 시기에 나온 '속홍루몽'(낙선재 필사본, 1884년경)의 다음 예도 '(하늘을) 대신하다'의 뜻으로 쓰였다.

· 어시의 태상황과 황태휘 대희ᄒᆞ샤 황샹의 지극ᄒᆞᆫ 효도와 슌슌ᄒᆞᆫ 인덕이 하늘을 몸바다 믈경을 ᄉᆞ마치믈 깁히 칭찬ᄒᆞ시고(于是太上皇皇太后大喜沈讚當今至孝純仁體天格物, 續紅樓夢 16:50)

(2) 곡용과 조사

체언의 곡용은 근대 국어의 일반적 흐름을 보여 준다. 대격은 모음조화와 관계없이 '을/를, 올/롤'이 쓰였고, 주제 보조사는 'ᄂᆞᆫ/은/ᄋᆞᆫ'이 쓰이고 '는'이 쓰이지 않는 등 곡용 현상이 이 시대 나름대로의 표기 의식과 연계되어 나타난다.

① 주격

주격은 자음 말음 체언 뒤에는 '이'가 쓰이고 모음 말음 체언 뒤에서는 '가' 대신 'ㅣ'가 쓰여 아직 '가'가 전면적으로 쓰이지는 못하였다.

이:

- 이언 일셔ᄂᆞᆫ 긔우ᄉᆡᆼ<u>이</u> 시셰 일을 ᄉᆞᆲ히고(셔1ㄱ)

ㅣ:

- 텬하의 ᄉᆞ단이 만하 변<u>괴</u>(變故<u>ㅣ</u>) 비샹ᄒᆞ니 밧긔ᄂᆞᆫ 옹<u>졔</u>(癰疽ㅣ)[죵긔 일홈] 장ᄎᆞᆺ 되ᄂᆞᆫ 모양 ᄀᆞᆺ고 안에ᄂᆞᆫ 징<u>개</u>(癥瘕<u>ㅣ</u>)[젹긔(積氣) 병] 졈졈 ᄌᆞ라ᄂᆞᆫ 것 ᄀᆞᆺᄐᆞ여(셔2ㄱ)
- 그곳으로 가ᄂᆞᆫ 재 만흐니 물홰 평평ᄒᆞ야 팔기 쉽고(1:13ㄴ)

그 밖에 모음 말음 체언 뒤에서 'ㅣ'가 쓰인 예를 더 들면 다음과 같다.

배(바+ㅣ), 수회(수효+ㅣ), 졍ᄉᆡ(졍ᄉᆞ+ㅣ), 디되(디도+ㅣ) 등

그런데 매우 드물게 '가'를 쓴 경우가 나타난다. 다음 '샹고'(商賈)는 다음 네 곳에만 '샹고가'로 나오고 나머지는 모두 '샹괴'로 나온다. '물화'(物貨)도 다음 한 곳에만 '가'로 쓰였고 나머지는 모두 '물홰'로 나온다. 이는 주격 '가'가 아직 문어체에서 활성화하지 않았음을 보여 준다.

가:

- 셰를 밧치게 ᄒᆞᆫ 후로븟허 즁국 <u>샹고가</u> 각쳐의 가 흥판ᄒᆞᆯ 졔(1:10ㄱ)
- 온ᄀᆞᆺ <u>물화가</u> 흘너 통ᄒᆞ고 각국 <u>샹고가</u> 구름 못ᄃᆞᆺᄒᆞ니(1:20ㄱ)
- 나라히 유익ᄒᆞ고 젹게 쓰면 <u>샹고가</u> 물화를 무역ᄒᆞ야 ᄇᆡᆨ셩의게 리편ᄒᆞ게 ᄒᆞ며(1:34ㄴ)
- 즁국 <u>샹고가</u> 양인으로 더브러 셰시에 셔로 죠하ᄒᆞ야 셩긔 샹통ᄒᆞᄆᆡ(2:13ㄴ)

ㅣ:

- 온ᄀᆞᆺ 물화를 통ᄒᆞ고 <u>샹괴</u> 모혀들며 민개 느러 십팔만 호에 니ᄅᆞ니(1:35ㄴ)
- ᄒᆡᆼ인이 진이고 단니며 <u>샹괴</u> 무역ᄒᆞ기 편ᄒᆞ미 아니라(2:16ㄱ)
- 샹고들이 그곳으로 가ᄂᆞᆫ 재 만흐니 <u>물홰</u> 평평ᄒᆞ야 팔기 쉽고(1:13ㄴ)

'ᄉᆞ민필지'(1889경)에서도 '가'는 다음처럼 제한적으로 쓰였고 '텬하ㅣ, 구결ᄒᆞᄂᆞᆫ 쟈ㅣ'처럼 'ㅣ'가 분리 표기되어 많이 쓰였다. 그러나 '이언'은 '가'를 대부분 거부하여 매우 보수적 표기를 보여 줌을 알 수 있다. 이 시대가 입말 즉 구어로는 '가'가 쓰였어도 글말 즉 문헌상에서는 '가'의 사용이 매우 제한적이었음을 알 수 있다.

ㅣ:

- 온 텬하ㅣ 다 ᄀᆞᆯᄋᆞᄃᆡ(ᄉᆞ민필지 13)
- 구결ᄒᆞᄂᆞᆫ 쟈ㅣ 무수ᄒᆞ며(ᄉᆞ민필지 43)

가:

- 크게 만흔 비가 붓ᄂᆞᆫ ᄃᆞ시 여러 ᄒᆡ를 ᄂᆞ리워(ᄉᆞ민필지 9)
- 공부 아니ᄒᆞᄂᆞᆫ 이가 업스며(ᄉᆞ민필지 40)
- 부쳐의 도가 만터니 ᄎᆞᄎᆞ 적어지고(ᄉᆞ민필지 80)

'가'의 표기가 드문 '이언'의 이런 모습은 이후 문헌들에서도 당분간 유지되는데, 그 후 음운 환경에 따라 '이/가'가 교체되어 현대어처럼 쓰임은 신소설들에 이르러서야 일반화한다(민현식 1999ㄱ).

- 그 춍소ᄅᆡ가 긋치ᄆᆡ 사ᄅᆞᆷ의 ᄌᆞ취ᄂᆞᆫ 끈너지고(혈의루 1)
- 졀문 녀편네가 숣먹고 힝길에 ᄂᆞ와셔 쥬졍ᄒᆞᆫ다 ᄒᆞᆯ 터이나(혈의루 1)

현대에 단체 주어로 쓰이는 '에서'는 '의셔/에셔'로 나타난다.

의셔/에셔:

- 방금의 죠뎡의셔 졍신을 가다듬어 다ᄉᆞ리기를 도모ᄒᆞ시고(셔4ㄱ)
- 즁국의셔 양국 숣을 밧아 쥬뎜을 열고(1:14ㄴ)
- 져의 나라에셔 임의 힝ᄒᆞ엿거니 즁국에션들 엇지 홀노 힝치 못ᄒᆞ리오(1:18ㄴ)

② 대격

'을/를, ᄅᆞᆯ/ᄋᆞᆯ'이 주로 쓰였는데 모음조화에 따른 규칙성은 없이 쓰였다.

을/를:

- 긔우ᄉᆡᆼ이 시셰 일을 ᄉᆞᆲ히고 져울질ᄒᆞ며 시셰 판국을 당긔기를 ᄉᆡᆼ각ᄒᆞ야(셔1ㄱ)
- 어진 의원이 병을 다ᄉᆞ리ᄆᆡ 약을 분잡히 쓰고 침 놋코 ᄯᅳᆷ질ᄒᆞ믈(셔2ㄱ)
- 반ᄃᆞ시 병든 근원을 ᄉᆞᆲ히고 병든 ᄂᆞᆯ을 헤여 보와 인ᄒᆞ야 병의 쳔심을 알며 병의 표리를 분간ᄒᆞ고 (셔2ㄴ)

ᄋᆞᆯ/ᄅᆞᆯ:

- 물화 갑ᄉᆞᆯ 샹고ᄒᆞ야 ᄆᆡ량에 셰ᄅᆞᆯ 더ᄒᆞᄃᆡ(1:10ㄱ)
- 진국의 졍ᄉᆞᄅᆞᆯ 가히 알지니(셔3ㄱ)
- 엇지 ᄑᆡᆼ조(彭祖)와 슈(壽)ᄅᆞᆯ ᄀᆞᆺ치ᄒᆞ고(셔4ㄱ)
- 이 일노ᄡᅧ 발신ᄒᆞ야 시폐ᄅᆞᆯ 바로잡으며(셔4ㄴ)
- 태산과 화산은 ᄆᆡ이 놉흐므로 흙덩이ᄅᆞᆯ ᄉᆞ양(辭讓)치 아니하ᄂᆞ니 (ᄌᆞ셔2ㄱ)

③ 속격

속격에는 '의'와 '에'가 쓰였는데 '의'와 '에'는 처격에도 쓰여 결과적으로 이 시대는 '의 - 에'의 혼기를 보여 준다.

의:

- 션치 슈령의 우등되ᄂᆞᆫ 이ᄅᆞᆯ 표져ᄒᆞ게 ᄒᆞ야(2:57ㄱ)
- 일즉 영국 사ᄅᆞᆷ의 ᄀᆡ항 통샹ᄒᆞ미 되고(3:2ㄱ)
- 쟝ᄎᆞᆺ 그 모양을 효측ᄒᆞ야 셔인의 리권을 난홀 거시니(3:2ㄴ)
- 츄쟝 곽벽[사ᄅᆞᆷ의 일홈]으로 더브러 약됴ᄅᆞᆯ 셰우고 (3:3ㄱ)
- 사ᄅᆞᆷ들은 져의 의ᄉᆞ에 도모ᄒᆞᄂᆞᆫ 바를 발셔 아ᄂᆞᆫ고로(3:3ㄴ)

에:

- 만일 즁국이 만국 즁에 하나흐로 ᄌᆞ쳐ᄒᆞ면 져의 공법 즁에 홀노 즁국을 ᄲᅢ혀 ᄡᅳᆯ 길이 업고 우리 즁국에 법이 ᄯᅩᄒᆞᆫ 가히 만국에 ᄒᆡᆼᄒᆞᆯ 만ᄒᆞ니(萬國之一…… 中國之法, 1:7ㄴ)
- 디즁(地中)에 쳔심과 픔지호부와 칭졀고하와 구덩이 좁고 넓은 거ᄉᆞᆫ 사ᄅᆞᆷ마다 아지 못ᄒᆞᄂᆞᆫ 바오(地産之深淺, 1:28ㄱ)
- 남ᄂᆞᆫ 거ᄉᆞᆯ 가지고 십 분에 이 분은 챵[일을 쥬장ᄒᆞᄂᆞᆫ 집]쥬를 쥬고 십 분에

오 분은 일 보는 여러 사룸이 고로게 난호와(十分之二……十分之五, 1:29ㄴ)

이러한 결과 현대에도 속격 '의'와 처격 '에'가 발음상 혼동이 지속되고 있어 표준 발음법(1988)에서도 '의'를 [에]로 읽도록 허용하기에 이른다. 다음 '향학에 부비'와 '셩학의 부비'는 같은 구문 내에서도 같은 속격 기능의 '의 – 에'가 혼기되었음을 보여 준다.

향학(鄕學)에 부비(浮費)는 미 인이 칠일을 한ᄒᆞ고 ᄒᆞᆫ 본납[셔양국 은 일홈]을 ᄂᆡ고 셩학(城學)의 부비는 미월의 ᄒᆞᆫ 희림(喜林)[셔양국 은 일홈이니 즁국 은ᄌᆞ(銀子) ᄒᆞᆫ 돈 륙칠 분 가량이라]을 ᄂᆡᄃᆡ(鄕學之費……城學之費, 2:40ㄴ)

'의'는 주어적 속격으로 쓰인 경우도 많았다.

주어적 속격 '의':

- 이는 가쟝사(賈長沙)[가의 쟝사의 구양 가므로 일ᄏᆞᄅᆞ미라]의 기리 탄식ᄒᆞ고 통곡ᄒᆞ며 눈물 흘니기에 니ᄅᆞᄃᆡ 능히 마지 못ᄒᆞᆫ 비라(셔2ㄱ)
- 수십국을 련ᄒᆞᄃᆡ 숀가락이 팔의 부리듯 ᄒᆞᆯ 거시니(1:9ㄴ)
- 양인의 쥬관ᄒᆞ는 향항과 오문[다 포구 일홈] 일을 샹고ᄒᆞ야 보니 츄리 밧는 젼례 업는지라(1:13ㄴ)
- 즁국 폭원의 너르믄 녜로븟허 쇼연ᄒᆞ미니(3:1ㄱ)
- 쓰지 못ᄒᆞᆯ 긔계로 군ᄉᆞ를 히외에 보ᄂᆡ여 승부를 결우고져 ᄒᆞ니 어리셕은 나의 감히 알 비 아니라(3:54ㄴ)
- 명나라 시절에 하슈 다ᄉᆞ리는 말숨을 잘ᄒᆞᆫ 재 송렴의 회슈롤 치고 졔슈롤 인도ᄒᆞ야 남븍으로 난화 힝ᄒᆞ게 ᄒᆞ는 것과 셔유졍(徐有貞)의 슈문을 다ᄉᆞ리고 물골슬 소통ᄒᆞᄌᆞ ᄒᆞ는 거시(4:8ㄴ)

주어적 속격은 중세 문장에 일반적이다.[12] 주어적 속격을 일본어 조사 'の'의 잔재로 보아 '나의 살던 고향을'을 일본식 구문이라고 보는 주장도 있으나 주어적 속격 구문은

12. 중세의 주어적 속격 구문의 예는 다음과 같다. 이 東山은 須達이 산 거시오(석보상절 6:40). 내인 어미 爲ᄒᆞ야 發혼 廣大誓願을 드르쇼셔(월인석보 21:57). 그ᄢᅴ 諸子ㅣ 아비의 便安히 안존 둘 알오(법화경언해 2:138).

중세에 존재하였기에 '나의 살던...'을 일본어투로만 봄은 문제이다.

④ 부사격1[처격][13]

처격은 '에'가 쓰였으며 속격 '의'가 처격 기능으로도 겸하여 쓰였고 후행 용언에 따라 '의셔/에셔'도 쓰였다.

에:

- 귀의 들리ᄂᆞᆫ ᄇᆡ 이시면 ᄆᆞ음에 가마니 긔록ᄒᆞ야 (셔1ㄱ)
- 셰상의 쓰면 구졔ᄒᆞᆯ ᄇᆡ 잇고 이씌에 베플면 가히 ᄒᆡᆼᄒᆞᆯ 만ᄒᆞᆫ 일인져(셔1ㄴ)
- 밧긔ᄂᆞᆫ 옹졔[죵긔 일홈] 쟝ᄎᆞᆺ 되ᄂᆞᆫ 모양 ᄀᆞᆺ고 안에ᄂᆞᆫ 징개[젹긔 병] 졈졈 ᄌᆞ라ᄂᆞᆫ 것 ᄀᆞᆺᄐᆞ여(셔2ㄱ)

의:

- 실노 셰도와 민ᄉᆡᆼ의 크게 유익ᄒᆞ나(1:6ㄱ)
- 즁국법을 만국공법의 합ᄒᆞ야 류(類)ᄃᆡ로 구별ᄒᆞ고(1:8ㄱ)
- 영국이 만일 인도의 텰로를 ᄶᅡ라 운남 변방 디경ᄭᅡ지 온즉 ᄒᆡᆼ군ᄒᆞᆫ 지 불과 오일에 가히 득달ᄒᆞᆯ 거시니(1:36ㄴ)
- 다시 동경의 군ᄉᆞ를 둔쳐 그 삼 ᄉᆡᆼ에 셰납을 아셔(3:1ㄴ)
- 보호ᄒᆞ므로 칭탁ᄒᆞ고 엄연이 졔 휘하의 누르ᄂᆞᆫ ᄃᆞᆺᄒᆞ야(3:2ㄱ)
- 녯적에 관즁이 졔국을 다ᄉᆞ릴 졔 산의 관원(官員)을 두고 바다의 관부(官府)를 마련ᄒᆞ야(2:23ㄱ)

⑤ 부사격2[여격]

여격에는 '의게/씌'와 'ᄃᆞ려'가 쓰였다. 특히 다음 '말씌'처럼 동물에게도 '씌'가 쓰이는 경우를 보여 준다.

- 의게: 무왕이 편쟉의게 이 말을 고ᄒᆞᆫᄃᆡ 편쟉이 노ᄒᆞ야(셔3ㄱ)
- 씌: 녯적의 편작(扁鵲)이 진(秦) 무왕(武王)씌 뵌ᄃᆡ 왕이 병을 뵈거ᄂᆞᆯ(셔3ㄱ)
  녯적의ᄂᆞᆫ 노ᄉᆡ와 말씌 슐위를 메더니(발4ㄱ) ⇒ '씌'가 동물에게 쓰였음.

13. 부사격에는 처격, 여격, 도구격, 방향격, 자격격, 출격, 원인격, 비교격 등이 포함된다.

· ᄃᆞ려: 임의 능히 금치 못ᄒᆞᆯ진ᄃᆡ ᄇᆡᆨ셩ᄃᆞ려 임의로 심으게 ᄒᆞᆯ만 ᄀᆞᆺ지 못ᄒᆞ니(1:16ㄴ)

⑥ 부사격3[방향격, 도구격, 출격]
방향격, 도구격, 자격격에는 '(으)로'가 쓰이고 '쓰-'의 문법화를 거친 복합형 '(으)로뻐' 도 보인다.

· 으로: 오 만리 대양을 건너 슈운ᄒᆞ야 본국으로 도라가(2:3ㄱ) ⇒ 방향격
· 으로: 각 챵(廠)의 양국 쟝식을 ᄂᆡ 능히 셩심으로 ᄃᆡ졉지 못ᄒᆞ면(2:5ㄱ) ⇒ 도구격
· 으로뻐: 텬해 반ᄃᆞ시 쟝ᄎᆞᆺ ᄀᆡ우싱으로뻐 빙쟈ᄒᆞᆯ 거리를 삼을 ᄃᆞᆺᄒᆞᆫ지라(발3ㄱ) ⇒ '으로뻐'는 'ᄀᆡ우싱'을 빙자의 도구로 삼는다는 뜻에서 도구격으로 본다.
· 화인이 슈운ᄒᆞᄂᆞᆫ 물화 다쇼(多少)로뻐 즁국이 ᄇᆡ셜ᄒᆞᆫ 관원의 경비를 니바지할 만ᄒᆞ니(3:32ㄴ) ⇒ 도구격

'븟허'와 'ᄌᆞᆺᄎᆞ'는 문법화하여 '로'와 통합해 '출격'(出格)으로 쓰인 것으로 보인다.

· 민호(閩滬) 등쳐(等處)로븟허 챵(廠)을 셜시ᄒᆞ고(2:7ㄱ) ⇒ 출격
· 일즉 칠쳔 리 밧그로ᄌᆞᆺᄎᆞ 글월을 븟쳐 보ᄂᆡ엿거ᄂᆞᆯ(셔1ㄴ) ⇒ 출격

⑦ 부사격4[비교격]
현대의 '보다'(우열 비교), '과'(상태 비교), '처럼'(유사 비교)에 해당하는 비교 구문의 격조사로는 다음 예들이 있다.

보다: '많다, 박ᄒᆞ다, 갑절' 등과 호응하는 우열 비교.
· 죠션과 안남이 ᄯᅩ 번방이 되니 폭원의 너ᄅᆞ미 네보다 만흔 ᄇᆡ 분명ᄒᆞᄃᆡ(1:7ㄱ)
· 토픔이 양국 토픔보다 박ᄒᆞᆫ고로 (1:17ㄱ)
· 셰젼을 포구의 나가ᄂᆞᆫ 물화보다 갑졀이나 즁히 밧고(1:20ㄴ)

의/에/ᄋᆡ: '낫다, 너기다'와 호응하는 가치 비교.
· 대뎌 일홈을 구ᄒᆞᄂᆞᆫ ᄆᆞᄋᆞᆷ이 리ᄒᆞᆷ을 구ᄒᆞ기의 즁히 너기ᄂᆞᆫ 쟈ᄂᆞᆫ ᄆᆡ양 봉공ᄒᆞ야 법을 직히고 리ᄒᆞᆷ을 구ᄒᆞᄂᆞᆫ ᄆᆞᄋᆞᆷ이 일홈 구하기에 즁히 너기ᄂᆞᆫ 쟈ᄂᆞᆫ 만히 폐단을 놀녀 ᄂᆡ여 ᄉᆞᄉᆞ를 경영ᄒᆞᄂᆞ니(4:32ㄱ) ⇒ 같은 문장에서 비교격의 '의

/에'가 혼기된 예이다.

- ᄒᆞᆫ 가지 기예를 젼쥬ᄒᆞᄂᆞᆫ 쟈ᄂᆞᆫ ᄌᆡ죠를 혜아려 일을 맛져 그 구ᄒᆞᄂᆞᆫ 길을 널니 ᄒᆞ면 기예와 용ᄆᆡᆼ이며 말 타기와 활 ᄡᅩ기만 겨유 닉이ᄂᆞᆫ ᄃᆡ 낫지 아니ᄒᆞ라(2:37ㄱ)

의셔/에셔/ᄋᆡ셔: '갑졀, 로련ᄒᆞ다, 낫다'와 호응하는 우열 및 가치 비교.

- ᄒᆡ랑적이 업셔지ᄆᆡ ᄒᆡ즁이 힘닙어 안연ᄒᆞ엿거든 ᄒᆞ믈며 텰로의 리로오미 화륜션의셔 갑졀이나 되ᄂᆞᆫ 재라(1:41ㄱ)
- 혹이 니ᄅᆞᄃᆡ 아라ᄉᆞ국에셔 로련ᄒᆞᆫ 나라히 구라파쥬의ᄂᆞᆫ 영국 보국과 아셰아쥬의ᄂᆞᆫ 일본과 파ᄉᆞ국이 셔귀여 셔로 구원ᄒᆞᄂᆞ니(3:6ㄱ)
- 진뎍ᄒᆞᆫ 인ᄌᆡ를 ᄡᅢ혀 졍실이 ᄡᅵ일 바ᄅᆞᆯ ᄌᆞ뢰ᄒᆞ면 빈말노 유익ᄒᆞ미 업시 ᄌᆞ모듬ᄒᆞᄂᆞᆫ ᄃᆡ셔 낫지 아니ᄒᆞ라(2:35ㄴ)

으로: '다르다'와 호응하는 동질 상태 비교.

- 모ᄃᆞᆫ 나라히 ᄒᆡ샹으로 닷토와 단니니 견국 ᄯᆡᆨ 칠국으로 무어시 다르리오(1:5ㄴ)
- 이양홀 ᄯᆡ의ᄂᆞᆫ 반ᄃᆞ시 비 오기ᄅᆞᆯ 기다리니 이ᄂᆞᆫ 즁원으로 다ᄅᆞ미 업ᄉᆞᄃᆡ (1:52ㄱ)
- 실샹 인(引) ᄯᆞ흐로 다ᄅᆞ미 업ᄉᆞ니 (2:24ㄱ)

과: '엇더ᄒᆞ다'와 호응하는 우열 상태 비교.

- 인력을 크게 허비ᄒᆞ야 슈운ᄒᆞᄂᆞᆫ 법을 회복ᄒᆞᄂᆞᆫ 거시 이 인력을 옴겨 텰로를 셜시ᄒᆞᄂᆞᆫ 것과 엇더홀고(1:38ㄱ)

도곤: '-기도곤 심히 ᄒᆞ다/더욱 원통ᄒᆞ다'로 나타나는 상태 비교. '이언'에 2회 나옴.

- 황공ᄒᆞ고 국츅ᄒᆞ기ᄅᆞᆯ 슈화(水火)ᄅᆞᆯ 피ᄒᆞ기도곤 심히 ᄒᆞ야 류리산망ᄒᆞ야 남은 ᄇᆡ 업ᄉᆞ리니(4:19ㄱ)
- 셰 숀가락으로 사ᄅᆞᆷ을 쥭이ᄆᆡ 칼노 쥭이기도곤 더옥 원통ᄒᆞ니 말ᄉᆞᆷ이 이의 밋ᄎᆞᄆᆡ 통ᄒᆞᆫ(痛恨)ᄒᆞ미 ᄌᆞ못 깁도다(4:43ㄱ)

쳐로: 유사 행동 양태 비교.

- 거셰지인(擧世之人)이 공명의 ᄆᆞᄋᆞᆷ 두ᄂᆞᆫ 재 다 이쳐로 죵ᄉᆞᄒᆞ야 늙도록 뉘우치지 아니ᄒᆞ니(2:33ㄴ) ⇒ '쳐로'는 '톄(體)로>텨로>쳐로>처럼'으로 발달.

⑧ 기타 격조사와 문법화, 격지배의 변화

용언이 문법화하여 공동격, 원인격, 여격 등의 부사격 기능으로 문법화하는 과정의 사례도 있다(홍윤표 1976, 1978, 1984 참고).

~로 더브러: 왕이 아ᄂᆞᆫ 사ᄅᆞᆷ으로 더브러 의론ᄒᆞ고 아지 못ᄒᆞᄂᆞᆫ 사ᄅᆞᆷ으로 더브러 의론을 져희ᄒᆞ니(셔3ㄱ) ⇒ 공동격

~ᄅᆞᆯ 인ᄒᆞ야: 시셰ᄅᆞᆯ 인ᄒᆞ야 맛당ᄒᆞᆫ 법을 지어 젼례의 구ᄋᆡᄒᆞ지 ᄆᆞᆯ고 힘ᄡᅧ 힝ᄒᆞ기ᄅᆞᆯ 오ᄅᆡᄒᆞ면 (셔5ㄱ) ⇒ 원인격

~로 ᄒᆞ야곰: 셰샹 사ᄅᆞᆷ으로 ᄒᆞ야곰 귀쇽ᄒᆞᆯ 바ᄅᆞᆯ 아라(2:40ㄱ) ⇒ 여격

~ᄋᆞᆯ 가지고: 본젼과 리젼과 셰젼을 졔ᄒᆞᆫ 외에 남ᄂᆞᆫ 거ᄉᆞᆯ 가지고 십 분에 이 분은 챵[일을 쥬쟝ᄒᆞᄂᆞᆫ 집]쥬를 쥬고(1:29ㄴ) ⇒ 체언 뒤의 예로 '~ᄋᆞᆯ 가지고'는 대격 기능을 보여 준다.[14]

또한 단어에 따라 격지배가 달라지기도 하였다. 현대어는 '이로 말미암아'처럼 '로'를 취하나 '이언'에는 다음과 같이 '이를 말미암아'로 쓰여 격지배가 다르다.

~ᄅᆞᆯ 말미암다: 미국(美國)이 니ᄅᆞ되 법국이 셰 번 크게 어ᄌᆞ러워 수ᄇᆡᆨ만 인명이 ᄉᆞ망지환(死亡之患)을 당ᄒᆞ미 다 이ᄅᆞᆯ 말미암으미라 ᄒᆞ니(3:25ㄴ)

⑨ 열거 및 종결 조사

열거 또는 종결 조사로 '오'가 쓰이기도 한다. 다음 원문이 '也, 焉'에 대응한 경우는 종결로, '而'에 대응한 경우는 열거로 볼 수 있으나 문장 끊기 나름이라 종결과 열거의 구별이 쉽지 않다.

· 픔지호부와 칭졀고하와 구덩이 좁고 넓은 거ᄉᆞᆫ 사ᄅᆞᆷ마다 아지 못ᄒᆞᄂᆞᆫ 바오 (1:28ㄱ) [원문: 也]

---

14. '가지고'는 체언의 격조사 뒤뿐 아니라 용언 어미 뒤에도 다음 예처럼 온다. 이들 문맥에서 없어도 문맥에 지장을 주지 않아 잉여적으로 문법화한 기능을 보여 준다.
 · 쟝ᄉᆞᄒᆞᄂᆞᆫ ᄇᆡᆨ셩이 톄문(帖文)을 맛타 가지고 물화ᄅᆞᆯ ᄂᆡ여 가ᄂᆞᆫ 젼례ᄅᆞᆯ 의방ᄒᆞ야(1:28ㄴ) ⇒ 용언 뒤에 나온 예
 · 영국 사ᄅᆞᆷ이 호(滬) ᄯᅡ의 와셔 면화와 양의 털을 구ᄒᆞ야 가지고 오 만리 대양을 건너 슈운ᄒᆞ야 본국으로 도라가(2:3ㄱ) ⇒ 용언 뒤에 나온 예

· 이 두 가지는 다 부요ᄒᆞ게 ᄒᆞᄂᆞᆫ 요긴ᄒᆞᆫ 도(道)오(2:2ㄴ) [원문: 也]
· 즁인(衆人)의 의론을 모흐며 하졍(下情)을 통ᄒᆞ게 ᄒᆞᄂᆞᆫ 바오(2:19ㄴ) [원문: 焉]
· 후에 오ᄂᆞᆫ 사ᄅᆞᆷ이 임의로 곳치다가 일을 해롭게 ᄒᆞ미 족히 념려ᄒᆞᆯ 바오(1:48ㄱ) [원문: 而]

⑩ 보조사
주제 보조사로 'ᄂᆞᆫ, 은, ᄋᆞᆫ'이 쓰이고 '는'은 전혀 쓰이지 않았다.

ᄂᆞᆫ, 은, ᄋᆞᆫ:
· 이언 일셔ᄂᆞᆫ 긔우싱이 시셰 일을 ᄉᆞᆲ히고(셔1ㄱ)
· 화륜거ᄂᆞᆫ 륙로의 횡치ᄒᆞ며 뎐긔션은[텰ᄉᆞ를 느려 쇼식을 통ᄒᆞᄂᆞᆫ 거시라] 수만리 밧긔 련졉ᄒᆞ여(1:2ㄴ)
· 그 말ᄉᆞᆷ은 휜츌ᄒᆞ고 번다ᄒᆞ지 아니ᄒᆞ며 그 ᄯᅳᆺ은 현져ᄒᆞ고 모호ᄒᆞ지 아니ᄒᆞ야(셔1ㄱ)
· 이언(易言)이라 ᄒᆞᄂᆞᆫ 거ᄉᆞᆫ 겸ᄉᆞᄒᆞᄂᆞᆫ 말이라(셔1ㄴ)

그 밖의 보조사 관련하여 다음 예들이 주목된다.

ᄃᆡ로: 즁국법을 만국공법의 합ᄒᆞ야 류(類)ᄃᆡ로 구별ᄒᆞ고(1: 8ㄱ)
슈셰ᄒᆞᄂᆞᆫ 법을 곳쳐 뎡ᄒᆞ고 ᄉᆞ리(事理)ᄃᆡ로 힘ᄡᅥ 닷토와(1:15ㄱ)
도: 마ᄎᆞᆷᄂᆡ 큰 병이 반ᄃᆞ시 하리고 젹은 병도 반ᄃᆞ시 업셔져(셔4ㄱ)
만: 다만 시무에 합당ᄒᆞᆫ 여부만 무를 거시니 (ᄌᆞ셔2ㄱ)
이라야: 이 원은 대뎌 십팔셰 이샹이라야 바야흐로 나아가 ᄇᆡ호ᄂᆞ니(2:42ㄱ)
라도: ᄒᆞᆫ갈ᄀᆞᆺ치 각식히 ᄒᆞ며 친쳑과 니웃 사ᄅᆞᆷ의게라도 호리를 교계ᄒᆞ야(4:41ㄴ)

⑪ ㅎ 곡용
개화기에는 여전히 ㅎ 곡용 표기가 보임도 이 시대의 특징이다.

· 파셔국 아마심강은 비로 ᄯᅡ히셔 발원ᄒᆞ여 파셔국으로 드러가나(1:25ㄱ)
· 졔도 규모와 긔믈이 ᄒᆞ나토 ᄀᆞᆺ쵸지 아니미 업ᄉᆞ니 하나흔 경셔 ᄇᆡ호ᄂᆞᆫ 학이오

둘흔 법 ᄇᆡ호ᄂᆞᆫ 학이오 셰흔 기예 ᄇᆡ호ᄂᆞᆫ 학이오 네흔 의슐 ᄇᆡ호ᄂᆞᆫ 학이니 (2:42ㄴ)

(3) 활용과 어미

용언의 활용과 어미 활용으로는 다음의 특이 사례들을 들 수 있다.

① 용언의 활용

ㄱ) ㄹ 말음 어간의 활용

어간이 ㄹ 말음인 용언의 활용은 다음 예가 있는데 현대와 달리 '-듯이, -ᄃᆡ' 어미 앞에서도 'ㄹ'이 탈락하거나 '여르시니'처럼 활용하였다.

- 경즁을 져울노 다드시 ᄒᆞ야 우리 쟝ᄉᆞᄒᆞᄂᆞᆫ ᄇᆡᆨ셩을 호위ᄒᆞ며(1:15ㄱ) ⇒ 달듯이 > 다듯이
- 침쟉ᄒᆞ야 갑슬 뎡ᄒᆞ야 파ᄃᆡ(1:23ㄱ) ⇒ 팔ᄃᆡ > 파ᄃᆡ
- 수쳔년 이ᄅᆡ로 여러 셩인이 경영ᄒᆞ시고 일을 지으샤 문명지치를 여르시고 졔후를 봉ᄒᆞ야 법을 일우게 ᄒᆞ시니(1:3ㄱ) ⇒ 현대어에서는 '여시고'가 될 것이다.

ㄴ) ㅂ 불규칙 활용

현대어의 '도울', '어려운'이 '도을', '어려온'으로 표기된 예를 보여 준다.

- 어든 바 슈운ᄒᆞᄂᆞᆫ 부비에 각 항 용도를 졔ᄒᆞᆫ 외에 나마ᄂᆞᆫ 가히 국용을 도을 거시니 리ᄒᆞᆫ 일이 하나히오(1:39ㄱ) ⇒ 현대어는 '도울'이다.
- 셔(書)에 ᄀᆞᆯ오ᄃᆡ 말ᄒᆞ기 어려온 쥴이 아니라 ᄒᆡᆼᄒᆞ기 오직 어렵다 ᄒᆞ니(ᄌᆞ셔 3ㄱ) ⇒ 현대어는 '어려운'이다.

ㄷ) 쌍형 어간 활용의 변화

중세에 쌍형으로 활용하던 '시므-/싊-'는 '싊-'의 활용형이 사라져 오늘날 방언형에나 '심구다'처럼 남고, '이언'에서는 자음 앞에서 '시므-'(현대의 '심-')만 보인다. '시므-'는 분철 표기형인 '심으-'로 표기되었다. 'ᄌᆞᄆᆞ-/ᄌᆞᇚ-'는 반대로 현대에 'ᄌᆞᇚ-'의 변천형인

‘잠그-’가 남고 ‘ᄌᆞᄆᆞ-’는 사라지는데 ‘이언’에는 아직 ‘ᄌᆞᄆᆞ고’의 변천형인 ‘ᄌᆞ무고’와 ‘ᄌᆞᄆᆞᄆᆡ’의 분철 표기형이 변한 ‘잠으ᄆᆡ’로 쓰인 예를 보인다.

- 형셰ᄂᆞᆫ 오히려 가히 당길만 ᄒᆞᆫ즉 잉속각 심으ᄂᆞᆫ 거ᄉᆞᆯ 금ᄒᆞ지 마나니만 ᄀᆞᆺ지 못ᄒᆞ니(1:16ㄴ)
- 이제 셔븍 각 ᄉᆡᆼ(省)의셔 토픔이 모ᄆᆡ 심으기의 ᄆᆞᆺ당ᄒᆞᄃᆡ(1:53ㄱ)
- ᄌᆡ산을 젹몰ᄒᆞ야 관가로 드리며 의대리국은 교당 칠십여간을 ᄌᆞ무고(3:26ㄱ)
- 가마를 ᄡᆡ치고 ᄇᆡ를 물에 잠으ᄆᆡ 굿셴 진나라 예긔 썩기고(3:56ㄱ)

쌍형 어간과 유사한 것으로 ‘엿보-’와 ‘여허보-’가 동의어로 나타난다. 전자는 13회(1:6ㄴ, 2:9ㄱ, 3:1ㄴ, 3ㄴ, 4ㄱ,ㄴ, 8ㄴ, 20ㄱ, 38ㄱ, 41ㄱ, 42ㄴ, 57ㄴ, 발8ㄴ), 후자는 2회(4:42ㄴ, 발8ㄱ) 나타난다.

- 즁국 쟝ᄉᆡᆨ이 비록 그 묘리(妙理)를 대강 엿보와시니(2:9ㄱ)·
- 오회라 긔우ᄉᆡᆼ의 의향을 여허보건ᄃᆡ 더옥 린국(隣國)을 화목ᄒᆞ고(4:42ㄴ)

‘엿보-’는 중세어 ‘엿-/엿-’이 ‘보-’와 비통사적 합성어로 합성하여 현대에도 남아 있다(‘론 셔졍’ 2:9ㄱ의 주석 25 참고). ‘여허보-’는 중세어 ‘엿-’의 활용형 ‘여ᅀᅥ > 여어 > 여허’가 ‘보-’와 통사적 합성어로 합성한 것으로 중세에 ‘여ᅀᅥ보다 > 여어보다’가 쓰였는데 ‘이언’에는 ㅎ 첨가형인 ‘여허보다’를 보여 주는 것이다(‘론 의도’ 4:42ㄴ의 주석 39 참고). ‘여허보-’는 고어사전들에 미등재어인데 고어사전에 용례로 등재할 만하다. ‘이언’과 같은 시기에 나온 언해본 소설 ‘홍루몽’(낙선재 필사본, 1884년경)에도 여러 용례가 나온다.

- 내 등 뒤셔 치마를 밧구와 닙을 ᄣᆡ의 내 잠시 여허보왓노라(紅樓夢補 23:9)
- 보옥이 보고 믄득 병풍 틈으로 죠ᄎᆞ 여허보ᄆᆡ(續紅樓夢 10:9)

② 활용어미

‘이언’의 문체는 중세 언해체의 특징인 만연체를 보여 주어 ‘~ᄒᆞ고 ~ᄒᆞ니 ~ᄒᆞ야 ~ᄒᆞᄆᆡ ~ᄒᆞᆯᄉᆡ ~ᄒᆞᄃᆡ ~ᄒᆞ니 ~ᄒᆞ야’처럼 연결어미의 연결이 길게 이어진다. 현대어 문장이 '~다. ~다...'처럼 '-다' 종결형을 자주 취함과 대조적이다(졸고 1994ㄱ,ㄴ). 다음은 '이언' 서문의 처음 단락을 끊은 것인데 현대의 '-다'에 해당하는 '-라'로 끝날 때를 기준으로 문장을 끊어 보면 S1, S2, S3, S4...로 나눌 수 있는데 S2처럼 긴 구성의 만연체가 흔하다.

[S1 이언 일셔ᄂᆞᆫ 긔우ᄉᆡᆼ이 시셰 일을 슯히고 져울질ᄒᆞ며 시셰판국을 당긔기를 ᄉᆡᆼ각ᄒᆞ야 그윽이 근심ᄒᆞ고 격분ᄒᆞ야 지은 ᄇᆡ라 S1] [S2무릇 눈의 다다치ᄂᆞᆫ ᄇᆡ 잇고 귀의 들리ᄂᆞᆫ ᄇᆡ 이시면 ᄆᆞ음에 가마니 긔록ᄒᆞ야 그 곡절을 깁히 ᄉᆡᆼ각ᄒᆞ다가 일죠에 황연이 ᄭᆡ다라 인ᄒᆞ야 그 요긴ᄒᆞ믈 드러 셰샹의 질뎡ᄒᆞ니 그 말숨은 훤츌ᄒᆞ고 번다ᄒᆞ지 아니ᄒᆞ며 그 ᄯᅳᆺ은 현져ᄒᆞ고 모호ᄒᆞ지 아니ᄒᆞ야 일마다 됴목으로 베플ᄆᆡ 절직ᄒᆞ야 은휘ᄒᆞ미 업고 ᄀᆞᆺ튼 됴건이 흠긔 관통ᄒᆞᄆᆡ 졀실ᄒᆞ고 부허ᄒᆞ지 아니ᄒᆞ니 진ᄀᆡ 셰샹의 ᄡᅳ면 구졔ᄒᆞᆯ ᄇᆡ 잇고 이ᄯᆡ에 베플면 가히 ᄒᆡᆼᄒᆞᆯ 만ᄒᆞᆫ 일인져 S2] [S3 ᄀᆞᆯ오ᄃᆡ 이언(易言)이라 ᄒᆞᄂᆞᆫ 거ᄉᆞᆫ 겸ᄉᆞ(謙辭)ᄒᆞᄂᆞᆫ 말이라 S3][S4 일즉 칠쳔 리 밧그로좃ᄎᆞ 글월을 븟쳐 보ᄂᆡ엿거ᄂᆞᆯ ᄂᆡ 바다 보기를 맛치지 못ᄒᆞ야 긔우ᄉᆡᆼ이 당금(當今)의 유심(有心)ᄒᆞᆫ 사ᄅᆞᆷ이믈 그윽이 탄복ᄒᆞ엿노라 S4]……(후략)

위의 밑줄 예에서 드러나듯 '-아/어/야, -고, -지, -(으)면, -(으)며'는 현대어처럼 잘 쓰였다. 위 예문만으로 볼 때도 '-아/어/야(10회), -고(8회), -지(4회), -면(3회), -며(2회)'를 보여 준다. '-아/어/야'는 위 예처럼 'ᄭᆡ다라, 드러, 븟쳐'를 제외하고는 대부분 'ᄒᆞ다'의 활용인 'ᄒᆞ야'가 나타나고 'ᄒᆞ여'도 혼기되어 나타난다.

ㄱ) -아/어/야/여/와

- 방금 텬하의 ᄉᆞ단(事端)이 만하(셔2ㄱ) ⇒ 만하: 많+아
- ᄉᆡᆼ되(生徒ㅣ)이 원에 드러와 업을 닉이거든(2:46ㄱ) ⇒ 와: 오+아
- 경신을 가다듬어 다ᄉᆞ리기를 도모ᄒᆞ시고(셔4ㄱ) ⇒ 가다듬어: 가다듬+어
- 병든 ᄂᆞᆯ을 혜여 보와 인ᄒᆞ야(셔2ㄴ) ⇒ 혜여: 혜+여. 보와: 보+와. 인ᄒᆞ야: 인ᄒᆞ+야

특히 위 '보와'처럼 '-아'의 변이 표기형으로 '-와'가 쓰였으니 다음 '모화, 노화, 보와, 밧고와'는 ㅗ 모음 어간 아래에서 '-아' 대신 동화음 표기인 '-와'로 적는 표기 관습을 보이는데 이는 근대 국어의 일부 표기 관습으로 다른 문헌에도 나타난다.[15]

· 넷 방셔만 거두어 모화 약 쓰기를 망녕도이 ᄒᆞ야(셔2ㄴ)
· 졔국(諸國)을 크게 모화 약됴ᄅᆞᆯ 셰우고(1:8ㄴ)
· 가뎡(家丁)[16]을 노화 이목(耳目)을 삼아(2:53ㄱ)
· 즉시 도로 노화 보ᄂᆡ면 뒤도 아니 도라보고(4:37ㄴ)
· 분수를 보와 블너 도라오게 ᄒᆞ고 다른 ᄇᆡ를 밧고와 보ᄂᆡᄃᆡ(1:14ㄴ)

ㄴ) -ᄆᆡ
· 됴목으로 베플ᄆᆡ 졀직ᄒᆞ야 은휘ᄒᆞ미 업고 ᄀᆞᆺ튼 됴건이 ᄒᆞᆷ긔 관통ᄒᆞᄆᆡ(셔1ㄱ)
· 어리고 약ᄒᆞᆫ 쟈ᄂᆞᆫ 면ᄒᆞ며 과부의 ᄌᆞ식과 혹 그 아븨 밧긔 나갓시ᄆᆡ(4:5ㄱ)
· 녯적에 하우시 물을 다ᄉᆞ리시ᄆᆡ(4:8ㄱ)

현대의 '-매'는 보수적 어미로 중세형도 '-매'였고 현대에까지 문어투로 쓰인다. 그러나 '이언'의 표기는 ㅏ와 아래아 혼기형인 '-ᄆᆡ'를 보여 주므로 '-매'의 이형태 표기로 '-ᄆᆡ'도 사전 용례로 등재할 필요가 있다. 현 고어사전들에는 '-ᄆᆡ'가 나오지 않는다.

ㄷ) -ᄃᆡ/되
· 본국의셔ᄂᆞᆫ 젼례ᄃᆡ로 셰젼을 바드ᄃᆡ 잉속각 심으ᄂᆞᆫ 밧친즉 대동을 돈으로 밧치ᄂᆞᆫ 젼례보다 갑졀을 밧아(1:17ㄴ)
· 각 ᄉᆡᆼ(省)으로 통ᄒᆞ야 가게 ᄒᆞᄃᆡ 원근이 셔로 통ᄒᆞ고 슈미(首尾)ᄅᆞᆯ 셔로 응ᄒᆞ게 ᄒᆞ며(1:37ㄱ)
· 말게 메ᄂᆞᆫ 슐위ᄅᆞᆯ 만히 작만ᄒᆞ야 왕ᄅᆡᄒᆞ며 슈운ᄒᆞ게 ᄒᆞ되 화륜션의 죵션 두ᄃᆞ시 ᄒᆞ면 허비ᄂᆞᆫ 비록 만흐나(1:37ㄱ)

위 둘째, 셋째 예는 같은 쪽(1:37ㄱ)에 나오는 예인데 'ᄒᆞᄃᆡ'와 'ᄒᆞ되'가 같이 등장하여 혼기를 보인다.

---

15. 듯보와 아단 말이라(증수무원록언해 1:11ㄱ)
무러보와 이제라도 드릴 양으로 니ᄅᆞᄋᆞᆸ새(개수첩해신어 2:15ㄴ)
대되 혜니 돈이 一百열낫치니 ᄒᆞᆫᄃᆡ 모도와 혜면(청어노걸대 2:8ㄱ)
그 盜賊이 ᄒᆞᆫ 軍士ᄅᆞᆯ 쏘와 ᄆᆞᆯ게 ᄧᅥ르치고(청어노걸대 2:18ㄱ)
16. 가뎡: 가정(家丁). 집에서 부리는 남자 일꾼.

ㄹ) -라

- 압뒤로 치라 오ᄂᆞᆫ 뎍병을 면ᄒᆞᆯ 거시니(3:4ㄴ) ⇒ 현대의 '-러'

ㅁ) -게라

- 어린 소견이 이러ᄒᆞ니 아지 못게라(3:33ㄴ)
- 즁국이 거의 직힐 ᄯᆞ히 업ᄉᆞ며 방비ᄒᆞᆯ 모칙이 업ᄂᆞᆫ지라 아지 못게라(3:36ㄱ)

'-게라'는 중세부터 주로 부정의 '몯'과 함께 쓰인 것으로 위 '이언'에서처럼 개화기에도 쓰였음을 보여 준다.

ㅂ) -ㄹ지라도

- 영국으로 의론ᄒᆞᆯ지라도 뎐긔션을 나라의셔 셜시ᄒᆞ엿더니(1:42ㄴ)

ㅅ) -든

- 대뎌 군ᄉᆞᄂᆞᆫ 가히 ᄇᆡᆨ년이라도 ᄡᅳ지 아니ᄒᆞᆯ 거시로ᄃᆡ 하로라도 방비치 아니ᄒᆞ든 못ᄒᆞᆯ 거시니(3:54ㄴ): '아니ᄒᆞ든'은 '아니하지는' 의 뜻[17]

ㅇ) -려든

- 대개 믈갈ᄂᆡ의 모ᄅᆡᄂᆞᆫ 굿고 바다 어귀에 진흙이 모혀 여터지ᄆᆡ 물이 나려가지 못ᄒᆞ고 넘쳐 ᄌᆡ앙이 되려든(4:9ㄴ) ⇒ '되려고 하거든, 될 것이거든'의 뜻[18]

3.3 통사

(1) 의존명사

의존명사 구문에서는 가장 흔한 '것, 바, 쥴' 같은 것이 잘 쓰였고 특이한 것으로 'ᄌᆞᆺ'이

---

17. 근대 초 자료에도 이와 같이 '-지는'의 뜻으로 쓰인 '-든'이 보인다. ¶마치 역질과 ᄀᆞᆺ티 호ᄃᆡ 그리 크게 솟지게 붓든 아니호ᄃᆡ 여드래 아흐래 만의 혹 스스로 슬고 혹 덕지 지어 ᄡᅥ러디니(두창경험방 37)
18. 현대 국어의 '-려든'은 위 예와 약간 달리 'ㄹ'을 제외한 받침 있는 동사 어간 뒤에 붙어(예스럽게), 어떤 사실을 추측으로 인정하면서 그와 대립적인 사실과 이어 주는 연결 어미로 쓰인다. ¶죽도 못 먹으려든 하물며 쌀밥이라니.

쓰였다. ‘ᄌᆞᆺ’은 고어사전들에도 등재되어 있지 않은 것이다. ‘ᄇᆡ/바, ᄃᆡ/데’는 혼기도 보인다.

① 것, ᄯᆞ름:

- 뎨일은 스ᄉᆞ로 강ᄒᆞ게 ᄒᆞᄂᆞᆫ <u>것</u>만 ᄀᆞᆺ지 못ᄒᆞ니 스ᄉᆞ로 강ᄒᆞ게 ᄒᆞᄂᆞᆫ 도ᄂᆞᆫ 이 두어 가지에 버셔나지 아니ᄒᆞᆯ <u>ᄯᆞ름</u>이라(ᄌᆞ셔2ㄴ)

② ᄇᆡ/바:

- ᄯᅩᄒᆞᆫ 셩셰에 금ᄒᆞ지 아니ᄒᆞᆯ <u>ᄇᆡ</u>오 큰 션비의 믈니치지 아니ᄒᆞᆯ <u>ᄇᆡ</u>라(ᄌᆞ셔2ㄱ)
- 텬하의 긔약ᄒᆞ고 바라는 <u>바</u>ᄅᆞᆯ 맛쵸게 ᄒᆞᆯ진져(셔4ㄴ)

③ ᄃᆡ/데:

- 즁국 부강ᄒᆞᆯ 긔틀이 이 ᄒᆞᆫ 번 드ᄂᆞᆫ <u>ᄃᆡ</u> 이시리라(1:41ㄴ)
- 아모 <u>ᄃᆡ</u>로 슈운(輸運)ᄒᆞ야 가든지(1:12ㄴ)
- 뎐션국(電線局)[뎐긔션을 쥬장ᄒᆞᄂᆞᆫ <u>데</u>라](1:42ㄴ)
- ᄌᆞ연이 먼 <u>데</u> 물졍(物情)을 무러 그 쟝기(長技)ᄅᆞᆯ 스승ᄒᆞ야(ᄌᆞ셔1ㄱ)

④ 쥴:

- 셔에 ᄀᆞᆯ오ᄃᆡ 말ᄒᆞ기 어려온 <u>쥴</u>이 아니라 ᄒᆡᆼᄒᆞ기 오직 어렵다 ᄒᆞ니(ᄌᆞ셔3ㄱ)
- 군ᄉᆡ 스ᄉᆞ로 강ᄒᆞᄂᆞᆫ <u>쥴</u>이 아니라 그 일을 잘ᄒᆞ려 ᄒᆞᆯ진ᄃᆡ(3:47ㄱ)

⑤ ᄲᅮᆫ:

- 그 ᄇᆡ와 대포에 견고ᄒᆞ고 리ᄒᆞᆷ을 한ᄀᆞᆺ 미들 <u>ᄲᅮᆫ</u> 아니라(3:43ㄴ)

⑥ ᄌᆞᆺ:

- 아니 ᄃᆞᆨ근즉 져의ᄂᆞᆫ 합ᄒᆞ고 우리ᄂᆞᆫ 고단ᄒᆞᆫ <u>ᄌᆞᆺ시</u>오(1:4ㄴ)
- 외로이 잇셔 구원ᄒᆞ리 업고 그 해ᄅᆞᆯ 홀노 밧는 <u>ᄌᆞᆺ시</u>니(1:7ㄱ)
- 양국의 ᄌᆡ물 근원만 붓게 ᄒᆞᄂᆞᆫ <u>ᄌᆞᆺ시</u>며(1:13ㄴ)
- ᄒᆡ마다 뎨언을 슈축ᄒᆞ야도 도로혀 층층이 물길을 막ᄂᆞᆫ <u>ᄌᆞᆺ시</u>라(4:20ㄴ)

⑦ 쟈:

- 능히 다른 길노 ᄯᅮᆯ치 못ᄒᆞᆯ <u>쟈</u>여든 가히 하슈 좌우가에 긔쳔을 여러 믈을 바드ᄃᆡ 슈문을 ᄆᆡᆫᄃᆞ러 져슈ᄒᆞ고 ᄯᆡᄅᆞᆯ ᄯᆞ라 물골ᄉᆞᆯ 여러 ᄂᆡ여 보ᄂᆡ면(4:11ㄴ) ⇒

'쟈'는 '것'과 비슷함.

⑧ 밧쟈:

- 그러나 밧그로 근심ᄒᆞᄂᆞᆫ 밧쟈ᄂᆞᆫ 흉노와 걸안과 셔븍 변방ᄲᅮᆫ이러니(1:3ㄴ)
- 덕국과 법국이 셔로 빠호다가 덕국이 법국을 니긘 밧쟈ᄂᆞᆫ 덕국 군ᄉᆡ 법국 군ᄉᆞ보다 나은 쥴이 아니라(1:35ㄴ)
- 양인의 외양에셔 호긔를 부리며 텬하를 멸시ᄒᆞᄂᆞᆫ 밧쟈ᄂᆞᆫ 그 ᄇᆡ와 대포에 견고ᄒᆞ고 리ᄒᆞ믈 한ᄀᆞᆺ 미들 ᄲᅮᆫ 아니라(3:43ㄴ)

'밧쟈'는 의존명사 '바'와 '쟈'(者)의 복합형으로 '바의 것' 정도로 풀이되는데 관형형 뒤에 의존명사 '바'가 온 후 다시 속격의 시옷이 오고 의존명사 '쟈'가 복합한 이중 관형 구조이다. 따라서 본 주해본에서는 '밧 쟈'로 띄어 쓸 수도 있으나 의존명사 '바'와 '쟈'의 복합 의존명사 구조로 보아 '밧쟈'로 붙여 쓴다. 다음은 단위 의존명사이다.

⑨ 원(員):

- ᄆᆞᆺ당히 셰은(稅銀) 일이(一二) 원(員)[19]을 밧치ᄆᆡ 디방관을 쥬어 경비를 ᄌᆞ뢰ᄒᆞ게 ᄒᆞᄂᆞ니(3:32ㄴ)

⑩ 방(磅/放):

- 그즁에 열두 방(磅/放)[20] 놋ᄂᆞᆫ 젹은 강텰대푀 더옥 능히 덕병을 니길 만ᄒᆞ니(3:48ㄱ)

의존명사는 위 예들에서처럼 선행하는 관형형의 시제 형태와 제약 관계에 있는데 대부분 현대어와 같은 양상을 보인다. 단지, 다음 'ᄒᆞᆯ 만'은 현대어라면 '함 만'이라 'ᄒᆞᆷ 만'의 오기일 수 있으나 그것이 아니라면 현대어와 다름을 보여 준다.

- ᄇᆡᆨ셩ᄃᆞ려 임의로 심으게 ᄒᆞᆯ 만 ᄀᆞᆺ지 못ᄒᆞ니(1:16ㄴ)

---

19. 원(員): 은화 1원의 단위. '圓'과 통함. [원문] 員.
20. 방(放): ①총포를 쏘거나 남포 따위를 터뜨리는 횟수를 세는 단위. ¶총을 네댓 방 쏘았다 ②주먹, 방망이 따위로 치는 횟수를 세는 단위. ③사진을 찍는 횟수나 필름의 장수(張數)를 세는 단위. ④방귀를 뀌는 횟수를 세는 단위. [원문] 磅.

cf. 능히 량식을 슈운ᄒᆞ야 빅셩의 곤ᄒᆞᆷ을 구졔ᄒᆞᆯ 만ᄒᆞ니(1:35ㄱ)

(2) 의존용언

의존용언은 '-게 ᄒᆞ다'가 현대 국어처럼 생산적이지만 '-게 되다, -아/어 보다, -아/어 ᄇᆞ리다, -아/어 가다'는 문증되지 않거나 극히 몇 예가 보일 뿐이다. 이들이 구어체에서도 안 쓰였다기보다는 문어체에서 매우 제약적이었던 것으로 봄이 온당할 것이다.

① -게 ᄒᆞ다: 능히 ᄉᆞᆫ을 ᄃᆡ면 회츈ᄒᆞ게 ᄒᆞ야 오린 병을 돈연이 업게 ᄒᆞ니(셔2ㄴ)
② -게 되다: 경리(經理)ᄒᆞᆯ 사ᄅᆞᆷ을 어드면 스ᄉᆞ로 온당ᄒᆞ게 되리라(2:32ㄴ) ⇒ 거의 문증되지 않음
③ -아 놓다: ᄉᆞᄉᆞ를 경영ᄒᆞ며 헛 부비를 민간에 만히 느러 노아(2:52ㄴ)
④ -아/어 두다: 이 나라 지물이 져의 임의로 흘너 나가기를 바려 두면(1:20ㄱ)
⑤ -아/어 보다: 이 글 젼후 권을 합ᄒᆞ야 닑어 보니(발11ㄱ) ⇒ 거의 문증되지 않음
⑥ -아/어 ᄇᆞ리다: 그 굴곡ᄒᆞᆫ 형셰를 인ᄒᆞ야 닙쎠 질너 쓰러 ᄇᆞ리ᄂᆞᆫ 근심을 면ᄒᆞ게 ᄒᆞ고(4:10ㄱ) ⇒ 거의 문증되지 않음
⑦ -고 잇다: 늘노 부강ᄒᆞᆫ ᄃᆡ 니ᄅᆞ고 잇ᄂᆞᆫ바(1:21ㄱ)
⑧ -아/어 잇다. -아/어 가다. -아/어 오다. -아/어 내다. -아/어 나다. -아/어 디다. -아/어야 ᄒᆞ다: 문증되지 않음
⑨ -지 아니ᄒᆞ다: 물을 다ᄉᆞ리ᄂᆞᆫ 죵요로온 법이 근본이 이의 버셔나지 아니ᄒᆞᆯ지니(4:22ㄱ)
⑩ -지 못ᄒᆞ다: ᄂᆡ 바다 보기를 맛치지 못ᄒᆞ야(셔1ㄴ)
⑪ -고 십다: 흑빅을 뒤셧그며 시비를 착란ᄒᆞ게 ᄒᆞ야 오직 져희들 ᄒᆞ고 시분 ᄃᆡ로 ᄒᆞᄃᆡ(4:33ㄱ)
⑫ 만ᄒᆞ다: 일마다 가히 드러 시힝ᄒᆞ야 그 공효를 거둘 만ᄒᆞᆫ지라(셔4ㄱ)
⑬ ᄃᆞᆺᄒᆞ다: 다 고동을 트러 쓰게 ᄒᆞᄃᆡ 귀신의 도으미 잇ᄂᆞᆫ ᄃᆞᆺᄒᆞ야(1:2ㄴ)
⑭ -지 말다: 말ᄉᆞᆷ이 뉘게셔 낫시믈 굿ᄐᆡ여 니ᄅᆞ지 말고(ᄌᆞ셔2ㄱ)
시의 ᄀᆞᆯ오ᄃᆡ 군ᄌᆞᄂᆞᆫ 말ᄉᆞᆷ을 쉽게 ᄒᆞ지 말나 ᄒᆞ고(ᄌᆞ셔3ㄱ)

특히 부정법 '-지 말다' 구문은 현대어와 약간 다른 호응을 보여 주어 현대어 '않다'

의 의미를 보여 주는 경우가 있다.

- 져 사름은 나의 고루홈을 칙망ᄒᆞ고 나는 져 사름의 고집홈을 비우ᄉᆞ니 말솜이 <u>크지 말고ᄌᆞ</u> ᄒᆞ나 가히 엇지 못ᄒᆞᆯ지라(ᄌᆞ셔2ㄱ) ⇒ 크지 않고자 하나
- 달인결ᄉᆞᄂᆞᆫ 이 말을 더러이 너기지 말고 가ᄅᆞ치기를 <u>앗기지 말면</u> 이ᄂᆞᆫ 나의 만힝일가 ᄒᆞ노라(ᄌᆞ셔3ㄴ) ⇒ 아끼지 않으면
- 바다를 방슈ᄒᆞᄂᆞᆫ 허명(虛名)만 ᄒᆞᆫ갓 <u>힘쓰지 말면</u> 슈군에 강ᄒᆞ미 여긔 근본(根本)ᄒᆞ리라(3:43ㄴ) ⇒ 힘쓰지 않으면

(3) 피동법

통사적 피동법인 '-되다'는 매우 희소하고(위 의존용언 항목 참고) '-아/어 디다'도 문증되지 않으며 어휘적 피동법인 피동사가 주로 쓰였는데, 현대에 사라진 '색히다' 같은 것이 보인다.

① 들리다: 귀의 <u>들리ᄂᆞᆫ</u> ᄇᆡ 이시면 ᄆᆞᄋᆞᆷ에 가마니 긔록ᄒᆞ야(셔1ㄱ)
② 썩이다: 가마를 ᄰᆡ치고 ᄇᆡ를 물에 잠으ᄆᆡ 굿센 진나라 예긔 <u>썩기고</u>(3:56ㄱ)
③ 쇠이다: ᄆᆞ릇 교법의 나아가ᄂᆞᆫ 쟈ᄂᆞᆫ 혹 지리의 <u>쇠이ᄂᆞᆫ</u> ᄇᆡ 되여(3:23ㄱ)
④ 밧고이다: 빈곤ᄒᆞ게 ᄒᆞ며 뢰물이 드러나게 힝ᄒᆞᆫ즉 시비 <u>밧고이고</u>(4:29ㄱ)

피동법으로 기능한 것처럼 보이면서도 한편으로 피동법으로만 볼 수 없는 예로 '색히-/ᄡᆡ히-'가 있다. 우선 다음 예들은 '-히-'가 보이고 문맥도 피동법으로 볼 수 있는 사례이다.

① 피동의 '색히-'

ㄱ) 원 즁의 ᄉᆞ장(師長)과 샹등(上等)은 다 진ᄉᆞ(進士) 반렬에 취ᄌᆡ(取才)ᄒᆞ야 <u>색힌</u> 쟈로 당ᄒᆞ게 ᄒᆞ며 샹실학원(上實學院)은 원의셔 취ᄌᆡᄒᆞ야 웃듬 반렬을 어드면 대학원으로 <u>색혀</u> 드러가 업을 ᄇᆡ호고 하원의 취ᄌᆡᄒᆞ야 웃듬 반렬을 어드면 기예원(技藝院)[기예 ᄇᆡ호ᄂᆞᆫ 학괴라] 등쳐(等處)로 드러가고 다시 ᄉᆞ학원(仕學院)[벼슬ᄒᆞ기를 ᄇᆡ호ᄂᆞᆫ 원이라]으로 나아가ᄂᆞ니 대개 학업이 넉넉ᄒᆞ면 벼슬ᄒᆞ고

져 ᄒᆞ미라 이 원은 대뎌 십팔셰 이샹이라야 바야흐로 나아가 ᄇᆡ호ᄂᆞ니 ᄆᆡ양 취ᄌᆡ의 겨유 십여인이오 만일 ᄲᅢᆨ히ᄂᆞᆫ ᄃᆡ 참예ᄒᆞᆫ즉 톄문(帖文)을 쥬어 대학원의 드러가게 ᄒᆞ고 (2:42ㄱ) ⇒ "뽑힌, 뽑혀, 뽑히는"이라는 피동 문맥

ㄴ) 긔긔(器機)ᄂᆞᆫ 엇지ᄒᆞ면 ᄇᆡ치ᄒᆞ기를 맛당히 ᄒᆞᆯ 쥴 아라 취ᄌᆡ에 ᄲᅢᆨ힌 후 부타공(副舵工)이 되고 (2:44ㄴ) ⇒ "뽑힌"이라는 피동 문맥

위의 'ᄲᅢᆨ히-'는 외형상 '-히-'가 들어 있고 피동 문맥에 쓰인 것으로 볼 예들이지만 '이언'에는 다음 ②처럼 'ᄲᅢᆨ히-'가 능동 문맥에도 쓰인 예들이 있고 이 중에 (ㄱ,ㄴ)은 사동 문맥으로 볼 가능성도 고려할 수 있어 '-히-'를 피동 요소로만 단정할 수는 없다. 따라서 'ᄲᅢᆨ히-'는 능동과 피동을 겸한 능격 동사로 보거나 현대 국어의 '보이다'가 피동과 사동을 겸하듯이 피사동 겸용동사로 봄이 적절하다.

② 능동 또는 사동의 'ᄲᅢᆨ히-'

ㄱ) 당송 이ᄅᆡ로 사ᄅᆞᆷ ᄲᅢᆨ히ᄂᆞᆫ ᄃᆡ 엄히 ᄒᆞ고 쓰ᄂᆞᆫ ᄃᆡ 너그러이 ᄒᆞ니(2:33ㄱ) ⇒ 앞부분의 '사ᄅᆞᆷ'이 목적어로 쓰이고 뒷부분의 '쓰ᄂᆞᆫ'도 능동이므로 "사람을 뽑는"처럼 능동으로 보거나 "뽑게 하는"처럼 사동으로 볼 수 있을지언정 피동으로 보기 어렵다.

ㄴ) 각각 부강ᄒᆞ믈 미더 셔로 협졔(脅制)ᄒᆞ려 ᄒᆞ니 맛당히 군ᄉᆞ를 조련ᄒᆞ고 졍ᄉᆞ를 닥그며 장ᄌᆡ를 ᄲᅢᆨ혀 변비를 획ᄎᆡᆨ(劃策)ᄒᆞᆯ 거시니(2:37ㄴ) ⇒ '장ᄌᆡ를 ᄲᅢᆨ혀'는 목적어가 선행하여 "장재를 뽑아"처럼 능동으로 보거나 또는 "장재를 뽑게 하여"처럼 사동으로 볼 수 있을지언정 피동으로 보기 어렵다.

ㄷ) 약 다리ᄂᆞᆫ 화로가의 안ᄌᆞ 약물을 기우려 먹을 갈고 붓ᄉᆞᆯ ᄲᅢᆨ혀 이 글을 지어 분민(憤懣)ᄒᆞᆫ ᄆᆞᄋᆞᆷ을 푸러(발10ㄱ) ⇒ '붓ᄉᆞᆯ ᄲᅢᆨ혀'도 목적어가 선행하는데 위 (ㄱ,ㄴ)과 달리 "붓을 뽑아"처럼 능동으로만 보아야 자연스럽고 "붓을 뽑게 하여"처럼 사동으로 봄은 어색하다. 따라서 피동으로 볼 수는 전혀 없다.

또한 '이언'에는 'ᄲᅢᆨ히-'와 아래아 혼기형인 'ᄲᅢᆨ히-'도 다음 예처럼 쓰였는데 이들은 선행어가 모두 목적어로 쓰여 피동 문맥이 아니고 능동 또는 사동 문맥이라 '-히-'를 피동으로 볼 수 없음이 명확하다.

③ 능동 또는 사동의 'ᄲᅡ히-'

ㄱ) 경졔학문(經濟學問)이 다 경셔와 ᄉᆞ긔(史記)로 좃ᄎᆞ 나며 또 문의 (文義)로 말ᄆᆡ암아 아ᄂᆞᆫ ᄇᆡ로ᄃᆡ 오직 네 가지 과거를 난호와 우등을 ᄲᅡ혀 쳔거(薦擧)ᄒᆞᆯ 거시니(2:35ㄱ) ⇒ "(우등을) 뽑아"라는 능동 문맥 또는 "뽑게 하여"라는 사동 문맥

ㄴ) 정ᄉᆞ를 널니 무러 그 리치(吏治)[원 노릇ᄒᆞᄂᆞᆫ 법이라]를 샹고 (詳考)ᄒᆞ며 진뎍(眞的)ᄒᆞᆫ 인ᄌᆡ를 ᄲᅡ혀 정실(正實)이 ᄢᅵ일 바를 ᄌᆞ뢰(資賴)ᄒᆞ면 (2:35ㄴ) ⇒ "(인재를) 뽑아"라는 능동 문맥 또는 "뽑게 하여"라는 사동 문맥

ㄷ) 여러 벌을 만히 쥰비ᄒᆞᆯ 거시니 혹 빠호다가 리치 못ᄒᆞ거든 곳 뒷문 불통을 ᄲᅡ혀 바리고 창포만 가지고 가면 (3:51ㄱ) ⇒ "(불통을) 뽑아"라는 능동 문맥으로만 보임. "뽑게 하여"는 어색하여 사동 문맥으로 보기는 어려움

ㄹ) ᄆᆡ양 슐이 취ᄒᆞᆯ ᄯᅢ를 당ᄒᆞ면 왕왕이 슐잔을 드러 하늘긔 무ᄅᆞ며 칼을 ᄲᅡ혀 ᄯᆞ흘 ᄶᅵᆨ어 ᄆᆞ음의 어든 ᄇᆡ 이시면 ᄎᆡᆨ의 긔록ᄒᆞ니(발2ㄴ) ⇒ "(칼을) 뽑아"라는 능동 문맥으로만 보이며 "(칼을) 뽑게 하여"는 어색하여 사동 문맥으로 보기는 어려움

따라서 '이언'의 'ᄲᆡ히-'와 'ᄲᅡ히-'는 능동(또는 사동) 구조에도 잘 쓰인 것이 되어 능동과 피동의 기능을 겸한 능격 동사로 보거나 피사동 겸용 동사로 봄이 적절하다. 그런데 이렇게 '-히-'가 양면성을 띠게 된 근본 원인은 다른 데 있으니 'ᄲᆡ히-'는 중세에 '빼다/뽑다'의 옛말인 'ᄲᆡ-'(選)의 부사형 'ᄲᅡ'(ᄲᆡ+아)와 'ᅘᅧ-'(引)의 통사적 합성어인 'ᄲᅡᅘᅧ-'가 다음 예처럼 석보상절에 능동형으로 쓰인 것이 확인되어 이 'ᄲᅡᅘᅧ-'가 '이언'에서처럼 'ᄲᆡ히/ᄲᅡ히-'로 발달한 결과이다. 즉 'ᄲᆡ히/ᄲᅡ히-'의 '-히-'는 근본이 'ᅘᅧ-'에서 유래하여 '히+어'로 재구조화한 것이므로 피동과는 관련이 없었던 것이다.

· 天帝釋이 그 사ᄅᆞᆯ ᄲᅡᅘᅧ 忉利天에 가아 塔 일어 供養ᄒᆞᅀᆞᆸ더라(석보상절 3:14)

이 중세어 'ᄲᅡᅘᅧ-'는 ㆅ의 소실로 후대에 'ᄲᅡ혀-'로 되고 아래아 혼기형 'ᄲᆡ혀-'도 쓰여 전술한 ②, ③ 예들처럼 능동 또는 일부의 사동 문맥에서 쓰이게 된 것이 정상이었는데 'ᄲᆡ혀-'를 피동의 '-히-'가 내재한 것으로 재구조화하는 인식 즉 'ᄲᆡ+히+어'로 어간 재구조화하는 현상도 나타나면서 맨 처음 예시한 ①의 예들처럼 'ᄲᆡ히-'가 피동 문맥에도 나타나게 된 것이다. 따라서 'ᄲᆡ히/ᄲᅡ히-'는 능동과 피동이 가능한 능격

동사로 보거나 피사동 겸용 동사로 봄이 적절하다.

(4) 사동법

통사적 사동법인 '-게 ᄒᆞ다'는 생산적으로 쓰였고 어휘적 사동의 예들인 사동사가 쓰였다. 현대에 안 쓰이는 '펴이다, 갈리다, ᄂᆡ이다' 같은 것이 보이며, 현대어 '일으키다'에 해당하는 '일히혀다'와 '니ᄅᆞ혀다'가 상이한 형태로 공존하고 있음이 주목된다.

① 펴이다: 젹긔의 ᄆᆡ친 거슬 프러 그 심지를 펴이게 ᄒᆞ면 마ᄎᆞᆷᄂᆡ 큰 병이 반ᄃᆞ시 하리고(셔4ㄱ)
② 보이다: 즁국을 공법 가온ᄃᆡ 버리지 아니ᄒᆞ야 외ᄃᆡᄒᆞᄂᆞᆫ 뜻을 보이거늘(1:6ㄴ)
③ 갈니다: ᄇᆡᆨ셩을 블너 기근ᄒᆞ며 일변 밧 갈니다가 만일 밋쳐 료뎡(了定)치 못ᄒᆞ야셔 졸연이 이직ᄒᆞ면 후에 오ᄂᆞᆫ 사ᄅᆞᆷ이 임의로 곳치다가(1:48ㄱ) ⇒ '갈리다'는 '갈게 하다'의 뜻
④ 들니다: 졍리와 형셰를 다 아지 못ᄒᆞ야 려염의 리해질고를 우히 들니ᄂᆞᆫ 길이 막히고 ᄂᆡ외 군무와 변경을 아ᄅᆡ로 의론ᄒᆞᄂᆞᆫ 일이 쇼여ᄒᆞ니(2:26ㄴ)
⑤ 빗최다: 우리 황상이 젼일을 빗최여 보시고 후ᄉᆞ를 빗나게 ᄒᆞ시며(3:45ㄱ)
⑥ 뵈다: 여러 가지 쟝기를 가진 쟈ᄂᆞᆫ 불ᄎᆞ탁용ᄒᆞ야 포장ᄒᆞᄂᆞᆫ 뜻을 뵐 거시오(2:37ㄱ)
⑦ 일히혀다: ᄇᆡᆨ셩의 리로오믈 가히 일히혈 만ᄒᆞ니(2:2ㄴ) ⇒ 일으키다
⑧ 니ᄅᆞ혀다: 구혁(溝洫)을 여러 물에 리ᄒᆞ믈 거두며 리ᄒᆞᆫ 일을 니ᄅᆞ혀고 폐단을 덜며(2:52ㄱ) ⇒일으키다
⑨ ᄂᆡ이다: 빠호고 직희기를 의론(議論)ᄒᆞ미 ᄒᆞᆫ 가지 모칙을 ᄂᆡ이지 못ᄒᆞᆯ 거시오(3:37)
⑩ 맑키다: 근원을 맑켜 미려(尾閭)를 통치 못ᄒᆞ고(4:20ㄴ)

현대어 '시키다'의 고형인 '시기다'는 다음과 같은 양상으로 쓰인 예를 보인다.

· 뎜일을 각박히 시기지 말며 관셰를 포장(舖張)ᄒᆞ지 말며(1:29ㄱ)
· 인지를 쓰고 벼슬 시기ᄂᆞᆫ 길을 널니 여러 셰샹 사ᄅᆞᆷ으로 ᄒᆞ야곰 귀쇽(歸屬)ᄒᆞᆯ 바를아라(2:40ㄱ)

· 강잉(强仍)ᄒᆞ야 이 역ᄉᆞ(役事)를 시기면 ᄯᅩᄒᆞᆫ 어렵지 아니ᄒᆞ라(4:19ㄱ)

(5) 인용법

내포문에서 인용 조사 '고'는 중세에서도 쓰이지 않았는데 '이언'에서도 이 점은 유지되고 있다.

· 만일 경솔히 번ᄀᆡᄒᆞ랴 ᄒᆞ면(1:15ㄱ)
· 인도ᄒᆞ야 미려[물이 드러가면 스러지는 곳이라]의 부어 나려가게 ᄒᆞᆫ다 ᄒᆞ는 거시 이 말ᄉᆞᆷ이라(4:9ㄴ)

그러나 '텬로력뎡'(1895), '독립신문'(1896), 신소설들에서 '-다고[라고] ᄒᆞ-' 형태가 나타나기 시작한다(김형철 1994:120, 김동언 1998:119).

· 내 ᄉᆡᆼ각에 그ᄃᆡ가 벌샤 와셔 니야기 만히 ᄒᆞ자고 ᄒᆞᆯ 줄 알앗노라(텬로력뎡 95ㄴ)
· 혹은 말ᄒᆞᄃᆡ 잘 도라왓다고도 ᄒᆞ며 혹은 말ᄒᆞᄃᆡ 긔독도를 ᄯᆞ라 위태ᄒᆞᆫ 거ᄉᆞᆯ 무릅쓰고 갓던 거시 광ᄀᆡᆨ이라고도 ᄒᆞ며...... 즁도이 폐ᄒᆞᆫ다 ᄒᆞ니(텬로력뎡 11ㄱ)
· 대군쥬 폐하씌셔 환어나 ᄒᆞ시고 졍돈이 되면 아라샤 군ᄉᆞ는 셔울셔 내보낸다고 ᄒᆞ엿더라(독립신문 1권 18호, 외국 통신)
· 쥬인을 잘 차자 주라고 ᄒᆞ엿다더라(독립신문 1권 93호 잡보)
· 붓그러운 ᄆᆞᄋᆞᆷ이 스스로 나노라고 ᄒᆞ더라(독립신문 1권 94호 잡보)
· 사ᄅᆞᆷ이 쏙쏙ᄒᆞ다고 다리고 나섯더니(혈의루 28)
· 옥년이라고 지ᄒᆞᆫ 일홈이라(혈의루 35)
· 그러ᄒᆞᆫ 녀자가 잇다고 젼ᄒᆞᆫ 일은 업스니(혈의루 41)
· 어셔 드러옵시사고 엿쥬어라(귀의셩 상25)
· 교군 ᄒᆞᄂᆞ 노힌 거ᄉᆞᆯ 보라고 붓분 사ᄅᆞᆷ을 죠롱을 ᄒᆞ고 잇담(귀의셩 하12)

그런데 위 (ㄴ) 예처럼 같은 문단 안에서도 '-다고 ᄒᆞ-', '-라고 ᄒᆞ-'로 '고'가 쓰였으면서도 문말에서는 '폐ᄒᆞᆫ다 ᄒᆞ니'로 나와 인용 조사 '고'는 문말 제약이 큰 것으로 보여 '고' 사용의 규칙성이 드러나지는 않으며 (ㅂ-ㅊ)처럼 'ᄒᆞ-' 없이도 쓰였다(졸고 1999ㄱ).

(6) 부사

통사적으로 'ᄒᆞ믈며'는 현대에 반어 의문에 쓰이나 '이언'에는 평서문에 쓰인 것을 보인다. '젼혀, 여간, 별노'는 현대에 부정문에 호응하나 '이언'에는 중세에서처럼 평서문에 쓰인 예를 보여 보수적 문어체를 유지하고 있는데, 오늘날 부정 표현에만 쓰이게 됨은 후대에 부정문에 호응하면서 나타난 의미 감염 현상의 결과로 볼 수 있다.

① ᄒᆞ믈며: ᄒᆞ믈며 양인의 쥬관ᄒᆞᄂᆞᆫ 항항과 오문일을 샹고ᄒᆞ야보니 츄리밧ᄂᆞᆫ 젼례 업ᄂᆞᆫ지라(1:13ㄴ)

② 젼혀: ᄎᆞ례로 평뎡ᄒᆞᆫ 바ᄂᆞᆫ 용ᄆᆡᆼᄒᆞᆫ 군뎡의 힘과 문신의 모략을 젼혀 힘닙엇고(4:1ㄴ)

③ 여간: 공갈ᄒᆞ기ᄅᆞᆯ 대단이 ᄒᆞ며 당장에 븟들고 관가로 갈지라도 겨유 박ᄒᆞᆫ 별노 여간 치죄ᄒᆞ고(3:13ㄱ)

④ 별노: 별노 큰 셔원 아홉 곳이 이시니(2:46ㄱ)

부사 중에 '일편도이, 시러곰, ᄒᆞ야곰' 같은 부사도 눈에 띈다.

-도이:

- 일편도이: 셩졍이 일편도이 고집ᄒᆞ면 변통ᄒᆞ기ᄅᆞᆯ 말ᄒᆞ기 어렵고(서1ㄴ)
- 헛도이: 하늘의셔도 헛도이 이 지물을 ᄂᆡ시미오(1:27ㄱ)
- 망녕도이: 뎜의셔 나ᄂᆞᆫ 거시 업ᄉᆞ미 뎜을 ᄒᆞᆯ 길이 업다 ᄒᆞ고 망녕도이 일ᄏᆞ라(1:30ㄴ)
- 편벽도이: 벼ᄉᆞᆯ길이 옹식ᄒᆞ야 쳥탁을 인연ᄒᆞ야 편벽도이 궁극ᄒᆞ게 ᄒᆞᄒᆞᄂᆞᆫ 재 아니면(2:50ㄱ)
- 공번도이: 글을 ᄀᆡ간ᄒᆞ야 각국이 공번도이 열람ᄒᆞ게 ᄒᆞ고(3:18ㄴ)

-곰

- 시러곰: 고로 시러곰 도적을 평졍ᄒᆞ고 태평을 누리ᄂᆞᆫ 거시(1:11ㄱ)
- ᄒᆞ야곰: 엇지 시러곰 사ᄅᆞᆷ으로 ᄒᆞ야곰 격졀탄샹(擊節嘆賞)치 아니ᄒᆞ리오(발11ㄱ)

(7) 명사화

명사문은 이언에서도 다음 예처럼 '것', '-(으)ㅁ', '-기'의 명사화가 잘 쓰였다.

- 져 사ᄅᆞᆷ은 나의 고루ᄒᆞ믈 칙망ᄒᆞ고 나ᄂᆞᆫ 져 사ᄅᆞᆷ의 고집ᄒᆞ믈 비우ᄉᆞ니(ᄌᆞ셔1ㄴ)
- 시셰 일을 ᄉᆞᆲ히고 져울질ᄒᆞ며 시셰판국을 당긔기를 ᄉᆡᆼ각ᄒᆞ야(셔1ㄱ)
- 일을 그릇ᄒᆞ미 만흘 거시오 셩경이 일편도이 고집ᄒᆞ면 변통ᄒᆞ기를 말ᄒᆞ기 어렵고……이ᄂᆞᆫ 가쟝사[가의 쟝사의 구양 가므로 일ᄏᆞᄅᆞ미라]의 기리 탄식ᄒᆞ고 통곡ᄒᆞ며 눈물 흘니기에 니ᄅᆞᄃᆡ(셔1ㄴ, 2ㄱ)
- 져 나라 리로온 거시 능히 련속히 오지 못ᄒᆞᆯ 거시니 흘너 나가ᄂᆞᆫ 거ᄉᆞᆯ 막지 못ᄒᆞ면 오ᄅᆡᄆᆡ 쟝ᄎᆞᆺ 안져 곤ᄒᆞᆯ지라(1:20ㄱ)

(8) 관형화

다음은 '-ᄂᆞᆫ, -(으)ㄹ, -(으)ㄴ, -던' 등의 관형형이 쓰여 문장의 관형화를 보이는 예이다.

- 대뎌 병을 은휘ᄒᆞ고 의원을 ᄭᅴ리며 더브러 의론ᄒᆞᄂᆞᆫ 쟈ᄂᆞᆫ 그 요긴ᄒᆞᆫ 묘리(妙理)를 모로ᄂᆞᆫ 사ᄅᆞᆷ인즉 안다 ᄒᆞᄂᆞᆫ 거시 모로ᄂᆞᆫ 거ᄉᆞ로 ᄀᆞᆺ고 병을 치료ᄒᆞᆫ다 ᄒᆞᄂᆞᆫ 거시 치료ᄒᆞ지 아니ᄒᆞᄂᆞᆫ 거ᄉᆞ로 ᄀᆞᆺᄐᆞᆫ지라(셔3ㄴ)
- 능히 금치 못ᄒᆞᆯ진ᄃᆡ ᄇᆡᆨ셩ᄃᆞ려 임의로 심으게 ᄒᆞᆯ 만 ᄀᆞᆺ지 못ᄒᆞ니(1:16ㄴ) ⇒ 현대에 명사화 'ᄒᆞᆷ'이 쓰일 자리에 관형형 'ᄒᆞᆯ'이 쓰여 'ᄒᆞᆷ'의 오기일 수 있다.
- 능히 변치 아니치 못ᄒᆞᆯ 일도 잇고 부득불 변ᄒᆞᆯ 일도 잇ᄉᆞ니(1:4ㄱ)
- 셰상에 젼치 못ᄒᆞ던 비긔ᄅᆞᆯ 루셜ᄒᆞ며 군즁에 반ᄃᆞ시 니긜 권셰ᄅᆞᆯ 잡아시니(2:1ㄱ)

(9) 부정법

부정법은 단순 부정의 부사 '아니'와 능력 부정의 '못'에 의한 부정법이 대표적이며 장형, 단형의 부정문 방식으로 나타난다. 근대국어에서는 ① 체언 + 부정어 방식(예: 공슌 아니ᄒᆞᄂᆞ니), ② 체언 + 디/지 + 부정어 방식(예: ᄌᆡ물과 음식을 도젹지 말며), ③ 어간 + 어/게 방식(예: 네 즐겨 아니커든), ④ 이/히 부사 + 부정어 방식(예: 브즈런이 아니ᄒᆞ

ᄂᆞᆫ), ⑤ 어간 + 디/지 + 부정어 방식(예: 닐위디 아니ᄒᆞ면), ⑥ 어간 + 기/음 + 부정어 방식(예: ᄂᆞᆫ 싣기 아니코) 등 여러 유형이 있었고 근대국어만 해도 '아니'가 용언 사이에 삽입되어 용언 분리를 일으킬 수 있었는데(예: 집일을 도라 아니 보니라) 개화기에서는 유형이나 형태가 간결화하였다(졸고 1999ㄱ).

'아니'는 오늘날 주로 준말 '안'으로 쓰는데 개화기 때는 아직 중세 이래의 '아니' 형태가 쓰였다. 부정법은 장형 부정인 '-지 아니ᄒᆞ-'나 '-지 못ᄒᆞ-' 부정법만이 쓰이고 단형 부정은 보이지 않지만, 금지 부정 표현인 '말다' 부정은 쓰였다.

① 장형 부정법: -지 아니ᄒᆞ다. -지 못ᄒᆞ다

- 소비를 앗기지 아니ᄒᆞ고 어려온 거ᄉᆞᆯ 긔탄치 아니ᄒᆞ야(1:27ㄱ)
- 되ᄂᆞᆫ 쥴 아지 못ᄒᆞ며 ... 드러나지 아니ᄒᆞᆫ 거시 ᄯᅩ 언믠 쥴 아지 못ᄒᆞᄂᆞ니(1:28ㄱ)
- 텬리인졍 밧긔 버셔나지 안ᄂᆞᆫ 고로(1:6ㄱ)

② 금지 부정법: -지 말다

- 져 사ᄅᆞᆷ은 나의 고루ᄒᆞ믈 ᄎᆡᆨ망ᄒᆞ고 나ᄂᆞᆫ 져 사ᄅᆞᆷ의 고집ᄒᆞ믈 비우ᄉᆞ니 말ᄉᆞᆷ이 크지 말고ᄌᆞ ᄒᆞ나 가히 엇지 못ᄒᆞᆯ지라(ᄌᆞ셔2ㄱ) ⇒ 크지 않고자 하나

'-지 말다' 구문은 현대어와 약간 달리 현대어 '않다'의 의미 영역에도 쓰였음을 보여 준다(앞 의존용언의 '-지 말다' 기술 참고). 다음은 '아니치 못ᄒᆞᆯ'처럼 이중 부정의 예이다.

- 비록 셩인으로ᄡᅥ 셩인을 이어 흥왕(興旺)ᄒᆞᆯ지라도 ᄯᅩᄒᆞᆫ 능히 변치 아니치 못ᄒᆞᆯ 일도 잇고 부득불 변ᄒᆞᆯ 일도 잇ᄉᆞ니(1:4ㄱ)

3.4 어휘

'이언'에는 고유어와 한자어, 차용어가 대거 등장하며 한문본과의 대조 속에 한문어가 어떻게 번역 차용되었는지 다양한 양상을 보여 준다(졸고 1993, 2005). 한문본 '이언'의 언해 과정 시에는 원문 한자어가 그대로 직역 차용되기도 하고 용어의 대치나 풀어쓰

기처럼 의역 차용으로도 나타나는데 다음에는 이러한 번역의 다양한 사례를 살펴본다.

[원문] 營中上下 無不周知洞若觀火朗若列眉 其心先已 有恃而不恐

[언해] 군즁 상하로 ᄒᆞ야곰 두로 알게 ᄒᆞ야 등촉(燈燭)ᄀᆞᆺ치 ᄇᆞᆰ게 ᄒᆞ면 그 ᄆᆞ음의 임의 미더오미 잇고 두려올 ᄇᆡ 업ᄂᆞᆫ지라(3:59ㄴ)

위 언해에서 '營中'은 '군즁'(軍中)으로 용어 대치가 이루어졌고, '열미'(列眉: 두 눈썹이 나란하다는 뜻으로, 명백함을 비유적으로 이르는 말)는 직역되지 않고 다른 비유인 '등촉ᄀᆞᆺ치'로 대치되었다.

[원문] 寄情素緗肆 志林泉慨慕黃虞 讀書自娛而已

[언해] 오직 ᄆᆞ음을 문쟝의 부치고 뜻을 산림(山林)의 방사(放肆)히 ᄒᆞ야 개연이 녯 적의 은군ᄌᆞ를 ᄉᆞ모ᄒᆞ야 글을 닑어 스ᄉᆞ로 질길 ᄯᆞ름이라(발1ㄴ)

위 원문과 언해문을 >표로 대조하면 다음과 같다.

ㄱ) 素緗 > 문쟝. ㄴ) 林泉 > 산림 ㄷ) 黃虞 > 은군자 ㄹ) 讀書 > 글을 닑어

ㄱ) 원문 '寄情素緗肆' 부분인데 '緗'은 '담황색 상'이고 '상소'(緗素)란 담황색 비단을 뜻한다. 고인의 사본(寫本)은 대개 겸소(縑素: 합사 비단)를 썼는데 그것을 담황색으로 물들인 것을 말하는데 전(轉)하여 서책(書冊)을 말한다. 언해문에는 '문장'이라고 쉬운 단어를 썼다.

ㄴ) 원문 '林泉'을 '산림'으로 번역하였다.

ㄷ) 원문은 '黃虞'인데 '황우'(黃虞)는 황제(黃帝) 헌원씨(軒轅氏)와 순(舜) 임금 우(虞)를 말한다. 이를 '은군자'(隱君子)로 번역한 것이다.

ㄹ) 원문은 '讀書'인데 이 단어를 '글을 닑어'로 풀어 번역한 것이다.

이상과 같은 다양한 번역 차용의 사례를 유형화하면 다음과 같이 나타난다.

(1) 직역 차용(원문 한자어가 그대로 번역된 경우)

① 전통적으로 이미 차용되어 쓰여 온 경우(왼쪽은 원문의 한자어임)

風俗 풍쇽. 規模 규모. 義理 의리. 開國 ᄀᆡ국. 非常 비샹. 盛衰 셩쇠
酋長 츄쟝. 作亂 쟉란. 諸國 졔국. 造化 죠화. 海外 ᄒᆡ외. 偶然 우연

鬼神 귀신. 富强 부강. 世道 세도. 綱領 강령. 人情 인정. 得失 득실
不得不 부득불. 自處 ᄌᆞ쳐ᄒᆞ다. 不可不 불가불. 以後 이후에. 銷鑠 쇼샥

② 직역 차용하였으나 현재는 사라졌거나 약세인 단어

堀起 굴기. 發奮 발분. 形勝 형승. 幡然 번연이. 幅員 폭원. 賓服 빈복

②의 단어들은 현대어에서는 드물게 쓰이거나 생소하지만 언해본에서 그대로 직역된 것으로 당시에는 이들이 쓰여 이해되었음을 보여 준다.

③ 신문물어로 직역된 것

通商 통샹. 經營 경영. 文明 문명. 公法 공법. 會計 회계. 稅務 셰무
器械 긔계. 物貨 물화. 納稅 납셰. 大礮 대포[21] 免稅 면셰. 鐵路 텰로

이들은 중국이 사용한 신문물어를 직역 차용한 것으로 이들 중국계 신문물어 중에는 나중에 일본으로 건너가 쓰이고 다시 한국으로 온 경우도 있다(송민 1979:47).

(2) 의역 차용(원문 한자어를 달리 번역한 경우)

① 원문자가 당시 잘 쓰이지 않아 기존 한자어로 번역한 경우

ㄱ) 원문자가 현재도 잘 쓰이지 않는 경우

禮律 례법. 苦心焦思 로심쵸ᄉᆞ. 兵費 부비. 春秋書法 츈츄필법
分文 분젼. 輪船 화륜션. 火車 화륜거[22] 文德 문명과 덕교

ㄴ) 원문자가 현재는 쓰이는 경우(번역어는 현재 쓰이거나 쓰이지 않는 경우)

研究 궁구. 電報 뎐긔션. 彈丸 탄ᄌᆞ. 統計 도수효. 各地 각쳐
漸次 ᄎᆞᄎᆞ. 武功 군공. 本土 본국. 從前 기젼에. 華商 즁국 샹고

21. '대포'는 오늘날 '大砲'로 쓰나 '易言' 원문에는 '大礮'로 되어 한자 표기에 변모가 있다.

22. '화륜션, 화륜거'는 개화기에 모든 문헌에 빈도 높게 쓰인 단어로 '화션, 화차'도 일부 쓰였는데 '서유견문'에는 '증기선, 증기차'로 나타난다. 또한 '긔션'은 자전류에 나타나나 '긔차'는 발견되지 않는다(김형철 1987:155).

② 원문자가 당시 아직 쓰이지 않아 풀어 의역한 경우

君主國 인군이 쥬장ᄒᆞᄂᆞᆫ 나라
封建 제후를 봉ᄒᆞ야
用兵 군사ᄡᅳ기
懷柔 항복밧을 계칙이 잇다 ᄒᆞᆯ지라도
財源 ᄌᆡ물근원
自立 스스로 보젼ᄒᆞᆯ 거시오
徵收 츄리(抽釐) 받는
貧民 간난ᄒᆞᆫ ᄇᆡᆨ셩
過多 만히
一切 여러 가지로
競賣 닷토와 ᄉᆞᄂᆞᆫ고로
關稅 관문의 슈세
同居 ᄒᆞᆫ가지로 잇ᄉᆞ니
隨時 때를 따라
蠶食 누에 먹듯ᄒᆞ다[24]

民主國 ᄇᆡᆨ셩이 쥬쟝ᄒᆞᄂᆞᆫ 나라
機器 고동을 트러 ᄡᅳ게 ᄒᆞᄃᆡ[23]
政敎 졍ᄉᆞ와 교화
所謂 니ᄅᆞᆫ바
孤立無援 외로이 잇셔 구원ᄒᆞ리 업고
洋酒 양국슐
通商 쟝ᄉᆞ길('통샹'으로 직역되기도 함)
巨艦 큰ᄇᆡ
自主 쥬장ᄒᆞᄂᆞᆫ
製造 지으나
洋藥 양국약ᄌᆡ
折衷 침쟉ᄒᆞ야
文教 문명ᄒᆞᆫ 교화
灌漑 물을 다히다
不下 나리지 아니ᄒᆞ다

③ 원문 한자어를 가급적 살려 번역한 경우

逼 압핍ᄒᆞ다. 蠢 쥰쥰ᄒᆞ다. 漸 졈졈. 準 쥰젹ᄒᆞ야. 全 젼슈히
顯 현연히. 憑 빙고ᄒᆞ게 ᄒᆞ고. 公 공번되지. 彷 의방ᄒᆞ야

특히 번역 과정에서 원문어와 번역어가 1:1로 대응하지 않고 다양하게 나타나는 경우도 있다. '당도지인, 당도졔공'과 '긔긔, 긔계'와 '왕왕이, 죵죵'의 경우를 살펴본다.

① '당도지인'의 경우

"當局者"라는 뜻의 '당도지인, 당도졔공' 등의 표현이 '이언'에 자주 나타난다. '당도지인'은 '한비자'(韓非子)[25]에 다음 원문이 나온다.

---

23. 발전기(motor)를 사용하는 것을 '고동을 튼다'라고 표현하고 있다.

24. '蠶食'은 '누에가 뽕잎을 먹듯이 점차 조금씩 침략하여 먹어 들어감'이란 뜻이다. 오늘날 '잠식하다'라는 말이 널리 쓰이는 것에 반해, 당시에는 한자어 '잠식(蠶食)'이 아직 일반화되지 않은 듯하다.

智術之士 必遠見而明察 不明察 不能燭私 能法之士 必强毅而勁直 不勁直 不能矯姦....是智法之士與**當塗之人** 不可兩存之仇也 當塗之人擅事要 則外內爲之用矣....(韓非子, 孤憤 篇)[26]

(지술지사는 반드시 멀리 내다보고 일을 명확히 살펴본다. 명확히 살피지 않으면 사적인 획책을 들추어 낼 수 없다. 능법지사는 반드시 의지가 견고하여 일을 엄격히 처리한다. 엄격히 처리하지 않으면 간악한 것을 바로잡을 수 없다.……이래서 지술지사와 능법지사는 권세 잡은 당국자와 양존할 수 없는 원수 관계라 할 수 있다. 무릇 당국자가 그 요직 일을 장악하여 멋대로 조종하면 나라 안팎에서 모두가 그를 위해 움직일 것이다[이운구 역(2002), 한비자, 도서출판 한길사].)

當塗之人: '當'은 막다, 차지하다의 뜻을 가져 길을 막고 있는 사람. 즉 군주의 권한을 막고 있거나 권력을 차지하고 있는 사람. 塗는 途, 路와 통함. 정치 요로에 자리 잡은 重臣.

이러한 '당도지인'의 표현과 원문은 다양하게 나타난다. 다음에 '원문 > 역어'로 대비해 본다.

ㄱ) 當道諸公 > 당도제공

방금의 쟈뎡의셔 졍신을 가다듬어 다ᄉᆞ리기ᄅᆞᆯ 도모ᄒᆞ시고 당도제공(當道諸公)이 다 그록히 큰 ᄌᆡ죠ᄅᆞᆯ 가져(셔4ㄱ)

ㄴ) 當道諸公 > 당도지인

당도지인(當道之人)이 졍신을 가다듬고 다ᄉᆞ리기ᄅᆞᆯ 도모ᄒᆞ야(3:4ㄱ)

ㄷ) 當道 > 당도ᄒᆞᆫ 쟈

당도(當道)ᄒᆞᆫ 쟤 나라ᄅᆞᆯ 위ᄒᆞ고 ᄇᆡᆨ셩을 위ᄒᆞᄂᆞᆫ ᄃᆡ 유의ᄒᆞ면 거의 여긔 이시리라(1:26ㄱ)

ㄹ) 當道 > 당도지인

미국 셔븍 려산(佘山) 고을에 ᄒᆡ변이 만코 너르기 한량이 업더니 당도지인이 수년 젼의 화륜거와 텰로ᄅᆞᆯ 셜시ᄒᆞ야(1:35ㄱ)

ㅁ) 當軸者 > 당도지인

일이 국가와 ᄇᆡᆨ셩의게 계관ᄒᆞᆫ 거시니 당도지인이 더옥 몬져 힘쓰기ᄅᆞᆯ 밧비 ᄒᆞᆯ 비라(1:49ㄱ)

---

25. 韓非子(? – 기원전 233): 중국의 법가 철학자. 진왕(秦王) 정(政: 후의 始皇帝)은 한비자의 전제정부에 관한 이론에 깊은 감명을 받아 기원전 221년 중국을 통일한 후 이를 통일국가의 정치원리로 삼았다. 그의 이름을 따라 '韓非子'로 명명된 그의 저서는 당시 법가 이론의 총괄이다.

26. 孤憤: 외롭게 홀로 울분에 차 있다는 뜻. 고립무원에 처한 법술지사들은 권신들의 방해를 받아 자신의 재주와 지혜를 중용 받지 못함을 말함.

ㅂ) 執政者 > 당도지인

오즉 <u>당도지인</u>이 리해를 숣히고 긔틀을 잡아 셩심(誠心)을 열고 공도(公道)를 펴며(2:6ㄱ)

ㅅ) 縱 > 당도지인

말ᄉᆞᆷ의ᄂᆞᆫ 어룰ᄒᆞ고 <u>당도지인</u>의 의향을 맛쵸기를 붓그러이 너겨(2:52ㄱ)

ㅇ) 當事者 > 당도지인

오직 <u>당도지인</u>이 말ᄉᆞᆷ을 키여 쓰면 불승힝심(不勝幸甚)일가 ᄒᆞ노라(3:55ㄱ)

ㅈ) 當事 > 당도지인

이ᄯᅴ <u>당도지인</u>이 즁국에 부셰 밧ᄂᆞᆫ ᄋᆡᆨ수가 각국에 비교ᄒᆞ건ᄃᆡ 혈ᄒᆞ미 ᄉᆞ오 ᄇᆡ 칠팔 ᄇᆡ에 니ᄅᆞᄂᆞᆫ 거시 잇ᄉᆞ믈 아지 못ᄒᆞᄂᆞᆫ 고로(1:10ㄴ)

이런 원문과 번역의 다양성의 예로 '긔계'와 '긔긔'의 경우도 있다.

② '긔계, 긔긔'의 경우[27]

ㄱ) 機 > 긔긔. 器 > 긔계

실샹 셕탄이 아니면 능히 <u>긔긔</u>(機器)[28][ᄀᆡ덤ᄒᆞᄂᆞᆫ ᄃᆡ 고동 트러 쓰ᄂᆞᆫ 거시라[29]]를 운동ᄒᆞ지 못ᄒᆞ고[30] 졍텰(精鐵)이 아니면 능히 <u>긔계</u>(器械/機械)[31]를 짓지 못ᄒᆞᄂᆞᆫ 고로 태셔의셔 셕탄과 텰뎜을 셜시ᄒᆞᆫ 후로븟허 인ᄒᆞ야 양창 대포를 지은즉 늘노 더옥 신긔ᄒᆞ고 ᄇᆡ와 슐위를 지은즉 늘노 더옥 편리ᄒᆞ며 밧 갈고 깁 ᄧᆞᄂᆞᆫ <u>긔계</u>[32]를 지은즉 늘노 더옥 공교ᄒᆞ니(1:31ㄱ)

ㄴ) 汽機 > 긔긔. 製鍊 > 긔계

기예원은 <u>긔긔</u>(汽機)[33]와 뎐긔션과 금은동텰 ᄀᆡ덤ᄒᆞᄂᆞᆫ 법이며 플무 놋ᄂᆞᆫ 법과

---

27. '器械'에서 '機械'로 되기까지의 변화는 송민(1999ㄹ)에서도 다룬 바 있다.
28. 긔긔: 기계. [원문] 機.
29. 동력 엔진을 사용하는 것. 여기서는 광산용 굴착기나 착암기 같은 것. cf. 기기(汽機): 蒸氣가 생기는 압력으로 에너지를 생산해내는 동력기(動力機) 같은 기계. 증기 기관.
30. 셕탄이 아니면 능히 긔긔(機器)를 운동ᄒᆞ지 못ᄒᆞ고: [원문] 煤火不能化汽而動機.
31. 긔계: '병기'(兵器)의 옛말. [원문] 器 .¶ᄆᆞᆯ 톤 군ᄉᆡ ᄆᆞᆯ게 오ᄅᆞ며 거른군ᄉᆡ 긔계를 자브라(연병지남 5)
32. 긔계: 기계. 제품 제조기. [원문] 器.

긔계를 짓고[34] 깁 ᄧᆞᄂᆞᆫ 등ᄉᆞ를 ᄇᆡ화 닉이고(2:43ㄴ)

위 예처럼 '긔긔'는 "(동력용, 제조용) 기계"나 "증기 기관"의 뜻으로 쓰이고, '긔계'는 "무기, 병기"나 "(동력용, 제조용) 기계"를 가리켰다. 따라서 동력용, 제조용 기계의 뜻으로는 '긔긔'와 '긔계'가 공통 의미를 가져 동의어로 통용되었고 단지 무기의 뜻으로는 '긔계'만이 쓰였다. '긔계'의 중의성은 '이언'의 단원 제목의 협주에서도 드러난다.

· 론 긔긔(論機器)[고동 트러 ᄡᅳᄂᆞᆫ 긔계ᄅᆞᆯ 의론ᄒᆞ미라] ⇒ 동력용 기계
· 론 화긔(論火器)[화공(火攻)ᄒᆞᄂᆞᆫ 긔계ᄅᆞᆯ 의론ᄒᆞ미라] ⇒ 무기, 병기

이제 위 ㄱ), ㄴ)의 사례 외에 또 다른 원문과 번역어의 사례를 들어 본다.

ㄷ) 긔계

a) 製造 > 긔계 ᄆᆡᆫᄃᆞ는
· 양인의 긔계[35] ᄆᆡᆫᄃᆞᄂᆞᆫ 공교ᄒᆞ믈 어더 알며(3:32ㄱ)
· 큰 법을 숨고 긔계 ᄆᆡᆫᄃᆞᄂᆞᆫ 거ᄉᆞ로ᄡᅥ 근본의 ᄉᆞ무ᄅᆞᆯ 숨으니(1:20ㄱ)

b) 器械 > 긔계: 무기의 뜻
· 양창과 대포의 긔계ᄅᆞᆯ ᄆᆞᆺ당히 졍예ᄒᆞ게 ᄒᆞᆯ 거시니 졍예ᄒᆞ지 아니ᄒᆞᆫ즉 져의ᄂᆞᆫ 리ᄒᆞ고 우리ᄂᆞᆫ 둔ᄒᆞᆯ 거시오(1:4ㄴ)

c) 器 > 긔계: 무기의 뜻
· 군ᄉᆡ 스ᄉᆞ로 강ᄒᆞᄂᆞᆫ 쥴이 아니라 그 일을 잘ᄒᆞ려 ᄒᆞᆯ진ᄃᆡ 반ᄃᆞ시 몬져 그 긔계[36]ᄅᆞᆯ 리ᄒᆞ게 ᄒᆞᆯ 거시오 긔계 리ᄒᆞ미 쉽지 아니ᄒᆞᆫ지라(3:47ㄱ)
· 그 일을 잘ᄒᆞ려 ᄒᆞᆯ진ᄃᆡ 반ᄃᆞ시 몬져 그 긔계ᄅᆞᆯ 리ᄒᆞ게 ᄒᆞᆯ 거시오 긔계 리ᄒᆞ미 쉽지 아니ᄒᆞᆫ지라(3:47ㄱ)

33. 긔긔(汽機): 증기 기관.
34. 플무 ᄂᆞᆺᄂᆞᆫ 법과 긔계를 짓고: 기계제조업을 하고, 제련을 하고. [원문] 製鍊.
35. 긔계: '병기'(兵器)의 옛말. '기계'는 '器械/機械'. [원문] 製造.
36. 긔계(器械/機械): 여기서는 '병기(兵器)'의 옛말. [원문] 器. [예] ᄆᆞᆯ ᄐᆞᆫ 군ᄉᆡ ᄆᆞᆯ게 오ᄅᆞ며 거른 군ᄉᆡ 긔계ᄅᆞᆯ 자브라(練兵指南 5).

ㄹ) 긔긔

a) 機器 > 긔긔: 제조용 기계

- 긔긔[고동을 트러 쓰는 긔구라]를 써 양포와 우단 모단과 견과 융ᄉ 등물을 ᄧ면(1:23ㄱ)
- 긔긔를 민ᄃ러 인력을 ᄃ신ᄒ야 공력을 덜게 ᄒ고(1:27ㄴ)
- 양창에 드는 긔긔를 또 가지슈는 적고 제도는 경ᄒ 거술 쁜 연후의 슈리ᄒ기 쉽고(3:50ㄴ)

b) 汽而動機 > 긔긔: 동력용 기계

- 셕탄이 아니면 능히 긔긔[기뎜ᄒ는 ᄃ 고동 트러 쓰는 거시라]를 운동ᄒ지 못ᄒ고(1:31ㄱ)

c) 機器 > 긔긔: 동력용 기계

- 금은동텰 기뎜(開店)ᄒ는 모든 긔긔는 다 유리무해ᄒ 거시로ᄃ(2:1ㄱ,ㄴ)

d) 器機 > 긔긔: 배의 내부 기관 장치

- 풍우를 만나거든 엇지ᄒ면 피ᄒ기를 잘ᄒ며 긔긔[37]는 엇지ᄒ면 ᄇ치ᄒ기를 뭇당히 ᄒ 쥴 아라(2:44ㄴ)

한문본에는 전체에 단 세 곳[38]에 협주가 나온다. 그것도 둘은 다음 예처럼 '器機'에 대한 똑같은 내용의 협주라 '器機'에 대해 특별 설명을 필요로 하였던 것 같다. 그러나 언해본에는 이보다 더 많이 협주를 달고 있어 주석 분포와 배치는 큰 차이를 보인다.

ㅁ) 한문본: 論船政(상30ㄱ)

水勢之深淺雨大風雨應如何駕駛趨避**器機**[器者 驗風雨表篷桅之類 機者 汽機也]應如何措置(論船政, 상30ㄱ)

---

37. 긔긔: 배의 풍향에 따른 배 방향 조정 장치류와 증기기관 장치류. 이 부분의 원문에는 器와 機를 구분해 풀어 준 협주가 달려 있다. [원문] 器機[器者 驗風雨表篷桅之類 機者 汽機也]

38. 상30ㄱ, 상42ㄴ, 상44ㄴ 세 곳인데 상30ㄴ, 상44ㄴ가 '器機'에 대한 협주로 협주 내용이 자구 하나 틀리지 않고 똑같다. 반면 언해본에는 독자의 이해를 고려한 듯 빈번하게 한문본과 무관하게 곳곳에 협주를 달았다.

'器機'의 협주 [器者 驗風雨表篷桅之類 機者 汽機也]는 "器는 풍우를 증험하여 배의 포장이나 돛대 따위를 조정하는 것이고 機는 증기 기계이다"라는 뜻인데 언해본에는 다음과 같이 나온다.

· 슈셰(水勢) 심천(深淺)과 대풍대우(大風大雨)를 만나거든 벅벅이 엇지 어거(馭車)하야 피하며 긔긔[풍우를 증험(證驗)ᄒᆞᄂᆞᆫ 등물이라]ᄂᆞᆫ 벅벅이 엇지 ᄇᆡ치ᄒᆞ면 맛당ᄒᆞᆯ ᄌᆞᆯ을 다 아라(론 션졍, 2:12ㄱ)

ㅂ) 한문본: 附論洋學(상44ㄴ)
水道之深淺礁石之有無風雨如何趨避**器機**<u>[器者 驗風雨表篷桅之類 機者 汽機也]</u>如何得宜考(論船政, 상30ㄱ)

이 부분의 협주는 앞 (ㅁ)의 협주와 동일한 내용이다. 언해본은 다음과 같은데 오히려 협주를 달지 않았다.

· 슈로(水路) 쳔심(淺深)이며 험ᄒᆞᆫ 돌이 잇고 업ᄂᆞᆫ 것과 풍우를 만나거든 엇지ᄒᆞ면 피ᄒᆞ기를 잘ᄒᆞ며 긔긔(器機)ᄂᆞᆫ 엇지ᄒᆞ면 ᄇᆡ치ᄒᆞ기를 맛당히 ᄒᆞᆯ ᄌᆞᆯ 아라(론 션졍, 2:44ㄴ)

참고로 현대에는 '표준국어대사전'에서 '기기'(機器), '기계'(器械), '기계'(機械)를 다음과 같이 구별하고 있으나 언중에게 '기계'(器械)와 '기계'(機械)의 변별력은 낮다.

· 기기(機器/器機): 기구, 기계(機械), 기계(器械) 따위를 통틀어 이르는 말. ¶음향 기기/컴퓨터 기기
· 기계(器械): ① 연장, 연모, 그릇, 기구 따위를 통틀어 이르는 말. ② 구조가 간단하며 제조나 생산을 목적으로 하지 아니하고 사용하는 도구를 통틀어 이르는 말. 의료 기계나 물리·화학의 실험용 기계 따위가 있다.
· 기계(機械): ① 동력을 써서 움직이거나 일을 하는 장치. 단위로 대, 조, 틀 따위가 있다. ② 생각, 행동, 생활 방식 따위가 정확하거나 판에 박은 듯한 사람을 비유적으로 이르는 말. ¶그 사람은 사과 깎는 데는 기계야. ③ 자기 뜻이 아닌

남의 뜻에 따라 행동하는 사람을 비유적으로 이르는 말. ¶요즘 남자들은 돈 벌어 오는 기계로 전락했다. ④ 소매치기들의 은어로, 직접 손을 대어 훔치는 사람이나 그 손을 이르는 말.

③ '왕왕이, 죵죵'의 경우
이처럼 언해가 달리 되는 경우로 부사 '왕왕'도 '죵죵'으로 대치 번역되거나 '왕왕이'로 직역되기도 한 예를 들 수 있다.

ㄱ) 往往 > 죵죵
졔신의 의견이 쏘 죵죵(種種) ᄀᆞᆺ지 아니ᄒᆞ야 교셥ᄒᆞᄂᆞᆫ 일을 판리ᄒᆞ미(3:19ㄱ)

ㄴ) 往往 > 왕왕이
피ᄎᆞ 셔로 쳐셔 왕왕(往往)이 션봉을 져기 썩지르나 나죵 셩공ᄒᆞ기를 긔약ᄒᆞ기 어려오니(3:58ㄱ)

이상에서 살펴본 바와 같이 신문물어를 비롯한 수많은 한자어가 다양한 모습으로 '이언'에 언해되어 나타난다. 또한 한자어 외에도 중세, 근대 이래의 고유어도 '시러곰, 이밧다, ᄒᆞᆫ갈ᄀᆞᆺ치, 가바야이, 거우다, 깁싸다, 져즈ᄒᆞᄂᆞᆫ 집, 밋부다, 도로혀, 결픗ᄒᆞ면, 가음열다, 발뵈다, 긂셔다, 다뭇(與)' 등 풍부하게 나타나 조선 말 최후 언해본의 모습 속에 풍부한 고어의 모습을 보여 준다. 특히 중국계 신문물어의 차용과 함께 인명, 지명 등의 고유명사 차용 표기도 상당수 제공하고 있어 초기 외래어 표기법 연구에도 귀중한 자료라 하겠다.

華盛頓 화셩돈. 亞洲 아셰아. 英 영길리, 영국. 歐洲 구라파, 구쥬
羅馬 라마국. 契丹 걸안. 呂宋煙 려숑연, 려숑국 담베. 意大利 의대리

이상의 어휘 자료에 대해서는 4장에서 따로 살펴보도록 할 것이다.

3.5 의미

'이언'에는 현대어와 의미가 다르거나 호응상 다른 선택 제약을 보이는 예들이 많다. '싱애(生涯)ᄒᆞ다'가 "생계삼다"의 뜻으로 쓰이고, '고단ᄒᆞ다'가 현대의 "피곤하다"와 달리 "외롭다"의 뜻으로 쓰였으며, '모략'은 부정 가치어가 아닌 긍정 가치어로 쓰였으며, '씩씩ᄒᆞ다'가 정신 표현에도 쓰이고, 'ᄌᆞ욱ᄒᆞ다'가 '풀'에 호응하여 "무성하다"의 뜻으로 쓰이고, '칙망ᄒᆞ다'가 '셩공ᄒᆞ기를 칙망ᄒᆞ다'처럼 긍정어와 호응하여 쓰였다.

① 싱애ᄒᆞ다: 대뎌 샹고ᄂᆞᆫ 흥판ᄒᆞ기로 싱애ᄒᆞᄂᆞᆫ지라(夫商賈以販運爲生, 1:10ㄴ) ⇒ 생계를 삼다.

② 고단ᄒᆞ다: 져의ᄂᆞᆫ 합ᄒᆞ고 우리ᄂᆞᆫ 고단ᄒᆞᆫ 즉시오(彼合而我孤, 1:4ㄴ) ⇒ 외롭다.

③ 모략: 은춍과 리욕을 싱각ᄒᆞᆫ즉 원대ᄒᆞᆫ 모략이 드믈고 공명을 요힝으로 안즉 일을 그릇ᄒᆞ미 만흘 거시오(懷寵利則鮮遠謀倖功名則多僨事, 서1ㄴ) ⇒ 계획, 방책, 전략.

④ 씩씩ᄒᆞ다: 몬져 혈ᄆᆡᆨ을 고로게 ᄒᆞ야 그 졍신을 씩씩ᄒᆞ게 ᄒᆞ고(調其脈而壯其精神, 셔4ㄱ) ⇒ 씩씩하다, 건강하다.

⑤ ᄌᆞ욱ᄒᆞ다: 이졔 히ᄂᆡ 쳥평ᄒᆞᄃᆡ 각쳐의 묵은 밧치 일망무졔ᄒᆞ야 플만 ᄌᆞ욱ᄒᆞ니(海內肅淸各處荒田連阡累陌草, 1:46ㄱ) ⇒ 풀이 우거지다.

⑥ 칙망하다, 고단ᄒᆞ다: 가히 군ᄉᆞ를 감ᄒᆞ고 군량을 졀용ᄒᆞ야 ᄉᆞ(四) 쳐소에 큰 진영을 두어 그 형셰를 후히 ᄒᆞ며 그 셩공ᄒᆞ기를 오로지 칙망ᄒᆞ면 군ᄉᆡ 여러 곳에 난호와 직희기로 힘이 고단치 아니ᄒᆞ고(汰兵節餉爲四重鎭厚集其勢專責其功兵不致分守而力單, 3:43ㄱ) ⇒ 성공하기를 오로지 열망하다.

⑦ (값이) 많다 ↔ 헐하다: 양국 토산은 갑시 만코[39] 본쳐 토산은 갑시 헐ᄒᆞ게 ᄒᆞ면(1:17ㄴ) ⇒ '많다'에 "비싸다"의 뜻이 있으며 '많다 – 헐ᄒᆞ다'는 반의어 관계로 쓰였다.

⑧ 귀ᄒᆞ다 ↔ 쳔ᄒᆞ다: 아편연 갑시 귀ᄒᆞᄆᆡ 먹ᄂᆞᆫ 재 젹더니 그 후에 갑시 쳔ᄒᆞᄆᆡ 먹ᄂᆞᆫ 재 더옥 만핫시니(1:18ㄴ) ⇒ '값이 쳔ᄒᆞ다'는 "값이 싸다"의 뜻.

⑨ 획칙ᄒᆞ다: 뭇당히 군ᄉᆞ를 조련ᄒᆞ고 졍ᄉᆞ를 닥그며 장지를 ᄉᆡᆨ혀 변비를 획칙(劃

---

39. 갑시 만타: 값이 비싸다. [원문] 價昂

策)홀 거시니(2:37ㄴ).

싱계를 홀 방되 업亽니 녯 버르시 다시 밍동(萌動)ᄒ기 쉬올지라 만일 미리 획칙(劃策)ᄒ미 업亽면 쟝ᄎ 죵신(終身)토록 능히 亽亽로 쎨칠 길이 업亽리라(4:47ㄴ) ⇒ '획책'은 현대에서 부정 가치 문맥에서만 쓰여 단어 의미가 타락하였지만 '이언'에는 정책이나 방안을 기획한다는 원 뜻으로 쓰여 아직 의미가 타락하기 이전이었다.

⑩ 경영ᄒ다: 약간 져츅이 잇셔 오히려 싱도(生道)[40]를 경영(經營)홀 만ᄒ리니(4:48ㄱ) ⇒ 개화기에는 '경영하다'가 "계획하다, 운영하다"의 뜻으로 쓰였다.

40. 싱도: 생도(生道). 살아가는 길.

4. '이언'의 어휘와 고어사전의 기술 문제

'이언'에는 상당수의 고유어와 한자어가 나오는데 본 절에서는 '조어론, 어휘론, 의미론, 사전학' 등의 종합적 관점에서 주요 어휘를 다룬다. 특히 '이언'의 어휘는 중세 및 근대 국어의 어휘층이 개화기 '이언'을 거쳐 현대 전기 국어(20세기 전반기: 1900–1950년)의 어휘층에 연계되는 증거를 많이 보여 준다. 다음 '문문ᄒᆞ-'의 예를 보자.

> 경ᄉᆞ(京師) 관원의 양렴은 오직 외읍(外邑) 슈령(首領)의 문문ᄒᆞᆫ 거슬 밋고(餽送, 4:28ㄴ)

위 '문문ᄒᆞ-'는 원문 '餽送'로 미루어 다음과 같이 '뇌물 바치다'의 뜻으로 풀이할 수 있는데 기존 고어사전에는 올라 있지 않다.

> 문문ᄒᆞ다: 만만하다, 뇌물 바치다. [원문] 餽送. 餽: (물품)보낼 궤. 送: 보낼, 바칠 송.

그런데 현대 국어사전에 다음 예가 나오는데 위 본문과는 다소 거리가 있어 보인다.

> 문문하다: ① 무르고 부드럽다. ¶감자를 문문하게 찌다 / 흙이 문문하여 다루기가 쉽다. ② 어려움 없이 쉽게 다루거나 대할 만하다. 만만하다. ¶이 집에서 가장 문문해 보인다는 셈인지 선재에게 곧잘 농을 걸기도 하였다(이호철, 닳아지는 살들).

그러나 자세히 보면 '사람을 만만하게 다룬다'라는 뜻과 '뇌물을 바치어 사람을 주무른다'라는 것은 상통하는 의미를 보여 줄 수 있다는 점에서 '문문ᄒᆞ-'의 뇌물 바치다라는 의미는 소멸되었지만 그에서 파생하여 사람을 마음대로 주무른다는 것을 위의 소설 용례는 보여 주어 어휘사적으로 중요한 연속성과 변천을 보여 준다고 하겠다.

요컨대 '이언'에 나오는 어휘가 현대 국어 후기 시대의 생활어로는 이미 사어(死語)가 되었지만 현대 전기의 유명 작가 작품에까지는 상당수 용례로 등장하여 '이언'의 언어 층위가 현대에까지 남아 있음을 알 수 있다. 이러한 사실은 이들 '이언'의 고어류가 고어사전들에서는 등재되지 않으면서 현대 후기 국어 시기에 이루어진 국립국어원판 '표준국어대사전'(1999)의 어휘 용례들에서 상당수 문증되는 경우가 많아 이처럼 '표준국어대사전' 용례로 나온 작가의 작품과 용례를 재인용하여 밝히도록 하였다. 또한 해당 단어의 자세한 주해는 앞의 I부 본문 주해를 참고하면 자세히 알 수 있다.

4.1 고유어 사례

고유어의 경우 [ ]에 원문 한자를 밝히고 간단한 뜻풀이나 문법 설명이 필요한 주석은 각주로 처리하였고 자세한 논의가 필요한 경우는 항목마다 논의를 하였다. 모든 예문은 한글체 원문인데 주요 어휘만 괄호로 국한병용을 하여 이해를 돕는다.

(1) 당긔다[挽]: 만회하다

- 이언(易言) 일셔는 긔우싱(杞憂生)이 시셰 일을 쓻히고 져울질ᄒᆞ며 시셰판국을 <u>당긔기</u>를 싱각ᄒᆞ야 그윽이 근심ᄒᆞ고 격분ᄒᆞ야 지은 ᄇᆡ라(셔1ㄱ)

'당긔다'는 원문 '挽'(당길 만)을 직역한 표현으로 "시국을 挽回한다"는 뜻으로 쓰였다. 고어사전에 추가할 수 있는 의미이며 용례이다.

(2) 나마[餘]: 나머지

- 훈죄동원(訓罪童院)[죄인의 ᄋᆞᄒᆡ 가ᄅᆞ치는 원]이 잇고 <u>나마</u> 문회(文會)[글 ᄒᆞ는 이 모히는 ᄃᆡ라]와 야학과 인셔회[셔칙 박이는 곳이라]와 신문관[신문지 쥬쟝

ᄒᆞᄂᆞᆫ 곳이라]이 이시며(2:45ㄴ)

- 혹 직히ᄂᆞᆫ 군ᄉᆞ에 일년을 츙슈ᄒᆞ고 나마ᄂᆞᆫ 단련ᄒᆞ야 디경을 보젼ᄒᆞ게 ᄒᆞ며(4:4ㄴ)

'나마'는 고어사전들에서 보조사 용례의 '나마', 의존명사 용례의 '나마'만 게재되어 있다. 그러나 위 용례는 자립명사 '나머지'에 해당하는 단어 기능을 보여 주어 추가로 올릴 만하다. 현대어 사전에서도 '나마'를 다음 세 가지로 기술하는데 위 '나마'는 '나머지'라는 자립명사의 용례를 보여 주어 고어사전에 올려야 한다.

- 나마1: [의존명사] =남짓. ¶손님들은 반 나마 가고 없었다.
- 나마2: [조사]『받침 없는 체언류나 부사어 뒤에 붙어』어떤 상황이 이루어지거나 어떻다고 말하기에는 부족한 조건이지만 아쉬운 대로 인정됨을 나타내는 보조사. ¶너나마 와 주어서 다행이다.
- 나마3: [어미]『'이다'의 어간, 받침 없는 용언의 어간, 'ㄹ' 받침인 용언의 어간 또는 어미 '-으시-' 뒤에 붙어』어떤 상황이 마음에는 차지 아니하나 아쉬운 대로 접어주는 조건의 뜻을 나타내는 연결 어미. ¶변변치는 못하나마 많이 잡수십시오.

(3) 다다치다[觸]: 다다르다, 닿다

- 무릇 눈의 다다치ᄂᆞᆫ 빅 잇고 귀의 들리ᄂᆞᆫ 빅 이시면 ᄆᆞᄋᆞᆷ에 가마니 귀록ᄒᆞ야 그 곡졀을 깁히 ᄉᆡᆼ각ᄒᆞ다가(1:37ㄱ)

'다다치다'는 남북 사전에 '다닥치다'로 올라 있고 고어에서는 '다ᄃᆞᆮ다'와 관련된다.

- 다ᄃᆞᆮ다, 다ᄃᆞᆺ다: 그날 다ᄃᆞ라(釋譜詳節 6:27)
- 다ᄃᆞᆺ게 말라(老乞大諺解 상29)

- 다닥치다: ① (…과)(…에)『'…과'가 나타나지 않을 때는 여럿임을 뜻하는 말이 주어로 온다』서로 마주쳐 닿거나 부딪치다. ¶앞차가 마주 오던 차와 다닥쳤다 / 세상일이란 생각할 때는 어려워도 다닥쳐 보면 쉬우니라(현진건, 지새는 안개). ② 일이나 사건 따위가 가까이 이르다. ¶그는 시험이 다닥쳐서야 밤을 새워 공부

했다 / 풍신수길이 벼르고 벼르던 임진 새해가 다닥쳤다(朴鍾和, 壬辰倭亂).

위 예는 '이언'의 '다다치다'가 현대 전기 작가들의 작품에 '다닥치다'로 나타남을 보여 준다.

(4) 훤츨ᄒᆞ다[暢]: 명쾌하고 속시원하다

· 그 말ᄉᆞᆷ은 <u>훤츨ᄒᆞ고</u> 번다ᄒᆞ지 아니ᄒᆞ며 그 ᄯᅳᆺ은 현져ᄒᆞ고 모호ᄒᆞ지 아니ᄒᆞ야(셔1ㄱ)

'훤칠하다'는 오늘날 '키가 훤칠하다'처럼 신장 표현에만 쓰이는데 개화기 때만 해도 다음 중세, 근대 예들처럼 정신적 표현에 쓰였다.

· 훤츨ᄒᆞ다: 글 짓ᄂᆞᆫ 例 우리 짓그레 미츠니 ᄆᆞᅀᆞ미 <u>훤츨ᄒᆞ야</u> ᄀᆞ린 거슬 ᄡᅳ러ᄇᆞ리도다(杜詩諺解 24:30)
· 안콰 밧기 서르 應ᄒᆞ야 일을 만남애 <u>훤츨ᄒᆞ야</u> 샹해 남아 넉넉홈이 잇더라(小學諺解 6:124)
· 목ᄉᆞ 김여믈은 셔울 사ᄅᆞᆷ이니 <u>훤츨ᄒᆞ고</u> 지죄며 용이 잇더라(東國新續三綱行實圖 충1:42)

(5) 셕위다[雜]: 섞이다

· 그러나 어진 의원이 병을 다ᄉᆞ리ᄆᆡ 약을 분잡히 ᄡᅳ고 침 놋코 ᄯᅳᆷ질ᄒᆞᆷ을 <u>셕위여</u> ᄡᅳ지 아니ᄒᆞ야도(셔2ㄱ)

중세에는 '섞-'이 쓰여 '섯ᄂᆞ니라, 섯거, 섯디...'처럼 쓰이고 피동형 '섯기다'도 근대 어형으로 확인된다. 현대에는 둘 다 쓰인다. 그런데 '이언'에는 개화 표기로 '셕위다'가 쓰이는 것이다. 고어사전에 표제로 올릴 만하다. '이언' 3:6ㄱ, 39ㄱ에는 '셔귀여'로 혼기가 보인다[4.1 고유어 사례에서 뒤 (50)항 참고].

(6) 하리다[除, 起, 愈]: 낫다, 치유하다

- 좌우 근시 ᄀᆞᆯ오ᄃᆡ 왕의 병은 다ᄉᆞ려도 하릴 증셰 아니로쇼이다(셔3ㄱ)
- 하리다(起): 버거 젹긔의 ᄆᆡ친 거ᄉᆞᆯ 프러 그 심지를 펴이게 ᄒᆞ면 마ᄎᆞᆷᄂᆡ 큰 병이 반ᄃᆞ시 하리고(셔4ㄱ)

'낫다'라는 뜻의 고어 '하리다'는 고어사전들에 용례가 고시조뿐인데 '이언'에서 좋은 용례를 찾을 수 있다. 그나마 '표준국어대사전'에는 표제어로 빠져 있다.

- 三山十洲 不死藥을 아무만 먹은들 하릴소냐(古時調)
- 님 글여 든 병이 약 먹다 하릴소냐(교본 역대 시조 전서 1115-24)

'하리다'는 "낫다" 외에 "참소하다, 마음껏 사치하다, 기억이나 판단이 흐리다"의 뜻까지 가지고 있는 동음이의어였다.

(7) 고단ᄒᆞ다[孤]: 외롭다

- 져의는 합ᄒᆞ고 우리는 고단ᄒᆞᆫ 즉시오(彼合而我孤, 1:4ㄴ) ⇒ '고단ᄒᆞ다'의 원문이 '孤'이며 현대처럼 '피곤하다'의 뜻이 아닌 '외롭다'의 뜻으로 쓰였다.
- 혹 고단ᄒᆞᆫ 과부를 무휼ᄒᆞ야 맑은 졀기를 온젼케 ᄒᆞ며(撫卹孤嫠名完清節, 4:24ㄴ) ⇒ '고단ᄒᆞᆫ 과부를 무휼(撫恤)ᄒᆞ야'의 원문은 '撫卹孤嫠'. 여기서 '고단ᄒᆞᆫ'의 원문이 '孤'이며 '외롭다'의 뜻임.

(8) ᄢᅳ리다[忌]: 꺼리다

- 대뎌 병을 은휘ᄒᆞ고 의원을 ᄢᅳ리며 더브러 의론ᄒᆞᄂᆞᆫ 쟈ᄂᆞᆫ 그 요긴ᄒᆞᆫ 묘리(妙理)를 모로ᄂᆞᆫ 사ᄅᆞᆷ인즉(셔3ㄱ)

'ᄢᅳ리다'는 중세어 'ᄢᅥ리다'를 'ㅡ' 모음으로 표기한 결과이다. '이언'에는 'ㅡ' 모음을 'ㅓ' 모음으로 혼기한 예가 더 있다('그짓 – 거짓; 그록히 – 거록히 등).

(9) 싁싁ᄒᆞ다[壯]: 장엄하다, 씩씩하다

· 몬져 혈ᄆᆡᆨ을 고로게 ᄒᆞ야 그 경신을 싁싁ᄒᆞ게 ᄒᆞ고(셔4ㄱ)

'싁싁ᄒᆞ다'는 오늘날 '씩씩하다' 정도로 쓰이는데 위 예처럼 정신 표현에도 쓰였다.

· 싁싁: 엄숙함. 장엄함. ¶肅 싁싁 슉(新增類合 하3). 嚴 싁싁 엄(신증유합 하17).
· 싁싁ᄒᆞ다:
  須達이 보니 여슷 하ᄂᆞ래 宮殿이 싁싁ᄒᆞ더라(釋譜詳節 6:35) [+장엄함]
  오직 정졔ᄒᆞ고 싁싁ᄒᆞ면 ᄆᆞᅀᆞ미 믄득 젼일ᄒᆞ고(飜譯小學 8:5) [+엄숙함]
  豪英ᄒᆞᆫ 양ᄌᆞ 싁싁ᄒᆞ니 흐들히 사호다가 온 ᄃᆞᆺᄒᆞ도다(英姿颯爽來酣戰, 杜詩諺解 16:26) [+씩씩함]

· 싁싁다:
  威儀ᄂᆞᆫ 거동이 싁싁고 본바ᄃᆞᆷ직 홀씨라(楞嚴經諺解 1:24)
  오시며 관ᄃᆡ롤 모로매 싁싁고 졍졔히 ᄒᆞ며(飜譯小學 8:16)

· 싁싀기:
  眞珠 瓔珞과 各色 金線 비단과 풍류와롤 싁싀기 ᄭᅮ며 기드리ᅀᆞᆸ더니(釋譜詳節 23:50).
  우리ᄃᆞᆯ히 아랫 뉘옛 福ᄋᆞ로 光明이 甚히 싁싀기 ᄒᆞ며(月印釋譜 10:32)

'싁싁ᄒᆞ다'는 '싁싁다'로도 쓰였는데 중세에 '궁전, 나무, 光明' 등과 호응하여 [+장엄함]을 뜻하거나 행동의 [+엄숙함, 씩씩함]을 표현하였다. 그러나 현대어에서는 [+씩씩함]의 뜻으로만 쓰이면서 남성 외모 행동어로 쓰여 [+엄숙함, +장엄함]은 사라져 의미가 축소하였다. '이언'의 예는 개화기 용례로 정신 표현과 호응한 예를 보여 준다.

(10) 거록히[盛], 그록히[槃槃] : 대단히, 풍성히, 장엄히

· 이의 슈군을 갈히고 병션을 거록히 ᄒᆞ야 왕릭ᄒᆞ고 유람ᄒᆞ야 진뎡ᄒᆞ고(3:30ㄴ)
· 젼장의 ᄊᆞ라 나가 요힝 승쳡ᄒᆞ면 집치례를 거록히 ᄒᆞ니(2:55ㄴ)
· 방금의 죠뎡의셔 정신을 가다듬어 다ᄉᆞ리기를 도모ᄒᆞ시고 당도졔공이 다 그록히

큰 직죠롤 가져(셔4ㄱ)

'거록히'는 '거룩하다'의 근대 표기형인 '거륵ᄒᆞ다, 거록ᄒᆞ다; 거르기, 거륵이'와 관련된다.

- 거륵ᄒᆞ다: 장하다, 대단하다. ¶大方 <u>거륵ᄒᆞ다</u>(漢淸文鑑 6:26). 孫權을 ᄀᆞ만이 보니 눈이 푸르고 나로시 븕고 <u>거륵ᄒᆞᆫ</u> 직조에 낫더라(三譯總解 3:3)
- 거록ᄒᆞ다: 대비의 념불 하 <u>거록ᄒᆞ시믜</u>(念佛普勸文 15)
- 거르기: 어와어와 <u>거르기</u> 머흔ᄃᆡ 아무 일 업시 건너시니 아룸다와 ᄒᆞᄂᆡ이다(捷解新語 1:10)
- 거륵이: 두드럭이가 불의예 도다 브어 오ᄅᆞ니 <u>거륵이</u> 놀라와 ᄒᆞ더니(親筆諺簡總攬 109). 프른 물이 <u>거륵이</u> 흐ᄅᆞ더니(碧水汪然, 太平廣記諺解 1:4)

'이언'에는 '거록히' 외에 '그록히'(셔4ㄱ)도 나온다. '그록히'는 '거록히'의 ㅓ와 ㅡ 모음 간의 혼기 사례이다. 오늘날의 '거룩히'가 "성스럽게, 위대하게"의 뜻을 가지고 쓰이는 것은 '신증유합'(선조 9년, 1576)의 예처럼 중세에 쓰이던 뜻의 잔영으로 보인다. 한편 한글학회 '우리말큰사전'에서는 '거륵'의 참고어로 '갸륵'을 들고 있으나 '갸륵ᄒᆞ다'는 문증되지 않고 있다.

- 偉 <u>거륵</u> 위(신증유합 하17)
- 驕 <u>갸륵</u> 교(신증유합 하3)　傲 <u>갸륵</u> 오(신증유합 하 32)

얼핏 보면 '거륵'과 '갸륵'은 의미상 반의어에 가까워 동의어로 관련짓기 어렵다. 그러나 '거륵'의 뜻인 "장엄"이 지나치면 "교만"으로 비칠 수 있다는 점에서 이 두 단어는 동근파생어(同根派生語)로 볼 수 있다.

(11) 뻐ᄒᆞᄃᆡ[以爲]: 생각건대

- 텬하 대지롤 만히 드르니 <u>뻐ᄒᆞᄃᆡ</u> 금셰에 도롤 말미암아 금셰의 풍쇽을 변통ᄒᆞ려 ᄒᆞ면(ᄌᆞ셔1ㄱ)
- 어린 소견이 이러ᄒᆞ니 아지 못게라 당도지인은 <u>뻐ᄒᆞᄃᆡ</u> 엇더ᄒᆞ다 ᄒᆞᄂᆞ뇨 (3:33ㄴ)

'뼈ᄒᆞ되'는 원문 '以爲'의 직역어로 쓰였는데 '생각건대'라는 표현에 해당한다. 그런데 '뼈ᄒᆞ되'와 같은 직역어는 번역상에 나타나는 직역 전이어로서 단어 자격이 충분하며 표제어로 고어사전에 당연히 올릴 만한데 누락되어 있다.

(12) 스승ᄒᆞ다[師]: 본받다

- ᄌᆞ연이 먼데 물졍을 무러 그 쟝기(長技)를 스승ᄒᆞ야 그 단쳐를 치며 그 밋는 바를 아술지라(ᄌᆞ셔1ㄱ)

'스승'은 고어에서도 '무당, 선생'의 뜻으로 쓰인 정도이고 '스승ᄒᆞ다'처럼 동사로 쓰인 예는 없는데 '이언'에는 "본받다, 거울로 삼다" 정도의 뜻으로 쓰여 주목된다. '스승ᄒᆞ다'가 동사로 쓰인 예라 표제어로 올릴 만하다.

(13) ᄆᆡ이[窮]: 매우

- 태산과 화산은 ᄆᆡ이 놉흐므로 흙덩이를 ᄉᆞ양치 아니하ᄂᆞ니(ᄌᆞ셔2ㄱ)

'ᄆᆡ이'는 중세 문헌에서부터 근대 문헌에까지 'ᄆᆡ이'로 꾸준히 쓰였다.

- 귀를 ᄆᆡ이 마ᄀᆞ면(楞嚴經諺解 3:4)
- 숫지저 ᄆᆡ이 치라 ᄒᆞ여(三譯總解 5:17)

그러나 'ᄆᆡ오'도 일부 자료에서 보인다.

- 위광이 블가 ᄆᆡ오 비최샤(地藏經諺解 상2)
- 읻다감 ᄆᆡ오 알습ᄂᆡ(隣語大方 2:10)

따라서 '이언'의 'ᄆᆡ이'는 'ᄆᆡ이'가 조선 말기까지 쓰인 예가 된다.

(14) 져즘ᄭᅴ[往]: 전에, 그때, 그즈음

- 져즘ᄭᅴ ᄂᆡ 동치(同治) 경오 신미년 간에 한가히 거ᄒᆞ야 결을이 만키로셔(ᄌᆞ셔2ㄱ)

시간어 '져즘씌'는 중세형 '뎌즈음ᄢᅴ'의 변천형이다. 고어사전들에 중세형은 올라 있으나 근대어형으로 '져주움ᄢᅴ'만 보이므로 '이언'의 '져즘씌'를 추가할 수 있다.

- 뎌즈음ᄢᅴ: 접때쯤에. 예전에. ¶<u>뎌즈음ᄢᅴ</u> 됴ᄒᆞᆫ 政事ᄅᆞᆯ 셰니 다 ᄒᆞ마 모ᄃᆞᆫ 이비 傳ᄒᆞᄂᆞ다(杜詩諺解 8:3)

(15) 바이없다/바히없다[無復]: 전혀 없다

- 포학ᄒᆞ고 흉패ᄒᆞ미 사ᄅᆞᆷ의 의리 <u>바이업더니</u>(無復人理迨, 1:1ㄴ)
- 불우지비(不虞之備)ᄅᆞᆯ ᄒᆞ게 ᄒᆞ면 곳 여러 ᄒᆡ ᄒᆞᆫ직 크게 잇셔도 ᄇᆡᆨ셩의 먹을 거시 <u>바히업지</u> 아니ᄒᆞᆯ 거시니(1:52ㄴ)

'바이없다/바히없다'는 현대어 사전에는 다음 예처럼 올라 있으나 고어사전들에는 보이지 않는다.

- 바이없다: ① 어찌할 도리나 방법이 전혀 없다. ¶나로서는 방법이 바이없다. ② (주로 형용사의 '-기' 활용형 다음에 쓰여) 비할 데 없이 매우 심하다. ¶기쁘기 바이없다 / 슬프기 바이없다.

그러나 '이언'에 쓰인 예로 보아 고어사전에도 올릴 만하다. '바이'는 '바히'로도 표기되어 쓰이며 뜻은 '전혀'의 뜻이다.

- 졸연(猝然)이 목민지관(牧民之官)을 당ᄒᆞᄆᆡ 조치ᄒᆞᆯ 쥴을 <u>바히</u> 모로니 벼ᄉᆞᆯ과 ᄇᆡ호미 길이 달나 말ᄉᆞᆷ과 힝ᄒᆞᄂᆞᆫ 일이 셔로 밋치지 못ᄒᆞᆫ 연괴라(1:35ㄱ)

(16) 거우다[攖]: 거스르다, 성나게 하다

- 구라파 졔국의 지혜와 힘을 다ᄒᆞ야 셔로 닷토와도 맛ᄎᆞᄂᆡ 감히 그 예긔(銳氣)ᄅᆞᆯ <u>거우지</u> 못ᄒᆞ더니(1:2ㄴ)

'거우다'는 "거스르다, 성나게 하다, 건드리다"의 뜻으로 다음 예처럼 중세 이래 근대까지 확인되는데 위 '이언'의 예로 조선 말기까지 쓰였음을 보여 준다. 근대에는 '거우다'와 '거오다'가 다 보인다.

· 雜草木 것거다가 ᄂᆞ출 거우ᅀᆞᄫᆞᆯ ᄆᆞᅀᆞᆷ잇든 뮈우시리여(月印千江之曲 62)
· 놉흔 얼굴을 거위시니 네 ᄆᆞ음에 담아셔 ᄉᆡᆼ각지 말라(三譯總解 6:16)
· 졔 반ᄃᆞ시 나를 거오리라 ᄒᆞ여 잇더니(三譯總解 4:10)

현대어 사전에는 '거우다'를 올려놓고 있는데 근대 작가 작품에 용례가 나타나 20세기 전기에도 어느 정도 쓰였음을 알 수 있다. 제주 방언에 '거으다'가 '거스르다'의 뜻으로 남아 있는 것도 주목된다.

· 거우다: (…을) 집적거려 성나게 하다. ¶막걸리라는 소리가 어멈의 성미를 거웠다.(나도향, 행랑 자식). 거리로 나온 재철이는 누이도 못마땅하고 부친이 거워놓은 비위가 가라앉지 않아서……(염상섭, 택일하던 날).
· 거으다: '거스르다'의 방언(제주).

(17) 걸픗ᄒᆞ면[動, 動輒]: 걸핏하면, 번번이

· 구라파 각국이 걸픗ᄒᆞ면 지혜와 용력으로 셔로 누르며 부국강병ᄒᆞ기로셔 슝샹(崇尙)ᄒᆞ니(1:4ㄱ)
· 군무ᄉᆞ(軍務事)의 일은 즁난(重難)ᄒᆞ고 국용(國用)이 부족ᄒᆞ면 ᄇᆡᆨ셩의게 취ᄃᆡᄒᆞ기를 걸픗ᄒᆞᆫ즉 쳔만금으로ᄒᆞ야 쓰고(貸動輒千萬, 4:53ㄱ) ⇒ 輒: 문득, 번번이, 함부로 첩.

'걸픗ᄒᆞ면'은 "툭하면, 무슨 일이라도 있으면 함부로"의 뜻을 지닌 현대 입말의 '걸핏하면'이다. 그러나 이 단어는 고어사전들에는 실려 있지 않다. 따라서 현대 입말 단어들 중에 고문헌에서 발견되는 것은 희귀하면서도 소중하다. 특히 위 사례는 전형적 문어체인 언해체에 이 단어가 쓰여 이 단어가 원래는 문어체 단어였고 현대에 와서 입말체로 쓰이게 되었음을 알 수 있다.

(18) 갋셔미[並立]: 나란히 서다, 병립하다

· 즁국이 더브러 갋셔미 부득불 조속(操束)ᄒᆞ야 졔어ᄒᆞ기를 급히 ᄉᆡᆼ각ᄒᆞ야(1:4ㄴ)

'갋셔다'는 '갋'과 '셔다'의 합성어이다. '갋'은 현대어 '겹'과 통하는데 중세에는 이미 '겹'도 쓰여 '갋'과 '겹'은 공존형이었다.

· 다ᄉᆞᆺ 골ᄫᆞᆫ ᄒᆞᆫ 나못 본과 말왓 다ᄉᆞᆺ 갋 ᄀᆞᆮᄒᆞ니(五重者如一樹木本末五重, 圓覺經諺解 상一之一78)
· 虹橋 갋션 므지게(譯語類解 상1)
· 單ᄋᆞᆫ ᄒᆞ오지오 複ᄋᆞᆫ 겨비라(楞嚴經諺解 8:15)

(19) 가음열다[富, 裕]: 가멸다, 부유하다

· 밧 갈고 깁 ᄧᆞᄂᆞᆫ 일을 뭇당히 힘ᄡᅳᆯ거시니 힘쓰지 아니ᄒᆞᆫ즉 져의ᄂᆞᆫ 가음열고 우리ᄂᆞᆫ 빈핍홀지라(1:5ㄱ)
· 웅장ᄒᆞᆫ 영문(營門)을 ᄒᆡ변(海邊)의 베풀고 버거ᄂᆞᆫ 우리 샹고(商賈)를 가음열게 ᄒᆞ야(2:7ㄱ)

이 단어는 중세어 '가ᅀᆞ멸다'가 ㅿ의 소실로 '가ᄋᆞ멸다'로 바뀌고 다시 이것이 과잉 분철 표기인 '가ᄋᆞᆷ열다'로 변한 후 아래아의 소실로 '가음열다'로 바뀐 예로서 이것이 조선 말기까지 쓰였음을 보여 준다.

(20) 깃[基, 巢]: 분깃, 몫

· 그러나 반ᄃᆞ시 스ᄉᆞ로 졔 나라를 보젼ᄒᆞ 능히 만국 가온ᄃᆡ ᄒᆞᆫ 기시 되염즉ᄒᆞᆫ 연후의 공법이 가히 ᄒᆡᆼᄒᆞ리라(1:6ㄱ)

중세어에서 '깃'은 "보금자리, 소굴, 포대기"의 뜻으로 쓰였고 '깃'은 "몫"의 뜻으로 쓰였는데 위 예는 중세어 '깃'의 의미에 가까워 "터전, 기업(基業)"의 뜻으로 쓰였다.

· 깃: 도늘 가져 닉야 오니 三千貫이 잇거늘 세 기제 논호아 훈 기즈란 어미 주어 (월인석보 23:72)
· 깃: 깃爲巢(訓民正音 解例).
· 기시 하니 믌새 사호고(巢多衆鳥鬪, 杜詩諺解 22:4)

(21) 쇼릭ᄒ다[聲]: 소리하다, 성토하다

· 일을 빙쟈ᄒ고 흔단(釁端)을 여는 재 잇거든 각국이 회동ᄒ야 그 죄목을 쇼릭ᄒ고 홈긔 칠 거시니(1:8ㄴ)

'쇼릭ᄒ다'는 중세어에서 '소릭ᄒ다, 소리ᄒ다'이었고 뜻은 "소리를 내다, 성토하다"의 뜻이다.

· 소리ᄒ다: 獅子ㅣ 훈번 소리호믹 네 가짓 이리 잇느니(月印釋譜 2:38)
· 소릭ᄒ다: 섬돌해 다드라 머리로 기동 돌해 다디르고 소리호딕(三綱行實圖 충21)

그러나 '이언'의 용례는 "공개적으로 외치다, 성토한다, 말한다"는 뜻까지 보여 주고 '쇼릭ᄒ다'라는 표기도 보여 고어사전에 올릴 만하다.

(22) 발뵈다[敢, 逞, 售]: 굳세다, 자랑하다

· 무도훈 나라는 비록 부강ᄒ나 감히 스스로 굿세믈 발뵈지 못ᄒ며(無道之國雖富强不敢自雄, 1:9ㄴ)
· 장구원대지칙(長久遠大之策)을 셰워 변방 디경의 흔단을 엿보는 쟈로 ᄒ야곰 간교훈 싀를 발뵈미 업게 훌지라(相伺者之得狡然以逞也, 3:4ㄴ)
· 시비곡직(是非曲直)이 칙을 열믹 쇼연ᄒ며 간교ᄒ고 릉모ᄒ믈 감히 발뵈지 못훌지니(是非枉直開卷了然詭詐欺凌奸謀莫逞, 3:18ㄴ)

'발뵈다'는 다음 예처럼 중세 이래 쓰였는데 "자랑하다, 드러내 보이다"의 뜻인데 '못ᄒ다, 없다'와 같은 부정어와 호응하는 것이 특징이다.

· 또 喪亂을 맛니러 샤옹 어루믈 발뵈디 몯ᄒᆞ니(更遭喪亂嫁不售, 두시언해 25:45)

그런데 현대어 사전에서는 다음 예처럼 현대어로도 풀이를 하고 있으나 이제는 거의 사라졌다고 볼 수 있다.

· 발뵈다1: '발보이다'의 준말.
· 발보이다: (…에/에게 …을) ① 남에게 자랑하기 위하여 자기가 가진 재주를 일부러 드러내 보이다. ¶그는 하수들에게 별것도 아닌 기술을 발보이는 꼴이 싫어서 일찍 자리를 떴다 / 때가 되매 부쩍 일어나서 뚝딱하여 새 면목을 발보일 적에는…(최남선, 심춘순례). ② 무슨 일을 극히 적은 부분만 잠깐 드러내 보이다. ¶앞으로의 내 계획을 관청에 발보였더니 모두들 꽤 괜찮다고 칭찬을 해 줬다.
· 발뵈다2: '팔다'의 옛말. ¶售 발뵐 슈(訓蒙字會 하9)

'발뵈다'의 국어사전 등재 방식은 사전마다 달라 '표준국어대사전'과 유창돈 편 '이조어사전'은 '발뵈다1, 발뵈다2'처럼 동음이의어로 나누고 '우리말큰사전'은 다의어로 처리하였다. 유창돈 식으로 하면 원문자 '售'가 별개 표제어 예인 훈몽자회와 두시언해의 예에 따로 나오게 되어 불합리하므로 다의어로 봄이 좋을 것이다. 다음 '이언' 4:33ㄴ에 나오는 예의 원문도 '逞, 售'를 같은 내용에 포함하고 이를 '발뵈다' 한 단어로 묶어 번역하고 있어 역시 동음이의어라기보다는 다의어로 봄이 좋을 것이다.

· 이는 다 전례 호번ᄒᆞ고 법이 너모 셰밀ᄒᆞᆷ를 인ᄒᆞᆫ 연고로 시러곰 그 ᄯᅳᆺ을 발뵈여 작간ᄒᆞ미라(得逞其志而售其奸耳, 4:33ㄴ)

(23) 꺾이다[折]: 꺾이다, 줄어들다

· 샹고를 ᄡᅬ여 물가를 감ᄒᆞ고 본젼이 ᄶᅥᆨ기면 형셰 반ᄃᆞ시 피ᄎᆞ의 휴손(虧損)ᄒᆞ야 (1:24ㄴ)

'꺾이다'가 '자본금을 해쳐 감소하게 되면'의 뜻으로 원문은 [折資本]이다.

(24) 져ᄌᆞᄒᆞ다[開廠]: 장사하다

- ᄇᆡᆨ셩드리 오문으로 올마가 인ᄒᆞ야 져ᄌᆞᄒᆞᄂᆞᆫ 집을 짓고 물화ᄅᆞᆯ 팔며(1:14ㄱ)

'져ᄌᆞ'(市場)의 동사 용례를 보여 주어 고어사전에 등재할 만하다.

(25) 일위다[成]: 이루다, 이루게 하다

- 부강ᄒᆞ믈 일위고 ᄆᆞᆺᄎᆞᆷᄂᆡ ᄑᆡ업을 일위엿더니(2:23ㄱ)
- ᄌᆡ죠ᄅᆞᆯ 구ᄒᆞᄂᆞᆫ 거ᄉᆞᆫ 일원 전례ᄅᆞᆯ 구ᄋᆡᄒᆞ기 어려오니(2:40ㄱ)
- ᄉᆞᆯ법으로 졔어ᄒᆞ지 아니면 공을 일위지 못ᄒᆞᆯ지라(3:57ㄴ)

중세에는 현대어 '이루다'에 해당하는 단어로 다음과 같이 '일우-, 이ᄅᆞ-, 닐위-'가 쓰여 위 '이언'의 '일위-'를 어디에서 온 것으로 볼지가 문제이다.

- 일우다: 虐政이 날로 더을ᄊᆡ 倒戈之日에 先考ㆆ ᄠᅳᆮ 몯 일우시니(용비어천가 12장). 큰 行ᄋᆞᆯ 너비 닷가 佛道ᄅᆞᆯ 일우게 ᄒᆞ시니라(월인석보 13:73)
- 이ᄅᆞ다: 이어긔 塔 일어 供養ᄒᆞ야ᅀᅡ ᄒᆞ리니(석보상절 19:43)
  ᄀᆞᇫ 업슨 功德 이ᄅᆞ샤 衆生 救ᄒᆞ시ᄂᆞᆫᄃᆞᆯ(월인석보 18:64)
- 닐위다: 道애 나ᅀᅡ가ᄃᆡ 게을이 아니 ᄒᆞᄂᆞ니 아니면 수ᄫᅵ 닐위디 몯ᄒᆞ리니(월인석보 17:56). 便安커시든 孝養ᄋᆞᆯ 닐위여 그 ᄇᆡ 골ᄒᆞ실가 저코 病커시든 시르믈 닐위여 옷과 ᄯᅴ와ᄅᆞᆯ 밧디 말라(내훈 1:43, 44)

'일우-, 이ᄅᆞ-'는 '일-'(成)에서 파생하였고[1], '닐위-'는 '닐-'(起)에서 파생하였다. '일-'은 사동 접사 '-우-'와 '-ᄋᆞ-'가 달리 결합하여 '일우-'(일+우-)와 '이ᄅᆞ-'(일+ᄋᆞ-)로 파생하였는데 이기문(1998)에서는 '이ᄅᆞ-'를 위의 '塔 일어'처럼 건축 완성의 뜻으로 쓰인 것으로 구별하였으나 위 예의 '일-'에서 나온 '佛道ᄅᆞᆯ 일우게'와 '이ᄅᆞ-'에서 나온 '功德 이ᄅᆞ샤'는 추상적 성취에 구별 없이 같이 쓰였음을 보여 준다.

'닐위-'는 '닐-'(起)의 이중사동형(닐+우+이-)으로 위 예의 '孝養ᄋᆞᆯ 닐위여'처럼 역

1. 평성 어간의 '일·다'(成)와 달리 '물결이 일다, 쌀을 일다'라는 예의 상성 어간 ':일·다'(淘)가 따로 있었다.

시 추상적 성취에 쓰여 '일우-, 이ᄅᆞ-, 닐위-'는 추상적 성취에서는 서로 동의 중복 관계이었다.

따라서 '이언'의 '일위-'는 '일우-'의 이중사동형(일+우+이-)으로 보거나 '닐위다'가 근대에 '일위다'로 변한 것으로 볼 수 있는데 중세에 이중사동은 '일위다'가 보이지 않고 대신 '닐위다'는 보이므로 '닐위다'가 근대에 '일위다'로 변한 것으로 봄이 자연스럽다. 그러나 이 세 단어 중에서 오늘날 생존한 것은 '일우다'가 변한 '이루다'임을 생각할 때 '이언'의 '일위다'는 결국 마지막 생존의 모습이라 할 수 있다.[2] 흥미롭게도 '이언'에는 '일위-'가 11회 보이는데[3] '일우-'도 3회 보인다.

· 일우다: 졔후를 봉ᄒᆞ야 법을 <u>일우게</u> ᄒᆞ시니(1:3ㄱ)
우흐로 국가ᄅᆞᆯ 위ᄒᆞ야 부강ᄒᆞ믈 <u>일우게</u> ᄒᆞ고(1:32ㄴ)
져의 무리 업을 <u>일우미</u> 반ᄃᆞ시 만흐리라(1:40ㄱ)

그런데 '이언'에는 '미루-'가 7회 나오는데 '밀위-'도 2회 나와 '일우다'를 '일위다'로 쓰는 표기 관습이 형성된 것일 가능성도 있다. '미루다'는 '보-, 널-, 힝ᄒᆞ-, 널니-'와 공기하고 '밀위다'는 '가히 알-', '가히 (셰상을) 구졔ᄒᆞ-'와 공기(共起)한다.

· 그 곡절을 <u>미루여</u> 보건ᄃᆡ(1:30ㄱ)
· ᄎᆞ례로 <u>미루여</u> 널게 ᄒᆞᆯ 거시니(1:37ㄴ)
· 슈답(水畓)을 크게 열어 졈졈 <u>미루여</u> 힝ᄒᆞ고져 ᄒᆞ더니(1:50ㄴ)
· 큰 긔긔ᄅᆞᆯ ᄉᆞ다가 <u>미루여</u> 힝ᄒᆞ야(2:3ㄱ)
· 쳐음 ᄆᆞ음을 <u>미루여</u> 보건ᄃᆡ(2:8ㄴ)
· 학교 마련ᄒᆞᆫ 법을 <u>미루여</u> 널니고(2:40ㄱ)
· 하늘을 본ᄌᆞ 측량ᄒᆞ야 <u>미루여</u> 보ᄂᆞᆫ 긔계 잇셔(2:44ㄱ)

---

2. '일위다'를 '이조어사전'(유창돈 편)에서는 '행하다'로 뜻풀이한 경우도 있고, 한글학회 '우리말큰사전'에서는 '흔들리다'의 뜻으로도 등재하여 '파도가 일다'의 '일다'에서 나온 '일이다, 일니다'와 연관 짓고 있다.
· 일위다, 일이다, 일니다(淘): 흔들리다. 일어지다. ¶일이디 몯ᄒᆞᆫ 나ᄅᆞᆯ(未淘眞化日, 南明集諺解 하63).
· 바다히 ᄧᅥ날 제ᄂᆞᆫ 만국이 일위더니(관동별곡). 풍파의 일니던 ᄇᆡ 어드러로 가닷말고(송강가사 25).
· 風波에 어드러로 가닷 말고(청구영언 11).

3. 서4ㄱ, 2:23ㄱ, 2:34ㄱ, 2:40ㄱ, 3:21ㄱ, 3:31ㄱ, 3:40ㄱ, 3:57ㄴ, 3:60ㄱ, 4:1ㄴ, 4:51ㄱ, 발2ㄱ 등 11곳.

· 공가(工價)를 수십금을 쥬니 그 나마를 밀위여 가히 알 거시오(4:27ㄴ)
· 그 ᄆᆞ음을 밀위면 가히 셰샹을 구졔ᄒᆞᆯ 만ᄒᆞ고(4:41ㄱ)

그러나 '미루다－밀위다'의 의미 차이가 없어 통용 표기로 본다면 '일우다－일위다'도 통용 표기일 가능성도 있어 이때 '닐위다'의 관계가 어떠했는지 앞으로 검토를 요한다.

(26) 졔히다[懼]: 위협하다

· ᄇᆡᆨ셩의게 위엄을 뵈고 융뎍(戎狄)을 졔힐 만ᄒᆞᆯ 거시로ᄃᆡ(4:1ㄴ)

'졔히다'는 중세어 '저히다'의 변형 표기로 "위협하다, 저어하게 하다"의 뜻인데 '이언'의 '졔히다'는 '저히다'가 역행동화한 형태 표기를 보여 준다.

저히다:
· 부러 저히샤 살아자ᄇᆞ시니(龍飛御天歌 115장)
· 大威ᄂᆞᆫ 큰 威嚴이니 龍ᄋᆞᆯ 저히ᄂᆞ니라(釋譜詳節 13:11)
· 裔戎 邪說이 罪福ᄋᆞᆯ 저히ᄉᆞᆸ거든 이 ᄠᅳ들 닛디 마ᄅᆞ쇼셔(龍飛御天歌 124장)
· 도저글 만나 칼로 저히고(五倫行實圖 3:65)

cf. 저ᄒᆞ다: 公州ㅣ 江南ᄋᆞᆯ 저ᄒᆞ샤(龍飛御天歌 15장)
저허ᄒᆞ다: 모시예 ᄀᆞᆯ오ᄃᆡ 저허ᄒᆞ며 조심ᄒᆞ야(小學諺解 4:24)

(27) 거리ᄢᅵ다[拘]: 거리끼다

· 진실노 능히 격례를 거리ᄢᅵ지 말고 ᄉᆡ 법을 온당히 뎡ᄒᆞ야(4:2ㄱ)
· 뎡ᄒᆞᆫ 모칙이 업ᄉᆞ며 ᄇᆡᆫ 터흘 거리ᄢᅵ고(발9ㄱ)

'거리ᄢᅵ다'는 다음 예처럼 중세에 나타나는데 위 예로 현 사전들에 제시되지 않은 근대 예를 추가할 수 있다.[4]

---

4. 참고로 '표준국어대사전'에서는 이들 용례를 제시하면서 두시언해 용례를 능엄경언해 용례보다 앞세웠는데 용례 자모순으로 하다 보니 시대순이 무시될 수밖에 없었다. 그러나 고어사전은 시대순 정보의 흐름도 중요하므로 앞으로 사전 편찬의 관점에서 용례 배치의 원리에 대한 논의가 필요하다.

· 因과 果왜 ᄒᆞᆫᄢᅴ 나ᄐᆞ시며 染과 淨과애 거리씨디 아니ᄒᆞ샤 法에 自在ᄒᆞ샤미 일후미 妙蓮華王이시고(楞嚴經諺解 8:60)

· 時節이 危亂ᄒᆞᆫ 저긔 온 가짓 혜아료미 ᄆᆞᅀᆞ매 거리졋ᄂᆞ니 盜賊아 네 오히려 잇는다(杜詩諺解 14:23)

(28) 맛갓다, ᄆᆞᆺ갓다[適, 宜]: 맛갓다, 적합하다, 마땅하다

· 면화화약[화약 일홈]을 ᄡᅳᄃᆡ 각각 그 ᄆᆞᆺ당ᄒᆞᆫ ᄃᆡ 맛갓게 ᄒᆞ고(3:50ㄴ)
· 기예에 용력이며 칼ᄡᅳ기와 셕젼ᄒᆞᄂᆞᆫ 법이 ᄡᅳ기에 맛갓지 못ᄒᆞ니(4:2ㄴ)
· 사ᄅᆞᆷ은 굿ᄐᆞ여 만하 부졀업고 긔어히 ᄡᅳ기의 맛갓게만 ᄒᆞᆯ 거시니(4:34ㄴ)
· 물건인즉 각각 ᄡᅳᄂᆞᆫᄃᆡ ᄆᆞᆺ갓게 ᄒᆞ며(1:27ㄴ) ⇒ ‘ᄆᆞᆺ갓-’ 유일 표기 예

‘맛갓-’은 다른 근대 자료에서는 다음 예처럼 ‘맛ᄀᆞᆽ-’으로 나타나는데 ‘이언’에서는 아래아 탈락형인 ‘맛갓-’으로 나타나고 첫 음절에 아래아 표기를 한 ‘ᄆᆞᆺ갓-’(適, 1:27ㄴ)도 위 예처럼 한 곳에 나타난다.

맛ᄀᆞᆽ다:

· 지아비ᄅᆞᆯ 슌죵ᄒᆞ야 비록 맛ᄀᆞᆽ디 못호미 이실ᄯᅵ라도 지아비ᄂᆞᆫ 더옥 怒를 ᄎᆞᆷ으며 계집은 더옥 順호믈 닐위예야 家道ㅣ 敗티 아니ᄒᆞ리니(警民編諺解 3)
· 소남기 염쵸 굽기의 맛ᄀᆞᆽ디 아니홈이 이믜 이러ᄐᆞᆺ ᄒᆞ고(煮硝方諺解 15)
· 順適: ᄠᅳᆮ에 맛ᄀᆞᆽ다(漢淸文鑑 6:57)

‘맛갓/맛ᄀᆞᆽ/ᄆᆞᆺ갓-’은 중세의 다음 예 ‘맛갛/맛갑-’과[5] 의미와 형태상 비슷한 면이 있어 이것의 변천형일 가능성이 있으나 ‘-갛-’의 ‘-갓-’으로의 ㅸ>ㅅ 변화를 입증하기 어려워 앞으로 더 검토를 요한다.[6]

---

5. ‘맛갑다’는 ‘맛’(味)과 형용사 파생 접미사인 ‘-갛-’의 결합으로 추정된다. ‘맛’의 성조가 거성으로 일치한다. ‘-갑다’의 예는 ‘ᄂᆞᆺ갑다, 녇갑다’ 따위가 있다.

6. ‘맛갓/맛ᄀᆞᆽ/ᄆᆞᆺ갓-’과 ‘맛ᄀᆞᇹ-/맛ᄀᆞᆽ-’(適)은 또 다른 중세의 ‘맛ᄀᆞᆶ-’(應)과의 관련도 검토될 필요가 있다. 맛ᄀᆞᆶ다: ‘응하다’의 옛말. ¶音ㅅ性이 브터 ᄃᆞᆼ긴 ᄃᆡ 업스샤미 梵音이시고 맛ᄀᆞᆯᄆᆞ샤ᄆᆞᆯ 時節 일티 아니ᄒᆞ샤미 潮音이시니(석보상절 21:16). 應은 맛ᄀᆞᆯ믈씨니(월인석보 9:10). 罪人이 맛ᄀᆞᆯ마 닐오ᄃᆡ(월인석보 23:85).

즉, ‘맛ᄀᆞᆶ-’이 ‘맛ᄀᆞᆽ-’과 의미 형태상의 중화가 발생하여 “적절히 응대하다”의 의미로 통합되어 쓰일

· 맛갑다: ᄆᆞᅀᆞᆯ히 멀면 乞食ᄒᆞ디 어렵고 하 갓가ᄫᆞ면 조티 몯ᄒᆞ리니 이 동산이 심히 <u>맛갑다</u>(釋譜詳節 6:23)

'맛갓다'는 현대 국어 사전에서 다음과 같이 '맛갖다'로 올라 있어 결국 이 단어는 '{근대 : 맛ᄀᆞᆽ-} > {개화기 혼기: 맛갓-/ᄆᆞᆺ갓-} > {현대: 맛갖-}의 표기 변화를 겪은 것이 된다.

· 맛갖다: 주로 '맛갖지 않다' 구성으로 쓰여 마음이나 입맛에 꼭 맞다. ¶마음에 맛갖지 않은 일자리라서 거절하였다 / 한시라도 공주의 손길이 닿지 아니하면 모든 것이 불편하고 마음에 맛갖지 않은 때문이다(朴種和, 多情佛心).

그런데 이 단어는 위 변화와 더불어 통사 자질도 변하여 중세에서는 부정어 없이도 잘 쓰였는데 위 근대의 예나 '이언'의 예는 '못ᄒᆞ다'와 호응하는 예를 보여 부정어 호응의 자질을 갖게 되었고 현대에는 부정어 호응으로만 남아 있다. 아마도 "알맞다, 마음에 들다"라는 현대어 '마뜩하다'도 '맛갓다'의 또 다른 음운 변천형이 아닌가 하는데 '마뜩하지 않다, 마뜩찮다'로 부정어와 어울려 쓰이는 점에서 더욱 이 단어의 관련을 추정케 한다. 이 변화는 다음과 같이 추정된다.

ㄱ-ㅅ 도치　'하-' 삽입
↓　↓
맛ᄀᆞᆽ다 > 맛득다* > 맛득하다*· 마뜩하다
맛ᄀᆞᆽ지 > 맛득지* > 맛득하지*· 마뜩하지

'맛갓다'가 '마뜩하다'로 바뀌는 것은 청각 인상의 오류(청각 오인)와 이에 따른 어간 재구조화의 결과 둘째 음절 'ᄀᆞᆽ'의 초성 ㄱ은 종성의 ㅅ[실제음은 ㄷ]과 음운의 뒤바뀜 즉 음운 전위(顚位)가 일어나고 2음절의 아래아는 주로 ㅡ모음으로 변하였으므로 'ᄀᆞᆽ

가능성이 있다. 다음 '이언'의 예는 그런 의미의 중화와 통합을 보여 주는 예문이다.

귀ᄒᆞᆫ 바ᄂᆞᆫ 권도로 ㉠<u>응변(應辯)ᄒᆞ기</u>를 ㉡<u>맛갓게</u> ᄒᆞ야 ㉢<u>뎍즁(適中)ᄒᆞᆫ</u> 방도를 침작ᄒᆞ며(3:17ㄱ)

즉, '맛갓-'이 ㉠과는 '맛ᄀᆞᆱ-'처럼 '應'의 의미를, ㉢과는 '맛ᄀᆞᆯ-'이나 '맛ᄀᆞᆽ-'처럼 '適'의 의미를 공유한 호응 관계를 보여 준다.

→ ᄃᆞᆨ → ᄃᆞ'으로 변한 결과가 아닌가 한다. 이런 전위 현상은 '빗복>빗곱>배꼽'도 2음절에서 음운 전위가 일어난 것과 같은 현상으로 같은 폐쇄음 내에서 가능한 현상이라 하겠다. 특히 '맛갓지 못ᄒᆞ-'처럼 '맛갓-'이 주로 '-지'와 어울리면서 '맛갓지'의 어간형을 '맛갓하지'로 재구하는 인식도 아울러 작용하였을 것으로 보인다. 이는 오늘날의 '삼가다, 삼가지'를 '삼가하다, 삼가하지'로 재구조화하는 현상과 같은 것이다.

(29) 고로로[均]: 골고루

- 십 분에 오 분은 일 보ᄂᆞᆫ 여러 사ᄅᆞᆷ이 고로게 난호와 료뢰(聊賴)ᄒᆞ게 ᄒᆞ고……거의 뎜의 잇ᄂᆞᆫ 모든 사ᄅᆞᆷ이 후일 소망이 고로로 잇셔(1:29ㄴ)

현대어 '골고루'의 고형이 '고로로'였음을 보여 준다.

- 고로로: ① '골고루'의 방언(황해). ② '골고루'의 옛말. ¶마젼ᄒᆞ야 ᄉᆡᆼ라 지로 다ᄉᆞ려 ᄒᆡ여곰 고로로 닉게 ᄒᆞ고(가례언해 1:43). ᄒᆞᆰ 너 말과 지 너 말을 고로로 뒤져겨 섯거 잡ᄒᆞᆫ 돌덩이를 주어 내되(자초방언해 3). 均勻 고로로 ᄒᆞ다(한청문감 6:47).

(30) 긔이다[蒙]: 속이다

- 리(利)와 폐(弊)를 아지 못ᄒᆞ고 샹해(上下ㅣ) 서로 긔여(上下相蒙, 1:30ㄴ)

'그이다/긔이다'는 'ᄀᆞᅀᅵ다'의 변천형인데[7] '속이다, 숨기다'의 뜻으로, '긔여'는 '그이어'가 축약된 것이다. 다음 '표준국어대사전'의 예문에 현대 작가 박종화, 이무영의 글이 나와 이 단어가 현대 초기에도 지속되었음을 보여준다.

- 기이다: (…을) 어떤 일을 숨기고 바른대로 말하지 않다. ¶네 이놈, 이실직고하렷다, 만일 추호라도 기이는 일이 있다면 목을 베고도 남음이 있으리라(박종화,

7. 그ᅀᅵ다: '기이다'의 옛말. 숨기다. ¶해 이 妖邪ㅣ 世間애 熾盛ᄒᆞ야 거즛일로 소교ᄆᆞᆯ 그ᅀᅧ 善知識이로라 닐어(능엄경언해 6:101). 鵩鳥를 長沙애셔 그ᅀᅵᄂᆞ니 犀牛를 蜀ㅅ ᄆᆞ올히셔 愛憐ᄒᆞᄂᆞ다(두시언해 24:52). 샹녯 말ᄉᆞ매 닐오ᄃᆡ 사오나온 일란 그ᅀᅵ고 됴ᄒᆞᆫ 일란 펴낼 거시라 ᄒᆞᄂᆞ니라(번역노걸대 하44).

임진왜란). 장쇠는 부인은 하나 그래도 치수의 귀에는 곧이들리지가 않는다. 암만해도 자기를 기이는 것만 같아서……(이무영, 농민). 준 기다. 그ᇫ이다 >그ᅀᅵ다 > 긔ᅀᅵ다 > 긔이다 > 기이다

(31) ᄲᆡ다[取]: 빼다, 뽑다

· 변방을 신칙(申飭)ᄒᆞ고 군뎡(軍丁)을 ᄲᅡ셔 우흐로 우리 디경을 굿게 ᄒᆞ야(2:7ㄱ)
거의 죠뎡의셔 무ᄉᆞᄅᆞᆯ ᄲᆡ셔 ᄡᅳᄂᆞᆫ 공이 잇고(4:3ㄱ)

'ᄲᆡ다'가 "빼다, 뽑다"의 뜻으로 쓰인 예이다. 한글학회 '우리말큰사전'에는 'ᄲᆡᆯ다'(吮, 嗍, 濯)의 활용형 예인 'ᄲᆡ-'만 올라 있는데 이와 별도로 현대어 '빼다'의 고어로 올릴 예이다. '표준국어대사전'에는 "뽑다"의 뜻으로 'ᄲᆡ다'를 다음과 같이 올려놓았다. 'ᄲᆡ다'의 피동사 'ᄲᆡ이다, ᄲᅵ히다'가 "뽑히다"의 뜻으로 쓰인 예들도 확인된다.

· ᄲᆡ다: '뽑다'의 옛말. ¶選了 ᄲᆡ다(同文類解 상44)
ᄆᆡ양 三公이 ᄲᅡ 쳔거ᄒᆞᄂᆞᆫ 배 이실 제(小學諺解 6:101)
· ᄲᆡ이다: 너ᄂᆞᆫ 샹샹의 ᄲᆡ이는 관원이라(朴通事諺解 중46)
· ᄲᅵ히다: 삼십여 셰에 응당 시랑 즁승의 ᄲᅵ히고(敬信錄諺解 51)

위 '표준국어대사전' 설명에서 <ᄲᆡ다: '뽑다'의 옛말>이라 한 것은 <'빼다'의 옛말>로 고쳐야 한다. 의미상 'ᄲᆡ다'가 "뽑다"로 쓰였지만 'ᄲᆡ다'와 별도로 중세에 'ᄲᆞᆸ다'가 따로 존재하였기 때문에 현대의 '뽑다'는 'ᄲᆡ다'가 아닌 'ᄲᆞᆸ다'의 발달형으로 보아야 한다. 물론 'ᄲᆡ-'와 'ᄲᆞᆸ-'이 동근파생어일 가능성을 배제할 수는 없다.

· 그 족졉개 가져다가 곳굼긧 터리 ᄲᆞᆸ고(飜譯朴通事 상44)
· 센 머리 ᄲᆞ바 내여 춘춘 동혀 두련마ᄂᆞᆫ(靑丘永言 원29)

'ᄲᆡ다'가 "인재를 뽑다"에 쓰이고 'ᄲᆞᆸ다'가 "털을 뽑다"에 쓰여 추상성과 구체성의 의미 자질 차이가 있었으나 'ᄲᆡ다'가 'ᄲᆡ다>ᄲᅵ다>빼다'로 변하면서 '뽑다'가 "인재를 뽑다"와 같은 추상 의미 표현에도 쓰일 수 있게 된 것으로 보인다. 한편, 다음의 'ᄲᆡ히다'는 "뽑히다"라는 뜻의 전술한 'ᄲᆡ히다'와 다소 다른 표기를 보인다.

- ᄲᆡ히다(隨): 우연이 본ᄇᆡ 이시면 부ᄉᆞᆯ ᄲᆡ혀 긔록ᄒᆞ니(隨筆箚記, ᄌᆞ셔2ㄴ)

위 예의 'ᄲᆡ혀'는 "붓을 빼어"의 뜻이라 'ᄲᆡ히다'라는 피동사로 볼 수 없다. 단지 현대어 '빼다'의 소급형 'ᄲᆡ다'와 관련되는 것으로 보인다. 아마도 'ᄲᆞ다'의 파생형 'ᄲᆞ히다'가 역행동화형으로 'ᄲᆡ히다'가 나온 결과 '이언'에 'ᄲᆡ혀'가 쓰인 것으로 보인다. 현대어 '빼다'는 'ᄲᆞ다'가 'ᄲᆞ다 > ᄲᆡ다'로 직접 변화한 것이라기보다는 'ᄲᆞ히다 > ᄲᆡ다 > 빼다'로 변한 결과로 보인다. 한편, 다음의 'ᄲᆞ다'는 "물을 빼게 하다, 물을 빠지게 하다"의 뜻을 가지는 용례로 추가할 수 있다.

- ᄲᆞ게 ᄒᆞ다[殺水勢]: 물살을 다른 방향으로 빼돌리다
  이 법이 물형셰ᄅᆞᆯ ᄲᆞ게 ᄒᆞ야 슈ᄌᆡ(水災)ᄅᆞᆯ 면케 ᄒᆞᆯ ᄲᅮᆫ이 아니라 곳 챵일ᄒᆞ야 남치든 ᄯᅡ히 물이 마ᄅᆞᆯ 바ᄅᆞᆯ 바랄 거시오 물이 업던 뎐토의 ᄯᅩᄒᆞᆫ 물을 다힐지라(4:11ㄱ)

(32) 굽죄다[絀]: 주눅 들다, 떳떳지 못하다

- 뎐긔션 업ᄂᆞᆫ 쟈ᄂᆞᆫ ᄒᆞᆼ샹 굽죄고 잇ᄂᆞᆫ 쟈ᄂᆞᆫ ᄒᆞᆼ샹 넉넉ᄒᆞ니(1:42ㄴ)

(33) ᄒᆡ포[有年]: 한 해가 훨씬 넘는 동안

- 즁국이 ᄒᆡ포 ᄡᅳᄆᆡ 리해 샹반ᄒᆞᄃᆡ 지어 뎐긔션은 유리무해ᄒᆞ니 엇지 드러 시험ᄒᆞ지 아니ᄒᆞ랴(1:45ㄴ)
- 바다의ᄂᆞᆫ 묘연ᄒᆞ야 가ᄒᆞᆯ 알 길이 업ᄉᆞ니 ᄒᆡ포 익지 못ᄒᆞ면 능히 쳔심을 측량ᄒᆞ고 향방을 뎡ᄒᆞᆯ 길이 업ᄉᆞ니(3:44ㄴ)

사전들은 '해포'를 1년 넘짓으로 보지만 원문은 '다년'(多年)의 뜻이다.

(34) 벅벅이[應]: 응당이

- 공ᄉᆞ에 간예(干預)ᄒᆞ야 협ᄉᆞ(挾詐)ᄒᆞ기ᄅᆞᆯ 무수히 ᄒᆞᄂᆞᆫ 쟈ᄂᆞᆫ 벅벅이 즁벌을 의론ᄒᆞ야 곳 본국 공ᄉᆞ의게 ᄌᆞ문ᄒᆞ고 쳥ᄒᆞ야 본국으로 신칙ᄒᆞ야 보ᄂᆡ여(3:24ㄱ,ㄴ)

· 므릇 빅셩이 <u>벅벅이</u> 힘을 드릴 재면 다 군슈에 너허 돈을 닉고 (4:4ㄴ)
· 법국 법은 므릇 빅셩이 <u>벅벅이</u> 힘을 드릴 재면 다 국슈에 너허(4:4ㄴ)
· 부모 업는 맛우들은 전례에 <u>벅벅이</u> 머믈러 잇게 ᄒᆞ고(4:5ㄱ)

'벅벅이'는 "응당, 반드시"의 뜻으로 근대 자료에서 '벅버기, 벅벅이'로 나타난다.

· <u>벅벅이</u> 아다(應應知道, 譯語類解 하53)
· 一定: <u>벅버기</u>(同文類解 하47)
· 應: <u>벅벅</u> 응(倭語類解 상28)

따라서 '이언'을 통해 좋은 용례를 추가할 수 있게 되었다.

(35) 슈즈리[戌]: 수자리

· 힝ᄒᆞ는 군ᄉᆞ와 <u>슈즈리</u> ᄒᆞ는 군ᄉᆞ는 써로 분파ᄒᆞ야(4:4ㄴ)

'슈자리'는 근대 자료들에서 잘 확인되어 위 예는 이들에 추가할 예들이다.

· 슈자리: '수자리'의 옛말. ¶임진왜난의 그 지아비 슈자리 가셔 도라오디 몯ᄒᆞ엿써니(東國新續三綱行實圖 열녀 6:31). 그 지아비 슈자리를 당ᄒᆞ여 쟝찻 힝홀시(五倫行實圖 1:7). 복녕 ᄯᅡ히 슈자리 사다가 그곳에셔 죽으니(五倫行實圖 3:49)

그런데 '슈자리' 외에 '슈사리'도 나타난다.

· 슈사리: '수자리'의 옛말. ¶戍兵 슈사리 군ᄉᆞ(同文類解 상44). 戍 슈사리 슈(倭語類解 상39)

'슈사리'는 '戍살이'에서 온 듯하다. 표기사적으로는 '슈자리'가 먼저 나와 고형으로 보인다.

(36) ᄋᆞ이[第]: 아이

- 형뎨 량인(兩人)에 형은 면ᄒᆞ며 혹 그 형이 발셔 군ᄉᆞ에 츙수ᄒᆞ시면 그 ᄋᆞ이 쏘ᄒᆞᆫ 면ᄒᆞ며(4:5ㄴ)

'ᄋᆞ이'는 '아ᅀᆞ'의 주격형이 '앗ᅀᅵ > 아ᅀᅵ > 아이'처럼 ㅏ와 아래아 혼기 시대에 'ᄋᆞ이'로까지 변한 예이다. 다음 예는 'ᄋᆞ이'에 앞선 '아이' 시기를 반영한다.

- 우리 모친은 형이오 뎌의 모친은 아이오(兩姨兄弟, 老乞大諺解 상14)

(37) 맛지다[任]: 맡기다

- 이졔 죠뎡의셔 진실노 능히 각싱의 독무 쟝군과 도통의게 신칙ᄒᆞ야 군ᄉᆞ를 알고 일을 맛졈즉ᄒᆞᆫ 관원을 삼가 갈히여(4:6ㄱ)

'맛지다'는 현대어 '맡다'의 중세어형인 '맜다' 동사의 파생형 '맛디다'가 구개음화와 역구개음화를 거치는 '맛디다 > 맛지다(구개음화)>맛기다(역구개음화)'의 변천을 거친 것이다. '맛졈즉ᄒᆞ다'는 '맛지-'에 '-(아/어)ㅁ즉ᄒᆞ다'가 붙은 것으로 이때의 '아/어'는 선어말어미이다. '-ㅁ즉ᄒᆞ-'는 다음 예들도 참고할 수 있는데 다음 '보닐즉ᄒᆞ-'처럼 '아/어'가 없는 경우도 보인다.

- 슈분 모호는 법을 뭇당히 키여쁨즉ᄒᆞ지 아니ᄒᆞ나(1:53ㄱ)
- 가히 쟝샹(將相) 되얌즉ᄒᆞ고 원방(遠方)에 ᄉᆞ신(使臣) 보닐즉ᄒᆞᆫ 쟈를 쳔거(薦擧)ᄒᆞ라(3:28ㄱ)

(38) ᄀᆞ쵸[具, 周]: 갖추, 두루, 고루

- 오일 만에 나아가 향약[향당에 뎡ᄒᆞᆫ 약됴]을 ᄒᆞᆫ번식 강ᄒᆞ고 병법과 진법과 녯적 명쟝의 ᄉᆞ젹이며 뎍국을 막고 발신ᄒᆞ는 등ᄉᆞ를 ᄀᆞ쵸 말ᄒᆞ여(4:7ㄱ)

'ᄀᆞ쵸'는 현대어 '갖추'로 "두루, 고루"의 뜻으로 쓰인다. 다음과 같이 중세에 'ᄀᆞ초'

로 나타나 현대까지 존속하는 단어이다.

- 보빅옛 莊嚴이며 花香伎樂올 ᄆᆞᅀᆞᆷ조초 ᄀᆞ초 얻긔 호리라 ᄒᆞ더시니(釋譜詳節 9:10)
- 내 그듸와로 가난ᄒᆞᆫᄃᆡ ᄃᆞᆫ녀 受苦를 ᄀᆞ초 디내요니(內訓 2:97)
- 아ᄒᆡ 블러 빅와 대초와를 ᄀᆞ초 이받ᄂᆞ다(杜詩諺解 22:3)

(39) 닙ᄲᅧ 질너[衝]: 내질러

- 형셰 굴곡ᄒᆞᆫ 쟈 그 굴곡ᄒᆞᆫ 형셰를 인ᄒᆞ야 닙ᄲᅧ 질너 ᄡᅳ러 ᄇᆞ리ᄂᆞᆫ 근심을 면ᄒᆞ게 ᄒᆞ고(4:10ㄱ)

'닙ᄲᅧ 질너'는 현대어에서 '냅다 (소리) 질러'처럼 쓰이는데 '닙ᄯᅳ다'는 '내-'(出)와 'ᄠᅳ-'(開)의 합성어로 보이며 근대 자료에서는 '냅ᄯᅳ-'의 표기가 보여 '냅-/닙-'은 혼기로 보인다. 현대어 사전에도 '냅뜨다'가 올라 있다.

- 냅드다: 좌족을 냅드며 올흔 편으로 곰초고(武藝圖譜通志諺解 31)
- 냅ᄯᅳ다: 냅ᄯᅳ다 奪扯手(漢淸文鑑 14:27)

- 냅뜨다: (…에) ① 일에 기운차게 앞질러 나서다. ¶그런 일에는 어쩐지 냅뜰 마음이 나지 않는다 / 그는 매사에 남보다 먼저 냅뜨는 성미이다. ② 관계도 없는 일에 불쑥 참견하여 나서다. ¶아무 일에나 냅뜨는 성미 / 어른들 일에 냅뜨다가 된통 혼났다.

(40) 스승을 베플고[設塾師]: 스승으로 가르치게 하고

- 군ᄉᆞ즁에 일즉 학문ᄒᆞ지 못ᄒᆞᆫ 쟈ᄂᆞᆫ 맛당히 향슉 스승을 베플고(4:6ㄴ)

무학자들에게 스승을 배정한다는 표현을 '스승을 베플다'라고 한 것이 특이하다. 따라서 고어사전의 '스승' 항목에 올릴 만한 용례이다.

(41) 믈니치다[排]: 배수(排水)하다

· 녯적에 하우시(夏禹氏) 물을 다ᄉᆞ리시ᄆᆡ 룡문산(龍門山)을 ᄯᅮ러 젹셕강(積石江)을 인도ᄒᆞ시고 예슈(汝水)와 한슈(漢水)를 트고 회슈(淮水)와 ᄉᆞ슈(泗水)를 믈니쳐 물의 셩픔을 슌히 ᄒᆞ야 바다에 부으ᄆᆡ(4:8ㄱ)

'ᄉᆞ슈를 믈니치다'는 원문이 '배수'(排水)인데 당시는 '배수'라는 말을 번역어로 쓰지 않고 '믈을 믈니치다'로 풀어서 번역한 것이 특이하다. '물의 셩픔'이란 표현도 '셩픔'이 '특성, 성질'의 의미를 가진 것을 보여 준다.

(42) 나리지 아니ᄒᆞ다[不下]: 불과하고, 넘지 않고

· 샹고의게도 해로운 ᄇᆡ 업셔 가쟝 만히 바들 ᄯᅢ의는 일 년 ᄂᆡ에 ᄒᆡ내(海內)의 밧는 도수효(都數爻)가 이쳔 만에 나리지 아니ᄒᆞ더니(不下二千萬, 1:11ㄱ)
· 각쳐(各處)의 쟝ᄉᆞᄒᆞ는 재(者ㅣ) 팔십만 인(八十萬人)의 나리지 아니ᄒᆞ고(1:23ㄴ)

'…에 나리지 아니ᄒᆞ다'는 '…에 불과하다'를 고유어로 번역한 표현으로 고어사전의 표제어 '나리다' 항에 올릴 만하다.

(43) 나리ᄡᅩ니[瀉]: 내리쏘니

· 하슈 츈하지간을 당ᄒᆞ면 장마가 오ᄅᆡ 져 물이 창일ᄒᆞ야 그 형셰 심히 커 바로 쳔리를 나리ᄡᅩ니(4:9ㄴ)

'장마 지다'는 "장마 현상이 나타나다"처럼 쓰인다. '바로 쳔리를 나리ᄡᅩ니'의 원문은 '一瀉千里'인데 풀어 번역하고 있다.

(44) 턱이 븨다[虛耗]: 자본을 다 쓰다

· 혹 리(利)를 보미 젹기도 ᄒᆞ며 혹 본젼이 턱이 븨는 쟈도 잇ᄉᆞ믄 다 엇지미뇨(或成本虛耗者, 1:30ㄱ)

'이언'에는 당시 쓰인 관용 표현도 보인다. '본젼이 텩이 뷔는 자'는 '자본금을 다 비우고 써버린 자'의 뜻으로 볼 수 있다.

(45) 마리[頭, 髮]: 머리털

· 다시 발역(髮逆)[마리 빠지 아니흔 도적 일홈]이 작란(作亂)흐믈 승시(乘時)흐야 (3:3ㄱ)

중세에 '마리'는 '머리(털)'의 뜻인데 위 예로 개화기까지도 쓰였음을 알 수 있다.

(46) 혀들다[吸]: 끌어들다. 무들다[浸淫]: 물들다

· 오직 나무를 두어 물을 혀드린즉 지엽(枝葉)도 무셩흐고 음음흔 긔운이 젹시고 무드러 우흐로붓허 나려 싹흐로 드러가니(1:53ㄴ)

(47) 못물을 치다[捐脩淸水潭]: 염전 못물을 치다

· 오직 강셔와 샹초(湘楚)의는 미 표의 못물을 치는 공젼 은이 오빅 량이라(2:24ㄱ)

(48) 회회리바룸[颶風]: 회오리바람

· 슈군에 니르러는 바룸을 측량흐야 구풍(颶風)[회회리 바룸]을 방비흐고(2:45ㄱ)

다음 예들로 미루어 '회회리ㅂ람' 표기는 처음 출현하므로 표제어로 등재할 만하다.

· 飈風은 회로리ㅂ르미라(금강경언해 11)
· 회로리ㅂ르미 외로윈 남골 부누니 블근 히 자뱃는 스매예 비취엿도다(두시언해 22:33).
· 石尤風 회호리ㅂ람(어록해 개33)

현대어 '회오리바람'은 '회로리ㅂ룸 > 회호리ㅂ람/회회리ㅂ람 > 회오리바람'의 발달을 거친 것으로 보인다.

(49) 고동[鑰]: 열쇠, 관건

· 두어 가지는 즁국에 반드시 쁠 비오 더옥 뭇당히 그 루락ᄒᆞᆷ을 막고 그 비밀ᄒᆞᆫ 고동을 여러(2:47ㄴ)

원문자 '鑰'은 '자물쇠, 빗장 약'이라고 한 옥편도 있고(한컴 사전, 민중옥편) '열쇠 약'으로 설명한 옥편도 있다(장삼식, 대한한사전). 여기서는 '추요(樞要), 일을 하는 데 가장 중요한 사항이나 계기'를 뜻한다.

(50) 셔귀다[錯, 迭]: 섞이다

· 아라ᄉᆞ국에셔 로련ᄒᆞᆫ 나라히 구라파쥬의는 영국 보국과 아셰아쥬의는 일본과 파ᄉᆞ국이 셔귀여 셔로 구원ᄒᆞᄂᆞ니(犬牙相錯, 3:6ㄱ)
· 왜인은 동남의 간사ᄒᆞᆫ 잔나비 보ᄃᆞᆺᄒᆞ야 화란(禍亂)이 셔귀여 니러나ᄆᆡ 더옥 단예(端倪)[빌미] 현져히 드러난지라(3:39ㄱ)

· 서귀다1: 서로 바꾸다. 서로 달리하다.
· 서귀다2: 섞다. 모으다. ¶사ᄅᆞᆷ이 입을 서귀여 공을 쳔거ᄒᆞ니(경신록언해 39).

'셔귀여'는 '이언' 셔2ㄱ에 '셕위여'로도 혼기가 보인다[4.1 고유어 사례에서 앞의 (5)항 참고]. '서귀다'와 같은 동근파생어로는 다음 예들이 추정된다. 특히 어원상 양성모음으로 된 '사괴다'(交)는 음성모음으로 된 '서귀다'(錯)와 모음조화상의 동근파생어로 보인다.

· 사괴다: 阿闍世王과 사괴더니 닐오ᄃᆡ 네 새 王 ᄃᆞ외아라(월인석보 22:69)
· 성긔다: '성기다'의 옛말. 누르며 성긔디 아니ᄒᆞ며(석보상절 19:7)
· 섯긔다: '성기다'의 옛말. ᄆᆞ올히 섯긔니 누른 니피 디고(村踈黃葉墜, 두시언해 11:41)
· 셔기다: '속이다'의 옛말. 아희야 셔기디 말고(청구영언 시조). 여러들 셔기옵고 (계축일기 43)

(51) 두로혀다[斡旋]: 돌이키다, 주선하다

· 그러나 큰 판국을 두로혀려 ᄒᆞ면 다ᄉᆞ리는 법이 잇고 다ᄉᆞ릴 만ᄒᆞᆫ 인ᄌᆡ 이시미 더옥 귀ᄒᆞ니(3:6ㄴ)
· 만일 양인이 능히 제 몸을 두로혀 스ᄉᆞ로 ᄉᆡᆼ각ᄒᆞ야 제 몸 가지기를 겸숀이 ᄒᆞ며(3:11ㄴ)

(52) 졉어보다[恕]: 용서하다

· 제 몸 가지기를 겸숀이 ᄒᆞ며 ᄃᆡ인 졉물ᄒᆞᆯ ᄯᅵ에 졉어보와(3:11ㄴ)

(53) 문흐다/믄흐다[毁壞]: 무너뜨리다, 파괴하다

· 뎜 구덩이가 쟝찻 문허진다 ᄒᆞ고(1:30ㄴ)
· 뎐긔션은 다 보국 사ᄅᆞᆷ의 문허 바린 바 된지라(1:43ㄱ)
· 제구를 다 믄허 바리며 큰즉 사ᄅᆞᆷ과 물화를 모다 물 속에 잡아너으며(3:12ㄴ)
· ᄒᆡ변 포ᄃᆡ(礮臺)가 모다 믄허진 고로(3:37ㄱ)
· 뎨언(堤堰) 막은 흙이 점점 믄허 나려 하슈로 드러가면(4:16ㄴ)

'이언'에는 '문허-'가 2회, '믄허-'가 3회 나온다. 중세에도 '믈허디-, 믈허ᄇᆞ리-'처럼 쓰였고 근대에도 위 '이언'처럼 '믄허지-, 믄허 바리-, 믄허 나려'로 쓰여 '믄흐-'를 자립어로 세울 수 있다. '표준국어대사전'은 '믄흐-'를 표제어로 세우고 있다.[8]

(54) 짓쳐다[疲]: 지치다

· 잔피(孱疲)ᄒᆞᆫᄃᆡ 셩습ᄒᆞ야 ᄶᅥᆯ칠 바를 아지 못ᄒᆞ니 비유컨ᄃᆡ 채질(瘵疾)[짓쳐는 병 일홈]에 보제(補劑)를 망령되이 ᄡᅳᄆᆡ(3:16ㄱ)

---

8. '믄허-'는 "허물다"는 뜻의 '믈헐-'이 있어 '믄허-, 믈헐-'의 관계도 검토를 요한다. 믈헐다: '허물다'의 옛말. ¶엇뎨 널로 그 고ᄃᆞᆯ 것거 믈헐에 ᄒᆞ료(능엄경언해 9:47). 物과 欲이 서르 ᄀᆞ리여 그 웃듬을 믈허러 ᄇᆞ려 이해ᄒᆞ며 ᄇᆞ리기를 편안히 너기ᄂᆞ니라(소학언해 4:2).

(55) 막ᄌᆞᄅᆞ다[拒, 違, 截]: 막지르다, 거부하다, 잘라 막다

· 가히 허급ᄒᆞ지 못ᄒᆞᆯ 거시면 막ᄌᆞ르ᄃᆡ 더옥 쌜니 ᄒᆞᆯ 거시니 만일 시힝ᄒᆞ던지 막ᄌᆞ르던지 결쳐 못ᄒᆞ야 호소ᄒᆞ미 분분ᄒᆞ면(許者則拒之更宜直捷徜依違, 3:17ㄱ)
· 뎍병이 두던으로 다라드ᄂᆞᆫ 거ᄉᆞᆯ 막ᄌᆞ르며(截敵人, 3:46ㄴ)

(56) 삼가ᄒᆞ다[按]: 삼가다

· 교셥ᄒᆞᄂᆞᆫ ᄉᆞ뮈 잇셔도 공심을 가지고 쳐결ᄒᆞ기ᄅᆞᆯ 삼가ᄒᆞ야 률문을 ᄯᆞ라서 힝ᄒᆞᄃᆡ(3:18ㄱ)

현대어는 '삼가다'만이 맞다고 하지만 고어는 '삼가다/삼가ᄒᆞ다'가 모두 나타난다.

· 삼가다: 그ᄃᆡ 반ᄃᆞ기 剖析호ᄆᆞᆯ 삼가니라(두시언해 7:27). 愼 삼갈 신(유합 하3)
· 삼가ᄒᆞ다: 오직 삼가ᄒᆞ더시다(소학언해 3:14)

(57) 애잔ᄒᆞ다[摧殘]: 애잔하다, 애처롭고 쇠잔하다.

· 무역ᄒᆞᄂᆞᆫ 재 그 ᄉᆡᆼ리ᄅᆞᆯ 평히 ᄒᆞ고 고공 ᄉᆞᄂᆞᆫ 재 ᄋᆡ잔ᄒᆞᄆᆞᆯ 면ᄒᆞ리니(3:31ㄱ)

(58) 어금막다[來復]: 어긋막다. 문의[紋]: 무늬

· 가슴의 어금막긴 라ᄉᆞ장(螺絲裝) 문의 잇셔 총알을 다다쳐 운동ᄒᆞ야 가게ᄒᆞᆫ 즉 맛츠라ᄂᆞᆫ ᄃᆡ로 맛츠고(膛有來復螺紋逼子運行則命中, 3:48ㄱ)

(59) 썩지르다[挫]: 꺾지르다, 꺾어 질러 압도하다

· 군ᄉᆞᄅᆞᆯ ᄡᅳᄆᆡ 화긔ᄅᆞᆯ 젼혀 미드니 피ᄎᆞ 셔로 쳐셔 왕왕(往往)이 션봉을 져기 썩지르나(3:58ㄱ)

(60) 뭇지르다[勦]: 무찌르다

· 이런 고로 ᄲᅡ호ᄆᆡ 니긔지 못ᄒᆞ미 업고 뭇지르ᄆᆡ 셩공치 못ᄒᆞ미 업ᄂᆞ니(3:59ㄴ)

(61) ᄡᅡᆯ다[銳]: 뾰족하다

· 아릐ᄅᆞᆯ 널게 ᄒᆞ고 우희는 ᄡᅡᆯ게 ᄒᆞ며 혹 우흘 송곳ᄀᆞ치 ᄡᅡ게 ᄒᆞ야 ᄡᆞᆯ이 셰 갈ᄂᆡ로 ᄂᆡ민 형상을 ᄆᆡᆫ들고(3:37ㄴ) ⇒ 'ᄡᆞᆯ-'을 'ᄡᅡᆯ-'로 통용하는 것이다.

(62) ᄌᆞ져ᄒᆞ다[張皇]: 장황하다

· 만일 ᄂᆡ 힘은 알ᄃᆡ 져의 형셰ᄅᆞᆯ 아지 못ᄒᆞᆫ즉 일을 림ᄒᆞ야 ᄌᆞ져ᄒᆞ며 빠호고 직희기ᄅᆞᆯ 의론(議論)ᄒᆞᄆᆡ ᄒᆞᆫ 가지 모칙을 ᄂᆡ이지 못ᄒᆞᆯ 거시오(3:38ㄱ)

고어사전에 미등재어이므로 등재할 만하다.

(63) 누에 먹듯ᄒᆞ다[蠶食]: 잠식하다

· 아라ᄉᆞ국(俄羅斯國)은 셔븍(西北)에 누에 먹듯ᄒᆞ며 왜인은 동남의 간사ᄒᆞᆫ 잔나비 보ᄃᆞᆺᄒᆞ야 화란(禍亂)이 셔귀여 니러나ᄆᆡ 더옥 단예(端倪)[빌미] 현져히 드러난지라(3:39ㄱ)

(64) 두던[岸]: 둔덕, 해안 언덕

· 뎍병이 두던으로 다라드ᄂᆞᆫ 거ᄉᆞᆯ 막ᄌᆞ르며(3:46ㄴ)

(65) 남치다[溢]: 넘치다

· 이 법이 물형셰ᄅᆞᆯ ᄉᆡᆨ게 ᄒᆞ야 슈ᄌᆡ(水災)ᄅᆞᆯ 면케 ᄒᆞᆯ ᄲᅮᆫ이 아니라 곳 챵일ᄒᆞ야 남치든 ᄯᆡ히 물이 마ᄅᆞᆯ 바ᄅᆞᆯ 바랄 거시오 물이 업던 뎐토(田土)의 ᄯᅩᄒᆞᆫ 물을 다힐지라(4:11ㄱ)

(66) 헐ᄒᆞ다[次]: 덜하다, 효과가 적다

· 슈문을 셰워 물을 ᄉᆡᆨ게 ᄒᆞᄂᆞᆫ ᄃᆡ 이시며 심ᄒᆞ면 슈문을 ᄡᅡᆼ(雙)으로 셰우기의 니ᄅᆞ니 효험 보미 더옥 만코 물을 파고 치ᄂᆞᆫ 거ᄉᆞᆫ 오히려 헐ᄒᆞᆫ 거죄라[9](4:12ㄱ)

(67) 머히다[塞]: 메이다

· 허비는 만코 빅셩을 슈고롭게 ᄒᆞ되 일 년만 지나면 도로 머히니 이는 붉히 중험홀 ᄇᆡ라(4:13ㄱ)

(68) 골프다[餒]: 고프다

· 장뎡군(壯丁群)은 슈족의 모시 박이도록 일을 ᄒᆞ고 로약은 ᄇᆡ 골파 죽으려 ᄒᆞᄂᆞᆫ 지라(4:17ㄴ): ⇒ '골프다'가 조선 말까지 쓰였음을 보여 주는 예이다.

(69) 동혀ᄆᆡ다[縲絏]: 동여매다

· 역ᄉᆞᄒᆞᄂᆞᆫ 공졍이 쥰젹이 되지 못ᄒᆞᆯ 칙망ᄒᆞ야 동혀ᄆᆡ기도 ᄒᆞ며 ᄐᆡ벌도 ᄒᆞᆫ다 ᄒᆞ니(4:19ㄱ)

원문 '縲絏'을 "포승으로 동여매 잡아간다"라는 뜻에서 '동혀ᄆᆡ다'로 언해하였다.

(70) 삭다[消]: 줄다

· 곳 각쳐에 하슈를 감홀지라도 ᄯᅩᄒᆞᆫ 유명무실ᄒᆞ니 녯물은 삭기 어렵고 ᄉᆡ물은 차기 쉬워 뎨언을 밋기 어려온 쥴 분명히 알되(4:20ㄴ)

다음의 '사라지기 쉽다'(易消)와 위의 '녯물은 삭기 어렵고'(難消)를 원문 비교하면 '消'는 '사라지다, 삭다'로 언해되어 동의 관계를 보인다.

· 사라지다(消): 줄다 = 삭다
ᄡᅡ힌 물을 ᄲᅡ지게 ᄒᆞ야 도라갈 길을 터 노흐면 거의 뎨언을 ᄒᆞᆫ번 ᄡᅡ하 길게 견고ᄒᆞ고 물이 비록 크나 사라지기 쉬올 거시니(4:21ㄱ)

9. [원문] 開抗尙基次擧也: '파는 작업은 제일로 중요한 대책이 아니라 오히려 효과가 적은 차선의 대책이라'는 뜻.

(71) 니ᄅᆞ혀다[起]: 일으키다

· 쟝ᄎᆞᆺ ᄆᆡᆨ락이 관통ᄒᆞ야 해를 졔ᄒᆞ고 리를 니ᄅᆞ혀지 못ᄒᆞ랴(4:21ㄱ)

(72) 답빠히다[織]: 답쌓이다

· 일국이 밋친 ᄃᆞᆺᄒᆞ고 노ᄂᆞᆫ 사람이 답빼엿ᄂᆞᆫ지라(4:23ㄴ)

(73) 덧덧ᄒᆞ다[常]: 일정하다

· 망령된 부비에 ᄌᆡ물을 모손ᄒᆞ면 반드시 국가 덧덧ᄒᆞᆫ 경비에 부족ᄒᆞᆯ 거시니 엇지ᄒᆞ야 ᄡᅳᆯ ᄃᆡ 잇ᄂᆞᆫ ᄌᆡ물을 가져다가 이런 ᄡᅳᆯ ᄃᆡ 업ᄂᆞᆫ 거조를 ᄒᆞ리오(4:24ㄱ)
· 뎡ᄒᆞᆫ 월름(月廩)외에 은혜로 쥬ᄂᆞᆫ 월름을 더ᄒᆞ고 덧덧ᄒᆞᆫ 규식 외에 다시 양렴(養廉)[원 록봉 외에 더 쥬어 쳥렴ᄒᆞᆷ믈 기ᄅᆞ게 ᄒᆞ미라]을 쥬어(4:28ㄱ)

(74) 들녀다[違禁]: 들키다

· 쇼 잡고 잡기(雜技) ᄒᆞ다가 들녀ᄂᆞᆫ 쟈ᄂᆞᆫ ᄉᆞᄉᆞ로이 가만이 쇽젼(贖錢)을 바드며(4:29ㄱ)

(75) 부졀업다[不在]: 부질없다

· 사ᄅᆞᆷ은 굿ᄐᆞ여 만하 부졀업고 긔어히 ᄡᅳ기의 맛갓게 만ᄒᆞᆯ 거시니(4:34ㄴ)

이 단어는 중세에 '부질없다/부졀없다'가 쓰였는데 '이언'은 '부졀없-'을 보여 준다.

(76) 왜ᄌᆞᄒᆞ다[逞]: 왁자하다, 소문나다

· 우연이 효험을 보면 믄득 신통ᄒᆞᆫ 명의로라 ᄌᆞ긍ᄒᆞ야 총명(聰明)을 발뵈고 셩명(成名)이 왜ᄌᆞᄒᆞ야 명의로라 패(牌)를 삭여 문 우희 놉히 달고(4:41ㄴ)

(77) 여허보다[窺]: 엿보다

· 즁경(仲景)[녯적 명의 일홈]의 비밀ᄒᆞᆷ믈 여허보지 못ᄒᆞ며 경ᄒᆞᆫ 거슬 당긔여 즁ᄒᆞ게 ᄆᆡᆫ돌며(4:42ㄴ)

(78) 젼지르다[分作]: 절제하다, 분납하다

· 아모 포구에 디셰 밧는 거스로 본변을 다 갑흐ᄃᆡ 몃 번을 젼질너 아모 ᄒᆡ의 모다 갑기를 쇼샹히 말ᄒᆞ면(4:55ㄴ)

(79) 무지르다[卷]: 끊다. 자르다

· 후의는 입을 함봉ᄒᆞ고 혀를 무질너 다시 텬하ᄉᆞ를 담론치 말고(발10ㄴ)

(80) 부스지르다[拉]: 부서뜨리다

· 쏘 이 글줏ᄎᆞ 부스질너 불 ᄉᆞᄅᆞ는 거시 가ᄒᆞ리라(발10ㄴ)

4.2 한자어 사례

유창돈 편 '이조어사전'을 비롯한 초기의 고어사전들은 한자어를 전면적으로 수록하지 않은 결함을 지니고 있다. 한자어를 실어도 고유어화한 한자어들이 대개 실렸다. 그 후에 1990년대에 나온 한글학회 '우리말큰사전'이나 남광우 편(개정) '고어사전'에서 한자어 표제어가 약간 증가하였다. 따라서 언젠가는 고전에 묻혀 있는 한자어들이 당당하게 등재될 날이 와야 할 것이다. '이언'에도 상당수 한자어가 나온다. 중국 문헌이라 원어 언해상에 한자어가 나타나는 양상을 보면 우선 그 원문 한자어가 언해본에서 원문 그대로 직접 차용(直譯借用)된 경우와 의역 차용(意譯借用)된 경우로 나눠 볼 수 있다(이에 대해서는 앞 '3.4 어휘' 참고).

'이언'의 한자어들도 근대말 개화기의 한자어들을 보여 주는데 이들 중 상당수가 20세기 전기 현대 국어를 살았던 작가들의 작품에 사용된 것을 볼 수 있어 '이언'의 어휘층이 지속 유지된 측면을 규명하는 데 도움을 준다. 다음은 그런 예이다.

① 獲從 > 츄츅ᄒᆞ다

· 남븍의 관지인(冠帶人)이 왕릭ᄒᆞ야 모혀 들기로 지식이 통달ᄒᆞᆫ 호걸의 션비를 죵죵 츄츅(追逐)ᄒᆞ야10(ᄌᆞ셔1ㄱ)

'츄츅(追逐)ᄒᆞ다'는 다음처럼 염상섭, 심훈의 소설어로도 지속되어 쓰이고 있다.

· 학교 동료와 <u>추축</u>이 잦아 갈수록 자기 부친의 청년 시대를 생각하게 되었다(염상섭, 표본실의 청개구리).
· 그는 같은 일을 하는 직공들과는 <u>추축</u>을 하지 않았다(심훈, 영원의 미소).

② 括 > 슈탐ᄒᆞ다

· 남숑(南宋)에 ᄌᆡ물을 <u>슈탐(搜探)ᄒᆞᄂᆞᆫ</u> 것과 명나라 말년에 부셰(負稅)ᄅᆞᆯ 더ᄒᆞᆫ 거ᄉᆞᆫ(4:1ㄱ)
· 수탐(搜探): 무엇을 알아내거나 찾기 위하여 조사하거나 엿보는. 단속하는. [원문] 括. 括: 묶을, 단속할 괄. ¶머리를 깎은 사람이나 평복이라도 짧게 입은 사람은 대개 혁명당의 혐의를 받아서 특별한 수탐을 당하므로……(한용운, 黑風)

③ 勇力 > 용력

· 과연 ᄌᆡ식(才識)이 츌즁(出衆)ᄒᆞ고 <u>용력(勇力)</u>이 쵸등ᄒᆞ거든 옴겨 도셩대원에 보ᄂᆡ여 다시 샹등 병법을 닉이게 ᄒᆞᄂᆞ니(2:45ㄱ)
· 용력(勇力): 씩씩한 힘. 또는 뛰어난 역량. ¶상철은 평소부터 왕한의 범상치 아니한 인격과 출중한 용력을 아는지라 모든 일을 믿고서 집으로 갔다(한용운, 흑풍). 천한 관노 신분으로 근엄한 도포짜리 유학생 틈에 끼어 제법 한몫하게 된 것은 그만큼 용력이 뛰어나고 행동거지가 민첩한 까닭이었다(현기영, 변방에 우짖는 새)

④ 糾察 > 총찰ᄒᆞ다

· 범포ᄒᆞ믈 방비ᄒᆞ야 셔로 경계ᄒᆞ며 삼가고 <u>총찰(總察)ᄒᆞ기</u>를 엄히 ᄒᆞ니 법이 심히 죠흔지라(4:27ㄴ)
· 총찰(總察): 모든 일을 맡아 총괄하여 살핌. ¶이불솜을 타느라고 헛간으로 오르내리고 안팎으로 드나들며 음식을 만드는 총찰까지 맡았다(심훈, 영원의 미소).

---

10. 왕래하며 사귀어. 추축(追逐): ① 쫓아 버림. ② 친구끼리 서로 오가며 사귐. ③ 남의 뒤를 좇아 따름. 추수(追隨). ④ 각축.

병석에 누운 뒤로는 신경이 흥분하여 망령 난 늙은이처럼 불관한 일에까지 총찰이 하고 싶고……(염상섭, 삼대). [원문] 糾察.

다음에 '이언'의 한자어 중에서 중요한 한자어 사례를 '원문 한자 > 언해본의 한자어'의 방식으로 대조하여 제시한다. 이를 통해 원문 한자어들이 국어 어휘부에서 어떻게 수용되었는지 알 수 있다. 해당 한자어들의 자세한 뜻풀이는 'Ⅰ. 주해'의 해당 부분을 참고하면 된다.

(1) 直 > 졀직ᄒᆞ다. 隱 > 은휘ᄒᆞ다

· 일마다 됴목으로 베플ᄆᆡ 졀직(切直)ᄒᆞ야 은휘(隱諱)ᄒᆞ미 업고(셔1ㄱ)

(2) 浮 > 부허ᄒᆞ다

· ᄀᆞᆺ튼 됴건이 ᄒᆞᆷ긔 관통ᄒᆞᄆᆡ 졀실ᄒᆞ고 부허(浮虛)ᄒᆞ지 아니ᄒᆞ니(셔1ㄱ)

(3) 眞 > 진ᄀᆡ

· 진ᄀᆡ(眞個) 셰샹의 쓰면 구졔ᄒᆞᆯ ᄇᆡ 잇고 이ᄣᆡ에 베플면 가히 힝ᄒᆞᆯ 만ᄒᆞᆫ 일인져(셔1ㄱ)

(4) 謀 > 모략

· 은춍과 리욕을 ᄉᆡᆼ각ᄒᆞᆫ즉 원대ᄒᆞᆫ 모략이 드믈고 공명을 요ᄒᆡᆼ으로 안즉 일을 그릇ᄒᆞ미 만ᄒᆞᆯ 거시오(셔1ㄴ) ⇒ '모략'은 현대의 부정 가치어와 달리 긍정 가치어로 쓰였다.

(5) 迂疎 > 오소. 振作 > 진긔

· ᄌᆡ죠와 지식이 오소(迂疏)ᄒᆞ면 진긔(振氣)ᄒᆞᆯ 도리를 말ᄒᆞ기 어려오니(셔1ㄴ)

'迂'의 음의 변천은 '웅(동국정운 6:31ㄴ), 훙(능엄경언해 8:44), 오(논어언해 3:35). 엔길 오(유합 하62ㄱ), 오활 우 諺오 曲也遠也(자류주석 상54ㄴ), 우(新字典 4:18ㄱ)'로 나타난다. 동국정운식 표기는 '웅/훙'를 보이지만 다른 표기는 '오'를 보여 주고 '자류주석'의 '諺오'라는 주석도 보여 '迂'는 '오'로 통용된 듯하다. 따라서 '迂疏'의 조선 한자음은 '오소'이고 '이언'도 '오소'로 적은 것인데, 현대 국어 사전들에는 다시 '우소'로 등재하였고, 한자 자전들도 대표음을 '우'로, 속음을 '오'로 싣고 있다.

(6) 癰疽 > 옹져. 癥瘕 > 징가

· 밧긔는 옹졔(癰疽)[죵긔 일홈] 쟝춧 되는 모양 ᄀᆞᆺ고 안에는 징개(癥瘕ㅣ)[젹긔 병] 졈졈 ᄌᆞ라는 것 ᄀᆞᆺᄐᆞ여(셔2ㄱ)

· 옹저(癰疽): 『한의학』 큰 종기를 통틀어 이르는 말. 癰: 악창 옹. 疽: 등창 저. 징가(癥瘕): 『한의학』 뱃속에 덩어리가 생기는 병. 주로 여자에게 많이 생기는데 '징'은 뭉쳐서 일정한 곳에 자리하여 움직이지 않는 것을 이르고, '가'는 이곳저곳으로 옮겨 다니며 모양도 일정하지 않은 덩어리를 이른다. 비괴증(痞塊症).

(7) 耗 > 모손ᄒᆞ다

· 원긔는 늘노 모손(耗損)ᄒᆞ고 고질은 늘노 깃터가니(셔2ㄱ)

(8) 不起 > 소셩ᄒᆞ다

· 이ᄯᅵ를 일코 다ᄉᆞ리지 아니ᄒᆞ면 반ᄃᆞ시 소셩(蘇醒)ᄒᆞ지 못ᄒᆞ리라(셔2ㄱ)

(9) 頓 > 돈연이

· 능히 숀을 ᄃᆡ면 회츈ᄒᆞ게 ᄒᆞ야 오린 병을 돈연이 업게 ᄒᆞ니(셔2ㄱ)

(10) 壯 > 웅장ᄒᆞ다. 弱 > 잔약ᄒᆞ다

· 사ᄅᆞᆷ의 형톄의 웅장ᄒᆞ고 잔약ᄒᆞᆫ 것과(人體之壯弱, 서2ㄴ) ⇒ 오늘날 '웅장하다'는 건물에나 호응하는데 위 예는 인체에도 호응하였다.

(11) 救 > 구폐ᄒᆞ다

- 만일 시셰를 인ᄒᆞ야 구폐ᄒᆞ기를 도모ᄒᆞ지 아니ᄒᆞᆫ즉(셔2ㄴ)

(12) 敗, 阻 > 져희ᄒᆞ다

- 왕이 아는 사ᄅᆞᆷ으로 더브러 의론ᄒᆞ고 아지 못ᄒᆞ는 사ᄅᆞᆷ으로 더브러 의론을 져희ᄒᆞ니(셔3ㄱ)
- ᄆᆞᆺ당히 길을 돌녀 피ᄒᆞ게 ᄒᆞ면 거의 국가 대ᄉᆞ를 져희(沮戱)ᄒᆞ는 ᄉᆞ단(事端)을 면ᄒᆞᆯ 거시오(1:37ㄱ)

'져희ᄒᆞ다'는 한자어 '저희(沮戱)하다'로 "두려워하다"의 뜻인 중세어 '저허ᄒᆞ다'와 뜻은 비슷하나 구분된다.

- 저ᄒᆞ다, 저허ᄒᆞ다: 두려워ᄒᆞ다. 저히다: 위협하다. 저프다: 두렵다.
- 저허ᄒᆞ다: '저어하다'의 옛말. ¶控怖는 저허ᄒᆞᆯ씨라(月印釋譜 21:94)
- 모시예 ᄀᆞᆯ오ᄃᆡ 저허ᄒᆞ며 조심ᄒᆞ야 깁흔 모솔 디늘어심ᄀᆞ티 ᄒᆞ며(小學諺解 4:24)
- 懼內 內政 저허ᄒᆞ다(譯語類解 하48)

(13) 熱 > 격졀ᄒᆞ다

- 그 츙직ᄒᆞ고 격졀(激切)ᄒᆞᆫ 심장과 간담이 강ᄀᆡᄒᆞ고 격렬ᄒᆞ미 엇더ᄒᆞ나(셔3ㄴ)

(14) 便利 > 편리ᄒᆞ다

- 젹은 병도 반ᄃᆞ시 업셔져 일노 말미암아 이목이 총명ᄒᆞ고 슈족이 편리ᄒᆞ리니(셔4ㄱ) ⇒ '수족이 편리하다'는 오늘날 '수족이 편하다' 정도로 쓰여 '편리하다'의 의미 자질이 달랐다.

(15) 喁喁然熙熙然 > 희희호호(熙熙皞皞)ᄒᆞ다

- 희희호호ᄒᆞ야 국개 평안ᄒᆞ고 ᄂᆡ외 복을 누리는 양을 쟝ᄎᆞᆺ 볼거시니(셔4ㄴ)

‘희희호호’(熙熙皞皞)는 현대 사전 표제어로 올라 있으나 고어사전에는 미등재어라 ‘이언’의 위 예로 올릴 만하다.

(16) 擢 > 승탁ᄒᆞ다. 濡跡 > 발신ᄒᆞ다

· 만일 긔우싱으로 ᄒᆞ야곰 일죠의 쓰이믈 만나 천거ᄒᆞ고 승탁ᄒᆞ야 이 일노ᄡᅥ 발신ᄒᆞ야 시폐를 바로잡으며 일편된 일을 고치며 폐단을 구원ᄒᆞ면(셔4ㄴ)

(17) 冠蓋 > 관지인

· 남븍의 관지인(冠帶人)이 왕ᄅᆡᄒᆞ야 모혀 들기로(ᄌᆞ셔1ㄱ)

(18) 下手 > 햐슈ᄒᆞ다

· 큰 판국을 료량ᄒᆞ야 시무에 어려온 일을 목도ᄒᆞᄃᆡ 햐슈할 곳이 업ᄉᆞ니(ᄌᆞ셔2ㄴ)

(19) 蹴然 > 란연ᄒᆞ다

· 소견을 스ᄉᆞ로 숨기지 못ᄒᆞ야 ᄒᆞᆼ샹 란연(赧然)ᄒᆞ여[11] ᄒᆞ노라(ᄌᆞ셔3ㄱ)

(20) 崛起 > 굴긔ᄒᆞ다

· 화셩돈이 굴긔(崛起)ᄒᆞ야 모단 부락을 합ᄒᆞ야 강ᄒᆞᆫ 영국을 썩그니(1:2ㄱ)

(21) 逼 > 압핍ᄒᆞ다

· 이에 영국 사ᄅᆞᆷ이 동으로 오인도(印度)를 아올나 바로 동양제국의 압핍ᄒᆞ니(1:2ㄱ)

(22) 機器 > 고동

· 양창(洋槍)과 대포(大礮)를 짓는 일을 다 고동을 트러 쓰게 ᄒᆞᄃᆡ 귀신의 도으미 잇는 ᄃᆞᆺᄒᆞ야(1:2ㄴ)

---

11. 란연ᄒᆞ여: 난연하여. 난연(赧然)하다: 수줍어서 낯빛이 붉다. [원문] 蹴然. 축연(蹴然): 삼가는 듯한 모양. 또는 불안한 모양. 蹴: 찰, 밟을, 삼갈, 얼굴빛 변할 축.

(23) 馳 > 횡치ᄒᆞ다

· 화륜션은 대양으로 횡힝ᄒᆞ고 화륜거ᄂᆞᆫ 륙로의 횡치(横馳)ᄒᆞ며 뎐긔션[텰ᄉᆞᄅᆞᆯ 느려 쇼식을 통ᄒᆞᄂᆞᆫ 거시라]은 수만리 밧긔 련졉(連接)ᄒᆞ여 경ᄀᆡᆨ(頃刻)간의 쇼식을 통ᄒᆞ며(1:2ㄴ)

(24) 控 > 조속ᄒᆞ다

· 부득불 조속(操束)ᄒᆞ야 졔어ᄒᆞ기ᄅᆞᆯ 급히 ᄉᆡᆼ각ᄒᆞ야 변ᄒᆞ믈 인ᄒᆞ야 권도ᄅᆞᆯ ᄲᅳᆯ지라(1:4ㄴ)

(25) 外 > 외ᄃᆡᄒᆞ다

· 즁국을 공법 가온ᄃᆡ 버리지 아니ᄒᆞ야 외ᄃᆡᄒᆞᄂᆞᆫ ᄯᅳᆺ을 보이거ᄂᆞᆯ(1:6ㄴ)

(26) 帖文 > 톄문

· 즁국 샹고드리 츄리를 모피ᄒᆞ기로 셰젼 밧친 톄문(帖文)을 닷토와 ᄉᆞᄂᆞᆫ 고로 양국(洋國) 셰젼(稅錢)은 일노 인ᄒᆞ야 더옥 셩ᄒᆞ니(1:12ㄱ)

'표준국어대사전'에서는 다음과 같이 '첩문'과 '체문'의 뜻풀이를 따로 하고 있는데 통합하여도 될 것이다.

· 첩문(帖文): 예전에, 나라에서 발급하던 증명서를 이르는 말. ¶내가 이미 첩문을 보냈으니 5~6일이 지난 뒤에 그 회보를 기다려 처리할 것이고 아직은 미정이다(번역 선조실록).
· 체문(帖文): 『역사』 ① 수령이 그 고을의 면임(面任)이나 동임(洞任), 향교, 서원 따위에 지시하던 문서. ② 공물방, 계방에 속한 공인(貢人)임을 인정하던 문서.

(27) 平易 > 평평ᄒᆞ다

· 샹고들이 그곳으로 가는 재 만흐니 물쇄 평평ᄒᆞ야 팔기 쉽고(1:13ㄴ)

(28) 開鑛 > 기뎜ᄒᆞ다

- ᄯᅡᆨ히셔 나ᄂᆞᆫ 리(利)를 취ᄒᆞ야도 다ᄒᆞ미 업고 ᄡᅥ도 마르지 안ᄂᆞᆫ 거ᄉᆞᆫ 오즉 기뎜ᄒᆞᄂᆞᆫ 일인뎌(1:27ㄱ)

(29) 經費 > 소비

- ᄯᅡᆨ흘 인ᄒᆞ야 ᄆᆞᆺ당ᄒᆞᆫ 법을 지어 법ᄃᆡ로 기뎜ᄒᆞ야 킈여 ᄂᆡᄃᆡ 소비를 앗기지 아니ᄒᆞ고 어려온 거ᄉᆞᆯ 긔탄치 아니ᄒᆞ야(1:27ㄴ)

(30) 便 > 리편ᄒᆞ다

- 나라히 유익ᄒᆞ고 젹게 쓰면 샹고(商賈)가 물화를 무역ᄒᆞ야 ᄇᆡᆨ셩의게 리편ᄒᆞ게 ᄒᆞ며(1:34ㄴ)

(31) 有餘 > 유여ᄒᆞᆫ. 餘三餘一 > 심상ᄒᆞᆫ

- 온갓 심은 거ᄉᆞᆯ 가지고 즉긱 ᄂᆡ의 이곳에 유여ᄒᆞᆫ 거ᄉᆞ로 져곳의 부족ᄒᆞᆫ거ᄉᆞᆯ 구제ᄒᆞ면……수 년 후에 민간의 져축ᄒᆞᆫ 거시 ᄌᆞ연 요족ᄒᆞ야 그 공효를 심상ᄒᆞᆫ ᄃᆡ 비기지 못ᄒᆞᆯ ᄇᆡ라(1:35ㄱ)

(32) 備 > 작만ᄒᆞ다

- 말게 메ᄂᆞᆫ 슈위를 만히 작만ᄒᆞ야(1:37ㄱ)

(33) 商船 > 샹고션

- 이제 샹고션(商賈船)과 대포 실은 ᄇᆡ 달노 셩ᄒᆞ고(1:40ㄴ)

(34) 海盜 > 히랑적

- 샹고의 왕릐와 믈화의 류통ᄒᆞᄂᆞᆫ 거시 화륜션을 힘닙지 아니ᄒᆞ미 업고 ᄯᅩ 히랑적(海浪賊)이 업셔지ᄆᆡ 히즁이 힘닙어 안연ᄒᆞ엿거든 (1:41ㄱ)

(35) 省之又省 > 감지우감ᄒᆞ다. 轉機 > 긔틀

· 공비로 쓰는 거시 외국에 나가지 아니ᄒᆞ게 ᄒᆞᆯ지니 감지우감(減之又減)ᄒᆞ야 졍ᄒᆞᆯ수록 더옥 졍ᄒᆞ게 ᄒᆞ면 거의 즁국 부강ᄒᆞᆯ 긔틀이 이 ᄒᆞᆫ번 드는 ᄃᆡ 이시리라(1:41ㄴ)

(36) 不貲 > 불쇼ᄒᆞ다

· 젼션 하나히 실패ᄒᆞ면 소비도 불쇼ᄒᆞ거니와 일노 인ᄒᆞ야 각쳐의셔 다 탈긔ᄒᆞᆯ지라(1:44ㄱ)

(37) 水道 > 슈로

· 슈로(水路)로 황셩ᄭᆞ지 드러오는 졍도를 혜아리건ᄃᆡ(1:44ㄱ)

(38) 源源不絶 > 련면부졀ᄒᆞ다

· 그 후에 슈셰 련면부졀(連綿不絶)ᄒᆞ야 리로오미 무궁ᄒᆞ리니 진실노 나라의 유익ᄒᆞ고 ᄇᆡᆨ셩의게 편ᄒᆞᆯ 요긴ᄒᆞᆫ ᄉᆞ뮈라(1:45ㄱ)

(39) 猶 > 지어

· 즁국이 희포 ᄡᅳᄆᆡ 리해 샹반ᄒᆞᄃᆡ 지어 뎐긔션은 유리무해ᄒᆞ니 엇지 드러 시험ᄒᆞ지 아니ᄒᆞ라(1:45ㄴ)
· ᄒᆞᆫ갈ᄀᆞᆺ치 올흔 도리를 귀뎡치 못ᄒᆞ며 지어 군긔 대신과 남븍양 대신은 더옥 각국 형셰와 물졍을 깁히 ᄉᆞᆸ히는 거시 귀ᄒᆞ니(3:19ㄱ)

'지어'(至於)는 '심지어'(甚至於)의 준말인데 '심지어, 오히려'의 뜻으로 오늘날도 북한어에서는 잘 쓰인다.

(40) 有益無損 > 유리무해ᄒᆞ다

· 즁국이 희포 ᄡᅳᄆᆡ 리해 샹반ᄒᆞᄃᆡ 지어 뎐긔션은 유리무해ᄒᆞ니 엇지 드러 시험ᄒᆞ지 아니ᄒᆞ라(1:45ㄴ)

(41) 肅清 > 청평. 連阡累陌 > 일망무졔ᄒᆞ다

· 이제 ᄒᆡᄂᆡ(海內) 청평(淸平)ᄒᆞᄃᆡ 각쳐의 묵은 밧치 일망무졔(一望無際)ᄒᆞ야 플만 ᄌᆞ욱ᄒᆞ니(1:46ㄱ)

(42) 傭工 > 고공ᄉᆞ리ᄒᆞ다

· 혹 빈 ᄯᆞ히 업고 오히려 노는 ᄇᆡᆨ셩이 잇셔 도모ᄒᆞᆯ 일이 업ᄉᆞ므로 ᄒᆡ외에 나가 고공ᄉᆞ리ᄒᆞ니(1:46ㄴ)

(43) 土田 > 뎐토

· 그리 아닌즉 뎐토는 한이 잇고 ᄉᆡᆼ령은 늘노 셩ᄒᆞ니(1:47ㄴ)

(44) 稟請 > 주쳥ᄒᆞ다

· 치민ᄒᆞ기의 셩의 잇ᄂᆞᆫ 사ᄅᆞᆷ으로 ᄒᆞ야곰 구지 주쳥ᄒᆞ야 일변 ᄇᆡᆨ셩을 블너 ᄀᆡ간ᄒᆞ며(1:48ㄱ)

(45) 不過 > 다불과

· 각 쥬부현(州府縣) 관원들이 톄등(遞等)이 ᄌᆞ죠 되여 다불과[12] 삼년이오 혹 반년도 되니(1:48ㄱ)

(46) 農政 > 농무

· 만일 농무(農務)[13]의 ᄆᆞ음을 젼쥬이 ᄒᆞ지 아니ᄒᆞ다가 셜혹 일편된 ᄌᆡ앙이 우연이 니ᄅᆞ면 엇지 ᄡᅥ 막을고(1:49ㄱ)

(47) 水糞 > 슈분

· 어린 의론 셰 됴목을 베프ᄂᆞ니 청컨ᄃᆡ ᄌᆞ세히 ᄀᆞᆯ히라 하나흔 ᄀᆞᆯ온 구혁(溝洫)

---

12. 다불과(多不過): 많다고 해야 고작. [원문] 不過. cf. 소불하(少不下): 적게 잡아도 하불하. ¶특별 할인을 한다더라도 하루에 소불하 십 원쯤은 쳐주어야 할 테니…(채만식, 태평천하).

13. 농무(農務): 농사일. 농정. [원문] 農政.

[밧 ᄉ이의 물길이라]을 치미오 버거ᄂ 굴온 슈분(水糞)[거름물이라]을 ᄡ미오 버거ᄂ 굴온 나무를 심으미니(1:49ㄴ)

(48) 阡陌 > 갈피

· 졍뎐법을 폐ᄒ고 밧 두던을 놉히 ᄡ하 갈피[14]를 뎡ᄒᄆ 구혁 졔되 탕연이 남으미 업ᄉ니(1:50ㄱ)

(49) 畿輔 > 긔닉

· 옹졍 시졀에 이현친왕이 즁대신으로 더브러 긔닉(畿內)에[15] 직례싱과 셔븍 각 싱에 슈답을 크게 열어(1:50ㄴ)

(50) 大吏 > 방빅

· 만일 각싱의 방빅(方伯)들이 능히 물 잇ᄂ ᄯ히 슈도를 다 치고 물 업ᄂ 밧히 구혁(溝洫) 녯 법을 다시 강구ᄒ야(1:50ㄴ)

(51) 晝夜弗輟 > 불쳘쥬야

· 물을 퍼 인도ᄒ야 강으로 부으면 공졍이 임의 덜니고 불쳘쥬야(不撤晝夜)ᄒ리니 일편된 지앙을 엇지 족히 근심ᄒ리오(1:51ㄱ)

(52) 廣狹 > 활협

· 오좀 ᄯ과 온곳 더러온 물을 그곳의 부엇다가 밧히 거름ᄒ게 ᄒ며 밧이랑 활협(闊俠)을 ᄒ갈ᄀᆺ치 ᄒ고(1:51ㄴ)

(53) 空虛 > 공허ᄒ고

· ᄯ 흉년의 창름(倉廩)이 공허ᄒ고 빅셩이 먹을 거시 업슬 ᄯ에(1:52ㄴ)

---

14. 갈피: 천맥(阡陌). '阡陌'은 밭 사이의 길을 뜻하는 말로, '阡'은 남북으로 '陌'은 동서로 난 길을 의미한다.

15. 긔닉(畿內): 서울과 가까운 땅. 경기지역을 지칭. [원문] 畿輔.

(54) 採用 > 킈여 쁨

· 슈분 모흐는 법을 못당히 킈여 쁨즉ᄒᆞ지 아니ᄒᆞ나(1:53ㄱ)

(55) 勞費 > 소비

· 쳐음의는 그 슈고와 소비 ᄒᆞᆼ샹 중국의셔 십 비나 더ᄒᆞᄃᆡ(2:7ㄴ)

(56) 截然 > 대샹부동ᄒᆞ다

· 물의 잠기는 쳔심과 셕탄 쓰는 다쇠 대샹부동(大相不同)ᄒᆞ니(2:8ㄴ)

(57) 津貼 > 진텹

· 공문 왕릭는 진텹(津貼)[공문 왕릭ᄒᆞᆫ는 톄문를 나루가의 븟치면 돈을 닉는 거시라][16]을 ᄌᆞ뢰하ᄂᆞ니 ᄆᆡ년에 온갓 잡비를 졔ᄒᆞᆫ 외에 남은 바는 다 국용이 되게 ᄒᆞ니(2:21ㄱ)

(58) 引 > 인

· 인(引)[17][열 길이라] 되는 ᄯᆞᆨ흘 작뎡ᄒᆞ야 맛타 곳 셰업을 숨으니(2:23ㄴ)

(59) 約 > 가령

· ᄆᆡ 인의 가령 시가가 십칠 량도 ᄒᆞ고 이십 량도 ᄒᆞ니 만일 ᄆᆡ 인에 셰젼을 십 량을 더ᄒᆞ면 가령 은 오ᄇᆡᆨ만 량을 어들 거시오(2:24ㄴ)

위 '가령'은 "대략"의 뜻이라 현대어 '가량'과 통하나 다음의 '가량'은 "만약"의 뜻인 현대어 '가령'에 해당한다. 모두 고어사전에 등재할 만하다.

---

16. 진텹: 진첩(津貼). 공문서를 나루를 통해 발송하며 비용을 내는 제도. 貼: 붙일, 전당잡힐, 메울 첩.
17. 인(引): 무게의 단위. 소금의 무게를 잴 때 쓴다. 1인은 소금 200근을 이른다.
    길: 길이의 단위. 한 길은 여덟 자 또는 열 자로 약 2.4미터 또는 3미터에 해당한다.

· 如 > 가량

가량 륙디 영문의 븍방 사름을 갈희여 둔즉 말 타고 활 뽀는 거시 그 쟝기오 슈군 영문의는 남방 사름을 갈희여 둔즉 힝션ᄒᆞ는 거시 그 익은 비라(3:58ㄴ)

그런데 '이언'에는 '가량ᄒᆞ다'도 쓰였다.

· 즁국 빅셩의 흔이 쓰는 거술 가량(假量)ᄒᆞ야 보건디 웃듬이 동(銅)과 연(鉛)이니 (1:30ㄴ)

(60) 另 > 별노이

· 미 표의 식로 맛타 가지는 갑ᄉᆞ로 은 몃 량을 별노이 바든 후에(2:25ㄴ)

(61) 准給 > 허급ᄒᆞ다

· 바야흐로 허급(許給)ᄒᆞ야 셰업을 ᄒᆞ게 ᄒᆞ면(2:25ㄴ)

(62) 不無 > 불무ᄒᆞ다

· 이 됴건을 어드면 져기 유익ᄒᆞ미 블무(不無)ᄒᆞᆯ 거시니(2:25ㄴ)

(63) 殷鑒 > 젼감

· 후셰의 인ᄒᆞ야 젼감(前鑑)[18]이 되니(2:26ㄴ)

(64) 利弊疾苦 > 이해질고. 疎 > 쇼여ᄒᆞ다

· 혹 졍리와 형셰를 다 아지 못ᄒᆞ야 려염의 리해질고(利害疾苦)를 우희 들니는 길이 막히고 닉외 군무와 변경을 아릐로 의론ᄒᆞ는 일이 쇼여ᄒᆞ니(2:26ㄴ)

---

18. 전감(前鑑): 전감. 거울로 삼을 만한 지난날의 경험이나 사실. [원문] 殷鑒. 殷鑒(은감): 전감. 은(殷)은 전대(前代)의 하(夏)가 멸망한 것을 교훈으로 하라는 뜻에서 유래.

(65) 如恐不逮 > 여공불급ᄒᆞ다

· 다시 좌우로 보필ᄒᆞ야 여공불급(如恐不及)ᄒᆞᄆᆡ(2:27ㄴ)

(66) 創垂之主 > 창업지쥬

· 이런 연고로 창업지쥐(創業之主ㅣ) 춍명이 ᄇᆡ나 더ᄒᆞ니(2:27ㄴ)

(67) 六合從風 > ᄉᆞ희죵풍

· 어진 졍ᄉᆞ를 베플면 쟝ᄎᆞᆺ ᄉᆞ희죵풍(四海從風) 귀슌ᄒᆞ리니(2:29ㄴ)

(68) 正途 > 졍도

· 다 과거로ᄡᅥ 즁히 너기여 니ᄅᆞᄃᆡ 졍되라 ᄒᆞ고(2:33ㄱ,ㄴ)

(69) 礦師 > 광ᄉᆞ. 醫士 > 의원. 格物 > 물졍 통ᄒᆞ기. 化學 > 화학

· 후셰의 나타나며 지어 광ᄉᆞ(礦師)와 의원[19]이 물졍 통ᄒᆞ기를 졍(精)히 ᄒᆞ며 화학(化學)[조화 지리ᄅᆞᆯ ᄇᆡ호ᄂᆞᆫ 거시라]을 통ᄒᆞ며[20] 숑ᄉᆞ[법 맛튼 관원이라]도 ᄯᅩ ᄒᆞᆫ 률문을 깁히 ᄇᆞᆰ히ᄃᆡ(2:34ㄴ)

(70) 帖括 > ᄌᆞ모듬

· 진뎍(眞的)ᄒᆞᆫ 인ᄌᆡ를 ᄲᅢ혀 졍실(正實)이 ᄡᅳ일 바를 ᄌᆞ뢰ᄒᆞ면 뷘말노 유익ᄒᆞ미 업시 ᄌᆞ(字)모듬ᄒᆞᄂᆞᆫ ᄃᆡ셔 낫지 아니ᄒᆞ랴(2:35ㄴ)

위 예문은 실력 있는 인재를 뽑아 정확히 등용한다면 과거 제도와 같은 공허한 말로 글자만 모아 과거 시험 답안 쓰게 하는 선발 방식보다 낫지 않겠느냐는 뜻으로 원문은 '愈於空言無補之帖括乎'이다. 'ᄌᆞ모듬'은 '帖括'을 언해한 것이다. 'ᄌᆞ모듬'이란 단어는

19. [원문] 醫士. 현대 국어사전의 '의사'는 '醫師'로 되어 있음.
20. [원문] 精於格物通於化學. '格物'은 물리학인데 여기서 '물졍 통ᄒᆞ기'로 언해함.

고어사전에 표제어로 올릴 만하다.

(71) 將才 > 쟝ᄌᆡ

· 군ᄉᆞ를 ᄡᅡ고 쟝ᄌᆡ(將才)를 갈ᄒᆡᄂᆞᆫ 등ᄉᆞ에 지나지 아니ᄒᆞ야(3:54ㄴ)

(72) 高低 > 고하

· 셰흔 양창 대포의 고하를 측량ᄒᆞ야 맛치라 ᄒᆞᄂᆞᆫ ᄃᆡ로 맛치며(2:37ㄱ)

(73) 籌 > 획ᄎᆡᆨᄒᆞ다. 補足 > 보부죡ᄒᆞ다

· 졍ᄉᆞ를 닥그며 장ᄌᆡ를 ᄲᆡ혀 변비를 획ᄎᆡᆨᄒᆞᆯ 거시니(2:37ㄴ)
  당ᄒᆡ 디방관이 됴건을 획ᄎᆡᆨᄒᆞ야 보부죡(補不足)ᄒᆞ게 ᄒᆞ야(2:39ㄱ)

'획책'은 현대에서 부정 가치 문맥에서만 쓰여 단어 의미가 타락하였지만 '이언'에는 정책이나 방안을 기획한다는 원뜻으로 쓰여 아직 의미가 타락하기 이전이었다.

(74) 巨款 > 루거만

· 모로미 죠뎡의셔 어린ᄋᆞᄒᆡ를 만히 갈ᄒᆡ여 태셔의 보ᄂᆡ여 업을 ᄇᆡ화 루거만(累巨萬)[21]을 허비ᄒᆞ게 ᄒᆞ리오(2:39ㄱ)

(75) 捐補 > 연름ᄒᆞ야 보용ᄒᆞ다

· 만일 혹 부족ᄒᆞ거든 디방관이 연름(捐廩)ᄒᆞ야 보용(補用)ᄒᆞ게[22] ᄒᆞ며(2:41ㄱ)

---

21. 루거만: 누거만(累巨萬). 매우 많음. 또는 매우 많은 액수. 누거만금(累巨萬金). ¶누거만의 재산. '루거만을 허비ᄒᆞ게 ᄒᆞ리오': [원문] 糜巨款乎. 糜: 고삐, 잡아맬 미. 款: 정성 관.
22. 연름(捐廩): 공익(公益)을 위하여 벼슬아치들이 녹봉의 일부를 덜어 내어서 보태던 일. 연름보폐(捐廩補弊).
보용(補用); 재물 따위의 부족한 것을 보태어 씀. [원문] 捐補.
'연보'(捐補)는 오늘날 교회의 헌금을 가리키는 의미로 남아 쓰이고 있다.

(76) 鑰 > 고동. 機器 > 고동

· 즁국에 반ᄃᆞ시 ᄲᅳᆯ ᄇᆡ오 더옥 ᄆᆞᆺ당히 그 루락ᄒᆞᆫ믈 막고 그 비밀ᄒᆞᆫ 고동[23]을 여러 셔국에 ᄲᅳᆯ ᄃᆡ 잇ᄂᆞᆫ 글을 ᄂᆡ여다가 됴목됴목이 난호고 ᄉᆞᆺᄉᆞᆺ치 분변ᄒᆞ야 즁원 글노 번역ᄒᆞ야 ᄂᆡ여 텬하에 반포ᄒᆞ고 각각 셔원을 셜시ᄒᆞ야 사ᄅᆞᆷ마다 어더 ᄇᆡ호게 ᄒᆞ며(2:47ㄴ)

현대어의 '고동'은 다음과 같이 풀이하고 있는데 위 고동은 다음 ③의 예를 보여 준다.

· 고동: ① 작동을 시작하게 하는 기계 장치. ② 신호를 위하여 비교적 길게 내는 기적 따위의 소리. ③ 일을 하는 데 가장 중요한 사항이나 계기. ¶그를 만난 것이 고동이 되어, 그 뒤로 사업은 착착 진행되었다.

다음의 경우는 '엔진'의 뜻으로 쓰였다.

· 機器 > 고동
양창(洋槍)과 대포(大砲)를 짓는 일을 다 고동을 트러 쓰게 ᄒᆞᄃᆡ 귀신의 도으미 잇ᄂᆞᆫ 듯ᄒᆞ야(1:2ㄴ)

(77) 夤緣 > 인연. 缺 > 과궐

· 벼슬길이 옹식ᄒᆞ야 쳥탁을 인연(夤緣)ᄒᆞ야[24] 편벽도이 궁극ᄒᆞ게 ᄭᅬᄒᆞᄂᆞᆫ 재 아니면 과궐(窠闕)[25]을 엇기 진실노 어렵고(2:50ㄱ)

(78) 幅員/幅幀 > 폭원

· 즁국 폭원의 너르믄 녜로붓허 쇼연ᄒᆞ미니 십팔 싱(省)을 통합ᄒᆞ고 수만 리를

---

23. 고동: 자물쇠. [원문] 鑰. 鑰: 자물쇠, 빗장, 닫을, 들어갈 약. 전(轉)하여 '추요'(樞要)의 뜻.
24. 인연(夤緣): ① 덩굴이 줄을 타고 뻗어 올라감. ② 나무뿌리나 바위 따위를 의지하여 이리저리 올라감. ③ 권세 있는 연줄을 타고 지위에 오름을 비유적으로 이르는 말. 여기서는 ③. 夤: 조심할, 인연할, 연관될, 연줄 인. [원문] 夤緣.
25. 관직의 빈자리. 과궐(窠闕): 벼슬자리에 결원(缺員)이 생기던 일. 窠: 보금자리 과.

죵횡ᄒᆞ며(3:1ㄱ)

(79) 披猖 > 작란ᄒᆞ다

· 다시 발역(髮逆)[마리 빡지 아니ᄒᆞᆫ 도적 일홈]이 작란(作亂)ᄒᆞ믈 승시(乘時)ᄒᆞ야 (3:3ㄱ)

이 시기만 해도 '작란'이 "난리를 일으킴"의 뜻이었으나 그 후에 '장난하다'로 바뀌면서 뜻도 "놀다"로 바뀌었다.

(80) 鯨呑 > 도식지계

· 회부 븍편의셔 통샹홀 졔 가마니 도식지계(都食之計)를[26] 품엇더니(3:3ㄱ)

(81) 危機 > 위틔ᄒᆞᆫ 긔틀

· 더옥 고금에 업ᄂᆞᆫ 변ᄒᆞᆫ 판국이오 텬디에 위틔ᄒᆞᆫ 긔틀이라(3:4ㄱ)

(82) 挾制 > 협졔ᄒᆞ다

· 아국은 그 협졔(脅制)ᄒᆞ믈 밧고 외로이 잇셔 구원이 업ᄉᆞ니(3:5ㄱ)

원문이 '挾制'인데 현대의 사전들은 '脅制'로 나와 '挾制'도 병기할 만하다.

(83) 隨時 > 무시로

· 용밍 잇ᄂᆞᆫ 군ᄉᆞ롤 갈희여 가ᄅᆞ치고 련습ᄒᆞ야 무시로 죠련ᄒᆞᄃᆡ(3:7ㄴ)

(84) 慣習 > ᄒᆞᆼ습

· 긔어히 대적을 당ᄒᆞᆫ ᄃᆞ시 ᄒᆞ면 ᄌᆞ연이 ᄒᆞᆼ습(恒習)이 될 거시니(3:7ㄴ)

---

26. 도식지계: 도맡아서 혼자 먹으려는 계획을. 도식(都食): 도맡아서 혼자 먹음. [원문] 鯨呑(경탄: 고래가 작은 물고기를 삼킨다는 뜻으로, 강한 자가 약한 자를 제 손아귀에 넣고 자기 마음대로 함을 비유적으로 이르는 말).

(85) 恫喝 > 공갈ᄒᆞ다

· 흔단을 빙쟈ᄒᆞ야 큰 일을 지어ᄂᆡ며 공갈(恐喝)ᄒᆞ기도 ᄒᆞ며 요구ᄒᆞ기도 ᄒᆞ야(3:12ㄱ) 슌위가 오면 뭇당히 피ᄒᆞᄂᆞᆫ 일이 올타 ᄒᆞ고 공갈ᄒᆞ기를 대단이 ᄒᆞ며(3:13ㄱ)

(86) 槍 > 양창

· 심지어 양창(洋槍)[27]을 가지고 쟈히다가 우연이 피ᄒᆞ기를 잘못ᄒᆞ면 인명치ᄉᆞ(人命致死)ᄒᆞ게 되고(3:13ㄴ)

(87) 拐誘 > 쵸인하며 ᄭᅬ여 ᄂᆡ여

· 향곡의 우쥰ᄒᆞᆫ 사ᄅᆞᆷ을 쵸인(招人)ᄒᆞ며 ᄭᅬ여 ᄂᆡ여(3:13ㄴ) ⇒ 오늘날은 '유괴'(誘拐)라는 단어가 차용되어 잘 쓰인다.

(88) 雲泥之隔 > 쇼양지판

· 즁원과 외국이 샹접ᄒᆞᄂᆞᆫ 물경과 형셰를 셔로 비교ᄒᆞᄆᆡ 바로 쇼양지판(霄壤之判)이니 엇지 후박에 분별만 잇실 ᄲᅮᆫ이리오(3:14ㄴ)

(89) 撫卹 > 무휼지뎐

· 또 무휼지뎐(撫恤之典)을 베프러 능히 요힝으로 면ᄒᆞᄂᆞᆫ 재 업고(3:15ㄴ)

원문은 '卹'이고 다른 한국 사전들은 '恤'로 나온다.

(90) 疲薾 > 잔피ᄒᆞ다

· 잔피(孱疲)ᄒᆞᆫ ᄃᆡ[28] 셩습ᄒᆞ야 졀칠 바를 아지 못ᄒᆞ니 비유컨ᄃᆡ 채질(瘵疾)[짓쳐는 병 일홈]에 보졔(補劑)를 망령되이 쓰ᄆᆡ(3:16ㄱ)

---

27. 양창(洋槍): 양총(洋銃). '표준국어대사전'은 '洋鎗'으로 나옴. '鎗'은 '槍'과 통용. [원문] 槍

28. 잔피(孱疲)ᄒᆞ다: 아주 가냘프고 약하여 골골하다. [원문] 疲薾.

(91) 瘍毒 > 양독

· 비유컨ᄃᆡ 양독(瘍毒)[종긔 일홈]에 공격ᄒᆞᄂᆞᆫ 약을 ᄒᆞᆼ샹 시험ᄒᆞᄆᆡ 원긔(元氣) ᄂᆞᆯ노 쇠ᄒᆞᆷ과 ᄀᆞᆺ튼지라(3:16ㄴ)

(92) 口實 > 언지

· 양인이 일노 언지(言地)[29]를 ᄉᆞᆷ아 졔반으로 공갈ᄒᆞ며 번복ᄒᆞ고 요구ᄒᆞᄆᆡ(3:17ㄱ)

(93) 訊問 > 문쵸ᄒᆞ다

· 엇지 문쵸ᄒᆞ야 옥안을 질뎡ᄒᆞᆫ 바를 가져 번거ᄒᆞᆫ 거ᄉᆞᆯ 덜며(3:18ㄱ,ㄴ)

(94) 公覽 > 공번도이 열람ᄒᆞ게

· 각국이 공번도이 열람ᄒᆞ게 ᄒᆞ고(3:18ㄴ)

(95) 是非枉直 > 시비곡직

· 화인의 샹고ᄒᆞ야 증참ᄒᆞᆯ 바를 삼은즉 시비곡직(是非曲直)이 ᄎᆡᆨ을 열ᄆᆡ 쇼연ᄒᆞ며 간교ᄒᆞ고 릉모ᄒᆞᆷ을 감히 발뵈지 못ᄒᆞᆯ지니(3:18ㄴ)

(96) 猶豫 > ᄌᆞ져ᄒᆞ다. 彷徨 > 방황ᄒᆞ다

· 결픗ᄒᆞ면 방해로오미 만하 ᄌᆞ져(趑趄)ᄒᆞ고[30] 방황ᄒᆞ야 ᄒᆞᆫ갈ᄀᆞᆺ치 올흔 도리를 귀뎡치 못ᄒᆞ며(3:19ㄴ)

(97) 層見疊出 > 층싱텹츌ᄒᆞ다

· ᄇᆡᆨ셩과 교ᄉᆡ 셔로 싸호ᄂᆞᆫ 숑안(訟案)이 층싱텹츌(層生疊出)ᄒᆞ니(3:22ㄴ)

---

29. 언지(言地): ① '트집거리'의 방언(평북). 언단(言端). ② 〖역사〗 간관(諫官)의 지위. [원문] 口實.

30. ᄌᆞ져(趑趄)ᄒᆞ다: 주저(躊躇)하다. 지주(踟躕)하다. [원문] 猶豫. 유예: 망설여 일을 결행하지 않음. 趑: 머뭇거릴 자. 趄: 뒤뚝거릴 저. 踟: 머뭇거릴 지. 躕: 머뭇거릴 주.

(98) 事故 > ᄉᆞ단

· 그 나라 령ᄉᆞ의게 보ᄒᆞ야 셩칙에 뼈 두엇다가 므슴 <u>ᄉᆞ단</u>(事端)이 잇거든 즁국 법례를 의거ᄒᆞ야 판단ᄒᆞᄃᆡ(3:24ㄱ)

(99) 事端 > 흔단

· 무휼ᄒᆞ야 완급(緩急)을 방비ᄒᆞ며 <u>흔단</u>이 이신즉 ᄆᆞ음을 다ᄒᆞ야 판리(辦理)ᄒᆞ며 (3:30ㄴ)

(100) 條約 > 약됴

· 죄범이 업셔야 바야흐로 <u>약됴</u>ᄃᆡ로 보호ᄒᆞ고(3:24ㄱ)

(101) 積 > 젹굴ᄒᆞ다

· 관쟝과 아젼을 씌고 샹민을 협제ᄒᆞ니 <u>젹굴(積屈)ᄒᆞᆫ</u>[31] 원심이 ᄂᆞᆯ로 깁허 금지ᄒᆞᆯ ᄉᆞ록 더옥 더ᄒᆞ야(3:25ㄱ)

(102) 未協 > 미흡ᄒᆞ다

· 흔단이 이신즉 ᄆᆞ음을 다ᄒᆞ야 판리ᄒᆞ며 <u>미흡ᄒᆞ미</u> 이시면 각국 관원과 샹고의게 쳥ᄒᆞ야 유익게 마로ᄌᆡ여 타협ᄒᆞᄂᆞ니(3:30ㄴ)

(103) 貿易 > 쟝ᄉᆞᄒᆞ다

· 즁국 샹민이 외양에 나가 <u>쟝ᄉᆞᄒᆞ고</u>(3:30ㄴ)

(104) 不可勝計 > 불가승수

· 외양에 나가 쟝ᄉᆞᄒᆞ고 고공 ᄉᆞᄂᆞᆫ 쟈를 <u>불가승쉬</u>라(3:30ㄴ)

---

31. 젹굴(積屈): 억눌러 쌓임. 屈: 굽힐, 억누를, 모을 굴. '젹굴'은 현대의 국어사전들에 미등재어임.

(105) 多寡 > 다쇼

· 화인이 슈운ᄒᆞᄂᆞᆫ 물화 다쇼(多少)로ᄡᅥ 즁국이 빅셜ᄒᆞᆫ 관원의 경비를 니바지ᄒᆞᆯ 만ᄒᆞ니(3:32ㄴ)

(106) 咨 > ᄌᆞ문ᄒᆞ다

· 그 우등을 ᄀᆞᆯᄒᆡ여 총리아문의 ᄌᆞ문ᄒᆞ고 청ᄒᆞ야 뎡ᄃᆡ를 쥬며(3:33ㄱ)

(107) 關塞 > 변방. 崎嶇 > 긔험ᄒᆞ다

· 륙군인ᄌᆞᆨ 변방에 긔험(崎險)ᄒᆞ믈 긔탄치 아니ᄒᆞ야(3:35ㄱ)

(108) 迤邐起伏 > 위이굴곡ᄒᆞ다

· ᄉᆞ면으로 ᄃᆡ포를 두게 하고 위이굴곡ᄒᆞ야[32] 슈미를 셔로 도라보게 ᄒᆞ며(3:37ㄴ)

같은 시기의 자료인 '홍루몽'(낙선재 필사본, 1884년경)에도 '위이굴곡ᄒᆞ-'와 '위이ᄒᆞ-'가 나온다.

· 쥬셔의 가쇽을 ᄯᆞ라 위이굴곡ᄒᆞ여 가련의 쳐쇼로 올ᄉᆡ(홍루몽 6:43)
· 말ᄉᆞᆷᄒᆞ며 위이ᄒᆞ며 쇼샹관으로 오더니(홍루몽 27:10)

(109) 折衝 > 억졔ᄒᆞ다

· 포구를 직희여 ᄌᆞ강지칙을 도모ᄒᆞ야 슈군으로ᄡᅥ 억졔ᄒᆞ고 륙군으로ᄡᅥ 막을지라(3:39ㄱ)

(110) 駐 > 쥬찰ᄒᆞ다. 屯 > 둔치다

· 각 셤에 난호와 쥬찰(駐札)ᄒᆞ엿ᄂᆞ니 이제 텬진에 비록 굿셴 군졸을 둔쳐 이시나

---

32. 위이(委迤/委蛇): ① 침착하고 느긋한 모양. ② 배를 땅에 대고 기어가는 모양. ③ 구불구불 구부러진 모양. ④ 비스듬히 나오는 모양. ⑤ 순순히 좇는 모양. ⑥ 긴 모양. [원문] 迤邐. 迤: 비스듬할, 연할 이. 邐: 이어질 리. 迤邐(이리): 잇달라 뻗은 모양.

(3:40ㄴ)

(111) 垂涎 > 흠션이

· 뭇춤ᄂᆡ 타국이 엿보고 흠션이 너기ᄂᆞᆫ ᄇᆡ 되니(3:41ㄱ)

(112) 哨 > 쵸탐ᄒᆞ다

· 혹 모혀 죠련도 ᄒᆞ며 혹 모혀 쵸탐(哨探)도 ᄒᆞ고(3:43ㄱ)

(113) 基 > 근본ᄒᆞ다

· 바다를 방슈ᄒᆞᄂᆞᆫ 허명만 ᄒᆞᆫ갓 힘쓰지 말면 슈군에 강ᄒᆞ미 여긔 근본(根本)ᄒᆞ리라(3:43ㄴ)

(114) 然 > 현연이

· 히샹의 슈군이 강샹의 슈군으로 현연(現然)이 ᄀᆞᆺ지 아니ᄒᆞ니(3:44ㄱ)

(115) 統理 > 총리ᄒᆞ다

· 슈군 졔독 즁의 히변 방슈ᄒᆞᄂᆞᆫ 슈군을 총리(總理)ᄒᆞᄂᆞᆫ 대신 하나흘 별로 정ᄒᆞ야(3:45ㄴ)

(116) 拾級 > 계뎨

· 물쇽을 익이 아ᄂᆞᆫ 사ᄅᆞᆷ을 갈히여 륜션에 두어 불시로 죠련ᄒᆞ야 계뎨(階梯)를 ᄯᅡ라셔 승(升)ᄒᆞ게 ᄒᆞ고(3:46ㄱ)

(117) 專用 > 젼쥬ᄒᆞ야 쓰니

· 셔인이 ᄲᅡ홈홀 ᄯᅢ에 화공을 젼쥬ᄒᆞ야 쓰니(3:47ㄴ)

(118) 磅 > 방

· 그즁에 열두 방(磅) 놋는 젹은 강텰대푀 더옥 능히 뎍병을 니긜 만ᄒᆞ니(3:48ㄱ)

(119) 螺, 螺絲嵌 > 라ᄉᆞ장

· 가슴의 어금막긴 라ᄉᆞ장 문의 잇셔 총알을 다다쳐 운동ᄒᆞ야 가게ᄒᆞᆫ 즉 맛츠라 ᄂᆞᆫ ᄃᆡ로 맛츠고(3:48ㄱ)
· 여ᄃᆞᆲ 박회를 다 라ᄉᆞ장으로 ᄭᅮ며 드려 보ᄂᆡᄃᆡ(3:51ㄴ)

(120) 相去 > 상거

· 그 리ᄒᆞ고 둔ᄒᆞᆫ 거시 샹게(相去ㅣ) 쇼양지판이니(3:49ㄴ)

(121) 裝放 > ᄌᆡ약ᄒᆞ다

· 덕국의셔 ᄯᅩ 후당모ᄉᆡᆨ창(後膛茅塞槍)[양총 일홈]을 ᄉᆡ로 ᄂᆡ니 ᄌᆡ약ᄒᆞ야[33] 노키 더옥 편리ᄒᆞᆫ지라(3:50ㄱ)

(122) 件數 > 가지슈. 製造 > 졔도. 修理 > 슈리ᄒᆞ다

· 그 양창에 드는 긔긔를 ᄯᅩ 가지슈는 젹고 졔도는 정(精)ᄒᆞᆫ 거ᄉᆞᆯ 쁜 연후의 슈리ᄒᆞ기 쉽고(3:50ㄴ)

(123) 綜言 > 통이언지ᄒᆞ다

· 통이언지ᄒᆞ면 창포의 ᄡᅳ는 거시 맛치기를 잘ᄒᆞ고 먼니 보ᄂᆡ는ᄃᆡ 잇ᄂᆞ니 (3:52ㄱ)

(124) 反間 > 반간. 空拳 > 젹슈공권

· 덕국의셔 뢰물을 ᄡᅳ고 반간(反間)을 노하 오는 길을 ᄭᅳᆫ흐면 다만 젹슈공권(赤手

---

33. 재약(-藥)하다: 총이나 포 따위에, 화약을 재어 넣다. ¶포수가 총에 재약하는 사이에 꿩이 날아갔다. [원문] 裝放. '표준국어대사전'에서는 '재약'의 '재-'를 고유어 '총알을 재다'의 '재-'로 본 듯하나 한자어 '載藥'으로 볼 가능성도 있다.

空拳)이 되리니(3:53ㄴ)

(125) 方張 > 방쟝

· 뎍병은 <u>방쟝</u>(方張) 드러왓ᄂᆞᆫᄃᆡ ᄡᅳ지 못ᄒᆞᆯ 긔계로(3:54ㄴ)

(126) 海外 > ᄒᆡ외

· 군ᄉᆞ를 <u>ᄒᆡ외</u>(海外)에 보ᄂᆡ여 승부를 결우고져 ᄒᆞ니(3:54ㄴ)

오늘날 '海外'를 일본어라 하고 '國外'를 쓰자고 하는 주장이 있으나 위 원문도 '海外'라서 중국어에서도 쓰였으므로 타당한 주장으로 보기 어렵다. 제주도 때문에 그런 표현이 부당하다는 주장도 있으나 제주 바다는 국내의 '內海' 개념으로 보면 문제될 것이 없다. 또한 문맥에 따라서는 의미상 '해외'와 '국외'는 치환되지 않아 구별되는 측면이 있다.

(127) 海內 > ᄒᆡᄂᆡ. 境上 > 경ᄂᆡ

· <u>ᄒᆡᄂᆡ</u>(海內)[34]의 더ᄒᆞ고 십분에 삼분을 쥭이ᄂᆞᆫ 쟈는 힘이 졔후의게 더ᄒᆞ고 십분에 일분을 쥭이ᄂᆞᆫ 쟈는 위령이 <u>경ᄂᆡ</u>[35]에 힝ᄒᆞᆫ다 ᄒᆞ니(3:58ㄱ)

(128) 前鋒 > 션봉

· 군ᄉᆞ를 ᄡᅳᄆᆡ 화긔를 젼혀 미드니 피ᄎᆞ 셔로 쳐셔 왕왕이 <u>션봉</u>(先鋒)을 져기 썩지르나 나죵 셩공ᄒᆞ기를 긔약ᄒᆞ기 어려오니(3:58ㄱ)

(129) 前隊 > 젼군

· 몬져 대포 시른 슐위를 삼면의 버리고 <u>젼군</u>(前軍)은 앏흐로 당ᄒᆞ야 츙돌ᄒᆞ고

---

34. 해ᄂᆡ(海內): 둘러싸인 육지라는 뜻으로, 나라 안을 이르는 말.

35. 경ᄂᆡ(境內): 일정한 지역의 안. [예] ᄆᆡ양 잔치ᄒᆞ야 두로 ᄃᆞᆫ니며 놀아 경ᄂᆡ예 챵녀는 다 블러 모도니(태평광기언해 1:12). [원문] 境上. 경상(境上): 국경이나 경계의 근처.

화긔롤 베플게 ᄒᆞ며 보병으로ᄡᅧ 좌우의 ᄆᆡ복ᄒᆞ야(3:58ㄴ)

(130) 太 > ᄐᆡ거ᄒᆞ다

· 그리ᄒᆞᆫ 연후에 그즁 겁ᄂᆡ고 약ᄒᆞᆫ 쟈롤 ᄐᆡ거(汰去)ᄒᆞ며 그즁 졍예ᄒᆞ고 굿셴 쟈롤 갈히고(3:61ㄱ)

(131) 補充 > 츙뎡ᄒᆞ다. 鹽販 > 염한이. 漁戶 > 어부한이

· 장뎡을 쇼모ᄒᆞ야 츙뎡ᄒᆞ게 ᄒᆞ고 염한(鹽漢)이[36]와 어부한(漁夫漢)이[37]며(3:61ㄱ)

'표준국어대사전'에는 '염한'만 나오고 '염한이'는 안 나오나 '어부한이, 어부한'은 다 나온다. 따라서 '염한이'도 등재해야 한다. '어부한'은 한자가 '漁夫干'이고 '염한'은 '鹽漢/鹽干'으로 둘 다 나오므로 '漁夫漢'도 실어야 한다.

(132) 設立 > 셜시ᄒᆞ다

· 도략관(韜畧館)[병법 ᄇᆡ호ᄂᆞᆫ 곳이라] ᄉᆞ(四) 쳐소를 셜시(設施)ᄒᆞ여시니(3:62ㄴ)

(133) 折衷 > 졀장보단ᄒᆞ다

· 오히려 ᄒᆞᆫ갈ᄀᆞᆺ치 올흔 도리로 졀장보단(絶長補短)ᄒᆞ지 못ᄒᆞ미라(4:2ㄱ)

(134) 資格 > 격례. 出缺 > 궐. 充補 > 츙수ᄒᆞ다

· 진실노 능히 격례(格例)를 거리ᄭᅵ지 말고 ᄉᆡ 법을 온당히 뎡ᄒᆞ야 록영군ᄉᆡ 궐(闕)이 나거든 쵸관과 용력 잇ᄂᆞᆫ 군뎡을 갈히여 츙수ᄒᆞ고(4:2ㄱ)

(135) 碉堡 > 쥬보

· 능히 쥬보[돌을 모화 집을 ᄆᆡᆫ돌고 직희ᄂᆞᆫ 곳이라]와 진(陳) 치기와 다리 노키를

36. 염한(鹽漢/鹽干)이: 염한을 속되게 이르는 말. 염한. [원문] 鹽販. 염한(鹽漢/鹽干): 염전에서 소금을 만들던 사람. 신량역천으로 신분은 양인이나 역(役)은 천하였다. 염간(鹽干)·장조(匠竈).

37. 어부한(漁夫漢/漁夫干)이: 어부를 속되게 이르는 말. 어부한. [원문] 漁戶.

잘ᄒᆞ며(4:3ㄱ)

(136) 殘疾 > 병신

· ᄇᆡᆨ셩이 병신 외에ᄂᆞᆫ 곳 그 군안에 츙수ᄒᆞ야(4:3ㄴ)

(137) 練, 演操 > 죠련ᄒᆞ다

· 률양[디명]과 금단[디명] ᄉᆞ이에 죠련(調鍊)ᄒᆞᆫ바 민단이 강남의셔ᄂᆞᆫ 자못 용ᄆᆡᆼᄒᆞᆫ 일홈이 이시니(4:3ㄴ)
· 단련영(團練營)[영문 일홈]에 믈너 드러가셔 ᄆᆡ년에 두 번식 죠련ᄒᆞ되(4:4ㄱ)

(138) 局 > 판국

· 습장[열 사람 즁에 두목이란 말이라] ᄇᆡᆨ인을 몬져 갈히여 판국을 ᄇᆡ셜ᄒᆞ고 훈련ᄒᆞ야 칼쓰기와 양창대표 쓰는 네 가지 법으로 가ᄅᆞ쳐(4:6ㄱ)

(139) 賢否 > 능부

· ᄉᆡ로 위원[관원 일홈]과 흠긔 ᄎᆔ지 보와 그 능부(能否)를 ᄉᆞᆲ혀 샹벌을 ᄒᆞ되(4:6ㄴ)

(140) 立身 > 발신ᄒᆞ다

· 뎍국을 막고 발신(發身)ᄒᆞᄂᆞᆫ 등ᄉᆞ를 ᄀᆞᆺ쵸 말ᄒᆞ여(4:7ㄱ)

(141) 油然 > 자연이

· 츙의지심이 ᄌᆞ연이 흥긔ᄒᆞ야 져마다 감동ᄒᆞ야(4:7ㄱ)

(142) 恒河沙數, 無定 > 지수업다. 漏卮> 루락되다

· 드ᄂᆞᆫ바 돈이 지수업ᄂᆞᆫ 고로 의론ᄒᆞᄂᆞᆫ 재 니ᄅᆞ되 하슈 다ᄉᆞ리ᄂᆞᆫ 일관은 국가에 루락된 일이오(4:8ㄱ)

· 대개 빗 문셔의 강ᄒᆞ고 연약ᄒᆞ미 지수업ᄉᆞ니[38](4:56ㄱ)

(143) 一瀉千里 > 쳔리를 나리쏘니

· 물이 창일ᄒᆞ야 그 형셰 심히 커 바로 쳔리를 나리쏘니 막기를 견고ᄒᆞ게 못ᄒᆞ면 터질 념례 만흐니(4:9ㄴ)

(144) 運河 > 운슈와 하슈. 弊端 > 폐단

· 운슈[슈명]와 하슈에 진흙 막히ᄂᆞᆫ 곡졀을 샹고ᄒᆞ건ᄃᆡ 그 폐단이 도모지 황하슈 물골시 변기ᄒᆞᆫ ᄃᆡ 이시니(4:11ㄱ)

(145) 分別 > 료량ᄒᆞ다

· 반ᄃᆞ시 판국에 온젼ᄒᆞᆫ 형셰를 료량ᄒᆞ고(4:11ㄴ)

(146) 工 > 공력

· 물이 슌치 못ᄒᆞ거든 공력을 만히 드려 파ᄂᆡ게 ᄒᆞ고(4:10ㄱ)

(147) 喪 > 샹ᄒᆞ고

· 슬프다 려염의 직력은 데언의 샹ᄒᆞ고 뎐장은 데언에 파ᄒᆞ고(4:19ㄱ)

(148) 總之 > 총이언지ᄒᆞ다

· 총이언지(總而言之)ᄒᆞ면 하슈를 ᄢᅵ고 ᄡᅡ흔 데언은 임이 하슈를 메고 ᄯᅡ흘 파며 (4:20ㄱ)

(149) 有名無實 > 유명무실ᄒᆞ다

· 각쳐에 하슈를 감홀지라도 ᄯᅩᄒᆞᆫ 유명무실ᄒᆞ니(4:20ㄴ)

---

38. 지수없다: 정한 바 없다. 일정하지 않다. [원문] 無定.

(150) 附錄 > 븟쳐 긔록ᄒᆞ다. 采擇 > ᄏᆡ여 쓰기

· 소견이 셔로 ᄀᆞᆺᄐᆞ믈 인ᄒᆞ야 여긔 븟쳐 긔록ᄒᆞ야 당도지인이 ᄏᆡ여 쓰기를 ᄀᆞᆺ쵸왓노라(4:22ㄱ)

(151) 情形 > 형젹. 目擊 > 목도ᄒᆞ다

· 물에 ᄂᆞ리로온 형젹(形迹)을 목도(目睹)ᄒᆞ고(4:21ㄴ)

(152) 盂蘭勝會 > 우란셩회

· 우란셩회(盂蘭聖會)[근ᄅᆡ에 ᄇᆡᆨ즁마지 ᄀᆞᆺ튼 거시라]를 널니 베플고(4:23ㄱ)

(153) 娛神 > 위셩ᄒᆞ다

· 신도를 위셩ᄒᆞᄂᆞᆫ 거시 엇지 사ᄅᆞᆷ 구졔ᄒᆞᄂᆞᆫ 것만 ᄀᆞᆺᄐᆞ리오(4:24ㄱ)

'위셩ᄒᆞ다'는 다른 자료에서 용례가 확인되지 않는 단어인데 '위셩ᄒᆞ-'의 원문이 '娛'라 "즐겁게 하다" 정도로 볼 수 있다. 따라서 '신도(神道)를 위셩ᄒᆞ다'는 "종교의 신을 즐겁게 한다"가 된다. '위셩'의 어원은 미상인데 다음 ①~⑤의 추정을 해 볼 수 있다. ① '爲誠'으로 보면 "신을 정성으로 위하다"의 뜻이라 원문자 '娛'와 문맥상 가장 가깝다. ② 19세기 말에 광동성에서 과거 합격자의 성씨에 내기를 거는 '위성'(闈姓)이란 복권 도박 제도가 있어서(앞의 1:13ㄴ 주석 51 참고) '신도를 위셩ᄒᆞ-'의 뜻은 신을 믿는 신앙이 마치 내기를 거는 도박 같다는 비유로 "신도(神道) 즉 신을 마치 내기하듯 믿는다"의 뜻으로도 추정된다. ③ '衛城'으로 보면 "신을 성 지키듯 지키다"의 뜻인데 근대어 자료에 '위셩(衛城)ᄒᆞ-'가 "성을 지키다"의 뜻으로 쓰인 것이 있기는 하지만[39] 종교의 신을 성 지키듯 보호한다는 비유 문맥이 위 예문에서 가능한지 의문이니 위 예문에서 "신을 지키다"는 "신을 즐겁게 하다"라는 원문자 '娛'와 뜻이 같지 않기 때문이다.

---

39. "성을 지킨다"라는 뜻의 '위셩(衛城)ᄒᆞ-'가 18세기 언해 자료인 '션됴힝장'에서 확인된다.

위셩ᄒᆞ연디 ᄉᆞ십 여일의 셩듕의 냥식이 진ᄒᆞ고(션됴힝장 94)
위셩 듕의 겨오샤 졀일을 만나시면 믄득 망궐녜를 ᄒᆞ사(션됴힝장 98)

④ '爲聖'으로 보면 "신을 공자 같은 성인으로 위하다"가 되어 문맥은 가능하고 원문 '娛'의 "즐겁게 하다"와 문맥이 가깝다고도 할 수 있지만 '爲聖ᄒᆞ다'라는 단어 용례가 가능한지 의문이다. ⑤ '僞聖'으로 보면 "신을 공자 같은 성인인 양 거짓되게 꾸미다"가 되어 문맥은 가능하지만 원문자 '娛'의 뜻과 멀고 '僞聖ᄒᆞ다'의 용례가 가능한지 의문이다. 결국 ③, ④, ⑤는 취지는 가능하지만 원문자 '娛'와 거리가 있다는 점에서 ①이나 ②가 가장 가깝지 않은가 한다.

(154) 富家大族 > 부귀훤혁ᄒᆞ다

· 부귀훤혁(富貴烜赫)ᄒᆞᆫ 집의셔 깃분 경ᄉᆞ를 만나면(4:25ㄱ)

(155) 維持 > 부지ᄒᆞ다. 振鐸 > 요기ᄒᆞ다. 芻言 > 미혹ᄒᆞᆫ 말ᄉᆞᆷ

· 병든 풍쇽을 부지(扶持/扶支)ᄒᆞ야 말ᄉᆞᆷ을 요기(撓改)치 말면 몬져 ᄭᆡ닷ᄂᆞᆫ 쟈를 힘닙어 어리셕은 ᄇᆡᆨ셩을 인도ᄒᆞᆯ지라 감히 미혹ᄒᆞᆫ 말ᄉᆞᆷ을 드리ᄂᆞ니(4:26ㄱ)

(156) 一竝 > 일병

· 비루ᄒᆞᆫ 풍습을 일병(一竝) 막으니(4:27ㄴ)

(157) 糾察 > 총찰ᄒᆞ다

· 셔로 경계ᄒᆞ며 삼가고 총찰(總察)ᄒᆞ기를 엄히 ᄒᆞ니(4:27ㄴ)

(158) 敷出 > 뎌당ᄒᆞ다

· 렴봉이 드러오ᄂᆞᆫ 거ᄉᆞ로 쓰기를 뎌당(抵當)치 못ᄒᆞ고(4:28ㄱ)

(159) 賄賂 > 뢰물

· 부요ᄒᆞᆫ 집을 가히 빈곤ᄒᆞ게 ᄒᆞ며 뢰물이 드러나게 ᄒᆡᆼᄒᆞᆫ즉 시비 밧고이고(4:29ㄱ)

(160) 銷鑠 > 쇼샥ᄒᆞ다. 沮 > 져샹ᄒᆞ다. 奮發 > 분발ᄒᆞ다

· 죵일토록 집만 우러러 ᄒᆞᆫ탄ᄒᆞ게 ᄒᆞ면 어진 쟈도 ᄯᅩᄒᆞᆫ 졍신이 쇼삭(消索/銷鑠)ᄒᆞ고 긔운이 져샹(沮喪)ᄒᆞ야 분발ᄒᆞ기를 긔약기 어렵고(4:29ㄴ)

(161) 腹心 > 심복. 指臂 > 슈족

· 셔리를 다 믈니치고 관원의게만 맛져 심복(心腹)으로 부탁ᄒᆞ고 슈족으로 거두어 쓰미(4:32ㄱ,ㄴ)

(162) 材藝 > ᄌᆡ조. 工食 > 응식

· 비록 ᄌᆡ죄 이실지라도 쳔거ᄒᆞ야 발신ᄒᆞᆯ 길이 업ᄉᆞ며 ᄒᆞᆫ달 응식(應食)으로 나는 거시 심히 젹으니(4:34ㄱ)

(163) 品行 > 인픔과 힝검

· 그 인픔(人品)과 힝검(行檢)을 ᄉᆞᆲ힌 연후에 셔리를 시기ᄃᆡ(4:34ㄱ)

(164) 期滿 > 과만. 保准 > 잉임. 加結 > 쳔거ᄒᆞ다

· 과만(瓜滿)된 후에 본관이 잉임(仍任)도 ᄒᆞ며 쳔거ᄒᆞ야(4:34ㄴ)

(165) 崛强 > 굴강ᄒᆞ다

· 양인이 비록 굴강(崛強)ᄒᆞ기로 버르시 되엿시나(4:40ㄱ)

(166) 戚里 > 귀쳑대가

· 귀쳑대가(貴戚大家)의셔 져마다 슈치ᄉᆞ(羞恥事)로 너기니(4:61ㄱ)

(167) 犀 > 통텬셔

· 온괴[사ᄅᆞᆷ의 일홈] 통텬셔[40]를 ᄐᆡ와 괴물을 아라보는 일 ᄀᆞᆺ틀 ᄲᅢᆫ 아니라(발11ㄴ)

4.3 차용어 사례

'이언'은 개화 방책서이므로 숱한 개화 문물어가 나온다. 아울러 고유명사로는 중국의 역대 인명과 지명을 비롯하여 세계 각국의 나라 이름, 수도, 지명이 수용된 초기 양상을 보여 준다. 따라서 그 후에 나온 'ᄉᆞ민필지[41], 서유견문[42], 태서신사[43]' 등과 비교하여 이들 차용어의 양상 비교 연구에 중요한 자료가 된다.

(1) 중국 고사와 인명, 지명 차용어

'이언'이 '시경'에서 유래한 제목이듯이 다음 사례처럼 중국의 풍부한 고사와 인명, 지명 등이 소개되어 있다. 자세한 설명은 해당 본문의 각주를 참고 바란다.

· 술 취ᄒᆞ고 죠셔(詔書)를 쵸(草)ᄒᆞ야 가히 오랑키를 져히며[니빅(李白)이 번국(番國)의 보닐 죠셔를 취즁(醉中)의 쵸(草)ᄒᆞ니 번국 ᄉᆞ신이 크게 놀나 텬인(天人)으로 알아 항복ᄒᆞ니라] 바독 두어스ᄉᆞ로 뎍국(敵國)을 파홀 ᄯᅵᆫ 결단코 아니라[진나라 샤현(謝玄)이 부견(符堅)의 빅만 즁을 파ᄒᆞ고 쳡서(捷書)를 보닉니 샤안(謝安)이 바야흐로 바독 두다가 쳡셔를 보고 죠곰도 희식(喜色)이 업고 바독 두기를

---

40. 통텬서: 통천서(通天犀). 『동물』 무소의 뿔. 뿔의 길이는 24cm가 넘고 물이 잘 묻지 않으며 허리띠 장식이나 약용으로 쓴다. 통천. [원문] 犀. 犀: 무소, 코뿔소, 굳을 서.

41. ᄉᆞ민필지(士民必知): 신식 관립학교인 '육영공원'(育英公院, 1886)이 설립된 후 초빙된 헐버트(Homer Bezaleel Hulbert, 1864-1949) 선교사가 지은 세계 인문 지리 교과서이다. 그는 고종의 신임을 받았고 한국 문화를 해외에 알리고 을사조약의 부당성을 미국과 헤이그 만국평화회의에서 알렸으며 한국 독립을 위해 수고하였다. 한글본은 1991년 이전 1889년경에 나온 것으로 보이는데 '서유견문'(1895)이나 '태서신사'(1897)에 앞서 근대 세계 지리 문물을 한글로 소개한 의의가 크다. 1895년에는 한문본으로도 출간하였다. 졸고(1999ㄴ), 오미나(2000) 참고.

42. 서유견문(西遊見聞): 유길준(兪吉濬, 1856-1914)이 일본 경응의숙(慶應義塾) 유학 시절 스승인 일본 개화파 거두 후쿠자와 유키치(福澤諭吉, 1843-1901)의 '서양사정'(西洋事情, 1866)을 번안 개작하여 낸 세계 인문 지리 소개서로 1895년 일본에 가서 출판해 왔다. 이한섭(1987), 졸고(1994ㄱ,ㄴ) 참고.

43. 태서신사(泰西新史): 매켄지[Donald Alexander Mackenzie, 1873-1936, 馬懇西] 저; 리차드[Timothy Richard, 1845-1919, 李提摩太] 역, 채이강(蔡爾康, 清) 述稿·序. 이 책은 광서(光緒) 21년(1895)에 영국인 리차즈가 매켄지의 원저를 한역(漢譯)한 것을 조선 건양(建陽) 2년(1897)에 학부(學部) 편집국(編輯局)에서 발행한 책으로 서양 주요 국가 제도 지리를 소개하였다. 한문본, 한글본이 있으며 책머리에 '태서신사남요 인지제명표'(泰西新史攬要 人地諸名表)를 첨부하여 서양의 인지명의 원음(原音)을 국문으로 읽는 법을 제시하였다. 영인본은 한국학문헌연구소 편(1979), 한국개화기문학총서, 역사전기소설2, 아세아문화사 참고. '태서신사'의 소개는 최현배(1940, 1976:108) 참고.

의구(依舊)히 ᄒᆞ니라](2:37, 38)

· 즁국 폭원(幅員)의 너르믄 녜로붓허 쇼연ᄒᆞ미니 십팔 ᄉᆡᆼ을 통합ᄒᆞ고 수만 리를 죵횡ᄒᆞ며 ᄯᅩ ᄂᆡ외 몽고국이 잇셔 븍방을 호위ᄒᆞ고 신강(新疆)과 회뷔[디명] 셔역에 번병(藩屏)이 되고 셜산과 총령이며 셔장 쳥히 등디가 다 판도의 드러(3:1ㄱ)

· 발역(髮逆)[마리 ᄲᅡᆨ지 아니ᄒᆞᆫ 도적 일홈]이 작란(作亂)ᄒᆞ믈 승시(乘時)ᄒᆞ야 드ᄃᆡ여 ᄀᆞᆨ습갈이(喀什噶爾)[오랑ᄏᆡ 나라 일홈] 츄쟝(酋長) 곽벽(霍壁)[사ᄅᆞᆷ의 일홈]으로 더브러 약됴를 셰우고 화친을 통ᄒᆞ야 져의로 ᄒᆞ야곰 외응(外應)이 이시믈 미더 즁국 ᄇᆡ반ᄒᆞ기를 무란이 ᄒᆞ고 텬됴(天朝)를 거역ᄒᆞ게 ᄒᆞ니 일노 말ᄆᆡ암아 이리(伊犁)[디명]에 웅거(雄據)ᄒᆞ고 곽한(霍罕)[디명]을 아올나 심회파측(心懷叵測)ᄒᆞ니 다시 맛당히 예방홀 도리를 ᄉᆡᆼ각ᄒᆞ야 방비ᄒᆞ기를 극진히 홀지라 영국 사ᄅᆞᆷ들은 져의 의ᄉᆞ에 도모ᄒᆞᄂᆞᆫ 바를 발셔 아ᄂᆞᆫ고로 인도(印度) 븍(北)편 아부한(阿富汗)[나라 일홈] 변방 디경에 획칙(劃策)을 란만이 ᄒᆞ야 디경을 뎡ᄒᆞ야 방슈(防守)ᄒᆞ니 대개 일을 당ᄒᆞ기 젼에 미리 계교ᄒᆞ미오(3:3ㄱ,ㄴ)

· 당나라 ᄉᆞ긔(史記)의 일ᄏᆞᆺᄃᆡ 양귀비(楊貴妃)ᄂᆞᆫ 깁으로 보션을 ᄒᆞ여 신엇다 ᄒᆞ며 한동랑(韓冬郎)[사ᄅᆞᆷ의 일홈]의 글의 니ᄅᆞᄃᆡ 여셧 치 되ᄂᆞᆫ 살이 둥글고 빗치 곱다 ᄒᆞ엿시니 이ᄂᆞᆫ 다 발을 ᄲᅡ지 아니ᄒᆞᄂᆞᆫ 붉은 징험이라 ᄉᆞ긔의 가히 샹고홀 만ᄒᆞᄃᆡ 오직 쳘경록(輟耕錄)[ᄎᆡᆨ 일홈]의 니로ᄃᆡ 녀인이 발을 동혓다 ᄒᆞ고 도산신문(道山新聞)에 니로ᄃᆡ 남당(南唐) 니후쥬(李後主)[남당 황뎨라]의 궁녀 궁양(宮孃)[궁녀 일홈]이 몸이 가늘고 맵시 잇셔 츔츄기를 잘ᄒᆞ거ᄂᆞᆯ 후쥐(後主ㅣ) ᄒᆞ야곰 비단으로ᄡᅥ 발을 ᄲᅡᄃᆡ 초ᄉᆡᆼ달 형용ᄀᆞᆺ치 ᄒᆞ니 셔로 젼ᄒᆞ야 니ᄅᆞᄃᆡ 발 ᄲᅡᄂᆞᆫ 거시 셩풍(盛豐)ᄒᆞ미 대개 이 일을 의방(依倣)ᄒᆞ미라(4:60, 61)

(2) 세계의 국명, 인명, 지명 차용어

개화기에는 세계 정세와 세계 지리 역사에 대한 관심이 증대되던 시기라 다음 예들처럼 국명, 지명, 인명 등이 대거 나타난다.

· 녯젹에 영길리 디경이 칠국의 난호여 각각 츄쟝[괴슈라]이 잇ᄉᆞᄃᆡ(1:1ㄴ)

· 구라파의 닉인하(來因河)와 다라강(多拿江)은 모든 사름이 다 힝션ᄒᆞᆫ는 길을 여러 쥬니 각국의 난호여 붓치엿고 미국의 미셔셕비강(米西昔比江)은 빅의 나는 리(利)를 본토의셔 독단ᄒᆞ니 일국의 젼쥬ᄒᆞ야 붓치엿고 파셔국(巴西國) 아마심강(阿厤沈江)은 비로(秘魯) ᄯᅡ히셔 발원ᄒᆞ여 파셔국(巴西國)으로 드러가나 물골시 난호여 의과타이국(依瓜朶耳國) 위닉셔랍국(委內瑞拉國)으로 흔딕 모혀 드러가 파셔국 수쳔 리를 ᄢᅦ쳐 드러가니(1:25ㄱ)

· 하나흔 골온 야소괴(耶蘇教ㅣ)니 영국과 덕국과 단국(丹國)과 하란(荷蘭)과 셔위돈(瑞威頓)과 로위(瑙威)와 셔셔(瑞西) 등 일곱 나라히 좃ᄎᆞ 힝ᄒᆞ고 ᄯᅩ 하나흔 골온 텬쥬괴(天主教ㅣ)니 의대리(意大利)와 오마가(奧馬加)와 븍비리아(北非利亞)와 법란셔(法蘭西)와 일ᄉᆞ파리아(日斯巴尼亞)와 포도아(葡萄牙)와 비리시(比利時) 등 일곱 나라히 좃ᄎᆞ 힝ᄒᆞ고 ᄯᅩ 하나흔 골온 희랍괴니 쇼아셰아와 구라파에 동아라ᄉᆞ(東俄羅斯)와 희랍국(希臘國) 등 네 나라히 좃ᄎᆞ 힝ᄒᆞ니(3:21ㄱ,ㄴ)

· 라파륜(拿破崙) 뎨삼(第三)[법국 인군(人君)의 일홈]이 교법의 그릇흔 빅 되여 나라히 파ᄒᆞ고 몸이 사로잡혀 텬하의 우으미 되니 오국(墺國) 졍승 안득랍(安得拉)이 법국 사름이 교쥬의 노례(奴隷) 되믈 감슈ᄒᆞᄂᆞᆫ 양으로 죠롱ᄒᆞ고 셔반아국(西班牙國)이 니르딕 법국이 홀노 악흔 일홈의 쳐ᄒᆞ야 그 실상 화란(禍亂)을 바닷다 ᄒᆞ고 미국(美國)이 니르딕 법국이 셰 번 크게 어즈러워 수빅만 인명이 ᄉᆞ망지환(死亡之患)을 당ᄒᆞ미 다 이를 말미암으미라 ᄒᆞ니 이 교법은 ᄯᅩ흔 법국의 화근이라 그나마 인도의셔 익력ᄉᆞ(額力士)[교법 일홈] 교법을 거졀ᄒᆞ고 덕국은 야소교(耶蘇教)의 모히는 바를 쫏ᄎᆞᄂᆡ며 포도아와 셔반아는 다 젼교ᄒᆞᄂᆞᆫ 무리의 직산을 젹몰(籍沒)ᄒᆞ야 관가로 드리며 의대리국은 교당 칠십여 간을 즛무고 그 직산을 젹몰ᄒᆞ며 라마(羅馬) 국왕은 교쥬를 셔ᄉᆞ국(西十國)의 보닉믹(3:25, 26)

다음은 '이언'의 차용어 표기를 '태서신사(1897), 사민필지(1889경)'의 외래어 표기와 비교한 것인데 이 시기의 표기가 불안정함을 보여 준다.[44] '이언'은 한문본 표기의 직역 차용에 의존하는 편인데 비해 '태서신사'는 어두 자음에 l, f, z 등의 원음 표기를 위해 ㄹㄴ, ㅇㅍ, ㅇㅅ 등의 특이한 자음 조합들을 사용하고 있음이 특징이다. 다음에서 빈칸은 해

44. '서유견문'의 국가명은 성원경(1989) 참고. 중국의 세계 각국이나 지명 차자 표기는 중국의 지리서인 '해국도지'(海國圖志, 1844)와 '영환지략'(瀛環志略, 1848)에 자세히 나와 있다.

당 대응 표기가 없는 경우이다.

【 이 언 】		【 태 서 신 사 】		【ᄉᆞ민필지】
한글	한자	한글	한자	한글
영길리	英	잉그란드	英吉利	옝길리
영국	英, 英國			
미국	美國	유나이테드 시테잇스	美利堅	합즁국
		아메리카	亞美利駕[45]	아메리까
구라파	歐洲, 歐羅巴	유롭	歐羅巴	유로바
ᄂᆡ인하	來因河	라인	蘭因	라인
다라강	多拿江			
미셔셕비강	米西昔比江	미스십피	密細細皮 密雪雪皮	미시시비
파셔국	巴西國	ᄲᅳ래ᄭᅵᆯ	巴西	브레실
아마심강	阿麻沈江			아마손
아쥬	阿洲	아ᅋᅳ리카	阿非利加	아프리가
비로	秘魯			베루
의과타이국	依瓜朶耳國			엑궤도
위ᄂᆡ셔랍국	委內瑞拉國			베네쉬일나
덕국,	德國	써마늬	德意志	덕국
보국, 포국[46]	普國, 布國	푸뤄시아	普魯士	
단국	丹國	ᄯᅦᆫ마크	墨丹	덴막국
일ᄉᆞ파리아, 셔반아국[47]	日斯巴尼亞, 西班牙國	왜스ᅋᅡ릐아, 스페인	威士法利亞, 西班牙, 呂宋[48]	이스바니아, 려송

45. '태서신사'에서는 아메리카주와 미합중국 표기를 구별하고 있다.

46. 프러시아는 '이언'에서 주로 '보국'으로 쓰이고 2:40ㄴ 한 곳에서만 '포국'으로 쓰인다.

47. '스페인'이 '이언 3:21ㄱ'에서는 '일ᄉᆞ파리아'(日斯巴尼亞)로 나오고 '이언 3:25ㄴ'에서는 '셔반아'(西班牙)로도 쓰여 공존하고 있다.

48. '呂宋'은 스페인을 가리키기도 하지만 필리핀의 '루손' 섬을 가리켜 '여송연'(呂宋煙)은 필리핀 루손 섬에서 나는 담배를 가리킨다. 스페인을 'ᄉᆞ민필지'에서는 '이스바니아'로 하면서 한 곳(ᄉᆞ민필지 42)에서 '이스바니아'가 '려송국'을 말한다고 협주를 달았다. 중국 지리서 '해국도지', '영환지략'은 '西班牙, 是班牙, 斯扁亞, 士便, 于絲蠟, 義斯巴尼亞, 以西巴尼亞, 大呂宋, 意卑里亞' 등 여러 가지

하란	荷蘭	홀란드	和蘭	네데란스
셔위돈	瑞威頓	스위든	瑞典	쉬덴
로위	瑙威	노워이	瑙威	노웨
셔셔, 셔ᄉᆞ국[49]	瑞西, 瑞士國	스윗쯸난드	瑞士	쉿스란드
의대리	意大利	이타릐	意大利	이다리아
오국, 오마가	墺國, 奧馬加	오스트리아	奧地利阿, 奧斯馬加	오스드리아
븍비리아	北非利亞	ᄲᅡ바리아	巴哇利亞	
법란셔, 법국[50]	法蘭西, 法國	ᅋᅳ란스	法蘭西	블란시
포도아	葡萄牙	포튜갈	葡萄牙	포츄갈
비리시	比利時	ᄲᅦᆯ지엄	比利時	벨지암
아라ᄉᆞ	俄羅斯	뤄시아	俄羅斯	아라사
희랍국	希臘國	그리스	希臘	ᄭᅳ리스
아부한	阿富汗	아ᅋᅮ간스	阿富汗	압간니스단
오국	澳國	쏘우스 오스트라릐아	南澳大利亞	오스드렐랴

'이언'에 나오는 지명에는 아직 미해독된 것도 있다. 다음의 은행명에서 '로ᄉᆞ지'(勞士齋)와 'ᄂᆡ덕박령'(乃德博令)은 어느 은행을 가리키는지 미상이다.

> 이후에 요긴ᄒᆞ게 ᄡᅳᆯ ᄃᆡ 잇거든 영국 로ᄉᆞ지(勞士齋)와 ᄂᆡ덕박령(乃德博令)[모다 은ᄒᆡᆼ 일홈이라] ᄀᆞᆺ튼 큰 은ᄒᆡᆼ의게 가셔 샹의ᄒᆞ면 스ᄉᆞ로 온당ᄒᆞᆯ 도리 이시리니 이런 은ᄒᆡᆼ은 각국의 은을 나이(挪移)ᄒᆞ며 빗 엇ᄂᆞᆫ 일을 젼혀 쥬관ᄒᆞᄆᆡ 본ᄃᆡ 명망이 잇셔 사ᄅᆞᆷ이 다 밋ᄂᆞᆫ ᄇᆡ라(4:55ㄱ)

'로ᄉᆞ지'와 'ᄂᆡ덕박령'은 夏東元(1982)의 '鄭觀應集'(上)의 구두점이 찍힌 '易言' 표점본에서는 '勞士', '齋乃德博令'으로 달리 끊어 나온다. 표점 방식을 따른다면 '로ᄉᆞ'(勞士)는 1765년에 설립되어 현존하는 Lloyds TSB Private Banking Ltd.으로 추정되며, '지

표기를 보여 주면서 '大呂宋'을 보여 주기도 한다.

49. '스위스'가 '이언 3:20ㄴ'에서는 '셔셔'(瑞西)로 나오고 '이언 3:26ㄱ'에서는 '셔ᄉᆞ국'(瑞士國)으로도 쓰여 공존하고 있다.

50. '프랑스'가 '이언 3:21ㄱ'에서는 '법란셔'(法蘭西)로 나오고 '이언 3:24ㄴ'에는 '법국'(法國)으로도 쓰여 공존하고 있다.

닉덕박령'(齋乃德博令)은 China - Dublin의 음차로 추정되는데 이 같은 은행명은 영국 은행사 자료들에서 보이지 않는다.

지명 중에 다음의 '려산'(余山)은 오리건 주의 얌힐 카운티(Yamhill County)로 추정하게 되었다.

> 녯젹의 미국 셔븍(西北) 려산(余山) 고올에 히변이 만코 너르기 한량이 업더니 당도지인(當道之人)이 수년 젼의 화륜거와 텰로를 셜시ᄒᆞ야 갓가이 동군(東郡) ᄯᅡ흘 통ᄒᆞ고 먼니 금산(金山)[51]을 졉ᄒᆞ니 일노 말미암아 온갓 물화를 통ᄒᆞ고 샹괴(商賈ㅣ) 모혀들며 민개(民家ㅣ) 느러 십팔만 호에 니ᄅᆞ니 이는 부강ᄒᆞᆫ 큰 효험이라(昔美國西北之余山郡地多瀕海曠邈無垠 當道於數年前開設火車鐵路近通東郡遙接金山 有是百貨流通商賈輻輳 戶口增至十有八萬有冊可稽此富庶之明效大驗也, 1:35ㄱ,ㄴ)

현재 우리가 중국의 '海國圖志'(1844), '瀛環志略'(1848)와 같은 지도서와 미국에서 발행된 당시 지도 자료를 조사한 바로는 '余山'이란 지명을 보여 주는 지도는 찾을 수 없었다. 위 내용은 '이언'의 수정확대판인 '성세위언'(盛世危言, 1894)의 '鐵路'(上)에도 나오는데 그곳에는 '이언'의 '戶口增至十有八萬……大驗也' 부분이 '戶口陡增**百萬**有奇此鐵路之便於通商也'라고 나와 인구가 100만으로 늘어난 것으로 적었다. 그러나 미국 서부에서 '이언'의 자서(自序)가 쓰인 1875년경에 18만 인구를 보이고, '성세위언'이 나오던 1894년경에 100만 이상을 보이는 도시는 찾기 어렵다. 1890년대에 100만 이상의 도시는 뉴욕(250만), 시카고(110만), 필라델피아(105만)이고 대부분 그 이하로 세인트루이스(45만), 로스앤젤레스(5만), 샌프란시스코(30만) 수준이라[52] 정관응이 말한 대로 18만에서 100만으로 폭증한 서북부 지역을 찾기가 어렵다.

우리는 군(郡, county)에서 주(州, State)를 가리키는 지역 인구 정보가 넓게 넘나든 결과로 보고 '려산군'을 오리건(Oregon) 주의 초기 대표적 카운티인 얌힐 카운티(Yamhill County, 1843년 설치)로 추정해 본다. '余山'의 발음은 [yushan]이라 Yamhill의 Yam은 [yu]와 통하고 hill은 '山'[shan]과 통한다. 얌힐 카운티는 오리건 주도(州都)인 세일럼(Salem) 북부와 포틀랜드(Portland) 남부 지역에 위치한 카운티로 현재는 작은 카운티이

51. 금산(金山): 미국 서부의 캘리포니아 특히 샌프란시스코 '구금산'(舊金山)이라고도 함. 샌프란시스코는 유길준의 '서유견문'(1895)에 '桑港 산프란세스코'로 나온다. '신금산'(新金山)은 호주의 멜버른(Melbourne). cf. 금산(金山): 금광(金鑛).

52. 1850년대부터의 미국 도시 인구 변화는 www.demographia.com/db-uscity1850.htm 참고.

지만 초기에는 '오리건의 어머니'(Mother of Oregon)로 불린 대표적 카운티로(Corning 1956:276) 캘리포니아 접경지까지 닿았다고 할 만큼 광활한 해안, 평원, 산악 지역이었으므로 위 본문에서 '해변이 만코 너르기 한량업다'(多濱海曠邈無垠)라고 한 것은 오리건 주의 해안 및 평원과 통한다.

이 지역은 오리건의 초기 개척사에서 번창했던 곳으로 '오리건 트레일'(Oregon Trail)이라 하여 미국 동부 지역 개척자들의 서북미 개척 통로로 알려진 곳이 있고 1870년대에는 오리건 제일 무역항인 포틀랜드(Portland)에서 시카고(Chicago)로 이어지는 북미 대륙 횡단 철도인 Nothern Pacific Railroad 노선의 공사가 진행되고 1883년에 완공되어 본문에서 '동군(東郡) 쪽흘 통ᄒᆞ고'라고 한 내용처럼 미국 동부 지역과도 통한다.

오리건 남북을 잇는 포틀랜드(Portland) - 로즈버그(Roseberg) 간 철도도 1872년에 개통되고 샌프란시스코까지는 1883년에 개통되었으며, 오리건 주는 이미 당시 중국과도 교역이 활발하였고,[53] 골드러시(Gold Rush, 1848-1855) 때에는 중국인들도 많이 왔지만, 미국의 북부, 중부, 남부 각각에서 동서를 잇는 미국 대륙 횡단 철도인 북부 태평양선(Northern Pacific Railroad), 중부 태평양선(Central Pacific Railroad), 남부 태평양선(Southern Pacific Railroad) 공사에도 중국 노동자들이 대거 이주해 노동력으로 투입되었기에 오리건 주를 중심으로 한 서북미 지역에 철로가 개설되고 무역도 활발하였음을 정관응이 알고 오리건의 대표 카운티인 '얌힐 카운티'를 '려산군'으로 본 것이 아닌가 한다.[54]

1848년에 성립하여 1859년에 미합중국의 33번째 주가 된 오리건 주의 인구는 1880년경 17만 5천명으로 번성하였으며[55] 본문에서 '遙接金山'(금산과 멀리 접했다)이라 함은 얌힐 카운티의 옛 관할 지역이 현재보다 넓어 캘리포니아 지역까지 닿았다고 하므로 샌프란시스코와 멀리 접했다고 인식한 것으로 보인다.[56] 따라서 본문의 조건과 가까운 '려산군'은 오리건 주의 대표 카운티였던 얌힐 카운티 지역이 아닌가 한다.

만일 이곳이 아니라면 캘리포니아 북부의 새크라멘토(Sacramento)로 볼 가능성이 있다. 새크라멘토는 19세기 서부 개척 시대인 1850년에 캘리포니아(California)가 미국의

---

53. Winther(1949:14-23)의 Ⅱ장은 'A Link in the China Trade'로 오리건 주와 중국의 무역을 언급하고 있어 이미 골드러시 기간 중에 샌프란시스코, 새크라멘토로 몰려든 중국인들과 미국 철도 개설에 동원된 중국인 노동자들의 이야기 외에 오리건 지역으로도 중국 상인들의 진출이 활발했음을 알 수 있다.

54. 오리건 역사 자료는 Winther(1949), Corning(1956:276), www.co.yamhill.or.us/, www.sos.state.or.us/bbook/cultural/history 참고. 특히 Winther(1949: 293-303)에서는 이 지역의 철도 건설사를 다루고 있다.

55. 오리건 주의 연표와 1850년대 이후 인구는 http://bluebook.state.or.us/cultural/history/chron02.htm 참고.

56. 얌힐 카운티의 역사는 http://www.co.yamhill.or.us/history.asp 참고.

주가 되면서, 새크라멘토가 미국 북서부에서 샌프란시스코 다음으로 골드러시(Gold Rush)의 영향으로 크게 번성하고 1854년에는 영구 주도(州都)가 될 정도로 상업, 유통의 중심지로 유서 깊은 도시이기 때문이다.

새크라멘토는 1838년에 이곳에 온 스위스계 독일인 서터(John Sutter)가 개척한 도시로 그의 서트 제분소(Sutte's Mill) 기술자가 1848년 1월 새크라멘토 동부 지역에서 금광을 발견하면서 이 소문이 전 미국과 유럽, 남미, 호주, 중국에까지 퍼져 많은 사람들이 몰려들어 골드러시의 중심지가 된다. 1849년에 이 지역을 중심으로 캘리포니아에 몰려든 인구가 9만이었으며 1855년에는 30만으로 늘어난다.[57] 인접한 샌프란시스코(San Francisco) 항은 금을 찾아 유럽, 호주, 중국 등 전 세계에서 몰려든 사람들로 인구가 급증하여 중국인들은 샌프란시스코를 금산(金山)으로 불렀다.

위 원문에 '해변이 만코 너르기 한량업다'(多濱海曠邈無垠)라고 하여 캘리포니아 평원 및 해안과 통하는 점, 1863년에 첫 대륙 철도 사업으로 중부 태평양선(Central Pacific Railroad)이 새크라멘토에서 동부를 향해 공사를 시작하여 중부 네브래스카(Nebraska) 주의 오마하(Omaha)에서 서부 태평양을 향해 시작한 연합 태평양선(Union Pacific Railroad)과 유타(Utah) 주 프러먼터리 서밋(Promontory Summit)에서 1869년 접속 개통되어 대륙 철도의 역사를 열게 된 점, 위 본문에서 인구 18만은 골드러시로 캘리포니아 인구가 수십만으로 늘어난 것과 통하는 점, 특히 '遙接金山'이라 하여 샌프란시스코와 인접한 점 등이 '려산군'을 새크라멘토로 볼 가능성도 추정하게 한다.[58]

새크라멘토는 중국어로 '薩克拉門托' 또는 '沙加緬度'로 적는데 '余山'이란 지명의

---

57. 골드러시에 대한 설명 사이트인 http://en.wikipedia.org/wiki/California_Gold_Rush에서 1849년도의 골드러시로 미국과 전 세계에서 몰려든 사람을 뜻하는 'Forty-niners' 항 설명의 끝부분의 인구 설명 참고.

58. Wikipedia 백과사전에서 'Sacramento, California' 항을 중문(中文)으로 보면 다음과 같이 간명히 설명하여 '이언'의 본문에서 말한 '려산'의 기록 내용과 흡사하다: 薩克拉門托(Sacramento), 是一個位於美國加州中部、薩克拉門托河流域上的城市，是薩克拉門托縣的縣府所在地，也是加州的州府所在地。於1849年12月由John Sutter建立，今天也是加州在人口上的第五大城。薩克拉門托最初是由 Fort Sutter 成長而來，而 Fort Sutter 也是由John Sutter於1839年所建立的。在19世紀中的掏金潮時，薩克拉門托是一個重要的人口集散地，也是一個商業和農業中心、和運貨馬車隊、驛馬車、河輪、電報、野馬快遞、和第一跨洲鐵路的末端站。"沙加緬度"是根據早年華僑的方言發音所譯，臺灣沿用至今，大陸和香港大都譯作"薩克拉門托"。當地華僑另有"二埠"這個別名，不過近年來隨著新移民移入而比較少用。기타 새크라멘토와 골드러시 관련 자료는 Kevin Starr(2005), J. S. Holliday(1999), H. W. Brands(2003), 참고. 새크라멘토 역사는 http://en.wikipedia.org/wiki/Sacramento%2C_California, http://en.wikipedia.org/wiki/History_of_Sacramento,_California, 개척자 존 서터의 전기는 http://en.wikipedia.org/wiki/John_Sutter, 미국 대륙 철도 역사는http://en.wikipedia.org/wiki/First_Transcontinental_Railroad와 http://www.sdrm.org/history/timeline/, 골드러시는 http://en.wikipedia.org/wiki/Gold_rush, 인구 변화는 http://www.demographia.com/db-uscity1850.htm 참고.

명명 근거는 미상이나 인근에 있는 유명한 국립공원 요세미티(Yosemite)의 이름과 '려산'이 유사하여 이에서 유래하였을 가능성을 추정케 한다. 그런데 새크라멘토 추정의 약점은 위 본문에서 '려산군'을 '미국 서북' 지역이라 한 것과 통하지 않는다. 일반적으로 미국에서 서북(Northwest) 지역이라 함은 오리건, 워싱턴 주 지역으로 새크라멘토는 서북 지역이 아니라 서부 지역으로 보기 때문에 이 점이 치명적 약점이 된다.[59]

(3) 개화 문물어

1880년대는 갑오경장(1894) 이전이라 본격적으로 신문물이 들어오기 이전이지만 '이언'에서는 서양의 각국 제도와 문물에 대해 소개하고 있음은 앞서 살핀 36개의 본문들에서 드러난 바와 같다. 다음 한 예문을 보더라도 서양의 학교를 소개하면서 신문물 교과를 기존 용어로 표현하려고 하고 있다.

① 格致 > 격치지학. 重學 > 즁학. 史鑑 > ᄉᆞ긔. 歷學 > 칙력법.
算法 > 산법. 藝術 > 기예슐슈

- 학업을 가ᄅᆞ치ᄃᆡ 격치지학(格致之學)과 즁학(重學)과 ᄉᆞ긔(史記)와 칙력법(冊曆法)과 산법(算法)이며 타국 언어 문ᄌᆞ와 기예슐슈(技藝術數)의 반ᄃᆞ시 ᄡᅳᆯ 글을

---

59. '려산'의 다른 후보지로는 서북 지역인 워싱턴(Washington) 주의 시애틀(Seattle)도 고려되나 워싱턴 주가 1853년에 오리건 주에서 분리된 이래 1889년에서야 미국의 42번째 주가 되었고 인구 규모도 1880년대에 4천 명 수준이며 포틀랜드-시애틀 간의 철로 개통은 1887년으로 늦어 상업 유통 상태도 '이언' 집필 당시에는 활발한 곳이 아니어서 '려산군'을 시애틀로 보기에는 적합하지 않다.
또 다른 후보로는 미국 중부 미주리(Missouri) 주의 '세인트루이스'(St. Louis)도 생각하였다. '余山'의 발음 [yushan]과 '루이스'의 발음이 부분 근접한다. 이곳은 세계 5위 길이의 미시시피 강 연안에 있는데 1850년대의 철도 부설 이래 통관항으로 오대호에서 멕시코 만을 잇는 남북 수로의 요지이었고 가축·곡물·양모·목재를 거래하는 큰 시장들이 있었다. 인구도 1880년대에 35만 명을 넘어섰다. 세인트루이스는 미시시피 산맥으로 인해 야산도 많아 '구릉 도시'(Mound City)라는 별명이 붙기도 하였고 오늘날 중국어로는 '聖路易斯'로 표기하는데 세인트루이스를 '余山'으로 본다면 구릉이 많은 것과 관련될 듯하다. 세인트루이스-샌프란시스코 철도회사(Saint Louis-San Francisco Railway Company)는 1876년에 두 지역간 철로가 개통되면서 설립되었다. 본문에서 동군 지역과 통하고 멀리 금산(샌프란시스코)과 통한다고 함은 철도 개설로 교통 요지가 된 것을 뜻한다. 그러나 세인트루이스는 중부라 원문의 '미국 서북'이라 한 것과 큰 차이가 나므로 역시 후보로는 어렵다.
'余山'[yushan]의 발음과 로스앤젤레스(Los Angeles)의 발음도 유사하나 LA는 1860년대 인구가 5천 명, 1880년대에 1만 명 수준이었으며, 샌프란시스코는 골드러시(Gold Rush) 이래 1860년대에 6만, 1870년대에서야 15만에 이르러 비교가 된다. 로스앤젤레스(Los Angeles)는 '나성'(羅城)이나 '낙삼기'(洛杉磯)로 적히고 LA 지역의 미국 남부 철도(Southern Pacific Railway)도 1883년에나 완성되어 본문의 내용과 맞지 않아 LA를 '余山'으로 보기는 어렵다. 더욱이 LA는 북서 지역도 아니다.

젼쥬(專主)ᄒᆞ야 가ᄅᆞ치며(2:41ㄴ)

'기예슐쥬'는 원문이 '藝術'이다. 오늘의 '예술'과 달리 '과학기술'을 가리켰다. 흔히 '인생은 짧고 예술은 길다'의 '예술'은 현대의 '예술'이 아니라 '기술'을 가리킨다.

② 爹釐風 > 다리퐁

· 이제 셔인(西人)이 ᄯᅩ 다리퐁(爹釐風)[던긔션 ᄀᆞᇀ튼 거시라][60]을 창ᄀᆡᄒᆞ야 쇼식을 젼ᄒᆞ게 ᄒᆞ니 더옥 심샹치 아니ᄒᆞᆫ지라(1:45ㄱ)

③ 鐘 > ᄌᆞ명종. 表 > 시표. 音盒 > ᄌᆞ명악

· ᄌᆞ명죵(自鳴鐘)과 시표(時表)[61]와 ᄌᆞ명악(自鳴樂)[62] ᄀᆞᇀ튼 완호지물(玩好之物)은 다 유해무익ᄒᆞᆫ 거시로ᄃᆡ 즁국 사ᄅᆞᆷ이 ᄉᆞ랑ᄒᆞ야 즁가로 ᄉᆞ며(2:1ㄱ)

④ 書信館 > 셔신관

· ᄯᅩᄒᆞᆫ 셔국법(西國法)을 의방(依倣)ᄒᆞ야 셔신관(書信館)을 두로 셜시(設施)ᄒᆞ면 비록 만리(萬里)라도 ᄒᆞᆫ 집안에 잇ᄂᆞᆫ 것 ᄀᆞᇀ트리니(2:20ㄱ)

⑤ 磅 > 방. 本納 > 본납. 喜林 > 희림

· ᄆᆡ년에 부비ᄒᆞᆯ 은ᄌᆞ 십오 방(磅)[63]을 ᄂᆡ고 모든 대학원을 쥬관ᄒᆞ야(2:46ㄱ)
· 향학(鄕學)에 부비(浮費)ᄂᆞᆫ ᄆᆡ(每) 인(人)이 칠일을 한(限)ᄒᆞ고 ᄒᆞᆫ 본납(本納)[64][셔양국 은(銀) 일홈]을 ᄂᆡ고 셩학(城學)의 부비ᄂᆞᆫ ᄆᆡ월의 ᄒᆞᆫ 희림(喜林)[65][셔양국 은 일홈이니 즁국 은ᄌᆞ(銀子) ᄒᆞᆫ 돈 륙칠 분(分)가량이라]을 ᄂᆡᄃᆡ(2:40ㄴ, 41ㄱ)

---

60. 다리퐁(爹釐風, diēlífēng 디에리펑): 전화(電話). 'telephone'의 음역어.
61. 시표(時表): 시계. [원문] 表.
62. ᄌᆞ명악(自鳴樂): 태엽을 이용하여 스스로 소리가 나게 만든 악기. 축음기. [원문] 音盒.
63. 磅: 돌 떨어지는 소리 방. 영국 파운드(pound) 화폐 단위.
64. 본납(本納): '페니'(penny)의 음역어. 영국 등의 화폐 단위. 1페니는 1파운드의 100분의 1이다.
65. 희림(喜林): '실링'(shilling)의 음역어. 영국과 미국의 옛 화폐 단위. 1실링은 1기니(Guinea)의 21분의 1이다.

5. 맺음말: '이언'의 국어사적 의의와 가치

지금까지 살펴본 '이언'은 개화기 초기에 서양에 문호가 개방되지 않은 상태에서 주체적으로 개화 이론서를, 그것도 관청이 주도하여 중국 한문본의 복간은 물론 언해까지 하였다는 점에서 의의가 크며 개화 사상사의 연구는 물론 국어사의 자료로서도 귀중한 의의를 지닌다. 이제 전체적으로 국어학적 분석을 마치면서 '이언'이 갖는 국어사적 의의와 가치를 정리하여 마무리로 갈음한다.

5.1 조선말 언해체 자료로서의 의의

근대국어 말기에 속하는 개화기 국어의 자료로는 그동안 'ᄉᆞ민필지', '예슈셩교젼셔', '서유견문', '태서신사', '한성순보', '한성주보', '독립신문', '황성신문', 개화기 교과서, 관보, 개화기 신소설, 기타 언론 잡지류 등 여러 방면의 자료가 있으나 중세국어의 시기에 흔한 언해본의 전통을 잇는 것이 귀했는데 개화 초기인 1880년대에 '이언'과 같은 방대한 양의 언해 자료가 있었다는 것은 그 의의가 크다(졸고 1994ㄱ, ㄴ).

특히 개화기에 일한 혼용체(日漢 混用體)의 영향을 받은 개화기 국한문체의 효시로 '서유견문'(1895)이 문체사적으로 부각되어 오면서, 이에 대응되는 개화 초기의 순한글체 자료가 귀해서 겨우 로스(John Ross) 목사의 '예슈셩교젼셔'(1887), 헐버트(Homer B. Hulbet)의 'ᄉᆞ민필지'(1889경)를 들 수 있는데 공교롭게 이들 모두 외국인이 주도한 자료이라 우리 손으로 '이언'이 이들보다 앞서 나왔다는 점에서 의의를 지닌다.

국어학적으로는 조선말 언어의 마지막 모습을 보이지만 언어적으로는 중세 이래 문어체로서 언해체의 전통을 보여 어미가 길게 이어지는 장문의 만연체를 보이고 표기는 근대 문헌 표기의 특징인 중철, 혼철, 과잉분철 등의 혼기가 많고 특히 아래아 소실로 아래아, ㅏ, ㅡ 사이의 혼기가 심하다. 통사적으로는 '-음, 것' 등의 명사문이 많고 의존명사, 의존용언은 현대 문법에 대부분 근접하나 고어사전들에 미등록된 'ᄌᆞᆺ' 같은 의존명사가 새로 확인된다. 어휘적으로는 신물물어를 포함한 한자어, 고유어가 풍부하여 고어사전에 미등재된 것이 다수 확인된다: 무란이(3:3ㄱ, 4:42ㄴ), 안례ᄒᆞ야(3:14ㄱ), 몸바다(3:31ㄴ), 라ᄉᆞ장(3:48ㄱ), 지수업ᄂᆞᆫ (4:8ㄱ)/지수업ᄉᆞ니(4:56ㄱ), 위셩ᄒᆞᄂᆞᆫ(4:24ㄱ), 문문ᄒᆞᄂᆞᆫ(4:28ㄴ), 지경 다핫시ᄆᆡ(4:32ㄴ) 등.

5.2 '서유견문'보다 앞서는 개화 문물서로서의 의의

그동안 개화기 문체를 다룰 때, 한글체는 '예슈셩교젼셔'(1887) 등과 같은 한글 성경이나 기독교계 인사들의 영향 아래 발행된 '독립신문'(1896)에서 대표적으로 사용된 문체로 인식되고 국한문체는 관료 및 친일 개화파나 보수 한학파의 시류 문체로 이해되어 왔다(권오만 1991).

특히 관변에서는 순한문체, 국한문체, 이두문체가 주류이었는데 이런 경향 속에서도 1880년대 초에 관에서 주도적으로 고도의 중국 개화 이론서를 순한글체로 언해한 '이언'을 발간하였다는 것은 개화에 대한 우리의 주체적 수용 자세를 반영하는 것이며 그것도 천대받아 왔던 한글 문체로 어려운 개화사상을 최초로 풀어 담았다는 점에서 '서유견문'이 개화사상을 난해한 개화기식 국한문체로 담으려고 한 것보다 훨씬 의의 있는 일로 평가된다.

우리가 일본계 개화서적이나 한자 신용어로 된 신문물의 본격적 유입에 앞서 중국계 개화서와 신문물어를 먼저 도입하여 언해까지 하였다는 것은 그동안 일본계 개화서라 할 수 있는 '서유견문'[1]을 신문물 유입의 통로로만 알아온 우리에게 이 시대에 대한

1. '서유견문'이 일본계 개화서에 가깝다는 것은 유길준의 일본 경응의숙(慶應義塾) 유학을 통한 영향과 일본계 한자어가 대부분이란 점, 그리고 실상 이 책이 일본인 스승인 일본 개화의 선구자 후쿠자와 유키치(福澤諭吉)의 '서양사정'(西洋事情)을 번안 개작한 것으로 이한섭(1987)에 따르면 서유견문 20편 중 9개편은 '서양사정'을 그대로 옮긴 것이라 한다.

새로운 이해를 요구한다.

개화기는 어휘사적으로는 신문물어가 대거 유입되고 문장사적으로도 언론, 신소설 자료의 증가로 문장 길이가 짧아지고 종결어미가 변모하는 등 산문체의 변화가 두드러지는데 '이언'은 문체는 중세 및 근대 언해체의 전통을 유지하지만 개화 신문물어가 대거 들어 있어 개화 어휘 연구에 획기적 자료로 평가된다. 아울러 언해체의 전통이 조선말까지 이어지는 면모를 마지막으로 보여준다는 점에서 언해체의 변천사 연구에는 이 시기를 대표할 것인바 필수적으로 연구되어야 한다.

5.3 학제간 및 국제간 자료로서의 의의

'이언'은 이미 국사학계에서는 개화사 분야에서 알려진 자료이다. 그러나 국어학계에서는 최현배(1940)에서 간략한 서지 소개가 이루어졌음에도 불구하고 거의 알려지지 않아 왔다. 이런 점에서 앞으로 국사학 분야와의 학제간 공동 연구도 필요하다.

아울러 본 자료는 중국 개화 이론서로서 오늘날 동아시아 문화권의 중요성이 높아지고 있는 시점에서 세계화와 국가 개방 전략을 논하는 시대를 맞아 연구 의의가 있다. 특히 중국 개화 이론서가 한국 개화사상에 미친 영향이라든가 한자 문화권인 한중일 3국의 신문물 제도 어휘의 수용 양상에 대해 비교 연구를 할 수 있어 한중일 3국간의 학문 공동 연구 발전에도 기여할 수 있는 좋은 자료이다. 현재 우리는 개화기 신문물어가 일본을 통해 들어 온 것과 중국을 통해 들어 온 것에 대한 계보가 완성되어 있지 않아 이 문헌은 연구자들에게는 1차 필독 섭렵 자료로서의 가치가 있다.

지금까지 우리는 국어사 자료로서 그동안 알려지지 못했던 중국 개화 이론서 '이언'(易言)의 언해본을 국어학적으로 분석하고 '이언'의 국어사적 의의와 가치를 정리하여 보았다.

'이언'은 개화 방책을 모색하던 조선으로서는 매우 요긴한 각종 제도 문물의 실험을 중국의 상황과 관점으로 제안하고 있어서 조정 사대부 층이 탐독하고 참고할 수 있었을 것이다. 이러한 책이 언해되었음에도 불구하고 그동안 국어사 특히 개화기 국어의 기술에서는 잊었던 문헌이다.

앞에서 살핀 대로 '이언'은 조선 최후의 언해본으로 자리매김 받을 수 있는 문헌으로 표기, 음운, 형태, 통사, 어휘 등의 측면에서 근대 말기의 국어 모습을 보여 주고 있고 어휘 층위에서는 한문 원본의 한자어나 신문물어가 직역 차용이나 의역 차용을 통해 언해된 실상을 적나라하게 보여 주고 있어서 어휘사 측면에서 매우 중요하다.

우리는 그동안 '서유견문'(1895)을 효시로 일본계 개화사상서나 일본계 신문물어의 영향이 기술되고 연구되어 왔으나 이보다 훨씬 앞서 이미 1880년대 초에 중국계 개화사상서를 관청에서 언해하고 중국계 신문물어를 먼저 적극적으로 수용하기 시작했다는 점에서 이 시대에 대한 평가와 인식이 새로워질 필요가 있다고 하겠다.

본 연구에서는 특히 어휘사 측면에 비중을 두어 각주 작업에서 [원문] 표시로 원문 한자어를 밝혀 '원문 한자어 → 언해 한자어'의 양상을 대조해 볼 수 있도록 하였다. 이 작업의 결과 '이언'의 어휘부에는 고어사전들에서 아직 올라 있지 않은 미등재어 다수를 발견할 수 있었고 등재어라 할지라도 용례가 빈약한 우리의 고어사전들에 상당수 근대말 국어 용례를 추가 등재할 수 있다는 점에서 '이언'은 풍부한 고어사전 어휘의 보고(寶庫)라는 점을 확인할 수 있었다.

또한 이들 어휘 상당수는 20세기 전기 국어 시기인 일제 시대 작가들의 작품들에 문증되는 경우가 많아 '이언'은 근대 국어 어휘부가 현대 국어 전기까지 이어지는 양상을 확인할 수 있는 증거 자료로 볼 수도 있다. 그런 점에서 '이언'은 고유어와 한자어의 어휘사적 층위의 변천 여부와 차용어 수용사의 측면에서 사전학적으로나 어휘사적으로 가치 있는 문헌이라 하겠다. 앞으로 이에 대한 다양한 관련 연구가 이어지고 언어의 변천에 대한 다양한 현상을 발견할 수 있기를 바란다.

참고문헌

자료

『易言』 36편본

한문본 1880년. 상하 2책(中華印務總局本, 서울대 규장각, 국립중앙도서관, 고려대, 서강대, 연세대본)

한글본 1883년경. 4권 4책(서강대, 연세대, 국립중앙도서관, 일본 천리대 소장본)

권1-3(권4 결본: 국립중앙도서관, 한국학중앙연구원본)

영인본: 한문본, 1982년, 夏東元 편, 『鄭觀應集』(上) 所收(標點本)

한문본·한글본, 1979년, 以文社 영인본

한글본, 1985·1986년, 일본 조선학회 『조선학보』 117·118집의 부록 영인본

한문본·한글본, 1992년, 弘文閣本, 홍윤표 교수 解題

전자도서관 원문 공개 영인본(연세대 한글본 권1-4, 서울대 마이크로필름본 한글본 권1-3 및 한문본 상하, 국립중앙도서관 한글본 권1-3 및 한문본 상하, 한국학중앙연구원 마이크로필름본 및 PDF본 권1-3, 디지털 한글박물관 한글본 권1-3)

『易言』 20편본(1882), 夏東元 편(1982, 1988), 『鄭觀應集』(上) 所收(標點本)

『救時揭要』, 同治 元年(1862), 夏東元 편(1982, 1988), 『鄭觀應集』(上) 所收(標點本)

『盛世危言』, 光緒 20(1894) 간본(전5권본), 夏東元(1982, 1988), 『鄭觀應集』(上) 所收(標點本)

『盛世危言增訂新編』, 光緒 21(1895) 간본(전14권본), 夏東元(1982, 1988), 『鄭觀應集』(上) 所收(標點本)

『增訂盛世危言新編』, 光緖 23(1897) 간본(전14권본, 成都刻本), 續修四庫全書 953, 上海古籍蹟出版社
『盛世危言增訂新編』 光緖 26(1900) 간본(전8권본, 美國哥倫比亞大學藏本), 吳相湘 主編(中華民國 54年, 1965), 中國史學叢書 27(全二卷), 臺灣學生書局
『盛世危言 後篇』, 宣統 元年(1909), 夏東元(1982, 1988), 『鄭觀應集』(下) 所收(標點本)
『盛世危言 後篇』, 宣統 元年(1909) 간본(전15권본), 李毓澍 主編(中華民國 58年, 1969), 近代史料叢書彙編 第一輯, 臺灣大通書局印行

강규선(1989), 「20세기 초기 국어의 경어법 연구」, 성균관대 박사논문
강신항(1985), 「근대화 이후의 외래어 유입 양상」, 『국어생활』 2, 국어연구소
______(1995), 「일본 한자어」, 『새국어생활』 5-2, 국립국어연구원
강윤호(1975), 『개화기의 교과용 도서』, 교육출판사
국립국어연구원(1993), 『신소설의 언어 사용 실태 조사』, 국립국어연구원
국립국어연구원(1999), 『국어의 시대별 변천 연구(개화기 국어)』 4, 국립국어연구원
국립국어연구원 편(1999), 『표준국어대사전』, 국립국어연구원 / 두산동아
국립문화재연구소 예능민속연구실(2005), 海外典籍文化財調査目錄: 日本 天理大學 天理圖書館 所藏 韓國本, 대전: 국립문화재연구소
국사편찬위원회 편(1955), 『梅泉野錄(영인본)』, 한국사료총서 제1권, 新志社
國史編纂委員會(1968), 『고종시대사 1/2집』, 국사편찬위원회
국정기(1971), 「국어 문체에 대한 연구」, 서울대 석사논문
권영민(1975), 「개화기 소설의 문체 연구」, 서울대 석사논문
권오만(1991), 「개화기의 문체와 장르 선택」, 『한국 현대시사의 쟁점』, 시와 시학
김광조(1984), 「개화기 어휘 연구: '독립신문'에 나타난 어휘를 중심으로」, 연세대 석사논문
김동언(1996), 「개화기의 번역 문체 연구」, 『한국어학』 4, 고려대
______(1998), 『텬로력뎡과 개화기 국어』, 한국문화사
김병철(1975), 『한국 근대 번역 문학사 연구』, 을유문화사
김봉희(1999), 『한국 개화기 서적 문화 연구』, 이화여대 출판부
김상태(1993), 『문체의 이론과 해석(증보판)』, 집문당
김석득(1986), 「개화기의 국어 연구」, 『국어생활』 4, 국어연구소
김세민(2002), 『한국 근대사와 만국공법』, 경인한국학연구총서 9, 경인문화사

김영덕(1969), 「언해문체와 성서문체와의 관계 연구」, 『한국문화연구원논총』 14, 이화여대
______(1971), 「한국 초기성서 번역체 연구」, 『한국문화연구원논총』 18, 이화여대
김인선(1994), 「갑오경장 전후의 국문 한문 사용 논쟁」, 『새국어생활』 4-4, 국립국어연구원
김종택(1983), 「국어 표현구조의 변천 연구」, 『동양문화연구』 10, 경북대
김태준(2004), 「유길준의 '서유견문'에 대하여」, 『한힌샘 주시경 연구』 17, 한글학회
김형철(1984), 「19세기 말엽의 국어에 대하여」, 『어문논집』 1, 경남대
______(1987), 「19세기 말 국어의 문체·구문·어휘의 연구」, 경북대 박사논문
______(1990), 「개화기 문헌의 어휘 연구: 서유견문을 중심으로」, 『경남어문』 23, 경남대
______(1994), 「갑오경장기의 문체」, 『새국어생활』 4-4, 국립국어연구원
______(1997), 『개화기 국어 연구』, 경남대 출판부
______(1999), 『개화기 국어 어휘, 국어의 시대별 변천 연구(개화기 국어)』 4, 국립국어연구원
김흥수(1988), 「언어학적 문체론의 위상과 과제」, 『국어국문학』 100, 국어국문학회
나채운(1990), 『우리말 성경 연구』, 기독교문사
남광우 편(1960 / 1997), 『고어사전』, 동아출판사 / 교학사
남기심(1977), 「개화기 국어의 문체에 대하여」, 『연세교육과학』 12, 연세대
남풍현(1972), 「중세 국어의 중국어 차용 연구」, 『한양대 논문집』 6, 한양대
민영진(1984), 『국역성서 연구』, 성광문화사
민현식(1984ㄱ), 「개화기 국어의 경어법에 대하여」, 『관악어문연구』 9, 서울대
______(1984ㄴ), 「개화기 국어의 문체: 신소설, 개화기, 교과서의 어휘를 중심으로-」, 『강릉어문학』 1, 강릉대
______(1985), 「개화기 국어의 어휘(1)」, 『신국어학연구』, 탑출판사
______(1986ㄱ), 「개화기 국어의 어휘(2)」, 『國語教育』 53·54, 한국국어교육연구회
______(1986ㄴ), 「개화기 국어의 어휘(3)」, 『國語教育』 55·56, 한국국어교육연구회
______(1986ㄷ), 「개화기 국어의 어휘에 대하여」, 『國語生活』 4, 국립국어연구소
______(1991 유인물), 「개화기 국어 문체의 다양성과 그 기술의 균형을 위한 재검토」, 국어국문학회 전국대회 공동주제 발표논문
______(1993), 「개화기 국어사 자료에 대하여」, 『국어사 자료와 국어학의 연구』, 문학과지성사
______(1994ㄱ), 「개화기 국어 문체 연구」, 『국어국문학』 111, 국어국문학회
______(1994ㄴ), 「개화기 국어 문체에 대한 종합적 연구(1)(2)」, 『국어교육』 83-86, 한국국어교육연구회

______(1999ㄱ), 「개화기 국어문법」, 『국어의 시대별 변천 연구(개화기 국어)』 4, 국립국어연구원
______(1999ㄴ), 「개화기 한글본 '스민필지'에 대하여」, 『국어교육』 100, 한국국어교육연구회
______(2000), 『국어교육을 위한 응용국어학 연구』, 서울대 출판부
______(2002ㄱ), 「開化期 한글본 '易言' 研究(主題發表文)」, 日本 朝鮮學會 全國大會, 日本 天理大
______(2002ㄴ), 「개화기 국어 어휘 연구 방법의 재검토」, 『동양학』 32, 단국대학교 동양학연구원
______(2002ㄷ), 「개화기 한글본 〈이언〉의 한자어에 대하여」, 『국어국문학』 132, 국어국문학회
______(2002ㄹ), 「개화기 국어 변화의 계량적 이해」, 『한국어문학연구』 39, 동국대 한국어문학연구학회
______(鈴木陽二 譯)(2003), 開化期のハングル本『易言』の研究, 『朝鮮學報』 186, 日本: 朝鮮學會
______(2005), 「한자어의 번역 수용과 변천 양상: 개화기 한글본 '이언'(易言)의 번역어를 중심으로」, 『선청어문』 33, 서울대 국어교육과
______(2007ㄱ), 「개화기 한글본 《이언》(易言) 연구」, 『국어학』 49, 국어학회
______(2007ㄴ), 「'이언'(易言)의 주해(註解) 과정에 나타난 몇 가지 문제에 대하여」, 『국어사 연구와 자료』, 태학사
박붕배(1980), 「개화기의 국어과 교육 연구」, 성균관대 박사논문
박영섭(1986), 「국어 한자어의 기원적 계보 연구」, 성균관대 박사논문
______(1992), 『개화기 국어 어휘 자료집: 신소설 편』, 솔터
______(1994ㄱ), 『개화기 국어 어휘 자료집(1): 독립신문 편』, 서광학술자료사
______(1994ㄴ), 『개화기 국어 어휘 자료집(2): 신소설 편』, 서광학술자료사
______(1996), 『개화기 국어 어휘 자료집(3): 교과서·신문 편』, 박이정
______(1997ㄱ), 『개화기 국어 어휘 자료집(4): 잡지 편』, 박이정
______(1997ㄴ), 『개화기 국어 어휘 자료집(5): 외래어 편』, 박이정
배수열(1986), 「19세기 말엽의 국어 연구: 언더우드 '한영즈뎐'을 중심으로」, 경남대 석사논문
박재연 · 김영 · 이민숙(2004), 『홍루몽 고어사전: 19세기 말 홍루몽계 필사본 번역소설에 나타난 어휘를 중심으로』, 선문대학교 중한번역문헌연구소

백두현 · 김주원(2003), 『十九史略諺解』, 역락
서재극(1970), 「개화기 외래어와 신용어」, 『동서문화』 4, 계명대
서정수 · 우인혜(1995), 「일본을 거쳐 들어온 외래어휘」, 『새국어생활』 5-2, 국립국어연구원
성원경(1989), 「'서유견문'에 한역된 각 국가명고」, 『동방학지』, 36·37, 연세대 국학연구소
송 민(1976), 「19세기 천주교 자료의 국어학적 고찰」, 『국어국문학』 72·73, 국어국문학회
______(1979), 「언어의 간섭과 접촉 유형에 대하여」, 『논문집』 10, 성심여대
______(1985), 「조선 통신사의 일본어 접촉」, 『어문학논총』 5, 국민대
______(1987ㄱ), 「조선 통신사의 모국어 체험」, 『어문학논총』 6, 국민대
______(1987ㄴ), 「프랑스 선교사의 한국어 연구 과정」, 『교회사 연구』 5, 한국교회사연구소
______(1988ㄱ), 「일본 수신사의 신문명 어휘 접촉」, 『어문학논총』 7, 국민대
______(1988ㄴ), 「국어에 대한 일본어의 간섭」, 『국어생활』 14, 국어연구소
______(1989), 「개화기 신문명 어휘의 성립과정」, 『어문학논총』 8, 국민대
______(1990), 「어휘 변천의 양상과 그 배경」, 『국어생활』 22, 국어연구소
______(1992), 「개화기의 어휘 개신에 대하여」, 『어문학논총』 11, 국민대
______(1994), 「갑오경장기의 어휘」, 『새국어생활』 4-4, 국립국어연구원
______(1999ㄱ), 「신생 한자어의 성립 배경」, 『새국어생활』 9-2, 국립국어연구원
______(1999ㄴ), 「한자어 '기선, 기차'의 연원」, 『새국어생활』 9-3, 국립국어연구원
______(1999ㄷ), 「개화 초기의 신생 한자어 수용」, 『어문학논총』 18, 국민대
______(1999ㄹ), 「器械에서 機械가 되기까지」, 『새국어생활』 9-4, 국립국어연구원
송철의 · 이현희 · 장윤희 · 황문환(2004), 『역주 增修無冤錄諺解』, 서울대 출판부
신중진(2003), 「개화기 주요 한글 자료를 찾아서」, 『인하어문연구』 6, 인하대
______(2004), 「개화기 신문·잡지의 인간 관련 명사 어휘 연구」, 서울대 박사논문
신창순(2003), 『국어 근대 표기법의 전개』, 태학사
심재기(1989), 「한자어 수용에 관한 통시적 연구」, 『국어학』 18, 국어학회
______(1992ㄱ), 「개화기의 교과서 문체에 대하여」, 『국어국문학』 107, 국어국문학회
______(1992ㄴ), 「개화기 문체 양상에 관한 연구」, 『한국문화』 13, 서울대
심재기 편(1998), 『국어 어휘의 기반과 역사』, 태학사
안병희(1985), 「언해의 사적 고찰」, 『민족문화』 11, 민족문화추진회
엄소연(1999), 「개화기 국역 성서 어휘의 의미·통사론적 연구」, 숙명여대 석사논문
여증동(1977), 「19세기 한자-한글 섞어쓰기 줄글에 대하여」, 『한국언어문학』 15, 한국언어문학회

______(1981), 「19세기 '독립신문'에 대한 연구(1)」, 『배달말』 6, 배달말학회
______(1982), 「19세기 '독립신문'에 대한 연구(2)」, 『배달말』 7, 배달말학회
______(1983), 「19세기 '독립신문'에 대한 연구(3)」, 『배달말』 8, 배달말학회
연규동(1996), 「근대국어 어휘집 연구」, 서울대 박사논문
오미나(2000), 「'ᄉᆞ민필지'의 국어학적 연구」, 숙명여대 석사논문
우인혜(1985), 「'독립신문'의 국어학적 연구」, 한양대 석사논문
유만근(1980), 「외래어 수용 방식에 대한 고찰」, 『어학연구』 16-1, 서울대 어학연구소
유문수(1975), 「어휘상으로 본 한국 개화기 문장의 문체론적 연구」, 고려대 석사논문
유영익(1990), 「서유견문론」, 『한국사 시민강좌』 7, 일조각
유창균(1970), 「국역성서가 국어의 발달에 끼친 영향」, 『동서문화』 1, 계명대
유창돈 편(1964), 『이조어사전』, 연세대 출판부
윤경로(1977), 「Homer B. Hulbert 硏究: 韓國에서의 活動과 韓國觀을 中心으로」, 고려대 석사논문
______(1981), 「헐버트의 한국에서의 활동과 한국관」, 『역사교육』 29(→ 윤경로 1992)
______(1992), 『한국 근대사의 기독교사적 이해』, 역민사
윤장근(1967), 「한국 신문장 형성 및 그 변천에 관한 연구」, 고려대 석사논문
이경식(2003), 「우리나라 興學과 氣概涵育의 推移」, 『사대논총』 67, 서울대학교 사범대학
이경우(1998), 『최근세국어 경어법 연구』, 태학사
이광린(1969, 1993), 「육영공원의 설치와 그 변천」, 『한국 개화사 연구』, 일조각
______(1969ㄱ), 『한국 개화사 연구』, 일조각
______(1969ㄴ), 「'이언'과 한국의 개화사상」, 『한국사학논총-이홍직 박사 회갑기념』, 신구문화사
______(1985), 「'易言'と韓國の開化思想」, 『朝鮮學報』 117, 日本: 朝鮮學會
이기동(1994), 「갑오경장이 어문 생활에 끼친 영향」, 『새국어생활』 4-4, 국립국어연구원
이기문(1970), 『개화기 국문 연구』, 일조각
______(1977), 「19세기 말의 국문론에 대하여」, 『어문논집』 19·20, 고려대
______(1980), 「19세기 말엽의 국어에 대하여」, 『난정 남광우 박사 화갑기념논총』, 일조각
______(1984), 「개화기의 국문 사용에 관한 연구」, 『한국문화』 5, 서울대 한국문화연구소
______(1989), 「독립신문과 한글문화」, 『주시경학보』 4, 주시경연구소
이병근(1976), 「19세기 국어의 모음체계와 모음조화」, 『국어국문학』 72·73, 국어국문학회

______(1977), 「최초의 국어 사전 '말모이'」, 『언어』 2-1, 한국언어학회
______(1986), 「개화기의 어문정책과 표기법 문제」, 『국어생활』 4, 국어연구소
______(1988), 「개화기 어휘 정리와 사전 편찬」, 『주시경학보』 1, 탑출판사
______(1998), 「통감부 시기의 어휘 정리와 그 전개: 지석영의 '언문'을 중심으로」, 『한국문화』 21, 서울대 한국문화연구소
______(2000), 『한국어 사전의 역사와 방향』, 태학사
______(2001), 「서양인 편찬의 개화기 한국어 대역사전과 근대화 : 한국 근대 사회와 문화의 형성과 관련하여」, 『한국문화』 28, 서울대 한국문화연구소
______(2003), 「근대국어학의 형성에 관련된 국어관 : 대한제국 시기를 중심으로」, 『한국문화』 32, 서울대 한국문화연구소
이상오(1986), 「구한말 개화기의 일본어 유입과정에 대하여」, 『인문연구』 8, 영남대
이석주(1979), 「개화기 국어 표기 연구」, 『한성대학 논문집』 3, 한성대
이응호(1975ㄱ), 『개화기의 한글운동사』, 성청사
______(1975ㄴ), 「외국인의 사전 편찬 사업」, 『명지어문학』 7, 명지대
______(1983), 「'한불ᄌᆞ뎐'에 대하여」, 『한글』 179, 한글학회
______(1994), 「갑오경장과 어문정책」, 『새국어생활』 4-4, 국립국어연구원
이익섭(1992), 『국어 표기법 연구』, 서울대 출판부
이한섭(1987), 「서유견문에 받아들여진 일본의 한자어에 대하여」, 『일본학』 6, 동국대
______(2000), 『서유견문(전문)』, 박이정
______(2005), 「19世紀末における韓國語と中國語の語彙の交流—易言を中心に—」, 한자문화권근대어연구회 학술대회 자료집(2005.3.12·13), 上海 同濟大學
이현희(1994ㄱ), 『中世 國語 構文研究』, 신구문화사
______(1994ㄴ), 「19세기 국어의 문법사적 고찰」, 『한국문화』 15, 서울대 한국문화연구소
______(1996), 「韓國 古典의 譯註와 國語國文學」, 『한국문화』 17, 서울대 한국문화연구소
______(1999), 「개화기 국어 자료」, 『국어의 시대별 변천 연구(개화기 국어)』 4, 국립국어연구원
이현희 · 이호권 · 이종묵 · 강석중(1997), 『杜詩와 杜詩諺解』 6권/7권, 신구문화사
이한섭 · 최경옥 · 정영숙 · 강성아 편(2000), 『서유견문: 어휘 색인』, 박이정
이홍식(2000), 「개화기의 국문 관련 논설에 대한 고찰」, 『덕성어문학』 10, 덕성여대
이희재 역(1994), 『韓國書誌: 수정번역판』, 일조각[Maurice Courant(1894), Bibliographie Coréenne]

임두학(1983), 「개화기 국어 교과서 연구」, 중앙대 석사논문
鄭觀應 저 · 이화승 역(2003), 『성세위언: 난세를 향한 고언』, 책세상문고 '고전의 세계' 031, 책세상
정귀생(1983), 「개화기 차용어의 연구」, 단국대 석사논문
정길남(1987), 『개화기 국역성서의 표기법과 문법 형태』, 개문사
______(1992), 『19세기 성서의 우리말 연구』, 서광학술자료사
______(1994), 『성서의 우리말 연구』, 서광학술자료사
______(1996), 『개화기 자료 집성』, 박이정
정도세(1998), 「개화기 교과서의 어휘 연구: 1890년대 국어 교과서를 중심으로」, 경남대 석사논문
정숭의(1987), 「한중 한자어의 변천에 관한 비교 연구」, 서울대 석사논문
정승철(1999), 「개화기 국어 음운」, 『국어의 시대별 변천 연구(개화기 국어)』 4, 국립국어연구원
정용화(2004), 「유길준의 생애와 사상」, 『한힌샘 주시경 연구』 17, 한글학회
정재영(1997), 「19세기 말부터 20세기 초의 한국 어문」, 『한국문화』 18, 서울대 한국문화연구소
조동일(1986,1989), 『한국문학통사 4』, 지식산업사
조문제(1984), 「개화기 국어과 교육의 연구」, 한양대 박사논문
조세용(1991), 『한자어계 귀화어 연구』, 민족문화연구소 총서 49, 고려대
조항범(1998), 『주해 순천 김씨 묘 출토 간찰』, 태학사
최경옥(2005), 『번역과 일본의 근대』, 살림지식총서 188, 살림출판사
최명옥(1985), 「19세기 후기 서북방언의 음운론」, 『인문연구』 7, 영남대
최태영(1983), 「초기 번역 성경 연구(1)」, 『논문집』 13, 숭실대
______(1985), 「초기 번역 성경 연구(2)」, 『한글성서와 겨레문화 2』, 한글과 겨레문화 연구회
______(1986), 「초기 번역 성경 연구(3)」, 『국어학신연구: 若泉 金敏洙 교수 화갑기념』, 탑출판사
______(1991), 「초기 번역 성경 연구(4)」, 『국어학의 새로운 인식과 전개』, 김완진 선생 화갑기념논총, 민음사
______(1998), 「19세기 말 국어의 띄어쓰기: '독립신문'을 중심으로」, 『국어국문학』 121, 국어국문학회
최현배(1940, 1976), 『한글갈』, 정음사
한국정신문화연구원 편, 홍윤표 외 편저(1995), 『17세기 국어사전』(상, 하), 태학사
한국학문헌연구소 편(1979), 「泰西新史」, 『한국개화기문학총서, 역사전기소설』 2, 아세아문화사

___________________(1981), 「萬國公法」, 『한국근대법제사료총서』 1, 아세아문화사
한글학회 편(1992), 『우리말 큰사전』, 어문각
한비 저 · 이운구 역(2022), 『한비자』 1·2, 한길그레이트북스 054, 한길사
한원영(1990), 『한국 개화기 신문 연재 소설 연구』, 일지사
허재영(2004), 「유길준의 '조선문전'과 '대한문전' 연구」, 『한힌샘 주시경 연구』 17, 한글학회
홍윤표(1976ㄱ), 「19세기의 격 현상」, 『국어국문학』 72·73, 국어국문학회
______(1976ㄴ), 「비교구문에서의 격어미와 후치사」, 『학술원 논문집』 15, 학술원
______(1977). 「불구동사에 대하여」, 『이숭녕선생 고희기념국어국문학논총』
______(1978), 「방향성 표시의 격」, 『국어학』 6, 국어학회
______(1984), 「현대국어의 후치사 {가지고}」, 『동양학』 14, 단국대학교 동양학 연구소
______(1985), 「최초의 국어사전 '국한회어'에 대하여」, 『백민 전재호 박사 회갑기념논문집』, 형설출판사
______(1992), '이언' 해제, 『이언』(언해본·한문본 영인본), 홍문각
______(2007), 「'물꼬'의 어원」, 『쉼표, 마침표.』 17, 국립국어원 전자 잡지
홍종선(1996), 「개화기 시대 문장의 문체 연구」, 『국어국문학』 117, 국어국문학회
黃玹 저 · 金濬 역(1994), 『(完譯) 梅泉野錄』, 敎文社
金鳳珍(2000), 「鄭觀応の開明思想-その文明論的な解釋」, 『東洋文化研究所紀要』 第139冊, 東京大學東洋文化研究所
金鳳珍(2001), 「東アジア知識人の國際秩序觀-鄭觀応・福澤諭吉・兪吉濬の比較研究」, 東京大學 學術博士論文
鈴木信昭(1996), 「朝鮮に伝來した漢譯天主教書」, 『朝鮮學報』 160, 朝鮮學會
鄧景濱(1994), 「鄭觀應考證兩則」, 『嶺南文史』 1994年 第2期
白壽彝 編(1999), 『中國通史』, 上海人民出版社
徐繼畬(1848), 『瀛環志略』(福建原刊本), 台北: 國家圖書館藏善本 / 續修四庫全書 743(福建原刊本), 上海古籍讀出版社
宋衍申(1990), 『司馬光傳』, 北京出版社
姚振黎(2002), 「瀛環志略 研究」, 『第七屆清代學術研討會論文集』, 國立中山大學中國文學系、清代學術研究中心
魏源 編撰(1844), 陳華·常紹温·黃慶云·張廷茂·陳文源 点校注釋(1998), 『海國圖志』(上, 中, 下), 岳麓書社出版社 / 續修四庫全書 743·744(魏光燾平慶涇固道署刻本), 上海古籍讀出版社

易惠莉(1998),『鄭觀應評傳』, 南京大學出版社

張燮(1617),『東西洋考』(影印本), 正中書局

______(1617), 謝方 校注(2000),『東西洋考』中華書局

朱京偉(2003),『近代日中新語の創出と交流』, 白帝社

朱有瓛(1987), 中國近代學制史料 第二輯 上冊, 華東師範大學出版社

祖金玉(1999),「早期駐外使節對晚清經濟變革的貢獻述論」,『史學集刊』, 1999年 1月

陳力衛(2001),『和製漢語の形成とその展開』, 汲古書院

沈國威(1994),『近代日中語彙交流史』, 笠間書院

夏東元(1985),『鄭觀應傳』, 華東師範大學出版社

______(1982, 1988),『鄭觀應集』(上·下), 上海人民出版社

______(1995),『鄭觀應』, 廣東人民出版社

忻平(1990),『王韜評傳』, 華東師範大學出版社

Brands, H. W. (2002), *The age of gold: the California Gold Rush and the new American dream.* New York: Doubleday

Bynon, Theodora (1977), *Historical linguistics.* Cambridge; New York: Cambridge University Press

Campbell, Lyle (1999), *Historical linguistics; an introduction*. Cambridge, Mass.: MIT Press

Clark, William (1939), *Railroads and rivers; the story of inland transportation*. L. C. Page & Company

Corning, Howard McKinley (1956), *Dictionary of Oregon history*. Portland: Binfords & Mort

Grodinsky, Julius (1962), *Transcontinental railwat strategy 1869-1893; a study of businessman*. Philadelphia: University of Pennsylvania Press

Holliday, J. S. (1999), *Rush for riches; gold fever and the making of California*. Oakland, California, Berkeley and Los Angeles: Oakland Museum of California and University of California Press

Joseph, Briand D. (ed.) (1998), *Historical linguistics*. Columbus, Ohio: Ohio State University, Dept. of Linguistics

Lehmann, Winfred Philipp (1973), *Historical linguistics; an introduction*. New York, Holt, Rinehart and Winston

Owens, Kenneth N. (2004), *Gold rush saints; California Mormons and the great rush for riches*. Spokane, Wash.: Arthur H. Clark Co.

Riegel, Robert Edgar (1926), *The story of the western railroads*. New York: Macmillan Company

Starr, Kevin (2005), *California: a history*. New York: The Modern Library

Winther, Oscar Osburn (1950, 1969), *The old Oregon country; a history of frontier trade, transportation and travel*. Lincoln, Neb.: University of Nebraska Press

Abstract

A Study of the Korean version of '*Ieon*' (易言)

Hyun-sik Min

The study of Korean language history have to resolve two tasks for the perfect researches. First, we have to consolidate the foundation of basic classical language texts by careful annotation. The careful commentary and elaborate annotation is the basis for perfect research. Secondly, we have to edit the old Korean dictionary, by supplementing the linguistic informations of word title, word meanings, grammatic features of words and word examples, etc.

The Enlightenment Period was the 'period of change' in both language and culture. Writing style was changing among the *Hangeul* style and mixed style which used *Hangeul* and sino-Chinese showing conflicts of the writing styles. It also had the sudden change in the lexicon because many new cultural and foreign words were borrowed from Japanese and western languages, and were newly coined. The Korean Translation Edition of '*Ieon*' reflects the features of this period. It has abundant vocabulary which consist of native Korean language and sino-Chinese Korean.

Originally '*Ieon*'(易言) was the Chinese textbook which was written by Jeong Gwaneung (鄭觀應, 1842-1921) at 1880. Jeong was a famous Chinese Confucian scholar.

Jeong was born in Hyansan(香山) of Gwangdong(廣東省)(now 中山市). After he didn't pass the '童子試'(the highest-level) state examination to recruit ranking officials intended for youngsters during the Chinese Dynasty), he became an '買辦'(an employee of foreign trading company) and learned in English from John Fryer(chinese name: 傅蘭雅, 1839 - 1928) who was an English missionary. As he experienced international business among many companies and office in Shanghai, Macao and Hongkong, he was influenced by western capitalism, imperialism, and parliamentary democracy. But basically he was affected by 'Cwanji'(管子, original name 管仲, ? - B.C. 645) who insisted to develop the policy of measures to enrich and strengthen a country in ancient China. This idea based on ruling by power, that is, the rule of force. Jeong believed the thought of 'Kwanja' most pertinent considering the crisis that China of the time faced. He insisted his concrete idea for developing his country by writing '*Ieon*'(易言, 1880) and '*Seonsewieon*'(盛世危言, 1893) etc.

He proposed various strategies of many topics for the enlightenment of China. Choseon Dynasty translated and published it by Korean language, and many intellectuals were enlightened after reading it. Korean version consists of four volumes, and Chinese version has two volumes. It consists of 37 chapters. He sought for the modern industrialized democratic nation of China in late 19th century.

The title '*Ieon*' came from the chapter '*Soa*'(小雅篇) from Chinese classic called '*Sigyeong*'(詩經). The surface meaning of '*Ieon*' means easy, frivolous and thoughtless speaking, but the inner meaning of '*Ieon*' is deliberate, careful and thoughtful speaking.

This study has two parts; the first one is about the annotation on the Korean version of '*Ieon*'(이언) by comparison with Chinese version '*Ieon*'(易言) and the second part is the analysis on the content of it on the view of Korean historical linguistics.

Value of '*Ieon*' is very important in Korean language history. Government of Joseon dynasty published this Korean version as soon as the book was imported. It shows important features of enlightenment era of Korean language in the areas of phonological, orthographic, lexical, morphological, syntactic, semantic and stylistic standpoint.

1. Phonological and orthographic features

Korean version of '*Ieon*' shows disappearance of back low vowel(· [ʌ]) which has been from Middle Korean but this vowel remained as conservative writing orthographically and shows confused writing among · ,ㅏ,ㅡ. '*Ieon*' shows initial l sound(려산, 리치, 련속), initial n sound(니웃, 니ᄅᆞᄃᆡ, 녈니면), palatalization(구지, 굿이), non-palatalization(디구, 텬하, 됴건), morphophonemic spelling(分綴: ᄆᆞ음을, 잡으며, ᄇᆞᆰ히며), over-morphophonemic spelling(過剩分綴: 임의, 결을치, 진이고), phonemic spelling(連綴: 무근, 갑술, 바드ᄆᆡ), overlapping spelling(重綴: 묵근, 옷ᄉᆡ, 돗치니), initial consonant cluster of p(ㅅ) or s(ㅅ)[칼ᄡᅳ기, 일로ᄡᅧ, ᄢᅡ라, ᄯᅮ며, ᄯᆞ, ᄡᅡ셔] and a large extent of confused spelling(ᄌᆡ능 - ᄌᆡ릉; 공교이 - 공교히; 묵근 - 묵은 - 무근; 젹이 - 져기 - 뎌기; 계교컨ᄃᆡ - 계교ᄒᆞ건ᄃᆡ; ᄀᆞᆺ흔 - ᄀᆞᆺ튼 - ᄀᆞᆺᄐᆞᆫ; 난호와 - 난화 - 난호여; 니바지 - 이바지).

2. Grammatical features(morphological and syntactic features)

In subjective case '가' rarely used. There is free variation between locative and genitive form(의 – 에). comparative case has many forms(도곤, 에/의/ᄋᆡ, 에셔/의셔/ᄋᆡ셔, 으로 과, 보다). Another cases show compound case form: instrumental case(ᄅᆞᆯᄡᅧ-로ᄡᅧ), cause(로 인ᄒᆞ야), cooperative(로 더블어), causative(로 ᄒᆞ야곰). Topical marker uses 'ᄂᆞᆫ, 은, ᄋᆞᆫ' and never used '는'. Special h-declension(ᄯᆞ히셔, ᄒᆞ나토, 하나흔). Also there are many inflectional endings which have been disappeared in Modern Korean(–ᄆᆡ, –게라, –려든). This text shows many bound nouns(쥴, 수, ᄯᆞ름, 것, 바/ᄇᆡ, ᄌᆞᆪ) in which 'ᄌᆞᆪ' was only found in this text, many bound verbs(ᄒᆞ다, 되다, ᄇᆞ리다, 십다, 만ᄒᆞ다, ᄃᆞᆺᄒᆞ다), passive verbs(들리다, 썩이다, 밧고이다, ᄲᅡ히다/ᄲᅢ히다), causative verbs(펴이다. 빗최다, 일히혀다, 니ᄅᆞ혀다, 시기다). Some adverbs were concurrent with affirmative sentence(전혀, 여간, 별노). As this text is translative style, it shows written style that consist of many nominalized sentences by nominalizer(−ㅁ, 것). Negation shows not short pattern, but long pattern(−지 아니ᄒᆞ다, −지 못ᄒᆞ다, −지 말다).

3. Lexical and semantic features

The meaning of some words have different with modern Korean meaning: 고단ᄒᆞᆫ(lone some>tiredness), ᄉᆡᆼ애ᄒᆞ다(lifetime>livelihood), 모략ᄒᆞ다(plan>plot), 싁싁ᄒᆞ다(majestic>valiant), ᄌᆞ욱ᄒᆞ다(overgrown>foggy). It also includes vast amount of new vocabulary related to new civilization and offers materials to study historical lexicon. And many words sustained in writer's language of Korean modern novels.

Many words of this book did not be registered in the dictionaries of ancient Korean language. This study tried to analyze the origin of some native Korean words etymologically and to register them on Korean dictionaries. These words were classified by three types.

The first type is the word which was constantly lasted to those times: 하리다(go-well), ᄲᅧᄒᆞ더(think), 거우다(oppose), 갋셔다(parallel), 발뵈다(display), 맛갓다(suitable), 벅벅이(properly) etc.

The second type is the word which has been lasted constantly until today, but meaning and usage of them changed: (시세 판국을) 당긔다, (말숨은) 훤출ᄒᆞ다, (정신이) 싁싁ᄒᆞ다, 스승ᄒᆞ다, etc.

The third type is the word which has been lasted constantly until today, but orthography of them changed: 셕위다(→섞이다), 결픗ᄒᆞ다(→결핏하다), ᄲᅢ다(→빼다), 나마(→나머지), 맛지다(→맡기다), etc.

4. Stylistic features

There were four writing styles in the Enlightenment Period: Chinese character style, Korean character(*Hangeul*) style, Korean-Chinese mixed style, and '*Idu*'(吏讀) style which was a modified Chinese style. There was competition between these styles to adopt effective tool to enlighten people. It is interesting to see that the government which was used to the Chinese character style published Korean version '*Ieon*' and made it popular to enlighten people. Most Korean linguists have not known the '*Ieon*' though they knew '*Seoyugyeonmun*'(西遊見聞) of Yu Gil-jun(兪吉濬), which was influenced by Japanese words and writing style. And they knew '*Saminpilji*'(士民必知) of Homer B. Hulbert, which might be influenced by English.

Translative manners from chinese to Korean were classified by various types.

(1) Literal(direct, word-for-word) translation:

① Korean translating words are in existence: Many new civilization words were borrowed.

風俗 풍쇽. 規模 규모. 義理 의리. 開國 ᄀᆡ국. 非常 비샹. 盛衰 셩쇠
通商 통샹. 經營 경영. 文明 문명. 公法 공법. 會計 회계. 稅務 세무

② Korean translating words are not in existence or rarely used:
堀起 굴기. 發奮 발분. 形勝 형승. 幡然 번연이. 幅員 폭원. 賓服 빈복

(2) Free(liberal, broad) translation:

① Original words are not in Korean, but Korean translating words are in existence:
禮律 례법. 苦心焦思 로심쵸ᄉᆞ. 春秋書法 츈츄필법 輪船 화륜션. 火車 화륜거

② Original words are in Korean, but Korean translating words are in existence, or not:
研究 궁구. 電報 뎐긔션. 彈丸 탄ᄌᆞ. 統計 도수효. 各地 각쳐 漸次 ᄎᆞᄎᆞ.

③ Paraphrastic translation:

君主國 인군이 쥬장ᄒᆞᄂᆞᆫ 나라　　民主國 ᄇᆡᆨ셩이 쥬장ᄒᆞᄂᆞᆫ 나라
財源 ᄌᆡ물근원　　孤立無援 외로이 잇셔 구원ᄒᆞ리 업고
自立 스ᄉᆞ로 보젼ᄒᆞᆯ 거시오　　洋酒 양국슐
通商 쟝ᄉᆞ길　　蠶食 누에 먹듯ᄒᆞ다

In '*Ieon*' many foreign words were borrowed and translated as Korean writing. The proper nouns of Chinese, American and European person, place, institution and the common nouns of new civilization things were translated to Korean according to a orthography for foreign language:

英國(England) > 영국, 영길리. 余山(Sacramento) > 려산. 米西昔比江(Mississippi) > 미셔셕비강.

和立(Woolwich: London Royal Military Academy) > 화립. 磅(pound) > 방. 爹釐風(telephone) > 다리풍. 書信館(telephone office) > 셔신관.

Afterwards we supplement old Korean language dictionary with new words of '*Ieon*', and we rewrite the Korean language history. We have to compare the borrowing history of borrowing words among east asian countries. We can study interdisciplinary research relation between China and Korean version.

언해문 어절 찾아보기*

ㄱ, ㅲ, ㅺ

---

* 한자어는 (　)에 한자를 병기하였고 고유어에도 필요시 관련 의미의 한자를 [　]로 표시하였다. 권차(卷次) 표시는 처음 쪽수에만 표시하고 그 뒤의 것들은 반복하지 않았다. 자세한 검색과 빈도를 조사하려면 본인이 공개한 '이언' 파일(민현식 교수의 국어사랑 둥지 http://plaza.snu.ac.kr/~minhs/ > 서재 > 국어사 > 86번 '이언' 자료)을 활용하기를 권한다. 파일 검색 시에는 조사나 어미가 붙은 형태보다는 어근 형태를 검색창에 입력하여야 최대 관련어가 드러난다. 가령 '가득ᄒᆞ야, 가득ᄒᆞ며...'는 '가득'을, '갑시, 갑슬'은 '값'보다 '갑'을 입력하면 된다. 또한 동일 어근의 혼기는 cf. 표시로 참고하도록 하였다.

ㄴ

ㄷ, ㅼ

ㄹ

ㅁ

ㅂ, ㅄ

ㅅ, ㅄ

ㅇ

ㅈ, ㅉ, ㅆ

ㅊ

ㅋ

ㅌ

ㅎ

발간사

'한국학'에 대한 관심과 요구가 국내외에서 높아지고 있다. 한국학을 전공으로 하는 학과도 생겨나고 한국학 연구자들의 국제학술대회도 종종 접하게 된다. 한국사회가 짧은 시기에 보여준 역동적인 변화에 대한 학문적 관심이 나라 안팎으로 증대된 결과일 것이다. 한국의 역사와 문화, 사회적 경험이 점점 더 많은 연구자들의 관심 대상으로 되고 있다는 사실은 매우 반가운 일이다.

한국학이란 고정된 분과 학문 체계 내의 한 부분 영역이 아니라 다양한 분과 학문들이 함께 참여하는 학제적 연구의 성격을 지닌다. 한국학은 과거의 전통에 깊은 관심을 갖지만 현재의 문제들에도 주목하며 미래의 전망을 모색하는 작업도 포함한다. 인문학적 논의와 사회과학적 관심은 물론이고 자연과학적 문제 의식과 예술적 시각이 함께 어우러지는 곳이다. 당연히 한국학은 국내의 연구자들이 자신의 특수성만을 부각시키는 폐쇄적인 장이 아니라 전 세계의 학자들이 자유롭게 참여하는 지적 토론의 공간이다. 한국을 대상으로 한 다양한 연구를 지원하며 진지한 논의와 지적 실험을 뒷받침하는 것이야말로 한국학의 가장 중요한 역할이라 할 것이다.

이런 의미에서 한국학은 한국의 문화와 역사적 경험을 전 인류의 문화유산과 역사적 경험의 한 부분으로 바라보는 전 지구적 시각을 요구받고 있다. 한국학은 한국사회의 경험을 연구하되, 그것을 21세기 세계사적 과제들과 더불어 사고함으로써 새로운 문명적 대안을 모색하는 전 지구적 논의에 적극적으로 동참하는 작업이 되어야 한다. 이런 종합적이고 개방적인 연구의 집적을 통해서만 한국의 특수성만을 절대화하는 오류에서 벗어나면서 동시에 서구의 눈으로 한국을 대상화, 타자화하는 오리엔탈리즘적 지역학의 한계도 극복할 수 있는 길이 열릴 것이다.

한국의 학문 발전에 큰 책임을 지고 있는 서울대학교는 한국학의 바람직한 발전을 위해 적극적인 역할을 하고자 한다. 이를 위해 별도의 연구기금을 마련하여 '한국학 장기기초연구 지원사업'을 추진하고 이 사업의 결과물들을 모아 연구총서, 자료총서, 모노그래프를 출간하기로 했다. 서울대학교 교수진의 연구역량과 진지한 문제의식들이 결집됨으로써 한국학의 연구 수준이 더욱 높아지고 내용이 보다 풍부해질 것을 믿고 있다. 이 연구사업이 해를 거듭할수록 한국사회에 대한 이해가 깊어짐은 물론이고 한국의 경험을 통해 세계 학계의 시각과 논의도 더욱 풍성해질 것을 기대해 마지않는다.

2003년 8월
서울대학교 규장각한국학연구원 한국학연구사업위원회

저자 소개

민현식(閔賢植)

서울대학교 국어교육과를 졸업하고 동 대학원에서 문학박사학위(1990)를 취득한 후, 강릉대 국어국문학과 교수(1984-1991), 숙명여자대학교 국어국문학과 교수(1991-2000)로 재직하다가 현재 서울대 사범대 국어교육과 교수(2000-현재)로 있다. 국립국어연구원 어문규범연구부장(겸직, 1997-1999), 국제한국어교육학회장(2003-2005)을 역임하였다. 주요 저서로는 『국어 정서법 연구』, 『국어 문법 연구』, 『국어교육을 위한 응용국어학 연구』, 『국어 문법론의 이해』(공저) 등이 있다.

서울대학교 규장각한국학연구원 한국학 자료총서 6

한글본 '이언'(易言) 연구

저자 민현식

2008년 3월 1일 초판 제1쇄 인쇄
2008년 3월 5일 초판 제1쇄 발행

발행인 이장무
발행처 서울대학교출판부
151-742 서울 관악구 관악로 599
판매과 02-889-4424, 02-880-7995
Fax 02-888-4148
E-mail snubook@snu.ac.kr
Home-page http://www.snupress.com

출판등록 제15-3호

ISBN 978-89-521-0782-4 93710

값 35,000 원

서울대학교 규장각한국학연구원 한국학 자료총서

古代國語 語彙 表記 漢字의 字別 用例 研究
송기중

삼국과 통일신라의 불교사상
허남진 외 편역

고려시대의 불교사상
심재룡 외 편역

서울대학교 중앙도서관 고문헌자료실 소장 「경제문고」 해제집
권태억 외

원문 교주 구운몽
김병국 교주

현대역 구운몽
김병국 옮김

해방 이후 한국기업의 진화1: 1976~2005년간의 통계의 구축과 기초분석
이근 외